南海涛头风帆正

Nanhai Taotou Fengfan Zheng

——广州海事法院精品论文集

Guangzhou Haishi Fayuan Jingpin Lunwenji

上册：海事实体法研究

陈友强　主编

广州海事法官协会　组织编写

中山大学出版社
SUN YAT-SEN UNIVERSITY PRESS

·广州·

版权所有　翻印必究

图书在版编目（CIP）数据

南海涛头风帆正：广州海事法院精品论文集. 上册，海事实体法研究／陈友强主编；广州海事法官协会组织编写. -- 广州：中山大学出版社，2025.5. -- ISBN 978-7-306-08462-0

Ⅰ. D993.5-53

中国国家版本馆CIP数据核字第2025PC9372号

出 版 人：王天琪
策划编辑：王旭红
责任编辑：王旭红
封面设计：曾　婷
责任校对：靳晓虹
责任技编：靳晓虹
出版发行：中山大学出版社
电　　话：编辑部 020-84110771，84113349，84111997，84110779
　　　　　发行部 020-84111998，84111981，84111160
地　　址：广州市新港西路135号
邮　　编：510275　　　　　　传　真：020-84036565
网　　址：http://www.zsup.com.cn　　E-mail：zdcbs@mail.sysu.edu.cn
印 刷 者：广州一龙印刷有限公司
规　　格：787mm×1092mm　　1/16
总 印 张：56印张
总 字 数：1005千字
版次印次：2025年5月第1版　　2025年5月第1次印刷
总 定 价：188.00元（全2册）

如发现本书因印装质量影响阅读，请与出版社发行部联系调换

编 委 会

编委会主任　陈友强
编委会成员　陈友强　董　青　黄秋生　吴贵宁
　　　　　　　姜银聚　程生祥　韩海滨　陈铭强
　　　　　　　宋瑞秋　罗　春　徐春龙
主　　　编　陈友强
编　　　辑　黄秋生　倪学伟　李天生　刘富生
　　　　　　　付俊洋　周　茜

序　言

2024年，中国甲辰龙年，正值广州海事法院建院四十周年。沧海横流，历史浩荡向前，我院有幸在历史的长河中，与中国广袤海域的法治一同逐浪行进，见证这片蓝色领域的蓬勃发展。自立院之初，我院全体干警始终恪守法律人的职责，明法审令、用法以定分止争，大明法度、用心以端是非曲直，晓理以服众生万象，兢兢业业不敢有所懈怠，以求维护中国法治的昌明绵延。

"人之道在法制，其用在是非。"作为屹立南海之滨、中国"南大门"的专门法院，广州海事法院以扎实的审判功底、先进的审判理念著称。先有"东运419"轮案、"航海者"轮案等彰显中国加入世界贸易组织（WTO）后我院的沉着稳重；而后有兰伯西诉香港中濠等海上货物运输交付纠纷案等十大典型案例，为保障"一国两制"下香港特区的法治建设服务；今又站在经济发展建设的前沿，为粤港澳大湾区建设拓宽"护法"航道，如此种种，不一而足。

历四十载春秋，积学累功，九转功成，我院法学理论与司法实务的调研工作有了长足发展。法官、法官助理在完成繁重审判工作之余，潜心研究、笔耕不辍，结合法学理论与审判经验，撰写了大量的理论研究文章，希冀弥补法律的空白、思考法律的未来，展现了敏锐的理论思维、宽阔的学术视野、深入的学理思考，以求"以至详之法晓天下，使天下明知其所避"，为推进国际海事司法中心建设和海事审判高质量发展贡献了广海法人的学术智慧。

习近平总书记指出，"要坚定法治自信，积极阐释中国特色涉外法治理念、主张和成功实践，讲好新时代中国法治故事"。广州海事法院以切实的行动立身作则，以切身的法律经验书成此篇。本书收集的精品论文，时间跨度为2004年至2023年，衔接了2004年我院建院二十周年时出版的《海事法专题研究》论文集。成书既涵盖船舶、船员、货物运输、船舶碰撞、海难救助、海事赔偿责任限制、海上保险、油污损害与养殖损害、海上人身损害、船舶建造与融资租赁等海商法、民法典相关实体法方面的研究论文，又包含海诉法、民诉法、司法改革相关方面的程序法研究论文。作者钻研之深、论文涉猎范围之广，足以表明我院立院以来矢志不渝维护国家法律权威与完善国家司法建设的初心和使命。路漫漫其修远兮，我院将继续求索。

四十年来，站在强盛祖国和昌明法治的肩膀上，广州海事法院交出了一份优秀答卷。乘风破浪，飞鞭催马，相信我院的下一个四十年会走得更好、更稳、更先进！弥岁月而坚毅，广州海事法院和广海法人正向着争当国际海事司法中心建设排头兵的目标奋勇前进。

陈友强
广州海事法院党组书记、院长
2024 年 6 月 1 日

作者简介

（以姓氏拼音为序）

陈铭强，男，法学博士，广州海事法院审判委员会委员、海事行政庭庭长，三级高级法官。

陈文志，男，法学硕士，广州海事法院一级法官助理。

程亮，男，法学硕士，广州海事法院四级高级法官。

程生祥，男，法律硕士，广州海事法院审判委员会委员、海事庭庭长，三级高级法官。

邓非非，女，法学硕士，广州海事法院四级高级法官。

邓锦彪，男，法律硕士，广州海事法院海事行政庭副庭长，三级高级法官。

邓宇锋，男，法律硕士，广州海事法院审判委员会委员、立案庭庭长，二级高级法官。

高倩，女，法学学士，广州市番禺区人民检察院书记员。

耿利君，男，法学硕士，深圳市罗湖区人民法院民二庭副庭长，一级法官。

辜恩臻，女，法学博士，广东省高级人民法院民四庭副庭长，三级高级法官。

韩海滨，男，法律硕士，广州海事法院审判委员会委员、海商庭庭长，三级高级法官。

黄伟青，男，大学本科，广州海事法院原党组成员、副院长、审判委员会委员，二级高级法官（退休）。

黄耀新，男，法律硕士，广州海事法院四级调研员。

李立菲，女，法学硕士，深圳市中级人民法院四级高级法官。

廖林锋，男，法学学士，广州海事法院办公室副主任，四级高级法官助理。

林晓彬，男，法学硕士，广州海事法院二级法官助理。

林依伊，男，法学硕士，广州海事法院立案庭副庭长，四级高级法官。

刘亚洲，男，法学硕士，广州海事法院二级法官助理。

刘宇飞，男，法学硕士，广州海事法院二级法官助理。

罗　春，男，法学硕士，广州海事法院审判委员会委员、深圳法庭庭长，三级高级法官。

骆振荣，男，法学硕士，广州海事法院二级法官助理。

倪学伟，男，法学硕士，广州海事法院研究室主任。

欧阳迪，男，法学硕士，广州海事法院二级法官助理。

平阳丹柯，男，法学硕士，广州海事法院深圳法庭副庭长，四级高级法官。

申　晗，男，法学硕士，广州海事法院四级高级法官。

石望韬，男，法学硕士，广州海事法院三级法官助理。

舒　坚，男，法学硕士，广州海事法院一级法官助理。

宋瑞秋，女，管理学硕士，广州海事法院审判委员会委员、汕头法庭庭长，三级高级法官。

孙　阳，女，法学硕士，广州海事法院二级法官助理。

谭学文，男，法学硕士，广州海事法院四级高级法官。

唐新力，男，法学硕士，重庆市南岸区人民法院二级法官助理。

田昌琦，男，法学硕士，广州海事法院原法官。

王玉飞，男，大学本科，广州海事法院原党组成员、副院长、审判委员会委员，二级高级法官（退休）。

吴贵宁，男，法学硕士，广州海事法院审判委员会委员、执行局局长，三级高级法官。

谢辉程，男，大学本科，广州海事法院海事庭副庭长，三级高级法官。

徐春龙，男，法律硕士，广州海事法院审判委员会委员、珠海法庭庭长，四级高级法官。

徐元平，男，法律硕士，广州海事法院审判委员会委员，二级高级法官。

闫　慧，女，法学硕士，广州海事法院四级高级法官。

杨　军，男，法律硕士，广东省高级人民法院四级高级法官。

杨文聪，男，法律硕士，广州海事法院三级法官助理。

杨雅潇，女，法律硕士，广州海事法院深圳法庭副庭长，四级高级法官。

尹忠烈，男，法学硕士，广州海事法院汕头法庭副庭长，四级高级法官。

詹思敏，女，法律硕士，广州海事法院原党组成员、副院长，审判委员会委员，二级高级法官（退休）。

张科雄，男，法律硕士，广州海事法院海事行政庭副庭长，三级高级法官。

张　乐，女，法学硕士，广州海事法院四级高级法官。

张　蓉，女，法学硕士，广州海事法院审判员。

张唯权，男，法学硕士，广州海事法院一级法官助理。

张子豪，男，法学硕士，广州海事法院四级高级法官。

郑　鄂，男，最高人民法院咨询委员会委员，广东省高级人民法院原党组书记、院长，二级大法官。

郑佳瞳，女，大连海事大学法学院海商法专业博士研究生。

钟健平，男，法学博士，广东省高级人民法院党组副书记、常务副院长，一级高级法官。

钟宇峰，男，法律硕士，广州海事法院四级高级法官。

周田甜，女，法学硕士，广州海事法院四级高级法官。

周　茜，女，法学硕士，广州海事法院一级法官助理。

上 册 目 录

第一编 船舶与船员

无人船对船舶碰撞诉讼制度的影响及应对 ················· 谭学文 2
商业银行开展船舶抵押贷款业务的法律风险及司法应对
　　············ 徐元平 吴贵宁 尹忠烈 谭学文 张 蓉 13
船舶登记权属与实际控制分离下的法律问题分析
　　························ 程生祥 辜恩臻 吴贵宁 23
规范船舶挂靠经营的法律思考·························· 吴贵宁 42
因船舶买卖引起的船舶权属纠纷案件的裁判规则
　　················ 谭学文 张 乐 黄耀新 申 晗 50
法律的人文关怀：船员近亲属之精神损害赔偿············ 谭学文 81
自治与强制之间：船员劳务合同中的加班费之争·········· 谭学文 94
海上人身伤亡损害赔偿标准类型化研究················ 倪学伟 105

第二编 海上货物运输合同

沿海、内河货物运输法律关系初探···················· 倪学伟 118
承托意思表示的识别与规制
　　——兼论《民法典》第一百四十二条在运输纠纷中的适用
　　······································ 谭学文 张唯权 134
论第二种托运人···································· 倪学伟 147
海上运输货物收货人的权利与义务论析
　　——以交付的"可能"与"现实"为切入········ 徐春龙 廖林锋 162
货运代理在案件审判中的识别与法律责任
　　——以《民法典》关于"代理"和"委托合同"的规定为指引
　　·· 倪学伟 176
典型无单放货案件定性问题分析······················ 邓宇锋 189
国际海运集装箱滞箱费的请求权分析·················· 韩海滨 206
航海过失免责存废论································ 倪学伟 217

论定域损失多式联运经营人赔偿责任的法律适用
——以18宗典型案例和《海商法》现行规定为切入
.... 徐春龙　周　茜　226

《鹿特丹规则》的货物交付规则研究
——无单放货问题和目的港无人提货解决思路
.... 唐新力　邓非非　杨文聪　246

海运危货法律关系论纲 .... 倪学伟　256

自贸区试行沿海捎带的法律困境与突破 .... 谭学文　269

第三编　海上侵权责任法

船舶碰撞纠纷中的责任主体 .... 谭学文　280

试论建立我国船舶油污损害赔偿法律机制 .... 倪学伟　316

航运企业破产引发留置权纠纷的裁判规则 .... 谭学文　330

海事赔偿责任限制程序问题初探 .... 倪学伟　344

海事赔偿责任限制基金设立程序的检视与完善 .... 宋瑞秋　耿利君　360

海上拖航合同互免条款相关问题研究
——以"互撞免赔条款"的效力认定为视角 .... 刘宇飞　周田甜　374

第四编　海上保险法

论海上货物预约保险合同的类型
——兼谈《海商法》第二百三十一条至第二百三十三条的
立法完善 .... 宋瑞秋　388

现代海上保险中的保险利益
——从《保险法》的有关规定说起 .... 平阳丹柯　398

海上保险合同中不适航除外责任的问题与进路
——兼论《海商法》第四十七条船舶适航义务
.... 钟宇峰　刘亚洲　412

第五编　公共政策与国际惯例

《纽约公约》项下"公共政策"的理解与适用
　　——以最高人民法院批复的 8 起案件为样本 …… 徐春龙　李立菲　426
传统的继承与超越：国际海运惯例若干问题之法律思考 ……… 倪学伟　441
论海事国际惯例在中国海商法语境下的适用 ………………… 徐春龙　452

第一编

船舶与船员

无人船对船舶碰撞诉讼制度的影响及应对

谭学文

摘要：近年来，随着研发、测试步伐不断加快，无人船在未来投入市场化运营的前景较为乐观。以遥控无人船和自控无人船为代表的航运领域，人工智能技术的发展挑战了现行船舶碰撞实体与程序法律制度。当前，法律界应充分关注无人船对船舶碰撞诉讼制度的影响，对制度供给进行重新研判。无人船的出现将会对船舶定义、诉的合并、当事人举证规则、举证责任分配、证据分析认定、船舶碰撞审理程序等产生重要影响。为优化船舶碰撞诉讼制度，应进一步明确无人船的法律地位，合理限定诉讼参与人的范围，完善当事人举证规则，公正科学地分配举证责任，创新碰撞事实查明工作机制和科学设计无人船碰撞诉讼程序。

关键词：无人船；船舶碰撞；责任比例；电子数据。

近年来，无人驾驶船舶（以下简称"无人船"）作为智能航运的标志物得到快速发展，逐步从理论设想阶段进入研发测试阶段，这对传统航运模式将产生重大影响。目前，法学界对无人船所涉国际公约、航运安全管理、民事责任及责任承担、无人船的保险等问题进行了初步研究，但较少涉及无人船的司法层面问题。这当然与无人船技术尚未成熟且大范围投入市场化应用，导致相应研究因缺乏案例基础而成为"巧妇难为无米之炊"的作业有关。但不容否认，无人船的出现将会对海上运输、船舶碰撞、海难救助等海事司法实务产生深远影响，因此海事司法的相应理论研究也必须做到未雨绸缪。本文尝试以无人船对船舶碰撞案件审理程序的影响为切入点，分析无人船引发的碰撞案件在审理程序中可能遇到的新情况、新问题，以期为法学界加强对无人船碰撞的相关研究提供一个新的思维角度。

一、无人船的基本情况及其在避免碰撞中的作用

无人船是指无人登船操控，基于远程控制或自主控制在水上航行的船舶，包括遥控无人船和自控无人船等。2019 年 12 月 15 日，我国首艘自主航行货船"筋斗云 0 号"在珠海东澳岛附近海域完成首航，此举具有里程碑意义，

将有力推动自主船舶技术发展和产业落地。①

目前，无人船被广泛应用于军事、海事巡航监管、海事搜寻与救助、海洋数据测量与检测、气象保障服务、海上货物运输等领域。近年来，随着人工智能技术的快速发展，无人船的民用和商用市场方兴未艾，其未来的应用前景十分可期。研究发现，船舶碰撞事故的发生多是由船舶驾驶、船舶管理、船员管理等方面的人为因素引起的，包括不遵守航行规则、疏于瞭望、船速过快、船员不适格、过于自信而冒险航行等。在避免瞭望疏忽方面，无人船在提升瞭望的广度、视域、精度和持久性等方面具有相应的优势，但目前现有技术尚不足以完全替代人工瞭望。对于遥控无人船而言，其高度依赖信息数据传输，岸基人员通过远程瞭望存在信息传输中断的风险；对于自控无人船而言，要求无人船以与类似人脑的思维在航线密布、船舶集中、通航环境复杂的区域进行多船会遇、协议背离、靠泊作业等，这面临着较大的挑战。但总体而言，无人船技术可以较大幅度地降低人为因素导致碰撞事故的概率，这也是无人船研发和应用的主要目标之一。

二、无人船对船舶碰撞诉讼制度的影响分析

（一）无人船与船舶定义

无人船是否为海商法及海事诉讼特别程序法规定的船舶？是否为上述法律规定的海船？这涉及无人船的法律地位问题，也涉及船舶碰撞审理程序能否适用的问题。目前，国际公约并未明确规定船舶必须有船员。例如，1972年《国际海上避碰规则》对于船舶的定义包含可漂浮、用作运输工具两个要素，与船舶是否搭载船员无关。根据《联合国海洋法公约》第91条规定，各国国内法规制船舶登记及船舶悬挂该国国旗的条件，对于船舶的定义及要素属于国内法调整的领域。我国法并未将无人船排除在船舶的定义范围之外。《中华人民共和国海商法》（以下简称《海商法》）第三条第一款规定："本法所称船舶，是指海船和其他海上移动式装置，但是用于军事的、政府公务的船舶和20总吨以下的小型船艇除外。"《中华人民共和国海上交通安全法》第一百一十七条规定："船舶，是指各类排水或者非排水的船、艇、筏、水上飞行器、潜水器、移动式平台以及其他移动式装置。"在我国法中，无人船仍属于"船舶"这一概念的涵摄范围内，也就是说，我国法中所定义的"船舶"并未明确排除无人船。

从理论上看，无人船既可以是海船，也可以是内河船，关键在于其船舶

---

① 参见贺林平《我国首艘自主航行货船首航》，载《人民日报》2019年12月15日。

检验证书上记载的航海能力及航区。对于持有内河船舶检验证书但可以在核定海上航区内航行,且事发时正航行于海上的无人船,也可以认定为海船。在实体法适用上,只有发生碰撞的无人船均为海船时才能适用海商法;在程序法适用上,无人船之间、无人船与普通船之间发生碰撞,无人船无论是内河船还是海船,均应适用海事诉讼特别程序法中的船舶碰撞审理程序。

(二)无人船碰撞之诉的合并与分离

船舶碰撞产生的赔偿责任一般由船舶所有人和登记的光船承租人承担。但在船舶碰撞案件中,当事人往往将船舶的实际经营人、管理人、实际所有人、挂靠人、未登记的光船承租人等作为共同被告诉至法院。对于无人船而言,其涉及的共同诉讼人及第三人参加诉讼问题可能更加复杂。无人船发生碰撞既可能是岸基人员操控船舶、管理船舶方面的原因,也可能是第三人非法侵入无人船计算机控制系统的原因,或者可能是无人船的设计缺陷、控制系统的固有漏洞及产品质量瑕疵等方面的原因。无人船本身存在缺陷导致船舶碰撞事故时,被侵权人可以按照《海商法》向船舶所有人、管理人追究责任,也可以直接按照《中华人民共和国侵权责任法》(以下简称《侵权责任法》)中产品责任向无人船的生产者、销售者请求侵权损害赔偿;若无人船零部件、软件系统存在缺陷导致船舶碰撞,则被侵权人可向无人船零部件、软件系统的生产者和销售者请求侵权损害赔偿。① 对此,法院应如何界定船舶碰撞案件的审理范围及如何限定追加当事人的范围?

我国民事诉讼中的诉讼标的,是指当事人之间发生争议、提交法院予以审理并作出裁判的民事法律关系。② 通常情形下,人民法院在一个民事诉讼中仅审理一个法律关系。但是,基于尊重当事人意愿、提高诉讼效率、节约司法资源、便于查明事实等因素考量,对一定限度内的诉的合并应予准许。诉的合并主要包括诉的主体合并、客体合并、混合合并等。就无人船碰撞而言,因其涉及碰撞双方、第三人的人身或财产损害,诉的合并包括主体合并、客体合并和混合合并三种形式。无人船碰撞在具体责任承担上会面临民事侵权全面赔偿、《中华人民共和国产品质量法》(以下简称《产品质量法》)的惩罚性赔偿以及海事赔偿责任限制的多重规则调整。③ 在此基础上,无人船

---

① 徐锦堂、褟燕珊:《无人船合法性与责任承担问题研究》,载《法治论坛》2019年第2期,第102页。
② 王福华:《民事诉讼法学》,清华大学出版社2012年版,第167页。
③ 参见吕方园、马昕妍《无人船舶碰撞法律责任规制研究》,载《大连海事大学学报(社会科学版)》2019年第4期。

碰撞还可能叠加设计者、生产者、销售者等主体因素的影响，当事人申请追加相关主体作为共同被告或第三人的可能性较大。这将对法院审理的诉讼标的确定产生较大影响。如果无人船的船舶所有人、船舶经营人或登记的光船租赁人还投保了相关船舶险、货运险、责任险等保险，则原告还可能申请保险人作为第三人参加诉讼。因此，关于无人船碰撞案件，法院可能还面临何时进行诉的合并、何时进行诉的分离的现实困境。

（三）无人船碰撞与当事人举证规则

根据《中华人民共和国海事诉讼特别程序法》（以下简称《海事诉讼特别程序法》）规定，当事人应当如实填写《海事事故调查表》，且一般不能推翻其在《海事事故调查表》中的陈述和已经完成的举证。《海事事故调查表》是当事人离碰撞事故的发生时间最近的陈述，也是对其最原始的陈述，其客观性、真实性以及当事船舶的有关驾驶人员等对事故发生前后相关细节的描述，对查明碰撞案件的事实具有非常重要的作用。① 在近年来的诉讼中，《海事事故调查表》的填写情况不是很理想，诉讼代理人往往以其不了解事故发生的当时情况、船长或船员拒不填写等理由拒绝或者变相拒绝填写调查表。而在实践中，法官审理案件主要依靠海事调查材料，很少直接依据调查表作出认定。

遥控无人船的岸基操控人员通过视听技术远程操控无人船，其对碰撞事故现场的感知并不会比控制系统更为客观和准确。自控无人船完全凭借人工智能系统自主航行，在碰撞事故现场并无人的参与。因此，对于无人船而言，填写《海事事故调查表》的现实基础并不存在。此外，《海事事故调查表》的证明力已远不及无人船操控系统中留存的电子数据的证明力，适用《海事事故调查表》来加强保密和防止假证的初始目的已显得不那样重要了。在无人船的当事人无法填写《海事事故调查表》时，法院适用"禁反言"规则的可能性也随之降低。海事诉讼这一别具特色的制度设计也将"泯然众人矣"。

无人船的出现将对船舶碰撞案件的举证方式带来重大变化。在无人船碰撞案件中，当事人陈述、证人证言等证据的收集变得越发困难，因此对客观证据的收集显得尤为重要，证据保全的必要性大大增加。在碰撞发生后，当事人应立即申请证据保全，甚至可以在事故现场直接提取无人船操作系统中的数据以较容易地完成举证，进而取得诉讼攻防较为有利的态势。由于无人船碰撞案件的证据多以电子数据的形式存储，如何确保所提取的电子数据的

① 沈志先主编：《海事审判精要》，法律出版社2011年版，第128页。

原始性、真实性、可靠性和完整性，或将成为海事司法的新课题。当然，海事诉讼中的完成举证说明书制度对法院限定举证时限、避免证据随时提出主义以及防止证据突袭等具有重要意义，可以继续保留并加以完善。

（四）无人船碰撞与举证责任分配

在无人船碰撞案件中，按照"谁主张、谁举证"规则，碰撞双方均应对碰撞责任比例承担举证责任。由于无人船技术的先进性和复杂性，要求第三人承担碰撞责任比例的举证责任有悖公平正义。如果是无人船操控系统设计上的固有缺陷导致事故发生的，则无人船的系统开发者和设计者应对此承担侵权责任。如果是无人船及其零部件的产品质量问题导致事故发生的，则生产者和销售者也应承担民事责任。在第三人诉请无人船碰撞的人身、财产损害案件中，对无人船侵权损害是否适用因果关系上的举证责任倒置规则？由于无人船的设计者、生产者和销售者对无人船技术更为熟悉，由其承担行为与损害结果之间不存在因果关系的举证责任更符合无人船作为高度危险物的特性及法律的公平正义理念。未来，可以尝试在法律或司法解释中规定无人船碰撞损害因果关系的举证责任倒置规则。

多种原因叠加造成的无人船碰撞损害可能会在未来较为常见。此时，对于无人船碰撞责任的认定要注意区分操控和管理船舶的过失、设计缺陷、产品质量问题对事故发生的原因力。如果船舶碰撞事故是多种因素叠加产生的，则不能一概判定无人船碰撞方承担全部责任。在碰撞双方之间的损害赔偿诉讼中，如果碰撞船舶方主张碰撞事故是由设计缺陷或产品质量瑕疵引起的，则其应对此承担举证责任，这也包括举证证明设计缺陷或产品质量瑕疵对事故发生的原因力（责任比例）或比例因果关系。

无人船的研发属于高度风险性的事业，法律针对无人船的设计者应规定相应的免责事由。例如，根据《中华人民共和国民法典》（以下简称《民法典》）第一千一百七十五条规定"损害是因第三人造成的，第三人应当承担侵权责任"，对于黑客非法侵入无人船操控系统导致的碰撞事故，或者证明无人船被海盗劫持，沦为恐怖分子的作案工具等情形，无人船的设计者应当免责。参照《产品质量法》第四十一条第二款规定，无人船的设计者若证明设计缺陷因受当前科学技术水平限制而产生则不能由其承担责任。对上述免责事由的举证责任，参照《海商法》第五十一条第一款第（十一）项关于"经谨慎处理仍未发现的船舶潜在缺陷"的规定，实行举证责任倒置，应由无人船设计者承担举证责任。

（五）无人船碰撞与证据分析认定

无人船的出现对当前海事调查、证据分析认定以及碰撞责任划分无疑是一种革命,必将对海事调查及海事审判产生深远影响。传统的事故原因调查多依赖询问笔录、航海日志、轮机日志、车钟记录、海图、勘察笔录、现场笔录、现场记录、鉴定意见等材料,这些材料很多属于书证、当事人陈述、证人证言、视听资料等范围。上述证据形式中,既有言词证据,又有实物证据;既有原生证据,又有派生证据,对事故责任认定采取的是主、客观相结合的分析方法。对于无人船而言,由于通常没有人在第一现场,海事调查涉及的言词证据较少,多属于实物证据,而且原生证据较多,派生证据较少。而对于无人船而言,提取控制系统的电子数据可能较容易划定事故责任。但由此产生的问题是,这会不会使事实认定过于机械,而忽略了人的主观能动性在事故调查中的积极影响,从而使事故责任划分沦为没有温度、过于机械的机器人作业。在证据分析与认定方面,海事法官可能会更多地受到技术参数或科技理论的影响,而不是运用证据规则、自由心证等手段无限还原生活事实,从而使船舶碰撞的审理变得更加"技术流",使得法官的角色与工程师的角色逐渐混淆。相关判决书中,可能充斥着数据分析及算法演绎,出现单纯数据分析背离生活事实等问题。对此,法官裁判案件时仍需加强对无人船碰撞的事故链条分析,科学认定碰撞责任,而不是单凭数据划定责任。

(六)诉讼中止与碰撞责任比例之诉的前置问题

在传统的船舶碰撞案件中,若当事人之间已经就船舶碰撞纠纷提起诉讼,对船舶碰撞造成船载货物权利人或者第三人财产损失赔偿案件应当中止审理,待船舶碰撞纠纷案件审理终结后再恢复审理。① 上述规则对无人船碰撞案件也当然适用。由于无人船航行高度依赖互联网、人工智能等高新技术,航运安全问题也较为突出,无人船既可以成为遭受黑客攻击的被害船,也可以被黑客劫持控制系统而沦为海盗船,成为黑客或恐怖分子进行下一轮攻击的工具。在无人船被海盗攻击或劫持后发生的碰撞事故中,相关行为已构成刑事犯罪,仅仅运用避碰规则分析无人船是失控船还是操限船进而划定责任已失去前提。此时,碰撞责任的确定受到刑事案件生效裁判文书既判力和预决力的约束,需要考虑民刑交叉案件中诉讼中止制度的适用问题。由于无人船被海盗攻击或劫持时,相关行为人已构成刑事犯罪,而碰撞责任比例的确定一般需要以相关刑事案件的审理结果为依据,因此根据最高人民法院《全国法院民商事审判工作会议纪要》(以下简称"九民会纪要")第130条规定,无

---

① 胡方:《〈关于审理船舶碰撞纠纷案件若干问题的规定〉的理解与适用》,见最高人民法院民事审判第四庭编《涉外商事海事审判指导》总第17辑,人民法院出版社2008年版,第27页。

人船碰撞相关案件应中止诉讼。同理，无人船肇事逃逸也可能使相关责任人如岸基操控人员、船东等触犯刑法，构成刑事犯罪，因此对相关碰撞案件的审理也应适用上述中止诉讼规则。

在船舶碰撞案件中，当事人一般会分两步提起诉讼。第一步为碰撞责任比例之诉，第二步为船舶碰撞损害赔偿之诉。碰撞责任比例之诉是损害赔偿之诉的前置程序。这一做法应基于当事人的程序选择和程序保障，客观上也起到了便于法院围绕争议焦点进行审理、便于查明案件事实和便于提高诉讼效率的目的。因无人驾驶汽车等人工智能的出现，以过错责任为基础而建立的"风险分配"责任体系，在未来的交通法规中将不复存在。对于交通事故的认定，其归责事由只有结果的"对与错"，而无主观上的"故意"或"过失"。① 与此类似，在无人船碰撞案件中，责任比例划分的主要目的已不是主观过错的认定，而是仅体现为一种责任承担或分配的方式。此时，碰撞责任比例的划分可能变得更加纯粹，在保险制度的支撑下，当事人对责任比例的争议也可能大大减少，甚至当事人协议确定责任比例成为可能。由于无人船上不搭载船员且具有产品标准化特点，无人船的人身损害方面的争议减少，船舶价值评估也可能变得更加容易。因此，分两步审理无人船碰撞案件，且将碰撞责任比例之诉作为前置程序可能会适得其反，变得没有效率。

三、海事诉讼相关制度对无人船碰撞的应对

无人船的出现是船舶智能化的一场革命。《海事诉讼特别程序法》的修改应关注无人船等人工智能技术对诉讼制度的影响，进行相应的优化和完善，从而使海事诉讼的制度设计更加具有前瞻性。笔者结合无人船碰撞对船舶碰撞案件审理程序的影响，对《海事诉讼特别程序法》的修改（难以纳入修法程序的，可以在作出司法解释时予以综合考虑）提出以下建议。

（一）明确无人船的法律地位

由于无人船的智能化水平存在较大区别，应当区分情形对无人船的法律地位进行界定。对于第一、第二级无人船而言，无人船具有法律定义的船舶的相应特征，应属于《海商法》和《海事诉讼特别程序法》规定的船舶。第三级无人船即遥控无人船，船舶航行仍依赖岸基人员的操控，也可以解释为上述法律中的"船舶"。值得探讨的是第四级无人船，即自控无人船。自控无人船具有更多的人工智能属性，其究竟是船舶还是机器人？是法律客体还是法律主体？

---

① 参见吴汉东《人工智能时代的制度安排与法律规制》，载《法律科学》2017 年第 5 期。

目前，学术界对于人工智能是否具有法律主体地位的观点可以概括为否定说、肯定说以及拟制说三种。有学者对肯定说所依据的"法律人格扩展论""人工智能发展论""有限人格论"等进行批判，认为人工智能无法成为法律主体。① 有学者在认为人工智能不具有主体资格的基础上，提出将人工智能作为法律客体分类中的特殊物，以兼顾人工智能的"类人"属性和"工具"属性。② 有学者认为应区分人工智能的行为是受人指令的行为还是其自主行为，区分创造性行为、损害性行为和其他行为，在一定程度上有限拟制人工智能的法律人格。③ 甚至有学者认为人工智能属于"电子人"，具有民事主体资格，可享有物权和债权等权利。④ 但主流观点仍认为人工智能不是具有生命的自然人，也不是作为自然人集合体的法人，而仍然属于法律客体，不具有民事权利能力和行为能力。无人船包括自控无人船仍无法获得民事主体的法律地位，只能作为民事客体而存在。肯定无人船的法律客体地位不会对现行法律制度带来根本性的影响。否则，将无人船视为法律主体可能会动摇现行民事法律制度的根基。

法律对"船舶"下定义时应考虑无人船作为特殊客体的存在，从而使法律概念及相关程序设计具有更大的弹性。《海商法》对于船舶的定义主要是适航状态定义，并未考虑无人船所附带的主客体划分及民事权利能力、行为能力和责任能力问题。可以借鉴国际海事组织对无人船的四级分类，根据计算机算法的不同，对无人船的法律地位、登记、抵押、侵权责任等作出体系化规定。此外，可以将无人船碰撞纳入《海事诉讼特别程序法》中的审理程序，并在区分无人船为海船、内河船的基础上，考虑船舶碰撞审理程序、海事赔偿责任限制基金程序、船舶优先权催告程序等制度是否适用不同类型的无人船，从而实现对无人船碰撞相关案件的全面规范。

（二）合理限定诉讼参与人的范围

由于无人船碰撞引发的法律关系较为复杂，当事人选择在一个案件中滥列被告及第三人的现象较为普遍。对此，法院要加强释明，引导其进行诉的分离。首先，船舶碰撞损害赔偿纠纷与保险合同纠纷应进行分离。当事人同时或先后提起保险合同之诉与碰撞损害赔偿之诉的，由于船舶碰撞责任比例之诉在确定碰撞责任中的基础性地位，可以先行审理碰撞责任比例之诉。其

---

① 韩旭至：《人工智能法律主体批判》，载《安徽大学学报（哲学社会科学版）》2019 年第 4 期。
② 刘洪华：《人工智能法律主体资格的否定及其法律规制构想》，载《北方法学》2019 年第 4 期。
③ 彭中礼：《人工智能法律主体地位新论》，载《甘肃社会科学》2019 年第 4 期。
④ 郭少玉：《人工智能"电子人"权利的法构造》，载《甘肃社会科学》2019 年第 4 期。

次，船舶碰撞纠纷与产品责任纠纷应进行适度的分离。这两类纠纷在适用实体法（《海商法》或《民法典》）和程序法（《海事诉讼特别程序法》或《中华人民共和国民事诉讼法》）上存在较大区别，且被告类型也不相同，不宜在一个诉讼中处理。如果原告仅起诉销售者，由于销售者一般仅是产品责任的中间责任人，判决其承担不真正连带责任后，还需向生产者追偿。法院可根据当事人申请追加生产者作为共同诉讼人。再次，关于无人船设计者的诉讼地位问题。如果设计者与生产者是同一主体，那么设计者的责任当然可以转化成产品责任。但如果两者并不相同，由于索赔人与设计者之间并无直接合同法律关系，且设计者并非直接的侵权行为人，那么索赔人直接要求设计者承担侵权责任可能存在法律障碍。此时，当事人应申请，设计者可以作为无独立请求权的第三人参加诉讼。最后，关于无人船研发人员和岸基操控人员的诉讼地位问题。无人船的研发工程师一般受聘于相应的科技公司，操控人员受聘于无人船船东，对此应当按照雇佣或劳动合同关系，由研发公司或船东承担责任，工程师和操控人员一般不直接承担民事赔偿责任。但由于工程师和操控人员在查明船舶碰撞原因中的无可替代作用，可以考虑将其作为无独立请求权第三人参加诉讼。总之，无人船碰撞相关案件的共同诉讼人和第三人应限定在合理范围，以实现对当事人程序权利的保障、提高诉讼效率和便于法院查明事实等价值的平衡。

（三）完善当事人举证规则

在无人船碰撞案件中可不再要求当事人填写《海事事故调查表》，但可以保留完成举证说明书制度，即要求当事人在填写说明书后方可进行阅卷和交换证据，并要求当事人之后不得再提交碰撞事实的相关证据；如果执意提交，法院不再组织质证，以充分体现海事诉讼的诚实信用原则。完善无人船碰撞电子数据举证规则。《最高人民法院关于民事诉讼证据的若干规定》（2019年修正）第九十三条、第九十四条对电子数据真实性的认证规则作出了规定。无人船操控系统中形成的电子数据，通常由无人船研发、设计及生产商所掌握，按照上述规定，具有一定的可靠性和中立性，法院直接从无人船操控系统中及时提取的电子数据，可以推定其具有真实性。由于无人船电子数据的易删除性、易篡改性等特性，为防止证据灭失，加强电子数据的证据保全势在必行。对无人船碰撞案件而言，法院可以适度放宽海事证据保全的适用条件，对于"情况紧急""证据可能灭失或难以取得"等情形的认定更多考虑无人船的特点，及时采取保全措施，以避免证据灭失或今后难以取得。

(四) 公正科学分配举证责任

由于无人船是一种高度危险物,按照物主责任理论、危险控制理论和获益报偿理论,无人船碰撞方对第三人均应承担无过错的侵权责任。除传统意义上无人船碰撞方需就碰撞责任比例承担举证责任外,还应根据当事人的举证能力设置若干举证责任倒置规则。例如,在因果关系的证明上,要求无人船碰撞方就碰撞事故的原因力进行举证,对其单纯的设计缺陷、产品质量瑕疵等抗辩不予支持。在无人船产品责任纠纷中,要求无人船的生产者和销售者就无人船的发展风险承担举证责任。在无人船设计者作为共同被告或第三人的案件中,要求设计者对无人船设计缺陷致人损害的免责事由承担举证责任。但碰撞事故中人身损害的赔偿权利人、财产损害的货主、所有人等仍需就碰撞基本事实、损失范围等承担举证责任。

(五) 创新碰撞事实查明工作机制

无人船的出现也必然会对法官查明碰撞事实带来相应的技术难题。为解决"知识恐慌"和"本领恐慌",需要加强对海事法官的专业化培训,促使其了解无人船的基本技术原理及航行规范。同时,加强"法庭之友"相关制度建构,辅助法官查明案件事实,这对提升涉及无人船海事案件的审判质效大有裨益。例如,邀请无人船技术专家作为专家咨询委员会的委员对案件审理提供咨询意见,或者让无人船技术专家作为专家型人民陪审员,直接参与海事案件的审理,由其提出事实认定方面的专业意见。未来可以借鉴知识产权法院的技术调查官制度,在海事法院内部组建技术调查官队伍,辅助法官查明案件事实;可以考虑在《海事诉讼特别程序法》修改时增设"海事技术调查官"制度,或者参照《最高人民法院关于技术调查官参与知识产权案件诉讼活动的若干规定》制定专门司法解释对海事技术调查官作出系统性规定。

(六) 科学设计无人船碰撞诉讼程序

现行船舶碰撞诉讼程序存在案件审理周期长、诉讼效率不高等问题,在长期未结案件中占据较大比重。无人船碰撞诉讼程序的建构应兼顾公正与效率的价值取向,并重点解决诉讼效率不高的问题。首先,应严格诉讼中止程序的适用。无人船涉及海盗、交通肇事逃逸等刑事案件,并且刑事案件的处理结果与碰撞责任比例认定有关的,一般方可依法中止诉讼,待刑事案件审结后恢复诉讼。对于其他民刑交叉的案件,无须中止诉讼。关于碰撞责任比例之诉与赔偿之诉的衔接问题。就无人船之间碰撞而言,不宜引导碰撞方将责任比例之诉作为赔偿之诉的前置程序,可以尝试在一个诉讼中解决责任比例和损害赔偿的问题。因为无人船的民用市场经营者较为集中,少数厂家的市场占有率较高,无人船的操作系统、航行规范、技术参数等可能会出自相同厂家,依据厂家系统留存的电子数据并通过海事调查系统大数据抓取分析即可以比较容易查明碰撞原因。双方对船舶价值等争议也因产品标准化而减少,将其纳入一个诉讼中可一揽子解决争议,进而缩短诉讼周期。但如果无人船碰撞涉及第三人人身或财产损害,而碰撞双方的责任比例之诉尚未审结的,则先行中止碰撞方与第三人之间的赔偿之诉仍有适用余地。其次,规范无人船的鉴定评估。对无人船电子数据的鉴定,应坚持必要性原则,对能够依据电子证据认证规则确定或推定证据真实性的,不予准许当事人的鉴定申请;能够依据中立的第三方研发公司或平台确定证据真实性的,可不准予当事人的鉴定申请。对于无人船碰撞损失的鉴定评估,也应从严把握,审慎启动司法鉴定程序,严格限定当事人提起司法鉴定的期间,严格限定鉴定的项目、次数和补充鉴定、重复鉴定的范围,加强审判人员对鉴定过程的参与及对鉴定人的监督。规范鉴定人出庭程序,引导当事人申请专家辅助人对鉴定意见开展质证,并对拒不出庭作证的鉴定人责令退还鉴定费用,或不采纳其出具的鉴定意见。

结　语

总之,无人船的研发和运营给船舶碰撞诉讼制度带来了深远影响,促使人们反思海事诉讼程序的公正性、合理性和科学性。无人船碰撞所附带的船舶碰撞法律制度、侵权法律制度和产品责任法律制度相互交织,海事赔偿责任限制、全面赔偿责任和惩罚性赔偿相互重叠,船舶碰撞诉讼程序与侵权责任诉讼程序相互混合等特点,使得这一问题变得更为复杂,亟待学术界加强无人船碰撞相关法律问题的前瞻性研究。我们有理由相信,科学技术的智慧之光与法律制度的理性之光,将在人工智能时代交相辉映。① 人类最终会在无人船碰撞纠纷解决方面探索出一个公正合理的方案。

---

① 参见吴汉东《人工智能时代的制度安排与法律规制》,载《法律科学》2017年第5期。

商业银行开展船舶抵押贷款业务的法律风险及司法应对

徐元平　吴贵宁　尹忠烈　谭学文　张　蓉

摘要：近年来，商业银行的船舶抵押贷款业务增长较快，贷款逾期及不良的金额也相应增高，法律风险集中释放。目前，商业银行在授信及发放贷款中普遍存在船舶价值评估严重偏离船舶的实际价值和变现价值、船舶登记所有和实际所有与占有相分离、船舶抵押贷款办理展期与抵押权重新登记等法律风险，亟待加以解决。面对商业银行在新时代的司法需求，海事审判机构应积极采取措施加以应对，以提振商业银行对船舶抵押贷款业务的信心，促进行业健康发展。

关键词：船舶抵押贷款；船舶扣押处置；新时代；司法需求。

党的十九大报告指出："中国特色社会主义进入了新时代，这是我国发展新的历史方位。"新时代下，商业银行对海事司法也有新需求、新感受和新期待。为深入了解商业银行的司法新需求，笔者通过在部分商业银行走访、座谈等形式，集中就商业银行开展船舶抵押贷款业务的情况展开调研，现就调研中了解到的情况、相关法律风险及司法应对措施形成本调研报告，以及时回应商业银行的司法需求，促进船舶抵押贷款业务健康、快速、高质量发展。

一、商业银行开展船舶抵押贷款业务的基本情况

目前，商业银行从事的与航运金融有关的主营业务是船舶抵押贷款业务，融资性货物贸易、船舶融资租赁、动产监管质押等创新业务开展得较少，或者由控股的专业化公司经营。开展船舶抵押贷款业务的商业银行主要有股份制商业银行、城市商业银行、农村商业银行等，市场份额主要由"五大行"即"工、农、中、建、交"所占据。课题组选择了中国银行股份有限公司广东省分行（以下简称"中行广东分行"）、中国建设银行股份有限公司广东省分行（以下简称"建行广东分行"）、交通银行股份有限公司广东省分行（以下简称"交行广东分行"）作为调研对象，对商业银行开展船舶抵押贷款业务的经营情况、风险识别及对海事司法的新需求进行调研。笔者发现，商业银行开展船舶抵押贷款业务主要呈现以下四大特点。

(一)船舶抵押贷款业务的规模较大,单船抵押的债权金额相对较高

根据课题组从广东海事局调查得来的数据,2013 年 1 月至 2017 年 11 月①,广东省(不包括深圳市)的运营船舶抵押贷款业务规模增长较快,抵押船舶艘数也维持在高位(见表1);新登记的在建抵押船舶的数量为零。

表1 广东省内运营船舶抵押的基本情况(2013—2017 年)

时间	新登记抵押船舶数量(艘)	新登记抵押债权额(万元)	注销抵押船舶数量(艘)	注销抵押债权额(万元)
2013 年	792	909,882.1	773	未统计
2014 年	888	1,117,086.8	709	未统计
2015 年	872	569,917.4	682	未统计
2016 年	678	401,395.9	675	未统计
2017 年(1—11 月)	531	749,959.7	669	未统计

注:该统计不包括深圳市。

建行广东分行这近五年的船舶抵押贷款总额(含运营船舶、在建船舶的抵押债权额)为 53.69 亿元,办理抵押登记的运营船舶及在建船舶的艘数合计达 32 艘。2013 年 1 月至 2017 年 10 月,中行广东分行涉及船舶抵押贷款的客户共 17 家,授信金额约 30 亿元;已办理抵押登记的运营船舶的艘数为 33 艘。截至 2018 年 3 月 23 日,交行广东分行的船舶抵押贷款业务规模总量即船舶抵押贷款总额为 64,753.94 万元,办理抵押登记的运营船舶及在建船舶的艘数为 258 艘。但是,当前各商业银行规模较大的抵押债权额基本上属于前几年业务扩张的存量,不能当然反映该业务的发展态势。近年来,航运业的持续低迷使得航运融资较为困难,船舶抵押贷款业务作为一项风险较大的业务对商业银行的吸引力大幅下滑,该项业务的增长呈现放缓趋势。由于船舶的价值较大,造成单船抵押的债权金额较高,中行广东分行的最大单船抵押债权金额为 2.01 亿元,建行广东分行的为 1.81 亿元;两行超过 5,000 万元的贷款占贷款总额的比例分别为 97.5%、65.6%,超过 1 亿元的贷款占贷款总额的比例分别为 89.4%、33%。(见表2)这表明该业务的规模较为集中,风险也相对集中释放。

---

① 本文所称"近五年"均指此时间段。

表2　船舶抵押贷款业务的规模分布

银行	超过5,000万元的业务规模		超过1亿元的业务规模	
	笔数	授信金额（亿元）	笔数	授信金额（亿元）
中行广东分行	11	29	8	26
建行广东分行	34	35.26	16	17.72

（二）船舶抵押贷款逾期的金额较高，多因素导致贷款未成功回收

商业银行这近五年船舶抵押贷款的回收状况很不理想，贷款逾期的数额较大，不良贷款金额大幅攀升。2013年至2017年，建行广东分行的船舶抵押贷款的逾期金额达5.25亿元，占船舶抵押贷款总额的比率为9.7%。同时期，中行广东分行的逾期贷款金额（不良授信金额）约为19亿元；交行广东分行涉及船舶的不良授信本金为20,213万元，不良贷款金额为1,134万元。导致船舶抵押贷款未能成功回收的共同因素主要有：航运市场持续低迷，船舶变现难度大；船舶老旧可变现价值低；船舶处置成本高；部分抵押船舶难以被追踪定位，无法扣押处置；立案、审判、执行链条长，耗时长；债务人利用法律程序延滞诉讼；船舶优先权所担保的债权数额较大；等等。除通过处置船舶来回收贷款外，部分银行不得不将不良贷款打包转让给资产管理公司，船舶抵押权亦一并转让。

（三）船舶抵押贷款涉诉案件数量较大、标的较高，法律风险集中释放

这近五年，建行广东分行的船舶抵押贷款涉诉案件，已在法院立案14件，标的总额为164,460.3万元；已结案的案件数量为6件，标的总额为130,030.3万元；申请法院强制执行的案件数量6件，标的总额130,030.3万元。近五年，中行广东分行的涉及船舶抵押贷款业务的案件也有15件，标的总额高达20.24亿元。船舶抵押贷款的实际受偿率偏低，建行广东分行仅为56.25%，交行广东分行竟然只有16.80%。这充分表明该业务的法律风险较高，大量贷款项目形成不良贷款，银行纷纷通过法律途径维护自身合法权益。

（四）银行对船舶抵押贷款业务的信心不足，船舶融资受航运市场周期的影响仍将持续

在调研中，各商业银行纷纷表示其在办理授信、发放贷款时并未充分考虑船舶优先权、船舶留置权、船舶评估价值与变现价值严重偏离等因素，导致自身损失惨重。当前,银行纷纷表示将更加谨慎地开展该业务,必要时收缩该业务以规避经营风险。值得注意的是,自2016年以后,建设银行已不再将船舶作为合格押品,原则上不接受船舶作为抵押物。"信心比黄金更重要",加强风险管理与司法应对以提振银行对船舶抵押贷款业务的信心显得尤为重要。同时,该项业务与整个航运市场周期息息相关。2017年,国际航运市场持续复苏,各大航运公司纷纷扭亏转盈,例如中远海运发展股份有限公司(股票代码:601866)归属于上市公司股东的净利润较2016年同期增长296.61%。① 但是,进入2018年,随着美国特朗普政府掀起贸易战,国际上贸易保护主义抬头,对国际贸易产生不良影响,严重影响航运业的整体复苏。船舶抵押贷款业务的行业周期略滞后于航运市场周期,国际政治经济形势的发展变化对其的影响仍有待评估,需要持续关注。

二、船舶抵押贷款的法律风险及亟待解决的法律问题

船舶抵押贷款业务作为商业银行的一项传统业务,近年来受国际金融危机的影响而逐步释放出较大的法律风险。商业银行居高不下的不良贷款率充分表明其对该业务的风险识别、分析、应对和管理都是不到位的。调研中发现,商业银行在开展船舶抵押贷款业务中主要存在着以下法律风险,这同时也是当前司法实践亟待解决的问题。

第一,船舶价值评估严重偏离船舶的实际价值和变现价值。应该说商业银行在授信及发放贷款前对船舶价值评估还是较为重视的,一般都会委托随机抽选的、具备相关资质的外部专业评估机构进行价值评估,获取船舶押品的初始价值;通过各种合理渠道,向专业评估机构、制造商、销售商等直接询问押品价值的最新信息,作为押品的重估价值;由授信或风险管理部门采用重置成本折扣法、直接询价法、市场比较法等方法对船舶价值进行价值重估。但仍有银行对新船(融资购入或购进不足一年的),以购买价或者发票金额确定船舶价值,完全忽视了船舶折旧、船舶优先权等因素的影响。为控制风险,建行广东分行及交行广东分行的船舶抵押率一般控制在50%以内,后者还将实际放贷金额占授信额的比例控制在33%。但由于航运业受经济周期影响大,船舶拍卖或变卖往往处于经济下行期,行业亏损面持续扩大,行业固定资产投资意愿低;加之船舶单位价值较大、专业性强,持有成本高(包括但不限于船舶保养、停泊、购买保险等费用),本身流动性较弱,导致

---

① 《中远海发年赚14.62亿暴增300%》,见搜航网(http://www.sofreight.com/news_24208.html),访问日期:2017年3月30日。

变现价值与评估价值偏离较大。同时，在设定船舶抵押权时，抵押人为获取高额贷款，有意虚高船舶价值，而参与评估的资产评估公司通常又缺乏船舶评估的专业方法与资质，单纯采用重置成本加折旧等评估方式，导致船舶价值在抵押权设立之日就被高估。之后，银行又忽略了船舶与其他固定资产的区别，以传统的计算方法计提折旧，使对船舶的资产减值所作的会计处理与船舶的实际价值严重背离，导致船舶的剩余价值被再次高估。以上因素导致船舶评估价值严重偏离船舶的实际价值和变现价值，商业银行因此遭受较大损失。例如，2010年交行广东分行发放贷款的21艘抵押船舶的评估价为20,045.30万元，2012年司法拍卖评估价为3,024万元，拍卖成交价仅为2,236.50万元。

第二，船舶登记所有、实际所有与占有相分离等情形严重影响船舶抵押权的实现。在航运实务中经常存在登记所有（即船舶挂靠、光租、融资租赁等）、实际所有与占有相分离的情形，商业银行以此类船舶设立抵押并发放贷款存在较大的风险。一方面，如租赁人或实际占有人对第三方的海事请求负有责任，设立抵押的船舶可能会被扣押，甚至被拍卖，由于船舶优先权优先于船舶抵押权受偿，银行的债权权益将受到直接影响。另一方面，商业银行在贷款出现违约风险，需要通过法律程序申请扣押或者拍卖船舶时，难以查找、追踪和控制船舶，或者由于租赁或挂靠关系的存在，将难以处置船舶或者影响处置价款的金额，使银行遭受损失。部分银行在借款人、抵押人（船舶所有人）不是同一人时，会要求借款人提交抵押人出具的担保意向书，并由抵押人与银行签订抵押担保合同。该做法虽可以确保抵押权设立并生效，但抵押人不实际占有和管理船舶，仍可能存在上述问题。

第三，借款人滥用管辖权异议程序拖延诉讼的问题。商业银行一般会在贷款合同中约定发生纠纷时，任何一方有权向债权人所在地的法院起诉，在抵押合同中约定向抵押权人所在地法院起诉或者约定采用与主合同约定相同的争议解决方式。由于银行一般不会草拟专门的船舶抵押贷款合同及船舶抵押合同，其在通用的贷款合同及抵押合同的格式条款中一般不会明确写明是"海事法院"。在发生纠纷时，借款人或抵押人或保证人通常以海事法院对借款合同关系、船舶抵押合同关系或者保证合同关系没有管辖权，本案应裁定移送给地方法院审理为由提出管辖权异议，进而拖延诉讼甚至转移财产，逃避履行义务。根据《中华人民共和国海事诉讼特别程序法》（以下简称《海事诉讼特别程序法》）第二条和《最高人民法院关于适用〈中华人民共和国海事诉讼特别程序法〉若干问题的解释》第十条，以船舶为抵押物的借款合同纠纷,应由海事法院专门管辖。而根据《最高人民法院关于适用〈中华人民共和国担保法〉若干问题的解释》第一百二十九条,借款人同时就借款合同纠纷和抵押、保证等担保合同纠纷合并提起诉讼的,应当根据借款合同纠纷确定案件管辖。实践中,借款人及其委托诉讼代理人并非不清楚上述法律规定,而多数情形下是为了拖延诉讼进程而提出恶意抗辩,这严重浪费了司法资源,因此对该不诚信诉讼的行为亟待予以规范。

第四,逾期罚息能否计算复利的问题。在船舶抵押贷款业务中,商业银行普遍存在对逾期罚息计算复利的情形。调研中,中行、建行、交行等在贷款合同中约定对欠息(包括利息及罚息)计算复利。此举可以降低自身的借贷风险,提高相对方的违约成本。依照中国人民银行《关于人民币贷款利率有关问题的通知》第三条第二款规定,不能按时支付的利息可按罚息利率计收复利。司法实践对"不能按时支付的利息"是否包括逾期罚息存在争议。目前,银行业普遍使用了利息、逾期罚息、复利三个术语。有法院认为逾期罚息本质上属于惩罚性违约金,已经起到了制裁违约方、补偿守约方的作用,在罚息利率的基础上再计收复利是双重处罚,与《中华人民共和国合同法》(以下简称《合同法》)的立法精神相悖。例如,《广东省高级人民法院关于审理金融机构借贷纠纷案件的指导意见》第二十一条第三款规定"逾期罚息不再计收复息"。《最高人民法院关于信用卡透支利息可否计算复利问题的批复》明确指出,中国人民银行《信用卡业务管理暂行办法》对透支利率的规定已含有惩罚性质,所以信用卡透支利息不应当再计算复利。参照该批复的精神,对同样具有惩罚性质的逾期利息也不应再计算复利。同时,也有法院认为利息、逾期罚息、复利的计算已经在贷款合同中明确约定,从尊重当事人意思自治及诚实信用原则的角度考虑,可以认定有关逾期罚息计算复利的约定有效。

第五,航运公司破产引发的银行利益保护问题。近年来,航运公司破产事件引发了航运金融市场的连锁反应,商业银行作为航运公司的最大一类债权人在破产诉讼与海事诉讼程序中具有较大的现实利益诉求。目前,《中华人民共和国海商法》(以下简称《海商法》)与《中华人民共和国企业破产法》(以下简称《企业破产法》)对抵押权等的受偿顺位的规定并不完全一致。依据《海商法》第二十五条第一款规定,船舶之上担保物权的受偿顺位为:船舶优先权 > 船舶留置权 > 船舶抵押权。船舶抵押权所担保的债权顺位较为靠后。在司法实践中,该顺位又不得不考虑职工债权等因素对船舶抵押权担保的债权受偿的影响。《企业破产法》第一百一十三条确立了职工债权在破产财产受偿中的相对优先位置,但该顺位依然劣后于别除权如抵押权担保的债权。就航运企业而言,其员工有两类:一是船员,其所产生的工资、其他劳动报酬、船员遣返费用和社会保险费用依据《海商法》享有船舶优先权,优先受偿;二是不在船上工作的其他职工,其职工债权后于别除权受偿。然而,航运企业的破产财产在偿付别除权后,尤其是船舶抵押权担保的债权后往往所剩无几,航运企业普通员工的职工债权难以得到有效保护。实践中,法院是通过做金融机构工作,促使其让渡部分利益来解决这一问题的。例如,我院在穗粤公司员工工资分配案中,积极协调涉案金融机构,首创在法院监督下,由受偿执行财产金融机构主动设立维稳基金的做法,开创了劳动债权受偿工作新思路。因此,在航运公司破产引发的相关诉讼中,如何既充分保障职工债权、维护社会稳定又充分保障银行等债权人的利益是一个重要课题,亟待加以研究。此外,在航运公司破产引发的诉讼中,存在破产诉讼与海事诉讼的衔接问题,破产案件的集中管辖与海事诉讼的专门管辖之间存在一定的冲突。由于海事法院在处理船舶资产等方面存在一定的经验,银行希望由海事法院处理相关的船舶抵押贷款合同纠纷案件。

第六,船舶抵押贷款办理展期与抵押权重新登记问题。商业银行在办理船舶抵押贷款业务后,若贷款到期时,借款人出于各种原因无法全额归还贷款,银行一般会根据借款人的经营状况、当地维稳就业等各方面综合考虑,给予借款人一定的宽限期,办理展期和贷款期限调整。海事部门则认为银行贷款展期或者延期,必须注销原有抵押登记,重新办理抵押登记手续。其理由是抵押权登记证书上面注明了受偿期限,如果超过这个受偿期限,就必须注销后重新办理登记,否则不能确保抵押有效。但是,该做法会导致以下结果:一是银行办理贷款和期限调整都是在原贷款合同的基础上对原贷款期限进行调整,原贷款债权并没有结清,如果注销原来的抵押登记手续,则等同于放弃原贷款债权的抵押担保,且重新办理抵押登记手续,也将与原贷款债权失去联系。二是当借款人为其股东和关联企业的银行融资提供连带责任保证,如果银行注销原有抵押登记再重新办理,将会使债权出现一段"悬空"的空档期,一旦有其他债权人在此期间主张权利或者设立抵押,银行将无法享有优先受偿权,就会造成贷款损失。如果需要重新注销抵押登记,再对展期贷款办理抵押登记的话,银行就不会有积极性办理展期了,从而对航运融资产生不良影响。

三、商业银行对海事司法的新需求及应对措施

(一) 新时代下商业银行对海事司法的新需求

经调研发现,商业银行对海事司法的新需求主要有以下四个方面。

1. 船舶扣押与处置周期过长、费用偏高。商业银行一般只有在借款人违约后，才会主动去了解和核实船舶动态信息，即通过海事局查册了解船舶抵押及扣押情况，通过最高人民法院海事诉讼服务平台、中国涉外商事海事审判网及海事法院官网等了解船舶扣押情况，通过船讯网及船舶识别号了解抵押船舶的动态数据。部分银行的风险管理意识较强，在船舶抵押贷款发放后，会指派专人每天通过上述网站查询船舶信息，如果经过海事局网站查询的船舶定位信息没有发生变化，则判断该船舶有被扣的嫌疑，再作后续的核查。该常态化工作有助于银行及时掌握船舶的动态数据，进而迅速向法院申请保全或起诉。但仍有部分银行认为在借款人不配合提供船舶定位信息的情况下，银行难以及时获得船舶的动态数据，进而难以及时向法院申请扣押。比如，船舶经营人将船舶的定位设备拆卸，银行通过船讯网和船舶识别号亦难以寻找到船舶的具体位置。此时，有待法院通过加强查扣系统及执行指挥中心建设、与海事局等共享船舶数据等方式加以解决。调研中，银行普遍表示目前对于船舶的扣押与处置的费用过高，处置周期过长。银行将抵押船舶扣押后，起诉的周期较长，借款人往往会利用送达、管辖权异议、上诉等程序拖延诉讼，导致船舶迟迟得不到处置。银行作为扣船申请人，需要先行垫付船舶自诉前扣船、起诉、一审、二审、船舶拍卖、变卖等阶段的看管船舶费用（停泊费、燃油费、船员工资、委托第三方看管费用等）。上述费用数额较高，每天高达数万至数十万元。若船舶长期得不到处置，将会导致船舶拍卖或变卖价款在扣除船舶扣押处置费用、船舶优先权担保的债权等之后，留给银行受偿的费用所剩无几，银行的权利得不到充分保护。银行希望法院在符合法律规定的程序下从快从简处置船舶资产，从而最大限度地保全船舶的价值，使借款人与银行的利益都得到最大保护。

2. 担保物权实现程序难以解决银行对抵押船舶的受偿问题。就普通留置权而言，实现第二次效力可运用《中华人民共和国民事诉讼法》（以下简称《民事诉讼法》）规定的实现担保物权特别程序。该程序为《民事诉讼法》于2012年修改时增加的内容，本质上是一种非诉程序。依据《最高人民法院关于适用〈中华人民共和国民事诉讼法〉的解释》第三百六十三条的规定，海事法院亦可受理实现担保物权案件。该司法解释第三百六十一至三百七十七条详细阐明了实现担保物权案件的具体规定。但是，船舶不同于一般动产，其存在船舶优先权这一法定优先权，涉及抵押权人等群体的利益。依据《海商法》《海事诉讼特别程序法》等法律规定，船舶优先权只能通过诉讼途径行使。由于船舶优先权的存在，民事诉讼法及其解释下担保物权的实现程序失去了相应的作用,很容易被法院认为申请人与被申请人对实现担保物权存在实质性争议而驳回申请人申请,告知其另行诉讼。因此,银行对抵押船舶的受偿难以通过简便快捷的担保物权实现程序加以解决。

3. 涉外审判的便捷性与效率问题。调研中,商业银行纷纷表示涉外案件的立案、送达、举证、审理等程序均存在不够便利当事人及周期较长的问题。针对涉外案件,部分法院仍然要求原告在起诉时必须提供经公证认证的被告主体材料。由于境外公证的周期漫长,受限于海上货物运输等海事纠纷的一年短期诉讼时效,原告起诉存在超过诉讼时效的风险。在文书送达方面,涉外送达程序繁琐,送达困难,甚至无法送达,致使诉讼程序拖延;起诉状及应诉文书、管辖权异议文书、裁判文书等均需要走一遍送达程序,既耗费时间,又耗费金钱和精力。涉外案件的举证较为困难,证人或专家辅助人多在境外,在国内出庭应诉存在路途遥远、费用过高等问题。

4. 商业银行亟待加强法律风险应对及管理。部分银行的风险意识不强,不能正确识别船舶作为特殊动产所附带的法律风险,如部分银行在授信及发放贷款时,评估价值严重偏离船舶价值;在设立船舶抵押权时未核实新造船已经实际交接并由抵押人实际控制,未要求抵押人提供船舶交接书;在放款之前及之后,未核实船舶状况和下落,不追踪抵押人对船舶的占有及使用状况;甚至在抵押人经营陷入困境,已有大面积贷款逾期的情形下继续授信及放贷。因此,商业银行亟待加强风险管理,正确识别、分析及应对经营业务中的法律风险。

(二) 新时代下应对新司法需求的主要措施

1. 加强船舶扣押处置工作机制改革。积极推进司法便利化措施改革,在尊重海事司法规律及法律规定的前提下,针对海事诉讼船舶扣押中的特殊问题及船舶处置周期较长、费用较高等问题,积极探索新的解决路径,加大司法网络拍卖的力度。提高诉讼中拍卖船舶的比例,以快速拍卖被扣船舶。由于船舶资产属全球通用大型资产,相关参数资料均具备国际标准,不少境外投资者高度关注并希望参与竞买。因此,法院可进一步扩大船舶标的物的受众面,必要时积极吸引境外买家参与竞买,并在保证金的缴纳及税款的征收等方面给予相应的支持,以增加市场活跃度并提高船舶成交价格。

2. 引导及规范海事司法评估鉴定机构健康发展。针对海事司法船舶价值评估难、评估滥、评估贵等问题,积极与司法行政主管部门加强沟通协作,引导鉴定评估行业健康发展。完善司法委托机构入选名录即白名单,在委托机构的选取上充分考虑海事司法的特点及规律,建立委托机构准入及退出机制并严格执行,对不诚信不负责的机构坚决予以清退并处以司法罚款等强制措施,将鉴定评估机构的工作开展情况及时反馈司法行政主管部门。积极推动和配合司法行政主管部门推进鉴定体制改革,比如健全统一司法鉴定管理体制,加强对海事司法鉴定机构、环境损害鉴定机构、司法会计师事务所等的统一管理,增强鉴定机构的中立性和客观性;坚持将公益属性作为司法鉴定的基本属性,规范鉴定收费标准,强化对收费的监督和制约;科学设置、细化各类别司法鉴定人和司法鉴定机构的准入条件,建立完善鉴定执业能力考核制度和司法鉴定机构准入专家评审制度等。

3. 深化海事审判体制机制改革以提高审判质效。针对海事审判尤其是涉外审判效率不高的问题,海事法院需要深化审判体制及工作机制改革,提高海事审判工作的质量与效率,努力让人民群众在每一个司法案件中感受到公平正义。例如,为解决涉外案件送达难问题,境外民事主体在国内设立企业或办事处作为业务代办人的,可以向其业务代办人送达。境外民事主体概括指定其分支机构工作人员或者境内律师事务所律师作为特定时间、特定区域或者特定业务的诉讼代理人的,可以向其送达诉讼文书。又如,针对涉外仲裁司法审查案件,对于不予承认与执行外国海事仲裁裁决的,实现内部层报制度。该内部请示制度在一定程度上使当事人丧失了上诉权,非常有必要进行诉讼化改造,以维护上下级法院之间的审级独立,提高诉讼效率,进而提高当事人对公平正义的获得感。

4. 积极引导商业银行加强法律风险管理。商业银行多次表示希望法院能够通过讲座、调研等形式及时向其提示相关业务的法律风险。法院也可以通过发布海事审判白皮书、典型案例等形式集中向这些机构揭示法律风险。

5. 加强航运金融司法前瞻性问题研究。近年来,随着航运交易模式的发展与创新,船舶抵押贷款等领域里的新情况、新问题不断涌现,如航运公司破产引发的银行债权的保护问题、自贸区航运金融等方面的法律问题。海事司法针对上述审判实践出现的新问题,要加强前瞻性研究,夯实司法裁判的理论基础,充分发挥海事司法对航运金融的规则导向作用。

船舶登记权属与实际控制分离下的法律问题分析*

程生祥　辜恩臻　吴贵宁

摘要：船舶登记权属与实际控制的分离，即船舶营运中的登记所有权人和实际所有权人分离、登记所有权和实际控制权的分离，已经给司法实践带来了困扰与争议。船舶挂靠经营并不符合制度预期，但并未违反法律强制性规定，司法实践通常认为此类协议在当事人之间具有法律效力。本文在明确船舶登记对抗主义含义的前提下，解决由于船舶权属登记与实际权属不符引发的法律问题，希望通过系统分析，使得因同一现象引发的问题在司法实践的处理上具有理论上和逻辑上的一致性。

关键词：船舶登记；船舶挂靠；登记所有权人；实际所有权人。

一、导言

船舶是一项特殊的动产，其本身具有巨大的价值，并且可以通过营运创造更大的价值，但是船舶的价值通常并非通过船舶所有人的亲自经营而实现，更为常见的是通过出租、转租、委托经营/管理等形式来实现。为规范航运市场，提高我国航运企业的发展水平和整体竞争力，交通部下发《国内船舶运输经营资质管理规定》和《交通部关于整顿和规范个体运输船舶经营管理的通知》等文件，通过五种形式实现船舶的公司化经营。但是，这两个规定在某种程度上并没有实质性地解决船舶个体经营的问题，反而催生了更多的船舶挂靠经营。迎合上述两个规定、实为挂靠经营的模式成为个体船舶经营的常见模式，主流意见亦认为挂靠并未为现行法律法规所明文禁止，并且对促进运输业的繁荣具有一定积极作用。船舶是一项特殊的动产，船舶物权以登记而具有公示性和公信力，从而产生对抗第三人的效力。船舶营运中的登记所有权人和实际所有权人分离、登记所有权和实际控制权的分离，与船舶物权登记的公示、公信制度形成了一定的相悖，导致了司法实践中的诸多分歧。

船舶登记所有权和实际控制权的分离有正常分离和非正常分离的多种情形，具体如下。

---

* 本文获中国法学会审判理论研究会第二届学术研讨会一等奖；发表于《中国海事审判·2010》，广东人民出版社2010年版。

(一) 正常的分离

正常的分离包括船舶光船租赁和转让经营两种情形。船舶光船租赁中，船舶所有人将船舶交付给光租人使用，并由光租人配备船员，船舶所有人不再实际管理和控制船舶。根据《中华人民共和国海商法》（以下简称《海商法》），船舶光租必须进行登记，才可以对抗第三人。对于船舶所有人和光租人的权利义务，《海商法》也作出了明确规定，因此，司法实践中较少产生争议。主要产生的争议是光租未依我国法律进行登记或者登记的光租人与实际光租人不符时，光租人的诉权问题、责任问题。船舶所有人将船舶交由专业的船舶经营人或管理人进行经营或管理，这是现代船舶营运中的新模式。委托管理属于合同法中委托关系①，船舶所有人或光租人或经营人仍实际管理控制船舶。对于船舶经营人，《海商法》出现了这一概念，但并没有明确的定义，可资参考的是1986年《联合国船舶登记条件公约》第2条规定："船舶经营人是指所有人或光船承租人，或经正式转让承担所有人或光船承租人的责任的其他任何自然人或法人。"公约是从广义上对船舶经营人进行定义的，其中经正式转让承担所有人或光船承租人的责任的其他任何自然人或法人即狭义上的船舶经营人。据此定义，船舶经营人取代了船舶所有人或光租人实际管理和控制船舶，但是，《海商法》对船舶经营人的认定条件和权利义务并没有进一步的详细规定。司法实践中，船舶证书中很多登记有船舶经营人，但多为挂靠。

(二) 非正常分离

非正常分离是司法实践中产生最多争议的领域。在船舶挂靠经营的情形下，船舶实际所有权属于个体（也存在企业法人的情形），登记所有权属于被挂靠企业，并且通常由实际所有人管理经营船舶。根据《交通部关于整顿和规范个体运输船舶经营管理的通知》，个体船舶主要通过五条途径实现船舶的公司化经营：（1）个体船舶所有人组建符合经营资质的船舶运输企业；（2）船舶经营运输人吸收个体所有的船舶；（3）个体船舶出租船舶给具有经营资质的船舶运输经营人；（4）个体运输船舶所有人委托具有经营资质的船舶运输经营人经营管理船舶；（5）个体运输船舶所有人将其船舶委托专业化的船舶管理公司进行管理。后两种模式成为我国常见的船舶挂靠的变种形式。挂靠在船舶证书的记载上也反映为不同形式：一是记载被挂靠企业为船舶所

---

① 张丽敏：《船舶经营人与船舶管理人之辨析》，载《广东交通职业技术学院学报》2006年第1期。

有人，可能同时登记被挂靠企业为船舶经营人；二是记载被挂靠企业与个体船舶所有人为共有人，可能同时登记被挂靠企业为船舶经营人。此外，非正常分离的另一种情形是，在船舶转移所有权之时，当事人由于各种原因，未到船舶登记管理机关办理船舶过户手续，导致船舶所有权记载证书和实际控制人不一。

二、与船舶登记权属和本权分离有关的纠纷类型分析

（一）权属纠纷

1. 船舶实际所有人对船舶进行处分，第三人提起确权诉讼或者船舶登记所有权人提出异议，法院认定实际所有人的处分行为有效。

【案例1】"尚恒1"船系该案被告柳耀荣所有，登记在被告尚恒公司名下。2006年9月25日，原告新港公司与两被告签订了协议，约定双方以被告尚恒公司的名义、"尚恒1"船作担保，向银行申请39万元银行贷款，该贷款由原告使用17万元，被告柳耀荣使用22万元，被告尚恒公司不承担任何责任。贷款到期后，被告柳耀荣无力还贷，原告新港公司还贷之后对两被告提起诉讼，同时申请扣押"尚恒1"船。① 扣押船舶期间，案外人周建华提出异议，称柳耀荣已经于2008年10月17日将"尚恒1"船转让给其，但双方并未办理船舶过户登记手续，请求解除对"尚恒1"船的扣押。周建华同时对柳耀荣和尚恒公司提起诉讼，要求确认船舶所有权。② 法院认为虽然被告尚恒公司为"尚恒1"船登记的船舶所有权人，但其确认被告柳耀荣是"尚恒1"船的实际所有人，双方对"尚恒1"船的实际权属是没有争议的。因此，被告柳耀荣作为"尚恒1"船的实际所有人，对"尚恒1"船具有处分权。被告柳耀荣与原告周建华签订船舶买卖合同，并将"尚恒1"船实际交付原告周建华，原告周建华向被告柳耀荣支付了价款195,000元。该行为是双方的真实意思表示，没有违反我国法律的强制性规定，船舶买卖协议合法有效。

2. 船舶登记所有权人对船舶进行的处分，船舶实际所有人提出异议，法院认定挂靠协议有效，登记所有权人对船舶的处分有效，但应对实际所有权人的损失承担责任。

【案例2】1994年，原告卢田购买船舶"捷运505"轮，于1996年将该船挂靠捷运公司经营，船舶登记在捷运公司名下，由卢田负责经营，捷运公

---

① （2008）广海法初字第554号。
② （2009）广海法初字第155号。

司收取管理费。1996年7月27日，原告畅达公司、卢田和被告捷运公司协商一致将船舶转移挂靠在畅达公司。两原告将船名改为"通利"轮。但是，原告在办理"捷运505"轮注销和过户手续时发现，捷运公司于1996年11月22日将该轮抵押给中国工商银行厦门市湖里支行，贷款90万元。因船舶设定抵押权，厦门港监局不予办理注销与过户手续。原告请求判令被告将"捷运505"轮船舶所有权转移给原告，或者赔偿卢田船舶价款350万元，赔偿原告经济损失117万元。厦门海事法院认为：原告卢田将其出资购买的船舶挂靠捷运公司，自己负责经营，并负担经营费用和经营风险；捷运公司收取管理费，该船的所有权仍归卢田。捷运公司利用挂靠所形成的表面事实，擅自将不属于自己的船舶抵押给银行用以借款，其行为不仅违反了挂靠协议，而且侵犯了卢田的财产所有权。捷运公司与两原告协商一致签订《船舶转移协议》，是三方的真实意思表示，合法有效；捷运公司无法解除对"捷运505"轮设定的抵押，致使该船无法办理转移过户和营运手续，捷运公司应对此造成的损失负责。①

（二）合同纠纷

1. 船员劳务合同纠纷。

【案例3】法院认定被挂靠单位为劳务合同关系一方主体。

"南船128"轮属梁振兴所有。2003年3月13日，被告广东南油船舶股份有限公司与梁振兴签订《船舶挂靠合同》，将"南船128"轮挂靠被告经营。2003年3月1日，原告张桂强与被告签订一份《劳动协议书》，载明甲方为"南船128"轮代表人梁振兴，乙方为原告，双方约定原告担任"南船128"轮的轮机长，聘用期限为2003年3月1日起至2004年3月1日止，试用期为6个月。该劳动协议书有"梁振兴"的签名以及盖有"广东南油船舶股份有限公司南船128"中英文字样的圆形章。原告船员服务簿记载，原告在"南船128"轮的上船任职时间为2003年3月28日，职务为轮机长，该船员服务簿盖有"广州海事局《船员服务簿》签证章"字样的条形章和"广东南油船舶股份有限公司船员任职章"字样的圆形章。后"南船128"轮因其他纠纷被拍卖，原告称在服务期间未收到任何费用，请求被告支付，并在船舶拍卖款中优先支付。法院认为，梁振兴将其自有"南船128"轮挂靠被告经营，即以被告名义对外从事经营业务，其法律后果应由被告承担，被告与梁振兴之间的挂靠关系仅在他们之间发生法律效力。因此，被告应按照原

---

① 参见何丽新、吴海燕主编《海商法案例精解》，厦门大学出版社2004年版，第8-10页。

告在船上的离任职时间根据《劳动协议书》的约定支付劳动报酬。据此判令被告支付原告劳动报酬23,097元,该款项享有船舶优先权。①

【案例4】一审法院认定劳务合同关系的一方主体是实际经营船舶的实际所有人,二审法院认定被挂靠人为劳务合同主体,挂靠人承担补充清偿责任。

"穗炭运机73"轮由被告汤伟煊、林雪颜夫妇出资建造并实际经营管理,挂靠登记在被告炭步运输公司名下。2000年6月,汤伟煊、林雪颜夫妇雇用杨水兰和麦庆来夫妇驾驶船舶从广州至东莞运送货物,每航次报酬700元,包括运输费、柴油费和人工费。2001年7月6日,"穗炭运机73"轮在广州港西基码头遇台风翻沉,全部船员随沉船落水,杨水兰失踪。杨水兰的父母、子女共同作为原告向三被告提起水上工伤事故损害赔偿纠纷诉讼。法院认为,被告汤伟煊、林雪颜所有的"穗炭运机73"轮虽然挂靠在炭步运输公司名下,但被告汤伟煊、林雪颜夫妇是以个人名义聘请杨水兰、麦庆来夫妇驾驶船舶,该船员劳务合同关系发生在汤伟煊、林雪颜夫妇和杨水兰、麦庆来夫妇之间,与炭步运输公司无关,被挂靠者对该船员劳务合同关系产生的债务不承担清偿责任。对原告要求运输公司承担连带责任的诉讼请求,不予支持。二审法院认为,船舶所有权登记证书是证明船舶所有权的法定证书,三被告在一审过程中签订的确认船舶权属的协议不能对抗第三人,且该协议对受害者不利,不具有法律效力。应认定炭步公司为"穗炭运机73"轮的所有人,杨水兰和麦庆来夫妇与被告炭步运输公司之间成立劳务合同关系。被告汤伟煊、林雪颜自认其是"穗炭运机73"轮的实际船东,属于对其不利的自认,挂靠人应在被挂靠人炭步运输公司不能清偿本案债务时承担补充清偿责任。②

【案例5】多数意见认定被挂靠人与船员形成劳务合同关系,少数意见认定船舶实际所有人与船员也存在劳务合同关系。

"顺利22"轮登记的船舶所有人为被告卢卫明和黄铁成,二人各占50%的所有权,登记的船舶经营人为被告顺利公司。"顺利22"轮挂靠顺利公司,以顺利公司的名义经营,使用顺利公司的水路运输许可证。2004年10月17日,"顺利22"轮在航经肇庆西江永安附近时横倾翻沉,造成邓行斌等8人死亡。死者邓行斌受雇于被告顺利公司,任职船长,事故发生时已在"顺利22"轮上工作了约一个月。但邓行斌和被告顺利公司未签订劳务合同,工作的期限不确定,顺利公司亦未为邓行斌办理工伤保险手续和缴纳相应的工伤

---

① (2003)广海法终字第138号。
② (2003)广海法初字第388号、(2004)粤高法民四终字第97号。

保险费。邓行斌家属共同对三被告提起诉讼，请求赔偿。法院认为，虽然死者邓行斌与被告顺利公司之间没有签订劳动合同也未签订劳务合同，但邓行斌受被告顺利公司的雇佣，在被告顺利公司所经营的"顺利22"轮上实际进行了工作，与被告顺利公司形成了事实劳动关系。对于被告卢卫明、黄铁成是否应承担赔偿责任的问题，合议庭多数意见认为，根据《工伤保险条例》的规定，支付邓行斌工伤保险待遇费用的责任应由作为用人单位的被告顺利公司承担，被告卢卫明、黄铁成虽然是邓行斌所工作的"顺利22"轮的所有人，但其并非邓行斌的用人单位，不具有为邓行斌办理工伤保险手续和缴纳工伤保险费的义务，故被告卢卫明、黄铁成不应承担支付邓行斌工伤保险待遇费用的责任。少数意见认为，被告卢卫明、黄铁成是"顺利22"轮的所有人，虽然没有与死者邓行斌直接构成劳动关系，但邓行斌在其挂靠在被告顺利公司经营的"顺利22"轮上工作，实际上是为被告卢卫明、黄铁成的利益而工作，被告卢卫明、黄铁成实际上是死者邓行斌工作成果的受益者，因此，被告卢卫明、黄铁成应在被挂靠人被告顺利公司不能清偿本案债务时，承担补充清偿责任。按照合议庭的多数意见，法院判决由被告顺利公司应按工伤保险待遇项目和标准支付邓行斌工伤死亡的工伤保险待遇费用，被告卢卫明、黄铁成对此不承担责任。①

2. 船舶保险合同纠纷。

【案例6】法院认定船舶实际所有人对船舶具有保险利益，但学者认为，谨慎的做法是将实际船东、登记船东和光船船东均列为被保险人，另有海事法院判只有登记船东才有保险利益的案例。②

"荣盛"船为荣冠公司购买的船舶，荣冠公司与安泰公司订有联营协议书，将该船登记在安泰公司名下，由荣冠公司经营。荣冠公司就"荣盛"船向保险公司投保，保险金额和保险价值均为900万元，保险期限为1994年11月1日零时起至1995年10月31日零时止。1995年，"荣盛"船在保险期限内左主机发生严重机损，在日本临时修理后回青岛拟作永久修理，经检验和报价，估计永久修理费用加上已在日本发生的临时修理费用超出了船舶保险价值，构成推定全损，即向保险人委付。保险人主张荣冠公司既不是船东，也不是光船承租人，即对"荣盛"船没有经济利害关系和保险利益。一审、

---

① （2005）广海法初字第266号。
② 参见汪鹏南主编《中国海上保险案例摘要及评论》，大连海事大学出版社2003年版，第20－23页。

二审法院均认为荣冠公司对"荣盛"船具有保险利益,保险合同合法有效。①

【案例7】法院认定被保险人为保险合同记载的当事人。

"协航99"轮为钢质集装箱船,原船舶所有人为协航公司,后变更为陈日根所有。船舶所有权证书登记为陈日根和长江公司共有,陈日根占99%份额,长江公司占1%份额。2004年11月1日,长江公司与陈日根签订《船舶挂靠登记和管理协议书》约定:将"协航99"轮挂靠在长江公司名下经营并委托长江公司管理;"协航99"轮必须投保船舶一切险;保险手续由长江公司代为办理,保险单证复印件经与原件核对无误后交陈日根,保险费用由陈日根承担;发生船舶保险事故,长江公司协助陈日根向保险公司理赔,保险赔偿归陈日根所有,办理索赔的有关费用由陈日根承担;如果保险事故涉及对第三者的赔偿,在纠纷解决之前,保险赔偿金由长江公司保管,陈日根不得处分。2004年10月9日,协航公司将"协航99"轮向黄埔财保投保沿海内河船舶一切险,黄埔财保于10月12日向其签发了沿海内河船舶保险单。2004年12月18日,保险公司对保险单作出批改,将关系人协航公司更改为长江公司。2005年4月12日,"协航99"轮在从香港开往澳门的运输途中发生保险事故沉没。陈日根作为原告在广州海事法院对保险公司提起诉讼,请求法院判令黄埔财保向其支付保险赔款1,150,000元、救助及施救费用550,000元,并承担本案的诉讼费用。原审一审法院以陈日根并非保险合同当事人为由驳回其诉讼请求。陈日根提起上诉。广东省高级人民法院以一审遗漏必要共同原告为由将该案发回重审。重审中,广州海事法院追加长江公司作为共同原告。广州海事法院重审认为:长江公司是"协航99"轮的船舶经营人,陈日根和长江公司为"协航99"轮的共有人。双方约定船舶保险手续由长江公司代为办理,因此,长江公司的投保行为,是以自己的名义为其本人及陈日根与黄埔财保形成了船舶保险合同关系。虽然长江公司在投保时没有向黄埔财保披露受陈日根的委托,但根据《中华人民共和国合同法》第四百零三条第一款的规定,委托人陈日根可以行使保险合同下被保险人的权利。黄埔财保称保险单上没有记载陈日根为被保险人,主张陈日根不是被保险人的抗辩不成立,予以驳回。陈日根和长江公司应按船舶所有权登记证书中所登记公示的比例受偿,即陈日根有权获得99%的保险赔偿金,长江公司有权获得1%的保险赔偿金。黄埔财保和长江公司均提起上诉。广东省高级

---

① (1998)鲁经终字第533号。应该说,认定船舶实际所有人对船舶具有保险利益并非鲜见,广州海事法院审理的(2004)广海法初字第190号、(2007)广海法初字第416号等案也采用这一观点。

人民法院二审认为,长江公司承继协航公司的权利义务与黄埔财保成立保险合同法律关系。根据保险单的约定,"协航99"轮发生保险事故后,有权获得保险赔偿金的主体应为长江公司。陈日根作为"协航99"轮的共有人,与长江公司签订《船舶挂靠登记和管理协议书》,仅能证明二者之间具有挂靠经营管理关系,并不能证明陈日根与黄埔财保之间形成保险合同关系。陈日根与长江公司之间的挂靠关系,属于二者内部关系,与本案保险合同纠纷无关,应另案处理。黄埔财保也主张保险合同一方当事人是长江公司而不是陈日根,根据合同相对性原则,本案被保险人应认定为长江公司。原审法院认定长江公司以其本人名义为长江公司、陈日根与黄埔财保形成保险合同关系,从而判令保险赔偿金由陈日根与长江公司按照船舶共有份额共同受偿,缺乏充分的事实和法律依据,应予纠正。变更原审判决为黄埔财保向长江公司支付全部保险赔偿。

(三) 船舶侵权纠纷

1. 船舶碰撞、船舶触碰码头等侵权纠纷。

【案例8】法院认定登记所有人应对船舶碰撞承担责任。

原告卢伟贤为"粤清远货2968"轮船舶所有人,被告周桂清为"粤怀集货0095"轮登记的船舶所有人。2008年1月24日,"粤清远货2968"轮航经顺德水道西海大桥施工水域时与"粤怀集货0095"轮对遇发生碰撞。原告因此对被告提起诉讼。案件审理过程中,韦秀盛称其向被告购买了"粤怀集货0095"轮,其为实际船舶所有人,申请参加诉讼。法院准许其作为第三人参加诉讼。法院认为,被告和第三人均认可双方就"粤怀集货0095"轮存在买卖合同关系,第三人为"粤怀集货0095"轮的实际所有人,但是,本案并非船舶权属纠纷,原告也未请求第三人承担船舶碰撞损害赔偿责任。根据《海商法》第九条规定,"船舶所有权的取得、转让和消灭,应当向船舶登记机关登记;未经登记的,不得对抗第三人",被告与第三人之间的船舶买卖不能对抗作为船舶买卖合同关系第三人的原告。被告系船舶所有权证书记载的"粤怀集货0095"轮所有人,其应对涉案事故造成的损害承担赔偿责任。①

【案例9】法院认定实际所有人承担责任,登记所有人承担补充清偿责任。

2003年5月9日,李艳芬所有的"粤鹤山货2062"船傍拖卢伟明所有的"高明工程3号"船在西江水道高明36号标对开约150米处河面与"顺港

---

① (2008)广海法初字第106号。

168"轮（总吨914）发生碰撞。"顺港168"轮系宏基燃料有限公司（以下简称"宏基公司"）所有，挂靠在顺泽水运公司（以下简称"顺泽公司"）名下经营。佛山市高明区海事处作出了《"5·9"内河水上交通（碰撞）事故调查报告》，认定"粤鹤山货2062"和"高明工程3号"船队对事故负有主要责任，"顺港168"轮对事故负有次要责任。李艳芬、卢伟明共同对宏基公司和顺泽公司提起诉讼。法院认为，"顺港168"轮在涉案事故中存在过错，事故造成两原告所有的船舶损坏；宏基公司作为"顺港168"轮的所有人，应当向两原告承担损害赔偿责任。顺泽公司同意"顺港168"轮挂靠在其名下经营，并从中收取管理费，因此，顺泽公司应当对"顺港168"轮经营产生的债务承担补充清偿的责任。①

【案例10】法院认定登记所有人和实际所有人承担连带责任。

"藤县纸袋厂01"船的船舶所有人为原告唐伟超，经营人为广西藤县纸袋厂。"粤肇庆货2019"船实际为被告叶红强所有，挂靠在被告水运一公司名下经营，该船登记的船舶所有人为被告水运一公司。2005年1月17日，"粤肇庆货2019"船与"藤县纸袋厂01"船在肇庆峡行驶时发生碰撞，"藤县纸袋厂01"船沉没，所载水泥也随船落水，全部湿损。合议庭认为，"粤肇庆货2019"船应负主要责任，"藤县纸袋厂01"船应负次要责任。"粤肇庆货2019"船实际为被告叶红强所有，挂靠在被告水运一公司名下进行营运。因此，对于"粤肇庆货2019"船因碰撞事故给他人造成的损失，被告叶红强和被告水运一公司应承担连带赔偿责任。②

【案例11】法院认定实际所有人对船舶碰撞所致的损害不享有诉权。

"桂北渔16311"号船系木质单底拖渔船，登记船主为蓝庆强。2000年8月，蓝庆强将该渔船卖给刘世连。同月10日，刘世连又以68,000元的价格将其卖给原告罗文辉、姜洪帮。两次转让均未办理船舶过户登记手续，登记船主仍为蓝庆强。"海龙1"号轮为钢质油船，船舶所有人为被告李国庆、陈保生。1998年5月13日起至2003年5月12日止，该船以光船租赁的形式租给被告钦州市钦南区水运三公司（以下简称"水运公司"）。2001年2月5日，"桂北渔16311"号渔船自北海起航，开往涠洲岛附近海域从事捕捞作业。次日上午，约11时30分，一艘名为"海龙1"号的大船快速驶近并撞到"桂北渔16311"号渔船船艉角，致使渔船右艉角被撞散、机舱进水。碰

① （2004）广海法初字第12号。
② （2005）广海法初字第443号。

撞后不久"桂北渔16311"号沉没,船上人员全部落水。原告罗文辉、姜洪帮对被告水运公司、李国庆、陈保生提起诉讼。北海海事法院认定原、被告船舶对碰撞事故的发生互有过失,被告应对本次事故承担65%的责任,原告应对本次事故承担35%的责任。"桂北渔16311"号渔船经历了两次所有权的变更,最后的受让人为原告,但该两次所有权转移均未依法进行船舶变更登记。根据《海商法》第九条第一款的规定,船舶的最后受让人罗文辉、姜洪帮不得以未经登记为由来对抗第三人的权利要求;而在本案中其以权利人的身份主张权利,则不存在对抗第三人的问题,其合法权利应予支持,故本案的船舶碰撞赔款应直接付给罗文辉、姜洪帮。上诉人水运公司、李国庆、陈保生上诉称,被上诉人不是涉案渔船的合法所有人或经营人,依法不具备一审原告的诉讼主体资格,对本案不享有诉权。请求二审法院撤销原判,驳回被上诉人的起诉。广西壮族自治区高级人民法院认为,"桂北渔16311"号渔船经案外人蓝庆强转让给另一案外人刘世连,刘世连再转让给本案被上诉人罗文辉、姜洪帮。该船的两次转让均未向有关部门办理登记手续,该船登记的所有人仍是蓝庆强。"桂北渔16311"号渔船的总吨不足20吨,本案应适用《中华人民共和国船舶登记条例》(以下简称《船舶登记条例》)。根据该条例第五条第一款"船舶所有权的取得、转让和消灭,应当向船舶登记机关登记;未经登记的,不得对抗第三人"的规定,尽管案外人刘世连认可被上诉人是该船的所有人,但因被上诉人受让船舶未依法登记,他们之间的船舶转让的效力仅及于双方当事人,不具有对抗第三人的效力,即被上诉人不得以船舶所有人的名义向合同之外的第三人请求船舶碰撞损害赔偿。因此,两被上诉人与本案没有直接利害关系,不是本案适格的原告,其以船舶所有人的名义提出船舶碰撞损害赔偿的主张,依法不予支持。裁定驳回罗文辉、姜洪帮的起诉。①

2. 水上人身损害赔偿纠纷。

【案例12】法院认定实际所有人和被挂靠单位(登记为船舶经营人)承担连带责任。

"粤广州货0428"轮的船舶所有权登记证书记载船舶所有人为林永雄、黎惠韬,两人分别占50%股份;船舶国籍证书和内河船舶检验证书簿记载浩雄公司为"粤广州货0428"轮船舶经营人。浩雄公司与林永雄、黎惠韬签订

---

① 《船舶所有权未经登记不得对抗第三人》,见网页(http://www.chinawuliu.com.cn/oth/content/200602/200619926.html),访问日期:2009年8月1日。

了《船舶挂靠经营协议书》，约定林永雄、黎惠韫将其所有的"粤广州货0428"轮委托给浩雄公司经营，委托时间从2006年1月1日起至2007年1月1日止，浩雄公司收取每月3,400元的委托费。2006年11月19日上午，"粤广州货0428"轮在广州市花都区炭步镇珠江水泥厂码头散装水泥泊位停泊时发生起火爆炸事故，造成1人死亡、李祖军等11人受伤。李祖军等人对林永雄、黎惠韫、浩雄公司提起诉讼。一审法院认为，涉案事故的发生由于船员的操作过失或管理过失所致。船员受雇期间在涉案船舶生活舱内使用煤气灶或对燃气设备进行管理属于船东雇请的人员所进行的行为，船舶所有人即本案被告林永雄、黎惠韫应对原告的损失承担赔偿责任。海事部门出具的船舶国籍证书和船舶检验证书簿记载了被告浩雄公司为涉案船舶的经营人，该记载具有公示性与公信力。被告浩雄公司虽然提供了其与林永雄、黎惠韫的《船舶挂靠经营协议书》，并主张双方已经因林永雄、黎惠韫未按约定交纳委托费而解除了挂靠关系，但是《船舶挂靠经营协议书》系浩雄公司与林永雄、黎惠韫双方之间的协议，其不能对抗作为第三人的原告。根据《交通部关于整顿和规范个体运输船舶经营管理的通知》（交水发〔2001〕360号）第二条第（四）项的规定："个体运输船舶所有人与具有经营资质的船舶运输经营人按照平等自愿的原则，签订船舶委托经营管理合同，由接受委托的船舶运输经营人负责个体船舶的经营和管理，并承担所接受委托船舶的安全责任。"浩雄公司应对涉案船舶承担安全管理责任，浩雄公司未尽安全管理义务而造成本案事故，主观上存在过错。根据《中华人民共和国民法通则》第一百三十条的规定："二人以上共同侵权造成他人损害的，应当承担连带责任。"浩雄公司应当对涉案事故给原告造成的损害承担连带赔偿责任。①

三、问题的提出

上述案例虽然无法囊括同类问题的所有纠纷类型，但已经基本覆盖司法实践中常见的纠纷类型。通过对不同纠纷类型案件审理的考察，我们可以发现船舶登记权属与实际控制的分离已经给司法实践带来了困扰与争议。这种困扰主要集中在船舶非正常委托经营管理和非正常登记所有权的情况下。船舶挂靠经营虽然并不符合我们的制度预期，但是并未违反法律的强制性规定，通常司法实践中也认为，此类协议在当事人之间是具有法律效力的，双方应

---

① （2007）广海法初字第421号。类似的案件中，不同海事法院的认定标准比较一致，如原告杨镇宾、赵玉与被告张泽琴、被告江津市津航船业有限责任公司人身伤害赔偿纠纷案，见网页（http://www.cjris.org.cn/cjris/fzpd/hsfy/dxal/200907/1720.html），访问日期：2009年6月18日。

按约定履行,由此引起纠纷的,法院亦保护其合同权利。① 因此,对因挂靠本身引起的权属纠纷的解决并无太多争议。争议的主要问题在于三个方面。

(一)行为和责任主体如何认定?

(1)在合同纠纷中,在当事人未签订书面合同的情况下,如何认定合同当事人,是以登记所有人为合同一方当事人,还是以实际所有人或经营人为合同一方当事人?我们可以发现,在船员劳务合同纠纷中,对这一问题的认定颇为混乱。(2)在签订书面合同的情况下,并且是以名义所有人或者被挂靠人签订的合同下,实际所有人即实际利害关系人是否能够介入合同,成为合同的一方当事人?比如本文前述案例7。(3)在登记为船舶共有人,实为挂靠关系(通常被挂靠方仅登记1%所有权)的情形下,责任主体如何确定?在登记为船舶经营人,实为挂靠关系的情形下,责任主体如何确定?两种情形下的主体及其责任是否不同?(4)在侵权纠纷中,侵权行为主体/权利主体是船舶登记所有人还是船舶实际所有人或船舶经营人?

(二)责任如何认定?

虽然这一问题与主体问题密切相关,但即使在主体得以确定的情况下,各主体承担何种责任以及相互间的责任分担仍存在以下问题:(1)在上述船员劳务合同纠纷和侵权纠纷案例中,存在着船舶登记所有人和船舶实际所有人单独承担责任、承担补充清偿责任和承担连带赔偿责任的不同观点。(2)在登记为船舶共有人,实为挂靠关系的情形下,其法律效力如何,是否认定为共有,并按共有财产原理认定责任?在登记为船舶经营人,实为挂靠关系的情形下,责任如何确定?两种情形是否应该同一认定或者应有不同?(3)未进行登记的船舶所有人或者光租人,能否享受责任限制?

(三)程序问题

除了上述实体问题之外,由这一问题引发的还包括诸多程序问题。其一,当事人如何确定?当然,这一问题亦由责任主体的确定引发而来,但目前在这一问题上至少有如下争议:(1)实际船舶所有人申请作为被告或第三人参加诉讼,是否应予准许?(2)如原告只起诉船舶登记所有人或实际所有人/经营人,特别是在船舶登记为共有的情形下,是否应追加被告?(3)现有案件较多是由船舶登记所有人出面提起诉讼,如果前述认为船舶实际所有

---

① 如(2008)广海法终字第42号,原告东莞市振华运输有限公司与被告深圳市浩达海运有限公司船舶经营管理合同纠纷一案,法院认为,原、被告签订的船舶挂靠管理合同是双方当事人真实意思表示,且不违反法律、法规的强制性规定,对双方当事人具有约束力,原、被告均应按照合同约定履行自己的义务。

人享有某些权利,那么,实际所有权人能否单独或者合并作为原告提起诉讼?二者如何协调?其二,船舶扣押问题,能否扣押被挂靠人名下的姐妹船?船舶扣押中出现实际所有权人提出异议的情形,如何处理?

四、分析与见解

很显然,司法实践中的困惑源自船舶物权登记的特殊性,因此,确认船舶物权登记的效力是解决所有问题的逻辑起点。

(一)船舶物权登记的效力

根据《海商法》第九条、第十三条,《船舶登记条例》第五条、第六条的规定,船舶所有权的取得、转让和消灭,船舶抵押权、光船租赁权的设定、转移和消灭,必须向船舶登记机关登记,未经登记的,不得对抗第三人。据此,我国对船舶物权变动采用的是登记对抗主义原则。我国司法实践也据此认为承担船舶责任的应为登记的船舶所有人或光船租船人。2005年12月26日最高人民法院印发的《第二次全国涉外商事海事审判工作会议纪要》第130条规定:"船舶所有人对船舶碰撞负有责任,船舶被光船租赁且依法登记的除外。船舶经营人或者管理人对船舶碰撞有过失的,与船舶所有人或者光船承租人承担连带责任,但不影响责任主体之间的追偿。"于2008年4月28日颁布的《最高人民法院关于审理船舶碰撞纠纷案件若干问题的规定》(以下简称《若干规定》)对纪要中有关确定船舶碰撞责任主体的规定作出修正,第四条规定:"船舶碰撞产生的赔偿责任由船舶所有人承担,碰撞船舶在光船租赁期间并经依法登记的,由光船承租人承担。"此处所称的船舶所有人指登记所有人。也就是说,一般情况下,船舶所有人是船舶碰撞损害赔偿的当然责任主体,只有当碰撞船舶在光船租赁期间并经依法登记的情况下,光船承租人才能成为船舶碰撞的责任主体。《若干规定》的出台明确了船舶碰撞责任的主体,对司法认定有着直接和简化的效果。但是,《若干规定》也并未使解决这一问题尘埃落定。有人认为,简单认定登记所有人应对船舶碰撞承担责任可能违反了侵权法关于替代责任的法理,《海商法》从来没有一条普遍性的规则要求船舶所有人作为物的所有人而承担责任的,认定船舶所有人为船舶碰撞主要责任主体的基础在于其对船舶的指挥、管理和控制,而不在于其是船舶的所有人。① 而如果认定由船舶实际经营人承担侵权责任,船舶登记对抗主义又是否可以推导出登记所有人和实际经营人承担连带责任

---

① 曲涛:《船舶碰撞损害赔偿责任主体之认定》,载《大连海事大学学报(社会科学版)》,2008年第6期。

或者共同责任的结论?

对所谓的登记对抗主义历来有不同理解,包括债权效果说、相对无效说、不完全物权变动说、第三人主张说、诉讼法的构成说等学说主张。其中,相对无效说认为未经登记,在当事人之间虽已经发生物权变动的效力,但在对第三人的关系上则完全不发生物权变动的效力。但是,不完全物权变动说和第三人主张说为主流观点,即所谓不得对抗,并非不发生效力,而系指未经登记的物权变动在当事人间业已完全有效成立,在对第三人之关系上,也并非绝对无效,仅该当事人不得对第三人主张物权变动之效力而已。① 就此而言,登记对抗主义的对抗效力其实颇为有限,其仅在于解决因物权转让引起的纷争,并且,这一效力并不因登记的事实而自然产生,只在第三人主张时才发生。更为重要的是,其中的第三人是受限制的第三人,应当是与船舶有系争关系的善意第三人,包括船舶物权取得者和因法定程序而直接取得对船舶支配关系的债权人。简而言之,第三人并非当事人以外的所有第三人,而仅是对船舶具有支配力的第三人。② 物权变动即使未经登记,也可以对抗某些第三人,如一般债权人、不法侵害或占有交易标的物的人、无效的登记名义人、基于无效行为受让物权的人等。③《中华人民共和国物权法》对不动产和动产物权的设立规定了不同的生效要件,不动产物权采用登记生效主义,动产物权采用交付生效原则,另对特殊动产采行登记对抗主义,并将第三人限定为善意第三人。我国所遵循的登记对抗主义基本采用第三人主张说的见解。④

(二) 侵权纠纷中的主体与责任认定

循上述逻辑,既然侵权行为人并不在不得对抗的第三人之列,则在发生船舶侵权纠纷的情形下,船舶实际所有人可以主张船舶物权。与此相对应的是根据权利义务对等的原则,船舶实际所有人亦有资格被主张侵权损害赔偿责任。这一结论与侵权行为理论具有内在的逻辑契合。侵权损害赔偿责任的产生通常要求满足加害行为、过失、损害结果、因果关系四个基本要件。一个人原则上仅就自己的行为负责,例外情形下对他人的行为负责。在船舶由

---

① 孙鹏:《物权公示论——以物权变动为中心》,法律出版社2004年版,第234-236页。
② 李志文:《船舶所有权法律制度研究》,大连海事大学博士学位论文,2004年。
③ 最高人民法院物权法研究小组编著:《〈中华人民共和国物权法〉条文理解与适用》,人民法院出版社2007年版,第115页。
④ 最高人民法院物权法研究小组编著:《〈中华人民共和国物权法〉条文理解与适用》,人民法院出版社2007年版,第114-115页。

实际所有人控制,而不由登记所有人控制的情形下,登记所有人对侵权行为的发生并没有任何的掌控,恰恰是实际所有人控制、管理船舶,雇请船员对船舶进行营运,船舶侵权行为的发生通常也是因船员的过失行为所致。根据控制权理论和雇主替代责任的原理,实际占有和控制管理船舶的人有义务承担损害赔偿责任。控制权理论认为,物引起的侵权责任并非建立在所有权人对其物享有所有权的基础上,而是建立在占有权人对引起他人损害的物进行控制的基础上。① 雇主替代责任要求雇主对雇员在从事雇佣活动中致人损害的行为承担损害赔偿责任。② 可见,要求船舶实际所有人——在其控制经营船舶的情况下承担侵权责任并不基于其对船舶的实际所有权,而在于侵权行为的法理。也因此,虽然根据《若干规定》,碰撞船舶在光船租赁期间并经依法登记的,由光船承租人承担碰撞责任,但是,司法实务中要求实际光租人承担碰撞责任,并不以其进行登记为要件。③ 问题是,船舶登记所有人是否可以因船舶实际所有人/经营人的出现而得以免责。司法实践中要求船舶登记所有人承担侵权责任主要基于以下四点考虑:(1) 船舶登记具有公示性和公信力,船舶登记所有人和实际所有人之间的约定属于其二者之间的内部关系,不得对抗合同外第三人。(2) 扩大责任主体范围会带来识别困难,也会因责任人的互相推诿增加诉讼成本,责任人的单一性更有利于受害人及时有效地索赔。船舶登记所有人是第一个也是最容易被识别的责任主体。④ (3) 减轻受害人的举证责任。(4) 避免登记船东以船舶转让或光租为由逃避责任,并督促船东及时登记。⑤ 诚然,如果将登记所有人与实际经营人一并列为责任主体,由其承担连带责任,对受害人的保护而言大有裨益。但是,如前所述,承担侵权责任的基础在于对物的控制,而不在于对物的所有权。侵权人的赔偿能力对于受害人而言只是正常的诉讼风险,并不因船舶权属的

---

① 张民安、林泰松:《论物权人承担的作为义务》,载《当代法学》2007年第2期。
② 雇主替代责任的法理依据,参见张新宝《侵权责任法原理》,中国人民大学出版社2005年版,第295-297页。
③ (2007)广海法初字127号,该案中,当事人确认肇事船舶"槿草"轮由尤玛公司光租,但是,并未进行登记,法院认定,被告尤玛公司虽然因其与被告海楼公司的光船租赁未进行登记而不承担光船租船人的责任,但其光船租赁"槿草"轮的事实各方当事人均没有异议。被告尤玛公司是"槿草"轮的实际经营人和管理人,对该轮与"航浚11"轮发生碰撞事故负有经营和管理上的过错责任,依法应与被告海楼公司就"槿草"轮碰撞责任承担连带赔偿责任。并同时认定,作为船舶经营人,被告尤玛公司依法可以享受责任限制。
④ 关正义、刘安宁:《船舶碰撞法律制度中的几个问题》,载《人民司法》2009年第1期。
⑤ 张华刚:《双重视角的审视——船舶侵权责任主体的再思考》,载《浙江省首届海洋经济发展法治论坛论文集》2009年。

认定而有所改变。问题的关键在于，不实登记在民事法中应该有什么样的后果。如本文导论中所述，船舶登记与实际状态的不一包含着正常的分离和非正常的分离，但非正常的分离中又包含着可归责于当事人和不可归责于当事人的不同情形。具体而言，可归责于当事人的情形指当事人懈怠登记、当事人虚假登记等；不可归责于当事人的情形指发生侵权行为之时，船舶处于物权变动登记的正常期间、无须进行变更登记（如购买作为废铁）或者船舶物权变动未能及时登记属于不可归责于当事人的客观原因。对于不可归责于当事人的情形，要求登记所有人承担船舶侵权责任有失公平。对于可归责于当事人的情形，尤其是当事人明知没有取得船舶所有权而为虚假登记的情形，是否因虚假登记而推定登记所有人承诺其应承担船舶实际所有人的义务？①笔者认为，现有的法律规定和法理尚难以推导出这一结论。但毫无疑问的是，船舶物权的登记具有公信力，这种公信力伴随着权利推定效力，第三人可以根据船舶证书的记载推定登记所有人为船舶所有人，不存在与之相反的权利，并据此向登记所有人主张权利。然而，该推定并非不可推翻的推定。船舶登记所有人应对推翻此推定承担证明责任。在有充分证据实际所有人的所有权，并证明登记所有人未参与经营管理的情况下，登记所有人仍可以不承担侵权损害赔偿责任。但是，船舶登记人和船舶实际所有人之间存在争议和推诿，在船舶权属和控制事实无法确定的情形下，作为第三人的受害方没有义务受其争议影响，船舶登记所有人应单独或与实际控制人共同对受害人承担责任。本文前述案例4即存在此种情况。

在登记为船舶经营人或船舶管理人，但实为挂靠的情形下，即使有证据证明船舶经营人或船舶管理人并未参与经营管理，由于船舶经营人或管理人向船舶实际所有人收取管理费，并根据《交通部关于整顿和规范个体运输船舶经营管理的通知》第二条第（四）项的规定"个体运输船舶所有人与具有经营资质的船舶运输经营人按照平等自愿的原则，签订船舶委托经营管理合同，由接受委托的船舶运输经营人负责个体船舶的经营和管理，并承担所接受委托船舶的安全责任"，船舶经营人或者管理人是具有特定身份和特定职责的人，被挂靠企业收取管理费并在船舶证书中登记为船舶经营人或管理人，也应视为其承诺履行船舶经营人或管理人的职责。故此，根据案件的具体情况，要求船舶经营人或管理人在对其履行经营人或管理人职责上的过失承担

---

① 黄永申：《试论船舶所有权登记的效力》，见网页（http://www.ccmt.org.cn/hs/explore/exploreDetial.php?sId=2322），访问日期：2009年8月2日。

责任是合理的。

(三) 合同纠纷中的主体和责任认定

1. 劳务合同项下的法律问题分析。合同通过当事人要约、承诺的意思表示而成立,因此,判断合同当事人的依据在于合同是依谁的意思表示而成立。在通常情况下,合同通过书面方式成立,合同当事人的判断也就比较简单。司法实践中最容易产生纠纷的是,船员劳务合同纠纷中,当事人未签订书面合同,而船舶登记所有人和实际控制人分离,此时合同一方当事人应如何认定。就前述案例反映的情形看,司法中存在认定船舶登记所有人或实际控制人为合同当事人的不同观点,并且更多地倾向于认为登记所有人为合同当事人。但简单地以船舶所有人的登记或归属来认定船员劳务合同关系是不可取的。比如在船舶光租的情形下,船舶的所有权归属很明确,但是,船舶所有人并不是必然的船员劳务合同当事人,而只有聘任船员的光租人才是真正的合同当事人。合同具有相对性和特定性,合同主体仍应以合同的意思表示为判断依据。在事实劳务合同关系中,判断合同当事人主要应看:(1) 雇员由谁选任。雇员既可以是雇主自己亲自选任,也可以是雇主授权选任。(2) 谁基于雇员的劳务而受益。① (3) 雇员受谁的控制、指挥、监督,即与谁存在隶属关系。雇员受雇主控制、指挥、监督是雇佣关系存在的基础。(4) 雇员的工资由谁发放。这样的实质性认定与实际经营人对船员的管理或驾驶过失承担替代责任是一脉相承的。

2. 保险合同项下的法律问题分析。保险合同项下的争议主要在于登记所有人还是实际所有人享有保险利益。根据《中华人民共和国保险法》的规定,保险利益是指投保人或者被保险人对保险标的具有的法律上承认的利益。基于财产所有权与财产所有权有关的财产权而产生的合法利益自然是财产保险中保险利益的主要类型。虽然根据登记对抗主义原理,实际所有人对船舶的处分权受到一定的限制,但是其对船舶的财产利益并未丧失,不认可实际所有人对船舶的保险利益是不合理的。另外,从实践的角度而言,保险人在接受投保时都会对投保人与船舶的关系,是否有保险利益进行审查,保险人接受投保后,以实际所有人未登记所有权、对船舶不享有保险利益进行抗辩是不成立的。司法实践中也倾向于认可未登记的船舶所有人对船舶的保险利益。

事实上,船舶挂靠的情况下,由船舶实际所有人投保的情形并不多见,

---

① 刘淑华、冯晓青:《如何正确判断雇佣关系》,载《人民法院报》2006年4月18日。

一般是登记所有人和实际所有人协商如何投保。更容易出现的纠纷是实际所有人和登记所有人出现矛盾，登记所有人不积极理赔或争夺保险赔款。就保险合同关系而言，固然是根据合同相对性原则确定权利义务，但在船舶挂靠的情形下（特别是在登记为共有的情形下），登记所有人根据挂靠协议的约定以自己的名义就船舶进行投保，并记载登记所有人为船舶被保险人。发生保险事故后，保险合同的履行产生争议时，实际所有人能否直接主张被保险人的权利？此涉及合同相对性及其突破的问题。合同相对性原则是古典合同法中的一个基本原则，基于这一原则，除合同的当事人外，任何其他的人不得请求享有合同上的权利，也不必承担合同上的责任。随着经济的发展，社会交往日益复杂化，这一原则已经有了一些变化，出现了例外，如租赁关系的物权化、为第三人利益的合同、债的保全制度、委托人介入权等。《中华人民共和国合同法》第四百零三条规定："受托人以自己的名义与第三人订立合同时，第三人不知道受托人与委托人之间的代理关系的，受托人因第三人的原因对委托人不履行义务，受托人应当向委托人披露第三人，委托人因此可以行使受托人对第三人的权利。但是，第三人与受托人订立合同时如果知道该委托人就不会订立合同的除外。"因此，实际所有人能否突破合同相对性必须满足以下条件：（1）实际所有人与登记所有人之间存在委托约定；（2）在订立合同当时，委托人的出现不会影响合同的订立。

（四）程序问题的解决

本专题中的程序问题大多是因实体问题而引起，在明确了属于实体问题的责任认定和责任主体认定的基础上，程序问题也会迎刃而解。

在侵权纠纷中，根据挂靠或者委托经营/管理协议，损害赔偿责任最终由实际控制和管理船舶的实际所有人承担，因此，实际所有人会更为关注案件的结果，即使原告只对登记所有人提起诉讼，实际所有人也极有可能申请参与诉讼，如本文前述案例8，或者登记所有人会申请追加被告，此时，应将实际所有人追加为被告为宜。在船员劳务合同纠纷中，如双方未签订书面合同，亦应将实际所有人追加作为被告，以利于事实的查明和最后责任的认定。但值得注意的是，我们在审理类似案件过程中，出现原告不愿意追加被告的情形时，应向原告释明法律关系及诉讼风险并记录在案，根据民事诉讼法不告不理原则和处分原则，不予追加。

原告作为申请人申请扣押涉案船舶或其姐妹船，如果查明姐妹船为挂靠船舶，并不为被申请人实际所有，因船舶登记的公示性和公信力，不能认为申请人申请扣船错误。如果实际所有人提出异议，在经过法定异议程序后，如果能够认定被扣押船舶的实际权属并非属于被申请人所有，则应考虑释放船舶。按照船舶物权登记理论，船舶实际所有人对船舶的物权并不因为不实登记而丧失，那么，对于申请人而言，该船舶将来也难以被作为申请人的财产而进行拍卖，扣押船舶已经失去财产保全的意义。

对于已经买卖并交接，但未进行登记的船舶，因船舶登记所有人或前手所有人的事由而被扣押，后手所有人提起异议的，根据《最高人民法院关于人民法院民事执行中查封、扣押、冻结财产的规定》第十七条，被执行人将其所有的需要办理过户登记的财产出卖给第三人，第三人已经支付全部价款并实际占有，但未办理过户登记手续的，如果第三人对此没有过错，人民法院不得查封、扣押、冻结，应解除对船舶的扣押。但在存在登记所有人和实际所有人，实际所有人出卖船舶的情形下，涉及实体确权问题，往往导致法院不轻易在程序中决定解除扣押。

五、小结

综合上述分析，我们倾向于在明确登记对抗主义含义的前提下，解决由于船舶权属登记与实际权属不符引发的法律问题，并且希望通过系统分析使得因同一现象引发的问题在司法实践的处理上具有理论上和逻辑上的一致性。

上述的处理方式体现了对纠纷的实质性处理、保障司法的实质公正、兼顾第三人利益、简化诉讼。但是，我们也发现，即使严格遵循同一理论基础和同一理论逻辑推导出来的结论，在某些方面也不尽如人意。比如，同为船舶挂靠的情形，在登记为船舶所有人的情形下，登记所有人可能无须承担责任；在登记为船舶经营人或管理人的情况下，被挂靠人可能必须承担连带责任。这可能产生实质性不公平的嫌疑。但这一问题在某种程度上是船舶管理体制所致，并非法理上的悖论。

规范船舶挂靠经营的法律思考

吴贵宁

摘要：船舶挂靠经营作为我国航运市场发展中的特定历史产物，是一种规避国家限制经营的行为，存在着监管落实不到位、航行事故频发等问题。我国行政机关明令禁止船舶挂靠经营，一直采取相应的措施进行查处和取缔，并引导其走向规范的经营渠道。司法机关应保持与行政机关的共同认知，适当加大挂靠人和被挂靠人的法律责任，通过加大船舶挂靠行为的法律责任风险，促使当事人放弃挂靠经营的形式，逐步走上正规的经营渠道。

关键词：船舶；挂靠；连带责任。

船舶挂靠经营为繁荣初期航运市场起到了一定的积极作用，但步入航运运力过剩的今天，其规避国家限制经营的行为不但给水路运输安全带来了风险，而且无序的竞争还会影响航运市场的规范化发展。由于立法上一直没有出台关于规制船舶挂靠经营的法律规范，法院在审理因船舶挂靠经营引起的纠纷裁判尺度不一，对司法的权威性和统一性带来诸多负面影响。人民法院应统一裁判尺度，发挥司法的指引作用，使相关利益主体全面了解船舶挂靠经营的法律责任风险，通过理性的利益选择主动放弃船舶挂靠经营，逐步走上规范经营的渠道，恢复航运市场的正常秩序。就统一司法裁判尺度而言，并不仅仅是一个法律技术操作问题，还应考虑现阶段航运的经济发展情况和政策变化等因素，在选择正确的、符合现实的司法目的前提下选择技术性规则解决纠纷。

一、船舶挂靠经营概述

船舶挂靠经营是指个人或法人购买船舶后，出于营运资质、税费缴纳、交易信用等方面的考虑，将船舶所有人或船舶经营人登记为有相关水上运输经营资格的企业，向其缴纳管理费并以该水上运输企业的名义独立经营船舶的一种经营方式。在船舶挂靠经营中，挂靠人通常与被挂靠人签订两份内容截然相反的协议。其中交给海事行政部门的协议内容完全符合我国法律规定，海事行政部门根据该协议，将被挂靠人登记为船舶所有人和/或船舶经营人，使挂靠人实际所有的船舶符合从事运输的法律、政策要件。同时，挂靠人和被挂靠人还签订另一份协议，名称多为"船舶委托经营协议"或"船舶挂靠管理协议",并约定:挂靠人实际所有的船舶以被挂靠人的名义进行登记,并由被挂靠人办理与经营有关的手续;挂靠人向被挂靠人缴纳管理费,被挂靠人不直接参与船舶营运;船舶由挂靠人实际掌管和经营并支付相关费用,并由挂靠人自行承担船舶营运过程中发生的经济、法律责任;被挂靠人对于挂靠船舶产生的债务不承担责任。

船舶挂靠经营作为一种规避国家限制经营的行为,具有以下四个特点:(1)船舶挂靠协议是确定挂靠各方内部权利义务的依据;(2)以被挂靠人的名义进行经营或管理活动;(3)船舶实际由挂靠人经营或管理,被挂靠人仅收取一定的管理费,挂靠人独自收取船舶收益并承担风险;(4)船舶登记所有人与实际所有人不一致或船舶登记经营人与实际经营人不一致。船舶挂靠经营的本质特征在于,船舶运营权一律为具有航运资质的航运公司所有,船舶的实际所有权为不具有航运资质的船东所有,而船舶的运营手续、证照均是登记在航运公司名下,这正是船舶挂靠经营与承包经营、租赁经营、合伙经营相区别的地方。

具体到船舶挂靠经营的认定标准,对不符合交通主管部门的行业行政监管要求、具有经营资质的船舶运输经营人以虚假出资收购、折价入股等形式吸收个体经营户所有的运输船舶,实际为出借经营资质,并未参与船舶运输经营和管理,应认定为船舶挂靠经营。个体运输船舶经营户为逃避交通主管部门的行业行政监管,与具有经营资质的船舶运输经营人签订名义上船舶委托经营管理合同,并以其名义从事生产经营活动,实际为借用经营资质,应认定为船舶挂靠经营。

二、船舶挂靠经营存在的问题

在船舶挂靠经营实践中,一些个体船东和个别公司通过签订虚假的船舶转让合同、光船租赁合同或船舶委托管理协议来骗取海事行政部门的船舶登记,使被挂靠人变成了名义上的船舶所有人或船舶经营人。船舶挂靠经营致使船舶登记并未反映船舶的真实权属关系,这导致监管的对象是被挂靠人而不是实际责任人,难以达到有效监管的目的。[①] 由于监管不到位,挂靠人常常只关注经济利益而忽视对营运安全的投入,难以提高预防事故、减少损失的能力,安全意识的淡漠自然招致事故频发。

无资质或低资质的船舶所有人通过挂靠进入本应将其排除在外的航运市场,必然会对其他有资质的航运企业的既得利益产生冲击。挂靠船舶不断加

---

① 贾云新:《船舶"挂靠"行为的成因、危害及对策》,载《世界海运》2006年第2期。

入航运市场，必然造成对客源、货源的激烈争夺，甚至有小部分个体船东为了逐利，采用非法手段进行不正当竞争，在一定程度上扰乱了航运市场的秩序。这种现象在近几年船舶运力过剩的情况下，表现得更为突出。通过船舶挂靠经营，挂靠人规避了国家法律政策在税收、贷款、业务范围等方面的限制并获得了自身难以取得的交易信用与经济利益。而部分航运企业因资金困难等原因而无法继续开展水路运输业务，为了生存和发展，以接受船舶挂靠的方式攫取利润，把经营、管理资质作为"摇钱树"。更有个别航运企业成立的初衷就是准备通过接受船舶挂靠来赢利。被挂靠人通过出让经营执照和资质来牟利，不仅将更多的航运风险引入了航运市场，还破坏了国家对航运市场经济秩序的宏观调控和微观规制。

就相关船舶权利人而言，因船舶登记具有公示公信力，登记的船舶所有人只是名义上的而非实际上的船舶所有人，就有可能会对相关当事人的利益造成损害，失去法律救济的功能。法律上对船舶所有人、船舶经营人或船舶管理人的责任与义务是有明确界定的，船舶航行安全责任也是通过船舶所有人、经营人或管理人来实现的，船舶挂靠经营导致的不实登记，必然会造成产权不清、责任混乱的不良后果。

三、船舶挂靠经营的政策走向

近年来，我国交通主管部门对船舶挂靠经营问题非常重视，多次发文对船舶挂靠经营进行规范，并相应地开展执法行动。《国内船舶运输经营资质管理规定》（交通部令2001年第1号）规定，除内河普通货船运输外，经营船舶运输应取得企业法人资格；经营国内船舶运输的企业和个人，应依照该规定和国家有关规定，取得相应的经营资质，并在核定的经营资质范围内从事国内船舶运输经营活动。《交通部关于贯彻实施〈国内船舶运输经营资质管理规定〉的通知》（交水发〔2001〕96号）提出，船舶挂靠经营现象较为普遍，成因复杂；为解决运输船舶挂靠经营问题，维护市场秩序，保障运输生产安全，交通部正抓紧调研，待有明确的意见措施后，另行发文布置。《交通部关于整顿和规范个体运输船舶经营管理的通知》（交水发〔2001〕360号）指出，由于个体经营户素质不高，安全管理措施不到位，个体运输船舶，尤其是个体客船和液货危险品船已经成为水上运输安全的重大隐患之一。同时，个体经营户为了逃避行业行政监管，普遍采取了"挂靠"经营的方式，导致法律责任不清，造成市场不公平竞争。《交通部关于进一步加强国内船舶运输经营资质管理的通知》（交水发〔2006〕91号）提出，船舶挂靠严重扰乱运输市场秩序，影响运输安全，严禁船舶运输经营人接受船舶挂靠,要求对未落实安全管理责任、"挂而不管"的船舶管理企业依法进行处罚;要加强政策法规的宣传,向船舶运输经营人讲明接受船舶挂靠的危害和相关法律责任,增强船舶运输经营人杜绝挂靠的自觉性。《交通运输部关于贯彻实施〈国内水路运输经营资质管理规定〉有关工作的通知》(交水发〔2008〕141号)提出,要严格管理,进一步规范委托经营船舶和企业的行为,向经营者讲明接受船舶挂靠的危害和相关法律责任。

从上述文件及实施情况不难看出,我国行政部门对船舶挂靠经营持的是一种否定的态度,明令禁止船舶挂靠经营,并一直采取相应的措施对船舶挂靠经营进行查处和取缔。为实施对水路运输市场的有效监督管理,严格执行经营资质管理规定,维护水运市场秩序,打击非法经营,规范从业者的经营行为,交通主管部门出台的相关部门规章和开展的专项整顿工作是有目共睹的,并取得了较好的效果。通过贯彻落实上述文件,采取各项积极有效的措施,沿海船舶的挂靠经营现象基本消除,但内河船舶的挂靠经营还依然普遍存在,特别是由沿海地区转向内陆省份的趋势比较明显。① 从笔者在海事局调研和日常审判的实际情况看,沿海船舶的挂靠情况确实越来越少,沿海船舶的挂靠经营主要存在于500总吨以下的工程辅助船。由于这类船舶的主要航行区域集中于施工工地,且涉及的经济数额较小,发生合同纠纷和安全责任事故的概率也较小。审判实践中涉及的船舶挂靠经营基本上均为内河船舶,这些船舶在政策夹缝中继续经营,也在经营中不断发生安全事故和纠纷。

四、船舶挂靠经营的出路

在航运市场发展初期,船舶挂靠经营既回避了所有制体制的限制,又能繁荣航运市场;其不但能给社会带来经济效益,还能满足日益增长的运力需要,解决船员就业、增加税收。虽然安全隐患和管理缺位以及法律责任不清等问题仍在一定程度上存在,但总体来讲,在航运市场强调总量粗放型增长的时期,船舶挂靠经营产生的经济效益要大于其带来的问题。

从我国航运经济的发展趋势看,现阶段航运市场需要转型升级,需要有诚信、有规模、能抵御风险的大型航运企业,其他缺乏足够的风险抵御能力的个体和企业法人可以通过参股、委托经营等方式加入航运市场,无须由个体自行经营船舶,这样既可以保证航运市场规范发展,也能避免因经济风险

---

① 贾云新:《船舶"挂靠"行为的成因、危害及对策》,载《世界海运》2006年第2期。

过大给航运市场造成整体冲击、给社会稳定带来极大风险。短期来看，这种规范整顿行为不仅在一定程度上压抑了市场的自由化发展，还不利于人员就业和税收增加，但是，舍弃短期利益换来的是航运市场规范发展的长期利益。

遵循上述思路，针对个体运输船舶的挂靠经营，交通部专门出台的《交通部关于整顿和规范个体运输船舶经营管理的通知》要求所有除经营内河普通货船外的已挂靠在航运企业经营的个体运输船舶经营户必须按以下五种方式实现企业化经营：（1）个体船舶所有人按照《中华人民共和国公司法》和我国有关法律、法规的规定，通过合资、合作、股份制等方式，组建符合经营资质条件的船舶运输企业。（2）具有经营资质的船舶运输经营人，在同个体船舶所有人平等协商的基础上，采取收购、折价入股等方式吸收个体经营户所有的运输船舶。（3）个体运输船舶所有人将其船舶光租给具有经营资格的船舶运输经营人，由具有船舶运输资格的企业经营，并负责光租船舶的营运管理，承担安全责任。（4）个体运输船舶所有人与具有经营资质的船舶运输经营人按照平等自愿的原则，签订船舶委托经营管理合同，由接受委托的船舶运输经营人负责个体船舶的经营和管理，并承担所接受委托船舶的安全责任。船舶运输经营人和船舶所有人签订的船舶委托经营管理合同，应当载明接受委托的船舶运输经营人负责委托船舶的经营和安全管理，并承担船舶安全管理责任。（5）随着专业化船舶管理公司的建立，个体运输船舶所有人可将其船舶委托专业化船舶管理公司进行管理。个体运输船舶所有人将其船舶委托给专业化船舶管理公司管理后，还应与具有经营资质的船舶运输经营人签订船舶运输委托经营合同。有关船舶营运证件等，必须由相应的船舶运输企业申请和取得。船舶的营运管理、海务管理、机务管理、船员管理以及船舶的安全责任由接受委托的船舶管理公司负责。船舶所有人和船舶管理人签订的船舶委托管理合同应当载明船舶的安全责任转移到相应的船舶管理公司。交通主管部门在后续对船舶挂靠经营的处置，一直都延续这一文件的思路，并多次重申和落实这一文件。

船舶委托经营管理是随着全球航运业的发展而迅速产生，并快速成长起来的新型船舶经营模式。专业船舶管理公司将专业化、信息化作为船舶管理的发展重点，从而带动了船东委托专业管理公司管理船舶的世界趋势。从挂靠到委托管理，是船舶从不规范经营向专业化管理的发展过程，是从规避法律法规向依法主动规整的经营理念的彻底转变。国家通过对船舶挂靠进行取缔，使国内船舶运输业逐步改变经营状态，从而走向专业化与科学化管理的道路。①虽然我国船舶委托管理的经营模式起步较晚,但通过我国交通主管部门和相关企业的共同努力,正在不断发展,也必将慢慢成为挂靠经营船舶转变经营模式的一个不错的选择。

五、船舶挂靠经营的司法应对

正如本文所述,挂靠船舶实际所有人缺乏船舶管理专业知识,且被挂靠方未尽安全管理责任,导致航运事故频频发生,给航运经济秩序造成巨大的影响。因此,国家应出台相关的政策和文件引导挂靠船舶转变经营方式,并且加大对该类船舶监督和管理的力度,规范航运秩序,这才是挂靠船舶的最终出路。②遵循这一思路,司法审判中也应规范和引导挂靠船舶走上规范经营之路。诚然,船舶挂靠是特定历史时期的产物,也是一种客观现象,但是,每一个事物都有其存续的合理期限,在新的发展阶段都会有相应的新发展或走向消亡。船舶挂靠经营是一定经济环境下的产物,消除这一现象是一个渐进的过程,需通过行政和司法的同步推进、协同努力去实现。海事行政部门要疏堵并举、积极引导、多方位管理,把根除船舶挂靠经营作为一项长期工作来抓,最终达到提高船舶营运安全的管理目标。司法机关应保持与海事行政部门的共同认知,适当加大挂靠人和被挂靠人的法律责任,加大船舶挂靠行为的法律责任风险,促使当事人放弃挂靠经营的形式,逐步走上正规的经营渠道。总体而言,要尽量在没有实体法和明确指引规范的前提下,通过法理推导和法律解释等方式,加大挂靠双方的法律责任。其中,最有效加重挂靠人和被挂靠人法律责任的方式就是让挂靠双方承担连带责任。具体到相应法律问题的技术操作中,可分别采取下列处理方式。

关于挂靠人和被挂靠人之间的协议的法律效力问题。有学者认为,尽管依据《中华人民共和国行政许可法》,船舶挂靠经营是非法行为,并且交通主管部门从未停止过对挂靠行为的打击行动,但是,不仅民事法律从未否定过船舶挂靠经营协议的效力,《最高人民法院关于适用〈中华人民共和国民事诉讼法〉若干问题的意见》第四十三条也从诉讼法的角度肯定了船舶挂靠经营的合法性。法律之间的冲突使交通运输主管部门的清挂活动难以操作。因此建议修改相关法律,使船舶挂靠经营合法化,并将挂靠合同确定为一种

---

① 参见史红萍《从挂靠乱象到专业管理之道——对国内船舶经营模式的法律探讨》,载《人民司法》2011年第3期。
② 参见谢桦、张可心、黄思奇等《关于船舶挂靠法律问题的调研报告》,载《人民司法》2009年第23期。

有名合同，以便在司法中适用法律，统一裁判尺度。① 笔者认为，对挂靠经营协议效力的认定，民事法律一直存在不同的意见，并非一直肯定其效力。对于其效力的肯定，更多时候是在处理挂靠人和被挂靠人的内部法律关系时，才基于对客观事实的承认，从而认定挂靠经营协议在当事人之间的内部法律效力。对第三人而言，挂靠经营协议的内容是不能产生对抗效力的，必须优先保护第三人的利益。

关于侵权纠纷中的责任认定问题。在登记被挂靠人作为船舶经营人或船舶管理人，但实为挂靠的情形下，即使有证据证明被挂靠人并未参与经营管理，但由于被挂靠人向船舶实际所有人收取管理费，并且根据《交通部关于整顿和规范个体运输船舶经营管理的通知》第二条第（四）项的规定，"个体运输船舶所有人与具有经营资质的船舶运输经营人按照平等自愿的原则，签订船舶委托经营管理合同，由接受委托的船舶运输经营人负责个体船舶的经营和管理，并承担所接受委托船舶的安全责任"，被挂靠人作为船舶经营人或者管理人是具有特定身份和特定职责的人；被挂靠人收取管理费并在船舶证书中登记为船舶经营人或管理人，应视为其承诺履行船舶经营人或管理人的职责。根据案件的具体情况，要求被挂靠人在对其履行经营人或管理人职责上的过失承担责任是合理的。而挂靠人作为控制、管理船舶，雇请船员对船舶进行营运，是航运风险的参与者和制造者，应承担因侵权而产生的法律责任。因此，在侵权责任纠纷中，除了《最高人民法院关于审理船舶碰撞纠纷案件若干问题的规定》第四条②明确规定了责任承担主体等情形，可判令挂靠人和被挂靠人承担连带责任。

关于运输合同纠纷中的责任认定问题。船舶挂靠经营下货物运输合同的违约责任由谁来承担应当区分不同的情况予以不同的处理，首先应坚持合同相对性原则，并根据合同相对性原则确定责任主体。总的来说，应坚持以下六个原则：（1）谁与托运人订立货物运输合同谁就是承运人，就应当承担违约责任；（2）对于实际承运人应当依据法律法规对它的界定来进行判断；（3）船舶经营人登记具有对抗效力，第三方有理由基于此登记而相信实际船舶经营人为被挂靠人；（4）法院如何判决还应看托运人或者收货人是如何进行索赔的，是要求承运人赔偿，还是实际承运人赔偿，或者是承运人与实际

---

① 沙晓岑：《船舶挂靠法律问题研究》，大连海事大学硕士学位论文，2009年。
② 2008年4月28日颁布的《最高人民法院关于审理船舶碰撞纠纷案件若干问题的规定》第四条规定："船舶碰撞产生的赔偿责任由船舶所有人承担，碰撞船舶在光船租赁期间并经依法登记的，由光船承租人承担。"

承运人承担连带责任;(5)无论法院最终判决由谁来承担责任,都不影响挂靠人与被挂靠人之间依据船舶挂靠协议进行追偿;(6)法院判决应当充分考虑第三方的利益。① 在船舶挂靠经营情况下,由于被挂靠人为登记船舶经营人,此登记具有对抗效力,第三人基于此信赖认为实际从事船舶运输的为被挂靠人,因此被挂靠人需要对此承担责任。因挂靠人为涉案船舶的所有人并实际从事涉案运输,其应为实际承运人。参照《国内水路货物运输规则》第四十六条规定,承运人与实际承运人都负有赔偿责任,应当在该项责任范围内承担连带责任。因此,在司法实践中,可以从承运人和实际承运人的角度出发,从严认定挂靠人和被挂靠人的责任,将选择权交给相应的权利人。

关于诉讼主体的问题。虽然我国法律没有对船舶挂靠经营作出明确规定,但在司法实践中,一般都将船舶挂靠人和被挂靠人列为共同诉讼人。基于前述船舶挂靠人与被挂靠人承担连带责任的认定,权利人可以将船舶挂靠人和被挂靠人列为共同被告,也可以只起诉船舶挂靠人或被挂靠人。但权利人只起诉船舶挂靠人或被挂靠人一方时,法院要向其释明只告一方的法律后果。

上述处理方式体现了对纠纷的实质性处理、保障司法的实质公正、兼顾第三人利益、简化诉讼的意义。最为重要的是,通过这些司法应对措施,可以达到逐步规范和消除船舶挂靠经营的目的。但是,即使严格遵循同一理论基础和同一理论逻辑,我们发现,这样推导出来的结论在某些方面也不尽人意。但是,这一问题在某种程度上是船舶管理体制所致的,是解决现实问题的现实选择,并非法理上的悖论。

---

① 白雪:《船舶挂靠经营下水路货物运输合同责任的确定》,大连海事大学硕士学位论文,2010年。

因船舶买卖引起的船舶权属纠纷案件的裁判规则[*]

谭学文　张　乐　黄耀新　申　晗

摘要：海事法院近年来审理了大量船舶权属纠纷案件，其中不少案件具有类型化、典型化的特点。船舶权属纠纷产生的原因较为复杂，本调研主要针对的是因船舶买卖引起的船舶权属纠纷。本调研从当事人、诉求请求的基本类型入手，准确界定案由，将船舶买卖交易中合同的成立、生效、价款支付、交付、登记等环节作为考察法律关系变动的关键时点，以进一步厘清审判思路、有的放矢，提高审判工作效率。同时，针对此类纠纷中船舶的多重买卖、无权处分、善意取得、所有权保留买卖等特殊问题展开深入研究，以进一步统一裁判尺度、提高当事人诉讼预期，提高此类案件的裁判质量与效率。

关键词：船舶买卖；船舶权属纠纷；交付；登记对抗主义。

一、前言

船舶所有权，是指船舶所有人依法对其船舶享有占有、使用、收益和处分的权利。船舶所有权作为船舶物权制度的核心和纽结，船舶买卖、互易、赠与、建造、挂靠、共有、融资租赁、以船抵债等行为均可能引发船舶所有权变动，产生权属争议。其中，因船舶买卖引发的船舶所有权争议最为常见和多发，其处理规则对审理船舶互易、赠与、融资租赁等法律行为引起的船舶权属争议具有较强的借鉴意义。由于《中华人民共和国海商法》（以下简称《海商法》）关于船舶买卖的规定并不完善，法官在审理船舶买卖合同纠纷案件时需广泛适用《中华人民共和国民法通则》（以下简称《民法通则》）、《中华人民共和国合同法》（以下简称《合同法》）、《中华人民共和国物权法》（以下简称《物权法》）[①]的相关规定及其司法解释，如何准确适用法律仍面临较大的困难。特别是 2012 年 3 月 31 日颁布的《最高人民法院关于审理买卖合同纠纷案件适用法律问题的解释》（以下简称《买卖合同司法

---

[*] 本文获广州海商法国际研讨会一等奖和第 26 届全国海事审判研讨会二等奖，发表于《中国海商法研究》2018 年第 4 期，修订于 2024 年 12 月。

[①] 该三部法律已被《中华人民共和国民法典》所取代。——编者注

解释》）确立了针对船舶买卖的新的履行规则，对审理此类纠纷产生了深远影响。自 2016 年 3 月 1 日起施行的《最高人民法院关于适用〈中华人民共和国物权法〉若干问题的解释（一）》［以下简称《物权法司法解释（一）》］中关于登记对抗主义、善意取得等内容的规定亦适用于船舶买卖。本调研紧紧围绕船舶权属这一核心，通过分析引发权属变动的船舶买卖合同的成立、生效、价款支付、交付、登记等类型化交易环节，提炼出审理此类纠纷的基本要素，并针对审判实践中出现的问题提出相应对策和建议，旨在进一步统一因船舶买卖引起的船舶权属纠纷案件的裁判尺度，提高审判质量与效率，以较明确的诉讼预期指引当事人规范交易行为，建立合法、诚信、安全、高效、便捷的市场交易秩序。

二、案件情况及主要特点

（一）基本情况

因船舶买卖引起的船舶权属纠纷涉及两类主要的纠纷案型，即船舶买卖合同纠纷和船舶权属纠纷。在全省法院综合业务系统内通过"模糊立案案由"方式检索这两个关键词，统计出 2011 年至 2015 年 10 月我院受理的船舶买卖合同纠纷一审案件为 73 件，船舶权属纠纷一审案件为 57 件。基本情况如图 1 至图 3 和表 1 所示。

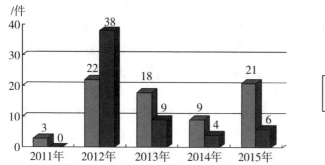

图 1　我院审理的船舶买卖合同纠纷和船舶权属纠纷的案件数量

表 1　船舶买卖合同纠纷和船舶权属纠纷占一审案件的比例

单位：%

类别	2011 年	2012 年	2013 年	2014 年	2015 年	平均
船舶买卖合同纠纷所占比例	0.39	1.78	1.55	0.67	1.29	1.19
船舶权属纠纷所占比例	0	3.08	0.78	0.30	0.37	0.93

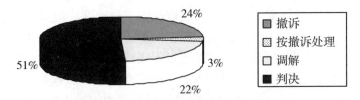

图2　船舶买卖纠纷案件的结案方式及其比例

注：2011年至2015年10月我院受理73件船舶买卖合同纠纷案件，已结案件59件，未结案件14件，故该统计仅针对59件已结案件。

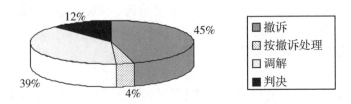

图3　船舶权属纠纷案件的结案方式及比例

（二）主要特点

从调研组对审判数据的整理和分析来看，船舶买卖合同纠纷和船舶权属纠纷案件呈现以下四个特点。

1. 这两类案件虽然数量不多、占比不大，但对当事人权利义务的影响重大。2011年至2015年10月，我院审理的船舶买卖合同纠纷案件和船舶权属纠纷案件分别为73件、57件，占一审案件的比例约为1%。73件船舶买卖合同纠纷案件的诉讼标的约为1.11亿元。船舶买卖作为航运经济的重要支撑点，对市场主体的经营活动影响较大。由于船舶权属纠纷案件不属于金钱给付类案件，无法计算其诉讼标的，但船舶的财产价值较高，其裁判结果事关船舶物权的归属，对当事人而言更是关系甚巨、利益攸关。

2. 法律关系复杂，案件类型多样。船舶买卖合同纠纷涉及合同是否成立、是否生效、出卖人违约、买受人违约、履行不能、不可抗力等情形，船舶权属纠纷涉及船舶买卖、建造、挂靠、共有、一船二卖、无权处分、善意取得等问题。因船舶买卖引起的船舶权属纠纷更是融合了这两类案件的因子，法律关系更为复杂，法官在认定事实和适用法律方面存在较大的困难。同时，此类纠纷涉及共有人买卖、抵押人买卖、多重买卖、所有权保留买卖等多种系争案型，需要法官采取不同的处理规则。此外，当事人的争议焦点较多，当事人之间较难达成和解，以判决方式结案的案件比重较大，致使调撤率不高。这无形增加了法官审理此类案件的难度。

3. 产生纠纷的原因较为复杂。船舶权属纠纷的成因，总体而言都是由船舶买卖交易引起的，但具体分析起来又有多种情形，主要有：因合同履行产生的纠纷，如船舶转让后因一方反悔未办理变更登记的〔（2012）广海法初505、912号〕、共有人转让共有份额后一方不履行过户手续〔（2007）广海法初90号〕；因一船多买、无权处分产生的纠纷，如一方擅自出售船舶及设备引发财产分割〔（2010）广海法初78、202号〕、〔（2009）广海法初548号〕；因船舶登记所有人与实际所有人不一致产生纠纷，如一方出资购船后因合作挂靠经营将船舶登记在另一方名下而产生纠纷〔（2004）广海法初181号、（2012）广海法初475号〕、为申请贷款而将船舶过户的假登记担保或让与担保纠纷〔（2011）沪海法商初773号、（2012）沪高民四终字147号〕；因船舶之上的附着利益纠纷，如返还柴油补贴款纠纷〔（2012）广海法初504号〕、侵占渔用船舶燃油补助费纠纷〔（2008）广海法初189号〕；等等。

4. 受立法及司法政策的影响较大。此类案件的审理易受船舶买卖和物权变动的立法、司法政策的影响，在不同历史时期裁判标准并不相同。例如，20世纪90年代，涉及"三无船舶"①确权的案件较多，法院一般都承认了所有人对"三无船舶"的事实物权，而根据现行政策法院不宜对"三无船舶"的物权归属作出认定。1992年《海商法》第九条确立了船舶登记效力的基本规则，2007年《物权法》第二十四条②对登记对抗主义的表述更加规范③，而《买卖合同司法解释》更进一步明确了登记只是对抗要件，交付才是船舶物权变动的生效要件，使得海事司法界对这一问题的争议尘埃落定。又如，我国法律对抵押人在抵押期间未经抵押权人同意出卖抵押物的行为是否有效的认定并不统一，《最高人民法院关于贯彻执行〈中华人民共和国民法通则〉若干问题的意见（试行）》（以下简称《民通意见》）、《中华人民共和国担保法》（以下简称《担保法》）、《物权法》的相关规定出现了反复。此时，法

---

① "三无船舶"是指无船名船号、无船舶证书、无船籍港的船舶。《交通部关于实施清理、取缔"三无"船舶通告有关问题的通知》规定，假冒他船船名和船籍港，伪造船舶证书和证书登记事项与船舶实际不相符合者，均按"三无船舶"对待。

② 该条内容已被《中华人民共和国民法典》第二百二十五条"船舶、航空器和机动车等的物权的设立、变更、转让和消灭，未经登记，不得对抗善意第三人"所取代。——编者注

③ 《海商法》第九条第一款规定："船舶所有权的取得、转让和消灭，应当向船舶登记机关登记；未经登记的，不得对抗第三人。"《物权法》第二十四条规定："船舶、航空器和机动车等物权的设立、变更、转让和消灭，未经登记，不得对抗善意第三人。"《物权法》较《海商法》删除了"应当"，增加了"善意"。

官在裁判时不能机械地运用法条，应结合相关立法、司法政策寻找依据。

（三）典型案件筛选情况说明

调研组深入研究了我院及其他法院审理的因船舶买卖引起的船舶权属纠纷案件后，筛选了 33 件典型案件作为提炼审判要素的基础性资料。其中，我院案件 24 件，其他法院案件 9 件。① 在这 33 件典型案件中，涉及最高人民法院公报案例 1 件［华埠经济贸易公司与中国外运山东威海公司等船舶进口代理合同、废钢船买卖合同纠纷案，即（2000）交提字第 3 号］，涉及《中国海事审判精品案例》入选案例 1 件［大连三阳渔业有限公司与大连海洋大学、大连水产集团有限公司破产清算组船舶权属纠纷案，即（2012）辽民三终字第 94 号］。受时间和能力的限制，调研组未能全面收集关于因船舶买卖引起的船舶权属纠纷的所有案件，但这 33 件案件已具有较强的代表性，涵盖了船舶买卖和船舶物权变动领域的大多数问题。针对调研中未发现但在未来审判实践中仍可能发生的一些法律问题，调研组予以综合考虑，以求统筹兼顾，使本课题的逻辑体系更为完备，涵盖范围更加广泛。

三、突出问题及原因分析

（一）存在的主要问题

1. 案由认定不统一。从查阅的卷宗资料来看，与本调研有关的案件之案由主要有：请求确认船舶所有权（主要是"三无船舶"的案件）、船舶所有权纠纷、船舶权属纠纷、船舶买卖合同纠纷、非法船舶证书买卖纠纷［（2009）粤高法民四终字第 182 号］、船舶转让合同纠纷、船舶买卖与经营合同纠纷［（2000）广海法深初 24 号］、合资购买船舶合同纠纷［（2003）广海法初 306、421、422 号］、船舶所有权转让合同纠纷［（2007）广海法初 90 号］、船舶燃油补助费纠纷、船舶共有纠纷、共有财产分割纠纷、因船舶买卖合同引起的不当得利纠纷［（2012）广海法初 504 号］、船舶权属侵权纠纷［（2013）沪海法海初第 29 号］、船舶所有权确认纠纷［（2009）津海法商初第 362 号］等。这些案由可谓五花八门，反映出司法实践中法官对该类案件的定性不是很准确、很清晰。33 件典型案例的结案案由及所占比例如图 4 所示。

从图 4 可见，以"船舶权属纠纷"作为结案案由的案件比例较高，占 55%；其次是"船舶买卖合同纠纷"，占 15%。这也反映了司法实践确定此类案件案由的通常做法。但是，究竟在何种情况下宜定性为"船舶权属纠纷"，在何种情况下宜定性为"船舶买卖合同纠纷"，往往因人而异，随意性

---

① 该统计将本反诉案件、系列案件均作为一件案件。

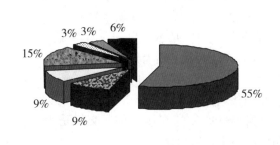

图4　33件典型案件的结案案由及所占比例

较大，缺乏统一的认定规则。这不利于案件统计、数据分析和审判管理，也直接导致了本次调研在统计、分析数据方面的困难。

2. 事实认定较困难。船舶买卖引起的船舶权属纠纷涉及船舶买卖交易及物权变动的一系列法律事实，法官在认定要件事实方面仍存在较大的困难，主要体现在以下四点。

第一，认定船舶买卖合同是否成立存在困难。《海商法》第九条第二款虽然规定船舶买卖应当签订书面合同，但实践中口头约定船舶买卖的情形依然存在。当事人所签订的书面合同往往很不规范，有的合同以"股份处理结算协议""股权转让协议""船舶折价承包合同"等冠名，在涉及船舶挂靠、共有等情形时往往一人代数人签名，在缺乏船舶交接单、结算单、发票、银行汇款凭证等证据时，当事人是否达成船舶买卖或所有权转让的意思表示并不明确。法官在查明意思表示是否达成的过程中，需要综合多个证据或已经形成的证据链进行认定。

第二，认定船舶买卖合同的效力存在困难。在该类案件审理中，法官认定意思表示是否真实及交易是否违反法律、行政法规的强制规定较为困难。在涉及第三人利益的场合，当事人之间是否存在恶意串通、通谋虚伪表示或者进行虚假诉讼仍应谨慎判断。实践中，法官们对一些法律规定是效力性强制规定还是管理性强制规定的结论不一，进而影响其对船舶买卖合同效力的判断。例如，《物权法》第一百九十一条第二款规定："抵押期间，抵押人未经抵押权人同意，不得转让抵押财产，但受让人代为清偿债务消灭抵押权的除外。"① 违反此条,船舶买卖合同是否无效?司法实践对此存有分歧。

第三,认定船舶的交付形式存在困难。在通常情况下,船舶买卖的交付方式是现实交付,即现实地占有、管领和控制船舶,但依据《物权法》第二十五至第二十七条,交付的形式还有简易交付、指示交付和占有改定。法官在实践中往往忽略这些不常见的交付形式,尤其是占有改定这一形式,可能会对船舶是否交付作出误判。实践中,船舶买卖双方之间常签订《船舶交接书》,依照《中华人民共和国船舶登记条例》第十三条第二款②,就购买取得的船舶申请船舶所有权登记的,应当提供船舶的交接文件。交付是否包括《船舶交接书》等形式的文件交付?实践中存有争议。

第四,认定船舶登记证书的证据效力存在困难。由于我国法律对船舶等特殊动产的物权变动模式采登记对抗主义,登记并非强制性的,这使得船舶登记的公信力较低。在渔船等小型船舶买卖中,交易主体在船舶买卖后不办理变更登记的现象屡见不鲜,造成船舶的实际所有权人与登记所有权人相分离。在船舶挂靠还是船舶运营的重要方式的背景下,挂靠人与被挂靠人的共生现象使得船舶的事实物权与登记物权不一致成为可能,进而减弱了船舶登记证书的证据效力。当第三人拿着船舶登记证书主张其因信赖登记而构成善意时,法官如何认定证书的效力并作出裁决仍面临较大的困难。

3. 法律适用不统一。

第一,对船舶物权的变动模式认定不一。《海商法》第九条第一款规定:"船舶所有权的取得、转让和消灭,应当向船舶登记机关登记;未经登记的,不得对抗第三人。"《物权法》第二十四条规定:"船舶、航空器和机动车等物权的设立、变更、转让和消灭,未经登记,不得对抗善意第三人。"③ 理论界和实务界对《海商法》《物权法》规定的上述船舶物权变动的对抗要件为登记并无异议,但是登记是否为船舶物权变动的生效要件却存有四种不同的观点:第一种观点认为船舶物权变动有时以交付为生效要件,特定情形下以登记为生效要件;第二种观点认为船舶物权变动自当事人订立物权变动合同

---

① 该条内容已被《中华人民共和国民法典》第四百零六条第一款"抵押期间,抵押人可以转让抵押财产。当事人另有约定的,按照其约定。抵押财产转让的,抵押权不受影响"所取代。——编者注

② 该款规定:"就购买取得船舶申请船舶所有权登记的,应当提供下列文件:(一)购船发票或者船舶的买卖合同和交接文件;(二)原船籍港船舶登记机关出具的船舶所有权登记注销证明书;(三)未进行抵押的证明文件或者抵押权人同意被抵押船舶转让他人的文件。"

③ 该条内容已被《中华人民共和国民法典》第二百二十五条"船舶、航空器和机动车等的物权的设立、变更、转让和消灭,未经登记,不得对抗善意第三人"所取代。——编者注

生效时即发生效力,并不以交付或者登记为生效要件;第三种观点认为船舶的交付不能对抗所有权转移登记;第四种观点认为交付是包括船舶在内的一切动产物权变动的生效要件。① 虽然《买卖合同司法解释》及《物权法司法解释(一)》最终采纳了第四种观点,认为交付是船舶物权变动的生效要件,但理论界和实务界对此争议较大,尤其是《买卖合同司法解释》第十条所确立的"交付优先于登记"规则更是备受争议。② 有人认为《海商法》第九条第一款中的"应当"二字表明登记才是船舶物权变动的生效要件,《海商法》是法律且是特别法,应优于《买卖合同司法解释》适用。③

第二,对船舶物权变动能否适用"当事人另有约定的除外"规则认识不一。《民法通则》第七十二条第二款规定:"按照合同或者其他合法方式取得财产的,财产所有权从财产交付时转移,法律另有规定或者当事人另有约定的除外。"《合同法》第一百三十三条规定:"标的物的所有权自标的物交付时起转移,但法律另有规定或者当事人另有约定的除外。"《民法通则》和《合同法》均允许当事人对船舶物权的变动适用"当事人另有约定"。而后通过的《物权法》第二十三条删除了"当事人另有约定的除外",规定"动产物权的设立和转让,自交付时发生效力,但法律另有规定的除外"④,即坚持物权变动的法定主义。《买卖合同司法解释》第十条并未提及出卖人与买受人是否可以约定"交付"之外的形式作为船舶物权的变动要件,法官在实践中如何认定此类约定的效力缺乏统一标准。例如,在船舶的分期付款买卖或所有权保留买卖中,出卖人与买受人约定自买受人付清全部价款时船舶所有权才转移,法院该如何认定此类约定的效力并进行裁判和说理?这一问题亟待统一意见。

第三,对《物权法》第九十七条的理解不一。《物权法》第九十七条规

---

① 最高人民法院民事审判第二庭编著:《最高人民法院关于买卖合同司法解释理解与适用》,人民法院出版社2012年版,第174页。

② 对此提出质疑的有:王利明《特殊动产一物数卖的物权变动规则——兼评〈买卖合同司法解释〉第10条》,载《法学论坛》2013年第6期;刘奕彤、王云晴《论船舶买卖中船舶所有权的归属》,载《辽宁大学学报(哲学社会科学版)》2015年第3期;郑蕾《船舶所有权变动效力立法模式之反思》,载《中国海商法研究》2013年第4期;邓金刚《对买卖合同司法解释确立船舶买卖中交付优先于登记的质疑》,载《世界海运》2013年第3期;等等。

③ 参见刘奕彤、王云晴《论船舶买卖中船舶所有权的归属》,载《辽宁大学学报(哲学社会科学版)》2015年第3期。

④ 该条内容已被《中华人民共和国民法典》第二百二十四条"动产物权的设立和转让,自交付时发生效力,但法律另有规定的除外"所取代。——编者注

定:"处分共有的不动产或者动产以及对共有的不动产或者动产作重大修缮的,应当经占份额三分之二以上的按份共有人或者全体共同共有人同意,但共有人之间另有约定的除外。"① 该规定适用于船舶共有,对船舶挂靠形成的共有关系能否适用?"应当"一词是指无权处分的共有人签订的买卖合同无效,还是仅指不发生船舶物权的变动效力仍存有疑问。实践中,就有判决认定船舶买卖合同无效,但这违反了《买卖合同司法解释》第三条②的基本精神。《买卖合同司法解释》严格区分了负担行为与处分行为的法律效力,对于船舶买卖合同应认定为有效,而只是处分行为效力待定,即船舶物权能否发生变动取决于其他共有人是否追认或出卖人事后取得处分权。

第四,对《物权法》第一百九十一条的理解不一。关于抵押人在抵押期间出卖抵押船舶的效力,我国法律规定存在较大的差异。《民通意见》第115条规定:"抵押物如由抵押人自己占有并负责保管,在抵押期间,非经债权人同意,抵押人将同一抵押物转让他人,其行为无效。"《担保法》第四十九条规定:"抵押期间,抵押人转让已办理登记的抵押物的,应当通知抵押权人并告知受让人转让物已经抵押的情况;抵押人未通知抵押权人或者未告知受让人的,转让行为无效。"《物权法》第一百九十一条第二款规定:"抵押期间,抵押人未经抵押权人同意,不得转让抵押财产,但受让人代为清偿债务消灭抵押权的除外。"③ 立法发生如此变化,主要是立法者对抵押物流通的安全与效率价值取舍不一。审判实践中,法官对《物权法》第一百九十一条第二款中的"不得"二字有着不同理解,有人认为未经抵押权人同意抵押人转让抵押物的行为无效,也有人认为有效。为统一意见,最高人民法院先后出台了两个民事审判工作会议纪要。(法办〔2011 年〕42 号)《全国民事审判工作会议纪要》规定:"《物权法》第一百九十一条第二款并非针对抵押财产转让合同的效力性强制性规定,当事人仅以转让抵押房地产未经抵押权人同意为由,请求确认转让合同无效的,不应予以支持。"《2015 年全国民事审判工作会议纪要》规定:"《物权法》第一百九十一条第二款并非针对抵押财

---

① 该条内容已被《中华人民共和国民法典》第三百零一条"处分共有的不动产或者动产以及对共有的不动产或者动产作重大修缮、变更性质或者用途的,应当经占份额三分之二以上的按份共有人或者全体共同共有人同意,但是共有人之间另有约定的除外"所取代。——编者注

② 该条第一款规定:"当事人一方以出卖人在缔约时对标的物没有所有权或者处分权为由主张合同无效的,人民法院不予支持。"

③ 该条内容已被《中华人民共和国民法典》第四百零六条第一款"抵押期间,抵押人可以转让抵押财产。当事人另有约定的,按照其约定。抵押财产转让的,抵押权不受影响"所取代。——编者注

产转让合同的效力性强制性规定，当事人仅以转让抵押房地产未经抵押权人同意为由，请求确认转让合同无效的，一般不予支持。"2015年的会议纪要较2011年的会议纪要而言，表述更加严谨，但"一般"二字意味着在绝大多数情况下抵押财产转让合同是有效的。在实践中，一些法官未注意到这两个会议纪要所规定的精神，导致对抵押财产转让合同的效力作出错误认定。

第五，对挂靠人和被挂靠人签订船舶买卖合同、转让船舶所有权份额的效力认定不一。船舶挂靠现象广泛存在于沿海、内河水路运输中，挂靠人、被挂靠人签订船舶买卖合同或者转让所有权份额的现象较为普遍。司法实践对此类买卖或者转让行为的效力认定并不统一，而法律和司法解释又欠缺相关规定。《最高人民法院关于国内水路货物运输纠纷案件法律问题的指导意见》对挂靠问题作了原则性规定，即"人民法院在审理与船舶挂靠有关的合同纠纷时，应当严格依照现行船舶管理的法律规范确定法律关系，坚持合同相对性的基本原则，根据合同的签订主体和合同的履行等基本事实，准确认定合同当事人"。该指导意见确立了船舶挂靠在合同纠纷和侵权纠纷中的不同处理规则：在合同纠纷中，坚持合同的相对性，谁签合同谁负责；在侵权纠纷中，挂靠人和被挂靠人承担连带责任。但该指导意见的精神能否适用于船舶买卖仍存有疑问。《最高人民法院关于适用〈中华人民共和国民事诉讼法〉的解释》（以下简称《民诉法解释》）第五十四条规定："以挂靠形式从事民事活动，当事人请求由挂靠人和被挂靠人依法承担民事责任的，该挂靠人和被挂靠人为共同诉讼人。"《民诉法解释》改变了《最高人民法院关于适用〈中华人民共和国民事诉讼法〉若干问题的意见》第43条关于"挂靠人和被挂靠人为共同诉讼人"的强制性规定，将选择权赋予当事人。但《民诉法解释》为程序法规范，难以作为法官确定当事人实体权利义务的依据。在挂靠人或被挂靠人以共有人的形式买卖船舶的情形下，认定船舶转让的物权效力变得更为复杂。例如，甲、乙二人共有一艘船舶，且甲将其份额挂靠到丙公司名下，甲又将船舶卖于丁，该行为是否发生所有权转移效力？这类案件涉及船舶挂靠、共有、买卖等多种法律关系，法官在查明法律关系和适用法律方面存在一定的难度。

第六，对多重买卖条件下船舶的所有权权属认定不一。由于《海商法》《物权法》并未对船舶物权变动的生效要件作出明确规定，在《买卖合同司法解释》出台之前，法院裁判多尊重登记的公示效力，以"登记优先于交付"作为船舶多重买卖的履行顺序规则。2012年出台的《买卖合同司法解释》第十条专门规定了船舶等特殊动产的多重买卖规则，使法官有了较为全面和清晰的裁判依据，这个问题才基本得到了解决。但有观点认为，海商法是特别法，《海商法》第三条规定的船舶应适用海船，所以应对海船等采登记对抗主义，交付不能优先于登记。① 而《海商法》第三条规定以外的船舶（如内河船）适用《买卖合同司法解释》第十条的规定。

第七，对无权处分规则的适用范围存有分歧。《合同法》第五十一条规定："无处分权的人处分他人财产，经权利人追认或者无处分权的人订立合同后取得处分权的，该合同有效。"② 理论界与实务界曾对该条文的具体含义争持不下，对"处分"究竟是指处分行为还是负担行为理解不一。《买卖合同司法解释》第三条第一款进一步明确了无权处分情形下买卖合同本身是完全有效的，只是标的物所有权是否发生转移处于效力待定的状态。③ 但是，就部分共有人未经其他共有人同意而处分共有财产，是否属于无权处分，理论界和实务界存在很大争议。④ 在船舶共有的情形下，部分共同共有人或者未达到三分之二以上份额的按份共有人未经其他共有人同意处分共有船舶的，是否构成无权处分、能否适用《合同法》及《买卖合同司法解释》仍有不同意见。

第八，对善意取得制度的适用条件存有分歧。《物权法》第一百零六条⑤规定了善意取得制度。该条第一款规定："无处分权人将不动产或者动产转让给受让人的，所有权人有权追回；除法律另有规定外，符合下列情形的，受让人取得该不动产或者动产的所有权：（一）受让人受让该不动产或者动产时是善意的；（二）以合理的价格转让；（三）转让的不动产或者动产依照

---

① 参见刘奕彤、王云晴《论船舶买卖中船舶所有权的归属》，载《辽宁大学学报（哲学社会科学版）》2015年第3期；邓金刚《对买卖合同司法解释确立船舶买卖中交付优先于登记的质疑》，载《世界海运》2013年第3期。

② 该条内容已被《中华人民共和国民法典》第五百九十七条"因出卖人未取得处分权致使标的物所有权不能转移的，买受人可以解除合同并请求出卖人承担违约责任。法律、行政法规禁止或者限制转让的标的，依照其规定"所取代。——编者注

③ 最高人民法院民事审判第二庭编著：《最高人民法院关于买卖合同司法解释理解与适用》，人民法院出版社2012年版，第81页。

④ 最高人民法院民事审判第二庭编著：《最高人民法院关于买卖合同司法解释理解与适用》，人民法院出版社2012年版，第71页。

⑤ 该条内容已被《中华人民共和国民法典》第三百一十一条"无处分权人将不动产或者动产转让给受让人的，所有权人有权追回；除法律另有规定外，符合下列情形的，受让人取得该不动产或者动产的所有权：（一）受让人受让该不动产或者动产时是善意；（二）以合理的价格转让；（三）转让的不动产或者动产依照法律规定应当登记的已经登记，不需要登记的已经交付给受让人。受让人依照前款规定取得不动产或者动产的所有权的，原所有权人有权向无处分权人请求损害赔偿。当事人善意取得其他物权的，参照适用前两款规定"所取代。——编者注

法律规定应当登记的已经登记，不需要登记的已经交付给受让人。"但善意取得制度在船舶多重买卖条件下能否适用仍存在争议。有观点认为，船舶等特殊动产的善意占有应理解为"已经交付占有"，仅办理了船舶所有权登记而未实际受领交付的买受人因不满足善意取得制度的第三个要件而不构成善意取得。① 有观点则认为，船舶等特殊动产的转让在需要进行转让登记的情形下，以登记的时间作为财产所有权转移的时间标志，此时已办理所有权转移登记的买受人可以主张善意取得。② 此时，如何理解"依照法律规定应当登记"和"不需要登记"又得回到《海商法》第九条和《物权法》第二十四条的规定上来，即船舶物权的变动是交付生效还是登记生效。如果认定交付是船舶物权变动的生效要件，将带来的一个问题是：因善意信赖登记的买受人不能取得船舶所有权，是否有悖诚实信用和交易安全？《海商法》第九条中的"应当向船舶登记机关登记"是否为《物权法》第一百零六条的"依照法律规定应当登记"？仅从条文的字面含义来看，信赖登记的买受人似乎可以凭"依照法律规定应当登记"主张其已完成登记而有权善意取得。但如果承认信赖登记的买受人可以善意取得船舶物权的话，那么《买卖合同司法解释》第十条第四款将失去意义。不过，2016年3月起施行的《物权法司法解释（一）》对如何正确理解和适用善意取得制度作了较为详细的规定，较好地解决了这些问题，进一步明确"已经交付给受让人"是船舶等特殊动产适用善意取得的条件。因为善意取得制度旨在解决物权变动问题，故《物权法》第一百零六条第一款第（三）项中"依照法律规定应当登记"之含义，应解释为就物权变动发生物权效力而言依法应当登记；登记仅系特殊动产物权变动具备对抗力之要件，认其所有权可依交付发生善意取得当为合理。③ 但是，亦不能完全否认登记对判断买受人是否构成善意的意义，其仍是参考因素之一。

第九，对合同履行中的抗辩权适用存在争议。在船舶买卖合同的履行中，出卖人往往以买受人未能付清价款为由拒绝交付船舶或拒绝为买受人办理船舶变更登记手续，此时出卖人依据的是合同履行中的哪类抗辩权，是同时履行抗辩权，还是先履行抗辩权？在我院审理的案件中，一般认为出卖人行使

---

① 最高人民法院民事审判第二庭编著：《最高人民法院关于买卖合同司法解释理解与适用》，人民法院出版社2012年版，第182页。
② 最高人民法院物权法研究小组编著：《〈中华人民共和国物权法〉条文理解与适用》，人民法院出版社2007年版，第328页。
③ 最高人民法院民事审判第一庭编著：《最高人民法院物权法司法解释（一）理解与适用》，人民法院出版社2016年版，第453页。

的是同时履行抗辩权,如(2013)广海法初字第484号案①,或认定转让船舶所有权和支付价款是相互的义务,在合同没有约定支付船舶价款时间的情况下,买受人在受让船舶所有权的同时,依法应向出卖人支付价款②。但也有观点认为支付价款与办理船舶所有权变更登记有先后履行顺序,只有买受人支付全部价款后,出卖人才有义务协助办理所有权变更登记,因此出卖人应以《合同法》第六十七条③行使先履行抗辩权。这背后的原因是法官对办理所有权变更登记手续为合同项下哪种类型的义务的理解有关。有人认为办理所有权变更登记为出卖人的主给付义务,有人认为是从给付义务,甚至有人认为是附随义务④。严格说来,就船舶买卖合同而言,转移船舶所有权当为合同项下的主给付义务,因为取得标的物的所有权是买受人的交易目的,将标的物的所有权转移给买受人是出卖人的另一项主要义务。⑤ 而与转移所有权相关的交付船舶证书的义务应属于从给付义务。司法实践需要对出卖人所主张的抗辩权类型的认定统一意见。

第十,对办理船舶所有权登记是否适用诉讼时效有争议。在一类案件中,出卖人在船舶买卖后一直未协助办理过户登记手续,买受人将其诉至法院,出卖人以买受人的请求已过诉讼时效为由进行抗辩。有观点认为,办理所有权登记手续为买卖合同项下的主给付义务,既然为"给付",就具备请求权性质,应当适用诉讼时效,该时效自出卖人交付船舶于买受人时起算,为期两年,超过两年不予保护。相反意见认为,办理所有权登记手续是买受人的一项具有物权性质的权利,不应适用诉讼时效,不存在是否已过诉讼时效的问题。这个问题在审判实践中也亟待统一意见。

第十一,对燃油补贴款的归属有争议。在渔船买卖合同纠纷中,当事人通常会在请求确认渔船所有权的同时提请将燃油补贴款划归其所有。燃油补贴款是我国为鼓励渔业生产的一项惠渔政策。财政部、农业部于2009年印发的《渔业成品油价格补助专项资金管理暂行办法》第三条规定,补助资金是指"中央财政预算安排的,用于补助渔业生产者因成品油价格调整而增加的

---

① 该案判决认为,原告无法证明其已履行股权转让合同中的付款义务,依照《合同法》第六十六条的规定,债权合同下梁东海有权拒绝基于股权转让合同向原告交付船舶的所有权。

② 见广州海事法院(2007)广海法初字第90号民事判决。

③ 该条内容已被《中华人民共和国民法典》第五百二十六条"当事人互负债务,有先后履行顺序,应当先履行债务一方未履行的,后履行一方有权拒绝其履行请求。先履行一方履行债务不符合约定的,后履行一方有权拒绝其相应的履行请求"所取代。——编者注

④ 见广州海事法院(2008)广海法初字第458号民事判决。

⑤ 崔建远主编:《合同法》,法律出版社2010年版,第385页。

成品油消耗成本而设立的专项资金"。该办法第四条规定:"补助对象,即渔业生产者,包括依法从事国内海洋捕捞、远洋渔业、内陆捕捞及水产养殖并使用机动渔船的渔民和渔业企业。辅助渔船不得作为补助对象。"关于燃油补贴款的归属,多数法院判决认定应归船舶所有人取得,如厦门海事法院的(2012)厦海法商初字第459号民事判决,但存在当事人约定时约定优先,如福建省高级人民法院的(2010)闽民终字第226号民事判决①。也有判决认为应当归实际使用机动渔船的渔民和渔业企业取得,如我院(2012)广海法初字第414、500号民事判决②。但是,也有裁判认为"审核、确定补贴款发放对象的资格是发放渔业成品油价格补助(即渔船柴油补贴款)的行政机关的职责",因此"是否属柴油补贴款的适格发放对象,应由负责发放渔船柴油补贴款的行政机关审核认定,不属于民事诉讼的主管范围"③。由此可见,司法实践对燃油补贴款的性质和归属仍存在较大的争议。

第十二,对渔船转让是否包括船牌存在争议。在渔船买卖中,有买受人就渔船转让是否包括船牌发生争议起诉到法院。通常情况下,出卖人和买受人之间事先并无关于渔船买卖是否包括船牌的明确约定,在合同履行中,出卖人主张该买卖并不包括船牌,而拒绝为买受人办理船舶登记过户手续。有观点认为,既然当事人之间没有明确约定该买卖包括船牌,买受人应自行承担没有约定或约定不明的风险,就应当驳回买受人的诉讼请求。反对意见认为,在我国现行的渔业生产政策下,渔船船牌的重要性尤重于渔船本身,不承认渔船买卖包括船牌,既不符合渔船买卖的交易习惯,也对买受人非常不公,并将强化渔船的船证分离现象,不利于形成健康有序的渔业生产秩序,因此应当支持买受人的诉讼请求。可见,司法实践亟待对这个问题统一意见。

4. 裁判文书不规范。(1)事实表述不清。部分裁判文书对船舶的原始状况、登记证书、他项权利状况、挂靠情况等缺乏说明,对船舶买卖的合同成立、生效、价款支付、交付、登记等交易环节表述不清,容易遗漏重要事实,导致裁判文书的本院查明部分的表述较为混乱。(2)裁判说理不足。部分裁判文书的说理部分略显薄弱,未围绕诉讼请求与抗辩事由进行逐项说理,

---

① 该判决书认为:根据《协议书》第③条"甲方(即陈祖忠)船证油价补贴领到2008年12月31日为止,接下由乙方接管船证油价补贴费所有权"的约定,2008年12月31日以后的渔船燃油补贴款应由林喜平享有。

② 该判决虽最终认定燃油补贴款归所有权人取得,但说理的重心在于取得依据是"一直占有使用该渔船"。

③ 见广东省高级人民法院(2013)粤高法民四终字第12、13号民事判决。

对船舶买卖中的共有人买卖、无权处分、多重买卖等特定情形缺乏针对性说理,或者运用比较晦涩、当事人难以理解的法学理论进行过分说理,降低了裁判文书的可接受性与公信力。(3) 援引法律依据不当。部分裁判文书在主文部分援引法律依据不全,例如一些船舶权属纠纷案件的裁判文书遗漏了《物权法》第三十三条①这一重要条文;部分裁判文书仅援引了《合同法》,而没有援引《海商法》《物权法》。这导致裁判的依据不是很完整,使裁判文书的质量打了折扣。

(二) 原因分析

1. 对船舶买卖的类型化交易环节缺乏认识。因船舶买卖引起的船舶权属纠纷中,船舶买卖是因,权属争议是果。此类案件的审理,必须深入探究引起船舶物权变动的原因要素,即涉及船舶买卖的一些要件事实。在船舶买卖合同纠纷中,合同的成立、生效、价款支付、船舶的交付、登记等是船舶买卖的类型化交易环节。这些环节各有其不同的法律意义,是判断法律关系变动的重要时点。合同的成立意味着买卖双方达成了一致的意思表示,形成了债权债务关系;合同的生效表明这种债权债务关系受法律保护,已具有法律效力;价款支付在分期付款、所有权保留买卖中意味着买受人已取得了物权期待权等中间型权利;交付使船舶在出卖人与买受人之间完成了物权变动;登记使买受人对船舶的所有权取得了对抗第三人的效力。实践中,部分法官对船舶买卖的类型化交易环节缺乏考察和认识,导致对引起法律关系变动的要件事实抓不住、理不清、看不透,不能做到有的放矢、事半功倍,不利于审判工作质量与效率的提高。

2. 审判方法不科学。此类案件因交织了船舶买卖与船舶权属两种法律关系,导致实践中一些法官的裁判方法不是很科学,先审什么,后审什么,应该注意什么,缺乏统一的规则。主要体现在:(1) 对当事人类型缺乏研究。在船舶买卖合同纠纷中,有出卖人、先买受人、次买受人、无权处分人、善意第三人等类型。在船舶权属纠纷中,有对船舶主张所有权的人和异议人,异议人中又有共有人、善意第三人、所有权保留买卖的出卖人等。(2) 对船舶类型缺乏研究。此类纠纷涉及的船舶类型有《海商法》规定下的船舶(海船和其他海上移动式装置,但是用于军事的、政府公务的船舶和20总吨以下的小型船艇除外)、内河船、渔船、趸船等。(3) 对当事人的诉讼请求缺乏梳理。此类纠纷中,当事人的诉讼请求多种多样,有的仅请求确认船舶所有

---

① 该条规定:"因物权的归属、内容发生争议的,利害关系人可以请求确认权利。"

权归属，有的同时请求被告协助办理变更登记手续，或者返还柴油补贴款，有的通过主张船舶买卖合同无效来确认船舶所有权等。这些诉讼请求中，有的属于确认之诉的诉请，有的属于给付之诉的诉请，部分诉讼请求可能存在重叠或矛盾的地方，宜加以甄别和梳理。（4）审判思路不清晰。船舶买卖交易是此类纠纷产生的原因，抛开船舶买卖，孤立地审查船舶权属状况将难以查明案件事实、作出正确裁判。因此，审查船舶买卖合同的效力是审理案件的前提，如"一船二卖"后，后手的买受人没有行使撤销权，其合同是否继续有效；买卖合同标的物附着有第三人抵押权，抵押人未经抵押权人同意出售抵押船舶的，该买卖合同是否有效等问题。因此，较为科学的方法是先审查买卖合同的效力，再判断船舶所有权的归属。

3. 部分海事法官欠缺民法思维与知识。因船舶买卖引起的船舶权属纠纷虽为海事法院受理和管辖的案件，但所适用的法律多为《合同法》《物权法》等民事基本法律，在本质上更接近"民事案件"而非"海事海商案件"。依据最高人民法院文件精神，在海事审判中，涉及如何适用民商事基本法律的，要从民商审判格局乃至整个法律体系的视角出发，保持法律的统一适用。① 因此，此类案件的审理需法官具备较深厚的民法知识，熟悉和掌握民商事司法实践中的裁判热点与共识，运用民法思维、法理进行充分阐释和说理，进而作出更加符合法律规定、更为当事人理解和接受的司法裁判。实践中，部分海事法官忽略了对民法理论与热点的学习，导致其思维与知识结构跟不上审判工作需要。例如，少数法官对《物权法》第九十七条的规定不熟悉，对合同履行中的抗辩权在船舶买卖中的适用规则未掌握，对船舶所有权转移登记诉请是否适用诉讼时效不清楚，等等。此外，要正确审理船舶买卖中的无权处分、善意取得等特殊法律问题，法官没有一定的民法思维与知识作为支撑也是不可能的。

4. 部分基础法律规定不明确。由于船舶买卖的具体规则在《海商法》中付之阙如，一些基础法律规定的不明确增加了法官在解释和适用法律上的困难。例如，制约此类案件审理的关键问题是：我国法律对船舶等特殊动产的物权变动究竟是采用何种立法模式？是意思主义、登记要件主义抑或交付要件主义？《海商法》第九条一方面规定"应当登记"，另一方面又规定登记具有对抗效力，但对船舶物权变动的生效要件未作明确规定。《物权法》第

---

① 参见最高人民法院贺荣副院长在第二十二届全国海事审判研讨会上的讲话《深入贯彻落实党的十八届三中全会精神，努力将海事审判工作推向一个新的发展阶段》。

二十四条仅规定登记是对抗要件,回避了船舶等特殊动产物权变动的生效要件问题。这个问题一直缺乏法律层面上的明确规定,导致司法裁判尺度上的一系列问题。要最终解决这一问题,需要立法者在起草民法典的过程中对船舶等特殊动产物权变动的生效要件作出明确规定,而不是仅仅规定对抗要件,从而进一步理顺特殊动产物权变动的基础法律规定。

四、对策建议

(一)厘清审判思路

因船舶买卖引起的船舶权属纠纷案件法律关系较为复杂,当事人争议较大,调解撤诉率低。正确审理此类案件,最为关键的是厘清审判思路,以科学的审判方法抓住审判要点,从而有效掌握庭审进程、提高庭审效率。

1. 明确法院是否有权管辖。受诉法院在接到当事人的起诉状时,首先应审查本院对该案是否有管辖权。《中华人民共和国海事诉讼特别程序法》(以下简称《海事诉讼特别程序法》)第六条第二款第(七)项规定:"因海船的船舶所有权、占有权、使用权、优先权纠纷提起的诉讼,由船舶所在地、船籍港所在地、被告住所地的海事法院管辖。"《最高人民法院关于适用〈中华人民共和国海事诉讼特别程序法〉若干问题的解释》第七条规定:"《海事诉讼特别程序法》第六条第二款(七)项规定的船舶所在地指起诉时船舶的停泊地或者船舶被扣押地。"因此,因船舶买卖引起的船舶权属纠纷由起诉时船舶的停泊地、船舶被扣押地、船籍港所在地、被告住所地海事法院管辖。① 船舶买卖合同纠纷中不涉及船舶所有权的,如单纯的价款争议、合同履行等方面的纠纷,不应适用该规定,而应当适用《中华人民共和国民事诉讼法》第二十三条确定管辖法院。② 因船舶买卖引起的船舶权属纠纷属于海事法院专门管辖的案件,也不得违反《民事诉讼法》第三十四条规定确定管辖法院。③ 受诉法院发现受理的案件不属于本院管辖的,应当移送有管辖权的法院。

2. 固定诉讼请求。诉讼请求不固定、不明确是影响审判效率的首要因

---

① 《海事诉讼特别程序法》及其司法解释仅规定了海船,对于内河船等未作出明确规定。
② 该条规定:"因合同纠纷提起的诉讼,由被告住所地或者合同履行地人民法院管辖。"
③ 该条规定:"合同或者其他财产权益纠纷的当事人可以书面协议选择被告住所地、合同履行地、合同签订地、原告住所地、标的物所在地等与争议有实际联系的地点的人民法院管辖,但不得违反本法对级别管辖和专属管辖的规定。"该条虽未涉及专门管辖,但最高人民法院有关司法解释、政策性文件一贯坚持,违反海事诉讼专门管辖的,也应当认定为无效。参见最高人民法院民事诉讼法修改研究小组编著《〈中华人民共和国民事诉讼法〉修改条文理解与适用》,人民法院出版社2012年版,第49页。

素。在该类案件中，当事人提出的诉讼请求主要有以下类型：请求确认船舶所有权归原告所有，或请求确认原告为船舶的所有权人；请求确认原告对船舶享有一定百分比的份额（股份、产权）；请求确认原告对船舶拥有实际所有权；请求法院判令被告将船舶所有权转让过户给原告，或请求法院判令被告履行办理所有权变更登记手续，并承担相应的费用；请求确认船舶买卖合同有效并判令船舶归原告所有；请求确认转移船舶行为无效，返还非法占有船舶及赔偿损失；请求确认船舶转让行为无效并请认原告对船舶享有一定百分比的份额，并赔偿船期损失；请求确认船舶归原告所有并解除与被告的挂靠关系；请求解除原告与被告的船舶买卖合同关系，收回船舶；等等。这些诉讼请求通常涉及本权利、请求权和形成权三种类型的权利，分别对应确认之诉、给付之诉和形成之诉三种类型的诉。针对本权利的归属发生争议，可以通过确认之诉来解决，如请求确认船舶的所有权或所有权份额等；针对因本权利遭侵害而请求他人作为或不作为的情形，可以通过给付之诉来解决，如请求协助办理所有权变更登记手续、请求返还燃油补贴款等；针对一方意图单方设立、变更或消灭法律关系的情形，可以通过形成之诉解决，如分期付款买卖的出卖人行使解除权解除船舶买卖合同等。由于确认之诉、形成之诉具有一个天然的缺陷，即不具有强制执行性①，在当事人诉讼能力较弱的情形下，易出现遗漏诉讼请求后再次起诉发生诉累的情形。例如，当事人仅提起确认船舶归其所有之诉，如其胜诉，法院的判决只能是确认船舶归其所有，但如其希望办理过户手续，则必须另外提起办理船舶登记手续之诉，该诉属于给付之诉。又如，分期付款买卖的出卖人仅请求解除买卖合同的（形成之诉），即使判决其胜诉，也缺乏执行力，其想要重新拿回船舶还得提起返还船舶的给付之诉。此时，法官应向当事人释明，引导当事人追加诉讼请求，避免当事人今后难以执行或者导致重复起诉。

3. 准确界定案由。课题组通过调研发现，33件典型案件的结案案由主要是"船舶权属纠纷"和"船舶买卖合同纠纷"，仅有2件案件的结案案由是"因船舶买卖合同引起的船舶权属纠纷"。法官在界定案由时，应当从当事人的诉讼请求及诉讼争议的实质内容出发，并结合最高人民法院《民事案件案由规定》合理确定。首先，从当事人的诉讼请求出发，明确当事人所诉为何种类型之诉。如果当事人的诉请为给付之诉的诉请，例如对船舶权属本身无争议，只是针对移交船舶证书等船舶买卖合同履行中的问题，就宜将此

---

① 邹碧华：《要件审判九步法（纪念版）》，法律出版社2010年版，第61页。

案定为"船舶买卖合同纠纷";如果当事人的诉请为确认之诉的诉请,如实际所有人请求确认其对船舶的所有权、共有人请求确认其对船舶所享有的份额等,就宜将此案定为"船舶权属纠纷"。其次,明确当事人诉讼争议的实质内容。例如,当事人的诉请为请求确认船舶买卖合同有效,并主张船舶归其所有,或者是仅主张船舶买卖合同有效,对船舶所有权并不主张。在这类案件中,船舶买卖合同的效力是争议问题的中心,也是审判工作的重点。船舶买卖审清楚了,船舶所有权的归属就一目了然了。这类案件就宜定性为"船舶买卖合同纠纷"。燃油补贴款的归属等与船舶权属相关的诉请,一般附着于当事人的主要诉请即确认船舶权属之下,一般将其列入"船舶权属纠纷"。值得研究的是,当燃油补贴款作为一项唯一诉请出现时,法官将如何确定此类案件的案由?我院审理的一起案件将其认定为"船舶买卖合同纠纷"①,因为燃油补贴款的归属在船舶买卖合同中有约定。调研组也倾向于将其认定为船舶买卖合同纠纷,因为单纯的燃油补贴款的返还之诉,从诉的性质来看属于给付之诉,定为"船舶买卖合同纠纷"更为合理。最后,案由确定应当符合最高人民法院《民事案件案由规定》(2011年修订)的精神。根据该规定,船舶买卖合同纠纷是指当事人因船舶买卖合同的订立、履行、变更和终止而产生的纠纷,船舶权属纠纷是指有关船舶权利的确认归属的纠纷(船舶权利是指有关船舶的所有权、使用权、占有权、处分权、收益权及抵押权、留置权和优先权等)。② 船舶买卖合同纠纷属于物权变动的原因关系,船舶权属纠纷则涉及物权权属变动的结果意义上的法律关系。法官应根据当事人诉争的法律关系的性质,查明该法律关系涉及的是物权变动的原因还是物权变动的结果关系,以正确确定案由。因此,如果当事人是对船舶买卖合同的订立、履行、变更和终止而产生的纠纷,应该以船舶买卖合同纠纷确立案由;如果当事人是对船舶所有权的转让登记或者共有关系以及妨碍船舶所有权行使的情形提起诉讼,则应以船舶权属纠纷确立案由。③ 法官在确定案由时应遵循上述规则。

4. 明确当事人类型。在此类案件中,当事人的类型较为复杂。原告的主要类型有:船舶买卖交易中的买受人,包括先买受人、次买受人等;船舶的

---

① 见广州海事法院(2015)广海法初字第828号民事判决。
② 最高人民法院民事案件案由规定课题组编著:《最高人民法院民事案件案由规定理解与适用(2011年修订版)》,人民法院出版社2011年版,第356页。
③ 最高人民法院民事案件案由规定课题组编著:《最高人民法院民事案件案由规定理解与适用(2011年修订版)》,人民法院出版社2011年版,第324页。

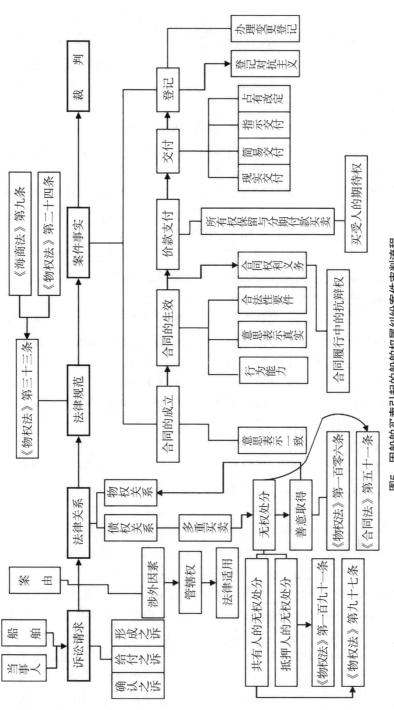

图5 因船舶买卖引起的船舶权属纠纷案件审判流程

实际所有人；船舶挂靠人；船舶共有人；所有权保留买卖中的出卖人；等等。被告的主要类型有：船舶买卖交易中的出卖人，包括多重买卖的出卖人等；船舶的登记所有人；船舶被挂靠人；无权处分人；船舶的其他共有人；所有权保留买卖的买受人；等等。第三人的主要类型有：善意取得中的第三人；以船舶作为抵押物的抵押权人；等等。

5. 明确船舶类型与船舶状况。船舶类型也是审理该类案件一个重要的事实因素。船舶类型主要有海船、内河船等。只有涉及《海商法》第三条规定的船舶买卖，才能适用《海商法》规定。这一点应当注意，以防止在援引法律依据时出错。与船舶自身状况有关的事实状况还有：船舶权属证书；船舶国籍证书；船舶登记部门；船舶原所有权人、原所有权的取得方式、本身是否有抵押权、船舶挂靠情况、船舶是否为其他人占有；等等。

6. 以类型化交易环节考察船舶权属变动。因船舶买卖引起的船舶权属纠纷，船舶买卖交易中的买卖合同的成立、生效、价款支付、船舶的交付、登记等环节是法院需要查明的要件法律事实。对这些事实的依次检索，可以规范有序地推行庭审进程，完整无缺地查明案件事实。对一个完整的船舶买卖交易而言，这五个要素好比医院体检单上的必检项目，是影响法律关系变动的重要时点。法官以此为依据可以绘制出自己审理此类案件的流程图，并根据案情的复杂程度加以删减增补，以快速把握案情脉络，提高阅卷、庭审和合议工作效率。图5是课题组绘制的较简易的因船舶买卖引起的船舶权属纠纷案件审判流程图，仅供参考。

（二）准确查明案件事实

1. 准确认定船舶买卖合同是否成立。船舶买卖合同的成立需具备合同成立的一般要件，即存在双方或多方当事人、当事人具有相应的民事权利能力和行为能力及当事人就合同的主要条款达成合意。在实践中，当事人就渔船买卖未签订书面合同的现象较为常见。《买卖合同司法解释》第一条第一款规定："当事人之间没有书面合同，一方以送货单、收货单、结算单、发票等主张存在买卖合同关系的，人民法院应当结合当事人之间的交易方式、交易习惯以及其他相关证据，对买卖合同是否成立作出认定。"因此，对于没有书面合同的船舶买卖，法官应当结合收据、银行汇款凭证等关联证据进行综合判断。对于以"股份转让协议""股权转让协议"等冠名，涉及船舶股份转让、股权转让等内容的协议，一定要结合当事人的真实意思表示认定船舶买卖合同或所有权转让合同是否成立。对于一人代数人签名、一人代其他共有人订立船舶买卖合同的问题，一定要考察该行为是否得到其他人的授权或事后获得追认，否则不能认定船舶买卖合同已经订立。

2. 准确认定船舶买卖合同是否生效。《民法通则》第五十五条规定："民事法律行为应当具备下列条件：（一）行为人具有相应的民事行为能力；（二）意思表示真实；（三）不违反法律或者社会公共利益。"①《合同法》第四十四条规定："依法成立的合同，自成立时生效。法律、行政法规规定应当办理批准、登记等手续生效的，依照其规定。"② 我国法律对合同的生效要件作了明确规定，法官应结合这三个要件判断船舶买卖合同是否生效。这一问题的关键在于船舶买卖的意思表示是否真实，即是否存在欺诈、胁迫、重大误解或乘人之危等情形。《合同法》第五十二条规定了合同的无效情形："（一）一方以欺诈、胁迫的手段订立合同，损害国家利益；（二）恶意串通，损害国家、集体或者第三人利益；（三）以合法形式掩盖非法目的；（四）损害社会公共利益；（五）违反法律、行政法规的强制性规定。"③ 对该条中"法律、行政法规的强制性规定"的解释应从严把握，仅限于法律和行政法规而不包括规章，仅限于效力性强制性规定而不包括管理性或取缔性强制性规定④。实践中，关于船舶买卖是否构成违反法律的强制性规定而归于无效，主要涉及两种类型的案件：一是渔船买卖中渔船船牌转让的效力，二是抵押期间抵押人出卖抵押物的效力。第一种类型的案件，渔船船牌的转让属于捕鱼资质的转让，该行为违反了我国渔业生产秩序的管理性规定，构成行政违法行为，但转让船牌的民事行为仍属于有效；第二种类型的案件，涉及对《物权法》第一百九十一条第二款规定的理解，《2015年全国民事审判工作会议纪要》认为该条文并非针对抵押财产转让合同的效力性强制性规定，即认

---

① 该条内容已被《中华人民共和国民法典》第一百四十三条"具备下列条件的民事法律行为有效：（一）行为人具有相应的民事行为能力；（二）意思表示真实；（三）不违反法律、行政法规的强制性规定，不违背公序良俗"所取代。——编者注

② 该条内容已被《中华人民共和国民法典》第五百零二条"依法成立的合同，自成立时生效，但是法律另有规定或者当事人另有约定的除外。依照法律、行政法规的规定，合同应当办理批准等手续的，依照其规定。未办理批准等手续影响合同生效的，不影响合同中履行报批等义务条款以及相关条款的效力。应当办理申请批准等手续的当事人未履行义务的，对方可以请求其承担违反该义务的责任。依照法律、行政法规的规定，合同的变更、转让、解除等情形应当办理批准等手续的，适用前款规定"所取代——编者注

③ 该条内容已被《中华人民共和国民法典》第一百五十三条"违反法律、行政法规的强制性规定的民事法律行为无效。但是，该强制性规定不导致该民事法律行为无效的除外。违背公序良俗的民事法律行为无效"所取代。——编者注

④ 《最高人民法院关于适用〈中华人民共和国合同法〉若干问题的解释（二）》第十四条规定："合同法第五十二条第（五）项规定的'强制性规定'，是指效力性强制性规定。"

为抵押人出卖抵押物的行为仍是有效的。

3. 正确认定交付的形式。在船舶买卖中，船舶的交付通常是现实交付，但法官对可能出现的简易交付、指示交付、占有改定等交付形式也应全面考察。《物权法》第二十五条规定："动产物权设立和转让前，权利人已经依法占有该动产的，物权自法律行为生效时发生效力。"① 该条规定的简易交付形式需要受让人先行占有该动产，并且在当事人之间存在物权让与的合意。船舶买卖中，存在的情形一般为先租后买。《物权法》第二十六条规定："动产物权设立和转让前，第三人依法占有该动产的，负有交付义务的人可以通过转让请求第三人返还原物的权利代替交付。"② 该条规定的指示交付形式是通过转让原物返还请求权代替实际交付。《物权法》第二十七条规定："动产物权转让时，双方又约定由出让人继续占有该动产的，物权自该约定生效时发生效力。"③ 该条规定的占有改定形式是以受让人的间接占有为前提的，在船舶售后租回交易中较为常见。因此，简易交付、指示交付和占有改定也构成船舶的交付，能发生船舶物权变动的效力。审判实践中，买卖双方之间仅签订《船舶交接书》但未实际交付船舶的行为是否构成物权变动意义上的交付？由于动产物权的证券化，物权变动中出现了以交付表彰该动产物权的证券来代替交付动产本身的现象，如仓单、提单的交付。④ 但是，这种拟制交付的法律效力依赖于动产物权的证券化，即证券的占有与动产的所有高度合一、权券一体，而《船舶交接书》本身并不具备相应的形式特征和法律效力。因此，课题组认为，单纯的《船舶交接书》等文件形式的交付并不符合船舶交付的实质要件，不发生物权变动的法律效果。

4. 谨慎认定船舶证书的证据效力。在海事审判中如何认定船舶证书的证据效力一直是法官所面临的难题。在我国船舶登记只具有对抗效力，再加上船舶挂靠等现象的存在，法官在认定船舶登记证书的证据效力时应更加谨慎，对证书记载的船舶权属状况和担保物权如抵押权状况应持合理怀疑的态度。《民诉法解释》第一百一十四条规定："国家机关或者其他依法具有社会管理

---

① 该条内容已被《中华人民共和国民法典》第二百二十六条"动产物权设立和转让前，权利人已经占有该动产的，物权自民事法律行为生效时发生效力"所取代。——编者注

② 该条内容已被《中华人民共和国民法典》第二百二十七条"动产物权设立和转让前，第三人占有该动产的，负有交付义务的人可以通过转让请求第三人返还原物的权利代替交付"所取代。——编者注

③ 该条内容已被《中华人民共和国民法典》第二百二十八条"动产物权转让时，当事人又约定由出让人继续占有该动产的，物权自该约定生效时发生效力"所取代。——编者注

④ 梁慧星、陈华彬：《物权法》，法律出版社2007年版，第100页。

职能的组织,在其职权范围内制作的文书所记载的事项推定为真实,但有相反证据足以推翻的除外。必要时,人民法院可以要求制作文书的机关或者组织对文书的真实性予以说明。"法官对船舶证书的认证应遵循这一规则。

(三) 正确适用法律

1. 以三步走方法明确涉外案件的法律适用。因船舶买卖引起的船舶权属纠纷中有少部分案件属于涉外案件。审理这种类型的涉外案件仍需遵循"涉外因素—管辖权—法律适用"三步走的裁判思路。关于涉外因素的判断,应依据《最高人民法院关于适用〈中华人民共和国涉外民事关系法律适用法〉若干问题的解释(一)》第一条①规定判断。《海商法》第二百七十条规定:"船舶所有权的取得、转让和消灭,适用船旗国法律。"《中华人民共和国涉外民事关系法律适用法》(以下简称《法律适用法》)第三十七条规定:"当事人可以协议选择动产物权适用的法律。当事人没有选择的,适用法律事实发生时动产所在地法律。"对于因船舶买卖引起的船舶权属纠纷案件,存在涉外因素的应认定为涉外案件,在明确我院有管辖权的基础上,进一步确定应适用什么法律。在法律适用上,应区分海船与非海船。如果船舶属于《海商法》第三条规定的船舶,则应依据特别法优先于普通法原则,适用《海商法》第二百七十条。如果船舶不属于《海商法》第三条规定的船舶,则依据《法律适用法》第三十七条规定,当事人可以协议选择法律适用;在没有选择时,适用法律事实发生时动产所在地即船舶买卖时船舶所在地的法律。②但如何确定法律事实发生地,尤其是何谓动产买卖发生时船舶的所在地,仍有待研究。③ 课题组倾向性意见认为,船舶买卖事实发生时船舶所在地主要指船舶买卖合同订立、价款支付、船舶交付时船舶的所在地;所在地不一致时,以后者为准。

2. 对登记对抗主义的理解应予统一。司法实践中,对船舶物权变动采纳

---

① 该条规定:"民事关系具有下列情形之一的,人民法院可以认定为涉外民事关系:(一)当事人一方或双方是外国公民、外国法人或者其他组织、无国籍人;(二)当事人一方或双方的经常居住地在中华人民共和国领域外;(三)标的物在中华人民共和国领域外;(四)产生、变更或者消灭民事关系的法律事实发生在中华人民共和国领域外;(五)可以认定为涉外民事关系的其他情形。"

② (2007)广海法初字第90号案中,原告与被告分别为澳门自然人和内地自然人,且双方没有约定处理合同争议所适用的法律。法院认为本案合同签订地与履行地、标的物登记地与所在地、被告住所地均在内地,内地的法律是与本案合同有最密切联系的法律,因此根据《合同法》第一百二十六条的规定,适用中华人民共和国法律。该案审理在《法律适用法》出台之前。

③ 最高人民法院民事审判第四庭编著的《〈中华人民共和国涉外民事关系法律适用法〉条文理解与适用》(中国法制出版社2011年版)一书也并未明确这一问题。

登记对抗主义并无异议，即认为登记是船舶物权变动的对抗要件。但交付和登记哪个是船舶物权变动的生效要件，存在合同生效说、交付说、登记说等不同认识。如前所述，《买卖合同司法解释》最终采纳了交付是船舶物权变动的生效要件这一观点。2016年3月起实施的《物权法司法解释（一）》第六条也承续了这一精神。尽管理论界对船舶等特殊动产的物权变动模式的认识并不统一，如王利明教授与崔建远教授的观点就截然相反①，但我院作为初审法院，在最高人民法院已有明确司法解释的情形下，自应遵循该司法解释的规定，认为交付是船舶物权变动的生效要件。在审理因船舶买卖引起的船舶权属纠纷案件中，法官应将登记对抗主义及交付是船舶物权变动的生效要件的精神贯彻始终。针对登记对抗主义本身，司法实践对《海商法》第九条中的"第三人"和《物权法》第二十四条的"善意第三人"的理解和适用也存在一些问题。《物权法司法解释（一）》较好地解决了"善意第三人"的认定难题；第六条规定："转让人转移船舶、航空器和机动车等所有权，受让人已经支付对价并取得占有，虽未经登记，但转让人的债权人主张其为《物权法》第二十四条所称的'善意第三人'的，不予支持，法律另有规定的除外。"在特殊动产之上存在未办理登记的受让人与转让人的债权人时，前者的权利一般应优先于后者。转让人的一般债权人，包括破产债权人、人身损害债权人、强制执行债权人、参与分配债权人，均应排除于《物权法》第二十四条所称的"善意第三人"范畴之外，但这里的债权人不应包括针对该标的物享有担保物权的债权人。② 此外，该规定中的"法律另有规定的除外"包括《海商法》第二十二条关于船舶优先权的特殊规定。在船舶营运中发生人身伤亡的赔偿请求权人，属于法律特别规定享有法定优先权的债权人，不管船舶物权变动登记与否，均应属于绝对不可对抗的善意第三人的范畴。但是，已完成特殊动产登记但未完成交付的第三人是否属于《物权法》第二十四条所称的"善意第三人"的范畴？最高人民法院民事审判第一庭认为善意第三人应对标的物具有正当物权利益，而所谓物权利益系指该人与转让人

---

① 王利明教授认为，交付并非特殊动产物权变动的唯一方式，不能简单地认为交付就是特殊动产物权变动的生效要件，也不能认为登记只是对抗要件。参见王利明《特殊动产一物数卖的物权变动规则——兼评〈买卖合同司法解释〉第10条》，载《法学论坛》2013年第6期。崔建远教授认为交付是包括船舶、航空器、机动车在内的一切动产物权变动的生效要件，登记仅为对抗善意第三人的要件。参见崔建远《再论动产物权变动的生效要件》，载《法学家》2010年第5期。

② 罗书臻：《进一步提升保障财产权利及市场交易安全与效率的法治化程度——最高人民法院民一庭负责人就物权法司法解释（一）答记者问》，载《人民法院报》2016年2月24日。

具有物权关系。① 上述已完成登记但未完成交付的买受人，因特殊动产的物权变动并未生效，因此其与转让人之间不具有物权关系，不应属于善意第三人的范畴。

3. 优先适用"当事人另有约定的除外"规则。法官在审理此类案件时，要特别注意当事人在买卖合同中对船舶物权变动是否另有约定。为尊重当事人意思自治和符合船舶买卖的实际情况，法官应当认可这种约定的优先效力，并在审判中优先适用。主要理由包括：一是对《物权法》第二十三条的理解不应过于机械，应结合物权法定原则进行解释。《物权法》第五条规定："物权的种类和内容，由法律规定。"② 这表明我国在采取严格的物权法定主义的同时，又将法定的内容仅限于物权的种类和内容，不包括物权的变动模式和公示方法。因此，在物权变动中优先适用"当事人另有约定的除外"规则并不违反物权法定主义。二是该条规定虽然删除了"当事人另有约定的除外"，但对船舶买卖中所有权保留条款等当事人约定仍可纳入《合同法》等法律对分期付款买卖的另有规定加以解释，即当事人在船舶分期付款买卖中约定的所有权保留条款并不违反《物权法》第二十三条。三是《买卖合同司法解释》用一节四个条文的形式专门规定了"所有权保留"内容，若不承认"当事人另有约定的除外"对所有权保留条款的效力，将使这一制度完全落空。

4. 正确适用《物权法》第九十七条。对《物权法》第九十七条的理解，应把握两点：一是对共有人未经其他共有人同意而处分船舶的行为，构成无权处分。《合同法》第五十一条规定的"无处分权的人"可以涵盖未经其他共有人同意而擅自出卖共有物的单个共有人。③ 二是共有人无权处分船舶的，船舶买卖合同本身有效，但船舶所有权是否发生转移则效力待定。其他共有人事后追认的，该处分行为有效，船舶所有权发生转移；其他共有人不予追认的，该处分行为无效，船舶仍由全体共有人所有。因此，涉及共有人擅自转让船舶的案件，法官除了援引《物权法》第九十七条外，还需援引《合同法》第五十一条及《买卖合同司法解释》第三条进行说理，以增强裁判文书的说服力。

---

① 最高人民法院民事审判第一庭编著：《最高人民法院物权法司法解释（一）理解与适用》，人民法院出版社2016年版，第180页。

② 该条内容已被《中华人民共和国民法典》第一百一十六条"物权的种类和内容，由法律规定"所取代。——编者注

③ 最高人民法院民事审判第二庭编著：《最高人民法院关于买卖合同司法解释理解与适用》，人民法院出版社2012年版，第71页。

5. 正确理解《物权法》第一百九十一条。《物权法》第一百九十一条第二款规定，抵押人在抵押期间未经抵押权人同意不得转让抵押财产，但受让人代为清偿债务消灭抵押权的除外。对"不得"二字的理解，应结合《2015年全国民事审判工作会议纪要》来解释，即不属于效力性强制性规定。这表明该转让行为本身是有效的，发生船舶所有权变动的效力。

6. 正确认定挂靠人、被挂靠人转让船舶的效力。在船舶买卖中，一类案件是船舶挂靠人或者被挂靠人与第三人签订船舶买卖合同，约定转移船舶所有权或所有权的部分份额。根据《最高人民法院关于国内水路货物运输纠纷案件法律问题的指导意见》就船舶挂靠案件所确立的基本原则，在船舶买卖案件中也应坚持合同相对性原则，即挂靠人、被挂靠人谁签订合同谁负责。这符合商行为的表示主义和外观主义原则，有利于保护善意第三人的合法权益，维护交易安全。挂靠人与第三人签订船舶买卖合同，挂靠人能提供挂靠合同或者被挂靠人认可其为船舶实际所有人的证据的，该船舶买卖合同有效，船舶所有权自交付时发生转移。被挂靠人依据其提供的船舶所有权证书记载的船舶所有权或所有权份额为转让时，其与第三人之间的船舶买卖合同有效。至于是否发生船舶所有权转移的效力，在船舶不存在共有情形时，船舶所有权自被挂靠人交付船舶于第三人时发生转移；在存在共有情形时，仍需具备《物权法》第九十七条的相应要件，在未经三分之二以上按份共有人或全体共同共有人同意的情形下该处分行为效力待定。

7. 正确运用船舶多重买卖的履行顺序规则。《买卖合同司法解释》第十条确立了船舶多重买卖的履行顺序规则："出卖人就同一船舶、航空器、机动车等特殊动产订立多重买卖合同，在买卖合同均有效的情况下，买受人均要求实际履行合同的，应当按照以下情形分别处理：（一）先行受领交付的买受人请求出卖人履行办理所有权转移登记手续等合同义务的，人民法院应予支持；（二）均未受领交付，先行办理所有权转移登记手续的买受人请求出卖人履行交付标的物等合同义务的，人民法院应予支持；（三）均未受领交付，也未办理所有权转移登记手续，依法成立在先合同的买受人请求出卖人履行交付标的物和办理所有权转移登记手续等合同义务的，人民法院应予支持；（四）出卖人将标的物交付给买受人之一，又为其他买受人办理所有权转移登记，已受领交付的买受人请求将标的物所有权登记在自己名下的，人民法院应予支持。"该条文对船舶买卖中已先受领交付、均未受领交付、既未交付又未登记、交付与登记冲突等四种典型情形作了明确规定，具有较强的可操作性。在涉及船舶的多重买卖案件时，法官只需依据该规则即可确定船舶所有权的归属。

8. 正确理解和适用善意取得制度。《买卖合同司法解释》第十条确立了特殊动产物权变动的"交付优先于登记"规则,但这并不意味着善意取得制度在船舶的多重买卖中完全没有适用空间,在某些特定情形下第三人仍可构成善意取得。基于以下三种情形,出卖人仍然占有该特殊动产并将该动产再次出卖的,后买受人有可能构成善意取得:(1)第一次交付的形式为占有改定,出卖人继续占有该动产的;(2)出卖人将该动产交付给先买受人后,又通过借用、租赁等方法重新占有该动产的;(3)出卖人通过骗取等方法非法侵占该动产。① 在上述情形中,出卖人均构成无权处分,具备适用《物权法》第一百零六条的基本条件。但在通常的情形下,出卖人将船舶交付给买受人后丧失对该船舶的占有,又将船舶过户登记到第三人即后买受人名下,第三人依据登记主张所有权并要求占有该船舶的买受人返还船舶,此时产生该买受人是否有权对抗信赖登记的第三人的问题。依照《买卖合同司法解释》第十条第一款第(四)项规定,已完成交付的买受人取得船舶所有权,后买受人即第三人不能取得所有权,且先买受人有权请求后买受人为更正登记。关于占有改定下是否存在善意取得的问题,最高人民法院物权法研究小组认为,鉴于占有改定方式公示效力不足,否定占有改定下善意取得的适用,更有利于保护当事人的合法权益及维护交易安全。② 而最高人民法院民事审判第一庭在《最高人民法院物权法司法解释(一)理解与适用》中却对此持肯定性的倾向意见,即认为占有改定下存在善意取得的适用空间,但司法解释最终没有对占有改定情形下的善意判断时点作出明确规定,仍交由司法实践继续探索总结。③ 依据《买卖合同司法解释》第十条,后买受人不能凭登记主张善意取得。这无疑降低了船舶登记的公信力,不利于鼓励人们进行登记,因而使登记对抗主义的适用范围大幅压缩。但"交付优先于登记"作为司法解释所确立的基本规则,法官在司法解释未修改前,仍应遵照该司法解释进行处理。而《物权法司法解释(一)》第十五条至第二十一条规定了善意取得

---

① 最高人民法院民事审判第二庭编著:《最高人民法院关于买卖合同司法解释理解与适用》,人民法院出版社2012年版,第182页。

② 关于善意受让人能否以占有改定方式取得动产所有权的问题,理论界存在肯定说、否定说、折衷说等观点,最高人民法院物权法研究小组倾向认为占有改定下不能发生善意取得。参见最高人民法院物权法研究小组编著《〈中华人民共和国物权法〉条文理解与适用》,人民法院出版社2007年版,第123页。

③ 最高人民法院民事审判第一庭编著:《最高人民法院物权法司法解释(一)理解与适用》,人民法院出版社2016年版,第418页。

制度在适用中的一些具体法律问题，该规定亦适用于船舶买卖中的善意取得。例如，该司法解释第十五条规定："受让人受让不动产或动产时，不知道转让人无处分权，且无重大过失的，应当认定受让人为善意。真实权利人主张受让人不构成善意的，应当承担举证证明责任。"这为如何理解"善意"并分配举证责任提供了依据。该司法解释第十七条至第十九条分别为如何正确理解"重大过失"、形成善意的时点、"合理的价格"作了较为明确的指引，第二十条将"交付"而非"登记"作为船舶等特殊动产适用善意取得的条件，第二十一条将构成合同无效及欺诈、胁迫、乘人之危等可撤销情形排除在善意取得制度的适用范围之外，解决了善意取得制度在司法适用中的一些重大问题，能较好统一法官裁判此类案件的尺度。

9. 正确认定出卖人行使的抗辩权类型。在船舶买卖中，出卖人往往以买受人未付清船舶价款为由拒绝为之办理过户登记手续。此时，出卖人行使的抗辩权究竟是同时履行抗辩权还是先履行抗辩权？法院在认定时首先应看当事人之间是否就债务的履行顺序有明确约定：若有相应约定，应认定出卖人行使的是先履行抗辩权①；在双方之间没有约定时，认定出卖人行使的抗辩权为同时履行抗辩权较为恰当。在无约定的情形下认定出卖人行使的抗辩权为同时履行抗辩权的理由有：一是出卖人办理过户登记的义务即转移所有权的义务属于船舶买卖合同项下的主给付义务，其与买受人支付价款的义务构成对待给付②；二是办理过户登记的义务与支付价款的义务具有发生上的牵连性、存续上的牵连性和功能上的牵连性，一方不履行义务，相对人原则上亦可不履行。

10. 正确认定船舶变更登记中的诉讼时效问题。最高人民法院于 2011 年、2015 年发布的全国民事审判工作会议纪要都规定："已经合法占有转让标的物的受让人请求转让人办理物权变更登记，登记权利人请求无权占有人返还不动产或者动产，利害关系人请求确认物权的归属或内容，以及权利人请求排除妨碍、消除危险，对方当事人以超过诉讼时效期间抗辩的，均不应

---

① 先履行抗辩权要求两个债务之间须有先后履行顺序，至于该顺序是当事人约定，还是法律直接规定的，在所不问。参见崔建远主编《合同法》，法律出版社 2010 年版，第 144 页。

② 崔建远主编的《合同法》一书认为，出卖人协助办理移转登记的义务，在形式上为附随义务，实质上是移转买卖物所有权的主给付义务。于此场合，应当更加看重出卖人协助办理移转登记的实质，认定该项义务与买受人的付款义务形成同时履行关系，在出卖人怠于履行协助办理移转登记义务时，买受人有权拒付款项，行使同时履行抗辩权（在两项债务的履行期存在先后顺序的场合，成立先履行抗辩权）。同理，出卖人在买受人不履行付款义务时，有权拒绝办理过户登记手续，行使同时履行抗辩权。参见崔建远主编《合同法》，法律出版社 2010 年版，第 139 页。

予以支持。"由此可见，最高人民法院民事审判第一庭倾向性认为请求协助办理变更登记系受让人的一项具有物权请求权性质的权利，不应适用诉讼时效。在海事审判中，法院也应遵循这一规则，对出卖人提出的买受人已超过诉讼时效期间的抗辩不予支持。

11. 正确认定燃油补贴款的归属。燃油补贴款是国家为鼓励渔业生产而对利用机动渔船从事捕捞作业的渔民和渔业企业的一项优惠措施。燃油补贴款是产生于机动渔船之上的利益，对其归属应首先尊重当事人的约定，在当事人没有约定或约定不明时，依据《物权法》第三十九条①关于"所有权人对自己的不动产或者动产，依法享有占有、使用、收益和处分的权利"的规定，应由机动渔船的船舶所有人取得。由于实践中燃油补贴款是按年度分别发放的，法官应结合船舶所有权转移的具体时点，即船舶完成交付的时间，按比例最终确定燃油补贴款在出卖人与买受人之间的分配。燃油补贴款表面上是补贴给渔民或者渔业企业的，但本质上是对机动渔船所有人的一种补偿。因燃油补贴款的归属产生的纠纷，课题组倾向性认为应属于海事法院受理海事案件的范围，不宜指引当事人另行提起针对发放燃油补贴款的渔政机关的行政诉讼。

12. 正确认定渔船买卖是否包括船牌。关于渔船买卖是否包括船牌，法官首先要看当事人是否有约定，在没有约定或约定不明时，应综合渔船买卖的合同内容、合同标的、渔船价值、交易习惯等因素综合认定当事人在订立合同时是否存在转让渔船船牌的真实意思表示，进而认定渔船买卖是否包括船牌。若案件没有明确相反证据支持的，我们倾向于认为渔船买卖包括船牌。

（四）规范制作裁判文书

如前所述，因船舶买卖引起的船舶权属纠纷案件的裁判文书存在事实认定不清、说理不足、法律依据援引不当等问题。在司法公开持续深入、裁判文书公开上网的新形势下，如何增强裁判文书的规范性、说理性和可接受性显得更为重要。因此，需要进一步规范此类案件的裁判文书制作，提高裁判文书的质量和水平。调研组在梳理案件时发现，一些当事人请求确认船舶权属的案件中，裁判文书主文并未援引《物权法》第三十三条，这造成了援引法律依据的不完整。该条规定："因物权的归属、内容发生争议的，利害关

---

① 该条内容已被《中华人民共和国民法典》第二百四十条"所有权人对自己的不动产或者动产，依法享有占有、使用、收益和处分的权利"所取代。——编者注。

系人可以请求确认权利。"① 像《物权法》第三十三条这样的权利请求基础规范②，在裁判文书主文中不应遗漏。

结语

因船舶买卖引起的船舶权属纠纷案件法律关系较为复杂，涉及的裁判要点较多，课题组在对有关裁判文书进行调研分析的基础上，提炼出以下可能影响船舶所有权归属的基本要素，以更好地引导当事人举证，方便法官厘清审判思路、提高审判效率。（1）船舶证书，包括所有权登记证书和国籍证书等。（2）船舶买卖前的原始状况：船舶状况（船舶是否为海船、内河船，船舶登记部门是否为海事部门或渔政部门）；船舶原所有权人及原所有权的取得方式。（3）船舶上的担保物权设定情况：船舶本身是否存在抵押、质押、留置等担保物权；船舶抵押权人，抵押权所担保债权是否已清偿，船舶抵押权是否登记，买受人是否了解船舶已经抵押等。（4）船舶挂靠情况：船舶挂靠合同；船舶挂靠人、船舶登记经营人、船舶日常经营负责人，船员管理和聘用负责人等情况。（5）船舶共有情况：船舶是按份共有还是共同共有；各共有人的份额等。（6）船舶买卖合同的订立情况：包括买卖合同当事人、船舶买卖合同（签订的地点、时间、在场人）；其他能够证明存在船舶买卖关系的材料；买卖合同中是否有分期付款和所有权保留条款等。（7）船舶买卖合同的履行情况：船舶价款支付情况；是否存在履行抗辩情形、违约情况等。（8）船舶交付情况：船舶是否已经交付，采用何种交付的方式；船舶相关证书是否交付；船舶交付的时间、地点、交接方，有无其他人在场，有无交接清单等。（9）船舶登记情况：出卖人是否为买受人办理船舶转让登记，已完成交付的买受人是否请求已完成登记的后买受人为更正登记等。（10）船舶是否存在一船多卖情形：签订买卖合同时间，买受人受领交付时间，办理所有权转移登记手续时间等。

---

① 该条内容已被《中华人民共和国民法典》第二百三十四条"因物权的归属、内容发生争议的，利害关系人可以请求确认权利"所取代。——编者注

② 权利请求基础规范，是指当事人提出的权利主张所依据的法律基础。参见邹碧华《要件审判九步法（纪念版）》，法律出版社2010年版，第27页。

法律的人文关怀：船员近亲属之精神损害赔偿*

谭学文

摘要：随着侵权法保护范围的扩张，船员近亲属的反射精神损害作为一种现实存在的损害类型，具有理论上的可赔偿性，理应纳入保护的范畴。从比较法角度考察，英美法系的直接保护模式和德国法系的间接保护模式对我国而言均具有一定的借鉴意义。我国法对反射精神损害的保护尚无明文规定，但在侵害船员生命权致其死亡的情况下，尚存在解释上的余地。然而，这种保护的程度非常有限，船员近亲属可以获赔的情形较为单一。为实现对船员近亲属精神利益的全面保护，实践中存在立法论和解释论两种进路，现阶段宜采纳更具可行性的解释论进路。在司法实践中，应处理好反射精神损害与工伤保险、船舶优先权、责任限制之间的关系，以实现对船员近亲属利益的全面维护。

关键词：船员近亲属；反射精神损害；解释论。

随着对外贸易和航运经济的发展，船员在海上遭受人身损害的风险骤增。为了全面保护船员的合法权益，侵权法将损害赔偿的范围从人身损害扩展到精神损害，使船员本人的精神损害在现行法范围内获得了有效保护。但是，尚存疑问的是因船员人身损害而引发的船员近亲属的精神损害是否也应纳入保护范围？对这一问题的讨论体现了司法的价值取向、人文关怀和观念革命，对司法实务而言具有深远的意义。本文旨在探讨船员近亲属之精神损害的保护机制，以回应现实的司法需求，切实保障船员近亲属的合法权益。

一、法理探寻：船员近亲属之精神损害的特点及可赔偿性

船员近亲属所遭受的精神损害在本质上属于反射精神损害。"反射精神损害"又称"纯粹精神损害"，是侵权人的侵权行为直接侵害受害人的人身，对与受害人有人身密切关系的人所造成的精神损害。①例如，海盗绑架船员，向其近亲属索要赎金，船员近亲属惊吓过度导致的精神损害。又如，船舶在停靠码头时发生碰撞或触碰事故，导致船员伤残，其近亲属亲眼看见而导致的精神痛苦。

---

* 本文获第二十三届全国海事审判研讨会征文优秀奖，原载于上海海事大学海商法研究中心编《海大法律评论》（2014—2015），上海浦江教育出版社有限公司2015年版；修订于2024年12月。

① 赵平沙：《论纯粹精神损害赔偿制度》，载《法制与社会》2009年第12期，第78页。

船员近亲属的反射精神损害的主要特点：一是主体方面，间接受害人（船员近亲属）是与直接受害人（船员）具有密切人身关系的人；二是从产生的方式来看，这种损害是间接受害人目睹或耳闻直接受害人人身伤害的事实而导致的精神损害，存在反射的过程；三是从受损的权益来看，这种损害首先侵犯的是间接受害人的身份利益，是一种相对利益，其后才演变为健康权等固有利益（绝对利益）的损害。因此，与直接精神损害不同，船员近亲属的反射精神损害是一种间接损害，具有依附性，即是以直接受害人的人身损害为前提的。但是，反射精神损害又具有相对独立性，是一种客观存在的精神损害，法律有加以保护的必要。

侵权法之所以将反射精神损害纳入保护范围，原因在于它的可赔偿性。理由有三：一是人类社会起初只肯定对有形损害的赔偿，注重对财产和人身基本权益的维护。但随着社会的发展，人们越来越重视精神权利的价值、精神痛苦以及精神创伤对人格利益的损害。[①]反射精神损害对船员近亲属而言是客观存在的损害，应在法律上有可救济的途径，如此才是对人格尊严的基本维护。二是反射精神损害与直接精神损害相比，究其实质并无不同，都是对精神权利或利益的侵害，只是发生的方式有所不同。随着医学技术的进步，反射精神损害也可通过现代手段得到证实，并不存在不可知论上的认识障碍。三是反射精神损害赔偿具有民法上的请求权基础。反射精神损害首先侵害了直接受害人和间接受害人之间的身份利益，即特定关系人之间的紧密关系，导致身份关系的断裂或破坏。如果反射精神损害给间接受害人造成精神疾病时，反射精神损害就损害了其健康权，造成对其人格利益的侵犯。因此，反射精神损害具有理论上的可赔偿性。

二、域外借鉴：两大法系关于反射精神损害的保护机制

（一）英美法系的精神打击制度

在英美法系国家，对船员近亲属的反射精神损害是通过精神打击（nervous shock）制度来实现的。"精神打击"又称"第三人休克损害"，意指损害事故发生当时或发生后，被害人以外的第三人，因当时目击或因嗣后闻知损害事故发生之事实，受刺激而致心神崩溃或致休克等情形所遭受之损害。[②]在英国法上，判定加害人是否对间接被害人负有注意义务（duty of care）和赔偿责任，需具备以下三个方面的要件：第一，原告与直接受害人间具有足够密切的关系，一般为近亲属或有稳定同居关系的人，即主体上的紧密性；

---

① 郭莉莉：《间接受害人精神损害赔偿研究》，山东大学硕士学位论文，2004年。
② 曾世雄：《损害赔偿法原理》，中国政法大学出版社2001年版，第342页。

第二，原告与造成损害事故在时间和空间上有足够密切的关系，即时空上的紧密性；第三，原告目睹或者耳闻侵害事故或结果，导致其精神惊吓、痛苦甚至疾病，即因果关系上的紧密性。

英美法起初对"nervous shock"类型案件的原告不予支持，否认加害人承担此种责任，认为只有损害直接作用于其人身，才能引起精神损害，即"身体接触原则"；后来又用"危险区域原则"加以限制，主张被告只对那些当时处在可预见危险区中的被害人的损害负责，并且这种伤害应为常人所能预见的；最近，又采用"旁观者原则"，只要求船员近亲属等间接受害人能合理地预见自己的精神利益将受到损害，不一定要在"危险区"或损害现场。同时，英美法对反射精神损害的保护还是比较慎重的，需要判断被告是否具有注意义务和损害的发生是否有足够的"紧密性"，以避免扩大被告的责任范围。

（二）德国法系的民法解释学技术

德国法系①国家或地区也存在"nervous shock"类型的案例，其对船员近亲属精神利益的保护是通过民法解释学技术来完成的。德国法并无关于反射精神损害有权获得赔偿的明文规定，但是面对实务中出现的问题又不能置之不理。于此，只能诉诸法解释学技术，在现行法中寻找请求权根据。依照《德国民法典》原第847条第1款的规定：在侵害身体、健康以及剥夺人身自由的情况下，受害人所受损害即使不是财产上的损失，亦可以因受损害而要求合理的金钱赔偿。②2002年，德国颁布《关于修改损害赔偿法规定的第二法案》对精神损害赔偿的范围作了重大调整，将第847条的内容合并到《德国民法典》第253条之中。③该法典新的第253条仅仅提到"身体、健康、自由或性的自我决定"受到损害时，有权获得损害赔偿，仍未直接承认精神利益受损是请求赔偿的理据。德国法官认为，在间接受害人遭受精神损害的情形下，其可以健康权受损为由诉请损害赔偿。可见，德国法并未直接承认船员近亲属等间接受害人的精神利益值得保护，而是将其依附在健康权的名义下进行保护。这是解释学理论上的目的性扩张方法的运用。但是，这种保护需要间接受害人的精神损害达到健康受损的程度。这一般要求间接受害人出

---

① 大陆法系内部可细分为德国法系与法国法系，两者存在一些细微的差别。德国法系因全面继受潘德克顿学派成果，民法解释理论尤为发达，秉承严格的概念法学特色，对精神损害赔偿采取限制主义。而法国等法国法系国家对精神损害赔偿采取宽泛主义，与其理论上并不严守概念法学方法有莫大关系。本文以德国法系为主要参考对象。

② 倪同本、夏万宏：《违约非财产损害赔偿问题研究》，载《法学评论》2010年第2期。

③ 修改前的《德国民法典》关于非财产损害有两个条文，即第253条和第847条第1款，公认后者为精神损害赔偿的法律依据。

现了医学上可确认的精神疾病，即造成了精神病理学意义上的后果，或者更为严重，导致患了精神病。①可见，德国法并不认为严重的精神惊吓是请求损害赔偿的依据，对损害发生的严重性需达到健康受损的程度。因此，德国法对反射精神损害的保护是十分严格和有限的。

我国台湾地区民事有关规定原本恪守人格权受损才能主张精神损害赔偿的原则，但这对间接受害人的利益维护明显不足。后来，台湾地区法院通过类推适用的方法，将近亲属的反射精神损害纳入身份权的范畴进行保护，并肯定身份权受到侵害时同样有权主张精神损害赔偿，扩大了反射精神损害的赔偿范围。这与德国法相比更为进步，是其司法实践的一大创造。②

（三）两大法系保护机制的功能比较

1. 两种模式对间接受害人利益保护的差异性。如前所述，英美法系国家在判例上创造了"nervous shock"制度，对间接受害人反射精神利益的损害直接予以保护，而德国法系国家通过民法解释学理论，将反射精神损害纳入健康权或身份权的范畴，以实现对近亲属精神利益的间接保护。这导致两者对间接受害人的保护程度是不同的。

第一，两者制度建构的目的不同。英美法系国家首先考虑的是受害人的利益，其次才是法秩序的维护，认为如果罔顾间接受害人的精神痛苦，将与保护人格尊严的旨趣不符。德国法系国家首先考虑的是现行法的安定性，受害人的权益保护以社会的承受能力为限。第二，有权请求的主体是不同的。前者中赔偿权利人的范围较广，与直接受害人有人身密切关系的人都可以请求损害赔偿，并不以其配偶、父母、子女为限。在实务中，已订婚的未婚夫妇或者有着较为稳定同居关系的人也可请求赔偿。德国法系对主体限制的较严，一般只限于直接受害人的配偶、父母、子女等近亲属。第三，两者对损害的要求是不同的。英美法系一般认为只要出现了反射精神损害的事实即可主张责任。而德国法系一般需近亲属的精神损害使其身体健康受损，导致精神性疾病时才能请求赔偿。第四，因果关系理论在两者适用中存在差异。在英美法系，区分责任构成（成立）上的因果关系和责任范围（承担）上的因果关系，其对因果关系成立的判断较为宽松。德国法系一般以相当因果关系

---

① 张新宝、高燕竹：《英美法上"精神打击"损害赔偿制度及其借鉴》，载《法商研究》2007年第5期。

② 台湾地区"最高法院"在1996年台上字第2957号判决（抱走他人婴儿案）中，通过类推适用所谓"民法"第195条第1项的规定（关于人格权受损有权请求精神损害赔偿的规定），肯定身份权被侵害，情节重大者，受害人可以就非财产损害请求赔偿慰抚金。

理论作为判定加害人是否承担责任的理由,要求加害人行为与近亲属身体受侵害的事实之间具有相当因果关系,与英美法系的因素关系确定相比更为复杂和严格。第五,两者对举证责任的要求是不同的。英美法系区分"名义上的精神损害"和"证实的精神损害",前者是一种法律推定,无须证明损害的发生,在直接受害人死亡的情况下,可以推定其近亲属会遭受一般的精神损害,无须承担举证责任。①而在德国法系国家,间接受害人一般需对自己的健康利益受损承担举证责任。

总之,比较两种模式在保护间接受害人反射精神利益上的差异性,我们发现英美法系对船员近亲属等间接受害人的保护更为充分,直接保护比间接保护更为彻底。

2. 两种模式在结构关联中的功能性互补制度。英美法系对船员近亲属的反射精神损害采取直接保护的方式,但这种保护并不是想象中的那么宽泛。"nervous shock"类型案例中,加害人的行为是以违反普通法上的注意义务为前提的,因而法官需要依据可预见性规则和近因理论判定是否违反了注意义务。只有在加害人的行为是导致间接受害人精神损害的原因,且加害人能够合理预见损害的发生时,间接受害人才能主张损害赔偿。在判定是否具有可预见性时,采取普通人的标准,认为只有同时具有三个"紧密性"②时,才能请求赔偿。可见,英美法系对反射精神损害的判断和赔偿问题上,采取严格谨慎的态度,只有具备相当程度才判定加害人承担责任,实质上是一种"开口大、出口小"的制度安排。另外,英美法系认为在"nervous shock"制度下,除非加害人故意,间接受害人一般不得主张惩罚性赔偿(punitive damages)。总之,无论是赔偿范围还是数额上,英美法系都作出了严格限制。

德国法系对间接受害人反射精神损害的保护是通过解释论的方式,将其纳入健康权或身份权范畴实行的间接保护,也不是想象中的间接受害人的利益一定得不到维护。德国法坚持精神损害的依附性规则,不承认精神损害脱离人身损害而独立存在。但是,对于造成直接受害人死亡的情形,其近亲属通常可以请求精神损害抚慰金,这在一定程度上能够补偿和抚慰间接受害人。并且,随着德国法的发展,德国法院变得更加"慷慨",大幅提高了抚慰金的数额。这样虽然减少了精神损害的名目,但是提高了数额,也可以实现对近亲属利益的维护。随着保险制度的发展和社会福利的提高,间接受害人的

---

① 张新宝、高燕竹:《英美法上"精神打击"损害赔偿制度及其借鉴》,载《法商研究》2007年第5期。

② 即与直接受害人关系的紧密性、时间和空间上的紧密性、损害发生的紧密性。

生活境遇得以进一步改善。另外，德国法系中盛行的利益衡量方法论和价值导向思维方式的运用，也可使法官在个案中充分平衡加害人和受害人及近亲属之间的利益，实现相对的公平。

由此可见，通过制度之间的结构关联的思考，我们发现英美法系的保护并不那么宽泛，德国法系的保护也并非不近人情。两大法系的利益平衡的价值取向是一直贯彻其中的。这对我国法下探究船员近亲属等间接受害人的反射精神损害的保护模式而言具有深远的意义。

三、现状审视：我国法下船员近亲属精神损害的保护方式

（一）我国立法对船员近亲属精神损害的保护状况

我国立法并无明文规定对船员近亲属等间接受害人的反射精神损害予以保护。立法者对这一问题的态度并不明确，甚至语焉不详。例如《中华人民共和国侵权责任法》（以下简称《侵权责任法》）第二十二条规定："侵害他人人身权益，造成他人严重精神损害的，被侵权人可以请求精神损害赔偿。"① 这个条文并未区分直接的和反射的精神损害，也为主张反射精神损害赔偿提供了解释空间。但是，这并不妨碍一些司法解释将反射精神损害间接地纳入保护范围。

根据《最高人民法院关于审理涉外海上人身伤亡案件损害赔偿的具体规定（试行）》（以下简称《涉外海上赔偿规定》）② 第三条的规定，"安抚费"是具有精神损害赔偿性质的责任方式。但是，该解释将"安抚费"界定为"对受伤致残者的精神损失所给予的补偿"，即只适用于直接受害人如船员本人的精神损害，并不承认船员近亲属享有精神损害赔偿的权利。

根据《最高人民法院关于确定民事侵权精神损害赔偿责任若干问题的解释》（以下简称《精神损害赔偿解释》）即法释〔2001〕7号第七条规定：自然人因侵权行为致死，死者的配偶、父母和子女向人民法院起诉请求赔偿精神损害的，列其配偶、父母和子女为原告；没有配偶、父母和子女的，可以由其他近亲属提起诉讼，列其他近亲属为原告。这一条文肯定近亲属有权在受害人生命权受损时主张精神损害赔偿。虽然这只是为了解决诉讼主体的资格和顺位问题，但通说认为，此时近亲属是以自己的名义而不是以死者的名义主张精神损害赔偿的。既然是以自己的名义，此时的精神损害就是一种反射精神损害，即知悉死亡事实所产生的精神痛苦。因此，该条文其实间接承

---

① 该条内容已被《中华人民共和国民法典》第一千一百八十三条第一款"侵害自然人人身权益造成严重精神损害的，被侵权人有权请求精神损害赔偿"所取代。——编者注

② 根据最高人民法院2013年1月14日发布的通知，该解释已于2013年1月18日废止。

认了反射精神损害客观性和可赔偿性。

随后,《最高人民法院关于审理人身损害赔偿案件适用法律若干问题的解释》(以下简称《人身损害赔偿案件解释》)即法释〔2003〕20号第十八条进一步肯定了近亲属的赔偿请求权。根据该条规定,受害人或者死者近亲属遭受精神损害,赔偿权利人向人民法院请求赔偿精神损害抚慰金的,适用法释〔2001〕7号予以确定。该条文明确承认死者近亲属遭受了精神损害,是赔偿权利人,可以直接请求赔偿。此时,近亲属所受到的精神损害就是一种反射精神损害。

然而,值得注意的是我国法下的死亡赔偿金并不是精神损害赔偿抚慰金。根据《侵权责任法》第十六条①规定,侵害他人造成死亡的,除了请求赔偿医疗费、护理费、交通费等合理费用外,还可以请求丧葬费和死亡赔偿金。侵权责任法并未明确死亡赔偿金的性质,目前学术界主要有"抚慰金说"和"财产损失赔偿说"两种观点。如果肯定死亡赔偿金是一种精神损害抚慰金的话,就意味着在生命权受损时已经承认近亲属反射精神损害的存在。然而,司法实务中倾向性认为"死亡赔偿金的性质应定位在财产赔偿上,属于对受害人因侵权行为造成的收入减少的损失赔偿"②,也即逸失利益赔偿。因此,还不能通过适用《侵权责任法》第十六条的规定,将反射精神损害纳入死亡赔偿金的赔偿范围。

综上所述,我国对反射精神损害的保护尚无明文规定。在侵害生命权致死的情况下,对近亲属的精神损害赔偿尚存在解释上的余地。但是,对于绑架船员对近亲属所致精神损害、当面对船员进行故意伤害对近亲属的精神损害等情形都无明确的保护途径。所以,我国立法对反射精神损害的保护是不充分的。

(二)司法实践对船员近亲属精神损害的保护程度

目前,司法实践基本上肯定船员在被侵害致死时,其近亲属有权获得精神损害赔偿,但各法院的实践做法存在细微差异。笔者尝试列举若干代表性案例的处理结果,见表1。

---

① 该条内容已被《中华人民共和国民法典》第一千一百七十九条"侵害他人造成人身损害的,应当赔偿医疗费、护理费、交通费、营养费、住院伙食补助费等为治疗和康复支出的合理费用,以及因误工减少的收入。造成残疾的,还应当赔偿辅助器具费和残疾赔偿金;造成死亡的,还应当赔偿丧葬费和死亡赔偿金"所取代。——编者注

② 最高人民法院侵权责任法研究小组编著:《〈中华人民共和国侵权责任法〉条文理解与适用》,人民法院出版社2010年版,第137页。

表1 代表性案例的处理结果

案件	判决时间	请求人	相关诉请	相关判项	理由	来源
杨某等诉黄某等船舶碰撞责任纠纷案	2011年10月17日	死者母亲、配偶、子女	赔偿残疾赔偿金552,200元、被抚养人生活费179,465元、精神损害赔偿金5万元	赔偿被抚养人生活费21,081.83元、精神损害抚慰金5万元	符合《精神损害赔偿解释》第八条第二款的规定，数额合理	广州海事法院
麦某等诉大连利丰海运集团有限公司海上人身损害赔偿纠纷案	2011年11月2日	死者配偶、女儿	赔偿死亡赔偿金431,494.40元、精神损害赔偿金5万元	赔偿被抚养人生活费197,252.73元、死亡赔偿金、精神损害赔偿金5万元	《侵权责任法》第二十二条和《精神损害赔偿解释》第十条	广州海事法院
夏某等诉东台市东欣航运输有限公司海上人身损害赔偿纠纷案	2010年6月4日	死者父母、女儿	被抚养人生活费272,896元、死亡赔偿金246,480元、精神损害抚慰金5万元	赔偿被抚养人生活费272,896元、死亡赔偿金246,480元、精神损害抚慰金3万元	死亡事实给死者父母和女儿的精神上带来痛苦，依法有据，但请求数额过高，酌定为3万元	上海海事法院
夏某诉康航运有限公司等海上人身损害赔偿纠纷案	2009年11月30日	死者配偶、子女	死亡赔偿金、丧葬费、抚养费及精神抚慰金共计341,892.50元	赔偿死亡赔偿金204,440元、抚养费8,845元、精神损害抚慰金2万元	死亡事实对其亲属带来了精神痛苦，应予赔偿，但原告提出的10万元抚慰金过高，本院酌定为每人5,000元，四原告共计2万元	上海海事法院

如表1所示，我国法院基本上肯定了死亡船员近亲属的精神损害赔偿请求，并推定船员生命权受到侵害后，其近亲属遭受了精神损害，无须就此承担举证责任。这体现了司法理念的进步，但实践中仍存在以下方面的问题：一是赔偿权利人限于配偶、父母、子女，其他近亲属或者与死者有密切抚养关系的其他亲属（如对公婆尽了主要抚养义务的丧偶儿媳、丧偶女婿）不得请求赔偿；二是案件类型主要局限于人身伤亡案件，只有在船员死亡时，其近亲属才有权获得精神损害赔偿；三是各地对抚慰金的支持额度不一，有些法院过于保守；四是对精神损害赔偿的理由阐述不够充分，援引法律依据不当；五是对精神损害赔偿的称谓并不统一，存有"精神损害赔偿金""精神损害抚慰金"等多种说法；六是精神损害赔偿金与死亡赔偿金、被抚养人生活费的关系尚有待厘清。

因此，司法实践对船员近亲属反射精神损害的保护较为有限。目前，主要是在船员死亡的情形下，给予船员近亲属以精神损害赔偿。近亲属的这种精神损害本质上属于反射精神损害。但是，船员近亲属可以获得赔偿的情形较为单一，并不能涵盖所有的反射精神损害类型。此外，对船员近亲属精神利益的保护具有依附性：只有在船员死亡时，船员近亲属才能主张精神损害赔偿；在船员伤残时，只有船员本人才能主张精神损害赔偿，而其近亲属即使遭受了精神痛苦，也无法获得保护。

四、破茧之路：船员近亲属可以获赔的可能进路

（一）立法论进路：将反射精神损害予以单独保护

司法实务中，我国法律只肯定了船员生命权遭受侵害时，船员近亲属所遭受的精神损害具有可赔偿性。但是，这种间接、单一的保护模式，将这种精神损害依附在人身损害的范畴下，不能彻底实现对反射精神损害的保护。为了根本上解决这一问题，需将反射精神损害作为一种独立的损害类型立法加以单独保护，以实现对船员近亲属等间接受害人利益的全面维护。这需要在修改《侵权责任法》时，修改关于精神损害的规定，将反射精神损害纳入第二十二条的保护范围。单独保护的必要性主要表现在以下三点。

1. 对反射精神损害予以单独保护，可以实现间接受害人利益的全面保护。我国法律将精神损害赔偿的范围局限于船员受害致死这一单一情形，对船员近亲属而言并不公平。船员遭绑架时船员近亲属所遭受的精神损害、船员被故意伤害时船员近亲属所遭受的精神痛苦均得不到赔偿。在采取单独保护模式后，只要船员近亲属遭受了精神损害，就可直接获得赔偿，而无须判断损害是否达到病理性程度，以及是否侵害其健康权等权源。

2. 有助于区分直接和反射精神损害，限制反射精神损害的赔偿范围。反射精神损害要求损害具有时空上的紧密性，一般只对配偶、父母、子女等近亲属的反射精神损害予以保护，并在过错程度上从严要求（一般情况下应为故意）。由此可见，构成要件上的严格要求大大限制了反射精神损害的赔偿范围。

3. 有助于限制赔偿金的额度，合理平衡加害人和受害人之间的利益。单独保护可以限制反射精神损害的赔偿额度，一般情况下，反射精神损害不适用惩罚性赔偿，可以避免加害人承担过重的赔偿责任。

（二）解释论进路：《侵权责任法》第二十二条的重新解释

如前所述，我国《侵权责任法》虽然整体上确立了精神损害赔偿制度，但是对反射精神损害的保护没有明确的规则。而司法实践对船员近亲属反射精神损害的保护也较为有限和狭窄，对抚慰金的支持额度也不够高。在《侵权责任法》刚获通过的背景下，国家不大可能通过立即修法来建立反射精神损害赔偿制度，因为这会损害法律的安定性和权威性。因此，立法论的方式不太现实，解释论进路比立法论进路更具有可行性。我们可以尝试通过民法解释学技术和司法解释实质性引进这一制度，扩大精神损害赔偿的范围。

由于司法解释实际上承认反射精神损害是一种独立的损害类型，在我国现行法规定和司法体制下进行解释是可行的。这个解释并不是对法释〔2001〕7号第七条、法释〔2003〕20号第十八条和《侵权责任法》第十六条作出解释的相关规定，因为它们都只是规定了生命权受损时，间接受害人的精神赔偿问题，不具有普遍适用性。因此，需要对《侵权责任法》关于精神损害的条文进行彻头彻尾的解释。我国《侵权责任法》第二十二条规定："侵害他人人身权益，造成他人严重精神损害的，被侵权人可以请求精神损害赔偿。"① 对该条的解释包括三个方面。

1. 损害客体上的文义解释。对"人身权益"进行文义解释，即包括人格权、身份权、人身自由等人身权利和人身利益。只要构成了人身权益的侵犯，而不管侵犯的是人格权还是身份权，都予以直接保护。我国法与德国法不同，并未列举规定侵害客体是"生命、健康、自由、性的自我决定"等权利，而采用的是"人身利益"这一高度概括性语词。这为间接受害人直接主

---

① 该条内容已被《中华人民共和国民法典》第一千一百八十三条第一款"侵害自然人人身权益造成严重精神损害的，被侵权人有权请求精神损害赔偿"所取代。——编者注

张精神损害赔偿提供了解释依据和空间。

2. "他人"的目的性扩张解释。虽然该条使用的是两个"他人",但是通过民法解释学上的目的性扩张方法①,可以将第二个"他人"解释成直接受害人(如死亡船员)和间接受害人(如船员近亲属)。为了贯彻法律的规范意旨,维护人格尊严,可将反射精神损害也纳入该条文的保护范围。此时,与直接受害人一样,间接受害人的精神损害也能得以维护。

3. 主体上的从宽解释。条文中只是提到被侵权人有权要求精神损害赔偿,依据文义就可以解释被侵权人包括"直接受害人"和"间接受害人"。在船员等直接受害人遭受人身伤害或严重的人身威胁时,船员近亲属等间接受害人在证明其遭受了严重的精神损害,并在加害行为与精神损害之间具有因果关系时,可以请求精神损害赔偿。而在直接受害人死亡时,依据英美法系"名义上的精神损害"制度,推定船员近亲属等间接受害人遭受了精神损害,无须就此承担举证责任。

由此可见,在我国《侵权责任法》的制度框架内,主体和客体方面并不存在解释上的障碍。通过解释学方法可以使反射精神损害解释成一种独立的损害类型予以直接保护。

五、关联思考:船员近亲属之精神损害赔偿的司法适用

(一)反射精神损害赔偿与人身损害赔偿、工伤保险赔付之间的关系

根据司法实践,船员近亲属的精神损害赔偿需遵循附随性规则,即以船员人身损害赔偿案件为前提。规范海上人身伤亡案件的法律法规主要有《中华人民共和国民法通则》、《涉外海上赔偿规定》(已被废止)、《工伤保险条例》、《人身损害赔偿案件解释》、《侵权责任法》等。根据《人身损害赔偿案件解释》第十二条规定②,在存在工伤事故的情形下,船员应适用《工伤保险条例》请求工伤保险赔付,而工伤保险的内容不包括精神损害赔偿,只有物质上的经济补偿费用。③ 在第三人侵权的情形下,船员或其近亲属才能直接请求损害赔偿。这一处理模式被称为"取代模式",即工伤保险待遇取

---

① 所谓目的性扩张,就是为了贯彻法律规范意旨,将本不为该法律条文所涵盖的案型,纳入该法律条文的适用范围。参见黄茂荣《法学方法与现代民法》,中国政法大学出版社2001年版,第127页。

② 该条规定:"依法应当参加工伤保险统筹的用人单位的劳动者,因工伤事故遭受人身损害,劳动者或者其近亲属向人民法院起诉请求用人单位承担民事赔偿责任的,告知其按《工伤保险条例》的规定处理。因用人单位以外的第三人侵权造成劳动者人身损害,赔偿权利人请求第三人承担民事赔偿责任的,人民法院应予以支持。"

③ 赵桂兰:《论我国船员海上人身伤亡损害赔偿之法律适用》,载上海海事大学海商法研究中心编《海大法律评论》(2007),上海社会科学院出版社2008年版,第208页。

代民事损害赔偿。尽管这一模式饱受学界诟病①,但后通过的《侵权责任法》也未对这一模式作出修改。由此可见,在存在工伤事故,工伤保险赔付取代侵权损害赔偿的情形下,并不存在精神损害赔偿的问题。在船员因工伤事故遭受重伤或死亡时,船员近亲属等间接受害人能否以精神遭受损害而另案起诉?从法理上看并无问题,毕竟间接受害人的精神损害是客观存在的,这也符合保障人权和追求公平正义的法治观念。在第三人侵权的情形下,船员近亲属的反射精神赔偿可以在船员人身伤亡案件中一并主张。《侵权责任法》第十八条规定:"被侵权人死亡的,其近亲属有权请求侵权人承担侵权责任。"② 这里的侵权责任自然也包括精神损害赔偿责任。③ 根据这一规定,我国立法只肯定了被侵权人死亡时,其近亲属有权获得精神损害赔偿。在船员因侵权人的人身伤害而死亡的案例中,船员近亲属可以依据《侵权责任法》第十八条和第二十二条主张精神损害赔偿。④

(二) 反射精神损害赔偿能否适用船舶优先权

船舶优先权是海事请求人对船舶所有人、光船承租人、船舶经营人提起的,对产生该海事请求的船舶具有的优先受偿的权利,是一种法定担保物权。海事请求人能否主张船舶优先权的关键在于其所主张的债权是否属于船舶优先权担保的债权。根据《中华人民共和国海商法》(以下简称《海商法》)第二十二条第一款第二项的规定,"在船舶营运中发生的人身伤亡的赔偿请求"具有船舶优先权。"人身伤亡的赔偿请求"用语较为宽泛,应当包括精神损失的赔偿请求。⑤ 船员近亲属的反射精神损害属于精神损害的一种,是产生于当事船舶之上的法定债权,当然可以适用船舶优先权制度实现优先受偿,从而尽快实现对近亲属的精神抚慰。依据《海商法》的规定,船员近亲属的此项请求可在因行使船舶优先权产生的诉讼费用、保存、拍卖船舶和分

---

① 学界主要有选择模式、替代模式、兼得模式、补充模式等。详见赵桂兰《论我国船员海上人身伤亡损害赔偿之法律适用》,载上海海事大学海商法研究中心编《海大法律评论》(2007),上海社会科学院出版社2008年版,第214—216页。

② 该条内容已被《中华人民共和国民法典》第一千一百八十一条第一款"被侵权人死亡的,其近亲属有权请求侵权人承担侵权责任。被侵权人为组织的,该组织的分立、合并的,承继权利的组织有权请求侵权人承担侵权责任"所取代。——编者注

③ 最高人民法院侵权责任法研究小组编著:《〈中华人民共和国侵权责任法〉条文理解与适用》,人民法院出版社2010年版,第173页。

④ 在船员遭受故意伤害而主张精神损害赔偿时,应将《侵权责任法》第六条第一款(行为人因过错侵害他人民事权益,应当承担侵权责任)及其第二十二条结合起来作为一个请求权基础。参见王利明《裁判方法的基本问题》,载《中国法学教育研究》2013年第2期,第10页。

⑤ 司玉琢、李志文主编:《中国海商法基本理论专题研究》,北京大学出版社2009年版,第106页。

配船舶价款产生的费用、为海事请求人的共同利益而支付的其他费用、海难救助的救济款项的给付请求、船员工资报酬等费用之后获得受偿，优于其他海事请求、船舶留置权、船舶抵押权、一般债权等受偿，属于顺位靠前的债权。

（三）反射精神损害赔偿是否适用责任限制制度

反射精神损害属于因果关系较为遥远的损害类型，将会加重侵权人的责任。在注重对间接受害人救济的同时，也应当合理限制精神损害抚慰金的额度。在责任限制方面，存在数额限制、海事责任限制等形式。《涉外海上赔偿规定》第七条规定："海上人身伤亡损害赔偿的最高限额为每人80万元人民币。"此处所规定的80万元是针对包括精神损害赔偿在内的所有费用的总额限制。然而这一限制过于僵化，并未考虑到社会经济的发展变化，其合理性一直饱受质疑。① 但由于《涉外海上赔偿规定》已被废止，80万元的数额限制也不复存在了。根据《海商法》第二百零七条第一款第（一）项规定，"在船上发生的或者与船舶营运、救助作业直接相关的人身伤亡"属于限制性债权，责任人可以享受海事责任限制。船员近亲属的精神损害赔偿请求也应属于限制性债权，属于责任限制的范畴。在责任人申请设立海事责任限制基金后，船员近亲属可以申请债权登记，从而获得基金限额内的优先保护。对于基金限额外的债权，船员近亲属仍可以通过普通民事诉讼予以主张。

---

① 1999年3月29日发生的"春天商人"轮案的判决结果突破了这一赔偿限制。参见宁波海事法院（1999）甬海事初字第55号民事判决书。

自治与强制之间：船员劳务合同中的加班费之争*

谭学文

摘要：在船员劳务合同案件中，加班费诉讼呈现日益增多的趋势。但由于船员的维权意识不强，请求给付加班费的案件总数依然较少，且法律依据和计算方法不够明确。同时，法院的裁判尺度很不统一，容易引发船员劳务市场的道德风险。法官在审理时应严格审查船员关于加班费的请求依据和船公司的抗辩理由，合理分配举证责任，正确运用计算方法，以作出公正合理的裁判。为有效化解船员加班费纠纷，我们需调和理想与现实的利益冲突，平衡自治与管制两大价值，以立法论思路代替解释论思路，探索出一条纠纷化解的根本之道。

关键词：船员；加班费；自治；立法论。

近年来，随着贸易产业和航运经济的发展，船员劳务合同案件的数量急剧攀升，一些审判中的疑难问题也纷纷涌现，充分考验着法官的能力与智识。其中，船员是否享有加班费、如何计算加班费等问题成为审判实务中亟待解决的法律难题。对这些问题的研究，有助于法官准确查找和适用法律，保护船员合法权益，构建和谐稳定的劳动关系。本文的写作旨在为此尽一点绵薄之力。

一、现状：船员加班费纠纷的基本特点

总结当前审判工作态势，船员加班费案件呈现以下四个特点。

（一）加班费案件的数量偏少、占比偏低，船员的维权意识不强

在船员劳务合同案件中，请求支付加班费的案件数量较少，所占比重偏低。这反映了船员的维权意识不强，对船员劳务市场中存在的加班加点、无偿加班等现象"敢怒而不敢言"。在为数不多的加班费案件中，请求支付加班费的船员多为高级船员、自由船员①，一些低级船员、自有船员往往不敢请求。一些船公司以包干制工资约定作为拒付加班费的抗辩，或以船员劳务

---

* 本文原载于《中国海事审判·2014》，广东人民出版社 2015 年版。

① 本文所称"自由船员"是指不隶属于某一固定船公司，从事短期雇佣劳动的船员，即个体船员。而"自有船员"是属于船公司的正式员工，由公司负责社会福利的船员。

市场的特殊性及行业习惯为由拒绝另行支付加班费。

(二) 加班费请求多附带式提出,法律依据和计算方法很不明确

船员的加班费请求多以附带形式提起,即通常在请求支付欠付工资、双倍工资、违法解除劳动合同赔偿金、请求适用船舶优先权等项下附带提出,基本上没有独立请求支付加班费的案件。请求加班费的科目多为"节假日加班费",对于工作日(周一至周五)延长工作时间的加班费多不予请求。这反映船员并不将加班费视为一种靠谱或者应有的权利,对法院能否支持其诉请信心不足。此外,请求加班费的法律依据不够充分,计算方法不够明确。一些船员的诉讼请求金额明显偏高;一些船员无钱请律师,或为节省律师费,往往自己草拟诉状,应诉答辩。

(三) 加班费案件的裁判尺度很不统一,说理不够充分

实践中,船员加班费案件的裁判尺度很不统一,法官对船员是否享有加班费、加班费的举证责任、如何计算加班费等问题的分歧较大,导致同案不同判、同地不同判,甚至同院不同判的现象时有发生,严重影响了司法的权威性。除少部分判决支持船员的加班费请求外,多数判决不予支持。不支持的理由有"船员劳务市场的特殊性""约定工资为包干制""没有提交劳动行政部门出具的限期整改指令书和被告逾期未履行该指令书的证据"等。一些裁判文书对支持或反驳的说理不够充分,容易引发船员的不满和质疑,严重影响法院的司法公信力。

(四) 法院裁判面临两难境地,容易引发道德风险与失信行为

在加班费案件中,法院裁判常遭遇两难境地:一方面,要顺应加强劳动者权益保护的时代潮流,对船员利益作倾斜性保护;另一方面,要考虑船员劳务市场的特殊性,不能过于加重航运企业的人力成本,进而影响整个航运经济的复苏。个别高级船员与船公司约定实行包干制工资,在劳动关系恶化时又宣布约定无效进而主张高额加班费,容易引发船员劳务市场的道德风险。由于船员劳务案件的诉讼费金额较低(人民币10元),一些船员无限提高加班费的主张额度,即使败诉也无须承担诉讼费的负担风险,有违诚实信用原则。因此,法院裁判极易引发船员劳务市场的道德风险和失信行为,这是对法官能力的极大考验。

二、解构:船员加班费纠纷中的疑难问题

(一) 加班费请求的法律依据

1. 法律关系的判断:《中华人民共和国劳动法》(以下简称《劳动法》)与《中华人民共和国劳动合同法》(以下简称《劳动合同法》)能否适用。

船员多以《劳动法》第三十六条和《劳动合同法》第三十一条作为请求船公司支付加班费的依据。然而,《劳动法》与《劳动合同法》(以下合称劳动两法)是否适用船员劳务合同案件仍是一个悬而未决的问题。船员劳务合同包括自有船员与本公司之间存在的船员劳动合同、自由船员直接与船舶所有人签订的船员劳务合同、船员与劳务服务机构签订的合同。① 司法实践对第一种合同属于劳动合同且其当然适用劳动两法已达成共识,但对后两种合同是否属于劳动合同、能否适用劳动两法分歧较大。若不适用劳动两法,又从哪里寻找裁判依据呢?笔者认为,在船员法等调整船员劳务关系的专门法律出台之前,对船员加班费案件应当适用劳动两法,以弥补法律依据阙如的真空。

2. 法律适用的补充:《中华人民共和国海商法》(以下简称《海商法》)与《中华人民共和国船员条例》(以下简称《船员条例》)能否援引。《海商法》第三章和《船员条例》可以作为船员劳务合同案件法律适用的补充。《海商法》第三十四条中的"有关法律、行政法规"可以解释为包括《劳动法》《劳动合同法》《船员条例》等在内的法律法规。《海商法》《船员条例》关于船员资格的取得、船员服务簿、船员适任证书、船员工时、工资、休假等制度的规定,尽管多为行政管理性规范,也可作为审理案件的法律依据。

3. 法律效力的论争:劳动部印发的《关于企业实行不定时工作制和综合计算工时工作制的审批办法》(以下简称《审批办法》)项下综合工时制的约定效力。根据《审批办法》第五条规定,交通、水运等行业中因工作性质特殊需连续作业的职工,可实行综合计算工时工作制,即分别以周、月、季、年为周期综合计算工作时间,但其平均日工作时间和平均周工作时间应与法定标准工作时间基本相同。依据《审批办法》第七条规定,用人单位应当办理综合工时制的审批或备案手续。实践中,船员往往以船公司未办理综合工时制的审批或备案手续为由,主张综合工时制的约定无效,进而主张应按标准工时制支付加班费。此时,船员的主张能否得到支持?欠缺审批或备案手续是否导致综合工时制因违反法律、行政法规的强制性规定而归于无效?实际上,依据法律规范对合同效力的影响,强制性规定又可分为效力性强制性规定和管理性强制性规定。管理性强制性规定,在德国法上称纯粹管理规定,在日本和我国台湾地区称为单纯取缔规定,是指它被违反后,当事人所预期的效果是不一定会受到私法上的制裁,但这并不排除可能受到的刑事上或行

---

① 司玉琢、李志文主编:《中国海商法基本理论专题研究》,北京大学出版社2009年版,第732页。

政上的制裁。① 违反效力性强制性规定，合同方为无效；违反取缔性强制性规定，合同效力一般不受影响。②《最高人民法院关于适用〈中华人民共和国合同法〉若干问题的解释（二）》第十四条规定："合同法第五十二条第（五）项规定的'强制性规定'，是指效力性强制性规定。"可见，司法实践已对两种强制性规定的效力作了区分。笔者认为，《审批办法》第七条的立法目的是规范用工秩序和强化特殊工时制度的监管，属于管理性强制性规定，即单纯取缔规定。用人单位违反此条并不使综合工时制的约定当然无效。由于综合工时制本身是符合船员劳务市场实际的工时形式，依据意思自治、诚实信用、鼓励交易等法律原则，承认其效力比宣布无效更符合法律的精神。此外，《审批办法》属于部门规章。在我国，一般只有违反法律、行政法规的强制性规定才被视为当然无效，部门规章中的强制性规定并不能使合同约定失去效力。因此，船员与船公司关于综合工时制的约定即使未经审批或备案，也是有效的。

（二）加班费请求的抗辩依据

1. 意思自治的空间：约定实行包干制工资是否合法。船公司通常主张其与船员在订立合同时约定实行包干制工资。为逃避劳动行政部门的监察，这种约定多采取口头形式。约定的包干制工资中已包含了加班费，系船公司与船员之间意思自治的产物。然而，这种意思自治是否因违反加班及工资制度的规定而归于无效？笔者认为包干制工资约定并不当然无效。因为劳动法并不排除意思自治原则的适用空间，以《劳动合同法》为代表的个别劳动法宜归入特别私法而非社会法。③ 包干制工资约定意味着船员对加班费请求的放弃，属于自身民事权利的处分，在不违反国家及社会公共利益的情形下应肯定其效力。事实上，行为只有在违反劳动基准法（如最低工资制度、劳动保护、社会保障制度等）、集体劳动法等规定时才被视为绝对无效。是否采用包干制工资依然属于可意思自治的空间。

2. 行业习惯的影响：以船员劳务市场特殊性作为抗辩是否正当。船公司多主张存在免付加班费的行业习惯。《劳动合同法》施行前，船员劳务市场存在对领取高薪的高级船员不再支付加班费的行业惯例。但是，在《劳动合同法》施行后，以行业习惯作为抗辩不再具有合法性。虽然我国船员市场存在相对过剩，但远洋船员特别是远洋高级船员较为短缺，自由船员的队伍越

---

① 崔建远主编：《合同法》，法律出版社2010年版，第105页。
② 史尚宽：《民法总论》，中国政法大学出版社2000年版，第330页。
③ 赵红梅：《〈劳动合同法〉之错的社会法学解析》，载《阅江学刊》2011年第3期。

来越大。① 一些船公司以船员劳务市场中高级船员处于优势地位、自由船员数量增多等来说明其不应支付加班费，具有一定的合理性。但是，硬币有两面，若船员以海上劳动的技术性、风险性、艰苦性等论证船员劳务的特殊性，也可得出应对船员权益加以特殊保护或倾斜保护的结论。这种论证的逻辑与船公司的抗辩如出一辙，只是角度和立场不同而已，有失正当性，不应为法院采纳。

3. 工时制度的误读：综合工时制项下免付加班费是否合理。船公司多主张船员劳务市场适用综合工时制，因而不应另行支付船员以加班费。这是对《审批办法》第五条的误读。其实，依据《工资支付暂行规定》第十三条第三款规定，实行综合计算工时工作制的用人单位，其综合计算的工作时间若有超过法定标准工作时间的部分，应视为延长的工作时间，仍应支付劳动者延长工作时间的工资。依据《劳动法》第四十四条和《工资支付暂行规定》第十三条第一款规定，船公司应按不低于劳动合同规定的船员本人小时工资标准的150%向船员支付延长工作时间的加班费。在综合工时制项下，对于法定节假日和延长工作时间部分，船公司仍应支付加班费（见表1）。

表1 标准工时制与综合工时制项下加班费支付之比较

工时制度	法定节假日	休息日	延长工作时间	备注
标准工时制	不低于劳动者本人工资的300%支付加班费	不低于劳动者本人工资的200%支付加班工资（不安排补休的情况下）	不低于劳动合同规定的劳动者本人小时工资标准的150%支付加班费	无须办理审批或备案手续
综合工时制	不低于劳动者本人工资的300%支付加班费	视为正常工作，不需要支付加班费	在综合计算周期内的实际工作时间超过法定标准日工作时间的部分按不低于劳动合同规定的劳动者本人小时工资标准的150%支付加班费	需办理审批或备案手续

---

① 黄纯辉：《中国船员劳务市场发展研究》，武汉理工大学硕士学位论文，2005年，第27页。

(三) 加班费请求的举证责任

1. 证明责任的分配：加班费争议证明妨碍的法律后果。关于加班费争议诉讼的证明责任，出于对劳动者处于弱势地位的考量，司法解释在证明责任分配上对劳动者实行倾斜保护。《最高人民法院关于审理劳动争议案件适用法律若干问题的解释（三）》[以下简称《解释（三）》] 第九条规定："劳动者主张加班费的，应当就加班事实的存在承担举证责任。但劳动者有证据证明用人单位掌握加班事实存在的证据，用人单位不提供的，由用人单位承担不利后果。"根据《解释（三）》，船员需就加班事实的存在提供证据，而船公司需就加班时间、已付加班费等事实提供证据。但是，如果船公司掌握了加班事实存在的证据而拒不提供，则承担不利后果。但这种"不利后果"到底指劳动者所主张的证据（如工资表、考勤记录）为真，还是劳动者所主张的证据要证明的内容为真，抑或劳动者的主张（如确立劳动关系、要求加班费等）的主张为真，法律解释上并不明确。① 笔者认为，从证明妨碍的制度价值出发，这种"不利后果"应是推定该证据所能证明的事实成立，即加班事实的存在为真。

2. 证明程度的判断：加班费争议举证难易的理性衡量。实践中，船员和船公司各自提交的证据应达到何种证明程度呢？根据《最高人民法院关于加班费举证责任问题的答复》（以下简称《答复》）之规定，劳动者只要证明加班事实的存在即可。劳动者是否加班、具体加班时间以及加班时间的长短等证据，应当由用人单位承担举证责任。可见，《答复》的规定仍较为笼统。"劳动者是否加班"作为用人单位的证明责任，与"加班事实存在"有何区别？笔者认为，综合考量《解释（三）》和《答复》的基本精神，劳动者只需提交关于加班事实存在的初步证据即可，对这些证据的证明程度的要求不应过于严苛。证明加班事实的初步证据主要是考勤记录、节假日工资条、证人证言等。考虑到考勤记录、工资条等一般由船公司掌握，可以依据上述证明妨碍的规定，在船公司拒绝提供时推定加班事实的存在。另外，船员服务簿作为一种辅助证据，其关于上船、下船时间的记载也可起到一定的证明作用。而证人证言（其他船员的证言）因受利害关系的影响而证明力较弱，也可作为初步证据予以提交。考虑到船员的举证能力和待证事项的难易程度，船员关于加班事实存在的证据的证明程度只需达到"初步盖然性"即可，即

---

① 吴献雅：《劳动争议诉讼中的证明妨碍问题研究》，见万鄂湘主编《建设公平正义社会与刑事法律适用问题研究：全国法院第 24 届学术讨论会获奖论文集》，人民法院出版社 2012 年版，第 439 页。

符合初级证明标准。船公司的证明责任主要围绕着加班时间长短、加班费是否已经支付展开的。关于加班时间,结合考勤记录等加以确定。只要船公司提供了证明其安排了休息日进行调休或者船员夜间可以休息的证据,就可扣减相应的加班时间。同时,加班费是否已付的事实应依据支付凭证加以确定,如工资清单、银行汇款凭证等。司法实践中,有些法院以劳动者没有提交劳动行政部门出具的限期整改指令书为由,驳回劳动者的加班费请求。这一做法是否恰当值得深思。《劳动合同法》第八十五条本意并不是针对船员的加班费主张设置前提条件,船员是否提交证明劳动行政部门责令船公司限期支付加班费的限期整改指令书和船公司逾期未履行该指令书的证据,并不会对船员实体权利产生任何影响。将此举证责任分配给船员,显失公平,应予纠正。可见,船公司对待证事实的证明程度需达到"高度盖然性"的程度,即符合高级证明标准。

(四)加班费数额的计算方法

1. 计算基数的确定:以船员月平均工资作为基数是否合理。依据《劳动法》第四十四条的规定,加班费的计算基数为"劳动者正常工作时间的工资报酬",但其究竟指的是劳动者的基本工资,还是包括各种津补贴甚至年终奖的实发工资呢?司法实践中,各地法院在如何确定计算基数上分歧较大。上海、北京、广东、福建厦门等地都将基数规定为用人单位和劳动者在劳动合同中约定的劳动者本人所在岗位相对应的工资。① 这可在法无明文规定的情况下,通过劳资双方的意思自治来弥补法律适用的不足。但在实践中,一些用人单位与劳动者在合同中约定计算基数为基本工资,借以规避支付高额加班费,这对劳动者而言非常不利。因此,多数法院主张将包括基本工资、奖金、津贴、补贴等在内的实发工资作为计算基数。关于实发工资,又存在以劳动者上一个月实发工资为基数和以劳动者上一年实发工资的每月平均值为基数等两个标准。前者较以基本工资作为计算基数更为公平,但由于每月工资易出现畸高畸低现象,计算者在操作上难以把握。后者将月度畸高畸低值均摊到月份之中,比前者更为公平,又可一次性解决计算基数的问题,操作性较强。船员加班费的计算可以借鉴这一方法,以上一年度月平均实发工资作为计算基数。但是,由于船员劳务市场存在"上船有薪,下船无薪"等行业惯例,为公平起见,应当在计算时剔除船员船下工作或休息的时间,按在船期间实发工资的月度均值作为基数计算加班费。若高级船员与船公司间

---

① 王奇:《加班制度研究》,西南政法大学硕士学位论文,2011年,第31页。

存在约定工资的话，也可直接以约定工资作为加班费的计算基数，这是因为高级船员的约定工资已相对较高。

2. 计算公式的运用：加班费计算是否应剔除节假日和年休假。《劳动和社会保障部关于职工全年月平均工作时间和工资折算问题的通知》第二条规定："日工资、小时工资的折算。按照《劳动法》第五十一条的规定，法定节假日用人单位应当依法支付工资，即折算日工资、小时工资时不剔除国家规定的11天法定节假日。"依据这一规定，元旦、春节等法定节假日不应从月计薪天数中扣除，而每年52周的双休日（共104天）应从月计薪天数中扣除。尚存在疑问的是船员的年休假期间是否应当扣除？《船员条例》第三十条第二款规定："船员除享有国家法定节假日的假期外，还享有在船舶上每工作2个月不少于5日的年休假。"该条第三款规定："船员用人单位应当在船员年休假期间，向其支付不低于该船员在船工作期间平均工资的报酬。"因此，《船员条例》明确规定年休假期间应当支付工资，结合法定节假日仍应支付工资的规定，可以类推认定年休假期间不应从月计薪天数中扣除。综上所述，按照现行规定，船员的月计薪天数为21.75天［（365天－104天）÷12个月］。日工资、小时工资折算公式为：日工资＝月工资收入÷月计薪天数；小时工资＝月工资收入÷月计薪天数÷8小时。延长工作时间部分的加班费计算公式为：加班费＝计算基数（实发工资的月度均值）÷21.75天÷8小时×延长工作时间（单位：小时）×150%。而法定节假日的加班费计算公式为：加班费＝计算基数（实发工资的月度均值）÷21.75天×法定节假日加班天数×300%。按照上述公式，只要统计出延长工作小时数或法定节假日加班天数，就能很快计算出加班费的金额。

三、路径：加班费纠纷化解的基本思路

（一）理想与现实的调和：劳资双方的利益平衡

加班费案件充满着理想与现实的矛盾冲突，即如何实现劳动者和用人单位的利益平衡、构建和谐稳定的劳动关系。为调和这一冲突，可采用利益衡量这一"法官从事法的续造之方法"[①]。法官在利益衡量时，需从以下三个角度进行思考。

1. 适应劳资力量的强弱变化。通说认为劳动者在劳动关系中处于弱势地位，"强资本、弱劳动"是劳资力量对比的实然状态，因而法律应对劳动者权益进行倾斜性保护，通过"从契约到身份"反向运动构建劳动关系上的实

---

① 杨仁寿：《法学方法论》，中国政法大学出版社2013年版，第222页。

质平等。这一主张总体而言无疑是正确的。但是，我们不能忽略船员劳务市场上劳资力量对比的强弱变化。由于高级船员的数量相对短缺，其在劳资力量对比中处于相对优势，领取数额较高的约定工资，因此他们通常不想与船公司签订长期合同，以方便跳槽，谋求更好待遇。此时，不宜以高级船员处于弱势为由，作出对其实行倾斜保护的价值判断。因此，当高级船员为谋取高额加班费而主张包干制工资约定无效时，法官应对其主张不予支持。而低级船员、自有船员的人身隶属性较强，在劳动关系中处于弱势地位，工资数额本身不高，对其加班费主张应予支持。

2. 防范劳务市场的道德风险。法官在审理时应注意防范劳务市场中可能存在的道德风险。司法实践中，个别船员肆意否认包干制工资约定的效力，视意思自治、契约严守原则为儿戏；个别船员相互串通，利用举证责任分配中的优势，制作伪证进行虚假诉讼，妨害劳务市场的诚实信用；个别船员、船公司对综合工时制进行肆意误读和歪曲，谋取暴利或规避义务，有碍社会的公平正义。对这些可能存在的道德风险，法官一定要认真平衡个案公正和秩序公正的价值冲突，加强风险的应对和防范，加大对失信行为的惩处力度，以培育市场规则和维护市场秩序。

3. 顺应工时制度的弹性化趋势。法官进行利益衡量时，一个不容忽视的时代背景是工时制度的弹性化趋势。近年来，日本、德国等发达国家采取了变形工时制度、部分工时制度、弹性工时制度等弹性化措施，增强企业用工的灵活性，适应劳动者和用人单位的个性化需求。① 同时，2006 年《海事劳工公约》关于海员工作或休息时间的特殊规定突破了我国《劳动法》的工时限制。法官在进行利益衡量时，应对工时制度的弹性化趋势和船员工时的特殊规定，对船员、船企、社会间的利益冲突进行综合考量。

（二）自治与管制的平衡：司法干预的合理限度

私人自治与国家管制是劳动法的"任督二脉"。为平衡船员劳务纠纷中自治与管制的价值冲突，适度的司法干预是必要的。然而，司法干预的限度往往考验着法官对法律精神的把握和洞见，并非易事。法官应当从以下三个角度进行把握。

1. 限制司法干预的范围。劳动法是为了适应经济社会发展需要，从近代民法中分离出来的一个法律部门，因而或多或少继承了私法自治的因子，其内仍存在意思自治的空间。即使在今天，劳动合同的内容，至少是有些部分，

---

① 参见钱晓静《工时制度弹性化研究》，华东政法大学硕士学位论文，2012 年，第 10－26 页。

仍然是通过具体协商的方式形成的；当事人享有订立合同的自由，并且在很大程度上享有选择合同当事人的自由。① 船员与船公司之间的包干制工资约定、综合工时制约定等，在没有违反法律、行政法规的强制性规定（效力性强制性规定）的前提下，应肯定其效力。加班费的约定，在不违反最低工资标准制度的前提下，应属有效，以赋予当事人自主决定薪酬的权利。

2. 约束司法介入的方式。在审理船员加班费纠纷时，应坚持"不告不理"的原则。船员在工资报酬纠纷中未提出加班费请求的，除船员未委托诉讼代理人且本人诉讼能力较弱外，应视为船员放弃了相关权利，法官无须进行特别释明。对船员一方庭审时增加的诉讼请求（涉及加班费的），法官应从严把关，要求当事人在庭审辩论终结前提出，并另行组织证据交换和庭审。对于双方提交的相关证据材料，应认真审查，对可能存在的虚假证据不予认定。总之，法官在审理加班费纠纷时，应始终坚持客观中立、不偏不倚的立场，约束司法介入的方式，尽量减少以事后的非专业判断代替当事人缔约时的专业判断。

3. 规范司法审查的程序。程序正义是司法制度的核心价值之一。对船员加班费纠纷的司法干预应遵循严格的正当程序，而不得恣意为之。例如，对于双方争议较大、权利义务关系不明的案件，不宜采用简易程序、小额诉讼程序等进行审理。对于船公司的抗辩，可以邀请港航、海事专家作为陪审员参与案件审理，听取专家意见后再进行裁决。在作出支持或反对加班费请求的判决时，应就原告的请求和被告的抗辩逐项、充分说理。此外，法官还应恪守比例原则，采取最轻微侵害手段或尽可能微小限制对船员劳务关系进行调整或纠偏，以构建和谐稳定的劳动关系。

（三）从解释论到立法论：纠纷化解的根本之道

德国法儒萨维尼曾谓："解释法律，系法律学的开端，并为其基础，系一项科学性的工作，但又为一种艺术。"② 然而，解释论方法不可能彻底地、系统地解决法律适用的所有问题，仍存在一定的局限性。此时，不得不诉诸立法论方法。因此，通过加强立法工作，制定关于船员劳务法律关系的专门法律才是纠纷化解的根本之道。

1. 明确法律适用依据。我国目前尚缺乏专门调整船员劳务关系的法律规范。2007年《船员条例》是行政法规，其中鲜有设定权利义务的私法规范。

―――――――――
① ［德］卡尔·拉伦茨：《德国民法通论》上册，王晓晔、邵建东、程建英等译，法律出版社2003年版，第74页。
② 王泽鉴：《法律思维与民法实例》，中国政法大学出版社2001年版，第212页。

《海商法》有关船员的条文较少,且过于原则,难以适应审判工作的需要。因此,学术界对制定《船员法》或修改《海商法》并增加船员劳务合同一节的呼声较高。将来制定《船员法》或修改《海商法》可借鉴2006年《海事劳工公约》的相关规定,进一步完善我国的船员法律体系,对船员的加班费、船员外派、社会保障等问题进行统一调整和系统解决。这无疑是正确且经济的思路。在《船员法》《海商法》还未提上立法或修法日程时,最高人民法院可以考虑制定审理船员劳务合同纠纷的司法解释,以统一裁判尺度。

2. 引入加班豁免制度。为构建更符合船员劳务特点的工时制度,我国将来在立法或修法时,可以考虑引入美国法上的加班豁免制度。1938年通过的美国《公平劳动标准法案》对某些渔业和水上作业的雇员、船员等,根据该行业的性质或该雇员的特殊职责,其雇主可以同时被豁免适用最低工资标准规定和加班补偿规定。① 可以豁免适用加班补偿规定的雇主对豁免内容范围之外的雇主义务仍须全面履行,否则将构成违法。我国在立法时也可以有选择地引入这一制度,对一些中小航运企业的自由船员、高级船员等实行加班豁免制度。

3. 合理确定加班费率。我国《劳动法》中加班费的费率(150%、200%、300%)明显过高,且没有区分时段适用不同的费率。合理确定加班费率对减少劳动争议、防范道德风险和提振市场经济都有着重要作用。法国、日本等国家,以及中国台湾等地区的加班费率都相对较低且更为灵活。例如,日本法中加班费率是:工作日加班是正常工作时间小时工资的0.25倍;休息日加班为0.35倍;夜班(10:00 pm—5:00 am)加班为0.5倍,休息日的夜班(10:00 pm—5:00 am)加班为0.6倍。② 我国在修改《劳动法》时,可借鉴域外经验对加班费率进行适当调整,以更加符合我国船员劳务市场的现实情况。

---

① 田蕾:《劳动关系的灰色地带及其制度安排》,苏州大学硕士学位论文,2010年,第27页。
② 孙国平:《对我国加班制度之思考》,载《中国劳动》2013年第12期。

海上人身伤亡损害赔偿标准类型化研究[*]

倪学伟

摘要：本文将海上人身伤亡赔偿标准类型化，提出了不同类别海上人身伤亡民事赔偿的法定标准或学理标准。同时，本文以法学解释论为手段，通过规范分析，就现行法上的海上人身伤亡赔偿标准进行合乎立法旨意的阐释和评析；此外，还从立法论的视角出发，对海上人身伤亡赔偿标准的应然状态加以研究，提出通过修法程序修正过时赔偿标准的学术建议。

关键词：海上人身伤亡；赔偿标准；侵权责任；违约责任。

海上发生人身伤亡事故后，受害人及其亲属最关心的法律问题莫过于能否获得赔偿及获得多少赔偿。我国法律已有对于海上人身伤亡赔偿的若干规定，但由于内容庞杂且时有冲突和矛盾，特别是赔偿标准多元化、地方化，难免使人无所适从。为此，笔者试图将海上人身伤亡损害赔偿的标准予以类型化，以便在审判实践中顺利适用法律、公正裁判案件。

一、海上突发侵权行为人身伤亡赔偿标准

海上突发侵权行为是指船舶碰撞行为，包括海商法所规定的船舶直接碰撞和间接碰撞两种情况。

海上突发侵权行为造成人身伤亡，倘若侵权乃一方船舶过失所致，则过失方承担全部赔偿责任；如果侵权系双方船舶过失造成，则互有过失的船舶对人身伤亡担连带赔偿之责。此为法律明确规定，未见分歧。问题是，双方无过失的碰撞造成人身伤亡，是否归属海上突发侵权行为的结果，则存有一定异议。笔者主张，对双方无过失碰撞造成的船舶和财产损失，因不存在侵权人，一般可根据"天灾自负"原则，由船东和财产的所有人自行负担损失；而对于该碰撞造成的人身伤亡，显然不能依"天灾自负"原则由受害人自担损失，该损失理应由船东或雇主予以赔偿。这种赔偿并非基于侵权的结果，而是归因于事先双方合同的明文规定或隐含规定，如事先的海上雇佣合

---

[*] 本文原载于最高人民法院民事审判第四庭编《涉外商事海事审判指导》总第14辑，人民法院出版社2007年版；2005年获海南三亚全国海事法院第十四届海事审判研讨会论文评比二等奖；修订于2024年12月。

同、劳动合同等，有关的赔偿标准应适用合同约定或法律的强制规定，而不能适用海上突发侵权行为人身伤亡赔偿标准。当然，倘若船东或雇主本人在双方无过失船舶碰撞中人身伤亡，则"天灾自负"，由其自担损失。

众所周知，我国水运法律实行双轨制，即对涉外与非涉外法律关系规定了不同的权利义务内容。具体到海上突发侵权行为人身伤亡赔偿标准，则同样也体现了这种法律的双轨特点。于1991年11月8日通过的《最高人民法院关于审理涉外海上人身伤亡案件损害赔偿的具体规定（试行）》，是审理涉外海上突发侵权行为人身伤亡赔偿案件的重要依据之一。该规定第七条明确："海上人身伤亡损害赔偿的最高限额为每人80万元人民币"。尽管通说认为涉外海上突发侵权行为人身伤亡最高赔偿限额应适用《中华人民共和国海商法》（以下简称《海商法》）第二百一十条的规定①，但该80万元限额并未被明文废止前，其仍为有效之司法标准。事实上，80万元的赔偿限额与《海商法》第二百一十条规定的赔偿限额在现行司法体制下并不矛盾，前者是最高人民法院在其司法解释中新创制的"单位责任限制"，由法院在审判案件中主动适用②；后者是法律明文规定的"综合责任限制"，只有当事人主张该项限制权利时，法院才会予以适用。

对于非涉外的海上突发侵权行为人身伤亡赔偿案件，其赔偿标准为何，未有法律明定。2004年5月1日《中华人民共和国道路交通安全法》（以下简称《道路交通安全法》）及其实施条例施行之前，各海事法院较普遍的做法是参照国务院《道路交通事故处理办法》规定的交通事故损害赔偿项目及赔偿标准计算赔偿数额。《道路交通安全法》及其实施条例施行之后，《道路交通事故处理办法》相应被废止，而这两个新法规均未规定损害赔偿项目及标准，仅在《中华人民共和国道路交通安全法实施条例》第九十五条第二款规定"交通事故损害赔偿项目和标准依照有关法律的规定执行"。目前，我国未就交通事故赔偿项目、标准制定专门的法律或法规，与此相关的法律性文件只有2004年5月1日起施行的《最高人民法院关于审理人身损害赔偿案件适用法律若干问题的解释》（以下简称《人身损害赔偿案件解释》），因而

---

① 参见赵月林、司玉琢、韩立新《船舶碰撞事故造成的人身伤亡损害赔偿问题研究》，载《中国海商法协会通讯》2004年第6期，第71页。

② 仅就我国《海商法》的规定来看，除海上旅客人身伤亡有单位责任限制外，海上侵权造成的人身伤亡是没有单位责任限制的，因而80万元的赔偿限额缺乏立法依据。但由于最高人民法院司法解释在我国法律体系中的特殊地位，使得司法实务中依据司法解释审判案件成为海事法官的格式化思维，除非明文废止《最高人民法院关于审理涉外海上人身伤亡案件损害赔偿的具体规定（试行）》第七条，否则，海事法官在审判案件时仍会主动适用该80万元赔偿限额的规定。

公安部《道路交通事故处理程序规定》第五十八条第一款第（五）项作了专门的适用该《人身损害赔偿案件解释》的指引。那么，对于非涉外的海上突发侵权行为人身伤亡赔偿案件，在确定赔偿项目和标准时，显然已不能再参照业已失效的《道路交通事故处理办法》计算赔偿数额。

《人身损害赔偿案件解释》是目前法院审理人身伤亡损害赔偿案件的主要法律依据之一，特别是其中对有关的赔偿范围和计算标准的规定填补了我国多年以来的法律空白，使之有了一个统一的规范可供司法审判遵循。可以断言，这一解释是我国迄今为止最为完善的统一侵权人身损害赔偿法律适用的司法文件，具有显而易见的普适性。对于非涉外的海上突发侵权行为人身伤亡赔偿案件，在无专门法律法规的情况下，适用该司法解释是理所当然的。

根据《人身损害赔偿案件解释》[①]之规定，非涉外的海上突发侵权行为人身伤亡赔偿标准可作如下表达。

1. 死亡赔偿金依据该解释规定计算，公式为：

60 周岁以下的死亡赔偿金 = 法院所在地上一年度城镇居民人均可支配收入或农村居民人均纯收入 ×20 年（需注意的是对不满 16 周岁的，没有每小 1 岁减 1 年的规定）。[②]

60 周岁以上的死亡赔偿金 = 法院所在地上一年度城镇居民人均可支配收入或农村居民人均纯收入 ×（20 年 −60 周岁以上的岁数）。

75 周岁以上的死亡赔偿金 = 法院所在地上一年度城镇居民人均可支配收入或农村居民人均纯收入 ×5 年。

2. 残疾赔偿金依据该解释规定计算，公式为：

60 周岁以下的残疾赔偿金 = 伤残等级（一级伤残按 100% 计算，伤残每低一级减 10%，下同）×法院所在地上一年度城镇居民人均可支配收入或农村居民人均纯收入 ×20 年。

---

① 《人身损害赔偿案件解释》于 2004 年 5 月 1 日起施行，于 2020 年、2022 年两次修正。该解释的 2022 年修正版删除了计算赔偿金、被扶养人生活费计算标准中的"农村居民人均纯收入"和"农村居民人均年生活消费支出"。——编者注

② 在司法实务中常有这样的疑问：海员的工资要比在陆地上工作的报酬高得多，用法院地人均可支配收入计算对海员是不利的，更不要说农村人均纯收入了，因而海员应另有计算标准。笔者认为，该疑问的致命缺陷在于把海员的个别公平和正义置于社会平均公平和正义之上，是"同命不同价"的中国式思维的表现。其实，人命本无价，更无高低贵贱的区别，"同命同价"是"人人生而平等"的人本思想的体现，也是人身伤亡赔偿标准的发展方向。《人身损害赔偿案件解释》将人身伤亡赔偿标准区别为城镇居民和农民两个大类，已经受到诸多批评，倘若我们再将海员的赔偿标准另行规定，就实在有违法律的发展方向了。

60周岁以上的残疾赔偿金＝伤残等级×法院所在地上一年度城镇居民人均可支配收入或农村居民人均纯收入×（20年－60周岁以上的岁数）。

75周岁以上的残疾赔偿金＝伤残等级×法院所在地上一年度城镇居民人均可支配收入或农村居民人均纯收入×5年。

计算残疾赔偿金时，受害人因伤致残但实际收入未减少，或者伤残等级较轻但造成职业妨害严重影响其劳动就业的，可对计算结果作相应调整。

3. 被扶养人生活费依据该解释规定计算，公式为：

未成年人生活费＝伤残等级×法院所在地上一年度城镇居民人均消费性支出或农村居民人均年生活消费支出×（18周岁－年龄）。

无劳动能力又无其他生活来源的被扶养人的生活费＝伤残等级×法院所在地上一年度城镇居民人均消费性支出或农村居民人均年生活消费支出×20年。

60周岁以上被扶养人的生活费＝伤残等级×法院所在地上一年度城镇居民人均消费性支出或农村居民人均年生活消费支出×（20年－60周岁以上的岁数）。

75周岁以上被扶养人的生活费＝伤残等级×法院所在地上一年度城镇居民人均消费性支出或农村居民人均年生活消费支出×5年。

需要注意的是，被扶养人还有其他扶养人的，赔偿义务人只赔偿受害人依法应负担的部分。

死亡赔偿金、残疾赔偿金、被扶养人生活费一般以法院所在地的标准计算，如果赔偿权利人举证证明其住所地或经常居住地城镇居民人均可支配收入或农村居民人均纯收入高于法院所在地标准的，可以按其住所地或经常居住地的相关标准计算。另外，《人身损害赔偿案件解释》还规定了医疗费、误工费、护理费、交通费、住宿费、住院伙食补助费、必要的营养费、残疾辅助器具费、康复费、后续治疗费、丧葬费的赔偿计算标准，这也是非涉外的海上突发侵权行为人身伤亡计算赔偿数额时应予遵循的。

依上述标准计算出的人身伤亡赔偿费用，与以前按《道路交通事故处理办法》的规定计算的费用相比，其数额要高出许多。但这并非最终的赔偿数额，因为按《海商法》规定，船舶所有人、承租人、经营人享有海事赔偿责任限制的权利，如果他们向法院申请责任限制并设立了人身伤亡和非人身伤亡的赔偿基金，那么，当上述计算的数额超出了人身伤亡海事赔偿责任限制基金时，其差额当与非人身伤亡赔偿请求并列，从非人身伤亡赔偿基金中按比例受偿。

二、海上旅客运输合同履行过程中的海上人身伤亡赔偿标准

我国《海商法》第五章"海上旅客运输合同"所规定的承运人及旅客的权利义务内容,特别是承运人对旅客的人身伤亡承担过错推定责任的较为严格的规定,适用于我国港口之间以及我国与他国港口间的旅客运输,而唯独对于合同履行过程中发生的海上旅客人身伤亡损害赔偿数额,法律规定了内外有别的双重标准,这是颇具特色的一个规定。

对涉外海上旅客运输造成的人身伤亡,承运人对每名旅客的赔偿额不超过46,666特别提款权(折合人民币约60万元);承运人申请海事赔偿责任限制的,以46,666特别提款权乘以船舶证书规定的载客定额计算赔偿限额,但最高不得超过2,500万特别提款权。① 对于我国港口之间海上旅客运输造成的旅客人身伤亡,承运人对每名旅客的赔偿限额不超过4万元人民币;承运人申请海事赔偿责任限制的,以4万元人民币乘以船舶证书规定的载客定额计算赔偿限额,但最高不得超过2,100万元人民币。②

涉外与非涉外的海上旅客人身伤亡赔偿数额相差15倍左右,其差距之大,令人瞠目结舌。那么,非涉外的海上旅客受害人或其家属可否避开运输合同提起侵权诉讼,让承运人承担侵权责任呢?

我们知道,违约责任与侵权责任存在诸多差异,表现在:(1)构成要件方面,违约责任采无过错责任原则,违约方没有免责事由即应担违约之责,且不以损害结果发生为要件;而侵权责任则有过错责任、无过错责任之别,前者要求受害人对侵权人的过错举证,侵权责任的承担一般须以损害结果发生为要件。在这方面受害人选择违约之诉较为有利。(2)举证责任方面,违约责任的承担仅需债权人证明违约事实即可,违约方请求免责的,负有证明免责事由存在之义务;在侵权责任的场合,若系过错责任,则受害人应举证加害人具有过错。因而受害人在这方面选择违约之诉对其较为有利。(3)赔偿范围方面,违约给对方造成损失的,赔偿额应相当于因违约所造成的损失,包括合同履行后可以获得的利益,但不得超过违约方订立合同时预见到或应当预见到的因违约可能造成的损失;侵权责任的赔偿范围包括直接损失和间接损失以及精神损害赔偿、被扶养人生活费等。人身伤亡侵权责任比人身伤亡违约责任的赔偿范围宽泛,且赔偿数额明显较高,因而对受害人而言选择侵权之诉是较为有利的。(4)责任方式方面,违约责任主要是财产责任,侵

---

① 见《中华人民共和国海商法》第二百一十一条。
② 见1994年1月1日起施行的《中华人民共和国港口间海上旅客运输赔偿责任限额规定》第四条。

权责任既包括财产责任,也包括非财产责任,如赔礼道歉等。(5)免责条款方面,免除违约责任的条款较之免除侵权责任的条款更易于被法律所承认,故受害人在这方面选择侵权之诉更为有利。

由此可见,受害人无论主张违约责任还是侵权责任,都直接关系其切身利益,而根据具体案情,受害人有时选择违约责任较为有利,有时选择侵权责任则更好。因此,法律应赋予受害人选择权,以达到周全保护受害人合法权益的目的。《中华人民共和国合同法》(以下简称《合同法》)第一百二十二条规定:"因当事人一方的违约行为,侵害对方人身、财产权益的,受损害方有权选择依照本法要求其承担违约责任或者依照其他法律要求其承担侵权责任。"① 此乃我国法律首次赋予当事人违约之诉或侵权之诉的选择权。这就是违约责任与侵权责任的竞合——行为人的某一民事行为具有违约和侵权之双重特征,从而导致违约责任和侵权责任在法律上并存的一种有趣现象。

具体到非涉外的海上旅客人身伤亡纠纷而言,受害人或其家属以侵权责任主张权利,可以得到较为广泛的赔偿项目,且赔偿数额相对较高。而在违约纠纷中,即便因违约而导致人身伤亡,也仅能按合同约定请求赔偿,特别突出的是不存在精神损害这一赔偿项目。因此,在《合同法》已明确允许当事人选择诉因的前提下,非涉外的海上旅客人身伤亡纠纷,受害人及其家属可选择以侵权为诉由提起诉讼。然而,目前的审判实践普遍存在一种误解:在违约责任与侵权责任竞合时,当事人可以选择诉由,但其一旦选定了诉由,受害人即不得再享有在被放弃掉的诉由中本可享受的权利或利益。此误解给人"鱼与熊掌不可兼得"的两难之感。

在世界各国的法律对人的身体、生命、健康等最重大的权益予以强力保护的今天,上述误解显然已到了必须改变的时候。确立责任竞合制度的目的在于最大限度地保护受害人这一社会弱势群体的权利和利益,使其既能得到合同法范围内的对其有利的规定的保护,又能获取侵权法范围内的对其有益的方面的利益,而不是非此即彼、二者必居其一的关系。换言之,受害人在责任竞合时选择诉因,并不丧失在原来的法律关系或诉因中本可享有的利益,同时又可享受到所选择的诉由所带来的好处。受害人或其家属所应受到的限

---

① 该条内容已被《中华人民共和国民法典》第一百八十六条"因当事人一方的违约行为,损害对方人身权益、财产权益的,受损害方有权选择请求其承担违约责任或者侵权责任"所取代。——编者注

制仅在于"不得就同一法律事实或法律行为,分别以不同的诉因提起两个诉讼"①,即不能双重请求罢了。

那么,在非涉外的海上旅客人身伤亡案件中,通过责任竞合选择诉由后,受害人或其家属能否成功避开4万元人民币赔偿限额的限制呢?我们知道,这一限额的规定既是保守立法所致,同时也是基于国家产业政策的考虑,即着眼于国家和民族的整体和长远利益,为有意扶植和鼓励海上运输业发展而规定的,因而该规定具有强行法②的性质,在审判实践中是必须予以贯彻执行的,即不论受害人选择违约之诉抑或侵权之诉,承运人均得享有该赔偿限额所带来的惠益。倘若以侵权之诉审判的非涉外海上旅客人身伤亡纠纷不适用该赔偿限额,那么以现行法规定衡量,显然这样的判决有错案之虞。

所以,要公平保护受害人及其家属的利益,我们只能从立法论③的角度进行思考,在现行法的框架内是无法解决问题的。非涉外海上旅客人身伤亡赔偿限额正式规定于1994年1月1日起施行的《中华人民共和国港口间海上旅客运输赔偿责任限额规定》中,而中国经济经过了多年的飞速发展,人民生活水平不断提高,海上运输企业整体实力得以大幅增强。可以说,与当初制定4万元人民币赔偿限额相适应的社会条件已完全改变,故立法者应该且必须因应形势的变化而修正法律,使法律与时俱进并始终保持良法状态,否则面对弱势群体的生命、身体、健康等最重大权益,我国的海事司法将无法提供人性化的周全保护,其负面影响是不言而喻的。从可行性方面考察,由于4万元人民币赔偿限额是《海商法》授权国务院交通行政主管部门即交通部制定的,并不需要经过全国人大的修法程序,因而修正该赔偿限额简便易行,不存在立法程序上的困难。至于赔偿限额提高到多少为妥,笔者主张可以参照《关于不满300总吨船舶及沿海运输、沿海作业船舶海事赔偿限额的规定》第四条的规定,将非涉外海上旅客运输人身伤亡赔偿限额规定为涉外海上旅客运输的50%,即23,333特别提款权(折合人民币约30万元);待条件成熟时,即我国经济的发展水平超过世界中等发达国家时,将涉外与非

---

① 见1989年6月12日最高人民法院下发的《全国沿海地区涉外、涉港澳经济审判工作座谈会纪要》。

② 这本是国际法上的概念。强行法又称强制法(jus cogens)或绝对法,是指"国家之国际社会全体接受并公认为不许损抑且仅有以后具有同等性质之一般国际法规律始得更改之规律"(《维也纳条约法公约》第53条)。现代法学的晚近发展表明,国际法和国内法二者有融合的趋势,概念上的互相借用,是再正常不过了。

③ 立法论探讨法律的应然状态,即法律应该是怎么样的。相对应的是解释论,即以现行法为前提,讨论现行法的理解、解释和适用。

涉外海上旅客运输人身伤亡赔偿限额合并，统一为46,666特别提款权。

三、其他海上合同履行过程中的海上人身伤亡赔偿标准

其他海上合同是指除海上旅客运输合同之外的海上合同，包括海上劳动合同、海上雇佣合同、海上承揽合同、海上个人合伙合同等。这些合同在履行过程中所造成的人身伤亡，其赔偿标准有诸多共性，但同时也存在一些明显的差异，我们可以根据有关法律规定或法学理论分别将其类型化如下。

（一）海上劳动合同人身伤亡赔偿标准

海上劳动合同是指受《中华人民共和国劳动法》（以下简称《劳动法》）调整的海上企业与劳动者之间签订的确立劳动关系并明确双方权利义务内容的协议。海上劳动合同对于规范海上企业用人机制、促进劳动力在海上企业的合理流动、依法保护劳动者与用人单位合法权益、促进海上劳动关系的和谐与稳定发挥着十分重要的作用。

在履行海上劳动合同过程中发生的海上人身伤亡事故，受害人或其亲属应按照2004年1月1日起施行的国务院《工伤保险条例》规定的标准享受工伤保险待遇。如《工伤保险条例》第三十七条规定的一次性工亡补助金标准为48个月至60个月的统筹地区上年度职工月平均工资，另外死者亲属可以领取6个月的统筹地区上年度职工月平均工资的丧葬补助金及死者本人工资一定比例的抚恤金，该比例标准为：配偶每月按40%，其他亲属每人每月按30%，孤寡老人或者孤儿每人每月在上述标准的基础上增加10%，但核定的各供养亲属的抚恤金之和不应高于因工死亡职工生前的工资。第三十三条至第三十五条规定了不同伤残等级的一次性伤残补助金标准，一级伤残为24个月的本人工资，二级伤残为22个月的本人工资，三级伤残为20个月的本人工资，四级伤残为18个月的本人工资；五级伤残为16个月的本人工资，六级伤残为14个月的本人工资，七级伤残为12个月的本人工资，八级伤残为10个月的本人工资，九级伤残为8个月的本人工资，十级伤残为6个月的本人工资。另外，一至六级伤残的受害人可以按月领取伤残津贴至退休年龄，标准为：一级伤残为本人工资的90%，二级伤残为本人工资的85%，三级伤残为本人工资的80%，四级伤残为本人工资的75%，五级伤残为本人工资的70%，六级伤残为本人工资的60%。

《工伤保险条例》具有强烈的社会法功能，其中所规定的工伤保险是社会保险制度的重要组成部分。通过工伤保险，使受到职业伤害的劳动者及时获得医疗救治、生活保障、经济补偿和职业康复，其着眼点在于补偿受害人的损害，并分散企业在工伤上的风险责任。而民事侵权法以保护弱者利益为

已任,在明确损害原因和侵权责任的基础上,着重强调损失多少赔偿多少。工伤保险与民事侵权法的冲突与竞合是必然的,为此国际上解决的路径有四条:(1)工伤保险取代民事赔偿;(2)受害人可同时获得工伤保险待遇和民事损害赔偿;(3)受害人可选择获得工伤保险待遇或民事损害赔偿;(4)工伤保险待遇与民事损害赔偿实行差额互补。《人身损害赔偿案件解释》第十二条第一款规定:"依法应当参加工伤保险统筹的用人单位的劳动者,因工伤事故遭受人身损害,劳动者或者其近亲属向人民法院起诉请求用人单位承担民事赔偿责任的,告知其按《工伤保险条例》的规定处理。"由此可见,我国采取了工伤保险取代民事赔偿的做法,用人单位以缴纳保险费的方式承担工伤责任,劳动者发生属于用人单位责任的工伤事故,不能提起民事损害赔偿诉讼,而只能按照《工伤保险条例》的规定获得工伤赔偿。

履行海上劳动合同过程中发生的海上人身伤亡,应按《工伤保险条例》的规定享受工伤保险待遇。受害人或其亲属只能首先提起劳动争议仲裁,对仲裁裁决不服的,才能向法院提起诉讼。《工伤保险条例》由国务院颁布,属于行政性法规,具有法律的强制性,其赔偿数额虽然远低于《人身损害赔偿案件解释》规定的民事损害赔偿标准,但它是国务院对全国范围内的劳动合同工伤赔偿进行利益协调和政策判断的结果,符合国家的整体利益和长远利益,最高人民法院的司法解释不允许当事人规避该条例显然出于国家公共利益的需要,因而在审判实践中应予严格贯彻执行。

(二)海上雇佣合同人身伤亡赔偿标准

海上雇佣合同是指雇主与雇员签订的规范双方在海上生产经营活动或其他海上劳务活动中的权利义务的协议。海上雇佣合同具有以下显著特征:雇主与雇员之间具有特定的人身关系,雇员在受雇期间应接受雇主的监督、管理,其行为应受雇主意志的支配和制约,未经雇主同意,不得由第三人代服劳务;雇员为雇主所提供的特定或不特定的海上劳务,直接为雇主创造经济利益或其他物质利益,但不论海上劳务是否产生预期结果,雇员均得领受雇佣工资。海上雇佣合同不受《劳动法》调整,它属于《合同法》中的无名合同,应由《合同法》和《中华人民共和国民法通则》调整。

根据合同自由原则,双方当事人可以在海上雇佣合同中约定发生人身伤亡时的赔偿标准,但不能约定免除雇主赔偿责任的条款,也不能约定低于法定赔偿标准的赔偿数额。《人身损害赔偿案件解释》第十一条"雇员在从事雇佣活动中遭受人身损害,雇主应当承担赔偿责任"的规定,已经将雇佣合同人身伤亡赔偿问题纳入了该司法解释的规范范围,因而海上雇佣合同人身伤亡的赔偿标准首先应适用双方合同的约定，如果合同未约定赔偿标准或约定的赔偿标准低于法定标准的，则适用《人身损害赔偿案件解释》规定的标准处理赔偿问题。如果雇员对其人身伤亡事故的发生有重大过错的，则可以相应减轻雇主的赔偿责任。

市场经济条件下的用工制度有诸多新发展，使得船员在船上的工作可能存在多种合同关系。典型者如外派船员的合同关系：船员与外派单位之间签订的外派合同是受《劳动法》调整的劳动合同，船员在外派期间发生人身伤亡的，依外派合同享受工伤保险待遇；船员或外派单位与外轮船东之间签订的是雇佣合同，有关的人身伤亡纠纷应受该雇佣合同约束，其赔偿标准为侵权损害赔偿标准或违约损害赔偿标准。

（三）海上承揽合同人身伤亡赔偿标准

海上承揽合同是指承揽人按照定作人的要求完成海上工作或与船舶有关的工作，向定作人交付工作成果，并由定作人给付报酬的合同。常见的海上承揽合同有船舶修理合同、船舶建造合同等。

审判实务中时有分歧的是海上承揽合同与海上雇佣合同的区别。如某小型船舶需修理，船主与一木匠口头签订修理合同，在修船过程中，因船舱钢板需电焊，木匠遂请一名有资质的焊工经船主同意后自带工具上船作业，木匠、焊工与船主三方口头约定，电焊作业结束后由船主支付工钱。焊工于上船作业的第十五天，在电焊作业过程中触电身亡。死者家属以海上雇佣合同为由状告船主赔偿损失22万元，船主抗辩其与焊工为海上承揽合同关系，不应承担赔偿责任。在本案例中，船主与焊工之间不存在控制、支配和从属关系，焊工虽说在船主的船舶上工作，但电焊工具为焊工自带，船主未限定工作时间，工作报酬为电焊作业结束后统一支付而非定期支付，焊工的电焊作业不是船主生产经营活动的组成部分。因此，本案认定为海上承揽合同人身伤亡赔偿纠纷较为妥当。

在履行海上承揽合同时，承揽人在完成工作过程中造成自身人身伤亡或造成第三人人身伤亡的，定作人不承担赔偿责任。当然，出于道义，定作人给予适当的经济补偿是可以的，特别是不在承揽人处所履行的船舶修理合同，其间发生的人身伤亡是承揽人在定作人的船舶上作业的过程中产生的结果，从公平、良心、道义等理念出发，定作人在承担丧葬费、死者亲属交通费、食宿费的基础上，再给予适当的补偿和抚恤都是应该的。在上一个案例中，船主就表示愿意承担包括丧葬费、死者亲属交通费、食宿费等在内的补偿费用6万元。但无论如何，一旦认定了双方的承揽合同关系，则定作人对承揽人在完成工作过程中的人身伤亡不承担赔偿责任是一条不容逾越的法律规则，这亦为海上承揽合同关系与海上雇佣合同关系的重要区别之一。

（四）海上个人合伙合同人身伤亡赔偿标准

海上个人合伙合同是指两个以上的自然人各自提供资金、实物、技术等，合伙经营船舶而达成的有关权利义务的协议。在海上个人合伙关系中，当事人具有以下权利：各合伙人具有合伙事务的经营执行权，即合伙人共同经营合伙事务；合伙的重大事务须由全体合伙人共同决定；合伙人有权对合伙经营的各种情况行使监督检查权；合伙经营积累的财产由合伙人共有，即各合伙人享有盈余分配权。同时，合伙人承担以下义务：合伙人实际缴付出资，出资的方式可以是资金、技术、实物、劳务、知识产权等；承担合伙事务，分担合伙亏损；保护合伙财产；竞业禁止。

在履行海上个人合伙合同中发生合伙人人身伤亡的，应按合伙合同的约定处理，若合同未约定的，则由其他合伙人进行适当的经济补偿，补偿的最高限额为合伙盈余或合伙收益。

· 第二编 ·

海上货物运输合同

沿海、内河货物运输法律关系初探*

倪学伟

摘要：水运法律"双轨制"下的沿海、内河货物运输法律关系，在法律适用方面，以《合同法》和《民法通则》为基本标尺，以《国内水路货物运输规则》为基本规范。相关货运合同的签订，遵循《合同法》规定的要约与承诺方式，运单是运输合同的证明和承运人已经接收货物的收据。合同主体为承运人和托运人，收货人亦具有合同主体地位，他们均应按规定享受权利并承担相应义务。未取得《水路运输许可证》的水运企业所签的沿海、内河货物运输合同，应依法认定为有效合同，但这不影响水运行政主管机关对有关承运人追究行政责任。

关键词：沿海运输；内河运输；合同效力；承运人；托运人。

在计划经济条件下形成的我国水运法律"双轨制"①，即国际海上货物运输适用海商法调整，而沿海、内河货物运输适用民法规范，在市场经济体制已初步确立的当下，仍无"并轨"端倪。与规范化的国际海上货运相比，沿海、内河货运乱象丛生，相关的海事审判亦有诸多不统一甚至混乱。在学术界，有关国际海上货物运输法律关系的研究成果卓著，而沿海、内河货物运输法律关系的研究则裹足不前。②基于水运法律"双轨制"难以短期内"并轨"的客观情况，加强对后者的探究，无论是规范运输实务，还是指导审判实践，都具重大意义。笔者不揣浅陋，试图以现行法为依据，对沿海、内河货物运输法律关系作一初步梳理，以明确其法律属性，清晰其法律规范，并冀望对审判工作顺利进行有所裨益。

---

* 本文系笔者参加最高人民法院关于国内水路货物运输纠纷案件法律问题调研课题组的阶段性成果，该调研课题的最终成果为《最高人民法院关于国内水路货物运输纠纷案件法律问题的指导意见》（法发〔2012〕28号）；本文于2011年获第九届杨良宜学术教育奖励金优秀论文评选二等奖；修订于2024年12月。

① 在20世纪60年代我国远洋运输起步之初即已形成"双轨制"格局。
② 经检索"中国知识资源总库"自1994年至2009年的论文资料，在题名中输入"海上货物运输"，检索到论文资料共239篇；输入"沿海货物运输"，检索到论文资料4篇；输入"内河货物运输"，检索到的资料仅1篇。

一、沿海、内河货物运输法律关系概述

沿海、内河货物运输法律关系是指承运人与托运人达成协议，由承运人收取运输费用，负责将托运人托运的货物由一港（站、点）经由沿海或内河运至另一港（站、点），从而形成的以权利义务为内容的社会关系。它与国际海上货物运输法律关系两者之和，构成了我国水上货物运输法律关系的完整体系。

（一）沿海、内河货物运输法律关系适用的法律

沿海、内河货物运输法律关系是以平等主体之间设立、变更、终止民事权利义务关系的协议作为表现形式，属于典型的民事合同。《中华人民共和国合同法》（以下简称《合同法》）是调整平等主体间合同关系的基本法律，因而沿海、内河货物运输法律关系应主要适用《合同法》进行调整，《合同法》未包括的内容，则适用《中华人民共和国民法通则》（以下简称《民法通则》）等法律的规定。

交通部2001年1月1日起施行的《国内水路货物运输规则》是部门规章，即行政主管机关制定的关于水路运输的基本规则或一般规则，而不是也不应该是合同法律规范。然而，我们难以回避的是，除《合同法》第十七章共23个条文规定了货物运输合同的内容之外，我国关于交通运输合同方面的法条供应仍十分短缺，因而尽管该运输规则的效力层次较低，但在规范沿海、内河货运方面仍具重要作用。当事人协商和签订沿海、内河货物运输合同时，可以直接指明其合同未规定的权利义务适用《国内水路货物运输规则》的有关规定，以将其合同内容尽可能完善，公平保护双方的利益。对于海事审判而言，当事人未在合同中明确约定的内容，海事法官则可以参照该规则予以审判。

必须明确的是，《中华人民共和国海商法》（以下简称《海商法》）第四章关于"海上货物运输合同"的规定，仅适用于国际海上货物运输，不适用于沿海、内河货物运输。① 这是我国水运法律"双轨制"的集中体现，是海事审判法律适用方面特别需要注意的问题。②

这里有必要对沿海货物运输与内河货物运输在适用法律方面的不同要求进行归纳。第一，关于船舶的识别。如果船舶适航证书上记载的航线为内河及港澳航线，且实际从事了广东、广西内河到香港、澳门的货物运输，则应

---

① 《海商法》第二条第二款规定："本法第四章海上货物运输合同的规定，不适用于中华人民共和国港口之间的海上货物运输。"

② 这本来应该是海事审判的一个常识性问题，但在笔者参加的有关会议中，最高人民法院的领导多次提到，在海事案件的检查评比中，仍有发现沿海、内河运输合同纠纷适用了《海商法》第四章规定审判的现象。

按照有关国际海上货物运输的法律处理;① 若适航证书记载的航线为内河及沿海 A 航区或 B 航区,实际从事内河及沿海货物运输的,则按沿海运输船舶处理;如适航证书记载的航线仅为内河,且实际仅从事内河货物运输的,则以内河船舶认定。第二,沿海货物运输,除不适用《海商法》第四章的规定外,涉及诉讼时效、船舶优先权、共同海损、船舶碰撞、海上保险、海事赔偿责任限制等,均优先适用《海商法》的有关规定。第三,内河货物运输,不仅不适用《海商法》第四章的规定,而且也不适用《海商法》的其他规定,如不存在船舶优先权问题、没有共同海损和海事赔偿责任限制等,而诉讼时效则应适用《民法通则》的有关规定。因此,从严格意义上讲,我国水运法律是远洋、沿海、内河三种不同制度的"三轨制",在水路货运司法领域有"三分天下"的态势。

(二) 沿海、内河货物运输合同的签订

沿海、内河货物运输合同的签订,遵循《合同法》规定的要约与承诺方式,当承运人和托运人就运输条件、承运船舶、运载的货物与船期、起运港与目的港、运费的数额与支付等协商一致时,合同即告成立。

签订合同的形式可以是书面的、口头的或者双方约定的其他形式。在通信技术日益发达的今天,出于对商业效率的追求,双方当事人面对面地签订书面沿海、内河货物运输合同的情况已十分罕见,较常见的是通过传真、电子邮件签订合同,而更常见的是采用效率最高的口头合同形式,如通过电话签订合同。在传真签订合同的情况下,当事人手中的合同文本,自己这一方的签章可能是原件,而另一方的签章则肯定是传真形式,即通过传真机生成的复印件。在司法实务中,常见合同双方的签章均为传真机出来的复印件,此时,若一方当事人否认该合同的客观存在,则对方必然面临举证的难题。② 对于通过电子邮件签订的沿海、内河货物运输合同,产生纠纷需要对合同本身进行举证证明时,对有关电子数据进行证据保全往往是最重要的甚至是唯一的办法。

沿海、内河货物运输合同履行过程中,特别是承运人接收货物后,应当签发运单。这与海运提单"应托运人的要求,承运人应当签发"的规定③不同,运单才是承运人必须签发的运输单证。运单的内容一般包括:承运人、

---

① 参见司玉琢《海商法专论》,中国人民大学出版社 2007 年版,第 23 页。

② 参见倪学伟、杨优升《传真件签订运输合同的效力确认——广东高院判决振海公司诉恒兴公司船舶租用合同纠纷案》,载《人民法院报》2008 年 7 月 25 日。

③ 见《海商法》第七十二条第一款。

托运人、收货人的名称;货物的名称、件数、重量、体积及包装方式、识别标志;运费;船名、航次、起运港、中转港和目的港;货物交接的地点、时间;装船日期、运到日期;其他的相关事项。

运单是沿海、内河货物运输合同履行过程中的重要单证,具有两方面的法律性质,即运单是运输合同的证明和承运人已经接收货物的收据。在双方没有签订书面合同的情况下,运单的记载可以起到证明运输合同的作用,[①]但与海运提单相比,运单不具有物权凭证功能,转让运单不具有转让运单所记载的货物所有权的效力。承运人在目的港交货时,应将货物交给运单记载的收货人或托运人行使货物控制权时指定的收货人,即"见人放货"而非"见单放货",验明提货人的身份是其中十分重要的一环。换言之,运单不同于提单,并不是"承运人保证据以交付货物的单证"即并非提货凭证。

(三) 沿海、内河货物运输合同的效力

根据国务院《中华人民共和国水路运输管理条例》(以下简称《水路运输管理条例》)的规定,从事水路运输的企业,应经水运行政主管部门批准并取得《水路运输许可证》《船舶营业运输证》及工商行政管理机构登记核准的《企业法人营业执照》后,方可从事水路运输活动。未经批准,则不能取得水路运输经营资格,不能从事水路运输活动。

那么,没有取得《水路运输许可证》的运输企业所签订的沿海、内河货物运输合同是否具有法律效力?在审判实践中,一般认为:《水路运输管理条例》属于行政法规,根据《合同法》第四十四条"依法成立的合同,自成立时生效。法律、行政法规规定应当办理批准、登记等手续生效的,依照其规定"[②] 以及第五十二条第(五)项"违反法律、行政法规的强制性规定"的合同无效之规定[③],并根据《最高人民法院关于适用〈中华人民共和国合

---

① 《国内水路货物运输规则》第七十八条规定:"航次租船运输形式下,收货人是承租人的,出租人与收货人之间的权利、义务根据航次租船运输形式下运输合同的内容确定;收货人不是承租人的,承运人与收货人之间的权利、义务根据承运人签发的运单的内容确定。"

② 该条被《中华人民共和国民法典》第五百零二条"依法成立的合同,自成立时生效,但是法律另有规定或者当事人另有约定的除外。依照法律、行政法规的规定,合同应当办理批准等手续的,依照其规定。未办理批准等手续影响合同生效的,不影响合同中履行报批等义务条款以及相关条款的效力。应当办理申请批准等手续的当事人未履行义务的,对方可以请求其承担违反该义务的责任。依照法律、行政法规的规定,合同的变更、转让、解除等情形应当办理批准等手续的,适用前款规定"所取代。——编者注

③ 该条规定被《中华人民共和国民法典》第一百五十三条"违反法律、行政法规的强制性规定的民事法律行为无效。但是,该强制性规定不导致该民事法律行为无效的除外。违背公序良俗的民事法律行为无效"所取代。——编者注

同法〉若干问题的解释(一)》第十条"当事人超越经营范围订立合同,人民法院不因此认定合同无效。但违反国家限制经营、特许经营以及法律、行政法规禁止经营规定的除外"的规定,未取得《水路运输许可证》的运输企业所签订的沿海、内河货物运输合同属无效合同;对于依无效合同已经完成运输任务所产生的运费纠纷,可以保护承运人的成本支出,如保护双方约定运费的70%。①

然而,根据《最高人民法院关于适用〈中华人民共和国合同法〉若干问题的解释(二)》第十四条"合同法第五十二条第(五)项规定的'强制性规定',是指效力性强制性规定"之解释,则有必要对未取得《水路运输许可证》的运输企业签订沿海、内河货物运输合同的效力进行重新思考。

法律和行政法规中的强制性规定,体现的是国家意志强行干预损害国家利益、社会公共利益、其他个人利益的行为。强制性规定可分为取缔性规定和效力性规定;违反取缔性规定不能导致民事合同无效,只能引起行政处罚等后果,违反效力性规定的则导致合同无效。从法律条文的具体形式上看,效力性规定与取缔性规定的区别是:法律、法规明确规定违反禁止性规定将导致合同无效的,该规定属效力性规定;法律、法规虽未明确规定违反禁止性规定将导致合同无效或不成立。但违反该规定后若使合同继续有效将损害国家利益和社会公共利益的,也应认定为效力性规定;若只损害当事人利益的,则属于取缔性规定。②

在我国,除民事法律直接规定某一民事行为③无效外,还有众多行政法规的规定对民事行为会产生诸多重要影响,如违反行政法规的强制性规定而直接或间接地导致民事行为无效。然而,因大多数行政法规仅有针对市场主体资格和行为的强制性规定,却未明确违反这一强制性规定的法律后果、特别是对民事行为效力的影响后果,在司法实践中往往出现两种截然相反的理解,以致作出完全不同的判决。笔者主张,对行政法规中的强制性规定,也应遵循上述标准予以识别和判断,以确定相关民事行为是否应受其影响和制约。

国务院《水路运输管理条例》关于从事水路运输的企业未获《水路运输许可证》不能取得水路运输经营资格、不能从事水路运输活动的规定,是关

---

① 亦有人主张,认定运输合同无效,但货物已安全运抵目的港的,应保护双方约定的运费,即"无效合同按有效处理"。
② 参见王利明《合同法新问题研究》,中国社会科学出版社2003年版,第321-322页。
③ 如《民法通则》第五十八条、《合同法》第五十二条的规定。

于市场准入资格的规定,即禁止市场主体在未取得该资格前从事此类活动。但沿海、内河货物运输活动本身并不为法律所禁止,也就是说,未取得《水路运输许可证》不能从事水路运输活动的规定,实质是对水运行政主管部门的权力授予,使其能够顺利实现对水运活动的行政管理职能,维护水运管理秩序,即并非效力性强制性规定。司法实践中有关的纠纷往往是运输合同履行完毕后所涉及的运费支付、货损赔偿等,是双方当事人之间的利益纷争,对国家和社会公共利益并无影响。因此,未取得《水路运输许可证》的水运企业所签订的沿海、内河货物运输合同,仅涉及市场准入问题,而不涉及合同本身的效力,不能因此而认定合同无效。当然,不认定合同无效,并不影响对承运人追究行政责任。① 海事法院在案件审结后甚至可以向水运行政管理部门作出司法建议,对该水运企业予以处罚。

另外,在沿海、内河航运实务中,普遍存在挂靠经营的问题,即没有取得《水路运输许可证》的水运企业、个体经营户,将其船舶挂靠在有相应资质的水运企业名下,并以该水运企业的名义经营,而被挂靠企业对挂靠船舶并不进行实质性管理即"挂而不管"。在水运行政管理部门"做大水运企业"思想的指导下,被挂靠企业为了使其船舶运力达到有关资质的要求,也愿意接受船舶的挂靠,以顺利通过资质审查。② 可以说,挂靠者与被挂靠者对船舶的挂靠经营各有所图。如此,挂靠船舶因有被挂靠企业的《水路运输许可证》而判定相应的沿海、内河货物运输合同有效,同样的船舶因没有挂靠而合同无效,这显然无法体现合同无效的法律导向功能,也与《合同法》倡导的尽可能减少合同无效的初衷相悖。

(四)水运法律"双轨制"在当下的合理性

在国际海上货物运输方面,我国实行《海牙规则》《海牙—维斯比规则》所规定的不完全过失责任制,即一般情况下实行过失责任原则,但承运人及

---

① 《水路运输管理条例》第二十六条第(一)项规定:未经批准,擅自设立水路运输企业、水路运输服务企业,或者水路运输企业以外的单位和个人擅自从事营业性运输,没收违法所得,并处违法所得1倍以上3倍以下的罚款;没有违法所得的,处3万元以上25万元以下的罚款。

② 如广州海事法院审理的(2010)广海法初字第70号船舶无因管理纠纷案,被告张耀与廉江市水运总公司签订一份关于"遂海188"轮股权的合同书,记载:根据广东省交通厅粤水运〔2007〕653号《关于进一步落实我省营运船舶经营管理责任活动的通知》,为充实廉江市水运总公司自有运力(船舶)以达到资质要求,张耀独资全权所有的船舶"遂海188"轮,形式上匀出51%股份给廉江市水运总公司申请产权登记和办理营运手续;廉江市水运总公司只作为"遂海188"轮名义上的所有人,该轮的实际产权为张耀所有并任由张耀处分;该轮仍作委托经营,廉江市水运总公司只按每吨每月收取1元管理费,所有与该轮有关的费用及责任均由张耀负担,该轮的收益为张耀所有。

其雇佣人员在驾驶和管理船舶方面的行为、疏忽或不履行合约而引起或造成的货物灭失或损害，承运人免除赔偿责任。① 这种责任制度与现行国际海上货物运输的规定完全一致，是国际做法的"接轨"。而在沿海、内河货物运输中，我国实行严格责任原则，一方不履行合同义务或履行合同义务不合约定的，即应承担违约责任，而不论是否有过失或过错。②这即是水运法律"双轨制"的主要内容。

改革开放以来，我国沿海、内河货物运输得益于有关政策的扶持，发展迅猛。随后，由于投资渠道有限，沿海、沿江相当一部分民间资本涌入航运市场，运力过剩现象一直较为突出。因水运行政及海事安全管理方面有意或无意的疏漏，使沿海、内河货物运输无论是在船舶的性能、还是在水运企业管理层以及船员的素质方面，相比从事国际海上货物运输的船舶来说，安全隐患更为突出，更易于发生海难事故以及故意违约、逃废债务的情况。如果沿海、内河货物运输也实行航海过失免责的制度，则无疑会发出错误的法律信号，加剧航运市场的混乱与无序，货方的利益可能更加难以保障。

《合同法》关于严格责任的规定，顺应了合同法发展的世界潮流，与此同时，海运公约关于货物运输合同的内容，其发展方向无疑也在向严格责任方向靠拢。我国传统上对沿海、内河货物运输合同即实行有别于国际海上货物运输的制度，如《中华人民共和国经济合同法》下的过失责任制度。而国际海上货物运输实行的不完全过失责任制，主要目的在于保护承运人的利益，这是当下国际海运业的主流，对我国远洋船队的继续高速发展与壮大至关紧要。《鹿特丹规则》所倡导的新责任体系要付诸实施，还是一个遥遥无期的事情。因此，水运法律的"双轨制"，对于规范沿海、内河货物运输法律关系，发展壮大远洋船队可以起到一箭双雕的作用，无疑在现阶段具有合理性。

二、沿海、内河货物运输法律关系的主体

这是指参与沿海、内河货物运输法律关系，享受权利、承担义务的人，即沿海、内河货物运输合同的承运人和托运人。

（一）承运人

承运人是沿海、内河货物运输法律关系中的一方重要主体，是指本人或

---

① 参见於世成、杨召南、汪维法编著《海商法》，法律出版社1997年版，第88-104页。
② 《合同法》第三百一十一条规定："承运人对运输过程中货物的毁损、灭失承担损害赔偿责任，但承运人证明货物的毁损、灭失是因不可抗力、货物本身的自然性质或者合理损耗以及托运人、收货人的过错造成的，不承担损害赔偿责任。"该条规定与《中华人民共和国民法典》第八百三十二条规定相同。——编者注

者委托他人以本人名义与货物托运人订立沿海、内河货物运输合同的人。法律关于承、托双方权利义务的规定,大多是以承运人为中心而展开的,事实上,承运人在货物运输法律关系中也始终处于主导者的地位,因而有关承运人的问题需要重点研究。

承运人的概念是开放式的,凡与托运人订立沿海、内河货物运输合同的人均为承运人,即不以拥有船舶为必要。因承运人与托运人订立运输合同的特点,时常又称之为合同承运人或契约承运人,以便与实际承运人相区别。承运人可能是船舶所有人、船舶承租人、船舶经营人、多式联运经营人等。

在 2001 年的《国内水路货物运输规则》之前,我国实行水水联运制度,即由第一程承运人代表换装港港口经营人和各区段承运人与托运人订立水水联运货物运输合同,并对全程运输负责,由最后区段承运人交付货物。① 水水联运制度实际上是一种运输生产组织形式,但其法律关系则令人费解。② 《国内水路货物运输规则》引入实际承运人制度,理顺了相关的法律关系。实际承运人又称履约承运人,是指接受承运人委托,从事货物运输或者部分运输的人,包括接受转委托从事此项运输的其他人。当船舶所有人与托运人订立运输合同,并由其完成运输任务时,合同承运人与实际承运人竞合。除此之外,都存在实际承运人的情形,如在租船运输的情况下,与托运人订立运输合同的租船人是合同承运人,船舶所有人是实际承运人;在直达运输的情况下,货物因意外情况而中途转船,则接受转运而完成运输任务的船方为实际承运人。

承运人将货物运输或者部分运输委托给实际承运人履行的,承运人不能免除全程运输的责任,即承运人应当对实际承运人的行为或者实际承运人的受雇人、代理人在受雇或受委托的范围内的行为负责;承运人向货方赔偿了实际承运人过失造成的损失后,可以向承担责任的实际承运人追偿。在运输合同中,承运人在其法定义务以外增加的义务或者放弃法定权利的任何特别协议,经实际承运人书面明确同意的,对实际承运人发生效力;但无论实际承运人同意与否,都不影响特别协议对承运人的效力。承运人与实际承运人都负有赔偿货损的责任,两者都应当在此项责任范围内负连带责任。

---

① 见 1995 年《国内水路货物运输规则》第十四条。
② 第一程承运人"代表"换装港港口经营人和各区段承运人,该"代表"是否为民法上的"代理"?若是,则换装港港口经营人和各区段承运人分别与托运人签订了运输合同,第一程承运人对全程运输负责即没有依据;若否,则换装港港口经营人和各区段承运人与托运人并无合同关系,权利义务可能会被悬置。

我国现行法律和行政法规、规章并无沿海、内河货物运输方面的无船承运人的规定，而仅在国际海上货物运输中引入了无船承运人制度。然而，基于承运人概念的开放式规定，即承运人并不要求以拥有或经营船舶为必要，笔者主张，沿海、内河货物运输中，同样存在无船承运人这一航运主体。即无船承运人是指不经营运输船舶，但以承运人身份接受托运人的货载，向托运人收取运费，通过船舶运输经营者完成沿海、内河货物运输，承担承运人责任的运输经营者。无船承运人通过双重身份完成货物运输任务：对货物托运人来说是承运人，对船舶运输经营者而言是托运人；由于无船承运人不经营船舶，其作为承运人承揽的货物只能通过有船承运人运输，并为此需订立一个新的沿海、内河货物运输合同。如果这一主张成立，那么，与国际海上货物运输法律关系相类似，沿海、内河货物运输法律关系同样存在无船承运人与水路运输服务业竞合与区别的问题，① 只是水路运输服务业以委托人的名义而不是以自己的名义为货物运输代理，因而这种区别的难度远低于货运代理（freight forwarder）与无船承运人的关系。②

（二）托运人

托运人是指与承运人订立沿海、内河货物运输合同的人。托运人在三种情况下与承运人订立运输合同，即：本人亲自与承运人订立合同；委托他人以本人名义与承运人订立合同；委托他人为本人与承运人订立运输合同。

在第三种情况下，存在两种合同关系：一是托运人本人与受托人之间的委托合同关系，二是托运人本人通过受托人与承运人之间的运输合同关系。如果因履行沿海、内河货物运输合同而发生纠纷，则须按委托合同与运输合同的相关规定处理。受托人以自己的名义，在托运人的授权范围内与承运人订立运输合同，承运人在订立合同时知道受托人与托运人之间的代理关系的，则运输合同直接约束托运人和承运人；承运人不知道受托人与托运人之间的代理关系的，受托人因承运人的原因对托运人不履行义务，受托人应当向托运人披露承运人，托运人因此可以行使受托人对承运人的权利，但承运人与受托人订立合同时如果知道该托运人就不会订立运输合同的除外；受托人因托运人的原因对承运人不履行义务，受托人应当向承运人披露托运人，承运

---

① 《中华人民共和国水路运输服务业管理规定》第三条规定："本规定所称水路运输服务业，是指接受旅客、托运人、收货人以及承运人的委托，以委托人的名义，为委托人办理旅客或货物运输、港口作业以及其他相关业务手续并收取费用的行业，分为船舶代理业和客货运输代理业。"

② 在国际海上货物运输法律关系中，货运代理与无船承运人的区别，是目前海事审判的难点问题之一。

人因此可以选择受托人或托运人作为相对人主张其权利,但承运人不得变更选定的相对人。

一般说来,托运人通常是货物买卖合同的销售人。但由于承托双方权利义务所指向的客体是运输行为,即实现货物从此地到彼地的位移,承运人并不关心货物的所有权状况,因此托运人并不一定与托运的货物具有所有权关系,即任何与承运人订立运输合同的人均可以为托运人。在委托他人为本人与承运人订立运输合同的情况下,如果承运人在订立运输合同时不知道受托人与委托人之间的代理关系,在运输合同纠纷中,受托人未披露这种代理关系,委托人亦未出面处理纠纷的,则应将受托人视为托运人,享受托运人的权利并承担托运人的义务。

在国际海上货物运输法律关系中,有实际托运人之规定,即"本人或者委托他人以本人名义或者委托他人为本人将货物交给与海上货物运输合同有关的承运人的人"①,直白地说,就是未与承运人签订运输合同而把货物交给承运人运输的任何人。实际托运人的法律特征是:第一,基于法律的直接规定而取得托运人的地位,不以双方当事人的意思表示一致为依托;第二,未与承运人签订运输合同;第三,法律地位具有隐蔽性。实际托运人制度所要解决的是 FOB② 价格条件下卖方在国际海上货物运输合同中的身份,其立法本意在于通过运输合同保护贸易出口商的正当权益。在沿海、内河货物运输法律关系中,不存在 FOB 价格条件成交的问题,因而没有必要规定实际托运人这一特殊的主体。③ 换言之,在沿海、内河货物运输合同中,未与承运人签订运输合同而把货物交给承运人运输的任何人,④ 不具有运输合同的主体资格,不享受合同权利,亦不承担合同义务。⑤

（三）收货人

托运人与收货人在沿海、内河货物运输法律关系中,可能是同一人,但

---

① 见《海商法》第四十二条第（三）项的规定。

② 贸易术语,指离岸价格（free on board, FOB）。——编者注

③ 无论是《合同法》还是《国内水路货物运输规则》,均无实际托运人的规定。但最高人民法院〔2005〕民四他字第 48 号《关于"吕洪斌与浙江象山县荣宁船务公司水路货物运输合同纠纷一案有关适用法律问题的请示"的复函》中,认定吕洪斌为"实际托运人",似乎认可了沿海、内河货物运输合同中存在实际托运人。见最高人民法院民事审判第四庭编《涉外商事海事审判指导》总第 12 辑,人民法院出版社 2006 年版,第 62 页。

④ 这里显然不包括货主本人。货主本人将货物交给承运人托运的,至少属于委托他人为本人与承运人订立运输合同这一情况,即货主本人就是托运人。

⑤ 参见司玉琢主编《海商法（第二版）》,法律出版社 2007 年版,第 183 页。

大多数情况下并非如此。当托运人与收货人不为同一人时，收货人具有什么样的法律地位？

货物运输合同是典型的为第三人利益的合同，① 合同主体为托运人和承运人，收货人是货物运输合同的受益人，原本不具有合同当事人的地位。然而，收货人如果与运输合同完全无关，则承运人尚未收到的运费可能落空，逾期提货时有关的保管费用可能无着落，目的港交货时的货损情况可能被忽略，等等。所以，根据为第三人利益合同的有关法理，有必要赋予收货人运输合同主体地位，即收货人与承运人之间由法律直接规定具有运输合同法律关系，当货物运抵目的港并经收货人请求交付后，收货人即取得托运人因运输合同所产生的权利，负有支付运费及相关费用的义务，同时，承运人在运输合同下对托运人的所有抗辩亦可适用于收货人。②

这是合同相对性原则在运输合同领域的扩张，即运输合同主体的扩张。但是，在收货人享有运输合同主体地位的同时，托运人却并未脱离也不应该脱离其与承运人订立的运输合同法律关系，其仍然是运输合同的一方主体，这是因为收货人享有的主体地位并非合同主体变更的结果，而仅仅由于为第三人利益的合同必须赋予第三人一定的合同权利，否则即失去该种合同的主要意义。"诉讼的最好规则是其利益处于风险之中的人可以起诉。"③ 所以，基于运输合同而产生的纠纷，托运人或收货人都可以作为货方参与诉讼，只是当托运人作为货方参与诉讼时，收货人的诉讼主体资格便处于休眠状态，反之亦然；到底由托运人还是由收货人参与诉讼，乃私权问题，法院不能干预，但从方便出发，通常可由纠纷发生地的一方行使诉权，并适当考虑有关的货物所有权的转移情况。④

三、沿海、内河货物运输法律关系的内容

沿海、内河货物运输法律关系的内容是指承运人、托运人所享受的民事

---

① 参见尹田《论涉他契约——兼评合同法第 64 条、第 65 条之规定》，载《法学研究》2001 年第 1 期。

② 《国内水路货物运输规则》第四十四条规定："收货人有权就水路货物运单上所载货物损坏、灭失或者迟延交付所造成的损害向承运人索赔；承运人可以适用本规则的抗辩理由进行抗辩。"

③ ［加］威廉·台特雷：《国际海商法》，张永坚等译，法律出版社 2005 年版，第 82 页。

④ 英国 1992 年《海上货物运输法》规定，合法的提单持有人应被视为运输合同的缔约一方，而不以受让提单时获得货物所有权为前提。提单的合法持有人、海运单收货人和交货单下有权提货的人享有对承运人的诉权。参见郭瑜《提单法律制度研究》，北京大学出版社 1997 年版，第 163 页。在收货人的诉权问题上，沿海、内河货物运输合同与国际海上货物运输合同具有相似性，两者是可以相互参考的。

权利和承担的民事义务的总和。当事人的权利义务具有对称性，即"此主体的义务，往往是彼主体的权利，离开了权利，不可能有义务，同样，没有义务支持的权利也是不可能存在的"①。一般说来，承运人的权利即是托运人的义务，而托运人的权利即是承运人的义务。因此，只需研究承、托双方的权利，即可展现沿海、内河货物运输法律关系内容的全貌。

(一) 承运人的权利

1. 承运人收取运费的权利。运费是承运人完成运输任务的对价或报酬，是其从事水路货物运输所追求的直接目标。运费的数额或计算标准、支付方式与期限等，均由双方当事人事先约定，可以预付亦可到付运费，可以预付一部分运费并在目的港结清运费，还可以每航次、每月、每季或每年结算运费。总之，在市场经济条件下，对运费问题当事人享有充分的自治权，只要不形成不正当竞争或垄断局面，概由双方协商决定。

承运人完成运输任务，即有权获取约定的运费。如果货物在运输过程中因不可抗力灭失，承运人不得要求支付未收取的运费，而托运人则可以要求返还已经支付的运费；货物因不可抗力部分灭失的，承运人可按实际交付货物的比例收取运费。

2. 承运人留置货物的权利。留置权是担保物权的一种。《中华人民共和国物权法》（以下简称《物权法》）第二百三十条规定："债务人不履行到期债务，债权人可以留置已经合法占有的债务人的动产，并有权就该动产优先受偿。"②对于货物承运人而言，已基于运输合同关系而合法占有了债务人即托运人或收货人的货物，若在目的港未收到运费、保管费、滞期费、共同海损的分摊和承运人为货物垫付的必要费用以及应当向承运人支付的其他费用，债务人又未提供适当担保的，承运人即可留置相应的货物。所谓相应的货物，是指发生拖欠有关费用的货物，而不论该货物的所有权人是否为有关债务的义务主体。这与国际海上货物运输法律关系中承运人所享有的留置权明显不同，后者的留置权必须是针对债务人所有的货物。③当然，如果双方的运输合同约定不得留置所运输的货物，则承运人不享有对货物的留置权。

对于月度或年度运输合同所拖欠的运费等费用，承运人是否可以留置某

---

① 彭万林主编：《民法学》（第二次修订版），中国政法大学出版社1999版，第74页。

② 该条规定被《中华人民共和国民法典》第三百八十六条"担保物权人在债务人不履行到期债务或者发生当事人约定的实现担保物权的情形，依法享有就担保财产优先受偿的权利，但是法律另有规定的除外"取代。——编者注

③ 见《海商法》第八十七条。

一航次的货物？对此，根据《物权法》第二百三十一条"债权人留置的动产，应当与债权属于同一法律关系，但企业之间留置的除外"的规定，① 如果沿海、内河货物运输合同的双方当事人均为企业的，则承运人有权留置当前航次所运货物，以要求清偿以前航次拖欠的运费等费用。

3. 承运人拒运危货权及处置危货权。由于危货运输可能产生的极端危害性，出于对公共安全的考虑，对不符合包装要求或托运人未提供有关证书的危货，承运人必须拒绝运输。另外，当承运人发现所需承运的危货不适宜于沿海、内河运输时，或基于自己的危货运输资质的限制而不得运输该危货时，承运人有权拒绝运输。在实务中可能存在如何判断承运人拒运危货的正当性问题。笔者主张，若承运人具有拟将运输的危货的法定资质，船舶性能良好，船员适任，而托运人亦具有经营该危货的资质，危货已妥为包装，并取得了法定部门签发的各种有效证书，则通常应认为承运人不具有拒运该危货的权利；反之，若存在以上任何一点不合要求的事项，则可考虑承运人拒运危货具有正当性。

承运人依法装运危货后，若发现后来情况有变，则出于安全考虑，可以对危货行使处置权。承运人的危货处置权分为知情和不知情两种情况下的处置权：（1）知情时的危货处置权。承运人知道危货性质并已同意装运的，只能在该货物对船舶、人员或其他货物构成实际危险②时，才可以对危货进行处置，将货物卸下、销毁或使之不能为害，对由此造成的危货损失不负赔偿责任，但不可要求托运人赔偿其受到的损害及为处理危货而支出的费用。（2）不知情时的危货处置权。托运人未履行法定的书面通知等义务，承运人不知所运为危货时，承运人可在任何时间、地点视情况将货物卸下、销毁或使之不能为害而不负赔偿责任。法律并未要求不知情时承运人的危货处置权以危货构成对船舶、人员或其他货物的实际危险为条件，但承运人并非可以随心所欲处置危货，而仍然应以谨慎态度妥为行事：危货毫无发生危险事故的迹象时或运输及气象条件不会发生不利于危货运输的重大变化时，不要轻易处置危货，以免造成社会财富的无为损失。即使根据实际情况需要对危货

---

① 该"但书"即是关于商事留置权的规定。该条规定与《中华人民共和国民法典》第四百四十八条"债权人留置的动产，应当与债权属于同一法律关系，但是企业之间留置的除外"相同。——编者注

② 实际危险是指若不采取措施，危货就必然会发生危险事故的一种客观真实状态。实际危险包括不采取措施就会即刻发生的危险和不采取措施、经一段时间后就必然会发生的危险。但无论如何，不符合危货客观属性的主观臆断，不能认为构成实际危险。

处置的，也应尽可能采取将危货卸在安全港口，以让货方妥为安排后续处理办法，而不要轻易地将危货抛海或改变危货的自然属性。

除危货外，对需要具备运输包装的货物，若托运人未按国家规定包装标准包装的、在无国家标准时未对货物进行保证运输安全和货物质量的包装的，承运人有权拒绝运输这种货物。

（二）托运人的权利

1. 托运人要求船舶适航的权利。托运人将货物办理托运手续后，最关心的问题之一便是货物能否安全抵达目的地；而货物运输的安全性取决于船舶的安全性，即船舶适航。因此，托运人有权要求承运船舶必须适合于预定航线的航行，相应地，提供适航的船舶运输货物，便成了承运人十分重要的义务。

船舶适航有三个标准：第一，狭义的适航即船舶在船体构造、性能和设备等方面具备特定航次中安全航行的能力，并具备抵御该特定航次中沿海、内河通常危险的能力；第二，承运人妥善地配备船员、装备船舶和配备供应品，即船舶必须配备足够的合格的船员，妥善地配备航行所需要的各种仪器设备以及必要的文件，并备有适量的燃料、淡水、食物、药品以及其他供应品；第三，船舶适货，即船舶的货舱、冷藏舱、冷气舱和其他载货处所能适宜和安全地收受、载运和保管货物。

沿海、内河货物运输中的船舶适航，并没有"开航前和开航当时谨慎处理使船舶适航"的内容，这意味着托运人有权要求承运船舶在整个航程中始终保持适航状态，而不是开航前和开航当时使船舶适航。至于适航的程度，因为不可能存在绝对适航的船舶，所以只要承运人恪尽职责，使船舶适航即可。

如前所述，在沿海、内河货物运输合同中，对货物损失的赔偿实行严格责任原则，而不是过失责任原则或过失免责原则，因此，托运人要求船舶适航的权利，主要是为了保证货物的安全运输，申言之，船舶是否适航与承运人是否承担货损责任之间没有任何因果关系。①

2. 托运人要求承运人妥善管货的权利。托运人有权要求承运人在货物运输的整个期间和所有环节，即从装载、搬移、积载、运输、保管、照料到卸载所运货物，都要尽到妥善管货的责任。货物在运输期间和装卸等环节，承运人如果疏忽大意甚至于野蛮装卸，则货物安全难以保证。因此，托运人要

---

① 船舶不适航引起的货损，承运人向收货人或托运人赔偿后，可能难以根据责任保险的约定向自己的保险人要求赔付。

求妥善管货的权利,同样是货物安全运输所必须,对承运人来说,亦是一项十分重要的义务。

妥善管货表现在三个环节:第一,开航前应妥善地装载、搬移和积载货物,即应有适当的技术性方法装载和搬移货物,在船上应科学放置货物并给予合理注意。若在不能承受重压的货物上堆放其他重物,或者在食品旁放置散发异味的货物,或者将只能装在舱内的货物装于舱面等,都可视为承运人未妥善积载货物。第二,在运输途中应妥善运送、保管和照料货物,应按照预定航线尽快、直接和安全地把船舶开往目的港交货。没有正当理由,不得脱离习惯上或地理上的航线,也不得无故延迟开航时间,使货物受到延长运送等额外风险的损失。第三,在目的港应妥善地把货物从船上卸到码头。收货人在目的港提取货物前或承运人在目的港交付货物前,可以要求检验机构对货物状态进行检验,以确定货物是否因运输而损坏。

3. 托运人的货物控制权。《合同法》第三百零八条规定:"在承运人将货物交付收货人之前,托运人可以要求承运人中止运输、返还货物、变更到达地或者将货物交给其他收货人,但应当赔偿承运人因此受到的损失。"① 这是《合同法》规定的托运人货物控制权,即托运人根据沿海、内河货物运输合同,指示承运人在其责任期间内对货物实施某种行为的权利。

货物控制权的权利主体只能是托运人,收货人不享有这一权利,事实上,托运人行使货物控制权的结果,往往是取消或限制了收货人的有关权利。货物控制权的行使期间为货物在承运人掌管控制下的全部期间,承运人已经向收货人交付货物的,托运人即丧失货物控制权。货物控制权的行使方式为直接通知承运人中止货物运输。货物控制权本质上的一种债权,可由控制权人依其意志将该权利转让他人。由于运单不具有物权凭证的功能,转让运单并不转让运单所记载的货物,因此,托运人不论是否控制着运单,都依法享有对货物的控制权,除非货物已由承运人交给收货人。

根据《合同法》第三百零八条的规定,托运人所行使的货物控制权主要为四方面的内容:(1)中止运输权,即托运人通知承运人中止货物运输。这是货物控制权中最基本的一项权利,当权利人行使该权利后,通常还需要采取其他措施来处理货物,如变更收货人等。(2)返还货物权,即托运人在未收到货款的情况下,要求承运人将货物运回起运港,以便自己重新掌控、处

---

① 该条规定与《中华人民共和国民法典》第八百二十九条"在承运人将货物交付收货人之前,托运人可以要求承运人中止运输、返还货物、变更到达地或者将货物交给其他收货人,但是应当赔偿承运人因此受到的损失"相同。——编者注

置货物。(3) 变更到达地权,即收货人未支付货款,托运人指示将货物转运他地的情形。① (4) 将货物交给其他收货人权,这是指将货物交给既定收货人之外的其他收货人,包括指示将货物交给托运人本人。

4. 托运人对货损要求赔偿的权利。在运输过程中,若货物发生损坏、灭失或者迟延交付,则托运人有权要求承运人予以赔偿;若在目的港发生的货损,则运单上记载的收货人或托运人行使货物控制权后指定的收货人有权向承运人索赔。承运人承担运输合同下的严格责任,而非过失责任,托运人要求赔偿货物损失的权利,不以货损的发生与承运人过失之间存在因果关系为前提。

但是,承运人对以下原因造成的货损,不承担赔偿责任:不可抗力;货物的自然属性和潜在缺陷;货物的自然减量、合理损耗;货物包装不符合要求;包装完好但货物与运单记载内容不符;识别标志、储运指示标志不符合要求;托运人申报的货物重量不准确;托运人押运过程中的过错;普通货物中夹带危险、流质、易腐货物;托运人、收货人的其他过错。

---

① 货物控制权的行使并不属于合同的变更,该权利行使所导致的收货人改变等情形,是合同行使的结果,而不是合同变更的产物。

承托意思表示的识别与规制*
——兼论《民法典》第一百四十二条在运输纠纷中的适用

谭学文　张唯权

摘要：承托意思表示系运输合同成立和履行的核心要素，也是解释合同内容的基础。但在当前海事审判中，存在过于依赖提单签发等外部要素识别承运人及解释合同的误区，缺乏对承托双方内在意思的挖掘。随着跨境电商物流等运输新业态的发展，承托意思表示的识别与规制面临着新问题和新挑战。历史上，就意思表示解释存在意思主义与表示主义的二元结构对立，但实践中两者逐渐从对立走向统一，区分意思表示的类型解释各有侧重。通过剖析承托意思表示的内、外部要素，应将融合二元结构和实现主、客观相统一作为最终的解释目标，以兼顾意思自治与交易安全之价值。根据《民法典》第一百四十二条规定，科学运用文义、体系、习惯、目的、诚信等解释方法，对承托意思表示进行主、客观相统一的解释，应系裁判者努力的基本方向。

关键词：承托意思表示；二元结构；归责；解释方法。

在海上货物运输中，提单等运输单证作为运输合同的证明，在运输关系的识别中发挥着重要作用。在海事审判中，长期形成了依据提单抬头所印制的船公司名称、处于提单右下角的签名以及提单背面的光船租赁条款或承运人识别条款等外观要素识别承运人的思维模式。其中，提单签发成为最为重要甚至唯一的评价要素。[①]但近年来，承托意思表示作为识别运输合同关系的内在要素[②]受到越来越多关注。尤为重要的是，随着跨境电商物流、海外仓等运输新业态的发展，电子提单甚至无提单、无单证的运输方式方兴未艾，

＊ 本文获第四届广州海法论坛优秀奖。

① 例如，有观点认为无船承运人一旦签发了货代提单，即不可逆地成为契约承运人，其无法再作为货运代理人，与相对方形成货运代理合同关系。

② 参见骏荣内衣股份有限公司诉宏鹰国际货运（深圳）有限公司等海上货运代理合同纠纷案（以下简称"骏荣公司诉宏鹰深圳公司货运代理合同案"），载《中华人民共和国最高人民法院公报》2019年第7期。

微信、QQ、电子邮件等通信工具的大量使用,使得意思表示在法律关系识别中的作用日益凸显。《中华人民共和国民法典》(以下简称《民法典》)颁布施行后,《民法典》作为民事审判的基本法也将发挥对海事审判的一般性、补充性法源地位,承托意思表示的识别和解释应遵循《民法典》关于意思表示的基本规则。本文旨在通过阐释意思表示对运输合同关系识别的重要性,对意思表示的二元结构、解释方法等进行初步分析,进而对运输案件中如何适用《民法典》第一百四十二条进行探索,以期能正本清源,回归意思表示解释的主、客观相结合进路,进而科学识别运输合同关系,合理分配权利义务,实现促进当事人意思自治和维护交易安全的动态平衡。

一、审视:承托意思表示识别和解释的重要性

意思表示可定义为:将欲发生法律效果之意思表示于外的行为。① 意思表示是一种以某种法律效果为内容的意志性表达,并将该法律效果称作应当发生效力的法律效果。② 所谓承托意思表示,是指托运人与承运人将订立运输合同的内在意思表示于外部的行为。法律行为的核心即意思表示,承托意思表示在运输关系的识别中理所应当居于核心地位。但在当前的海事审判中,对意思表示的识别和分析还远远不够,存在过分强调外观要素或表示主义的误区,而忽视对承托双方内在意思的挖掘。这是因为现行海商法律制度是以提单为核心设计的,是以《海牙—维斯比规则》等为蓝本制定的,体现了传统海运的基本范式。不容否认,前述依据提单识别承运人等方法,能够较为准确地识别运输合同关系,出现偏差或错误的可能性较小,因而在传统海运纠纷审理中仍发挥着重要作用。但随着中国经济的持续增长,我国已成为全球第二大经济体和最大货物贸易国,中国人的思维方式和运输方式的变化必将深刻地影响着全球运输新业态的重塑,也必将引起传统海商法律制度的深刻变革。在此背景下,承托意思表示的识别与规范面临着新问题和新挑战,主要体现在以下五点。

1. 跨境电商物流的蓬勃发展使得提单制度难以有效发挥作用。近年来,电子商务在我国快速发展,网购已成为中国消费者的主要购物方式。国内企业将电商的触角延伸到国外,使得跨境电商物流蓬勃发展。许多货代企业选择在国外自建海外仓(如亚马逊的 FBA 仓库),自建物流体系并控制货运。这些货代企业通常不签发提单等运输单证,承托双方也不关心单证的流转。

---

① 朱庆育:《民法总论》,北京大学出版社 2016 年版,第 188 页。
② [德]卡尔·拉伦茨:《法律行为解释之方法——兼论意思表示理论》,范雪飞、吴训祥译,法律出版社 2018 年版,第 59 页。

虽然实际承运人可能向货代企业签发了提单或发送了提单样稿，但托运人委托货代企业"一揽子"运输，对中间的运输环节并不关心，也不知情。甚至有时，货物运输已经完成，承运人签发的提单仅仅作为报销凭证、税款抵扣凭证等用途使用，提单已失去其基本功能。在上述情景下，由于承运人不签发提单或者提单功能异化，提单作为运输合同证明的作用就难以体现，法院需结合其他事实就承托双方是否存在委托运输的意思表示进行判断。此时，对承托意思表示的识别就显得更为重要。

2. 以微信、QQ等形式订立的运输合同存在意思表示解释的困难。传统海运模式下，承运人签发提单、海运单等单证，其与托运人之间的法律关系可通过单证制度加以规范，并适用《中华人民共和国海商法》第四章的一般制度。电子提单的出现，承运人不再签发纸质提单，或者签发提单样稿，双方约定采取电放方式交付货物，使得提单不再具备证明货物已被接收和装船、承运人保证据以交付货物的功能，但其作为运输合同证明的功能仍然存在。如今，承托双方订立运输合同方式更为随意，通常采用微信、QQ等即时通信工具洽谈业务。交易双方是否存在承托意思表示及其具体内容如何，通常隐藏在杂乱无章、错综复杂的聊天对话记录中，法官在判断某句话是构成要约，还是承诺或者是新要约时颇费周折，依据意思表示解释规则进行说理不可或缺。在这种交易模式下，承托双方往往更注重交易的效率而忽视了交易的安全。托运人寄希望于承运人"一揽子"运输，往往约定采取"海运＋派送"的运输模式，而承运人又不愿承受多式联运经营人之风险。在纠纷产生后，双方就彼此之间是成立运输关系（多式联运）还是货代关系争议较大，因而此时对意思表示进行解释对当事人影响甚巨，不可等闲视之。

3. 以自行开发、自主填写为核心的订舱系统带来合同解释的新变化。目前，大型航运公司或货代企业均自行开发了业务操作系统，托运人或货主可自行填写出运信息安排运输。订舱系统无疑系运输合同的组成部分，系统留存记录甚至比单证更能体现托运人的真实意思。如需要对托运人的某项操作作出相应的解释，就需要运用意思表示解释规则。例如，与传统的提单运输相比，托运人对送达地址准确性的注意义务应有更高的要求（在海外仓运输中通常会精确到街区门牌号），托运人错误填写地址，从意思表示归责角度来看，错误可归责于托运人。又如，托运人在订舱系统中下单选择的承运人为某航运企业的新加坡公司，而因系统错误，最终形成的运输单证上显示为该航运企业的日本公司。此时，意思表示错误可归责于承运人。托运人一方享有撤销权，但也可继续选择日本公司订立合同关系。在解释的过程中，不容忽视的一个背景是订舱系统是由承运人一方开发并控制运营的,是否需要运用格式条款解释的规则规制意思表示的内容,如在某些情形下作出不利于格式条款提供方的解释。这些问题均值得深入研究。

4. 承运人恶意利用提单签发、交叉任职等规避法律责任的情形时有发生。司法裁判对市场行为发挥着导向作用,部分企业会选择守法经营,而一些企业则进行逆向选择,试图规避法律责任。例如,有企业利用海事审判中依据提单签发识别承运人的通常做法,设立多家关联公司,在洽谈业务时选择资信较好的公司,而在签单时利用托运人或货代的疏忽,选择资信较差的皮包公司甚至是离岸公司作为承运人签发提单,在无单放货、货物丢失等纠纷产生后,又向法庭提出其不系承运人而是货运代理人的抗辩。有企业设立多家关联公司,员工存在交叉任职,洽谈业务时使相对方误认为员工甲代表A公司,而在纠纷产生后又以甲属于B公司员工进行抗辩。有货代企业设立的关联公司混用订舱系统,彼此存在业务交叉,签发提单样稿、出具电放保函、收取运费等业务分别由多家公司完成,在纠纷产生后又以上述主体均系货运代理人为由提出免责抗辩。① 在上述案件中,仅依据提单签发等外观要素识别承运人对托运人或货主而言并不公平,也不能体现司法裁判的正向引导作用。

5. 以"双清包税"、托盘交易、危险货运输等为代表的灰色交易模式亟待规制。近年来,一些企业出于偷逃境外关税或运输侵犯知识产权的敏感货物等违法目的,与货代企业约定采取"双清包税"的门到门运输方式。一些货代企业背离实体经营,采取闭环交易、托盘交易等形式开展借贷融资,可能引发垫资无法收回、虚构债权债务侵害案外人合法权益、签订阴阳合同从事企业资金拆借交易、恶意串通诈骗其他交易方、众筹资金涉嫌非法集资等法律风险。一些企业为了牟取高额利润,对危险品申报不实、漏报甚至瞒报危险品货物运输,导致货物在起运港或者目的港被海关查扣,产生堆存费、滞箱费、港口方收取的罚金等费用。上述交易模式亟待运用法律及意思表示解释规则加以规制。依据意思表示解释规则,上述行为可能被整体认定为无效,或者根据通谋虚伪表示规则被认定虚伪表示无效,或者进行意思表示错误的归责,或者经济纠纷被认定与刑事案件有关而整案移送公安或检察机关等。

总之,当事人意思自治始终是商事交易的基础,对承托意思表示进行识

---

① 参见(2020)粤72民初388号民事判决。

别与解释既是尊重市场主体意思自治的客观需要，也是规范市场秩序、促进交易安全的重要途径。这是当前海事审判必须加以重视和因应的时代课题。

二、重塑：承托意思表示解释目标之确立

（一）意思表示解释之二元结构

意思表示由内部要素和外部要素构成。意思表示的内部要素包括行为意思、表示意识与法效意思，通说认为行为意思系必要构成，而表示意识与法效意思并非必要构成，欠缺两者可能导致意思表示被撤销而不至于不成立和不生效；意思表示的外部要素是指表示行为，有明示和默示之分。意思表示构成的二元结构决定了对意思表示的解释亦可能各有侧重，以侧重于内心意思还是外部表示相区分，有意思主义与表示主义之别。

意思主义侧重于意思表示的内在要素，强调意思表示的目标是探究表意人的内心真意。该学说的代表人物、德国法儒萨维尼称："内心意志应被视为唯一真正重要与有效的东西，唯其藏于内心而不可视见，故需以某种标记使之可被认知。该显示内心意志之标记，正是外部表示。内心意志与外部表示之一致性并非出于偶然，毋宁是彼此关系的自然体现。"① 意思主义将意思置于意思表示概念的核心地位，表示仅是实现意思的辅助手段。《法国民法典》第1156条系采意思主义立场。② 意思主义侧重于从表意人的角度进行解释，强调行为人对且仅对其自由意志负责，但因纯粹的内在意思难以探寻，且可能造成对相对人即受领人的不公，故纯粹的意思主义逐渐被抛弃，意思表示的解释转向客观主义之立场。

表示主义侧重于意思表示的外在要素，侧重于受领人之视角，强调意思表示解释的真谛并非探寻表意人的内心真意，而是受领人所理解的表示意义。该学说的代表人物如德国法学家丹茨认为，意思表示解释与内在意思无关，应以理性人取代法律行为当事人，探究理性人如何理解意思表示，在解释过程中仅须考虑表示在交易上通常的意义，无须考虑当事人是否应该知道该意义。③ 表示主义在对意思表示错误的解释运用上大放异彩，其将可撤销而非无效作为错误表示的基本效力，为《德国民法典第二草案》所采纳。自19世纪末以来，表示主义逐渐占据优势地位，成为学界通说。

尽管意思主义和表示主义在其理论核心内容上一直处于对立两级的状态，

---

① 朱庆育：《民法总论》，北京大学出版社2016年版，第221页。

② 该条规定："解释契约，应当从契约中寻找诸缔约当事人的共同意图，而不应拘泥于用语的字面意思。"

③ 杨代雄：《意思表示解释的原则》，载《法学》2020年第7期。

但是追溯理论脉络的比较法沿革可以发现，绝对的意思主义和绝对的表示主义均从未在历史上占据稳定的地位。① 在意思表示解释上，《德国民法典》和《日本民法典》均采纳折中主义的立场，即同时规定意思主义和表示主义的解释规则并各有侧重。即便采纳意思主义的《法国民法典》也放弃了纯粹的意思主义立场。2017年1月1日修订的《法国民法典》第1188条第2款规定：无法查明双方一致真意的，按照理性人在相同情境中赋予合同的意义确定合同内容。从世界趋势上看，意思与表示的解释从二元对立逐渐走向融合统一，系意思表示解释目标的终点所在。

（二）承托意思表示要素的解构分析

承托意思表示主要系有相对人的意思表示，包括对话形式和非对话形式的意思表示，前者如微信等即时通信工具，后者如信件、电子邮件等。如前所述，承托意思表示也系由内部要素和外部要素共同构成。一个完整的承托意思表示包括行为意思、表示意识、法效意思和表示行为。行为意思即有意实施行为之意识，如船长在意识清醒下签提单具备行为意思，而如果船长被强按手臂在提单上签字则缺乏行为意思。表示意识即对行为具有某种法律意义所具有的意识，如托运人不知道点击订舱系统的某个按钮会提交订单，而误点击该按钮导致订舱成功，欠缺表示意识。法效意思即行为人欲依其表示发生特定法律效果的意思，如托运人在订舱系统上看到美西航线运费5,000美元，而误以为是5,000元人民币进行选择提交订单，则欠缺法效意思。表示行为系将内在意思表示于外的行为，如登录订舱系统的点击行为、承运人向托运人月底寄送账单意欲运费月结的寄送行为等。欠缺行为意思和表示行为通常会导致意思表示不能成立和生效，而欠缺表示意识和法效意思通常会导致意思表示错误，这虽不影响意思表示之成立，但可能导致意思表示被撤销。

识别承托意思表示是否成立的关键在于承托双方是否具备交付运输的内在意思和表示行为。提单系运输合同的证明，但并非运输合同本身。依据提单签发识别承运人，主要系以外部要素即表示行为识别运输关系在谁与谁之间成立，较为清晰明了。此外，识别承托意思表示的外部要素还有交寄提单、收取运费、出具电放保函等行为。然而，仅仅着眼于外部要素可能使承托意思表示的识别误入歧途。在骏荣公司诉宏鹰深圳公司货运代理合同案中，宏鹰深圳公司出具的货代货物收据已明确载明"CEVA（宏鹰深圳公司）作为

---

① 姚辉、叶翔：《意思表示的解释及其路径》，载《法律适用》2019年第3期。

货运代理,而不是作为承运人,有责任尽合理的谨慎义务选择第三方或对其作出指示,但不对该第三方的任何作为或不作为承担任何责任",故该收据已明确排除了订立运输合同的内在意思。一审法院认为该货代货物收据的格式近乎提单,相关运输内容均予以载明,宏鹰深圳公司也向骏荣公司收取了相关费用,进而认定两者之间存在运输合同关系,忽略了对内在意思的甄别,导致法律关系认定错误;二审法院根据货代货物收据的内容、单证的取得等综合认定宏鹰深圳公司不具有签发提单的意思表示,并认定骏荣公司与宏鹰深圳公司之间成立货运代理合同关系,符合双方意思表示的真谛。

在无单证的运输中,以微信、QQ等形式订立运输合同,承托双方内在意思的识别与解释显得尤为重要。内在要素的识别主要体现为是识别承托双方是否具备行为意思、表示意识和法效意思,其中行为意思对承托意思表示是否成立具有决定意义。在法律行为交往中,欠缺行为意思者不具备可归责性,且依相关情势,欠缺行为意思通常可以被知悉,所以相对人并无值得保护的信赖,不应承认构成一项意思表示。① 例如,合同约定由托运人向承运人发送电放保函即为指示电放,承运人依据形似托运人邮箱后缀的电子邮件发送的保函在目的港放货,后托运人称其并未发送该邮件。经查,该邮件系被黑客篡改,并非由托运人发出,故托运人欠缺发出电放指示的行为意思。因此,托运人作出电放指示的意思表示并未成立,托运人也不具有可归责性。

解释承托意思表示的具体内容更需要深入探究承托双方的内在意思。例如,对"双清包税"条款的解释,游离了承托双方的微信聊天记录等背景证据,难以对合同的权利义务作出正确的解释。在海外仓门到门运输中,多式联运经营人辩称订舱单上的赔偿限额条款(如货物丢失,按每公斤或每立方米赔偿多少钱)有效,托运人认为该条款未向其发送或出具,对方也未作出提示和说明,因而不构成合同内容。双方在聊天记录中对该条款有无协商、该条款有无订入合同、承运人有无提示和说明等事实依据意思表示解释规则进行认定,而具体法律效果则依据《民法典》第四百九十六条进行处理,即成为或不成为合同的内容。② 又如,承运人在提单上备注"不知条款",该条款能否成为合同的内容及其效力应依据意思表示解释规则作出认定。法院生

---

① 杨代雄:《意思表示中的意思与意义》,载《中外法学》2017年第1期。
② 在多式联运合同纠纷下,承托双方达成上述赔偿限额约定,该约定低于《海商法》规定的责任限制金额是否有效?笔者认为应依据货损发生的区段判断。海运区段因《海商法》的强制适用应归于无效,陆运或空运区段是否有效,根据《海商法》第一百零五条规定,应依据货损发生区段的法律进行判断,这可能涉及域外法或国际公约的查明与适用问题。

效判决认为在集装箱整箱运输情形下,由托运人大江公司自行装箱、计数、封箱及自行申报品名为铜锭,港中旅公司已经在提单正面批注了对涉案货物实际状况不负责的不知条款,因涉案货物实为废弃铜矿砂,故提单记载的货物品名对港中旅公司不具有当然的约束力。① 生效裁判对该问题的解释综合运用了文义、体系、交易习惯、诚信等多种解释方法,最终认定承运人并无审核交付运输的货物品名的真实意思及合同义务。

(三)承托意思表示之解释路径

基于上述分析,对承托意思表示的识别与解释,要同时关注内在意思与外部表示要素,采取绝对意思主义或绝对表示主义立场均有所偏废,难以实现行为自由与交易安全的价值平衡。承托意思表示的解释目标的终极目标就是弥合意思主义与表示主义的裂缝,实现意思表示解释的主、客观相统一,促使解释无限接近生活事实,进而公正分配表意人与受领人之间的权利义务,兼顾意思自治与交易安全之价值。因此,坚持承托意思表示解释的主、客观相结合路径,应是努力的基本方向。具体而言,承托意思表示的解释可把握以下三个基本方法。

1. 区分意思表示的类型解释各有侧重。意思表示按照有无相对人或受领人可分为有相对人的意思表示与无相对人的意思表示。有相对人的意思表示首先应采取表示主义的解释,其次应以意思主义进行弥补,采取主、客观相结合的解释立场。例如,对承托意思表示的解释,首先应依据合同文本按照通常理解进行解释,如对具体内容有两种以上解释时,需要结合体系、习惯、诚信等方法进行综合分析。对无相对人的意思表示时,由于不涉及受领人,应将意思主义放在首要位置,重点挖掘表意人的内心真实意思。故意思表示的解释是主、客观方法的辩证统一,区分法则即是具体情形具体分析的体现。

2. 分析意思表示的可归责性。德国法学家拉伦茨为融合意思主义与表示主义的二元对立,在《法律行为解释之方法——兼论意思表示理论》一书中首创效力主义的解释理论。拉伦茨指出,意思表示并非单纯表达事实或想法的行为,而是一种效力表示,表意人之所以要对外在表示负责,原因在于该表示可归因于表意人,因此,解释需受领的意思表示时,应探求可适用于表意人与受领人双方的客观规范意义,只有双方共同认可的意义,才能兼及双方意志,而不至于有所偏废。② 拉伦茨将意思表示的可归责性作为解释的重

---

① 参见(2016)粤72民初615号民事判决及(2018)粤民终580号民事判决。
② 朱庆育:《民法总论》,北京大学出版社2016年版,第225页。

要考量，为正确处理意思与表示的不一致所引发的解释难题，并兼顾表意人与受领人的利益保护提供了有益参考。

3. 兼顾意思表示的风险归责。意思与表示不符的风险承担，在于是来自表意人还是受领人的控制领域，谁更容易控制风险，谁就应承担该风险。与意思表示的过错归责相比，风险归责不考虑表意人或受领人有无过错。对于风险归责，重要的是划定行为人的风险领域，某个举动落入某人的风险领域，该人便可归责，而风险领域的划定，需要考虑行为人的组织风险、增加风险的行为、谁便于控制风险、谁从风险中获益、谁更容易（如通过保险）转嫁风险、风险是否无论如何都无法排除等。① 如订舱系统由承运人开发并维护，对系统错误导致承运人的信息错误，按照风险归责，风险落入承运人的领域，应由承运人承担意思表示错误的风险。

三、运用：《民法典》第一百四十二条在运输纠纷中的适用

《民法典》第一百四十二条规定："有相对人的意思表示的解释，应当按照所使用的词句，结合相关条款、行为的性质和目的、习惯以及诚信原则，确定意思表示的含义。无相对人的意思表示的解释，不能完全拘泥于所使用的词句，而应当结合相关条款、行为的性质和目的、习惯以及诚信原则，确定行为人的真实意思。"与《中华人民共和国合同法》第一百二十五条第一款相比，《民法典》采取了区分原则，就有采取相对人的意思表示与无相对人的意思表示两种不同的解释规则，将前者的解释目标设定为"确定意思表示的含义"而非"确定该条款的真实意思"，而将后者的解释目标设定为"确定行为人的真实意思"。对照《民法典》第一百四十二条第一款和第二款，第一款对有相对人的意思表示采取的是主、客观相结合的解释方法，第二款对无相对人的意思表示更多采用主观主义的解释方法。《民法典》采纳的上述区分原则，与《德国民法典》《联合国国际货物销售合同公约》《国际商事合同通则》等相比更为精密和科学，"不能完全拘泥于"等表述充分体现了汉语的博大精深，系《民法典》对意思表示规则的一大创造。

《民法典》施行后，第一百四十二条也成为运输纠纷中意思表示解释的基本参照。由于承托意思表示系有相对人的意思表示，对其识别和解释主要需要运用《民法典》第一百四十二条第一款的相关规定。当然，对于运输纠纷中单方意思表示的解释应依据《民法典》第一百四十二条第二款探寻表意人的内心真意，如托运人在目的港无人提货时做出的弃货表示，法院需判断

---

① 纪海龙：《走下神坛的"意思"——论意思表示与风险归责》，载《中外法学》2016 年第 3 期。

托运人是否具有弃货的真实意思。因单方意思表示并非本文论述的重点,在此不再赘述。本文仅根据《民法典》第一百四十二条第一款对涉及承托意思表示的解释方法进行初步分析。

1. 坚持文义解释的优先性与客观性。文义解释是指按照意思表示所使用的词句进行解释。意思表示必借助语言表述,文义往往成为进入意思表示意义世界的第一道关口。① 解释意思表示必须首先从词句的含义入手,此系文义解释的优先性规则。文义解释存在分歧时,应首先依据通常理解进行解释,即以具体情境中的理性人视角进行解释,理性人是指一个具备中等程度心智能力、知识和经验的人,其应被置于实施法律行为的具体情境之中。② 此系坚持文义解释的客观性规则。通常理解是指可能订约者的平均的、合理的、通俗的理解,按照通常理解进行解释是指应以可能订立合同的一般人的理解进行解释,而不应仅以条款制作人的理解进行解释。例如,承托双方约定承运人责任期间自冷冻鱼装入运输工具开始运输时开始起算,因涉案鱼货被装入冷藏箱在起运港堆场开始陆路运输后几天(尚未装上船)发现货损,双方就货损是否发生于承运人责任期间产生争论。托运人认为运输工具包括冷藏箱和船舶,冷冻鱼自装入冷藏箱起责任期间开始起算,而承运人辩称运输工具仅指船舶,冷藏箱系包装工具,不能自行移动,故不能视为运输工具,承运人责任期间并未起算。在上海辞书出版社 2009 年出版的《大辞海》一书中,"运输工具"是指改变运输对象空间位置的工具,可包括冷藏箱在内的辅助运输器具。根据文义解释方法,该解释并未将冷藏箱排除在"运输工具"的文义射程之外。故按照通常理解对"运输工具"进行解释,冷藏箱属于运输工具,却难以将冷藏箱解释为包装工具。

2. 加强对合同集群的体系化识别与解释。《民法典》第四百六十六条第一款规定:"当事人对合同条款的理解有争议的,应当根据本法第一百四十二条第一款的规定,确定争议条款的含义。"由此可见,《民法典》并未单独规定合同解释,而是选择将意思表示的解释与合同解释合二为一。对合同文本和条款要加强体系化解释。一个合同条款可以表达一个完整的意思表示,也可以表达数个意思表示,或者数个合同条款结合起来才表达一个完整意思表示。例如,承运人主张托运人应按照其在官方网站上发布的滞箱费标准支付滞箱费,而托运人抗辩标准过高,承托双方是否达成按照官方网站标准赔

① 朱庆育:《民法总论》,北京大学出版社 2016 年版,第 227 页。
② 杨代雄:《意思表示解释的原则》,载《法学》2020 年第 7 期。

偿滞箱费的意思表示及上述滞箱费标准能否成为运输合同内容成为体系解释的重点。又如，租约并入提单的解释需要充分运用体系解释的方法。此外，在海外舱业务中，"一揽子"运输通常融合了运输、货代、仓储等多种意思表示，判断某一项服务项目的性质及内容需要结合合同条款、微信聊天记录等进行体系化解释，而不能孤立地解释合同某个条款而忽略了承托双方的整体意思。再如，当事人出于逃税、规避监管等动机，将同一交易项目拆分成数个合同，各合同的要素均独立存在，合同履行行为相互区隔。① 以闭环交易为形式签订的数份运输合同，甲委托乙运输货物，乙代垫运费，乙又委托丙运输货物，丙代垫运费，丙又委托甲运输货物，甲向丙代垫或返还运费。在上述交易中，将原本属于一份合同的内容拆分为三份合同，对人为分割的合同进行体系化识别，就会发现该交易模式缺乏承托意思表示，以及其名为运输、实为借贷融资的本质。

3. 依法分配习惯解释的举证责任。习惯包括当事人之间的习惯和交易惯例，前者系当事人双方经常使用的习惯做法，后者系在交易行为当地或者某一领域、某一行业通常采用并为交易对方订立合同时所知道或者应当知道的做法。对上述交易习惯之存在，主张者负责举证。因为行内人有义务对涉足该行业的行外人说明交易习惯，否则行内人应承担相应的不利后果，换言之，行外人不应被认定为"应当知道"行业惯例，除非行内人有理由相信，该行外人已知道或因为长期涉入该行业而应当知道行业惯例。② 主张交易习惯的当事人应证明该习惯或交易惯例系双方反复实践、实际知悉并普遍遵守的交易规则，足以使相对方在特定交易中对双方遵守该规则抱有合理预期的程度。此外，该习惯只有在不违反法律、行政法规的强制性规定且不违背公序良俗的条件下，才对双方当事人具有约束力。如果通过文义解释、体系解释等方法，可以对合同条款的具体内容作出解释时，此时不必用到习惯解释。例如，承托双方约定以电放方式交付涉案货物，承运人出具的 25 份提单样稿上均注明 "Telex Release"（电放）；其中，有 15 份提单样稿项下的货物在托运人出具了电放保函后放货至收货人，有 10 份提单样稿项下的货物在托运人未出具保函的情况下被交付至收货人。法院生效裁判认为，由于涉案提单样稿上均注明了"电放"，承托双方已对凭电放指示放货作出明确约定，故本案无须

---

① 吴智永、徐劲草：《论商事交易结构中合同集群的"穿透式审查"路径》，见胡云腾主编《法院改革与民商事审判问题研究——全国法院第 29 届学术讨论会获奖论文集》，人民法院出版社 2018 年版，第 927 页。

② 朱庆育：《民法总论》，北京大学出版社 2016 年版，第 229 页。

再就凭电放保函放货是否构成交易习惯作出分析认定，因此对托运人关于凭电放保函放货构成交易习惯的主张以及承运人关于凭电放保函放货不构成交易习惯的抗辩均不予采纳。①

4. 充分运用目的解释进行"穿透式审查"。依据行为的性质和目的进行解释被统称为目的解释方法，也即合同的文义或习惯的通常理解产生超出一种合理解释结果或文义、习惯的理解将产生不公平的结果时，应采取更符合意思表示目的的解释方法。② 目的解释适合刺破复杂商事交易结构的面纱，对交易的性质和目的进行"穿透式审查"，起到规范交易秩序、维护交易安全的作用。在一些阴阳合同、借名合同、双合同等交易中，在恶意串通型、通谋虚伪型等意思表示型构中存在较大的适用空间。例如，本文前述通过闭环交易、托盘交易等方式订立运输合同的案件中，交易各方所签订的运输合同为假，进行借贷融资的目的为真。根据《民法典》第一百四十六条，虚伪表示的运输合同无效，而隐藏行为的效力即借贷合同在不违反法律、行政法规的强制性规定（如套取金融机构贷款转贷、利率约定违反利率保护上限）作出有效、整体无效或部分无效的认定。又如，承托双方在框架协议中约定"一揽子"门到门运输，在微信聊天记录中又另行对货物的包装进行约定，此时不宜将运输和包装作出性质不同的认定，而应认为包装（承揽）系运输合同的组成部分，受运输合同整体意思表示的拘束。

5. 坚持诚信解释的谦抑性。诚实信用系法律交往的基本原则和现代民法的"帝王条款"，发挥着其作为一般条款进行价值判断的功能。诚信解释具有较强的模糊性和主观性，法官在进行意思表示解释时应当少用、慎用，坚持诚信解释的谦抑性，将其作为不得已使用的最后一道"水闸"使用，以控制法官自由裁量权的行使。例如，本文前述混用订舱系统的案件中，法院依据关联公司员工在聊天记录中对共同履行方的披露、费用清单上包含电放费的项目以及电放保函空白版的发送主体等事实，将两家关联企业认定为运输合同的共同履行方，符合相对方的合理信赖，两家关联企业也未对此提起上诉。该案中，法院生效裁判虽未使用诚信解释方法，但通过文义、体系等解释方法对上述企业利用优势地位规避法律责任等行为予以否定评价，突破了依据提单识别承运人的惯常做法，与诚信解释的目的殊途同归。再如，在危险货瞒报运输中，货主 A 委托货代 B 向承运人 C 订舱，C 出具的提单上载明

---

① 参见（2020）粤72民初466号民事判决。
② 姚辉、叶翔：《意思表示的解释及其路径》，载《法律适用》2019年第3期。

托运人为 B，后因海关查验为危险货，港口 D 对 C 进行"罚款"，C 支付 10 万元"罚款"后，依据运输合同向 B 和 A 追偿。显然，上述"罚款"并非违约金，因为违约金必须通过契约设定，而不得以一纸通知的方式单方确定法律后果，尤其是为自己设定权利或免除己方义务。故根据一般解释方法，难以得出支持承运人 C 的结论。实践中，有法院对此予以保护生态环境、维护港口安全等价值导向解释，对上述"罚款"予以支持，且不作调减的处理，实际上已采取了诚实信用的解释方法。① 当然，为控制法官自由裁量的行使，诚信解释运用于司法裁判，宜通过类案检索、提交专业法官会议或审判委员会讨论等审判管理制度加以控制，并加强裁判文书说理及文书公开。

结　语

法律行为系实现私法自治的工具，意思表示系法律行为的工具。承托意思表示作为运输合同的核心要素，在合同成立及合同条款的解释上举足轻重，理应得到充分尊重和对待。在意思表示的解释上，民法学已经历了一场从意思主义到表示主义、从主观主义到客观主义的学说进化史，但近来已越来越趋向融合意思表示二元结构、倡导意思表示解释的主、客观相结合立场，拉伦茨的效力表示理论即为这一演化的体现。《民法典》第一百四十二条采用区分法则对意思表示的解释作出了科学规定，充分体现了意思表示解释方法的主、客观相统一，闪烁着唯物辩证法的光辉，克服了单纯意思主义或表示主义所带来的形而上学的方法论错误，实现了兼顾表意人与受领人利益的价值平衡。由于在当前海事审判中存在对运输关系的识别过于强调外观要素的误区，在此语境下，裁判者宜更多关注承托意思表示的内在要素，科学运用《民法典》第一百四十二条的解释规则解决运输纠纷。这也是我们不得不重视和弥补的功课。

---

① 参见宁波海事法院编《航运企业法律风险提示手册》内部参考资料，2019 年，第 12-14 页。

论第二种托运人*

倪学伟

摘要：第二种托运人是 FOB 价格条件下卖方所获得的海上货物运输合同中的身份，具有隐蔽性、法定性特征。第二种托运人的立法本意，在于通过运输合同保护贸易出口商的正当权益。由于有关法律规定的模糊不清，在航运实务和司法实践中，如何通过第二种托运人制度保护 FOB 出口商利益，始终未得到完善解决，以致产生了诸多矛盾与冲突。明确第二种托运人在法律上和合同中的权利与义务，是化解这种矛盾与冲突的必由之路。要求签发提单并记载为托运人、对货物实质意义的控制以及对承运人的诉权，是第二种托运人至关紧要的法律权利；支付运费、妥善交付货物并告知相关信息、对危险品托运的特别责任，是第二种托运人最为重要的法律义务。《联合国运输法公约（草案）》将第二种托运人分解为单证托运人和发货人，避免了第二种托运人法律规定的模糊性。为此，FOB 下的出口商应力争单证托运人的身份与地位，以最大限度地保护其合法权益。

关键词：第二种托运人；FOB 价格条件；单证托运人；发货人；权利；义务。

一、第二种托运人的由来及其法律特征

根据传统的合同法理论，海上货物运输合同是指由承运人将货物经海路运抵指定地点而由托运人支付运费的协议。①该合同中的当事人即为承运人和托运人。承运人是指"包括与托运人订立有运输合同的船舶所有人或租船人"②，相应地，托运人就是指与承运人订立运输合同的人。

在最早的海上货物运输活动中，货主与船主合二为一，船舶运送的对象就是船主自己的货物，"运输不过是作为完成商品交换的手段"③，无所谓承运人与托运人。此时，海上运输仅为国家间贸易交往的附属品，并非独立的

---

* 本文 2008 年获广东南海第十七届全国海事审判研讨会论文评比三等奖；原载于《中国海事审判年刊（2008—2009）》，法律出版社 2010 年版；修订于 2024 年 12 月。

① 参见崔建远主编《合同法》，法律出版社 2000 年版，第 440 页。

② 见 1924 年《海牙规则》第 1 条第（1）项。

③ 张既义、司玉琢等：《海商法概论》，人民交通出版社 1983 年版，第 2 页。

生产活动，不具有法律上的独立性地位。随着海上贸易的繁荣与发达，货主与船主逐步分离，船主成为专门为货主服务的一方主体，而货主则依靠船主将其货物从此地运往彼地，两者之间法律上的合同关系逐步形成，货主乃托运人，船主系承运人，从而构成了典型的海上货物运输合同关系。伴随着社会分工进一步细化以及国际贸易单证买卖的需要，船主不一定由自己直接从事海上运输，而是将船舶出租给他人经营，从而出现了船主与承运人分离的态势，相应地，货主也不一定亲自处理运输事务，而可以由他人完成与承运人签订并履行海上货物运输合同的诸项工作。于是，在承运人出现分化的同时，托运人也出现了突破一元化格局的发展趋势。

在现代国际贸易中，经常采用的是CIF、FOB、CFR三种价格术语[①]。基于贸易网络、实力、经验等方面的原因，发展中国家出口货物大多采用FOB价格条件成交，且以信用证方式付款。根据该价格条件，须由国外的买方租船订舱、支付海运费用，由国内的卖方将货物交与承运人并取得有关运输单证。很明显，因租船订舱而成立的货物运输合同，主体之一托运人是国外的买方，另一主体即承运人是船方，国内的卖家与货物运输合同并无关联，既不是托运人，更不可能是承运人。这就意味着，国内卖方在向承运人交付货物后，根本不可能根据运输合同控制在承运人掌管下的货物，而如果在交单结汇环节出现差错或收货人拒绝支付货款，则该卖方很可能面临钱货两空的悲惨结局。更为严重的是，在钱货两空后，国内卖方根本没有法律上的诉权起诉承运人要求赔偿损失，尽管分明是他把自己的货物实际交给了承运人。

解决此问题有两条路径，一是加强国内卖方在货物买卖合同中对货权的控制以及提高货款支付的安全性，二是从运输合同的角度使卖方享有货物控制权，使其在收到货款前能有效地控制货物。就第二条路径来说，货物运输合同主体是托运人和承运人，能够在该合同中有效控制货物的只能是合同主体，因此，须将国内卖方纳入合同主体范畴，才可能使其依据运输合同控制货物。将卖方纳入承运人主体显然行不通，因为它与船舶、运输行为能力等无关，故只能从另一合同主体即托运人方面入手，才有可能取得预期的效果。

1978年《联合国海上货物运输公约》（以下简称《汉堡规则》）为了从运输合同的角度保护FOB下卖方的利益，首次将托运人定义为：由其本人或以其名义或代其与承运人订立海上货物运输契约的任何人，或是由其本人或

---

① 三者均为贸易术语，CIF指成本加保险费加运费（指定目的港），FOB指离岸价格，CFR指成本加运费。——编者注

以其名义或代其将海上货物运输契约所载货物实际提交承运人的任何人。在这里，FOB下的卖方被法定为运输合同的一方主体即托运人，使其在运输合同下享有了权利，从而在法律上首次出现了托运人"由单一到多元的嬗变"①，开启了托运人多元化格局的新时代。值得一提的是，《汉堡规则》本身就是发达国家与发展中国家斗争与妥协的结果，关于托运人的上述新规定以28票赞成、27票反对、4票弃权的微弱优势通过②。这无疑体现了这种斗争与妥协的激烈程度，也在一定程度上昭示了该新规定的不成熟乃至瑕疵与缺陷。

《中华人民共和国海商法》（以下简称《海商法》）借鉴《汉堡规则》的上述规定，在第四十二条第（三）项中规定："'托运人'是指：1. 本人或者委托他人以本人名义或者委托他人为本人与承运人订立海上货物运输合同的人；2. 本人或者委托他人以本人名义或者委托他人为本人将货物交给与海上货物运输合同有关的承运人的人。"

《海商法》之所以借鉴《汉堡规则》上述规定，是因为我国作为后起的出口大国，出口贸易与其他发展中国家一样，多以FOB价格条件成交，③国内卖方在该价格条件下同样存在钱货皆空的高度风险。为保护我国出口商的利益，立法者在海商法保护承运人、船东利益的传统模式上进行了微调，使法律在这一问题上倾向于保护货方的利益。这种立法价值的调整是值得欣慰的；我国既是航运大国，同时也是货物出口大国，《海商法》应该也必须在船东利益与货主利益之间找寻一个促进双方协调发展的平衡点，否则难以充分发挥法律的效用。

从法条的文字表述看，尽管《海商法》关于托运人的规定借鉴于《汉堡规则》，但两者所规定的托运人明显地是有所区别的。《汉堡规则》以一个"或"字连接托运人的两种情况，形成了两种托运人的选择性关系，即在海上货物运输合同中需要根据具体情况选择确定托运人，但无论如何，最终所确定的托运人在一个特定的时间段内只有一种：要么是缔约托运人，要么是发货托运人。而我国《海商法》所规定的两种托运人是并列而非选择的关

---

① 马得懿：《托运人的衍生性：由单一到多元的嬗变》，载《中国海商法年刊》（2007）第18卷，大连海事大学出版社2008年版，第109页。

② 参见姚洪秀、林晖《论我国〈海商法〉下"托运人"的认定》，载《中国海商法年刊》（1996）第7卷，大连海事大学出版社1997年版，第39页。

③ 2000年，商务部在《关于规避无单放货风险的通知》中指出，"目前FOB条款的贸易合同已达60%～70%"。近两年的相关资料显示该比例已达到80%。参见何丽新、张清姬《警惕发货人法律地位的倒退》，载《2007年海商法国际研讨会论文集》2007年。

系，即在海上货物运输合同中，在一个特定的时间段内可能同时存在两种托运人：第一种托运人为缔约托运人，第二种托运人为发货托运人。于是，《海商法》特有的有别于《汉堡规则》的第二种托运人现象呈现在国际海上货物运输合同中，而第二种托运人的权利、义务、责任等法律规定却不甚明了，学者和法官的认识和理解异彩纷呈，[1] 以至于出现了海事司法领域中同案不同判的不应有现象。[2]

根据我国《海商法》的规定，第二种托运人就是指未与承运人签订运输合同而把货物交给承运人运输的任何人。第二种托运人又可称为实际托运人[3]、发货托运人[4]等，其基本的法律特征有下述三个。

第一，基于法律的直接规定而取得托运人的法律地位。依合同相对性原则，合同所规定的权利义务仅对双方当事人有效，对第三人不具有法律效力，即在该原则下，不可能将第三人纳入合同的主体范畴。而所谓为第三人利益订立合同，同样也不涉及将第三人设立为合同主体的问题。在传统合同法中，我们找不到将发货人定义为货物运输合同一方主体的任何理论根据。可见，第二种托运人成为运输合同的主体是法律规定的结果，具有法定性，即它是因为法律的直接的强制性的规定而成为运输合同一方主体，不以双方当事人的意思表示一致为依托。

第二，未与承运人签订运输合同。第一种托运人是指与承运人签订货物运输合同的人，即缔约托运人或合同托运人，是传统合同法意义上的托运人。

---

[1] 参见姚洪秀、林晖《论我国〈海商法〉下"托运人"的认定》，载《中国海商法年刊》（1996）第7卷，大连海事大学出版社1997年版，第31－40页；翁子明《实际承运人和实际托运人的法定性》，见金正佳主编《中国海事审判年刊·1999》，人民交通出版社1999年版，第44－54页；王钢桥《论海上货物运输中托运人的认定》，载《海事审判》1997年第1期；郭春风《论对中国海商法托运人定义及其相关条款的修改》，载《海事审判》1998年第2期；郑田卫《托运人概念的法律检讨与认识重构——兼论托运人的识别标准》，见金正佳主编《中国海事审判年刊·2000》，人民交通出版社2000年版，第27－45页；郭国汀《论FOB合同下承运人签发提单的义务》，见金正佳主编《中国海事审判年刊·2001》，人民交通出版社2001年版，第14－28页；余晓汉《关于解决〈海商法〉中托运人问题的新思考》，见梁慧星主编《民商法论丛》第33卷，法律出版社2005年版；许椿《论〈汉堡规则〉和我国〈海商法〉下托运人的定义》，见金正佳主编《中国海事审判年刊·2001》，人民交通出版社2001年版，第29－41页。

[2] 参见陈梁、姜涛、何瑛《浅析联合国海上货物运输公约草案及相关英国法对修改我国〈海商法〉有关"托运人"规定的启示》，见罗国华主编《中国海事审判年刊·2006》，人民交通出版社2007年版，第47页。

[3] 参见司玉琢主编《国际海事立法趋势及对策研究》，法律出版社2002年版，第321－322页。

[4] 参见余妙宏《UNCITRAL运输法公约（草案）托运人制度之变革及对策》，载《大连海事大学学报（社会科学版）》2008年第4期，第24页。

如果发货人既将货物交与承运人运输，又与承运人签订了书面或口头的运输合同，则该发货人是第一种托运人，如 CIF、CFR 价格条件下的卖方，此时不存在第二种托运人，或者说第二种托运人被第一种托运人所吸收、覆盖。第二种托运人的根本特征是未与承运人签订运输合同，而只是将有关货物交与承运人运输。在海运实务中，有可能在提单中将第二种托运人记载为托运人，亦有可能相关运输单证对第二种托运人没有任何记载。基于提单并非运输合同的认识，即使提单在"托运人"栏中记载了发货人的名称，也不能以此证明它与承运人签订了运输合同。简言之，第一种托运人与第二种托运人的本质区别即在于是否与承运人签订货物运输合同。

第三，法律地位具有隐蔽性。第二种托运人不以提单上"托运人"栏内的记载为成就要件，因之对于未接受其交付货物的实际承运人来说，可能根本不知道这一合同主体的存在，事实上，它是隐藏在合同主体背后的有时存在有时又不存在的一种法定的合同主体。① 隐蔽性的结果可能是，法律权利被无意间侵害、法律义务得以轻松规避、法律责任可以轻易逃脱，即与法律规定其为货物运输合同主体的初衷相悖，而使第二种托运人游离于货物运输合同法律调控和保护之外。

二、第二种托运人的权利与义务

《海商法》规定了两种托运人，但并未就其权利义务分别予以明确，而从逻辑上讲，两种托运人的权利义务肯定是有所区别的，否则没有必要划分第一种托运人和第二种托运人。笔者根据《海商法》对托运人权利义务的规定，结合海运实务和司法实践，从法律解释论的角度，试对第二种托运人的权利义务进行以下梳理和明晰，希望对航运实务和海事司法有所帮助。

（一）要求签发提单并要求在提单等运输单证中记载为托运人的权利

第二种托运人的身份地位确立于他实际向承运人交付货物之时。一旦确立其托运人的身份与地位，第二种托运人即有权要求承运人向其签发提单或其他运输单证。该权利是由国际贸易单证买卖的特点、提单的货物收据功能、《海商法》的规定所决定的。

尽管第二种托运人向承运人提交货物是一种现实交付，但买卖双方之间的货物交接基于国际贸易跨国越境的现实情况，注定是通过拟制交付的形式实现，即通过提单等单证的交接来实现货物占有权的转移，因而第二种托运人只有取得了提单等单证，才能够在下一步的拟制交付中有所依据。在 FOB

---

① 第一种托运人直接向承运人交付货物的，即不存在第二种托运人。

价格条件下,倘若将提单签发给缔约托运人即买方,意味着卖方将失去对货物的控制权,且失去结汇收取货款的依据;而买方则在未支付对价的情况下提前获得了货权,其后是否支付对价完全取决于买方的道德水准,却没有任何制度上的强制与保护。显然,如果有关制度如是设计,则无疑会使贸易双方权利义务的法律保障严重失衡。事实上,FOB 价格条件已明确规定,卖方有义务向买方提交证明已按约定日期或期限、在指定的装运港按照该港惯习方式、将货物交至买方指定的船舶上的提单等运输单证;买方义务则是接受卖方而不是承运人提交的此种运输单证。另外,依通说,提单具有海上货物运输合同证明、承运人接收货物的收据、在目的港凭以交付货物的物权凭证等三个法律功能,① 其第二个功能即承运人接收货物的收据,意味着该收据应向交付货物的人出具,否则收据功能不能得到体现。由上可见,卖方即第二种托运人请求承运人签发提单的权利有国际贸易规则的支持,而承运人应托运人请求向其签发提单则是提单收据功能的体现,同时也有《海商法》的规定为依据②,因而第二种托运人要求承运人向其签发提单的权利无可置疑。

第二种托运人还可以要求在签发提单时将其载入提单"托运人"栏中,以进一步明确其合同主体地位。在航运实务中,常见的是将第二种托运人载入提单"托运人"栏中,也有将 FOB 的买方记载为托运人的。尽管第二种托运人的身份地位是法定的,不以提单上的记载来甄别其是否为托运人,③ 但毕竟提单是运输合同的证明,提单上将 FOB 卖方记载为托运人,更能彰显其合同主体地位,并让实际承运人、提单受让人、收货人等知悉运输合同当事人的情况,从而弥补第二种托运人身份地位隐蔽性的不足。

倘若货物运输合同未特别约定,则缔约托运人和第二种托运人均有权要求承运人向其签发提单。但是,基于提单乃货物收据的认识,在两种托运人都要求签发提单时,承运人应向第二种托运人即交货人签发提单。问题在于,贸易合同与运输合同都属于私法性质的合同,有关权利义务的内容均应贯彻当事人意思自治原则,由当事人自由约定。若缔约托运人与承运人约定提单

---

① 参见司玉琢等编著《海商法详论》,大连海事大学出版社 1995 年版,第 141-143 页。
② 我国《海商法》第七十二条第一款规定:"货物由承运人接收或者装船后,应托运人的要求,承运人应当签发提单。"
③ 有学者认为,第二种托运人的法律地位须以提单的记载为要件。参见姚洪秀、林晖《论我国〈海商法〉下"托运人"的认定》,载《中国海商法年刊》(1996)第 7 卷,大连海事大学出版社 1997 年版,第 36-38 页。

必须签发给缔约托运人,显然这是契约自由的结果,并不违反法律之强制性规定,因而是允许的。航运实务中的情况是:FOB 合同的买方指定其在装运港的代理人订舱,合同约定卖方交货后取得大副收据,并将大副收据交给该买方代理,由该买方代理凭大副收据换取提单。很明显,在此情形下,FOB 卖方虽然仍然是法定的托运人,却不能要求承运人向其签发提单,更不要说在提单上载明其托运人的身份,在向承运人提交货物后不能取得并占有任何收据性的文件,其权利的法律保护将相当微弱。另外,信用证的规定也是制约卖方在提单上记载为托运人的重要因素,即信用证要求提单上的托运人必须为买方,此时若提单记载卖方为托运人,就会遭遇单证不符而被银行退单,卖方不能结汇收取货款。因此,FOB 的卖方在签订贸易合同以及确定信用证条款时,应力避上述情形的出现,以最大限度保护自身的合法权益。

(二) 享有控制货物的权利

这是指托运人根据海上货物运输合同,指示承运人在其责任期间内对货物实施某种行为的权利。货物控制权本质上的一种债权,可由控制权人依其意志将该权利转让他人。如果货物已由承运人交给收货人,则托运人不再享有对货物的控制权。

《海商法》未规定托运人控制货物的权利,而仅在第八十九条和第九十条中规定了船舶在装货港开航前托运人解除运输合同的权利,这可以看成是广义上的托运人控制货物权。显而易见的是,根据《海商法》,在船舶开航后,托运人除了控制提单外,不能对货物本身采取任何措施。这亦说明,第二种托运人要求承运人向其签发提单,对于自身权利的保护是何等重要。

《中华人民共和国合同法》(以下简称《合同法》)第三百零八条规定:"在承运人将货物交付收货人之前,托运人可以要求承运人中止运输、返还货物、变更到达地或者将货物交给其他收货人,但应当赔偿承运人因此受到的损失。"① 这是《合同法》规定的托运人货物控制权。鉴于《海商法》关于海上运输合同的规定是《合同法》的特别法,在特别法无规定的情况下应适用普通法的认识,② 故托运人可享有《合同法》所规定的货物控制权。

根据《海商法》,在 FOB 价格条件的海上货物运输合同中,同时并存有

---

① 该条规定与《中华人民共和国民法典》第八百二十九条"在承运人将货物交付收货人之前,托运人可以要求承运人中止运输、返还货物、变更到达地或者将货物交给其他收货人,但是应当赔偿承运人因此受到的损失"相同。——编者注

② 参见伍载阳、倪学伟《多式联运合同比较研究》,见金正佳主编《中国海事审判年刊·2001》,人民交通出版社 2001 年版,第 348 页。

缔约托运人和第二种托运人，而《合同法》未区分两种托运人，那么，是哪一种托运人可以依据《合同法》规定享有货物控制权呢？一般情况下，缔约托运人同时还是目的港的收货人，如果在运输合同中赋予其对货物的控制权，而不论其是否支付了货物对价，则自货物装上船时起，买方就完全掌控了货物，卖方则彻底失去在运输合同下对货物的控制，这样，法律将过分保护买方的利益而置卖方利益于不顾，显然与设立第二种托运人制度的初衷不符。因此，探究《合同法》的立法本意，应该是赋予第二种托运人以货物控制权，以保证其在运输合同下对货物的权利。

但是，具体到海上货物运输合同来说，第二种托运人的货物控制权还应该受制于运输单证即提单是否可转让问题的制约：如果提单为不记名提单或指示提单，则第二种托运人在持有该全套正本提单时享有对货物的控制权，一旦转让提单，则丧失货物控制权；倘若提单为记名提单，则根据运输合同的约定确定货物控制权人，如合同未约定时，缔约托运人（即收货人）和第二种托运人均享有控制权，且以缔约托运人的指令为准。这也就意味着，在签发不可转让的运输单证的情况下，第二种托运人应力争在运输合同中订明其享有货物运输控制权，以最大限度保护其权利。

根据《合同法》第三百零八条的规定，第二种托运人所行使的货物控制权主要为四方面的内容：（1）中止运输权。这是货物控制权中最基本的一项权利，当权利人行使该权利后，通常还需要采取其他措施来处理货物，如变更收货人等。中止运输权的行使主体只能是未收到货款的货物的卖方，条件是买方逾期未支付货款，该权利行使的期间是货物在承运人掌管控制下的全部期间，行使方式为直接通知承运人中止货物运输。中止运输权行使的主体、条件、期间和方式同样适用于货物控制权的另外三方面内容。（2）返还货物权。这是指第二种托运人在未收到货款的情况下，要求承运人将货物运回起运港，以便自己重新掌控、处置货物。（3）变更到达地权。该权利的行使并不包括买方已支付货款、双方协议变更到达地点的合同变更情形。①（4）将货物交给其他收货人权。这是指将货物交给既定收货人之外的其他收货人，包括指示将货物交给第二种托运人本人。

（三）享有运输合同下对承运人的诉权

诉权是指"公民、法人和其他组织当其民事权益受到侵害或者与他人发

---

① 货物控制权的行使并不属于合同的变更，该权利行使所导致的收货人改变等情形，是合同行使的结果，而不是合同变更的产物。

生争议时，请求法院用判决的方式予以保护的一种权利"①，诉权的实质是司法保护请求权，包括程序意义上的诉权和实体意义上的诉权两类。这里主要研究第二种托运人程序意义上的诉权，即对承运人有无启动诉讼程序的权利，有无参加诉讼、实施各种诉讼行为的权利。

第二种托运人在合法持有全套正本提单的前提下，享有对承运人的诉权，对此理论界和司法实务中均无异议。当其将提单转让给买方后，是否还享有对承运人的诉权，我国法律并无规定。英国1992年《海上货物运输法》第2条第1款第3目规定："根据交货单包括的承诺应将交货单下的货物交付与他的人，应该（由于成为提单持有人，或应该接受货物交付的人）受让并得到运输合同下的全部诉权，就如同他本来就是该合同的一方。"② 这意味着在英国法下，因提单等运输单据的转让，有关运输合同的诉权全部转让给了单据的受让方。但尚感不明确的是，转让方在转让运输单据后，是否还保留有运输合同下的诉权？从字面意义上讲，似乎在诉权全部转让后，转让方已不再享有对承运人的诉权了。中国学者的主流观点似乎也是认为"托运人在运输单证转让后，即丧失了运输合同下的诉权"③。

货物运输合同是典型的为第三人利益的合同，合同主体为缔约托运人、第二种托运人及承运人，提单受让人及收货人是货物运输合同的受益人，原本不具有合同当事人的地位。根据为第三人利益合同的有关法理，有必要赋予提单受让人及收货人运输合同主体地位，即提单受让人、收货人与承运人之间由法律直接规定具有运输合同法律关系，当货物运抵目的港并经提单受让人、收货人请求交付后，提单受让人、收货人即取得托运人因运输合同所产生的权利，负有支付运费及相关费用的义务，同时，承运人在运输合同下对托运人的所有抗辩亦可适用于提单受让人、收货人。此乃合同相对性原则在运输合同领域的扩张，即运输合同主体的扩张。但是，在提单受让人、收货人享有运输合同主体地位的同时，缔约托运人、第二种托运人却并未脱离也不应该脱离其与承运人订立的运输合同法律关系，两种托运人仍然是运输合同的一方主体。这是因为提单受让人、收货人享有的主体地位并非合同主体变更的结果，而仅仅由于为第三人利益的合同必须赋予第三人一定的合同权利，否则即失去该种合同的主要意义。所以，面对基于运输合同而

---

① 谭兵主编：《民事诉讼法学》，法律出版社1997年版，第66页。
② 郭瑜：《提单法律制度研究》，北京大学出版社1997年版，第163页。
③ 马得懿：《托运人的衍生性：由单一到多元的嬗变》，载《中国海商法年刊》（2007）第18卷，大连海事大学出版社2008年版，第119页。

产生的纠纷，作为合同主体的缔约托运人、第二种托运人、提单受让人、收货人都可以作为货方以原告或被告身份参与诉讼，即享有程序意义上的诉权。

具体到第二种托运人而言，是否享有运输合同下对承运人的诉权，首先需要考虑其是否遭遇了运输合同下的实际损失，其次还要考虑承运人是否承担了超出运输合同的风险、遭遇了双重索赔。第二种托运人是否在提单中载明为托运人，在中国法律下，并不是决定其对承运人有无诉权的影响因素。①一般说来，第二种托运人在运输合同下的诉权表现在以下三个方面：（1）在第二种托运人合法持有提单等运输单据的情况下，不论其是否遭受运输合同下的损失，都可以对承运人提起诉讼，要求赔偿。如第二种托运人未遭受损失，则视为其代表遭受损失一方向承运人主张权利。（2）在第二种托运人已转让提单等运输单证的情况下，如其的确遭受了运输合同下的损失，且提单等运输单证的持有人未遭受此种损失的，第二种托运人仍享有运输合同下的诉权，可对承运人提起诉讼。（3）在签发不可转让提单的情况下，只要第二种托运人可以证明其遭受了运输合同下的实际损失，即享有对承运人的诉权。

（四）向承运人支付运费的义务

在 FOB 价格条件下，由买方即收货人租船订舱，并通常由买方支付运费，此时提单记载为"运费到付"。但如果买卖合同约定 FOB 价格条件下的运费由卖方支付，即运费计入货物成本，则起运港第二种托运人应向承运人支付运费，提单关于运费的表述为"运费预付"。

在海事司法实务中，关于运费的纠纷时常发生在由第二种托运人支付运费的案件中。第二种托运人从承运人处取得提单，该提单记载的托运人为国外的买方，且记载的运费为预付。因海运业竞争激烈等原因，承运人并未从第二种托运人处收到运费，货物运抵目的港后亦未从收货人处收到运费，从而酿成纠纷。在该类案件审理中，第二种托运人总会辩称，其作为货物的卖方，与买方订立国际货物买卖合同，约定的价格条件为 FOB，由买方租船，其并未以托运人的身份向承运人托运货物，没有承担运输合同下运费支付的

---

① 但也有学者认为，如果第二种托运人未载入提单，便不具有提单法律关系当事人的地位，也就不享有对承运人提单下的诉权，同时也无权以承运人与第一种托运人订立的海上货物运输合同当事人的身份起诉承运人。参见姚洪秀、林晖《论我国〈海商法〉下"托运人"的认定》，载《中国海商法年刊》（1996）第 7 卷，大连海事大学出版社 1997 年版，第 38 页。

义务，也没有承诺为运费承担保证责任。①

这类纠纷产生的根源在于第二种托运人身份的隐蔽性，实际承运人并不知悉亦不关心第二种托运人的存在与否，甚至第二种托运人自身也不明了其在海上货物运输合同中的身份、地位。法律赋予 FOB 下卖方以托运人身份，本意在于保护其权益免遭海运合同下的不当侵犯，但在赋予法律权利的同时，必然要课加一定的法律义务，且这种义务往往已有当事人包括第二种托运人的约定或认可，如在提单中明确运费为起运港"预付"而不是 FOB 通常条件下的目的港"到付"。显然，卖方作为法定的托运人，在这种情况下应承担托运人运费支付的主要义务，以便使合同得以顺利履行；相应地，在目的港的缔约托运人反而没有了支付运费的义务。换言之，第二种托运人支付运费义务并非法律的强制规定，而是当事人意思自治下合同约定的结果，FOB 卖方作为法定的托运人，有义务履行该项合同约定。

（五）向承运人妥善交付货物并告知货物信息的义务

FOB 条件下的卖方向承运人交付货物，是其取得第二种托运人合同地位的前提条件。该交付行为应符合一个谨慎、勤勉的合同当事人的惯常做法，依时完成，目的是使货物运输合同得到顺畅履行。

第二种托运人应根据货物特性及运输条件，采取适合预定航程情况的方式将货物妥善包装，并向承运人保证，货物装船时所提供的货物信息如品名、标志、包数或者件数、重量或者体积的正确性。如果货物是通过集装箱或托盘运输并由第二种托运人装货的，则对货物的积载、绑扎和加固以使其适于运输状态的责任亦在第二种托运人。对于货物信息情况的描述，是承运人采取正确积载、安全运输的前提，如果由于包装不良或者关于货物的信息资料不正确而给承运人造成损失的，则第二种托运人应承担赔偿责任。

由于 FOB 价格条件下的贸易均为国际贸易，因此向承运人交付货物时需要办理海关等手续，该手续的办理亦是向承运人妥善交付货物义务的必然要求。根据《海商法》第六十七条的规定，第二种托运人应当及时向港口、海关、检疫、检验和其他主管机关办理货物出口运输所必需的各项手续，如出口关税缴纳、动植物货物检疫、原产地证明、熏舱证明等手续，并将已办理各项手续的单证送交承运人。若第二种托运人因办理各项手续的有关单证送交不及时、不完备或不正确，使承运人利益受到不当损害的，则第二种托运

---

① 参见广州海事法院（2008）广海法初字第 227 号案判决书，见网页（www.ccmt.org.cn/ss/writ/judgementDetial.php?sId=3297），访问日期：2008 年 8 月 19 日。

人应担赔偿责任。

缔约托运人和第二种托运人均负有向承运人妥善交付货物的义务，而显然实际履行该义务的只能是第二种托运人。若后者未妥善交付货物并给承运人造成损失的，则承运人可以向缔约托运人和第二种托运人要求赔偿。如由缔约托运人赔偿有关损失的，则可向第二种托运人追偿。

（六）运输危险品的特别义务

法律上的危险品包括货物自身的危险属性，如燃烧、爆炸、有毒、腐蚀性、放射性等，以及法律意义上的危险性，如违背港口国法律规定而被留置或延误。

第二种托运人在办理危险品托运时，需要承担与普通货物有所不同的特别通知义务，即根据有关海上危险品运输的规定，妥善包装，作出危险品标志和标签，并将其正式名称和性质以及应当采取的预防危害措施以书面形式通知承运人。此乃其托运危险品时的一项十分重要的义务，该义务是否正确、适当履行，关系到承运人是否承运危险品的选择权、危险品运费的计收、运输途中如何照料或处置危险品等决定海运危货法律关系成就与否及履行方式的诸多重要问题。

具体说来，第二种托运人在履行通知义务时，与危险品海上运输有关的所有单证中，应使用该危险品的正规海运名称而非仅使用商业名称，按《国际海运危险货物规则》规定的分类给予正确说明；由托运人准备的运输单证应包括或附有经签字的证书或申报单，申明所托运的危险品已被妥善包装、标记、加了标签或标牌，并处于合适的装运状态；负责危险品包装、装载的人员应提供签字的集装箱、车辆包装证书，说明危险品已妥善包装和系固，且所有可适用的运输要求均得到满足；对于易燃、易爆、易腐蚀、剧毒、放射性、感染性、污染危害性等危险品，托运人应当附具相应危货安全技术说明书、安全作业注意事项、人员防护、应急急救和泄漏处置措施等资料。

三、第二种托运人的立法论考察

自《汉堡规则》确立两种托运人制度以来，其法律实践并非一帆风顺，进行有关改革的呼声一直绵延不断。最值得关注的是《联合国运输法公约（草案）》对第二种托运人制度的变革。如此变革得以实现，则必将对FOB价格条件及相应的运输合同产生重大影响，可能引发国际贸易和海上运输领域"洗牌"性质的改变，对货物出口国和海运大国都将带来进一步发展的诸多挑战与机遇。

《联合国运输法公约（草案）》将托运人定义为"与承运人订立运输合同的人"①，把未与承运人订立运输合同的其他人排除在托运人之外，从而实现了传统合同法托运人定义的回归。同时，在托运人之外规定了全新的"单证托运人"②，即托运人以外的、同意在运输单证或电子运输记录中被指定为托运人的人，而不论其是否实际向承运人交付了货物。单证托运人的基本特征是在提单等运输单证中被记载为托运人，与将货物交付承运人的第二种托运人相比，两者的共同点在于均未与承运人签订货物运输合同，不同点在于单证托运人的外延远大于第二种托运人的外延，且单证托运人与第二种托运人存在一定范围内的重叠。《联合国运输法公约（草案）》专门规定了较为详细的单证托运人的权利义务，③避免了《汉堡规则》下第二种托运人权利义务不明确的缺陷。

《联合国运输法公约（草案）》增加了"发货人"④这一特殊主体：凡是将货物交给承运人或履约方加以运输的人均为发货人。"发货人"的外延非常宽泛，既包括了单证托运人，也包括了《汉堡规则》下的第二种托运人，还可以是向承运人或履约方实际交付货物加以运输的任何人，如工厂、仓库、货代公司、场站经营人等。《联合国运输法公约（草案）》进一步将"发货人"划分为三种类型，并规定了每一类型各自的权利义务，避免了《汉堡规则》下两种托运人权利义务混淆不分的弊端。该"发货人"的三种类型如下。

第一，船上交货型卖方发货人。这是指 FOB 价格条件下的卖方将货物交给承运人或履约方加以运输后，接受并取得提单，且提单中将其记载为托运人。⑤ 这类"发货人"符合单证托运人的条件，享有单证托运人的权利并承担相应义务。

第二，除第一种类型以外的单证托运人。《联合国运输法公约（草案）》

---

① 《联合国运输法公约（草案）》第一条第九款规定："'Shipper' means a person that enters into a contract of carriage with a carrier."

② 《联合国运输法公约（草案）》第一条第十款规定："'Documentary shipper' means a person other than the shipper that accepts to be named as 'shipper' in the transport document or electronic transport record."

③ 参见《联合国运输法公约（草案）》A/CN.WG.Ⅲ/WP81 第 33 条"单证托运人承担托运人的权利和义务"及相关条款的规定。

④ 《联合国运输法公约（草案）》第一条第十一款规定："'Consignor' means a person that delivers the goods to the carrier or to a performing party for carriage."

⑤ 第二种托运人则不以在提单中记载为托运人为条件，而只要将货物交给承运人加以运输即可。

指出："此类发货人并非托运人，但在单证中被记载为托运人，此种情形只有当托运人以明示或暗示方式授权此种代理人为'单证托运人'时才会出现。倘若此种代理人接受单证，则其地位与上述船上交货型卖方相同。"这意味着只要有托运人的授权，任何人都可以在提单等单证中被记载为托运人，从而成为单证托运人，并享有相应的权利和承担相应的义务。

第三，除上述两种情形之外的其他发货人。即上述两种发货人以外的将货物交给承运人或履约方加以运输的人，其唯一权利是向实际接受其交货的承运人或履约方取得不可转让的运输单证或电子记录，其名字不记载于运输单据上，不享有运输合同项下的权利，亦不履行运输合同项下的义务。

《联合国运输法公约（草案）》对于解决第二种托运人制度的法律混乱不无益处。设立第二种托运人制度的目的在于通过海上货物运输合同以保护FOB价格条件下卖方的利益，即通过法定运输合同的主体来保护贸易合同交易中特定方的利益。《联合国运输法公约（草案）》秉承《汉堡规则》保护货主利益的社会化立法模式，在保护货主利益与避免法律模糊之间做出努力，将第二种托运人分解为单证托运人和其他发货人两类，其主观上的良好愿望是值得肯定的。《联合国运输法公约（草案）》以运输单证"托运人"栏中的记载作为取得单证托运人地位的根本标志，并赋予其特定的权利义务，而没有载入运输单证"托运人"栏的发货人不得成为运输合同一方主体，从而消除了第二种托运人的隐蔽性特点，又区分了托运人与单证托运人的不同身份与地位。可以说，这是一种充满智慧的制度设计。

第二种托运人被分解为单证托运人和其他发货人后，可能使FOB卖方不再受运输合同下的法律保护，对卖方将产生重要影响，对此必须高度注意。

就我国FOB价格条件下的出口方来说，应该尽可能地选择在提单等运输单证中被记载为托运人，以取得单证托运人的法律地位，从而享受相应权利并承担相应义务。《联合国运输法公约（草案）》详细规定了单证托运人具体的权利义务，避免了《汉堡规则》和《海商法》对第二种托运人权利义务规定的模糊不清，因而FOB卖方取得单证托运人地位后，其对货物的控制权、对承运人的诉权等重要权利都将得到妥善保护。可以认为，FOB价格条件下单证托运人的法律地位比第二种托运人更有保障，因而更有利于发展中国家的货物出口商。

如果FOB卖方向承运人交付货物后，没有成为提单等运输单证记载的托运人，则在《联合国运输法公约（草案）》下没有任何法律地位，其权利仅在于从承运人处取得一份不可转让的运输单证或电子记录，既不能享有在运输合同下对货物的控制权,也不享有对承运人的诉权,较之第二种托运人而言,可以说其法律地位一落千丈,几乎处于法律的零保护状态。① 对此,我国 FOB 价格出口商应未雨绸缪,及早商讨应对之策;而海事法官亦应加强对该类问题的研究,为将来处理可能的纠纷做好理论准备。目前可以预料的明智选择,就是在《联合国运输法公约(草案)》的立法进程中施加影响,以强化这类发货人在未来公约中的权利,使其取得货物控制权和对承运人的诉权;而退而求其次的选择则是在贸易合同和信用证中力争单证托运人的主体地位,以避免成为运输合同中无足轻重的"发货人"。

---

① 参见夏庆生《"运输法公约草案"对 FOB 发货人的权利实行"零"保护》,载《中国海商法协会通讯》2007 年第 1 期,第 31－36 页。

海上运输货物收货人的权利与义务论析[*]
——以交付的"可能"与"现实"为切入

徐春龙　廖林锋

摘要：《海商法》第四章对海上货物运输合同的收货人权利义务作出了相应的规定，但并未准确涵摄收货人的主体范围以及不同交付模式、不同运输阶段收货人的权利义务。本文以海运货物的交付为切入点，根据《海商法》等法律规定，区分了收货人权利实现的"可能"与"现实"，结合海上货物运输的历时性特征，对海上货物运输合同收货人涵摄的主体范围进行了界定，分析了海上货物运输合同不同阶段、不同交付模式下各类型收货人的权利与义务，指出存在"可能"与"现实"两种收货人、"现实收货人"又可区分"消极收货人"与"积极收货人"。各类型收货人根据海上货物运输合同履行的不同阶段以及不同的法律行为或法律事实，既有可能是海上运输合同的利害关系人，也有可能是海上货物运输合同的当事人，还有可能是与海上货物运输合同无涉的第三人，不同的法律地位决定了收货人在不同情境下的权利义务。"积极收货人"无法行使现实提货权时，其债权受到侵害，可依运输合同向承运人索赔，而无须以买卖合同支付对价为前提。

关键词：海上货物运输合同；收货人；交付；可能；现实。

引　言

《中华人民共和国海商法》（以下简称《海商法》）第四十一条规定，海上货物运输合同，是指承运人收取运费，负责将托运人托运的货物经海路由一港运至另一港的合同。根据《海商法》第四十二条的规定，收货人是指在海上货物运输合同中"有权提取货物的人"。那么，"有权提取"的"权"发生的具体时空条件为何？"有权提取货物"的收货人在海上货物运输合同中的法律地位是什么？是受益的第三人？还是合同当事人？相对于"权"的

---

　　* 本文获 2016 年中国海事海商审判理论专业委员会 2016 年年会征文三等奖，原载于《中国海商法研究》2017 年第 1 期，修订于 2024 年 12 月。

义务是什么？在理论与实践中，各方对上述问题均有不同理解，在此有必要廓清。

一、收货人的类型界定——以权利实现的"可能"与"现实"为视角

从《海商法》的文义解释来看，海上货物运输合同似只是承运人和托运人之间基于货物运输的契约，并不涉及第三方。但文义解释需结合动态的航运实践来理解。从航运实践看，海上货物运输合同至少涉及托运人、承运人和收货人三方主体：没有托运人，运输合同无以成立；没有承运人，运输合同无以履行；没有收货人，运输合同无以完成。托运人、承运人、收货人在海上货物运输合同中地位均极为重要。《海商法》除在第四十二条收货人界定为"有权提取货物的人"外，还在第六十九、第七十三、第七十七、第七十八、第八十一至第八十六、第九十一条中规定了收货人的一些权利义务。

"可能"与"现实"属于哲学上的一对基本范畴，亚里士多德明确地把"可能"与"现实"作为一对哲学范畴提出来，称为潜能和现实；康德明确地区分了抽象的与现实的可能性；黑格尔在其名著《逻辑学》和《小逻辑》中对"可能""现实"以及"必然"进行了阐述；马克思结合事物的运动发展以及客观规律的必然性对"可能"与"现实"范畴进行了深入论析。哲学上的"可能"与"现实"重点指事物发展变化的偶然性与必然性问题。而在法律世界中，可能与现实亦有应用之地。就合同权利的实现而言，由于时空的存在，权利的实现也在客观上存在由"可能性"向"现实性"权利演进的过程。因此权利主体也存在"可能权利主体"（其具备实现现实权利的必然性因素）与"现实权利主体"（其已经通过法律行为或法律事实实现了必然的现实权利）。

笔者认为，从《海商法》第七十三条关于提单载明"收货人"的规定，"收货人"既包括"可能收货人"——提单载明可以提取货物的主体，也包括"现实收货人"——货抵目的港后主张提取货物或受领货物的主体。根据海上货物运输合同历时性的履行特征，笔者将海上货物运输合同划分为五个相续连接的不同阶段：（1）托运人与承运人订立合同阶段；（2）待运货物由托运人交付承运人阶段；（3）承运人实际从事海运阶段；（4）货物被运抵约定目的港，提单载明或托运人指定的收货人请求交付或承运人发出到货通知书阶段；（5）货物由承运人交付给收货人或收货人主张提取货物后拒绝提取货物阶段。第一至第三阶段中在海运单证被载明为收货人的主体只是"可能收货人"，其只具备"现实收货人"的部分条件，即便持有提单等海运单证，亦不能向承运人主张提取货物。① 根据《海商法》第七十八条及第八十一至第八十六条的规定，在货物被运抵目的港后，海上运输进入第四阶段——承运人向收货人发出到货通知书，或收货人凭海运单证或托运人指示向承运人主张提取货物；如承运人交付货物②或收货人表明提取货物意愿后，又拒绝提取货物，则进入第五阶段。第四、第五阶段因存在"有权提取货物的人"，其因提取货物或表明提取意愿又拒绝提货，从"可能收货人"完成了向"现实收货人"的转变，将因货物交付等事宜与承运人产生特定的权利义务关系。

二、不同情境下收货人的权利义务——以交付模式及运输合同履行历时性为视角

收货人在海上货物运输合同中的权利义务取决于其在海上货物运输合同中的法律地位。关于收货人的法律地位主要有单纯享有利益的第三人说③、运输合同当事人说④、受领权利人说⑤以及证券关系说⑥。另外，就与海上货物运输合同相类似的铁路货物运输和航空货物运输合同中收货人的法律地位

---

① 在运输合同订约过程中，海运单证尚未出具，收货人不可能提取货物。一般而言，实践中也极少发生托运人尚未交付托运货物时，即已将海运单证交付给收货人的情形。虽然在货物运输途中，海运单证可能已流转至收货人手中，但也很少会出现海运单证上载明的收货人在中转港向承运人主张提取货物的情节，一则是与运输合同目的有悖（毕竟目的港一般是根据收货人的指示确定的），二则是承运人可依海运单证之载明目的港尚未抵达，而作有效抗辩。需要明确的是，运输途中发生货损，货物不可能被运抵目的港的情形，属于运输阶段发生的交付不能的事实。前述事实虽发生于运输途中，但权利义务关系仍是在承运船舶抵达目的港之后才发生的，收货人的权利请求也实际上是发生在请求交付阶段的。

② 此时应注意交付的含义。交付，只有在承运人将掌管之下的货物交付给收货人或其代理人的实际掌管之下才视为完成。如果只是完成了单证换取（以集装箱货物为例，收货人已经换取提货单），但在交接过程中发生货损（如堆场按照承运人开具的提货单，准许收货人提取集装箱，在集装箱从堆场搬移至收货人或其代理人指定的交通工具的过程中——尚未完全搬移至该交通工具上——发生货损），则因运输货物并未完全置于收货人掌管控制之下，此过程不能视为完成交付。

③ 郭明瑞、房绍坤：《新合同法原理》，中国人民大学出版社2000年版，第614页。亦可见黄立《民法债编各论（下）》，中国政法大学出版社2003年版，第655-656页。上述论著认为运输合同性质为第三人利益合同，当托运人与收货人不一致时，收货人只是单纯享有利益的第三人。

④ 陈勇：《试论收货人在海上货物运输合同中的法律地位》，载《广东外语外贸大学学报》2013年第5期，第83-86页。

⑤ 许俊强：《收货人提取货物的义务——兼评〈鹿特丹规则〉第43条收货人接受交货义务》，载《中国海商法年刊》2009年第3期，第44-47页。

⑥ 张悦：《海上货物运输收货人法律地位研究》，大连海事大学硕士学位论文，2003年，第27页。

问题,有观点认为在铁路货物运输中,收货人属于特定合同当事人;① 在航空货物运输中,收货人属于航空运输合同的受让人。②

笔者认为,前述观点均不能很好解释收货人在未提取货物前的法律地位且无法涵摄海运单运输、电放模式交付等多种情境下收货人的法律地位。前述观点均建构在固型化海上货物运输合同——收货人凭提单提取货物,忽略了收货人在不同时空条件以及不同交付模式的法律地位及权利义务的动态变化性,属于认识论上的静止论和片面观。笔者认为,准确界定收货人在不同情境以及不同交付模式下的法律地位及权利义务,应结合《海商法》等相关法律规定及海上货物运输合同的动态历时性特征综合分析,根据不同阶段特定法律行为或法律事实的发生并结合不同交付模式予以动态考察。

(一) 货物未被运抵目的港前

在运输合同订立、托运人交付承运货物及货物运输这三个阶段,因货物被运抵目的港的法律事实尚未发生,上述阶段只存在"可能收货人"。其无论根据海运单证的记载成为收货人还是因托运人的指示成为"有权提取货物"的人,其法律地位都是只具备成为受益第三人或合同当事人的"潜能"而非"现实"的"可能收货人",既不是受益第三人,也不是合同当事人,只是与海上货物运输合同存在利益关联的利害关系人。此种利害关系人的权利义务将随着海上货物运输合同的历时性发展而发生相应变化。

(二) 承运人发出到货通知

货物被运抵目的港后,承运人已知收货人身份(根据自身签发的海运单证或托运人的指示)时,应采取到货通知书等方式通知收货人提货。③ 此时,接受承运人发出到货通知书的主体即为"有权提取货物的人",那么其在运输合同项下的法律地位是什么呢?其有无受领货物的义务呢?

---

① 犹建川:《铁路货物运输合同中收货人法律地位研究》,见中国法院网(http://www.chinacourt.org/article/detail/2005/10/id/182233.shtml),访问日期:2016 年 4 月 27 日。

② 周腾:《论收货人在航空货运合同中的法律地位——以航空运费到付纠纷为视角》,载《北京航空航天大学学报(社会科学版)》2012 年第 4 期,第 29—32 页。

③ 根据航运惯例,货到目的港后,尤其是班轮运输的承运人并不负有通知收货人提取货物的义务。但在中国海商法下,由于海上货物运输被运抵目的港后并未规定承运人是否有通知义务,此时涉及货到目的港后承运人是否有通知义务的法律适用问题。笔者的观点是:即便承运人不负有通知收货人提货义务为航运惯例,根据法律适用原则,在当事人没有约定的情况下,《合同法》应优先于航运惯例适用。具体可参见徐春龙《论海事国际惯例在中国海商法语境下的适用》,载《中国海商法研究》2013 年第 3 期,第 103—108 页。在此情形下,根据《合同法》第三百零九条规定,货物被运抵目的港后,承运人知道收货人的,负有及时通知收货人提取货物的义务。

根据《海商法》第七十八条规定，承运人同收货人之间的权利、义务关系，依据提单的规定确定。依此规定，承运人同提单上载明的收货人之间的关系为一种法律规定的提单法律关系。此时问题在于提单载明的收货人是否负有提取货物的义务。有观点认为，中国海商法下，收货人负有及时收受或提取货物的义务。① 有观点认为，收货人不负有提取货物的义务。② 笔者认为，就海上货物运输合同而言，在此阶段，收货人虽然属于"现实收货人"，但只是"消极收货人"，体现在被确定"身份"的"消极性"上——因单证记载或托运人指示而成为收货人，而非主动行使权利的"积极收货人"——主动表明收货人身份并请求承运人交付货物。此种状态下的收货人与承运人的关联仅在于收货人并未参与意思表示的运输合同（以提单或其他方式证明）指定了其为"有权提取货物的人"。此时，被承运人通知提取货物的收货人的权利可以实质是一种消极的可放弃的权利，且此种放弃既可以向承运人表明自己并非真正收货人、与海上货物运输合同或托运人无关的"明示方式"作出，也可以在收到承运人到货通知书合理期间内不为意思表示的"默示方式"作出。只要其未明确表明提货的意愿，其无须承担运输合同项下的相应法律义务。

可能有观点认为，因《海商法》对承运人向收货人发出到货通知书后收货人的权利义务并未规定，根据法律适用原则，在《海商法》没有明确规定的情况下，应适用《中华人民共和国合同法》（以下简称《合同法》）第三百零九条③规定，收货人负有提取货物的义务。笔者对上述法律适用原则并无异议，但对其建立的前提不能认同。笔者认为，负有提取货物义务的"收货人"指向的应是积极行使权利的"现实收货人"。这从英国1992年《海上货物运输法》第3条规定（该条规定收货人被视为运输合同项缔约人的条件为：因其提货或要求提货或提起索赔，或其被赋予上述权利之前，即向承运人提取或要求提取任何此项货物）和《鹿特丹规则》第43条规定（该条规定收货人接受交货的义务应建立在要求交付货物的前提之上）可以

---

① 司玉琢、胡正良、傅廷中：《新编海商法学》，大连海事大学出版社1999年版，第150页。亦可参见谷浩《论收货人及其权利、义务和责任》，载《中国海商法年刊》（2001）第12卷，大连海事大学出版社2002年版，第241页；许俊强《收货人提取货物的义务——兼评〈鹿特丹规则〉第43条收货人接受交货义务》，载《中国海商法年刊》2009年第3期，第44-47页。

② 蒋跃川、朱作贤、杨轶：《论收货人是否有必须提货的义务》，载《中国海商法年刊》（2005）第16卷，大连海事大学出版社2006年版，第26-35页。

③ 该条内容已被《中华人民共和国民法典》第八百三十条"货物运输到达后，承运人知道收货人的，应当及时通知收货人，收货人应当及时提货。收货人逾期提货的，应当向承运人支付保管等费用"所取代。——编者注

确知——收货人提取货物的义务建立在表明身份并积极主张权利之上。因此，即便适用《合同法》第三百零九条，也需对该条"货物运输到达后，承运人知道收货人的，应当及时通知收货人，收货人应当及时提货。收货人逾期提货的，应当向承运人支付保管费等费用"中的"收货人"的范围作出必要限定。从笔者上文关于"可能收货人"与"现实收货人"的论述可知，"承运人知道收货人"和"应当及时通知收货人"中的"收货人"指的只是"可能收货人"或者"消极收货人"，而"收货人应当及时提货"以及"收货人逾期提货的，应当向承运人支付保管费等费用"中的"收货人"才是"积极收货人"。虽然从法律解释来看，《合同法》第三百零九条中四个"收货人"的内涵应完全一致。但若如此理解，则无法避免出现如下法律漏洞：托运人任意运出其不想要的货物，随意指定一个收货人①，则该收货人负有提取货物的义务；如果不提取货物，则需承担私法上（如负担保管费用等）或公法上的责任（运输物品为违禁品或构成犯罪工具，被公权力机关依公法进行处理），这显然有违基本法理。

也许有观点认为，《合同法》第三百零九条中的"消极收货人"也有救济渠道。一方面，与运输合同有关联的"消极收货人"（买卖合同的买方或者承运人有其他证据证明其在与托运人沟通中，表明其愿意被记载或被指定为收货人），如果默示不作为，则赋予其与"积极收货人"同样的义务无可厚非，这也符合《合同法》第三百零九条的立法本意——运输合同是一个合作性的合同，各方均应及时履行各自义务，怠于履行义务者应受法律之不利后果。另一方面，确实与运输合同无涉而被托运人恶意指定为收货人的"消极收货人"，仍可通过参加诉讼、仲裁或未参加诉讼仲裁后仍可通过其他途径以正身份，由此产生的额外必要费用可向恶意将其记载为收货人的托运人主张。笔者认为，上述主张值得商榷。上述第一方面理由，实质是将收货人的义务节点设定货到目的港后且在单证载明或托运人的指定了某主体为收货人。也就是说，在海上货物运输合同中，一旦货物被运抵运输合同约定目的地后，如果某主体被单证记载或托运人指定为"收货人"，则在承运人通知其提取货物的情形下，该主体作为"收货人"必须负担提取货物的义务。从法理上讲，为他人设定义务的合同，未经第三人同意本不生效力。从上文关于《鹿特丹规则》、英国1992年《海上货物运输法》以及德国、意大利和我

---

① 上述情形在笔者所知范围内并未真实发生，但法律总应该关照现实生活中可能出现的诸多样态，而上述特例也并非完全不可能发生。因此法律在可能的情形下，仍应对其进行规范。

国台湾地区的相关规定①来看,收货人可能承担义务的前提均建构在收货人主张权利前提之下。在收货人未主张权利之前,其不应承担法律义务。而第二方面的理由,让"消极收货人"在例外情形下向恶意托运人主张权利,非但在海上货物运输合同中难以实现,而且因为法律规制范围的缺失导致当事人遭受"额外之苦",显非立法本意。

因此,在货物被运抵目的港后收到承运人到货通知书的收货人,只是一种"消极"的"现实收货人"。其法律地位实质相当于"可能收货人",仍是与海上货物运输合同存在利益关联的利害关系人。但此种利害关系因已经具备了行使提取货物权利的现实条件,临界于"积极收货人",伴随着其向承运人主张提取货物这一实质条件,其将演进为"积极"的"现实收货人",进而与承运人发生直接的权利义务关系。

(三)收货人向承运人请求交付

货物被运抵目的港后,由于承运人并不知悉指示提单或不记名提单流转于何人之手,或者承运人虽然知道收货人但并未向收货人发出到货通知,此时,收货人基于自身权利的考虑,会向承运人主张提取货物。此种情形下,收货人因主张提取货物行为与承运人直接发生关联,那么此时向承运人主张提取货物的收货人的法律地位是什么?笔者认为,对这个问题不能一言以蔽之,仍需结合海上货物运输中使用的不同单证具体分析。

1. 凭提单主张提货。如果收货人凭借合法持有的承运人签发的全套正本提单向收货人主张提货。根据《海商法》第七十八条规定,收货人与承运人之间成立法定的提单法律关系②。因海上运输合同的权利义务与提单载明的

---

① 《德国商法典》第421条规定:"在货物到达交付地点后,受货人有权请求承运人在履行由货运合同产生的义务时,向其交付货物。货物毁损,或迟延交付,或遗失,受货人可以自己的名义对承运人主张由货运合同产生的请求权。"《意大利民法典》第1689条规定:"由运送合同产生的对运人的权利,自交运物到达目的地或应当到达的期间届满时起归属于收货人,收货人得要求承运人交付被运送之物。"我国台湾地区所谓"民法"第644条规定:"运送物达到目的地,并经受货人请求交付后,受货人取得托运人因运送合同所生之权利。"上述相关规定,虽然规定的是收货人的权利问题,但可逆向推辞,收货人负有义务在时间顺序上,应在收货人行使提货请求权后方可能负有义务。至于是否负有义务,下文再述。

② 在英国法下,根据英国1992年《海上货物运输法》,此时收货人与承运人之间发生的法律关系是运输合同关系,收货人替代托运人的身份地位,与承运人之间成立运输合同关系。中国法下,一般的理解是,这是一种法律规定的提单法律关系,并不等同于运输合同法律关系。一般的理由是:提单只是运输合同的证明之一,而非运输合同本身。提单载明的事项仅是海上货物运输合同的部分内容,而非全部内容。收货人仅就提单载明事项与承运人发生关联,原运输合同项下的其他内容仍依运输合同的约定而定。

权利义务属于真包含关系①，提单载明的权利义务不能完全脱离运输合同存在。例如，提单载明事项与海上货物运输合同内容相一致时，收货人主张提货的表意行为，表明其已经愿意加入托运人与承运人之间的海上货物运输合同。此时，收货人为运输合同的当事人。即便提单载明的事项少于海上货物运输合同，收货人仍应为海上货物运输合同的当事人，其与托运人共同构成相对于承运人的当事人。承运人就提单载明事项，只能向收货人主张权利或承担义务（主要包括因货物交付而引起的相关事项——包括卸港产生的相关费用或者提单载明的其他事项）；就海上货物运输合同其他事项，只能与托运人主张权利或承担义务（如提单未载明的装港相关费用等）。

2. 凭海运单主张提货。根据《海商法》第八十条规定，海运单是可以证明托运人与承运人之间的海上货物运输合同的凭证。但《海商法》并未规定海运单载明的收货人具有哪些权利，托运人是否可以任意更改海运单的收货人。根据法律适用原则，此时应优先考察适用《合同法》的相关规定。根据《合同法》第三百零八条"在承运人将货物交付收货人之前，托运人可以要求承运人中止运输、返还货物、变更到达地或者将货物交给其他收货人，但应当赔偿承运人因此受到的损失"的规定，只要货物未由承运人交付给收货人，托运人均可另行指定收货人，只需赔偿承运人遭受的必要损失即可。1990年《国际海事委员会海运单统一规则》（以下简称《海运单统一规则》）第6条规定："（i）除非托运人已按下述第（ii）款行使其选择权，否则，他应是唯一有权就运输合同向承运人发出指示的当事人。除非准据法禁止，否则，他有权在货物运抵目的地后，收货人请求提取货物之前的任何时候，改变收货人的名称，但他应以书面形式或为承运人接受的其他方式，给承运人以合理的通知，并就因此造成承运人的额外费用承担赔偿责任。（ii）托运人具有将支配权转让给收货人的选择权，但应在承运人收取货物之前行使。这一选择权的行使，应在海运单或类似的文件上（如有的话）注明。选择权一经行使，收货人便具有上述第（i）款所述的各项权利，同时，托运人便终止此种权利。"根据上述规定可知，在收货人请求交付货物之后，托运人不能

---

① 有观点指出，提单法律关系并不能等同于运输合同法律关系。提单载明与运输合同存有冲突，应以提单载明为准。笔者同意提单载明优于海上货物运输合同约定的观点，但认为，提单载明事项与海上货物运输合同不同，属于提单作为运输合同的证明对原海上货物运输合同相关条款的合意变更。此种变更表现为承运人的积极意思表示与接收提单的托运人的默示认可——以接受提单为方式。因此，提单法律关系在承运人和托运人之间仍只是海上货物运输合同关系的一个子集，而非可以独立于海上货物运输合同另行成立新的法律关系。提单法律关系在承运人、托运人之间实际就是部分或全部海上货物运输合同关系。

再变更收货人。上述规定与《合同法》第三百零八条关于托运人控货权有所差别,两者之间存在一个期间差——海运单上载明的收货人主张提取货物或承运人通知收货人提货至实际受领货物的期间。按照《合同法》第三百零八条规定,即便海运单上载明了收货人,该收货人知悉自己"有权提取货物",进而被承运人通知或者自行提供身份证明文件向承运人主张提取货物。承运人面对该主张,即便已经核实其身份或已经表明将要交付货物,由于托运人在现实交付货物之前作出了新的指示,承运人仍需遵照托运人的指示从事①,而且无须对该收货人承担法律责任。那么,此种情形下的收货人因丧失了提取货物的权利反而变成了运输合同的"局外人",对承运人既无权利,也无义务。而《海运单统一规则》的规定,则以收货人主张提取货物为时间节点对收货人与承运人的义务进行了界定。只要收货人在目的港向承运人主张提取货物,托运人则不能再行控制货物,货物只能向该收货人交付。《海运单统一规则》在海运单交付义务的规定上,与提单交付异曲同工。提单交付是以提单持有人向承运人出示提单以证明"身份";海运单交付是以收货人自证"身份",且该"身份"为托运人在该收货人主张提取货物之前尚未变更。应该说,《海运单统一规则》的规定更符合海运实践,也对海上货物运输合同的托运人控货权的行使进行了必要限制,且尽量在法理上与提单交付保持一致。

《合同法》第三百零八条关于托运人控制权的规定,与海运实践并不完全一致。究其原因在于:《合同法》是将货运合同定性为第三人利益合同,也就是为收货人利益的合同。而《合同法》中收货人的利益与《海商法》中收货人的利益并不相同:《海商法》中收货人的利益包括请求交付与受领货物两种权利;而《合同法》中收货人的利益仅限于受领权利,而不具有请求交付的权利。所以,《合同法》并不需要为收货人设定请求交付的权利。但令人不解的是,既然《合同法》中货运合同的收货人不享有请求交付的权利,为何又在该法第三百零九条强加给收货人受领货物的义务。从法理上讲,"有请求、有权利、有义务"更为自洽,且第三人利益合同并不能为第三人设定义务。由于笔者无法找到《合同法》第三百零八条及第三百零九条立法理由的相关资料,又因《海商法》缺失海运单项下收货人与承运人的权利义务规定,只能依据法律规定说来界定此种情节下收货人与承运人的关系。

综上所述,在我国海商法语境下,如果海上货物运输使用的是海运单,

---

① 《合同法》第三百零八条规定的托运人"可以",应合理理解为"有权"。

因主张提货的收货人与承运人的关系无法确定,则该收货人的法律地位也无法明确。因为这涉及"合理期间"的法律认定问题①,并由此导致此阶段的收货人只能等"合理期间"过后,方可确定其是与运输合同无涉的第三方,还是享有受领货物权利或义务的收货人。其既有可能成为与运输合同无任何关联的第三方,也有可能因领取货物而成为与运输合同相关联的主体。

虽然在我国,《海商法》和《合同法》体系内无法解决海运单下向承运人主张提取货物的收货人的法律地位问题,但并不妨碍对《海运单统一规则》中此阶段收货人法律地位的探讨。笔者认为,当海运单项下的收货人表明向承运人表明身份后,且该身份托运人并未有相反规定,此时海运单项下的收货人就具备了受领货物的权利,其与承运人构成了运输合同的当事人。但因其与承运人之间并无合同约定,其是依托运人的指示以及受领货物的表意行为而成为运输合同的当事人,在没有提单等载明其在海上货物运输合同中与承运人的权利义务事项的情况下,其只就涉及货物的受领环节的相关事项与承运人发生关联。至于装港所发生的费用以及运费支付等事项,与承运人并无关联。

3. 凭托运人电放指示请求交付货物。基于航运效率,电放操作近年来在航运实践中所占比重越来越大。常见的电放操作模式有两种:一种是承运人签发提单后,托运人要求电放货物,承运人收回签发的全套提单后根据托运人的指示进行电放;另一种是承运人只向托运人签发提单草稿,并约定电放操作,承运人在货到目的港后根据托运人指示将货物交付给某个收货人。由于电放操作并不涉及单证,也无须凭单交付,在交付环节上与海运单操作模式并无实质差别。根据本文关于我国使用海运单项下请求交付的收货人法律地位的论述,电放模式下的收货人与承运人的法律关系无法确定,该收货人的法律地位也无法明确。其既有可能成为与运输合同无任何关联的第三方,也有可能因领取货物而成为与运输合同相关联的主体。

(四)收货人主张提取货物后未提取货物或拒绝提取货物

1. 凭提单主张提货后未提取货物或拒绝提货。合法提单持有人凭提单主张提取货物,其法律地位是海上货物运输合同的当事人。如果其在主张提货后,未实际提取货物或拒绝提取货物的,则根据《海商法》第八十六条至第

---

① 因为收货人主张提货或承运人根据海运单记载发出到货通知至货物现实交付给收货人之前有一段"交付的合理期间",即便托运人在此"合理期间"内未变更收货人,承运人也许基于其他原因,不愿向海运单项下收货人交付货物。而承运人最有力的抗辩是:需合理等待托运人指示,是否将海运单项下的货物交付于向其主张提取货物的收货人。

八十八条的规定，承运人可以行使卸载货物、留置货物以及拍卖货物的权利。由此在卸货港因交付产生的风险和费用，应由主张提取货物的收货人承担。①当然，如果收货人拒绝提货是因为在现实交付过程中发现货损、货差，其可以向承运人索赔，但并不豁免收货人依提单载明向承运人支付与交付相关费用的义务。

2. 凭海运单和托运人电放指示主张提货后未提取或拒绝提货。此时的情形与凭提单主张提货后的情形一致，海运单和电放操作项下的收货人与托运人共同构成了相对于承运人的合同当事人。就卸货港与交付相关的费用应向承运人承担相应法律责任，但与卸货港交付无关的费用无须承担。

（五）承运人拒绝交付货物

1. 以提单主张提货而被拒绝的。根据《海商法》第七十八条规定并结合提单阶段功能说②，提单在海上货物运输合同交付环节属于交货凭证。如承运人在收货人凭合法提单主张提货时，拒绝交付，应按照《海商法》第五十五条规定，承担相应赔偿责任。

2. 海运单和电放模式下收货人主张提货被拒绝的。如本文前述，此种状态下，由于《海商法》没有明确规定，因此只能适用《合同法》的相关规定。由于《合同法》第三百零八条规定的托运人控制权直至承运人向收货人交付货物时方止，因此，货物从上述两种模式下收货人以主张提取货物的表意行为成为海上货物运输合同的当事人后，并不能必然产生成为当事人的法律后果，这需等待托运人关于货物控制的最终指定。但从货物被运抵目的港至交付期间，应进行必要限定，笔者认为以7个工作日为宜③。若收货人主张提取货物的7个工作日内，承运人仍拒绝向收货人交付货物，在承运人没

---

① 《海商法》第八十八条规定了承运人合法行使留置权的货物经拍卖所得价款，不足清偿保管、拍卖货物的费用和运费以及应当向承运人支付的其他有关费用的，承运人有权向托运人追偿。从表面上看，似乎《海商法》中海上货物运输合同的性质也是第三人利益合同。但该条规定又与《海商法》第八十六条为收货人设定义务的条款冲突。笔者认为，对《海商法》第八十八条应作限缩性解释。因为《海商法》第八十六条与第八十七条属并行独立的法条，虽均赋予承运人权利，但权利行使的对象及前提条件并不相同：第八十六条承运人行使权利的条件应当是收货人身份明确后，不提取、迟延提取或拒绝提取货物；而第八十七条既包括收货人身份确定后的留置、也包括收货人无法明确（即不存在积极的收货人）的情形。但该法第八十八条第二款因承运人对托运人的追偿，应限缩在收货人未明确身份、或虽明确身份但并未支付运费或装港及中转港费用的情形。对于收货人主张提取货物以表意行为介入交付环节，而在目的港产生的与交付直接相关的保管费、仓储费、集装箱超期使用费、滞期费等费用，不宜由托运人承担。除非承运人与托运人在运输合同中有明确约定。

② 司玉琢：《海商法专论》（第二版），中国人民大学出版社2010年版，第180－183页。

③ 大型船公司一般把集装箱在目的港的免费使用期设定为3～10个工作日，笔者取折中数字。

有证据证明托运人在此期间要求承运人中止运输、返还货物、变更到达地或者将货物交给其他收货人的情形下，承运人应向收货人承担赔偿责任。如果承运人有证据证明，在合理期间（自货物装运至货物被运抵目的港后7个工作日内）托运人已要求承运人中止运输、返还货物、变更到达地或者将货物交给其他收货人，则海运单和电放交付两种模式下的收货人，因丧失托运人指定的权利基础，而与运输合同并无关联。

（六）提取货物后

收货人在目的港实际提取货物后，已经成为运输合同的当事人。且交付行为对于交付前产生的必要费用（非因承运人过错且不具备承运人主动止损情形）具有溯及力。涉及提单交付的，以提单载明事项决定其与承运人的权利义务关系。根据《海商法》第七十八条第二款规定，收货人应承担在目的港发生的相关费用（保管费、目的港滞期费、集装箱超期使用费、承运人代为垫付的堆场费用，以及应当向承运人支付的其他费用）和提单载明的运费及装港费用；涉及海运单和电放交付的，除非收货人明确同意，收货人并不承担运费以及装港或中转港发生的费用，但应承担在目的港与交付相关的费用（如保管费、目的港滞期费、集装箱超期使用费、承运人代为垫付的堆场费用，以及应当向承运人支付或代为垫付的涉及交付的其他必要费用）。

三、收货人索赔权的行使——以买卖合同为视角

2012年，时任最高人民法院民事审判第四庭庭长的刘贵祥法官在全国海事审判工作会议上的总结讲话中，就无单放货请求赔偿数额的认定问题指出："托运人或者提单持有人向承运人主张无单放货损失赔偿，如果有证据证明托运人或者提单持有人已经收到部分货款，在确定损失赔偿额时，应当按照货物装船时的价值加运费和保险费计算，并相应扣除其已收回的部分货款。如果有证据证明托运人或者提单持有人已经收到全部货款，其要求承运人赔偿货物损失的诉讼请求，不应予以支持。"上述观点契合"无损失无救济"原则，将海上货物运输合同与买卖合同直接关联。虽然最高人民法院并没有出具司法解释、审判指导意见或有关此方面的指导案例，但上述讲话精神已在近年来的海事审判实践中得以落地。

根据通常的理解，"无损失无救济"中的"损失"与"救济"是置于同一法律关系项下（比如买卖合同中卖方未收到买方的货款，遭受损失）。随着违约责任的发展，在"此"法律关系项下的"损失"渐渐涵盖了利益受损方在"彼"法律关系遭受的履行利益、期待利益和信赖利益损失。但违约责任的倾向发展是强化对违约方的责任制约，而非弱化违约方的责任。在此情

况下,上述讲话中的是否适宜仍有值得探讨的空间。毕竟从凭正本提单交付货物是承运人在《海商法》下的强制义务,除非有其他足以阻却凭单交付义务的强制性规定(如卸货港所在地法律规定,必须将承运到港的货物交付给当地海关或者港口当局)。而关于托运人的赔偿,主要由《海商法》第五十五条①作出规定。从条文解释来看,该条并未规定托运人的权利实现需依赖于托运人为货物的所有权人。在举证责任上,托运人主张索赔时也无须证明货物为其所有。买卖合同对于运输合同的价值主要在于确定运输货物的成本价(没有买卖合同也可通过其他证据予以证明)。从法律关系上讲,托运人在海上货物运输合同项下,因持有提单且已经提不着货,其已经因承运人的无单放货的违约行为遭受实际损失,可依提单向承运人主张权利。而即便托运人是买卖合同的卖方,也因此收到了部分货款,该利益也只是托运人在另外一个法律关系项下因其他法律行为或法律事实而享有的权利。从法理上讲,这与运输合同本身并无关联。

　　那么,收货人向承运人请求货损、货差赔偿,是否也必须建立在收货人是买卖合同的买方且已经支付或部分支付买卖合同货款呢?假定国外卖方 A 为托运人,国内买方 B 为提单上载明的收货人且向 C 保险公司购买了货物运输险,货物由承运人 D 从事海运,在买卖合同项下 B 未支付任何货款。后货物被运抵目的港后,发生全损。B 凭流转至其手的提单向 D 提诉,D 以 B 未支付货款为由提起抗辩,如果法院参照前述无单放货时托运人索赔的规定,则会以 D 在买卖合同项下无实际损失为由驳回其在运输合同项下的索赔。但如果 D 转向保险公司 C 索赔,则因其在保险合同项下具有保险利益(没有法律规定保险合同项下的保险利益需与买卖合同是否支付货款直接关联,只要 B 在运输货物遭受货损时享有保险利益即可),C 只能赔付。C 赔付后代位 B 向 D 提起追偿之诉,若 D 提出 C 代位的 B 无实际损失的抗辩,因保险代位求偿纠纷只审查 B 与 D 的海上货物运输合同关系,则法院仍会判决 C 败诉,理由是其代位的 B 在买卖合同项下无实际损失。如此操作造成的恶果有二:一是保险公司 C 在保险合同项下的损失无法以代位求偿方式实现救济,使其法定代位求偿权受损;二是收货人 B 可能通过变相选择索赔对象实现其"本不应该享有"的权利。因此,笔者认为,在法律和司法解释或指导性案例没有

---

① 该条内容如下:货物灭失的赔偿额,按照货物的实际价值计算;货物损坏的赔偿额,按照货物受损前后实际价值的差额或者货物的修复费用计算。货物的实际价值,按照货物装船时的价值加保险费和运费计算。前款规定的货物实际价值,赔偿时应当减去因货物灭失或者损坏而少付或者免付的有关费用。

明确规定或指引时,刘贵祥法官的讲话精神不宜扩大适用至收货人向承运人提起的索赔之诉,收货人在运输合同项下向承运人主张货损、货差的索赔,无须证明其在买卖合同项下是否支付货款。

结　　语

从哲学与现实层面看,收货人并非一成不变的受让提单持有人,而是会随着海上货物运输合同的动态,在"可能收货人"与"现实收货人"之间进行"身份"的动态演进,其动态身份下的权利义务亦随着不同情境下的相关法律事实不断变化。其既可能与运输合同无涉,也可能成为合同利害关系人,还可能作为合同当事人。而在行使提货权或货损、货差等索赔权时,收货人与买卖合同项下的身份并无直接关联,只取决于其在运输合同项下提取货物的权利是否受到实际侵害。

货运代理在案件审判中的识别与法律责任[*]
——以《民法典》关于"代理"和"委托合同"的规定为指引

倪学伟

摘要：建立无船承运人制度后，货运代理的身份愈加扑朔迷离。正确识别货运代理，有利于案件的公正审判、货代业务的规范操作，且对有关理论研究亦有促进。当事人之间合同的名称与内容、是否签发提单、合同的实际履行情况等，是识别货运代理的重要标准。货运代理合同是货运代理为货方提供海上货物运输相关服务的合同，是《民法典》规定的委托合同的一种形式。货运代理是约定俗成的称谓，将货运代理合同改称为货运委托合同，可能更切合其法律属性。货运代理有收取约定报酬、留置相应货物或提单、转委托等权利，同时应承担交付单据、货损赔偿等义务。

关键词：货运代理；委托合同；代理；无船承运人；提单。

货运代理[①]，即"freight forwarder"，是国际海运业发展过程中出现的特殊的海运中间人或中介人。虽有"代理"二字，却并不等同于民法意义上的代理，甚至绝大多数情况下与民法意义上的代理毫无关系。在海事审判中，有关货运代理的纠纷案件，由于法律规定的阙如，相关当事人在诉讼中难有明确的预期，法官的审判更是见仁见智、判法纷纭。因此，在《中华人民共和国民法典》（以下简称《民法典》）生效施行以后，如何正确识别货运代理，并准确界定其法律责任，就是当前货运代理纠纷案件审判中亟须解决的问题。

一、货运代理的识别
（一）货运代理难以识别的原因
货运代理肇始于公元 10 世纪的欧洲，其最初的业务就是接受货方的委

---

[*] 本文原载于《中国海事审判·2020》，大连海事大学出版社 2022 年版。
[①] 货运代理包括了国际货运代理和国内货运代理。国内货运代理只能以代理人身份出现，少有争议。本文所称货运代理，均指国际货运代理。

托，代办船舶订舱、货物报关、商检、投保、检疫、包装、仓储等事项。此时，货运代理与民法意义的代理无异，其法律特征单纯而明显，基本不存在识别问题，可以直接适用民法上的代理制度进行处理。

随着货运代理业务量的增加与发展，货运代理日渐拥有了稳定的客户与货源，从而提升了与船公司讨价还价的实力，并逐步获得了船公司运价优惠与订舱优先之待遇。20世纪60年代以来，随着集装箱运输的发展，门到门运输或货场到货场运输成为先进的运输方式并能赚取到可观的收入，货运代理以其与船、货双方广泛的业务联系和娴熟的专业技能，最有条件向货方提供此种运输方式下的全方位服务。譬如，中小货主的散装货需拼箱和集运，货运代理将散装货拼箱，以整箱货与实际承运人洽定舱位签订运输合同，从而节省时间、降低成本、提高运输效率，而货量越大，船公司的运费可能会越优惠。另外，面对船公司直接揽货现象的增多，部分货运代理直接参与到货物运输的营运中来，这在一定程度上阻止了船公司直接揽货，并赚取比货运代理更高的运输利润①，成为我们所说的无船承运人。

在这种情况下，货代公司还是那个货代公司，但货运代理再也不能简单地理解为"货主的代理"或"托运人的代理"了，它既可以是单纯的委托代理人，也可以自己的名义作为独立经营人为法律行为，从而成为合同的一方当事人。② 货运代理在其业务运作中，既能从委托人即托运人或收货人处得到报酬，也能合法地从承运人处获得运价佣金③，还能从以独立合同人身份进行的业务中赚取利润，如开展对货物仓储、包装、拼箱或提供车辆、集装箱的使用等业务而获得收入。

可以说，在这种情形下，货运代理的身份是如此令人眼花缭乱、捉摸不定：同样的一个货代公司，有时是代理人，有时是无船承运人，有时又是多式联运经营人。④ 而不同身份的人都可以做同一种业务，如订舱，货运代理可以向实际承运人订舱，无船承运人和多式联运经营人亦可以向实际承运人订舱，人们无法根据业务的属性来确定从业者的身份，更何况从业者本来就

---

① 无船承运人赚取运费差价，货运代理的收入为代理佣金，运费差价通常高于代理佣金，所以有关企业愿意承担更大的风险而充当无船承运人。

② 参见1995年发布施行的《中华人民共和国国际货物运输代理业管理规定》第二条及1998年的该规定实施细则第二条的规定。

③ 参见郭峰《货运代理的内容及法律地位——兼评我国的无船承运人制度》，载《中国海商法协会通讯》2002年第4期，第27页。

④ 参见郭萍《无船承运人还是货运代理——兼对中国〈国际海运条例〉的评论》，载《中国海商法年刊》（2005）第16卷，大连海事大学出版社2006年版，第414页。

是"雌雄一体"①。对此,早有航运专家指出,有关行政法规、规章未对无船承运人清晰界定,因而很难将货运代理与无船承运人、多式联运经营人加以区别。②

综上所述,货运代理难以识别的根本原因在于,货运代理与无船承运人、多式联运经营人往往同为一体即一个公司,工作人员没有截然分开,而在三种业务的操作上又具有诸多相似性,加之货运代理在实际业务操作及诉讼中,故意混淆不同的业务身份,如变色龙一般,哪一种角色对其有利就主张其扮演的是哪一种角色,从而使得本来就不甚清晰的身份问题变得愈加扑朔迷离、难以捉摸。

(二)正确识别货运代理的意义

正确地识别货运代理,是案件公正审判的前提条件。在审判实践中,容易与货运代理混淆的法律关系有三种:一是委托代理关系,即委托代理人按照被代理人的委托,在代理权限内,以被代理人的名义实施与进出口货物海上运输相关的行为,该行为的结果由被代理人承担,③ 委托代理人不是海上货物运输关系的当事人。二是无船承运人关系,即无船承运人在办理海上货物运输业务中所形成的法律关系。无船承运人作为国际海上运输经营者,其主要特征是:不经营国际运输船舶,但以承运人身份接受托运人的货载,签发自己的提单或者其他运输单证,向托运人收取运费,通过国际船舶运输经营者完成国际海上货物运输,承担承运人责任。④ 三是多式联运经营人关系,即在国际货物多式联运中所形成的法律关系。多式联运经营人是指其本人或通过代其行事的他人订立多式联运合同的任何人,他是委托人,而不是发货人的代理人和参加多式联运的承运人的代理人或代表他们行事,多式联运经营人是多式联运合同的一方当事人,承担履行合同的责任。⑤ 在以上不同的法律关系中,当事人的权利义务是不同的,有时甚至有根本性的区别。审判实务常见的情况是,如果托运人或收货人要求货运代理承担货损货差责任或其他责任时,则货运代理往往以自己是委托代理人,不应承担责任进行抗辩;

---

① 货运代理、无船承运人、多式联运经营人往往为同一个公司。
② 参见杨运涛《〈国际海运条例实施细则〉的评述》,载《中国海商法协会通讯》2003 年第 2 期,第 49 页。
③ 见《民法典》第一百六十二条。
④ 见《中华人民共和国国际海运条例》第七条第二款。
⑤ 见 1980 年《联合国国际货物多式联运公约》第 1 条第 2 项。

而当货运代理向托运人或收货人追收运费或代理佣金时,货运代理则主张其为无船承运人或多式联运经营人。总而言之,只要能使自己的利益最大化,货运代理对其自身到底是什么身份,并没有固定不变的说辞,而是见风使舵、随机应变。然而,我们知道,任何一种业务的操作,在法律上正确的定性只能有一个结论,不可能凭当事人的好恶任意作出解释。因此,货运代理纠纷案件是否能作出公正的裁判,前提条件就是正确地识别当事人的身份,既不能把委托代理人识别为货运代理人,也不能把货运代理人识别为无船承运人或多式联运经营人。

正确地识别货运代理,有利于规范业务操作,避免产生不必要的纠纷。商业社会向来有商人自治的传统,商业习惯作为商事法律的源泉,可以演变为商事活动规则并以指导商行为,经编纂后更可能上升为商法典,由国家强制力保证其实施。商业习惯高度崇尚效率原则,并追求利润的最大化。然而,商人的习惯做法并非天然地具有合理性,特别是在市场经济不够完善的时候。商人的习惯做法还可能带有某种非诚实信用的因素,甚至为了追求利润的最大化而不惜牺牲商业活动的诚信品格。因此,商事审判就应发挥其导向功能,明确地指出鼓励和支持何种商行为,限制甚至否定何种商行为,从而引导和醇化商人习惯,在理性规范的指导下形成商事活动规则。正确地识别货运代理,就是通过司法审判的导向功能,给货运代理予以定性、定位,明确何种行为是货运代理行为,何种行为是无船承运人行为或多式联运经营人行为,何种行为是委托代理行为,从而在业务操作中划定清晰的界限,规制业务行为,达到避免不必要纠纷的目的。届时,货运代理违法规避风险和责任,有意模糊与委托代理、无船承运人、多式联运经营人区别的做法,不仅在案件审判中没有立足之地,而且在业务操作上也将没有生存的空间。

正确地识别货运代理,有利于法学理论研究的完善与提升。货运代理是海运领域中的一种实务操作行为,虽说其历史悠久,但因门到门运输革命以后,其灵活多样的经营方式、变幻莫测的经营行为,使得有关货运代理的理论研究远远滞后于实践的发展。换言之,货运代理作为一种实务操作行为,并没有严密的法学理论支撑,处于初创阶段的货运代理理论,亟须从商业活动以及审判实践中汲取成功的知识与经验。而正确识别货运代理,显然是研究货运代理理论的基础,或者说是货运代理理论大厦得以建立的基石。我们当然可以从理论的角度,确立识别货运代理的标准,但"理论是灰色的,生命之树常青",倘若货运代理在审判实践中尚处于雾里看花的状态,则难以指望有关的理论研究能有多少深度,更不可能期待有关的理论可以对审判实践具有指导和促进作用。因此，在审判实践中先行明确正确识别货运代理的方法与路径，对货运代理的相关理论研究显然是有益无害的。

（三）识别货运代理的标准

由于货代公司既可以从事委托代理业务，也可以从事无船承运及多式联运业务，因此任何一种识别货运代理的标准都不可能针对主体即货运代理公司，而只可能针对其所正在从事的业务的类型及该业务类型在法律上的归属。① 也就是说，我们不能从主体的工商登记或官方认可的身份来确定货运代理，而应从具体的每一单业务的类型出发辨别其身份，且该身份的识别仅限于该单业务而言具有正确性，对于另外的业务来说，则只有参考意义，且有时难以避免南辕北辙的结果。

1. 根据合同的名称和内容识别货运代理。

货运代理合同，是指货方与货运代理人约定，由货运代理人为货方处理与进出口货物海上运输相关的事务，货方支付相应报酬的合同。货方是指进出口货物的收货人、发货人以及他们的委托代理人。货运代理人是指接受委托，安排与进出口货物海上运输相关的事务，收取相应报酬的货运服务企业。货运代理合同的内容主要是关于进出口货物海上运输相关的事务，即合同中约定由货运代理人为货方提供各类与海上运输相关的服务，包括订舱、仓储、监装、监卸、集装箱拼装拆箱、包装、分拨、中转、短途运输（主要是集港、疏港运输）、报关、报验、报检、保险、缮制单证、交付运费、结算交付杂费等货运服务企业所从事的具体业务。但是，货运代理合同中，不应包括货物运输的内容，即无船承运人业务和多式联运经营业务不是货运代理的业务范围。

根据合同名称如"货运代理合同"或"海上货物运输合同"来识别货运代理，一目了然，简单易行。但由于合同主体可能存在法律知识欠缺，特别是一方主体本来就试图模糊甚至混淆其主体身份的时候，合同名称或许并不能揭示合同的真实属性和主要内容。换言之，当合同名称与合同内容不一致时，应以合同内容来识别货运代理的身份，合同名称仅是识别作业中的一个次要标准。

在审判实务中常见的情况是，一份名为"货运代理合同"的文本，其内容既包括了货运代理方面的事项，又包括了货物运输方面的约定，如一方负

---

① 参见孟于群《投保国际货运代理责任险的原由及程序》，载《中国海商法协会通讯》2004年第2期，第18－20页。

责将货物在启运港卸车、接货、理货、重新包装、核对标记、丈量尺码、翻译制单、法定商检、租船订舱、集港、装船、出口报关、报验及运输到目的港卸船,对货物妥善保管、谨慎运输,并保持包装完好。若因存储、运输、装卸不当造成货物损失,应赔偿另一方损失。一方收取的"海运费用"包括运费、港口包干费、仓储费、报关费。一方如不履行货运代理义务和承担货物运输责任,应赔偿因运输不及时造成损失及另找承运人的损失。① 此时,不管合同的名称如何以及双方当事人官方认可的身份怎样,合同的一方都应认定为承运人或无船承运人,从而需承担相应的法律责任。可见,在一份合同中,既有货运代理的内容,又有货物运输合同的约定时,应以运输合同吸收货运代理合同,而不能将有关的主体识别为货运代理。其原因在于,货运代理所承担的责任一般情况下小于无船承运人和多式联运经营人。作为货方的托运人或收货人,其对海上运输相关合同的经验与实力通常都要小于货运代理人、无船承运人和多式联运经营人,因而以运输合同吸收货运代理合同,可以平衡合同双方的利益,弥补一方因合同经验与实力不足而可能产生的合同不正义。

2. 根据是否签发提单识别货运代理。

提单是国际海上货物运输中的重要单据,具有三大法律功能,即承运人接收货物的收据,运输合同的证明,在目的港凭以交付货物的凭证。在审判实践中,较为统一的观点是,以是否签发提单作为识别货运代理的重要标准,即签发提单者为承运人,货运代理可以接受承运人的委托签发提单,但其身份是船舶代理人,纯粹的货运代理不可能签发提单。

在我国,货运代理原本可以签发提单,即所谓"货代提单"。其直接的根据是《中华人民共和国国际货物运输代理业管理规定实施细则》第二条第三款的规定:"国际货运代理企业作为独立经营人从事国际货运代理业务,是指国际货运代理企业接受进出口货物收货人、发货人或其代理人的委托,签发运输单证、履行运输合同并收取运费以及服务费的行为。"2002 年 1 月 1 日起施行的《中华人民共和国国际海运条例》,建立了无船承运人制度,并要求其办理提单登记和交纳 80 万元保证金。② 从此,"货代提单"被无船承运人提单所取代,因而,签发无船承运人提单者,均应被识别为无船承运人,

---

① 参见广州海事法院(2003)广海法初字第 432 号民事判决书。
② 2019 年 3 月,国务院发文取消对无船承运人的审批制,改为备案制,并退回 80 万元保证金。

其结果是部分原来的货运代理变成了无船承运人,货运代理的主体范围萎缩了。①

在审判实践中,提单的签发有多种形式,而不同形式的提单签发可能对识别货运代理有不同的结果。譬如,对于货运代理签发自己的无船承运人提单,即提单抬头为货运代理公司,则直接认定该货运代理为无船承运人;对于货运代理签发自己的未经交通行政主管部门登记的提单,仍应将签发人识别为无船承运人,对其签发该提单的违规行为可另行建议有关行政主管机关处理。对于货运代理签发船东提单,即以船公司名称为抬头的提单,并注明"代表船东签发"或"代表船长签发"字样的,则并不能当然地认定该签发人不承担承运人的责任,此时需要签发人举证证明该船东的客观存在,并有船东明确的授权手续,否则提单签发人亦可能被识别为无船承运人;在船东明确授权货运代理签发船东提单的情况下,承运人为船东,货运代理公司此时的身份为船舶代理人。关于FOB出口货物提单的签发,较常见的问题是,国内的货运代理签发境外注册的无船承运人提单,并注明系代理该无船承运人签发,而该境外无船承运人往往是该货运代理在境外注册的"空壳"公司,此时,除了需要提供境外无船承运人授权签发提单的委托手续外,还需要证明货运代理与该境外无船承运人是相互独立存在的法人,否则,应将货运代理识别为无船承运人,并承担连带责任。

3. 根据签订和履行合同过程中的意思表示及实际履行情况识别货运代理。

在审判实务中,除了当事人能举证证明双方签订的书面合同或一方当事人签发提单的案件外,更多的纠纷案件是既没有书面合同,也没有一方签发的提单,而是双方通过一个电话、一份电子邮件就将合同履行完毕。在追求效率与利润的商业社会,口头合同取代书面合同、电放货物取代凭提单放货的现象司空见惯,而一旦发生纠纷并诉诸法律,举证责任将是原告一方的沉重负担,因举证不能而承担败诉结果的案例并不鲜见。

对于无书面合同、无提单签发的货运代理纠纷案件,识别货运代理的路径与方法主要有三个:第一,考察签订合同过程中的意思表示。口头合同的签订,仍然是要约与承诺两大环节,口头的货运代理合同亦不例外。货方向货代公司询价并得到答复后,发出签订合同的要约,货代公司或者讨价还价,

---

① 官方认可的货运代理在从事无船承运业务时,极可能被海事法官判定为无船承运人而须承担相应的法律责任。从这个意义上讲,即使官方认定的货运代理的主体范围不变,司法意义上的货运代理的范围也缩小了。

或者予以承诺，承诺后合同即成立并生效。在签订合同的过程中，如果货方指定了特定的承运人，或者货运代理披露了可供选择的船公司且货方作出了选择，在委托书、托运单等单证上记载了船公司名称，并记载了货运代理的代理人身份，则应将合同的一方识别为货运代理人，否则，这一方当事人的身份可能是无船承运人或多式联运经营人。第二，考察合同履行过程中的意思表示。由于口头合同存在约定不明确的问题，可能存在双方一边履行合同，一边进一步明确权利义务，甚至修改合同内容的意思表示，因而合同履行过程中的意思表示，亦是识别货运代理的考察重点。第三，考察合同的实际履行情况。倘若货方系概括性委托，即仅仅表明由货代公司将其一批货物运往目的地，且支付一笔总的费用，其他的事务概由货代公司完成，则货代公司的身份为货运代理人。如果双方为长期合作关系，对于合同的实际履行情况，则还可以参考以前双方的交易历史，以推断本次业务的性质，并判别合同当事人的身份。

二、货运代理的法律责任

（一）对代理制度、委托合同等法律规定的辨析

2021年1月1日，新中国第一部以"法典"命名的法律《民法典》生效施行。《民法典》在《中华人民共和国民法通则》《中华人民共和国合同法》《中华人民共和国物权法》《中华人民共和国侵权责任法》等单行法已颁行的基础上，按照系统、协调、统一的原则，实现现行民事法律的系统整合和科学规范，开创了我国法典编纂立法的先河。

《民法典》规定的代理制度，包括委托代理和法定代理，删除了《中华人民共和国民法通则》关于指定代理的规定。《民法典》合同编第二十三章则规定了委托合同制度。

代理，是指代理人以本人名义为本人利益从事法律行为，由本人直接承受代理行为所产生的法律后果。代理权可通过委托合同的授权而获得，也可基于法律的直接规定而产生。代理人是受托人的一种情形，但与一般事务的委托合同下的受托人不一样，后者是指受托人以自己的名义而不是以委托人的名义，为委托人利益完成某种行为。代理与委托存在一种交叉关系，除两者重叠的内容之外，代理不一定以委托合同为基础，委托合同也并非一定授与代理权。①

---

① 参见［英］施米托夫《国际贸易法文选》，赵秀文译，中国大百科全书出版社1993年版，第373页。

委托，是委托人与受托人之间的内部关系。委托合同是一种提供劳务或服务的合同，是指委托人与受托人约定，由受托人处理委托人事务的协议，即受托人以提供活劳动的方式来满足委托人的特殊需要。相互提供劳务或服务，是社会分工细化的一个普遍现象：将自己的某项事务交由他人完成，自己通过支付一定报酬的形式享受他人的工作成果。委托、行纪、居间、保险经纪、销售代理、佣金代理等，亦即商法领域中的商品销售、证券交易、房地产交易、保险业务、银行业务等，都存在将某项事务交由他人完成，自己享受工作成果的委托与受托法律现象。

当受托人需以委托人的名义为一定法律行为时，即产生了代理法律关系。当受托人以自己的名义为委托人处理一定事务时，除产生典型的委托合同关系之外，另外所产生的行纪关系或中介关系，也是《民法典》所规定的广义委托合同关系。① 委托合同可以包含具体的代理授权，也可以仅仅是建立一种事务委托关系，即委托合同并不单与代理相对应，代理、行纪与中介三种受托行为都是因委托合同而产生，② 委托合同构架了各类受托人与委托人之间的基础契约关系。

随着受托行为在实践中的不断增加，受托行为的种类可以预计将是无法穷尽的，这注定了我们难以将众多的受托行为进行严格分类。根据《民法典》第九百一十九条关于委托合同定义的规定③，我国的委托合同并不限于必须以委托人的名义处理事务，受托行为也不限于法律行为，且有无报酬或对价均可，因而这种委托合同可以适用于各种新型的代为处理事务的关系。

（二）货运代理合同是委托合同还是代理合同

在货方向货运代理请求赔偿货损货差等纠纷的案件中，货运代理公司极力主张其仅为代理人，有关代理行为的结果应由被代理人承担。货代公司此时所秉持的依据，就是货运代理合同中的"代理"二字，即在法律上应适用《民法典》关于代理的规定④处理，由被代理人即货方对代理行为所产生的结果承担民事责任。事实上，许多关于货运代理的争论与分歧，都与其中的"代理"二字理解有关。

---

① 如《民法典》"行纪合同"章、"中介合同"章的最后一条，均规定"本章没有规定的，参照适用委托合同的有关规定。"

② 代理的基础关系还包括法律规定，即法定代理。

③ 该条规定："委托合同是委托人和受托人约定，由受托人处理委托人事务的合同。"

④ 《民法典》第一百六十二条规定："代理人在代理权限内，以被代理人名义实施的民事法律行为，对被代理人发生效力。"

货运代理合同中的"代理",是否就是《民法典》第七章所规定的代理?如本文前述,民法中代理制度的基础依据,既有委托合同中的授权,又有法律的直接规定。显然,货运代理合同中"代理"的基础契约关系,只可能是合同授权,而不可能是法律的直接规定或特定机关的指定。那么,审查货运代理合同如何授权,就是判别该合同是代理合同还是委托合同的重要步骤。第一,如果货运代理合同明确约定,货代公司以货方名义处理与海上货物运输有关的事务,且在合同履行过程中货代公司也的确以货方名义行事,那么,该合同为代理合同,货方对货运代理人的代理行为承担民事责任。《民法典》第一百六十四条规定:"代理人不履行或者不完全履行职责,造成被代理人损害的,应当承担民事责任。"譬如,货代公司找拖车进行集港或疏港运输,在该运输期间拖车司机偷盗货物,此乃货运代理没有谨慎审查拖车司机的品行、未适当履行代理人职责的后果,理应承担民事责任。第二,如果货运代理合同未约定货代公司以货方名义办理货物运输事务,且事实上货代公司以自己的名义处理相关事务,则该合同为委托合同,应按照《民法典》合同编第二十三章关于委托合同的规定处理。在航运实务中,后一种情况最为常见,特别是在口头合同中尤为如此。

综上所述,货运代理合同并不是《民法典》中的有名合同,其名称不能直接表明它的法律属性,而按其内容来考察时,该合同可能被定性为代理合同或委托合同,并适用不同的法律进行处理。这似乎向我们昭示,货运代理合同的名称应予以变更,将其称为委托合同或国际货运委托合同,可能更为恰当。

有一种观点认为,货运代理合同之下,还有若干个独立的合同,如疏港或集港运输合同、报关合同、商检合同等,当查明货损发生的具体环节时,即按照该具体环节所属的合同处理,如拖车环节发生货损的,即构成运输合同纠纷。这种观点有一定的合理性,但它没有考虑到货运代理合同的一方主体即货方与拖车公司之间并没有直接的合同关系,以运输合同纠纷起诉,被告到底是货代公司还是拖车公司,这是一个难以确定的问题。另外,如果这种观点成立,就没有委托合同、行纪合同、代理合同的区分了,这在一定意义上讲是法律的倒退,或者说与法律发展的规律相悖,因而难说可取。

(三) 货运代理人的权利

经过合同内容的识别,明确了货运代理与无船承运人、多式联运经营人的区别;经过法律属性的辨析,明确了货运代理包括了以货方名义和以货代公司名义为货方处理海运货物事宜两种形式。本文着眼于以货代公司名义为货方办理海上货物运输相关事务，即着眼于国际货运委托合同中货运代理人的权利与义务。

1. 收取约定报酬的权利。这是货运代理人最基本的权利，也是其从事该项业务的主要目的。理论上讲，货运代理的报酬为代理佣金，但在国际航运实务中以代理佣金名义收取报酬的几乎没有，绝大多数情况是以"海运费"或"包干费"的名义收取报酬，即收取货方支付的费用后，向实际承运人支付较低的运费，其差额为货运代理的报酬或利润。需要注意的是，即使货运代理以"运费"的名义向货方收取报酬或对价，并出具"国际海运业运输专用发票"或"国际货运代理业专用发票"，也不能仅仅凭费用的名称和发票就将其识别为无船承运人。另外，货运代理为货方垫付必要合理的费用，即使事先未征得货方的同意，其仍有权向货方收取该费用及其利息。

2. 留置相应货物的权利。货运代理为货方办理了有关货物运输事宜后，货方如果未按约定支付报酬的，货运代理有权留置相应的货物，如将出口的货物不予发运，将进口的货物予以扣留，以促使货方支付有关费用。如果留置货物一段时间后，货方仍未支付约定报酬的，则货运代理有权对留置的货物予以拍卖，所得款项优先清偿所欠的费用。如果双方为长期客户关系，因历史上的交易费用未清偿的，则不得留置与未清偿费用无关的货物，以保证有关交易的正常进行。

3. 留置相应提单或其他单据的权利。货方未支付约定的报酬，且合同没有相反约定时，货运代理有权留置相应的提单或其他单据，以促使货方尽快支付约定费用或履行其他义务。与留置货物的权利一样，货运代理所留置的单据，必须是所欠费用相关的单据，如果有关单据下的货物并未欠费的，则不得因为其他批次货物欠费而留置提单等单据。

4. 经货方明示同意而转委托的权利。一般说来，货运代理应该亲自处理与货物运输相关的事务，但经货方明示同意后，货运代理可以转委托。所谓明示同意，是指在合同中明确约定了货运代理可以转委托并在合同中披露了转委托的第三人，或者未经约定，但货方事后明确予以追认。经货方同意的转委托，货方可以就货物运输事务直接指示转委托的第三人，货运代理仅就第三人的选任及其对第三人的指示承担责任。在货运代理的实务操作中，特别是在概括委托的情况下，货运代理几乎是不可能完成一单业务的全部委托事务的，即转委托往往是必不可少的。在审判实务中，对于货方转委托的明示同意，应从严把握，货方因为货物运输的需要而与转委托的第三人进行联系的，不得认为货方同意或追认了转委托。一旦认定了转委托未经货方同意，则货运代理应当对转委托的第三人的行为承担责任,[①] 但在紧急情况下为维护货方利益需要转委托的除外。

(四) 货运代理人的义务

1. 依约向货方交付提单等货运单据的义务。由于提单等货运单据在国际海上货物运输中占据重要地位,当货方要求签发提单等单据时,货运代理应按要求办理,并及时将提单等单据交付货方。货运代理不得因历史上的债务纠纷而留置提单等单据,也不得因在合同没有明确约定货方先履行支付货代报酬的情况下留置提单等单据。

2. 对货损货差损失及迟延交付损失的赔偿责任。由于货运代理办理货运委托事务存在过错,给货方造成货损货差损失的,货运代理应向货方赔偿该损失。所谓过错,是指推定过错,即只要存在办理货运委托事务过程中的货损货差损失,货运代理就存有过错,除非货运代理能举证证明其没有过错存在。对于迟延交付损失,是指双方合同明确了交货期限时,无论货运代理是否有过错,货物未在该期限内交付而产生的损失,货运代理均应予以赔偿。如果有证据证明在无船承运人、海运实际承运人责任期间发生货损货差,货运代理选择无船承运人、海运实际承运人没有过错的,则有关货损货差应由无船承运人、海运实际承运人赔偿,货运代理不承担有关赔偿责任;如果货运代理合同约定的委托事项不明,或者合同概括委托货运代理人完成货物出运事项的,那么,当货物在货运代理人掌管期间发生货损货差的,由货运代理人承担损害赔偿责任。

3. 货运代理在 FOB 价格条件下的责任。我国出口贸易与其他发展中国家一样,多以 FOB 价格条件成交。[②] 在该价格条件下,由国外买方负责海上货物运输事宜,其通常单独委托货运代理办理订舱事务,且该货运代理往往同时接受国内卖方的委托处理其他货运事务。从《中华人民共和国海商法》(以下简称《海商法》) 规定实际托运人以保护 FOB 价格条件下的出口人利益的立法旨意考虑,货运代理同时作为国外的契约托运人和国内的实际托运人的货运代理人时,即分别成立两个不同的国际货运委托合同关系,此时货运代理人有义务将提单等货运单据交给实际托运人,而不是交给契约托运人。

---

① 在审判实务中,很多货代纠纷案件都是因为转委托未经货方同意,转委托的第三人的过错造成货损,从而判定货运代理对此承担赔偿责任。

② 2000 年,商务部在《关于避免无单放货风险的通知》中指出,"目前 FOB 条款的贸易合同已达 60% ~ 70%"。近两年的相关资料显示该比例已达到 80%。参见何丽新、张清姬《警惕发货人法律地位的倒退》,载《2007 年海商法国际研讨会论文集》2007 年。

4. 货运代理对于未经备案提单的责任。货运代理代为签发或转交未经我国交通主管部门备案的无船承运人提单，若货方有证据证明该行为与无船承运人给货方造成的损失之间存在直接因果关系的，货运代理应当承担补充赔偿责任①，但货方明确同意接受该提单的除外；若货方举证证明货运代理与该无船承运人恶意串通导致其损失的，货运代理与无船承运人承担连带赔偿责任；若货运代理不能举证证明该无船承运人真实存在或该无船承运人授权其签发提单的，货运代理应承担承运人的民事责任。

三、余论

委托合同的本质是提供劳务或服务。货运代理是为货方提供海上货物运输相关的服务，因此，货运代理合同是委托合同的一种。"货运代理"是一种习惯称谓，并不直接代表它的法律属性，甚至会误导人们对它的法律定性，质言之，这里的"代理"并不一定是《民法典》第七章所规定的代理，更多的情况下它与《民法典》合同编第二十三章的"委托"同义，因而将货运代理合同称为货运委托合同可能更为恰当和贴切。

货运代理人对于货损的赔偿责任，应按照《民法典》第五百八十四条的规定处理，即损失赔偿额应相当于因违约所造成的损失，包括合同履行后可以获得的利益，但不得超过违反合同一方订立合同时预见到或者应当预见到的因违反合同可能造成的损失。货运代理人并非实际承运人或无船承运人，不能享受《海商法》规定的单位责任限制和海事赔偿责任限制，其对货损的赔偿应贯彻实际赔偿原则，即损失多少赔偿多少，并须赔偿期待利益损失。这意味着货运代理人可能承担高于承运人的货损责任；司法审判贯彻这种赔偿原则，对解决目前普遍存在的货代市场乱象、规范货代市场无疑是有好处的。

---

① 在 2019 年 3 月国务院发文取消对无船承运人的审批制，改为备案制，并退回 80 万元保证金之前，一般判决货运代理在 80 万元保证金范围内承担补充赔偿责任。但退回 80 万元保证金后，货运代理的补充赔偿是否还有限额及多少限额，尚不确定。

典型无单放货案件定性问题分析*

邓宇锋

摘要：本文旨在对审理提单持有人起诉承运人这一典型无单放货案件的裁判基础进行分析。从解读《海商法》第七十一条设定两个承运人交货保证条款入手，说明提单代表一种法定制度，这一制度的主旨是维护提单的可转让性，以保证国际贸易的运行。提单不是物权凭证。提单的缮制签发产生两种法律关系变动，一是托运人与承运人运输合同交货方式条款的确定；二是提单持有人与承运人海上货物运输合同关系的确立。承运人应凭正本提单放货的法律根据是合同义务，提单持有人对承运人无单放货行为不能适用侵权行为规范，只能依据提单规定提起合同之诉。典型无单放货案件属于海上货物运输合同纠纷。

关键词：识别；提单；无单放货；物权凭证；海上货物运输合同。

引　言

对无单放货纠纷案件的审理，我国十个海事法院及其上诉审法院并没有形成统一准则，最高人民法院也没有形成指导原则，裁判不一，致使相关业界人士无所适从。这直接影响到我国的国际贸易环境及司法形象。无论是国际贸易实践的需要，还是适应 WTO（世界贸易组织）基本原则的要求，从司法实践层面来规范统一这类案件的审理都具有现实意义。目前比较切实可行的路径是在法理上对这类案件的性质首先要有一个共识。为此，笔者收集研读了 1989 年以来最高人民法院、部分高级人民法院、海事法院冠以无单放货案由的近百份判决书，试图从法官审理案件这个角度出发，在现行法的基础上，运用民法解释学的原理，对典型无单放货案件的性质进行分析，以利于统一的裁判准则的形成。

一、典型无单放货案件定性是一个国际私法上的识别问题，应以法院地法为根据对这一问题进行识别

法院受理的无单放货案件，主要有两大类：一类是提单持有人起诉签发

---

* 本文原载于广东省高级人民法院编《中国涉外商事审判热点问题探析》，法律出版社 2004 年版；修订于 2024 年 12 月。

提单的承运人，双方当事人之间存在提单法律关系；另一类是提单持有人起诉非提单签发人的实际承运人、承运人的受雇人或者代理人、港口经营人、保函出具人、提货人等，当事双方之间没有提单法律关系。所谓典型的无单放货案件指的是前一类。

典型无单放货案件均具有涉外因素，是典型的涉外案件。因此，要解决上述案件的定性问题，首先应从国际私法的相关理论出发，对案件有关事实作出定性，这实质上是国际私法中的识别问题。

国际私法中的识别，是指依据一定的法律观点或法律概念，对有关事实情况的性质作出"定性"或"分类"，把它归入特定的法律范畴，从而确定应援用哪一冲突规范的法律认识过程。①

由于：（1）对于同一事实，不同国家的法律赋予它以不同的法律性质，从而导致适用不同的冲突规范，得出相互抵触的判决结果；（2）不同的国家对冲突规范中包含的名词概念的含义理解不同；（3）不同国家的法律还往往把具有共同内容的法律问题分到实体法或程序法的不同法律部门；（4）由于社会制度或历史文化传统的不同，还会出现一个国家所使用的法律概念是另一个国家法律所没有的情况，在国际私法中存在识别冲突问题。因此，要解决识别冲突问题，就要确定识别的依据。"绝大多数国家的国际私法法规对这个问题都未作明文规定，它们认为，识别问题不能用一条准则规定下来，应留给法官去自由裁量。"② 但在理论界以法院地法为依据解决识别问题是通说。在各国司法实践中，多根据法院地法进行识别。③ 笔者认为，我国法院也应依据我国的法律观念进行识别。据此，我国法院对典型无单放货案件所涉事实情况的定性，应以法院地法即我国法为根据。

二、依据我国法对典型无单放货案件进行定性分析
（一）提单代表的是一种法定制度
1. 解读我国海商法第七十一条。

目前，司法实践中大量确认承运人负有凭正本提单放货义务的判决依据是《中华人民共和国海商法》（以下简称《海商法》）第七十一条，似乎是在很大程度上将其理解为普遍适用的法律强制性规定，即凭提单交付货物是法定义务。然而，这种认识值得商榷。

《海商法》第七十一条规定："提单，是指用以证明海上货物运输合同和

---

① 李双元、金彭年、张茂等：《中国国际私法通论》，法律出版社2003年版，第142页。
② 肖永平：《肖永平论冲突法》，武汉大学出版社2002年版，第71页。
③ 肖永平：《肖永平论冲突法》，武汉大学出版社2002年版，第67页。

货物已经由承运人接收或者装船,以及承运人保证据以交付货物的单证。提单中载明的向记名人交付货物,或者按照指示人的指示交付货物,或者向提单持有人交付货物的条款,构成承运人据以交付货物的保证。"这一条的含义,现在通行的看法是明确了提单的三项功能:提单是海上货物运输合同的证明,是一张货物收据,是一张物权凭证。① 然而,从法律的文义解释角度推敲该条规定,结果却不尽然。该条有前后两句话:前一句是从功能的角度,对提单进行定义,说明提单是什么。句子结构是:"提单,是指……和……以及……的单证。"很明显,用的是联合条件句式。按照文义解释,要构成我国海商法所称的"提单",必须同时具备三个功能要素:第一,用以证明海上货物运输合同;第二,用以证明货物已经由承运人接收或者装船;第三,承运人保证据以交付货物。缺少任何一个要素的单证,都不是我国海商法所称的"提单"。显而易见,我国海商法在这里设定了一个法律事实:提单一旦签发,就构成"承运人保证凭提单(据以)交付货物"这一法定的提单条款。该条的后一句话是对上述定义中"保证"的具体补充说明,即具体向谁交付、如何交付货物。这实际上是海商法在进一步确立另一个法律事实:提单中载明的向记名人交付货物,或者按照指示人的指示交付货物,或者向提单持有人交付货物的条款,构成承运人据以交付货物的保证。即承运人必须保证将货物交给三类人:(1)记名提单上记名的收货人;(2)指示提单上的被背书人;(3)空白提单的提单持有人。据此,《海商法》第七十一条对承运人签发的提单,实际上是规定了两个法律事实,构成承运人的两项保证条款,即承运人保证凭提单交付货物,还保证按提单中载明的交付方式将货物交给特定的提单持有人。综上所述,从《海商法》第七十一条本身导出的结论是,提单除了是海上货物运输合同的证明和货物收据外,还是确定货物交付方式的单证,但从该条款本身并不能得出提单是物权凭证的结论。

2. 提单代表的是一种法定制度。

《海商法》之所以要对提单设定上述两个法律事实,甚至在其第四章第四节对提单作出其他明确规定,其中原因应在提单本身存在的制度价值中寻找。单就海上货物运输而言,提单并非必需之物,我国沿海货物运输就是实例。货物的收据,不一定非提单不可,运单、大副收据、海运单都可作为收据;运输合同可以明确签订,比提单更清楚、明白、准确,另外还有口头运

---

① 参见交通部政策法规司、交通部法律事务中心编《中华人民共和国海商法条文释义》,人民交通出版社1993年版,第58—59页;傅旭梅主编《中华人民共和国海商法诠释》,人民法院出版社1995年版,第142—143页。

输合同的存在，提单只是一种证明，而并不是必需；货物的交付关系，可以采用民法中的涉他合同（也称为第三人合同）理论解决。可见，提单在货物运输中虽然有各种作用，但不是不可或缺的，目前流行的用海运单等其他单据代替提单的趋势并没有给承运人本身造成太多不便即是一个证明。这是因为，作为收据，作为运输合同证明，作为提货凭证，提单在法律上的性质都只是一种证据。证明一件事务的手段往往不止一种，而且一种证据可能被别的证据推翻，证据的存在与否一般不会影响实体权利的存在。① 这也说明，提单在海上货物运输环节的存在价值并不大。所以在《海商法》第七十二条第一款采用的措辞是"应托运人的要求，承运人应当签发提单"，即没有托运人的要求，承运人不必签发提单，纯粹的运输并不必须提单。

那么，托运人为什么要求承运人签发提单？最高人民法院在"海南通连船务公司与五矿国际有色金属贸易公司海上货物运输纠纷再审案"② 中对国际贸易货物的流程有一个权威的描述："海上货物运输系国际贸易中一个通常环节。贸易双方依买卖合同的约定，由一方负责租船订舱之后，卖方作为货物所有权人在装货港将货物交给承运人，再由承运人向卖方签发提单，卖方凭提单按买卖合同中的支付条款结汇。买方在付款赎单后即成为提单的合法持有人。在目的港，买方凭提单向承运人提取货物，成为提单项下货物所有权人，国际贸易货物流转程序便告结束。"③ 由此可见，托运人与承运人订立海上货物运输合同，是国际贸易的需要；托运人要求承运人签发提单，就是为了国际货物买卖合同的履行，是货物交付与货款结算的需要。在大量的国际货物买卖合同中，提单是货物交付与货款结算的工具，要履行合同，完成交易，必须有提单。从这个意义上讲，提单是为国际贸易而存在的，其功能主要在国际贸易中体现，主要是一种贸易单证，是一种贸易工具。即便是提单所具有的货物收据、运输合同证明功能，也是根源于国际贸易中风险转移的理论，最终是为国际贸易服务的。因此，提单的价值在于其作为一种明确的整体制度为国际贸易运行提供了保障。为保障提单的国际贸易功能，国际公约、各国国内立法均对提单制度有明确的规定。《海商法》同样以立法的方式设定了明确的提单制度。《海商法》第四章第四节用了9个条款，就

---

① 郭瑜：《提单法律制度研究》，北京大学出版社1997年版，第13页。
② 《海南通连船务公司与五矿国际有色金属贸易公司海上货物运输纠纷再审案》，载《中华人民共和国最高人民法院公报》1999年第6期，第211－212页。
③ 《海南通连船务公司与五矿国际有色金属贸易公司海上货物运输纠纷再审案》，载《中华人民共和国最高人民法院公报》1999年第6期，第212页。

提单的定义、作用、提单的内容和签发、提单的转让、提单的证据效力等作了具体的规定,这构成了我国提单制度的主要内容。其意义就在于明确提单制度功能,公示于世人,据以维护提单的可转让性,以保证国际贸易的运行。据此,我们对提单更应作为一种制度来理解。

(二) 对提单物权凭证功能的再认识

如前所述,《海商法》第七十一条规定,提单是货物交付方式,并不能推出提单是物权凭证的结论。然而,长期以来人们一直受提单是物权凭证这一观念的影响,认为持有提单就对货物拥有物权,以致大量的无单放货案件以侵权为由诉到法院,而法院也允许当事人选择诉由,于是产生现在无单放货案件违约与侵权诉讼并存的状况。提单是物权凭证这一说法,目前,理论界反思的声音越来越多。有的学者甚至提出提单具有物权凭证功能是历史的误会。[①] 因此,有必要对提单物权凭证功能进行再认识。

1. 学说评析。目前主张提单是物权凭证的主要学说有如下五种。

第一,所有权说。所有权说认为提单是所有权凭证或是货物所有权的支配文件,主要理由有三个:一是按照商业惯例,占有提单即等于占有货物,转让提单就等于转让货物;二是如果出让人的意思是转移货物的所有权,则提单受让人就取得货物所有权;三是提单可以作为买卖的标的和押汇的工具。

第二,占有权说。占有权说认为提单持有人凭提单要求承运人交付货物的权利,是基于提单持有人对货物的占有权。提单代表货物,因而谁持有提单谁就取得了占有货物的权利。

第三,综合说。综合说认为提单代表提单项下货物的物权。而由于物权包括自物权(所有权)和他物权(抵押权、质权、留置权等),提单持有人对提单项下的货物可能具有不同的物权。

第四,拟制占有说。拟制占有说认为提单即代表货物,转让提单即转让对货物的占有权,占有提单即等于占有货物。提单持有人对货物的占有权,是提货债权的基础。

上述四种学说都是基于"提单代表货物本身""提单交付等于货物本身的交付"等假定。但是,没有哪一个国家是以明确的法律条文来规定提单是物权凭证。有关规定都是从维护商业习惯角度,以法律规定确认交付提单具有交付货物的同样效果。如《德国商法典》第650条规定:"提单受让人根

---

① 李海:《关于"提单是物权凭证"的反思》,载《中国海商法年刊》(1996)第7卷,大连海事大学出版社1997年版。

据提单有权提取货物。受让人从船长或船代接受货物运输时起,便对已托运货物享有权利。"《希腊海事私法典》第172条规定:"就取得货物的权利而言,把提单交付给前条规定的有权益的提单持有人,其法律后果与交付货物本身的法律后果相同。"上述立法例都没有离开交付方式这一环节,解决的是国际贸易中买卖合同项下的货物交付问题。因此,学界有反对提单有物权凭证性质的学说,即否定说。

第五,否定说。否定说认为提单根本不代表物权,提单表彰的是"运送物之交还请求权",属于债权性质。提单的交付与物品交付有同一效力,提单项下货物的处理必须以提单为据等提单表现出的与物本身有关的各种特点都是基于提单的这种债权性。

2. 提单不是物权凭证。

笔者认为,上述否定说有道理,提单的物权凭证性质,不能用英、美、法等国的思维,以商业实践中的习惯做法为基础简单假设,而应立足于我国现有法律框架进行现行法意义上的客观分析。权利的来源要有先后的次序。如本文前述,提单首先是确定货物交付方式的单证。货物没有交付,运输合同便没有完结,此时,提单持有人相对于承运人而言,首先具有的是基于运输合同或提单的货物返还请求权。英、美、法等国中只有契约、侵权、动产、不动产等概念,并无物权、债权概念,"物权是大陆法系民法上的概念,在罗马法中已有出现,一直沿用至今"①。"document of title"翻译成"物权凭证"的确值得推敲。提单是物权凭证的说法来源于英国的判例,这一点是公认的事实。在1794年的Lickbarrow v. Mason案中,英国法院认为:"买方将提单背书给一个善意被背书人后破产,卖方欲行使停运权并向已支付对价的善意被背书人主张权利。在二审中特别陪审团作出判决,认定提单经过这样背书、交付转移后,货物所有权就转移了,被告胜诉。"② 从这个案例看,与上述立法例一样,法官实质上肯定的也是提单在货物买卖中的交付功能。提单在货物交付方式上发挥了作用。在现代物权变动理论中,"交付作为公示方法,是着眼于动态的物权变动。处于静态的动产物权,则以占有作为公示的方法。交付与占有分别从静态和动态两个方面来表现动产物权关系,二者相辅相成,占有是交付的结果"③。提单项下的货物占有,显而易见是由承运

---

① 张俊浩主编:《民法学原理》,中国政法大学出版社2000年修订第三版,第385页。

② 101. E. R. pp. 380-382,转引自姚洪秀、王千华《浅论海运提单所证明的权利属性》,载《中国海商法年刊》(1996)第7卷,大连海事大学出版社1997年版,第31页。

③ 王轶:《物权变动论》,中国人民大学出版社2001年版,第147页。

人占有。托运人把货物交给承运人,即将货物的占有转移给了承运人,承运人将货物交给合法提单持有人而收回提单,对提单项下货物的占有才会转移。所以提单持有人对承运人而言,具有的是货物返还请求权,根本不是占有权。

在现代民法中,货物交付方式除了现实交付外,还包括简易交付、占有改定[①]和指示交付。笔者认为,指示交付理论可以解释提单的法律性质。

指示交付,又称返还请求权让与,是指在交易标的物被第三人占有的场合,出让人与受让人约定,出让人将其对占有人的返还请求权移转给受让人,由受让人向第三人行使,以代替现实交付。学理上也称之为返还请求权代位。《德国民法典》第931条规定:"物由第三人占有时,所有人得以对于第三人的返还请求权让与给受让人,以代替交付。"由此可见,返还请求权让与,是一种重要的交付方式,提单正是此种交付方式在海运实践中的具体运用,它所表彰的是一种返还请求权,谁持有提单,谁就享有对货物的返还请求权。

《中华人民共和国合同法》(以下简称《合同法》)第一百三十五条规定:"出卖人应当履行向买受人交付标的物或者交付提取标的物的单证,并转移标的物所有权的义务。"[②] 据此,我国现有法律规定确认的是提单可以作为交付的方式,提单是提取标的物(运送的货物)的单证。出卖人可以向买受人交付提取货物的提单,以取代货物的现实交付,这是在立法上对指示交付即返还请求权让与的确认。《海商法》第七十一条设定的承运人保证据提单交付货物的法律事实,与《合同法》的这一规定正好相呼应。由此可见,提单是物权凭证,在我国立法上找不到法律依据,而提单转让表彰返还请求权让与,却有相关的明确法律根据。

综上所述,提单不是占有权的凭证,其本身并没有直接表彰物权,只是间接证明,起证据作用。提单的转让只是代表一种交付方式,让与的是货物的返还请求权,这一请求权的实现,才有占有的结果出现。国际贸易的交付方式是提货请求权的转让,跟是否占有货物无关。依据提单并不能证明提单持有人对货物拥有物权,因此,称提单为"物权凭证",在我国现有法律框架下,没有根据。明确这一点的意义在于,提单持有人仅仅凭提单并不能主

[①] 王轶:《物权变动论》,中国人民大学出版社2001年版,第148-149页。简易交付是指交易标的物已经为受让人占有,转让人无须进行现实交付的无形交付方式。占有改定是指在动产交易中转让人与受让人约定,由转让人继续直接占有动产,使受让人取得对于动产的间接占有,并取得动产的所有权。

[②] 该条内容对应《中华人民共和国民法典》第五百九十八条"出卖人应当履行向买受人交付标的物或者交付提取标的物的单证,并转移标的物所有权的义务。"——编者注

张物权，即凭提单提起侵权之诉，缺乏法律根据。

（三）提单的缮制签发所引起的法律关系变动

如本文前述，提单的功能之一是确定货物交付方式，但是，这种功能并不会自动产生。提单是在托运人与承运人订立海上货物运输合同后，开始履行之时缮制签发的。而提单的缮制签发行为既不是自动的，也不是承运人单方行为。

1. 提单的签发意味着托运人与承运人就海上货物运输合同的交货方式达成一致。

第一，提单的签发，表明当事人确定了交货方式。《海商法》第七十二条第一款规定："货物由承运人接收或者装船后，应托运人的要求，承运人应当签发提单。"可见，承运人承担签发提单义务是有前提的，即必须应托运人的要求，承运人才负有签发提单的法定义务。换言之，没有托运人的要求，承运人可以不签发提单。然而，根据本文前述对《海商法》第七十一条的分析，提单一旦签发给托运人，就确立了承运人对交货方式的两个保证。

托运人要求签发提单的行为，实质上是对承运人的一种要约，是希望承运人能在交货方式上有前述两个保证的意思表示；承运人以签发提单的行为作出承诺。至此，托运人与承运人就海上货物运输合同项下的交货方式条款确定一致，即使托运人与承运人在签发提单之前有过交货方式的约定，也被提单的签发所变更。托运人如果没有持有提单，则无权再依据其与承运人之间的海上货物运输合同要求承运人向其交付货物。由此可见，托运人的要求签发提单行为和承运人的依法签发提单行为实质上是确立海上货物运输合同交货方式条款的缔约行为。《海商法》第七十一条设定的两个承运人保证事实，经托运人和承运人的意思表示，成为托运人与承运人之间海上货物运输合同的两个合同条款。这是签发提单的第一个法律后果。

第二，提单中的约定不得违反前述关于承运人交货的两项保证。在我国海商法下，承运人订立海上货物运输合同的意思表示受到一定的法律限制。这些限制主要有两类：（1）订约的法定限制，包括两方面：一方面，《海商法》第七十二条第一款是法律的强制性规定，对承运人而言是一种订约自由的法律干预。只要托运人提出要求，承运人必须签发提单。另一方面，《海商法》第七十八条第一款规定："承运人同收货人、提单持有人之间的权利、义务关系，依据提单的规定确定。"即承运人一旦签发提单，将受到法律设定的提单债权债务关系的约束。（2）缮制签发提单的法定限制：根据《海商法》第七十三条第二款之"提单应当符合本法第七十一条的规定"，即必须同时具备证明海上货物运输合同、证明货物已由承运人接收或者装船、承运人保证凭他签发的正本提单载明的交货方式交付货物三项要素。缺少任何一项要素，就不是《海商法》下的提单。虽然提单是运输合同的证明，但并不是托运人与承运人在提单中的任何约定都是有效的，提单的内容不能违反本文前述关于承运人的两个保证条款。如托运人与承运人在海上货物运输合同中约定可以无单放货，并写在提单条款中。这种例子很多，在大宗散杂货租船运输中，当事人经常在合同中约定承运人在目的港必须凭收货人或承运人的保函交付货物而不得坚持出示正本提单。而油轮租约中这样的条款几乎无一例外地成了"标准的"附加条款。① 这类条款违反了法律规定，根据《海商法》第七十一条规定，承运人必须保证凭正本提单交付货物。上述可无单放货的条款不能对抗法律设定的提单交货方式，显然是违法的，没有法律效力。

综上所述，提单的签发，不得违反承运人交货的两项保证。

2. 提单确立了持有人与承运人之间的海上货物运输合同关系。

应托运人要求，承运人缮制签发提单后，承运人与提单持有人之间就产生了法律关系，即提单债权债务关系。这是签发提单的第二个法律后果。《海商法》第七十八条第一款规定，是发生这一法律关系的提单制度设定的。但该款的文字是"承运人同收货人、提单持有人之间的权利、义务关系，依据提单的规定确定"。"权利、义务关系"这一用语不明确，并未说明这一法律关系的性质。因为因物权产生的法律关系，同样是权利、义务关系，容易引起混乱理解，应当澄清。

如本文前述，提单依法产生于海上货物运输合同环节。根据《海商法》第七十一条、第七十三条的规定，承运人签发的提单本身应是用以证明海上货物运输合同，按照通说，只是该合同的证明，不是该合同的本身。因此，托运人与承运人之间是海上货物运输合同法律关系，提单持有人（非托运人）与承运人之间是提单债权债务关系。那么，《海商法》第七十八条中"提单的规定"（提单债权债务关系）的性质如何？学术界有不同看法，首先对各学说简评如下。

第一，涉他合同说。涉他合同又称为第三人合同，认为提单的规定是运输合同性质，托运人是为收货人利益订立运输合同，收货人作为受益的第三人，可以取得以自己名义直接请求承运人履行运输合同项下义务的权利。这一学说的特点是：收货人作为受益第三人，其权利义务完全取决于托运人与承运人的约定，其债权有可能被承运人对托运人的一切抗辩所对抗。此说显

---

① 参见廖一帆《无单放货不等于错交货物》，载《中国海商法协会通讯》2002年第1期，第40页。

然无法解释《海商法》第七十七条所规定的提单最终证据制度,因为在国际贸易中,出于交易安全考虑,绝不允许收货人的权利处于不确定状态。

第二,合同让与说。该学说认为"提单的规定"是运输合同性质。提单的转让,使提单所包含或证明的海上货物运输合同中规定的部分托运人的权利和义务发生转移,提单持有人因之成为运输合同的当事人。① 1999 年最高人民法院在"海南通连船务公司与五矿国际有色金属贸易公司海上货物运输纠纷再审案"② 中即持合同让与观点。该判决认为:"在本案中,作为贸易合同卖方、提单托运人的五矿公司,在提单签发时,对其所托运的货物具有所有权,但当提单经过两次背书转让至贸易合同买方丰田通商手中,且丰田通商在日本名古屋港提货后,提单已实现了正常流转,此时提单所证明的运输合同项下托运人的权利义务已转移给提单持有人丰田通商,其中包括提单项下货物所有权和诉权。因此,作为提单托运人五矿公司对提单项下的货物已不再具有法律上的利害关系。对于'万盛'轮错卸货物造成的损害赔偿的请求权,应由丰田通商来行使。"③

但是,合同让与说不能解释合同义务如何能在不通知债权人时就让与,而且收货人得到的权利义务又可能与托运人的权利义务不完全相同。合同转让后,作为出让人的托运人并不能完全脱离该被转让的运输合同,根据《海商法》第八十八条规定,承运人申请拍卖所留置的无人收受的货物,拍卖款在清偿其债权后,剩余的金额,仍应"退还托运人"。由此可见,提单的出让,并不能在托运人与承运人之间消灭被转让出去的为提单规定的合同关系。

第三,证券说。证券说认为提单是表明承运人承认已接收货物,并负有在目的港将货物交给提单持有人这一债务的有价证券。提单表彰运输合同上的债权,将运送物的交付请求权从运输合同中相对截离出来,作为证券上的权利行使。这一说法本身承认提单的证券关系与票据关系有很大的差别。票据在民法理论中一般认为是单方法律行为,而提单并不是。票据制度中,后手的债权人对前手有追索权,而提单制度中没有。《海商法》第七十八条没有规定提单持有人与提单其他背书人的关系也按提单的规定确定,即不承认后手对前手有追索权。

---

① 司玉琢主编:《海商法详论》,大连海事大学出版社 1995 年版,第 152 页。
② 《海南通连船务公司与五矿国际有色金属贸易公司海上货物运输纠纷再审案》,载《中华人民共和国最高人民法院公报》1999 年第 6 期,第 211–212 页。
③ 《海南通连船务公司与五矿国际有色金属贸易公司海上货物运输纠纷再审案》,载《中华人民共和国最高人民法院公报》1999 年第 6 期,第 212 页。

第四，合同说。合同说认为提单在收货人与承运人之间形成了一个单独的运输合同。① 英国的默示合同理论与此说有相似之处。这一说法主要是在形式上是否具备合同订立的意思表示方面受到质疑。

第五，法律规定说。法律规定说认为收货人取得的权利是基于法律的规定。托运人因运输合同取得的权利与收货人因法律规定取得的权利，并非两个权利，而是一个权利，只是收货人取得权利时，托运人对于承运人依运输合同所得行使与之有关的权利，处于休止状态，不能再予行使而已。②

然而，提单持有人与承运人之间是海上货物运输合同关系。以上学说虽然分别在一定程度上说明了提单持有人与承运人之间法律关系的性质，但总有不能圆满解释海运、贸易实际状况的地方。究其原因，笔者认为，之所以用法律规定形式确定提单持有人（非托运人）与承运人之间的权利义务，就是因为依靠涉他合同、合同转让、证券、新合同等学说所涉及的已有民法理论，适用相关民事法律规范，无法达到提单制度所追求的目的。

笔者认为，关于提单持有人与承运人之间的法律关系的性质，应从以下五个方面来理解。

第一，《海商法》第七十八条第一款规定是为了保障提单的可转让性。该款规定是一项制度设定，是法定提单制度的一部分。其制度价值在于配合国际货物买卖合同中风险转移理论，弥补涉他合同理论的不足，通过立法给予收货人、提单持有人海上货物运输合同当事人的法律地位。

第二，如本文前述，提单代表的是一种法定的商法制度，本身不会自行发生作用。承运人、收货人、提单持有人对提单所载海上货物运输合同条款并没有一致的意思表示。提单在国际贸易中发挥作用靠的是其在商法意义上的整体制度价值，国际贸易的参与者选择提单作为工具，不是选择提单本身，而是选择提单制度，提单制度基本法定，有国际统一基础，特别是对承运人不可免除的最低责任的规定，使提单制度稳定而明确，这正是国际贸易参与者信赖提单制度的基础。收货人、提单持有人作为国际货物买卖合同的买方，在与卖方（托运人）签订买卖合同时，一旦约定采用 CIF/FOB/CFR 等贸易术语，采用跟单信用证或跟单托收等结算方式，就构成对提单制度的选用。这意味着收货人、提单持有人将要成为法定提单法律关系的一方当事人，受提单的规定约束。因此，作为买方的收货人、提单持有人要维护自己的权益，

---

① 沈木珠：《海商法比较研究》，中国政法大学出版社1998年版，第84页。
② 参见杨仁寿《海商法论》，三民书局有限公司1986年版。

可以对提单的格式、基本内容在签订买卖合同时行使选择权，与卖方（托运人）在买卖合同中约定。如果不作出特别约定，只是选择提单作为工具，则卖方只要在运输环节要求承运人签发提单，就是履行了买卖合同的约定。这就意味着作为买方的收货人、提单持有人同意卖方（托运人）的选择，认同提单的规定内容。据此分析，作为国际货物买卖合同关系中买方的收货人、提单持有人，在订立买卖合同时选择使用提单制度，根据《合同法》第十四条规定，构成要约。而承运人签发提单的行为，如本文前述，构成承诺。双方一致表示接受提单的规定作为彼此之间的权利、义务。

第三，提单条款的内容本身就是托运人与承运人海上货物运输合同的部分或全部内容。

第四，《海商法》的立法结构体系以及对提单条款内容的调整体现了提单关系应按海上货物运输合同关系对待的立法意图。

A. 1993年7月1日施行的现行《海商法》总计15章278条。提单问题作为运输单证安排，在海上货物运输合同的第四章第四节进行规范。在立法结构体系上将提单视为海上货物运输合同问题对待。

B. 《海商法》第七十八条、第九十五条规定均确定提单持有人与承运人之间的关系依据提单的规定或适用提单的约定。另外，《海商法》第四十四条还规定："海上货物运输合同和作为合同凭证的提单或者其他运输单证中的条款，违反本章规定的，无效。"《海商法》第四章从第四十一条到第九十一条均是对承运人和托运人权利义务方面的明确规定，根据《海商法》第四十一条的上述规定，涉及这方面内容的条款均属于强制性规定，合同法理论中的意思自治原则在这里不适用。在这里，立法显然将作为合同凭证的提单与海上货物运输合同同等对待，对提单的权利义务内容，用调整海上货物运输合同的法条进行规范。

由此可见，无论是在立法结构体系方面，还是在具体规范内容方面，在立法上，已经将提单关系作为海上货物运输合同关系进行法律调整。

第五，国际上先进的海运、贸易大国的相关立法趋势是将提单视为或直接规定为运输合同。

A. 英国1855年《提单法》第1条规定："提单记名的收货人，和因发运货物或提单背书而受让货物所有权的提单被背书人，应受让所有诉权，并承担和货物有关的义务，就如同提单所证明的合同是和他本人签订的。"①

---

① 转引自郭瑜《提单法律制度研究》，北京大学出版社1997年版，第161页。

B. 英国1992年《海上货物运输法》第5条（1）规定："'运输合同'：（a）在提单或海运单时，指提单或海运单包括或证明的合同。"

C. 美国1999年《海上货物运输法》（美国参议院1999年9月24日草案）第二条（a）（5）运输合同——（A）一般规定——"运输合同"，是指：（i）经海运或部分经海运部分以一种或多种其他运输方式运输的货物运输合同，包括提单（或类似单证），不论其是否可转让，且不论其为印刷的还是电子的；和（ii）租船合同下或依据租船合同签发的提单（或类似单证），不论其是否可转让，且不论其为印刷的还是电子的，自其调整承运人和提单或其他合同的持有人的关系时起即可。① 从这些立法案例可以看出，海运、贸易大国的立法趋势是将提单确认为运输合同。

如上所述，表面上看，承运人同收货人、提单持有人之间的关系是法定的债权债务关系，实质上它依然是当事人意思自治的选择结果，是合同关系。将上述"提单的规定"视为是海上货物运输合同性质，既有法理根据，又符合当今国际海上货物运输立法的趋势。司法实践中将案由定为海上货物运输合同无单放货纠纷是有根据的。

尽管《海商法》作出了法律规定，但依然有解释、适用的混乱，其原因是法律规定的还不明确，没有说明法律关系的性质。只有对提单债权债务关系定性，才能在逻辑上确定使用合同法律规范还是侵权法律规范处理案件。所以，未来相关提单立法应明确规定提单债权债务关系是运输合同关系。因此，《海商法》第七十八条第一款应修订为："承运人同收货人、提单持有人之间的权利、义务关系，是海上货物运输合同关系，其内容应依据提单的规定确定。"

另外，提单签发后，托运人无权向承运人主张无单放货损害赔偿权利。提单持有人与承运人之间的海上货物运输合同关系与托运人、承运人之间的海上货物运输合同关系相对独立，两个关系的联系在于债务人都是承运人，债务人负担的义务在凭正本提单交付货物这一交付方式上完全一致。一旦发生承运人无单放货行为，当提单在托运人手上时，由于这两个关系性质都是海上货物运输合同关系，都受《海商法》调整，托运人主张权利不会有什么不同。然而，当提单在非托运人手中时，托运人和提单持有人分别依据各自的法律关系都有主张提货请求权的法律基础，此时，托运人和提单持有人是否都可以起诉承运人？

---

① 《美国1999年海上货物运输法（美国参议院1999年9月24日草案）》，王鹏、吴佳贵、王应富、沈晓平译，载《中国海商法年刊》（1999）第10卷，大连海事大学出版社2000年版，第454页。

托运人与承运人之间的海上货物运输合同，是典型的涉他合同，第三人是受益的提单持有人。涉他合同的结构是基本合同加上交付条件条款，由于向第三人履行的交付条件条款是承托双方约定的，因此是合同条款的一部分。在理论上，可将该条款解释为一种附停止条件的条款，即以第三人是否同意为停止条件。第三人同意的，该条款即生效；第三人不同意的，该条款即自始无效。此时，债务人应依据合同约定向债权人履行义务。在第三人接受了合同权利的情况下，债务人应向第三人而不是向债权人履行。债权人若接受债务人履行的，应构成不当得利，因为他已失去了获得该履行利益的法律依据。[①] 根据本文前述分析，提单是作为一项完整的制度被国际贸易参与者选用，所有参与者对提单的法定作用是知晓的，作为第三人的国际货物买卖合同买方，采用提单作为交易工具，显然是同意提单作为货物返还请求权凭证这种交货方式的，因此，对承运人而言，一旦提单缮制签发，承运人和托运人之间的涉他海上货物运输合同的交付条件条款就生效，托运人必须受该合同条款的约束，也就失去了再向承运人提出返还请求的法律依据。因此，提单签发后，托运人不能再依据其与承运人之间的海上货物运输合同关系向承运人主张无单放货损害赔偿权利。

（四）无单放货案件裁判所依据的法律规范

调整无单放货案件当事人之间关系的现行法律规范，也是原告的请求权基础。探寻原告的请求权基础，是审理这类案件的核心问题。

1. 承运人应凭正本提单放货的法律根据。

理论界有不少人认为在我国现有法律体系中，对承运人签发提单后如何交付承运的货物，没有明确的规定。这种看法并不符合实际，这里面存在对法条的理解问题。的确，调整海上运输关系的《海商法》第四章"海上货物运输合同"的第二节"承运人的责任"和第五节"货物交付"，通篇没有一处直接规定承运人有凭正本提单交付货物的义务。但是，这并不等于没有这个义务。义务的产生并不仅仅来源于法定，有效的合同约定同样产生义务。

由本文前述分析可知，《海商法》第七十一条对提单设定的两个法律事实，经由托运人、收货人、提单持有人、承运人的选择提单制度作为贸易工具的行为，通过承运人按照《海商法》第七十二条第一款、第七十三条第二

[①] 最高人民法院经济审判庭编著：《合同法释解与适用》上册，新华出版社1999年版，第283 - 284页。

款要求缮制签发提单，就成为提单项下的法定条款，进而根据《海商法》第七十八条第一款规定，成为承运人同收货人、提单持有人海上货物运输合同项下的义务内容。该两个合同义务，经过合同法律规范的调整，即产生法律约束力。因此，承运人应凭正本提单放货是有法律根据的，该法律依据就是《海商法》第七十一条及相关合同法律规范。必须指出的是，承运人凭正本提单放货的义务是海上货物运输合同项下的合同义务，其效力来源是合同约定，并不是法定义务。司法实践中，法院认定承运人负有凭正本提单放货义务，有充分的法理根据。但是，有些法院的判决，仅仅依据《海商法》第七十一条，以无单放货纠纷为案由，简单认为无单放货违反法律强制性规定，应承担赔偿责任，判决理由法律基础并不确切，值得商榷。

2. 提单持有人与承运人之间的关系依法应受合同法律规范调整。

尽管最高人民法院在其公报上公布的案例明确承运人无单放货行为构成违约，但目前在司法实践中还有大量的提单持有人以侵权为由向承运人提起诉讼，法院也以侵权为案由立案审理。之所以出现这种情况，是因为法律人士对提单持有人与承运人之间的关系应受什么法律规范的调整有不同认识，而这又主要与对提单性质的理解有关，同允许选择请求权提起诉讼的理论也有一定关系。

提单持有人身份具有多重性，基于运输，相对于承运人提单持有人是收货人或托运人；基于国际货物买卖合同，是买方；基于押汇协议，是质押人。可见，多个法律关系可能集于提单持有人一身。因此，提单不是物权凭证不等于说提单持有人本人没有物权，提单持有人的物权主要靠买卖合同及押汇协议等法律关系证明。提单持有人仍有依据物上请求权或侵权行为之债请求权起诉承运人的请求权基础。提单持有人与承运人之间存在海上货物运输合同关系，问题是其能不能选择诉讼？

笔者认为，提单持有人只能提起违约之诉。理由是提单持有人选择诉讼的权利受法定限制。《海商法》第七十八条第一款规定："承运人同收货人、提单持有人之间的权利、义务关系，依据提单的规定确定。"而如前所述，"提单的规定"是法律确认的海上货物运输合同。据此，收货人、提单持有人与承运人之间的权利、义务关系只能依法确定为海上货物运输合同关系，在这里，法律规定排除了侵权关系。尽管《合同法》第一百二十二条规定："因当事人一方的违约行为，侵害对方人身、财产权益的，受损害方有权选择依照本法要求其承担违约责任或者依照其他法律要求其承担侵权责任。"①但是，依照民法解释学原理，"在民法适用上，以特别法优于普通法为原则。即对该事项有特别法时，应适用特别法，而不适用普通法；只在无特别法时才适用普通法，普通法起补充特别法的作用"②。所以，并不是承运人无单放货行为不存在受普通民法中的侵权行为法律规范调整的问题，而是《海商法》第七十八条这一特别法的规定优先适用于普通的民法规范，才导致不能适用侵权行为规范的结果。因此，提单持有人对承运人只能是依据提单规定提起合同之诉。这是法律适用原则使然。所以，在现有的中国法律框架下，对承运人无单放货行为提起侵权之诉与法律规定不符，缺乏直接法律根据。

2000年8月11日，最高人民法院（2000）交他字第1号《关于提单持有人向收货人实际取得货物后能否再向承运人主张提单项下货物物权的复函》对福建省高级人民法院有如下答复："本案提单持有人福建省东海经贸股份有限公司与承运人韩国双龙船务公司形成了提单运输法律关系，应按海上货物运输合同纠纷处理。"③ 在此之前，最高人民法院在1997年第1期《中华人民共和国最高人民法院公报》公布的"粤海公司与仓码公司、特发公司等海上货物运输无单放货、提货、代理放货纠纷再审案"已表明持此观点。由此可见，对于提单持有人起诉承运人无单放货案件，最高人民法院的明确意见是按海上货物运输合同纠纷处理。

综上所述，提单持有人与承运人之间的关系是海上货物运输合同关系，应按海上货物运输合同处理，提单持有人不能向承运人提起侵权之诉。承运人无单放货行为应受合同法律规范的调整。

---

① 该条内容已被《中华人民共和国民法典》第一百八十六条"因当事人一方的违约行为，损害对方人身权益、财产权益的，受损害方有权选择请求其承担违约责任或者侵权责任"所取代。——编者注

② 梁慧星：《民法总论》，法律出版社1996年版，第275页。

③ 万鄂湘主编、中华人民共和国最高人民法院民事审判第四庭编：《中国涉外商事海事审判指导与研究》总第1卷，人民法院出版社2001年版，第31页。该批复所涉案件基本情况：福建省东海经贸股份有限公司（以下简称"东海公司"）诉韩国双龙船务公司（以下简称"双龙公司"）、中国福州外轮代理公司提单纠纷上诉一案，东海公司接受福州保税区建诚贸易有限公司（贸易合同的买方，以下简称"建诚公司"）的委托，代开信用证。建诚公司在约定的期限内未能向东海公司付款，东海公司在双龙公司接受香港东方公司（贸易合同的卖方）的指令无单放货的情况下，以提单持有人的身份向收货人建诚公司提出索赔，并与建诚公司、香港东方公司达成谅解，签订了一份《补充协议》，该协议推迟了建诚公司的付款时间，并由建诚公司所有尚属海关监管的成品油做抵押。后又由于建诚公司转移了该批油，建诚公司又无力偿付东海公司代开信用证的款项，东海公司再以无单放货为由状告双龙公司及其代理人代理公司。

三、结论

典型无单放货案件的定性,首先是一个国际私法的识别问题,识别的根据,应以法院地法为原则。适用我国法对其进行定性分析的结论是:典型无单放货案件属于海上货物运输合同纠纷,不能将之定性为侵权。在司法实践中,一些法院将其定性为侵权之诉,缺乏法理基础,也没有现行法的支持。将无单放货纠纷定性为侵权,以争取我国法院管辖的做法,是不可取的。

国际海运集装箱滞箱费的请求权分析

韩海滨

摘要：承运人网站公布的滞箱费费率是否具有约束力、法院可否根据申请对滞箱费进行调整或者设定限额等问题一直困扰着航运界和海事司法界。本文从滞箱费的实务运作、当事人之间法律关系、请求权基础、海事司法实务等角度进行分析，认为近年来在国际集装箱运输中逐渐形成承运人对超期使用集装箱者收取滞箱费的航运惯例，滞箱费是承运人依航运习惯对超期使用集装箱者收取的赔偿费用；承运人网站公布的滞箱费费率具有约束力，一般不宜调整。

关键词：滞箱费；国际航运惯例；提单；集装箱运输。

承运人单方公布的海运集装箱滞箱费费率对收货人是否有约束力，是近年国际集装箱运输中出现的新的法律问题。滞箱费包括集装箱延滞费（Demurrage）和集装箱滞留费（Detention）两种类型。集装箱延滞费系指收货人未在船公司或承运人规定的时间内提货所产生之费用，集装箱滞留费则系指收货人未在船公司或承运人规定的时间内还箱所产生之费用。在承运人无法通知收货人提货、托运人行使中途停运权、收货人与托运人发生买卖纠纷、海关检查等情况下，均可能产生高额滞箱费。

一、问题的提出

海事法院在审理某集装箱运输公司诉提单持有人滞箱费纠纷案中，收货人交还提单后没有提货，承运人请求收货人支付在目的港滞留10个集装箱约5个月期间的滞箱费502,800元。提单条款第9条第（2）项规定：如果承运人的集装箱及设备被货方用于前程运输或续程运输，或在货方营业处所开箱，则货方应在运价原本规定的时间内或按承运人要求，将空箱归还至承运人、其受雇人或代理人指定的地点，并应将空箱内部洗刷清洁、不留异味。如有集装箱未在上述时间内归还，则货方应就未还空箱而引起的延误、滞期、损失或费用承担责任。但该条款所指的费用不是在目的港滞留期间的费用。提单中没有约定滞箱费标准。在提单背面条款中没有关于承运人可向超期使用

---

* 本文修订于2024年12月。

集装箱者收取滞箱费的约定的情况下，收货人拒不提货导致集装箱长期滞留在集装箱堆场，承运人是否有权请求收货人支付在目的港集装箱堆场滞留期间产生的滞箱费？法院可否依申请对承运人公布的滞箱费费率进行调整或者设定限额？该问题在理论与审判实务中争议较大。回答以上问题的前提是明确承运人要求支付海运集装箱滞箱费的请求权基础是什么，滞箱费的性质是什么。上述案例中原告是否有权请求滞箱费的问题，作为双方法律关系内容的提单没有约定，如果法律没有明确其请求权基础，则原告的请求权不成立，除非航运界有承运人收取滞箱费的习惯或者承运人收取滞箱费被认可为习惯法。

关于滞箱费的性质，代表性的有租金说、违约金说（违约损失说）、损失补偿说、行业惯例说等观点。租金说认为，货主用箱就应该支付相应的租金，超期使用当然也应该支付超期使用的费用。违约金说认为，滞箱费是违反合同约定或默示保证义务的用箱人向承运人支付的特殊的违约金或违约损失。损失补偿说认为，集装箱超期使用费属于集装箱租用合同或者运输合同一方当事人迟延履行归还集装箱的义务所造成的违约损失，一般为提供集装箱的一方当事人因丧失正常使用集装箱的预期可得利益损失和向第三人主张租用涉案集装箱的成本损失。该说还认为：如果集装箱的提供者与使用人之间没有明确约定集装箱超期使用费标准，集装箱提供者主张集装箱超期使用费的，应当举证证明集装箱使用费的同期市场价（有关市场主体普遍采用的价格）；如果集装箱的提供者举证证明其网上发布的有关集装箱超期使用费标准与同期市场价大致相当，也可以采纳其网上发布的集装箱超期使用费标准。行业惯例说认为：承运人收取集装箱超期使用费先是以部门规章为依据，后来形成一种行业惯例。

海事法院不同时期的判决分别采租金说、损害赔偿说、行业惯例说、违约金说、损失补偿说。这一现象说明人们对海运集装箱滞箱费的请求权基础和性质存在较大的争议。滞箱费应如何定性是司法实务中亟须解决的问题。

二、滞箱费是根据航运惯例收取的赔偿费用

本文根据滞箱费的实务运作、请求权基础、法律关系、司法实务等角度探讨滞箱费的性质，认为滞箱费是承运人根据航运习惯收取的赔偿费用。

（一）滞箱费费率表的内容

滞箱费费率表的内容，以2015年香港东方海外货柜航运有限公司在其网站公布的台湾地区滞箱费费率表为例，如超过免费期，场内延滞费的每日收费见表1。

表 1　超过免费期的场内延滞费（Demurrage）日费率

柜型	1～5 天	Thereafter
20GP	NT＄600	NT＄1,100
40GP（HQ）	NT＄1,000	NT＄2,200
45HQ	NT＄1,200	NT＄2,400
20RF/FL/OT/FL	NT＄1,200	NT＄2,400
40RQ/FL/OT/PL	NT＄1,600	NT＄3,200

场外滞留免费期：一般柜 3 天/冷冻柜与特殊柜 2 天，如超过免费期，每日收费见表 2。

表 2　超过免费期的场外滞留费（Detention）日费率

柜型	1～5 天	Thereafter
20GP	NT＄550	NT＄1,100
40GP（HQ）	NT＄800	NT＄2,000
45HQ	NT＄1,000	NT＄2,200
20RF/FL/OT/FL	NT＄900	NT＄1,800
40RQ/FL/OT/PL	NT＄1,300	NT＄2,600

上述费率表的特点有三个：（1）费率标准由承运人单方公布；（2）承运人的同种集装箱在不同港口的滞箱费费率标准不同（综合考虑用箱成本、箱量情况、市场走势以及港口免费堆存期等诸多因素）；（3）具有惩罚性。在集装箱是由承运人提供的情况下，承运人一般给予收货人在目的港免费使用集装箱的时间。收货人超过规定的时间使用集装箱，承运人会根据费率收取一定的费用。滞箱费因进口和出口不同，承运人规定不同的进口、出口箱的滞箱费费率。根据是否由收货人实际占用，滞箱费区分为集装箱延滞费和滞留费。有的航运公司在部分地区允许滞箱费和滞留费连续计算，称为联合费率。

滞期费（Demurrage）一词，原本是指在租船运输中，因在装货港或卸货港超过租船合同约定的期间使用船舶由承租人向船东支付的费用。在集装箱运输中，因为向收货人提供集装箱与租船合同中提供船舶有类似的性质，超过允许的时间使用集装箱称为集装箱滞期。承运人将集装箱卸于堆场次日，免费使用期间的时间点就开始计算。1990年，我国的航运企业已经开始在集装箱运输业务中向收货人收取滞箱费。

中海集装箱运输股份有限公司网站公布的在中国境内的滞箱费，是指从集装箱自船舶或者其他运输工具卸下之日起至收货人将集装箱交回指定位置之日止所计算的费用。根据香港东方海外货柜航运有限公司公布的海运词汇表的解释，滞箱费是超过运价表规定的期限或者客户预设的期限使用集装箱所发生的费用。韩进海运网站公布的术语汇编（海运词汇表）中，包括Demurrage和Detention两种不同的费用，并对这两种费用作了下述解释。延滞费（Demurrage），在美国国内运输中，是指因超过堆场提供的免费期间超期使用承运人设备而向托运人或收货人收取的罚款；在国际运输中，是指向托运人收取的自集装箱卸船后开始发生的堆存费。该费用根据不同关税区的规则而变化。滞留费（Detention），是指从超过允许的期间开始超期使用承运人设备而向托运人或接受人收取的罚款。

总之，虽然各个国家和地区航运界因法律制度、习惯的不同对滞箱费的名称、定义各异，本文统称为滞箱费，其共同特点是将其归结为一种费用或者罚款，而不是违约金或者租金。如韩进海运公司将之定义为罚款；中海集装箱运输股份有限公司虽未将之定性为罚款，但其公布的费率具有明显的惩罚性质。

（二）法理分析

1. 根据法律关系的分析。承运人与托运人、收货人、提单持有人之间分别存在不同的法律关系。因此，可根据承运人向托运人、收货人、提单持有人之间的法律关系判断滞箱费的性质。

关于在目的港滞留期间的滞箱费。承运人与提单持有人或收货人之间是因为提单的流转而形成的提单关系，根据《中华人民共和国海商法》（以下简称《海商法》）第七十八条第一款，双方关系适用提单的规定。而根据《海商法》第七十一条规定，提单是用以证明海上货物运输合同，提单本身不是合同。因此，承运人与收货人之间不是合同关系。

在前程运输或者续程运输中，托运人或者收货人超过期限使用集装箱时，发生的费用是场外柜子费。船运实务中，承运人与托运人之间并不订立合同约定滞箱费费率，双方的关系仍属运输合同关系，而不是单独存在的租赁合同；承运人与收货人之间仍属于提单关系，而不是单独存在租赁合同。在极为特殊的情况下，如果承运人与托运人或者收货人约定了滞箱费费率，则滞箱费属于赔偿额预定性违约金。通过对法律关系的分析，我们可以对滞箱费性质的各种说法进行研判。

第一，关于租金说。承运人收取滞箱费的目的是促进集装箱的运转而不是收取租金。还箱的时间越长，费率越高，具有很强的罚款性质，而租赁合同项下的租金没有惩罚性。因此，承运人与收货人之间没有租赁合同关系。在目的港无人提取集装箱货物的情况下，承运人没有完成提单规定的交付义务。这时集装箱仍作为海上运输的辅助工具，托运人和收货人都没有租用承运人的集装箱。而收货人在堆场提取集装箱货物时，承运人也不与收货人签订集装箱租赁合同。集装箱是方便装卸运输、可以拆分的移动的"船舱"。船公司提供集装箱给托运人、收货人使用，是由于集装箱运输的特征而提供的延伸服务。由于双方是运输合同关系项下签发提单而引起的提单关系，承运人不可能收取租金，因此租金说不能成立。

第二，关于违约金说。运送契约之当事人为托运人与运送人。首先，收货人不是运输合同当事人。尽管货物到达目的地并经收货人请求交付后，收货人取得托运人因运输合同所生的权利，但收货人仍然不是合同当事人，特别是在提单持有人没有提货、集装箱滞留在目的港的情况下。这是违约金说无法解释的。其次，承运人签发的提单以及公布的费率表并没有规定收货人还箱的具体日期。违约金，"是指当事人在合同中约定的或者法律所规定的，一方违约时应支付给对方的一定数量的货币"。那么，指责收货人违约是违反了什么约定呢？再次，滞箱费不属于迟延履行违约金。滞箱费是因为集装箱使用关系而发生的费用，而不是违反运输合同义务或者迟延履行运输合同义务而支付的违约金。集装箱货物在堆场或提货后承运人虽然给予一段免费期，并没有要求必须在免费期内还箱，不存在收货人迟延履行问题。最后，《中华人民共和国合同法》（以下简称《合同法》）规定的违约金不具有惩罚性，只具有补偿性。而滞箱费具有明显的惩罚性，并且是承运人单方拟定的。

第三，损失补偿说。损失补偿说关于"迟延履行归还集装箱的义务所造成的违约损失"的结论，无法解释集装箱滞留在堆场无人提货期间的费用为何由收货人负担，也无法解释收货人与承运人没有合同关系，为何要支付违约损失。而该说所称损失的认定标准"为提供集装箱的一方当事人因丧失正常使用集装箱的预期可得利益损失和向第三人主张租用涉案集装箱的成本损失"，无法操作。因为确定专用集装箱设备的租金和预期可得利益损失涉及司法鉴定问题，事实上没有评估机构具有这一资质。根据《最高人民法院关于适用〈中华人民共和国民事诉讼法〉的解释》第九十六条关于"人民法院认为审理案件需要的证据"的列举式规定，只有在特殊情况下法院才能调查证据。而承运人的损失由法院调查证据，违背了民事诉讼的证明责任分配原则。如认定其属于损失赔偿，承运人须证明损害的发生及损害额之数额。然而滞箱费标准已定于承运人的网站中，承运人没有证明损害的发生及损失数额的义务。如果承运人不申请鉴定，那么法院该如何裁判呢？因此，损失补偿说有不周延之处。集装箱滞箱费与船舶滞期费有相似的特点。台湾学者张新平认为，船舶滞期费是赔偿额预定性违约金。但两者的区别在于，船舶承租人是租船合同的一方，而提单关系中的收货人不是运输合同关系的一方，只是运输合同关系的第三人，依据提单关系与承运人存在交付与提取货物的关系。

2. 滞箱费的请求权基础分析。

《合同法》第三百零九条①规定，收货人逾期提货的应当向承运人支付保管费等费用。《海商法》第八十六条规定："在卸货港无人提取货物或者收货人迟延、拒绝提取货物的，船长可以将货物卸在仓库或者其他适当场所，由此产生的费用和风险由收货人承担。"该条是关于承运人提存货物的规定，滞箱费并没有明确包括其中。因此，不能以该条规定作为收货人支付滞箱费的法律依据。《海商法》等法律没有规定承运人有向收货人收取滞箱费的权利。《海商法》在"航次租船合同的特别规定"节第九十八条出现了船舶滞期费的概念。但船舶滞期费与集装箱运输合同项下的滞箱费是不同的概念。因此，我国法律没有明确承运人可以收取滞箱费。

集装箱超期使用费曾经出现在我国部门规章、行政法规中。相关法规包括：《中华人民共和国海上国际集装箱运输管理规定》②、《中华人民共和国海上国际集装箱运输管理规定实施细则》（1992年6月9日原交通部发布）、《国际集装箱超期使用费计收办法》（1992年原交通部和原国家物价局发布）、《国内水路货物运输规则》（2000年8月28日原交通部发布）。然而，国务院通过的行政法规不宜规定民事主体之间的收费问题。目前，在我国现行法律框架内没有规定承运人有权收取滞箱费。

《中华人民共和国海上国际集装箱运输管理规定》第十九条明确："集装箱货物运达目的地后，承运人应当及时向收货人发出提货通知，收货人应当

---

① 《中华人民共和国民法典》第八百三十条规定："货物运输到达后，承运人知道收货人的，应当及时通知收货人，收货人应当及时提货。收货人逾期提货的，应当向承运人支付保管费等费用。"

② 该规定由国务院于1990年12月5日发布施行，1998年4月18日修正，2002年11月1日废止。

在收到通知后,凭提单提货。收货人超过规定期限不提货或不按期归还集装箱的,应当按照有关规定或合同约定支付货物、集装箱堆存费及支付集装箱超期使用费。"《中华人民共和国海上国际集装箱运输管理规定》规定的赔偿标准过低,引起航运企业的强烈反对。1992年,原交通部和原国家物价局还联合发布了《国际集装箱超期使用费计收办法》(现已失效)。该办法第四条规定:进口货箱,收货人或其代理人在超过免费使用期后不提箱或超过免费使用期后不归还空箱;港口货运站逾期未拆箱;出口货箱,自发货人或其代理人提取空箱超过免费使用期未将重箱运至码头堆场,应按"集装箱超期使用费标准"支付集装箱超期使用费。可见,我国在该规定有效的1990年至2002年的12年时间内曾以行政规章的形式确定了承运人可以收取集装箱超期使用费。

原交通部2000年8月28日发布的《国内水路货物运输规则》第八十三条出现了滞箱费的概念。该规则第八十三条规定:"收货人提取货物后,应当按照约定将空箱归还,超期不归还的,按照约定交纳滞箱费。"该条规定的仅是在收货人直接占用集装箱期间的滞箱费,不包括迟延提货所导致的滞箱费;而且这里仅指"按照约定交纳",而没有包括没有约定的情况。

3. 支付滞箱费的合理性。

在超过规定的期限使用设备如房屋、车位、船舶、装卸设备、车辆的情况下均会产生延滞费。承运人的集装箱交由收货人使用,超过合理的或者规定的时间拒不还箱,或者存放于堆场,超过合理或者规定的时间拒不提箱,实质是收货人在使用承运人的集装箱作为仓库。集装箱是造价昂贵的设备,承运人投入集装箱营运付出的成本较高。承运人收取高额费用的目的是促进集装箱的流转。而收货人有使用的,应支付相当的对价。高雄地方法院98年度(2009年)审诉601号裁判书在论述承运人收取滞箱费合理性时称:"在一般件货运送之情形下,公共运送人概以定期班轮为之,为避免影响该航次其它货主之权益,殊无因某件货物之受领权利人迟未提领而暂停该航次续行之理,故货物因迟未提领而寄存,自应由该货物之受领权利人负担寄存使用货柜、柜场或仓库之使用对价,断无由运送人负担之理。"

4. 认定收取滞箱费是航运惯例的理由。

我国法律并未规定承运人收取滞箱费的权利,在法无规定的前提下,才有习惯法的适用余地。习惯是一种事实上的惯例。习惯与习惯法应严格予以区别。构成国际惯例必须具备两个条件:一是经长期普遍的实践而成为通例,即所谓的"物质的因素";二是必须经国家或当事人接受为法律,即所谓

"心理的因素"。承运人对超期使用集装箱者收取滞箱费已经符合国际惯例的上述两个条件。

第一,集装箱运输的实践。早期的国际贸易惯例一般形成于一些比较大的港口、码头,慢慢地他们的一些合理做法就为同行业的其他人所接受。国际海运实务中,各大海运公司如德国赫伯罗特轮船公司、马士基航运有限公司等都在自己的商业网站上以表格、文件等形式公布其在世界各地区、各停靠港口、各航线的滞箱费费率。因此,承运人对超期使用集装箱者收取滞箱费已经属于国际海运的通行做法。

第二,司法实务已确认收取滞箱费是航运惯例。《合同法》第一百二十五条①规定,当事人对合同条款理解有争议时,应当按照交易习惯等确定合同条款的真实意思。《海商法》第二百六十八条第二款规定:"中华人民共和国法律和中华人民共和国缔结或者参加的国际条约没有规定的,可以适用国际惯例。"我国法律没有规定承运人可以收取滞箱费。在提单没有规定的情况下,如果没有其他法律上的理由,则承运人关于滞箱费的请求不应支持。显然,这样推论的结果对承运人是不公正的。双方没有约定滞箱费时,可以根据航运国际惯例进行裁判。司法实务中,天津、上海、大连等地的海事法院认为承运人向收货人收取滞箱费是一种行业惯例。

天津海事法院认为:超期使用集装箱要支付超期使用费。这对于从事集装箱相关业务的业内人士来说,应是众所周知的事实。超期使用集装箱应支付集装箱超期使用费已构成一种行业惯例。② 上海海事法院认为:因集装箱经济价值体现在周转过程中,超期使用集装箱要支付超期使用费已成为一种行业惯例。③ 大连海事法院认为:集装箱提供者收取集装箱超期使用费已成为一种行业惯例,并已为我国法律所认可。该院根据中远集装箱运输有限公司网站公布的费率认定了承运人的滞箱费损失。④ 该院在审理原告日本商船三井株式会社诉被告大连海陆顺达国际物流有限公司海上货物运输合同纠纷案中认为,对于集装箱运输,超期使用集装箱应支付集装箱超期使用费是一种行业惯例。在该案二审期间,双方当事人确认承运人收取滞箱费是行业

---

① 《中华人民共和国民法典》第五百一十条规定:"合同生效后,当事人就质量、价款或者报酬、履行地点等内容没有约定或者约定不明确的,可以协议补充;不能达成补充协议的,按照合同相关条款或者交易习惯确定。"
② 参见天津海事法院(2002)津海商重第1号民事判决。
③ 参见上海海事法院(2007)沪海法商初字第576号民事判决。
④ 参见大连海事法院(2014)大海商初字第34号民事判决。

惯例。①

第三，域外判例确认承运人收取滞箱费是航运惯例。我国台湾地区已经确认承运人收取滞箱费是一种行业惯例。台北地方法院认为，一般货柜运送均有收取此等费用之习惯。台湾地区就此虽未有明文规定，唯由台湾地区所谓"商标法"第65条至第67条等规定以观，亦可推知运输实务上有征收此等费用之习惯。② 高雄地方法院在审理原告捷盛联运有限公司诉被告巨山兴业股份有限公司给付运费案中，认为：盖因货柜运送盛行，货柜及柜场设施虽提供船货双方相当之便利，但货柜及柜场设施之成本高昂，为避免货方将货柜及柜场当作自身储放场所，货柜运输实务上会向货方（含托运人、受货人或受领权利人）收取货柜之逾期使用费用。③ 总之，现行法律没有规定承运人收取滞箱费的权利，承运人收取滞箱费符合行业习惯的特征，司法实务已确认其为行业惯例。因此，海运集装箱滞箱费是承运人在运输关系中依航运习惯及单方公布的费率标准对超期使用集装箱者收取的赔偿费用。

三、关于法院可否对滞箱费金额进行调整等问题的分析

（一）承运人在网站公布的滞箱费费率是否具有约束力

航运实践中，滞箱费费率通常由承运人通过其商业网站向社会公布。该费率是单方公布的，不是收货人与承运人约定的。承运人要求收货人支付滞箱费的请求权基础何在？特别是提单中并没有明确的滞箱费条款的情况下，提单持有人或者收货人是否应负担滞箱费？

各大海运公司在网站上公布的费率是公平竞争情况下的市场行为，是根据其在各地区、各航线根据经营情况制定的，具有一定的稳定性。一般情况下，可以作为赔偿标准。或许有人提出质疑，标准是承运人单方拟定的，不能约束收货人。实际上，滞箱费并非完全单方拟定。2013年10月15日《交通运输部关于国际集装箱班轮运价精细化报备实施办法的公告》第三条第二款规定："运价备案义务人应报备中国港口至外国基本港的出口集装箱运价（含海运运价和海运相关附加费），并按上海航运交易所经交通运输部备案同意的格式报备。实际执行的运价与公布运价不一致的，按照协议运价的方式报备。"

如前所述，承运人收取滞箱费符合行业习惯的特征，司法实务中已经确认其为行业习惯。因此，海运公司根据行业习惯在网站公布滞箱费费率具有

---

① 参见辽宁省高级人民法院（2009）辽民三终字第62号民事判决。
② 参见台湾地区台北地方法院95年度（2006年）海商简上3号民事判决。
③ 参见台湾地区高雄地方法院98年度（2009年）审诉字第601号民事判决。

约束力。

(二) 海关扣押货物引起的滞箱费应由谁负担

海关长期扣押货物是产生高额滞箱费的原因之一。海关扣押货物而未确认走私行为的情况下产生的滞箱费是否应由海关负担？海事法院通常认为：由于货方所要提取的货物涉嫌走私被海关查封、扣押无法提货，应对由此造成的承运人损失承担赔偿责任。在我国台湾地区，航运企业在相同情况下可起诉地方关税局。台湾地区法院的意见：货物进口报关程序中如遭海关查扣，是政府行使公权力拘束人民权利的行使，因此查扣期间所衍生的一切必要费用，如集装箱停放在堆场的滞箱费、仓租及装卸费等，应由地区财政负担。两地不同判决意见的原因在于对滞箱费的性质有不同的认识。问题在于，在"涉嫌走私"的情况下判定收货人承担因海关调查走私造成的集装箱延滞费用的法律基础是什么？因为收货人的货物被海关扣留而负担滞箱费，逻辑不成立。本文认为，根据《中华人民共和国行政强制法》（以下简称《行政强制法》）规定，上述情况下，海关应依航运习惯自行承担滞箱费。但如果查明是收货人走私，则应由收货人承担。首先，在没有证明承运人参与走私的情况下，扣留其集装箱没有依据。其次，《行政强制法》第二十六条第三款规定："因查封、扣押发生的保管费用由行政机关承担。"集装箱并非货方所有，故海关扣留货物时引起集装箱的滞留，损害了集装箱所有人即承运人的利益。如果海关没有发现走私行为，或者没有没收货物，则说明货方没有过错，这种情况下，海关应承担滞箱费。此外，根据《行政强制法》第二十五条第一款的规定，行政机关扣留货物是受期限约束的。在规则层面也应制定相关标准，因海关扣押集装箱货物造成的延误由国家支付滞箱费。如2006年，台湾船联会反映台湾航运企业因集装箱滞留所衍生的各项成本，台湾船联会建议台湾地区"关税总局"调高支付给航运企业的集装箱滞箱费。获"关税总局"同意后，台湾地区自2007年1月1日起根据当时费率调高两成。

(三) 法院可否对滞箱费金额进行调整或者设定限额

集装箱长期滞留在堆场会产生高额费用。收货人在诉讼中往往申请法院对费用进行调整。这就涉及滞箱费是否属于违约金的问题。对此，各地判决并无一致的见解。广东省高级人民法院在审理日本邮船（中国）有限公司深圳分公司与深圳市超凡动力进出口有限公司等海上货物运输合同纠纷案中认为：由于集装箱被超期占用，承运人遭受的损失不仅包括重新购买集装箱代替使用的损失，还应包括集装箱按时归还投入运营的收入等损失，故滞箱费不应以集装箱的价值为限。但在有些情况下，将滞箱费金额限制为集装箱自身价值是合理的。上海海事法院认为,承运人主张的滞箱费超过了一只新的集装箱的价值,承运人可采购新的集装箱投入营运来防止损失的扩大。故以一只新的集装箱价值作为限额较为合理。该判决被二审法院维持。

有的法院判决以同类集装箱市场租金作为赔偿标准,认为承运人可以通过租赁集装箱投入营运以减少损失。但集装箱是正在投入商业运营的昂贵的专用生产设备,而不是普通的商品。集装箱种类繁多,不同地区和航线的租金是不同的。事实上,没有法定的中介机构可以评定某个航线的租金标准。

主张调整滞箱费的观点主要依据是《合同法》第一百一十四条第二款①对过高的违约金进行调整的规定。但如前所述,滞箱费不是违约金或者因违约产生的损失赔偿额的计算方法。将赔偿金额限定为一只集装箱的价格或者同期集装箱的租金很难找到适当的理由,因为承运人公布的滞箱费费率本身就是承运人根据各航线各地区的情况制定的,属于市场行为。而要求承运人对实际损失、集装箱价格或者租金承担证明责任,不符合民事诉讼举证责任的分配原则。

综上所述,滞箱费作为根据国际航运习惯收取的赔偿费用,不是收货人违约造成的承运人的损失。因此,对滞箱费进行调整或者设定限额的依据不足。

四、结语

海运集装箱滞箱费是承运人在运输关系中依航运习惯及单方公布的费率标准对超期使用集装箱者收取的赔偿费用。近年来,在长期国际贸易实践基础上逐渐形成承运人对超过约定期限使用集装箱者收取海运集装箱滞箱费的习惯。我国法律没有规定承运人有权收取集装箱滞箱费。在提单未明确约定滞箱费费率的情况下,承运人有权根据航运习惯请求收货人支付在目的港集装箱堆场滞留期间的滞箱费。法院在对该类案件进行裁判时应当遵循国际航运习惯,不宜对依据费率计算的滞箱费金额进行调整。

---

① 《中华人民共和国民法典》第五百八十五条规定:"当事人可以约定一方违约时应当根据违约情况向对方支付一定数额的违约金,也可以约定因违约产生的损失赔偿额的计算方法。约定的违约金低于造成的损失的,人民法院或者仲裁机构可以根据当事人的请求予以增加;约定的违约金过分高于造成的损失的,人民法院或者仲裁机构可以根据当事人的请求予以适当减少。当事人就迟延履行约定违约金的,违约方支付违约金后,还应当履行债务。"

航海过失免责存废论*

倪学伟

摘要：加入 WTO（世界贸易组织）后我国水运服务市场进一步开放，现行的水运法律双轨制可能成为阻碍国内水运企业竞争的法律镣铐。当公平与效率之间有难以调和的冲突时，相当一段时期内法律制度的设计应更关怀效率与效益。航海过失免责是国际海运的通例，我国内河及沿海运输应与国际通例并轨，即以制度为手段尽快提升国内水运企业的国际竞争力。航海过失免责制度的废改应在航运生产力极大提高之后才予考虑。

关键词：航海过失；免责；公平；效率。

航海过失免责是指因船长、船员、引航员和承运人的其他雇佣人员在驾驶和管理船舶中的疏忽、过失或未履行运输合同而造成的货损，承运人免于承担赔偿责任。《中华人民共和国海商法》（以下简称《海商法》）第五十一条第（一）项明确了承运人的航海过失免责权，而《中华人民共和国合同法》（以下简称《合同法》）第三百一十一条①则不允许承运人因航海过失而免责。航海过失免责是这样一种制度：承运人及货物保险人极力推崇它，托运人及收货人竭力反对它；《海商法》彰扬它，《合同法》废弃它。那么，如何正确对待航海过失免责，是《合同法》生效后海事审判所必须直面的一个问题，而我国业已加入 WTO 的现实使这一问题显得更为紧迫。本文通过对航海过失免责制度的历史回顾，论述其功过得失，并对其存废取舍作一学术思考。

一、回顾：航海过失免责的由来与兴衰

19 世纪的英国普通法规定，从事提单运输的承运人必须首先尽到使船舶绝对适航、不进行不合理绕航、尽责速遣三方面义务，之后即可对因天灾、公敌行为等造成的货损享有免责权。同时，英国法律在"契约自由"的旗帜下，允许自由约定合同条款而不论法律有无相反的强制性规定。因绝对适航

---

* 本文原载于《海商法研究》总第 6 辑，法律出版社 2002 年版；修订于 2024 年 12 月。

① 该条规定与《中华人民共和国民法典》第八百三十二条"承运人对运输过程中货物的毁损、灭失承担赔偿责任。但是，承运人证明货物的毁损、灭失是因不可抗力、货物本身的自然性质或者合理损耗以及托运人、收货人的过错造成的，不承担赔偿责任"相同，均为承运人严格责任。——编者注

之不现实性，承运人往往在提单中加入免除该义务的条款，从而规避了法律的义务性规定。伴随航运实践而至的是，提单中类似的免责条款与日俱增，货方利益毫无保障，海运业发展面临一个何去何从的十字路口。①

针对源于英国而渐次遍于全球的免责无边的提单条款，代表货方利益的美国曾试图通过订立海运公约予以遏止，但因应者寥寥而放弃，最终美国选择了独自立法以整肃进出其港口的船舶的提单法律关系的道路。实践证明，这一选择是有远见、有胆识的。1893年，美国国会通过了《关于船舶航行、提单以及与财产运输有关的某些义务、职责和权利的法案》（An Act Relating to Navigation of Vessel, Bill of Lading, and to Certain Obligations, Duties, and Rights in Connection with the Carriage of Property，以下简称《哈特法》）。该法规定，承运人在尽到克尽职责使船舶适航和谨慎管理货物之责后，享有因驾驶和管理船舶过失、天灾、公敌行为、货物固有缺陷等造成货损而免责的权利。该法其中的一个内容是原创性的，即一个主权国家的正式立法首次规定，行为人对自己的过失（驾驶和管船的过失，即航海过失）造成的损失免于承担赔偿责任。这意味着无辜受害人将承担他人过失造成的损害，而行为人却无须承担任何赔偿责任。在这里，传统民法上久经考验的过失责任原则、公平原则被遗弃了，代之以令人耳目一新的、具有独特品格的航海过失免责制。

因为《哈特法》的独特规定，"'提单统一'的运动发展起来，基于国际海事委员会的努力，这一'统一'运动达到的顶点是在1921年的海牙会议上拟定了一系列以哈特法理论为基础的规定"②，并最终形成了被称为"提单宝典"的《海牙规则》。该规则全面继承《哈特法》的规定，使得体现该法法理精粹的航海过失免责制被"国际法化"，航海过失免责作为"国际法律"的地位自此有效确立，并在国际航运领域被广泛遵行。1968年通过的《维斯比规则》只是针对《海牙规则》的已经不适应时代发展的条款的部分修正，而这种修正并没有影响航海过失免责制度，亦即在公约修订者看来，该制度并没有因时代的变迁与发展而丧失其继续存在的意义和价值。

在航运法制史上，1978年通过的《汉堡规则》是重大转折，未来的航运发展可能会证明它是一个不朽的界碑。《汉堡规则》取消了包括航海过失免责在内的承运人在《海牙规则》下可以享受的17项免责权利，以"推定过失"责任原则［即《汉堡规则》第5条第（1）项中所规定的内容］取而代

---

① 参见杨良宜编著《提单》，大连海运学院出版社1994年版，第7—12页。
② ［美］罗伯特·雷德尔：《海上运输国际公约的报告》，倪学伟译，载《远洋运输》1991年第3期，第2页。

之。尽管《汉堡规则》自1992年11月1日生效以来对航运实务及各主要海运国家法律的影响甚小,但它已经或多或少地、或强或弱地向航运界、保险界、司法界发出了这样一个信号:航海过失免责制度终将结束其辉煌的经历,最终走向衰落,并逐渐淡出航运法制的历史。

二、功过是非论:航海过失免责的法理的和法经济学的评价

(一) 功——航海过失免责对航运业的巨大促进作用

海上运输风险巨大,特别在航海技术不发达年代,船舶御险能力低弱,因而更显海上航行危险四伏。而建造一艘远洋船舶所需资金在任何时代都是超乎寻常的;以融汇了巨额资本的船舶航行于海上,稍有不测即可能葬身海底、血本无归,故社会资本流向航运业的积极性一度并不高涨。经济发展的需要决定了必须鼓励海运投资,鼓励的方式多种多样,如通过国家的强制、通过航海技术的改良和更新等,而所需成本最少、引起社会震荡最小并最为立竿见影的方法,即是通过法律手段将资金引入航运业。无论通过何种手段,鼓励海运投资本身却是一柄双刃剑,因为航运业发展有赖于船货方利益的良性动态平衡,即船货方之间存在一种利益上的互动关系。过于保障船方或货方的措施的执行结果,必然有损于另方利益,最终又会反过来影响本来要特别保护的一方之利益。

航海过失免责制的确立,为船货方利益平衡找寻到了一个法律支点。以衡平原则来考究自《哈特法》《海牙规则》至中国《海商法》关于航海过失免责的规定,应这样理解才谓正确:承运人必须尽到适航和管货责任后,才能享受航海过失免责权,亦即承运人应先履行法定最低义务,尔后才能享受法定免责权利。反之,承运人首先享受免责权利的结果,可能会出现类似于普通法下免责无边现象,法律关于承运人最低责任的规定有虚化之虞。航海过失免责,惠泽船方、害及货主,孤立去看这一制度,实不能得出船货方利益平衡的结论,但结合承运人先尽两项最低责任的规定考察,则权利义务基本相当。同时,这里所谓权利义务基本相当,另一方面原因是针对海上风险巨大、船舶御险能力低弱而言的。承运人既然要经营远洋运输业务,便有天然义务使其船舶能抵御海上风险,否则即要承担责任。但海上风险实在巨大,承运人独自无力承担,若勉为其难,则只好退出这一行业,这又为经济发展所不允。折中的办法是与货方共同分担这种风险,风险分担制在海商法上比比皆是,如共同海损、海事赔偿责任限制等,故海商法的前辈们在进行基本制度设计时,即有了由货方承担相当海上风险的航海过失免责的规定。承运人解除了航海过失赔偿责任,用节省下来的本该赔偿航海过失致货方损失的

费用来发展航海科技、提高船舶御险能力,使航行安全变得较为可靠。货方承担了航海过失的货损,短期利益确受影响,但从长远看,因承运人实力提高而带来的航海科技提升,进而航行安全比较有保障,使货物受损率下降,结果是货方获得了实在的好处。故这种看似不公平的规定,在特定条件下却有了互利互惠之内涵,船、货双方皆可接受,从而得到了双方利益对立下动态的和相对而言的平衡,该规定较圆满地解决了相对方彼此利益上的冲突。

航海过失免责这一低成本的法律制度使得国际航运飞速发展,获得了国际货物贸易繁荣昌盛的高额回报。法律是否及怎样保护某一客体,应考虑立法、守法和司法之成本,以及投入这些成本后可能取得的收益。若成本大于收益,则应改废该"恶法";若收益大于成本,则法律保护乃是一种经济行为,但它仍非最终目的,因收益大于成本的程度有较大差别,在成本不变的前提下,市民社会的人们总是追求利益的最大化,"良法"应满足此追求。在这里,"经济分析法学家的效益分析方法,确实提供了理解法律的新框架:在相当多情况下,立法机关和司法机关是根据效益来分配权利义务的。这种思想路线和分析框架值得我们借鉴"[①]。航海过失免责制的客观情况可能是,最初制定该制度时实际花费的立法成本很低,而其后讨论是否废改这一制度时的花费却远远高出了立法时的成本,且目前尚未有令人满意的结果。航海过失免责是对公平原则的悖逆,从一般意义上很难讲是公正的,守法对货方来说苛刻了一点,故相对于其他"良法",守法、司法成本稍高。中国专门成立了十家海事法院,并在酝酿成立海事高级法院,人、财、物的支出较大,虽说海事法院并不专门审理航海过失免责纠纷,但较之于绝大多数国家由普通法院审理海事案件的做法,我国的海事司法成本是偏高甚至是很高的。但无论如何,航海过失免责制度确立和施行,对航运业的促进作用十分明显,世界航运业现今的飞速发展和繁荣景象在很大程度上受惠于这一制度。在我国,内河和沿海运输的航海过失承运人不免责,而远洋运输可免责,内河及沿海运输企业的实力远不及远洋运输企业,内河及沿海运输也远不如远洋运输发达。虽说造成此现象的原因甚多,但是否享有航海过失免责权是一重要因素。由此可见,航海过失免责制度虽付出了立法、守法和司法的一定成本,但其对推动航运业发展的巨大作用却是与所付成本不可比拟的。

(二)过——航海过失免责对货方的不利影响

航海过失免责的适用范围广泛,不言而喻的是,因航海过失所致的货损

[①] 张文显:《当代西方法哲学》,吉林大学出版社1987年版,第264页。

都在这一制度下概由货方承担了。货方包括托运人、收货人、提单受让人及货物保险人等。对货物保险人而言,航海过失免责制大大增加了货物受损风险,若废除这一制度,将有关责任转移给承运人,货物保险的需求则可能会极大地萎缩,故该制度对货物保险人实为一个获利之"法宝",同是货方的货物保险人与托运人、收货人、提单受让人在利益面前对该制度的态度分道扬镳了。除货物保险人外,其他货方都是航海过失免责制的直接受害者(当然是间接受益者,如本文前析),在这一制度下,他们要么支付一笔不菲的保险费以求得万一发生事故后的保险赔偿,要么节约保险费,一旦发生事故则自己承担他人过失而致的巨额损失,进退都对其不利。虽然我们没有航海过失免责制度下货损数额的准确资料,但保守估计,这种货损应有上千亿美元之巨了。以货方做出如此巨大的牺牲,换来的是远洋船队的过于壮大,目前船多货少的现状实为航运界难以摆脱的一朵"恶之花"。

法经济学认为,所有参与民商事活动的人都是"经济人",他们的经营活动乃经济利益驱动的结果,其投资何种领域及投资多少等,都是理性分析和自私选择的产物。在航海过失免责制度下,当作为"经济人"的货方承担的牺牲过于巨大,其海运成本高于其他运输方式时,货方即可能理性地放弃海运而选择陆运或空运。海运以其成本低廉而受到货方的青睐和偏爱,若这一特点丧失,则别无优势。亦即航海过失免责本来是保护承运人的,但当货方避开海运而与该制度擦肩而过时,它反而伤害了承运人自己。当然,货方一旦放弃海运,就意味着对运输方式的选择面更窄小,对跨洋越海的运输就只有空运可选了,而空运的运量小、成本高,可能还不如航海过失免责下的海运对货方有利。显然,在某些时候,海运对货方来说是唯一的选择,货方有时不得不接受航海过失免责制度的不利安排。

三、展望:航海过失免责的存废取舍

(一) 我国水运法律的现状及其背景和根据

我国水运法律的现状是,远洋运输适用《海商法》第四章规定,承运人享有航海过失免责权;内河及沿海运输适用《合同法》及交通部的有关行政规章,实行严格责任制度,承运人的航海过失不能免责。即所谓的"水运法律双轨制"。

这种双轨制法律的形成,有其客观的历史背景:远洋运输跨国越境,在世界范围内进行,而世界的通例是航海过失免责,不论是否出于自觉和自愿,远洋运输都必须与国际通行做法一致,故航海过失免责是唯一选择;而内河及沿海运输都是中国籍船舶承运,外国船舶未经批准不得参与,一国之内的法律制度统一是主权国家的题中之义，故以《中华人民共和国经济合同法》（以下简称《经济合同法》）或《合同法》统领内河及沿海运输便顺理成章，否定承运人航海过失免责权是两合同法在运输领域的特色之一。

进一步分析，这种双轨制法律更深层次的根据还在于，国际航运实际由航运大国主宰，调整国际航运的公约很大程度是国家实力较量的结果，航运大国具有政治、经济、船队乃至于军事等方方面面之实力，订立航运公约时，航运大国必然要把本国的国家利益考虑进去，故以《海牙规则》为代表的航运公约在很大程度上是航运大国利益的反映，是保护大国利益的工具。我国在远洋运输上采用国际通行做法，在中华人民共和国成立后的前三十年可能是不得已的选择。改革开放以来，中国经济腾飞，已成为无可争议的航运大国，故自改革开放以来的二十年在远洋运输方面施行航海过失免责，应该是一种自愿的选择并抱欢迎的态度。对于内河及沿海运输，由于船货双方都是国内的当事人，立法者在制度设计上更多地关注公平、公正问题，法律过于偏向哪一方都会伤及另方的积极性，而每一方都是平等的，加之传统民法原则早就注入了公平之法理，故过于保护承运人利益的航海过失免责制不可能被采纳。

（二）近期目标：我国沿海和内河运输实行航海过失免责制度

我国已正式加入WTO，成为"经济联合国"的一员。"入世"后全方位、多层次、宽领域的开放格局，无疑将对这种双轨制下的水运法律带来巨大冲击。双轨制法律何去何从，已到了必须加以正视并从理论和实践上予以解决的紧迫时刻。

我国加入WTO后，应一揽子接受包括《服务贸易总协定》（GATS）在内的乌拉圭回合协议，修改与这些协议相抵触的国内法。《服务贸易总协定》要求成员国给境外的服务提供者以国民待遇，但给予高于国民待遇的优惠则不予禁止。双轨制法律下形成的区别待遇，给外资比内资更多优惠，即予外资以超国民待遇，这在改革开放初期营造良好的投资环境以吸引外资，的确是非常必要的，但当经济发展到一定程度后，再予外资以过多优惠，就明显不利于内资的生存和自我发展了。

水运业是我国传统优势产业，融资金密集型、科技密集型和劳动密集型的特质为一体，适合我国国情和生产力发展水平，加入WTO后仍是我国重点保护和发展的行业。加入WTO后，我国将进一步开放水运服务市场，在这种双轨制法律之下，外国水运服务提供者享有航海过失免责权，而国内的水运企业不享此权。且不说我国弱小水运企业缺乏与国外相应企业抗衡的能力，就是有实力的水运企业也难以在不平等的竞争条件下发展壮大,甚至于不能够生存下来。

《海商法》《合同法》下所形成的水运法律双轨制不利于保护、促进我国水运企业发展,解决该问题的路径有二:一是在内河及沿海水域中一律适用《合同法》规定,以严格责任原则约束所有内、外国水运服务提供者;二是统一适用《海商法》规定,所有水运企业都享有航海过失免责权。第一条路径体现了公平原则,也符合民商法发展的历史潮流,但无法与国际通行做法接轨,在具体操作上矛盾重重。外国水运服务提供者按《海牙规则》等享有航海过失免责权,一旦进入中国水域则要承担严格责任,中国对他们的吸引力将严重下降;另外,内、外国的水运服务必然经常性地跨越适用不同责任原则的水域的特点,这可能导致这一路径下的法律适用的混乱更甚于现行的双轨制法律,故这一路径不是最佳选择。第二条路径尽管悖逆了公平原则,却与国际水运法制的主流一致,又不违反WTO的相关规定。外方水运企业依照《海商法》本来就享有航海过失免责权,故不影响其既得利益;虽说这一路径使内河及沿海运输的货方要承受比《合同法》严格责任制下更多的利益损失,但可以使我国水运企业的整体水平因航海过失免责制度的保护而提升,有益于国家实力的增强,因而货方的损失可以说是经济发展与社会进步的代价,得可偿失,故而是较值得考虑的选择。

在当今民商法已由权利本位立法向社会本位立法进化发展之时,上述第二条路径的设想是否属于法治建设的倒退?笔者的结论为否。航海过失免责的主要缺陷失之于公平、公正,而优点在于信仰效率至上,近乎赤裸裸地追求效益。是否采航海过失免责制,关键即在于公平与效率之间的法价值取向问题。在生产力水平低下的经济贫困期,人们所追求的公平实质上是一种平均主义,如"均贫富""耕者有其田""一平二调"等,都体现的是平均主义思想的"大同"社会下的"公平"。当经济发展到一定水平时,注重效率提高则是社会的主要追求。党的十四大首次提出了"效率优先,兼顾公平"的分配原则,而《中共中央关于制定国民经济和社会发展第十个五年计划的建议》再次要求"深化收入分配制度改革,坚持效率优先、兼顾公平的原则",可见,我国目前的主要矛盾是效率问题。在这一社会背景下,"法律应注重效益价值,降低公平原则的标准,公平标准的降低应以不破坏追求效益所需的社会环境条件为限"①,航海过失免责制恰好与效率优先原则有相当程

---

① 邓瑞平:《船舶侵权行为法基础理论问题研究》,法律出版社1999年版,第33页。

度的契合，符合我国当前的社会发展规律。可以说，在我国水运企业弱小落后的情况下，《经济合同法》的过失责任原则、《合同法》的严格责任原则所建立的是一种带有浓厚平均主义色彩的法律公平，超越了当前生产力发展水平，不利于在短期内提高水运企业实力，很难实现"隔几年上一个台阶"的理想。因此，将内河及沿海运输统一到《海商法》的航海过失免责制度上，并不是法治建设的倒退，相反，它一方面是对外开放、加入WTO的需要，另一方面是正本清源，回归法律对经济推动功能的本位上的要求。

（三）远期目标：以公平的理念取代航海过失免责，水上运输实行过失责任或严格责任制

1978年的《汉堡规则》取消了航海过失免责规定，这或多或少地预示了该制度的最终归宿。《汉堡规则》实行推定过失责任制，力图在船、货双方之间建立一种公平的权利义务关系，其出发点堪可称道。但远洋运输采推定过失责任者寥若晨星，其原因一是它触犯了航运大国既得利益，遭遇抵制本不意外；二是航运生产力水平尚未有极大提高，人们关注效率仍然更甚于关注公平、公正，亦即《汉堡规则》过于超前了。

过于超前的法律在现实中行不通，但超前的学术研究是允许的，有时甚至是必要的。在内河及沿海运输中应采航海过失免责制，但不影响我们在理论上探究废改该制度的条件、时机和步骤。航海过失免责制与过失责任原则、严格责任原则的主要区别在于前者注重效率与效益，后者关怀公平与公正，各有所长，各有侧重。而人类所追求的理想目标是产品极为丰富的、在民主基础上确保人的尊严与自由的法治社会。在这种法治社会中，人与人（包括自然人、法人、商自然人、商法人）之间的民商事关系是平等的，公平、公正原则被奉为处理人与人之间民商关系的最高圭臬。与人类追求的理想目标相对应，水运法律的发展方向无疑是最终成为以公平、公正为基础或前提的良法，航海过失免责不符合公平理念，必将废止。废止航海过失免责制度的条件大致是：航海科技高度发展，船舶御险能力极大提高，航运企业实力极为强大；航运生产力有了很大发展，法律所确立的航运生产关系不改变即成为生产力进一步发展的桎梏；人们对航运业中公平、公正的关注远远超过了对效率、效益的关注。只有全部满足此等条件时，废止航海过失免责、实行过失责任或严格责任制才能成为现实。

鉴于加入WTO后水运服务业的国际一体化以及水运法律不可避免的国际化，我国的水运法律应在世界各主要航运国家废弃航海过失免责制时方可做相应的变更，届时《合同法》关于承运人严格责任的规定才可能呈现出推动航运经济发展的应有功能。在步骤上，可以先行取消管船过失免责的规定，经一段时间的适应再取消驾驶过失免责权。因为管船过失大多数情况下与管货过失紧密关联，很难区别，先取消承运人管船过失免责权，引起的法律震动可能会比较小，有利于法律平稳过渡。

第二编　海上货物运输合同

论定域损失多式联运经营人赔偿责任的法律适用[*]
——以18宗典型案例和《海商法》现行规定为切入

徐春龙 周茜

摘要：本文以18宗包含海运区段的涉外多式联运定域损失索赔案件为切入点，梳理了定域损失发生时多式联运经营人赔偿责任和责任限额的法律适用差异。本文认为，《海商法》第一百零五条关于网状责任制的规定不具有强制适用性，其仅在我国法律作为多式联运合同的准据法时才发挥实体法律适用规则的功能，并可指向域外实体法的适用。定域损失发生时，除我国作为缔约国参加的国际公约（条约）强制适用或者调整定域损失区段运输方式的第三国强制性规定（公共政策）为我国互惠承认外，应优先贯彻当事人意思自治原则，由当事人合意选择多式联运纠纷的准据法，当事人未明示选择的，依最密切联系原则确定多式联运合同适用的准据法。我国法律作为准据法后，定域损失发生时，当事人有权再次明示选择定域损失的区段法律；当事人未选择区段法律且该运输区段跨域的，依最密切联系原则确定区段法律；其他国家法律作为准据法后，根据该国法律认定多式联运经营人的赔偿责任。

关键词：多式联运；网状责任制；定域损失；意思自治；最密切联系原则。

引 言

《中华人民共和国海商法》（以下简称《海商法》）第一百零二条规定："多式联运合同是指多式联运经营人以两种以上不同运输方式，其中一种是海上运输方式，负责将货物从接收地运至目的地交付收货人，并收取全程运费的合同。"如货物在此类多式联运合同履行过程中灭失或损坏，托运人（货方）往往在我国法院依据《海商法》第一百零三条、第一百零四条等规定起诉多式联运经营人。此类诉讼中，如在事实层面已查明货物灭失、损

---

[*] 本文原载于《中国海商法研究》2022年第3期，并获2023年广州海法论坛征文一等奖。

坏①发生在某一个可确定的运输区段,在法律层面最主要的争议是确定多式联运经营人的赔偿责任和赔偿限额应当适用的法律。司法实践中,对该问题的认知并不统一,有探讨之必要。

一、样本分析:多式联运定域损失法律适用的"差异化"

本文选取了我国各海事法院自 2008 年至 2020 年审理的 18 宗②典型案例,梳理分析了多式联运发生定域损失时有关多式联运经营人的赔偿责任的法律适用问题。案例统计要素包括案号、裁判时间、货损区段、当事人是否合意选择准据法、"调整该区段运输方式的有关法律规定"③ 的适用、法院确定适用的法律及主要理由、法院对诉讼时效的意见等方面。为论述之便,本文仅简要列表(见表 1)。

表 1 案件及案号简表

编号	案件及案号
1	北京和风国际物流有限公司案 一审:(2008)津海法商初字第 507 号;二审:(2009)津高民四终字第 574 号;再审:(2011)民申字第 417 号(驳回再审裁定)
2	泛亚班拿国际运输代理(中国)有限公司案 一审:(2011)沪海法商初字第 1201 号;二审:(2012)沪高民四(海)终字第 9 号;再审:(2014)民申字第 1188 号(驳回再审裁定)
3	江苏苏迈克斯国际货运有限公司案 一审:(2014)沪海法商初字第 239 号;二审:(2015)沪高民四(海)终字第 18 号
4	上海浦东幸运船务有限公司案 一审:(2015)津海法商初字第 685 号;二审:(2016)津民终 200 号
5	上海新世洋供应链管理股份有限公司、韩进海运有限公司案 一审:(2015)沪海法商初字第 2266 号;二审:(2016)沪民终 321 号

---

① 为行文简洁,本文将"货物的灭失、损坏"简称为"定域损失"。
② 系列案视为 1 宗。
③ 为行文简洁,如无特别说明,本文将"调整该区段运输方式的有关法律规定"均简称为"区段法律"。

续表

编号	案件及案号
6	中国远洋物流有限公司案 一审：（2015）津海法商初字第 142－144 号；二审：（2016）津民终 89－91 号
7	环球物流集装箱班轮有限公司案 一审：（2015）广海法初字第 980 号；二审：（2017）粤民终 14 号
8	青岛航美国际物流有限公司（作为被告）案 一审：（2016）沪 72 民初 2556 号；二审：（2017）沪民终 305 号
9	江苏亚东朗升国际物流有限公司案 一审：（2017）沪 72 民初 1770 号
10	中海集团物流有限公司案 一审：（2017）沪 72 民初 1812 号
11	深圳市嘉驰信国际货运代理有限公司案 一审：（2018）粤 72 民初 372 号
12	中远海运集装箱运输有限公司案 一审：（2016）沪 72 民初 288 号；二审：（2018）沪民终 140 号（准许撤回上诉）
13	新加坡长荣海运股份有限公司案 一审：（2013）沪海法商初字第 1633 号；二审：（2015）沪高民四（海）终字第 55 号；再审：（2018）最高法民再 196 号
14	利胜地中海航运（上海）有限公司案 一审：（2018）浙 72 民初 1376 号；二审：（2019）浙民终 841 号（按撤诉处理）
15	深圳浩航船务代理有限公司案 一审：（2019）粤 72 民初 957 号
16	青岛航美国际物流有限公司（作为被告）案 一审：（2016）闽 72 民初 823 号；二审：（2018）闽民终字第 1417 号；重审：（2019）闽 72 民初 972 号

续表

编号	案件及案号
17	马士基航运有限公司、上海奥南国际物流有限公司案* 一审:（2018）沪72民初929号；二审:（2018）沪民终405号
18	深圳市中创国际物流有限公司案 一审:（2020）粤72民初399号

* 该案是青岛航美国际物流有限公司在8号案作为多式联运经营人被判决承担赔偿责任后，提起17号案诉讼。

关于定域损失发生货损区段，18个案例中，海运区段有4个案例①，均发生于域外；陆路运输区段有14个案例②，其中2个案例发生于我国域内，12个案例发生于域外。关于准据法选择，18个案例中，有16个案例的当事人均合意选择了我国法律作为准据法；当事人未合意选择我国法律作为准据法的4号、5号，法院均依据最密切联系原则将我国法律作为准据法。在此基础上，各案在定域损失的法律适用层面存在如下三个主要差异。

1. 对《海商法》第一百零五条的性质认知存在差异。5号、13号、16号、17号、18号案认为《海商法》第一百零五条规定的区段法律可指向域外法适用③；14号案认为《海商法》第一百零五条为冲突规范；其他案件认为《海商法》第一百零五条属于我国法律作为多式联运合同准据法后的"国内法适用规则"，对域外定域损失所涉的多式联运经营人的赔偿责任和责任限额，适用了我国调整不同运输区段的相关法律。

2. 对于"区段法律"是否强制适用认知存在差异。13号案中，对于发生于墨西哥陆运区段的货损索赔适用的法律为墨西哥法律。(2018)最高法民再196号民事判决的判决理由为："本案适用墨西哥法律的依据是《中华人民共和国海商法》第一百零五条的规定，而不是各方当事人之间的约

---

① 2号泛亚班拿案涉及装港码头对货物的操作应被识别为海运区段还是陆运区段。根据生效裁判，将该案定域损失区段作为海运区段统计。

② 1号北京和风案涉及货物被运抵码头后多式联运经营人不继续运输货物的行为属于海运区段还是陆运区段的识别。根据生效裁判，将该案所涉的定域损失作为陆运区段统计。

③ 5号案中，一审在确定我国法律为准据法后，法院并非直接适用我国法律来确定多式联运经营人的赔偿责任和赔偿限额，而是以当事人举证不充分为由否定了适用加拿大法律；二审以举证问题及收货人主张的货损金额没有超过加拿大铁路运输区段的承运人责任限额为由维持了一审判决结果。由此可推知，法院在该案中认为《海商法》第一百零五条中的区段法律可指向域外法。

定……"① 该判决生效后，14号、16号、17号案均采取类似处理方式，但在裁判文书中并未载明"某区段法律的适用不是各方当事人的约定"的语词，似是认为《海商法》第一百零五条中的区段法律具有强制适用性。18号案有所突破，在确定我国法律作为多式联运合同准据法后，对发生于美国亚特兰大陆运区段发生的定域损失，允许当事人合意选择区段法律，并以当事人意思自治排除了域外货损陆运区段的美国亚特兰大调整陆路运输的有关法律规定的适用。而在判决时间早于上述5个案例（13号、14号、16号~18号）的12号案中，法院对陆运区段货损所涉的责任认定、责任承担方式的法律适用了当事人合意选择的希腊法，并在考察希腊法律的情况下，优先适用了COTIF公约及其附件CIM规则；对于其他争议适用我国法律。该案中法院对于法律适用的理由为"庭审中，原、被告对于涉案货物铁路运输区段的责任认定、责任承担方式等选择适用希腊法律，其余争议问题选择适用中华人民共和国法律，本院对原、被告的选择予以尊重。"② 该表述无法确定当事人是先合意选择我国法律为准据法，再依据《海商法》第一百零五条规定允许当事人对赔偿责任和责任限额问题进行再次合意选择希腊法律，还是法院允许当事人通过意思自治对全部争议问题分割适用不同的法律③。

3. 对于"赔偿责任"是否包含诉讼时效认知存在差异。18宗案件中，涉及诉讼时效的案件有3宗。对于诉讼时效是否被《海商法》第一百零五条中的"赔偿责任"所涵摄，13号案持否定观点，7号案和11号案持肯定观点④。

---

① 参见（2018）最高法民再196号民事判决书。
② 参见（2016）沪72民初288号民事判决书。
③ 该案为2018年全国海事审判典型案例。法院提炼的裁判要旨为："在涉外多式联运合同法律关系下，应首先依照《中华人民共和国涉外民事关系法律适用法》的规定或当事人的选择，确定准据法；再根据准据法中关于多式联运合同是否采用'网状责任制'，确定调整某一区段责任的具体法律规定，并允许当事人对多式联运中某一区段的法律适用作出选择。"从该表述看，该案是在确定我国法律作为准据法的基础上，允许当事人对区段法律进行再次选择。
④ 持有7号案和11号案观点的案例还包括安达保险有限公司与上海攀海物流有限公司、泉州安通物流有限公司海上货物运输合同纠纷案［一审：（2016）沪72民初1462号；二审：（2016）沪民终424号］，该案货损发生于海运区段的海口港。一审和二审法院均根据《中华人民共和国合同法》第三百二十一条"货物的毁损、灭失发生于多式联运的某一运输区段的，多式联运经营人的赔偿责任和责任限额，适用调整该区段运输方式的有关法律规定"的规定，认定涉案货损发生在海运区段，托运人就沿海货物运输合同向承运人要求赔偿的请求权，时效为1年，自承运人交付或者应当交付货物之日起计算，判决安达保险起诉超过了法定诉讼时效。

二、规则探究：以《海商法》第一百零五条为中心

对于多式联运经营人的责任，目前主要有两种立法模式：网状责任制（network system）和统一责任制（uniform liability system）。网状责任制的基本立场可称为"结合理论"，即将多式联运合同视为由多个单式运输合同组合而成的合同，其实质是将各个单式运输区段独立出来，分别确定应适用的规则。① 统一责任制的基本立场可称为"特殊性理论"或者"独立合同理论"，即将多式联运合同视为由各个单式运输无缝衔接而成的独立运输方式。② 为促进多式联运立法的发展，在两种责任制度的基础上，又演变为"经修正的网状责任制"和"经修正的统一责任制"。通常认为，1991年《联合国贸易和发展会议/国际商会多式联运单证规则》是"经修正的网状责任制"的代表，1980年《联合国国际货物多式联运公约》则采用了"经修正的统一责任制"模式。除此之外，旨在调整含海运在内的多式联运合同的2008年《联合国全程或部分海上国际货物运输合同公约》（以下简称《鹿特丹规则》）在网状责任制的基础上，采用了"有限网状责任制"（limited network system）。③

---

① Marian Hoeks, *Multimodal Transport Law—The Law Applicable to the Multimodal Contract for the Carriage of Goods* (Kluwer Law International, 2010), p. 73.

② 张丝路：《国际多式联运合同法律适用问题研究》，大连海事大学博士学位论文，2018年，第30页。

③ 《鹿特丹规则》第26条规定："海上运输之前或之后的运输。如果货物灭失、损坏或造成迟延交付的事件或情形发生在承运人的责任期内，但发生的时间仅在货物装上船舶之前或仅在货物卸离船舶之后，本公约的规定不得优先于另一国际文书的下述条文，在此种灭失、损坏或造成迟延交付的事件或情形发生时：（一）根据该国际文书的规定，如果托运人已就发生货物灭失、损坏或造成货物迟延交付的事件或情形的特定运输阶段与承运人订有单独和直接的合同，本应适用于承运人全部活动或任何活动的条文；（二）就承运人的赔偿责任、赔偿责任限制或时效作了具体规定的条文；（三）根据该文书，完全不能通过订立合同加以背离的条文，或不能在损害托运人利益的情况下通过订立合同加以背离的条文。"第82条规定："管辖其他运输方式货物运输的国际公约，本公约的规定概不影响适用在本公约生效时已生效的、规范承运人对货物灭失或者损坏的赔偿责任的下列国际公约，包括今后对此种公约的任何修正：（a）任何管辖航空货物运输的公约，此种公约根据其规定适用于运输合同的任何部分；（b）任何管辖公路货物运输的公约，此种公约根据其规定适用于船载公路货运车辆不卸货的货物运输；（c）任何管辅铁路货物运输的公约，此种公约根据其规定适用于补充铁路运输的海上货物运输；或者（d）任何管辖内河航道货物运输的公约，此种公约根据其规定适用于不在内河航道和海上转船的货物运输。"根据前述条文，《鹿特丹规则》构建的网状责任制可谓"最小的网状责任制"。

(一)《海商法》第一百零五条规定的多式联运经营人责任制度属于纯粹网状责任制

《海商法》对于多式联运经营人的责任制度采取网状责任制,其具体规则为《海商法》第一百零五条和第一百零六条。有学者认为,《海商法》第一百零五条是关于多式联运经营人的纯粹网状责任制的规定,《海商法》第一百零六条是对其第一百零五条的补充和修正。综合两个条文的规定,《海商法》对多式联运经营人的责任,实行的是一种"经修正的网状责任制"。①《海商法》第一百零五条是对定域损失时多式联运经营人的赔偿责任和责任限额的规定,主要借鉴了 1973 年《国际商会多式联运单证统一规则》中规则 13② 以及 1991 年《联合国贸易和发展会议/国际商会多式联运单证规则》第 6.4 条③。但《海商法》第一百零五条中的区段法律既不是上述规则 13 中"不能通过民间合同而背离"的国际公约或国内法律,也不是上述第 6.4 条中的"国际公约或强制性的国家法律",而是范围更为广泛的"调整该区段运输方式的有关法律规定"。因此,《海商法》第一百零五条规定的网状责任

---

① 参见司玉琢、张永坚、蒋跃川编著《中国海商法注释》,北京大学出版社 2019 年版,第 190 - 192 页。

② 1973 年《国际商会多式联运单证统一规则》规则 13 规定:根据规则 5 第(e)项,多式联运经营人应对货物的灭失或损害负责赔偿,并且知道这种灭失或损害发生的运输区段时,多式联运经营人对这种灭失或损害的责任应取决于:(a)任何国际公约或国内法律的规定,而且:(i)不能通过民间合同而背离这些规定,损害索赔人的利益,而且,(ii)假如索赔人已与多式联运经营人就发生灭失或损害的特定运输区段单独签订直接的合同,并且收到为使这种国际公约或国内法律能够适用而必须签发的任何特定单证作为证明,这些规定本应适用;或者,(b)与发生灭失或损害时用于运输货物的运输方式所进行的运输有关的任何国际公约中的规定,条件是:(i)根据规则 13 第(a)项中的规定,其他国际公约或国内法律将不适用,而且,(ii)多式联运单证上明确规定,该公约中的所有规定,将制约此种运输方式所进行的货物运输;当此种运输方式是海上运输方式时,这些规定将适用于无论是在舱面还是在舱内装运的所有货物;或者,(c)联运经营人和任何分立合同的人签订的任何内河运输合同中的规定,条件是:(i)根据本条规则第(a)项,任何国际公约或国内法律均不适用;或者,不能根据本条规则第(b)项,通过明文规定而适用或本可使之能适用,而且,(ii)多式联运单证中明确规定应适用此种合同条款;或者,(d)规则 11 和规则 12 的规定,条件是上述第(a)、(b)和(c)项都不适用。在不违背规则 5 第(b)和(c)项的条件下,如果根据前款规定,多式联运经营人的责任应根据国际公约或国内法律确定。其责任的确定应视同此种国际公约或国内法律中规定的承运人。但是,当货物的灭失或损害是由于或归因于多式联运经营人自身职责范围内的作为或不作为,或其受雇人员或代理人以此种身份行事,而不是在运输过程中的作为或不作为造成的,则不得免除多式联运经营人的责任。

③ 1991 年《联合国贸易和发展会议/国际商会多式联运单证规则》第 6.4 条规定:"如果货物的灭失或损坏发生在多式联运中的某一特定区段,而适用于该区段的国际公约或强制性的国家法律规定了另一项责任限额,如同对这一特定区段订有单独的运输合同一样,则多式联运经营人对此种灭失或损坏的赔偿责任限额当按照此种公约或强制性国家法律的规定计算。"

制就成为"纯粹网状责任制"或者"绝对网状责任制"。①

（二）《海商法》第一百零五条不具有强制适用性

《海商法》第一百零五条规定网状责任制的目的在于避免因为法律适用的不同，使多式联运经营人赔付货方定域损失后向区段承运人追索时遭受"责任差"风险，以促进多式联运的发展。那么，《海商法》第一百零五条规定的网状责任制是否属于《中华人民共和国涉外民事关系法律适用法》（以下简称《法律适用法》）第四条的"强制性规定"？或者说不适用网状责任制是否构成了《法律适用法》第五条规定的损害我国社会公共利益？

从《最高人民法院关于适用〈中华人民共和国涉外民事关系法律适用法〉若干问题的解释（一）》［以下简称《法律适用法司法解释（一）》］第十条对《法律适用法》第四条"强制性规定"范围的解释来看，我国的强制性规定主要包括涉及劳动者权益保护的、食品或公共卫生安全的，涉及环境安全的、外汇管制等金融安全的，涉及反垄断的、反倾销的法律规范以及应当认定为强制性规定的其他规范。《海商法》第一百零五条规定的网状责任制，只是为多式联运经营人提供了一种防止发生"责任差"的制度选择，不属于《法律适用法》第四条规定的"强制性规定"，也不应属于《法律适用法》第五条规定的"损害我国社会公共利益"情形。

2019年12月30日交通运输部第三十次会议审议通过并提请国务院审议的《中华人民共和国海商法（修改送审稿）》（以下简称《送审稿》）第五十一条第一款规定，"除第八节②另有规定外，本章规定应当适用于装货港或卸货港位于中华人民共和国境内的国际海上货物运输合同"。但是，一则《海商法》未正式修改，与之相关的现行司法解释也没有规定《海商法》第四章的规定具有强制适用性；二则即使《送审稿》通过，第五十一条第一款的用词是"国际海上货物运输合同"，是否适用于多式联运合同的定域损失仍有探讨空间。《送审稿》呈请国务院审议后，有学者对《海商法》第四章能否强制适用进行了深入论证，并得出该章不能强制适用的否定性结论。③ 本文对该观点予以赞同。

《海商法》第一百零五条规定于其第四章"海上货物运输合同"，《海商

---

① 张珠围：《国际多式联运合同法律适用问题研究——以中国〈海商法〉第105条为中心》，载《国际经济法学刊》2021年第1期，第122页。
② 《送审稿》中，《海商法》第四章第八节是"航次租船合同"。
③ 袁发强、卢柏宜：《〈海商法〉第四章"强制适用"之合理性探究》，载《中国海商法研究》2021年第1期，第3–15页。

法》中的冲突规范规定于其第十四章"涉外关系的法律适用"第二百六十九条至第二百七十五条。从立法安排来看,《海商法》第一百零五条与第二百七十二条"船舶优先权,适用受理案件的法院所在地法律"等冲突规范不同,其并不属于《海商法》规定的冲突规范,也不能直接确定多式联运定域损失的区段法律。

因此,《海商法》第一百零五条既不具备强制适用性,也不属于冲突规范,只能在我国法律作为涉外多式联运纠纷准据法的前提下才有适用空间。

(三)《海商法》第一百零五条具有实体法律适用规则功能,且可指向域外法适用

对于定域损失发生时多式联运经营人的责任,德国《商法》第452a条[①]规定类似我国《海商法》第一百零五条。德国学者哈滕施泰因(Hartenstein)认为,第452a条如果可以指引外国法的适用,就具有冲突法的性质,可以使整体上适用德国法的多式运输合同,在特定运输区段上适用其他国家的法律,此种冲突法二次适用的方式与国际私法追求法律适用及判决统一的原则相悖。他指出,当案件具有涉外因素时,德国法院根据《罗马规则Ⅰ》或者《民法施行法》确定的准据法仅指实体法,不包括冲突法,明确排除反致及转致。因此,只有当多式联运合同没有涉外因素时,才能适用第452a条指引外国法适用。贝斯道(Basedow)认为,该条属于是实体性规范,是关于国内法实体性规范如何适用的规则,不是冲突规范或者国际私法规范。曼考斯基(Mankowski)认为,该条是法律适用规则,只能指引不同部分的德国法适用(包含德国加入的公约),但是不能指引外国法适用。日本2018年《商法典》第578条第1款规定:"将陆上运输、海上运输或者航空运输中两种以上的运输方式以同一合同进行承接的,导致货物灭失等的原因发生于各区段时,承运人的赔偿责任,依照各区段运输方式所适用的我国的法律法规或者我国缔结的国际公约的规定确定。"有观点认为,应当将《海商法》第一百零五条的纯粹网状责任制解释为"最小网状责任制"。即使定域损失发生于域外,《海商法》第一百零五条仍被定性为国内实体法律适用规则。[②]

[①] 德国《商法》第452 a条规定:"如果经证明,灭失、损害或导致延迟交货的事件发生在某一确定的运输区段,承运人的责任应按调整该区段运输合同的法律规定确定。即如果损坏、灭失或者迟延是发生在特定运输区段,则承运人的责任按照货方与多式联运经营人单独就该区段签订运输合同时应适用的法律确定。"

[②] 张珠圆:《国际多式联运合同法律适用问题研究——以中国〈海商法〉第一百零五条为中心》,载《国际经济法学刊》2021年第1期,第123页。还可参见刘丹《国际货物多式联运定域损失赔偿责任法律适用问题分析》,载《世界海运》2021年第11期,第34-35页。

本文选取的案例中，裁判时间在 2019 年 6 月之前的大部分民事判决亦持前述观点。但本文对该观点不予认同。第一，《海商法》第一百零五条并未采用类似日本 2018 年《商法典》第 578 条第 1 款将区段法律限定于本国法律的立法语句，无法得出我国实行"最小网状责任制"的结论。第二，前述观点与最高人民法院相关权威观点对与《海商法》第一百零五条相类似的《中华人民共和国民法典》（以下简称《民法典》）第八百四十二条①的解读也不同。第三，前述观点与目前司法实践也不相符。在案件审判层面，最高人民法院在（2018）最高法民再 196 号民事判决中明确认定《海商法》第一百零五条可指向域外法的适用。在司法审判指导文件层面，2021 年 12 月 31 日发布的《全国法院涉外商事海事审判工作座谈会会议纪要》第 68 条关于涉外多式联运合同经营人的"网状责任制"规定："具有涉外因素的多式联运合同，当事人可以协议选择多式联运合同适用的法律；当事人没有选择的，适用最密切联系原则确定适用法律。当事人就多式联运合同协议选择适用或者根据最密切联系原则适用中华人民共和国法律，但货物灭失或者损坏发生在国外某一运输区段的，人民法院应当根据海商法第一百零五条的规定，适用该国调整该区段运输方式的有关法律规定，确定多式联运经营人的赔偿责任和责任限额，不能直接根据中华人民共和国有关调整该区段运输方式的法律予以确定；有关诉讼时效的认定，仍应当适用中华人民共和国相关法律规定。"②因此，在我国法律作为涉外多式联运合同准据法后，如果当事人未能选择区段法律③，由于货损发生的地理空间的差异，《海商法》第一百零五条将分别发挥国内实体法律和国外实体法律适用规则的功能。有学者认为，《海商法》第一百零五条中的区段法律，是指引起货物灭失或者损坏的原因事实所发生的特定运输区段所适用的国内法或者国际条约，而不是指其他国家（如法院所在国或者合同订立地所在国）调整该区段运输方式的法律。④对此观点，本文赞同其所称区段法律并不局限于定域损失区段的国内法，范围上亦可包含国际公约。但本文进一步认为，在《海商法》第一百零五条发挥域外实体法律适用规则功能时，如无禁止性规定，可参照国际私法的意思

---

① 《民法典》第八百四十二条规定："货物的毁损、灭失发生于多式联运的某一运输区段的，多式联运经营人的赔偿责任和责任限额，适用调整该区段运输方式的有关法律规定；货物毁损、灭失发生的运输区段不能确定的，依照本章规定承担赔偿责任。"最高人民法院民法典贯彻实施工作领导小组在解读该条前半句时也认为，对于域外区段发生的货物毁损或灭失的法律适用，可指向域外法。

② 参见法（民四）明传（2021）60 号。

③ 当事人可以合意选择区段法律见本文后述。

④ 司玉琢、张永坚、蒋跃川编著：《中国海商法注释》，北京大学出版社 2019 年版，第 191 页。

自治原则,允许当事人选择区段法律,该区段法律的范围既可以包含定域损失区段的国内法或者国际条约,还可包括其他国家的法律(包括但不限于法院所在国或者订立地所在国法律)。

(四)多式联运经营人的网状责任制不适用于诉讼时效

对于《海商法》第一百零五条中的"赔偿责任"是否包含诉讼时效,相关司法裁判的认识并不一致。(2018)最高法民再 196 号民事判决认为,《海商法》第一百零五条不涉及诉讼时效,难以将该条规定的"赔偿责任"扩大解释为涵盖诉讼时效。另从法源上考察,在《海商法》颁布前,1973 年《国际商会多式联运单证统一规则》、1980 年《联合国国际货物多式联运公约》和 1991 年《联合国贸易和发展会议/国际商会多式联运单证规则》均规定了单独的诉讼时效条款,其所规定的多式联运经营人的责任形式主要针对赔偿责任限额,并不涵盖诉讼时效。鉴于《海商法》第一百零五条规定的多式联运经营人"网状责任制"有其明确适用事项(赔偿责任和责任限额),在案件审理中尚不宜将该"网状责任制"扩大解释适用于诉讼时效。该判决从文义解释、体系解释以及立法解释层面得出《海商法》第一百零五条中的"赔偿责任"不包含诉讼时效的结论,具有合理性。但司法实践中亦有判决根据《海商法》第一百零五条确定诉讼时效应适用的区段法律。① 本文认为,在 1973 年《国际商会多式联运单证统一规则》规则 19②、1980 年《联合国国际货物多式联运公约》第 25 条③、1991 年《联合国贸易和发展会议/国际商

---

① 如本文所列案例 7 号、11 号。

② 1973 年《国际商会多式联运单证统一规则》规则 19 规定:"如果诉讼未在下列时间后九个月内提出,多式联运经营人应被解除其根据本规则承担的一切责任:(i)货物交付之日,或者(ii)货物本应交付之日,或者(iii)按照规则 15 的规定,在没有相反证据的情况下,因不能交付而赋予有权提取货物的人视货物已经灭失的权利之日。"

③ 1980 年《联合国国际货物多式联运公约》第 25 条规定:"1. 根据本公约有关国际多式联运的任何诉讼,如果在两年期间内没有提起诉讼或交付仲裁,即失去时效。但是,如果在货物交付之日后六个月内,或者,如果货物未交付,在本应付之日后六个月内,没有提出说明索赔的性质和主要事项的书面索赔通知,则在此期限届满后即失去诉讼时效。2. 时效期间自多式联运经营人交付货物或部分货物之日的次日起算,或者如果货物未交付,则自货物本应交付的最后一日次日起算。3. 接到索赔要求的人可在时效期间的任何时候向索赔人提出延长时效期间的书面声明。此种期间可通过另一次声明或多次声明,再度延长。4. 如果另一适用的国际公约有相反规定,根据本公约被认定负有赔偿责任的人,即使在上述各款规定的时效期间届满后,仍可在起诉地国家法律所允许的期限内提起追偿诉讼,但所允许的限期,自提起此种追偿诉讼的人已解决对其提出的索赔,或在对其本人的诉讼中接到诉讼传票之日起算,不得少于九十日。"

会多式联运单证规则》第10条①均规定了多式联运诉讼时效的情况下,应当将区段法律的适用范围拓展至诉讼时效。②

三、实践应对:区分不同情形,准确适用多式联运定域损失的法律

虽然交通运输部已经启动了《海商法》的修改,但是《海商法》并未正式修改。而伴随着"一带一路"倡议的深入推进,多式联运作为一种被广泛运用的运输模式迅速发展,由此引发的在我国的多式联运定域损失纠纷也将日益增多。如何确定货方与多式联运经营人的权利义务,是我国法院必须面对的时代课题。基于目前的立法现状,根据《全国法院涉外商事海事审判工作座谈会会议纪要》第68条规定以及新近海事审判实践,本文认为,可参照国际私法领域的有关法律适用原则,构建以当事人意思自治为主、以最密切联系原则为辅的多式联运定域损失法律适用机制。

(一) 尊重当事人选择法律的意思自治

意思自治原则是国际私法中确定准据法的一项重要原则,其核心是冲突规则赋予当事人合意选择适用于他们之间法律关系的准据法的权利。③ 在具有涉外因素的合同中,当事人合意选择适用于他们之间合同的法律的现象尤为普遍。2015年海牙国际私法会议通过的《国际商事合同法律选择原则》(以下简称《法律选择原则》)集中体现了当事人意思自治在商事合同中的扩大化现象。主要表现在两方面:一方面,对当事人选择解纷规则的限制不断缩小。(1) 允许合同当事人进行部分或者多重选择。④ (2) 允许当事人随时做出或者变更选择,但不能有损于合同效力或者第三方权利。⑤ (3) 允许当事人自主决定是否排除反致。⑥ 另一方面,当事人选择准据法范围扩大化。

---

① 1991年《联合国贸易和发展会议/国际商会多式联运单证规则》第10条规定:"除另有明确协议外,除非在九个月内提起诉讼,多式联运经营人应当被解除按本规则规定的赔偿责任。上述时限从货物交付之日或货物应当交付之日起算,或者按照规则第5.3条规定,由于未交付货物,收货人有权视为货物灭失之日起算。"

② 限于篇幅,本文对于诉讼时效纳入区段法律适用对象仅作结论性表述,不进行深入分析。

③ 沈涓:《法律选择协议效力的法律适用辨释》,载《法学研究》2015年第6期,第191页。

④ 见《法律选择原则》第2条第2款的规定。

⑤ 见《法律选择原则》第2条第3款的规定。

⑥ 《法律选择原则》第8条规定:"法律选择不涉及当事人所选择法律的国际私法规则,除非当事人另有明确规定。"

将准据法范畴扩展至非国家之间制定的规则。① 虽然《法律选择原则》仅是示范法，但是其加强当事人意思自治、确保国际商事交易当事人所选择的法律在不违反明确界定限制的情况下有最广泛适用范围的目标应予以尊重。② 当然，在涉外商事合同的法律适用层面，当事人合意选法的意思自治并非完全自主、自由，须受到受诉法院地的强制性规定、社会公共利益、禁止法律规避原则等因素的合理限制。从多式联运定域损失的法律适用来看，当事人选择了多式联运合同适用的准据法后，如该准据法对多式联运经营人的责任采取网状责任制，可能会发生域外法的适用。鉴于当事人才是纠纷的当事人，除特别情况外，当事人有权自主选择处理彼此权利义务的实体规则。因此，充分尊重当事人的意思自治在多式联运定域损失的法律适用层面体现在两个层面：一是当事人合意选择多式联运纠纷整体适用的准据法层面，二是准据法对多式联运经营人的赔偿责任和责任限额采取网状责任制时当事人能否再次选择区段法律层面。前述当事人在两个层面合意选法的过程，均需考量意思自治是否受限以及选法协议的效力两个共性问题。

1. 当事人意思自治受限的情形。多式联运定域损失发生时，《海商法》不具备强制适用性。因此，《海商法》第一百零五条关于网状责任制的规定不影响当事人合意选择准据法。但当多式联运定域损失发生于域外某一运输区段时，则需要考虑的是第三国强制性规定或者国际公约是否会限制当事人选择法律的意思自治。（1）第三国的强制性规定（含公共政策，下同）对当事人意思自治的影响。我国只规定了我国的强制性规定排除当事人意思自治，并未规定第三国强制性规定能否排除当事人意思自治。从世界范围看，除美国外，其他国家通常仅仅将能够适用公共政策的国家的范围限制在法院地国。③ 本文认为，即使当事人没有达成选择法律的合意，也是由受诉法院来判定何时或者必须适用或者考虑第三国的强制性规定。在我国尚未为第三国强制性规定明确立法之时，司法实践中，可考虑秉持互惠的原则，考虑第三

---

① 我国也允许当事人选择尚未生效的国际条约。见《法律适用法司法解释（一）》第九条："当事人在合同中援引尚未对中华人民共和国生效的国际条约的，人民法院可以根据该国际条约的内容确定当事人之间的权利义务，但违反中华人民共和国社会公共利益或中华人民共和国法律、行政法规强制性规定的除外。"

② 联合国国际贸易法委员会第四十八届会议秘书处对《法律选择原则》的说明，见网页（https://assets.hcch.net/upload/text40cn.pdf），访问日期：2022年1月6日。

③ 沈涓：《法律选择协议效力的法律适用辨释》，载《法学研究》2015年第6期，第160页。

国强制性规定对当事人意思自治的限制。① 在互惠原则的把握上，因为涉及对当事人意思自治原则的限制，宜采取"事实互惠"的标准认定是否存在"互惠"，而不采取"推定互惠"标准。（2）国际公约对当事人意思自治的影响。可区分以下两种情形。

情形1：多式联运定域损失纠纷由我国作为缔约国的某国际公约调整。在此情况下，除非该公约明确赋予当事人通过意思自治排除该公约适用的权利，否则，当事人合意选法的权利应受到限制。因为我国作为缔约国，负有适用该国际公约的义务。

情形2：定域损失引发的权利义务纠纷虽由某公约调整，但我国并非该公约缔约国。此种情况下，我国不负有适用该公约的义务，是否遵从该公约的规定，均不涉及我国的社会公共利益（公共政策）。该公约的相关规定在性质上类似于第三国的强制性规定。此种情形下，当事人合意选法的权利不应受到限制。虽然1980年《联合国国际货物多式联运公约》第19条和1991年《联合国贸易和发展会议/国际商会多式联运单证规则》第6.4条均规定了定域损失发生时多式联运经营人的责任限制应按照调整该区段运输方式的国际公约或强制性国家法律的规定计算，但是前述条款的重点在于平衡国际规则与国内强制性规定或其他国际公约对于责任限额的适用问题，并没有否定当事人享有合意选法的权利。

2. 当事人选法协议的有效性问题。根据《法律适用法》第三条以及《法律适用法司法解释（一）》第八条第二款规定，当事人合意选择准据法，应以明示或推定明示的方式进行。对于选法协议的效力问题，存在着以当事人所选择的准据法、法院地法、依法院地国际私法规则所确定的准据法或当事人的属人法判断等多种观点。② 当事人选法协议是独立于当事人签订的合同的法律选择规则。当事人之间创设此种法律选择规则，只是表达希望适用某国法律确定彼此权利义务关系的意愿。意愿是否能够实现，还有赖于受诉法院对选法协议效力的认可。受诉地法院认可或否定选法协议的过程并非实体争议处理过程。在法院对当事人选法协议的效力予以确认之前，当事人所选之法还不能成为准据法，此所选之法并不能被视为合同准据法而被作为判

---

① 申婷婷：《国际私法中的强制性规则：源流、立法与实践》，载《法学杂志》2018年第8期，第126页。

② 张丝路：《评析〈国际商事合同法律选择原则〉对当事人意思自治的限制》，载《甘肃政法学院学报》2016年第5期，第152页。

断选法协议效力的依据。因此，在我国作为多式联运定域损失纠纷的受诉法院地时，应依据我国法律判断当事人选法协议的效力。具体判断标准上，可以参照《民法典》关于合同有效的相关标准予以判定。

当事人享有合意选法的意思自治且选法协议依照我国法律判断为有效时，将呈现以下两种情形。

情形1：当事人有效选择我国法律作为多式联运合同整体的准据法①。基于对当事人意思自治的尊重，除非存在限制或排除当事人意思自治的特殊情形（我国作为缔约国参与某调整该区段损失权利义务的国际公约、我国认可第三国的强制性规定），《海商法》第一百零五条指向的区段法律仍可为当事人合意选择的其他法律排除适用。主要理由有下述两个。

第一，多式联运承运人责任体系制度的价值在于构建多式联运经营人和货物利益方之间公平分配风险的机制，使当事人能合理预见支配其责任程度的法律，以便其能计算行为的社会风险，并采取相应的转移风险的措施。②《海商法》第一百零五条的网状责任制是基于如下的法律适用假定：发生定域损失时，货方向多式联运经营人索赔时适用的区段法律是多式联运经营人后续向区段承运人索赔时所适用的法律。这样，就可以避免多式联运经营人被货方索赔时"对外"承担的赔偿责任与其向区段承运人"对内"追索时产生"责任差"。但是，这种假定"责任差"风险并不会必然发生。一方面是由于货方对多式联运经营人的索赔的基础法律关系是多式联运合同关系，而多式联运经营人向区段承运人索赔既可能是多式联运合同关系③，也可能是单纯的运输合同关系。而在多式联运经营人与区段承运人的法律关系项下，对于区段承运人责任期间发生的定域损失，双方可以协议选择其他法律。这样，前后相续的纠纷所适用的区段法律并不必然一致。举例而言，我国A货主委托我国B多式联运经营人以海陆联运方式将一票货自我国运往印度。B为履行多式联运义务，委托新加坡的C负责海运、委托英国的D负责印度的陆运，A与B未约定多式联运合同的准据法，但B与C的海运合同约定适用新加坡法、与D的印度陆运合同约定适用英国法。货物在D承运的印度陆运

---

① 依照下文所述的最密切联系原则确认或者当事人选择域外法而无法查明该域外法最终仍需适用我国法时，做同等情况对待，不再分别论述。

② 贺万忠、赵萍：《多式联运经营人货物损害赔偿责任限制规则的构建——兼评我国〈合同法〉与〈海商法〉的相应规定》，载《河北法学》2004年第3期，第52页。

③ 本文的8号案和17号案为关联案件，在8号案中法院认为保险公司代位的玛伟贸易公司与航美公司成立多式联运合同关系。而在17号案中，法院认为，在8号案中被认定为多式联运经营人的航美公司与马士基公司也为多式联运合同关系，马士基公司为多式联运经营人。

区段发生货损。后货主 A 在我国起诉 B，双方一致选择我国法作为多式联运合同的准据法。此时，如果不允许当事人合意选择区段法律，根据《海商法》第一百零五条的规定，对于发生于印度陆运区段的货损，应适用印度法律确定 B 的赔偿责任和责任限额。我国法院判决 B 承担责任后，B 根据其与 D 的陆运合同在我国提起诉讼，D 应诉。此时关于 D 的赔偿责任和责任限额应适用双方约定的英国法而非网状责任制设定的印度法律。因此，即使英国法下 D 的赔偿责任限额远远小于我国法院根据印度法判定的 B 应 A 承担的赔偿责任。因为 B 与 D 之间存在陆运合同准据法的约定，B 也只能承受此种"责任差"。另一方面，如果多式联运经营人与区段承运人主体同一时，即前述假设案例中，如果 B 与 D 主体同一时，不存在对外承担责任后的对内追索问题。对于印度发生的定域损失，B 有权放弃适用印度法。

另外，如果我国法作为多式联运合同的准据法，根据《海商法》第一百零五条的规定适用域外的区段法律时，多式联运经营人的赔偿责任与责任限额会受到域外区段法律的查明以及适用等因素的影响，也有可能使《海商法》第一百零五条设定的网状责任制落空。以本文选取的定域损失发生于墨西哥陆运区段的一系列案件为例，8 号、13 号、14 号、16 号、17 号案均涉及墨西哥陆路运输区段的货损。① 8 号案中，对于墨西哥陆运区段货损，法院适用我国法律作为区段法律裁判。13 号、14 号、16 号案对于墨西哥陆运区段货损均适用墨西哥《联邦道路桥梁和车辆运输法》。而案情与 16 号案高度相似的 17 号案，法院虽然也认为墨西哥陆运区段货损可适用墨西哥《联邦道路桥梁和车辆运输法》，但认为马士基公司未能举证墨西哥陆运承运人具备运输营运许可。因此，马士基公司不享有责任限制的权利，最终判令马士基公司需承担全额赔偿的法律责任。② 从前述案例来看，对于同一部域外法，由于法院的理解与适用不同，多式联运经营人的赔偿责任和责任限额会出现不确定性。而允许当事人在选择我国法律作为多式联运合同准据法后，再次合意选择较为熟悉的法律作为区域法律，可能有利于避免"类案不类判"。

综上所述，多式联运合同相关当事人在订立以及履行多式联运合同时，应当充分认识到多式联运纠纷适用规则的不确定性。对于网状责任条款导致法律适用的不确定性，亦在当事人合理的主观认知范围之内。《海商法》第

---

① 8 号、16 号、17 号案涉及的同一货主玛伟贸易公司委托出运的两票货物：8 号和 17 号案指向同一票货物，海运起运港为上海；16 号案的海运起运港为厦门。

② 13 号、14 号和 16 号案的相关裁判文书中均未体现 17 号案中二审裁判文书中的"实际承运人承运货物时必须具备墨西哥主管机关授予的运输营运许可"相关内容。

一百零五条规定的网状责任制，只是为多式联运经营人提供一种制度保障，而不宜理解为可排除当事人意思自治的强制性法律适用规则。当事人在选择我国法律作为多式联运合同准据法后，应当允许当事人基于理性认知、对自身合法权益的考量合意选择定域损失所涉多式联运经营人赔偿责任和责任限额的区段法律。如果多式联运经营人希求得到网状责任制的保护，避免"责任差"风险，则多式联运经营人可不与索赔方达成区段法律选法协议，而继续享有《海商法》第一百零五条的网状责任制保障，适用该条指向的区段法律。

第二，从新近的司法实践看，我国法律作为多式联运准据法后，当事人不能再次选择定域损失适用的区段法律并非唯一合理结论。对于13号案的（2018）最高法民再196号民事判决中"本案适用墨西哥法律的依据是《中华人民共和国海商法》第一百零五条的规定，而不是各方当事人之间的约定……"的措辞有两种解读。解读1：当事人选择我国法律作为多式联运合同准据法后，就墨西哥陆路运输区段发生的损失所涉的多式联运经营人的赔偿责任和责任限额，只能适用《海商法》第一百零五条指向的"调整该区段运输方式的有关法律规定"即墨西哥法律。解读2：（2018）最高法民再196号民事判决并未否定当事人有另行选择其他国家"调整该区段运输方式的有关法律规定"的权利。笔者认同解读2。因为该案中，双方当事人只选择了我国法律作为多式联运纠纷整体适用的准据法，在我国法律作为准据法后，未对区段法律进行选择。此时，《海商法》第一百零五条发挥域外实体法律适用规则功能后指向的法律就是墨西哥法律。但该判决并未对当事人可以合意选择区段法律作出否定性结论。而形成于13号案之前的12号案以及形成于13号案之后的18号案，均尊重了当事人合意选法的意思自治，适用了当事人合意选择的区段法律确定多式联运经营人的赔偿责任和责任限额。

情形2：当事人有效选择其他国家法律作为准据法。此时《海商法》第一百零五条没有适用空间，需根据查明的该国法律确定多式联运经营人的赔偿责任。如果当事人有效选择的外国法无法查明而需适用我国法时，有关多式联运经营人的赔偿责任和责任限额的认定同当事人有效选择我国法律为准据法时一致，无须赘述。如果定域损失被我国未作为缔约国的国际公约所调整，则我国法院没有义务直接适用该国际公约，但可以将该公约视为其他国家国内法的组成部分，并根据该国法律对该公约的适用规定决定如何适用该公约（10号案的做法）。当然，如果多式联运经营人与索赔方在合同中明确约定适用定域损失发生时域外区段国际公约的，则即使我国不是该公约缔约国，根据《法律适用法司法解释（一）》第七条①的规定，如果该国际公约的适用不违反我国社会公共利益或法律、行政法规强制性规定的，就可以根据该公约的内容确定当事人的权利义务关系，这也是尊重当事人意思自治的表现。

（二）发挥最密切联系原则确定多式联运准据法和区段法律的功能

最密切联系原则萌芽于萨维尼的"法律关系本座说"，因英美法的判例和学说而逐步成熟并发挥重要影响力。② 客观讲，由于缺乏对最密切联系原则尤其是确定合同所涉最密切联系国家的硬性规则，最密切联系原则在具备实用性、灵活性的优点之时，也明显表现出根据该原则确定适用法律存在不确定性、不稳定性的一面，更容易滋生滥用受诉法院地法的倾向。因此，有观点认为，对于解决合同争议的准据法，最密切联系原则并没有适用的空间。出于应适用规则的确定性、可预见性以及法律适用上的便利，应通过冲突规则确定哪一国的任意性规范得以适用，进而解决与合同争议有关的问题。③笔者对此并不赞同。因为，多式联运天然具有主体复合性、空间跨地域性、运输方式多样性的特征，很难为其设定一条单独的冲突规范指引多式联运合同整体适用的法律。所以，在关涉多式联运的公约尚未生效且当事人无法达成合意选法协议之时，宜采取最密切联系原则确定多式联运合同整体适用的法律。在最密切联系国家的选择上，应当充分考量体现多式联运经营合同权利义务履行特征的当事人居所（公司住所、注册地、经营地）、合同签订地、履行地（货物发送地、拟运送的目的地）等客观要素，合理确定最密切联系的国家。

依照最密切联系原则确定多式联运纠纷的准据法后，仍应尊重当事人合意选法的意思自治。如果依照最密切联系原则确定我国法为多式联运合同整体适用的准据法的，可向当事人释明是否合意选择区段法律；当事人不选择区段法律或者就区段法律无法达成选法合意的，根据《海商法》第一百零五条网状责任制的规定确定区段法律。如果依照最密切联系原则确定外国法为

---

① 该条规定："当事人在合同中援引尚未对中华人民共和国生效的国际条约的，人民法院可以根据该国际条约的内容确定当事人之间的权利义务，但违反中华人民共和国社会公共利益或中华人民共和国法律、行政法规强制性规定的除外。"

② 肖永平、任明艳：《最密切联系原则对传统冲突规范的突破及"硬化"处理》，载《河南司法警官职业学院学报》2003年第3期，第15页。

③ 张丝路：《评析〈国际商事合同法律选择原则〉对当事人意思自治的限制》，载《甘肃政法学院学报》2016年第5期，第153页。

准据法的，根据外国法的规定认定多式联运经营人的赔偿责任。如依照最密切联系原则确定的外国法无法查明的，多式联运纠纷的准据法为我国法律，关于区段法律的确定过程同前，不再赘述。

（三）合理认定货损区段

对于货损区段的认定，较为复杂的情形在于货物损失发生的整体运输区段可以判断，但无法判断具体货损的原因事实或结果事实发生于同一运输方式的哪一段物理空间。比如我国多式联运经营人A承揽一票多式联运，托运人为美国B公司，货物从深圳出发，经陆路运输至香港，自香港装船运输至德国，货物在德国港口经过换箱操作，可证明货物状况良好。从德国通过公路运输至挪威途中，因德国和挪威之间某一段公路（可能还经过其他欧盟国家）在修路，货物被运抵挪威目的地后发现货损。如经过鉴定无法证明货损具体发生于公路运输的哪一个国家，或者经鉴定证明货损是由多个国家的公路修理产生的道路不平共同致损。前述损失是定域损失还是《海商法》第一百零六条规定的"非定域损失"？从发生说层面看，前述问题涉及对"区段"如何界定问题，即是以某固定空间位置界定还是以"单一固定运输方式从事运输的整个跨域性空间"界定。从我国近年来在海运阶段的法律适用实践看，对海运"区段"的理解，大多采取第二种认定方式，即区段是由"单一运输方式+可能跨域的空间"共同构成，笔者对此予以认同。因此，当事人选择我国法律为准据法，但未选择区段法律时，而区段运输又跨越多个国家（地区）时，需根据最密切联系原则确定《海商法》第一百零五条中的区段法律。此时，最密切联系的要素应与确定准据法的最密切要素有所区别，可以综合考量体现定域损失的当事人居所（公司住所、注册地、经营地）、索赔发生地、定域损失发生地、当事人已经合意选择的准据法等要素予以确定。比如，我国G货主委托我国多式联运经营人H经海陆联运自我国深圳将一票货物运输至I国所在内陆某城市。涉案货物海运区段需经过我国、越南、新加坡、印度等海域。涉案货物在新加坡海运中转时发生货损。G货主向多式联运经营人H发起索赔，双方选择我国法为准据法，但未选择确定关于H的赔偿责任和责任限额的法律。根据前述法律适用过程，《海商法》第一百零五条发挥国外实体法律适用规则功能。但是，对于新加坡海运中转阶段发生的货损，并不宜直接适用新加坡法律确定H的赔偿责任和责任限额，而应当综合考量G与H均为国内主体、双方均合意选择我国为准据法、索赔在我国进行等因素，将我国法律作为区段法律更为适宜。

当然，如特定物理空间货损涉及两种不同区段运输方式的界定，可将相续的两个区段的相关法律规定一并纳入待适用法律范畴综合对比考察，以便最大可能精准适用区段法律。

结　语

《海商法》规定网状责任制的目的在于避免多式联运经营人遭受"责任差"损失，有助于多式联运有序发展。但此种"责任差"保护属于多式联运经营人的自我处分范畴，《海商法》第一百零五条不属于我国的强制性规定，也不涉及我国的社会公共利益，不具有强制适用性。在涉及定域损失的法律适用时，多式联运经营人有权通过与货物利益方达成选法协议的方式选择放弃网状责任制的保护。在多式联运定域损失的法律适用层面，可参照国际私法尊重当事人意思自治的原则，将当事人意思自治贯穿于多式联运纠纷准据法选择、区段法律选择的全过程，同时充分发挥最密切联系原则的辅助性法律适用机制功能。

《鹿特丹规则》的货物交付规则研究
——无单放货问题和目的港无人提货解决思路

唐新力　邓非非　杨文聪

摘要：货物交付是海上货物运输合同的关键内容和最终环节，但受众多因素影响，海运实务中一直存在着较多的货物交付障碍，也因此对国际贸易的发展产生了较大的负面影响。现行的海运公约和国内立法缺乏对货物交付的体系化规定，仅有的零散式规定也缺乏实务可行性。在当前的海运实务中，无单放货与目的港无人提货对于整个国际海上货物运输造成的负面影响最为广泛也最为深远，以至于在很多时候阻碍了国际贸易的正常往来。《鹿特丹规则》切合实际，对于无单放货问题和目的港无人提货问题作出了明确的规定，并在此基础上为难题提供了解决思路。

关键词：《鹿特丹规则》；无单放货；目的港无人提货；解决思路。

一、无单放货难题的解决思路
（一）无单放货问题概述

凭单放货，是国际海上货物运输长久以来的传统，究其原因，是因为提单是承运人保证据以交付货物的证明，承运人一旦签发提单即构成"确保单证持有人可以支配提单项下货物"的承诺。①《中华人民共和国海商法》（以下简称《海商法》）也明确规定了提单中"向特定人交付货物的条款"构成了承运人交付货物的保证。② 一般来讲，可转让提单（不记名提单）应当凭正本提单交付货物，而不可转让提单（记名提单）是否需要凭单交付在各国

---

① Paul Todd, Bill of Lading and Bankers' Documentary Credit (Lloyd's of London Press, 1990), p. 7.
② 《海商法》第七十一条规定："提单中载明的向记名人交付货物，或者按照指示人的指示交付货物，或者向提单持有人交付货物的条款，构成承运人据以交付货物的保证。"

司法界有一定的争议。我国在著名的"菲达电器诉总统轮船案"① 后，逐渐在司法实践中确立了"记名提单也需凭单交货的法律原则"，该原则随后被《最高人民法院关于审理无正本提单交付货物案件适用法律若干问题的规定》所吸收。在"盈泰进出口有限公司诉华隆瑞锋国际货运（上海）有限公司案"② 中，审判法院直接援引该规定的第一条、第二条③作为裁判依据，明确记名提单也需凭单交货。

目前，无单放货产生的海运纠纷不断出现，已经严重影响了国际贸易和航运事业的发展。其原因的产生，笔者认为主要包括以下三个方面。

第一，货物运输速度不断加快，提单的流转速度相应滞后。目前，随着航海科技的快速发展，海洋运输呈现航速加快、航程变短的特点，但目前单据流转速度受技术制约依然没有显著提高，承运人为了减少港口停运等费用以及签订新合同追求新利润，在未收取提单的情况下便交付货物。

第二，因结汇问题造成提单无法流通。国际贸易中经常会出现卖方提交的单据与信用证规定的不符，银行很多时候会以单证不符为理由拒绝付款。此时，卖方依然持有提单，当货物到达目的港之后，买方无法凭单提货。

第三，买方无力付款赎单或拒绝付款赎单。由于国际贸易发生在不同国家之间，卖方难以掌握买方的真实信息，卖家很可能将货物出售给一个不具备相应实力的买家；此外，国际贸易受国际经济形势以及进出口关税影响，货物的价格波动较大，买方很可能出于对经济利益的考虑，单方面撕毁合同，拒绝付款赎单。

---

① 案情简介：万宝集团广州菲达电器厂（以下简称"菲达厂"）与 GB LIGHTING SUPPLIER 公司（以下简称"艺名公司"）达成灯饰买卖合同，菲达厂将货物交由美国总统轮船公司（以下简称"轮船公司"），承运轮船公司签发收货人为艺名公司的记名提单。轮船公司将货物运至卸货港新加坡港后，艺名公司未付款赎单但要求轮船公司进行交付。经新加坡港务当局证实，轮船公司在得到艺名公司保证之后，将该批灯饰放出。菲达厂因轮船公司"无单放货"的行为将其诉至中国法院，该案经二审最终判定轮船公司需为其"无单放货"承担责任。

② 案情简介：盈泰公司与纳泰克公司签订一系列服装订单，盈泰公司按纳泰克公司指示将货物交由华隆公司承运，华隆公司随即签发了收货人为纳泰克公司的记名提单。华隆公司在尚未收回正本提单的情况下，擅自交付货物，致使盈泰公司无法收回货款。盈泰公司随即将华隆公司诉至广州海事法院，该案经广东省高级人民法院二审最终判定"被告华隆公司在未收回正本提单之前擅自放货系违法行为，但因未对原告盈泰公司造成实际损失，不承担相应的赔偿责任"。

③ 《最高人民法院关于审理无正本提单交付货物案件适用法律若干问题的规定》第一条规定："正本提单包括记名提单、指示提单和不记名提单。"第二条规定："承运人违反法律规定，无正本提单交付货物，损害正本提单持有人提单权利的，正本提单持有人可以要求承运人承担由此造成损失的民事责任。"

在海运实务中，若承运人坚持凭单放货，势必造成货物无法交货，影响到托运人与收货人正常的贸易往来，也使自己无法从运输合同中摆脱出来。如果不计后果地实施无单放货，虽然有助于维持正常的国际贸易效率，但其对正本提单人利益的损害将会导致承运人承担无单放货的责任。

目前来说，提单上记载的收货人、通知人或相应提货人凭副本提单或提单复印件，加保函进行提货是"无单放货"常见的解决办法。保函在实务中一般可分为无单提货人提供的保函和由运输合同外第三人提供的保函。在"厦门船务公司诉厦门特贸公司案"① 中，无单提货人自己提供的保函被认为是承运人同无单提货人就无单放货达成的补偿协议，即承运人通过保函的方式将无单放货的风险与最终赔偿责任转移给提货人，该协议在承运人与无单提货人之间有效，但对第三人特别是提单持有人无效。在"'珠运201'轮案"② 中，第三人中国工商银行为无单提货人出具的保函被审判法院认定为实质上的保证合同。根据《中华人民共和国担保法》的规定，承运人有权根据保函的记载要求保证人承担无单放货责任，保证人在做出赔偿之后有权利向无单提货人追偿，但该种保函同样只拥有内部效力，而无外部效力。

同样，实践中还存在用海运单替代提单，以及电子提单替代提单的方式。但上述两种方法都存在技术上的制约，仍然无法从根本上解决无单放货问题。

（二）无单放货在《鹿特丹规则》下的解决思路

从2008年《联合国全程或部分海上货物运输合同公约》（即《鹿特丹规

---

① 案情简介：厦门特贸公司（以下简称"特贸公司"）与CHRISTHO PTE LTD公司签订木地板买卖合同，福建厦门船务代理公司（以下简称"船代公司"）为实际承运人。货物运至厦门港后，因特贸公司尚未取得正本提单，故向船代公司请求凭保函提取货物，在船代公司放货之后，特贸公司未按约定付款赎单，船代公司遂因无单放货被CHRISTHO PTE LTD公司诉至新加坡法院。经该法院判决，船代公司需承担责任。在船代公司做出赔偿之后，其将特贸公司诉至中国法院，要求特贸公司依保函承担相应责任。该案经法院二审最终判定"原告船代公司与被告特贸公司的保函为善意保函，该保函已构成双方当事人之间的提货协议，具有约束力，被告特贸公司应按提货保函的约定赔偿原告船代公司凭保函交付货物的一切损失"。

② 案情简介：罗氏化学与药品公司（以下简称"罗氏公司"）与珠海市医药进出口公司（以下简称"珠海公司"）签订药品买卖协议并交由香港大中船务有限公司（以下简称"大中公司"）承运。大中公司签发了凭指示交付提单，通知方为珠海公司。货物到达珠海港后，因珠海公司未出示正本提单，大中公司未交付货物，珠海公司随即出示了中国工商银行珠海分行印制的"提货担保书"。大中公司接受了"提货担保书"，并给珠海公司签发了提货单，但珠海公司提货之后并未付款赎单，大中公司因此被托运人罗氏公司诉至香港法院并被判定无单放货责任。鉴于此，大中公司将珠海公司和中国工商银行诉至法院，要求二者承担连带赔偿责任，该案经二审法院最终判定："提货担保书"实质上是提货保函，中国工商银行为实质上的保证人，在保证约定不明的情况下，中国工商银行应为珠海公司的债务承担连带责任。

则》)① 的条文可以总结出,无单放货必须具备三个条件:(1) 货物运输使用可转让运输单证或可转让运输电子记录;(2) 不影响该公约第48条第1款的相关内容,即不影响货物仍未交付的认定;(3) 必须存在可以不提交运输单证或电子运输记录的约定,即单证上必须明确表示可以不凭单交付。② 如满足以上条件,当收货人未及时提取货物或承运人因身份问题拒付或无法找到收货人的情况下,承运人可以请求相应的交付指示。寻求指示的办法遵循从托运人到单证托运人的顺序。

按照该公约第47条规定寻求指示,便会遇到一个棘手的问题,即在FOB条件下,如何确定托运人?在采用FOB贸易术语的情况下,通常是买方与承运人订立货物运输合同,买方因此成为合同上的托运人,而卖方却是将货物交付给承运人的实际托运人。如果承运人听从买方的指示,则可能要承担相应的"无正本提单放货"责任,如果听从卖方的指示,则有可能因违反合同约定而承担相应的违约责任。③ 在"厦门特区发展公司诉香港美通船务有限公司案"④ 中,审判法院对"托运人"作出了限缩解释,认为在FOB贸易术语下其含义应为"本人亲自或委托他人将货物交给承运人的主体",从而使得呈交货物的卖方成为唯一的托运人。但在公约第一条第七款中,却明确规定"与承运人签订运输合同的主体为托运人"。如果承运人按照《鹿特丹规则》"无单放货"模式寻求指示,便会使得买方拥有发出指示的权利,买方在此情况下可以"既当运动员又当裁判员",而卖方和真正持单人的利益却难以得到保障。

根据该公约的规定,承运人依照托运人或单证托运人的指示交付货物后,其在运输合同项下的货物交付义务也就此解除,而不必考虑按照正常程序下的交付条件。义务的免除也等同于责任的免除,在此情况下,《鹿特丹规则》

---

① 本文后称"公约"均指《鹿特丹规则》。
② 朱曾杰:《初评〈鹿特丹规则〉》,载《中国海商法年刊》2009年第1-2期,第12页。
③ See Charles Debattista, *The Sale of Goods Carried by Sea* (Tottel Pub, 1998), p.47. 在英国法中,托运人拥有中途停运权。
④ 案情简介:厦门经济特区建设发展公司(以下简称"建发公司")与台湾六欣企业公司(以下简称"六欣公司")签订童装销售合同,适用FOB贸易术语,承运人为香港美通船务有限公司(以下简称"美通公司"),提单上标注的发货人为六欣公司。货物运至目的港后,因信用证单证不符,银行将全套提单退还给建发公司。建发公司随即要求美通公司退货,但美通公司宣称遵从六欣公司的指示并将货物放给他人。建发公司随即将六欣公司诉至我国法院,福建省高级人民法院经二审最终判定:原告建发公司为实际托运人,在持有整套单证的情况下,享有该批货物的所有权,被告美通公司的行为违反了凭正本提单放货的惯例,对此应承担相应的赔偿责任。

为承运人的责任松绑。另外，公约虽然允许特定条件下的无单放货，但对于提单持有人的权益也有所保护。如果正本提单持有人是在承运人按照托运人或单证托运人的指示交付之后成为持有人的，则按照公约规定他仍可以依据运输合同的约定或者其他相应的安排，取得除货物提货权之外的所有权利；如果该正本提单持有人对于货物已经交付的情况不知情或理应不知情，则他可以取得提单项下的所有权利。

从该公约中可以看到，在承运人交付货物之后成为提单持有人的，如果他对货物交付知情的话，就不再享有提货的权利，但该公约并不排斥他对承运人提起货物灭失、损坏、迟延交付的赔偿请求；而如果该提单持有人对货物交付不知情或理应不知情的话，则他可以享有提货权。在此情况下，判断提单持有人是否知情就直接关系到承运人的责任范围，而该公约提供了一种判断方法：通过运输合同记载的货物到达时间或其他内容来推断单证持有人是否对货物交付知情或应当知情。这种判断方法，建立在有合同明确约定的情况下，而一般实践中对于货物到达的具体时间以及查询货物到达的信息并没有作出细致的规定，因此只能通过其他方法来判断持有人是否知情。笔者认为，作为国际贸易的参与者，他们都会为了自己的利益谨慎行事，在成为提单持有人之前，都会尽力去确认货物的交付情况。在此情况下，我们可以把证明提单持有人是否知情的举证责任分配给提单持有人，如果提单持有人无法证明自己不知情，便可推断其对货物已经交付是知情的。

根据该公约第47条第2款之规定，如果承运人因为"无单交货"对善意提单持有人（上文所提及的不知情的持有人）负有赔偿责任，则指示方应当赔偿承运人因无单放货而受到的损失。换句话说，适用公约规则进行无单放货的最终责任，应当是由指示方来承担。那么，指示方负担此种责任的法理依据何在？

无单放货的法律性质，在学术界里有侵权说、违约说以及侵权违约竞合说三种观点。如果将无单放货的责任作为侵权处理，那么指示方便可视为真正的侵权人，而承运人则应视为实际侵权人。承运人按照指示方的指示进行"无单放货"，便可以看作一种受雇或代理行为，而这种受雇或代理可以进一步被看作"隐名"的。当承运人因"无单放货"向权利人做出赔偿之后，当然可以寻求真正的侵权人进行补偿；但如果将无单放货的责任作为违约处理，那么向指示方寻求补偿便难以说得通。根据合同相对性原理，承运人对于权利人的违约责任不受第三人行为的影响，纵然承运人违约行为是因为指示方的要求而做出的，但指示方并不是运输合同中的相对方，该合同之债的效力不应溯及至指示方。

此外，为保护承运人的权利，承运人在按照托运人或单证托运人指示进行"无单放货"之前，可以要求他们提供相应的担保，在未得到足额担保的情况下，承运人可以拒绝遵从相应的指示。① 由此可以看出，《鹿特丹规则》在刻意降低承运人因"无单放货"承担的风险，同时也给与指示方和承运人更加充分的自由选择权。

（三）公约中"无单放货"新规定的影响

公约通过立法的形式，为"无单放货"难题的解决提供了良好的思路。它通过在充分尊重当事人意思自治的基础上，在一定限度内放弃"凭单交货"的传统规则，从而使得无单放货的问题能够得到妥善解决。同时，它注重保护承运人在货物交付时的权利，将责任更多地分配于指示方以及平衡善意持单人的请求权，很好地分配了"无单放货"情况下的权利义务。与出具保函、签发海运单以及使用电子提单等方式相比，此种规定无疑是务实和积极的，其对于减少无单放货纠纷，保障国际贸易的良好运行，也无疑具有重要的意义。

但公约对于"无单放货"的支持，会极大地削弱提单的物权价值。凭单交付是国际海上货物运输长久以来的惯例模式和行业标准，并得到各国际公约和众多国内立法的支持。时至今日，提单已发展成具有高度信用的贸易工具，一方面它成为国际贸易结汇、经济安全保障的重要手段，另一方面它也是国际融资的重要方式。动摇提单的物权效力，不仅动摇了货物交付制度的根本，还会动摇长期形成的以提单为核心的国际经济秩序，将导致一系列的不良后果。此外，整个无单放货机制，既复杂又不确定，一有不符或不守程序或脱节，均可能对其实施造成影响。② 其可操作性也存在很大的疑问。

二、目的港无人提货难题的解决思路

（一）目的港无人提货的认定条件

目的港无人提货，一般是指货物运输至合同约定地之后，收货人拒收、收货人未能找到或其他原因导致交付不能的情形。《海商法》对目的港无人提货没有作出明确的定义，而是规定当收货人拒绝、迟延提货或者在卸货港无人提货时，船长有权利将货物运送至仓库或其他合适场所，如果产生了相

---

① 李笑黎：《〈鹿特丹规则〉下无单放货解决机制：从凭保函放货到凭指示放货》，载《中国海商法年刊》2011年第1期，第51页。

② 朱曾杰：《初评〈鹿特丹规则〉》，载《中国海商法年刊》2009年第1-2期，第13页。

应的费用,则由收货人承担且风险也转移至收货人。①

目的港无人提货,在近年来海运实务中时常出现,究其原因,一方面来源于海上货物运输合同以及国际贸易合同的纠纷,另一方面则是源于进口国法律、贸易制度以及卫生制度的限制造成无人提货。目的港无人提货不仅导致权利人无法及时取得货物的所有权,从而使货物过期、变质或市场价值下跌,而且将导致承运人在"运费到付"的情况下无法取得海运费,并有可能承担管理货物、处置货物等额外费用。

该公约在条文中并没有使用"目的港无人提货"的字样,而是使用"货物仍未交付"这一说法。根据条文规定,有以下情况之一的,被认为"货物仍未交付":(1)收货人未能按照运输合同的约定,在相应的时间与地点接收货物。在没有合同约定的情况下,未在一个合理的时间与地点接收货物。(2)控制方、持有人、托运人或单证托运人都未找到,或在交付不能的情况下,控制方、持有人、托运人或单证托运人拒绝发出指示。(3)承运人按照公约拒绝交付货物的情况。具体包括:收货人未履行确认收到货物义务时,承运人拒交货物;相应单证的交付规则要求承运人核实身份,而收货人提供的身份不符合相应的记载,承运人拒交货物;指示提单背书不符,电子运输记录身份验证不符,承运人拒交货物。(4)由于交货地法律限制,承运人无法交付货物。(5)承运人无法交付的其他情形。

结合上述情形,公约用"货物仍未交付"来替代"目的港无人提货"实在是很有必要。在《鹿特丹规则》中,货物遇到交付障碍,承运人首先可以通过寻求交付指示来完成交付任务,因此就可能存在承运人依据指示改变目的港的情形。

按照公约规定,承运人在货物仍未交付的情况下,可以行使相应的权利,但必须以完成合理通知为前提。承运人需要向合同事项中载明的,位于目的地的所有可能存在的被通知人发出合理通知,并按照顺序向承运人知道的收货人、控制方或托运人发出通知后,方可行使相应的权利。

笔者认为,在收货人拒收、指示方拒绝提供指示和交货地禁止交付的情况下,要求承运人发出合理通知是可行的。但在无法找到相应权利人的情况下以及承运人拒绝交付的情况下,该通知规则是不合理的。在无法找到相应权利人的情况下,承运人理所当然也无法将通知发出,如果承运人能够将合

---

① 《海商法》第八十六条规定:"在卸货港无人提取货物或者收货人迟延、拒绝提取货物的,船长可以将货物卸在仓库或者其他适当场所,由此产生的费用和风险由收货人承担。"

理通知送达到权利人，那么他完全可以直接请求交付指示。在承运人因收货人不履行相应义务或者未合理表明身份而拒绝交付的情况下，承运人是知晓或应当知晓真正权利人身份的，贸然发出处置货物的通知与国际商贸礼仪不符。在此情况下，友好协商是解决问题的首选。

此外，承运人"合理通知"的义务对于相应责任的分担，没有直接的意义。一般来讲，如果货物处于"无法交付"的状态，货物的风险自然就转移至有权提取货物的人，则承运人对该货物采取相应的行动，只有在其有过失的情况下，才承担相应的责任。也就是说，是否发出"合理通知"并不重要。如果承运人在发出"合理通知"的情况下，错误处置货物导致损失，那么他应当承担责任；如果承运人未发出"合理通知"，但处置货物得当并未造成损失，那么他将不会因为未发出"合理通知"而承担责任。在"武威百花诉法国达飞轮船案"① 中，被告达飞公司未向原告百花公司发出合理通知便擅自将货物运至非目的港，从而造成货损，法院最终裁定被告承担赔偿责任但依据却只是其未能合理处置货物，而不管被告是否向原告发出合理通知。《鹿特丹规则》也并未明确规定承运人未履行"合理通知"义务应当承担的责任，因此承运人缺乏遵从该项义务的"动力"。

（二）承运人处置货物的权利

公约第48条规定，承运人在货物未能交付的情况下，可以采用下列措施以处置货物：（1）货物存放在任何合适地方；（2）如果货物存放于集装箱车辆内，则可以拆开货物的包装，也可以采取包括转移货物在内的其他措施；（3）依照当地法律或者相应的商业惯例，将货物出售或者进行销毁。②

其中，承运人采取前两项措施所产生的费用应由有权提取货物的人承担，在采取第3项措施将货物出售之后，承运人可以从所得价款中扣除因保管、

---

① 案情简介：武威百花蜂业天然保健品公司（以下简称"百花公司"）与吉泰国际发展有限公司（以下简称"吉泰公司"）签订大蒜头买卖协议，并将此批大蒜交由法国达飞轮船公司（以下简称"达飞公司"）承运。货物出运后，吉泰公司没有按合同付款，正本提单一直在百花公司手中。货物运至目的港汉堡港之后，因无人提货，达飞公司遂将该批货物运至巴西，由于大蒜具有易腐烂性，已发生全损。百花公司遂将达飞公司诉至中国法院，经海事法院判决认定：被告达飞公司作为承运人应按照合同约定将货物运至目的港并凭正本提单交货，即使发生目的港无人提货的事实，也应当采取将货物卸至仓库或其他场所妥善保管货物，而不应将货物擅自转移至其他港口，因此被告达飞公司应赔偿原告百花公司相应的货物损失。

② 《鹿特丹规则》第48条第2款规定："承运人可以根据情况的合理要求就货物采取，其中包括将货物存放在任何合适地方；货物载于集装箱内或车辆内的，打开包装，或就货物采取其他行动，包括转移货物；按照惯例，或根据货物当时所在地的法律条例，将货物出售或销毁。"

处置货物而产生的额外支出。并且，在承运人通过相应措施处置货物之后，该货物的风险是由有提取货物的人负担。

《鹿特丹规则》对于承运人处置货物权利的规定与我国《海商法》相似。在"河北中外运久凌储运公司诉河北神龙农业技术有限公司案"中，被告河北神龙农业技术有限公司在货物"胡萝卜"到港之后，经原告河北中外运久凌储运公司多次书面催促，仍然拒绝提货，从而致使胡萝卜腐烂变质。原告遂将被告诉至法院，请求被告支付因处置货物而产生的费用，被告基于自身货物受损向原告提出抗辩。法院最终裁定因已发生风险转移，原告（承运人）河北中外运久凌储运公司对胡萝卜腐烂变质不承担责任，同时被告河北神龙农业技术有限公司应偿付原告因保管胡萝卜而产生的制冷费、堆存费、滞箱费以及最终销毁货物的费用。

依据公约规定，承运人不仅可以从货物出售的价款中获得因处置货物而产生的额外支出，还可以获得应给付承运人的与运输这些货物有关的任何款项。在这些款项中，主要部分应该是在"运费到付"情况下收取的"海运费"。如果严格按照上述规定，向货物权利人收取海运费，那么在使用FOB贸易术语的情况下，便会使得真正的海运费义务人逃脱其职责。在FOB项下，买方是运输合同的签订人，其海运费按照合同约定一般是由买方在目的港货到支付，如果由于贸易原因，买方没有来凭正本提单提货，因此货物此时应当属于卖方所有，卖方为公约中所述的"有权提取货物的人"。那么在此时，就会产生矛盾：按照货物运输合同的约定，买方应为支付海运费的主体；而按照《鹿特丹规则》规定，承运人可以将卖方的货物进行变卖以获得海运费。在"青岛思锐国际公司诉无锡富通公司案"中，被告无锡富通公司为卖方，采用FOB贸易术语的方式将货物出售给买方并约定运费到付，货物抵目的港后，由于贸易原因，买方并未凭单提货，原告青岛思锐国际公司遂将被告无锡富通公司诉至法院，要求其支付运费并承担利息损失。法院经过审理认为：运输合同中关于运费支付的方式是当事人真实意思的表示，在未先行履行向合同中义务人收取运费的前提下，直接向货物权利人收取运费缺乏法律依据，不予支持。由此可见，我国法院在处理类似情况时首先考虑的是海运合同的相关约定。

（三）承运人不当处置应负担的责任

根据《鹿特丹规则》第48条第5款之规定，目的港无人提货期间发生的货物灭失或损坏，承运人不负赔偿责任，除非索赔人能够证明货物灭失或损坏是因为承运人未采取合理的方式或步骤而发生的，并且承运人能够预见自身的行为将导致货物的灭失或损坏。①

从上述规定可以看出，公约实际上是为承运人的责任松绑。一般情况下，承运人不需要承担货物灭失、损坏的责任，只有在权利人有充分证据表明损失的产生是由承运人的过失所致，承运人才有可能承担责任。公约将此举证责任分配给索赔人，实质上是一种严重的倾斜——在海运实务中，索赔人由于与承运人相隔甚远且无法第一时间知晓货物发生灭失、损坏的事实，因此很难收集到承运人过失的证据。此外，公约还要求承运人只在自己知道或本应知道不采取相应合理步骤将发生货损的情况下才承担赔偿责任，这又为索赔人的求偿设置了重大障碍。

同时，对于条文中所规定的"合理步骤"也难以界定。一般来讲，对于货物明显应有的处置方法或者承运人存在明显的过失可以通过日常经验推断出来。在"武威百花公司诉法国达飞轮船公司案"中，被告法国达飞公司在目的港无人提货的情况下，擅自将易腐烂的大蒜头由德国汉堡港转运至巴西港口，而不是采取将大蒜头卸在仓库或其他适当场所等措施妥善保管货物，通过常识可以看出承运人未采取合理步骤保存货物，因此审理法院认定被告法国达飞公司对于大蒜头的损坏承担赔偿责任。但在保管货物存在多种措施且每一种措施都无法确保货物绝对安全的情况下，认定"合理步骤"便成为难题，并且受各国技术习惯和技术水平影响，不同承运人对同一批次货物的保存可能存在不同的办法。此外，货物的灭失、损坏一般由多种因素共同造成，很多时候难以界定承运人的过失与货物灭失、损坏有直接的因果关系。笔者认为，该问题的处理只能在参照既有事实的情况下，通过法官的自由心证来完成。

三、结语

由于《海牙—维斯比规则》《汉堡规则》的立法缺失，国际海上货物运输交付问题一直未得到良好的规制，从而引发了一系列的货物交付难题，也严重影响了国际贸易的顺利进行。《鹿特丹规则》的制定，为问题的解决提供了良好的契机。本文结合我国过往的货物交付案例，充分论证"无单放货难题"以及"目的港无人提货难题"在《鹿特丹规则》下的解决思路，以实务探讨的角度分析了其实施条件、具体流程以及后续影响，以期有益于司法实务。

---

① 《鹿特丹规定》第四十八条第五款规定："本条所规定的货物仍未交付期间内发生的货物灭失或损坏，承运人不负赔偿责任，除非索赔人能够证明，此种灭失或损坏是由于承运人未能在当时的情况下采取应有的合理步骤保存货物所致，且承运人知道或应当知道不采取此种步骤将给货物造成灭失或损坏。"

海运危货法律关系论纲*

倪学伟

摘要：本文重点论述了海运危货法律关系中运输主体的资格及其在危货运输中的权利义务问题，并阐释了危货运输行为及危货本身的法律属性，较好地揭示了海运危货法律关系相对于海上货物运输法律关系的特殊性。

关键词：危货；海运危货法律关系；危货承运人；危货托运人。

海运危货法律关系是指承运人、托运人就危险货物海上运输达成协议而形成的以权利义务为内容的社会关系。海运危货法律关系属海上货物运输法律关系的一种，总体而言受海上货物运输法律规范调整。但基于运输对象的危险性及危害性，相关法律对海运危货法律关系额外作出了相当多的特殊规定，从而在法律规则及实务操作规程方面都突显了它与众不同的地位，实有必要对其进行专门的较为深入细致的探讨和研究。

一、海运危货法律关系的主体

海运危货法律关系的主体是指参与海运危货法律关系，享受权利、承担义务的人，即危货承运人和危货托运人。

危货承运人是指本人或者委托他人以本人名义与危货托运人订立海运危货合同的人。①与普通货物承运人不同的是，海运危货承运人是特殊主体，必须具备法定的危货运输资质，符合法定部门规定的技术条件和要求，能安全运输危货并具备出现意外情况时妥善处置危货的技术和能力。承运人有契约承运人、实际承运人、无船承运人等区分，是否有必要规定各类海运危货承运人都必须具备危货运输相应资质？对此，笔者主张：因契约承运人、无船承运人并不实际参与危货运输，甚至可能根本不与危货发生实际的掌管和接触，故不必要求这两类承运人具备危货运输法定资质。但对实际承运人而言，由于其直接掌管和运输危货，危货能否安全运抵目的地，与其技术条件、应急处置能力等关系至为密切；而危货的不当运输，除了可能导致货物及运输

---

* 本文原载于《中国海商法年刊》（2004）第 15 卷，大连海事大学出版社 2005 年版；修订于 2024 年 12 月。

① 见《中华人民共和国海商法》第四十二条。

工具的损失外，还极有可能发生危及公共安全的重大事故，造成大范围的人命及财产损失，并可能产生自然生态环境不可逆转的损害，因此，对实际承运人而言是必须具备海运危货法定资质的。

危货承运人的法定资质，是指法律关于从事危货海运的承运人所必须具备的基本条件和最低要求，是海运行政管理法对危货承运人进行规范管理的重要内容。根据现行有效的海运行政法规的规定，危货承运人的法定资质主要是对人的要求和对船的要求两方面的问题。[①]

对人的要求是指：（1）船舶所有人或其经营人或管理人应根据国家水上交通安全和防治船舶污染环境的管理规定，制定保证水上人命、财产安全和防治船舶污染环境的措施，编制应对水上交通事故、危货泄漏事故的应急预案以及船舶溢油应急计划，配备相应的应急救护、消防和人员防护等设备及器材，并保证落实和有效实施；按照国家有关船舶安全、防污染的强制保险规定，参加相应的保险，并取得规定的保险文书或财务担保证明。（2）船长、船员应持有海事管理机构颁发的适任证书和相应的培训合格证，熟悉所在船舶载运危货的安全知识和操作规程；事先了解所运危货的危险性、危害性及安全预防措施，掌握安全载运的相关知识；如果发生事故，应遵循应急预案采取相应行动；从事原油洗舱作业的指挥人员，应按规定参加原油洗舱特殊培训，取得合格证书后方可上岗作业。

对船的要求是指：载运危货的船舶，其船体、构造、设备、性能和布置等方面应符合国家船舶检验的法律、行政法规、规章和技术规范的规定，国际航行船舶还应符合相关国际公约规定，具备相应的适航、适装条件，经适格船舶检验机构检验合格，取得相应检验证书和文书，并保持良好状态；船舶应符合有关危货积载、隔离和运输的安全技术规范，并只能承运船舶检验机构签发的适装证书中所载明的货种；国际航行船舶应按《国际海运危险货物规则》，国内航行船舶应按《水路危险货物运输规定》，对承载的危货进行正确分类、积载，保障危货在船上装载期间的安全；对不符合国际、国内有关危货包装和安全积载规定的，船舶应当拒绝受载、拒绝承运。

如果海运危货承运人特别是实际承运人不具备法定的危货运输资质，那么其对海运危货合同的效力有何影响？对此有三种观点：第一种观点认为应认定危货海运合同无效，并按《中华人民共和国合同法》（以下简称《合同

---

① 见《中华人民共和国船舶载运危险货物安全监督管理规定》第三章、第五章之规定。

法》）第五十八条规定①，采取返还财产、折价补偿、赔偿损失等措施予以处理。第二种观点认为承运人不具危货运输资质的，应由海运行政管理部门处理；构成刑事犯罪的，由司法机关处理，但不影响海运危货合同的效力。第三种观点认为，应根据危货的危险等级不同，分别做出危货海运合同是否有效的认定。

  笔者认为第三种观点是可取的，理由如下：合同自由原则是《合同法》的基本原则之一，如果过多地认定合同无效，则显然与合同自由原则相冲突，不利于合同的稳定性，并影响对当事人合法权益的保护，甚至于可能会破坏市场经济的正常秩序。充分反映市场经济法则的《合同法》从维护交易安全和稳定，顺应市场经济发展的需要出发，总的原则是尽可能地避免和减少合同的无效，以促进和鼓励交易。海上运输跨国越境，并极可能跨不同社会制度和法域，其更应遵循市场经济的基本法则，故海运危货合同理应注重其交易的动态安全，即应以认定有效为常态，认定无效为例外。危货的种类十分繁多，且危货的危险等级也各不一样。② 以第一种观点而言，不考虑危货千差万别的属性，以"一刀切"的武断方式来判定合同的效力，无疑将导致大量的无效合同，极不利于海上贸易的稳定发展，显然该观点是不可取的。根据《合同法》第四十四条第二款"法律、行政法规规定应当办理批准、登记等手续生效的，依照其规定"③之规定，要求危货承运人具备相应的资质是

---

  ① 该条规定被《中华人民共和国民法典》第一百五十七条"民事法律行为无效、被撤销或者确定不发生效力后，行为人因该行为取得的财产，应当予以返还；不能返还或者没有必要返还的，应当折价补偿。有过错的一方应当赔偿对方由此所受到的损失；各方都有过错的，应当各自承担相应的责任。法律另有规定的，依照其规定"取代。——编者注

  ② 运输具有极强放射性的核燃料和运输作为建筑和装修材料的含有天然放射性物质的石材，尽管该两种货物都具有放射性，但危险等级和危害程度显然不一样，不分皂白地以承运人无法定危货运输资质而认定合同无效，可能并不利于建立真正有效的危货运输法律制度。2003年10月1日起施行的《中华人民共和国放射性污染防治法》仅在第十四条规定"国家对从事放射性污染防治的专业人员实行资格管理制度；对从事放射性污染监测工作的机构实行资质管理制度"，而未规定从事放射性物质运输的主体的资质问题，其原因可能就在于考虑到放射性物质的危险等级和危害程度的极大差异性，对运输主体的资质问题不便于做划一的规定。另外，关于危货的危险等级等问题，请参见本文第三部分的有关论述。

  ③ 该规定被《中华人民共和国民法典》第五百零二条"依法成立的合同，自成立时生效，但是法律另有规定或者当事人另有约定的除外。依照法律、行政法规的规定，合同应当办理批准等手续的，依照其规定。未办理批准等手续影响合同生效的，不影响合同中履行报批等义务条款以及相关条款的效力。应当办理申请批准等手续的当事人未履行义务的，对方可以请求其承担违反该义务的责任。依照法律、行政法规的规定，合同的变更、转让、解除等情形应当办理批准等手续的，适用前款规定"取代。——编者注

合理的和必需的，第二种观点抹杀了危货相对于普通货物之特殊性，一概不考虑海运行政管理部门的资质认定效力，把行政管理行为和民事法律行为完全对立或彼此孤立起来，极可能造成行政管理的虚无化，不利于确立行政权威，并可能导致危货运输的无序化或曰无政府主义化，因而也是不可取的。根据《最高人民法院关于适用〈中华人民共和国合同法〉若干问题的解释（一）》第四条"合同法施行后，人民法院确认合同无效，应当以全国人大及其常委会制定的法律和国务院制定的行政法规为依据，不得以地方性法规、行政规章为依据"的规定，认定海运危货合同效力的根据只能是法律和行政法规，地方性法规、行政规章不能作为认定海运危货合同无效的依据。就目前而言，关于危货运输予以资质认定的法律和行政法规只有2002年1月9日国务院第五十二次常务会议通过并于2002年3月15日起施行的《危险化学品安全管理条例》。该条例第三十五条明确规定"国家对危险化学品①的运输实行资质认定制度；未经资质认定，不得运输危险化学品"。这就意味着从事危险化学品海运的承运人必须具备相应的资质，否则所签订的海运危货合同即应认定为无效。对其余危货②的运输，并无法律或行政法规关于承运人资质的明确规定，因而一般情况下不能以承运人不具危货运输资质的缘由认定合同无效。交通主管部门大量的关于危货运输的行政规章所要求的承运人资质③，因其效力等级的制约而不能据此认定合同无效④。当然，不能认定没有法定资质的承运人所签订的海运危货合同无效，并不表明海事行政管理部门不能对该承运人依法进行行政处罚，也不表明构成犯罪时不能依法追究其刑事责任；相反，对该承运人的行政处罚乃至刑事处罚都是必需的，否则难

---

① 该条例第三条规定，危险化学品包括爆炸品、压缩气体和液化气体、易燃液体、易燃固体、自燃物品和遇湿易燃物品、氧化剂和有机过氧化物、有毒品和腐蚀品等。

② 从国际方面来说，危货系指《国际海运危险货物规则》所涵盖的物质、材料和物品，除危化学品外，还有大量的其他危险品，如不属于危险化学品的渔粉、印度煤等，都是《国际海运危险货物规则》所列明的危险货物。就国内方面而言，列入国家标准GB 12268《危险货物品名表》的物质、材料和物品均属危险品，其外延亦远大于危险化学品。笔者主张，针对我国海运行政管理法规的滞后性和非完善性，目前似可采取以下弥补措施：若某种危货的危险等级高于危险化学品，如把核燃料作为货物运输，尽管没有行政法规关于海运承运人资质之明确规定，但参照"主断罪而无正条，其应出罪者，则举重以明轻；其应入罪者，则举轻以明重"（《唐律疏议》之《名例律》）的法律适用类推原理，亦应要求承运人取得相应资质，否则应认定该运输合同无效。

③ 如2004年1月1日起施行的《中华人民共和国船舶载运危险货物安全监督管理规定》及《港口危险货物管理规定》等。

④ 对其他危货的运输，若确有必要进行强制性的资质认定，则可将交通主管部门的相关行政规章上升为国务院的行政法规，从而加强行政监管的力度，并以此作为认定海运危货合同无效的依据。

以规范危货海运市场。

危货托运人是指本人或者委托他人以本人名义或者委托他人为本人与危货承运人订立海运危货合同的人,或者将危货交与危货承运人的人。① 危货托运人往往是货主或与货主有密切关系,是海运危货合同的一方主体。国务院《危险化学品安全管理条例》第二十七条规定:"国家对危险化学品经营销售实行许可制度。未经许可,任何单位和个人都不得经营销售危险化学品。"可见,危险化学品的托运人必须具备相应的资质,取得政府有关部门的许可,否则所签订的危货海运合同无效。对其他危货,因法律和行政法规无强制性的规定,因而对其他危货的托运人来说并无特殊要求,即危货托运人有无经营其他危货的资质,不影响危货海运合同的效力。

二、海运危货法律关系的内容

海运危货法律关系的内容是指危货承运人、托运人所享受的民事权利和承担的民事义务的总和。

(一)危货承运人的民事权利和义务

1. 承运人拒绝运输危货权。海运危货之第一要务就是安全,若不能达到安全运输危货之目的,海运危货合同将不仅不具有任何值得称道的价值,反而还会产生有损财产及生命的后果。因此,当承运人发现所需承运的危货不适宜于海运时,或基于自己的危货运输资质的限制而不得运输该危货时,承运人有权予以拒绝运输。另外,由于危货运输可能产生的极端危害性,出于对公共安全的考虑,法律甚至将不符合包装要求或托运人未提供有关证书的危货列入承运人必须拒绝运输的对象。可见,对承运人而言,拒绝运输危货不仅是一项权利,有时还是一项义务或者说是一项职责。②

承运人只要有正当理由而拒运危货,则不构成违约,不承担违约责任,特别是当拒运危货作为承运人的一项义务履行时更是如此。当然,在实务中可能存在如何判断承运人拒运危货的正当性问题。笔者主张,若承运人具有拟将运输的危货的法定资质,船舶性能良好,船员适任,而托运人亦具有经营该危货的资质,危货已妥为包装,并取得了法定部门签发的各种有效证书,则通常应认为承运人不具有拒运该危货的权利;反之,若存在以上任何一点不合要求的事项,则可考虑承运人拒运危货具有正当性。毫无疑问,承运人

---

① 见《海商法》第四十二条。
② 有学者认为"船东有权利拒运'危货'的观点容易形成误导",似乎要得出船东无权拒运危货的结论。参见郑田卫《论海运危货托运人的严格责任原则》,见《海商法研究》总第3辑,法律出版社2000年版,第112页。

拒运危货不具正当性时，即构成实质性违约，应依法承担违约责任。

2. 承运人危货处置权。承运人依法装运危货后，若发现后来情况有变，则出于安全考虑，可以对危货行使处置权。承运人的危货处置权分为知情和不知情两种情况下的处置权：(1) 知情时的危货处置权。承运人知道危货性质并已同意装运的，只能在该货物对船舶、人员或其他货物构成实际危险时[①]，才可以对危货进行处置，将货物卸下、销毁或使之不能为害，对由此造成的危货损失不负赔偿责任，但不可要求托运人赔偿其受到的损害及为处理危货而支出的费用。如果危货并不构成对船舶、人员或其他货物的实际危险，则承运人不享有对危货的处置权，假若承运人盲目处置，应赔偿托运人的相应损失。(2) 不知情时的危货处置权。托运人未履行法定的书面通知等义务，承运人不知所运为危货时，承运人可在任何时间、地点视情况将货物卸下、销毁或使之不能为害而不负赔偿责任。法律并未要求不知情时承运人的危货处置权以危货构成对船舶、人员或其他货物的实际危险为条件，但这并不意味着承运人可以随心所欲地处置危货。此时，承运人仍然应该以谨慎的态度妥为行事，即危货毫无发生危险事故的迹象时或运输及气象条件不会发生不利于危货运输的重大变化时，不要轻易处置危货，以免无谓地造成社会财富的损失。即使根据实际情况需要对危货处置的，也应尽可能采取将危货卸在安全港口的措施以让货方妥为安排后续处理办法，而不要轻易地将危货抛海或改变危货的自然属性。当然，承运人所采取的这些措施而额外支出的费用，或者因此而受到损失的，可要求托运人予以赔偿。

3. 承运人使船舶适航、适载、适运的义务。在危货海运中，承运人的该项义务较之普通货运而言，更具有严格性，即技术要求更高、针对性更强、专门化程度更高。也可以说，它是在普通货运适航等基础上的特殊要求，未尽到普通货运的适航、适载、适运义务，则不可能做到海运危货的适航、适载、适运。

一般而言，海运危货适航要求与普通货运适航要求差别不大，但对于不能承受剧烈颠簸的危货，承运人应事先考虑预定航线通常的风浪大小，若在通常情况下预定航线风浪很大，船舶肯定会剧烈颠簸，此时承运人应依法行使拒绝运输危货权，对该危货不予承运。否则，承运人可能会承担船舶不适航的责任，进而逃脱不了赔偿的后果。另外，在妥善配备船员方面，除应按

---

① 实际危险是指若不采取措施，危货就必然会发生危险事故的一种客观真实状态。实际危险包括不采取措施就会即刻发生的危险和不采取措施、经一段时间后就必然会发生的危险。但无论如何，不符合危货客观属性的主观臆断，不能认为构成实际危险。

照《国际海员培训、发证和值班标准公约》(STCW)的规定配备足够的船员外,还特别强调所配备船员的质量方面的要求,即船员应该是对所运危货的特性有充分了解的人员,并能够自觉地运用其知识妥善照管危货,一旦发生意外,能够针对危货的特性正确、迅速地采取措施予以应对。

在海运危货时,承运人适载的义务具有重要意义。因为不同的危货,适载要求会有较大区别,作为一个具备法定资质的承运人,必须了解常见危货的装运要求,使船舱、载货处所适宜于收受、载运和保管危货。运载包装危险品的每艘船舶,均应持一份按《国际海运危险货物规则》规定的分类列出船上危险品及其所处位置的专用清单或舱单。当然,如有标明类别和明确船上所有危险品位置的详细积载图,则可免持此种专用清单或舱单。这些单证之一的副本应在船舶离港前交给港口国当局指定的人员或机构,以便备查和发生意外时及时妥善处理。

4. 承运人管理危货的义务。该义务源于《中华人民共和国海商法》(以下简称《海商法》)第四十八条"承运人应当妥善地、谨慎地装载、搬移、积载、运输、保管、照料和卸载货物"的规定。需要明确的是,尽管在海运危货法律关系中,托运人比普通货物的托运人承担了更多的义务,但这绝非表明由此而减轻了承运人管理危货方面的任何义务;相反,承运人的该项义务因运输对象的危险性和危害性而更需严格执行。那种认为托运人承担了更多义务,从而减免了承运人管理危货责任的观点是不可取的。

承运人应根据货物的性质对危货予以安全和适当的装载与堆放,不兼容的危货应彼此隔离。承运人可以而且应该拒绝载运会自行升温或燃烧的危货,除非已采取充分预防措施使着火可能性减至最小,这对夏天载运印度煤来说尤其如此。承运人千万不可为赚取区区运费勉为其难,导致明知难以避免的重大事故发生。对于会产生危险蒸汽的危货应堆放在通风良好的处所,并应在整个运输过程中始终保持良好通风状态。若发生涉及危货遗落或可能遗落到海中的事件,船长应将该事件详细情况迅速报告最近的沿岸国;如果系有意采取措施而将危货抛入海中,则船长亦应及时向最近的沿岸国报告。

在实务中,承运人未尽到管理危货义务的情况更多地发生在积载环节。因积载不当,如把不兼容的两种危货装入同一个货舱,使本来不具有现实危险性的货物发生了危害;且因积载不当,当发生危货事故时,往往难于采取措施消除危害,从而可能进一步地扩大损害的后果。承运人对此应引起高度注意,力争通过科学积载,最大限度地降低该环节的潜在危险。

(二)危货托运人的权利和义务

众所周知,在民事法律关系中,当事人的权利、义务具有对称性,即

"此主体的义务,往往是彼主体的权利,离开了权利,不可能有义务,同样,没有义务支持的权利也是不可能存在的"①。在海运危货法律关系中,承托双方的权利、义务也具有同样的对称性。故从一般意义上讲,明确了承运人的权利、义务后,便无须考察托运人的权利、义务了。但鉴于海运危货法律关系中当事人权利、义务的特殊性,即权利、义务对称性之中又含有某种程度的非对称性,故研究托运人权利、义务不仅不重复,反而还显得十分必要。

1. 危货托运人要求安全运输的权利。

海运危货合同的主要目的是实现所运危货从此地到彼地的安全位移,承运人由此而付出的并非单纯的劳务,他还付出了管理、经验、技术、网络资源等非劳务性的东西,即海运危货合同不是雇佣合同,而更接近于承揽合同的性质。但无论合同的性质为何,若危货中途受损甚至灭失,则合同的主要目的就会落空。作为托运人而言,最大的愿望就是所托运的危货能够平安准时地抵达目的地,不出现货损货差现象,不发生与第三人或承运人的纠纷。法律赋予托运人要求安全运输的权利,并将其作为运输合同中托运人之最基本、最重要的权利予以规定,只要不存在法定的承运人免责事由和托运人丧失权利的事项,托运人之要求安全运输的权利都受法律的关怀和保护。该项权利是以托运人向承运人支付运费为对价的,但因海运合同是诺成性合同②,除非存在合同生效的法定障碍,否则合同成立即生效,即使托运人未支付运费,承运人也不得以未收到运费为由拒不履行安全运输之基本义务。承运人对此的处理方式只能是两种情况:未收到的运费若为预付运费,承运人可中止履行合同并要求托运人承担违约责任,但不能以未收运费为由进行不安全的运输,此其一;其二,未收到的运费若为到付运费,则承运人可通过留置相应货物的方式直接追究托运人违约责任,但不得毁损货物。由此可见,托运人之要求安全运输的权利受到法律的全面保护。

但我们也毋庸讳言,危货托运人要求安全运输的权利并非绝对,该权利因承运人的危货处置权而受到一定程度的限制。这种限制表现为:当承运人知情并同意装运危货,而危货在构成对船舶、人员或其他货物的实际危险时,可能被卸下、销毁或使之不能为害;而托运人未履行通知义务时,承运人可

---

① 彭万林主编:《民法学》(第二次修订版),中国政法大学出版社1999年版,第74页。
② 根据传统民法,货物运输合同属实践性合同。参见彭万林主编《民法学》(第二次修订版),中国政法大学出版社1999年版,第715页。但目前许多国家的立法为保障承运人的利益,不再确认货物运输合同为实践性合同,而将其规定为诺成性合同。参见王利明、崔建远《合同法新论·总则》,中国政法大学出版社1996年版,第45页。

视情况在任何时间、地点将危货卸下、销毁或使其不能为害。这些限制是法律明文规定的,并非承运人凭借行业优势强加给托运人,因而该限制是合法的,是海运危货的特殊性所决定的,托运人不能以安全运输权利被侵犯为由要求承运人赔偿其损失。这与普通货物运输中托运人要求安全运输的权利具有显而易见的区别。

法律限制托运人要求安全运输权利的法理根据在于,当大、小利益不能兼顾时,或者说当大、小权利对立并矛盾时,牺牲小利益是为了保全大利益,小利益必须服从于大利益;放弃小权利是为了保护大权利,小权利应该让位于大权利。事实上,在海运危货法律关系中,如果片面强调保护托运人要求安全运输的权利,那么就可能导致危货出现险情而不能在船上排除时,险情随时间推移进一步扩大蔓延,危及整艘船舶、船上人员及其他货物的安全,严重者还会引起第三人的生命、财产损失,甚至危及公共安全和造成自然生态环境的损害。因此,特定情况下限制托运人要求安全运输的权利,是社会化立法的必然要求,是趋利避害的功利主义思想在海商法上的反映。

2. 危货托运人的通知义务。

在普通货物海运中,托运人是不负担此项义务的,唯有在海运危货法律关系中才规定了托运人通知义务,因而其特殊性可见一斑。

危货托运人的通知义务是指,托运人依照有关海上危货运输的规定,妥善包装,作出危货标志和标签,并将其正式名称和性质以及应当采取的预防危害措施书面通知承运人。这是危货托运人的一项十分重要的义务,该义务是否正确、适当履行,关系到承运人是否承运危货的选择权、危货运费的计收、运输途中如何照料或处置危货等决定海运危货法律关系前途、命运的诸多重要问题。①

具体说来,危货托运人在履行通知义务时,应注意这些问题:与危货海上运输有关的所有单证中,应使用该危货的正规海运名称而非仅使用商业名称,按《国际海运危险货物规则》规定的分类给予正确说明;由托运人准备的运输单证应包括或附有经签字的证书或申报单,申明所托运的危货已被妥善包装、标记、加了标签或标牌,并处于合适的装运状态;负责危货包装、装载的人员应提供签字的集装箱、车辆包装证书,说明危货已妥善包装和系固,且所有可适用的运输要求均得到满足;对于易燃、易爆、易腐蚀、剧毒、

---

① 有学者认为,托运人对所托交货物性能、包装、标志等与托运单的一致性负严格的法律责任,并进一步认为危货托运人对危货应承担严格责任。参见郑田卫《论海运危货托运人的严格责任原则》,见《海商法研究》总第 3 辑,法律出版社 2000 年版,第 104—113 页。

放射性、感染性、污染危害性等危险品，托运人应当附具相应危货安全技术说明书、安全作业注意事项、人员防护、应急急救和泄漏处置措施等资料。

如果托运人向契约承运人正确履行了通知义务，但未就有关事项通知实际承运人，且契约承运人亦未通知实际承运人，此时实际承运人因客观上的确不知道所运货物的真实情况，从而将危货当成普通货物予以运输，那么，实际承运人可以向托运人主张因未履行通知义务所产生的权利，托运人应承担法律规定的因未履行通知义务所应承担的责任，之后托运人可基于契约承运人未履行谨慎行事义务而提起追偿之诉，由契约承运人承担最终的赔偿责任。在海运危货实务中，可能存在这样的情况：托运人未履行通知义务，但承运人从其他途径知悉了货物的危险属性，此时托运人是否仍需承担法定的未履行通知义务的后果？对此笔者主张，若危货属于航运实务中常见品种，且危险性不太大，则托运人不再承担法定的未履行通知义务的后果①；若危货属于航运实务中的非常见品种，或者虽然是常见品种，但危险性较大的，则托运人仍需承担法定的未履行通知义务的后果。②

3. 危货托运人的损失自担义务。

该义务并非指危货托运人的任何损失都由其自行承担，它仅仅是指在以下两种情况下的损失由托运人自行承担：第一，当托运人未尽到通知义务或通知有误时，承运人可在任何时间、地点根据情况需要将危货卸下、销毁或使之不能为害，由此而致危货损失的由托运人自行承担，并且托运人还要为承运人的上述行为所受到的损害和所支出的费用"埋单"；第二，托运人正确履行了通知义务，但危货对船舶、人员或/和其他货物构成实际危险时，承运人仍然有权将货物卸下、销毁或使之不能为害，该危货的损失由托运人自行承担③，但处理危货的费用支出应由承运人承担，不得转嫁托运人。

---

① 如鱼粉属于《国际海运危险货物规则》第4.2类易燃固体物质，具有易自行发热、燃烧的特性，是航运实务中较为常见的危货品种，且通常为大宗散货运输，托运人未履行通知义务时，承运人可以从货物表面得知其危货属性，对此，笔者认为托运人不再承担法定的未履行通知义务的后果。

② 1978年《联合国海上货物运输公约》（即《汉堡规则》）第13条第3款对此有不同的规定，即任何人如果在运输期间，明知货物的危险特性而接管该货物的，则托运人不必承担未通知的后果，且托运人不对承运人因载运该危货而造成的损失负赔偿责任。但是，当危货对生命或财产造成实际危险时，承运人仍然可以根据情况需要，将其卸下、销毁或使之无害，除有共同海损分摊义务或按该规则第5条规定承运人负有赔偿责任外，无须给予赔偿。众所周知，《汉堡规则》具有极大的超前性，笔者认为，在这一问题上，该规则的规定也是超前的。

③ 如果危货引起的实际危险是由于承运人不可免责的过失造成，则承运人有权也有义务将该危货卸下、销毁或使之不能为害，但承运人应基于其不可免责的过失而赔偿该项危货损失。此乃根据公平原则而得出的必然结论。

需要注意的是，上述第二种情况，即危货对船舶、人员和其他货物构成实际危险时，承运人主动而有意地采取措施，将危货卸下、销毁或使之不能为害而致的损失和有关费用可能构成共同海损。譬如，《国际海运危险货物规则》中编号为2208的5.1类危货漂白粉（Beaching Powder），属自热自燃物，若漂白粉在运输途中自燃，船、货面临共同危险，承运人采取灌水的方法灭火，火扑灭后未着火的货物的湿损即构成典型的共同海损损失；被火烧掉的漂白粉的损失属于单独海损，由托运人自行承担。如果承运人出于当时的实际情况考虑，决定将未着火的其他漂白粉做抛弃销毁处理，则被抛弃处理的漂白粉的损失亦构成共同海损。对此，似乎可确立这样一条原则：只要符合共同海损的构成及分摊条件，有关损失即构成共同海损，船方可委托理算师理算，并可按共同海损的有关规则要求分摊，而不再考虑危货的特殊性问题。

根据《海商法》第二百条第一款"未申报的货物或者谎报的货物，应当参加共同海损分摊；其遭受的特殊牺牲，不得列入共同海损"之规定，对危货托运人未尽到通知义务或通知有误的，承运人可在任何时间、地点根据情况需要将危货卸下、销毁或使之不能为害，由此而致的危货损失，不得列入共同海损，但应参加共同海损的分摊。

三、海运危货法律关系的客体

海运危货法律关系的客体，是指海运危货承运人、托运人权利义务所指向的对象，即危货运输行为。

危货运输行为作为海运危货法律关系的客体，既是承托双方权利义务指向的对象和权利义务的受载体，又是承运人履行合同的直接表现形式，同时还是有关海运危货法律、法规所重点关注的一种法律行为。就后者而言，有关法律从危货包装、托运、装船、积载、保管、照料、运输、卸载、过驳、仓储、提货以及装拆危货集装箱等诸环节均作了详尽规定，以规范和约束危货运输行为。根据有关法律，危货运输行为须符合以下基本要求：危货船舶应选择符合安全要求的通航环境航行、停泊、作业，并顾及在附近的其他船舶以及港口和近岸设施的安全，防止污染环境。海事管理机构规定危货船舶专用航道、航路的，危货船舶应依规定航行。危货船舶通过狭窄或拥挤的航道、航路，或在气候、风浪较恶劣的条件下航行、停泊、作业，应加强瞭望，谨慎操作，采取相应安全、防污措施。载运爆炸品、放射性物品、有机过氧化物、闪点在28℃以下的易燃液体和液化气的船，不得与其他驳船混合编队拖带。对操作能力受限制的危货船舶，海事管理机构应疏导交通，必要时可实行相应的交通管制。危货船舶在航行、停泊、作业时应按规定显示信号，与其他船舶相遇，应注意按航行和避碰规则的规定，尽早采取相应行动。在船舶交通管理中心控制的水域，危货船舶应按规定向该中心报告，并接受其指令；在实行船舶定线制的水域，危货船舶应使用规定的通航分道航行；在实行船位报告制的水域，危货船舶应依规定加入船位报告系统。危货船舶从事水上过驳作业，应符合国家水上交通安全和防止船舶污染环境的管理规定和技术规范，选择缓流、避风、水深、底质等条件较好的水域，尽量远离人口密集区、船舶通航密集区、航道、重要的民用目标或者设施、军用水域。危货船舶发生水上险情、交通事故、非法排放事件，应按规定向海事管理机构报告，并及时启动应急计划和采取应急措施，防止损害、危害的扩大。①

　　这里有必要探讨海运危货运输的对象——危货。我们知道，法律关系的核心问题是当事人的权利义务问题，离开了权利义务即无所谓法律关系。在海运危货法律关系中，当事人权利义务的出发点和归宿点都是落脚于危货之上的，一切均以危货为中心，离开了危货，即不存在海运危货法律关系。

　　法律上的危货包括货物自身的危险属性，如燃烧、爆炸、有毒、腐蚀性、放射性等，以及法律意义上的危险性，如违背港口国法律规定而被留置或延误。就目前而论，属于货物自身的危险属性的危货已列入国家标准 GB 12268《危险货物品名表》和国际海事组织《国际海运危险货物规则》，具有爆炸、易燃、毒害、腐蚀、放射性等特性，在海运中易造成人身伤亡和财产毁损而需特别防护的货物。该类危货品种繁多，特性各异，如爆炸品、压缩气体和液化气体、易燃液体、易燃固体、自燃物品和遇湿易燃物品、危险化学品等。另外，还有相当数量的未列入上述两个文件，但又的确具有危险性的货物，也应列入危货之序列，由海运危货法律规范调整。法律意义上的货物危险性，如违背港口国法律规定而被留置或延误，比较典型者如因检疫限制，譬如SARS病毒、禽流感而造成的留置或延误。

　　尽管危货品种繁多，但它们都有共同的特点即危险性和危害性，易造成人身及财产损害，其区别仅在于危险属性各不相同及危害性大小不同、防范及应急措施不同、事故造成的损害程度及范围不同。但无论如何，基于危货的共同特点（即危险性和危害性），一旦某一货物被列入危货范围，承运人及托运人即应针对其危险属性、防范应急措施等特点进行处置，以实现海运危货合同之安全运输的根本目的。例如，放射性的物质、材料和物品属危货

---

① 见《中华人民共和国船舶载运危险货物安全监督管理规定》第二章之规定。

之列，具有危险性和危害性，但放射性物质品种繁多，其危险等级和危害程度各不一样，如核燃料、放射性同位素、铀（钍）矿，伴生放射性矿（含有较高水平天然放射性核素浓度的非铀矿如稀土矿和磷酸盐矿等）具有高度的危险性和极大的危害性，毫无疑问均属具有放射性的危险物质；另外，射线装置如X线机、加速器、中子发生器、含放射源的装置等，使用伴生放射性矿渣和含有天然放射性物质的石材做建筑和装修材料，也都具有一定程度的放射危险性，应当符合国家关于射线装置的标准以及建筑材料放射性核素控制标准。以上物质、材料和物品作为货物运输时，都应归入危货序列，按危货运输规范进行运输。

四、余论：承托双方混合过错所致危货损害的责任问题

如果货损的发生是承托双方均未履行法定义务所致，即托运人未明示货物危险品属性、未书面告知防范措施；承运人虽然不知运输对象为危货，但却连普通货物的"管货"义务都未尽到，最终造成危货爆炸、泄漏、燃烧并使货物全损。对此混合过错造成的货损，需考察哪一方的过失程度更大，然后根据法律确定责任比例的划分。托运人的表面过错在于未告知危货属性及防范措施，另一个极可能存在的隐性过错是其选择了不具有危货运输资质的承运人，即直接违反法律之强制性规定。承运人的过错在于未尽到普通货物所要求的"管货"义务，如野蛮装卸导致危货爆炸。《中华人民共和国民法通则》第一百三十一条"受害人对于损害的发生也有过错的，可以减轻侵害人的民事责任"[1]之规定，是现行法律关于混合过错所致损害的责任分担依据。在综合考虑承托双方的过错对货损发生的影响程度，包括加重或扩大货损的影响程度，并考虑其他相关情况后，即可较为正确和公正地判明赔偿责任分担之比例。

---

[1] 该条规定被《中华人民共和国民法典》第一千一百七十三条"被侵权人对同一损害的发生或者扩大有过错的，可以减轻侵权人的责任"取代。——编者注

自贸区试行沿海捎带的法律困境与突破[*]

谭学文

摘要：在自贸区建设中，允许中资非五星旗国际航行船舶从事沿海捎带业务是航运市场开放的重要举措之一。沿海捎带业务政策是一把"双刃剑"，对其试点和推广应保持谨慎态度，对该政策所引发的法律问题应提前研判。自贸区试行沿海捎带不可避免地会带来航运市场主体的平等保护、海事司法中的人际法律冲突、沿海捎带政策与海商法的规定冲突等问题，进而影响我国开放航运市场及法治化营商环境的建构。我国依据对等原则放开沿海捎带，虽符合我国的"入世"承诺及国际通行做法，但对未能享受该政策优惠的企业针对交通主管部门的行政诉讼亦应提前加以研判。针对沿海捎带案件所引发的海事人际法律冲突问题，应避免分段适用所产生的混乱，统一适用《海商法》的相关法律规定，适用不完全过失责任制、海事赔偿责任限制等制度。针对沿海捎带政策与《海商法》规定的冲突问题，全国人大常委会可依据《立法法》第十三条授权在自贸区内暂时调整适用《海商法》第四条规定，从而在法治框架内引入沿海捎带业务政策。

关键词：沿海捎带；自贸区；平等保护；海事人际法律冲突；调整适用。

在自贸区建设中，允许中资非五星旗国际航行船舶从事沿海捎带业务是航运市场开放的重要举措之一。沿海捎带是中国（上海）自由贸易试验区（以下简称"上海自贸区"）率先试点开展的航运政策，后作为可复制、可推广的经验放开至广东、福建、天津等自贸区。然而，沿海捎带业务政策在实施中存在一些法律问题，从而制约了该政策的推行进度及实际效果。本文以沿海捎带政策试点中的法律问题为例，探索在自贸区内如何以法治方式突破相关法律困境，以实现自贸区先行先试精神与法治精神的辩证统一。

一、沿海捎带业务政策的基本情况

沿海捎带业务政策肇端于21世纪初我国航运界关于允许国际班轮在我国沿海港口间"捎带重箱"的政策动议。2003年，交通部发布《关于同意国际

---

[*] 本文原载于《人民司法·应用》2018年第10期，修订于2024年12月。

班轮公司在我国沿海主要港口之间调运空集装箱的函》,以解决长期以来的外贸运输空、重箱不平衡的问题。但是,"捎带空箱"与"捎带重箱"的性质完全不同:前者仅涉及运输工具本身,是空箱的沿海自行调拨;而后者则更关乎外贸货物能否经由外轮在我国港口之间自由调运,从根本上涉及一国沿海运输权的问题。出于对"捎带重箱"可能引发的航运安全、加大与国内航运企业的竞争、影响国内船员就业等系列问题的考虑,我国一直对"捎带重箱"持谨慎态度,对该政策也仅仅停留在探讨、动议阶段。

2013年,中央作出设立上海自贸区的重大决定。航运市场开放是自贸区建设的重要内容,而开放的举措之一即是在自贸区内试行沿海捎带政策。2013年9月27日,交通运输部、上海市人民政府联合发布的《关于落实〈中国(上海)自由贸易试验区总体方案〉,加快推进上海国际航运中心建设的实施意见》中规定:"实施沿海捎带试点政策。推动中转集拼业务发展,允许中资航运公司利用自有或控股拥有的非五星旗国际航行船舶,先行试点外贸进出口集装箱在国内开放港口与上海港之间(以上海港为中转港)的捎带业务。"同日,交通运输部发布了《关于在上海试行中资非五星旗国际航行船舶沿海捎带的公告》,对"中资航运公司"的认定、备案申请手续、不得擅自转租等内容作了进一步规定。2014年12月29日,"中远泗水"轮从上海港捎带货物驶往天津、青岛两港口,意味着沿海捎带政策试点正式落地。

中资非五星旗船一般是我国国有大型航运企业如中远洋海运、中外运长航等公司登记在国外避税港的船舶,其船籍国是外国,但实际经营者为我国国有船公司。开展沿海捎带业务,有助于利用支线班轮的闲置运力、优化航线布局,以降低干线班轮的营运成本和提升我国中转港口的竞争力。[1] 但沿海捎带试点政策与船舶登记、国家安全以及国家间政治互信具有关联度,将造成国内港口集装箱运输量转移,直接冲击我国内贸航运企业和运输企业从业人员的就业。[2] 这意味着沿海捎带业务政策是一把"双刃剑",对其试点和推广应保持谨慎态度,对该政策所引发的法律困境与相关风险应高度重视并加以提前研判。

二、沿海捎带在推行中面临的主要法律问题

自贸区试行沿海捎带不可避免地会带来一些法律问题,进而影响我国开放航运市场,营造国际化、市场化、法治化营商环境。沿海捎带在推行中面

---

[1] 林春辉、廖一帆:《"国际班轮沿海捎带重箱"政策动议刍议》,载《水运管理》2004年第8期。

[2] 马得懿:《谨慎审视沿海捎带试点政策》,载《中国社会科学报》2015年5月13日。

临的主要法律困境有三个。

困境一：航运市场主体的平等保护问题

在沿海捎带政策施行后，部分外资航运企业希望对其也开放此项业务，以实现对航运市场主体准入的平等保护。从表面上看，仅对"中资非五星旗国际航行船舶"放开沿海捎带与法律的平等保护精神并不相符。长期以来，我国一直坚持"法律面前人人平等"，注重在经济事务中平等保护中资、外资、中外合资企业的合法权益，打造平等、开放、透明的法律政策环境。将外国籍船舶一分为二地区别对待，对中资航运公司适用沿海捎带政策，对外资航运公司则不适用，主要原因有：一是对沿海运输权的保留是国际通行做法，国际航运市场依据对等原则进行开放，在世界其他国家（地区）对我国尚未开放此项业务时，我国有权予以保留；二是中资航运企业与我国存在千丝万缕的联系，对其开放沿海运输权有利于促使中资方便旗船在国内港口进行中转，提高我国航运企业与港口的国际竞争力并维护我国的经济利益。但是，对航运市场主体作这种区分和表述较为明显和刻意，难免会影响到我国开放的国际形象。值得注意的是，在推行该政策的过程中，当外资航运企业推动所在国根据世界贸易组织规则要求与中资航运企业就沿海捎带业务享受同等待遇时，我国将如何处理？况且，在执行该政策时，如何认定"中资航运公司"仍面临着不少困难。实施沿海捎带下的"中资航运公司"的认定必须与船舶登记制度的创新相一致，否则"中资航运公司"的认定会带来法律上的冲突。① 在航运公司之间通过联盟、联营以及相互持股、合并等方式相互渗透、相互合作的背景下，很难区分一个企业的中资成分与外资成分，这将使"中资航运公司"的认定缺乏具体、明确的操作规则。因此，沿海捎带在航运市场主体准入方面的附带效应仍有待实践检验。

困境二：海事司法中的人际法律冲突问题

在司法实践中，沿海捎带案件将引发海事人际法律冲突问题。所谓人际法律冲突是指一国之内因属于不同种族、民族、宗教、部落、团体以及不同阶层、集团的人适用不同的法律而产生的冲突。② 在沿海捎带业务中，中资航运公司（外轮所有人）的身份可能是海上联运提单下从事国际海上货物运输的承运人，可能是多式联运提单下的区段承运人，也可能是水路运输合同下的承运人。在这三种安排下提供捎带服务的外轮所有人"身份"并不相

---

① 马得懿：《中国（上海）自贸区实施沿海捎带业务政策之法律解读》，载《上海经济研究》2014年第10期。

② 周新：《双轨制与海事人际法律冲突》，载《中国海商法研究》2014年第1期。

同，隶属的属人法域也不相同，将可能适用《中华人民共和国海商法》（以下简称《海商法》）、《中华人民共和国合同法》（以下简称《合同法》）①、《中华人民共和国水路运输管理条例》等不同的法律规定。在此情况下，同一个沿海捎带服务提供者，可能因其三种不同的法律身份，各自隶属不同的属人法域，形成独特的海事人际法律冲突，进而导致适用法律在责任基础、海事赔偿责任限制等方面的差异。例如，一艘中资外籍船舶经营新加坡—广州—汕头航线，新加坡—广州段为国际海上运输，应适用《海商法》，实行不完全过失责任制，若发生海事事故，船方申请设立海事赔偿责任限制基金的，应依据《海商法》第十一章的标准计算基金数额；广州—汕头段为国内沿海运输，适用《合同法》，实行严格责任制，若发生海事事故，应依据原交通部《关于不满300总吨船舶及沿海运输、沿海作业船舶海事赔偿限额的规定》的标准计算基金数额。沿海捎带所引发的海事人际法律冲突，在我国区分海上、沿海、内河的"三轨制"司法实践背景下，将引发法律适用的混乱。

困境三：沿海捎带政策与海商法的冲突问题

沿海捎带政策推行中的最大问题是该试点政策与现行法律规定之间的冲突问题，即该政策与《海商法》第四条关于沿海运输权的保护性规定产生了冲突。沿海捎带业务政策的本质仍然是沿海运输权问题，是传统沿海运输权的适度开放。② 沿海运输权涉及国家主权和航运安全，世界各国对是否开放沿海运输权均非常慎重。例如，美国对沿海运输权实行严格的保护政策，制定了琼斯法案；法国对欧盟成员国的船舶也不开放沿海运输的国际航行权。我国法律注重对沿海运输权的保护，《海商法》禁止外国籍船舶未经批准经营沿海运输业务。《海商法》第四条规定："中华人民共和国港口之间的海上运输和拖航，由悬挂中华人民共和国国旗的船舶经营。但是，法律、行政法规另有规定的除外。非经国务院交通主管部门批准，外国籍船舶不得经营中华人民共和国港口之间的海上运输和拖航。"《中华人民共和国国际海运条例》规定了更为严格的限制性条件。该行政法规第二十九条第一至第四款规定了外商投资经营国际海上运输及其辅助性业务的准入条件，如经营国际船舶运输、国际船舶代理业务的中外合资经营企业、中外合作经营企业，企业中外商的出资或投资比例不得超过49%等。这意味着在我国沿海运输权受到

---

① 该法已被《中华人民共和国民法典》所取代，下同。——编者注
② 马得懿：《中国（上海）自贸区实施沿海捎带业务政策之法律解读》，载《上海经济研究》2014年第10期。

较为严格的保护。正是基于这种考虑,沿海捎带政策在上海自贸区的适用范围被严格加以限制,适用对象仅限于"中资非五星旗国际航行船舶",适用地域仅限于"在国内开放港口与上海港之间(以上海港为中转港)"的区域内。

依照《海商法》第四条,外国籍船舶经营我国沿海运输,应经交通运输主管部门的批准和同意,实行"一事一申请"或"一船一申请"原则。沿海捎带政策突破了这一规定,对中资非五星旗船开放了国内航运市场。由于航运事项属于中央专属立法权限,对沿海运输权的开放应为国家最高权力机关的专属权力,属于应制定法律涉及"基本经济制度以及财政、海关、金融和外贸的基本制度"的事项。因此,在《海商法》未作修改的背景下,试行沿海捎带不能直接绕开《海商法》第四条,不能无视其与国家法律相冲突的问题,不能以试点政策形式直接突破法律规定,否则将有违自贸区的法治精神。可见,如何化解试点政策与法律规定之间的冲突成为当前亟待解决的重大问题,但解决这一问题应采取法治的方式而不是行政命令的方式。

三、突破法律困境的有效路径

针对沿海捎带政策在推行中的上述法律困境,要更加注重运用法治思维和法治方式,正确处理"先行先试"与"于法有据"之间的关系,在法治框架内推进沿海捎带政策的实施。突破上述法律困境的有效路径有如下三条。

路径一:提前应对涉沿海捎带业务准入的相关诉讼

上海自贸区试行沿海捎带以来,一些外籍航运企业积极游说中国政府,希望后者对其放开此项业务。对此,我们一定要保持清醒的认识,充分认识到扩大沿海捎带的适用范围可能引起的负面效应与风险。允许外籍船舶沿海捎带必然会将"外国因素"带入国内沿海运输服务中,包括一些影响国际安全的因素包括集装箱反恐、集装箱危害国家安全、集装箱偷渡、本国海员就业以及海关通关秩序等。[①] 因此,在世界海运大国、港口大国、贸易大国对我国不放开沿海捎带的背景下,我国从自身国家利益与国家安全的角度出发,不宜率先对所有外籍船舶放开此项业务,而应依据对等原则对沿海运输权的开放予以保留。针对外资航运企业及所在国政府对此项政策可能违反世界贸易组织规则的质疑,我国政府完全可以声明:在"入世"议定书中,我国明确排除了沿海和内河运输服务市场的开放。中国社会科学院张文广副研究员

---

① 马得懿:《中国(上海)自贸区实施沿海捎带业务政策之法律解读》,载《上海经济研究》2014年第10期。

撰文指出，我国相关政策与国际通行做法一致，符合我国法律规定，也不违背我国的入世承诺。① 交通主管部门对"中资航运公司"的认定与航运企业对沿海捎带业务的市场准入息息相关。实践中，可能引发行政相对人（如未能享受沿海捎带政策优惠的企业）针对交通运输主管部门的行政诉讼。行政相对人在行政诉讼中附带提起针对《交通运输部关于在上海试行中资非五星旗国际航行船舶沿海捎带的公告》（2013年第55号文）的审查请求，法院当如何应对？这些都有待我们提前做好应对，加强对此类案件的研究，以防患于未然。

路径二：统一沿海捎带案件的海事司法适用

针对沿海捎带案件所引发的海事人际法律冲突问题，目前主要有两种法律适用的思路：一种是分段适用，即纠纷发生在海上区段就适用《海商法》，发生在沿海或内河区段就适用《合同法》，彼此不产生联系；另一种是统一适用，认为沿海捎带应整体视为国际海上运输，与纠纷发生的航程区段无关，应统一适用《海商法》。笔者认为，推行沿海捎带的目的是促进外贸货在国内的国际中转港进行中转，针对的货物也是"外贸进出口集装箱"，其本质上属于国际海上运输，应统一适用国际运输的相关法律制度。因此，沿海捎带案件，无论纠纷发生在国内区段还是国际区段，都应统一适用《海商法》的相关规定加以调整，适用不完全过失责任制、海事赔偿责任限制等《海商法》特殊法律制度。

路径三：在自贸区内申请暂时调整适用《海商法》第四条

针对沿海捎带与《海商法》第四条的冲突问题，存在法律修改和法律调整适用两种途径。然而，法律修改程序十分繁琐，一般要经过"三读"程序，耗时较长。《海商法》第四条的修改因涉及国家主权、航运安全、经济安全等因素，立法者内部达成修法共识也存在相当大的难度。相比较而言，申请在自贸区内暂时调整适用《海商法》第四条更为可行。《中华人民共和国立法法》（以下简称《立法法》）第十三条规定："全国人民代表大会及其常务委员会可以根据改革发展的需要，决定就行政管理等领域的特定事项授

---

① 张文广：《自贸区"沿海捎带"政策应审慎推广》，见中国法学网（http://www.iolaw.org.cn/showArticle.aspx?id=4866），访问日期：2016年11月15日。

权在一定期限内在部分地方暂时调整或者暂时停止适用法律的部分规定。"①与"立、改、废、释"等传统立法形式相比，这种调整适用主要有以下三大优势。

首先，调整适用的立法程序更为简单、快捷，具有成本和效率优势。以上海自贸区对"三资企业法"的调整适用来看，商务部和上海市人民政府先向国务院提出暂停法律施行的相关建议，国务院再以其名义向全国人大常委会提出相关草案。后由全国人大宪法和法律委员会审议该草案并向全国人大常委会提出审议结果的报告，并交付常委会会议表决通过，即一次审议即交付表决的形式。这一过程花费的时间不长，程序较为快捷。如果按照法律修改程序来修改"三资企业法"，一般要经过征求意见、专家论证、常委会的多次审议等环节，则要花费大量的时间和精力。可见，以调整适用的形式解决个别法律条文如《海商法》第四条的效力范围问题更具有成本和效率优势，更能满足为自贸区建设提供法制保障的需要。

其次，调整适用能因地制宜地考虑各自贸区的实际情况，使沿海运输权的开放更具针对性和科学性。如前所述，沿海捎带试点政策有利有弊，受限于我国对沿海运输权严格保护的因素，不宜将沿海捎带向全国港口放开。当前比较可行的是在拟建设国际航运中心的中转型港口试点推行沿海捎带政策。比较适宜开展此类业务的是上海洋山港区、广州南沙港区等港区。有学者指出沿海捎带政策对上海、广州等中转港口有利，但对天津等腹地型枢纽港的不利影响较大。② 值得注意的是，并不是上海等港口城市的所有港区都适宜开放沿海捎带业务。例如，广州港有南沙、黄埔、新沙等港区，其中黄埔港区以内线运输为主，国际集装箱货物中转业务较少，不适宜开展沿海捎带业务。这意味着沿海捎带试点政策必须限定在特定区域，不宜扩大范围。然而，法律修改不可能将法律的效力范围限定在某港口、某港区。调整适用则可因地制宜地考虑各自贸区的实际情况，通过对《海商法》第四条效力范围的调整，将沿海捎带业务限定在特定区域，如上海港洋山港区、广州港南沙港区等。这样可使沿海运输权的开放更具有针对性和科学性。

---

① 该条内容已被《中华人民共和国立法法》（2023年修正）第十六条"全国人民代表大会及其常务委员会可以根据改革发展的需要，决定就特定事项授权在规定期限和范围内暂时调整或者暂时停止适用法律的部分规定。暂时调整或者暂时停止适用法律的部分规定的事项，实践证明可行的，由全国人民代表大会及其常委会及时修改有关法律；修改法律的条件尚不成熟的，可以延长授权的期限，或者恢复施行有关法律规定"所取代。——编者注

② 王利：《放开"沿海捎带"业务对天津港的影响探讨》，载《滨海时报》2013年11月25日。

最后，调整适用注重立法的测试和监督，使沿海运输权的开放更具有灵活性和可控性。由于沿海运输权问题与船舶登记等航运制度创新息息相关，沿海捎带政策在"回归五星旗"上的实际效应仍有待实践的检验。沿海捎带试点政策中存在的诸多法律问题表明，我国沿海运输权的开放仍处于探索论证的阶段，将其上升为正式的法律制度仍存在较大的不确定性。此时，调整适用所特有的压力测试制度，可使沿海运输权的开放更具有灵活性和可控性。全国人大常委会可授权国务院在上海自贸区等试点施行这一政策，暂时调整《海商法》第四条的时间和地域效力。该调整可在三年内试行，对实践证明是可行的，应当修改完善《海商法》第四条；对实践证明是不宜调整的，则恢复施行《海商法》第四条。这样可使沿海捎带业务的试点推行更加风险可控。

由于《立法法》第十三条的规定较为笼统、缺乏可操作性，在自贸区内调整适用《海商法》第四条并无明确的成文法规则。自 2012 年 12 月，十一届全国人大常委会第三十次会议首次采取调整适用方式通过《关于授权国务院在广东省暂时调整部分法律规定的行政审批的决定》以来，全国人大已经多次采用这一方式，立法技术日益娴熟。结合立法实践，对《海商法》第四条的调整适用应该注意以下五个方面。

第一，申请主体。《立法法》第十三条规定全国人大及其常委会是调整适用的授权主体，但该条文并未说明谁有权提出申请及谁是被授权机关。依据我国人民代表大会制度、"一府两院"的国家权力架构以及《立法法》第九条（全国人大及其常委会对国务院的授权立法规定），可以确定被授权机关只能是国务院，且国务院不得将被授予的权力转授给其他机关。同时，被授权机关一般需向授权机关提出相应申请，因而向全国人大及其常委会申请暂时调整适用《海商法》第四条的主体也只能是国务院。从全国人大常委会的几次授权实践来看，也是由国务院提出授权申请的。因此，为调整适用《海商法》第四条，自贸区所在省、自治区、直辖市人民政府（可联合交通运输部）需向国务院提出调整适用《海商法》第四条的建议，再由国务院以其名义向全国人大及其常委会提出授权申请。自贸区所在省、市级人大及其常委会、人民政府均不能直接向全国人大及其常委会提出申请，其不是有权提出申请的主体。

第二，授权范围。法律严格限制了调整适用的时间、空间、事项、方式、内容等范围，防止"一揽子"授权所带来的负面效应，使整个授权风险可控。（1）时间限度。《立法法》第十三条规定的是"在一定期限内"。实践中的几次授权一般规定为二年或三年。依据《立法法》第十条关于"授权的期限不得超过五年，但是授权决定另有规定的除外"，可见调整适用《海商法》的期限一般也是二年到五年，属于短期授权。（2）空间范围。《立法法》第十三条规定的是"部分地方"，实践中更为具体，例如《关于授权国务院在中国（上海）自由贸易试验区内暂时调整实施有关法律规定的行政审批的决定》（以下简称《上海决定》）表述为"国务院在上海外高桥保税区、上海外高桥保税物流园区、洋山保税港区和上海浦东机场综合保税区基础上设立的中国（上海）自由贸易试验区内"，将调整适用的空间区域局限于上海自贸区的范围内。借鉴这一规定，对《海商法》第四条的调整也可限定在上海自贸区、广东自贸区南沙片区等具体的范围内。（3）事项范围。《立法法》第十三条规定的是"行政管理等领域的特定事项"。就《海商法》第四条而言，就是改"有关法律规定的行政审批"为"备案管理"，即由拟开展试点捎带业务的中资航运公司向交通运输主管部门办理备案手续。（4）授权方式。《立法法》第十三条规定的是暂时调整适用或者暂时停止适用两种方式：前者是对部分法律规定的部分内容进行调整以适应改革中的新情况，是法律的部分不适用，方式相对温和；后者是对部分法律规定的整体不适用，在运用时应更为慎重。解决沿海捎带与《海商法》第四条的冲突采用暂时调整适用的方式即可，《海商法》的其他条款在自贸区内仍具有法律效力。（5）内容限制。《立法法》第十三条明确规定的是"部分规定"，而不是整部法律。因此，应将调整适用严格限定在《海商法》第四条，防止产生《海商法》在自贸区内全部豁免适用的误解，以维护法律的统一性与权威性。

第三，立法程序。全国人大及其常委会授权国务院暂时调整适用《海商法》第四条的，应按照立法或修法的一般程序，由全体人大代表或常委会全体组成人员过半数通过。由于该授权属于"有关法律性问题的决定"，依据《中华人民共和国全国人民代表大会常务委员会议事规则》第二十三条，通常由全国人大宪法和法律委员会审议并向全国人大常委会会议提出审议结果的报告，再交付全国人大常委会表决通过，最终以"决定"的形式发布。与列入全国人大常委会会议议程的法律案一般需要经过"三读"程序不同，这种调整适用决定多采用一次审议交付表决的形式。因为决定的内容较为简单，一般争议不大，不必经过复杂的"三读"程序。但是，作为全国人大及其常委会通过的法律文件,该授权决定应由国家主席签署主席令的方式予以公布。① 因此,为维护立法工作的正当程序,暂时调整适用《海商法》第四条的决定应以国家主席签署主席令的方式公布。

第四,压力测试。《立法法》第十三条并未规定压力测试的内容,但"暂时"两字意味着调整适用的法律效应和社会效应要经受实践的检验。《上海决定》规定:"上述行政审批的调整在三年内试行,对实践证明可行的,应当修改完善有关法律;对实践证明不宜调整的,恢复施行有关法律规定。"这意味着立法允许失败和反复,允许走回头路,允许"改过来,又改回去",调整适用的实际效果必须接受改革实践的检验。这一做法完全可以在暂时调整适用《海商法》第四条时为立法机关所采纳。

第五,监督机制。在我国,由全国人大及其常委会和国务院分别负责法律、行政法规、地方性法规和规章的监督。由于调整适用决定是由全国人大及其常委会作出的,国家最高权力机关充当着授权者和"把关人"的角色,因此对该决定的监督只能依靠全国人大及其常委会的主动监督。对暂时调整适用《海商法》第四条的决定,如果实践证明不宜施行的,则全国人大有权行使撤销权撤销该授权决定,或者由全国人大常委会终止授权,恢复有关法律在自贸区内实施。国务院、中央军委、最高人民法院、最高人民检察院、全国人大各专门委员会、十人以上的常委会组成人员联名可向全国人大常委会提出法律案,建议其终止授权,恢复《海商法》第四条在自贸区内实施。

因此,为调整适用《海商法》第四条,自贸区所在省、自治区、直辖市人民政府(可联合交通运输部)可向国务院提出调整适用该条文的建议,再由国务院以其名义向全国人大及其常委会提出授权申请。全国人大常委会可依据《立法法》第十三条授权在上海、广东等自贸区内暂时调整适用《海商法》第四条的规定,从而在法治框架内引入沿海捎带业务政策。

---

① 徐亚文、刘洪彬:《中国(上海)自由贸易试验区与立法和行政法治》,载《江西社会科学》2014年第1期。

· 第三编 ·

── 海上侵权责任法 ──

船舶碰撞纠纷中的责任主体

谭学文

摘要：碰撞责任主体的认定系船舶碰撞案件审理最基础的前置性问题。一方面,碰撞责任主体争议具有争议类型集中、权属分离引起纠纷多发频发等特点;另一方面,休闲旅游船舶碰撞、特定航行阶段船舶碰撞、碰撞引起油污损害、体育赛事船舶碰撞等带来新情况、新问题也值得研究。根据法律适用的不同,船舶碰撞可分为涉海船的船舶碰撞和非涉海船的船舶碰撞,两者适用不同的责任主体认定规则。非涉海船的船舶碰撞,应适用民法典侵权责任编的有关规定,由侵权行为人承担侵权责任。同时,针对挂靠船舶、共有或合伙经营船舶、特定航行阶段船舶、休闲旅游船舶、体育赛事船舶、非漏油船舶等,应采取特殊的责任主体认定规则,并处理好碰撞之诉与保险之诉之间的关系。交通运输部征求意见稿保留了《海商法》第八章的基本框架与制度逻辑,且仅对两个条文完善了相关文字表述,船舶碰撞责任主体的裁判规则需通过司法解释等方式予以确立。如此,可以确保责任主体的认定规则保持相应的弹性和张力,以适应不断变化和发展的海事审判实践。

关键词：船舶碰撞；责任主体；海船；非海船。

在船舶碰撞纠纷中,碰撞责任主体的认定、碰撞责任比例的划分、碰撞损失的认定系案件审理的三大核心问题。其中,碰撞责任主体的认定系最基础的前置性问题。当然,不容否认的是,在某些情形下船舶碰撞的权利主体认定亦存在困难。[①] 但司法实践中,更多的诉争类型体现为对责任主体的争议。本文的写作在于通过对当前海事审判态势进行分析,对船舶碰撞责任主体争议的基本特点进行梳理,采用类型分析方法对碰撞责任主体的一般规则、特别规则进行归纳和提炼,并结合《中华人民共和国海商法》(以下简称《海商法》)的修改对相关裁判规则建构提出意见建议,以期能对丰富和发展海事审判实践有所助益。

一、船舶碰撞纠纷中责任主体争议的基本特点

针对近年来船舶碰撞案件的受案类型进行分析,当前海事司法实践中船

---

① 例如,涉及第三人的财产损失或人身损害的权利主体,直接受害人或间接受害人的认定,权利主体与责任主体的混同等问题。

舶碰撞责任主体纠纷呈现出以下九个突出特点。

1. 船舶碰撞责任主体的争议类型较为集中。由于《最高人民法院关于审理船舶碰撞纠纷案件若干问题的规定》（以下简称《船舶碰撞规定》）第四条①规定较为明确，司法实践对海船之间、海船与内河船之间的船舶碰撞的责任主体争议不大。实践中的责任主体争议主要发生在内河船之间、不满20总吨的小型船艇之间发生的碰撞纠纷。由于上述碰撞纠纷不适用海商法，相关责任主体的认定需遵循侵权法的一般规则，各地法院对船舶登记所有人、实际所有人、船舶经营人的责任承担存在差异，裁判尺度并不统一。

2. 船舶登记所有与实际所有相分离引起的纠纷多发、频发。登记所有与实际所有相分离主要包括船舶未登记、船舶挂靠、光租未登记等情形。造成这种分离的原因较为复杂，有些系基于建造、买卖等形成的事实物权关系，有些系以挂靠形式开展船舶经营，有些系船舶所有人的风险意识较弱未及时办理光租登记等，不能一概而论。人民法院在审理此类纠纷中需要兼顾合法权益保障、航运秩序维护、生态环境保护等价值，正确认定碰撞各方的责任。

3. 涉渔船、游艇、海钓船舶等新类型碰撞的责任主体争议亟待法律规制。近年来，渔业船舶从事跨渔区捕捞作业引起的追逐、围堵等船舶碰撞案件时有发生②，外国籍或无国籍船舶非法进入我国海域捕捞等引起的船舶碰撞案件也可能出现，会带来责任主体认定及法律适用的新问题。随着滨海旅游业的发展，涉游艇、帆船、舢板等休闲旅游船舶的碰撞事故逐年增长，海钓③、潜水、飞鱼等旅游项目的开发附带衍生出船东、旅行社、经营者等责任主体的新争议。上述问题均亟待立法及司法加以规制。

4. 特定航行阶段的船舶碰撞带来责任主体识别的新问题。典型船舶碰撞多发生于海上航行阶段，实践中引航、试航等特定航行阶段的船舶碰撞也偶尔发生，给碰撞责任主体的识别与认定带来新的问题。例如，《海商法》第三十九条规定："船长管理船舶和驾驶船舶的责任，不因引航员引领船舶而解除。"但在司法实践中，因引航员的重大过失导致碰撞事故发生，而法律

---

① 该条规定："船舶碰撞产生的赔偿责任由船舶所有人承担，碰撞船舶在光船租赁期间并经依法登记的，由光船承租人承担。"

② "粤阳西渔96403"轮与"闽狮渔06692"轮船舶碰撞案，参见广州海事法院（2018）粤72民初243、419号民事判决，广东省高级人民法院（2019）粤民终1978、1989号民事判决。

③ 如萧跃文诉南粤旅游公司、游巧岸海上人身损害案。参见广州海事法院（2015）广海法初字第329号案、广东省高级人民法院（2015）粤高法民四终字第219号案。

规定引航员不对船舶碰撞承担赔偿责任①，这一点与社会公众的法律认知相悖。处于研发测试或试航阶段的船舶发生碰撞事故，可能面临船舶所有人与船舶设计者的责任区分问题。

5. 船舶碰撞引起的油污损害的责任主体及责任形态亟待明确裁判规则。在早年的"闽燃供2"轮漏油案②中，"闽燃供2"轮和"东海209"轮在珠江口碰撞发生漏油，广州海事法院一审依据国际公约判决漏油船方承担赔偿责任，非漏油船方不直接承担责任；广东省高级人民法院二审依据《中华人民共和国民法通则》判令漏油船方与非漏油船方承担连带赔偿责任。但海事界对非漏油船方是否应直接承担赔偿责任这一问题争议较大，在"达飞佛罗里达"轮漏油案③中，最高人民法院对国际公约没有规定的事项即非漏油船方的责任适用《海商法》与《中华人民共和国侵权责任法》（以下简称《侵权责任法》）等国内法及其司法解释的规定，确立了非漏油船一方的油污损害赔偿责任及其相关的责任限制与责任限制基金分配规则。但该观点与《海商法》修改课题组成员的意见不一致④，与交通运输部的海商法修改征求意见稿也不一致⑤，相关争议尚未完全解决，有待通过修改海商法、制定司法解释或者发布指导性案例等方式予以明确。

6. 船舶碰撞叠加船舶共有及多层次投资等因素所带来的责任主体认定困难。在审查共有船舶外部债务承担时，经常涉及船舶所有权虚假登记、借名

---

① "EAST POWER"轮与"和河"轮碰撞案，参见上海海事法院船舶碰撞案件审判与航行安全情况通报（2015年1月—2019年3月）。"梦幻之星"轮与"博运018"轮碰撞案，参见广州海事法院2014年度海事审判情况通报。

② 参见广州海事法院（1999）广海法事字第150号民事判决书、广东省高级人民法院（2000）粤高法经二终字第328号民事判决书。

③ 交通运输部上海打捞局与普罗旺斯船东有限公司（Provence Shipowner Ltd.）、法国达飞轮船有限公司（CMA CGM SA）、罗克韦尔航运有限公司（Rockwell Shipping Limited）海难救助与船舶污染损害责任纠纷案。参见宁波海事法院（2015）甬海法商初字第442号案、浙江省高级人民法院（2017）浙民终581号案、最高人民法院（2018）最高法民再368号案。

④ 如《海商法》修改课题组"船舶污染损害赔偿责任"组组长韩立新教授认为船舶燃油污染损害的责任主体包括船舶所有人、光船承租人、船舶管理人和船舶经营人，且同一船上存在上述不同主体时，各主体应承担连带责任，燃油污染损害和其他财产损害同时发生时，与其他财产损害适用同一个海事赔偿责任限额。参见韩立新在第二届海事法治圆桌会议上的发言，见网页（https://www.163.com/dy/article/EDN3VL9F0514C1PI.html）。

⑤ 参见海商法修改征求意见稿第13.6条："船舶碰撞引起一船污染物泄漏造成污染损害的，除依照本法第13.3条的规定不负赔偿责任外，应当由泄漏污染物船舶的所有人承担污染损害赔偿责任。该船舶所有人承担污染损害赔偿责任后，有权按照本法第九章的规定向碰撞责任方追偿。"

登记、船舶挂靠等情形，容易引发责任主体识别、实际船东与登记船东债务划分及先后顺序等疑难问题，建立在民间多层次投资或合股集资基础上的船舶共有关系可能会使法律关系更加复杂。① 存在多层次投资关系的船舶发生碰撞，不仅会给法院带来追加当事人的繁琐程序及诉讼拖延，也会产生责任主体识别上的困难，亟待司法实践进一步加以总结和研究。

7. 体育赛事船舶碰撞的责任主体规则亟待重构。近年来，深圳、三亚等地陆续出现因游艇、帆船等体育赛事船舶在参加竞技体育比赛中发生碰撞而诉诸法院的案件。与传统的碰撞不同，此类碰撞发生于相对封闭的赛事海域，参赛船舶需遵循主办方的赛事公告及竞赛规则，碰撞行为可能会被组委会认定为犯规进而影响碰撞方的成绩取得。② 该类诉讼的纠纷解决模式（体育仲裁抑或海事诉讼）、适用法律（海商法、侵权法抑或自甘冒险规则）等与传统的碰撞纠纷存在较大区别，在责任主体方面也应面临是否仍适用《海商法》的相应规则、主办方与组委会能否成为责任主体等问题。人民法院在审理此类纠纷中，应更多地彰显对体育自治原则的尊重，裁判理念应更多地体现体育竞技精神。

8. 船舶碰撞责任主体与周边衍生制度的衔接需求更加迫切。船舶碰撞与申请设立海事赔偿责任限制基金、申请确认和行使船舶优先权、债权登记与确权诉讼、海上保险等周边制度存在紧密关联。其中，关于内河船舶、港澳航线船舶能否享有船舶优先权、能否设立责任限制基金等问题曾长期困扰海事司法实践，该争议最终通过最高人民法院以个案批复、内部讲话、会议纪要等形式达成裁判共识。但船舶碰撞责任主体制度与周边制度的衔接仍有待加强，如多船碰撞、船舶登记所有人与实际所有人分离情形下有权设立基金的主体，船舶碰撞引起的海上人身损害案件中能否追加保险人作为被告，侵权之诉与保险之诉的衔接等问题。

9. 无人船碰撞带来责任主体认定及诉讼程序方面的新情况。近年来，无人驾驶船舶技术得到快速发展，逐步从理论设想阶段进入研发测试阶段，对传统航运模式将产生重大影响。未来，就无人船之间、无人船与非无人船之间发生碰撞，应适用何种类型的航行规则尚有待研究，相应的责任主体认定规则也与传统船舶碰撞存在不同。无人船发生碰撞既可能是岸基人员操控

---

① 参见宁波海事法院船舶共有情况审判情况通报（2016—2018）。
② "白鲨号"游艇与"中国杯24号"游艇碰撞案。参见广州海事法院（2017）粤72民初874、1020号案，广东省高级人民法院（2019）粤民终635、636号案。

船舶、管理船舶方面的原因，也可能是第三人非法侵入无人船计算机控制系统的原因，或者可能是无人船的设计缺陷、控制系统的固有漏洞及产品质量瑕疵等方面的原因。① 由不同原因导致碰撞的责任主体并不相同，将产生诉讼主体合并及分离的新情况、新问题。

二、船舶碰撞责任主体确定的一般规则

根据是否属于《海商法》第三条规定的船舶②，船舶碰撞因适用法律不同可分为涉海船的船舶碰撞和非涉海船的船舶碰撞。前者适用《海商法》，后者适用《中华人民共和国民法典》（以下简称《民法典》），两者适用不同的责任主体认定规则。船舶碰撞侵权责任的主体问题实际上就是要确定法律规定中的承担碰撞责任的"船舶"所代表的"人"，而确定船舶碰撞侵权责任主体，应回归侵权责任的理论来确定。③

（一）涉海船的船舶碰撞

涉海船的船舶碰撞主要适用《海商法》及船舶碰撞司法解释的规定。《海商法》第八章基本上是参照我国参加的1910年《碰撞公约》制定的，照搬了公约中由过失船舶承担责任的规定，该公约主要源于英国的对物诉讼制度，将船舶作为承担损害赔偿责任的主体。而我国采取的是对人诉讼的制度，只能对责任人提起诉讼，船舶本身不是承担民事责任的主体，不能作为被告。交通运输部的海商法修改征求意见稿改变了《海商法》的原有表述，将责任主体限定为有过失的一方或各方④，表述更为严谨。因此，在我国，船舶碰撞的主体系"人"而非"船"。

---

① 如有学者认为由无人船本身存在缺陷导致船舶碰撞事故时，被侵权人可以按照《海商法》向船舶所有人、管理人追究责任，也可以直接按照《侵权责任法》中产品责任向无人船的生产者、销售者请求侵权损害赔偿；若无人船因其零部件、软件系统存在缺陷导致船舶碰撞，则被侵权人可向无人船零部件、软件系统的生产者、销售者请求侵权损害赔偿。参见徐锦堂、褟燕珊《无人船合法性与责任承担问题研究》，见广州市法学会编《法治论坛》总第54辑，中国法制出版社2019年版，第102页。

② 该条规定："船舶是指海船和其他海上移动式装置，但是用于军事的、政府公务的船舶和20总吨以下的小型船艇除外。"

③ 张宏凯：《船舶碰撞侵权责任研究》，大连海事大学博士学位论文，2019年，第79页。

④ 海商法修改征求意见稿第9.4条规定："船舶发生碰撞，是由于一方的过失造成的，由有过失的一方负赔偿责任。"第9.5条规定："船舶发生碰撞，碰撞的各方互有过失的，各方按照过失程度的比例负赔偿责任；过失程度相当或者过失程度的比例无法判定的，平均负赔偿责任。互有过失的各方，对碰撞造成的船舶以及船上货物和其他财产的损失，依照前款规定的比例负赔偿责任。碰撞造成第三人财产损失的，各方的赔偿责任均不超过其应当承担的比例。互有过失的各方，对造成的第三人的人身伤亡，负连带赔偿责任。一方连带支付的赔偿超过本条第一款规定的比例的，有权向其他过失方追偿。"

最高人民法院于2005年颁布的《第二次全国涉外商事海事审判工作会议纪要》第130条规定："船舶所有人对船舶碰撞负有责任，船舶被光船租赁且依法登记的除外。船舶经营人或者管理人对船舶碰撞有过失的，与船舶所有人或者光船承租人承担连带责任。但不影响责任主体之间的追偿。船舶所有人是指依法登记为船舶所有人的人；船舶没有依法登记的，指实际占有船舶的人。"《船舶碰撞规定》第四条规定："船舶碰撞产生的赔偿责任由船舶所有人承担，碰撞船舶在光船租赁期间并经依法登记的，由光船承租人承担。"根据上述规定，海船之间、海船与非海船之间发生碰撞的责任主体原则上系船舶所有人，例外情形下系处于租赁期间且依法登记的光船承租人。目前，司法实践也是按此规则确定涉海船碰撞的责任主体的。光船承租人承担碰撞责任的主要理由有：在光船租赁合同中，船舶所有人将没有配备船员的空船出租，仅仅保留了船舶的所有权，由承租人配备所有船员，负责使用和经营船舶，船舶的航行安全也由光船承租人负责，此时船舶的占有、管理和使用经营权都暂时转移给了承租人，对外所发生的风险和责任也应当由光船承租人所承担；光船承租人是该船舶的实际经营者、受益人和代表，受到船舶侵害的其他人通过登记可以比较容易找到对该船舶负责的所有人和光船承租人，如果船舶的责任另有他人，则不利于保护受害人的利益；将光船承租人作为船舶碰撞的责任主体，也与海商法中船舶优先权、海事赔偿责任限制及海事诉讼特别程序法中扣押拍卖船舶等规定相符，否则会产生不协调和体系违反的问题等。

长期以来，未依法登记的光船承租人是否应承担碰撞损害赔偿责任是司法实践中的疑难问题。①《船舶碰撞规定》出台后，这一问题基本上得到了解决，即未依法登记的光船承租人无须对碰撞损失直接承担责任，相应的碰撞责任仍由船舶所有人承担。但学术界存在不同观点，认为未依法登记的光船承租人也系碰撞责任主体。② 在司法实践中，仍有部分案件认定光船承租人

———

① 如"通天顺"轮与"天神"轮碰撞案，广州海事法院一审判决未登记的光船承租人与光船出租人承担连带赔偿责任。"Cape May"轮与"畅达217"轮碰撞案，参见上海海事法院（2008）沪海法海初字第74号民事判决、上海市高级人民法院（2010）沪高民四（海）终字第74号民事判决。

② 在学术界，多数观点认为未登记的光船承租人仍应系船舶碰撞的责任主体。参见初北平《船舶碰撞的责任主体识别》，载《人民司法》2008年第9期；曲涛《光船租赁登记对认定船舶碰撞责任主体之影响》，载《中国海商法年刊》2010年第3期；唐粒钦《光船租赁下船舶碰撞责任主体问题研究》，大连海事大学硕士学位论文，2016年。

应承担碰撞责任①,裁判尺度亟待统一。在光租未登记的情形下,由于缺乏权利外观公示,碰撞相对方或第三人找到光租人颇费周折,因此由船舶所有人承担侵权责任有利于保护被侵权人。此外,由船舶所有人承担责任也可以与船舶优先权、海事赔偿责任限制、海上保险等制度相协调。因此,当事人请求未依法登记的光船承租人与船舶所有人承担连带责任的,应予以释明,指引其选择船舶所有人提起诉讼。当事人坚持请求未依法登记的光船承租人与船舶所有人承担连带责任的,不予支持。

(二) 非涉海船的船舶碰撞

非涉海船的船舶碰撞主要包括内河船之间的碰撞、不满20总吨的小型船艇之间的碰撞、商船与军事船舶、政府公务船舶之间的碰撞等。内河船、不满20总吨的小型船艇不属于《海商法》定义的船舶,不能适用《海商法》关于船舶碰撞的法律规定。上述船舶之间的碰撞主要适用《民法典》侵权责任编及其相关司法解释的规定。《民法典》第一千一百六十五条规定:"行为人因过错侵害他人民事权益造成损害的,应当承担侵权责任。依照法律规定推定行为人有过错,其不能证明自己没有过错的,应当承担侵权责任。"内河船舶之间碰撞的责任主体主要系行为人,核心是侵权法上的"自己行为自己责任"规则,即行为人应对其过错致人损害的行为埋单。这背后也蕴含着危险发生理论、危险控制理论、获益报偿理论等法理基础。② 在内河船碰撞中,行为人主要是指控制使用船舶的人,类似于船舶经营人。一般情况下(不包括船舶挂靠经营),内河船碰撞的侵权责任应由侵权行为人承担,非侵权行为实施人的船舶登记所有人不承担船舶碰撞侵权责任。

1. 已完成转让、交付但尚未完成变更登记的非海船发生碰撞,登记所有人不承担侵权责任。《全国海事法院院长座谈会纪要》第二条第二项规定:"未经船舶所有权登记的船舶买受人不能以其不是船舶登记所有人为由主张免除对他人应当承担的民事责任或者义务,即当该船舶没有其他登记所有人时,买受人应当独立承担船舶对第三人的侵权民事责任和义务;当该船舶有

---

① 参见广州海事法院(2017)粤72民初693号民事判决。该判决认为"茂韵658"轮作为海船,在确定责任人的时候,可以参照《最高人民法院关于国内水路货物运输纠纷案件法律问题的指导意见》的规定,由登记所有人和实际所有人对责任承担连带责任,船舶的光船租赁人即使未经登记备案,在其光船租赁期间,基于权利义务对等的原则,也应当对船舶的损失承担责任。该案将未登记的光船承租人的责任参照上述指导意见规范的船舶挂靠的方式进行处理,但未论证类推适用的合理性,说理有待商榷。

② 参见曲涛《船舶碰撞损害赔偿责任研究》,大连海事大学博士学位论文,2009年。

其他登记所有人时，由登记所有人承担对第三人的侵权民事责任和义务。买受人对在接受或掌管该船舶之后发生的对第三人的侵权民事责任亦有过错的，承担连带责任。"该纪要规定船舶在无登记所有人时，由船舶买受人即实际所有人对第三人承担侵权责任可谓正确。但该纪要规定在船舶已转让但尚未办理变更登记时，原则上仍由船舶登记人承担对第三人的侵权责任与侵权法的自己责任理念不符。该规定已被后来施行的《侵权责任法》《民法典》等法律所取代。船舶是在买受人实际占有、管理、控制和使用期间发生碰撞事故，侵权责任应当由行为人即买受人承担。登记所有人未实际占有、管理、控制和使用船舶，未实际实施侵权行为，不是侵权行为的行为人。①

2. 因政策原因转让交付后未办理过户手续的非海船发生碰撞，登记所有人不承担侵权责任。一些内河船舶因长年未办理船舶检验、方便领取柴油补贴款等原因在转让后未办理过户，船舶仍登记在原所有人名下，若船舶发生碰撞，则应认定船舶的实际所有人和经营人为责任主体。"粤江城渔运89619"船的登记所有人为吴福祥，该轮自2012年9月开始就未按规定办理船舶检验，吴福祥于2014年10月将该轮转让给黄玉坤，黄玉坤于2014年10月30日将该轮以15万元的价格转让给梁添喜，买卖协议上还特别注明，因该轮按现有政策不能办理过户手续，黄玉坤对梁添喜以后办理年审签证等手续需提供协助。法院生效判决认为虽然"粤江城渔运89619"船登记在吴福

---

① 参见"天力228"船触碰虎坑大桥。该案虽系船舶触碰案件，但审判理念与内河船舶碰撞相同。"天力228"为钢质散货船，船舶登记所有人为李永超、吴家毅。2011年7月27日，李永超、吴家毅与何波订立船舶买卖合同，约定李永超、吴家毅于当日将"天力228"船交付何波使用，使用期间发生一切意外和违法行为等与李永超、吴家毅无关。合同订立后，李永超、吴家毅将该船舶交付给何波，但未办理船舶所有权变更登记手续。2012年9月14日，"天力228"船触碰虎坑大桥，导致大桥受损。新会海事处认定"天力228"船负全部责任。新会公路公司对李永超、吴家毅及何波提起损害赔偿诉讼。一审判决认为，"天力228"船的登记所有人李永超、吴家毅应承担对新会公路公司的侵权民事责任。何波在触碰事故发生时是该轮的买受人，其对在接受或掌管该船舶之后发生的对新会公路公司的侵权民事责任亦有过错，应承担连带责任。二审判决认为，本案船舶为内河船舶，在内河行驶时触碰虎坑大桥，因此，本案触碰事故应根据《侵权责任法》的规定来确定责任主体。李永超、吴家毅作为船舶登记所有人在本案事故之前已将船舶转让给何波，船舶是在何波实际占有、管理、控制和使用期间触碰了虎坑大桥，根据《侵权责任法》第六条第一款的规定，本案的侵权责任应当由行为人何波承担。李永超、吴家毅未实际占有、管理、控制和使用本案船舶，未实际实施侵权行为，不是侵权行为的行为人。李永超、吴家毅承担连带责任必须根据《侵权责任法》第十三条的规定，建立在现行法律对此情况作出明确规定的基础之上，而查现行的法律对此情况没有做出规定。一审判决依据的《全国海事法院院长座谈会纪要》不属于《侵权责任法》第十三条规定中"法律"的范畴，因此，新会公路公司请求李永超、吴家毅对本案事故承担连带责任没有法律依据。

祥名下，但是梁添喜提供了证据显示吴福祥已经将该船转让给黄玉坤，黄玉坤又将该船转让给梁添喜，因此梁添喜为船舶的实际所有人，应承担相应的侵权责任。①

3. 未实际经营船舶的登记所有人不承担侵权责任，相应责任由船舶经营人及船舶实际所有人承担。宁安华驾驶的"南澳旅游009"轮与刘岳清驾驶的无名渔船发生碰撞，造成渔船上的刘少群落水。法院生效判决认为，在碰撞船舶均为20吨以下船舶时，不能依据《海商法》以及《船舶碰撞规定》的规定认定责任人，而应当根据《侵权责任法》的规定认定责任人；宁安华及刘岳清作为各自船舶实际出资人以及驾驶员，对船舶碰撞存在过错，深圳市东部南澳服务旅游有限公司（"南澳旅游009"轮的被挂靠人）违反船舶运营的安全注意义务，也具有过错；宁安华是"南澳旅游009"轮的实际使用和出资人，而不是廖玩飞雇佣的员工，故廖玩飞虽然作为"南澳旅游009"轮的登记所有人，但对本案事故不具有过错，不应当承担责任。②

4. 未办理登记的"三无"船舶的实际所有人及经营人应承担侵权责任。"三无"船舶是指无船名船号、无船舶证书、无船籍港的船舶。③ 这类船舶因为违反国家法律的强制性规定，难以取得船舶登记，所以在发生碰撞时，"三无"船舶的实际所有人和经营人应对碰撞承担责任。④ 如此可以发挥裁判规则的导向作用，引导"三无"船舶逐步退出市场经营，服务清理、取缔"三无"船舶的社会治理，维护海上安全生产作业及海上航行安全秩序。

5. 船员和船舶经营人之间形成劳动或劳务关系，因船员的过错导致的船舶碰撞，船员一般不是责任主体。船舶碰撞侵权领域就大量存在着责任主体与行为主体分离的现象，因为对于船舶的运营和驾驶，大多数的船舶所有人不可能都由本人来进行，往往需要雇佣他人驾驶和管理船舶。⑤ 船长、船员在驾驶、管理船舶中的侵权行为导致碰撞事故发生，根据《民法典》第一千

---

① 参见广州海事法院（2017）粤72民初1095号民事判决。
② 参见广州海事法院（2017）粤72民初540号民事判决。
③ 1994年11月公布的《交通部、农业部、公安部、国家工商局、海关总署关于清理、取缔"三无"船舶的通告》和1995年1月公布的《交通部关于实施清理、取缔"三无"船舶通告有关问题的通知》分别规定："对海上航行、停泊的'三无'船舶，一经查获，一律没收，并可对船主处船价2倍以下的罚款"；"假冒其它船舶名船号和船籍港、伪造船舶证书和证书登记事项与船舶实际不相符合者，均按'三无'船舶对待"。
④ 参见广州海事法院（2020）粤72民初第1061号案。
⑤ 参见张宏凯《船舶碰撞侵权责任研究》，大连海事大学博士学位论文，2019年，第79页。

一百九十一条①或第一千一百九十二条②的规定,由雇佣船长、船员的用人单位或接受劳务的一方承担侵权责任,此即《侵权责任法》上的替代责任规则或转承规则。这是因为船长、船员受船舶所有人等用人单位选派,并根据后者的指令驾驶船舶、管理船舶,船长、船员等在执行工作任务过程中产生的风险,按照风险与利益相一致的原则,理应由船舶所有人等承担;船舶所有人等作为用人单位,经济状况更好、负担能力更强,让其承担损害赔偿责任,能够更好地实现填补损害的目的,更有利于维护受害者的利益;这也有利于船舶所有人等在选任船长、船员时能够尽到相当的谨慎和注意,并加强管理和监督。③ 司法实践中,法院对原告诉请船员直接承担侵权责任均不予支持。如"佰舸"游艇是20总吨以下的船舶,不属于《海商法》规定的海船,法院依照《侵权责任法》认定赔偿义务人。"佰舸"游艇的船舶所有人是佰舸公司,李兵是触礁事故发生时的驾驶员,因李兵是佰舸公司的法定代表人,根据《侵权责任法》第三十四条规定,佰舸公司应对本案事故造成李开亮死亡承担侵权责任。李兵提出的其是佰舸公司的员工,在执行工作任务过程中发生本案事故,其不是承担责任的主体的抗辩,法院予以支持。④ 根据法律规定,用人单位或接受劳务的一方在承担责任后可向有故意或者重大过失的船员追偿,但在司法实践中较少遇到相关的追偿案例。

值得注意的是,非海船碰撞导致的人身损害,传统的观点认为两船构成共同侵权,应承担连带赔偿责任。而最近的司法观点认为碰撞双方承担的是按份责任而非连带责任。张伟驾驶雇主邱震的游艇"自由之星"轮,与董静波驾驶的无名海钓小船在惠州三门岛东北角水域发生碰撞。惠州港口海事处出具的事故责任认定书认定两轮过错相当,负同等责任。"自由之星"轮登记在杨玲名下,杨玲与邱震系夫妻关系,各方当事人对事故责任人应为邱震

---

① 该条规定:"用人单位的工作人员因执行工作任务造成他人损害的,由用人单位承担侵权责任。用人单位承担侵权责任后,可以向有故意或者重大过失的工作人员追偿。劳务派遣期间,被派遣的工作人员因执行工作任务造成他人损害的,由接受劳务派遣的用工单位承担侵权责任;劳务派遣单位有过错的,承担相应的责任。"该内容对应《侵权责任法》第三十四条。

② 该条规定:"个人之间形成劳务关系,提供劳务一方因劳务造成他人损害的,由接受劳务一方承担侵权责任。接受劳务一方承担侵权责任后,可以向有故意或者重大过失的提供劳务一方追偿。提供劳务一方因劳务受到损害的,根据双方各自的过错承担相应的责任。提供劳务期间,因第三人的行为造成提供劳务一方损害的,提供劳务一方有权请求第三人承担侵权责任,也有权请求接受劳务一方给予补偿。接受劳务一方补偿后,可以向第三人追偿。"该内容对应《侵权责任法》第三十五条。

③ 参见曲涛《船舶碰撞侵权行为定性之法理分析》,载《东方法学》2020年第5期。

④ 参见广州海事法院(2020)粤72民初第1231号民事判决。

和董静波并无异议。广州海事法院依据《侵权责任法》第八条规定，认定邱震和董静波二人对事故损失承担连带赔偿责任。广东省高级人民法院则认为本案游艇与无名小船发生碰撞，系双方过失行为，但双方对此并无意思联络，而只是行为关联的共同侵权，且现有证据不足以证明碰撞双方的单独侵权行为都足以造成全部损害，故根据《侵权责任法》第十二条的规定以及事故责任认定书，改判由邱震、董静波对本案损失各承担50%的赔偿责任。①

三、船舶碰撞责任主体确定的特别规则

（一）挂靠船舶

船舶挂靠在国内水路运输较为常见，内河船舶、不满20总吨的小型船艇等多采取船舶挂靠方式经营。根据《最高人民法院关于国内水路货物运输纠纷案件法律问题的指导意见》（以下简称《水路运输指导意见》），船舶挂靠是指没有运营资质的个体运输船舶的实际所有人，为了进入国内水路货物运输市场，规避国家有关水路运输经营资质的管理规定，将船舶所有权登记在具有水路运输经营资质的船舶运输企业名下，向该运输企业交纳管理费，并以该运输企业的名义从事国内水路货物运输活动的一种经营方式。《水路运输指导意见》第12条规定："挂靠船舶因侵权行为造成他人财产、人身损害，依据民法通则、侵权责任法、海商法和有关司法解释的规定，挂靠船舶的实际所有人和被挂靠企业应当承担连带责任。"因此，无论是涉海船舶碰撞，还是内河船舶之间的碰撞，挂靠人和被挂靠人都承担连带责任。

司法实践中，人民法院根据上述规则一般认定挂靠人和被挂靠人对船舶碰撞损害承担连带责任②，但在裁判说理方面存在以下三方面细微差别。

1. 认为挂靠人与被挂靠人之间的内部协议不得对抗第三人。例如，"顺利77"轮在追越"桂平南货3933"轮的过程中发生碰撞事故，造成两船不同程度受损，"桂平南货3933"轮的三层驾驶台全损，船艉、驾驶楼严重变形，工作艇沉没，船员石礼耀受伤。广州海事法院认为"顺利77"轮作为追

---

① 参见广州海事法院（2017）粤72民初1060号民事判决、广东省高级人民法院（2018）粤民终1252号民事判决。

② 在《水路运输指导意见》颁布前，法院也曾判决被挂靠人对挂靠人的债务承担补充清偿责任。例如，"顺港168"轮在涉案事故中存在过错，宏基公司作为"顺港168"轮的所有人，应当向两原告承担损害赔偿责任。顺泽公司同意"顺港168"轮挂靠在其名下经营，并从中收取管理费，因此，顺泽公司应当对"顺港168"轮经营产生的债务承担补充清偿的责任。参见广州海事法院（2004）广海法初字第12号民事判决。

越船在本次碰撞事故中负全部责任,被告黄伟明、顺利船务公司作为"顺利77"轮登记的船舶共有人,应对原告石礼耀的人身损害承担连带赔偿责任。黄伟明是"顺利77"轮的实际所有人,顺利船务公司是被挂靠单位,两被告之间签订船舶委托经营管理协议只能约束两被告,不能产生对抗原告的法律效力。① 在一起船舶触碰鱼排案件中,张允系"贵港富顺3288"轮的实际所有人。2016年5月10日,张允和富顺公司签订船舶挂靠经营合同,约定船舶挂靠后,经济收支由张允自行支配,自负盈亏,运输经营过程中发生的船舶、船员人身等事故责任和经济损失全部由张允自行负责,张允的债权、债务均与富顺公司无关。2017年8月23日,"贵港富顺3288"轮因受台风"天鸽"影响走锚,分别先后与"桂藤县货0999"船、原告李志英所属鱼排及鱼排旁渔船及快艇发生碰撞、触碰,事故造成原告所属的鱼排损坏、养殖的鱼和虾走失。广州海事法院认为,富顺公司是涉案船舶的登记船舶经营人,双方之间存在挂靠关系,富顺公司应对"贵港富顺3288"轮因侵权行为造成原告的损失承担连带赔偿责任;对于两被告在船舶挂靠经营合同中关于责任承担的约定,仅在两被告之间产生约束力,不能对抗第三人。②

2. 认为挂靠人与被挂靠人因船舶挂靠经营享受共同利益,故应承担连带责任。"惠丰年298"船自卸砂船装载碎石触碰洪奇沥大桥25号桥墩,造成该桥墩断裂、桥面倾斜下陷。该案虽系船舶触碰案件,但判决反映挂靠关系下责任认定的类似观点。广州海事法院认为本案触碰桥梁的侵权行为发生时,尽管两被告惠州市丰年船务有限公司、李瑞萍之间不存在意思联络,但惠州市丰年船务有限公司作为肇事船舶的登记所有权人,李瑞萍作为该船舶的实际所有者,其对船舶享有共同的利益,该船舶对桥梁造成了损害,两被告应视为共同侵权,应承担连带赔偿责任。③

3. 直接援引《水路运输指导意见》第12条规定进行说理。例如,在一起船舶碰撞并触碰基础设施案件中,因受台风"天鸽"影响,被告台山港航公司、郑伟锋共有的"粤广海货9707"轮、被告连泉清所属的"湘平江货0429"轮触碰广州打捞局新会抢险打捞基地南护岸,造成南护岸破损坍塌。"粤广海货9707"轮的登记所有人和经营人系台山港航公司,郑伟锋为实际船东,广州海事法院依照《水路运输指导意见》第12条规定,判令被告台

---

① 参见广州海事法院(2015)广海法初字第161号民事判决。
② 参见广州海事法院(2018)粤72民初256号民事判决。
③ 参见广州海事法院(2017)粤72民初289号民事判决。

山港航公司和郑伟锋对"粤广海货9707"轮造成的损害承担连带赔偿责任。①但值得注意的是《水路运输指导意见》的发文类型系"法发"而非"法释"类或"法复"类，属于司法政策文件而非司法解释，不宜在裁判文书中直接援引。特别是在交通运输部已废止《国内水路货物运输规则》的情形下，人民法院在裁判文书说理时可依据《水路运输指导意见》的精神进行说理，也不宜直接援引该文件的具体规定进行说理。

因船舶碰撞导致的人身、财产损害，挂靠人与被挂靠人被判令承担连带赔偿责任，被挂靠人赔偿后，能否依据挂靠协议向挂靠人追偿？海事司法实践对此存在分歧。有的生效判决认为，船舶挂靠协议约定船舶在经营中造成的安全事故及产生的债务等一切责任均由挂靠人承担，因挂靠人实际经营使用船舶，被挂靠人未参与船舶的经营使用，故不属于免除其责任、加重对方责任、排除对方主要权利的格式条款，亦没有显失公平，合法有效。《水路运输指导意见》第12条系挂靠方与被挂靠方在侵权案件中对外承担连带赔偿责任的规定，与船舶挂靠协议关于内部责任的约定并不矛盾，该约定有效，挂靠人未依约向被挂靠人支付赔偿金构成违约，应承担相应的违约责任。法院生效裁判认定船舶的实际经营人与被挂靠人对海上人身损害承担连带赔偿责任，被挂靠人在已完成对受害人及其近亲属的赔偿后，可依据其与挂靠人之间签订的合同向挂靠人追偿。②但在司法实践中，对船舶挂靠协议的效力仍主要存在绝对无效说、相对无效说、依法有效说三种观点。绝对无效说或认为船舶挂靠协议违反了法律、行政法规的效力性强制性规定而绝对无效，或因损害社会公共利益或因违反公序良俗而无效，或属于通谋虚伪表示或者以合法形式掩盖非法目的的行为而无效。相对无效说认为，船舶挂靠协议并非全部合同内容无效，而是部分条款无效或者可变更可撤销。依法有效说认为，船舶挂靠协议系一种无名合同，不属于违反法律、行政法规效力性强制规定的合同，也没有违反公序良俗，在其不具有法律规定的无效情形时即属于合法有效的合同。③司法实践对船舶挂靠协议的效力如何认定，关系到国

---

① 参见广州海事法院（2017）粤72民初1090号民事判决、广东省高级人民法院（2019）粤民终3033号民事判决。
② 参见广州海事法院（2018）粤72民初367号民事判决、广东省高级人民法院（2018）粤民终1946号民事判决。
③ 参见尹忠烈、谭学文《船舶挂靠关系下被挂靠人的损失追偿》，载《人民司法·案例》2020年第5期。

内沿海、内河运输安全秩序的建构,亟待通过加强调研,发布司法解释或指导性案例,以统一类案裁判尺度。

(二) 共有或合伙经营船舶

在海事司法实践中,船舶共有产生的原因较为复杂。有些是单纯地按份共有,有些是家庭共同经营形成的共同共有,有些是船舶挂靠形成的形式上的共有关系。原则上,共有船舶发生碰撞,应由全体共有人作为一个整体对外承担赔偿责任,即全体共有人先连带承担赔偿责任,部分共有人在承担责任后可按照其内部协议向其他共有人追偿。部分共有人擅自驾驶共有船舶导致碰撞损害的,其他共有人亦应对此承担赔偿责任,其在完成赔偿后,亦有权向具有故意或重大过失的共有人追偿。金帆公司和丁元华共有的"金富达18"轮和新华公司所属的"新华油18"轮在汕头南澳岛附近海域发生碰撞,造成"金富达18"轮及所载货物沉没。广州海事法院判令"金富达18"轮承担52%的赔偿责任,"新华油18"轮承担48%的赔偿责任;金帆公司和丁元华作为"金富达18"轮的共有人,应当对该轮造成的损失承担连带责任。①

由于《中华人民共和国民法总则》和《民法典》关于"农村承包经营户"的概念限定于土地承包经营所形成的法律关系②,对于家庭共同经营形成的船舶共有,无法直接运用相应法条对此加以规范。审判实践中,基于夫妻或其他家庭成员关系形成的渔船等生计船舶共有较为普遍,是否应将夫妻双方或所有共有人均认定为船舶碰撞的责任主体?泰华公司所属的"泰华航678"轮与梁添喜驾驶的渔船发生碰撞,事故造成梁添喜的渔船沉没和其配偶陈转花落水失踪,陈转花经法院宣告死亡。陈转花的父母、子女及梁添喜诉请泰华公司等赔偿死亡赔偿金等损失。在该案中,虽然原告提交的船舶转让协议载明渔船的买受人为梁添喜,但实际上渔船系夫妻共同经营,系典型的夫妻渔船,在其中的一名共有人即陈转花死亡后,法院认定梁添喜为船舶所有人,并判令船舶价值损失由梁添喜一人取得,而死亡赔偿金由五原告共同取得③,此系出于"死者为大"、简化法律关系等考虑。假若涉案渔船碰撞

---

① 参见广州海事法院(2007)广海法海初字第107号民事判决。

② 《民法典》第五十五条规定:"农村集体经济组织的成员,依法取得农村土地承包经营权,从事家庭承包经营的,为农村承包经营户。"第五十六条第二款规定:"农村承包经营户的债务,以从事农村土地承包经营的农户财产承担;事实上由农户部分成员经营的,以该部分成员的财产承担。"

③ 参见广州海事法院(2017)粤72民初1095号民事判决。该案判决梁添喜一人取得船舶价值赔偿有待商榷。涉案渔船属于夫妻共有财产,渔船的50%价值应属于陈转花的遗产范围,由五原告按照《中华人民共和国继承法》的规定分配。

亦造成对方船舶损害，此时的责任主体有两个即梁添喜和陈转花，由于陈转花已死亡，可由其配偶、父母、子女在死者的遗产范围内进行赔偿。假设涉案渔船碰撞也造成"泰华航678"轮损坏，陈转花遭受八级伤残（未死亡），其是否还应与梁添喜对船舶损坏承担连带赔偿责任？此时，陈转花兼具权利主体和责任主体双重身份，陈转花作为实际上的船舶共有人，亦应对此承担连带赔偿责任。①

基于船舶挂靠形成的共有关系，无论是经营挂靠，还是管理挂靠，均不具有共有关系的实质内容，此时应适用船舶挂靠的特殊规则确定船舶碰撞的责任主体，即挂靠人与被挂靠人对碰撞损害承担连带赔偿责任。如本文前述，被挂靠人承担赔偿责任后，可依据挂靠协议向违约的挂靠人追偿损失。

合伙经营的船舶发生碰撞，按照《民法典》第九百七十三条关于"合伙人对合伙债务承担连带责任。清偿合伙债务超过自己应当承担份额的合伙人，有权向其他合伙人追偿"的规定及合伙"共享利益、共担风险"的精神，全体合伙人应对碰撞损害承担连带责任。关键在于判定船舶碰撞导致的债务是否属于合伙债务的范畴。所谓合伙债务，是指合伙关系存续期间，为实现共同事业目的，以合伙名义对合伙外的人所承担的债务。而合伙人出于游玩等个人目的，擅自驾驶船舶出海发生碰撞的，不属于合伙债务，而系合伙人的个人债务，该合伙人应向其他合伙人赔偿相应损失。规定各合伙人对合伙债务承担连带责任，主要是基于以下三点考虑：第一，扩大清偿合伙债务的履行担保，有利于债权实现；第二，体现了合伙的本质特征，有利于促进合伙事业发展；第三，有利于督促各合伙人慎重选择合作伙伴，执行合伙事务时加强互助协作、勤勉负责，共同维护合伙的利益，避免承担连带责任，提高合伙的效率。② 值得注意的是，合伙人的连带责任是一种法定责任，各合伙人不能通过合伙合同约定免除，即便约定免除，也不得以此对抗债权人；是一种对外的责任，合伙人应当以其个人财产对合伙债务承担责任，不得以合伙债务非因其个人行为而产生为由提出抗辩；是一种真正的连带责任，强调的是各合伙人之间都要对其他合伙人责任财产不足负责，合伙债务未全部清偿前，全体合伙人仍负连带责任。

实践中，对于船舶合伙经营发生的碰撞是否属于合伙债务及是否应按照

---

① 参见陈世珠、洪秀英与王玉琼、梁南帝等海上人身损害赔偿责任纠纷案。
② 最高人民法院民法典贯彻实施工作领导小组主编：《中华人民共和国民法典合同编理解与适用（四）》，人民法院出版社2021年版，第2754页。

合伙协议约定进行损失分摊等问题，司法应保持谦抑、谨慎态度，不要轻易打破相关合伙协议的约定，以维护合伙体的基本功能。如陈伟、陈某彬、姚善福签订合伙股份协议，协议约定："浙嵊97506"船总船价205万元，陈伟投资86.7万元，陈某彬投资68.3万元，姚善福投资50万元；装石块等运作由陈伟操作指挥，船舶所有权登记在陈伟名下；盈亏结算按照股份进行分配。"浙嵊97506"船与"三无"砂石船"台联海18"轮发生碰撞，事故造成"台联海18"轮沉没，船上6人死亡、2人失踪，"浙嵊97506"船球鼻艏破损洞穿。陈伟在支付人身损害赔偿款后，起诉陈某彬、姚善福要求按合伙比例对损失进行分摊。陈某彬、姚善福则认为，陈伟违法操作导致碰撞事故发生、"浙嵊97506"船丧失海事赔偿责任限制，这种违法行为超出合伙人的合伙本意，并非合伙经营过程中产生的亏损，不属于合伙债务；陈伟应自行承担碰撞事故导致的损失赔偿责任，并对其他合伙人就合伙体遭受的损失进行赔偿。宁波海事法院一审认为"浙嵊97506"船发生碰撞事故、丧失海事赔偿限制责任的原因为船上长期存在的船员不适任、船舶不适员、不办理航行签证及超航区航行问题，陈伟在执行合伙事务时存在违法行为，但陈某彬、姚善福作为合伙人对上述缺陷知情且未提出异议，故合伙体成员对碰撞事故的发生均负有过错，碰撞事故损失属于合伙债务；按照合伙协议，陈伟所占股份为42.29%，陈某彬所占股份为33.32%，姚善福所占股份为24.39%，三方应按股份比例承担对外赔偿责任；综合陈伟在合伙体中的职务、过错程度和各方当事人的股份比例，陈伟对碰撞事故损失承担60%的赔偿责任，姚善福承担16.91%的赔偿责任，陈某彬承担23.09%的赔偿责任。[①] 浙江省高级人民法院二审认为本案合伙协议明确约定"一律"按出资比例分担亏损，故对案涉碰撞事故造成的亏损应尊重当事人的约定；鉴于"浙嵊97506"船存在船员不适任、船舶不适员以及超航区航行等违法行为，陈某彬、姚善福亦属明知，故三合伙人对碰撞事故的发生负有同等过错；上海海事法院（2014）沪海法海初字第85号民事判决考虑到碰撞两船违法行为的程度、过失的轻重以及行为对损害后果原因力的大小，认定"浙嵊97506"船承担70%的侵权责任，陈伟系作为船舶登记所有权人被列为适格被告在该案中应诉，但相应的责任应由三合伙人依据合伙协议的约定共同分担；一审判决认定陈伟对合伙体债务扩大存在过错并应多承担责任，依据并不充分，应予

---

① 参见宁波海事法院（2016）浙72民初2948号民事判决书。

以纠正，三合伙人应对碰撞事故造成的合伙体债务按合伙份额分摊责任；至于陈某彬和姚善福主张陈伟作为合伙事务执行人还应承担赔偿责任，因三合伙人对本案事故的发生均存在过错，故不应由陈伟另行承担额外的赔偿责任。①

（三）特定航行阶段船舶

船舶引航、试航等特定航行阶段船舶发生碰撞，在此情况下，船长和船员指挥、驾驶船舶的行动受到限制，如果发生船舶碰撞，就涉及责任主体认定的特定问题。

1. 引航中发生碰撞的责任主体。无论是强制性引航还是服务性引航，引航员均负有引领和指挥船舶安全航行的权利义务，但引航员不享有独立指挥船舶的权利。《海商法》第三十九条规定："船长管理船舶和驾驶船舶的责任，不因引航员引领船舶而解除。"当引航员错误决定可能导致严重危险局面时，船长可以推翻引航员的决定，并采取正确行动以避免危险局面的发生。因此，引航发生船舶碰撞，仍由船舶所有人或者光船承租人承担责任，引航员并不承担民事赔偿责任，但其可能需要承担行政责任甚至刑事责任。例如，"加勒比精神"轮碰撞汕头港务集团有限公司的驳船右船艉及触碰码头，造成驳船和码头受损。事故原因系引航员不规范操作，错误下达指令；"加勒比精神"轮不适航、船员不适任、听不懂英语，不能正确执行引航员指令，法院据此判决"加勒比精神"轮所有人承担全部赔偿责任。②"金海潼"轮装运棕榈油，在引水员的引领下，准备靠泊湛江外贸码头，但船舶掉头过程中，因航速过大，船艉直角触碰码头，致码头受损。法院判决认为引航员在船上引航期间不享有独立指挥船舶的权力，船长仍负有管理和驾驶船舶的责任，引航员在引航过程中的过失造成的船舶触碰事故，仍应由"金海潼"轮经营者承担相应责任。③

2. 试航中发生碰撞的责任主体。船舶建造和部分船舶修理中往往要通过试航检验。有些试航由船舶建造或修理方负责控制驾驶船舶，有些则仍主要由船长和船员指挥、驾驶船舶。在审判实践中，需要根据船舶的控制主体确定试航船舶碰撞的责任主体。一般来说，由船舶建造方控制的试航，由船舶

---

① 参见浙江省高级人民法院（2017）浙民终425号民事判决书。
② 参见广州海事法院（2002）广海法初字第32号民事判决书。
③ 参见广州海事法院（2008）广海法初字247号民事判决书。

建造方对试航的安全和风险负责,由其作为碰撞的责任主体;如果船长、船员控制的试航,或者主要由船长、船员控制的试航,则由船舶所有人或光船承租人对试航的安全和风险负责,承担试航碰撞过失的赔偿责任。美尔美图公司与苏悦海公司签订船舶试航合同,约定美尔美图公司聘请苏悦海公司为其新建的"凯吉赛"轮进行试航,并为试航船舶提供安全技术服务,同时约定试航期间苏悦海公司参加试航船员视为美尔美图公司临时聘用人员。"凯吉赛"轮空载试航时与中交三航局公司建设的东导堤建筑发生触碰,造成"凯吉赛"轮搁浅,堤坝不同程度受损。美尔美图公司在赔偿中交三航局公司损失后,向苏悦海公司追偿损失。上海海事法院一审认为,双方已经明确约定试航船员在试航期间视为美尔美图公司临时聘用人员,且船长蔡亚勤在试航期间由美尔美图公司支付报酬,并由该公司负责投保人身意外伤害保险,应当认定蔡亚勤在试航期间系为美尔美图公司提供劳务,苏悦海公司不应为船长的驾船过失承担责任;根据船舶试航合同的约定,美尔美图公司仍为船舶试航安全的第一责任人,涉案试航活动仍由该公司指挥和掌控,苏悦海公司依约配齐了符合试航要求的船员,并提供了相应的船员适任证书,也按照约定组织试航船员进行了培训,并未显示其存在过错,遂判决驳回美尔美图公司的诉讼请求。上海市高级人民法院二审认为,苏悦海公司应当依约向美尔美图公司提供船舶试航中的安全技术服务,确保船舶在试航过程中的安全;苏悦海公司提供的船长的过失,是造成涉案触碰事故的重要原因,在船舶试航过程中,苏悦海公司船长及船员对船舶处于主要的积极的控制地位,与处于胁从地位的美尔美图公司相比,应负担更重的过错责任,故苏悦海公司应承担60%的赔偿责任。最高人民法院再审认为,苏悦海公司关于其仅提供介绍船员居间服务的主张和美尔美图公司关于其与船员不存在雇佣关系的主张,均与合同实际约定不符,因该合同对涉案船员雇佣关系的约定存在矛盾和冲突,对船员行为后果的责任主体约定不明,故双方应对船员行为的后果共同承担责任;根据涉案试航合同的约定,美尔美图公司和苏悦海公司均具有对船员进行培训和应急演练的义务,航行安全措施和应急方案的制定亦应当由苏悦海公司会同美尔美图公司共同完成,故双方对航行安全措施制定不当造成的后果应当共同承担责任;涉案试航活动的总指挥为美尔美图公司的工作人员,试航总指挥安全意识淡薄、责任心不强,未将新航道通航及导堤建设情况予以通报,电子海图不能正常使用,是导致事故发生的原因;综合考虑上述多个原因对造成涉案事故损害结果所发挥的作用以及双方当事人对上述原因应当承担的责任,可以认定美尔美图公司在触碰事故中的过错大于苏悦海公司，故苏悦海公司应承担40%的赔偿责任。①

至于漂航、锚泊等特定航行状态下的船舶发生碰撞，由于船长、船员驾驶船舶的行为并未受到限制，船舶碰撞的责任主体认定仍需遵循船舶碰撞的一般规则，在通航密度大的航道上漂航、锚泊的船舶可能需要承担较重的侵权责任。②

（四）休闲旅游船舶

游艇、摩托艇、海钓船等船舶的主要用途并非海上运输而是休闲旅游。此类船舶发生碰撞，与一般的碰撞案件相比，可能会涉及旅游经营者、挂靠公司等特定主体的责任问题。

1. 在游艇挂靠经营中，游客遭受游艇碰撞导致的人身损害，构成侵权责任与违约责任的竞合，游客有权选择游艇所有人、挂靠公司承担违约责任或侵权责任。挂靠公司实际提供出海旅游服务的，可认定游客与挂靠公司之间存在旅游服务合同关系，挂靠公司可承担违约责任。萧跃文搭乘游巧岸驾驶的游艇外出海钓，在海钓过程中游艇遭受一艘渔船碰撞，萧跃文头部及肩部受伤，碰撞发生后，肇事渔船驶离现场，在场人员未看清该渔船牌号。萧跃文诉请游艇所有人游巧岸和经营人南澳旅游公司承担赔偿责任。广州海事法院一审认为，萧跃文明确要求承担违约损害赔偿，而南澳旅游公司虽系涉案游艇的登记经营人，但并未参与萧跃文及游巧岸之间合同的要约、承诺以及履行过程，且萧跃文也未举证证明游巧岸是该公司的员工或者存在适用职务代理或表见代理等情形，故萧跃文与南澳旅游公司之间并不存在合同关系，南澳旅游公司不应承担连带赔偿责任。广东省高级人民法院二审认为，本案

---

① 参见上海海事法院（2014）沪海法海初字第92号民事判决、上海市高级人民法院（2015）沪高民四（海）终字第93号民事判决、最高人民法院（2016）最高法民再330号民事判决。

② 参见"三井策略"轮与"珍河"轮碰撞案。广州海事法院（2012）广海法初字第301号、（2013）广海法初字第565号民事判决。法院认为，"珍河"轮漂航的位置处于极有可能发生碰撞危险的交通要道；漂航当时恰逢大雾，能见度极为不良，最低能见度低于500米，"珍河"轮应当预见其难以通过肉眼被他船较早发现的可能，应根据1972年《国际海上避碰规则》（以下简称《避碰规则》）第35条"能见度不良时使用的声号"的规定，鸣放能见度不良情况下相应声号；"珍河"轮在发现"三井策略"轮后，应根据《避碰规则》第19条"船舶在能见度不良时的行动规则"和第7条"碰撞危险"的规定，通过雷达、AIS（船载自动识别系统）和VHF（甚高频）等系统观察及早判定是否正在形成紧迫局面和（或）存在碰撞危险，并按《避碰规则》第8条"避免碰撞的行动"的规定，及早动车并采取有效避碰行动，而不应盲目等待他船避让。而"珍河"轮未履行其负有的避碰义务，且上述不作为一定程度导致了碰撞事故的发生，应承担相应的责任。法院根据海事调查报告的主次责任划分，最终认定"珍河"轮承担20%的赔偿责任。

存在双重法律关系：一是萧跃文和游艇方之间成立的旅游服务合同关系；二是游艇方未尽船舶管理义务，导致萧跃文身体健康受损，构成侵权。萧跃文在一审中明确诉请违约损害赔偿，故应审查萧跃文与游艇的登记所有人、登记经营人之间是否存在旅游服务合同关系。游巧岸是涉案游艇的所有人和实际驾驶人。南澳旅游公司是专门从事旅游服务行业的商事主体，是游艇的登记经营人。游巧岸虽然是游艇所有人，但并非合格的旅游业务经营者。为使游艇能够开展载客观光项目，游巧岸和南澳旅游公司签署挂靠协议将游艇挂靠在南澳旅游公司名下，并约定该船服从南澳旅游公司的调度及管理。涉案纠纷即发生在游巧岸驾驶游艇向萧跃文提供出海休闲服务的过程中，因此应当视为游巧岸和南澳旅游公司共同向萧跃文提供出海旅游服务。根据《最高人民法院关于审理旅游纠纷案件适用法律若干问题的规定》第十六条①的规定，旅游公司和游艇所有人违反旅游安全管理规定载客旅游观光，导致游客遭受人身损害的，旅游公司和游艇所有人应当对游客在游艇上遭受的人身伤害承担连带的违约赔偿责任。②

2. 挂靠公司未实际提供出海旅游服务，游艇在出海中发生碰撞导致损害发生，挂靠公司不承担赔偿责任。海钓公司与蔡明签订船舶挂靠协议，约定蔡明以其"蓝天海钓"轮挂靠于海钓公司从事海上休闲垂钓项目。蔡明联系陈爱国请其帮忙开"蓝天海钓"轮载朋友出海钓鱼游玩，该轮与李国军驾驶的"辽长渔31239"轮发生碰撞，事故导致李国军受伤（经鉴定为八级伤残）。大连海事法院一审认为，蔡明系"蓝天海钓"轮船舶所有人，驾驶员陈爱国系应蔡明之请求为其驾驶船舶，双方并未就陈爱国提供帮助驾驶船舶商定劳务报酬，陈爱国属于帮工性质。按照《最高人民法院关于审理人身损害赔偿案件适用法律若干问题的解释》第十三条之规定，其在驾驶船舶过程中造成李国军人身损害的，应由蔡明承担侵权责任。李国军和蔡明虽然均主张"蓝天海钓"轮在事故当时已挂靠于海钓公司，蔡明及陈爱国均为海钓公司工作人员，该航次任务也是执行海钓公司的工作任务，进而李国军提出海钓公司应就其人身损害承担连带赔偿责任，蔡明提出海钓公司应就事故造成的损失承担全部赔偿责任，但双方均未能提供证据证明陈爱国系接受海钓公

---

① 该条规定："旅游经营者准许他人挂靠其名下从事旅游业务，造成旅游者人身损害、财产损失，旅游者请求旅游经营者与挂靠人承担连带责任的，人民法院应予支持。"
② 参见广州海事法院（2015）广海法初字第329号民事判决、广东省高级人民法院（2015）粤高法民四终字第219号民事判决。

司指派驾驶"蓝天海钓"轮完成工作任务。根据海事机关在事故当时的调查结果,陈爱国系受蔡明之托帮助驾驶船舶。在此前提下,"蓝天海钓"轮是否挂靠于海钓公司经营,陈爱国是否为海钓公司的员工,均不能确定海钓公司应对本次事故造成的损失承担赔偿责任。因李国军对本次事故的发生亦存在一定过错,可以减轻蔡明的赔偿责任,可认定"蓝天海钓"轮应承担80%的责任,"辽长渔31239"轮应承担20%的责任。故蔡明应对李国军的人身损害承担80%的赔偿责任。①

3. 游艇碰撞、触碰等引起的海上人身损害需适用民事基本法律而非海商法的,应区分情形适用共同侵权连带责任、客观结合连带责任、客观结合按份责任等侵权行为类型认定责任主体及其责任份额。除前述"自由之星"轮与无名海钓小船碰撞案外,"蓬游143"游艇触碰案也较为典型。王志君、王志彬、张绪利三人驾驶无证小木船出海抛锚捞海参。王志彬和王志君潜水捞海参,张绪利在船上负责潜水员供气系统及瞭望海上情况。张祥春驾驶"蓬游143"游艇挂住王志君的供气管航行,致使王志君被快速拖带并与游艇发生触碰,供气管被扯断,"蓬游143"游艇驶离事故现场。后王志君浮出水面,被"蓬游117"游艇救起,但经抢救无效死亡。"蓬游143"游艇登记所有人和被挂靠人为海上客运公司,实际所有人和挂靠人为张祥春。王志彬承包涉案海域进行海参养殖,海域使用权属于蓬莱旅游公司,王志彬与王志君系雇佣关系。青岛海事法院一审认为,蓬莱旅游公司并未实施与王志君死亡有因果关系的侵权行为,不是本案的共同侵权人,不承担侵权责任;王志君具有在涉案养殖区从事与养殖相关的水下作业能力,其死亡与其不具备潜水资质无关,王志君不应承担责任;王志彬作为事发海域的承包人和死者的雇主,负有对潜水作业安全的注意义务,而其既未设置潜水作业标识,也未提前告知海上客运公司其每日潜水作业的位置范围和时间区间,对事故的发生负有责任;张祥春没有保持正规瞭望,其以20节以上速度航行,违背了《避碰规则》关于安全航速的规定,导致事故发生,其应当承担侵权责任;王志君的死亡系王志彬及张祥春的共同侵权行为所致,根据《侵权责任法》第八条的规定,二者应承担连带责任,但根据《侵权责任法》第十三条规定,王志君的近亲属有权仅向张祥春主张全部赔偿,海上客运公司接受张祥春船舶的挂靠,应当承担连带赔偿责任;海上客运公司及张祥春在赔偿原告后,可

---

① 参见大连海事法院(2018)辽72民初288号民事判决。

以依法在另案中向王志彬追偿；原告主张张祥春与海上客运公司责任比例为80%，原告有权处置其权益，故原告可请求张祥春与海上客运公司连带赔偿909,126.33元损失的80%即727,301.06元。山东省高级人民法院二审认为，根据蓬莱海事局作出的《水上交通事故责任认定书》的认定，张祥春与海上客运公司一方对王志君的死亡应承担50%的责任，故改判张祥春与海上客运公司连带赔偿原告909,126.33元损失的50%即454,563.16元。① 故二审适用《侵权责任法》第十二条认定碰撞双方按照过失比例承担赔偿责任。

4. 游艇经营者在提供服务过程中因碰撞、触碰导致损害发生的，应承担侵权责任，受害人自身存在过错的，适用过失相抵规则，可酌情减轻或免除船舶所有人及经营人的责任。丰顺公司员工刘海元在海滨浴场驾驶游艇拉载乘客行驶过程中，与正在浴场东侧防鲨网外围游泳的杜军发生碰撞，导致杜军伤残。游泳者杜军为高抬手、手露出水面泳姿，刘海元在驾驶游艇过程中，始终未发现游泳者，在碰撞杜军后，亦未察觉碰撞事故的发生，继续驾驶游艇搭载乘客观光，直至回到岸边。天津海事法院一审认为，刘海元驾驶快艇系从事丰顺公司职务行为，该行为系从事丰顺公司的生产经营活动，因此丰顺公司应对杜军的人身损害承担赔偿责任。驾驶员刘海元未能运用良好船技保持谨慎驾驶，未及早发现游泳者并采取有效措施避让游泳者，导致事故发生，对该起事故负主要责任。游泳者杜军在非划定泳区下海游泳，未尽到安全谨慎义务，负次要责任。故丰顺公司承担80%赔偿责任，杜军自行承担20%赔偿责任。天津市高级人民法院二审维持原判。②

（五）体育赛事船舶

帆船、皮划艇等体育赛事船舶发生碰撞与一般船舶的碰撞存在较大区别。参赛的船舶主要是为了参加竞技体育比赛或体育活动，并非主要从事海上运输的船舶；主办方一般会发布赛事公告，参赛各方对比赛中的风险大体上熟悉和预知，组委会有权对参赛人员的成绩取得、是否构成犯规等进行认定；比赛会在封闭的赛事海域内举行，海事部门通常会发布通航公告禁止非比赛船舶通行，故事故海域并非通航可航水域；参加比赛的运动员或船员可能并

---

① 参见青岛海事法院（2014）青海法海事初字第15号民事判决、山东省高级人民法院（2016）鲁民终2011号民事判决。该案无法确定"蓬游143"游艇是否为海船，判决同时适用避碰规则、碰撞司法解释及侵权责任法进行说理，法律适用较为混乱。

② 参见天津海事法院（2019）津72民初595号民事判决、天津市高级人民法院（2020）津民终1438号。

不持有专业的船员证书,临时组成参赛队伍参加比赛等。

规模较大的体育赛事一般购买了专门的保险,故在大规模赛事上参赛船舶发生碰撞事故,所导致的损失一般可通过保险理赔等方式得到赔付,较少发生争议。但是,对于游艇帆船协会、俱乐部等组织的小规模、非官方的体育赛事,在比赛过程中发生碰撞,经过主办方、体育行政部门等调解后仍得不到解决的,多会向法院提起损害赔偿之诉。根据《中华人民共和国体育法》第三十二条规定,在竞技体育活动中发生纠纷,由体育仲裁机构负责调解、仲裁;体育仲裁机构的设立办法和仲裁范围由国务院另行规定。① 但在实践中,我国的体育仲裁机构制度不健全,当事人也不愿意向体育仲裁机构提出申请。人民法院也受理了一些体育赛事船舶发生碰撞的损害赔偿案件,其中"白鲨号"游艇与"中国杯24号"游艇碰撞案较为典型。

2016年10月29日,"白鲨号"游艇与"中国杯24号"游艇在参加第十届中国杯帆船比赛期间在深圳市大鹏新区万科浪骑游艇会附近水域发生碰撞,事故造成双方船舶受损。碰撞事故发生后,双方互指犯规,对事故责任和赔偿金额未能达成一致意见,"白鲨号"游艇所有人深圳人防公司,遂向广州海事法院提起诉讼,要求"中国杯24号"游艇所有人粤和兴公司赔偿船舶修理费和船舶价值损失等,粤和兴公司亦提起反诉。广州海事法院一审认为,根据本届赛事执行的《国际帆联帆船竞赛规则2013—2016》第11条,当船只位于同舷风并相联行驶时,上风船应避让下风船。"中国杯24号"游艇作为上风船,没有作出避让,违反了赛事规则,构成重大违规,应当负本次事故的主要责任,承担90%的赔偿责任;"白鲨号"游艇承担10%的责任。一审判决作出后,双方均不服,上诉至广东省高级人民法院。广东省高级人民法院二审认为,本案二审的核心争议为案涉碰撞事故能否适用自甘风险规则免除致害方的赔偿责任?《民法典》确立了自甘风险规则,其第一千一百七十六条规定:"自愿参加具有一定风险的文体活动,因其他参加者的行为受到损害的,受害人不得请求其他参加者承担侵权责任;但是,其他参加者对损害的发生有故意或者重大过失的除外。"根据上述规定,致害人是否需要对其导致的损害承担民事责任,需要判断其是否存在故意和重大过失的情况。

---

① 有观点认为此类纠纷应由体育仲裁机构主管,人民法院并非专业的体育仲裁机构,不应受理此类纠纷。

竞赛过程中,"中国杯24号"游艇选择大幅度左转的目的,是为了按照竞赛要求绕过左侧浮标,继而前行,而非故意去损害其他船只。另外,"中国杯24号"游艇采取向左打舵,是预判可以绕过浮标而不是触碰到"白鲨号"游艇的右后方,说明其当时采取行动判断过失,属于帆船竞赛中的一般风险,不存在重大过失。本案中,双方当事人是在明确知道帆船竞赛风险性的前提下自愿报名参加该项活动,在竞赛过程中发生了碰撞事故,"中国杯24号"游艇虽然违反了竞赛规则,但并不存在故意和重大过失,故本案应当适用自甘风险原则。据此,广东省高级人民法院二审改判碰撞损害由双方自行负担。①

关于该案的法律适用,由于碰撞发生在相对封闭的赛事海域,一、二审法院并未适用《海商法》及《船舶碰撞规定》等法律及司法解释,也未适用1972年《国际海上避碰规则》,主要系因为体育赛事船舶碰撞与一般的船舶碰撞存在的较大区别,不应适用与主要从事海上运输的船舶发生碰撞的相同处理规则。一、二审法院均采用了民事基本法律对碰撞责任进行分析。所不同的是一审法院运用《侵权责任法》,并结合赛事规则②,对参赛双方的责任按过错比例进行认定。而二审认为,本案为体育竞技过程中产生的碰撞事故,不同于一般的船舶碰撞侵权行为纠纷,不宜以违反避碰规则即构成过错和侵权进行认定,而应充分关注体育竞技中的正当风险和竞技活动的特殊性。衡量致害方有无故意或者重大过失,是否违反竞赛规则当然是一个重要的要素,但是,仅违反规则并不必然构成故意或者重大过失。帆船竞赛中,"获得最有利的风速、风向,保证帆船高速前进,赢得比赛"是参赛者的共同心态,也是该项竞技运动存在一定风险的原因。为鼓励体育竞技精神,不宜对参赛者课以过于严格的谨慎注意义务,更不宜仅以违反规则作为故意或者重大过失的评价标准,而应结合比赛的固有风险、比赛的激烈程度、犯规者的技术水平、犯规者对规则的熟悉程度、犯规动作的意图等因素对致害方的主观意图进行综合分析判断。③ 二审据此认定"中国杯24号"游艇在比赛中并不存

---

① 参见广州海事法院(2017)粤72民初874、1020号案,广东省高级人民法院(2019)粤民终635、636号案。

② 按照部分学者观点赛事规则系"软法"或"民间法"等范畴。

③ 二审承办法官在电视节目中进一步指出,"中国杯24号"游艇在竞赛中左转系为了绕过浮标、"抢风头",并不存在故意和重大过失。参见广东省高级人民法院《湾区睇法 | 竞技体育的"风险"》,见网页(http://www.grtn.cn/life/folder220/folder261/2022-03-08/3065550.html)。

在故意和重大过失,根据《民法典》自甘风险规则,深圳人防公司和粤和兴公司均不得请求对方承担侵权责任。

该案生效判决适用自甘风险规则认定竞技体育中发生船舶碰撞的责任规则,即碰撞双方均不得请求对方承担侵权责任。这意味着在此类碰撞中一般并不存在责任主体的问题(致害方存在故意或重大过失的除外),碰撞双方均无须就对方的损失承担赔偿责任。但致害方故意或重大过失导致参加者遭受损害,仍应承担侵权责任,此时致害方也系船舶碰撞的责任主体。此时,可根据前述非涉海船的船舶碰撞的责任主体认定规则进行处理。

由该案延伸出的一个问题是:如果参赛双方均请求竞赛的组织者承担责任,那么竞赛组委会、主办方等是不是船舶碰撞的责任主体?根据《民法典》第一千一百九十八条①规定,竞技体育的组织者、体育赛事的经营者如果未尽到安全保障义务,造成他人损害的,应当承担侵权责任。比如,游艇俱乐部在清理赛事海域、维护保护设施等方面存在问题导致碰撞事故发生的,应当承担侵权责任。但针对竞技体育中因激烈的对抗比赛导致碰撞发生的,碰撞双方若适用自甘风险规则免责,在相关组织者、经营者已尽到安全保障义务的情况下,也不宜认定其对碰撞损害承担责任。

(六)漏油船与非漏油船

船舶碰撞导致货油或燃油泄漏系碰撞案件的特殊形态。此类纠纷叠加了船舶油污、船舶碰撞和一般环境侵权等三重法律关系,在责任主体认定上较为特殊。司法实践中,长期以来,对于船舶碰撞致一船溢油由谁承担责任的问题,裁判尺度很不统一,有的认为应由溢油船承担责任,有的认为应由溢油船与非溢油船按碰撞比例承担责任,有的认为应由溢油船与非溢油船承担

---

① 该条规定:"宾馆、商场、银行、车站、机场、体育场馆、娱乐场所等经营场所、公共场所的经营者、管理者或者群众性活动的组织者,未尽到安全保障义务,造成他人损害的,应当承担侵权责任。因第三人的行为造成他人损害的,由第三人承担侵权责任;经营者、管理者或者组织者未尽到安全保障义务的,承担相应的补充责任。经营者、管理者或者组织者承担补充责任后,可以向第三人追偿。"

连带赔偿责任。① 学术界对此也存在很大争议。② 2011年1月发布的《最高人民法院关于审理船舶油污损害赔偿纠纷案件若干问题的规定》（以下简称《油污司法解释》）第四条规定，受损害人可以请求泄漏油船舶所有人承担全部赔偿责任。由于"可以"一词具有较大的解释空间，在《油污司法解释》出台之后，判决溢油船承担责任的比例有小幅提升，说明《油污司法解释》对于统一指导司法实践起到了一定的作用，但效果并不是很明显；司法实践中存在的同案不同判问题，会导致清污单位在船舶油污损害赔偿问题上选择诉讼主体和选择诉讼法院时可能会采取不同的策略。③

2013年3月19日，"达飞佛罗里达"轮在距长江口灯船东北约124海里处东海专属经济区与"舟山"轮发生碰撞，导致"达飞佛罗里达"轮船体结构严重损坏，共计613.278吨燃料油泄漏。事发后，上海海事局组织指挥上海打捞局、东海救助局等11家单位对涉案事故采取了救助、清防污作业，产生应急处置费用。经过长达五年多的诉讼，虽已有生效判决认定涉案两船应

---

① 参见广州海事法院审理的"津油6"轮与"建设51"轮碰撞案、"闽燃供2"轮与"东海209"轮碰撞案、"通天顺"轮与"天神"轮碰撞案、"MSC 伊伦娜"轮与"现代促进"轮碰撞案、"明辉8"轮与"闽海102"轮碰撞案、"宏浦35"轮与"亚洲香港26"轮碰撞案、"梦幻之星"轮与"博运018"轮碰撞案等。宁波海事法院审理的"诺贝尔"轮与"四航奋进"轮碰撞案、"闽龙渔2802"轮与"带什"轮碰撞案、"达飞佛罗里达"轮与"舟山"轮碰撞案、"佳丽海"轮与"秀美天津"轮碰撞案、"建兴67"轮与"港辉"轮碰撞案、"HENG RUN"轮与"万利8"轮碰撞案、"佐罗"轮与"艾灵顿"轮碰撞案等。上海海事法院审理的"长阳"轮与"浙长兴货0375"轮碰撞案、"宁连海606"轮、"宁东湖680"轮与"泰联达"轮碰撞案、"海德油9"轮与"浙海156"轮碰撞案等。厦门海事法院审理的"丰收"轮与"金海鲲"轮碰撞案、"千和12"轮与"厦港拖3"轮碰撞案、"新南方818"轮与"润恒达"轮碰撞案等。青岛海事法院审理的"金玫瑰"轮与"金盛"轮碰撞案、"世纪之光"轮与"海盛"轮碰撞案、"Oriental sunrise"轮与"Hamburg bridge"轮碰撞案等。天津海事法院审理的"塔斯曼海"轮与"顺凯1号"轮碰撞案等。大连海事法院审理的"千岛油1"轮与"川崎凌云"轮碰撞案等。

② 相关研究详见韩立新、司玉琢《船舶碰撞造成油污损害民事赔偿责任的承担》，载《中国海商法年刊》（2003）第14卷，大连海事大学出版社2004年版；赵劲松、赵鹿军《船舶油污损害赔偿中的诉讼主体问题》，载《中国海商法年刊》（2004）第15卷，大连海事大学出版社2005年版；马得懿《船舶碰撞法新形态》，载《政法论丛》2005第11期；司玉琢《从因果关系要件解读船舶碰撞致油污损害的请求权竞合》，载《中国海商法年刊》（2008）第19卷，大连海事大学出版社2009年版；韩立新《船舶碰撞油污损害承担连带赔偿责任的法理分析——兼评最高人民法院2005年纪要》，载《辽宁大学学报》2008年第7期；韩立新《油污损害赔偿中非溢油方的责任主体地位探析》，载《河北法学》2008年第9期；朱强《船舶污染侵权法上的严格责任研究》，中国方正出版社2008年版，第153-161页；欧初振远《审理油污案件的法律问题分析及解决》，载《中国海商法年刊》2010年第4期；曲涛《船舶碰撞致油污损害赔偿请求权的选择及分析》，载《人民司法》2013年第8期；等等。

③ 参见廖兵兵《船舶碰撞溢油责任主体司法实践研究》，载《中国海事》2022年第1期。

对本次事故各承担 50% 的碰撞过失责任，但对于应急处置费用的赔偿问题，在经过宁波海事法院一审、浙江省高级人民法院二审、最高人民法院再审后，最终尘埃落定。① 最高人民法院再审认为，本案应当适用我国加入的相关国际公约，公约没有规定的事项适用国内法及其司法解释的规定，有关国际公约和国内法分别对污染者与第三人实行无过错责任原则、过错责任原则的基本内涵，即污染者负全责，另有过错者相应负责，因此漏油船"达飞佛罗里达"轮应承担全部赔偿责任，非漏油船"舟山"轮也应当按照其 50% 的碰撞过失比例承担污染损害赔偿责任。学界有观点认为，最高人民法院再审判决准确认定《国际燃油污染损害民事责任公约》仅规定漏油船方面的责任，非漏油船一方的污染损害赔偿责任承担问题应当根据国内法予以解决，并开创性提出漏油船承担全部赔偿责任、非漏油船在碰撞过失比例范围内承担赔偿责任的解决方案，巧妙地解决了可能的重复赔偿问题，更有利于油污受害人就所遭受的应急处置费用等损失得到尽可能充分的赔偿。② 但也有观点认为，油污受害方与漏油方和与非漏油方分别是两个独立的海上侵权法律关系的责任主体，两个法律关系适用的法律、归责原则、责任限制、基金设立及分配程序各不相同，是不能也无法在一个案件中交叉适用的。在两种法律制度各自调整的范围内，既不能在碰撞法律关系中主张油污责任（如油污受害方向非漏油船主张油污责任），也不能在油污关系中主张碰撞或者一般侵权责任（如油污加害方主张按碰撞责任比例承担责任或者根据一般法规定主张第三方的过失也免除自己的油污责任），更不能在同一油污案件中，油污受害方在以油污法律关系向漏油方请求赔偿全部油污损害的同时，又以碰撞或者一般侵权关系要求非漏油方承担油污损害责任。油污受害方对漏油方的请求是油污损害赔偿请求，包括预防措施费用和环境损害（含利润损失），而对非漏油方的请求是碰撞损害赔偿请求，不含预防措施费用和环境损害赔偿。最高人民法院再审判决漏油方依据油污法承担 100% 的油污责任，同时判决非漏油的碰撞一方依据碰撞法承担 50% 的油污责任，为使赔偿总额不超过油污受害方的请求额，法院再次调整比例，最终漏油方承担 2/3 的油污损害赔偿责任，非漏油方承担 1/3 的油污损害赔偿责任。显然，此判决改变了油污法

---

① 参见宁波海事法院（2015）甬海法商初字第 442 号案、浙江省高级人民法院（2017）浙民终 581 号案、最高人民法院（2018）最高法民再 368 号案。

② 张春昌、帅月新：《船舶碰撞溢油污染损害赔偿责任认定的法律问题——以"达飞佛罗里达"轮与"舟山"轮碰撞污染事故应急处置费用纠纷案的再审为例》，载《中华海洋法学评论》2020 年第 3 期。

"谁漏油谁赔偿"的基本原则,改变了非漏油方只承担碰撞责任、不承担油污责任的碰撞法律规定,该判决也没有考虑预防措施费用和环境损害损失不属碰撞损害的赔偿范围,从程序法看,该案也不符合合并审理的要件。①

根据《最高人民法院关于统一法律适用加强类案检索的指导意见(试行)》要求,人民法院在审理案件时,应当进行类案检索;检索到的类案为指导性案例的,应当参照作出裁判,但与新的法律、行政法规、司法解释相冲突或者为新的指导性案例所取代的除外。"达飞佛罗里达"轮案虽然在2020年入选最高人民法院发布的海事审判典型案例,但尚未入选指导性案例,并无强制适用的效力。然而在海商法修改或新的司法解释出台前,人民法院还是尽量依据类案同判的精神参照"达飞佛罗里达"轮案作出裁判。

(七) 船舶碰撞与海上保险

在船舶碰撞案件中,保险人的诉讼地位较为多变,或作为原告,或作为被告,或作为第三人。在保险人已赔付碰撞船舶一方时,其可以作为原告就已赔付部分向碰撞相对方提起保险代位求偿之诉。② 在保险人尚未赔付时,其可能作为共同被告在碰撞案件中被诉请承担相应赔偿责任。③ 在部分碰撞案件中,当事人也可能申请保险人作为第三人参与诉讼。但需要强调的是,保险人并非碰撞方,其并未实施船舶碰撞侵权行为,其本身并不是船舶碰撞损害责任纠纷的责任主体。

在船舶碰撞保险代位求偿案件中,根据《最高人民法院关于审理海上保险纠纷案件若干问题的规定》第十四条"受理保险人行使代为请求赔偿权利

---

① 参见司玉琢、吴煦《"谁漏油谁赔偿原则"的历史考证及其在碰撞事故中的运用》,载《中国海商法研究》2022年第1期。

② 参见青岛海事法院(2018)鲁72民初1254号民事判决书,山东省高级人民法院(2020)鲁民终703号民事判决书,(2020)最高法民申6026号民事裁定书;广州海事法院(2017)粤72民初1069、1131号民事判决书,广东省高级人民法院(2019)粤民终633、634号民事判决书,最高人民法院(2020)最高法民申6910、6940号民事裁定书;厦门海事法院(2016)厦72民初1082号民事判决书,福建省高级人民法院(2019)闽民终1016号民事判决书,最高人民法院(2020)最高法民申2577号民事裁定书;广州海事法院(2017)粤72民初1003号民事判决书,广东省高级人民法院(2018)粤民终2628号民事判决书,最高人民法院(2020)最高法民申1847号民事裁定书;厦门海事法院(2012)厦海法事初字第61号民事判决书,福建省高级人民法院(2014)闽民终字第1103号民事判决书,最高人民法院(2017)最高法民再62号民事裁定书等。在存在保赔关系时,互保协会也可以作为原告。参见广州海事法院(2018)粤72民初243、419号民事判决书,广东省高级人民法院(2019)粤民终1978、1979号民事判决书,最高人民法院(2021)最高法民申279、310号民事裁定书。

③ 参见厦门海事法院(2018)闽72民初341号民事判决书、福建省高级人民法院(2019)闽民终43号民事判决书、最高人民法院(2020)最高法民申6405号。

纠纷案件的人民法院应当仅就造成保险事故的第三人与被保险人之间的法律关系进行审理"之规定，人民法院不必对海上保险法律关系进行审理。但在非保险代位求偿案件中，如保险人作为被告的案件，人民法院仍需对船舶碰撞法律关系和海上保险法律关系均进行审理。此时，面临诉的合并与分离的问题。

实践中，碰撞船舶已投保了责任保险，碰撞一方申请追加保险人承担保险责任，人民法院是否应当允许？《中华人民共和国保险法》第六十五条规定："保险人对责任保险的被保险人给第三者造成的损害，可以依照法律的规定或者合同的约定，直接向该第三者赔偿保险金。责任保险的被保险人给第三者造成损害，被保险人对第三者应负的赔偿责任确定的，根据被保险人的请求，保险人应当直接向该第三者赔偿保险金。被保险人怠于请求的，第三者有权就其应获赔偿部分直接向保险人请求赔偿保险金。"关于何为"应付的赔偿责任确定"和"被保险人怠于请求"，《最高人民法院关于适用〈中华人民共和国保险法〉若干问题的解释（四）》［以下简称《保险法解释（四）》］第十四条①、第十五条②予以明确。一般而言，在船舶碰撞案件一审程序中，直接判决碰撞船舶责任保险的保险人向对方船舶的船舶所有人或光船承租人承担赔偿责任，并不满足"应付的赔偿责任确定"的条件。这是因为被保险人对第三人应负的赔偿责任并未经生效民事裁判文书所确定，即被保险人仍享有上诉的权利。由于被保险人对第三人的赔偿责任，并不一定属于责任保险合同约定的保险责任范围，保险人在承担保险责任之前，仍需要审查该赔偿责任即责任保险的保险事故是否属于保险责任范围，责任保险合同是否在有效期内以及是否存在免赔额、免赔率等情况，以最终确定保险责任的承担。③《保险法解释（四）》第十四条第二款亦赋予保险人按照责任保险合同确定赔偿责任的权利，平衡保护了保险人和被保险人的权益。基于上

---

① 该条规定："具有下列情形之一的，被保险人可以依照保险法第六十五条第二款的规定请求保险人直接向第三者赔偿保险金：（一）被保险人对第三者所负的赔偿责任经人民法院生效裁判、仲裁裁决确认；（二）被保险人对第三者所负的赔偿责任经被保险人与第三者协商一致；（三）被保险人对第三者应负的赔偿责任能够确定的其他情形。前款规定的情形下，保险人主张按照保险合同确定保险赔偿责任的，人民法院应予支持。"

② 该条规定："被保险人对第三者应负的赔偿责任确定后，被保险人不履行赔偿责任，且第三者以保险人为被告或者保险人与被保险人为共同被告提起诉讼时，被保险人尚未向保险人提出直接向第三者赔偿保险金的请求的，可以认定为属于保险法第二款规定的'被保险人怠于请求'的情形。"

③ 最高人民法院民事审判第二庭编著：《最高人民法院关于保险法司法解释（四）理解与适用》，人民法院出版社2018年版，第295页。

述考虑，人民法院在审理船舶碰撞案件时不宜同意原告提出的追加保险人作为共同被告的申请，也不宜准许被告方追加保险人作为共同被告的申请。①

但在一些案件中，人民法院出于一揽子解决争议的考虑，判决被保险人及保险人对侵权损害承担连带赔偿责任。此时，人民法院可以根据当事人的申请追加保险人作为共同被告，但在实体审理时应同时审理侵权法律关系和保险法律关系，应依据保险合同确定是否属于保险责任范围、是否存在除外责任、免赔额等问题。南澳大众公司与曾美玲签订休闲船舶服务协议，南澳大众公司向曾美玲提供办证、代买保险、培训船员等服务。南澳大众公司协助曾美玲就"南澳旅游375"游艇向天安保险公司投保，天安保险公司出具了投保人和被保险人均为南澳大众公司的保险单。管文志乘坐曾美玲所有的"南澳旅游375"游艇出游，因出游当日浪大发生颠簸，致使管文志腰部受伤，下船后到医院经急诊确诊为骨折，故诉请曾美玲、南澳大众公司、天安保险公司等赔偿损失。法院生效判决认为，曾美玲系涉案游艇的登记所有人、实际所有人及经营人，应对管文志承担侵权责任。涉案游艇并未以南澳大众公司的名义对外经营，没有证据显示曾美玲与南澳大众公司之间成立挂靠关系，南澳大众公司在本案中也不具有过错，故其不应当承担侵权责任。本案事故造成的损害属于天安保险公司承保范围，曾美玲与天安保险公司均拒绝对管文志赔偿，管文志对天安保险公司提起诉讼要求其直接向管文志支付保险金于法有据。涉案保险单约定精神损害赔偿不属于保险赔偿范围，每次事故人身伤害绝对免赔额为500元或损失金额的5%，以高者为准，该两款约定并不违反法律规定，应认定有效。据此，天安保险公司应向管文志支付的保险赔款为152,228.68元（赔偿额165,240.72元－精神损害赔偿金5,000元－免赔额8,012.04元），对保险赔款之外的13,012.04元应由曾美玲向管文志支付。②

（八）无人船碰撞

关于无人船的民事责任，研究者关注较多的是无人船的所有人、管理人、

---

① 《最高人民法院关于适用〈中华人民共和国民事诉讼法〉的解释》第七十三条规定："必须共同进行诉讼的当事人没有参加诉讼的，人民法院应当依照民事诉讼法第一百三十二条的规定，通知其参加；当事人也可以向人民法院申请追加。人民法院对当事人提出的申请，应当进行审查，申请理由不成立的，裁定驳回；申请理由成立的，书面通知被追加的当事人参加诉讼。"船舶碰撞法律关系与海上保险法律关系本质上属于不同的诉讼标的，并不是必要的共同诉讼，可不予准予被告的追加共同被告的申请。

② 参见广州海事法院（2018）粤72民初1891号民事判决、广东省高级人民法院（2019）粤民终970号民事判决。

经营人的侵权责任及无人船的生产者、销售者的产品责任。① 无人船碰撞与一般船舶碰撞存在不同的是可能涉及设计者的责任问题。②

1. 对于无人船的设计缺陷导致的碰撞事故，无人船的设计者应担责。如果是无人船操控系统的固有缺陷导致无人船的操纵出现根本故障进而导致事故发生的，则无人船的系统开发者和设计者应对此承担责任。由于《中华人民共和国产品质量法》（以下简称《产品质量法》）规定的主要是生产者和销售者的民事责任，对于无人船的设计者可以参照《民法典》关于技术开发合同的相关规定确定设计者的责任。因此，无人船的设计者对生产者等主体主要承担的是违约责任，其不对碰撞相对方直接承担责任。生产者、销售者在承担产品责任后，可以向设计者追偿损失。而无人船的研发工程师一般受聘于相应的研发公司，对此应当按照雇佣或劳动合同关系，根据替代责任规则，由研发公司承担责任，工程师一般不直接承担相应的民事赔偿责任。否则，这对研发工程师而言法律责任过重，将导致其在研发、设计时畏首畏尾、不敢创新，不利于无人船产业的蓬勃发展。研发工程师面对高额的索赔请求也通常缺乏赔偿能力，要求工程师承担赔偿责任对受害人保护程度也没有明显增加。

2. 对于无人船设计者的责任认定要注意区分设计缺陷对事故发生的原因力。如果船舶碰撞事故是多种因素叠加产生的，不能一概判定无人船设计者承担全部责任。例如，如果岸基操控人员有能力修复系统故障而未修复，则船舶所有人需要承担责任；如果岸基操控人员未按操作说明正常使用，则船舶所有人需要承担责任。③ 对此，需要综合运用因果关系认定学说如相当因果关系说对事故原因进行分析，进而确定无人船设计者的责任份额。如果无人船的操控系统存在重大漏洞，而设计者未及时修补漏洞进而导致了碰撞事故的发生，则可以认定系统漏洞与碰撞事故之间存在因果关系。如果无人船的操控系统存在一定漏洞，但同时岸基人员存在操控不当的行为扩大了漏洞，则要注意分析多种因素叠加的原因力。

3. 针对无人船的设计者要规定相应的免责事由。无人船的研发属于高度

---

① 参见王欣、初北平《研发试验阶段的无人船舶所面临的法律障碍及应对》，载《中国海商法研究》2017 年第 3 期；徐锦堂《无人船合法性与责任承担问题研究》，见广州市法学会编《法治论坛》2019 年第 2 辑，中国法制出版社 2019 年版，第 90–105 页。

② 由于无人船尚未投入民用市场，实践中尚未出现无人船碰撞的相关案例，本部分仅限于理论探讨。

③ 王国华、孙誉清：《无人船碰撞相关的责任》，载《上海海事大学学报》2019 年第 2 期。

风险性的事业，司法裁判的尺度需要注意衡平受害者权益保障与鼓励创新发展的关系，注重司法裁判对无人船行业的引领和导向效应。值得注意的是，迄今为止，国际上也没有形成无人船船舶船级检验的成文标准，船级社对无人船舶技术正处于逐步了解和熟悉阶段，为无人船舶进行检验并签发证书还需要比较长的过程。① 由于无人船相关的技术标准及航行规范仍处于研讨的阶段，国际上还未形成统一、通用的标准，司法裁定对无人船的设计者科以严格责任并不恰当。因此，应当对无人船的设计者规定相应的免责事由。例如，根据《民法典》第一千一百七十五条"损害是因第三人造成的，第三人应当承担侵权责任"，对于黑客非法侵入无人船操控系统导致的碰撞事故，或者证明无人船被海盗，沦为恐怖分子的作案工具等情形，无人船的设计者应当免责。参照《产品质量法》第四十一条第二款"生产者能够证明有下列情形之一的，不承担赔偿责任：（一）未将产品投入流通的；（二）产品投入流通时，引起损害的缺陷尚不存在的；（三）将产品投入流通时的科学技术水平尚不能发现缺陷的存在的"之规定，无人船的设计者因受当前技术水平限制产生的设计缺陷则不能由其承担赔偿责任。

四、海商法修改视域下船舶碰撞责任主体的规则建构

（一）交通运输部征求意见稿的相关内容

2023年9月7日，《海商法》修改正式列入十四届全国人大常委会立法规划的第一类项目即条件比较成熟、任期内拟提请审议的法律草案。海商法修改进程明显加快，获审议通过已指日可待。与其他章节相比，"船舶碰撞"章内容在交通运输部征求意见稿中的变化不大。但在修法过程中，存在以下四个方面的特别考量。

1. 是否将《海商法》第八章"船舶碰撞"规定适用于内河船之间的碰撞。《海商法》修改课题组建议将《海商法》第八章适用于内河船之间的碰撞，理由主要有：内河船舶数量众多，在船舶碰撞事故中占有较大的比例；内河通航水域，航道狭窄、水况复杂，所涉碰撞法律关系更为复杂，单纯依照一般法规范的调整，存在明显不足；内河船舶之间的碰撞事故归属海事法院管辖，我国各海事法院在此积累了丰富的经验，将船舶碰撞的规定适用于内河船之间的碰撞，不存在司法实践上的困难，相反更便于定纷止争。但是，课题组亦认识到只有对《海商法》"船舶"的概念进行扩大后，方可适用于

---

① 王欣、初北平：《研发试验阶段的无人船舶所面临的法律障碍及应对》，载《中国海商法研究》2017年第3期。

内河船之间的碰撞。而内河避碰规则与海上避碰规则存在一定区别,将内河船碰撞纳入《海商法》可能与其他制度产生冲突,产生体系违反问题。在讨论过程中,反对将内河船纳入《海商法》适用范围①的声音也不少,相应地,《海商法》第八章也不应适用于内河船碰撞。海商法交通运输部征求意见稿最后维持了《海商法》第八章的基本架构,但未放弃将内河船纳入海商法的船舶概念,争论还将继续。

2. 如何完善船舶碰撞责任主体的相关表述。课题组曾尝试在修法中引入"实际控制人"这一概念,将《海商法》第一百六十八条修改为"船舶发生碰撞,是由于一船的过失造成的,由有过失的船舶所有人、光船承租人或者其他通过船长、船员实际控制船舶的人负赔偿责任。前款规定不影响本法有关船舶优先权规定的适用"。课题组认为,引入"实际控制人"的理论可以解决确认责任主体的相关问题,比如试航中的船舶发生碰撞、未来无人船的碰撞以及船舶融资下的船舶碰撞问题等。实际控制人的范围可以包括船舶所有人、光船承租人、船舶经营人、船舶管理人、船舶融资租赁承租人、船舶建造人等主体。"实际控制人"的引入,也可以体现立法的前瞻性,同时,为司法解释留下一定的空间,维护法律的稳定性。但是,"实际控制人"系弹性很大的法律概念,贸然引入海商法制度体系可能会带来解释和适用方面的新问题。在船舶所有人和实际控制人分离的情形下,实际控制人与海商法船舶优先权制度、海事赔偿责任限制制度、海上保险制度等存在不协调的情形,如果都通过上述增加但书的方式予以弥补,则会造成法律条文的累赘与适用上的不便。

3. 是否将互有过失船舶碰撞中人身伤亡中的"第三人"表述删除。对于上述"第三人"的范围,司法实践中曾有两种不同的理解:前者认为"第三人"是指本船船员、旅客之外的人,即"第三人"不包括本船船员、旅客;后者认为"第三人"包括本船船员、旅客。2008年制定颁布的《船舶碰撞规定》第五条明确规定"因船舶碰撞发生的船上人员的人身伤亡属于海商法第一百六十九条第三款规定的第三人的人身伤亡",故司法实践已统一了对该问题的认识。课题组曾认为可以将《海商法》第一百六十九条第三款的条文修正为"互有过失的船舶,对碰撞造成的人身伤亡,负连带赔偿责任。一船连带支付的赔偿超过本条第一款规定的比例的,有权向其他有过失的船

---

① 参见余晓汉《〈海商法〉修改不宜纳入内河船舶和内河运输》,见网页(http://weixin.ship.sh/news/info/31284)。

舶追偿"。但"第三人"的范围完全可以通过司法解释予以明确，修改海商法的相关表述，并无必要。

4. 如何修改完善船舶过失的有关表述。《海商法》第一百六十八、第一百六十九条表述的是"一船的过失""互有过失的船舶"等，体现出对物诉讼的痕迹。海商法修改需进一步完善"船舶过失"相关条文表述，与我国侵权责任法律制度体系协调一致。交通运输部征求意见稿将"一船的过失"改为"一方的过失"，将"有过失的船舶"改为"有过失的船舶一方"，将"各船的赔偿责任"改为"各方的赔偿责任"，以此缓解原来船舶过失、船舶承担碰撞责任这种对物诉讼理念在中国法下的不协调性。征求意见稿的上述修改与《民法典》等民事基本法律保持了一致。

由此可见，交通运输部征求意见稿保留了《海商法》第八章的基本框架与制度逻辑，仅对两个条文做了部分文字修改，完善了相关表述。按照这一修法思路，船舶碰撞责任主体的相关规定在海商法中的表述是"宜粗不宜细"，采用船舶碰撞的"一方""各方"的表述，无疑会为司法解释留下相应的空间，为司法实践中责任主体的新情况、新问题留下法律解释和法律发展续造的空间。

（二）船舶碰撞责任主体的裁判规则

在深入分析当前海事司法实践的基础上，按照涉海船碰撞与非涉海船碰撞的类型区分的审判思路，笔者对船舶碰撞责任主体的裁判规则总结和提炼为以下13项。

1. 根据碰撞船舶是否属于《海商法》第三条规定的船舶，船舶碰撞因适用法律不同可分为涉海船的船舶碰撞（碰撞双方或各方船舶至少一方是《海商法》第三条规定的船舶）和非涉海船的船舶碰撞（碰撞双方或各方船舶均不是《海商法》第三条规定的船舶）。前者适用《海商法》及《船舶碰撞规定》的有关规定，后者适用《民法典》侵权责任编的有关规定。

2. 涉海船的船舶碰撞产生的赔偿责任应由船舶所有人承担，碰撞船舶在光船租赁期间并经依法登记的，由光船承租人承担。当事人请求未依法登记的光船承租人与船舶所有人承担连带责任的，应予以释明，指引其选择船舶所有人提起诉讼。当事人坚持请求未依法登记的光船承租人与船舶所有人承担连带责任的，不予支持。

3. 当事人请求侵权行为人承担非涉海船碰撞的侵权责任的，应予支持。当事人请求未实施侵权行为的船舶登记所有人承担非涉海船碰撞的侵权责任的，一般不予支持，但存在船舶挂靠经营等情形的除外。

4. 已完成船舶买卖、交付但尚未完成变更登记的非涉海船碰撞，当事人请求占有使用船舶的买受人承担侵权责任的，应予支持。当事人请求未占有使用船舶的登记所有人承担侵权责任的，一般不予支持，但存在船舶挂靠经营等情形的除外。

5. 因政策原因转让交付后未办理过户手续的非涉海船碰撞，当事人请求占有使用船舶的实际所有人承担侵权责任的，应予支持。当事人请求登记所有人承担侵权责任的，不予支持。

6. 登记所有人为自然人的非涉海船碰撞，当事人请求未参与船舶实际经营的登记所有人承担侵权责任的，一般不予支持，但因租赁、借用船舶发生碰撞事故且登记所有人对损害的发生有过错等情形的除外。

7. 挂靠船舶因侵权行为造成他人财产、人身损害，当事人请求挂靠船舶的实际所有人和被挂靠企业承担连带责任的，应予支持。

8. 合伙船舶发生碰撞，船舶碰撞导致的债务系合伙债务的，当事人请求全体合伙人对碰撞损失承担连带责任的，应予支持。有充分证据证明部分合伙人出于游玩等个人目的，擅自驾驶非海船发生碰撞，因此导致的碰撞损失不属于合伙债务。

9. 引航失误发生船舶碰撞，当事人请求船舶所有人或者依法登记的光船承租人承担侵权责任的，应予支持。当事人请求引航员或引航机构承担船舶碰撞侵权责任，不予支持。

10. 船舶试航阶段发生碰撞，需根据船舶的控制主体确定碰撞责任主体。由船舶建造方、修理方控制的试航，当事人请求船舶建造方、修理方承担侵权责任，应予支持；由船舶定作方、委托维修方或买受人控制的试航，当事人请求船舶定作方、委托维修方或买受人承担侵权责任的，应予支持。

11. 在非涉海船的游艇挂靠经营中，游客遭受游艇碰撞导致的人身损害，构成侵权责任与违约责任的竞合，游客有权选择游艇所有人、被挂靠企业承担违约责任或侵权责任。游客请求游艇所有人、被挂靠企业承担侵权责任并请求两者承担连带责任的，应予支持。游客请求游艇所有人、被挂靠企业承担违约责任，且被挂靠企业实际提供旅游服务的，可认定游客与被挂靠企业之间存在旅游服务合同关系，被挂靠企业亦可承担违约责任。被挂靠企业未实际提供旅游服务，游艇发生碰撞导致损害发生，当事人请求被挂靠企业承担违约责任的，不予支持。

12. 体育赛事船舶在封闭的赛事水域发生碰撞，可结合组织者、经营者发布的赛事规则、比赛的固有风险及激烈程度、犯规者的技术水平及对规则的熟悉程度、犯规动作的意图等综合判断碰撞双方是否存在故意或重大过失。若碰撞双方均不存在故意或重大过失，依照《民法典》第一千一百七十六条规定，碰撞双方均不得请求对方承担侵权责任。

13. 船舶碰撞并发生漏油的，碰撞责任主体的确定应适用我国加入的相关国际公约，公约没有规定的事项适用国内法及其司法解释的规定，即污染者负全责，另有过错者相应负责。当事人依据我国已加入的相关国际公约请求漏油船承担全部赔偿责任的，应予支持。当事人依据《民法典》侵权责任编及相关司法解释同时请求非漏油船按照碰撞过失比例承担污染损害赔偿责任的，应予支持。

试论建立我国船舶油污损害赔偿法律机制[*]

倪学伟

摘要：我国是海洋大国，亦是海上运输大国，但我国目前尚未建立自己的船舶油污损害赔偿法律机制。在船舶油污事件发生概率较高的今天，这实为我国海洋法制建设中的一大缺憾。本文从建立我国船舶油污损害赔偿法律机制的必要性出发，着重论述了建立该机制应遵循的基本原则，并以规范分析和比较研究的方法阐述其具体内容，目的在于通过理性的思考，从环境保护的层面为我国海洋经济可持续发展提供一个可资选择的思路。

关键词：船舶油污损害；赔偿责任；赔偿基金；责任限制；免责。

一、建立我国船舶油污损害赔偿法律机制的必要性

（一）海洋经济可持续发展的客观要求

海洋是生命的摇篮。自远古走来的由芸芸众生所构成的人类整体，从来没有像今天这样深沉而密切地依赖于浩瀚的海洋。可以毫不夸张地说，离开了海洋，人类的发展将受到无穷的限制甚至根本不可能得以健康发展。海洋在为我们提供绿色的食物、美妙的气候、丰富的物种、便利的交通的同时，也在不断地向我们发出警示：善待海洋环境，将使人类得到海洋经济的可持续、可协调的发展；反之，则无异于饮鸩止渴，海洋经济将不能持续发展，人类将痛失绿色食物、美妙气候、丰富物种……最终可能使"无所不能"的人类像亿年前的地球主宰恐龙一样，悄无声息地淡出以宇宙为背景的时空大舞台。

我国海洋经济的发展得益于党中央的改革开放政策，其发展态势之迅猛，是中国历史上所仅见的。海洋经济由海洋货物旅客运输、海底资源勘探开发、海岸带开发利用、海产品养殖和捕捞、海洋旅游观光等行业组成，是较为典型的综合性立体经济，具有极强的牵连性和荣损与共特性，需要彼此协调、相互配合地向前发展。其间若某一行业出现意外的停滞甚或倒退，则极可能导致其他行业产生连锁的负面反应，并进而使整个海洋经济出现不应有的萧条。该局面在现实生活中常见的典型形态就是船舶海洋油污：在沿海或近海

---

[*] 本文原载于《中国海商法协会通讯》2005年第3期。

地区发生的一定规模的船舶油污事件,既可能连锁性地又往往直接地导致海洋养殖捕捞业、海洋旅游观光业显而易见的损害,且消除该损害往往需要假以相当长的时日并需付出不菲的人力和费用。既是未雨绸缪、防患未然,也是吸取已然存在的诸多深刻教训,为海洋经济可千秋持续之发展这一重大抉择考量,建立我国的船舶油污损害赔偿法律机制实属不可不提上官方工作日程的事情。

（二）保护船舶油污事件受害人的现实需要

经济发展并不必然地伴生环境污染,却实然性地往往产生环境损害,这既有天灾,亦有人祸,且人祸的因素常常更为直接并起更大的作用。据统计,1976年至2000年,我国沿海共发生大大小小的船舶溢油事故2,353宗,其中,溢油量在50吨以上的中、外籍油轮及货轮造成的重大船舶溢油事件54宗,总溢油量约为3万吨。① 较有典型意义的污染事件如1999年3月24日,浙江台州东海海运有限公司所属"东海209"轮与中国船舶燃料供应福建有限公司所属"闽燃供2"轮在伶仃水道7号、8号浮附近水域发生碰撞,造成"闽燃供2"轮船体破裂,该轮所载重油589.7吨泄漏,造成珠海市部分水域及海岸带被污染的重大事故,使该地区的养殖场、风景旅游景点、红树林等环境敏感资源受到严重破坏。对于该重大船舶油污事件,因法律规定的模糊乃至法律漏洞及法律缺位,给受害人的索赔造成极大困难,亦使案件审判跌宕起伏,欠缺应有的可预见性。该案一审认为应该适用1969年《国际油污损害民事责任公约》（以下简称《CLC公约》）②,准许被告按《CLC公约》的规定申请船舶油污损害赔偿责任限制;二审认为我国沿海船舶油污损害赔偿不适用《CLC公约》和《中华人民共和国民法通则》,而应适用《中华人民共和国海商法》的规定,并根据已经确定的碰撞双方的过失比例,认定双

---

① 刘红:《尽快建立并实施我国船舶油污损害赔偿机制》,载《中国海商法协会通讯》2003年第1期,第1页。另外,所谓重大污染事故的标准,是根据国际海事组织MARPOL73/78附则Ⅰ的1991年修正案的规定而来,即溢油量50吨及其以上为重大污染事故。2004年12月7日,巴拿马籍"现代促进"轮与德国"MSC伊伦娜"轮在珠江口担杆岛东北处海域发生碰撞,德国"MSC伊伦娜"轮燃油舱破损,导致泄油1,200吨。这是迄今为止我国沿海海域最大的一宗船舶油污事故。参见胡后波《广州海事法院扣押"现代促进"轮》,载《人民法院报》2004年12月16日。

② 该公约于1975年6月19日生效。已有1976年、1984年和1992年议定书,1984年议定书未生效,1992年议定书（以下称《CLC 1992公约》）已于1996年5月30日生效。我国于1980年1月30日加入该公约,该公约同年4月29日对我国生效;2000年1月5日起《CLC 1992公约》对我国生效。

方都是造成海洋环境污染的责任者。① 一审、二审法院对同一案件有不同的认识,本属正常现象,由此也彰显了二审终审这一司法体制的必要性。然而,本案两级法院之所以作出了不同的判决,其根本原因还在于法律的缺位,即法律没有规定或没有明确的规定所致。

见微知著,从一个案件审判的尴尬可知我国船舶油污损害赔偿法律规范的"幼稚"状态,这与欠缺船舶油污损害赔偿法律机制亦有重大关联。我们可以从油污受害人凄楚渴盼的目光中,深刻地感受到建立健全海洋环境保护法律制度,包括建立船舶油污损害赔偿法律机制已到了刻不容缓的时候。

(三) 建立科学完整的海洋环境保护法律体系的迫切要求

在众多的国际公约中,海洋环境公约是发展最为迅猛的一类。颇为值得注意的是,由这些公约所确立的原则、规则、规章和制度的总和,已形成具有较为完善体系的行之有效的海洋环境保护法律制度。在该项法律制度中,主要由《CLC 公约》和 1971 年《设立国际油污损害赔偿基金公约》(以下简称《基金公约》)② 所共同构建的船舶油污损害赔偿法律机制经过二三十年的实践,证明在国际海洋环境保护方面是独树一帜的,已经取得了令人惊叹的成效。我国是《CLC 公约》的成员国,但未加入《基金公约》,经专家学者研究,近期内我国也不宜加入《基金公约》。③ 因此,从严格意义上而言,我国并不是国际船舶油污损害赔偿法律机制的成员国,而最多仅可称之为半成员国。

作为《CLC 公约》的成员国,在我国海域发生的涉外船舶油污损害案件适用该公约的规定,这是没有异议的。问题是,在我国海域发生的非涉外船舶油污损害案件是否也应该适用该公约的规定? 对此,在理论研究方面存在两种截然相反的观点④,反映在审判实务中,这表现为在同一案件或相似案

---

① 参见王敬等《船舶油污损害赔偿法律问题与实践》,见金正佳主编《中国海事审判年刊·2003》,人民交通出版社 2004 年版,第 344-346 页。

② 该公约有 1976 年、1984 年和 1992 年议定书,1984 年议定书未生效,1992 年议定书与《CLC 1992 公约》同时生效。中国未加入该公约,但中国香港地区加入了该公约。

③ 参见司玉琢主编《国际海事立法趋势及对策研究》,法律出版社 2002 年版,第 237-240 页。

④ 一种观点认为,在我国海域发生的非涉外船舶油污损害案件,也应适用《CLC 公约》的规定。参见余晓汉《关于设立油污责任基金的特别问题》,见《海商法研究》总第 5 辑,法律出版社 2001 年版,第 34-38 页。另一种观点认为,对这类案件不应适用《CLC 公约》的规定,而应适用国内法。参见吴南伟、张贤伟《船舶油污民事赔偿制度研究》,见金正佳主编《中国海事审判年刊·2002》,人民交通出版社 2003 年版,第 227 页。

件审判中得出了两种不同的裁判结果。① 理论研究中的百家争鸣无可厚非，在纯学术领域甚至还可以说百花齐放是必需的，有利于学术的繁荣和进步。但在审判实务中，这种现象并不令人鼓舞，甚至使人觉得是法治化进程中的一个不和谐的步伐。也许，在"法官造法"的英美法系国家中，法官个人的理论观点在案件审判中的碰撞可能产生全新的法律观点，有利于推动法律的进步或曰"法律的现代化"；而在沿袭成文法传统的中国，基于制度层面上的限制，显然不能允许将法官不成熟的个人学术观点假以审判之道而使之法律化。

那么，路在何方？

建立完善的海洋环境保护法律体系就是其必由之路。我国现有的关于海洋环境保护方面的法律制度是以《中华人民共和国海洋环境保护法》② 为基础构建起来的。该法第六十六条规定："国家完善并实施船舶油污损害民事赔偿责任制度，按照船舶油污损害赔偿责任由船东和货主共同承担风险的原则，建立船舶油污保险、油污损害赔偿基金制度。"第九十条规定："造成海洋环境油污损害的责任者，应当排除危害，并赔偿损失。"这些规定为我国海洋环境保护法律体系的建构指明了基本方向，同时也为建立我国船舶油污损害赔偿法律机制提供了现实的法律依据。与改革开放之初相比，我国目前的海洋环境保护方面的法律规定已经是相当丰富而又具有较强的可操作性了。但是，基于我国至今未加入《基金公约》，亦未建立起自己的船舶油污损害赔偿基金，因而我国海洋环境保护法律体系的缺陷仍然是十分明显的：别人是两条腿走路，而我们却是单脚"独步"天下。另外，尽管我国已加入了《CLC公约》，但因公约不可避免的时代局限性以及适用范围的限制，事实上公约的一些内容并非完全没有推敲的余地，如公约关于赔偿主体的规定、燃油泄漏的污染问题等在近年来就颇受质疑。根据海洋环境保护中出现的新情况、新问题，在原有法律规定的基础上，包括在《CLC公约》规定的基础上，借鉴先进国家的成功经验，尽快把我国的船舶油污损害赔偿法律机制建立起来，这对完善我国的海洋环境保护法律体系是必须的，同时对有关的学术探讨也可以起到一个标向作用，更为重要的是，对审判实务而言可以避免法官在判案时的盲目摸索，为公正司法提供规范性保障。

---

① 参见王敬等《船舶油污损害赔偿法律问题与实践》，见金正佳主编《中国海事审判年刊·2003》，人民交通出版社2004年版，第344—346页。

② 该法于1982年制定、1999年修订，新修订的法律于2000年4月1日起生效。

二、建立我国船舶油污损害赔偿法律机制的基本原则

开展任何一项工作,不外乎有两种方式:一是归纳式的工作方式,即从大量的实践性材料中总结出一般性规律,其特点在于根据第一手资料而得出结论,准确度较高,不足之处在于耗时耗力且短时间内难以完成;二是演绎式,即从已知的一般规律出发解决具体问题,只要这种规律是客观的,就会较为节省时间并可迅捷地达到目的。在船舶油污损害赔偿法律机制方面,在我国虽然基本上是一块法律的处女地,但在国际范围内却有着丰富的实践,并有较为成熟的经验。因此,采取演绎方法更为符合效率原则,即我们只要找出带有指导意义的共通性的东西,并以此为基础开展工作,其工作效率就会更高,且更易于达到预期的成功目标。这种共通性的东西,就是指导建立船舶油污损害赔偿法律机制的基本原则。考察《CLC 公约》及《基金公约》,它们所确立的基本原则可概括如下,并为我国建立船舶油污损害赔偿法律机制时所借鉴。

(一)预防污染原则

对油污事件防患于未然是海洋环境保护最优先的考虑和最理想的境界,一切有关油污损害赔偿的法律规定都须臾不可偏离、更不可废弃对预防油污的理性追求,否则便是本末倒置。《CLC 公约》及《基金公约》关于对预防措施的费用及预防措施造成的新的灭失和损害列入赔偿范围的规定,即充分体现了预防污染的原则。美国《1990 年油污法》并非预防油污的国内法,但其规定了极高的赔偿限额和极易丧失的免责条件,同时有的州甚至规定了对油污损害承担无限赔偿责任,使许多油轮船东望而生畏,不敢再继续经营美国航线,而大浪淘沙后所留下来的都是颇具经济实力和技术实力的船公司的油船,这为预防美国海域船舶油污事件的发生起到了很好的作用。从《CLC 公约》《基金公约》的历次议定书的规定看,逐步加重船东的赔偿责任、不断扩大油污损害赔偿的范围、使油污受害者获得尽可能充分、完全的赔偿,已成为国际社会始终不渝的追求和不可逆转的国际立法趋势,船东唯有通过提高船舶的技术含量和船员预防油污的水平,才能避免油污事件的发生,使自己的业务得以正常开展。也就是说,船舶油污损害赔偿公约的有关规定,已有了类似于美国《1990 年油污法》的功能,而这种规定显然是公约制定者孜孜不倦、勤谨求之的,其基本的价值取向就是通过处理油污事件赔偿问题而力促船东预防油污能力的不断提高,因而预防污染原则应认定为该类公约之不可忽视的基本原则。我国从来都有预防为主、防患未然的传统,预防污染原则就是我国海洋环境保护法律体系的一项重要原则。尽管船舶油污损害

赔偿法律机制是针对发生油污后如何处理有关赔偿问题而建立的，但其间也可以通过其理性的规定，如较高乃至很高的责任限额、严格的免责条件等，从而反向性地促使船东提高预防油污的能力，达到预防海洋污染的目的。由此可见，把预防污染原则确立为我国建立船舶油污损害赔偿法律机制的基本原则，既可以与国际船舶油污损害赔偿法律机制接轨，又可以达到全方位预防海洋污染的目的，因而是一项明智、双赢且又必需的选择。

(二) 无过错责任原则

船舶油污损害属典型的海事侵权，其表现形式依通说①可分为两类，即船舶正常营运中有意排放油类物质所致的损害，以及碰撞、触碰等海事所致的泄油损害。前者称有意排放的损害，其排油量惊人，占船舶油污量的70%左右；后者称事故性排放损害，往往一次事故即造成巨大海洋污染，如1967年"托利·堪庸"号事件、1989年"埃克森·瓦德兹"号事件。出于对船舶油污事件严重性的深刻体认、对海洋环境保护的优位考虑以及出于对船舶油污受害者的法律保护与救济，船舶油污损害赔偿公约在择选归责原则时，无一例外地采用了无过错责任原则。在传统海商法中，无过错责任原则可以说没有任何法律地位，船东利益往往受到更多的关怀，甚至长期存在牺牲货主利益成全船东利益的航海过失免责规定，至今不可撼动。随着权利本位的立法模式向社会本位的立法模式的过渡②，在社会公共利益高于私权利益观念的影响下，无过错责任原则得以逐渐确立。与传统海商法中的过错责任原则、航海过失免责原则相比，无过错责任原则注重的是社会公共利益，而把船东利益放在了相对次要的位置。很显然，在船舶油污损害赔偿法律机制中，社会利益或者说海洋环境利益远远高于船东利益，只有优位保护海洋环境，才能实现全社会经济的可持续发展，否则船东利益也将不保。换言之，无过错责任原则是社会发展的必然选择。

(三) 相对充分、完全赔偿的原则

无过错之油污受害人完全是无辜的，从应然的层面上讲，法律必须使其获得足够、充分、完全的赔偿。但从实然性上分析，情况并非总是如此。船舶油污造成的损害是多方面的，"有有形的，也有无形的；有物质的，也有

---

① 参见司玉琢主编《国际海事立法趋势及对策研究》，法律出版社2002年版，第220页。

② 以权利为本位的民事立法，倡导契约自由、所有权绝对、过失责任三大原则，其根本特征在于极端尊重个人自由。以社会为本位的民事立法，则更重视社会公共福利，强调对契约自由的限制，所有权绝对原则的限制，对于高度危险、产品责任、公害责任等实行无过错责任原则。参见梁慧星《民法总论》，法律出版社1996年版，第36－37页。

精神的；有直接的，也有间接的；有近期（现实）的，也有远期（潜在）的"①，对这些不同类别的损害都应该获得赔偿，但因科技水平的限制和人的认识能力的非至上性和局限性，对于无形的、精神的、间接的、远期（潜在）的损害究竟包括哪些范围，尚需在实践中不断地深化认识，故现阶段公约所认可的只能是一种相对充分、完全的赔偿。船舶油污损害所赔偿的数额在各种损害赔偿中是最高的，其目的是尽可能给予受害人足够赔偿。普通民法上的损害赔偿法要求致害人的赔偿应是恢复到损害前的原状或原利益状态，即致害人应进行完全赔偿。但众所周知，油污损害一般都极其严重，一次油污事件造成的损害可能动辄上亿美元乃至几十亿美元，有些损害甚至是不可逆转和恢复的，让致害人（往往是船公司）完全赔偿，则可能使其破产，从而阻滞国际航运业发展。因此，在一些情况下，货主或者受害人也应承担一些损害后果，即绝对的完全赔偿有时是不可能的，故船舶油污公约所确立的都仅仅是相对充分、完全赔偿的原则。船东和国际油污基金在油污损害赔偿中享有免责权利，当受害人的损害属免责范围时，该损害就要由受害者自己承担，这既是相对充分、完全赔偿原则的体现，同时也可以说，相对充分、完全赔偿的原则是对无过错责任原则在一定意义上的修正，即法律对各方主体都予以关怀，并进而追求一种实质意义上的相对公正。

（四）船东责任限制与货主分担责任原则

油污损害范围广、危害大、影响远，致害人进行赔偿是完全应该的，且赔偿的范围和程度本应充分和完全。但是，赔偿责任的加重，可能使一个大型的船公司因为一次油污事件而破产，更不用说小船公司、单船公司了，这会导致船东为了避免油污责任而不从事石油运输，而这又为社会经济的发展所不允。显然，在处理油污责任事故时，既要优先考虑受害人的利益，因为这是法律救济受害人之固有功能，但也要充分顾及航运业的发展，因为倘若航运业衰败，受害人利益也必将无从得以保障。所以，对船东的赔偿责任予以限制，超出一定范围的损害应允许船东免于赔偿，以使船东能积极投资航运业、提升技术预防油污发生。此乃船东责任限制原则的法理基础、立法初衷和应有内涵。

船东责任限制后，有可能导致受害人的损害不能得以完全赔偿，即尽管有严格责任原则和强制保险或其他财务保证制度，但仍然"不能在所有情况

---

① 司玉琢主编：《国际海事立法趋势及对策研究》，法律出版社2002年版，第229页。

下对受害者给予充分的保护"①，特别是难以保证大规模油污事件的受害者能得到足够的赔偿，这明显与相对充分、完全赔偿原则相抵触。如何弥补这一缺陷？即如何既能使受害人得到相对充分、完全的赔偿，又能使船东不因为赔偿的巨大负担而影响航运业的正常发展？从海商法来看，由货主与船东共同分担海上风险的制度比比皆是，如共同海损制度、航海过失免责制度、单位赔偿限额制度等。在海上石油运输中，倘若顺利完成运输任务，船东仅赚取数额极少的运费，石油贸易中的巨额利润则都归于货主；而一旦发生海上事故，造成油污事件，按照普通民事责任理论，货主不但不用承担侵权责任，反而还可能因货物受损而享有对承运人的索赔权。显然，将海上石油运输的受益人货主排除在承担赔偿责任的主体之外，这一做法尽管符合传统民事责任的归责原则，但也会导致实质上的不公平，因而有必要参照海商法货主分担责任的制度，由海上石油运输的货主分摊部分损失，于是就有了货主分担责任原则。该原则主要表现在：由货主依石油运输量大小摊款，以建立国际油污损害赔偿基金，该基金赔偿油污损害中船东不承担或无力承担赔偿责任的损害和超过船东赔偿责任限额的损害，目的是使受害人获得尽可能充分、完全的赔偿。在这里，货主分担责任，并不是指由发生海事船舶的货主承担责任，而是将这种责任分摊到参加《基金公约》的国家的有关石油进口商身上，它并非赔偿责任，而仅是一种基金责任。这种基金责任只考虑货主在石油运输中的受惠程度，不考虑过错问题，这与船东承担的无过错责任原则有某种相似，从而较好地衡平了船东与货主的利益。

三、建立我国船舶油污损害赔偿法律机制的具体内容

由《CLC 公约》与《基金公约》共同构建的国际船舶油污损害赔偿法律机制，经实践检验证明是可行的，该机制随着时间的推移正在不断地发展和完善。我国要另起炉灶，建立一套与之完全不同的赔偿机制，在实践中可能是根本行不通的，因为且不说人类法律文化具有天然的可继承性和可借鉴性，而仅仅考虑到我国是《CLC 公约》的成员国这一点，也就足以规定我们必须参照该机制来建立我国的船舶油污损害赔偿法律机制。为此，在比较的基础上讨论如何建立我国船舶油污损害赔偿法律机制，在方法论上讲是可行的和必需的。

（一）赔偿主体

《CLC 公约》规定的赔偿主体为船舶所有人，即把油污事件发生时的船

---

① 见 1969 年《关于建立国际油污损害赔偿基金的决议》。

舶所有人和如果油污事件包括一系列事故、则在此种事故第一次发生时的船舶所有人作为赔偿主体，由其对事件引起的油类溢出或排放所造成的污染损害负责。① 当发生涉及两艘以上船舶的事故并造成污染损害时，所有有关船舶的所有人应对所有无法合理分开的此种损害负连带责任。② 而船舶所有人是指登记为船舶所有人的人，倘无此登记，则是指拥有该船的人；若船为国家所有，而由在该国登记为船舶经营人的公司所经营，则该公司即为船舶所有人。③ 缔约国的受害人都可要求该所有人依公约承担责任，而不论其是否属缔约国。船舶所有人是公约规定的唯一索赔对象，这可以避免多重诉讼和重复保险，但也意味着租船（包括光租、期租、程租）人不是赔偿主体，不承担赔偿责任。《CLC 1992 公约》甚至明确规定，受害人不得向船舶的任何租赁人（不论如何定义，包括光船租赁人）、管理人或经营人提出污染损害赔偿要求。④ 无疑，该规定极大地增加了船东责任，船舶光租时更是如此；另外，对受害人来说，要找准公约所规定的船舶所有人进行索赔，有时有相当难度，因而《CLC 公约》规定的赔偿主体太过窄小了，有诸多不合理之处。在这方面，2001 年《国际燃油污染损害民事责任公约》（以下简称《燃油污染公约》）的规定是一个进步，该公约所指的船舶所有人包括了登记所有人、光船承租人、船舶经理人和经营人⑤，这种赔偿主体的多元化，从诉讼程序的层面上解决了受害人索赔难的问题，符合确保受害人利益之立法初衷。

我国在建立船舶油污损害赔偿法律机制时，对赔偿主体可在借鉴上述国际公约成功经验的基础上作如下规定：船舶所有人（包括登记所有人和未办理登记的船舶拥有人）、光船承租人、船舶经理人和经营人是承担船舶油污损害赔偿的法定主体。对该主体应采取无过错责任原则归责，即只要发生了油污事件并造成损害后果，且两者之间有法律上的因果关系，责任人即应承担赔偿责任，而不论其主观上是否存有过错。航次租船人、期租船人并不直接经营、管理船舶，不得列为赔偿主体承担赔偿责任；另外，船长、船员、引航员等雇佣人员即使有过错，因其不具有赔偿能力，所以也不宜作为赔偿

---

① 见《CLC 公约》第 3 条第 1 款。
② 见《CLC 1992 公约》第 5 条。
③ 见《CLC 公约》第 1 条 3 款。
④ 见《CLC 1992 公约》第 4 条第 2 款。
⑤ 见 2001 年《燃油污染公约》第 1 条 3 款。另外，美国《1990 年油污法》所指的责任方为拥有、经营或光船租赁该船的任何人。

主体要求其承担赔偿责任。肇事船舶的货主实际上是油污事件的受害人，显然不能将其定为赔偿主体；至于建立船舶油污损害赔偿基金时需由石油进口商摊款的问题，则是分摊风险的制度，与赔偿主体的确立没有关系。

（二）赔偿范围

《CLC公约》适用于为运输散装油类而建造或改建的船舶，前提条件是必须实际运输散装油类货物，或存有此种散装油类货物的残余物；未运输过散装油类物以及经证明没有散装油类残余物的油轮，则不适用《CLC公约》。油类物是指作为货物运输的或作为油轮燃料使用的任何持久性烃类矿物油，如原油、燃料油、重柴油和润滑油[①]。非油轮的燃油泄漏造成污染，不适用《CLC公约》，这不能不说是该公约的一大缺憾，2001年《燃油污染公约》专门就船舶燃油污染赔偿问题作出规定，从而有效地弥补了这一法律空白。

《CLC 1992公约》规定的赔偿范围有两类：（1）油类从船上的溢出或排放引起的污染在该船之外所造成的灭失或损害，不论此种溢出或排放发生于何处；但是，对环境损害（不包括此种损害的利润损失）的赔偿，应限于已实际采取或将要采取的合理恢复措施的费用。（2）预防措施的费用及预防措施造成的新的灭失或损害。[②]

在理赔实践中，对于油污事件造成的有形财产损失，包括清除污染的费用进行赔偿，已基本达成共识，受害人都可以获得赔偿。但对油污事件中的纯经济损失是否赔偿、赔偿的范围多宽则争议较大。英美法系国家认为，纯经济损失是一种"不是伴随着物质损害的经济损失"，大陆法系国家则不认为是独立的一类损失[③]。《CLC 1992公约》已明确环境损害的利润损失应获赔偿，其实质是认可对纯经济损失予以部分赔偿。1994年国际海事委员会（Comité Maritime International，CMI）《油污损害赔偿指南》规定，纯经济损失是指"请求人因财产的此种有形灭失或损害以外的原因而遭受的资金损失"[④]，比较典型的纯经济损失有渔民因油污而遭受的损失，鱼类加工商的损失，旅馆、饭店、商店、海滨设施因旅游业的下降而受到的损失，晒盐场的

---

① 见《CLC 1992公约》第2条第1款、第2款。《CLC公约》的油类物还包括了鲸油。但无论如何，非持久性的油类物如汽油、豆油等，一直都未列入《CLC公约》油类物之内。

② 见《CLC 1992公约》第2条第3款。

③ 参见郭杰《论油污损害中的纯经济损失》，载《中国海商法年刊》（1994）第5卷，大连海事大学出版社1995年版，第251页。

④ 见CMI《油污损害赔偿指南》第3条第3款。与纯经济损失对应的概念是相继经济损失，即请求人因油类污染造成财产有形灭失或损害而遭受的资金损失。

损失等，但公共当局的税收及类似收入的损失①、非商业性利用环境的损失（如游客因油污而导致精神上的不愉悦）不在此列。《CLC 1992 公约》认可了对环境损害的赔偿，但又将其限制在仅对可恢复的环境损害进行赔偿，对不可恢复的环境损害，即纯粹的环境损害或者说对环境价值的减损不予赔偿。这一规定的长处是避免将赔偿范围扩大化，在有限的赔偿限额范围内使真正的受害人获得赔偿。但随着环境权意识的加强，要求对不可恢复的环境损害也须赔偿的呼声越来越高，有的国家在审判实践中已认可了对纯环境损害的赔偿②。

赔偿范围的宽窄，是船舶油污损害赔偿法律机制的主要内容，亦是致害人、受害人极为关注的问题，因为在已经明确了责任的前提下，法律所规定的赔偿范围直接关系到各有关方的切身利益。我国可根据国际法律的发展以及经济发展的现状，规定油轮和非油轮的油污事件造成的损害均应予以赔偿，即把非油轮的燃油排放或泄漏导致的污染事件纳入赔偿范围。具体说来，赔偿范围应包括以下五类。

第一，油污事件造成的有形财产灭失或损害而遭受的资金损失，即 CMI《油污损害赔偿指南》所规定的相继经济损失。

第二，清除污染的费用。我国因清污设备匮乏、清污能力低弱，油污事件发生后往往靠人海战术控制污染的扩大，效果不好，相应地清污费用也不高，故当外轮造成我国海域的油污损害时，这方面获得的赔偿很少③，而国轮造成的油污损害往往是由行政部门罚款了之，更无所谓清污费用的赔偿。所以，我国应加强清污方面的投入，以便在遭遇油污后能获得较好的清污效果，以保护我国的海洋环境，另外也可相应地获取较高的油污损害赔偿。

第三，纯经济损失。该类损失须是由污染本身所引起，且污染与损失之间存在合理程度的近因，如受害人的活动与污染区之间的地理距离较近、经济生活上较大程度依赖于受损的自然资源、业务活动在污染区的经济活动中占较大比重等④，纯经济损失的范围可限制为：捕捞业、水产养殖业、海产

---

① 美国《1990 年油污法》已将政府或公共事务管理机关的税收、租金等损失纳入纯经济损失的索赔范围。

② 美国、法国、意大利主张对环境损害的非金钱损失予以赔偿。参见《关于国际污染损害研讨会和海洋环境损害法律评定标准讨论会的情况报告》，载《中国海商法年刊》（1992）第 3 卷，大连海事大学出版社 1993 年版，第 467 页。但 CMI《油污损害赔偿指南》并不包括对纯粹环境损害的赔偿。

③ 自国际油污基金成立以来，清污费一直是获赔最多的项目，约占赔偿总额的 80.2%。参见司玉琢主编：《国际海事立法趋势及对策研究》，法律出版社 2002 年版，第 238 页。

④ 见 CMI《油污损害赔偿指南》第 6 条第 1 款、第 2 款。

品加工业、晒盐业、海滨旅游服务业。至于政府税收、管理费等因污染而受到的影响，则暂不列入纯经济损失范围。

第四，对环境损害已实际采取或将要采取的合理恢复措施的费用支出。考虑到我国的经济实力，对不可恢复的环境损害，以不列入赔偿范围为妥，但可将新开发替代环境的费用列入赔偿范围。

第五，预防措施的费用及预防措施造成的新的灭失或损害。在这方面的要求应该是，只要在采取预防措施的当时情况来看是合理的，即使客观上未取得效果，所花的费用也应予以赔偿。

（三）强制保险

为确保受害人能获得及时、足够赔偿，《CLC 公约》规定了对船舶所有人的强制保险制度，即在缔约国登记的载运 2,000 吨以上散装油类货物的船舶所有人必须进行保险或取得其他财务保证[①]，以便按公约规定承担其对油污损害应负的责任。此强制保险可以是银行的保证、国际赔偿基金出具的证书、保险公司的保单等，缔约国应对每一船舶签发一份证书，证明该船按规定进行的保险或取得的其他财务保证有效。强制保险之目的是让受害人获得有效赔偿，因而有必要建立强制保险下的直接诉讼制度，即对油污损害的任何索赔，除向船舶所有人提出外，都可以向承担船舶所有人油污损害责任的保险人或提供财务保证的其他人直接提出。在直接诉讼中，保险人或财务保证人有权援引船舶所有人根据公约所能提出的所有抗辩，并有权援用船舶所有人的免责规定和责任限额规定，且享受责任限额的权利不因船舶所有人的过错而丧失。在任何情况下，保险人或财务保证人均有权要求船舶所有人参加诉讼。[②]

根据所加入的《CLC 公约》，我国已要求载运 2,000 吨以上散装油类货物的船舶所有人必须进行保险或取得其他财务保证，对此类船舶按公约规定执行即可，无必要也不可能另作不同的规定。此外，鉴于沿海船舶油污事件多由小型船舶引起，而这类船舶的赔偿能力最低，因此可规定 200 总吨以上的船舶（包括油轮和非油轮）必须进行油污责任强制保险，以确保受害人能获得赔偿。

（四）油污损害赔偿基金

强制保险并非在任何情况下都能对受害者提供充分保护和完全赔偿，为

---

① 见《CLC 公约》第 7 条第 1 款。
② 见《CLC 公约》第 7 条第 8 款。

弥补可能的赔偿不足，国际社会于 1971 年签订了作为对《CLC 公约》补充的《基金公约》，并依《基金公约》设立了国际油污损害赔偿基金。该基金是一个政府间的国际组织，总部设在英国伦敦，各缔约国均认可其法人资格，并可以在缔约国法院进行诉讼。赔偿基金由各缔约国国内年进口石油超过 15 万吨的石油公司缴纳的摊款作为资金来源。对于任何遭受油污损害的人，由于下列原因不能依《CLC 公约》得到损害的全部和足够赔偿时，由该基金给予赔偿：（1）按照《CLC 公约》船东不承担损害赔偿责任；（2）承担损害赔偿责任的船东无力承担赔偿责任，且强制保险的保险人或财务保证人不能或不足以满足损害赔偿要求；（3）油污所造成的损害超过了船东的责任限额。① 很明显，国际油污损害赔偿基金的目的，是对受害者进行尽可能充分的赔偿，而并非像船舶所有人那样极力去逃避赔偿责任。

我国石油及其制品的进口量逐年增加，现已成为仅次于美国、日本的第三大石油进口国②，但因我国未加入《基金公约》，所以石油进口商并不分摊船舶油污损害赔偿责任。石油进口商的利润极高，可达每吨 200 元人民币左右③，却不承担任何的油污责任，这显然是不公平的，这也是我国船舶油污损害赔偿偏低的原因之一。所以，建立我国自己的油污损害赔偿基金已成当务之急。我国可参照国际油污基金及美国的做法，要求年进口石油及其制品 10 万吨以上的进口商每吨摊款人民币 0.5 元，直到所收摊款额达到 50 亿元人民币时停止摊款。国家油污基金的赔偿范围可参照《基金公约》予以规定，即赔偿船东依法不承担责任的油污损害、赔偿船东无力承担的油污损害、赔偿超过船东责任限额的油污损害、赔偿污染来源不明的油污损害等，其目的是使油污受害人获得尽可能充分、完全的赔偿。

（五）赔偿责任限制与免责

对受害人进行赔偿是必须的，且这种赔偿应尽可能地充分、足够、完全，而保护航运业发展、保护石油进口商利益同样不可忽视，因为航运业的衰败和石油进口商的不利益，可能会导致世界经济的负面反应，长此以往，油污事件受害人的利益也会受到影响。因而作为一种衡平的考虑，对船东及国际油污损害赔偿基金的赔偿责任应限制在一定范围以内，而不能是无限的赔偿责任。《CLC 公约》规定船舶所有人对任何一个事件的赔偿责任总额限定为按船舶吨位计算每吨 2,000 法郎，但最高不超过 2 亿 1 千万法郎（合 1,400

---

① 见《基金公约》第 4 条第 1 款。
② 陈辉等：《千吨油污倾向深圳海域》，载《羊城晚报》2002 年 8 月 2 日。
③ 参见司玉琢主编《国际海事立法趋势及对策研究》，法律出版社 2002 年版，第 245 页。

万 SDR①)。《CLC 1992 公约》规定，不超过 5,000 总吨的船舶，赔偿限额为 300 万 SDR；对超过 5,000 总吨的船舶，每超过 1 吨，增加 420 SDR，但最多不超过 5,970 万 SDR。1971 年《基金公约》规定的最高赔偿限额为 3,000 万 SDR，1992 年基金公约议定书将最高赔偿限额提高到 1.35 亿 SDR。国际海事组织法律委员会于 2000 年 10 月，通过了对 1992 年两个公约的议定书限额的修正案，将赔偿限额提高了 50%，即《CLC 公约》的赔偿限额提高到 8,977 万 SDR，《基金公约》的赔偿限额提高到 3.0074 亿 SDR，该修正案已于 2003 年 11 月 1 日生效。② 不言而喻的是，《CLC 公约》和《基金公约》所规定的赔偿责任限额越来越高，对于一般船舶油污事故而言，按这种限额赔偿实际上已经承担了完全赔偿的责任，甚至已经比较接近于无限责任。换言之，这种极高的赔偿限额仅对特大油污事件才具有限制赔偿责任之意义。

船舶所有人对以下原因造成的油污损害免责：（1）由于战争行为或不可抗力所引起的损害；（2）完全是由于第三者有意造成损害的行为或不为所引起的损害；（3）完全是由于负责灯塔或其他助航设施管理的政府或其他主管当局在履行其职责时的疏忽或其他过错行为所造成的损害。③ 但船东要求免责的，应承担举证责任，证明油污损害是以上三种原因之一所引起。若油污损害完全或部分地是由于受害人有意造成损害的行为或不为所引起，或由于该人的疏忽造成，船东经举证后即可全部或部分地对该人免责，但对其他的受害人不能免责。国际油污损害赔偿基金的免责范围比船东所能享有的免责范围窄，即只对战争行为、军舰、政府公务船造成的油污损害免责，以及受害人有意造成油污损害或因疏忽而造成损害，基金全部或部分地免除对该人的赔偿责任。④ 从免责范围也可看出，国际油污损害赔偿基金的出发点和归宿点在于尽可能地赔偿受害人，而不是尽可能地免责。

为确保海洋环境安全，有必要以法律为手段对船舶所有人等赔偿主体予以应有的威慑，故我国在建立船舶油污损害赔偿法律机制时，有关的责任限制与免责不必另行考虑，而直接适用《CLC 公约》和《基金公约》的规定即可。

---

① 指特别提款权（special drawing right，SDR），亦称"纸黄金"。——编者注
② 参见金正佳主编《中国海事审判年刊·2003》，人民交通出版社 2004 年版，第 697－698 页。需要注意的是，《基金公约》只适用于我国香港特别行政区，其 1992 年议定书的修正案仅对香港特别行政区具有约束力。
③ 见《CLC 公约》第 3 条第 2 款。
④ 见 1971 年《基金公约》第 4 条第 2 款、第 3 款。

航运企业破产引发留置权纠纷的裁判规则*

谭学文

摘要：近年来，航运公司破产事件引发了一系列留置权纠纷案件。此类案件的审理需要综合运用海事海商、物权合同和公司破产等法律制度，妥善平衡留置权人、债务人及留置物所有人之间的权利义务关系。在司法实践中，需要进一步明确航运企业债权人取得留置权的基本规则，尤其是其在留置非债务人所有财产的情形下，以《物权法》第二百三十条①、第二百三十一条②作为相应法律依据。留置权人在航运企业破产程序中，应当谨慎行使留置权的第一次效力与第二次效力，将留置权担保的债权以别除权的形式在破产程序中受偿，遵循留置权的受偿顺序规则，并运用利益衡量方法综合平衡相关利益主体的权益。留置物所有人亦享有提起非法留置相关诉讼的诉权以及对债务人的违约损害赔偿请求权，并就该债权在破产程序中申报和受偿。

关键词：航运企业破产；留置权；别除权；利益衡量。

2016年8月以来，韩进海运破产事件引发了全球范围内的扣船与诉讼风暴，备受世界瞩目。在向法院申请扣押船舶或提起诉讼的同时，港口经营人、非经营性船东、船厂等相关方纷纷实施"自救"，通过留置船舶、集装箱及船载货物以作为债的担保。例如，由于担心韩进海运无法支付港口作业费用，一些港口经营人要求货主在交纳押金或保证金之后方可提货，引起了货主的强烈反对。③留置物的所有权人或合法占有人往往会事后提起非法留置的相关诉讼，主张实施留置的主体侵害其物权。本文以航运企业破产引发的留置权纠纷为视角，探讨债权人取得留置权的基本规则、留置权人在破产程序中的权利行使规则以及留置物所有人的权利救济途径，以求妥善化解留置权纠纷，

---

* 本文原载于《法治论坛》2019年第2期，修订于2024年12月。
① 该条内容已被《中华人民共和国民法典》第四百四十七条"债务人不履行到期债务，债权人可以留置已经合法占有的债务人的动产，并有权就该动产优先受偿。前款规定的债权人为留置权人，占有的动产为留置财产"所取代。——编者注
② 该条内容已被《中华人民共和国民法典》第四百四十八条"债权人留置的动产，应当与债权属于同一法律关系，但是企业之间留置的除外"所取代。——编者注
③ 张文广：《如何应对韩进海运破产保护的冲击》，载《中国海事》2016年第10期。

平衡保护利益相关方的合法权利，维护航运市场秩序和社会繁荣稳定。

一、航运企业破产引发的留置权纠纷的基本要素

在航运企业破产引发的留置权纠纷中，涉及三个基本要素，即留置物、留置权人（债权人）、他人（留置物所有权人或合法占有人）。

第一，留置物。依照《中华人民共和国物权法》（以下简称《物权法》）第二百三十条规定，留置物一般为动产。在海事审判领域，主要为船舶、集装箱和船载货物。船舶作为特殊动产，在其之上的留置权可能成立《中华人民共和国海商法》（以下简称《海商法》）第二十五条所规定的船舶留置权，亦可能成立仅以船舶作为留置物但法律适用无特殊的普通留置权。集装箱和船载货物之上成立普通留置权，并无法律适用上的特殊性。

第二，留置权人。就船舶留置权而言，《海商法》第二十五条第二款将其作为造船人、修船人所享有的专属权利。以船舶为客体的留置权，还包括《海商法》第一百六十一条①规定的承托方对被拖物（船舶）的留置权和《海商法》第一百八十八条第三款②规定的救助方对获救船舶的留置权③，但上述留置权并不适用《海商法》第二十五条规定的特殊顺位规则，因而应归入普通留置权的范畴。以船载货物作为客体的留置权，包括《海商法》所规定的海上货物运输合同下承运人对承运货物的留置权、定期租船合同下出租人对货物的留置权及依据我国《物权法》、《中华人民共和国合同法》（以下简称《合同法》）等成立的普通留置权（如打捞人对沉船沉物的留置权，港口经营人对集装箱货物的留置权等）。在航运企业破产引发的留置权案件中，留置权人通常为破产企业的债权人。

第三，他人。在留置权纠纷中，债务人一般不会提起诉讼，而留置物所有权人（如货主、集装箱租赁公司、非经营性船东）作为真实的物权人多会提出异议，主张返还留置物或请求损害赔偿。留置物的合法占有人如货代企

---

① 该条规定："被拖方未按照约定支付拖航费和其他合理费用的，承托方对被拖物有留置权。"

② 该款规定："未根据救助人的要求对获救的船舶或者其他财产提供满意的担保以前，未经救助方同意，不得将获救的船舶和其他财产从救助作业完成后最初到达的港口或者地点移走。"

③ 有观点认为救助方有权留置被救助方的财产，且在纯救助的情况下，可成立无因管理之债的船舶留置权。参见许俊强《船舶留置权若干法律问题研究》，载《中国海商法年刊》（1999）第10卷，大连海事大学出版社2000年版。亦有学者认为海难救助的救助人对救助款项享有船舶优先权，优先于船舶留置权担保的债权，甚至可能优先于其他船舶优先权担保的海事请求，没有必要将救助人对获救船舶的控制权归类到以船舶为客体的留置权。参见李海《船舶物权之研究》，法律出版社2002年版，第217页。

业亦可能依据《物权法》第二百四十五条①关于占有保护的规定请求无权占有人返还留置物。

二、航运企业债权人取得留置权的基本规则

在航运企业破产引发的留置权纠纷中,核心问题是留置权的取得是否具有合法性与正当性。船舶留置权与普通留置权在权利主体、适用法律、受偿顺序等方面存在不同,其留置权的取得规则也应分别阐述。

(一) 船舶留置权的取得

由于海商法并未规定船舶留置权的取得要件,有学者认为,船舶留置权的取得需要满足:造船人或修船人占有船舶、占有船舶的依据是造船合同或修船合同、占有的船舶须为"合同另一方"交付的船舶、债权与所留置的船舶有牵连关系(或基于同一法律关系产生)、造船费用或修船费用已届清偿期等积极要件,以及当事人之间没有不得留置的约定等消极要件。② 在海事司法实践中,通常认为造船、修船合同属于承揽合同,船厂作为承揽人,可以享有对在建或在修船舶的留置权。在建船舶已满足"已安放龙骨或处于相类似建造阶段的",其作为一种独立物,可成为船舶留置权的客体。在安放龙骨之前,船厂所占有的材料、机器、设备等作为集合物的形式存在,除当事人另有约定外,委托建造人未向船厂支付报酬或者材料费等价款的,船厂可依据《合同法》第二百六十四条③规定对完成的工作成果享有留置权。

值得注意的是,在建船舶的所有权归属关系到船舶留置权的行使是否恰当。一般情形下,船厂在完成船舶建造时,基于建造这一事实行为原始取得船舶所有权,委托建造人在船舶交付后取得船舶所有权。因此,在无相反约定的情况下,船厂在交付船舶之前,其享有船舶的所有权,此时并不存在船舶留置权的取得与行使问题。若该船舶被航运企业的债权人所扣押,在航运企业的破产程序中船厂还享有取回权,该船舶不属于破产财产的范畴。但是,如果船厂与委托建造人在合同中对在建船舶的归属另有约定(尤其是约定分期付款到一定数额或比率时,船舶所有权发生转移),则应当尊重当事人的

---

① 该条内容已被《中华人民共和国民法典》第四百六十二条"占有的不动产或者动产被侵占的,占有人有权请求返还原物;对妨害占有的行为,占有人有权请求排除妨害或者消除危险;因侵占或者妨害造成损害的,占有人有权依法请求损害赔偿。占有人返还原物的请求权,自侵占发生之日起一年内未行使的,该请求权消灭"所取代。——编者注

② 司玉琢:《海商法专论》,中国人民大学出版社2010年版,第43页。

③ 该条内容已被《中华人民共和国民法典》第七百八十三条"定作人未向承揽人支付报酬或者材料费等价款的,承揽人对完成的工作成果享有留置权或者有权拒绝交付,但是当事人另有约定的除外"所取代。——编者注

约定。因为依照《中华人民共和国民法通则》（以下简称《民法通则》）第七十二条第二款以及参照适用《合同法》第一百三十三条规定，当事人可以约定在一定条件成就时即完成船舶所有权的转让，以突破"动产物权变动自交付时发生转移"这一基本规则。在合同约定的所有权转移条件成就但船舶还未现实交付时，委托建造人拖欠造船款的，船厂可以行使船舶留置权。

（二）普通留置权的取得

如前所述，普通留置权的客体可能是船舶、集装箱及船载货物。普通留置权的取得多适用《物权法》、《中华人民共和国担保法》（以下简称《担保法》）、《合同法》、《民法通则》及其司法解释等法律规定。在航运公司破产引发的留置权纠纷中，争议较大的问题是承运人、港口经营人、无船承运人、非经营性船东如光租或融资租赁合同下的出租人能否留置船载货物。

《物权法》第二百三十条中的"债务人的动产"是否包括其合法占有的动产？承运人能否对非托运人所有的货物行使留置权？港口经营人能否对集装箱货物行使留置权？长期以来，这些问题一直困扰着海事司法界。1994年4月，最高人民法院在广州召开全国海事法院研究室主任会议。该会议指出根据《海商法》第八十七条的规定，承运人能够留置的只能是直接债务人所有的财产，不能向法院申请扣押第三人的货物。① 1995年颁布施行的《担保法》第八十二条将留置权的客体表述为"债务人的动产"。1999年通过的《合同法》第三百一十五条又规定：如果托运人没有按合同约定向承运人支付有关运费、保管费以及其他运输费用的，承运人可以对相应的运输货物进行留置。2001年7月发布的《全国海事法院院长座谈会纪要》对这个问题统一了认识：在沿海内河的货物运输中，托运人不支付运费、保管费或者其他运输费用的，承运人可以留置相应的运输货物；但在国际港口之间的海上货物运输中，按照《海商法》的有关规定，在合理的限度内承运人可以留置债务人所有的货物。但2007年颁布的《物权法》又令人对这一问题的认识更加模糊了。《物权法》第二百三十条规定："债务人不履行到期债务，债权人可以留置已经合法占有的债务人的动产，并有权就该动产优先受偿。前款规定的债权人为留置权人，占有的动产为留置财产。"② 该条中的"债务人的动

---

① 陈敬根、刘忠：《有关海上承运人货物留置权的三次大辩论及其反思》，载《2007年海商法国际研讨会论文集》2007年，第23页。

② 该条内容已被《中华人民共和国民法典》第四百四十七条"债务人不履行到期债务，债权人可以留置已经合法占有的债务人的动产，并有权就该动产优先受偿。前款规定的债权人为留置权人，占有的动产为留置财产"所取代。——编者注

产"是否包括债务人合法占有的动产,司法实践中存在不同意见。为统一意见,最高人民法院民事审判第四庭于2010年就这一问题作出批复①,批复认为《物权法》第二百三十条第一款规定的"债务人的动产"包括债务人合法占有的动产。

债权人留置第三人所有货物的法律依据在哪?除《物权法》第二百三十条外,何者得为裁判依据?司法实践中,有观点认为:集装箱货物在货物所有权与占有状态相分离的情形下,他人依据动产占有事实推定其所有权状态而产生的合理信赖,应受法律保护。第三人依照《物权法》第一百零六条②的规定,可以善意取得处于承运人掌控下的集装箱货物的留置权。③ 这是因为动产物权以占有作为权利享有的公示方式,依据港口作业的行业惯例及交易习惯,港口经营人并不负有审查集装箱内货物所有权真实状态的义务。《物权法》第一百零六条虽规定了善意取得的三个构成要件,但是内容仍较为笼统,难以指导司法实践。

2016年颁布施行的《最高人民法院关于适用〈中华人民共和国物权法〉若干问题的解释(一)》对善意取得的主、客观要件等作了详细规定,进一步明确了善意的认定标准及判断时点、合理价格的认定、适用善意取得的例外情况等司法裁量基准。就港口经营人而言,其作为航运市场上的交易主体,对集装箱内货物占有与所有相分离的状况应有一定程度的认知。因为集装箱班轮运输的承运人所承运的货物多不是其所有的货物,此系航运市场上的一般情况与交易模式。在此背景下,认为港口经营人满足留置权善意取得的"不知无处分权且无重大过失"、以合理价格受让等要件显得较为牵强。此时,能否直接适用《担保法》第八十二条和《最高人民法院关于适用〈中华人民共和国担保法〉若干问题的解释》(以下简称《担保法司法解释》)第一百零八条④?答案是否定的。因为依照《物权法》第一百七十八条的规定,

---

① 参见最高人民法院(2010)民四他字第10号批复。该批复为电话批复。

② 该条内容已被《中华人民共和国民法典》第三百一十一条"无处分权人将不动产或者动产转让给受让人的,所有权人有权追回;除法律另有规定外,符合下列情形的,受让人取得该不动产或者动产的所有权:(一)受让人受让该不动产或者动产时是善意;(二)以合理的价格转让;(三)转让的不动产或者动产依照法律规定应当登记的已经登记,不需要登记的已经交付给受让人。受让人依据前款规定取得不动产或者动产的所有权的,原所有权人有权向无处分权人请求损害赔偿。当事人善意取得其他物权的,参照适用前两款规定"所取代。——编者注

③ 参见广东省高级人民法院(2016)粤民终316号民事判决书。

④ 该条规定:"债权人合法占有债务人交付的动产时,不知债务人无处分该动产的权利,债权人可以按照担保法第八十二条的规定行使留置权。"

《担保法》与《物权法》规定不一致的，适用《物权法》。在《物权法》及其司法解释对留置权的善意取得有相应规定时，不宜直接适用《担保法司法解释》的相关规定。

在检索《物权法》关于留置权的全部条文后，就会发现该法第二百三十一条①关于商事留置权的规定能较好地解释港口经营人取得集装箱货物留置权的法律依据。商事留置权是商事主体在双方商事行为的场合下，债权人为实现其债权，留置债务人所有物或有价证券的权利。②《物权法》要求留置权的取得需满足动产与债权属于同一法律关系这一基本条件。传统民法理论认为，民事留置权的行使需要债权人占有的动产与债权的发生存在牵连关系。"牵连关系"的含义较"同一法律关系"要广，包括债权因该动产本身而生（包括对动产所生的费用偿还请求权和损害赔偿请求权）、债权与该动产的返还义务基于同一法律关系而生、债权与该动产的返还义务基于同一事实关系而生等三种情形。③ 商事留置权的行使不需要满足"同一法律关系"要件，但还需不需要其与债权人占有的动产有关联呢？法律对此并无明文规定，实务中对商事留置权的取得要件把握得很宽松，基本上不受限制。这主要是因为企业相互间的交易频繁，如果必须证明每次交易所发生的债权与所占有的标的物属于同一法律关系，不仅繁琐，而且有时困难，从加强商业信用、确保交易便捷和安全的立场出发，在企业之间的留置权领域，适当放宽些要求，具有积极意义。④

因此，在债权人留置第三人所有的货物的情形下，该债权人取得留置权的法律依据是《物权法》第二百三十一条所规定的商事留置。作为一个不完全法条⑤，该条文不能单独适用，而应与《物权法》第二百三十条一起作为认定债权人取得债务人合法占有的第三人财产的法律依据。承运人或港口经营人在非法留置货物的损害赔偿诉讼中，也应将《物权法》第二百三十条及第二百三十一条一起作为其抗辩权基础规范。

---

① 该条内容已被《中华人民共和国民法典》第四百四十八条"债权人留置的动产，应当与债权属于同一法律关系，但是企业之间留置的除外"所取代。——编者注

② 最高人民法院物权法研究小组编著：《〈中华人民共和国物权法〉条文理解与适用》，人民法院出版社2007年版，第678页。

③ 梁慧星、陈华彬：《物权法》，法律出版社2007年版，第373页。

④ 崔建远：《物权法》，中国人民大学出版社2014年版，第590页。

⑤ 不完全法条是指只有与其他法条相结合，才能创设法效果的法条，包括说明性法条、限制性法条、指示参照性法条、法定拟制等。参见［德］卡尔·拉伦茨《法学方法论》，陈爱娥译，商务印书馆2003年版，第137－144页。

三、留置权人在航运企业破产程序中的行使规则

航运企业破产案件除涉及破产法、公司法等商事法律制度外,还涉及较为复杂特殊的海事法律制度及海事诉讼特别程序。海上运输的风险性、船舶的流动性、海事诉讼的涉外性等特点,使海事法律与破产法律之间的冲突难以避免。而两者之间价值倾向的差异(前者侧重保护特定海事请求权人和船舶物权人的合法权益,后者侧重保障所有破产债权人都能通过破产程序获得公平清偿)成为跨境海事破产案件中海事程序与破产程序之间冲突产生的根源之一。① 目前,学界普遍关注到船舶优先权、船舶扣押、海事赔偿责任限制等制度与破产法律制度之间的差异。其实,在航运企业破产引发的留置权纠纷中,留置权的实现与破产程序之间也存在千丝万缕的联系。一方面,海事案件专门管辖与破产案件集中管辖之间存在矛盾冲突;另一方面,《海商法》中的船舶留置权与普通留置权的实现路径、受偿顺位与法益考量不尽相同,这导致如何协调两者之间的关系及其与优先权、别除权和破产债权之间的关系也值得深入研究。

(一)留置权的第一次效力与海事诉讼保全

留置权的第一次效力,是指留置权人留置与被担保债权属于同一法律关系中的他人动产的效力,该效力以债务人不履行到期债务致使被担保债权未获清偿为发生条件。② 第一次效力的本质是留置权人在其债权到期未受清偿前有继续占有留置物的权利。该权利可对抗留置物所有人的物权返还请求权,亦可对抗一般债务人的占有返还请求权。但留置权人一般并不享有使用、收益和处分留置物的权利。③

实现船舶留置权的第一次效力,造船人、修船人可自行留置船舶,通常不向法院申请扣押船舶。因为船厂一般具有相应的船坞或泊位供船舶停靠,且有技术人员能够负责船舶看管,自行留置船舶较为可行。但在有些情况下,船厂若缺乏足够的看管人员、不愿垫付看管费用或者担心船舶被其他债权人扣押等,也可能申请法院对船舶先行扣押。在一段时间里,船舶扣押后船舶

---

① 勾阳阳:《跨境海事破产案件中的管辖权冲突及对策研究》,大连海事大学硕士学位论文,2016年,第10页。
② 崔建远:《物权法》,中国人民大学出版社2014年版,第596页。
③ 留置权人仍享有收取留置物所生孳息的权利,但不归其所有。留置权人亦享有留置物保管上的必要使用权,如偶尔运转船舶主机防止生锈,但不得超过保管的必要使用范围。参见梁慧星、陈华彬《物权法》,法律出版社2007年版,第377页。

留置权是否消灭属于海商法学界研究和谈论的疑难问题。① 依据《最高人民法院关于人民法院执行工作若干问题的规定（试行）》第40条规定，执行程序中，担保物权的优先受偿效力不因法院的查封、扣押措施而消灭。2015年颁布施行的《最高人民法院关于适用〈中华人民共和国民事诉讼法〉的解释》（以下简称《民诉法司法解释》）第一百五十四条第二款规定："查封、扣押、冻结担保物权人占有的担保财产，一般由担保物权人保管；由人民法院保管的，质权、留置权不因采取保全措施而消灭。"《民诉法司法解释》第一百五十七条规定："人民法院对抵押物、质押物、留置物可以采取财产保全措施，但不影响抵押权人、质权人、留置权人的优先受偿权。"《民诉法司法解释》既规定了保全程序中留置权人仍享有优先受偿权，又明确指出了留置权不因保全措施而消灭，可以进一步打消留置权人的疑虑，通过放弃自行留置动产，而转由申请法院采取相应的保全措施。就实现普通留置权的第一次效力而言，留置权人留置集装箱及船载货物的情形也多存在于港口经营人、承运人等有条件保管留置物的主体。针对鲜活易腐等不易保管的动产，留置权人应立即折价、拍卖、变卖该动产以实现留置权的第二次效力。除此之外，留置权人亦可向人民法院申请保全留置物，以避免自行保管留置物的风险。

在破产程序中，留置权的第一次效力是否受到限制？《中华人民共和国企业破产法》（以下简称《企业破产法》）第七十五条规定，重整期间，对债务人的特定财产享有的担保权暂停行使；但是，担保物有损坏或者价值明显减少的可能，足以危害担保权人权利的，担保权人可以向人民法院请求恢复行使担保权。在破产清算程序和和解程序中因为法律没有做限制性的规定，所以原则上是不停止担保权行使。依据《企业破产法》，似乎在企业重整期间，留置权人原则上不得行使留置权。但有观点认为，对于留置权而言，移转担保物的占有，将其返还债务人占有将会使担保权的优先权、担保效力等丧失，原则上是不能够停止对担保物权利的行使。② 因为针对留置物而言，债务人已经移转占有，经济上无法使用，如果强行恢复占有，则既不利于债务人财产的增值，又必然会造成对留置权人权利的损害。因此，就留置权人继续占有留置物而言，其第一次效力一般是不受破产程序的限制的。

① 参见许俊强《船舶留置权若干法律问题研究》，载《中国海商法年刊》（1999）第10卷，大连海事大学出版社2000年版；孙光《船舶扣押后的船舶留置权》，载《中国海商法年刊》2009年第4期。
② 王欣新：《企业重整中担保物权的行使与保障》，见网页（http://mp.weixin.qq.com/s/BI-uSAdFLOXAnUhnljT6AGg），访问时间2017年5月30日。该文系作者在2016年11月20日召开的第一届西南破产法论坛上的主题演讲。

但如果留置权人放弃对留置物的继续占有，转而向法院申请海事诉讼保全的话，则其将面临海事诉讼保全与破产程序之间的衔接问题。在海事司法中，一个突出的问题是船舶在扣押中通常会持续产生大量费用（如停泊费、燃油费、人员工资、委托第三方看管费用等），海事法院在解除扣押前能否先行结算该保管费用？宁波海事法院有相应案例认为，该看管费用符合《最高人民法院关于扣押与拍卖船舶适用法律若干问题的规定》（以下简称《扣押与拍卖船舶司法解释》）第七条的规定，应由船舶所有人承担；该费用系国家司法机关以国家强制力管理、处置被执行人财产而产生的费用，并非普通债权，而属于《企业破产法》第四十三条规定的共益债务范畴，应由债务人财产随时清偿。① 这一做法较好地衔接了海事诉讼程序与破产程序，可以作为经验推广。根据《企业破产法》第十九条规定，人民法院受理破产申请后，有关债务人财产的保全措施应当解除，执行程序应当中止。根据最高人民法院关于海事法院管辖和受案范围的两个司法解释，航运企业破产案件不属于海事法院的受案范围。此类案件原则上由地方法院的破产庭集中管辖，但亦可报请指定管辖。② 依据《最高人民法院关于适用〈中华人民共和国海事诉讼特别程序法〉若干问题的解释》第十五条③的规定，破产程序中的船舶扣押也应委托海事法院执行。除船舶以外的动产（集装箱及船载货物）的扣押，破产法院可自行执行。在破产受理后，留置权人可向破产法院申请司法扣押集装箱及船载货物。

（二）留置权的第二次效力与实现担保物权特别程序

所谓留置权的第二次效力，是指自留置效力发生后的一定期间届满债务人仍不履行其债务致使被担保债权未获清偿时，留置权人可将留置物折价或变价并使其债权优先受偿的效力。④ 留置权的实行需要具备一定的时间条件：若留置权人与债务人已约定了债务履行期限的，该期限届满，债务人仍不履行债务的，留置权人可以与债务人协议以留置物折价，也可以就拍卖、变卖留置物所得价款优先受偿；留置权人和债务人没有约定债务履行期限或者约

---

① 参见吴胜顺、丁灵敏《周红斌与钦州市桂钦海运集团有限公司船员劳务合同纠纷执行案》，载《海事司法论坛》2016 年第 3 期。

② 见《最高人民法院关于适用〈中华人民共和国企业破产法〉若干问题的规定（二）》第四十七条。

③ 该条规定："除海事法院及其上级人民法院外，地方人民法院对当事人提出的船舶保全申请应不予受理；地方人民法院为执行生效法律文书需要扣押和拍卖船舶的，应当委托船籍港所在地或者船舶所在地的海事法院执行。"

④ 崔建远：《物权法》，中国人民大学出版社 2014 年版，第 596 页。

定不明确的,债务人拥有自留置效力发生之日起算2个月以上的履行宽限期;若被留置的动产是鲜活易腐等不易保管之物,留置权人可不受前述约定期间及2个月期间的限制。留置权的行使必须满足债务已届清偿期要件,债务履行期限未届满,留置权人不得行使留置权,但可依据法律规定,行使同时履行抗辩权、不安抗辩权等权利。在韩进海运破产引发的连锁反应中,部分码头和服务提供商拒绝韩进海运的船舶进港作业,即是行使抗辩权的体现。

实现留置权的第二次效力,通常需依赖司法程序。就船舶留置权而言,由于海事诉讼中存在船舶优先权催告程序等特殊制度,而船舶优先权又属于法定优先权,其优先于船舶留置权受偿,因此船舶留置权的实现应由法院通过司法拍卖船舶的方式来实现,以避免损害船舶优先权人的利益。因而,要实现被留置船舶的变价,应该有法院的介入,用法院拍卖船舶的方式来实现被留置船舶的变价。① 实践中,留置权人可申请法院依照《中华人民共和国海事诉讼特别程序法》及《扣押与拍卖船舶司法解释》司法拍卖船舶。

就普通留置权而言,实现第二次效力,可运用《中华人民共和国民事诉讼法》(以下简称《民事诉讼法》)规定的实现担保物权案件的特别程序。该程序为《民事诉讼法》于2012年修改时增加的内容,本质上是一种非诉程序。留置权人可向留置物所在地法院提出申请。依据《民诉法司法解释》第三百六十三条的规定,海事法院亦可受理实现担保物权案件。该司法解释第三百六十一条至第三百七十三条明确了实现担保物权案件的具体规定。

破产受理前船舶的扣押与拍卖适用海事诉讼特别程序固然无争议。破产受理前船舶已被扣押但未被拍卖的,依据前述宁波海事法院的做法,在船舶未解除扣押前,仍适用《中华人民共和国海事诉讼特别程序法》第二十九条的规定:船舶扣押期满,未提供担保,且不宜继续扣押的,申请人可以申请拍卖船舶。船舶拍卖后,优先清偿船舶保管费用,其余款项移交破产管理人或破产法院。② 破产受理后船舶的拍卖,破产法院可委托海事法院进行。而集装箱及船载货物的变价,在受理破产之前,可由海事法院通过实现担保物权的特别程序进行;而在受理破产后,由于该类案件并无法律适用和管辖上的特殊性,可由破产法院纳入破产财产,统一处置,留置权人相应向破产管理人或破产法院申报债权。

---

① 司玉琢:《海商法专论》,中国人民大学出版社2010年版,第54页。
② 吴胜顺:《浙江省浙商资产管理有限公司诉浙江庄吉船业有限公司等船舶抵押合同纠纷案评析》,载《海事司法论坛》2016年第1期。

(三) 留置权的效力范围与别除权之行使

依据《物权法》第一百七十三条，留置权的担保范围包括主债权及其利息、违约金、损害赔偿金、保管留置物和实现留置权的费用。留置权的效力及于留置物的从物、孳息和代位物。在破产程序中，留置权担保的债权属于别除权的范畴，属于广义上的破产债权的组成部分。《中华人民共和国破产法》（以下简称《破产法》）第一百零九条规定："对破产人的特定财产享有担保权的权利人，对该特定财产享有优先受偿的权利。"该条中的担保权包括抵押权、质权、留置权三类担保物权及船舶优先权、航空器优先权、建设工程价款优先权等法定特别优先权。在破产申请受理后，依据《破产法》第三十条①规定，留置物纳入债务人财产。

《破产法》第四十六条第二款规定："付利息的债权自破产申请受理时起停止计息。"该利息是否包括留置权所担保的主债权的利息？一般认为该规定也适用于别除权人，别除权之债权在破产申请后产生的利息在破产程序中是不予清偿的。② 这是因为别除权人在破产申请受理后具有优先受偿权，其可以及时行使该权利，一般不会造成较大的利息损失。在重整程序中，别除权人在重整中因延期清偿所受损失应得到公平补偿，就包括应定期向别除权人支付的相应利息。这种补偿性支付是法律对别除权人的特别保护。

留置权人或别除权人在破产程序中是否需要进行债权申报和提起债权确认诉讼？《破产法》第五十六条规定："在人民法院确定的债权申报期限内，债权人未申报债权的，可以在破产财产最后分配前补充申报；但是，此前已进行的分配，不再对其补充分配。为审查和确认补充申报债权的费用，由补充申报人承担。债权人未依照本法规定申报债权的，不得依照本法规定的程序行使权利。"该条文将申报债权的义务归于所有的"债权人"，结合《破产法》第四十九条的规定，别除权人亦具有申报债权的义务，且要"书面说明有无财产担保"。否则，将承担"不得依照《破产法》规定的程序行使权利"的法律后果，别除权人只能退而寻求《物权法》《担保法》等民事法律制度的救济，但其并非完全丧失受偿的权利。

(四) 留置权的受偿顺序与利益衡量

《破产法》第一百零九条与第一百一十三条确立了破产债权受偿顺序的

---

① 该条规定："破产申请受理时属于债务人的全部财产，以及破产申请受理后至破产程序终结前债务人取得的财产，为债务人财产。"

② 王欣新：《破产别除权理论与实务研究》，载《政法论坛（中国政法大学学报）》2007年第1期。

基本规则,即"别除权人优先受偿""破产费用及公益债务优先清偿"和"普通债权平等受偿"。在航运企业破产程序中,留置权所担保的债权处于何种受偿顺位?这涉及《破产法》与《海商法》相关规定之间的衔接问题。这也涉及利益衡量方法论的运用。①

依据《海商法》第二十五条第一款规定,船舶之上担保物权的受偿顺位为:船舶优先权 ＞船舶留置权 ＞船舶抵押权。但该条第二款将船舶留置权限缩解释为造船人、修船人的特定权利,由此产生的疑问是:其他以船舶为客体的留置权是否当然具有优先于船舶抵押权的受偿顺序?《海商法》本身并无明确的法律依据。《物权法》第二百三十九条规定:"同一动产上已设立抵押权或者质权,该动产又被留置的,留置权人优先受偿。"依据该规定,留置权作为法定担保物权,具有优先于意定担保物权的绝对优先地位。有学者从留置权的权利属性、留置权人的注意保管义务、留置权人与抵押权人的利益衡量等角度,认为应将所有以船舶为客体的留置权均置于船舶抵押权之前受偿。② 该主张值得赞同,其有助于厘清船舶留置权与船舶抵押权之间的关系,统一司法适用。而以集装箱、船载货物为客体的留置权并不具有优先于船舶抵押权的优先受偿效力,理由是为了鼓励船舶融资,保证船舶抵押权人的优先受偿地位,不宜在船舶抵押权之前设置过多的担保物权,从而影响抵押权人的权益。③ 因此,航运企业破产程序中担保物权的受偿顺位一般应为:船舶优先权 ＞船舶留置权 ＞船舶抵押权 ＞以集装箱、船载货物等为客体的留置权 ＞一般抵押权 ＞质权。

此外,需要运用利益衡量方法解决的是破产航运企业职工债权的受偿顺位问题。在广州海事法院审理的穗粤船务有限公司、广东蓝海海运公司等破产引发的船员工资案件中,职工债权的受偿问题较为突出。《破产法》第一百一十三条确立了职工债权在破产财产受偿中的相对优先位置,但该顺位依然劣后于别除权。就航运企业而言,其员工有两类:一是船员,其所产生的工资、其他劳动报酬、船员遣返费用和社会保险费用依据《海商法》享有船舶优先权,排在第一位受偿;二是不在船上工作的其他职工,其职工债权后于别除权受偿。然而,航运企业的破产财产在偿付别除权后,尤其是船舶抵

---

① 利益衡量是指法官在审理案件时综合把握案情实质,结合社会环境、经济状况、价值观念等,对双方当事人的利害关系作比较衡量,作出哪方当事人应受倾斜保护的实质判断。参见梁慧星《裁判的方法》,法律出版社2012年版,第261页。
② 李璐玲:《对〈海商法〉中船舶留置权界定的反思》,载《法学》2009年第2期。
③ 司玉琢:《海商法专论》,中国人民大学出版社2010年版,第52页。

押权担保的债权后往往所剩无几，航运企业普通员工的职工债权难以得到有效保护。实践中，法院是通过做金融机构工作，促使其让渡部分利益来解决这一问题的。例如，广州海事法院在穗粤船务有限公司员工工资分配案中，积极协调涉案金融机构，首创在法院监督下，由受偿执行财产金融机构主动设立维稳基金的做法，开创了劳动债权受偿工作新思路。在这种情形下，留置权所担保债权的实质受偿顺位也会受到影响。

四、留置物所有人的权利救济途径

在航运公司破产引发的留置权纠纷中，留置物所有权人通常是货主或集装箱租赁公司的利益往往会遭受损害。在航运企业有破产之虞或刚刚宣告破产时，货主可以选择行使货物控制权，中途停运、变更到达地或回运货物等实现自力救济。其在货物、集装箱被港口经营人等留置时，往往只能被迫向留置权人交纳押金或保证金才能提货或提箱。此时，留置物所有人的权利如何得到保护亦是应当关注的问题。

第一，提起非法留置诉讼的诉权。货主在交纳押金或保证金提货后，往往事后以港口经营人等非法留置货物为由提起诉讼。留置物所有权人即货主是否有权起诉？诉权是民事主体的宪法性权利，是民事主体启动民事诉讼程序的前提和基础。① 因而，留置物所有权人有就留置权纠纷诉请法院裁判的权利。《物权法》第三十七条规定："侵害物权，造成权利人损害的，权利人可以请求损害赔偿，也可以请求承担其他民事责任。"② 货主在货物由被运输合同之外的第三人留置而无法提货，导致其合同权利无法实现之时，其既可凭运输合同向承运人提起违约之诉，也可以物权受到侵害为由对港口经营人等提起侵权之诉。货主以非法留置货物为由、以运输合同之外的港口经营人作为被告提起侵权之诉，其对诉讼权利的行使并未违反法律规定。当然，货主具有诉权并不意味着其当然能胜诉。除上述港口经营人以《物权法》第二百三十一条规定合法取得货物的商事留置权外，货主关于其受到胁迫、要求退还保证金的主张亦难以得到支持。在我国的司法实践中，对胁迫的认定条件较为严格，货主很难举证证明其受到司法判断意义上的胁迫。③ 法院一般会认为货主承诺给付保证金的行为是其真实意思表示，进而对该抗辩不予支持。

---

① 江平：《民事诉讼法学》，北京大学出版社2015年版，第17页。
② 该条内容已被《中华人民共和国民法典》第二百三十八条"侵害物权，造成权利人损害的，权利人可以依法请求损害赔偿，也可以依法请求承担其他民事责任"所取代。——编者注
③ 因受胁迫而实施法律行为，其可撤销性应具备胁迫、因果关系、不法性与故意四项要件。参见朱庆育《民法总论》，北京大学出版社2016年版，第284—287页。

第二，对债务人的违约损害赔偿请求权。留置物所有人亦可能在执行程序中提出执行异议或提起执行异议之诉，但由于案外人即留置物所有人不能或难以提供对执行标的享有足以排除强制执行的民事权益的相关证据，其异议或请求往往难以得到法院的支持，达不到阻却执行的目的。留置物所有人在货物被留置后，较为可行的救济路径是凭基础法律关系向债务人主张违约。例如，货主依据货物运输合同向承运人、集装箱租赁公司依据租赁合同向班轮运输公司、非经营性船东（如船舶融资租赁企业）依据协议向承运人等主张违约责任。依据《合同法》第一百零七条①，守约方可以向违约方主张继续履行、采取补救措施或者赔偿损失等违约责任。结合标的物被第三方留置的实际情况，留置物所有人可以向债务人请求承担赔偿损失、支付违约金等违约责任。

第三，在破产程序中的债权申报与受偿的权利。在标的物被留置，继而被拍卖、变卖或折价时，留置物所有人退而寻求债法保护，可以就留置物的主物、从物及孳息向债务人主张损害赔偿，其对留置物的权利转化成为一般债权。依据《企业破产法》第五十六条规定，在航运企业的破产程序中，留置物所有人应当就该普通破产债权向破产管理人或破产法院进行申报，并依据《企业破产法》第一百一十三条规定参与破产财产的分配与受偿。留置物所有人应在破产程序中积极行使上述权利。

---

① 该条内容已被《中华人民共和国民法典》第五百七十七条"当事人一方不履行合同义务或者履行合同义务不符合约定的，应当承担继续履行、采取补救措施或者赔偿损失等违约责任"所取代。——编者注

海事赔偿责任限制程序问题初探*

倪学伟

摘要：本文首先将海事赔偿责任限制程序定位于海事赔偿责任附属审判程序之中，进而论述了启动该程序的主体及条件、管辖法院以及该程序其他方面的主要问题。责任限制申请人的申请和法院认可该申请的肯定性审查决定两者的结合，将有效地启动该程序。确定责任限制案件的管辖法院对此类案件的处理具有重要意义，在已设立责任限制基金的前提下，将同一事故的所有案件统一到基金设立法院管辖是应予贯彻的特别规定和制度安排。放弃限制性海事赔偿债权与放弃海事赔偿责任限制权是对立统一的，文章提出了正确处理两者关系的见解。在创建我国海事赔偿责任限制程序时，可借鉴英美国家的禁令制度，由设立基金法院发布禁止令，禁止对基金设立人的同一事故的海事请求在其他法院提起诉讼。除船舶油污损害赔偿责任案件外，仅申请责任限制而未设立基金是允许的，但存有能否实现责任限制的相当风险，该风险应由申请人自行承担。

关键词：海事赔偿责任限制程序；海事赔偿责任；海事赔偿责任限制；海事赔偿责任限制基金。

在相对完善的我国海事法律体系中，海事赔偿责任限制程序显然是一个十分边缘化的问题，因为无论在《中华人民共和国海商法》（以下简称《海商法》）抑或在《中华人民共和国海事诉讼特别程序法》（以下简称《海诉法》）中，均无其一席之地，更无缜密周详系统性规定。然而，随着海上侵权、违约等纠纷之争议标的金额越来越巨大，海事赔偿责任限制案件的比例正逐年上升，海事法院已有不少处理此类案件的审判实践[①]。基此缘由，海事赔偿责任限制程序不可再处于边缘位置，它须步入海事法律体系相对中心的位置。为此，笔者愿提出以下陋见，权作"非边缘化运动"引玉之砖。

---

* 本文原载于金正佳主编《中国海事审判年刊·2004》，人民交通出版社2005年版。

① 如广州海事法院处理了"三善创造者"轮海事赔偿责任限制案、"闽燃供2"轮油污损害赔偿责任限制案，见金正佳主编《海商法案例与评析》，中山大学出版社2004年版，第267－292页。该院还处理了广东佛山外运船务公司申请设立海事赔偿责任限制基金案，见金正佳主编《中国海事审判年刊·2003》，人民交通出版社2004年版，第563－569页。

一、海事赔偿责任限制程序之初步定位

海事赔偿责任限制程序,是指"责任主体根据法律规定申请限制其责任时,所必须履行的法定手续"①,同时也是法院审判海事赔偿责任限制案件时所应该切实遵循的操作规程。该程序所服务的对象是海事赔偿责任限制这一海商法中特有的和特殊的制度。当"发生重大海损事故时,作为责任人的船舶所有人、经营人和承租人等,可根据法律的规定,将自己的赔偿责任限制在一定范围内的法律制度"②,就是海事赔偿责任限制制度。根据传统民法的公平原则,很难理解责任方在须承担责任的前提下,却又要限制其赔偿责任。然而,在海商法中,因海上风险巨大,船东及与船东有关的责任人的赔偿力有限,加之航运业以前和现在都是法律要特别保护的行业,因而这一有悖传统民法公平原则的特殊制度得以有效确立,并有进一步发展完善的趋势。

海事赔偿责任限制以存在海事赔偿责任③为前提和基础:无责任即无责任限制。责任限制对责任人(赔偿义务人)而言是法律特别赋予的一项权利,但它不是独立的权利,须依附于海事赔偿责任,即没有海事赔偿责任就无所谓责任限制;对权利人(受赔偿人)而言,海事赔偿责任限制则是额外课加的一项义务,但它也不是独立的义务,须以享有接受赔偿的权利为前提。可见,海事赔偿责任限制并非独立的法律关系,它必须以海事赔偿责任法律关系的存在为基础,亦即它仅仅是后者的一个特殊方面或曰是法律对后者额外附加的一项特殊制度。

海事赔偿责任和海事赔偿责任限制是基于同一法律事实即海上侵权或违约而产生,所不同的是,前者海事请求人要求责任人承担赔偿责任,后者责任人同意承担赔偿责任但仅在法定限额内赔偿而非全额赔偿。如果海事赔偿责任表现为海事请求人要求责任人为海事赔偿这一特定行为的请求权,那么,海事赔偿责任限制则是对该请求权的防御和抗辩,表现为一种抗辩权④。"请求权存在于平等的当事人之间,属于私权,而诉权系私人请求国家予以保护的诉讼权利,存在于个人与国家之间,属于公权。通常情形,凡请求权均伴有诉权,在对方当事人不依请求履行义务时,请求权人可诉请法院强制对方

---

① 司玉琢等编著:《新编海商法学》,大连海事大学出版社1995年版,第413页。
② 司玉琢等编著:《新编海商法学》,大连海事大学出版社1995年版,第403页。
③ 这里的海事赔偿责任当然指的是可限制的海事赔偿责任,对不可限制的海事赔偿责任不存在责任限制问题。为行文方便,本文所称海事赔偿责任均指可限制的海事赔偿责任。
④ 参见司玉琢、吴兆麟编著《船舶碰撞法》,大连海事大学出版社1995年版,第243页。

当事人履行义务。"① 所以，基于海事赔偿责任纷争而诉至法院，构成一个独立的诉，海事请求人享有诉权。"抗辩权，指权利人用以对抗他人请求权之权利。抗辩权的作用在于防御，而不在于攻击，因此必待他人之请求，始得对其行使抗辩权。"② 要求海事赔偿责任限制，必以海事请求人提出海事赔偿请求为条件，否则要求责任限制纯属多此一举甚至毫无意义。同样，向法院申请限制海事赔偿责任，应以海事请求人在诉讼中向责任人提出的海事请求为前提，它不可能构成独立的诉讼请求，即向法院申请限制海事赔偿责任并非一个独立的诉，它仍然表现为抗辩的性质，只不过是诉讼中的抗辩而已。即使在诉前申请责任限制或设立责任限制基金，仍是为了对将来可能的海事赔偿责任的抗辩，并非提起一个独立的诉讼，倘若其后没有海事请求人的海事赔偿责任诉讼，申请人便不可能达到限制赔偿责任的目的，因为没有海事请求人的诉讼，责任限制申请人根本就不须基于法律的强制而承担责任。

海事请求人提起的海事赔偿责任诉讼，属于给付之诉，即海事请求人请求法院判令对方当事人履行一定民事义务之诉。责任限制的申请人并不完全否定给付之诉，而仅仅主张在法定限额内为给付行为，其有针对的抗辩性也很明确。能否享有责任限制，在审判程序上与普通的给付之诉的程序应有所不同，但又不能完全脱离该程序，否则能否享受责任限制的审判将没有一个依附点。换言之，海事赔偿责任限制程序作为法院解决责任限制争议的操作规程，须存在于或者说依附于相应的程序即海事赔偿责任审判程序之中，并具有自身的一些特殊性。

民事诉讼程序由民事审判程序、民事执行程序和民事诉讼附属程序三大部分构成。③ 海事赔偿责任限制程序基于对海事赔偿责任审判程序的依附而应归入审判程序之列；但设立责任限制基金程序以及对基金的分配程序，作为海事赔偿责任限制程序的子程序，又带有破产清偿的特性，似可归入民事执行程序的范围。因为，海事赔偿责任限制程序具有审执合一的特点，很难将其准确地归入哪一类程序之中。但从审判角度考虑，笔者更倾向于认为它是一种附属的审判程序，不具有独立性。这正如证人作证程序，尽管证人作证程序在维护当事人实体权利方面具有重要意义，但单独的证人作证程序无

---

① 梁慧星：《民法总论》，法律出版社 1996 年版，第 65 页。
② 梁慧星：《民法总论》，法律出版社 1996 年版，第 66 页。
③ 参见谭兵主编《民事诉讼法学》，法律出版社 1997 年版，第 21 页。

任何实际价值，它须融入庭审程序之中才有意义。假设将海事赔偿责任限制程序规定为独立程序，则可能出现以下三种不公正或反逻辑的情况：第一，根据海事赔偿责任审判程序，已经由法院作出了海事赔偿责任判决，之后依独立的海事赔偿责任限制程序作出有关责任限制判决，后判决将否定前判决，使法院判决所应有的既判力荡然无存；或者相反，海事赔偿责任判决仍然有效，而依责任限制程序作出的限制责任判决不能更改已生效的赔偿责任判决，不能实现限制责任目的。第二，根据海事赔偿责任审判程序和海事赔偿责任限制程序，各自独立作出判决。由于这两个判决的必然矛盾性（一者为全部赔偿，一者为限额赔偿）而使其无法执行，加剧纷争程度和激化社会矛盾。第三，先根据独立的海事赔偿责任限制程序作出限制责任判决，再根据海事赔偿责任审判程序审理并作出判决，则同样会使判决相互矛盾。

由此可见，海事赔偿责任限制程序不能是独立的程序，它必须存在于或者说依附于海事赔偿责任审判程序之中，并成为后者的一个特殊方面或特殊部分。当然，这并非在具体制定有关海事赔偿责任限制程序的法律时，不能将其作为单独的一章加以规定，恰恰相反，由于该程序不可避免的特殊性，不便于将其归入海事赔偿责任审判程序的任何一章，故将其单独规定是可行的。《海诉法》第九章专章规定了"设立海事赔偿责任限制基金程序"，这一立法例容易使人将设立责任限制基金程序误会为一个独立的程序。事实上，设立基金程序仅仅是海事赔偿责任限制程序中的子程序，尽管重要，却不可能脱离责任限制母程序而独立存在。从《海诉法》第一百零一条第一款、第二款的规定可知，设立责任限制基金也须以"依法申请责任限制""为取得法律规定的责任限制的权利"为前提，不要求限制赔偿责任的，或曰"不启动海事赔偿责任限制程序"的，无须申请设立责任限制基金。将设立海事赔偿责任限制基金程序专章进行规定，仅因为设立基金程序在海事赔偿责任限制程序中是一个理论研究相对完善、实践操作相对成熟、相关国际公约作了较多规定的部分，即主要是基于立法技术的考虑，并无使之成为独立程序的意思。

英美法系国家将海事赔偿责任限制申请作为独立的诉来对待，并建立了相应的独立于审判程序的海事赔偿责任限制程序。在该程序中，责任限制的申请人是原告，可以向法院提起独立的责任限制诉讼，海事索赔人成为这一诉讼的被告。为避免责任限制之诉与相关的海事赔偿之诉在不同的法院受理，这些国家的法律要求在原告设立了责任限制基金的前提下，法院可以发出禁令，禁止继续对原告或其财产进行任何其他诉讼或者程序，并要求各有关海事债权人必须在责任限制受诉法院主张海事债权。① 将责任限制申请作为独立的诉，可能与英美法系国家存在对物诉讼有关。船舶在对物诉讼中具有诉讼主体的资格和地位，债权人可以对船舶提起诉讼，法院可以对船舶直接作出判决并由船舶承担责任。海事赔偿责任限制是以船舶为中心而建立起来的特殊制度，曾一度被称为船东责任限制。② 把海事赔偿责任限制作为独立的诉，顺应了船舶具有主体资格的英美法传统。我国没有对物诉讼制度，难以整体借鉴英美法把责任限制作为独立的诉对待的规定，但英美法中关于设立责任限制基金后即发布禁令的规定对我们还是颇有启发意义的。

二、海事赔偿责任限制程序的启动

（一）启动海事赔偿责任限制程序的主体及条件

在《海商法》上，有两种责任限制方式，一种是单位责任限制，另一种是海事赔偿责任限制。前者是《海商法》所规定的在承运人承担责任时，对每件或每运输单位货损的最高赔偿限额。③ 此乃实体法上的补偿，只要合乎法律规定，法院即自动适用而不以当事人申请为前提。海事赔偿责任限制为抗辩权，须以申请为行使条件；对未申请者，法院不得启动责任限制程序，也不得以行使释明权为由提示或暗示当事人申请责任限制，以免影响法院消极中立的裁判地位和角色。

责任限制的申请人即是可能承担海事赔偿责任的人。申请人对其是否可能承担赔偿责任的判断完全是独立和自由的，法律对此不应有任何限定，而且该判断并不意味着申请人对赔偿责任的承认或默认，即不能由此判断或推定申请人应承担责任。④ 事实上，1976年《海事赔偿责任限制公约》亦明确规定，申请责任限制的行为不得理解为对责任的承认或认可。

有权依照法律规定享受责任限制的人都可作为申请人提出申请。根据海商法、海诉法的有关规定，申请人的范围是：船舶所有人、承租人、经营人、救助人、保险人、造成油污损害的船舶所有人及其责任保险人或者提供财务

---

① 参见雷霆《论在我国援用海事赔偿责任限制的性质及其影响》，载《中国海商法年刊》（2001）第12卷，大连海事大学出版社2002年版，第112－113页。

② 从有关公约的名称变化上即可看出这种变迁。如最早的责任限制公约是1924年《关于统一海运船舶所有人责任限制若干法律规定的国际公约》，之后是1957年《关于海运船舶所有人责任限制的国际公约》，晚近的才是1976年《海事赔偿责任限制公约》。

③ 《海商法》第五十六条规定，每件或每个其他货运单位的赔偿限额为666.67 SDR，或者毛重每公斤2 SDR，以较高者为准。

④ 有学者认为，在责任人主动向法院申请责任限制或者被动抗辩的场合，大都已基本默认了自己的赔偿责任。参见邢海宝《海事诉讼特别程序研究》，法律出版社2002年版，第430－431页。

保证的其他人。申请人须以书面方式向有管辖权的法院提出申请方为有效,口头、电话申请仅表明有申请责任限制的意向,不能起到申请的作用,除非法院将该口头、电话申请记入笔录,并由申请人签名或盖章确认。传真、电子邮件在现代商务中的使用日益频繁和普遍,法院也正以务实的姿态接受现代化的传媒方式,因此,申请人以传真、电子邮件方式申请的,应视为书面申请,但考虑到传真、电子邮件不易保存以及法院存档的需要,申请人应将签章的申请书原件邮递给相应法院,申请日期以法院收到传真或电子邮件进入法院电子信息接收系统的日期为准,而未向法院邮递签章的申请书原件的,视为撤回申请。

申请人的书面申请应载明以下事项:申请人的名称、住所;当事船舶的船名、国籍、吨位;引起责任限制的海难事故的经过、责任及损失情况;所涉及的债权的性质、金额及已知的债权人的名称、住所、联系方法;申请责任限制的理由、金额及证据。在该文件中,可一并提出设立海事赔偿责任限制基金的申请。

申请责任限制,其目的有四个:一是将申请人可能的赔偿责任限制在一定范围之内;二是避免海事请求人通过法院扣押申请人的船舶或其他财产;三是在申请人的船舶或其他财产已被实际扣押时,通过申请责任限制以解除这种扣押;四是在申请人已提供担保时,通过申请责任限制返还担保。但申请人要达到后三个目的,通常需要设立海事赔偿责任限制基金,仅提出责任限制申请只是达到后三个目的的第一步。

申请人既可在海损事故发生后海事赔偿诉讼前提出责任限制申请,也可在海事赔偿成讼后提出申请,但考虑到能否享受责任限制须经实体审判才能明断,因而限制责任的申请最迟应在一审诉讼法庭辩论终结前提出,否则即视为放弃责任限制的权利。案件进入二审阶段不得申请责任限制;无责任限制的生效判决应得到不打折扣的执行,不得以其后的限制责任判决和其后设立的责任限制基金来否定已生效判决。这就是说,申请人在一个海事赔偿责任案件中放弃责任限制权利,即在该案中永远放弃该权利,而不得通过其他措施改变对本案"一旦放弃、永远放弃"的法律状态,当然该法律状态仅对本案有效,不影响对同一事故其他案件能否享受责任限制的判断。如果法律体现了这一理念,则可以促使申请人尽其可能在同一事故的第一个海事赔偿责任案中申请责任限制和设立基金,而不是怠于行使其权利。

《海诉法》第一百零一条第三款规定:"设立责任限制基金的申请可以在起诉前或者诉讼中提出,但最迟应当在一审判决作出前提出。"此乃法律关于申请设立基金的最后期限。由于申请责任限制和申请设立基金是海事赔偿责任限制程序中的两个不同阶段，一般申请责任限制后才申请设立基金，或者申请责任限制和申请设立基金同时进行，因此，法律关于设立基金的申请最迟应在一审判决作出前提出，与责任限制申请最迟应在一审诉讼法庭辩论终结前提出并不矛盾。①

申请限制赔偿责任并非独立的诉讼请求，它须以海事请求人在诉讼中向责任人提出海事请求为前提。那么，没有这一前提之时即诉前可否申请责任限制？诉前财产、行为、证据保全这三大诉前保全制度已在《海诉法》中得以确立，其主要目的是便于海事请求人在其后的诉讼中取得较为主动的地位，便于在诉讼中应对被请求人的进攻。诉前申请责任限制，其宗旨并不在于进攻，而主要在于防御，若申请责任限制后海事请求人并未提起海事请求之诉，则防御自行拆除即可，对他人并无任何不良影响，而对防御方则至少获得了心理上的安全感，却无其他不利之处。可见，允许诉前申请责任限制是可行的，法律对此应予确认。当然，我们知道，诉前扣船取得担保后，仍需将有关纠纷提起诉讼，否则该担保应退回提交人或该担保逾期自动失效。② 同样，申请人在海损事故发生后海事赔偿诉讼前申请责任限制，倘若海事赔偿纠纷未进入诉讼阶段，则这种申请除了获得心理上的安全感外，还能否发挥效用及发挥多少效用是不确定的。如果申请责任限制后又设立了责任限制基金，则可以避免或解除对申请人船舶或其他财产扣押的，但无论如何，海事赔偿纠纷未进入诉讼阶段，申请人能否享受责任限制是无法判明的，事实上这种判明也无多大意义。

需要特别注意的是，民事诉讼法律关系是民事审判权与当事人的诉权相结合的产物，任何一种诉讼程序法律关系都是以法院作为一方主体的。③ 海事赔偿责任限制程序能否启动，关键还在于法院。尽管无申请人申请，法院不会主动启动责任限制程序，但申请人提出申请后，是否启动该程序，就取决于法院的审查及根据审查的结果作出的相应决定。由此可知，启动海事赔偿责任限制程序的主体是申请人和法院。申请人的申请是启动这一程序的前提条件，而法院认可该申请的审查决定是启动该程序的关键环节，若法院作

---

① 但这一规定的合理性是可质疑的。对此，可参见本文第三部分关于设立海事赔偿责任限制基金程序的论述。

② 见《海诉法》第十八条第二款、《最高人民法院关于适用〈中华人民共和国海事诉讼特别程序法〉若干问题的解释》（以下简称《适用海诉法若干问题的解释》）第二十七条规定。

③ 参见常怡主编《民事诉讼法学》，法律出版社1996年版，第19页。

出否定性审查决定的,该程序不可能得以启动。

(二)海事赔偿责任限制案件的管辖法院

海事赔偿责任限制程序并非一个独立的程序,它须依附于海事赔偿责任审判程序,因此,在确定责任限制案件的管辖时,应以海事赔偿责任案件的管辖为据。

1. 诉讼中申请责任限制并设立基金案件的管辖法院。在诉讼中申请责任限制,其管辖法院即是受理海事赔偿责任案件的法院。申请人向该法院提出责任限制申请后,若该法院并无海事赔偿责任案件的管辖权而将案件移送给有管辖权的法院,则责任限制案件应一并移送。若同一事故的不同的海事赔偿责任案件在不同的法院立案受理,则应允许申请人选择其中一家法院申请责任限制并设立责任限制基金;而一旦确定了这家法院享有责任限制案件的管辖权并设立了基金,那么其他法院应将自己受理的案件移送给该法院,以便该法院对同一事故的各海事赔偿责任案件一并处理。但如果其他法院审理的案件已一审法庭辩论终结或已进入二审阶段,则申请人丧失对该案的责任限制权利,该案应继续按普通审判程序审理,不必移送。①

在这一问题上,英美国家发布禁令的做法值得我们借鉴。美国1851年《责任限制法》规定,在提出责任限制申请并遵守本规则后,"所有……对船东的索赔和诉讼均应停止"。在申请人提供款项或担保后,法院将发出禁令,停止对船舶所有人或其财产进行一切诉讼。法院将另定一个不少于三十日的期限,在此期限内,一切索赔人必须在责任限制程序中提出各自的索赔和证据,并在同一程序中为其权利进行诉讼,违者法院可以缺席判决。因此,在大多数责任限制的情形中,海事请求权人事实上被剥夺了择地行诉权,从而把相关的案件集中到一个法院审理。②

笔者主张,一旦同一事故有一宗海事赔偿责任案件已提起诉讼,申请人即不得在潜在的可能受理海事赔偿责任案件的其他法院申请责任限制,而须在已受理案件的法院申请责任限制并设立基金,否则该申请行为无效。这可以避免申请人滥用诉权,因为申请人毕竟是可能的海事赔偿责任人,赋予其太多权利可能对受害人不利,从而产生不应有的法律不公平。当然,如果已

---

① 理论上应该如此。但国情可能是:限制性债权因有基金的保障而易于执行,而非限制性债权可能什么也执行不到,最终所得到的比限制性债权还少。因此,似乎应该允许债权人选择是否作为限制性债权参与对基金的分配。

② 参见[美]G. 吉尔摩、[美]C. L. 布莱克:《海商法》下,杨召南、毛俊纯、王君粹译,中国大百科全书出版社2000年版,第1157–1160页。

提起的诉讼为非限制性的海事赔偿责任案,如有关沉没、遇难、搁浅或被弃船舶(包括船上的任何物件)的起浮、清除、毁坏或使之变为无害的索赔和有关船上货物的清除、毁坏或使之变为无害的索赔或沉船、沉物清除的赔偿请求,在《海商法》中即属于非限制性的海事赔偿责任案件。① 那么,申请人即无必要在受理这类案件的法院申请责任限制,而可按以下诉前申请责任限制的规定处理。

2. 诉前申请责任限制并设立基金案件的管辖法院。诉前申请责任限制,其管辖法院相对复杂,应区分不同情况分别予以对待。

若诉前已扣押船舶的,根据扣船取得管辖的国际通行原则,一般情况下,海事赔偿责任案件将在扣船地法院管辖并审判,因此,即使扣船后尚未提起海事赔偿诉讼,责任人也应在扣船法院申请责任限制,而不应或不能在其他法院采取行动。倘若申请人在其他法院申请责任限制并设立基金,则可能产生扣船法院不释放船舶的后果,当扣船法院和设立基金法院分属不同国家时更可能如此,达不到申请责任限制和设立基金的目的。

在未起诉亦未扣船的情况下,只要对海事赔偿责任案件有管辖权的法院都可能是请求人提起海事赔偿诉讼的法院,因而申请人可在这类法院中选择其中之一申请责任限制并设立基金。具体说来,对于海事侵权案件,申请人可以在侵权行为地、事故发生地、船舶最初到达地、申请人住所地、船籍港所在地、碰撞事故发生地、碰撞船舶最初到达地的法院申请责任限制并设立基金;对于违约纠纷案件,申请人可在运输始发地、目的地、转运港所在地、船员登船港或离船港、申请人住所地法院申请责任限制并设立基金。②

申请人向某一法院申请限制责任并设立基金,若债权人认为该法院没有管辖权,则应允许其提出异议。在法定期限内无人异议的,即应确定该法院具有管辖权。一旦确立法院对责任限制案件的管辖权并设立基金,则其后的与同一事故相关的海事赔偿责任案件务必在该法院提起,其他法院不得行使这类案件的管辖权。这是因为在责任限制案件中,最关键的问题是将同一事故的一揽子纠纷归属到一个法院处理,通过程序的简化来避免得出不同甚至

---

① 在1976年《海事赔偿责任限制公约》中为限制性债权。

② 在诉讼管辖中,一般是"原告就被告"原则。申请人实际上是潜在的被告,其在诉前申请责任限制,是主动采取防御措施的表现,潜在的原告反而处于被动地位,但确定诉讼案件管辖时仍应执行"原告就被告"原则,故申请人应该向自己所在地的法院申请责任限制。

矛盾的判决。[①] 这与通过扣船取得案件的管辖权有所不同，通过扣船取得的管辖权不是唯一的，它并不排除其他有管辖权的法院对案件的管辖。

《海诉法》第一百零二条规定："当事人在起诉前申请设立海事赔偿责任限制基金的，应当向事故发生地、合同履行地或者船舶扣押地海事法院提出。"有关的司法解释进一步规定，事故发生在国外的，进入中国领域内的第一到达港视为事故发生地。这一规定将受理设立责任限制基金申请的法院局限于三类，而将其他可以受理责任限制案件的法院排除在外，结果是可以受理责任限制案件的法院不能设立责任限制基金，最终无法实现限制性债权对基金的分配。此规定显然有欠妥当，这也是法律未规定海事赔偿责任限制程序而仅规定其中的子程序即设立基金程序时难免的漏洞。笔者主张，凡是可以受理责任限制案件的法院，都可以受理设立责任限制基金申请，并在符合法定条件时在该法院设立基金。

3. 仅申请责任限制未申请设立基金案件的管辖法院。若申请人仅申请责任限制而未申请设立责任限制基金，则管辖法院又是另一种奇特的情况：在诉讼中申请责任限制的，向受诉法院提出；若同一事故的不同海事请求人在不同的有管辖权的法院起诉，则申请人可以就各案分别申请责任限制，各法院都有管辖权。此时，不能限定哪一家法院专属管辖，其结果可能各家法院所判决的限制债权的总和超过了法定的债权限额，该不利后果应由申请人自行承担。在诉前仅申请责任限制的，可以向同一事故海事赔偿责任案件各有管辖权的法院分别提出申请，但其价值有待权衡。

三、海事赔偿责任限制程序的具体内容

（一）审查、通知和公告

法院在收到申请人提出的责任限制申请书后，应依法审查，以确定是否受理该申请。法院审查的主要内容是：申请人的权利能力和行为能力；申请人是否属于可限制性海事赔偿责任的潜在承担人；申请限制责任的债权是否属于限制性债权及是否属于同一事故所引起，海损事故及当事船舶是否属于可享受责任限制的范围；申请的责任限制金额是否符合法定标准，是否同时申请设立责任限制基金；同一海损事故的海事请求人的基本情况；法院是否对该申请所涉及的海事赔偿责任案有管辖权以及法院认为应该审查的其他事项。这一审查属初步审查，只要有表面证据证明申请人的申请有事实和法律

[①] 《海诉法》第一百零九条之但书规定是可以质疑的。参见本文第三部分之债权登记与确权诉讼的有关论述。

根据，即应作出受理该申请的决定，并书面通知申请人。经审查认为不符合受理条件的，应裁定不予受理。当事人不服的，可对该裁定上诉。

法院决定受理责任限制申请的，即正式启动海事赔偿责任限制程序。在申请人同时要求设立责任限制基金时，该程序对海事请求人有深刻影响，即可能导致海事请求人的债权不能得到全额赔付和清偿，而该程序一旦终结，同一事故中未得到赔付和清偿的债权将归于消灭。这一结果虽说以法律规定为依据，但终究系申请人行使抗辩权所致，因此必须让海事请求人周知有此抗辩，并进而让其决定是否采取必要的因应性措施。故法院决定受理责任限制申请后，即应在七个工作日内书面通知已知的同一事故的海事请求人和其他利害关系人，并在新闻媒体上公告，以便未知的海事请求人和其他利害关系人决定对自己权利的处理，也使法院免于未行通知而可能承担的责任。书面通知和公告的内容主要是：受理责任限制申请的事实及理由，设立责任限制基金事项，提出异议的期限，办理限制性债权登记的要求及逾期不登记视为自动放弃债权的后果。

如果申请人仅申请责任限制而未申请设立责任限制基金，则对该申请审查还是必要的，但因无基金可资分配，理论上申请人是以其全部财产为限制性债权的实现提供担保的，因而同一事故的其他海事请求人的权利不会受到多少影响，故通知和公告的程序可予免除。

（二）对异议的处理

法院书面通知和公告发出后，海事请求人可能就申请人能否享受责任限制、可否设立基金、基金的数额、案件的管辖等事项提出异议，也可能对其他海事请求人是否属于限制性债权人等发表不同意见。法院对此应根据异议所涉及的不同阶段的程序问题乃至实体问题进行针对性处理，譬如，对管辖权异议，应根据本法院对同一事故的海事赔偿责任案件有否管辖权来决定责任限制案件的管辖问题。需注意的是，对能否设立责任限制基金及基金数额的异议，与能否享受责任限制的异议应分别进行审查。因为前者仅是一个程序问题，可在诉讼程序进行过程中得出结论；而后者则涉及实体权利，有待案件实体裁决后才有结论[①]。因而仅能进行表面和初步审核，不可作出终局性结论。这亦表明，当事人即便设立了责任限制基金，也并不必然就能享受责任限制；反之，即使未设立基金，亦可能享受责任限制。

---

① 有学者认为，对申请人是否可以享受责任限制，可以通过当事人的举证、质证由法庭先行作出判断，而无须等待全案的判决结果。参见关正义《设立海事赔偿责任限制基金程序的有关问题》，载《中国海商法年刊》（2002）第 13 卷，大连海事大学出版社 2003 年版，第 316 页。

法院终局性审查结论以裁定为载体,并依不同情况允许或不允许对该裁定上诉。比如,对管辖权异议的审查,法院应主要以海事赔偿责任案件是否拥有管辖权为依据,并考虑到申请人有否已在其他有管辖权的法院设立了责任限制基金的情况,以此确定本法院对责任限制申请的管辖权:若对海事赔偿责任案有管辖权,申请人未在其他有管辖权的法院设立基金,则本法院对责任限制申请案有管辖权;反之,则无管辖权。当然,对管辖权异议不能根据《中华人民共和国民事诉讼法》第三十八条"人民法院受理案件后,当事人对管辖权有异议的,应当在提交答辩状期间提出"的规定来审查并作出结论,而应依海事赔偿责任限制程序的规定予审查,即异议人对管辖权异议的期间应是法院书面通知或公告中指定的期间,该期间可通过立法程序明定为自书面通知或公告之日起六十日。对管辖权异议作出的裁定,允许上诉,从效率角度考虑,二审法院应在收到上诉状之日起十五日内作出终审裁定。

若法院对异议的审查结论系非终局性的,则应以通知形式给异议人以答复。譬如,对申请人能否享受或是否丧失责任限制的异议,对债权登记人登记的债权是否属于限制性债权的异议,有待案件开庭审理才能得出结论,因而审查阶段对异议的答复不具终局效力。换言之,法院的审查是形式审查而非实体审查。法院似只能以通知形式告知业已受理了异议人异议,并告知最终结论须待实体判决。

(三) 设立海事赔偿责任限制基金

根据《海诉法》的规定,申请人可以在申请责任限制的同时或其后申请设立责任限制基金;可在诉前或诉中申请设立基金,在诉讼中申请设立基金的应在一审判决作出前提出。①

申请责任限制和申请设立责任限制基金既有一定联系,又是相对独立的两种权利。申请责任限制,可以同时或其后申请设立基金,也可以不申请设立基金。亦即是否申请设立基金,不影响对当事人能否享受责任限制的判断,而当事人一旦申请设立责任限制基金,则必然意味着申请责任限制。② 根据"一次事故,一个限额"原则,只要有一个责任限制申请人设立了责任限制基金,则该基金对其他的责任限制申请人同样有效而不需另行设立基金。1976年《海事赔偿责任限制公约》第十条规定:"尽管第十一条所述责任限

---

① 见《海诉法》第一百零一条第三款的规定。

② 英国1999年新的海事诉讼规则规定与此相反:如果责任限制基金设立之日起75天内,仍未提起责任限制请求的,责任限制基金将自动失效。参见刘寿杰《海事赔偿责任限制程序问题研究》,载《人民司法》2004年第1期,第36页。

制基金尚未设立，责任限制亦可援引。但是，缔约国可以在其国内法中规定，当为实施某一可限制责任的索赔而在其法院提起诉讼时，责任人只有在按照公约规定设立基金，或在援引责任权利时设立该项基金的条件下，才能援引责任限制的权利。"该条规定的含义是：未设立基金也可以申请责任限制，但国内法规定以设立基金为申请责任限制的前提者除外。我国仅规定船舶油污损害申请责任限制的，应当设立责任限制基金，其他情况下申请责任限制者可申请也可不申请设立基金，即未申请设立责任限制基金者，不影响申请责任限制。①

设立责任限制基金的功能，细分起来有五项：(1) 申请责任限制并使有关的案件集中到设立基金的法院审理；(2) 避免船舶或其他财产被扣押②；(3) 解除对船舶或其他财产的扣押；(4) 返还已提供的担保；(5) 供限制性海事债权人分配受偿。在这五项功能中，仅第一项功能即申请责任限制功能涉及当事人的实体权利义务，须通过庭审程序由控辩双方质证认证并经法院判决后才能实现责任限制之目的。第二、第三、第四项功能，主要表现为担保功能这一法律形态。第五项功能类似于执行，即对生效判决所判定的限制性债权人的债权在基金范围内依法律规定的比例予以分配。除第一项功能外，其余功能与审判程序无必然联系。因此，申请人已单独提出责任限制申请的，除船舶油污损害赔偿案件外，不应再硬性限定申请人设立基金的时间，即在生效判决执行完毕之前都可以申请设立基金，而不是《海诉法》所规定的一审判决作出前申请。若申请人未提出责任限制申请而单独申请设立基金，由于后者隐含了责任限制申请，而责任限制申请又涉及当事人的实体权利义务

---

① 见《海诉法》第一百零一条第一款、第二款之规定。日本《关于船舶所有人等责任限制的法律》规定，只有在申请人提供限制基金后才能作出开始责任限制程序的决定。参见李守芹等《中国的海事审判》，法律出版社 2002 年版，第 242 页。另外，在美国，作为申请责任限制的一个条件，船舶所有人必须向法院提供一笔相当于船价及运费的款项或担保，之后法院将发出禁令，停止对船舶所有人或其财产进行一切诉讼，并另定一个期限，在该期限内，一切索赔人必须在责任限制程序中提出各自的索赔和证据。参见 [美] G. 吉尔摩、[美] C. L. 布莱克《海商法》下，杨召南、毛俊纯、王君粹译，中国大百科全书出版社 2000 年版，第 1158—1160 页。

② 1976 年《海事赔偿责任限制公约》第十三条规定："如果责任限制基金已按第十一条的规定设立，则已向基金提出索赔的任何人，不得针对该项索赔而对由其设立或以其名义设立基金的人的任何其他财产行使任何权利。"许多学者都已注意到，我国《海商法》第二百一十四条"责任人设立责任限制基金后，向责任人提出请求的任何人，不得对责任人的任何财产行使任何权利"的规定，对非限制性债权人是不公平的。《适用海诉法若干问题的解释》第八十六条已对《海商法》的上述不足进行了修正，这意味着非限制性债权人可以对责任人的船舶或其他财产采取保全措施，而不论责任人是否已设立了责任限制基金。

问题,须经庭审质证、认证及法庭辩论方能判明,故此时申请人应在一审法庭辩论终结前申请设立基金,同样也不应该是海诉法所规定的一审判决作出前提出。

一旦在诉前或诉讼中设立责任限制基金,则已扣押的申请人的船舶或其他财产应予释放,申请人已提供的担保应予返还。若其后的生效判决最终认定申请人不能享受责任限制,则申请人应全额赔偿而不是在基金范围内赔偿,即赔偿额度大于基金总额,而此时扣押的船舶已释放,提供的担保已返还。可否由此反向推断设立基金错误?鉴于设立基金与能否享受责任限制并不是必然联系的,因而笔者认为此时不能称之为《海诉法》第一百一十条规定的设立基金错误。在此情形下,基金不应退还给设立人,而应作为判决执行的对象予以分配,不足额部分则继续执行申请人的其他财产。如果申请人虚报船舶吨位以致设立的基金不足额,而申请人又的确可以享受责任限制,这才属于上述法律规定的设立基金错误,对此申请人应承担赔偿责任。

(四)债权登记与确权诉讼

在申请责任限制并设立责任限制基金的情况下,同一事故的所有有关限制性债权纠纷都应集中到设立基金的法院审理。出于效率考虑,只要在一个案件中判定了责任人享有责任限制权利,则其他有关限制性债权纠纷就无须按普通审判程序审理,通过债权登记和确权诉讼即可判定该债权的性质、数额等问题,并最终通过对基金的公平分配达到限制受偿的目的。《海诉法》第一百零九条规定:"设立海事赔偿责任限制基金以后,当事人就有关海事纠纷应当向设立海事赔偿责任限制基金的海事法院提起诉讼,但当事人之间订有诉讼管辖协议或者仲裁协议的除外。"此但书规定意在尊重当事人的选择权,体现意思自治原则。可是,它却违背了责任限制案件"统一管辖,追求程序一体公平"的原则,可能会产生相互矛盾的判决。依诉讼管辖协议或仲裁协议,在其他法院审判或仲裁机构仲裁后,仍需回到设立基金法院参加对基金的分配,这对当事人而言显然亦非明智。因此,该但书有蛇足之嫌,应予以删除为妥。

除船舶油污损害赔偿案件外,中国现行法律并未要求申请责任限制必须以设立基金为前提,因而可能会产生这样一个矛盾:限制性债权人在受理责任限制的法院进行债权登记和确权诉讼后,却没有特定的财产即责任限制基金可供分配,要实现债权还得进入普通执行程序。从这个方面讲,美国、日本等规定申请责任限制以设立基金为前提自有一定的合理性,只是申请人不能提供基金时便因此丧失责任限制权利,似乎与确立海事赔偿责任限制制度的初衷不符。在无法同时满足上述两难选择时，笔者认为，不以提供基金作为申请责任限制的前提更为合理，更符合该制度设立的初衷。债权登记和确权诉讼后没有基金可供分配，的确不如人意，但由于未设立基金，海事请求人可以扣押船东的船舶或其他财产，故债权登记和确权诉讼后的执行还是有所保障的。然而，在未设立基金的情况下，似无进行债权登记和确权诉讼的可能性，因为各个有管辖权的法院也许会分别对同一事故的不同案件管辖和审判，没有理由必须把同一事故的不同案件都集中到一个法院审理。再从债权登记和确权诉讼的功能上看，它类似于破产程序，须有财产才可分配，因未设立基金而根本无法进入分配程序，债权登记和确权诉讼都显得多余。①因此，可以得出这样一个结论：在同一事故中，若只有一个海事请求人提起诉讼，或有关的案件均同一时间在同一法院审理，则申请人不设立责任限制基金而仅申请责任限制是有意义的；若有不同的海事请求人在不同的有管辖权的法院提起诉讼，则申请人不设立基金而仅向各家法院申请责任限制，是否可以达到真正限制责任的目的是不确定的，即使各法院均认定申请人享有责任限制权利，各法院判决的责任限额的总和也可能超过法律规定的责任限额。仅申请责任限制而未设立基金所导致的客观上不能限制赔偿责任的诉讼风险，应由未设立基金的责任限制申请人自行承担，法律不能过于迁就申请人的利益，否则对海事请求人可能极不公平。

四、初步结论

通过上述法学理论、法律规范和审判实务的分析论述，有关海事赔偿责任限制程序的以下七点初步结论跃然纸上。②

第一，海事赔偿责任限制程序是附属于海事赔偿责任审判程序的一种非独立的程序，具有审判程序的基本属性，同时又具有附属性和被动性的特点。

---

① 《海诉法》第一百一十二条"海事法院受理设立海事赔偿责任限制基金的公告发布后，债权人应当在公告期间就与特定场合发生的海事事故有关的债权申请登记。公告期间届满不登记的，视为放弃债权"的规定存有法律漏洞。法院受理设立海事赔偿责任限制基金的公告发布到法院决定设立基金有一段期间，若最终法院不准予设立基金，那么"公告期间届满不登记的，视为放弃债权"的规定对海事请求人就显得极端不公平。只有在已设立基金后若干日内不登记视为放弃债权的规定才较为合理。

② 正如著名学者博登海默所指出的那样："法律是一个带有许多大厅、房间、凹角、拐角的大厦，在同一时间里想用一盏探照灯照亮每一间房间、凹角和拐角是极为困难的，尤其当技术知识和经验受到局限的情况下，照明系统不适当或至少不完备时，情形就更是如此了。"参见〔美〕E.博登海默：《法理学：法律哲学与法律方法》，邓正来译，中国政法大学出版社1999年版，第198页。作为对海事赔偿责任限制程序的初步探讨，其情形何尝不是这样呢？

第二,责任限制申请人的申请和法院认可该申请的肯定性审查决定两者的结合,将合法、有效地启动海事赔偿责任限制程序;缺少申请人的申请或者法院对申请做出否定性审查决定,均不可能成功地启动该程序。

第三,确定责任限制案件的管辖法院对案件的处理具有重要意义,统一案件管辖是处理该类案件时应予贯彻的特别规定,否则设立责任限制制度的初衷可能不能完全兑现甚至于无法兑现,因而协议管辖、协议仲裁应让位于案件统一管辖的制度安排。

第四,申请责任限制和申请设立责任限制基金,除船舶油污损害赔偿责任限制案件外,两者之间并不具有必然的正向对应关系,即申请责任限制并不要求必须设立责任限制基金,但反向对应关系是许可和应该的,即设立责任限制基金必然意味着申请责任限制。

第五,应正确处理放弃限制性海事赔偿债权与放弃海事赔偿责任限制权的对立统一关系。法院决定设立责任限制基金的公告发布后,同一事故的限制性海事赔偿债权人未在公告期内向该法院申请登记债权者,视为放弃该债权。海事赔偿责任案件一审诉讼法庭辩论终结前,未申请责任限制者即在该案中永远丧失责任限制权;已失去的责任限制权不能通过其后的申请责任限制或申请设立基金而得以恢复,但这不影响对其他案件能否享受责任限制的判断。

第六,我国应借鉴英美国家的禁令制度,在已设立基金的情况下,由设立基金的法院发布禁止令,禁止对基金设立人的同一事故的海事请求在其他法院提起诉讼;业已提起的诉讼应移送基金设立法院,除非该诉讼已一审法庭辩论终结或进入二审阶段。从而确保海事赔偿责任限制有关的所有案件由一家法院统一处理,以免矛盾判决,并进而通过所有限制责任的生效判决对基金的公平分配以兑现限制性海事赔偿债权。

第七,仅申请责任限制而未设立责任限制基金,除非有关的海事赔偿责任案件在同一时间由同一法院处理,否则,能否实现真正意义的责任限制是存有相当风险的,该风险应由未设立基金的责任限制申请人自行承担。

海事赔偿责任限制基金设立程序的检视与完善

宋瑞秋　耿利君

摘要：海损原因和债权种类呈多样化的发展趋势，现行基金设立程序中的不周延之处尚不足以满足司法实践中的新需求。本文以2000年至2017年广州海事法院审理的60宗申请设立海事赔偿责任限制基金案件为样本，对海事赔偿责任限制基金案件进行类型化研究，以充分保障各方主体合法权益为导向就细化和完善该类案件程序规范提出建议。

关键词：海事赔偿责任限制基金；设立；责任限额。

海事赔偿责任限制制度是海商法中独具特色且历史悠久的法律制度之一，其特殊价值在于在适度保护船舶所有人等责任人与合理分摊海上特殊风险之间保持平衡。海事赔偿责任限制基金设立程序是海事赔偿责任限制制度价值得以实现的重要基础。我国虽已通过立法建立起完整基金设立程序，但现实中海损原因和债权种类多样化的发展趋势使得现行基金设立程序中的不周延之处尚不足以满足司法实践中的新需求，因此有必要与时俱进地完善优化基金设立程序。

本文选取海事赔偿责任限制基金设立程序为考察对象，通过分析广州海事法院2000年至2017年审查的60宗申请设立海事赔偿责任限制基金案件，提炼现行海事赔偿责任限制基金设立程序适用过程中产生的法律问题和积累的经验，并就细化和完善该类案件程序规范提出建议。

一、样本分析：广州海事法院审理申请设立海事赔偿责任限制案件的基本情况

2000年至2017年，广州海事法院受理并审结申请设立海事赔偿责任限制基金案件共60宗，共涉及53起事故。其中，2013年至2017年共有29宗案件，是这类案件的活跃期，也为梳理此类案件的法律问题、细化操作规范，提供了较为丰富的研究样本。这些案件所涉及的海事事故类型包括碰撞、搁浅、触礁、触损、风灾、火灾、自沉，其中碰撞事故所占比例较高。这60宗案件均为针对非人身伤亡请求申请设立的基金，其中当事人具有涉外或涉港澳台因素的案件有11宗。申请人为船舶所有人的56宗，为光船承租人的2宗，为定期租船人的1宗，为船舶经营人的1宗。这已审结的60宗案件中，准许设立基金的有49宗,驳回申请的有4宗,撤回申请的有4宗,按撤回申请处理的有2宗,撤销裁定的有1宗。经一审程序裁判生效的有49宗,经二审程序裁判生效的有11宗,其中仅1宗案件被二审法院改判。裁定准许设立基金的49宗案件中,有已设立基金记载的28宗,有3宗因未在指定期限内设立基金被裁定按撤回申请处理,其余18宗案件卷宗内没有关于基金是否已设立的记载。

进入法院司法视野的申请设立海事赔偿责任限制基金案件具有如下三个特点。

1. 属于非讼程序案件。申请人申请设立基金时,并不请求法院确定权利归属,而是意图借助公权力设立基金以预防其船舶或财产被采取强制措施。故《中华人民共和国海事诉讼特别程序法》(以下简称《海事诉讼特别程序法》)确立以非讼程序解决该类案件。作为非讼程序案件,高效、迅速地作出裁定,发挥基金的预防性功能是该类案件的价值取向。申请设立海事赔偿责任限制基金案件作为非讼程序案件的特点表现在三个方面:一是法定审限时间短。根据《海事诉讼特别程序法》和《最高人民法院关于审理海事赔偿责任限制相关纠纷案件的若干规定》(以下简称《海事赔偿责任限制若干规定》)有关申请设立基金程序中诉讼行为时限的规定,申请设立基金案件的一审周期约为六十日,其中一审裁定应当在最后一次公告发布之次日起第三十日开始计算的十五日内作出。二是仅进行有限的形式审查。责任人是否可享受海事赔偿责任限制,利害关系人的债权是否为限制性债权均属于实体权益问题,不属于设立基金案件的审理范围,不应在基金程序进行审查。三是具有涉他性。基金的设立会影响到不特定的第三人的利益。基金设立后,限制性债权人不能申请对责任人的船舶或其他财产采取强制措施。

2. 独立于海事赔偿责任限制抗辩。申请设立海事赔偿责任限制基金案件虽然是海事赔偿责任限制制度衍生出的一类程序性案件,但责任人提出责任限制的抗辩不以设立基金为前提。根据《海事赔偿责任限制若干规定》第十三条规定,责任人未申请设立海事赔偿责任限制基金,不影响其在诉讼中针对属于限制性债权的海事请求提出抗辩。设立海事赔偿责任限制基金不是责任人限制赔偿责任的必经程序和前提条件,责任人设立基金只能表明其申请责任限制的意向,并不能表明其有权限制赔偿责任。如果责任人有权限制赔偿责任,却没有通过申请设立海事赔偿责任限制基金程序设立基金,则虽不影响责任人的责任限制,但不能阻止限制性债权人申请扣押责任人的船舶或其他财产。

3. 与同一海事事故的其他案件有密切联系。一次海事事故，会引发多个案件。不同于普通民事案件的相对独立性，申请设立海事赔偿责任限制基金案件更类似于破产程序案件，是责任人主张海事赔偿责任限制过程中的一个开端，基金设立后，需要与同一海事事故引起的海事请求保全案件、债权登记案件、实体纠纷案件和基金分配案件恰当衔接，以依法保障各方当事人的合法权利。

二、程序检视：对申请设立海事赔偿责任限制基金程序的思考

从广州海事法院历年审理的申请设立海事赔偿责任限制基金案件的情况来看，存在以下五个环节的问题。

（一）申请人的申请环节

《海事诉讼特别程序法》第一百零四条明确了申请人应当在提交申请时披露已知利害关系人的义务。这是为了保障已知利害关系人提出异议、申请债权登记、参与基金分配所必需的。但是，《海事诉讼特别程序法》第一百零四条在规定申请人告知义务的同时却没有规定申请人违反该规定时的责任，故会导致责任人懈怠披露已知利害关系人，甚至故意隐瞒已知利害关系人。随着集装箱运输的蓬勃发展，近年来在海事事故中出现了船载大批集装箱货物落海致损的情况。这些集装箱货物的货主非常分散，而且很多又是货运代理企业受托安排运输的，故及时全面地通知利害关系人是一件非常繁复的工作。① 实践中，存在申请人怠于提供已知利害关系人通信方法的情形。

（二）异议人的异议环节

因为海事赔偿责任限制是海商法中特有的制度，申请设立海事赔偿责任限制基金案件又是海事审判中特有的一类非讼程序案件，非从事海事诉讼的专业人士缺乏对该类案件共识与认知，对于在该类案件的审理中可以行使何种权利及如何行使权利缺乏了解，很难针对责任人的申请提出有效的实质性意见。近几年，在该类案件的审查过程中，异议人提出的意见多集中于责任人是否出现《中华人民共和国海商法》（以下简称《海商法》）第二百零九条规定的"损失是由于责任人的故意或者明知可能造成损失而轻率地作为或不作为造成的"情形以致丧失责任限制，或者以自身的债权为非限制性债权为由主张责任人对该非限制性债权不能享受责任限制。异议人提出上述意见均属于实体权利问题，不在非讼程序案件的审查范围内，但由于异议人对申

---

① 如（2013）广海法初字第42号广西防城港锦航船务有限公司为"锦航18"轮申请设立基金案已知利害关系人多达8人。（2013）广海法限字第5号南京旺达船务有限公司为"旺达97"轮申请设立基金案的已知利害关系人也多达8人。

请设立基金案件作为非讼程序案件的性质缺乏了解,经常耗费时间进行举证,影响了审理进程,与法律预期的非讼案件效率目标相脱节。

(三) 法院的审查环节

《最高人民法院关于适用〈中华人民共和国海事诉讼特别程序法〉若干问题的解释》(以下简称《海诉法解释》)第八十三条规定从设立基金申请人的主体资格、事故所涉及的债权性质和申请设立基金的数额对异议人的意见进行审查。实践中,在审查环节遇到的法律适用问题主要集中在以下七个方面。

1. 管辖权异议的审查。为保证海事赔偿责任限制"一次事故,一个限额"原则的实施,《海事赔偿责任限制若干规定》第二条、第三条和第四条就与海事赔偿责任限制有关的案件明确了集中管辖的原则。实践中,一次海事事故发生后,可能涉及两三艘船舶,也可能产生多个债权人,会有多个海事法院对相关纠纷具有管辖权,率先取得管辖权的法院有可能集中管辖全部相关案件。因此,为了获得有利于己方的管辖地点,管辖权也是当事人之间的争议焦点。调研发现,针对异议人在提出异议时一并提出的管辖权异议如何处理,法律没有明确规定,司法实践中有三种处理方法:一是不予处理。二是在是否准予设立基金的裁定中一并处理。该做法虽然节省了审理时间,但没有明确的法律依据。① 三是先行处理,待管辖权明确后再进行基金案件的审查。②

2. 航次租船合同的承租人是否属于《海事诉讼特别程序法》第一百零一条规定的可以申请设立海事赔偿责任限制基金的主体。一种观点认为,航次承租人虽然不负责船舶的具体营运,但并非与船舶不存在利益关系,当承租人将船舶转租给实际货主时,其相对于货主已是船东的角色和地位,要因船舶的不适航、实际船东的管货过失等对货主承担替代责任,应享受责任限制并可申请设立基金。另一种观点认为,在航次租船合同下,船舶的营运完全由出租人控制,船舶营运的风险等均由出租人承担,航次合同应当属于运输合同,故航次租船合同的承租人不属于享受海事赔偿责任限制的主体范围,也不能申请设立基金。

---

① 如(2003)广海法初字第1号广东外运佛山船务公司为"佛山8号"轮申请设立海事赔偿责任限制基金案、(2004)广海法初字第198号海口南青集装箱班轮公司为"南青"轮申请设立基金案均采用了第二种做法。

② 如(2013)广海法初字第42号广西防城港锦航船务有限公司为"锦航18"轮申请设立海事赔偿责任限制基金案,该案采用了第三种做法。

3. 关于申请人可否为从事港澳航线运输的内河船舶就在海域发生的事故设立责任限制基金。《海商法》第三条规定的船舶，是指海船和其他海上移动式装置，但是用于军事的、政府公务的船舶和20总吨以下的小型船艇除外。海事赔偿责任限制制度是《海商法》中特有的制度，故适用责任限制制度的船舶仅指《海商法》规定的船舶。对于内河船舶不能申请设立责任限制基金，目前并无争议，争议主要集中在一些特殊情形下的内河船舶，如经主管机关许可航行于港澳航线的内河船舶跨航区进入海域航行发生事故。第一种观点认为，内河船舶不属于《海商法》规定的"海船"，不适用《海商法》规定的海事赔偿责任限制制度，不论何种情形均不予准许设立基金；第二种观点认为，应根据实际航行和作业区域确定船舶的性质，内河船舶无论是否经行政许可进入海域，发生事故后均可适用《海商法》享受责任限制[①]；第三种观点认为，仅未经许可进入海域作业的内河船舶才不享受责任限制，并不准许设立基金。

4. 关于从事港澳航线运输船舶的责任限额问题。《海商法》立法时考虑到我国的船舶建造能力、船龄船况条件、航运技术水平以及沿海事故发生状况等因素，认为过高的赔偿限额不利于航运业的发展，授权国务院交通主管部门对沿海运输船舶的赔偿限额另作规定。原交通部制定的《关于不满300总吨船舶及沿海运输、沿海作业船舶海事赔偿限额的规定》（以下简称《海事赔偿限额规定》）中，赔偿限额的计算标准仅是《海商法》的50%，低于《海商法》规定的标准。对于需要承担赔偿责任的责任人，以及因海事事故遭受损失的债权人，这个差别都具有巨大的现实利益影响。实务中存在从事港澳航线运输的船舶适用哪一个赔偿限额标准的争议。一种观点认为，我国内地港口与港澳均在我国领域之内，尚无明文规定我国内地港口与港澳间的航线属于国际航线，故港澳航线应视为我国沿海航线，应根据《海事赔偿限额规定》第四条的规定计算基金数额。[②] 另一种观点认为，从事港澳航线运输的船舶并非《海事赔偿限额规定》中所指的"沿海运输、沿海作业船舶"，

---

① （2003）广海法初字第1号广东外运佛山船务公司为"佛山8号"轮申请设立海事赔偿责任限制基金案。"佛山8"号轮为A级航区的内河船舶，经许可航行于港澳航线，在海域与"安顺达"轮碰撞后沉没，法院裁定准许设立基金。

② （2005）广海法初字第123号汕头市金平区启升金属材料部为"南方99"轮申请设立海事赔偿责任限制基金案。"南方99"轮为从事汕头至香港航次运输的船舶，法院裁定准许该轮适用《海事赔偿限额规定》第四条规定的标准设立基金。

应适用《海商法》所规定的海事赔偿责任限额计算基金数额。①

5. 关于《海事赔偿限额规定》第五条中"有适用"的理解。针对沿海船舶与非沿海船舶之间发生碰撞等海事事故的情况，《海事赔偿限额规定》第五条规定："同一事故中的当事船舶的海事赔偿限额，有适用《中华人民共和国海商法》第二百一十条或者本规定第三条规定的，其他当事船舶的海事赔偿限额应当同样适用。"对该条规定，特别是其中的"有适用"一词的含义应当如何理解，是指客观上存在应按高标准计算限额的船舶（非沿海船舶）②，还是指非沿海船舶有实际使用限额限制赔偿责任的情况③，理论和实践上存在较大分歧。

6. 执行拖带任务的拖轮和驳船如何计算责任限额。一种观点认为，拖轮执行拖带任务时，应将拖轮与被拖带的驳船视为一个整体，以所有船舶的合计总吨位计算基金数额。另一种观点认为，拖轮与驳船不能当然视为一个整体合并计算基金数额，即使拖轮和驳船与同一个责任人具有符合《海商法》规定的所有、承租、救助、经营关系，责任人同时为拖轮和驳船申请设立基金，也应以拖轮和驳船各自的总吨位为基础分别计算基金数额并相加。④

7. 关于审查范围和审判组织的问题。《海事诉讼特别程序法》第一百零七条规定，利害关系人在规定的期间内没有提出异议的，海事法院裁定准予申请人设立海事赔偿责任限制基金。如果无人提出异议，或者异议人没有针对审查范围提出异议，法院是否应当依职权主动进行审查？一种观点认为，

---

① （2015）广海法限字第5号吴云华为"铭扬洲179"轮申请设立海事赔偿责任限制基金案，与"铭扬洲179"轮发生碰撞的对方船舶"穗东方332"轮持有港澳航线船舶营运证，事故航次正从事香港至佛山的货物运输。

② （2012）广海法初字第17号芜湖市晨光船务有限公司申请设立海事赔偿责任限制基金案。当事船舶"兴龙城"轮系从事国内沿海运输的船舶，而同一事故的对方船舶"鸿泰1"轮的海事赔偿责任限额应适用《海商法》的规定，但该轮船东没有申请设立基金，法院裁定准许"兴龙城"轮适用《海商法》第二百一十条的规定设立基金。

③ （2009）厦海法限字第5号泉州安盛船务有限公司为"安盛集6"轮申请设立海事赔偿责任限制基金案。"安盛集6"轮系从事我国国内港口之间货物运输的船舶，同一事故中的当事船舶"CHON JI 2"轮如申请设立海事赔偿责任限制基金，海事赔偿责任限额应适用《海商法》第二百一十条的规定，但该轮船东并没有提出设立海事赔偿责任限制基金的申请，法院裁定准许"安盛集6"轮适用《海事赔偿限额规定》第四条计算责任限额。

④ （2013）广海法限字第6号上海港复兴船务公司为"海港特001"轮申请设立海事赔偿责任限制基金案。法院认为，无动力驳船"海港特001"轮与两艘拖轮分别属于不同公司所有，申请人仅申请为驳船"海港特001"轮设立基金，基金的数额应按"海港特001"轮的吨位单独计算。

法院不应主动审查，仅就当事人提出的异议审查即可；① 另一种观点认为，无论异议人是否提出异议，法院均应根据法律规定对船舶性质、主体资格等要件进行审查。关于审判组织，《海事诉讼特别程序法》没有规定设立海事赔偿责任限制基金案件的审判组织。一种观点认为，简单、争议不大的申请设立基金案件，可由审判员一人进行审查；另一种观点认为，基金案件无论争议大小，均应当组成合议庭审查。

（四） 基金的设立环节

《海商法》第二百一十四条规定，责任人设立责任限制基金后，向责任人提出请求的任何人，不得对责任人的任何财产行使任何权利；已设立责任限制基金的责任人的船舶或者其他财产已经被扣押，或者基金设立人已经提交抵押物的，法院应当及时下令释放或者责令退还。《海诉法解释》第八十六条规定："设立海事赔偿责任限制基金后，向基金提出请求的任何人，不得就该项索赔对设立或以其名义设立基金的人的任何其他财产，行使任何权利。"《海事赔偿责任限制若干规定》第八条规定："海事赔偿责任限制基金设立后，海事请求人基于责任人依法不能援引海事赔偿责任限制抗辩的海事赔偿请求，可以对责任人的财产申请保全。"《海事赔偿责任限制若干规定》第九条规定："海事赔偿责任限制基金设立后，海事请求人就同一海事事故产生的属于海商法第二百零七条规定的可以限制赔偿责任的海事赔偿请求，以行使船舶优先权为由申请扣押船舶的，人民法院不予支持。"实务中，上述规定在适用中遇到的问题主要是如果申请人请求解除船舶扣押，应在实体争议案件中进行审查还是在申请设立基金的案件中进行审查？② 是否需经扣船申请人同意，如果扣船申请人不同意，应如何适用法律调整当事人之间的冲突？如果申请人此前已经为解除船舶扣押提供了担保，现申请将担保作为其为设立基金提供的担保如何解决？另外，根据《海事诉讼特别程序法》第一百零八条和《海诉法解释》第八十四条的规定，准予申请人设立海事赔偿责任限制基金的裁定生效后，申请人应当在三日内在海事法院设立基金，申请人逾期未设立基金的，按撤回申请处理。故即使准许设立基金的裁定已经

---

① 参见（2014）广海法限字第 2 号东莞市淦昌建材公司为"粤东江 2 号"轮申请设立海事赔偿责任限制基金案。

② （2005）广海法初字第 78 号广州市黄埔顺风船务发展有限公司为"穗顺风机 868"轮申请设立海事赔偿责任限制基金案。法院在另案中诉前扣押了"穗顺风机 868"轮，申请人于基金设立之后申请解除对该轮的扣押。法院在（2005）广海法初字第 78 号案中作出裁定解除了对"穗顺风机 868"轮的扣押。

生效，基金是否已被设立也是不确定的，要待申请人按法律规定提交足额现金或者担保，基金才可被认为已经设立。目前，法律仅规定了设立基金的方式、如何认定基金已被设立和基金已被设立的确切时间，但没有规定应如何以适当形式向申请人、异议人以及不特定的第三人告知基金已被设立，故可能存在基金已经设立，但利害关系人并不知道，有可能仍然去申请扣船，而且法院因为内部分工的原因，审查扣押船舶申请的部门也不知道基金已经设立，有可能出现因信息不畅通导致的错误扣船，与海事赔偿责任限制基金应有的避免船舶被采取强制措施的预防效应相背离。

（五）基金的分配环节

已经设立的海事赔偿责任限制基金，于确权诉讼审理终结后，应进入执行程序分配。除了以民事判决书作为债权证明外，如果责任人与全部确权诉讼的债权人达成和解，债权人也可持民事调解书申请启动基金的受偿和分配程序。根据《海事诉讼特别程序法》第一百一十九条第三款规定，清偿债务后的余款，应当退还海事赔偿责任限制基金设立人。上述分配及余款的退还，均应由法院的执行部门办理。但是，如果责任人在基金之外另行清偿了确权诉讼中确定的全部限制性债权，或者没有债权人在法定期限内申请债权登记[①]情形下，申请人申请返还其以现金形式设立的基金或申请返还担保的，对此如何审查，法律并没有明确规定。对此，实践中也出现两种观点：一种观点认为，应由审查设立基金案件的部门接受申请并审查是否应予退还，当确认所有限制性债权已清偿完毕，即可直接予以清退或返还，无须出具文书；[②] 另一种观点认为，应参照基金受偿和分配程序由执行部门启动基金分配程序予以审查，以裁定形式明确是否可以退还。

三、完善优化：以精细化操作规范和充分保障各方主体权益为导向

（一）建议增加有关法院依职权行使释明权的规范

海事赔偿责任限制制度作为海商法中的一项重要制度，其根本价值是适当限制海运经营风险，保障航运业健康、平稳发展，维护并体现公平。申请设立基金往往是启动适用责任限制的第一步，在该类案件的审查程序中必须重视对责任限制制度内涵的阐明，加强诉讼指引，处理好责任人享受责任限

---

① （2004）广海法初字第316号案基金设立以后，无人在指定期限内申请债权登记，申请人请求返还为设立基金提供的等额现金。

② （2015）广海法限字第5号吴云华为"铭扬洲179"轮申请设立海事赔偿责任限制基金案。申请人于基金设立后，与确权诉讼的债权人全部达成和解协议并清偿了债务。审查申请设立基金案件的合议庭在各债权人确认不享有基金权益，同意终结海事赔偿责任限制程序后，决定向申请人返还基金。

制与债权人权利保障之间的关系,为以后的相关纠纷案件的审理奠定良好的基础。就法院应当行使释明权的范围,提出以下两点建议。

1. 在申请人提出申请后应释明的事项。一是释明提交全部已知利害关系人的义务,以及不提交可能承担的不利后果。宝供物流企业集团有限公司诉海口南青集装箱班轮公司(以下简称"南青公司")等沿海水路货物运输货损赔偿案中,法院认为,南青公司违反了披露已知利害关系人的法定义务,南青公司应当在基金之外另行承担赔偿责任。① 二是释明设立基金案件为非讼程序性案件,有关责任限制的实体抗辩应在相关纠纷中提出。实务中,有的申请人将申请设立基金案件与主张责任限制混同,提交的申请书直接表述为申请海事赔偿责任限制。对于此种当事人意图在实体权利方面主张责任限制,但仅在程序性案件中表达出其意向的情况,应及时向其释明应在相关实体纠纷审理过程中提出。三是释明裁定生效后申请人设立基金的时限要求,以及未在指定期限内设立基金的不利后果。《海诉法解释》第八十四条规定,准许设立基金的裁定生效后三日内,申请人应当设立基金,逾期按撤回申请处理。故准许设立基金的裁定生效后,申请人必须在较短时间内提交足额的现金或者提供法院可接受的担保,由于寻找担保机构需要时日或担保有瑕疵可能被法院拒绝,申请人有必要在申请设立基金案件审理过程中备好设立基金所需要的款项及材料,及早与法院沟通明确基金金额或保函文本。

2. 在异议人提出异议后应释明的事项。一是释明申请设立海事赔偿责任限制基金案件的审查范围。明确提示利害关系人,对有关责任人不能享受海事赔偿责任限制的抗辩应以书面形式在有关诉讼中提出,对有关债权为非限制性债权的主张也应在实体纠纷中提出确认请求。二是释明债权登记的期限和公告的发布时间,提示申请债权登记期间的届满之日为海事法院受理设立海事赔偿责任限制基金申请的最后一次公告发布之次日起第六十日。②

(二)建议增加符合立法目的的解释性规范

1. 关于管辖权异议审查问题。笔者认为,根据非讼程序案件的基本理论,申请设立基金案件应以快捷、效率为价值取向,就管辖权异议独立进行审查既无必要,也与其价值功能相悖。2012年修订、2013年1月1日开始施

---

① 参见(2005)广海法初字第21号宝供物流企业集团有限公司诉海南江海货物运输有限公司、海口南青集装箱班轮公司侵权纠纷案。广东省高级人民法院二审案号为(2009)粤高法民四终字第263号。

② (2004)广海法初字第316号黄石市金舟海运有限公司申请设立基金案中的利害关系人在指定期限内仅提起了诉讼,因疏忽没有为其债权申请债权登记。

行的《中华人民共和国民事诉讼法》（以下简称《民事诉讼法》）也将管辖权异议条款由原来该法第二章"管辖"第三十八条移至"一审普通程序"第一百二十七条，从该调整可以看出管辖权异议是针对一审普通程序作出的规定，而申请设立责任限制基金案件是非讼程序案件，管辖权异议不应当先行独立审查。而且，根据《海事诉讼特别程序法》《海诉法解释》《海事赔偿责任限制若干规定》就基金案件管辖作出的规定，法院在受理时就应当依职权审查管辖，若没有管辖权，应裁定不予受理，故实务中发生管辖错误的概率很小。笔者建议就异议人提出的管辖权异议与是否准许设立基金一并进行审查，避免当事人滥用管辖权异议减损非讼程序效率。

2. 关于航次承租人能否申请设立基金的问题。笔者认为，从责任限制制度存在的本意和航运实践考虑，享受责任限制的人应当是对整艘船舶享有利益的人，并承担营运风险的人。航次租船合同下，船舶的营运完全由出租人控制，承租人的义务是按照约定提供货物、支付运费，不承担船舶的营运风险。航次承租人因签订"背靠背"的航次租船合同，可能对实际货主承担的货损赔偿责任并不是船舶营运风险。《海商法》也将航次租船合同作为海上货物运输合同的内容在第四章中加以规定。对基金申请人中的承租人作不包括航次承租人理解，更符合立法本意，故建议增加航次承租人不能申请设立基金的规定。

3. 关于经许可航行于港澳航线的内河船舶能否设立基金的问题。笔者认为，经许可航行于港澳航线的内河船舶可以申请设立基金。理由是：应当结合当事船舶适航证书记载的适航区域、是否经许可经营港澳航线和涉案航次实际经营活动判定当事船舶是否为"海船"。内河船舶的航区按A级、B级和C级高低顺序排列，高级航区覆盖低级航区。广东省内水域中，A级航区为珠江水系自虎门（沙角）至淇澳岛大王角灯标、孖洲岛灯标联线以内的水域，以及至香港、澳门距岸不超过5公里的水域；自磨刀门经洪湾水道至澳门航区（其余为海区）。根据上述有关A级航区的规定，航行内河A级航区的船舶是可从广东港口出发，沿珠海淇澳岛，经虎门、沙角等地走内河航道抵达港澳。广东省交通厅准许船舶航行港澳航线的批复中，对准许从事广东省内各开放港口至香港、澳门航线运输的船舶均注明应在该船舶检验证书载明航区内航行。故航行于港澳航线的船舶既有海船，也有内河船舶，只是从事港澳航线运输的内河船舶被限定在A级航区的范围内。但在实际航行中，珠江口的内河A级航区与周围海区处于同一水域中，并没有明显的可分界限，船舶易发生跨航区航行的事实。而且，据了解，船检部门审查A级航区内河船舶是否适合航行港澳航线的重点是船舶具备符合港澳航线运营要求的通信设备。船舶驶出港口后，即处于一个开放相通的水域，在同一水域发生事故的船舶，如果仅仅因为船舶检验证书记载的船舶属性是内河船舶，则不能享受责任限制，欠缺公平。因此，笔者建议以规范形式明确经许可航行于港澳航线的内河船舶的相关责任人可以申请设立基金。①

4. 港澳航线船舶的基金计算标准。《中华人民共和国国际海运条例》中规定："内地与香港特别行政区、澳门特别行政区之间的海上运输，由国务院交通主管部门依照本条例制定管理办法。"目前，中国内地登记的船舶必须经过交通主管部门许可才能从事港澳航线的运输，可见，内地与香港、澳门之间的运输航线为实行特殊管理的国内航线，不属于《海事赔偿限额规定》中的"沿海运输"。根据《中华人民共和国国际海运条例》上述条款规定，港澳航线的船舶受该条例调整，非为从事沿海运输的船舶。笔者建议以规范形式明确当事船舶事故航次经许可正在从事港澳航线的运输，应适用《海商法》的规定确定其责任限额并计算基金数额。

5. 关于《海事赔偿限额规定》第五条的理解与适用。笔者对"有适用"持客观说观点，认为应当是指当事船舶的限额根据其实际从事的经营活动有应当依照《海商法》第二百一十条第一款或者《海事赔偿限额规定》第三条规定的情况计算，而不论当事船舶的责任人是否实际适用或者申请其责任限制权利或者实际申请设立海事赔偿责任限制基金，故建议将最高人民法院在起草《海事赔偿责任限制若干规定》时提出的但未作出正式规定的意见纳入，即"同一海事事故中当事船舶的海事赔偿责任限额，有应当依照《海商法》第二百一十条第一款或者《关于不满300总吨船舶及沿海运输、沿海作业船舶海事赔偿限额的规定》第三条规定计算的，其他当事船舶的海事赔偿责任限额，不适用《关于不满300总吨船舶及沿海运输、沿海作业船舶海事赔偿限额的规定》第四条的规定"。当事船舶事故航次正在从事中华人民共和国港口之间的运输，但同一事故的其他船舶有应当适用《海商法》的规定确定其责任限额的，当事船舶应当同样适用，无论其他船舶是否已申请适用

---

① 最高人民法院民事审判第四庭王淑梅副庭长于2017年6月16日在全国海事审判实务座谈会上的总结讲话中指出，持有海船检验证书的船舶，无论发生事故在海上还是内河，均是海船；对于持有内河船舶检验证书但可以在核定海上航区内航行的船舶涉案事故实际发生于海上时，在相关案件中按海船处理。

责任限制或设立海事赔偿责任限制基金。①

6. 关于执行拖带任务的拖轮与驳船基金数额的计算标准。笔者认为，《海商法》第一百六十三条关于"在海上拖航过程中，由于承拖方或者被拖方的过失，造成第三人人身伤亡或者财产损失的，承拖方和被拖方对第三人负连带赔偿责任"的内容是关于海事事故实体责任的规定，在基金设立申请的程序性审查中并不适用。如果申请人与拖轮和驳船并不同时具有船舶所有或救助关系，则申请人可仅就拖轮或驳船的总吨位计算责任限额并设立基金。如果申请人同时是拖轮和驳船的船舶所有人或救助人，则申请人应同时为拖轮和驳船一并设立基金，而且根据船舶总吨位与责任限额之间的对应关系，应以拖轮与驳船各自的吨位为基础分别计算责任限额，而不能将拖轮与驳船总吨位累加综合计算责任限额。

7. 关于审判组织。《海事诉讼特别程序法》没有规定设立海事赔偿责任限制基金程序的审判组织。实务中，广州海事法院曾有5宗案件由审判员一人独任审理。② 笔者认为，审判员独任审理是符合我国法院组织法规定的一种审判组织形式，申请设立海事赔偿责任限制基金案，可由审判员一人进行审查。《中华人民共和国人民法院组织法》（2006修正）第九条第一款、第二款规定："人民法院审判案件，实行合议制。人民法院审判第一审案件，由审判员组成合议庭或者由审判员和人民陪审员组成合议庭进行；简单的民事案件、轻微的刑事案件和法律另有规定的案件，可以由审判员一人独任审判。"根据《民事诉讼法》的相关规定，适用简易程序的一审案件、除选民资格案件外的特别程序案件、督促程序案件和公示催告程序案件都可由审判员一人独任审查或审理。申请设立海事赔偿责任限制基金案件不涉及实体权利、义务如何分配，属于程序性案件的审查，具有审判员独任审理的客观基础，由独任审判员处理不仅完全胜任，而且可以保证诉讼过程的迅速进行，故建议由审判员一人独任审查该类案件。

8. 关于审查范围。申请设立海事赔偿责任限制基金案件是非讼程序案件。由于非讼程序所针对的非讼案件往往关涉公益或他人利益，法院对它的

---

① 万鄂湘：《最高人民法院关于审理海事赔偿责任限制相关纠纷案件的若干规定条文理解与适用》，大连海事大学出版社2013年版，第7页。

② 参见（2007）广海法初字第226号福州金帆船务有限公司申请设立海事赔偿责任限制基金案、（2005）广海法初字第91号福建省协通船务企业有限公司申请设立海事赔偿责任限制基金案、（2005）广海法初字第123号汕头市金平区启升金属材料部申请设立海事赔偿责任限制基金案、（2005）广海法初字第412号北海中豪海运有限责任公司申请设立海事赔偿责任限制基金案、（2005）广海法初字第67号巴商长宏航运股份有限公司申请设立海事赔偿责任限制基金案。

解决带有民事行政的性质，而不完全受制于私权自治，因此，法院对诉讼程序的推进以及程序事项的处理，应当持积极的干预态度，充分地发挥职权裁量的作用。① 建议以规范明确异议人没有提出异议或者没有针对《海诉法解释》第八十三条规定的审查范围提出异议时，法院也应依职权主动进行审查。

（三）建议增加公开信息及与其他关联程序相衔接的规范

1. 适时公开基金是否已设立的信息。应以适当形式向申请人、利害关系人通知基金设立的时间和方式。为避免申请人的船舶被其他利害关系人申请扣押，或便于申请人取回被采取强制措施的财产，有关基金已被设立的信息应予公开。应向申请人及异议人发出确认基金已设立的通知书或未在指定期限内设立基金的通知书。如果基金已经设立，应在公开的媒体上予以公告，从而使相关人员及时掌握信息正确行使权利。在广西防城港锦航船务有限公司为"锦航海6"轮申请设立海事赔偿责任限制基金案中，广州海事法院于基金设立后向武汉海事法院和5名已知利害关系人发出告知设立海事赔偿责任限制基金通知书，使得有关当事人能及时掌握权利、义务的现时状态，取得了较好的效果。②

2. 与扣押船舶程序的衔接。为平衡双方的利益，当责任人于基金设立后申请解除对其船舶的扣押时，法院应在有关实体纠纷案件项下进行审查，并应告知扣押船舶申请人并征询其意见，如果扣押船舶申请人以其享有的海事请求为非限制性债权或者责任人因具备法定情形已丧失海事赔偿责任限制为由不同意解除船舶扣押，法院不能裁定解除对当事船舶的扣押，并同时向扣押船舶申请人释明如果经实体审理其理由不成立，将承担扣押船舶错误的法律责任。此外，如果责任人已经为解除船舶扣押提供了担保金，则其申请在基金数额范围内将担保金转为设立基金的现金，根据《海商法》第二百一十四条规定的精神，也应予以准许。③

3. 与基金分配程序的衔接。笔者认为，根据《海事诉讼特别程序法》第一百一十九条第三款"清偿债务后的余款，应当退还船舶原所有人或者海事赔偿责任限制基金设立人"规定的精神，基金的设立与基金的分配应该分别是基金制度的起点与终点，已经设立的基金是否具备退还的条件、是否全部进行了债权登记的债权人均已受偿等问题应当属于基金分配范畴内的问题，

---

① 江伟：《民事诉讼法学原理》，中国人民大学出版社1999年版，第727页。
② 参见（2017）粤72民特21号案。
③ 参见（2011）广海法初字723号案。该案准许申请人将为解除船舶扣押提供的担保于准许设立基金后转为其为设立基金提供的现金。

不能在已经结案的基金设立案件中解决，而应当启动执行程序作为基金受偿与分配案件进行审查。如果责任人在基金之外另行清偿了确权诉讼中确定的全部限制性债权，申请人申请返还其以现金形式设立的基金或申请返还担保的，则执行部门应根据确权诉讼民事调解书的内容及民事调解书已在基金之外履行完毕的事实，决定基金无须进行分配，准许退还基金设立人。如果责任人在基金之外另行清偿了部分限制性债权，则此时可借鉴 1976 年《海事赔偿责任限制公约》第十二条"基金分配"第二款"如在基金分配之前，责任人或者保险人已就对该基金的索赔付款结案，则他在已付金额范围内，应依代位权获得此受偿人根据本公约所可享有的权利"规定，设立代位权制度，允许该责任人在基金分配时就已清偿的债权所占基金份额主张权利。

海上拖航合同互免条款相关问题研究*

——以"互撞免赔条款"的效力认定为视角

刘宇飞　周田甜

摘要：《海商法》第七章第一百六十二条确立了海上拖航合同纠纷的过失责任制度以及合同约定优先原则，极具独特性和典型性。结合目前海上拖航的相关法律规定，本文通过分析典型案例和生效裁判，正确理解《海商法》第七章相关规定，准确把握和理解拖航合同"互撞免赔条款"（Knock for Knock）的本质，认定拖航合同当事人参照"TOWHIRE"海上拖航合同（日租）订立的"互撞免赔条款"合法有效，依法免除承拖方的过失责任，体现了尊重航运市场商业规则的司法裁判理念，对于解决类似纠纷具有一定的参考价值，发挥了积极的司法指引功能。

关键词：海上拖航合同；免责条款；互撞免赔。

一、问题的提出

21世纪是海洋的世纪。伴随着国内外海运市场的蓬勃发展，越来越多的国内外学者开始关注海上拖航制度。海上拖航制度是海商法一项特有的年轻制度，诞生迄今有两百多年的历史。关于海上拖航的概念，《布莱克法律词典》将拖航定义为"拖船对其他船舶的拖带行为或服务"①。《中华人民共和国海商法》（以下简称《海商法》）对海上拖航合同的定义相较于国外对拖航的定义，多了一个"经海路"的要求。《海商法》第一百五十五条规定"海上拖航合同，是指承拖方用拖轮将被拖物经海路从一地拖至另一地，而由被拖方支付拖航费的合同。本章规定不适用于在港区内对船舶提供的拖轮服务。"这就将内河拖航从海上拖航中排除出去。关于海上拖航合同的性质，笔者认为其是兼具运输和承揽双重性质的特殊服务合同，该合同对明确承拖双方的权利与义务、解决双方争议有至关重要的作用。

---

* 本文获江苏省法学会海商法学研究会2023年年会论文评比三等奖。

① "The act or service of towing ships and vessels, usually by means of a small vessel called a tug." See *Black's Law Dictionary*（West Publishing Co., 2004, 8th ed.）, p. 4650.

当前,在发展海洋经济、建设海洋强国以及构建21世纪海上丝绸之路的战略背景下,海上拖航迎来了新的发展机遇,也发挥着更为重要的作用。然而,由于海上危机四伏的作业环境以及拖航作业方式的特殊性,对参与方的专业性、技术性要求极高,拖航作业面临风险较大,因此海上拖航合同中通常订立免责条款,免除一方或双方的责任,以此平衡双方利益,维护航运市场稳定发展。本文通过分析拖航合同"互撞免赔条款"(Knock for Knock)的内容,结合《海商法》、《中华人民共和国民法典》(以下简称《民法典》)的规定以及相关司法判例分析其效力,对有关问题加以讨论,以期对海上拖航有关纠纷的解决提出建议和借鉴。

二、范本观察:中国平安财产保险股份有限公司上海分公司诉交通运输部南海救助局海上拖航合同纠纷案①

2016年10月18日,交通运输部南海救助局(以下简称"南海救助局")所有的"南海救115"轮拖带第三人北车船舶与海洋工程发展有限公司(以下简称"北车公司")所有的"泰鑫1"轮从海南万宁前往广东湛江。由于南海救助局的严重过错,"泰鑫1"轮搁浅于湛江硇洲岛东南的西钳礁水域,给北车公司造成探摸费用4万元、抽油费用168万元、修理费2,660.7443万元、起浮及拖航费用1,850万元等损失。南海救助局违反《海商法》第七章"海上拖航合同"第一百五十七条规定的配备相关拖缆的义务,导致拖带船组在起拖前和起拖当时不适航、不适拖,在航行中未尽到谨慎处理的义务,最终导致了"泰鑫1"轮搁浅事故的发生。鉴于此,中国平安财产保险股份有限公司上海分公司(以下简称"平保上海公司")认为,虽然涉案拖航协议中约定了各方对各自的财产损失单独承担责任并且不得向对方索赔的免责条款,但该免责条款系格式条款,也违反了《海商法》第一百五十七条的强制性规定,且南海救助局对涉案事故存在重大过失,依据《中华人民共和国合同法》(以下简称《合同法》)的规定,免责条款应属无效。因此,南海救助局应按照其过错程度对搁浅事故造成的损失承担90%的损害赔偿责任。平保上海公司承保"泰鑫1"轮船舶险并已经向北车公司支付了保险赔偿款,依法取得代位求偿权,其向法院起诉请求判令南海救助局赔偿平保上海公司已支付的保险赔款3,500万元及其利息并承担诉讼费用。对此,南海救助局提出的主要抗辩为:(1)《海商法》第一百六十二条规定,承拖方和被拖方

---

① 参见广州海事法院(2017)粤72民初1027号、广东省高级人民法院(2019)粤民终1289号、最高人民法院(2021)最高法民申4114号生效裁判文书。

在拖航过程中遭受的损失按过失程度承担责任,但仅仅是在拖航合同没有约定时适用,如果合同有约定应该遵从合同的约定。根据涉案拖航协议第 4 条的约定,各方对各自的财产损失单独承担责任并且不得向对方索赔,南海救助局可以免责。(2)南海救助局并无不可免责的过失。涉案事故首要原因为台风的影响,即客观原因,其次是拖轮和被拖轮的共同过失,没有任何证据证明是南海救助局单方面的过错,更没有证据证明是南海救助局的严重过错或者违反了法定义务。

法院经审理查明:2016 年 10 月 15 日,北车公司与南海救助局签订拖航协议,约定由南海救助局提供"南海救 115"轮将北车公司所属的"泰鑫 1"轮从海南大洲岛海域拖带至湛江大黄江防台锚地躲避台风"莎莉嘉"。其中第 4 条为责任与免责约定。该条第(3)款约定,不论是否由于北车公司、其工作人员或代理人、船长、船员的疏忽或任何过失而发生以下情况,均由南海救助局单独承担责任,并对北车公司、其工作人员或代理人、船长、船员无追索权:(a)无论任何原因造成的拖轮或拖轮上任何财物的灭失和损坏;(b)由于与拖轮接触或由于拖轮形成的障碍对他人财产造成的灭失和损害;(c)拖轮残骸清除、移位、照明或设标的费用以及清除拖轮造成污染的一切责任。对由于上述灭失和损害所引起对北车公司裁定的对他人应负的任何责任或经过合理调解索赔,南海救助局应给北车公司以补偿。该条第(4)款约定,不论是否由于南海救助局、其工作人员或代理人、船长、船员的疏忽或任何过失而发生以下情况,均由北车公司单独承担责任,并对南海救助局、其工作人员或代理人、船长、船员无追索权:(a)无论任何原因造成的被拖物或被拖物上任何财物的灭失和损坏;(b)由于与被拖物接触或由于被拖物形成的障碍对他人财产造成的灭失和损害;(c)被拖物残骸清除、移位、照明或设标的费用以及清除被拖物造成污染的一切责任。对由于上述灭失和损害所引起对南海救助局裁定的对他人应负的任何责任或经过合理调解索赔,北车公司应给南海救助局以补偿。当日,"南海救 115"轮正式起拖"泰鑫 1"轮前往湛江港。拖带过程中因恶劣的气象、海况影响,主拖缆 2 次发生崩断,后经多次尝试接拖均不成功,"泰鑫 1"轮漂移至硇洲岛附近礁石搁置,2 个月后成功脱浅,造成"泰鑫 1"轮船底多舱破损进水,机器浸水损坏。北车公司曾于 2016 年 9 月 22 日向平保上海公司投保"泰鑫 1"轮船舶保险一切险。北车公司就本次事故向平保上海公司索赔,平保上海公司于 2017 年 9 月至 12 月向北车公司支付 3,500 万元保险赔款,北车公司向平保上海公司出具了权益转让书。

法院生效裁判认为,关于南海救助局是否对涉案事故存在过错的问题。案涉事故是拖轮在台风前对被拖船进行应急拖航中发生的责任事故。除恶劣气象、海况的影响外,"南海救115"轮与"泰鑫1"轮对事故的发生均存在过错。"南海救115"轮的过失包括:一是对被拖船的了解和沟通不足,应急拖航准备不充分,未能按照拖航方案要求及时与"泰鑫1"轮商定确认拖航前的准备;二是对在台风强风中拖航可能遇到的困难和出现的险情估计不足。"泰鑫1"轮的过失包括:一是防台部署不到位,船长防台抗风意识不足,未能根据自身实际情况,建议公司及早安排拖轮将船舶拖到安全水域防台,并提前准备好避台拖带可能需要的高强度缆;二是与拖轮沟通不足,协调不到位。平保上海公司主张南海救助局的过错是导致本案事故发生的主要原因,缺乏事实依据。

关于南海救助局能否依据免责条款免除赔偿责任的问题。根据《海商法》第一百六十二条的规定,海上拖航合同当事人可以就拖航过程中遭受的损失自行约定赔偿责任,在拖航合同没有约定或者没有不同约定时,适用该条第一款规定的过失责任。案涉拖航协议中约定南海救助局与北车公司均免除对方对自己船舶损失的赔偿责任。南海救助局的拖航方案是南海救助局就"泰鑫1"轮拖航相关事宜的安排,该方案中关于拖航指挥关系的内容不构成南海救助局向北车公司承担义务以及赔偿责任的依据。平保上海公司关于拖航方案已经实质改变了拖航协议内容的主张,不能成立。

"南海救115"轮在起拖前和起拖当时,持有有效拖航证书且配备了相应的船员及拖航索具。案涉事故发生的原因主要归责于恶劣的气象、海况影响造成两次断缆,即使南海救助局在配备备用拖揽问题上存在过错,亦不是造成事故的主要原因。南海救助局对于案涉事故造成的损失不存在故意或重大过失,根据南海救助局与北车公司签订的拖航协议中约定的免责条款,南海救助局无需对"泰鑫1"轮触礁搁浅事故造成的损失承担赔偿责任。案涉事故发生于拖航协议签订之后,平保上海公司亦在案涉事故发生后向北车公司支付了保险赔偿款,平保上海公司主张拖航协议约定的免责条款不能对抗其代位求偿权,缺乏依据。

本案争议在于南海救助局能否依据其与北车公司海上拖航协议第4条约定的"互撞免赔条款"免除过失赔偿责任。法院生效裁判确定了两个要旨:在海上拖航合同纠纷中,一是当事人可以就海上拖航过程中遭受的损失自行约定赔偿责任,在拖航合同没有约定或者没有不同约定时,适用过失责任;二是承拖方不存在故意或重大过失时,其与被拖方约定的"互撞免赔条款"

合法有效，承拖方可依据该条款免除过失赔偿责任。

三、"互撞免赔条款"效力认定相关具体问题的探讨

（一）"互撞免赔条款"不宜被认定为格式条款

从上述案件可知，涉案海上拖航协议第4条关于责任与免除责任的约定属于海上拖航领域的"Knock for Knock"条款。该条款一般被译为"互撞免赔条款"。该译法与"互撞免赔条款"最初出现的行业——摩托车保险业密切相关。① 该条款的一般内容是：合同当事人对自身财产的损失、人身伤亡自行承担责任，即使这种财产损失、人身伤亡是由对方当事人的作为、不作为或违约导致的。"互撞免赔条款"的核心内容已被国际救助同盟、欧洲所有人协会和波罗的海国际航运公会（BIMCO）共同推荐的国际海上拖航合同（包括日租格式和承包格式）②、日本航运交易所制定和推荐的日本拖航合同格式、中国海洋工程服务有限公司的拖航合同格式、中国拖轮公司的拖航合同格式（日租格式）等吸收使用。③ "互撞免赔条款"的实质是各方当事人基于风险与责任分摊，通过相互约定若干免责事项与不可免责事项，取代原有的基于过错的责任承担方式。④ "互撞免赔条款"已被波罗的海国际航运公会视为架构 SUPPLYTIME 的核心原则。⑤ 从约定的权利义务内容看，"互撞免赔条款"属于约定的免责条款。

涉案互撞免赔条款借鉴于波罗的海国际航运公会海上日租拖航标准合同（TOWHIRE）。从国际航运实践来看，虽然在拖航领域存在着载明"互撞免赔条款"的不同版本的拖航标准合同，但"互撞免赔条款"并不具有强制性，均可由当事人协商增减。因此，涉案互撞免赔条款不宜被定性为《合同法》第三十九条规定的"当事人为了重复使用而预先拟定，并在订立合同时未与对方协商"的格式条款，不能适用《合同法》第四十条第二句"提供格

---

① 韩赟斐：《"互相免赔"原则研究——以 SUPPLYTIME 2017 第 14 条（a）款为例》，载《中华海洋法学评论》2019 年第 4 期，第 116 页。

② 波罗的海国际航运公会海工服务船舶标准定期租船合同（代号为 SUPPLYTIME，目前版本为 2017 年修订版）。相对于 BIMCO 的驳船租用标准合同 BARGEHIRE、重大件运输标准合同 HEAVYCON、国际海上拖航租合同 TOWCON、国际海上拖航日租合同 TOWHIRE、项目标准合同 PROJECTCON，SUPPLYTIME 中处于"母合同"地位。See Nataly a Dolgikh, *Chartering of Survey Vessels on Terms of 2005：Some Legal Implications*（Norway：University of Oslo, 2010）.

③ 傅廷中：《海商法论》，法律出版社 2007 年版，第 305 页。

④ Simon Rainey, "The Construction of Mutual Indemnities and Knock-for-knock Clauses" in Baris Soyer and Andrew Tettenborn eds., *Offshore Contracts and Liabilities*（London：Informa Law, 2015）, pp. 70 – 71.

⑤ Simon Rainey, *The Law of Tug and Tow*（London：Informa Law, 2011, 3rd edition）, p. 259.

式条款一方免除其责任、加重对方责任、排除对方主要权利的,该条款无效"的规定否定效力①。

(二)《海商法》第七章不存在认定"互撞免赔条款"是否有效的效力评价规则

对于《海商法》是否存在认定"互撞免赔条款"是否有效的效力评价规则。一审认为,《海商法》作为特别法,没有明确规定"互撞免赔条款"无效时该条款即有效。二审则适用《合同法》第五十三条认定"互撞免赔条款"的效力。笔者认为,《海商法》第七章不存在认定"互撞免赔条款"是否有效的效力评价规则。

第一,《海商法》第七章没有《海商法》第四章第四十四条"海上货物运输合同和作为合同凭证的提单或者其他运输单证中的条款,违反本章规定的,无效。此类条款的无效,不影响该合同和提单或者其他运输单证中其他条款的效力。将货物的保险利益转让给承运人的条款或者类似条款,无效"的效力评价规则。根据《海商法》第一百六十二条第三款"本条规定仅在海上拖航合同没有约定或者没有不同约定时适用"的规定,虽可得出该条是任意性规定的结论,但不能反向推论《海商法》第七章包括第一百五十七条等其他条款为强制性条款。因为在起草《海商法》第一百六十二条时,最初准备参考波罗的海国际航运公会等制定的拖航标准合同的精神,拟规定承拖方因过失造成被拖方以及第三方的损害,均由被拖方承担。但考虑到引入此类条款显失公平,故参照海上货物运输合同承运人承担过失责任的免除,免除航海过失及救助过失造成的被拖方的损失。同时,为了不影响拖航合同当事人的合同自由,规定该条为任意性条款。② 2019 年 12 月 30 日,交通运输部第三十次会议审议通过并提请国务院审议的《中华人民共和国海商法(修改送审稿)》(以下简称《送审稿》)第一百八十四条增加了一款作为原《海商法》第七章第一个条文即第一百五十五条的第三款,该款规定"本章规定仅在合同没有约定或者没有不同约定时适用"。前述修改意见也从侧面说明目前主流的观点仍认为《海商法》第七章均属于任意性规定。

第二,《海商法》第一百五十七条不是效力性评价规则。有观点认为,《海商法》第一百五十七条有关承拖方负有"适航、适拖"义务的规定属于效力性强制性规定,如海上拖航合同约定排除承拖方负有适航、适拖义务的,

---

① 类似观点可参见袁绍春《论海上拖航合同中的免责条款》,载《中国海商法年刊》(2001)第 12 卷,大连海事大学出版社 2002 年版,第 195 页。

② 司玉琢、张永坚、蒋跃川编著:《中国海商法注释》,北京大学出版社 2019 年版,第 249 页。

该约定应被认定为无效。① 其主要理由是：首先，《海商法》第一百五十七条关于承拖方的"适航、适拖"义务选择的措辞是"应当"。因此，该条应被认定为是强制性规定。② 其次，承拖方负有的适航、适拖义务，直接关系到维护海上交通安全及拖航安全，涉及航运的公共利益，不应允许当事人通过协议约定免除违反适航、适拖法定义务所产生的赔偿责任。如承拖方违反该法定义务，无论与被拖方之间是否存在免责条款，均因违反该条规定而无效，承拖方应承担赔偿责任。笔者认为，前述观点值得商榷。(1)《海商法》规定的承拖方的"适航、适拖"义务是"谨慎处理"义务，而非"绝对保证"义务。在国际拖航领域，最初对于承拖方的适航、适拖义务采取的是"绝对保证义务"说③，但在1911年"The West Cock"案后，英美判例更倾向于承拖方负有"谨慎处理"的适航、适拖义务。④《海商法》第一百五十七条采用的也是"谨慎处理"说，承拖方仅负有谨慎处理的相对义务，而不负有提供一艘绝对适航、适拖的拖轮的绝对义务。⑤ 因此，《海商法》第一百五十七条关于承拖方负有"谨慎处理"义务不宜被认定为一种效力性强制性规定。(2) 结合《海商法》第七章的立法过程以及《送审稿》的条款，《海商法》第七章与第六章船舶租用合同的所有条款均可为当事人意思自治排除。如果海上拖航合同约定承拖方可对不适航、不适拖造成的损失免责。此种情形下，《海商法》第一百五十七条也因其任意性规定的属性可被当事人排除，该条无法评价类似免责条款的效力。(3) 承拖方违反"谨慎处理"的适航、适拖义务并不必然违反航运公共秩序。因为被拖物的处于被动状态，海上拖航相较于海上货物运输具有更大风险性，如果承拖方未尽"谨慎处理"的适航、适拖义务，则确易导致被拖物脱离，对海上航运产生一定的风险。但是，此种潜在的风险是否必然转化为现实，与合同条款是否有效无关。即使承拖方存在《中华人民共和国海上交通安全法》（以下简称《海上交通安全法》）第四十五条规定的未采取特殊的安全保障措施等违法行为导致拖轮不适航、

---

① 梁惠雅：《论海上拖航合同中承拖方的适拖义务——对现行免责条款的反思》，载《云南大学学报》2016年第3期，第91页。

② 屈志一：《海上拖航法律问题研究》，大连海事大学博士学位论文，2014年，第47页。

③ 在1911年以前，英美判例都趋向于承拖方负有适航、适拖的绝对义务。See Simon Rainey, *The Law of Tug and Tow and Offshore Contracts*（London: Informa Law & Finance, 2011, 3rd ed），p.37；还可参见"The Undaunted"案和"The Marechal Suchet"案。

④ "The Minnehaha"案、"The Smeilji"案、"The Alle & Evie"案，转引自屈志一《海上拖航法律问题研究》，大连海事大学博士学位论文，2014年，第50-51页。

⑤ 司玉琢、张永坚、蒋跃川编著：《中国海商法注释》，北京大学出版社2019年版，第249页。

不适拖，承拖方承担的责任也是《海上交通安全法》第九十一条第二款规定的禁止进出港、被暂扣有关证书、文书或者被责令停航、改航、驶往指定地点或者停止作业以及该法第一百零六条规定的被处以一定数额的行政罚款。前述法律责任的性质属行政法律责任。而且《海上交通安全法》未赋予该法第四十五条、第九十一条第二款具有否定当事人海上拖航合同效力的效力性强制性规定的地位。因此，与《海上交通安全法》第九十一条第二款具有同等功能的《海商法》第一百五十七条也不具备效力性强制性规定的地位，"互撞免赔条款"无论是否违反该条规定的"适航、适拖"义务，均不能因为违反该条本身而被认定为无效。

第三，《海商法》第一百六十二条不是效力性评价规则。该条规定的意旨在于尊重当事人的意思自治，允许当事人通过合同约定不同于该条规定的"过失责任原则"和承拖方的免责事由，但没有规定当事人通过意思表示达成的其他归责原则或者承拖方的其他免责事由（比如承拖方或被拖方对其故意或重大过失造成的损失免除赔偿责任）必然产生合法效力。双方当事人约定的不同于第一百六十二条的条款的效力评价，仍需借助于效力性评价规则予以认定。

（三）适用民事效力评价规则认定"互撞免赔条款"效力

《海商法》属于民法体系中的特别法，具有很强的涉外性、国际性，且在制定相关规则时，为了与国际接轨，充分借鉴了当时的国际公约（含未生效的）、海事惯例、标准合同。但《海商法》作为主要调整海上运输和船舶活动中产生的平等主体之间的经济关系的法律，仍属于民商事法律范畴，而不宜独立于《民法典》自成一脉。① 过分强调海商法的独立性和绝对自体性既没有理论基础，也没有实践支撑。② 还会造成对海商法的研究游离于法的体系之外，将海商法封锁在孤立的空间，脱离整个法学理论体系的支撑，有可能成为无本之木、无源之水。③ 因此，对于《海商法》中一些植根于特定的实践基础、有别于传统民商法的自体性制度（比如承运人的责任限制等制度）应以《海商法》规定为准，普通民事法律制度的价值理念和技术规则不

---

① 胡正良、孙思琪：《论我国民法典编纂对〈海商法〉修改之影响》，载《烟台大学学报（哲学社会科学版）》2016年第3期，第25页。

② 关于《海商法》坚持绝对自体性面临的困境可参见曹兴国《海商法自体性研究》，大连海事大学博士学位论文，2017年。

③ 张永坚：《法之家庭的游子——我国海商法的回归与发展》，见《海商法研究》总第5辑，法律出版社2001年版，第222页。转引自何丽新《论新民商立法视野下〈中华人民共和国海商法〉的修订》，载《中国海商法年刊》2011年第2期，第52页。

适用于前述海商法的特殊制度或规则。但是，对于《海商法》没有明确规定的事项，应适用普通民事法律规定予以调整。① 诉诸"互撞免赔条款"的效力，因《海商法》没有效力评价规则，应适用民事法律的相关规定。

从"互撞免赔条款"约定的权利义务看，其性质属于免除或减少当事人赔偿责任的"免责条款"。因此，判断该条款效力时，应适用《民法典》评价免责条款效力的相关规则。《民法典》第五百零六条"合同中的下列免责条款无效：（一）造成对方人身损害的；（二）因故意或者重大过失造成对方财产损失的"就是认定免责条款是否无效的规则。涉案"互撞免赔协议"约定的承拖人或者租用方可以免除的是对方（含工作人员或代理人、船长、船员）因"疏忽或任何过失"而发生的相关损失。从国际海上拖航航租合同 TOWCON（目前为 2021 版本）第 22 条(b) (i) 项关于租用人的免赔责任、第 22 条(b) (ii) 项关于拖轮方的免赔责任使用的措辞来看，免除的是对方因"任何违反合同、疏忽或其他过失"（any breach of contract, negligence or any other fault）造成的特定损失。② 国际海上拖航日租合同 TOWHIRE（目前为 2021 年版本）第 18 条第 2 款(a) 项关于租用人的免赔责任、第 18 条第 2 款(b) 项关于拖轮方的免赔责任，采取的措辞与 TOWCON 2021 一致。③ 前述标准合同与涉案"互撞免赔协议"的差异在于比涉案"互撞免赔协议"少了"违反合同"这一项免责事由。二审认为涉案"互撞免赔协议"中的"疏忽或其他过失"在范围上不包括"故意或重大过失"，故认定该条款有效。笔者对此不完全赞同。笔者赞同"疏忽或其他过失"在范围上不包括"故意"，但认为"其他过失"包括"一般过失"与"重大过失"。涉案"互撞免赔条款"约定的因"重大过失"造成的特定损失，承拖方或租用人均不可免除赔偿责任。但根据《民法典》第一百五十六条"民事法律行为部分无效，不影响其他部分效力的，其他部分仍然有效"的规定，承拖方和租用人约定的"因疏忽或一般过失"导致的损失互相免除赔偿责任的约定有效。

从国际海上拖航的司法实践看，对于是否以合同自由认定"互撞免赔条

---

① 比如最高人民法院指导案例 108 号浙江隆达不锈钢有限公司诉 A. P. 穆勒—马士基有限公司海上货物运输合同纠纷案，就是在《海商法》没有明确规定托运人对货物是否享有控制权的情况下，通过适用《中华人民共和国合同法》第五条、第三百零八条，明确了海上运输托运人在遵循公平原则的情况下享有依法要求变更运输合同的权利。

② "TOWCON 2021"，见 BIMCO 网页（https://www.bimco.org/contacts-and-clauses/bimco-contracts/towcon – 2021），访问日期：2021 年 6 月 25 日。

③ "TOWHIRE 2021"，见 BIMCO 网页（https://www.bimco.org/contacts-and-clauses/bimco-contracts/towhire – 2021），访问日期：2021 年 6 月 25 日。

款"绝对有效,存在一定争议。莫里森(Morrison)认为,"若将关于是否适航的争议引入这个直率又粗鲁的原则,会减少'互撞免赔'协议的效力"①。他在 Smit International Deutschland GmbH v. Josef Mobius Baugesellschaft GmbH 案②的判词中称,"互撞免责条款是不公平的,但是在分配风险和责任方面是有效的;即使在偶发事件的情况下,拖船或者被拖船对事故负完全责任,其责任分配依赖于拖船和被拖船与第三方发生碰撞时,也是适用的。……标准合同的意图不允许适航条款产生的争议对危险的分配产生影响……"③ 英国法院 2008 年审理的"The A Turtle"案④中,"互撞免赔条款"分配责任风险的功能得到充分体现。该案中,拖船所有人与被拖方达成协议:拖船"Mighty Deliverer"轮所有人与租用人约定使用国际海上拖航合同(总承包)TOWCON 标准合同,拟由该拖轮将租用人的钻井设备由巴西经开普敦拖往新加坡。但在拖航作业中,因拖船"Mighty Deliverer"轮燃料用尽,该轮遂断开拖缆任由钻井设备在海中漂流而全损。法院判决认为:虽然承拖方违反了 TOWCON 第 13 条关于起拖阶段谨慎处理的适航、适拖义务,也违反了尽最

---

① [2001] EWHC 531 (Comm), p. 20.

② Smit International Deutschland GmbH v. Josef Mobius Baugesellschaft GmbH (Judgement 7 June 2001: L. M. L. N. 564).

③ 部分判词如下:" 'The knock for knock agreement is crude but workable allocation of risk and responsibility; even where the tug or tow is wholly responsible for the accident liability depends entirely upon the happenstance of which of the two collided with the third party. Where damage is caused to an innocent third party during a tow it may often be difficult to ascertain whether the tug or tow or both were at fault. So far as the innocent third party is concerned provided he receives full satisfaction, the identity of the tortfeasor is unimportant. But if there were disputes between tug and tow, with each blaming the other, absent the agreement there would be a risk that the third party would have to institute proceedings and await judgement before receiving compensation.' Thus, an innocent third party himself receives benefit from this type of knock for knock agreement. Further, either the tug or the tow can deal with and settle the third party claim, as the indemnity provision will apply to ensure that as between tug and tow, the risk is borne by the appropriate party ender either 18(2)(b). The tug may deal with and settle a third party claim where the tow must bear responsibility and, vice versa. But the settlement must be reasonable...I am inclined to the view that the intention behind the standard form contract was not to permit seaworthiness arguments to intrude into the allocation of risk. To a limited extent, this conclusion is in accordance with the express wording of sub-clauses 1(a) and 2(b) where the draftsman has apportioned responsibility whether or not the same is due to breach of contract. 'This suggests that the apportionment regime was not posited upon the assumption that there was not breach of clause 12 of 13 as the case might be, but rather was regardless of whether those clauses were broken.' "转引自屈志一《海上拖航法律问题研究》,大连海事大学博士学位论文,2014 年,第 156 页。

④ The A Turtle [2009] 1 Lloyd's Rep. 177.

大努力履行拖航的义务。但是，根据 TOWCON-LUMPSUM 第 18 条①第 2 款 (b)(i) 项的约定，拖船所有人对钻井设备的损失免除责任。从"The A Turtle"案可知，如果完全遵从意思自治，则可能会导致实质的不公平。因此，即使在英国，虽然英国法院不会以违反承拖方违反"谨慎处理"的适航、适拖义务为由否定"互撞免赔条款"的效力，但出于公平性和确定性原则，也会通过对"互撞免赔条款"进行确定性解释的方式，避免极度的不公平的发生。霍布豪斯（Hubhouse）就认为，商业合同的起草、具体条款的订立，都是法院判决和制定法的基本原则的反映，确定性和公平性是合同条款制定的基本原则，当事人固然可以选择使用不同措辞以使合同条款展现不同含义，但仅有一般措辞且严重缺乏明确性，不足以认定由过失导致的责任无须承担。②而在 The Ekha 案③中，上诉院摩碧克（Moore-Bick）法官认为，商业活动中的各方当事人在法律和合同中寻求确定性无可厚非，但实践中存在许多不同做法，影响此目的能否达成。传统方式是先确定各方当事人准确的义务范围，再以一般法律原则为指导，对损失责任进行分配。这与海工服务船舶标准定期租船合同中的责任分配条款不同，仅通过制定责任分配条款而非确定各方当事人准确义务范围就对损失责任进行分配是不合适的。④因此，虽然"互撞免除条款"是出于必要的商业目的而制定的，且确实需要一些不同的理解方式，但适用于一般免责条款和除外条款的基本原则，同样需要被适用于此类条款。⑤

结　语

在改革开放、经济社会转型变化的社会大环境中，《海商法》始终是我国航运业高速发展至关重要的法治保障，也是我国海事司法定分止争的基本

---

① TOWCON-LUMPSUM 第 18 条共有 3 款，第 1 款规定的承拖方与租用人的相互补偿条款。第 2 款（a）项主要规定的是租用人（含工作人员或代理人）违反合同约定时的免赔条款（也含部分相互补偿条款）。第 2 款（b）项规定的是承拖方对于租用人的免赔（也含部分相互补偿条款）。该条规定，无论是否由于拖轮船东及其工作人员或代理人违反合同，疏忽或其他过失而发生以下情况，均由租用人单独承担责任，并对拖轮船东及其工作人员或代理人无追索权。(i) 无论何种原因造成的对被拖物或被拖物所遭受的任何性质的灭失或损害。……第 3 款规定的是除了该标准合同第 11 条、12 条、13 条和 16 条的规定外，拖轮船东和租用人均不应对另一方的任何原因所引起的利益损失、使用损失、生产损失或其他间接或从属损失承担任何责任。
② [1994] 1 WLR 221，p. 229.
③ [2010] 1 Lloyd's Rep 543.
④ [2010] EWCA Civ 691，p. 18.
⑤ 韩赟斐：《"互相免赔"原则研究——以 SUPPLYTIME 2017 第 14 条（a）款为例》，载《中华海洋法学评论》2019 年第 4 期，第 121 页。

准绳，但经过几十年的快速发展、实践引导和司法积累，面对当前我国经济贸易形态、航运产业结构、国际国内法律环境等已经发生并在持续发生的巨大、深刻变化，《海商法》在很多方面确需要调整、补充、完善。综合本文前述分析，笔者认为，虽然《海商法》允许当事人通过意思自治约定一些有别于民商法甚至有失公平的免责条款，但并不意味着《海商法》不讲求公平、只注重意思自治。海商事实践的特殊性及部分海商事国际条约、国际标准合同的特殊规定，只是在公平价值的表达上更强调效率性。虽然风险责任的约定缩小了公平价值的适用场域，但并不意味着公平远离海商事实践和法律。在《海商法》不存在对相关法律行为（意思表示）效力评价规则时，应当适用民商事法律的效力评价规则认定相关海商事合同条款的效力。在认定此类条款效力时，可综合考量特定制度产生背景、当事人的意思表示、我国的法律规定，合理解释当事人约定的权利和义务并合法认定其效力。

· 第四编 ·

海上保险法

论海上货物预约保险合同的类型[*]

——兼谈《海商法》第二百三十一条至第二百三十三条的立法完善

宋瑞秋

摘要：海上货物预约保险合同是为满足长期大规模的海上货物运输防范风险的需要而应运产生的，借此被保险人可以节约保费避免漏保，保险人可以通过优惠费率获得稳定保险费收入，从而构成互利双赢的保险商业模式。《海商法》借鉴英国立法，确立了预约保险合同的法律制度，但由于条文简略，语焉不详，实践中对海上预约保险合同的阐释存在很大争议。本文以合同自由原则和合同法规范类型为理论基础，肯定客观的存在多样化的预约保险合同类型，分析了各种类型预约保险合同的法律性质，建议对现行立法进行修改完善，从而为保险商业活动提供蕴涵公平和诚信价值意义的规范指引，使其发挥应有的作用，充分保障合同当事双方的合法权益。

关键词：预约保险合同；合同类型；义务型预约保险合同。

在长期的、较大规模的贸易活动中，海上货物预约保险合同（以下简称"预约保险合同"）是贸易从业人员经常采用的一种保险商业模式。对保险人而言，订立预约保险合同可以简化业务程序，促进业务量增长，取得稳定的保费收入；对被保险人而言，不必为每一笔交易中的风险逐次与保险人协商合同条款，降低了交易成本，节省了保费，还可以避免漏保。《中华人民共和国海商法》（以下简称《海商法》）第二百三十一条至第二百三十三条是我国立法上关于预约保险合同的规定，但其过于简单概括，缺乏可操作性。国务院曾于1983年9月1日发布《中华人民共和国财产保险合同条例》，该条例第六条虽然对预约保险作了比较具体的规定，但也随该条例于1995年废止。而1995年颁布施行的《中华人民共和国保险法》虽经2002年、2009年两次修订，但令人遗憾的是该法对预约保险合同未作任何规定。由于预约保险合同立法上的欠缺，保险实务操作缺乏明确具体的依据，审判实践中法官

---

[*] 本文获第二十届全国海事审判研讨会三等奖。

更多运用法律解释和法律漏洞填补的方式进行裁量，分歧在所难免。因此，本文以合同自由原则和合同法规范类型为理论基础，对海上预约保险合同的类型、性质进行了探讨，并对如何完善《海商法》相关规定提出建议。

一、英国法的预约保险合同制度和我国相关立法现状

（一）英国法的预约保险合同制度

学者认为，我国的预约保险合同制度借鉴了英国法的预约保险合同制度，并指出在英国法中预约保险合同（open cover）和浮动保险单（floating policy）都是适用时间比较长、承保一定范围风险的保险合同，但是这两者是完全不同的概念，前者包括后者。英国《1906年海上保险法》只规定了浮动保险单，但预约保险合同的概念则是在判例法中确立的。英国法中，法官Tuckey在"the Beursgracht"一案的判决中认为，预约保险合同的含义并不是确定的，其包括一系列性质相近的长期保险合同。归纳起来，预约保险合同可以包括以下三种类型：一是任意型（fully facultative）。该类合同中，被保险人有权选择是否将保险合同约定的风险向保险人申报投保；同时，保险人也有权在被保险人申报风险时选择是否接受承保。二是义务型（fully obligatory）。该类合同中，保险合同所约定的风险开始后，立即属于保险人的承保范围，被保险人不能不投保或者向其他保险人投保；同时，保险人也无权拒绝承保保险合同中约定的风险。三是任意/义务型（facultative/ obligatory）。该类合同中，一方有选择权，而另一方没有选择权。当事人订立的预约保险合同究竟属于哪种类型，应当根据合同中条款的具体内容来确定。① 有学者认为，英国《1906年海上保险法》中所规定的浮动保险单属于上述预约保险合同中的第二种类型。该法第29条第1款规定：浮动保险单是指保险单对保险仅作笼统的规定，将船舶的名称和其他事项在申报中确定；第2款规定：这种后来进行的申报，可用批单形式在保险单上批注，也可以按其他惯例方式进行；第3款规定：除保险单另有规定外，申报应当按照装运前后依次进行。如果是货物，申报必须包括保险单规定条件之内的全部货物运输。货物或者其他财产的价值，必须诚实说明，但善意的漏报或误报，即使在发生损失或货物抵达之后，也可以进行更正。②

---

① 袁绍春：《预约保险合同相关法律问题》，载《中国海商法年刊》（2002）第13卷，大连海事大学出版社2003年版，第234－235页。

② 袁绍春：《预约保险合同相关法律问题》，载《中国海商法年刊》（2002）第13卷，大连海事大学出版社2003年版，第235页。

(二) 我国预约保险合同立法现状

我国目前尚无关于预约保险合同的权威定义。

《海商法》第二百三十一条规定:"被保险人在一定期间分批装运或者接受货物的,可以与保险人订立预约保险合同。预约保险合同应当由保险人签发预约保险单证加以确认。"第二百三十二条规定:"应被保险人要求,保险人应当对依据预约保险合同分批装运的货物分别签发保险单证。保险人分别签发的保险单证的内容与预约保险单证的内容不一致的,以分别签发的保险单证为准。"第二百三十三条规定:"被保险人知道经预约保险合同保险的货物已经装运或者到达的情况时,应当立即通知保险人。通知的内容包括装运货物的船名、航线、货物价值和保险金额。"

有学者认为,因受英国法影响颇深,我国《海商法》中的"预约保险合同"属于义务型预约保险合同,对应于英国法中浮动保险单的概念。① 笔者认为,合同自由是合同法中的基本原则。在立法没有给予海上预约保险合同以明确的定义前,合同当事人可以在合同中作出不同立法的约定,因此,不能将海上预约保险合同的外延局限在义务型预约保险合同的范围内,应当承认存在多样化的海上预约保险合同。参照《海商法》和《中华人民共和国财产保险合同条例》相关规定,并结合司法实践中的认识,笔者将海上货物预约保险合同界定为:海上预约保险合同是保险人与被保险人就分批装运或接受的货物约定保险权利义务关系的一种长期协议。并认为,根据被保险人和保险人是否享有选择投保权利或选择承保权利,可分为任意型、义务型、任意/义务型三种类型,《海商法》第二百三十一条和二百三十三条规定预约保险合同近似于义务型预约保险合同。

二、海上预约保险合同多样化的理论依据

在司法审判实践中,法官经常会面对一个问题,就是判断与合同纠纷相关的法律规范究竟是民法上何种类型的法律规范。因为法律规范的类型不同,法律适用的规则是有区别的,而适用后的法律效果更是存在根本性的差异。在被保险人与保险人有预约保险的前提下,被保险人在装运的货物出现事故后才向保险人申报,保险人是否要承担保险责任?或者,装运的货物在被保险人申报后保险人确认前出现保险事故,保险人是否要承担保险责任?在涉预约保险合同纠纷中虽然遇到的上述争议问题的表象是保险人是否承担保险

---

① 参见袁绍春《预约保险合同相关法律问题》,载《中国海商法年刊》(2002)第13卷,大连海事大学出版社2003年版,第234-236页。

责任,但核心问题是如何正确识别《海商法》中有关义务型预约保险合同的法律条文的规范属性,以及如何正确对待义务型海上预约保险合同以外的其他两种类型的预约保险合同。

(一) 有关合同法规范类型的基本理论

理论上认为,根据调整的利益关系不同,合同法中的规范可分为五种类型,包括:(1)任意性规范。其贯彻和体现合同自由原则,对合同关系当事人之间的利益冲突进行法律的协调。任意型规范包括补充性的任意性规范以及解释性的任意规范,但主要是补充性的任意规范。补充性的任意规范首先允许合同当事人经由平等的协商对他们之间的利益关系作出安排,在当事人自己对自己的利益关系没有作出安排,并且也没有作出补充安排的时候,法律的规则才作为一种替代的安排方式,成为法官解决纠纷的裁判规范。补充性的任意性规范可以通过当事人的特别约定,排除该项规范的适用。(2)倡导性规范。其也是调整当事人利益冲突的法律规则,但只是行为规范,不是裁判规范,如合同法中规定某种类型的合同应当采用书面形式。(3)半强制性规范。其调整的也是合同当事人之间的利益冲突,但合同的一方是法律特别保护的主体,与社会公共利益密切相关,如消费者。如果当事人的约定比法律的规定更有利于特定公共政策的实现,则该项半强制性规范发挥任意性规范的作用,得被当事人的约定排除适用。如果当事人的约定与法律的规定相比,不利于特定公共政策的实现,则该项半强制性规范就发挥强制性规范的作用,排除其适用余地的约定属于绝对无效的约定。(4)授权第三人的法律规范。其调整合同关系当事人的利益与合同关系当事人以外特定第三人之间的利益冲突。(5)强行性规范。其调整合同关系当事人利益和国家利益、社会公共利益之间的冲突。① 在整个合同法中,任意性规范占据主导地位。

(二)《海商法》第二百三十一条至第二百三十三条规范类型的识别

《海商法》的第十二章是"海上保险合同",该章的第二百三十一条至第二百三十三条是针对预约保险合同的法律条文,笔者根据合同法中规范类型的识别原理对该三个法律条文的规范类型作出如下识别。

关于第二百三十一条。该条规定:"被保险人在一定期间分批装运或者接受货物的,可以与保险人订立预约保险合同。预约保险合同应当由保险人签发预约保险单证加以确认。"该条文第一句的逻辑结构中使用了"可以"来表达,因此从形式上即可认定该句条文对应的法律规范属补充性的任意性

---

① 吴庆宝主编:《法律裁判与裁判方法》,中国民主法制出版社2009年版,第150页。

规范；第二句关于"保险人应当签发预约保险单证"的规定，目的在于确认预约保险合同的存在，尤其是在双方订有口头预约保险合同的情况下，及时签发预约保险单，对积极履行合同、防止纠纷发生尤为必要。无论是保存证据还是督促当事人履行合同，都只是涉及保险人和被保险人的私人利益，与国家利益、社会公共利益、交易关系以外特定第三人的利益至少没有直接的关联，因此该条文属倡导性规范。实践中，当事人之间订立预约保险合同后，保险人不再另行出具预约保险单证的现象也是非常普遍的。

关于第二百三十二条。该条规定："应被保险人要求，保险人应当对依据预约保险合同分批装运的货物分别签发保险单证。保险人分别签发的保险单证的内容与预约保险单证的内容不一致的，以分别签发的保险单证为准。"该条规定虽然并未明示合同当事人另有约定或者另有交易习惯的除外，但规定保险人就每一批货物签发保险单证义务的产生是以被保险人的要求为前提的，被保险人没有提出要求，保险人也就没有签发保险单证的义务，因此，该条文属任意性规范。

关于第二百三十三条。该条规定："被保险人知道经预约保险合同保险的货物已经装运或者到达的情况时，应当立即通知保险人。通知的内容包括装运货物的船名、航线、货物价值和保险金额。"该条规定中被保险人的通知义务的产生的前提是"经预约保险合同保险的货物"，货物已经得到保险人的承保，无涉于保险人是否应对货物承担保险责任，因此，该条文也属倡导性规范。

综上所述，《海商法》第二百三十一条至第二百三十三条的规定虽然近似于义务型预约保险合同，但这三个条文属任意性规范或倡导性规范，不是强制性规范和半强制性规范，被保险人和保险人可以在预约保险合同中对权利和义务作出不同于《海商法》第二百三十一条至第二百三十三条的约定，因此，在理论上不能排除我国保险实务中存在任意型和任意/义务两种类型的预约保险合同，也不能得出在订有海上预约保险合同的前提下，则"凡属于合同规定范围内的货物均自风险开始时自动承保的一种长期保险总合同"的结论。① 预约保险合同的类型应根据预约保险合同中具体约定确定，当事人在合同中可以作出不同于《海商法》上述三个条文的约定。保险商业实务中的做法也印证了笔者的上述观点，各家保险公司的预约保险合同条款各不相

---

① 袁绍春：《预约保险合同相关法律问题》，载《中国海商法年刊》（2002）第 13 卷，大连海事大学出版社 2003 年版，第 236 页。

同，具有极大的任意性。① 合同法最基本的原则是合同自由的原则。预约保险合同虽然是《海商法》规定的一类有名合同，但立法并不排斥当事人在《海商法》第二百三十一条至第二百三十三条之外的另外约定权利和义务，这是保险交易双方当事人在谈判中为各自商业利益进行的博弈结果，只要没有违反禁止性、强制性规定，不违反多数人意志，就应当受到法律保护。

三、海上预约保险合同的性质

理论上，预约保险合同的性质有三种学说：（1）总量合同与分合同；（2）预约合同和本约；（3）促销条款。有学者认为，将预约保险合同归入上述预约合同和总量合同中的任一类似乎均有其合理性。② 也有学者认为，预约保险合同是一种长期保险总合同。③ 笔者认为，由于保险商业实务中，义务型、任意/义务型和任意型预约保险合同都是客观存在的，应根据预约保险合同的类型确定其属性，并进而权衡合同双方的权利和义务。

（一）义务型的预约保险合同具有总分合同的属性④

义务型预约保险合同的法律特点有三个：（1）载明保险货物的范围、承保险别、保险费率、险别、保险条件、承保期限、每批货物的最高保险金额以及保险费的结算办法，具备了保险合同所应具备的内容。至于具体的每票货物的数量和价值及运载工具，可以在货物装船之后进行补充，分别签发的保险单应对预约保险合同中尚不明确的条件进行补充。（2）被保险人必须将预约保险合同规定范围内的所有货物运输都向保险人投保。被保险人必须将每批货物运输向保险人申报，也就是将每批货物的名称、数量、保险金额、运输工具的种类和名称、航程起讫点、开航或起运日期等通知保险人。当被保险人提出要求时，保险人应为每一批货物签发保险单证。（3）凡属预约保险单约定范围内的货物一经起运，保险合同即自动按预约保险合同上的承保

---

① 太平保险有限公司深圳分公司的货物运输预约保险单约定，预约保险单是对由投保人或被保险人于保单正式生效后运输的约定货物按条件予以承保而签订的正式合约；中华联合财产保险公司广州分公司的国内水路货物运输预约保险协议约定，"单独的预约保险协议不作为保险人承担保险责任的依据"。两家公司关于预约保险合同法律地位的约定明显不同，属不同类型的预约保险合同。

② 参见初北平《海上货物预约保险合同条款的合理性阐释》，载《法学论丛》2006年第6期。

③ 参见袁绍春《预约保险合同相关法律问题》，载《中国海商法年刊》（2002）第13卷，大连海事大学出版社2003年版，第236页。

④ 参见池漫郊《多方多合同仲裁的挑战与对策——仲裁条款拓展与合并仲裁研究》，厦门大学博士学位论文，2000年。该文指出，关联合同中有一份（也可能是多份）合同处于基础性地位，该合同一般仅仅对于当事人之间的交易进行概括规定，而并不具体规定各方的权利、义务；而其他合同则是为了实施基础性合同的具体规定而签订的。处于基础性地位的合同即是母合同，而为了履行母合同而缔结的合同则是子合同，亦称分合同。

条件生效。被保险人善意的漏报、晚报、误报,不免除保险人的赔偿责任。

笔者认为,义务型预约保险合同具有典型的总量合同的特点,预约保险合同是保险合同双方当事人之间基础性的约定,但针对每票可能在运输中发生风险的货物仍需订立独立的分合同(分别针对每票货物出具的保险单)。预约保险合同和独立订立保险合同之间存在明显的支配关系,因此是总分合同关系。预约保险合同是针对保险期限内所有的货物或一定总量的货物的保险合同,是总量合同;而日后针对每票货物所签发的保险单是预约保险合同范围内的一部分货物,因此是分合同。在太平保险有限公司深圳分公司与深圳市中爱科技发展有限公司申请确认仲裁协议效力案①中,被保险人和保险人在预约保险单中约定:"预约保险单是对由投保人或被保险人于保单正式生效后运输的约定货物按条件予以承保而签订的正式合约;根据投保人的申请,在投保人按照本预约保险单中所约定的方式如期履行向保险人缴付相应保险费义务的前提下,依照本预约保险单(包括附件)中所列明的承保条件和条款,承保货物运输保险。"该案合议庭认为:该预约保险合同属义务型的预约保险合同,具有总合同的属性。在预约保险合同中规定的期限内,就每一批具体货物的保险仍需订立独立的分合同或由保险人分别签发保险单证。但分合同的有关基本保险条款已在总合同中进行了统一约定,所以在分合同中无须重新约定。因此,在保险人与被保险人之间,预约保险单和分别签发的保险单并非替代与被替代的关系,而是补充与被补充的关系。涉案的预约保险单中有仲裁条款,这是双方当事人对合同履行期间可能发生的纠纷约定的解决方式,而分别签发的保险单中没有仲裁条款,后者并不构成对前者的否定。仲裁条款对于保险人和被保险人而言依然有效。又因为该仲裁条款并未限定其适用范围,故应理解为对该保险合同项下一切争议均适用。

(二) 任意/义务型预约保险合同具有预约合同的性质②

任意/义务型预约保险合同的法律特点有三个:(1)双方当事人达成了将来针对保险范围内的货物订立保险合同的意向。被保险人有权选择是否将风险申报投保,而保险人则必须接受;或者被保险人必须将保险范围内的货

---

① 广州海事法院(2009)广海法他字第1号。在该案中,义务型预约保险合同中有效仲裁条款对分别签发的保险单项下的货物保险争议具有约束力。

② 参见史尚宽《债法总论》,中国政法大学出版社2000年版,第12-13页。该书指出,预约合同,又称预约,是指约定将来订立一定契约之契约。而其将来应当订立之契约称为本契约(本合同)。预约以发生将来订立一定契约的债务为目的,如预约义务人不订立本约,预约权利人有权请求其履行。

物向保险人申报和投保，而保险人有权选择是否承保。（2）针对每票货物，双方当事人的权利、义务应依据保险公司承保后签发的保险单来确定，预约保险合同不能直接产生保险合同义务。（3）货物虽然符合预约保险合同规定的承保条件，但并非一起运，即自动按照预约保险合同所列条件承保。被保险人无论善意还是恶意的漏报、晚报、误报，保险责任期间均不能从起运时起算。

笔者认为，任意/义务型预约保险合同因为只是赋予了不具有选择权的一方当事人将来必须发出投保要约或者作出承保承诺的义务，而不负有履行将来要订立的合同的义务，所以具有预约合同性质，而将来针对每票货物所签发的保险单则是"本约"。长春大成玉米开发公司与中国人民保险公司吉林省分公司海上保险合同纠纷案①中，预约保险单约定"此报单为开口报单，根据实际发生承担责任，计收保费。保险期限一年"。被保险人在预约保险单有效期内将大部分货物向保险人进行了申报，并按申报数量向保险公司交纳了保费，但有三票货物在其他保险公司进行了投保。之后，有一批货物在运输途中随船沉没。货物灭失后，被保险人就该批货物向保险人发出保险单。最高人民法院民事审判第四庭在针对该案的批复中，认为保险人在协议约定的期限内不得拒绝投保人的投保，投保人也要在协议约定的期限内将其出运的货物全部在保险公司投保，这应是预约保险合同的对等义务，但预约保险合同不具备《海商法》第二百一十七条规定的海上保险合同的全部内容，故其不能直接产生保险合同义务，被保险人不能据此向保险公司主张保险权益。根据上述批复中介绍的基本案情，笔者赞同最高人民法院批复的结论，但认为理由值得商榷。从该案预约保险合同约定的内容和订立后的履约情况看，投保人有过未向保险公司投保的做法，保险人未提出异议，投保人的投保行为具有一定的选择性，该案中的预约保险合同更接近于任意/义务型预约保险合同，因此属于预约保险合同，不能直接产生合同义务；投保人向保险人投保时，已经知道四份保险单项下货物灭失，货损事故已经发生，保险公司不应负赔偿责任。

（三）任意型预约保险合同具有促销条款的性质

该类预约保险合同的特点是双方当事人达成了将来就保险范围的货物分别订立保险合同的意向，但只是一个框架性的协议。双方当事人之间的关系

---

① 辽宁省高级人民法院（2001）辽经一终字第13号。详见最高人民法院《关于长春大成玉米开发公司与中国人民保险公司吉林省分公司海上保险合同纠纷一案的请示的复函》（〔2001〕民四他字第25号）。

是非常松散的，无论是被保险人还是投保人均具有选择权：被保险人不必将每票货物都向保险人投保；保险人也可以审核被保险人的每次投保要约，可以拒绝承保。双方当事人之间的保险合同权利义务根据单独签发的保险单确定。而此类预约保险合同类似于合作意向书，商业价值在于有利于保险人以较为优惠的保费吸引被保险人投保，占有固定的保险费市场份额，因此该类合同具有促销条款的性质，当然也不能直接产生保险合同义务。

四、《海商法》第二百三十一条至第二百三十三条的不足和完善

（一）《海商法》第二百三十一条至第二百三十三条的不足

理论界的主流观点认为，虽然《海商法》第二百三十三条没有明确规定被保险人应当将预约保险合同范围内的货物全部申报，但通过解释，应当得出相同的结论。笔者赞同适用文义解释的方法得出的这一结论，认同《海商法》第二百三十三条规定的预约保险合同属义务型预约保险合同，而且立法应当对权利、义务对等性很强的义务型预约保险合同进行规范。但是，由于《海商法》第二百三十三条缺少预约保险合同本质特征方面的明确规定，该条对比英国《1906年海上保险法》在适用中暴露出以下三个方面的不足：（1）没有根据合同自由的原则，允许当事人在义务型预约保险合同之外约定任意/义务型预约保险合同。这导致实务中对这两种类型预约保险合同识别的混淆，将任意/义务型预约保险合同当作义务型预约保险合同对待，对保险合同当事人双方的权利义务作出不恰当的判断。（2）没有明确被保险人应将全部的货物向保险人投保。义务型预约保险合同对被保险人最大的吸引之处在于可以避免漏保，在货物实际已经发生灭失或者损害的情况下，仍允许被保险人向保险人申报，这种宽容就是建立在被保险人将预约保险合同下的货物全部向保险人投保的"最大诚信"基础之上的。因法律规定的不明确，实践中，被保险人为了少交保费，常常发生对预约保险合同范围内的货物选择申报或者虚假低报或者向其他保险人投保的现象。（3）被保险人和保险人的权利失衡。《海商法》没有规定在有海上预约保险合同的前提下，如果被保险人出现善意的漏保，对于申报前发生的货物损失，保险人就要负赔偿责任。这一立法的缺失导致实践中对于被保险人的晚报、漏报的情形，保险人也常常持选择性的做法。如果没有发生货损，则保险人接受申报，签发保险单，并收取保费；如果在申报前发生了货损，则不区分漏保是恶意还是善意，一概拒绝赔偿。保险人这种左右逢源的做法也会使被保险人订立预约保险合同的目的落空。因此，需要通过完善立法为海上预约保险活动提供蕴涵公平和诚信价值意义的规范指引，使其发挥应有的作用，充分保障双方的合法权益。

(二）立法建议

笔者建议，对《海商法》第二百三十一条至第二百三十三条作如下修改：

第二百三十一条 被保险人在一定期间分批装运或者接受货物的，可以与保险人订立预约保险合同。

预约保险合同应当采用书面形式订立，内容可以包括以下各项：

保险人名称、被保险人名称、合同目的、保险标的的范围、承保险别、保险费率、保险期间、每批货物出运的申报、每批货物保险单的出具、每批货物的最高保险金额、保险责任和除外责任、保险费结算和预约保险合同的有效期等。

第二百三十二条 应被保险人要求，保险人应当对依据预约保险合同分批装运的货物分别签发保险单证；保险人分别签发的保险单证的内容与预约保险单证的内容不一致的，以分别签发的保险单证为准。

第二百三十三条 在预约保险合同有效期内被保险人应当将所有符合预约保险合同范围内的货物向保险人申报，申报的内容应包括装运货物的船名、航线、货物的数量和/或重量、货物价值和保险金额，但当事人另有约定的除外。

约定被保险人应当将所有符合预约保险合同承保条件的货物向保险人申报且没有约定保险人有权拒绝承保的，被保险人和保险人应承担以下义务：（1）被保险人知道经预约保险合同保险的货物已经装运或者到达的情况时，应当及时向保险人申报。（2）经申报的货物，保险人应自货物起运时开始承担保险责任，但保险人能够证明被保险人曾经有故意漏报、晚报或错报的除外。（3）善意的漏报、晚报或错报，即使在货物发生损失或到达后，保险人也予以承保，并承担保险赔偿责任。但被保险人申报时已经知道经预约保险合同保险的货物发生保险事故的，保险人可以免除保险赔偿责任。

现代海上保险中的保险利益

——从《保险法》的有关规定说起

平阳丹柯

摘要：本文自回顾中国关于海上保险中保险利益的法律规范发展历史入手，在海上保险的背景下对 2009 年修订的《保险法》中有关保险利益的规定进行了解读，分析了这些新规定与国际海上保险业中通行的、以英国海上保险法法律和判例为核心的保险利益规则之间的异同，并介绍了国际上关于海上保险中保险利益规则的最新发展与研究成果。以达到加深对海上保险中保险利益法律制度的理解，并明确该制度未来发展目标的目的。

关键词：海上保险；保险利益；保险法；英国海上保险法。

导　言

海上保险业的一项基本原则就是被保险人在向保险人索赔之时，必须对保险标的具有保险利益（insurable interest）。自"保险利益"概念于 13 世纪发端于地中海地区的海上保险业以来，其一直都是各国海上保险立法与实务中的一项不可缺少的内容，被认为是防止道德风险、遏制赌博行为、实现海上保险合同的损害赔偿性质的保证。而海上保险的保险利益制度发展至今，虽无国际性统一立法，但也形成了以英国《1906 年海上保险法》（*Marine Insurance Act 1906*，以下简称 MIA 1906）和英国海上保险条款中有关规定为核心的一整套规则体系[①]。与之相比，在很长一段时间里，中国法律有关海上保险中保险利益的规定过于简单，与中国作为世界级航运大国的地位十分不相称，在实务中也引起很多不必要的争议。直到 2009 年，《中华人民共和国保险法》（以下简称《保险法》）才对有关保险利益的条文作出了大幅修订，其中关于财产保险中保险利益的新规定，几乎完全颠覆了之前的规定，从而

---

① 据资料显示，目前世界上有船舶保险和货物保险的国家中几乎有 2/3 的保险单的内容采用的是英国的海上保险条款，或是既采用英国海上保险法的规定，又采用英国保险条款。如果以发展中国家来分析，该比例更高达 3/4。参见司玉琢主编《国际海事立法趋势及对策研究》，法律出版社 2002 年版，第 348－349 页。

与国际上有关海上保险中保险利益的通行规则实现了基本一致。本文在回顾上述发展历史的同时，将2009年修订后的《保险法》中有关保险利益的规定放置于海上保险的背景中予以解读，与国际海上保险业中通行的、以英国海上保险法法律和判例为核心的保险利益规则进行了比较，并介绍了国际上关于海上保险中保险利益有关规则的最新发展与研究，既肯定了中国法律在海上保险中保险利益问题上取得的进步，也对将来的发展做出了展望。

一、中国法律对海上保险中保险利益的规定的发展历程

海上保险，究其本质属于财产保险的一种。而中国法律对财产保险中保险利益的规定，最早见于1983年《中华人民共和国财产保险合同条例》第三条，要求"财产保险的投保人（在保险单或保险凭证中称被保险人），应当是被保险财产的所有人或者经营管理人或者是对保险标的有保险利益的人"。

1993年7月起施行的《中华人民共和国海商法》（以下简称《海商法》）以第十二章"海上保险合同"对海上保险法律关系进行了专门规定，但其中并无关于保险利益方面的规定。据说这是在起草过程中采纳了英国专家的意见，因为英国 MIA 1906 中关于保险利益的规定在司法实践中产生了大量的争议。① 根据我国的法律适用体制，在此情况下按照一般法与特别法的关系，海上保险应适用《保险法》中关于保险利益的规定。而1995年10月施行的《保险法》第十一条对保险利益规定如下：

投保人对保险标的应当具有保险利益。

投保人对保险标的不具有保险利益的，保险合同无效。

保险利益是指投保人对保险标的具有的法律上承认的利益。

保险标的是指作为保险对象的财产及其有关利益或者人的寿命和身体。

2002年《保险法》修正后，该条文序号变为第十二条，但内容未予变化，并一直沿用至2009年该法修订。除此之外，中国法律中再无关于保险利益的规定。这些原有的关于保险利益的法律规定内容过于原则化，存在人身保险与财产保险未加区分、保险利益存在的时间点不明等诸多问题。在适用于海上保险这一特定类型的保险后，由于与国际海上保险业所通行的关于保险利益的规则不符，这些规定的缺陷被进一步放大，造成人们对保险利益的认识不清，从而在海上保险合同的各利害方之间产生了很大的争议，在我国法院审理的海上保险合同纠纷中，保险人动辄以索赔人没有保险利益而拒

---

① 参见杨文贵《"保险利益"还是"经济利益"》，载《中国海商法协会通讯》1998年第1期。

付①，甚至还出现了被保险人主张因自己无保险利益而保险合同无效的案件②。

有鉴于《保险法》已经不能适应保险行业发展需要的现实情况，2009年10月1日，该法经过大幅修订后施行。本次修订后的《保险法》将有关保险利益的条文从原有的一条增加到了三条，而其中适用于海上保险的，关于财产保险中保险利益的规定在第一节"一般规定"中的第十二条第二款和第六款：

（第二款）财产保险的被保险人在保险事故发生时，对保险标的应当具有保险利益。

（第六款）保险利益是指投保人或者被保险人对保险标的具有的法律上承认的利益。

及第三节"财产保险合同"中的第四十八条：

保险事故发生时，被保险人对保险标的不具有保险利益的，不得向保险人请求赔偿保险金。

将上述规定运用于海上保险之中，可以得出的关于保险利益的规则是：海上保险的被保险人在保险事故发生时，对保险标的应当具有保险利益；被保险人在保险事故发生时不具有保险利益的，不得向保险人请求赔偿保险金。新的规则纠正了过往海上保险法律制度中的一些片面规定，澄清了三个重要问题：保险利益的主体、保险利益存在的时间点，以及保险利益的效力。同时，根据修订后的《保险法》，也可以看出中国法律对海上保险中保险利益所给出的定义是"被保险人对保险标的具有的法律上承认的利益"。这些规则与国际海上保险业所通行的规则相比，虽仍显简单，但其核心内容反映了现代海上保险中关于保险利益的基本要求，值得肯定。而在立法的带动下，中国的海上保险实务界也开始对保险利益有了更为明确的认识。在公布的《中国人民财产保险股份有限公司船舶保险条款（2009版）》和《中国人民财产保险股份有限公司海洋货物运输保险条款（2009版）》中，都增加了与修订后的《保险法》有关规定相应的关于保险利益的新条款③。

---

① 司玉琢主编：《国际海事立法趋势及对策研究》，法律出版社2002年版，第381页。

② 参见《"育航"轮船舶保险合同纠纷案》，见李守芹、李洪积《中国的海事审判》，法律出版社2002年版，第498页。

③ 《中国人民财产保险股份有限公司船舶保险条款（2009版）》明确："……十、索赔和赔偿。（一）保险事故发生时，被保险人对保险标的不具有保险利益的，不得向保险人请求赔偿保险金。"《中国人民财产保险股份有限公司海洋货物运输保险条款（2009版）》明确："……五、赔偿处理。（一）在发生损失时，被保险人必须对被保险货物具有保险利益，才能获得本保险单责任范围内的赔偿。"

二、《保险法》① 中有关保险利益的规定在海上保险背景下的解读

(一)海上保险中保险利益的主体

根据《保险法》的规定,在海上保险中保险利益应归属于被保险人,保险利益是对被保险人的要求,与国际通行做法一致,推翻了该法原来的只有投保人才是保险利益主体的片面规定。之所以将被保险人作为保险利益的主体,是因为海上保险在本质上是以损害赔偿为目的的财产保险的一种,有损害才会有赔偿,而被保险人才是受到海上保险合同保障并享有保险金请求权的人。被保险人在损害发生时必须对保险标的具有保险利益,才会因保险标的的损毁灭失而受到损害。同时也只有保险利益的存在,才能使海上保险合同在损失或损害发生之时起到赔偿被保险人的作用。在海上保险中,被保险人在向保险人索赔之时,必须对保险标的具有保险利益。

当然,我们也应该注意到,《保险法》未能具体规定什么人才是具有保险利益的被保险人。但是这个问题在海上保险中十分重要,因为就作为海上保险标的的船舶或货物而言,往往会有多个当事人对同一保险标的订立不同的保险合同并具有不同的保险利益,这时就需要根据海上保险的具体事实来进行判断被保险人身份是否成立。一般认为,在 MIA 1906 中规定的三种类型的人可以被确定具有保险利益:(1)保险财产的所有人,这也是最常见的,这种保险财产可能是船舶、货物或是运费;(2)在某些特定情况下以船舶或船舶所载货物为担保的借款人;(3)保险人(在再保险业务中)②。除此之外,还有一些利害关系方在海上保险法律和实务中一般被认定为具有保险利益,如代理人、承运人、留置权人、出质人与质押权人、受托人与执行人、捕获者,以及从航海中获益的任何人。③

虽然在海上保险中需要具有保险利益的是被保险人,但是在被保险人请求赔偿,或在发生有关保险利益的纠纷或诉讼时,被保险人并不需要证明自己具有保险利益,而应该由保险人证明被保险人缺少保险利益,并承担相应的举证责任。同时,在海上保险合同纠纷中,也只有保险人才可以将"缺少保险利益"作为一项抗辩加以提出。如保险人对此保持沉默,其结果就是默认保险利益的存在。值得注意的是,在英美等西方国家,保险公司在传统上是不情愿在面临索赔时将被保险人缺少保险利益作为一种抗辩提出。这在很大程度上是因为该抗辩一直被认为是一种技术性的抗辩,而且这样做对保险

---

① 如无特殊说明,本文后述《保险法》均指 2009 年修订后的。——编者注
② MIA 1906 第 5 条至第 14 条。
③ Susan Hodges, *Law of Marine Insurance* (Cavendish Publishing Limited, 1997), p. 16.

人在市场上的商誉有着明显的影响。① 另外，英美国家的法院对于保险人在收取了保险费之后却声称被保险人"因缺少保险利益而不得索赔"的做法有着明显的反感，而对于选择肯定保险利益的存在则具有明显的倾向性，这样就很可能在审判中对保险人不利。② 这一点与我国海事司法实践中保险公司动辄宣称被保险人缺少保险利益形成鲜明对比。

(二) 海上保险中保险利益存在的时间点

《保险法》明确规定被保险人在损失发生之时必须对保险标的具有保险利益方有权向保险人索赔。这是海上保险市场对保险利益存在时间的一般规定，也为世界各国所广泛接受。究其原因，还是基于海上保险合同是损害赔偿合同的基本性质。因为如果被保险人在损害发生之时对保险标的没有保险利益，那么在利益上受到损害的就不是被保险人而是其他人。在这种情况下，保险人对被保险人进行赔付，就是违背损害赔偿原则，使得被保险人得到了他本不应得到的利益。

另外要注意的是，虽然有着"损失发生之时"这样一个总体性的基本规则，但要判断被保险人是否在损失发生之时具有保险利益更多的是一个事实问题。在海上保险纠纷中，有关被保险人在损失发生之时是否具有保险利益的争议经常出现，法院必须全面审查与争议相关的各种事实，如对当事人之间所订立的买卖合同或是运输合同的各项条款的内容来加以具体分析和判断，以确定船舶或货物的风险转移至或转移出被保险人的确切时间，看似相同的案情却很有可能导致截然相反的结论。例如，在著名的 Anderson v. Morice③ 案中，买卖合同约定整批货物装上船后所有权才转移到买方，而原告买方与被告保险公司签订了一份保险责任"在和从"装运港开始的保险合同。当部分货物装上船后，船舶沉没，已装船的部分货物全损，原告明知损失发生但仍然支付了货款，然后向保险公司索赔。英国上议院（House of Lord）认为该买卖合同是关于整批货物的合同，在货物全部装船之前，保险利益并没有转移到买方，因而在损失发生时被保险人（买方）对货物没有保险利益，而买方后来支付货款的行为也同样不能为他带来保险利益。而在案情相似的另一个案例 Colonial Insurance Company of New Zealand v. Adelaide Marine Insurance Company④ 之中，船舶与货物同样是在货物装载开始之后、完成之前发

---

① Jonathan Iain Goldrein and Robert Merkin, *Insurance Dispute* (LLP Limited, 1999), para 1·24.
② Robert Merkin, *Colinvaux's Law of Insurance* (Sweet and Maxwell, 1997, 7th ed.), p. 69.
③ (1876) 1 App Cas 713.
④ (1886) 12 App Cas 128.

生了灭失,但是英国枢密院(Privy Council)在充分考虑了货物销售合同的条款和当时交货的情况后,认为根据该合同的规定,这批货物的风险在任何一部分货物装上船时就已转移给了买方,因此买方对于已装上船的货物是具有保险利益的。

(三) 保险利益在海上保险中的效力

保险利益的效力是指保险利益对保险合同效力的影响,即欠缺保险利益的合同具有什么样的效力。《保险法》中关于保险利益效力的规定,废除了该法原来的欠缺保险利益的保险合同一律无效的笼统规定,将财产保险中的保险利益效力规定为使被保险人丧失保险金请求,而非使保险合同无效。

《保险法》中的上述规定同样适用于海上保险,即海上保险的被保险人在保险事故发生时不具有保险利益的,不得向保险人请求赔偿保险金,而不是使有关海上保险合同归于无效。从海上保险中保险利益的发展历史来看,要求海上保险合同具备保险利益最初是一种公共政策需求,目的在于防止道德风险和赌博合同,因此缺少保险利益的海上保险合同当然无效。但随着社会的发展,时至今日,这种无效主义的立法模式已经逐渐缓和,《保险法》也适应了这种立法趋势。而《保险法》规定的这一处理方式也不违背保险利益的基本原理,只要被保险人在保险事故发生时具有保险利益,其就只能在保险事故给其造成损害的情况下方可向保险人请求保险金,因此其不可能主动制造保险事故,防范道德风险以及防止赌博合同的立法目的也能实现。①

值得注意的是,由于海上保险中存在太多不确定因素,无论船舶还是货物都有可能在有关被保险人尚未获得保险利益之前即告损失。例如,在FOB和CFR贸易条件下,货物风险的转移时间都是在货物越过船舷之时,那么对于货物买方而言,他自此时起才开始承担风险,也才会有保险利益。这样的话,如货物在装船前发生损失,按《保险法》的规定,FOB和CFR货物买方作为被保险人就无法向保险人索赔。这不能不说是现有海上保险法律规定中的一个明显缺陷。为克服这一缺陷,我们应当引进国际海上保险业中常见的"无论灭失与否"(lost or not lost)条款②。在"无论灭失与否"条件下,即

---

① 最高人民法院保险法司法解释起草小组编著:《〈中华人民共和国保险法〉保险合同章条文理解与适用》,中国法制出版社2010年版,第321页。
② 典型规定如 MIA 1906 第6条第(1)款第2段:"如果保险标的是按'无论灭失与否'条件保险,被保险人即使在保险标的发生损失之后获得其利益,仍可获得赔偿,除非在缔结保险合同时,被保险人已经知道损失发生,而保险人并不知道。"

使被保险人是在保险标的发生损失后才具有保险利益，他仍有权就其损失获得赔偿。而唯一可以阻止被保险人受偿的情况，就是在缔结保险合同的时候，被保险人已知道损失发生而保险人不知道。因为在这种情况下被保险人不仅没有做到最大诚信，而且也没有告知所有有关的重要情况，违背了作为被保险人的基本义务。从这一点来说，《海商法》虽然没有使用"无论灭失与否"这样的说法，但其第二百二十四条的规定事实上已经承认了"无论灭失与否"条件保险的合法性。①

（四）海上保险中保险利益的定义

依照《保险法》，我们可以将海上保险中保险利益定义为"被保险人对保险标的具有的法律上承认的利益"。它虽不起眼，但意义重大，因为它决定了发生争议时应以什么标准来判断保险利益的存在与否这样一个最最根本性的问题。在海上保险法的发展历史中，这也是一个存在很大争议的问题。

最具代表性的，同时也是影响力最大的对海上保险中保险利益的定义是在1806年的著名案例 Lucena v. Crauford② 中两位法官所作的解释。其中 Lord Eldon 将保险利益定义为："……对财产的权利，或产生于与该财产有关的合同的权利，而无论是哪种权利，都有可能因为某些影响到对该财产的占有或使用的意外事件而丧失。"而审理同案的另一位法官 Lawrence J. 所下的定义则是："……（保险利益）是与保险标的之间所具有的某些关系或联系；这种关系或联系可能会因为投保危险的发生，造成某种损害或是侵害投保人利益而受到极大影响。"前者的观点事实上对被保险人提出了一种并行的要求，即为了证明自己具有保险利益，被保险人不但必须与保险标的具有某种法律上或衡平上的关系，此外还要对保险标的具有经济利益，会因保险标的的安全而获利，或者因其灭失、损毁或延误而受损。③ 而后者的观点则更为宽松，其认为海上保险中保险利益的存在并不取决于被保险人与保险标的之间关系的法律性质，而是基于所发生的保险事故在被保险人身上所发生的事实效果和经济效果。通常认为，英国海上保险法中关于保险利益的限制性标准源自

---

① 《海商法》第二百二十四条第一款："订立合同时，被保险人已经知道或者应当知道保险标的已经因发生保险事故而遭受损失的，保险人不负赔偿责任。"正是在"无论灭失与否"条件下不予赔偿的情况。

② (1806) 2 Bos & Pul NR 269.

③ D. Rhidian Thomas, *The Modern Law of Marine Insurance* (LLP Limited, 1996), p. 19.

Lord Eldon 的观点[1]，而 Lawrence J. 的观点则衍生出以美国海上保险法为代表的单纯经济利益标准[2]。

回到依《保险法》规定所推导出的海上保险中保险利益的定义，从字面上即可看出，该定义采用的是英国海上保险法所使用的限制性或双重判断标准，即被保险人要对保险标的具有经济利益，而且这种经济利益必须是法律所承认的。相对于这种双重判断标准，以单一经济利益来判断海上保险中保险利益存在与否，其困难在于法律无法准确界定到底什么才是"经济利益"，无法在确实的获利或损失与单纯的发生利润或损失的可能性之间给出一个明确的界限。所以，法律必须在对于经济利益的要求之外，结合某些能使获利或损失足够确定的因素方能起到准确界定海上保险中保险利益的作用。而《保险法》体系下海上保险中保险利益的定义所包含的，有关"法律上承认的利益"的要求所起到的就正是这个作用，虽略显保守，但与当前国际通行的英国海上保险法的有关规定基本一致。

三、国际上关于海上保险中保险利益问题的晚近发展

通过本文前面的解读可以看出，经过此次《保险法》的修订，就海上保险中保险利益而言，在我国的海上保险业中已经形成了与国际通行的有关海上保险中保险利益的法律规定和规则制度基本一致的一个规则框架。而从世界范围看，这个规则制度在总体上保持着稳定，以 MIA 1906 为代表的英国海上保险法和英国法院的判例在国际海上保险市场中的保险利益问题上仍占据着无可争议的统治性地位。

但是，对海上保险的保险利益有关规则进行改革的呼声一直存在，自 20 世纪末以来，越来越多的国家，甚至包括英国在内，都开始要求对传统的英国海上保险法和判例法规则进行扬弃。其核心主张大多是通过新的判例或立法，摆脱英国法的影响，确立海上保险中保险利益的新的判断标准，否定传统英国海上保险立法与判例中所采取的认定保险利益时的限制性标准，转而采用单一的经济利益标准作为认定保险利益的依据，使保险利益制度更加适应国际经济贸易发展的需要。有人将其形象地比喻为"现代商业需要与传统

---

[1] MIA 1906 第 5 条规定："（1）除本法的规定外，与航海有利害关系的每一个人都具有保险利益。（2）个人与航海有利害关系，特别是当他与该航海或处在危险中的保险财产具有法律上或衡平上的关系，如保险财产安全或按时到达，他即能从中获益；如保险财产灭失、受到损害，或是被滞留或引起有关责任，他的利益将受到损害。"

[2] 如加利福尼亚州保险法第 281 条："每种在财产中的利益，或者与财产有关联的利益或责任，其性质使得某种预期的灾难可能会直接损害被保险人，这种利益就是保险利益。"

之对决"（Modern Commercial Needs Versus Tradition）①。

（一）英国判例法的新发展

英国在 MIA 1906 颁行后，对于海上保险中保险利益问题，其立法与审判实践长期保持着较为稳定的状态，遵循着 MIA 1906 的规定。但面对保险市场上要求改变 MIA 1906 规定限制过严情况的呼声，英国法院自 1992 年的 The Moonacre 案②以来，通过一系列判例表明，英国法院在对保险利益存在与否的判断上，正在逐步倾向于即使没有明确的法律或衡平上的关系存在，仅凭各种经济上的利益的存在即可认定保险利益成立。也就是说，英国的判例法正在逐步转向以较为宽松的单一经济利益标准来判断保险利益是否存在于包括海上保险在内的各种保险中。

1. The Moonacre 案。原告购买了一条游艇，并以一家离岸公司作为该船的登记所有人。之后，原告以自己的名义为该船投保。1988 年 11 月 5 日，因发生火灾，该船推定全损。保险人以原告不具有保险利益为理由而拒绝赔偿。从整个案件的结论上看，原告（被保险人）的保险利益最终得到了肯定，而法官在判断保险利益上所采取的依然是 MIA 1906 中所规定的那种限制性的标准，法官事实上是在同时肯定了经济利益和法律关系的存在之后方认定存在着保险利益。但海上保险学者大都认为，该案中 Colman 法官有关保险利益成立理由的一段论述表现出了明显向着宽松标准的倾向③。

Colman 法官在这段论述中指出，要判断保险利益存在与否，一个根本标准就是看被保险人与保险标的之间的关系是否紧密到足以证明他在保险标的损毁或灭失时受偿是合理的。这样如果没有关系或关系不够紧密，那么该合同就是赌博合同。而赌博合同的基本特征是任何一个当事方对于未来不确定事件的结果都没有任何利益。如果未来不确定事件的结果使得一方就有权自另一方受偿，而该结果同时也给受偿方造成了损失，那么赌博合同的基本特征就不复存在，在 1845 年《反赌博法》和此后的反赌博立法中都没有规定这样的合同是无效和不可执行的。在从 1845 年以来的各种成文法和司法裁判中都没有任何内容规定，可以有一种保险合同既不是赌博，却又因为缺乏保险利益而无法执行。因此，Colman 法官认为，根据对 MIA 1906 第 5 条的解释

---

① Kyriaki Noussia, "Insurable Interest in Marine Insurance Contracts: Modern Commercial Needs Versus Tradition," *Journal of Maritime Law and Commerce*, 2008, Vol. 39, No. 1.

② *Sharp and Roarer Investments Ltd. v. Sphere Drake Insurance plc*, *Minster Insurance Co. Ltd. and E. C. Parker & Co. Ltd.* [1992] 2 Lloyd's Rep. 501

③ D. Rhidian Thomas, *The Modern Law of Marine Insurance* (LLP Limited, 1996), p. 21.

和适用,完全可以推断假如被保险人对于保险标的具有足够的利益以防止保险合同沦为赌博,那么他就有权执行该合同。① 从这段论述的逻辑结构上看,它是以赌博合同为立足点来进行论证,通过证明合同不是赌博,那么就能得出被保险人与保险标的之间的紧密关系,进而证明保险利益的存在。而在其起点即证明合同不是赌博行为的过程中,确实是只依据了被保险人对于保险标的所具有的利益,而没有牵涉到"法律上或衡平上的关系",这样在逻辑上的确是仅根据单一的利益就能判断保险利益的存在与否。从这一点上看,它的确是对 MIA 1906 中有关保险利益的规定的一种突破。

2. Feasy v. Sun Life Assurance Co. of Canada 案②。该案件是一宗人身保险案件,但在该案审理中,英国法院明显适用了单一经济利益标准来判断被保险人是否具有保险利益。英国法院在该案判决中明确指出,如果在订立保险合同时不存在赌博行为,则被保险人对保险标的具有经济利益即足以证明其具有保险利益,而无须适用原有的双重判断标准。

3. O'Kane v. Jones & Others 案③。在该案中,某公司为其所有的两艘船舶投保了船壳和机器险(Hull and Machinery Policy)。后由于船舶所有人拖欠保险费,保险经纪人威胁要取消保险。因此,上述两艘船舶之一("MARTIE P"轮)的船舶经营人(ABC 公司)就该轮向另外一家保险公司投保。此后不久"MARTIE P"轮即发生事故并被推定全损。此时 ABC 公司发现"MARTIE P"轮原来的所投的船壳和机器险尚未被取消,遂取消了后一保险,并向前一保险人主张推定全损,进行索赔。英国法院在该案判决中指出,对被保险财产的所有权或占有并非确定保险利益存在与否的必要条件,而商业便利(commercial convenience)可以作为判断保险利益存在与否的相关因素。法院认为,ABC 公司所订立的船舶经营合同足以表明其与保险标的之间存在法律关系,ABC 公司对"MARTIE P"轮及其运营具有足够的控制权,并因该轮的安全而获益,因该轮的损坏而受损,因此 ABC 公司作为"MARTIE P"轮的船舶经营人对该轮具有保险利益。

虽然英国法院在本案中仍然沿用了经济利益加法律关系的限制性双重标准来判断海上保险中保险利益存在与否,但本案的意义在于其突破了英国法院自 1925 年 Macaura 案④之后一直沿用的对被保险人和保险标的之间"法律

---

① [1992] 2 Lloyd's Rep. 501, at 510.
② [2002] 2 All. E. R. (Comm) 292.
③ [2003] All. E. R. (D) 510 (Jul).
④ Macaura v. Northern Assurance Co. Ltd. [1925] AC 619.

关系"存在与否的判断标准,将"法律关系"的存在从所有权和占有扩大至商业便利这个更加灵活的概念,从而在事实上对海上保险中保险利益采用了较为宽松的判断标准。

4. The Nore Challenger 案①。原告 Linelevel 公司是船舶所有人,其将所有的"The Nore Challenger"轮光租给 NMS 公司,该轮投保了海上风险和五天以上租金未付险。2002 年 6 月 26 日,NMS 公司将该轮所有未决索赔均转让于原告,而该轮经营人 SMS 公司被确定自 2000 年 10 月 5 日起为被保险人。后该轮入坞修理时发现船壳有损坏,保险人以原告和 SMS 公司无权起诉和海上风险并非船舶损坏的近因为由拒赔。法院在审理中认为,NMS 公司作为光船租船人具有保险利益并已将其索赔权利转让于原告,原告因此有权就船壳损坏索赔。SMS 公司作为船舶经营人且为租金未付险的被保险人,有权就租金损失索赔。法院在本案中遵循的原则是,即使没有法律上或类似关系的存在,凡有利于商业便利的经济关系便足以作为认定保险利益存在的依据。

(二) 加拿大司法实践中的新发展

在加拿大,*MIA 1906* 所确定的对海上保险中保险利益的双重判断标准与英国法院在 Macaura 案中作出的对保险利益判断标准的严格解释一直沿用到 1987 年。直至加拿大最高法院在 Constitution Insurance Co. of Canada v. Kosmopoulos② 一案中作出颠覆性的判决。加拿大最高法院在该案判决中指出,确定保险利益成立的主要因素是合法经济利益的存在,没有理由仅仅因为单纯经济利益标准不准确就去适用限制性的保险利益判断标准。考虑到在保险中对保险利益的需要具有两个目的,一是杜绝故意损坏保险标的的诱惑,二是防范赌博行为。而在与告知原则相结合的情况下,基于单一的经济利益的保险利益判断标准就足以实现这两个目的;同时,一个更宽泛的利益的概念也更能体现损害赔偿原则。加拿大最高法院据此宣布原来采用的判断保险利益的限制性(双重)标准已没有任何的公共政策基础,因而拒绝在判断保险利益存在的问题上继续适用"法律上和衡平上的关系"这一要求。自该案后,加拿大法院在包括海上保险在内的保险案件中,在保险利益的判断上全面转向单一经济利益标准。

(三) 澳大利亚的法律改革

而在澳大利亚,英国法中的那种强调"法律上和衡平上的关系"的观点

---

① Linelevel Ltd. v. Powszachny Zaklad Ubezpieczen SA [2005] EWHC 421 (Comm).
② (1987) 34 DLR (4th) 208.

现在因被视为一种"妨碍了被保险人就其实际所遭受的损失得到赔偿"的规则而遭到否定。在澳大利亚法律改革委员会（The Australian Law Reform Commission，ALRC）看来，无论是在社会意义上，还是在商业意义上，这样的限制性标准都是完全没有必要的。① ALRC 提出应采用单一经济利益标准以判断保险利益存在与否，这样当被保险人因损失而在经济上受害时，保险人不应仅因为被保险人对财产没有法律上或衡平上的利益就免除责任。据此，ALRC 于 2001 年 4 月提交的第 21 号报告，即对澳大利亚《1909 年海上保险法》的评估报告②。就有关海上保险的保险利益的规定，该报告建议将海上保险法中直接规定保险利益问题的条文和与保险利益概念有关的条文全部废除，而用以下两项条文予以取代③：

1. 无须保险利益

海上保险合同不能仅因被保险人在合同签订时对合同标的没有保险利益而无效。

2. 在损失发生之时无须法律上或衡平上的利益

如果海上保险合同项下的被保险人因保险合同中作为保险标的的财产已经受到损害或破坏而遭受金钱或经济上的损失，则保险人不能仅依据被保险人在损失发生时对财产没有法律上或衡平上的利益而免除保险合同项下的责任。

上述改革建议在很大程度上是为了解决在某些贸易条件下，对于货物可能在装船前所发生的损失买方无法有效投保的问题。如之前所述的 FOB 和 CFR 条件下，买方无法对货物在装船前所发生的损失进行索赔，现有的"无论灭失与否"条款或"装船前条款"（pre-shipment clause）都在实施上存在着种种缺陷或条件，无法独力完全解决该问题。例如，在 New South Wales Leather Co. Pty Limited v. Vanguard Insurance Co. Limited④ 一案中，被保险人作为 FOB 进口货物的买方，在部分货物于装货港堆场内被盗后，于不知情的

---

① Malcolm A. Clarke，*The Law of Insurance Contract*（Lloyd's of London Press Ltd.，1999，4th ed.），p. 106.

② 该报告系由澳大利亚和新西兰海商法协会下的一个工作组所制作完成。See "Australian Maritime Law Update：2000，" *Journal of Maritime Law & Commerce*，2001，Vol. 32，No. 3.

③ 值得注意的是，此两项条文与澳大利亚 1984 年保险合同法（*Insurance Contract Act* 1984，ICA1984）第 16 条"无须保险利益"（Insurable interest not required）和第 17 条"在损失发生之时无须法律或衡平上的利益"（Legal or equitable not required at time of loss）无论在题目和内容上都几乎完全一致。而澳大利亚的保险法律体系在普通法系国家中可以说是具有其独特性的，其表现就是专门以 ICA1984 这样一个综合性立法来调整全部的非海上保险。

④ （1990）103 FLR 70；[1991] NSWLR 699.

情况下付款提货后方发现货物短少。澳大利亚新南威尔士州最高法院认定，由于FOB买卖合同下货物风险在装船前仍然归于发货人，所有被保险人对于装船前被盗的货物没有保险利益。只是由于保险合同规定的承保期间为"仓至仓"，且有"无论灭失与否"条款，最终判决保险人应予赔偿。

由于上述立法修改建议完全放弃了已适用了近百年的关于海上保险中保险利益的规定，就连提出建议的ALRC都认为它会面临极大的反对意见，很可能在法律修订过程中无法获得通过。于是，ALRC以上述建议未获通过而保险利益在海上保险法中继续存在为前提，提出了折中建议。建议在海上保险法中增加一项条文，规定保险财产的买方，在其为该财产支付了价款的时候或是开始承担为该财产支付价款的义务的时候，假如其随后确实进行了支付，就可以获得该财产的保险利益。这意味着无论采用何种贸易条件，在货物装船前或是在运输的任何阶段，货物买方都可以在支付了货物价款后获得保险利益，并就为货物价值或是货物利润上的任何损失而获赔，而无须继续依靠那些含糊不清的保险条款。①

结　语

通过本文的分析可见，《保险法》有关规定所衍生出的海上保险中保险利益方面的规则，在主体、存在时间、效力和定义等各个主要方面，都可以在英国海上保险法的规定中找到相应的内容。而其不足，也基本能根据英国法律的有关规定或判例加以解决。当然，在现今的国际海上保险业中，英国海上保险法的规定是一种通行规则，具有国际惯例地位。我国本次修订后的《保险法》的有关保险利益的规定与其基本保持一致，是我国海上保险法律制度的进步。但同时也应注意到，对于英国海上保险法中有关保险利益的规定，即使英国人自己也承认其中存在着很多不足。②而自20世纪90年代以来，在国际经济，特别是国际货物贸易与运输高速发展的背景下，建立在传统海上保险利益理论上的法律规定和保险条款已经无法满足实践的需要。无论是在英国，还是这种其他一些原本适用英国海上保险法规则的国家，在海上保险的保险利益问题上，都出现了扬弃传统的保险利益立法规定，充分利

---

①　见ALRC第91号报告第11部分，见网页（http://www.austlii.edu.au/au/other/alrc/publications/reports/91/ch11.html）。

②　有学者认为，以 *MIA 1906* 为代表的英国海上保险法未能解决下列关于保险利益的问题：（1）多个当事方对同一个标的物都具有利益时的普遍保险利益；（2）保险利益与财产转移之间的关系；（3）股东或有权使用之人对公司财产所具有的保险利益；（4）只具有有限保险利益之人进行超额保险的后果；以及（5）再保险中被保险人的保险利益的真正性质。See Colin Croly and Rob Merkin, "Doubts About Insurance Code," *The Journal of Business Law*, 2001.

用和依据单一经济利益标准的观点与学说，放宽判断标准，扩大保险利益的范围的发展趋势。

通过《保险法》的规定，我国关于海上保险中保险利益的法律规则已赶上了国际通行规范的步伐。在今后的发展中，一方面应根据海上保险业的实践情况，以修订《海商法》"海上保险合同"章条文、发布适当的司法解释以及在海上保险单中增加适当条款等多种形式，不断对保险利益这一海上保险中的核心规则进行完善；另一方面则应关注其他国家就海上保险中保险利益在理论和司法实践上所进行的新的研究和发展，充分吸收借鉴其成功做法和经验，以更好地促进中国海上保险业的发展。

海上保险合同中不适航除外责任的问题与进路

——兼论《海商法》第四十七条船舶适航义务

钟宇峰　刘亚洲

摘要：保险诞生于海上运输，并随着海上运输的快速发展，在保障现代海上运输业健康持续发展中发挥着重要作用。海上运输风险高，极易发生事故，而造成事故的原因往往也并不单一，但我国在海商法保险责任认定方面的规定并不完善，导致在司法实践中产生了较大争议。本文通过对我国现行《海商法》及保险行业关于船舶不适航的规定进行分析，并与国外做法进行对比借鉴，从而在概念界定及保险责任认定两方面对船舶不适航相关规定提出相应的完善建议。

关键词：保险合同；不适航；承保风险；责任划分。

大海辽阔无际、天气多变、水文环境复杂，海上运输这一行业自诞生以来就与高风险相伴，其投入大、风险高，早期出海的商船十之八九因发生事故无法返航，于是具有分摊风险功能的保险应运而生。随着经济社会的发展，航海技术越来越发达，现代海上运输承受的风险虽大幅降低，但也远高于空运、陆运，保险的重要性非但没有降低，反而随着人们风险意识的提高、经济社会的高速发展，成为保障现代海上运输业健康持续发展的重要力量。在保险实践中，船舶发生事故后，保险人是否承担保险责任，既取决于承保风险，也取决于除外责任。在《中华人民共和国海商法》（以下简称《海商法》）及我国主流保险条款中均将不适航作为除外责任予以规定或约定。但囿于相关规定的不完善，不适航这一除外责任在司法实践中存在着诸多困境。

一、梳理：我国不适航除外责任相关规定及司法实践

就海上货物运输而言，使船舶适航是承运人应履行的一项最基本的义务。① 船舶在通过船级社检验合格后，船级社将给船舶颁发船舶适航证书，这一证书是证明船舶适航的证据之一。但司法实践中一般认为，船舶适航证

---

① 司玉琢、张永坚、蒋跃川编著：《中国海商法注释》，北京大学出版社2019年版，第83页。

书是船舶适航的表面证据①，不能作为认定船舶适航的唯一证据，船舶适航证书是船舶适航的必要不充分条件，即船舶适航必定有船舶适航证书，有船舶适航证书的船舶适航不必然适航。船舶是否适航还根据现行法律规定及保险合同约定，并结合在案证据中来进行综合认定。如平潭综合实验区晟海船务有限公司诉中国人民财产保险股份有限公司福建省榕城分公司海上保险合同纠纷一案中，晟海船务有限公司为其"东泓"轮投保了沿海内河船舶一切险，该轮在台湾浅滩等待装砂期间沉没，虽然该轮在出险时持有海上货船适航证书，但法院认定出险时船舶存在不适航的情形，保险人不负赔偿责任。②

（一）我国不适航除外责任的法律规定

《海商法》对于何为不适航没有一个清晰、明确的定义。但《海商法》第四十七条规定："承运人在船舶开航前和开航当时，应当谨慎处理，使船舶处于适航状态，妥善配备船员、装备船舶和配备供应品，并使货舱、冷藏舱、冷气舱和其他载货处所适于并能安全收受、载运和保管货物。"根据这一规定，我们可知船舶适航应当满足以下四方面的条件。

1. 时间节点为船舶开航前和开航当时。承运人仅需在船舶开航前和开航当时确保船舶处于适航状态，对于船舶开航后，承运人不再负有保证船舶适航的义务。

2. 妥善配备船员。妥善配备船员在这里应有两层意思，即船员的数量与质量均应妥善配备。数量上的妥善配备是指船舶配备的船员数量应满足船舶正常航行值班或作业的需要，不能违反《船舶最低安全配员证书》上载明的最低配员要求。如温州市盛航船务有限公司诉中国人寿财产保险股份有限公司温州洞头区支公司海上保险合同纠纷一案中，法院认定涉案船舶最低安全配员为 6 人，但涉案航次仅配员 4 人，保险人有权拒赔沿海内河船舶一切险。③ 质量上的妥善配备是指船舶配备的船员能够胜任本职工作，不仅要求相应岗位的船员应持有相应的适任证书，而且要求船员在日常履行职务时应认真负责，不能玩忽职守。如温州市洞头东海船务有限公司诉中国太平洋财产保险股份有限公司洞头支公司海上保险合同纠纷一案中，东海船务有限公司为"东海 689"轮投保了沿海内河船舶一切险，该轮触碰桥梁产生损失，法院认定事发时驾驶船舶人员未持有效适任证书，存在不适航的情形，保险

---

① 初北平：《船舶保险中的不适航除外责任》，载《中国船检》2016 年第 7 期。
② （2021）闽 72 民初 179 号。
③ （2017）浙 72 民初 1934 号。

人不负赔偿责任。①

3. 装备船舶和配备供应品。具体指：（1）船舶技术性能符合船级规范的要求和具备其航程所需的技术性能要求；（2）助航设备、系泊设备装备妥当，海图、航路指南等航系资料以及相关法定证书等齐全或不存在效力问题；（3）开航前准备充足的燃料、物料、淡水和食品等物品，供船舶在下一停靠港添加之前使用。②如孙毅诉中国太平洋财产保险股份有限公司常德中心支公司通海水域保险合同纠纷一案中，法院认定"湘桃源采2173"挖沙船设备在事故发生时处于不适航状态，保险人不负赔偿责任。③又如世嘉有限公司诉中国大地财产保险股份有限公司、中国大地财产保险股份有限公司航运保险运营中心海上保险合同纠纷一案中，涉案"SAGAN"轮因主机彻底无法启动、船舶失去动力开始漂航直至搁浅，法院认定"SAGAN"轮在开航时船况不佳且备件不足，技术状态上不适航。④

4. 船舶适载货物。承运人应保证船舶处于能够安全收受、载运和保管货物的状态，并确保货物装载得当。如温州鸿达海运有限公司诉阳光财产保险股份有限公司温州中心支公司通海水域保险合同纠纷一案中，涉案"鸿达158"轮满载黄沙后因触碰沉没，法院认定涉案船舶超载构成不适航，保险人不负赔偿责任。⑤

（二）我国保险行业不适航除外责任的相关条款

《中国人民财产保险股份有限公司船舶保险条款（2009版）》约定："除外责任本保险不负责下列原因所致的损失、责任或费用：（一）不适航，包括人员配备不当、装备或装载不妥，但以被保险人在船舶开航时，知道或应该知道此种不适航为限……"从上述该条款可知，其对于不适航的约定与《海商法》基本一致，但多附加了一个条件："以被保险人在船舶开航时，知道或应该知道此种不适航为限。"在这一条件里，知道或应该知道的主体限于被保险人，如果被保险人是法人时，则该主体应为该公司法定代表人或者具体分管该船业务的岸上管理人员等；如果该船为挂靠船舶，该主体还应包括该船的实际船东。所以，船长、船员在船舶开航时知道船舶不适航，但未告诉被保险人，属于保险人承保的风险之一——船员疏忽，应当对此引起的

---

① （2021）浙72民初1211号。
② 初北平：《船舶保险中的不适航除外责任》，载《中国船检》2016年第7期。
③ （2017）鄂72民初1144号。
④ （2019）沪72民初463号。
⑤ （2016）浙72民初1585号。

损失承担赔偿责任。① "知道"是指被保险人明知船舶存在不适航的情况,却放任其发生。"应该知道"是指以一般善良管理人的标准来判断,被保险人在客观上存在知道的条件和可能性,即从法律上推定被保险人知道船舶存在不适航的情况。同时,该条款相较于《海商法》第二百四十四条,放宽了对被保险人的要求,不论是船舶定期保险还是航次保险,只要能够证明被保险人不知道船舶存在不适航的情况,其就有权要求保险人承担保险责任。

(三) 不适航除外责任与承保风险在多因一果中的适用

在司法实践中既有单一原因导致船舶发生事故,也有多种原因导致船舶发生事故。单一原因造成的事故比较好判断,只要厘清其是属于承保风险还是属于除外责任即可。但在多种原因导致的事故中,对于保险人是否应当承担保险责任,承担多少的保险责任,则较难给出一个统一的答案。

1. 我国法律规定及保险条款规定。

如果船舶不满足适航的要件,那么就会构成不适航。但是,不适航作为一项除外责任,并不必然导致保险人不承担保险责任。《海商法》第二百四十四条规定:"除合同另有约定外,因下列原因之一造成保险船舶损失的,保险人不负赔偿责任:(一)船舶开航时不适航,但是在船舶定期保险中被保险人不知道的除外……"由此可知,船舶不适航与船舶损失之间应存在因果关系,即船舶损失是因为船舶不适航造成的。假设船舶虽然不适航,但船舶损失完全是由承保风险导致的,那么保险人仍应负保险责任。上述法条虽然规定了船舶不适航与船舶损失之间应存在因果关系,但没有明确承保风险和船舶不适航共同造成船舶损失时应当如何进行保险责任的界定。

《最高人民法院关于适用〈中华人民共和国保险法〉若干问题的解释(三)》第二十五条规定:"被保险人的损失系由承保事故或者非承保事故、免责事由造成难以确定,当事人请求保险人给付保险金的,人民法院可以按照相应比例予以支持。"这一条款是在致损原因无法查明的情况下,允许法院以各原因力大小来确定保险责任的承担比例,但并不是解决多因一果下承保风险与除外责任之间的适用问题。同时,该司法解释在开头便明确了是针对"保险合同"章人身保险部分有关法律适用问题所作的解释,对财产保险这一类型的保险合同并不产生效力。上述《中国人民财产保险股份有限公司船舶保险条款(2009版)》也如海商法规定一样,只有不适航所致的损失、责任或费用,保险人才不用承担保险责任。

---

① 参见李道峰、李唯军《论船舶保险中的不适航除外责任》,载《政法学刊》2002年第3期。

综上所述，我国法律及保险条款对于多因一果下承保风险与不适航的适用问题并没有给出一个明确的规定，所以也导致在司法实践中各法院的裁判并不统一。

2. 司法实践裁判不统一。目前司法实践中对于多因一果下承保风险与除外责任的适用问题主要存在两种不同的意见：一种意见是认为除外责任应优先于承保风险适用，即只要造成保险事故的原因中有保险合同约定的除外责任，则即使承保风险也是造成保险事故的原因之一，保险人也不承担保险责任；另一种意见则认为除外责任与承保风险之间并没有何者更优先之说，在具体案件中应根据除外责任与承保风险各自作用力的大小来确定保险人的保险责任，最为典型就是2018年全国十大海事审判经典案例之（2017）最高法民再413号案。两艘渔船于2011年6月1日后在山东省荣成市烟墩角北港渔码头进行维修保养。2011年6月25日，曲某某为避台风同部分船员试图单靠"鲁荣渔1814"船动力将两船（"鲁荣渔1813"船主机已吊出船舱维修）驾驶至南码头，后在途中因舵机失灵，在台风大浪作用下，两船搁浅导致报废。最高人民法院在再审中认为涉案事故系由台风、船东的疏忽、船长和船员的疏忽三个原因共同造成，其中台风是主要原因。在造成涉案事故的三个原因中，台风与船长船员的疏忽属于承保风险，而船东的疏忽为非承保风险。在保险事故系由承保风险和非承保风险共同作用而发生的情况下，根据各项风险（原因）对事故发生的影响程度，法院酌定大地保险石岛支公司对涉案事故承担75%的保险赔偿责任。

二、对比：国外不适航除外责任相关规定

（一）国际公约中的不适航规定

《统一提单的若干法律规则的国际公约》（以下简称《海牙规则》）第三条第一款规定："承运人须在开航前和开航时克尽职责：（a）使船舶适于航行；（b）适当地配备船员、装备船舶和供应船舶；（c）使货舱、冷藏舱和该船其他载货处所能适宜和安全地收受、运送和保管货物。"从该条款我们可以看出，虽然我国不是《海牙规则》的缔约国，但《海商法》第四十七条的制定在很大程度上参考了这一条规定。

在1978年《联合国海上货物运输公约》（以下简称《汉堡规则》）中没有采用"适航义务"等海商法中的专业术语。其第五条第一款规定："除非承运人证明他本人，其受雇人或代理人为避免该事故发生及其后果已采取了一切所能合理要求的措施，否则承运人应对因货物灭失或损坏或延迟交货所造成的损失负赔偿责任，如果引起该项灭失、损坏或延迟交付的事故，如同

第四条所述，是在承运人掌管货物期间发生的。"这一规定虽没有明确说明适航义务，但其内容无疑将违反适航义务的法律后果涵盖了进去。其对适航义务没有采取《海牙规则》例举式的做法，而是采取了概括性的方法——"采取了一切所能合理要求的措施"，并适用了过错推定的归责原则。

《联合国全程或者部分海上国际货物运输合同公约》（以下简称《鹿特丹规则》）第十四条规定："承运人必须在开航前、开航当时和海上航程中谨慎处理：（a）使船舶处于且保持适航状态；（b）妥善配备船员、装备船舶和补给供应品，且在整个航程中保持此种配备、装备和补给；并且（c）使货舱、船舶所有其他载货处所和由承运人提供的载货集装箱适于且能安全接收、运输和保管货物，且保持此种状态。"《鹿特丹规则》似乎兜兜转转还是回到《海牙规则》对适航义务采取例举式的做法，且内容基本与《海牙规则》一致，只是增加了承运人对船舶适航性的保持义务，使承运人对船舶的适航义务不仅限于开航前，而且在整个航程中均应谨慎处理，保持船舶适航的持续性。

（二）英国法中不适航的相关规定

英国《1906年海上保险法》（以下简称MIA 1906）是一部对各国海上保险立法均有重要影响的法律。

1. 船舶不适航的标准。MIA 1906第三十九条第四款规定："当船舶在各个方面都合理装备，能经得住承保航程的通常海上风险，即视为船舶适航。"该条款中的合理装备不需要提供一艘完美无瑕、零事故、能抵御一切海上风险的船舶，只需一艘适于货物运输并能抵御海上通常风险的船舶。① 而"通常海上风险"则要求船舶能够抵御海上常见的普通风险，无法抵御的极端天气或战争行为等则不属于此列。同时英国会主要从以下三方面对船舶是否处于适航状态进行考察：第一，物理状态：即船舶和其他机械设备是否完好，船壳本身能否抵御风浪的正常作用，船舶上的机械、管道、冢等设备能否正常工作等。第二，船长和船员：船员是否足够，船员是否胜任。第三，文件证书：船舶是否配备了必需的证书和文件。②

2. 船舶不适航的时间。MIA 1906第三十九条第一款规定："航程保险单中含有默示保证，即船舶在开航前必须具有经受承保的特定航程的适航能力。"根据这一条款，船舶在开航前应默示保证船舶适航。同时，适航默示

---

① 徐峰：《英美法下"适航义务"界定之实证研究——从绝对适航到过错原则》，载《中国海商法研究》2016年第2期，第54页。
② 王艺潼：《船舶保险除外责任法律问题研究》，大连海事大学硕士学位论文，2016年，第16页。

保证不仅仅限于开航前，在船舶停泊于港口期间以及多段航程中各个阶段，承运人均负有默示保证义务。MIA 1906 第三十九条第二款规定："如果在保单生效时船舶停泊在港口内也有一个默示保证，即船舶在风险开始时应合理装备，足以经得住港内的通常风险。"第三十九条第三款规定："如果保险单承保的航程分成不同阶段完成，在各个阶段中，船舶需要不同种类的装备或装备的进一步准备，就有一个默示保证；在每一个阶段开始时，船舶应具有为完成各阶段所必需的有关装备或准备的适航性。"由此英国法建立了一个覆盖比较全面的适航默示保证义务。

（三）不适航除外责任与承保风险共存下的保险责任认定

1. 英国法中的近因原则。在确定保险人是否应当承担保险责任时，一般根据导致保险事故发生的原因来进行认定。在作为除外责任的不适航与承保风险共同造成保险事故的情况下，要对导致结果发生的原因进行认定，就必须依循一定的规则。最早由英国的海上保险法所确定的近因原则在全球司法实践中具有重要的影响力。根据 MIA 1906 第五十五条规定："除严格依照本法规定和保险单另有约定外，保险人仅对承保风险作为近因引起的保险标的损失承担赔付责任。反之，保险人无须承担任何责任。"在英国司法实践中，具体分为以下三种情况予以处理：（1）除外责任和承保风险连续发生，导致保险事故。如果在先原因必然导致在后原因的出现，进而造成保险事故，则在先原因为近因。（2）除外责任和承保风险同时发生。如果除外责任和承保风险均能独立的导致全部损失的发生，那么两者均为近因，保险人应承担保险责任。如果除外责任和承保风险不能独立导致全部损失，且各自导致的损失部分能够区分，保险人仅就承保风险造成的损失部分承担保险责任，如果两者导致的损失无法区分，则一般认为保险人无须承担保险责任。（3）除外责任和承保风险间断发生。即在先原因的作用力被不可合理预见的在后原因的作用力中断，在后原因最终导致了保险事故的发生，那么在后原因是保险事故的近因。①

2. 挪威法中的分配规则。对于因果关系的认定，除英国法外，另一在全球司法领域具有重要影响力的就是挪威的海上保险计划。在海上保险计划中，针对多因一果这一海上保险司法实践中的常见情况，挪威确立了分配规则，即根据各原因力的大小来确定保险责任比例。该海上保险计划第 2～13 条规定："如果损失是由几种不同风险之间的相互作用引起的，而保险中没有涵

---

① 参见陈雨涵《混合原因致损海上保险人赔偿责任研究》，大连海事大学硕士学位论文，2020 年。

盖这些风险的一种或者数种，则损失必须根据每种风险对损失发生的作用的程度和影响，来将损失责任按比例分配给各个风险，并且保险人仅应当对由保险所承保的相应风险而造成的那一部分损失负责。"① 但不是说只要有原因参与了，就应按其原因力的大小来划分比例，一般来说，原因力至少应达到10%～15%才能将其纳入责任分配的考量范围。② 如果一种原因在多种原因中其原因力占据了主要地位，则认为该原因是保险事故的主要原因；如果该原因为承保风险，则保险人承担全部保险责任；如果该原因为除外责任，则保险人不承担任何保险责任。"仅仅得出这种风险比另一种风险略占优势的结论是不足够的——或许是有疑问的；当两者原因所占据的比重大致相同时，应当避免的是在两个原因中做出随意的选择。另一方面，一个60%与40%比例的情形应当构成达成平均分配比重的上限。如果我们接近66%的比例，那么一种风险类型组将成为其他风险类型组所占比重的两倍。"③ 所以想成为主要原因，该原因的原因力通常认为应达到66%。

（四）其他关于船舶适航要求

1. 船舶安全管理体系的建立要求。过去船舶安全主要依赖于船长及船员对船舶的管理及良好船艺，但各种事故的统计、调查和分析表明，有80%的海上事故与人为因素有关，陆上管理人员和海上船员的职业素质和水平、责任心及船舶安全管理等人为因素都可能对船舶安全造成重大影响。④ 于是大家开始越来越重视船公司海上营运的安全管理。因此《国际船舶安全营运和防止污染管理规则》（ISM规则）于1994年应运而生，这一规则由国际海事组织制定，起初该规则并不具备强制力，随后国际海事组织通过《国际海上人命安全公约》赋予其强制力，其从2002年7月1日起对从事国际航行的船舶全面实施。该规则开宗明义指出其目的是提供船舶安全管理、安全营运和防止污染的国际标准，以保证海上安全，防止人员伤亡，避免对环境，特别是对海洋环境造成损害以及对财产造成损失。该规则要求公司及其船舶建立、实施和保持符合规则的安全管理体系，并获得主管机关的认可。船舶适航作为船舶安全管理的前提，该规则中虽没有提到"适航"这个词，但是每一个条款中均渗透着适航的内涵。这一规则极大地扩展了船舶适航的概念，但也

---

① 转引自方阁《挪威船舶保险条款研究》，大连海事大学博士学位论文，2020年，第103页。
② 参见陈雨涵《混合原因致损海上保险人赔偿责任研究》，大连海事大学硕士学位论文，2020年。
③ Sjur Brækhus, Alex Rein, *Håndbok i kaskoforsikring: på grunnlag av Norsk Sjøforsikringsplan av* 1964 (Oslo: Sjørettsfondet, 1993), pp. 262–268.
④ 参见王伟明《ISM规则对船舶适航标准的影响》，载《上海海运学院学报》2003年第1期。

空前加重了承运人的适航义务。如果承运人没有严格按照该规则来经营船舶,则极易被认定为未尽到使船舶适航的责任。

2. 航行计划的制度要求。1999 年国际海事组织通过 A.893(21) 号决议对航次计划的制定和流程进行规定,但直到 2019 年才出现第一起船舶因航行计划存在缺陷案例。

"达飞利波拉"轮案简要案情为:船东驶离厦门港时为避免船舶搁浅,决定驶出航道在航道外的深水区航行,因为根据海图信息,厦门区域的水深足够船舶吃水。但实际上,第 NM6274(P)/10 号航行公告早已对厦门港外实际水深可能低于海图水深进行了提示。另外,第 NM1691/11 号航行公告甚至已经标出再次测量后的实际水深。但是,二副在绘制计划航线时并未将这些信息记录在航行计划中。最后英国法院判定"达飞利波拉"轮因航行计划存在缺陷而导致船舶在开航前及当时处于不适航的状态。①

三、反思与出路:我国不适航除外责任存在的问题与完善建议

(一) 我国不适航除外责任存在的问题

通过对比我国与国际上关于船舶不适航的相关规定,并结合我国航运实践情况,可以发现我国的相关规定在以下两个方面还存在着不足之处。

1. 不明晰的不适航定义。《海商法》中没有关于不适航的定义,船舶不适航是根据关于船舶适航的定义反推出来的。而船舶适航的定义在很大程度上参考了《海牙规则》,对船舶适航的状态从船员配备、船舶配备、适载货物三个方面进行了较为具体的界定。这样做的好处在于,在一定程度上限制了法官的自由裁量权,使法官能够按照一定的规则对船舶是否适航作出判断。但这样的规定已经较难满足现实的需要。不管是上文提到的 ISM 规则还是航行计划制定,都对船舶适航的定义提出了新的挑战。在船舶适航的责任主体上,仅明确为承运人,但船舶适航涉及方方面面的工作,这些工作中的绝大部分并非由承运人本人亲自去完成,而是由船长、船员等承运人的受雇人以及修船人、检验人等承运人的独立合同人完成。如果由于这些人的过失而使船舶没有能够处于适航状态,在法律上没有明确应视为承运人未能谨慎处理履行适航义务。② 在船舶是否适航这一问题上,时间节点也是一个重要的判决依据。《海商法》目前规定的时间节点为开航前或开航当时,这其实是对承运人课以了较轻的适航义务。船舶在海上航行不仅面临着复杂的海况、天

---

① 参见欧阳云婷《"航行计划缺陷"对承运人履行适航义务的影响》,华东政法大学硕士学位论文,2020 年。

② 司玉琢、张永坚、蒋跃川编著:《中国海商法注释》,北京大学出版社 2019 年版,第 84 页。

气等,还对船员的职业素质提出了较高的要求。如仅仅在开航前或开航当时对船舶适航提出要求,而对开航后船舶适航状态的保持没有要求的话,当船舶在航行中出现不适航情况,承运人就不会有较大的动力采取当前能够采取的合理措施去恢复船舶的适航,从而在客观上加重保险人的责任。

2. 难判断的责任承担问题。在一因一果下,不存在判断责任由谁承担的问题。但在多因一果下,如何判断责任的承担就显得尤为重要,因为这涉及保险人与被保险人之间利益平衡的问题。首先,我国目前并没有像英国或挪威那样确定如近因原则或分配规则这样较为系统的责任分担规则,仅仅明确了风险与结果之间应存在因果关系,而这因果关系应如何判断,则有赖于法官根据自己的专业知识、常识经验等去进行一个综合的判断。其次,对于作为除外责任的不适航与承保风险同时作为原因出现时,是应优先适用承保风险由保险人承担保险责任,还是优先适用不适航由被保险人获得赔偿,这在我国司法实践中还没有形成一个统一的认知。这导致我国关于保险合同中不适航法律责任承担问题存在类案不同判的情况。

(二) 我国不适航除外责任的完善建议

1. 完善不适航的定义。笔者认为对不适航的界定可仍然沿用由适航反推的做法,但在此基础上应吸收国际有益经验予以完善。

首先,对于适航可参考汉堡规则给予一个定义,以概括性地将适航应符合的基本要求固定下来。如"承运人及其受雇人、代理人应谨慎处理,采取一切合理的措施使船舶能够满足运输目的,抵御海上通常风险"。在这一定义中:(1) 船舶适航的责任主体不仅是承运人还是其受雇人、代理人,因为在航运实践中,对于船舶最为直接的管理往往不是来自承运人,而是其受雇人或代理人,他们更为直接地接触船舶、管理船舶;(2) 满足运输目的指的是相应的文件材料齐全,船舶能够将货物安全完好地运至目的港,最终完成托运人的委托;(3) 抵御海上通常风险要求船舶能够抵御航运业中普通承运人认为能够抵御的"通常"风险,而不是完全超出承运人预估范围的风险;(4) 一切合理措施既包括船员、船舶配备等,也包括建立规范管理体系、制定航行计划等。

其次,适航在时间节点上不应仅限制在船舶开航前或开航当时。笔者认为,只要在保险期间内,承运人及其受雇人、代理人应始终保持船舶处于适航状态,不应再区分是否开航以及开航前还是开航后。因为船舶是否适航明显掌握于承运人手中,如果仅在开航前或开航当时承运人才负有适航义务,而在其他阶段保险人应对船舶不适航承担保险责任,则很明显属于将承运人过错要保险人承担，加重了保险人的负担，这既不合理，也不公平。但如果船舶处在使其恢复适航状态的修理中发生事故，则保险人不能以船舶不适航为由主张不承担保险责任。

再次，承运人对船舶的不适航责任不应以知道或应当知道为限。笔者认为，船舶不适航是一种客观状态，承运人是否知晓，并不影响船舶不适航的性质。承运人应当证明自己已经为使船舶适航采取了一切合理的措施。

最后，除给予船舶适航以概括性定义外，为使船舶适航这一状态更加具体易判断，笔者认为还应对较为常见的一些船舶适航要求予以举例。如船员配备、符合ISM规则、制定航行计划等。

综上所述，笔者认为可以将《海商法》第四十七条修改如下：

在船舶营运期间，承运人及其受雇人、代理人应谨慎处理，采取一切合理的措施使船舶能够满足运输目的，抵御海上通常风险。如船舶不满足以下情况之一，应认定船舶不适航：（1）未妥善配备船员、装备船舶和补给供应品；（2）货舱、船舶所有其他载货处所和由承运人提供的载货集装箱不适且不能安全收受、运输和保管货物；（3）未按ISM规则经营船舶；（4）未妥善制定航行计划且未根据实际情况及时采取措施修订航行计划；（5）其他应认定为不适航的情况。

2. 完善不适航除外责任中的保险责任认定。保险责任的认定涉及风险与结果之间因果关系的认定。在吸收国外经验并结合我国实际国情的情况下，笔者认为较宜采用近因原则与分配规则并行的因果关系认定规则。

一方面，虽然《海商法》中没有明确近因原则，但司法实践中涉及因果关系的认定，法官或多或少参考近因原则来进行责任的划分。同时，在根据近因原则能确定原因的情况下，对于保险人和被保险人来说就是非此即彼关系，要么保险人不承担保险责任，要么被保险人获得保险赔偿。从保险合同的签订来看，其实这是更符合双方签订保险合同初衷的。所以，笔者认为在不适航除外责任与承保风险共同出现的事故中，应根据近因原则来确定谁是导致事故出现的近因，再根据确定的近因来认定保险人是否应承担保险责任。

另一方面，在不适航除外责任与承保风险共同导致事故发生时，无法确定近因的情况下，则适用分配规则。从公平的角度看，在此情况下，如果认定保险人不承担全部保险责任，则被保险人获得全部保险赔偿都是对另一方的不公平；相反，如果适用分配规则，被保险人获得了与其保险费率相当的保险赔偿，而保险人也避免了承担全部保险责任，则这对于保险人和被保险人双方来说都是一个更易于接受的结果。具体到如何适用分配规则，笔者认为不宜全盘照抄挪威那种对原因力进行量化的做法，因为原因力的大小是难以被量化的，而是应由法官根据当事人双方的证明程度以及自身的经验、常识作出一个综合的裁判结果。

从《最高人民法院关于适用〈中华人民共和国保险法〉若干问题的解释（三）》第二十五条规定以及最高人民法院（2017）最高法民再413号案可以看出，对于保险合同中不适航除外责任以及承保风险共同致损的保险责任认定，我国逐渐倾向于从公平原则出发，更为合理地维护各方当事人的合法权益。因此本文通过比较法，尽可能在我国国情的基础上吸收国外的先进经验，从而得出我国海上保险合同中部分问题的改革路径，形成我国独有的保险合同中不适航除外责任以及承保风险的适用方案。

第五编

公共政策与国际惯例

《纽约公约》项下"公共政策"的理解与适用*

——以最高人民法院批复的 8 起案件为样本

徐春龙　李立菲

摘要：执行地法院可以"公共政策"（public policy）为由拒绝承认与执行国际商事仲裁裁决为《纽约公约》和各国立法普遍认可。但世界各国对于公共政策的概念、范畴并未达成一致的理解。我国最高人民法院与地方人民法院在对公共政策进行司法审查时，理解与适用也存在较大差异。本文以最高人民法院审查的地方法院拟援引公共政策拒绝承认和执行仲裁裁决的 8 起案件为样本，对我国理解与适用《纽约公约》项下的公共政策问题进行了探析，指出最高法院与地方法院差异化的原因在于公共政策概念的不确定、主体理解能力的差别以及利益考量不同。本文指出，作为《纽约公约》成员国，我国在公共政策的理解与适用上，应当与其他公约缔约国保持基本理念与实际操作的相对一致性，并由此将视角从国内转移至域外，通过考察其他缔约国的实务与理论的新近发展，指出公共政策在适用理念、内涵与外延方面日益趋同：理念上支持仲裁、限制解释与适用渐成共见；内涵上指向一国经济、政治、法律、社会秩序中最根本的利益与价值；外延上指向国际公共政策。在此基础上，本文对理解与适用《纽约公约》项下公共政策的"统一化"提出了一些建议：在理念上支持仲裁、限制解释与适用；在审查上要区别对待、准确适用法律依据；在公共政策确定基准上，坚持本土化与国际化兼容并蓄；在具体内容设定上，需树立国际视野，破除地方保护主义，以我国根本利益为限；技术操作上，审慎、合理使用少援引、说尽理。

关键词：公共政策；涉外仲裁裁决；承认与执行；司法审查。

引　言

无论仲裁的性质是法官替代论、契约论、意思自治论还是民间论，现代世界各国对仲裁的尊重均系常态。但仲裁仍要接受司法监督，即从某种意义上说，司法仍是仲裁的终局裁判者。但这种终局裁判，无疑应是审慎的。因

---

* 本文原载于《中国海商法研究》2014 年第 4 期。

此,各国立法都为拒绝承认与执行仲裁裁决限定了诸多条件。为进一步规范国际商事仲裁裁决承认与执行问题,1958年6月10日,有关缔约国在纽约召开的联合国国际商业仲裁会议上签署了《承认及执行外国仲裁裁决公约》(以下简称《纽约公约》)①。该公约仅在第5条第2款规定了不予承认与执行公约项下仲裁裁决的情形,且区分了依申请人申请和依法院审查两种情形,对于依申请人申请者,若无当事人抗辩,则法院不可依职权审查。② 由此,奠定了《纽约公约》"支持仲裁"的大原则——以仲裁裁决承认与执行为原则,以拒绝承认和执行为例外。而在拒绝承认和执行仲裁裁决中,最难把握的就是《纽约公约》第5条第2款规定的"公共政策"。因《纽约公约》并没有采取列明的方式规定何为"公共政策",各缔约国理解与适用并不完全一致。有学者曾言:"公共政策好比一匹难以驾驭之马,一旦跨上去,就根本不知道它会将你带向何方。"③ 此话虽说有些夸大之嫌,但从侧面亦可知公共政策的理解和适用着实是一个难题。而如何准确把握和理解公共政策的内涵及外延,履行公约义务,也就成了我国仲裁裁决司法审查中一项重要课题。

一、"公共政策"司法审查的"差异化"

为加强对《纽约公约》项下仲裁裁决的审慎司法审查,最高人民法院先后三次发文④明确对拒绝承认和执行外国仲裁机构的裁决实行内部个案逐级报批制度,地方法院在最高人民法院批复前,不得制发裁定。从司法实践看,在涉及公共政策的理解与适用方面,最高人民法院与地方法院存在明显差异。

本文选取最高人民法院批复的8起涉及《纽约公约》项下公共政策司法审查的案件,对我国各级法院对《纽约公约》项公共政策的理解与适用进行评析。

最高人民法院与地方法院公共政策审查情况见表1。

---

① 我国于1986年12月2日决定加入该公约,该公约1987年4月22日对我国生效。但我国在加入《纽约公约》后仍对互惠和商事进行了保留。

② 最高人民法院在2001年给上海高院的批复中也明确了此点。参见《最高人民法院关于麦考·奈浦敦有限公司申请承认和执行仲裁裁决一案请示的复函》(法民二〔2001〕32号,2001年4月23日)第三条。

③ Homayoon Arfazadeh, supra note 8, p.43, 转引自张艾清《国际商事仲裁中公共政策事项的可仲裁性问题研究》,载《法学评论》2007年第6期,第100页。

④ 参见《最高人民法院关于人民法院处理与涉外仲裁及外国仲裁事项有关问题的通知》(法发〔1995〕18号)第二条、《最高人民法院关于承认和执行外国仲裁裁决收费及审查期限问题的规定》(法释〔1998〕28号)第四条及《最高人民法院关于审理和执行涉外民商事案件应当注意的几个问题的通知》(法〔2000〕51号)第三条。

表 1 最高人民法院与地方法院公共政策审查情况

编号	案件	地方法院意见摘要	最高人民法院审查意见摘要	审查意见的一致性
1	ED&F 曼氏（香港）有限公司案	北京市第一中级人民法院和北京市高级人民法院意见：仲裁裁决认可了双方通过规避中国期货交易管理法规、非法从事境外期货交易取得的非法利益，违反了我国法律的强制性规定的规定，构成了对我国公共政策的违反	涉案纠纷可以约定提请仲裁。中国糖业酒类集团公司未经批准擅自从事境外期货交易的行为，依照中国法律无疑应认定为无效。但违反我国法律的强制性规定不能完全等同于违反我国的公共政策。[（2003）民四他字第 3 号，2003 年 7 月 1 日]	不一致
2	日本三井物产株式会社案	海南省高级人民法院意见：执行地法院去承认和执行一个已被执行地法院（生效）判决确认为无效的、国外仲裁裁决的司法确定的债务，与我国的司法主权、司法权威和判决的既判力相冲突，有损于（生效）判决所确定的法律秩序，应被视为违反了执行地我国公共的公共秩序	海南省纺织工业总公司作为国有企业，违反了我国有关外汇审批及登记的法律规定和国家部门规章中强制性规定的违反，对于行政法规和部门规章中强制性规定的违反，并不当然构成对我国公共政策的违反。本案仲裁裁决不应以违反公共政策为由拒绝承认和执行。[（2001）民四他字第 12 号，2005 年 7 月 13 日]	不一致

续表 1

编号	案件	地方法院意见摘要	最高人民法院审查意见摘要	审查意见的一致性
3	日本信越化学工业株式会社案	南通市中级人民法院合议庭多数意见和江苏省高级人民法院意见：本案仲裁是在包括日本在内的光纤制造商向中国实施倾销的大背景下进行的，倾销事实已被中国政府确定存在。承认该仲裁裁决将会严重危及我国光纤产业生存	同意江苏省高级人民法院的处理意见，本案仲裁裁决存在《纽约公约》第 5 条第 1 款（乙）（丁）项规定的情形，不应予以承认。但对公共政策同题未发表意见。[（2007）民四他字第 26 号，2008 年 3 月 3 日]	最高人民法院对公共政策同题未发表意见，南通中院与江苏省高级人民法院意见一致
4	济南永宁制药股份有限公司案	济南中级人民法院和山东省高级人民法院意见：仲裁裁决没有侵害了我国的司法管辖权，损害了我国的司法主权；承认和执行该裁决有违我国基本的民事诉讼法律制度，会使民事诉讼当事人认为即使法院准许了保全申请，仲裁庭仍有权认定财产保全申请违法，而且仲裁庭有权就法院采取的财产保全措施裁令保全申请人承担赔偿责任	在中国有关法院就济南永宁制药股份有限公司与合资公司济南海赛姆制药有限公司之间的租赁合同纠纷裁定对合资公司财产进行保全并作出判决的情况下，国际商会仲裁院再对济南永宁制药股份有限公司与合资公司济南海赛姆制药有限公司之间的租赁合同纠纷进行审理并裁决，侵犯了中国司法主权和中国法院的司法管辖权，不予承认与执行。[（2008）民四他字第 11 号，2008 年 6 月 2 日]	一致

续表1

编号	案件	地方法院意见摘要	最高人民法院审查意见摘要	审查意见的一致性
5	GRD Minproc 有限公司案	上海市第一中级人民法院和上海市高级人民法院意见：系争设备不能达到行业安全生产标准，从而对于被申请人厂区环境标准，从而对职工身体造成严重污染和伤害，进而有损公共利益。客观上造成不利于我国社会公共利益的后果	不能以仲裁实体结果是否公平合理作为认定承认和执行仲裁裁决是否违反我国公共政策的标准。承认和执行本案所涉仲裁裁决不构成对我国社会根本利益、法律基本原则或者善良风俗的违反。[（2008）民四他字第48号，2009年3月13日]	最高人民法院未发表意见
6	天瑞酒店投资有限公司案	杭州市中级人民法院：涉案主体开展特许经营活动违反了我国法律的强制性规定，违反我国外资引入基本制度，侵犯我国的公共利益。浙江省高级人民法院：虽然违反我国社会强制性规定不一定构成对我国社会公共利益的侵犯，但是，本案特许经营合同故意拆分规避我国对外国公司从事特许经营业务的准入制度，违反了我国社会公共利益	备案制度属于行政法规之强制性规范中的管理性规定，不影响当事人之间民事合同的效力。仲裁裁决对本案所涉《单位系统协议》的处理，不违反我国强制性法律规定，更不构成违反我国公共政策的情形。[（2010）民四他字第18号，2010年5月18日]	不一致

续表1

编号	案件	地方法院意见摘要	最高人民法院审查意见摘要	审查意见的一致性
7	路易达孚商品亚洲有限公司案	湛江市中级人民法院和广东省高级人民法院合议庭多数意见：仲裁员认为中国法律法规的规定及其在实践中的适用之间有着一个很明显的差距，严重挑战我国法律法规的权威性，违背了我国的公共政策	无证据证明该批货物造成了严重的卫生安全以及有损公众健康的事实。本案仲裁员认为中国的法律法规的规定与实践中的适用存在明显差距，但该错误认识并不会导致承认与执行该仲裁裁决违反我国公共政策。[（2010）民四他字第48号，2010年10月10日]	不一致
8	韦斯瓦克公司案	天津海事法院意见：本案存在《纽约公约》第5条第1款第2项、第4项之情形，应不予承认和执行，未提及公共政策问题。天津市高级人民法院同意天津海事法院上述意见，认为仲裁裁决结果显失公平，有违我国社会公共利益	对公共秩序应作严格解释和适用。只有在承认和执行外国商事仲裁裁决将导致违反我国法律基本原则，侵犯我国国家主权，危害国家及社会公共安全，违反善良风俗等危及我国根本社会公共利益情形的，才能援引公共政策事由予以拒绝承认和执行。[（2012）民四他字第12号，2012年5月21日]	不一致

这8起案件分别为：（1）ED&F曼氏（香港）有限公司案；（2）日本三井物产株式会社案；（3）日本信越化学工业株式会社案；（4）济南永宁制药股份有限公司案；（5）GRD Minproc有限公司案；（6）天瑞酒店投资有限公司案；（7）路易达孚商品亚洲有限公司案；（8）韦斯瓦克公司案。据统计，8起案件中最高人民法院只认定了济南永宁制药股份有限公司案中存在需援引公共政策的情形，对其余7起案件，最高人民法院均未予认定。缘何出现如此大的差异？

笔者从认识对象的概念明确性、主体认知的差异以及主体利益考量三个维度进行综合考量，并得出如下结论：

（一）"公共政策"概念模糊不定

我国国内立法并无"公共政策"这一语词，而是使用与其较为接近的语词是"社会公共利益"，① 上述8起案件中个别地方法院使用的语词就是"社会公共利益"。公共政策本是一个国际私法概念，为普通法系国家广泛应用，英译为public policy。在大陆法系与其具有同一语词及内涵等同意义的语词是"公共秩序"，一般译为order public或public order。② 无论《纽约公约》，还是我国法律，对"公共政策"或"社会公共利益"都没有明确界定其具体含义及适用边界。因此，认知客体概念的模糊不定造成了各级法院对公共政策的不同理解。GRD Minproc有限公司案、路易达孚商品亚洲有限公司案及韦斯瓦克公司案中，地方法院将仲裁结果的不公正及仲裁员对执行地国法律误读等侵害内国局部公共利益的事项解读为《纽约公约》项下的公共政策，而最高人民法院则将《纽约公约》的公共政策范围限定在违反我国法律基本原则、侵犯我国国家主权、危害国家及社会公共安全、违反善良风俗等危及我国根本社会公共利益情形。

（二）主体认知能力不同

单纯从《纽约公约》文本来看，关于"公共政策"的规定似乎是保证和

---

① 参见程序类法律：《中华人民共和国民事诉讼法》第五十五条、第二百零八条、第二百三十七条、第二百七十四条、第二百七十六条、第二百八十二条，《中华人民共和国仲裁法》第五十八条，《中华人民共和国涉外民事关系法律适用法》第五条；实体法方面：《中华人民共和国民法通则》第一百五十条，《中华人民共和国海商法》第二百七十六条，《中华人民共和国民用航空法》第一百九十条，《中华人民共和国合同法》第七条、第五十二条、第一百二十七条，《中华人民共和国外资企业法》第四条，《中华人民共和国保险法》第四条、第一百四十五条，《中华人民共和国企业破产法》第五条，等等。

② 黄进、郭华成：《再论国际私法中的公共秩序问题——兼谈澳门国际私法的有关理论与实践》，载《河北法学》1998年第2期。转引自万鄂湘、夏晓红《中国法院不予承认及执行某些外国仲裁裁决的原因——〈纽约公约〉相关案例分析》，载《武大国际法评论》2010年第2期，第41页。

实现司法对仲裁的监督，使"公共政策"作为阻却仲裁裁决发生实际效力的"安全阀"。但笔者认为这是对《纽约公约》的误读。从《纽约公约》第5条第1款明确列明的5种不予承认和执行仲裁裁决的情形来看，只有存在严重的程序瑕疵之时方可依申请而为审查（不申请者司法不介入），而出于对仲裁的尊重，对于事实和法律适用问题，并不作为不予承认与执行仲裁裁决之理由。该公约第5条第2款关于不可仲裁性和公共政策的规定，虽然保留了法院依职权监督仲裁的形式权利，但更希望达致的是提醒各缔约国应该限制依职权适用上述2个条款。在《纽约公约》项下"公共政策"的理解层面，地方法院更倾向于选择司法对仲裁的监督，从区域本位主义出发界定公共政策范围，将一主体、一地、一法律的利益界定为"社会公共利益"，并将之上升为《纽约公约》项下的"公共政策"。在ED&F曼氏（香港）有限公司案、日本三井物产株式会社案及天瑞酒店投资有限公司案中将一些内国强制性规范解读为"公共政策"。最高人民法院则坚持尊重公约主旨精神、支持和鼓励仲裁，在司法审查时，注意区分内国公共政策与国际公共政策，注重考察其他缔约国的普遍做法，并不单纯受制于区域功利主义，将司法审查范围严格限定在仲裁裁决是否存在侵犯我国法律的基本原则、侵犯我国国家主权、危害国家及社会公共安全、违反善良风俗等公认的公共政策事宜。

（三）裁判主体利益考量不同

地方法院经费及人员独立性差，在涉及某些重大的区域利益之时，只能从区域功利主义来界定"公共政策"。上海两级法院在GRD Minproc有限公司案中面对的现实是：在对系争设备进行调试生产时有5名人员因发生铅中毒而住院，且申请方飞轮公司先后通过市人大代表、政协委员个人，以及公司所属职工联名的方式，向市人大、市政府相关领导反映系争设备运行的污染情况及其对该公司造成的恶果，有关媒体也有相应的报道。因此，对地方法院而言，保障地方公共利益也就是保障自身的利益，援引公共政策拒绝执行仲裁裁决，既可缓解地方现实压力，也可体现司法服务地方经济社会发展，且因内部报批案件并不列为考核指标，还免除指标考核压力。而最高法院地位相对地方法院而言，更为"超然"，受地方利益的牵制小，而易于在尊重公约、理解公约以及国家整体主义的角度去考量公共政策问题。

二、"公共政策"适用理念、内涵及外延的"趋同化"

截至2014年11月，《纽约公约》已经有153个缔约国，我国作为缔约国，在理解与适用公共政策之时，应关注其他缔约国的新近司法实践以及理论的最新进展。从笔者考察的情况看，近年来，国际商事仲裁领域实务界与理论界在公共政策适用的理念、公共政策的内涵与外延等层面的理解日益趋同。

（一）限制解释与适用

虽然各缔约国的国情不同、发展阶段不同、司法审查主体认识不同，同时对于公共政策问题尚不能达成完全一致的理解，但从整体情况上看，仍以限缩解释公共政策、限制适用公共政策为大原则。有学者对140多起援引公共政策抗辩的案件进行统计，其中仅有5起案件最终得以公共政策为由阻却了仲裁裁决的执行。① 传统的内国法的强制性规则、缔约国的局部利益、仲裁人员的过失等已经被排除在公共政策范围之外。National Oil Corp. v. Libyan Sun Oil Corp. 案中，美国法院认为，"将公共政策理解为保护本国政治利益的狭隘工具将会严重贬损《纽约公约》的价值，该条款并不意味着可以将国际政治的问题在'公共政策'上大作文章"②。Westacre Investments Inc. v. Jugoimport-SDPR Holding Co. Ltd. 案③中，Colman J. 法官认为，尽量尊重裁决的终局性的公共政策显然压倒了防止国际交易中贪污受贿的公共政策。他还指出，本案判决并不是对某些行贿行为视而不见，而是表明法庭对国际商会仲裁庭的信心。印度最高法院在1994年审理的一个案件中指出，以"公共政策"为由拒绝执行外国裁决仅有违反印度法的事实是不足够的，而必须是与印度法律的根本原则、印度的国家利益和印度的公序良俗相抵触。④ 瑞士联邦最高法院在1995年审理的一个案件中认为，当外国法的规定与瑞士的强行性的法规不同时，并不必然实质性地违反公共政策。⑤

（二）指向国家根本利益与价值

欧洲法院在执行外国法院判决中对公共政策适用较窄的标准，在 Krombach v. Bamberski 案中，欧洲法院称，"只有当在其他成员国承认和执行该判

---

① Albert Jan van den Berg, *The New York Arbitration Convention of* 1958（London：Kluwer Law and Taxation Publishers，1981），pp. 366 - 367，转引自李沣桦《强制性规则与公共政策在商事仲裁裁决承认与执行中的适用研究》，载《北京仲裁》2009年第2期，第74页。

② National Oil Corp. v. Libyan Sun Oil Corp. , 733 F. Supra. 800 at 819 (Del. , 1990)，转引自高晓力《论国际私法上的公共政策之运用》，对外经济贸易大学博士学位论文，2005年，第85页。

③ [1998] 2 Lloyd's Report 111，转引自张宪初《外国商事仲裁裁决司法审查中"公共政策"理论与实践的新发展》，见韩健主编《涉外仲裁司法审查》，法律出版社2006年版，第377页。

④ Renusagar Power Co. Ltd, v. General Electric Co. , AIR 1994 SC 860.

⑤ Inter Maritime Management SA v. Russin & Vecchi, 9 January 1995, reprinted in (1997) XXII Yearbook 789，转引自高晓力《论国际私法上的公共政策之运用》，对外经济贸易大学博士学位论文，2005年，第87页。

决会违反执行地国的基本原则、违反该国的法律秩序到难以接受的地步时,适用才是合理的。……这种违反必须是能够明显地对被视为执行地国的法律秩序的根本法治的违反,或者是对被执行地国的法律秩序视为基本权利的违反"①;加拿大上诉法院在 Society of Lloyd's v. Saunders 案中指出,"公共政策"只涉及一国的根本正义或道德,适用范围很窄,承认和执行违反加拿大某些强制性规则(mandatory rules)的判决并不一定违反加拿大的"公共政策"②;卢森堡最高法院在 Kersa Holding Company Luxembourg 案称,"被请求执行的国家的公共政策应被认为是那些事关正义的遵守或合同义务的履行的最根本的原则"的国际公共政策,这些国际公共政策被认为是维护道德、政治或经济秩序的关键,对与其相悖的仲裁裁决都将必然地不予承认与执行③;Lew 认为,虽然永远无法对公共政策提出一个全面的、深刻的定义,但是它应该能反映每个国家或者国际社会的基本的经济、法律、道德、政治、宗教以及社会准则;④ Fouchard 等也指出:"并非所有违反声请承认及执行地所在国强制性规范的情形都能构成拒绝承认或执行一项外国仲裁裁决的合理理由;只有裁决违反了反映该国的根本信仰或者具有绝对意义的普世价值原则,拒绝承认或执行此项裁决才具备合理性"⑤;Sanders 指出"国际公共政策应被限制在那些真正违反被请求执行国的法律秩序中最根本的概念"⑥。

(三)指向范围更狭窄的"国际公共政策"

1999 年非洲统一商事法组织的《统一仲裁法》明确规定了"国际公共政策";法国⑦、葡萄牙等国的国内立法中也采用了"国际公共政策"概念;大

---

① 高晓力:《论国际私法上的公共政策之运用》,对外经济贸易大学博士学位论文,2005 年,第 95 页。

② 张宪初:《外国商事仲裁裁决司法审查中"公共政策"理论与实践的新发展》,载《中国仲裁咨询》2005 年第 1 期,第 17 - 18 页。

③ Kersa Holding Company Luxembourg v. (1) Infracourtage; (2) Famajuk Investmen; (3) Isny; Cour Superieu re de Justice, December 24, 1993, 转引自徐琳《国际商事仲裁裁决承认与执行中的公共政策》,载《河北法学》2009 年第 7 期,第 17 页。

④ Lew, Application Law in International Commercial Arbitration, Oceana, 1978, p. 532, 转引自徐琳《国际商事仲裁裁决承认与执行中的公共政策》,载《河北法学》2009 年第 7 期,第 17 页。

⑤ Fouchard, Gaillard, Goldman, supra note 21, at 996, 转引自 Bernard Hanotiau、Olivier Caparasse《〈纽约公约〉第 5 条下的可仲裁性、正当程序以及公共政策——以法国与比利时为视角(上)》,傅攀峰译,载《仲裁研究》2013 年第 4 期,第 64 页。

⑥ Sanders, "Commentary" in 60 Years of ICC Arbitration—A Look at the Future (ICC Publishing, 1984)。

⑦ 法国《民事诉讼法典》第 1502 条第 5 款明确规定了"国际公共政策"。

多数国家虽然没有规定"国际公共政策",但在司法实践中已经明确区分了国内公共政策和国际公共政策;著名国际仲裁学者 Albert Jan van den Berg 在其2008年《"新纽约公约"学者设想草案》第5条第(h)项指出,"执行裁决将违反被请求执行国通行的国际公共政策"①;国际法协会的国际商事仲裁委员会2002年在新德里提出了《关于公共政策作为拒绝执行国际商事仲裁裁决的工具的最终报告》(以下简称《最终报告》)明确了"国际公共政策"概念,并在第1(b)条中建议,"只有在国际仲裁裁决的承认和执行违反国际公共政策时,才能认为存在此种例外情况"②。《最终报告》将"国际公共政策"限定为下列三种情形:(1)与一国希望保护的与公正或道德相关的基本原则,即使它并未直接涉及;(2)专门为一国根本的政治、社会或经济利益服务的规则,它们也是广为人知的"警察法"或公共政策规范;(3)该国针对其他国家或国际组织所应承担的义务,并从实体、程序、公共政策规范、国际义务层面具体列明了一些属于国际公共政策的事项。

三、"公共政策"司法审查的"统一化"

"公共政策"具有灵活性、无法"定型化"的属性,这已是普遍共识。韦斯特莱克曾言,"给公共秩序保留规定范围的企图从未取得成功……只能由每一个国家的法律,不论是通过立法机关还是通过法院,去决定他的哪一些政策是紧迫到必须援引"③。从某种意义上讲,"公共政策"是体现了一定价值标准的规范性概念,这种规范性概念要求法律适用者自己在个案中进行判断,其判断标准又显然存在于法律秩序之外。④ 在一定程度上,公共政策系"立法计划安排的缺陷"。它赋予司法审查主体某种程度的自由裁量权,但这种自由裁量并不是任意的,其应以正确的理念导引,并采取一系列较为合理、正当的审查原则,努力实现维护和保障我国经济、政治、社会和法律的根本价值、利益与履行公约义务、促进仲裁发展的平衡。一国之内的司法机关在审查公共政策之时,要尽量体现司法体系内的一致性,让一国的司法行为可以准确预测,以此彰明一国司法的稳定性与权威性,同时也是履行

---

① Albert Jan van den Berg:《1958 年〈纽约公约〉的现代化——2008 年"新纽约公约"译释》,黄伟、鲍冠艺译释,载《仲裁研究》2010 年第 1 期,第 76 页。

② 朱伟东:《国际商事仲裁裁决承认和执行中的公共政策问题》,载《河北法学》2007 年第 5 期,第 133 页。

③ 韦斯特莱克:《国际私法》,1925 年英文版,第 51 页。转引自肖永平《肖永平论冲突法》,武汉大学出版社 2002 年版,第 91 页。

④ 杨弘磊:《中国内地司法实践视角下的〈纽约公约〉问题研究》,中国政法大学博士学位论文,2006 年,第 211 页。

《纽约公约》义务所需。

(一) 理念层面,支持仲裁,限制解释与适用公共政策

《纽约公约》秉承的是"支持仲裁"的理念,其亦因受此理念之启发而被缔结。① 《纽约公约》第 5 条将拒绝承认与执行的理由以穷举的方式列明,并且这些理由皆受到严格的解释。② 在进行个案司法审查时,要对《纽约公约》的背景、主旨有较为清醒的认识,要关注国际通行的司法实践,从支持和鼓励仲裁的视角认识到公共政策只是一种"例外",而非一项基本的法律"原则"。③ 援引公共政策应审慎、合理、正当地进行,不能不用,但绝不能滥用。

(二) 审查分类层面,区别对待,准确适用法律依据

要明确区分一项申请执行的仲裁裁决是国内仲裁、非《纽约公约》项下的涉外仲裁与《纽约公约》项下的仲裁,坚持不同的审查原则与标准。对国内仲裁的司法审查系我国内部事务,在某种意义上并不需要考虑国际影响和公约义务之履行;对于非《纽约公约》项下的仲裁裁决,根据《中华人民共和国民事诉讼法》及《中华人民共和国仲裁法》的规定进行审查;对于《纽约公约》项下的仲裁裁决,依照《纽约公约》进行审查。

(三) 界定标准层面,本土化兼顾国际化

从某种意义上讲,法律是一种"地方性知识"。"国际私法上的公共秩序同法院地的社会有密切联系,不能超越特定社会的法律秩序而存在,而且,在当前要贯彻国际协调主义尚有困难。所以,从保留条款具有例外的、消极的性质这一点来看,原则上应理解为是一种内国的观念,较为妥当。"④ 《纽约公约》中的公共政策也系以执行法院地国的标准来界定的。但我们必须清醒地认识到,在运用公共政策时应当避免以狭隘的民族利己主义或狭隘的国家主义歪曲公共政策本意,因为目光短浅的现代民族主义会严重损害国际私

---

① J. Paulsson, *May or Must under the New York Convention: An Exercise in Syntax and Linguistics*, Arb. Int'l 228 (1998); A. Jan van den Berg, *New York Convention of 1958: Consolidated Commentary of Cases Reported in Volumes XXII (1997) – XXVII (2002)*, 28 Y. B. Com. Arb. 650 (2003). 转引自 Bernard Hanotiau、Olivier Caparasse《〈纽约公约〉第 5 条下的可仲裁性、正当程序以及公共政策——以法国与比利时为视角(上)》,傅攀峰译,载《仲裁研究》2013 年第 4 期,第 57 页。

② Albert Jan van den Berg, supra note 2; J. F. Poudret & S. Besson, *Comparative Law of International Arbitration* 829, 2d ed., 2007.

③ 高晓力:《论国际私法上的公共政策之运用》,对外经济贸易大学博士学位论文,2005 年,第 140 页。

④ [日] 北胁敏一:《国际私法——国际关系法 II》,姚梅镇译,法律出版社 1989 年版,第 67 页。

法作为一个法律体系的价值。① 我国作为《纽约公约》缔约国，作为仲裁事业日益发展、经济日益繁荣的国际大国，负有维护和促进实现国际民商事交往关系在平等互利的基础上和谐稳定地向前发展的应然义务。虽然公共政策界定仍然以法院地法为基准，但必须明确的是：以法院地法为标准，并不等同于将国内仲裁的公共利益问题等同于《纽约公约》项下的公共政策。在考察仲裁裁决是否违反公共政策之时，正如国际法协会《最终报告》中建议的那样，应该考虑到其他缔约国法院的做法、学者的论著及其他资料。从某种意义上讲，《纽约公约》项下的公共政策，指的并不是单纯为某一国强制性规则所确定的公共政策，其更关注于本土与其他缔约国或国际上通行的公共政策的一致性部分，更强调这种认定与国际上通行的做法保持一致，因而在认定原则上与单纯的国内公共政策有本质的区别。

（四）基本内容层面，只包括违反我国根本社会公共利益的事项

虽然我国对《纽约公约》项下的公共政策具体指向哪些事项没有专门规定，但最高人民法院在个案批复中还是从正、反两个维度指明了公共政策的一些内容。从正包含维度看，明确"违反我国法律基本原则、危害国家及社会公共安全、违反善良风俗等危及我国根本社会公共利益的"可被认定违反我国的公共政策，明确了我国的司法主权归属于公共政策范畴；从反面排除维度讲，明确指出了违反我国法律或行政法规的强制性规定、仲裁实体结果不公平、仲裁员对中国法律的错误认识等不属于公共政策。不可否认的是，由于个案批复只能解决个案事项或指明一定方向，就具体内容而言，其对繁杂事项的涵盖性明显不足。这就要求司法审查主体不能单纯地依赖于一文一事，而需要在正确理念导引下借助可资利用的其他资源，结合有关学者的论述并参考国际法协会《最终报告》。笔者认为，下列事项可被认定为《纽约公约》项下的公共政策。（1）实体公共政策，包括我国的宪法原则、四项基本原则、基本法律原则（如合约信守，诚实信用，禁止滥用权利，禁止无偿征用，反对种族歧视与灭绝，禁止海盗、贩毒、走私、洗钱，禁止恐怖主义）、社会基本道德（如赌博牟利、未成年人性交易、卖淫嫖娼等违反社会公认的普遍的善良风俗）、国家的主权和领域安全、国家统一和民族团结、涉及全国的社会公共安全等；（2）程序性公共政策，包括仲裁庭（员）欺诈、腐败作出的裁决、违反自然公正原则、与我国有既判力的判决或者仲裁裁决不一致，但不宜包括仲裁员非因欺诈或腐败原因明显地无视事实和法律；

---

① 李双元、金彭年、张茂等：《中国国际私法通论》，法律出版社2003年版，第182页。

（3）公共利益强制规范，包括违背我国反垄断法、反倾销法①、涉及国家根本经济利益的货币管制规则、价格管制规则、环境保护法、保护弱势群体的法律（如消费者权益保障类法律），违反我国禁运、封锁、联合抵制等措施，但应注意区分我国行政法规和规章中的强制性规则只有涉及我国的根本利益时才可被识别为公共利益规则；（4）国际性义务，包括违反联合国安理会强行制裁决议、违反国际社会公认的国际法原则、违反我国缔结或参加的国际条约承担的义务等。

（五）技术选择层面，少援引、多说理

近年来，世界各国对国际商事仲裁的尊重已成主流，对《纽约公约》项下的公共政策范围应尽量作限缩界定，尽量少援引。在涉及拒绝承认与执行《纽约公约》项下仲裁裁决之时，如果存在其他事项已足以拒绝承认与执行仲裁裁决时，则无须援引公共政策。如对于仲裁协议无效、严重仲裁程序瑕疵、超裁、有违执行地国既判力原则的，依当事人申请查明后，直接援引《纽约公约》第5条第1款列明的5种情形直接拒绝承认和执行；对于可仲裁性问题，依据《中华人民共和国仲裁法》第二条、第三条进行审查并综合考察其他缔约国关于可仲裁性问题的通行做法后，直接以仲裁事项不能以仲裁解决为由拒绝承认与执行。但仲裁裁决确实存在侵犯我国经济、政治、军事最根本利益，以及违反我国法律基本原则及根本道德的，也应果断援引公共政策，但必须详细阐明某事项之所以被识别为违背我国公共政策的理由，要注重逻辑论证与说理，尽可能体现识别与适用过程中对国际通行做法的考量，对于仲裁裁决为何侵害我国基本法律原则或根本利益，以及该法律原则及根本利益在国内与国际的正当性、合理性，也要阐释明晰。

结　语

《纽约公约》项下的公共政策作为阻却仲裁裁决发生效力的"最后一道屏障"，系可供各缔约国法院使用的"剩余条款"。由此使得各国司法审查主体可基于"一个时代为人们感受到的需求、主流道德和政治理论、对公共政策的直觉——无论是公开宣布的还是下意识的，甚至是法官与其同胞们共有的偏见"②来认定一种情形是否违反执行地法院国公共政策。但我们必须清醒认识到，《纽约公约》的基本主旨是"支持仲裁"而非相反。随着各缔约

---

① 日本信越化学工业株式会社案中最高法院并未对该公司是否构成倾销行为予以回应，表面上看是回避问题，实质上是因该案存在其他可援引不予执行仲裁裁决的正当理由。但因倾销行为涉及我国的基本经济安全，故仍应列为公共政策范围。

② ［美］霍姆斯：《普通法》，冉昊、姚中秋译，中国政法大学出版社2006年版，第1页。

国对公共政策的地位、作用、内涵、外延等各方面的认识日渐趋同,以公共政策为由拒绝承认和执行仲裁裁决空间将会越来越小,在这种情势下,如果依然将《纽约公约》项下的公共政策混同于保护一时、一地局部利益的内国公共政策,既有悖于《纽约公约》精神,也有害于我国作为一个负责任的缔约国应有的国际地位和作用。最高人民法院在审查和适用《纽约公约》公共政策时已经指明了前进方向,各级地方法院在审理公共政策时,不能只顾"低头吃饭"还要"抬头看天",要在"支持仲裁"的公约精神下,破除地方利益本位主义观念,密切关注国际商事仲裁领域的动态变化和各缔约国关于公共政策审查的好做法,在维护本土根本利益的前提下履行好公约义务。

传统的继承与超越：
国际海运惯例若干问题之法律思考[*]

倪学伟

摘要：惯例是人文社会中的一种世代沿袭的传统。在长期的国际海运交往中，逐渐形成了未上升为成文法律的行为规则和默示协议，即国际海运惯例。它包括当然具有法律拘束力的强制性国际海运惯例和一定条件下具有法律拘束力的任意性国际海运惯例，前者直接构成海商法的法律渊源，后者属于当事人之间的合约，可能构成海商法的历史渊源并上升为成文法的规定。法律的有限规定难以穷尽现实生活中的无限问题。随着我国加入世界贸易组织（WTO）后新型海事案件的出现，国际海运惯例在海事审判中越来越多的适用将不可避免。在审判实践中，适用国际海运惯例审判案件，首先面临惯例内容的查明和解释惯例含义的问题，其次面临惯例以何种性质的规则被适用，以及如何处理惯例与航运公约、国内法的关系问题。本文根据海商法理论并借鉴国际法原理，逐一分析论证了海事审判中适用国际海运惯例时需要解决的上述诸问题，具有一定的理论价值和实践指导意义。

关键词：国际海运惯例；海商法；航运公约；海事审判。

一条亘古不变的真理：在变动不居的动态化的社会里，人的理性思维总是有限度的；根据有限度的理性思维创制的成文法律，在鲜活的现实生活面前难免会"法条供应短缺"。美国现实主义法学的杰出代表之一弗兰克甚至悲观地认为："人们只能极为有限地获得法律的确定性。对法律的准确性和可预测性的要求总是不能获得满足，因为，这类对法律最终性的追求，超越了实际可欲可得的现实……这是说，认为法律是或可以是稳定的、确定的这一观念并非理性的观念，而是应该归入虚幻或神话范畴的观念。"[①] 然而，这并不意味着面对成文法律的诸多缺陷我们束手无策、只能"坐以待毙"，事实上人类有多种方法解决"法条供应短缺"问题，譬如根据抽象的法律原则由法官演绎出解决具体案件的规则、凭借几十年成百年沿袭下来的传统习惯

---

[*] 本文原载于《人民司法》2004年第4期。
① 刘星：《法律是什么》，广东旅游出版社1997年版，第71页。

或乡规民约处理邻里纠纷，等等。

海商法律的确有自身的特殊性，但其并非真正游离于法律大家庭之外的游子，[①] 与其他的成文法律相比，它同样面临着"法条供应短缺"问题。从《中华人民共和国海商法》（以下简称《海商法》）第二百六十八条第二款"中华人民共和国法律和中华人民共和国缔结或者参加的国际条约没有规定的，可以适用国际惯例"之规定可以看出，立法者已经率直地承认了在面对复杂的海运实务及海事纠纷时的些许无助与无奈，同时也意味着现代法律对古老传统的相当程度的体认、尊重与传承。这里的国际惯例当然就是指国际海运惯例，亦即在长期的国际海运交往中逐渐形成的未上升为成文法律的行为规则和默示协议。加入 WTO 后的中国海事司法如何贯彻执行《海商法》第二百六十八条第二款之规定，即如何在涉外海事案件审判中正确适用国际海运惯例，确是摆在海事法官面前的一个较为新颖的课题。本文愿就国际海运惯例的一些基本理论问题、司法实践中如何运用国际海运惯例问题作一粗浅探讨，以作引玉之砖。

一、国际海运惯例基本理论之一般性梳理

（一）国际海运惯例的构成要件及其特点

在国际法学上，惯例有狭义和广义之别，狭义的惯例仅指具有法律效力的国际习惯，广义的惯例包括具有法律效力的"国际习惯"和不具有法律拘束力的"国际通例"[②]。国际海运惯例同样也有狭义和广义之分。根据航运实践及海事审判的具体做法，笔者认为《海商法》第二百六十八条第二款所规定的国际惯例系指狭义的国际海运惯例，即具有法律拘束力的海运习惯。在该法条之外，海事司法实践也认可不当然具有法律拘束力的国际海运通例以及与海上运输有关的国际商事通例，我们可将其归入广义的国际海运惯例。申言之，广义的国际海运惯例包括了狭义的国际海运惯例和不当然具有法律拘束力的通例。同一概念在不同场合中的使用具有不同的法律含义，尤其是是否当然具有法律拘束力的性质上的区别，因而不可避免地容易引起一些混乱，此乃国际海运惯例自身的特殊性所决定，也是本文试图解决的问题之一。

[①] 参见张永坚《法之家庭的游子——我国海商法研究的回归与发展》，见《海商法研究》总第 5 辑，法律出版社 2001 年版，第 220—226 页。

[②] 参见《国际法院规约》第 38 条规定："法院对于陈诉各项争端，应依国际法裁判之，裁判时应适用：……（丑）国际习惯，作为通例之证明而经接受为法律者。"见黄任文主编《中外司法双边协定与国际司法公约大典》下卷，广西人民出版社 2001 年版，第 1174 页。另参见王铁崖主编《国际法》，法律出版社 1995 年版，第 13－14 页。

某一做法要形成为国际海运惯例，必须符合三个条件：第一，各国航运界长期重复类似行为的实践。某种行为只被少数国家偶尔为之，不具有重复性，不被大多数国家所接受，那么，这种行为就不能作为常例或通行做法而存在，更不能为各国航运界所知晓。因此，各国航运界长期重复类似行为，形成某些公认的规则，并以常例或通行做法的形式出现，这是最终形成国际海运惯例的"物质因素"。同时，各国重复的类似行为必须是合法的行为。非法行为如未经许可进入他国的非对外开放港口或他国内河，无论重复多长时间，最终都将为国际社会所禁止，不能成为国际海运惯例。第二，各国航运界在重复类似行为时认为具有法律拘束力。各国重复类似行为只表明常例或通行做法的存在，不具有法律拘束力，只有经过一定时期以后，各国航运界在从事类似行为时，在心理上自觉地认为所从事的行为是有法律效力的，非这样作为不可，否则就是违法，这时才能宣告国际海运惯例初步形成。各国这种"心理因素"是形成国际海运惯例的关键要素，是国际海运惯例具有法律拘束力的直接原因。① 第三，国际海运惯例的成立须有国家立法机关的认可或有司法机关的确认。国际航运界的某种通行做法最初是无意识地产生和进行的，即航运人并非要有意识地创制法律。事实上，人们对一种通行做法的遵行，即使坚信它具有法律拘束力，也不足以使其转变为法律。只有得到主权者的承认和认可后，方能使通行做法具有法律的尊严，或者至少可以说，在立法机关或法院赋予习惯以法律效力以前，习惯是否具有法律实效往往是不确定的。②

国际海运惯例具有如下显著特点：第一，没有通过正式立法程序或国际条约形式加以规定，具有不成文性，或仅仅是国际民间航运组织整理成文、未经过政府签订条约予以认可；第二，是在国际远洋运输中经过反复实践而逐步形成的，一般都要经过漫长的历史时期，但随着科学技术的发展与进步，国际海运惯例的产生、形成的时间大为缩短；第三，国际海运惯例的内容是国内法和国际法都未涉及的，且不违反一个国家的社会公共秩序和善良风俗，与有关法律不相抵触；第四，为国际航运界所周知和公认；③ 第五，国际海运惯例不是一成不变的，随着航海技术的发展和社会的进步，原有的惯例可能被制定为航运公约或者仍旧作为惯例但被不断地充实和完善，新的惯例则

---

① 参见倪学伟主编《中国海商法通论》，重庆大学出版社1998年版，第44-45页。
② 参见［美］E.博登海默《法理学：法律哲学与法律方法》，邓正来译，中国政法大学出版社1999年版，第469-470页。
③ 参见倪学伟主编《中国海商法通论》，重庆大学出版社1998年版，第40-41页。

在频繁的新的国际航运交往中应运而生。

(二) 强制性国际海运惯例

这是指无须经当事人选择而当然地予以适用,并当然地具有法律拘束力的国际海运惯例。它脱胎于国际公法中的国际习惯,是国际海运领域中涉及国家主权、内政或涉及国际海上公共安全事务方面的规章、制度被法律化、制度化的结果,是国际航运实务中必须贯彻执行的强行法①。在我国,《海商法》是调整海上运输关系、船舶关系的法律,其中既包括大量的合同法内容,又有相当一部分物权法、侵权法、冲突法的规定,而不可否认的是,《海商法》中还有一部分海运行政管理法的规定。亦即《海商法》是私法,但出于立法技术的考虑,其中又包括了一部分公法性质的内容。强制性国际海运惯例即主要是针对《海商法》中海运行政管理法(公法)未规定的内容而存在的,它发挥着一种补充性的公法渊源作用,并弥补了成文法的天然性缺陷。《海商法》第二百六十八条第二款所规定的国际惯例,从立法的本旨上考察,我们认为即是指强制性国际海运惯例,亦即在法律和我国参加的国际条约未规定的情况下,法院可自主决定适用,与当事人的意思表示无关。海商法系私法,其中所涉公法方面的内容仅是出于法律的完整性考虑而规定的,因而公法方面的内容相对很少,而作为公法内容的补充的强制性国际海运惯例的数量则更少。在航运实务和海事司法实践中,可能没有争议的强制性国际海运惯例有:国家行为及国家财产豁免原则、禁止海盗行为、禁止海上奴隶贸易、禁止污染海洋以至有害或无用于人类的行为、禁止扰乱国际海运交通以至危及国际和平、禁止改变国际运河的法律属性等。

(三) 任意性国际海运惯例

任意性国际海运惯例不当然具有法律拘束力,它仅在当事人合意选择后才予以适用并具有法律效力;未经当事人选择,即不得适用于当事人之间的法律关系,对当事人不具有法律约束力。最常见的任意性国际海运惯例有:《约克—安特卫普规则》《国际贸易术语解释通则》《牛津—华沙规则》《跟单信用证统一惯例》等。显然,《海商法》第二百六十八条第二款所规定的国际惯例,无须事先经当事人选择而可以直接适用,不具有当事人合意这一基本属性,故不属任意性国际海运惯例。任意性国际海运惯例是相对于海商领域中私法性质的规定的不足而存在的,较之强制性国际海运惯例而言,其数

---

① 又称强制法 (jus cogens) 或绝对法,是指"国家之国际社会全体接受并公认为不许损抑且仅有以后具有同等性质之一般国际法规律始得更改之规律"(《维也纳条约法公约》第 53 条)。

量众多、内容浩繁、适用范围广泛，具有极强的实务操作性和重大的理论研究价值。

任意性国际海运惯例属于商业性惯例，"往往始于一些有影响的企业的商事经营活动，而后逐步形成建立在平等交易行为基础上的特定贸易中的一般做法（general practice），再发展为贸易习惯性做法（usage），并最终取得具有稳定性的惯例（custom）的地位"①。任意性国际海运惯例由应用极为广泛的、凡从事国际海上运输的商人们期待着他们的合同相对人都能遵守的商业习惯性做法和标准构成。任意性国际海运惯例仅具有标准合同条件的性质，因为这些条件只有被当事人列入特定合同时，才对他们有法律上的拘束力。②

任意性国际海运惯例的功能，除了弥补成文法的阙如之外，还有排除成文法甚至航运公约适用的功能。典型者如《海商法》第二百零三条"共同海损理算，适用合同约定的理算规则；合同未约定的，适用本章的规定"之规定。该排除成文法适用的功能得以确立和存在的前提条件在于，私法性质的成文法本身就多具有非强制性的属性，其中所彰显的是当事人意思自治原则或合同自由原则，这与任意性国际海运惯例所体现的当事人之间的合意是完全吻合一致的。但该功能并非绝对，若有关成文法已经明确了当事人之间另行约定的非法性，则不发生该惯例排除成文法适用的问题，事实上也不太可能有这样的惯例存在。如承运人在开航前和开航当时提供适航船舶的义务和整个航程中妥善谨慎管货的义务，就是法律所规定的承运人的最低限度的责任，法律不允许通过约定而降低该责任，因而与之相悖的所谓惯例也就同样没有存在的余地。这也再次说明，能够形成为惯例的通行做法须以合法或至少不违法为前提，否则该通行做法不论重复多长时间，都不可能上升为惯例。

这里有必要探讨国际海运惯例是否构成海商法的法律渊源的问题。法律渊源具有双重意义，即实体意义的渊源和形式意义的渊源：前者指统治阶级赖以生存的物质基础，即法的根源；后者指具有拘束力的法律规范成立或存在的表现形式，这种表现形式可以是物质的，如法典、公约，也可以是非物质的，如习惯、一般法律原则。在海商法学上研究法律渊源，一般都是研究形式意义的渊源。显而易见，强制性国际海运惯例是海商法律的直接表现形式，构成海商法的法律渊源；而任意性国际海运惯例由当事人合意选择后才

---

① ［英］施米托夫主编：《国际贸易法文选》，赵秀文译，中国大百科全书出版社1993年版，第205页。

② ［英］施米托夫主编：《国际贸易法文选》，赵秀文译，中国大百科全书出版社1993年版，第206页。

予适用的特点，决定了它不可能构成海商法的法律渊源，而只能归入当事人合约的范围。与法律渊源相对而言的是法律的历史渊源。历史渊源不具有法律拘束力，但它是法律渊源的基础，法律渊源是历史渊源上升为有法律拘束力的结果。任意性国际海运惯例虽不构成海商法的法律渊源，却有可能构成海商法的历史渊源，即可能成为海商法的规章制度的原始出处或者说第一次出现的地方。换言之，任意性国际海运惯例可能被法典吸纳而转变为成文法的规定，从而完成从历史渊源上升为法律渊源的嬗变。①

在明确了强制性与任意性国际海运惯例的含义后，解决前文提到的广义、狭义国际海运惯例因同一概念在不同场合中的使用而可能引起的混乱的方法就比较明确了，即可以通过扩大概念的内涵以缩小概念的外延，从而达到区别概念的目的。显然，狭义的国际海运惯例专指强制性国际海运惯例；广义的国际海运惯例则包括了强制性与任意性国际海运惯例两类。

二、国际海运惯例在海事审判中的运用

（一）国际海运惯例的查明

由于国际海运惯例是国家之间不成文的行为规则和默示协议，往往没有一个相应的国际法律文本来表明其内容，因而当案件的审判需要适用某项国际海运惯例时，首先就必须查明这项惯例的内容。强制性国际海运惯例是作为法律来适用的，因而查明的途径似乎可以参照外国法的查明途径进行，如：（1）由当事人提供；（2）由与我国订立司法协助协定的缔约对方的中央机关提供；（3）由我国驻该国使领馆提供；（4）由该国驻我国使馆提供；（5）由中外法律专家提供。② 但可以合理怀疑的是，强制性国际海运惯例的不成文性决定了要直接提供惯例的文本是不可能的，若有这样的文本，它就不是惯例而是航运公约了，因而上述方法的可行性有待证实。

如果以上方法不能达到查明的目的，则需通过寻找强制性国际海运惯例存在的证据来证明该惯例的存在并证实其内容。参照国际法学上的证据类型③，我们似乎可以类推强制性国际海运惯例的证据同样有三类，即：（1）国家间的各种外交文书，如各种双边条约特别是双边海运条约、政府关于海运方面的声明或宣言、政府发言人的官方言论等；（2）国际组织的实践，如国际组织的决议、国际法院的判决等；（3）国内立法、司法及行政机关的实

---

① 参见倪学伟主编《中国海商法通论》，重庆大学出版社1998年版，第42页。

② 见《最高人民法院关于贯彻执行〈中华人民共和国民法通则〉若干问题的意见（试行）》第193条。

③ 参见王铁崖主编《国际法》，法律出版社1995年版，第15页。

践,如国内法规、判决、行政命令等。如果某项常例或通行做法已客观存在,又能从以上三方面的国际实践中找到充分证据,证明已被各国承认为具有法律拘束力,则该常例或通行做法就能确认为强制性国际海运惯例。

任意性国际海运惯例是以当事人间的合意选择来适用的,因而将其看成是一种合约而非法律似乎更符合该惯例的本质属性。既然是一种合约,则其存在的客观性以及其内容的具体性就应当由当事人举证予以证实,这一举证责任应该不难,因为这本来就是当事人之间的约定。事实上,有一部分任意性国际海运惯例已由国际民间组织整理成文,如《约克—安特卫普规则》等,其内容具体而翔实,其客观真实性不会存有争议。但是,另有相当一部分任意性国际海运惯例并没有书面的文本,而是以纯正意义的不成文行为规则或默示协议的形式存在,此时要查明其内容则并非易事。譬如,当事人之间选择某个港口习惯作为处理其争议的依据,则该港口习惯是否存在及具体内容为何,就需予以认真对待。倘若当事人对港口习惯的存在和内容没有异议,而该习惯又不违反法院地国家的公序良俗、不与法律强制性规定相抵触,则按当事人间没有异议的内容予以适用即可;但若当事人间存有异议,则查明其内容就是惯例适用的前提条件。对于后一种情况,一般而言,需要考察一个港口的习惯是否有违成文法的规定以及是否系国际航运界所周知和公认。经过考察,最具有可能性的结果大约应该是:一个港口的习惯做法不构成任意性国际海运惯例。

(二)国际海运惯例的解释

在查明国际海运惯例后,如果该惯例的含义不明确或对其理解存有分歧,则应对其作出正确的解释。由于惯例的不成文性,其内容有时显得不够确切,甚至惯例本身的成立与否有时也不很明确,这是惯例的自身特点所决定的,该缺陷可以通过对惯例适当解释的方法予以弥补。

当强制性国际海运惯例的内容不够明确时,我们应在遵循国家主权原则和正义原则的基础上,根据该惯例形成的历史过程及证明该惯例存在的有关证据进行合理的解释。在审判实践中,需要适用强制性国际海运惯例的案件,通常都是涉外海事、海商案件,维护国家主权原则是审判这类案件的第一位原则,同时也是解释该惯例所须遵循的首要原则。国家主权在海商法上表现为国家管理国内远洋运输系统的最高权力和国家在远洋运输中的独立权力;其基本要求是:一个国家不受外来干涉地处理自己的航运事务,独立自主地管理船舶远洋运输。依此原则,在解释强制性国际海运惯例时,不能将惯例的有关内容解释为与我国的航运独立权相抵触,更不能将其解释为限制或解除我国的航运管理权力。正义原则是各类法律永恒的价值追求,"法律之制定鲜无目的,其目的为何,一言以蔽之,乃在督促人类朝着'人类本质存在'之'共通善'或'正义'而发展"①,海商法所追求的终极目的亦是正义,故在解释强制性国际海运惯例时亦须遵循正义原则。著名学者约翰·罗尔斯在其《正义论》一书中指出,"正义的主要问题是社会的基本结构,或更准确地说,是社会主要制度分配基本权利和义务,决定由社会合作产生的利益之划分的方式"②。由此可见,正义首先是一种分配方式,无论是利益或不利益,如果其分配方式正当,能使分配的参与者各得其所,它就是正义的;其次,正义表现为通过正当的分配达到一种理想的社会秩序状态。正义原则在强制性国际海运惯例解释中具有最为重要的指导价值,因为该原则直接关系到当事人之间权利义务的公平分配问题,这在审判实践中应引起高度注意。"法院有理由无视违反正义基本标准的习惯。再者,如果某一习惯与某一业已明确确立的公共政策或强有力的社会趋势大相径庭,又如果持续该习惯的唯一基础是习性或惰性,那么我们就没有理由不让法院去享有根据传统上的合理标准否定该习惯的权力。"③ 当然,由于正义原则极度抽象性的特点,在具体运用这一原则时无疑对法官的综合素质提出了更高的要求。

在明确了解释的原则以后,即可根据具体的历史事实和证据来实际阐明强制性国际海运惯例的准确含义。如前所述,惯例的形成一般都会经历漫长的历史时期,其中必然有许多与之相关的重大事件、航运实践相生相伴。这些重大事件、航运实践是解释强制性国际海运惯例含义的鲜活材料,只要仔细分析、善加利用,即可获得较好的效果。更为重要的是,分析研究强制性国际海运惯例存在的证据,如国家间的各种外交文书、国际组织的实践、国内立法、司法及行政机关的实践,即以客观存在的证据来阐释强制性国际海运惯例的含义,可能更易于直接达致预期的目的。这种依据惯例形成的历史过程及证明该惯例存在的证据,对强制性国际海运惯例进行解释的方法,属于国际法学上所称的历史的解释方法④,是较为客观公正的。无疑,在审判活动中采用了历史的解释方法,并在裁判结果上予以确认,将使历史的解释

---

① 杨仁寿:《法学方法论》,中国政法大学出版社1999年版,第11页。
② [美] 约翰·罗尔斯:《正义论》,何怀宏、何包钢、廖申白译,中国社会科学出版社1988年版,第5页。
③ [美] E.博登海默:《法理学:法律哲学与法律方法》,邓正来译,中国政法大学出版社1999年版,第472页。
④ 参见李金荣主编《国际法教程》,成都科技大学出版社1997年版,第248页。

上升为对个案具有法律拘束力的审判解释,并对以后类似案件的审判具有重要的参考价值。

任意性国际海运惯例的含义可由当事人双方约定,因而一般不需要解释;但约定不明时,在审判过程中对其进行合理解释就不可避免。如在国际货物贸易中,常用的是 CIF、CFR、FOB 三组价格术语[①],对此术语的含义有国际商会的《国际贸易术语解释规则》和国际法协会的《华沙—牛津规则》两种解释版本,其内容不尽一致,其中关于交付提单是否涉及货物所有权的转移就有不同的说法:国际商会的解释规则不涉及货物所有权转移问题;而国际法协会的解释规则却涉及了该问题,如 CFR 下货物所有权转移于买方的时间为卖方把装运单据(提单)交给买方的时刻。如果当事人选择上述三组价格术语作为国际货物贸易合同的组成部分,且未约定解释价格术语时适用哪一个解释规则,那么当发生货物所有权是否随提单转让而转移的分歧时,就需要对价格术语进行解释。若能通过有关证据和案件的其他情况,合理地推断出当事人是选择国际商会或国际法协会的解释规则,那么依有关规则解释即可,这是最简单的一种解释途径。倘若推断不出当事人所选择的解释规则,那么就要根据案件的其他证据材料予以解释,准确地说是根据案情认定货物所有权是否随提单转让而转移这一问题。

(三) 国际海运惯例的适用

强制性国际海运惯例是海商法最古老的渊源,具有悠久的历史和旺盛的生命力。当行之有效的国际海运惯例被制定为航运公约或规定为成文法典后,又有新的国际海运惯例产生,并依此循环不息。根据《海商法》第二百六十八条之规定,我国所缔结或参加的航运公约的效力高于《海商法》,而强制性国际海运惯例的效力低于《海商法》。换言之,当某一问题有航运公约或《海商法》的规定,则没有适用强制性国际海运惯例的余地;只有航运公约和《海商法》均未规定的情况下,才可以适用强制性国际海运惯例。由此可见,三者适用的顺序为:《海商法》与我国缔结或参加的航运公约规定不一致的,优先适用航运公约;《海商法》与我国缔结或参加的航运公约规定一致,此时适用《海商法》抑或航运公约,对裁判结果无影响,但根据国际法优于国内法的一般原理,笔者认为也应适用航运公约;《海商法》有规定,而我国缔结或参加的航运公约未规定的,适用《海商法》的规定;《海商

[①] 三者均为贸易术语,CIF 指成本加保险费加运费(指定目的港),FOB 指离岸价格,CFR 指成本加运费。——编者注

法》和我国缔结或参加的航运公约都未规定的，可以适用强制性国际海运惯例。① 实践中，《海商法》与我国缔结或参加的航运公约不一致的情况是极罕见的，因为"既然国际法是以各国的共同同意为根据的，一个国家就不至于故意制订与国际法相抵触的规则。所以，国内法的一项规则虽然在表面上似乎与国际法相抵触，但是，如果可能，总应如此解释，以便避免抵触"②。当然，如果两者的冲突在所难免，则应适用航运公约的规定，否则，就应根据"条约神圣"的原则，由国家承担违反公约的国际责任。对某一海事案件，倘若航运公约、《海商法》、强制性国际海运惯例均无规定，根据法官不得以法无明文规定而拒绝裁判之司法原则，此时法官则应以法理为依据对案件作出裁判。③

任意性国际海运惯例是由当事人通过协议选择适用的，只要不与强行法相抵触，就应予以排他性地优先适用，而不得再适用航运公约或《海商法》。但我们不能由此得出任意性国际海运惯例的效力高于航运公约或《海商法》的结论。如前所述，任意性国际海运惯例是针对海商法律中私法方面的规定不足的缺陷而存在的，它与私法的共通之处在于两者都推崇意思自治及合同自由的原则，大多数私法条文的非强制性使得当事人通过契约的形式变更成文法规定成为可能。《海商法》的私法性质自不待言，而有一部分航运公约亦属私法的性质，可以在内国直接适用或通过转化成国内法而适用，④ 该部分内容在贯彻执行意思自治及合同自由原则方面与内国私法即海商法并无二致。故此，当事人选择任意性国际海运惯例调整其法律关系、从而排除航运公约及《海商法》的适用，乃是私权神圣及契约自由的结果，与航运公约及《海商法》崇尚意思自治的法律精神一致，或者说就是航运公约及《海商法》所倡导和主张。倘若航运公约或《海商法》业已否定了当事人协议的可能性，则任意性国际海运惯例没有适用的余地。换而言之，该惯例乃当事人之

---

① 在我国，条约效力高于国内法是众多部门法中规定的原则，表明立法政策的明显倾向，有可能使该原则成为一项普遍性的规则，但由于宪法中并无一般性的规定，因此似乎还不能说这一原则已经在中国法律体系中完全确立。参见李金荣主编《国际法教程》，成都科技大学出版社1997年版，第24页。

② ［英］奥本海著；［英］詹宁斯、［英］瓦茨修订：《奥本海国际法》第一卷第一分册，王铁崖等译，中国大百科全书出版社1995年版，第46页。

③ 我国台湾地区所谓"民法"第一条"民事，法律未规定者，依习惯，无习惯，依法理"之规定，是这一做法的最直接的成文法注释。

④ 参见倪学伟《论国际法与国内法的辩证关系》，载《西南政法大学学报》2000年第5期，第40页。

间的合约，其效力不可能高于航运公约或《海商法》。

根据"条约效力不及于第三国"的原则，航运公约仅对缔约国有效，对非缔约国没有法律拘束力。但国际海运的特殊性即跨国越境的远洋运输，又决定了某一普遍适用的航运公约对非缔约国的立法甚至司法有相当程度的影响。如《海牙规则》在国际航运界占据重要位置，非缔约国往往根据《海牙规则》的精神来制定国内法，甚或直接在司法实践中予以适用。我们需要讨论的问题是：对非缔约国而言，以什么理由或什么根据适用《海牙规则》才谓之正确？有一种观点认为，"在适用中国法而中国法对有关问题没有规定的情况下，鉴于《海牙规则》在国际海运界的广泛影响力，可以将《海牙规则》作为国际惯例适用"[①]。对这一观点可以商榷的是：国际惯例是未上升为成文法律的行为规则或默示协议，航运公约是国家之国际社会通过协商一致而缔结的书面协议；惯例可能通过国际立法程序而上升为航运公约，但航运公约，特别是行之有效、影响广泛的航运公约却不可能退回到不成文的惯例的境地。《海牙规则》是国际范围内不争的、典型的航运公约，若在我国被认作海运惯例，则显然既违反了基本的逻辑规则，同时又不符合加入WTO后与世界通行做法并轨的潮流。笔者认为，最高人民法院在粤海公司与仓码公司、特发公司等海上货物运输无单放货、提货、代理放货纠纷再审案中的观点是可取的，即"根据提单背面条款的规定……有关承运人的责任、权利义务、免责等，应适用1924年海牙规则"[②]。在最高人民法院看来，《海牙规则》是合同自由原则之下根据当事人间的约定而适用的，它既不是作为国际惯例也不是作为原本意义上的航运公约被适用，而仅仅是中国法院认可了当事人协议选择适用法律的结果，即依据《中华人民共和国民法通则》第一百四十五条"涉外合同的当事人可以选择处理合同争议所适用的法律"的规定，把《海牙规则》作为与其他外国法律具有一样的属性来看待并予以适用。

---

① 金正佳主编：《中国典型海事案例评析》，法律出版社1998年版，第257页。
② 《粤海公司与仓码公司、特发公司等海上货物运输无单放货、提货、代理放货纠纷再审案》，载《中华人民共和国最高人民法院公报》1997年第1期，第35页。

论海事国际惯例在中国海商法语境下的适用[*]

徐春龙

摘要：本文以司法实践中承运人对大宗散货短重5‰是否免赔的不同处理为切入点，引出海事国际惯例在我国海事司法中认定与适用不一的现实问题。笔者认为，海事国际惯例在司法实践中的适用不一，关键在于各海事司法部门对《海商法》第二百六十八条第二款的理解不同，在于对海事国际惯例的识别标准、适用条件认识不同。本文对《海商法》第二百六十八条第二款的内涵进行了解读，指出海事国际惯例在中国海商法语境下应该作为法律渊源之一而在司法实践中予以适用。作为海洋大国和航运强国，我国应当充分尊重海事国际惯例，并准确适用海事国际惯例解决各类海商事纠纷。

关键词：海商法；海事国际惯例；适用。

一、现实检视：海事国际惯例认定与适用不一的实例

司法实践中对于如何认定和适用国际惯例的做法不尽相同。以海上大宗散货运输为例，实务中经常发生装货港提单记载数量与卸货港计重数量不一致的情形，而最常见的卸货港计重数量比提单记载数量短少。司法实践中，承运人一般均会以承运人对大宗散货短重5‰免赔的航运惯例为由，主张对大宗散货短重5‰部分免赔。海事司法实践中，各海事司法部门对此问题处理并不统一，本文选取了部分案例，为简洁直观，以表格方式列出（见表1）。

笔者从表1的内容得出如下结论：（1）海事司法部门对承运人能否对大宗散货5‰短重免赔处理方式并不相同，案情相似而司法处理结果不同。（2）承运人对大宗散货5‰短重免赔是否能认定为航运惯例以及是否适用于具体案件并不统一。武汉海事法院、上海海事法院、上海市高级人民法院将其直接认定为航运惯例，且在当事人未明确约定排除适用的情况下，直接适用于争讼案件。广州海事法院和广东省高级人民法院则否定其为航运惯例，并拒绝在具体案件中适用。（3）论理依据不相同。武汉海事法院、上海海事法院和上海市高级人民法院是以承运人对大宗散货5‰短重免赔系航运惯例

---

[*] 本文获2013年度中国海事海商审判理论专业委员会年会论文一等奖，原载于《中国海商法研究》2013年第3期。

而对承运人责任予以直接减轻的①,而广州海事法院和广东省高级人民法院则是以国家质量监督检验检疫总局公布的《进出口商品数量重量检验鉴定管理办法》和《进出口商品重量鉴定规程》关于水尺计重（draft survey）准确度为5‰的规定来论理的。(4) 广州海事法院和广东省高级人民法院判决中隐含的前提：如果承运人能证明其对大宗散货短重5‰免赔系航运惯例,则该惯例可以作为当事人之间的默示条款而在具体案件中予以适用。②

表1 本文选取部分案例情况简表

判决书编号	被告	案件基本事实					法院裁判主要理由
		装载货物	提单记载重量（吨）	卸港重量（吨）	短重比例（‰）	卸港计重方式	
(2002) 广海法初字第302号	佳时船务有限公司	大豆	14,062.775	14,002.99	4.25	水尺计重	水尺计重过程中影响其计算准确度的因素很多,水尺计重准确度可以在5‰之内。即在正常情况下,水尺计重允许有5‰的误差。被告抗辩有理,予以支持
(2005) 武海法商字第183号	星光公司	木薯片	15,264.39	15,083	12	水尺计重	承运人对大宗散货短少5‰免赔,这已在国际航运界形成习惯做法,我国海事司法实践中对此也有得到认可的案例。本案所涉货物5‰免赔重量为76.32吨

---

① 上海市高级人民法院于2001年6月27日发布的《审理海事案件若干问题的讨论纪要（一）（试行）》,关于计量合理允差问题明确规定："参照国际惯例,大宗散货在运输交接过程中的计量允差可确定为0.5%；国内沿海运输亦可参照适用上述标准；大宗散货计量合理允差,应与运输、装卸的合理允耗分别计算。"

② 虽然武汉和上海海事司法部门在判决中均提及了承运人作了必要举证,但单纯从举证责任的充分性来看,单纯举几个在国内外局部地区支持承运人对大宗散货5‰短重免赔的案例显然不足以支持该做法已成为航运惯例。因此,实际上,武汉和上海的海事司法部门是直接将承运人对大宗散货5‰免赔作为航运惯例来认定的,这种认定与其说是当事人证明的,还不如说是法院依职权认定的。

续表

判决书编号	被告	案件基本事实					法院裁判主要理由
		装载货物	提单记载重量（吨）	卸港重量（吨）	短重比例（‰）	卸港计重方式	
（2010）沪海法商初字第156号（一审）、（2011）沪高民四（海）终字第116号（二审）	安可公司	块铁矿	178,811	177,411	23	水尺计重	承运人对水尺计重的大宗散货短少5‰免赔。这已在国际航运界形成习惯做法，我国海事司法实践中对此也已得到认可的案例，亦为我国有关国家标准认可。本案装卸两港均采用水尺计重，因此，承运人有权在5‰范围内对水尺计重误差享有免责。本案货物5‰免赔重量为894.06吨
（2011）广海法初字第457号（一审）、（2012）粤高法民四终字第117号（二审）	哈里斯航运公司	大豆	59,509.58	59,210	5.03	水尺计重	CIQ检验时已将计量误差考虑在内，并作出必要校正，哈里斯航运公司没有证明《重量证书》货物数量存在计量误差的事实，也没有证明存在允许5‰的行业惯例或承运人对大宗散货运输中5‰合理损耗免除赔偿责任的航运实务惯例

二、反思追问：《海商法》第二百六十八条第二款的真正内涵

从本文列举的案例来看，各海事司法部门对于能被认定为航运惯例[①]的

[①] 笔者认为，国际惯例的范围当然包括航运惯例。航运惯例只是在航运领域形成的国际惯例。

实践做法在司法上是予以尊重的,即如果某种惯常做法或行为若被证明为国际惯例,个案的具体情况如果具备国际惯例适用的条件,则该国际惯例可在个案中直接适用。由于是在中国海商法语境下探讨国际惯例问题,笔者认为首先应该对《中华人民共和国海商法》(以下简称《海商法》)第二百六十八条第二款的真正内涵有较为准确的把握和理解。《海商法》第二百六十八条第二款规定,"中华人民共和国法律和中华人民共和国缔结或者参加的国际条约没有规定的,可以适用国际惯例",对该条款的准确解读是确定国际惯例在我国海商事司法实践中适用的重要前提。

（一）《海商法》中的"国际惯例"的内涵

何为《海商法》中的"国际惯例"？《海商法》及最高人民法院的司法解释里并没有进行明确限定。王建新法官认为,"国际惯例系指在国际商业往来中经过长期实践形成,并由非政府性国际组织编纂成文,在较大范围内被经常遵守和普遍接受,并由此产生合理期望的行为规范"①。因此,他认为国际惯例是成文性的行为规范。吴焕宁教授则认为,"国际惯例是指在国际航海贸易中逐渐形成的不成文的行为规则,它的特点：第一,经过反复实践形成;第二,不成文,即没有通过正式的立法程序和条约形式加以规定;第三,不违背适用国家的法律和公共秩序、善良风俗;第四,具有国际性,即为国际航运界所公认"②。国际惯例是不成文的行为规则,司玉琢教授认为"国际航运惯例通常是指在国际航运中,对同一性质的问题所采取的类似行动经过长期反复实践逐渐形成的,为大多数航运国家所接受的,具有法律拘束力的不成文的行为规则"③,国际惯例是以不成文为主的。

笔者认为之所以引发国际惯例的成文与不成文之争,实质是对国际惯例范围的界定不同。国际贸易法学家施米托夫在论述国际习惯的演进和形成时曾指出,国际习惯发展是沿着某些有重要影响的企业商事经营活动,逐步形成建立在平等交易行为基础上的特定贸易中的通例（general practice）,再发展为惯例（usage）,并最终取得具有稳定性的习惯（custom）的地位。④ 从宽泛的意义上讲,无论是通例,还是惯例,抑或是习惯,均应是广义的国际惯例在不同发展阶段的表现形式。

---

① 王建新:《论海事国际惯例的适用》,武汉大学硕士学位论文,2004 年,第 3 页。
② 吴焕宁主编:《海商法学》(第二版),法律出版社 1996 年版,第 13 页。
③ 司玉琢主编:《海商法》(第二版),法律出版社 2007 年版,第 8 页。
④ [英]施米托夫:《国际贸易法文选》,赵秀文译,中国大百科全书出版社 1993 年版,第 205 页。

那么，《海商法》第二百六十八条第二款规定的"国际惯例"的内涵是什么呢？单纯在中文语境下找到答案是困难的，不妨看一下我国官方的英译本。根据全国人大常委会网站查询的官方英译本，《海商法》第二百六十八条第二款中"国际惯例"的译法与《中华人民共和国民法通则》（以下简称《民法通则》）第一百四十二条第三款的英文译法一致，均译为"international practice"，而没有译为"international usage"或"international custom"，而"practice""usage"和"custom"在英文语境下的内涵并不一致，从施米托夫的论述来看，practice 只是 usage 和 custom 的形成基础。usage 和 custom 具有更大稳定性和更宽广的适用范围，而 practice 只是特定主体之间的通例。结合英译本来看，笔者认为，为保障国际惯例内涵的张力和体现国际惯例发展过程的动态性，《海商法》第二百六十八条第二款中的"国际惯例"应该指的范围较为宽泛，既包括特定主体之间的通例（general practice），也包括通行于某一区域或国际并为交易主体所惯常遵行的通行惯例（usage），还包括经由各国法律确信的国际习惯（custom）。但必须明确的是，此处"国际惯例"的范围应仅限于国际私法领域的惯例，而不应扩大至公法领域，本款中"国际惯例"应该是指直接与海商事相关的国际私法领域的国际惯例。① 具体言之，系指海商事平等主体在长期、反复的海商事实践中形成的既包括特定主体之间海商事通例（一般做法），也包括通行于某一区域并为海商事交易主体所惯常遵行的惯例，还包括各国法律确念的习惯法。而在表现形式上，则既包括我国未加入的海事国际公约，也包括成文编纂的海事国际惯例，还包括在特定区域、特定行业或者特定交易主体之间长期反复实践形成的各类不成文的海事行为规则。

（二）《海商法》中的"中华人民共和国法律没有规定的"的内涵

《海商法》第二百六十八条第二款中规定"可以适用国际惯例"的前提是："中华人民共和国法律和中华人民共和国缔结或者参加的国际条约没有规定的。"对如何理解"中华人民共和国缔结或者参加的国际条约没有规定的"，争议不大。一般认为，国际私法领域也要遵从"条约必须信守"原则，在我国没有声明保留的情况下，我国缔结或者参加的国际条约优先于我国国内法适用，也优先于国际惯例适用。但对"中华人民共和国法律没有规定的"中的"法律"具体指称什么，观点并不一致。司玉琢教授认为，对涉外海事案件而言，海事国际惯例只有在我国缔结或参加的国际条约、《海商法》

---

① 郭瑜：《海商法的精神——中国的实践和理论》，北京大学出版社 2005 年版，第 87 页。

和其他一般法,以及次于法律的海事法规都没有规定的情况下才得适用。①这种解释可使制定在后的《中华人民共和国合同法》以及《中华人民共和国保险法》等一般法中的先进制度和立法理念成为《海商法》的有效补充,从而避免在《海商法》不完善的情况下直接适用国际惯例所产生的不确定性。但郭瑜教授认为,"《海商法》第二百六十八条中对法律适用的规定,不是对我国法院应如何适用法律的一般性规定,因此该条所称我国法律或我国参加的国际条约,都应该是专指海商法方面的法律和条约;而所称的国际惯例,也应该是专指海商国际惯例。因此,对特定海商法问题,应该先用惯例,再用民法一般规定。海事国际惯例应该是海商法没有规定时就可以适用。也就是说,它的适用顺序还在一般民商法之前"②。换言之,该条中的"中华人民共和国法律"应是指我国包括《海商法》以及其他专门调整海事问题的特别法,而非全部中国法中的成文规定。"不是'《海商法》没有规定的',而是'海商法没有规定的',才应该适用民法的相关规定。"③ 美国马歇尔大法官在1828年American Ins. Co. v. Canter案中也曾指出:海事案件并非产生于美国宪法或法律,这些案件与航海一样古老;而且海事法和海商法都具有悠久的历史,一有案件产生,法院就会把海事法或海商法运用到具体案件中去。④ 因此,有美国学者认为,"最好的办法是将海商法视为独立的法律体系,其效力并非依赖于任何已作出定论的国内立法"⑤。应该说,郭瑜教授与美国法官和学者的观点充分关注了海商事问题本源、发展及处理规则的特殊场域以及适用一般法调整海商事这一特殊领域产生的可能不当性,具有一定合理性。但从我国的司法实践角度看,未免难以操作。尤其在《海商法》施行后,大部分涉及海商法的内容已通过《海商法》对国际公约和国际惯例的转化纳入作了规定,而对于其没有规定的哪些内容才是属于海商法而非属于民法的,标准难以确定。况且,海商法在调整平等海商事主体法律关系的行为规范的意义上理解时,可以称作是民法的特别法,这也意味着海商法调整范畴与民法具有一定的重合。从应然的角度讲,将海事国际惯例纳入海商法的体系,而将海事国际惯例作为海商法或《海商法》的法源并无不当,但由于相当部

---

① 司玉琢主编:《中华人民共和国海商法问答》,人民交通出版社1993年版,第266页。
② 郭瑜:《海商法的精神——中国的实践和理论》,北京大学出版社2005年版,第87页。
③ 郭瑜:《海商法的精神——中国的实践和理论》,北京大学出版社2005年版,第87页。
④ [美] G.吉尔摩、[美] C.L.布莱克:《海商法》上,杨召南等译,中国大百科全书出版社2000年版,第64页,注150。
⑤ [美] G.吉尔摩、[美] C.L.布莱克:《海商法》上,杨召南等译,中国大百科全书出版社2000年版,第30页。

分的海事国际惯例的不成文性，在确实存在海事国际惯例而当事人或法院无法查明的情况下，如果坚持海事国际惯例的优先性，弃民法或其他成文法律而不用，则可能人为地加大了法院查明海事国际惯例的义务。因此，在笔者看来，在国家立法机关未明确《海商法》第二百六十八条第二款"法律"的具体指称时，司法实践中还是宜作略为宽泛的解释，该条款中的"中华人民共和国法律"指的应是《海商法》以及海商事方面的行政法规、司法解释以及其他国家立法机关制定的有关民商事方面的法律①（含司法解释），但不包括其他非民商事方面的法律以及行政法规等泛化意义上的"法律"。

（三）《海商法》中的"可以适用"的内涵

《海商法》第二百六十八条第二款规定国际惯例"可以适用"。有学者指出，"可以适用"意味着也可以不用，用与不用，悉听司法、执法者的自由裁断。② 国际惯例的适用与否取决于司法机关的选择，法院对国际惯例的适用并非必需的，法院没有必须适用国际惯例的义务和责任。③ 但也有学者认为，在我国法律和我国缔结或参加的国际条约都没有规定而当事人充分证明了某种国际惯例确实存在时，"法院拒绝采用这种国际惯例需要说明理由"④，似乎认为法院对国际惯例的适用是一种责任而非权力。笔者认为，之所以出现这样的争议，是对海事国际惯例的性质认识不一所致。我国民商法领域关于国际惯例的规定不同于日本和韩国的《商法典》对于"商业习惯法"的规定，日本《商法典》第1条规定："关于商业，本法无规定的，适用商业习惯法；无商业习惯法时，适用民法。"1998年韩国《商法典》第1条（商事适用法规）也规定，"关于商事，本法无规定时，适用商事习惯法；无商事习惯法时，适用民法"⑤。在日、韩两国已经明确赋予商事习惯法的法源地位，且在具体案件中商业习惯是优于民法一般规定的。

关于国际惯例的性质，有法源说、"准法律"说和补充漏洞工具说等多种观点。笔者认为，从实证法的角度分析，法律既包括制定法，也包括非制定法，还包括习惯与惯例等。国际惯例可以成为法律。此外，国际惯例作为一种跨国性行为规范，判断其性质不应停留在国内法角度，而应提高到国际

---

① 此处的"法律"指狭义的"法律"，即指全国人大或全国人大常委会通过的法律。
② 陈安：《论适用国际惯例与有法必依的统一》，载《中国社会科学》1994年第4期，第82页。
③ 参见金正佳、翁子明《中国海事审判的理论与实践》，海天出版社1993年版，第54—56页。
④ 沈秋明：《论国际经济惯例的法律属性》，载《南京大学学报》1997年第3期，第170页。
⑤ 陈亚芹：《论海事国际惯例在中国法中的地位——以中国的立法与司法实践为视角》，复旦大学博士学位论文，2008年，第46页。

海商事场域来综合考量。"准法律"和补充漏洞工具从某种角度来看,揭示了国际惯例的一部分功能,但并不是对国际惯例的定性,而是对其作用的概括性描述。① 此外,从国内立法及国际条约的规定可以看出,国际惯例是司法机关审理案件的法律依据,说明立法已认可其法律效力。② 司玉琢教授也认为,根据《民法通则》第一百四十二条以及《海商法》第二百六十八条的规定,"国际航运惯例是我国海商法的表现形式之一"③。从字义角度解释,"可以适用"中的"适用"一词更直观的理解应该是适用国际惯例裁判案件,而非适用其解释或补充应被适用的法律。而既然已被明确为法源,当司法机关适用国际惯例裁判案件时,就不存在"可用可不用"的自由选择问题,而是"应不应该"的问题。因此,笔者认为,《海商法》第二百六十八条第二款的"可以适用",更为合理的解读应该是"原则上应当"。这种解读也更符合我国作为航运大国对海商事领域通行规则的尊重。当然,这种"原则上应当"必然涉及一个确实存在的海事国际惯例在个案中被证明存在而且可以适用,这就涉及海事国际惯例的识别、查明以及适用问题。

三、进路选择:尊重海事国际惯例,准确识别适用

本文以上关于海事国际惯例的论述,只是解决一个语词问题,并没有涉及海事国际惯例的适用问题。

《国际法院规约》第 38 条第 1 款第(b)项指出"international custom, as evidence of a general practice accepted as law",此处的"international custom"一般译为国际习惯。但周鲠生先生和陈安教授认为,此处的"international custom"应译为"国际惯例"④。而通说认为,国际公法上的国际惯例(习惯)可以在个案中适用,应同时包括两个构成要素:(1)物质要素,即各国的反复实践;(2)心理要素,即各国的法律确信。⑤ 国际私法领域国际惯例适用条件与国际公法领域基本类似,最好的例证就是 1980 年《联合国国际货物销售合同公约》第 9 条"除非另有协议,双方当事人应视为已默示地同意对他们的合同或合同的订立适用双方当事人已知道或理应知道的惯例,而这种惯

---

① 王建新:《论海事国际惯例的适用》,武汉大学硕士学位论文,2004 年,第 10 页。
② 郭瑜:《海商法的精神——中国的实践和理论》,北京大学出版社 2005 年版,第 33 页。
③ 司玉琢主编:《海商法》(第二版),法律出版社 2007 年版,第 8 页。
④ 周鲠生:《国际法》,商务印书馆 1976 年版,第 11 页。陈安:《论适用国际惯例与有法必依的统一》,载《中国社会科学》1994 年第 4 期,第 79 页。陈安教授指出,在中国汉语语境下将"international custom"译为"国际惯例"更为适宜,因为"惯例"似可诠释为"由习惯而成的规例"。如此译法,也能与《民法通则》和《海商法》中的"国际惯例"一语更为贴切。
⑤ 周忠海等:《国际法学述评》,法律出版社 2001 年版,第 55 页。

例,在国际贸易中,已为有关特定贸易所涉同类合同的当事人所广泛知道并为他们所经常遵守"。因此,笔者认为,作为海事国际惯例在个案中适用条件也可以确定为客观要件和主观要件两个方面。客观要件要求必须存在一个在海商事领域经过海商事主体长期、反复实践形成的一套行为规则或做法(无论这种规则和做法是否以成文方式表现出来,但必须具备明确的内容);主观要件则是海商事主体对该规则和做法是知悉或应当知悉,形成主观确信且没有明示排除。因此,在海商事司法实践中,无论是当事人申请适用海事国际惯例还是法院依职权直接适用国际惯例,均应同时满足上述两个条件。如果当事人没有明示排除某类海事国际惯例的适用,若其能证明确实客观存在一种已成惯例的行为规则和做法,海事司法部门在识别个案具体情形可以适用该海事国际惯例之时,对另一方当事人主观心态的认定,实际上是一种"默示推定",即对方当事人在"知道或应当知道"存在这一客观国际惯例且并未明示排除该惯例之适用即可。这一点从上海海事法院和上海市高级人民法院以及武汉海事法院关于承运人对大宗散货短重5‰免赔的判决中也可得到实证。但必须引起注意的是,由于《海商法》下的"国际惯例"的范畴并不只局限于海事国际习惯法,还包括惯例以及特定主体之间的一般做法,因此,在当事人主观心态的认定时,一定要综合考虑某种海事国际惯例因其适用区域和适用主体不同对当事人主观上"知道或应当知道"的实际影响,而不宜不加区分地一味坚持海事国际惯例的"客观标准",一定要考虑到海事国际惯例的"主观标准"。

在明确了海事国际惯例的法源地位和其适用条件后,还要解决司法实践中最为重要的问题,即如何从客观方面查明一套规则或做法已经成为海事国际惯例。对于一种惯例是否存在,美国《统一商法典》第1-205条第2款规定:"惯例的存在及范围应作为事实加以证明。"将惯例作为事实问题来看待加强了交易惯例的公平、正义与合理性内容。[①] 我国法律对此没有规定。笔者认为,可以参照美国《统一商法典》,将海事国际惯例的客观存在作为事实问题由当事人举证证明,当然,当然人若无法证明的,可以请求法院依职权查明。

对于已经成文的、通行于海商事领域的海事国际惯例,如国际商会编纂的1973年《国际商会多式联运单证统一规则》和国际海事委员会制定的

---

① 李艳秋:《美国商事习惯法法源地位及其立法方式研究——以美国〈统一商法典〉和〈特拉华州公司法〉为主要分析范例》,载《北京理工大学学报(社会科学版)》2011年第6期,第108页。

《约克—安特卫普规则》等海事国际惯例的查明并不困难,但是海事国际惯例中有相当一部分是不成文的规则或做法,对其查明就比较困难。实践中,可以参照外国法的查明方法:采取法院利用所掌握的正规信息资料、当事人提供有关文件,专家证人出庭,咨询中外有关专家,咨询相关国内国际组织机构或分支机构,由与我国订立司法协助协定的缔约对方的中央机关提供参考国家间的各种外交文书,国际组织的实践,国内立法、司法机关及行政机关的实践等多种方式予以查明。① 为了解决不成文海事国际惯例的查明问题,笔者建议最高人民法院及时根据海事国际惯例的动态发展情况,根据我国大型港航企业在境外海商事司法、仲裁实践,通过个别转化纳入,以立法或司法解释的方式直接将相关的海事国际惯例转化为我国的成文法;或者采取发布审判指导意见、指导性案例等形式公布一些成文的海事国际惯例或确认一些惯常做法为海事国际惯例。这些公布的惯例在司法实践中可以起到推定存在的作用,除非有相反的证据,则在案件中可以推定该惯例实际存在,在不违背社会公共利益及当事人未明示排除的情形下在案件中直接适用。

结　语

本文并无意直接解决承运人能否对大宗散货短重5‰免赔的问题。本文的要旨在于提出一个问题,即海事国际惯例在中国海商法语境下适用问题。应该说,随着我国步入海洋经济时代,作为一个后起的海洋大国、航运强国,随着国家对海洋经济的重视、海事法院的组建发展、海事专业人才的培养以及《海商法》和《中华人民共和国海事诉讼特别程序法》的施行,我国已经具备实施海事国际惯例的现实条件,应该在立法和司法实践中对海事国际惯例给予应有的尊重。不可否认,海商法作为起源于航运习惯的一种特殊规则,无论适用场域和适用方法均有别于传统民商法,有其特别的复杂性,这在海事国际惯例的适用上表现尤为明显。但这并不是我们拒绝或者规避海事国际惯例适用的理由,恰恰应是我们准确掌握海商事实践生动发展态势,及时介入国际海商事立法、司法、仲裁领域,发挥海运、航运大国应有影响力的难得机遇。而珍惜机遇的表现之一就是在立法和司法上对海事国际惯例给予尊重,准确地把握海事国际惯例的内涵、性质,并在司法实践中准确适用海事国际惯例。

---

① 王建新:《论海事国际惯例的适用》,武汉大学硕士学位论文,2004年,第21页。

南海涛头风帆正

Nanhai Taotou Fengfan Zheng

——广州海事法院精品论文集

Guangzhou Haishi Fayuan Jingpin Lunwenji

下册：海事程序法与司法改革研究

陈友强　主编

广州海事法官协会　组织编写

中山大学出版社
SUN YAT-SEN UNIVERSITY PRESS

·广州·

版权所有　翻印必究

图书在版编目（CIP）数据

南海涛头风帆正：广州海事法院精品论文集. 下册, 海事程序法与司法改革研究 / 陈友强主编；广州海事法官协会组织编写. -- 广州：中山大学出版社, 2025.5. -- ISBN 978-7-306-08462-0

I. D993.5-53

中国国家版本馆 CIP 数据核字第 2025JN4057 号

出 版 人：	王天琪
策划编辑：	王旭红
责任编辑：	王旭红
封面设计：	曾　婷
责任校对：	靳晓虹
责任技编：	靳晓虹
出版发行：	中山大学出版社
电　　话：	编辑部 020-84110771, 84113349, 84111997, 84110779
	发行部 020-84111998, 84111981, 84111160
地　　址：	广州市新港西路135号
邮　　编：	510275　　　　传　真：020-84036565
网　　址：	http://www.zsup.com.cn　E-mail: zdcbs@mail.sysu.edu.cn
印 刷 者：	广州一龙印刷有限公司
规　　格：	787mm×1092mm　1/16
总 印 张：	56 印张
总 字 数：	1005 千字
版次印次：	2025年5月第1版　2025年5月第1次印刷
总 定 价：	188.00元（全2册）

如发现本书因印装质量影响阅读，请与出版社发行部联系调换

下册目录

第六编　诉讼管辖

海事平行诉讼若干问题新探 ………………………………… 倪学伟　464

论粤港澳大湾区民商事案件管辖权冲突的弥合进路
　　………………………………… 王玉飞　徐春龙　舒　坚　477

第七编　船舶扣押

船舶活扣押的若干理论与实务问题研究 …………………… 倪学伟　494
论错误扣船的形态、性质及其相关问题 …………………… 倪学伟　508
扣押船舶损害赔偿纠纷案件的法律适用分析
　　——以《侵权责任法》为裁判基础 ………………… 宋瑞秋　520
中、南两国船舶扣押制度比较研究
　　——兼论中国航运企业在南非遭遇船舶扣押的对策 … 倪学伟　529

第八编　海事强制令

在海事强制令制度中引入听证程序及其他救济程序的必要性
　　——以广州海事法院历年海事强制令案件分析的视角
　　……………………………… 黄伟青　林依伊　田昌琦　542
海事强制令新论 ……………………………………………… 倪学伟　557
理性回归：海事强制令制度的功能矫正与路径调适 ……… 刘亚洲　572

第九编　海事证据

论海事电子证据的认证
　　——以技治主义证据观的可行性为视角 …… 徐春龙　孙　阳　590
海事行政诉讼认证规则研究 ………………………………… 钟健平　605
地方行政规章的司法审查研究 ……………………………… 倪学伟　614

对水污染环境侵权案件中证据与鉴定评估问题的分析
······詹思敏 罗 春 杨雅潇 624

海域污染损害赔偿案件中的司法鉴定
——以"夏长"轮船舶油污损害责任纠纷系列案件为视角
······黄伟青 罗 春 639

论海事证据保全制度的完善
——以330份海事证据保全裁定为样本
······徐春龙 高 倩 张 乐 649

第十编 海事担保

论海事担保······倪学伟 668

诉前扣船案件中海事担保若干法律实务问题探析
——兼谈海事担保的立法完善 ······谢辉程 邓非非 骆振荣 680

第十一编 海事执行

海事债权登记与受偿程序的若干问题与完善进路
······徐春龙 陈文志 696

论实际所有人对挂靠船舶提出执行异议的认定
——兼评船舶所有权未经登记不得对抗善意第三人的范围
······王玉飞 罗 春 林晓彬 709

执行中船舶扣押、拍卖与债权分配若干问题研究
······王玉飞 邓锦彪 张子豪 721

在冲突与调适之间:执行权运行之实证研究
——以民事执行政策变迁为视角 ······程 亮 杨 军 743

执行中船舶优先权与海关关税优先权的冲突与协调
······尹忠烈 舒 坚 755

船舶拍卖中限制无益拍卖原则的适用 ······舒 坚 郑佳瞳 767

建造中船舶扣押与拍卖问题探析 ······尹忠烈 舒 坚 776

外国海事仲裁裁决在中国的承认及执行
——海事法院《纽约公约》案例实证分析 ······邓非非 788

第十二编　海事司法改革

论新时代海事法院的改革 …………………………… 郑　鄂　陈铭强　808

关于设立独立建制行政法院的调研报告 …… 倪学伟　张科雄　杨雅潇　825

"不合常理"是何理：民事判决书中对常理认定的特点、问题和对策
　　………………………………………………… 申　晗　欧阳迪　石望韬　836

海事司法多元解纷机制现状考察及进路探究
　　——以广州海事法院珠海法庭近三年实践探索为样本
　　………………………………………………… 刘宇飞　张　乐　闫　慧　849

运送正义下乡　和谐海事司法
　　——关于广州海事法院服务弱势群体的若干思考 ………… 倪学伟　864

· 第六编 ·
诉讼管辖

海事平行诉讼若干问题新探

倪学伟

摘要：海事平行诉讼有"重复诉讼"和"一事互诉"两种情形。国家司法主权与当事人对其利益最大化追求，是产生海事平行诉讼的主要原因。海事平行诉讼体现了法律对当事人选择权的最大尊重，但不可避免地导致诉讼成本增加、司法资源浪费以及国家之间司法关系的隔膜或紧张。以英美为代表的普通法系国家，以不方便法院原则、国际礼让原则、禁诉令等解决平行诉讼问题；以德国、法国为代表的大陆法系国家，则以先受诉法院原则、承认预期原则等避免平行诉讼的产生；而区域性条约在解决平行诉讼问题上，则具有较为明显的效果。我国的海事平行诉讼，以同时在不同国家提起海事诉讼和海事仲裁这种广义平行诉讼情形居多。国家间的司法协调与礼让、承认预期原则等，是解决我国海事平行诉讼问题的可行路径。

关键词：海事平行诉讼；管辖权；不方便法院原则；禁诉令；承认预期原则。

一、海事平行诉讼问题概述

海事平行诉讼是指相同当事人就同一海事纠纷同时向两个以上有管辖权的国家的法院提起诉讼，包含两种情形：一是同一当事人同时分别向两个国家的法院提起诉讼，即"重复诉讼"；二是双方当事人同时在不同国家起诉对方，即"一事互诉"。在海事纠纷解决程序中，还有一种常见情形是一方当事人在一个国家提起海事诉讼，对方当事人在另一个国家提起海事仲裁。对此，可称为广义的海事平行诉讼。

海事平行诉讼中的同一海事纠纷，是指基于同一案件事实和共同诉因所产生的纠纷。如在航次租船合同纠纷中，一方提起诉讼要求赔偿运输过程中的货物损失，另一方在另一国起诉要求宣布合同无效或解除合同。对上述基于同一航次租船合同而提出不同的诉讼请求，是否属于同一海事纠纷应作宽泛的解释，即应认定两个诉讼为相同的诉因，两个诉讼所针对的都是同一个海事纠纷。

---

* 本文原载于《中国海事审判·2016》，大连海事大学出版社 2019 年版。

海事平行诉讼中的"同时",是指两个诉讼在时间上要有一定的重叠,可以是两个诉讼同步进行,也可以是一前一后进行。但无论如何,一个诉讼结束之后再提起的另一个诉讼,涉及前一个诉讼判决的既判力和一事不再理问题,不属于平行诉讼的范畴。

海事平行诉讼中的相同当事人,是指诉讼主体相同,但其诉讼地位可以保持不变或诉讼地位互换,如在一国诉讼中的原告在另一国诉讼中仍是原告或成为被告,反之亦然。而海事平行诉讼中的不同国家,是指不同的司法主权国家。如果是一国之内的平行诉讼,则主要是指主权国家之内不同法域之间同时分别提起的两个诉讼,如在中国内地与港澳台地区之间提起的两个诉讼,在美国不同的州分别提起的两个诉讼或者在州法院和联邦法院分别提起的两个诉讼。在同一法域内,不允许提起相同的两个诉讼,而应通过反诉、案件移送、合并审理等方式解决当事人之间对同一纠纷的不同诉请。有时为避免出现矛盾的判决,法律还会规定将相关的纠纷集中到一个法院审理,如《中华人民共和国海事诉讼特别程序法》规定,设立海事赔偿责任限制基金后,应将相关的案件集中到设立基金的海事法院审判。因此,同一法域以内,不会产生海事平行诉讼的问题。

海事平行诉讼产生的原因主要有三个方面。一是海上运输本身就是跨国越境、在不同国家之间进行的一种海上商业活动,海事法律关系的各个连接点必然涉及与运输活动相关的各个国家,如起运港所在国、目的港所在国、中途停靠港所在国、船舶国籍国、托运人所在国、收货人所在国等,一旦发生纠纷,这些连接点都可能成为相关国家法院取得管辖权的法律依据。各国普遍认可船舶扣押地是取得案件实体管辖权的重要连接点,而该扣押地是可以随着船舶的航行在全球范围内选择确定的,这为海事平行诉讼增加了一个一般国际民商事诉讼所不具有的管辖地选项,海事平行诉讼发生的概率随之增加。二是不同国家的法律规定不完全一致,而关于案件管辖的规定,各国法律往往根据属地管辖原则、属人管辖原则等确定多个连接点作为管辖依据,这种不同国家关于多个连接点管辖依据上的重叠,为产生海事案件管辖的积极冲突创造了条件。司法管辖权是司法主权的重要组成部分,各国法院一般不会轻易放弃管辖权,甚至还可能采取长臂管辖争管辖权,从而为平行诉讼的产生奠定了基础。三是当事人对其预期利益最大化的追求,当原告可以在两个以上的国家提起海事诉讼时,一般会考虑胜诉的概率与诉讼成本的支出、举证的便利与判决后的执行情况等,从而选择一个对自己最为有利的国家提起诉讼。有时为了弥补第一个诉讼的不足,如被告在第一个诉讼所在国没有财产或没有足够的财产可供执行，或者因管辖权异议而中止审理、获得生效判决遥遥无期等，原告还会在另一个候选国家的法院提起第二个诉讼，形成平行诉讼之"重复诉讼"。对被告而言，为了抵消第一个诉讼对自己的不利局面，争得对其有利的诉讼结果，可能也会选择一个对其有利的国家提起对抗式诉讼，形成平行诉讼之"一事互诉"。

海事平行诉讼是当事人在法律允许的范围内，自主作出的案件管辖上的选择，既体现法律对当事人权利的充分司法保护和为当事人提供诉讼便利的品质，又最大限度地照顾到当事人的意思自治，呈现法律对当事人选择权的最大尊重。特别是在"一事互诉"的情形下，若不允许被告提起对抗式的第二个诉讼，则会间接地鼓励一旦发生纠纷就冲向法院的赛跑①，以获取唯一的一张诉讼入门券，拒绝以协商与调解方式解决纠纷。允许平行诉讼，可以平衡争议的双方当事人对诉讼地点以及与此紧密相关的程序法、实体法的选择权利，体现当事人之间的平等性。然而，海事平行诉讼运行，又不可避免地产生如下弊端：一是当事人的诉讼成本成倍增加。在不同的国家同时对同一个海事纠纷提起两个诉讼，案件受理费用、律师费用、证人出庭作证费用等都会是双份支出，即使赢得了官司，其效果也会因诉讼成本的成倍支出而受到影响。二是造成有限司法资源的浪费。若平行诉讼的两个案件判决结果相同，则必然有一个案件是不必要进行的，该案的法官审判、陪审团陪审以及鉴定评估等都是无价值的劳动；若平行诉讼的两个案件判决结果不同甚至相互矛盾或相互抵消，则判决结果无法在对方国家所在的法院得到承认与执行，而各自执行自己的判决，由于判决的矛盾性和抵消性，两方当事人的诉讼初衷也无法得以实现。三是可能造成相关国家之间司法关系的隔膜。长期彼此互不承认和执行对方的海事判决，司法合作关系无从建立，或者使已经建立的合作关系趋于紧张，以致协助送达、调查取证等最基本的司法协助也无法进行，人为造成司法孤岛，这又反过来影响国家之间海上运输的交往和联系。

然而，只要主权国家的法律规定不一致，且国际上不存在一个对所有国家适用的海事案件管辖与移送的规定，则海事平行诉讼就会有其合理性并将长期存在下去，"一刀切"式的禁止海事平行诉讼既不现实，也无必要。我们要解决的是，如何将海事平行诉讼限制在必要范围之内，尽量减少乃至避

---

① 参见徐卉《国际民商事平行诉讼研究》，见陈光中、江伟主编《诉讼法论丛》第1卷，法律出版社1997年版，第311页。

免故意给对方制造麻烦、拖延纠纷解决的恶意平行诉讼。

二、国际社会解决海事平行诉讼的立法与实践

海事平行诉讼是国际民商事平行诉讼的重要组成部分,各国关于国际民商事平行诉讼的立法与实践以及相关国际公约的规定,同样适用于海事平行诉讼。在解决平行诉讼的问题上,关键在于法院对两个诉讼的二选一,将平行诉讼转变为单一案件诉讼,从而妥善解决纠纷。对此,普通法系与大陆法系国家的做法各有特色,且都在一定程度上解决了平行诉讼问题。随着全球经济一体化的推进,两大法系之间持续地相互借鉴与融合,那些效果较为明显的做法得以被更多的国家吸纳,并推动上升为国际公约或者示范文本,使各国在解决平行诉讼的问题上成效日显。

(一) 普通法系国家的主要做法

以英美为代表的普通法系国家,以不方便法院原则、国际礼让原则、禁诉令等解决平行诉讼问题。

1. 不方便法院原则。不方便法院原则起源于苏格兰的司法实践,1873年英格兰的 Macadam v. Macadam 一案首次采用了不方便法院原则,但其基础在于防止滥用法律,① 而不是着眼于解决平行诉讼。一般认为,解决平行诉讼问题的不方便法院原则,是美国联邦最高法院 1947 年审理的海湾石油公司诉吉尔伯特(Gulf Oil Corp. v. Gilbert)案中确立的。原告吉尔伯特是弗吉尼亚州人,到纽约南部联邦地区法院起诉海湾石油公司,称被告在向原告位于弗吉尼亚州的五金店运送汽油时过失引发火灾,要求被告赔偿原告的损失。被告海湾石油公司认为,弗吉尼亚州既是原告的居住地,也是被告的营业地,与诉讼有关的一切行为和损害结果均发生在弗吉尼亚州,大多数证人也居住在该州,因此弗吉尼亚州的法院为审理本案的适当法院。纽约南部联邦地区法院以不方便法院为由,驳回原告的起诉,认为该案应该在弗吉尼亚州的法院审理,而上诉法院则推翻了该裁决,海湾石油公司为此上诉到联邦最高法院。联邦最高法院最终判决撤销上诉法院的决定,维持纽约南部联邦地区法院的裁决。②

美国联邦最高法院认为,不方便法院原则是以存在被告有服从义务的两个管辖法院为基础的,即首先是法院对案件拥有管辖权,然后才考虑是否有

---

① 徐卉:《国际民商事平行诉讼研究》,见陈光中、江伟主编《诉讼法论丛》第 1 卷,法律出版社 1997 年版,第 329 页。

② [美] 杰克·H. 弗兰德泰尔、[美] 玛丽·凯·凯恩、[美] 阿瑟·R. 米勒:《民事诉讼法》(第 3 版),夏登峻、黄娟等译,中国政法大学出版社 2003 年版,第 80 页。

更适当的法院来行使管辖权。而确定不方便法院时,需要将与该案有关的私人利益和公共利益列出来进行比较,同时要求侧重于私人利益的保护,对不能给予权重较大的利益予以保护的法院即是不方便法院。需要考虑的私人利益是:(1)当事人获取证据的便利程度;(2)非自愿出庭证人强制出庭的可行性;(3)自愿出庭作证者所获得的费用;(4)当勘察有助于解决争议时,法官和陪审团亲自去现场勘察的可行性;(5)所有其他能够使审判简易、快速、费用节省的因素;(6)判决得以执行的可行性。需要考虑的公共利益是:(1)诉讼在案件主要事实发生地之外的法院进行,是否造成该法院的案件积压和管理上的不便;(2)由与争讼案件无关的社区民众承担陪审团的负担是否适当;(3)对公众所关心的事件应在多数人的居住地审理,尽量避免在只能听报道的遥远地点审理;(4)争议的问题与法院地的利益关系密疏与大小;(5)对分属不同主权实体的当事人之间的纠纷,在直接适用实体法的法院进行审理,比通过适用冲突规范指引的法律进行审理的法院更为适当。

至于两个有管辖权的法院所在国实体法上的规定是否对原告有利,即因实体法的适用而产生的利益差别,不是确定不方便法院原则时所要考量的平衡因素。①

在解决海事平行诉讼中,美国不方便法院原则的最新发展②是:2003年6月8日,中化国际(控股)股份有限公司以马来西亚国际船运公司倒签提单为由向广州海事法院申请扣船,该法院扣押了马来西亚公司的船舶,中化国际在该法院提起了诉讼。6月23日,马来西亚公司在美国宾夕法尼亚东区的联邦地区法院提起一个紧急诉讼。联邦地区法院以广州海事法院具有管辖权且是适当法院为由,根据不方便法院原则拒绝了该案的管辖。但美国联邦第三巡回上诉法院认为,"联邦地区法院在没有明确其具有管辖权的情况下,以不方便法院原则拒绝该案是错误的",二审推翻了联邦地区法院的意见。2007年3月5日,美国联邦最高法院适用不方便法院原则对中化国际案作出判决,认为:在中国广州海事法院已经受理案件的情况下,马来西亚公司在联邦地区法院的继续诉讼将有违司法经济原则,广州海事法院的管辖已被最终确立。

---

① See Piper Aircraft Co. Reyno, 454 U.S., 1981, pp. 241 – 261. 转引自徐卉《国际民商事平行诉讼研究》,见陈光中、江伟主编《诉讼法论丛》第1卷,法律出版社1997年版,第332页。

② 参见宋建立《从中化国际案看不方便法院原则的最新发展——兼论我国区际民商事诉讼管辖权冲突的若干思考》,载《法学评论》2007年第6期,第73 – 77页。

至此,广州海事法院的管辖得到认同。"中化国际案"促使美国联邦最高法院修改了在1947年Gulf Oil Corp. v. Gilbert案中确立的不方便法院原则的适用条件,即可以不用首先确认法院对该案件有否管辖权,"即使在管辖问题仍未解决的情况下,不方便法院原则的适用仍具有其合理性"。这一改变对解决平行诉讼问题将产生深远影响。

2. 国际礼让原则。在国际私法上,荷兰著名法学家优利克·胡伯创立了国际礼让学说,其在《论罗马法与现行法》一书中提出了国际礼让说三原则:(1)任何主权者的法律须在其境内行使并约束其臣民,在境外则无效;(2)凡居住在其境内的人,包括常住与临时居住,都可视为主权者的臣民;(3)外国法律已在其本国领域实施,根据礼让,行使主权权力者也应让它在自己境内保持其效力,前提是不损害自己的主权权力和臣民的利益。① 之所以基于礼让承认当事人的既得权,是出于各国交往的便利和默示同意;否则,当事人在一国获得的权利和利益到了他国因为法律不同便不受保护,这将使跨国商业交易步履维艰。② 该学说的本质在于采用礼让形式推行既得权。③

美国联邦最高法院对国际礼让的定义是:"从法律的意义上讲,既不是一种绝对的义务也不仅仅只是一种礼貌和善意。但是,在适当考虑到国际责任和便利以及其本国的公民或受其法律保护的其他人的权利之后,一国在其领土内对于另一国的立法、行政及司法行为的承认。"④ 美国法院在平行诉讼中,当一方当事人已取得了外国法院的生效判决时,可以适用国际礼让原则,终结该当事人在美国的有关诉讼。但在未取得生效判决时,只有在非常例外的情况下才会根据国际礼让原则终结美国的诉讼,因而与不方便法院原则相比,国际礼让原则的适用范围要小得多。目前,国际礼让原则经常在四种情形下被美国法院援引:第一,承认国外判决;第二,外国法的查明;第三,美国法的域外适用;第四,外国法律的执行。⑤

3. 禁诉令。禁诉令是英美法院众多禁令中的一种,是法院向一方当事人

---

① 参见肖永平《国际私法原理》,法律出版社2003年版,第42页。

② 参见许庆坤《胡伯的国际礼让说探微》,见梁慧星主编《民商法论丛》第35卷,法律出版社2006年版,第486页。

③ 参见方杰《荷属"国际礼让说"》,载《河北法学》2013年第5期,第135页。

④ 赵学清、郭高峰:《礼让说在美国冲突法中的继受与嬗变》,载《河北法学》2014年第4期,第32页。

⑤ See Michael D. Ramsey,"Escaping 'International Comity'," *Iowa Law Review*,1997,Vol. 83. 转引自郭霈《域外经济纠纷诉权的限缩趋向及其解释——以美国最高法院判例为中心》,载《中外法学》2014年第3期,第833页。

发出的禁止其到其他法院进行诉讼的命令。禁诉令起源于英国，最初用于解决国内平行诉讼问题，如解决王室法院与教会法院之间、衡平法院与普通法院之间关于案件管辖的分歧。在1834年勃特罗顿勋爵诉索尔比案中，英格兰衡平法院向爱尔兰法院发出禁诉令，并表示禁诉令的签发对象是诉讼当事人而不是外国法院，衡平法院约束当事人无可厚非，签发禁诉令并不会侵害外国的司法主权。此后，禁诉令开始逐渐用于解决国家之间发生的平行诉讼。①

禁诉令的签发主要有三种情形：一是基于当事人约定而申请签发的禁诉令，如当事人之间的租船合同订有在伦敦仲裁的条款，一方当事人就可能向英国法院申请禁止在他国诉讼的禁诉令。二是基于专属管辖或国家公共政策而申请签发的禁诉令，如关于不动产纠纷、港口作业纠纷，大多数国家都规定了专属管辖，以此为由禁止在他国诉讼。三是基于不方便法院而申请签发的禁诉令，即不方便法院原则的反向运用，根据当事人申请颁发禁诉令，禁止在不方便法院进行诉讼。在平行诉讼中使用禁诉令最多的是英国法院，美国法院次之，其他的普通法系国家（地区）偶尔有使用禁诉令。

禁诉令由法官根据自由裁量权签发，不同法官掌握的宽严标准有较大的差异。一般来说，英国法官签发禁诉令的标准较为宽松，被称为自由主义的模式。其特点是以本国法院管辖权为基点，致力于根治平行诉讼的弊端，认为由两个法院分别审理同一个案件，"构成欺压，并浪费司法资源；分别裁判有产生不一致结果的危险，有导致匆忙作出判决的危险"，"不同法院裁判同一问题将导致延误、不方便或增加成本"②，较少考虑或不考虑他国的司法主权。而美国部分法官则从严掌握签发禁诉令的标准，认为在一般情况下不应干预在国外进行的平行诉讼。不方便法院原则下的拒绝管辖以及生效判决的既判力制度，已经在很大程度上避免了平行诉讼下判决冲突的产生。禁诉令意味着不相信在外国法院的诉讼能解决问题，间接地限制了外国法院的管辖权，若相关两个国家的法院都签发禁诉令，当事人将无法获得救济的渠道，因此，只有在例外的情形下，即"为保护法院对事管辖权所必须，或者法院拥有很强的公共利益时，才能颁发"③禁诉令。

禁诉令是对当事人签发的，不当然地具有域外效力，因此只是间接地影

---

① 参见欧福永《英国民商事管辖权制度研究》，法律出版社2005年版，第26页。
② 张利明：《国际民诉中禁诉令的运用及我国禁诉令制度的构建》，载《法学》2007年第3期，第124页。
③ 张利明：《国际民诉中禁诉令的运用及我国禁诉令制度的构建》，载《法学》2007年第3期，第125页。

响到他国法院的管辖权,且他国法院一方面可能不承认禁诉令的域外效力,另一方面还可能采取反制措施,颁发一个禁止执行该禁诉令的禁令,从而演变为两国法院之间的对立,以致将来判决生效后,很难在对方国家的法院得到承认和执行。对不履行禁诉令的当事人而言,其效力取决于该当事人与禁诉令签发国之间的密切程度,若有财产在签发国可供执行或本人要前往签发国,则可能会在禁诉令签发国被处以罚金或被判处蔑视法庭罪。

(二) 大陆法系国家的主要做法

德国和法国为代表的大陆法系国家以先受诉法院原则、承认预期原则等解决平行诉讼问题,以法律的确定性、可预见性规则来规制平行诉讼案件管辖权的预设性分配,体现出与普通法系国家不同的成文法规则。

1. 先受诉法院原则。先受诉法院原则是指在发生平行诉讼时,由最先受理案件的国家的法院进行管辖,其他国家的法院不得重复受理,已经受理的应当中止诉讼或者撤销案件。该原则的理论基础是优利克·胡伯的国际礼让学说。先受诉法院原则最早适用于国内案件,即"一事不再理"原则,后来将该原则直接适用于国家间不同法院的平行诉讼,成为国家间礼让的实践者。如希腊、阿根廷等国家即是较为典型的代表。

先受诉法院原则在解决平行诉讼上的优势在于:标准明确、易于操作,不需要法官的自由裁量,可以督促当事人尽快行使诉权,避免权利"休眠",提高审判效率,充分体现大陆法系法律的规则预设性特点。其不足在于:单纯地以法院受理案件时间先后为标准,没有考虑到受案法院是否为最适合的案件管辖法院,可能忽视法院与案件之间的实质性联系,从而为当事人挑选法院留下余地;一方当事人挑选对自己有利的法院,则可能对另一方当事人在应诉、举证、出庭等方面极为不利,但后者在先受诉法院原则之下没有可救济的渠道;容易导致当事人争先前往法院起诉,使一部分本可能庭外协商、调解的案件进入诉讼,增大法院的压力。

2. 承认预期原则。承认预期原则是指在平行诉讼中,当外国法院在合理的期限内即可作出一项在内国得到承认与执行的判决时,内国法院可以中止或驳回对相同案件的审理。

法国、德国、瑞士、比利时等大陆法系国家的法院都有承认预期原则的实践。如法国最高法院在 1974 年 Minera di Fragne 案中确立了承认预期原则:只有当外国法院的判决可以被法国承认时,法国法院才可以停止本国的诉讼。其具体做法是:当法国法官对外国法院的公正性和外国法律制度的科学性进行评估与预测,确信外国法院的判决将具有与法国法院的判决程度相当的公正性时，此判决才可能为法国法院所接受。法国法官在考虑放弃本国的管辖权时，并不考虑把案件交给外国法院审理是否更加方便或合适。① 再如2004年《比利时国际私法典》第14条规定："当一项正在外国法院进行并且可以预见该外国法院判决在比利时将会得到承认或执行时，对于相同当事人之间就同一诉讼标的和诉因随后又向比利时法院提起的诉讼，比利时法院可以在该外国判决作出之前，中止诉讼程序。法院应考虑正当程序的要求。如果外国法院判决可以根据本法获得承认，则法院应当拒绝管辖。"②

承认预期原则是一个国家对其司法管辖权的适度自我限制，与先受诉原则相比，它并不十分关注两个国家受理案件时间的先后顺序，其最天才的设计在于将平行诉讼化解与判决的承认和执行紧密关联起来，避免了司法资源的浪费和相互矛盾判决的发生，为实现民事诉讼的最终目的奠定了基础。其不确定性在于，如何才能准确地预测外国法院的判决将在内国得到承认和执行。通常预测的标准有四个：一是外国法院对案件行使管辖权的依据是否正当，二是当事人特别是被告是否得到适当的通知以便其获得平等参与诉讼的机会，三是两国之间是否存在相互承认与执行判决的条约或司法互惠关系，四是承认与执行该外国判决是否违反内国的社会公共秩序。既然是预测，那么可能会出现预测不准确的现象，故一般采取中止内国法院案件审理的办法，等待外国法院的判决实际作出且在内国得到承认和执行时，才终止内国案件的审理。

（三）相关国际条约的规定

1968年，欧共体国家在比利时布鲁塞尔签订《关于民商事裁判管辖权及判决执行的公约》，其后又在瑞士卢加诺签订《民商事司法管辖权和判决执行公约》，形成了"布鲁塞尔－卢加诺体系"。2000年，欧盟理事会通过了《关于民商事管辖权及判决的承认与执行的第44/2001号条例》。这三个公约均采用先诉优先原则，即当平行诉讼在不同成员国的法院提起时，后受理案件的法院均应自动中止诉讼，直至先受案的法院确立管辖权。这三个地区性国际公约有效推动了欧盟各成员国之间平行诉讼的协调，简化和加速了民商事判决的承认与执行。特别值得一提的是，在欧盟范围内任何一成员国一旦首先受诉，即可依照本国法来审查诉讼所涉及的伦敦仲裁协议的有效性，英

---

① 参见粟烟涛《法国法院在重复诉讼中的管辖权》，载《法国研究》2000年第2期，第134页。
② 《比利时国际私法典》，梁敏、单海玲译，载《中国国际私法与比较法年刊》2005年第0期，第563页。

国法院有义务承认这种审查，且无权为支持本国仲裁而签发禁诉令以阻止在其他成员国的诉讼。因此，英国法院的禁诉令在欧盟范围内，在支持仲裁方面不会再发生重要作用。①

海牙国际私法会议1971年通过的《民商事案件外国判决的承认与执行公约》②以及1999年的《民商事管辖权与外国判决公约（草案）》，在解决平行诉讼问题上，规定了承认预期规则，即先受理案件的外国法院作出的判决必须有可能得到后受理法院的承认与执行，后受理法院才会优先尊重先受理法院的管辖权。海牙国际私法会议于2005年通过《选择法院协议公约》③，赋予了当事人协议选择的法院优先管辖权，未被选择的缔约国法院应当暂停或者驳回该排他性法院选择协议所涉及的诉讼程序。

三、我国解决海事平行诉讼的实践与制度构建
（一）我国解决海事平行诉讼的实践

迄今为止，我国几部民事诉讼法均未对平行诉讼作出明确规定，仅在最高人民法院的司法解释或会议纪要中有所涉及。如1992年《最高人民法院关于适用〈中华人民共和国民事诉讼法〉若干问题的意见》第306条规定："中华人民共和国人民法院和外国法院都有管辖权的案件，一方当事人向外国法院起诉，而另一方当事人向中华人民共和国人民法院起诉的，人民法院可予受理。判决后，外国法院申请或者当事人请求人民法院承认和执行外国法院对本案作出的判决、裁定的，不予准许；但双方共同参加或者签订的国际条约另有规定的除外。"再如2015年《最高人民法院关于适用〈中华人民共和国民事诉讼法〉的解释》（以下简称《民事诉讼法解释》）第五百三十一条规定："中华人民共和国法院和外国法院都有管辖权的案件，一方当事人向外国法院起诉，而另一方当事人向中华人民共和国法院起诉的，人民法院可予受理。判决后，外国法院申请或者当事人请求人民法院承认和执行外国法院对本案作出的判决、裁定的，不予准许；但双方共同缔结或者参加的国际条约另有规定的除外。外国法院判决、裁定已经被人民法院承认，当事人就同一争议向人民法院起诉的，人民法院不予受理。"《民事诉讼法解释》第五百三十条还规定了不方便法院原则的条件构成与审查标准。

---

① 参见毕妍妍《论禁诉令制度在英美国家的运用及对我国的启示》，西南政法大学硕士学位论文，2014年，第14-16页。

② 该公约于1979年8月20日生效，成员国只有荷兰、葡萄牙、科威特等5个。

③ 该公约于2015年10月生效，有墨西哥和欧盟两个缔约方。

2005 年的《第二次全国涉外商事海事审判工作会议纪要》第 10 条规定："我国法院和外国法院都享有管辖权的涉外商事纠纷案件，一方当事人向外国法院起诉且被受理后又就同一争议向我国法院提起诉讼，或者对方当事人就同一争议向我国法院提起诉讼的，外国法院是否已经受理案件或者作出判决，不影响我国法院行使管辖权，但是否受理，由我国法院根据案件具体情况决定。外国法院判决已经被我国法院承认和执行的，人民法院不应受理。我国缔结或者参加的国际条约另有规定的，按规定办理。"

从以上文件可以看出，随着审判经验的积累，我国关于平行诉讼的认识已较为充分。如从仅规定一事互诉的单一平行诉讼形态，到明确规定平行诉讼的两种形态，即重复诉讼和一事互诉；从我国法院无论是否受理案件在先都可行使管辖权，过渡到认为需要考虑案件的具体情况来确定我国法院是否行使管辖权；从不方便法院原则的阙如，到明确规定不方便法院原则的六大审查要件；等等。

然而，我国关于平行诉讼的法律规定还停留于原则性层面，缺乏可操作性，且相关制度构建还存有缺失与不完善。在审判实践中，较普遍的情况是基层从事涉外审判的法官几乎没有案件管辖国际协调和礼让观念，反映到审判实务中，就是不少法官还奉行"内国法院判决优先"，不问缘由、不分情况地拒绝承认外国司法管辖的合理性，其结果是容易遭到外国否定我国法院管辖权的报复，我国法院的判决也较难为外国法院承认与执行。

当然，在海事平行诉讼方面，我国海事法院从建院之初就审理涉外案件，相关的理论储备较为丰富，因而相对来说在国际协调和礼让方面做得比较好。如广州海事法院对于不涉及中国籍当事人、争议发生的主要事实不在我国境内且不适用我国法律、我国法院在审理案件时存在重大困难的案件不予管辖，引导当事人选择更合适便利的替代性法院管辖。早在 2010 年，在金运船舶香港有限公司诉 JFE 商事株式会社一案中，案件主要事实发生在韩国境内，且涉案船舶在韩国被扣押，相关诉讼已在韩国法院进行，若广州海事法院受理该案，则对当事人和法院而言均不便利，最后该法院根据不方便法院原则对其不予管辖。

（二）海事平行诉讼的制度构建

1. 海事法院诉讼管辖与英国伦敦仲裁的国际协调。2011 年英格兰及威尔士高等法院王座法庭审理的"尼亚加拉海运公司诉天津钢铁集团"一案，英国王座法庭依尼亚加拉海运公司的申请，根据其判例法向该案被告即天津钢铁集团发出禁诉令，同时又根据衡平法向行使保险代位求偿权的天津钢铁集团的保险人发出禁诉令，禁止在中国法院的诉讼。① 该案涉及租船合同中约定的伦敦仲裁条款是否约束行使代位求偿权的保险人。中国法院的观点是，租船合同中的仲裁条款仅在租船合同当事人之间有效，除非保险人明确认可，否则不能约束行使代位求偿权的保险人。但英国法院为保护其海事仲裁的国际领先地位，通常将该仲裁条款的效力扩展至合同外的第三人，并以此发出禁诉令，阻止保险人在中国提起代位求偿诉讼。

对此，我国应加强与英国法院的国际协调，使其放弃将仲裁条款效力扩大化的做法，保护我国保险人的利益。同时，可以考虑建立我国的禁诉令制度，对英国的禁诉令进行反制，如发布法院命令，要求尼亚加拉海运公司向英国法院申请撤销禁诉令，拒不履行该法院命令的，应对其处以罚款甚至对其主要负责人科以刑罚。

另外，租船合同约定伦敦仲裁的条款是否有效，也是当事人经常争议的问题。一方当事人依仲裁条款在伦敦申请仲裁，而另一方当事人在中国海事法院提起诉讼，即形成广义上的海事平行诉讼。类似情形在欧盟范围内基于条约的规定，采取先诉优先原则，英国法院对此会予以充分尊重。中国与英国之间不存在类似的条约规定，而按《民事诉讼法解释》第五百三十一条之规定，中国海事法院可以依法受理案件，并对仲裁条款的效力进行审查，仲裁条款有效的，驳回起诉；仲裁条款无效的，则依法进行审判，且对伦敦的仲裁裁决不予承认和执行。

2. 海事审判引入承认预期原则。在海事审判领域中，应引进承认预期原则。如果一个不涉及我国专属管辖的海事案件已在外国法院审理，该外国法院给予中国当事人以合理的通知并获得平等参加诉讼的机会，两国之间有相互承认与执行判决的条约或司法互惠的意向，② 只要该外国法院在合理的期限内即可作出一项在我国得到承认与执行的判决时，我国海事法院就可以中止或驳回对相同案件的审理。

更进一步的做法可以是，借鉴大陆法系国家先受诉法院原则，将《中华人民共和国民事诉讼法》第三十六条规定稍加改造，适用于涉外海事案件。即除我国法律规定的专属管辖和当事人约定我国法院排他性管辖的案件以外，对两个以上国家的法院都有管辖权的海事案件，原告向两个国家的法院起诉

---

① 参见张丽英、尚迪《从"尼亚加拉海运公司诉天津钢铁集团"案析英国禁诉令》，载《世界海运》2012 年第 3 期，第 49－52 页。

② 参见张勇健《在全国涉外商事海事审判庭长座谈会上的讲话（节选）》，见钟健平主编《中国海事审判·2015》，广东人民出版社 2017 年版，第 13－14 页。

的，由最先立案的国家的法院管辖。实行这一做法时，应辅之以承认预期原则的一些审查手段，如最先立案的国家的法院能给当事人特别是被告以合理的通知，并获得平等参加诉讼的机会；我国与该国之间有相互承认与执行判决的条约或司法互惠的意向；等等。

3. 完善不方便法院原则的审查机制。涉外海事案件同时符合下列情形的，海事法院可以裁定驳回原告的起诉，告知其向更方便的外国法院提起诉讼：（1）被告提出案件应由更方便外国法院管辖的请求，或者提出管辖异议；（2）当事人之间不存在选择我国法院管辖的协议，且案件不属于我国法院专属管辖；（3）案件不涉及我国国家机构、公民、法人或者其他组织的利益；（4）案件争议的主要事实不是发生在我国境内，且案件不适用我国法律，海事法院审理案件在认定事实和适用法律方面存在重大困难；（5）外国法院对案件享有管辖权，且审理该案件更加方便。

论粤港澳大湾区民商事案件管辖权冲突的弥合进路*

王玉飞 徐春龙 舒 坚

摘要：《粤港澳大湾区发展规划纲要》发布实施后，粤港澳大湾区内人员和生产要素流动性将不断加强，随之而产生的民商事纠纷可能越来越多。粤、港、澳三地实行两种社会制度、属于三个不同法域，在民商事案件管辖权方面存在着天然冲突。虽然此种冲突经由内地与香港、澳门以民商事判决认可和执行安排的"间接模式"部分得以缓解，但内地与香港和澳门之间并没有关于民商事管辖权的直接安排，我国亦无统一冲突法，三地在民商事案件中的司法管辖冲突仍客观实存。当前宜借该规划纲要发布实施的有利背景，充分利用"一国"的特殊优势，进一步加强粤港澳司法交流与协作，考虑通过直接安排模式确定处理管辖权冲突的基本规则。待时机成熟时，再考虑制定统一的区际冲突法弥合冲突。在具体操作层面，宜充分发挥广东省的主体地位，由广东省与香港和澳门直接对接共商，着力在三方之间构建尊重专属管辖和协议管辖、限制特别管辖，并行采用先受理法院管辖为主、不方便法院管辖为辅的管辖权冲突解决机制，为粤港澳大湾区以至内地和香港、澳门的民商事管辖冲突提供有益探索，并为统一区际冲突法的制定积累经验。

关键词：粤港澳大湾区；管辖权；冲突；直接安排；区际冲突法。

前 言

粤港澳大湾区 11 城分属三个不同法域，基于不同社会制度、法律制度、历史背景等诸多因素，在民商事案件的管辖权方面存在天然冲突。而民商事案件管辖权直接影响到个案的法律适用以及裁判的认可和执行，对大湾区经济要素和经济利益的分配具有重要意义。如何尽量弥合粤、港、澳三地民商事案件司法管辖权冲突，推动实现《粤港澳大湾区发展规划纲要》（以下简称《规划纲要》）要求的"加强粤港澳司法交流与协作，推动建立共商、共

---

* 本文获评中国国际私法学会区际冲突法专题研究委员会主办的粤港澳大湾区建设中的区际法律冲突研讨会论文一等奖、最高人民法院"一带一路"司法研究中心"服务和保障'一带一路'建设"征文活动二等奖，原载于《法治论坛》2019 年第 2 期。

建、共享的多元化纠纷解决机制,为粤港澳大湾区建设提供优质、高效、便捷的司法服务和保障,着力打造法治化营商环境"目标,实有探讨之必要。当下应着眼于粤、港、澳三地在民商事司法管辖权层面的实存冲突,充分借鉴区际(国际)民商事管辖权冲突诸模式的合理化要素,立足于《规划纲要》背景下粤、港、澳三地的实际,围绕民商事管辖权所涉的专属管辖、协议管辖等制度构建合理的民商事管辖权协调机制,尽量弥合粤、港、澳三地的民商事管辖权冲突。

一、客观现实:"间接安排"模式无法消解冲突

我国实行"一国两制",粤港澳大湾区内广东省9城之间适用的法律为内地相关法律,而香港和澳门在回归祖国后,实施特殊的社会、政治、经济、法律制度。诉诸民商事管辖制度,广东省关于民商事管辖权主要规定于《中华人民共和国民事诉讼法》(以下简称《民事诉讼法》)、《中华人民共和国海事特别诉讼程序法》(以下简称《海诉法》)等内地法律或司法解释;香港民商事管辖权的规定主要由香港《高等法院规则》和司法判例予以规范,基本保持了原有的管辖权制度①,根据有效控制原则确立不同的管辖权规则②。澳门在法律制度上与葡萄牙法律一脉相承,其规范民事管辖权的规定主要见于1999年颁布并生效的《澳门民事诉讼法典》。

粤、港、澳三地分处三个不同法域,民商事管辖权规范背后的基本理念、价值取向、架构设计、文化基础③均有所差异。内地与香港和澳门通过协商安排的方式予以部分解决。④ 但前述安排直接规范对象为判决的认可和执行,

---

① 参见张淑钿《中国内地与香港区际民商事案件管辖权冲突问题研究》,华东政法学院博士学位论文,2007年,第31页。

② 参见黄进主编《中国的区际法律问题研究》,法律出版社2001年版,第71页。

③ 参见陈弘毅《回归后香港与内地法制的互动:回归与前瞻》,见香港法律教育信托基金编《中国内地、香港法律制度研究与比较》,北京大学出版社2000年版,第28页。

④ 《最高人民法院关于内地与澳门特别行政区相互认可和执行民商事判决的安排》(以下简称《内地与澳门判决安排》)于2006年4月1日起生效;《最高人民法院关于内地与香港特别行政区法院相互认可和执行当事人协议管辖的民商事案件判决的安排》(以下简称《内地与香港协议管辖判决安排》)于2008年8月1日起生效;《最高人民法院关于内地与香港特别行政区法院相互认可和执行民商事案件判决的安排》(以下简称《内地与香港判决安排》)于2019年1月18日签署,但根据该安排第二十九条的规定,该安排因需在最高人民法院发布司法解释和香港特别行政区完成有关内部程序后,由双方公布生效日期,自2024年1月29日起施行。而《内地与香港协议管辖判决安排》只有在《内地与香港判决安排》生效后方才被废止,在《内地与香港判决安排》生效前该安排仍然有效施行。《最高人民法院关于内地与香港特别行政区法院相互认可和执行婚姻家庭民事案件判决的安排》于2017年6月20日签署,根据该安排第二十二条的规定,自2022年2月15日起施行。但该安排并不涉及内地与香港在婚姻家庭方面的管辖权冲突问题,在本文中对该安排不进行重点论述。

而非民商事案件管辖权,故可定性为"间接安排模式"。该模式体现了内地与港澳弥合管辖权冲突的努力。一是尊重专属管辖权。《内地与澳门判决安排》第十一条第一项以及《内地与香港判决安排》第十一条都体现了尊重专属管辖权的原则。二是尊重协议管辖权。《内地与香港判决安排》第十一条第五项规定,合同纠纷或者其他财产权益纠纷的当事人以书面形式约定由原审法院地管辖,但各方当事人住所地均在被请求方境内的,原审法院地应系合同履行地、合同签订地、标的物所在地等与争议有实际联系地之时,如不存在安排第十二项规定的情形,该判决应予认可和执行。三是部分限制平行诉讼原则。《内地与澳门判决安排》第十一条第二项以及《内地与香港判决安排》第十二条第一款第四项都规定了限制平行诉讼。① 间接安排模式虽有助于部分缓解粤、港、澳三地民商事管辖权冲突,但由于前述安排仅是"间接安排模式"而非"直接安排模式",三地管辖权冲突仍客观存在,主要表现在如下三个方面。

(一) 专属管辖权冲突

根据《民事诉讼法》第三十四条、第二百六十六条以及《海诉法》第七条等规定,内地对不动产、港口作业、继承,以及在我国境内履行的中外合资经营企业合同、中外合作经营企业合同、中外合作勘探开发自然资源合同、因船舶排放、泄漏、倾倒油类或者其他有害物质等纠纷实行专属管辖。

澳门专属管辖规定于《澳门民事诉讼法典》第二十条。下列两类案件为专属管辖:(1) 与在澳门之不动产物权有关之诉讼;(2) 旨在宣告住所在澳门之法人破产或无偿还能力之诉讼。

香港承袭英国法,并没有专门规定专属管辖权。② 香港地域管辖权、特别管辖权和协议管辖权都没有法定的排他性效力,香港法院可以自由裁量决定是否行使管辖权或者根据不方便法院机制拒绝行使管辖权。③ 而内地和澳门的专属管辖权的效力体现为排他性。当内地和澳门法院主张专属管辖权

---

① 《内地与香港判决安排》第二十二条、第二十三条就限制平行诉讼以及特定条件下可以提起平行诉讼也作出了规定。

② 我国学者一般认为香港法院的专属管辖权限制为不动产专属管辖权,即香港法院对香港境内的不动产享有专属管辖权。实际上,即使是对于香港境内的不动产纠纷,香港法院也是将其归入裁量管辖权中,并没有确定为专属管辖权。转引自张淑钿《中国内地与香港区际民商事案件管辖权冲突问题研究》,华东政法学院博士学位论文,2007年,第33页。

③ 参见张淑钿《中国内地与香港区际民商事案件管辖权冲突问题研究》,华东政法学院博士学位论文,2007年,第41页。

的排他效力时，由于此种排他性效力不为香港立法所认可，香港法院仍可以继续行使地域管辖权、裁量管辖权和协议管辖权，由此引发管辖权冲突。在 Yu Lap Man v. Good First Investment Ltd. 案①中，当事人双方买卖位于内地的不动产，在合同中双方约定由内地法院管辖。就此纠纷，根据内地民事诉讼法的规定应该由内地法院专属管辖，排除其他法院行使管辖权，也排除协议管辖权。但在香港，香港允许双方当事人约定选择管辖法院，香港法院认为内地法院对本案管辖权并不是排他性的，香港法院可以行使地域管辖权，由此造成了内地专属管辖权与香港地域管辖权的冲突。

（二）协议管辖（含应诉管辖）权冲突

内地关于明示协议管辖的规定见于《民事诉讼法》第三十五条，根据该条规定，只有合同或者其他财产权益纠纷的当事人可以书面协议选择被告住所地等与争议有实际联系的地点的人民法院管辖，且不得违反级别管辖和专属管辖的规定。关于默示协议管辖也即应诉管辖的规定见于《民事诉讼法》第一百三十条第二款。该款规定，当事人未提出管辖异议，并应诉答辩的，视为受诉人民法院有管辖权，但违反级别管辖和专属管辖规定的除外。

香港对于协议管辖的范围规定较为宽泛，只要存在着合同关系就可以约定选择管辖法院，基本没有限制适用范围。② 同时，香港的协议管辖并没有内地民事诉讼法关于实际联系原则的明确限制。《内地与香港判决安排》第十一条第一款规定的协议管辖实际联系原则，也仅限于案涉所有当事人住所地均位于被请求方境内之时，如果案涉当事人住所地有一方不在被请求方境内的，依据对该条款的解读，香港的协议管辖仍可不受实际联系原则的限制。另外，在协议管辖法院是否具有排他性管辖权的认知上，香港与内地认知也不一致。香港法院的应诉管辖权建立在文书送达的基础上。根据《高等法院规则》第12号命令第8条第（7）款规定："被告人对令状所作的送达认收，除非认收根据第21号命令第1条规则籍法院许可而撤回，否则须视作被告人在法律程序中愿受法院的司法管辖权管辖，……如果当事人既提出异议又应诉答辩的，香港法院视为当事人服从法院的管辖从而行使应诉管辖权。"香港法院的此种做法承袭了英国法院。英国法院虽然名义上强调"有约必守"，但该原则一般只适用协议管辖法院为英国法院。如果协议管辖法院并非英国

---

① See Yu Lap Man v. Good First Investment Ltd., CACV 000115/1998.
② 参见张淑钿《中国内地与香港区际民商事案件管辖权冲突问题研究》，华东政法学院博士学位论文，2007年，第42页。

法院,则英国法院会以本国强制性规定否定协议管辖条款效力。在具体操作中,会通过发布禁诉令的方式限制当事人到域外提起诉讼或应诉。①

《澳门民事诉讼法典》第二十九条第三款和第四款规定了协议管辖以及协议的形式。根据前述条款规定,同时符合:涉及可处分权利之争议、被指定之法院所在地之法律容许该指定、该指定符合双方当事人之重大利益,或符合一方当事人之重大利益,且不会对另一方引致严重不便、有关事宜不属澳门法院专属管辖、协议以书面作出或确认,且在协议中明确指出何地之法院具管辖权。

粤、港、澳三地对于协议管辖的冲突表现为:第一,适用条件存在差异。(1)内地法律将协议管辖排除有关身份、能力、家庭关系方面纠纷事项,而香港和澳门则无此限制;(2)内地要求协议管辖法院需以实际联系为限制条件,而香港仅在特定情形下作出限制,澳门并无此限制。第二,协议管辖权效力存在认知差异。(1)管辖协议性质认定不同引发管辖权冲突,主要是管辖权条款是排他性还是非排他性问题。(2)排他性管辖协议效力不同引发管辖权冲突。内地和澳门法院尊重当事人的选择。香港法院一般会尊重当事人的选择。但是,当事人之间订立的外国管辖权条款对香港法院无约束力,香港法院的管辖权不必然被当事人之间的协议所排除。(3)非排他性管辖协议效力不同引发管辖权冲突,主要是当事人能否向约定外法院提起诉讼。

在应诉管辖层面。内地认为协议管辖权优于应诉管辖权,香港则认为应诉管辖权可以改变协议管辖权。基于对应诉管辖的不同认识,曾引发真实的管辖权冲突。例如,中国工商银行深圳分行诉新国际(集团)有限公司贷款纠纷案②。对该案而言,如果内地法院根据当事人的约定行使协议管辖权,则此时将引起两地管辖权的冲突。基于内地与香港、澳门在协议管辖权的适用条件和效力方面的客观实存差异,在司法实践中引发了许多管辖权冲突的

---

① 参见曾二秀《中英选择管辖协议效力及执行比较研究》,载《中国海商法年刊》2018年第4期,第25页。新近案例可参见 Samengo-Turner v. J & H Marsh & McLennan,[2017] EWCA Civ 723; PETER v. EMC,[2015] EWHC 1498 (QB);[2015] EWCA Civ. 828.

② See The Industrial & Commercial Bank of China, Shenzhen Branch v. New International (Groups) Limited, HCA018944/1998. 该案中当事人在贷款合同第8条明确约定深圳市法院对本案有排他性管辖权,但原告向香港法院起诉,被告在上诉中根据管辖协议对香港法院的管辖权提出异议。香港法院驳回了被告的请求。理由之一是在初审判决中被告已经承认了送达并且进行了实体答辩,被告也提供了证据并且对案件结果提出上诉。被告启动了所有的法律步骤而且没有对管辖权异议提出保留。基于此,香港法院认为被告是服从香港法院管辖的。

个案。①

(三) 特别管辖权冲突

内地特别管辖权主要规定在《民事诉讼法》《海诉法》和《中华人民共和国企业破产法》（以下简称《破产法》）中。根据《民事诉讼法》《海诉法》以及《破产法》等规定，② 对于涉及合同、保险、票据、运输合同、侵权、公司纠纷、对在内地没有住所的被告提起诉讼的财产权益纠纷、交通事故、海损事故、海难救助、共同海损、海船租用合同、海上保赔合同、海船的船员劳务合同、设立海事赔偿责任限制基金后的确权诉讼以及破产案件等，一般都规定了特别的复数管辖权或者集中管辖权。

香港的特别管辖权又称裁量管辖权，主要见于《高等法院规则》第11号命令。该命令规定了12种类型的案件在满足"案件具有可诉性"条件时，③ 即使该被告在香港不能被有效送达，也可通过域外送达的方式实现管辖。比如涉及合同纠纷时，如果合同的订立地在香港；或者合同明示或默示地接受香港法律管辖，其中默示推断的标准是香港法律是否是交易关系最密切和最真实联系的法律④；或者合同条款选择香港法院管辖；或者合同的违约事实发生在香港，香港法院均可享有管辖权；或者涉及侵权纠纷，侵权行为发生地或者侵权结果发生地在香港境内，香港法院均可行使管辖权。

澳门的特别管辖权主要规定于《澳门民事诉讼法典》第十六条。根据该条规定，涉及债务履行、享益债权、勒迁之诉、优先权、消除抵押、共同海损、船舶碰撞、船舶救助等纠纷，只要满足特定条件，澳门皆可行使管辖权。

粤、港、澳三地在特别管辖权上均采用了复数管辖根据的立法形式，将会造成管辖权冲突。设若一起融资租赁合同纠纷，被告住所地在内地，合同签订地在香港，设定抵押权的租赁物在澳门，则三地均可享有特别管辖权。而内地、香港、澳门相互之间的管辖权冲突则更易发生。例如，在东鹏贸易公司诉东亚银行信用证纠纷案⑤中，内地法院以代表机构所在地为依据行使特别管辖权，香港法院以合同订立地为依据行使裁量管辖权。

---

① 案例可参见 Yu Lap Man v. Good First Investment Ltd., CACV000115/1998、(1999) 经终字第137号、(2000) 经终字第177号等。还可参见杨弘磊《涉港民事诉讼协议管辖条款效力判定中方便与非方便法院规则的运用》，载《法律适用》2004年第9期，第3—4页。

② 相关法条可见：《民事诉讼法》第二十三条至第三十三条、第二百六十五条，《海诉法》第六条、第一百零九条、第一百一十六条，《破产法》第二十一条。

③ 香港《高等法院规则》第11号命令第4 (1) 条。

④ Continental Mark Ltd. v. Verkehrs-Club De Schweiz, CACV003628/2001.

⑤ (1995) 粤法经二监字第3号。

综上所述，由于粤港澳大湾区内存在三个不同法域，三地的管辖权冲突虽经"间接安排模式"予以缓解，但存在积极冲突（主要表现为平行诉讼①）和消极冲突（主要表现为两地法院或三地法院根据各自的管辖规则对某一纠纷均享有管辖权）。若此类冲突多发，则既与粤港澳大湾区强调合作、共建的宗旨相悖，也会在司法实践中增加当事人诉讼成本支出，浪费三地司法资源，影响粤港澳大湾区法治营商环境。

二、进路选择：直接安排与区际冲突法渐次推进

（一）州际冲突的弥合——三大湾区情况

粤港澳大湾区区际管辖权冲突与旧金山湾区、纽约湾区以及东京湾区均有不同之处。三个国外湾区各自内部均属于同一社会制度、同一法律体系，适用的法律基本相同。虽然美国存在联邦与州际的法律冲突问题，但是旧金山湾区各城均属单一州政府辖区，只涉及州政府法律与地方政府法律之争，属于同一区域内事务，实际冲突较少。纽约湾区虽涉及美国不同州之间的州际法律冲突，但由于纽约湾区实行相同的社会制度、法律制度，各州之间的法律价值冲突不大，加之美国鼓励各州之间通过州际协定等方式加强州际合作，而州际协定同时具有州法和合同性质，其效力优先于成员州之前颁布的法规，甚至优先于之后新制度的法规。② 目前，纽约湾区已形成较为系统化的法律体系，涵盖制定程序、协定效力、争端解决等方方面面。因此，纽约湾区的州际冲突实例亦不多见。③ 而日本政府通过颁布《港湾法》《首都圈整备法》，加强东京湾区的法治建设，而《中部圈开发整备法》和《近畿圈整备法》又赋予了大都市区政府特殊行政权力，④ 东京湾区的区域合作治理也均在法制轨道之内。

（二）区际、国际冲突的弥合模式

1. 区际冲突等同于国际冲突。美国和英国把具有独特法律制度的地区视为冲突法意义上的"国家"，因而对区际冲突法和国际私法不加区分，统统叫作冲突法，既用于解决一国之内各个法域之间的区际法律冲突，也用于解

---

① 案例可见何小沛诉粤升财务有限公司案。2001年3月在广东省中山市中级人民法院受理此案审理期间，2001年9月香港法院也受理此案。

② 参见何渊《区域协调发展背景下行政协议的法律效力》，载《上海行政学院学报》2010年第4期。

③ 参见滕宏庆、张亮《粤港澳大湾区的法治环境研究》，华南理工大学出版社2018年版，第138页。

④ 参见刘燕玲《京津冀协同发展中政府间合作问题的法律分析》，见周佑勇主编《区域政府合作的法治原理与机制》，法律出版社2016年版，第118页。

决主权国家之间的国际法律冲突。① 美国《冲突法第二次重述》第 10 条对州际和国际私法就没有明确的区分。在司法实践中,通过不方便法院机制、未决诉讼原则、禁制令、承认预期理论和区际案件移送制度等解决区际管辖权和法律适用冲突问题。英国将解决国际民商事管辖权冲突的国际条约(转化为国内立法从而一并解决区际管辖权的冲突。通过共同参加的国际条约如 1968 年《布鲁塞尔公约》及其议定书)在国内三法域之间分配管辖权;通过国内统一立法——1982 年《民事管辖权和判决法》新附件 4——协调三法域管辖权冲突。②

2. 类推适用国际私法。由于历史原因和民族、宗教等各种因素,西班牙一直存在着多个法域,其 1974 年民法典第 16 条规定,适用解决国际法律冲突的法律规则解决区际法律冲突。当然,对区际冲突中的个别特殊问题需要作出另外规定。③ 意大利、希腊、前捷克也曾采取过该做法。④

3. 制定统一实体法。瑞士用联邦统一立法的形式逐步解决区际法律冲突,并用区际冲突法解决国际法律冲突问题。后来瑞士民法统一,其区际法律冲突问题基本消除,1989 年起适用的瑞士联邦国际私法主要用来解决国际法律冲突问题⑤。

4. 国际冲突的公约模式包括《欧盟理事会民商事件管辖权及判决的承认和执行条例》(以下简称《布鲁塞尔条例》)和《民商事管辖权和外国判决的承认与执行公约》(以下简称《海牙公约草案》),下面分别予以介绍。

第一,《布鲁塞尔条例》。欧盟理事会于 2002 年 12 月 22 通过了《布鲁塞尔条例》,作为调整欧盟内部各成员国之间管辖权和判决承认与执行的主要规则。该条例取代了 1968 年《布鲁塞尔公约》及 1988 年《卢加诺公约》,但在调整范围上与《布鲁塞尔公约》一致,内容上也基本相似。《布鲁塞尔条例》采用正、反两方面统一欧盟各成员的直接管辖权,分设管辖权的白色

---

① 参见[英]里斯《戴西和莫里斯论冲突法》,李双元等译,中国大百科全书出版社 1998 年版,第 2 页;黄进《中国的区际法律问题研究》,法律出版社 2003 年版,第 37 页;肖永平《内地与香港的法律冲突与协调》,人民出版社 2001 年版,第 40 页。

② 参见张淑钿《中国内地与香港区际民商事案件管辖权冲突问题研究》,华东政法学院博士学位论文,2007 年,第 90-92 页。

③ 参见郭玉军、徐锦堂《中国区际法律冲突解决路径探析(下)》,载《时代法学》2008 年第 2 期,第 9 页。

④ 参见刘贵祥《前海民商事案件选择适用法律问题研究》,载《法律适用》2016 年第 4 期,第 5 页。

⑤ 参见赵相林《中国国际私法立法问题研究》,中国政法大学出版社 2002 年版,第 580 页。

清单和黑色清单。白色清单上为各成员国可行使的直接管辖权，包括专属管辖权①和协议管辖权②等。黑色清单为禁止各成员国行使的管辖权③。条例确定的管辖权采用复数管辖，为解决管辖权冲突问题，条例还规定了管辖权审查机制④、先受理法院机制⑤。但是，《布鲁塞尔条例》没有规定先受诉法院能否自动地采取某些措施以阻止其他国家法院对案件的审理，也没有规定先受理法院能否采取其他措施拒绝行使管辖权。实践中，这引发了诸如 Turner v. Grovit 案⑥的争议。另外，《布鲁塞尔条例》没有采纳不方便法院机制。实践中发生了后受理法院由于对先受理法院机制适用范围的不同理解，没有放弃案件的管辖权的情况⑦。

第二，《海牙公约草案》。1999年，海牙国际私法会议首次拟制了《海牙公约草案》。但因各国在公约内容上存在较大分歧，虽经海牙国际私法会议拟制了2001年草案，仍未得以通过。海牙国际私法会议退而求其次，于2005年制定了《选择法院协议公约》，先对各国分歧较小的协议管辖权作出规定，其他管辖权问题和判决承认、执行问题留待继续讨论。2013年初，海牙国际私法会议决定重议2001年草案，于2015年2月和2016年6月推出两个新版本草案。但2015年和2016年的《海牙公约草案》均将重点放在外国判决的承认与执行方面，几乎没有涉及管辖权问题。⑧

在管辖权设置层面，1999年和2001年的《海牙公约草案》都采用了管辖权确定的"双重模式"，既对管辖权以专章作出规定，又在判断是否承认和执行外国判决时间接涉及管辖权。此外，两个草案在设置直接管辖权时都

① 见《布鲁塞尔条例》第22条。
② 见《布鲁塞尔条例》第23条。
③ 见《布鲁塞尔条例》附件一。
④ 见《布鲁塞尔条例》第25～26条。
⑤ 见《布鲁塞尔条例》第27～30条。
⑥ Turner v. Grovit, [1993] 3 W. L. R. 794. 该案中，原告先在英国起诉，被告随后在西班牙起诉。此时如果按照所确立的先受理法院机制，应该由英国法院行使管辖权。但是受理案件的英国法院没有适用先受理法院机制，而是发布了禁制令禁止在西班牙的诉讼。理由是被告在西班牙起诉的目的只是为了阻碍原告继续在英国的诉讼，这是滥用诉讼程序。
⑦ 比如欧洲银行案，参见 Continental Bank NA. v. Akakos Compania SA and others, [1994] 1 Lloyd's Rep. 505. See Peter E. Herzog, "Brussels and Lugano, Should You Race to the Courthouse or Race for a Judgment?" *The American Journal of Comparative Law*, 1995, Vol. 43, p. 380. 转引自张淑钿《中国内地与香港区际民商事案件管辖权冲突问题研究》，华东政法学院博士学位论文，2007年，第100页。
⑧ 参见沈涓《再论海牙〈民商事管辖权和外国判决的承认与执行公约〉草案及中国的考量》，载《国际法研究》2016年第6期，第83页。

采用了"混合制",既设置了一国可以行使管辖权的"白色清单"①,又设置了一国不能行使管辖权的"黑色清单"②,还设置了一国可依内国法决定是否行使管辖权的"灰色区域"③。但2015年和2016年的《海牙公约草案》则改变了这一做法,仅在判决承认和执行部分对管辖权有极少的涉及。④

就具体管辖权冲突机制而言,1999年和2001年《海牙公约草案》主要的特点有三个:(1)受预期理论制约的先受理法院机制。1999年公约草案第21条规定,在发生管辖权冲突时,只要"先受理法院有管辖权且预期其将作出能够按照本公约在后受理法院得到承认和执行的判决,后受理法院应中止诉讼,先受理法院享有管辖权"。(2)不方便法院机制。对其适用限定了严格的条件,将法院的自由裁量权限制在极小范围里。⑤(3)专属管辖和协议管辖优于先受理法院机制。同时,基于禁诉令可能造成对他国司法主权的干涉,公约草案没有采用禁诉令作为管辖权冲突的解决机制。

(三) 粤港澳大湾区的模式选择

只有植根于我国的特定国情,才能更好地解决粤港澳大湾区以至内地与香港和澳门之间的民商事管辖权冲突问题。"一国两制"下粤港澳大湾区内的民商事管辖权冲突虽然是一个主权国家内部的区际法律冲突,但涉及两种不同社会制度、三个不同法域,而且粤、港、澳三地在法治的基本理念、价值取向、文化基础以及实体法和程序法层面都有较大的差距。因此,在目前之情形下,试图制定统一的区际冲突法或者实体法并不符合现实国情。根据以往的成功经验,宜采取渐进式解决进路。当下应利用《规划纲要》实施的有利契机,进一步完善"把涉港澳台民商事务视为涉外事务,按照专门法规和区际协议予以处理,如无专门法规和区际协议则参照适用涉外法规"的以往良好做法。但必须看到,香港和澳门特别行政区的高度自治权是国家根据历史与现实赋予的特殊待遇。在行政上,中央政府与香港和澳门特别行政区政府的关系仍是中央与地方的关系,这与联邦国家内联邦和成员国的关系不同,这也决定了我国的区际法律冲突有别于国际私法冲突,类推和参照适用国际私法规则解决区际法律冲突应当是过渡的、短暂的阶段。待时机成熟时,

---

① 见1999年、2001年《海牙公约草案》第3~16条。
② 见1999年、2001年《海牙公约草案》第18条。
③ 见1999年、2001年《海牙公约草案》第17条。
④ 参见沈涓《再论海牙〈民商事管辖权和外国判决的承认与执行公约〉草案及中国的考量》,载《国际法研究》2016年第6期,第89页。
⑤ See Peter F. Schlosser, "Lectures on Civil Law Litigation Systems and American Cooperation with Those Systems," *University of Kansas Law Review*, 1996, Vol. 45, p. 11.

可在平等协商的基础上制定统一适用于粤、港、澳三地的区际冲突法典来协调解决彼此之间的区际法律冲突①。虽然无论英美模式、西班牙模式、瑞士模式、示范法模式还是公约模式均无法完全契合我国特殊国情，但在渐进式弥合管辖权冲突层面，诸种模式仍存在可借鉴之处。

三、规则构建：专属管辖优先、协议管辖次之，并行先受理法院与不方便法院机制

（一）专属管辖优先，细化专属管辖权案件范围

有观点认为，应当将内地、香港和澳门的专属管辖权限缩为两类：（1）不动产物权诉讼，包括在中国内地履行的中外合作勘探开发自然资源合同发生的不动产纠纷；（2）因法人或者非法人组织的有效成立、撤销或者歇业清理，以及有关股东会、董事会决议的有效性发生纠纷提起的诉讼。② 笔者认为，过度限缩专属管辖权范围，不利于维护司法权。为保持管辖权冲突安排模式与涉及判决认可和执行安排关于尊重专属管辖权的一致性，专属管辖的案件范围仍可保持不变。但是，对于适用专属管辖的案件，比如不动产物权纠纷、港口作业纠纷等，粤、港、澳三地可先考虑通过合作协议的方式进一步细化，以减少在具体理解与适用时发生冲突。

（二）协议管辖权优先，统一协议管辖协议认定标准

一是明确协议管辖优先于普通管辖、特别管辖（裁量管辖），但不得违反专属管辖。二是明确审查管辖协议适用的法律。管辖协议效力应依据法院地法进行审查，主要理据是管辖争议属于程序问题，应适用法院地法律，不应适用当事人协议选择的准据法。③ 而在审查标准上，粤、港、澳三地可通过直接安排方式尽量细化统一的审查标准。三是明确排他性协议管辖的效力。内地与澳门的做法与大陆法系基本相似，即如果协议管辖已经约定了法院，但既未明确为"排他性管辖"也未载明为"非排他性管辖"，则此时可视为"排他性管辖"，即被选择法院应取得了排他性管辖权，除非该排他性管辖权

---

① 参见刘贵祥《前海民商事案件选择适用法律问题研究》，载《法律适用》2016年第4期，第5页；参见谢石松《港、澳、珠三角地区的区际法律冲突及其协调》，载《西南政法大学学报》2005年第5期，第20页。

② 参见张淑钿《中国内地与香港区际民商事案件管辖权冲突问题研究》，华东政法学院博士学位论文，2007年，第158页。

③ 案例可参见玛尔斯合作有限公司、阿德尔伯特·F. 雅默瑞与海尔集团电器产业有限公司债务及保证纠纷案——（2009）民申字第1095号，上海衍六国际货物运输代理有限公司与长荣海运股份有限公司海上货物运输合同纠纷案——（2011）民提字第301号，徐志明与张义华股权转让合同纠纷案——（2015）民申字第471号。

违反专属管辖的规定。而香港则认为协议管辖的性质是一项自由裁量的事项,与当事人是否在案件中采用"排他性"词语没有任何关系。① 因此,有必要明确管辖协议未明确载明"非排他性"的理解与适用标准。四是明确约定管辖法院无须客观实际联系。考虑到粤、港、澳三地的司法互信以及后续的合作共赢,协议管辖涉及粤、港、澳三地的法院时,原则上无须以客观实际联系为要求,但如果出现双方当事人均位于粤、港、澳其中一地,而约定对另外一地去诉讼之时,则可参照《内地与香港判决安排》第十一条第一款第五项的精神,确定实际联系原则。五是明确管辖协议选择的法院无须明确特定法院。案件应该由粤、港、澳三地的哪一级别或类型法院来审理,属于管辖权的内部分配问题,协议选择法院无须确定到具体法院。在(2015)民申字第471号徐志明与张义华股权转让合同纠纷管辖权异议案中,最高人民法院明确指出:"……双方当事人没有具体约定纠纷由蒙古国哪一个法院管辖,当事人可以根据蒙古国法律的规定向该国某一具体法院起诉,同样具有确定性。徐志明以协议选择的法院不唯一为由主张该管辖条款无效,缺乏事实和法律依据。"

(三)适用先受理法院规则

一是明确先受理法院规则不得违反专属管辖、协议管辖,仅适用于普通管辖以及特别(裁量)管辖。二是引入承认预期理论,尝试适用先受理法院规则。虽然《最高人民法院关于适用〈中华人民共和国民事诉讼法〉的解释》(以下简称《民诉法解释》)第五百三十一条规定除双方共同缔结或者参加的国际条约另有规定的,允许平行诉讼之存在。我国与保加利亚、希腊、意大利等国的司法协助条约也规定:在我国和对方缔约国之间相互申请承认和执行对方法院的裁决时,如果被请求的缔约一方的法院对于相同当事人之间就同一标的和同一事实的案件已经先于提出请求的缔约方法院受理并正在审理之中,则被请求国可以拒绝承认和执行对方的请求。② 香港和澳门仅是"参照"涉外,内地与香港和澳门属同一主权国家,且已存在关于判决的认可和执行安排。因此,在此情形下,不但对于粤、港、澳三地可以认可和执行的判决项下的纠纷管辖可适用先受理法院规则,即使对于香港执行安排未

---

① 案例可参见 The Industrial & Commercial Bank of China, Shenzhen Branch v. New International (Groups) Limited, HCA018944/1998。美国的案例可参见 2012 年 Boland v. George S. May Intern. 案,该案中,选择条款约定为"管辖权授予伊利诺伊州",马萨诸塞州法院认为该条款只是"允许而非要求诉讼在伊利诺伊州法院进行"。

② 参见司法部司法协助局编《中外司法协助条约规则概览》,法律出版社1998年版,第193页。

涉及的协议管辖外的相关纠纷的诉讼也可通过安排模式引入《海牙公约草案》确定的承认预期理论机制，即对于所有纳入安排调整的案件均引入先受理法院机制。三是明确相同当事人就同一诉因在粤、港、澳三地中的两地或三地同时提起诉讼时，由先受理的法院行使管辖权；后受理法院应该依职权中止诉讼，直到先受理法院的管辖权已经确立。如果先受理法院确立了管辖权，则后受理法院应放弃管辖权；如果先受理法院不行使对案件的管辖权或者先受理法院的判决得不到后受理法院的承认和执行的，则后受理法院应恢复对案件的审理。① 四是明确法院的受理条件。下列情形，可认定为某法院已经受理：（1）对于内地和澳门法院，以起诉状或者其他同等文书呈送（含邮寄等）到法院之时；（2）对于香港法院，在文书送达给被告时或者文书呈送给负责送达的机构时。

（四）引入不方便法院规则

不方便法院规则作为先受理法院规则的例外，用于解决除专属管辖权和排他性协议管辖权之外的其他管辖权冲突。内地最先适用不方便法院的案件应为1993年的东鹏贸易公司诉东亚银行信用证纠纷一案，② 2015年《民诉法解释》第五百三十条明确规定了不方便法院规则适用的6个条件，该规定与国际通行做法基本保持一致，在涉及粤、港、澳三地不方便法院规则时，笔者建议注意把握以下五点：一是不方便法院以受诉法院享有合法的管辖权为前提，在适用该规则之时，应首先确定受诉法院是否享有合法管辖权。二是受诉法院是专属管辖法院或排他性协议法院的，不能以不方便法院为由，拒绝审理案件。三是被告如已应诉并在法定期间内未提出异议且参加案件实质问题诉讼的，如果再次提出申请，则受诉法院享有不予审查被告申请的权利，但亦可根据实际情况决定是否继续审理案件。四是在未决诉讼中如果先受理法院属于不方便法院，而后受理法院显然更适于解决争议的，则不适用先受理法院机制，而适用不方便法院机制。五是受诉法院审理案件"存在重大困难"而其他有管辖权法院审理案件"更加方便"的考量因素：（1）原告起诉的理由；（2）被告应诉是否方便；（3）案件争议行为或交易的发生地位于何处；（4）证人、证据所在地以及获取相关证据的程序、时间和费用；（5）可否完成对所有当事人的送达；（6）受诉法院是否熟悉或者是否能够及时查明应适用的准据法；（7）判决被承认或执行的可能性；（8）公共政策；（9）判

---

① 参见张淑钿《中国内地与香港区际民商事案件管辖权冲突问题研究》，华东政法学院博士学位论文，2007年，第197页。

② （1995）粤法经二监字第3号。

决可否执行；（10）语言交流是否方便；等等。①

（五）充分发挥历史与现实优势，赋权广东省先行先试

涉粤港澳大湾区的司法事务涉及国家事权，中央在此方面权力相对集中，粤港澳大湾区在司法合作领域面临着地方的司法事权与中央的司法合作审批权之间高度分离、个案协商方式受限、跨境交流不对等一系列程序性难题，不利于发挥广东省在实践和理论上的优势。② 随着粤港澳大湾区建设的不断深入，粤、港、澳三地互涉案件量逐年增多，基于广东省与香港和澳门的历史及现实关系，建议中央先行赋权广东省，在中央的统一指导下，成立粤港澳大湾区司法合作联席会议。该司法合作联席会议成员应包括法官以及立法和司法行政人员，并可单独成立法官专门委员会。该委员会主要职能应以粤、港、澳三地共同营造大湾区良好法治环境为目的，研讨内容可包括对内地与香港和澳门相关安排的执行情况及其他合作事项的反馈与交流、彼此关涉的个案或类案所涉及司法管辖权以及法律适用的理解、民商事以及刑事管辖权冲突规则的确定与统一理解，甚至还可以探讨在商事案件审判中由粤、港、

---

① 关于《民诉法解释》第五百三十条第六项的"更加方便"司法实践中有不同理解。天卓国际发展有限公司诉盈发创建有限公司借款合同纠纷案〔一审：（2015）一中民五初字第112号，二审：（2016）津高民终45号〕一审法院认为，借款行为的实施地亦在中国香港特别行政区，香港特别行政区法院审理该案件更加方便。据此，裁定驳回原告起诉。而二审法院认为，从该案的证据的取得、证人出庭作证、准据法的查明及审理中使用的语言等方面考量，该案的情形尚不足以构成内地法院重大、明显的不方便管辖因素，案件在认定事实和适用法律方面并不存在重大困难。在中国信托商业银行股份有限公司诉刘念汉、陈滢妃保证合同纠纷案〔一审：（2016）粤0391民初852号，二审：（2017）粤03民辖终86号〕中，虽然该案存在主要争议事实发生在香港特别行政区、双方约定争议解决适用香港特别行政区法律等香港法院便于审理案件的条件。但深圳两级法院认为，从诉讼动机与目的来看，原告选择深圳市法院起诉，核心因素是被告可执行唯一标的物在深圳。因此，法院在适用不方便法院原则时，特别顾及了原告就实体问题的决定获得承认与执行的可能性，除非被告证实其在该替代法院或在该法院决定可以得到执行的另一国家或地区有足够的财产。但本案中被告仅提出在台湾地区涉讼，并未提出令人信服的证据，证明原告恶意选择管辖法院、滥用诉讼权利，也未证明其在本案被查封的财产之外有可供执行的其他财产，或证实若原告选择香港特别行政区法院管辖，其胜诉判决同样可以予以执行。因此，基于一审法院如适用不方便法院规则，则该案原告对被告进行的财产保全便失去了法律依据而被解除，将对原告利益有损。且因涉案合同约定的是香港特别行政区法院"非专属管辖"，不符合香港执行安排的条件，即使原告在香港胜诉，其判决亦不能在内地得到认可和执行。故综合利益衡量，深圳两级法院驳回了被告在该案中提出的深圳法院为不方便法院的管辖权异议。从该两起案件中，亦可看出，在以判决为实质导向的情形下，如果安排模式不能很好解决管辖权冲突与判决认可和执行的问题，粤港澳大湾区内三法域法律冲突仍将频繁发生。

② 民盟广东省委提案：《关于促进粤港澳大湾区司法合作平台建设的提案（第20180051号）》，见广东省政协网页（http://www.gdszx.gov.cn/zxhy/qthy/2018/wyta/201801/t20180122_475577.htm），访问日期：2019年2月10日。

澳三地联合组成合议庭等创新性事宜①。该联席会议或专门委员会采取定期（如每季度或者每半年）与不定期并行，以利增进彼此了解，求取最大公约数。联席会议达成的成果可以备忘录或合作协议方式呈现。经内地与香港和澳门的相关法律程序先期转化为适用于粤港澳大湾区的共同特别规则，并可在实践良好的基础上，转化为内地与香港、澳门之间的直接安排，形成粤、港、澳三地民商事管辖权规范共商、共建、共治的良好局面。待时机成熟时，前述阶段性成果以及共同规则可以转化为统一区际冲突法。

结　语

"一国两制三法域"的特殊国情使粤港澳大湾区民商事管辖权冲突与当今世界其他三大湾区以及欧盟诸国的管辖权冲突相比，更加复杂。由于粤、港、澳三地法治理念、价值取向、法律制度等存在较大差异，短期内制定统一区际冲突法或实体法的条件尚不具备。当下可借助《规划纲要》发布实施之机，赋权广东省，不断拓展合作协商平台，建立相应的推进协调机制，尝试构建"专属管辖优先、协议管辖次之，并行先受理法院与不方便法院机制的民商事管辖权直接安排"模式，尽量弥合粤、港、澳三地管辖权冲突，减少粤港澳大湾区司法资源的浪费、避免产生相互冲突的司法裁判、共同维护粤、港、澳三地司法的公信力、促进粤港澳大湾区法治软环境整体提升，并为制定统一区际冲突法积累经验，为国际社会处理同一主权国家不同法域的法律冲突和多种社会制度共同繁荣发展提供中国解决方案，贡献中国智慧。

---

① 如迪拜国际金融中心法院和新加坡国际商事法庭均通过修法引入了外籍法官。

· 第七编 ·

船舶扣押

船舶活扣押的若干理论与实务问题研究

倪学伟

摘要：船舶活扣押有严格活扣押和宽松活扣押两种形式，是中国独创的司法扣押船舶模式，体现了"效率优先，兼顾公平"的市场法则和"放水养鱼"的中国传统思维方式，可以实现船舶使用价值的最大化，有效避免错误扣船可能的赔偿责任。然而，活扣押期间船舶可能附上优先债权，也可能船舶被非法转让、抵押，从而影响海事请求人权利的实现，即保全效果有时可能不如死扣押。在宽松活扣押的船舶之上能否进行死扣押，以及在死扣押的船舶之上能否进行宽松活扣押，这是困扰海事司法多年的难题，也滋生了海事法院之间的诸多矛盾，采用船舶轮候扣押制度，即可有效化解有关的难题与矛盾。在扣船实务中，海事法院并未认真执行严格活扣押期限"一般"为一个航次的规定，使该活扣押成了事实上的无限期扣押。本文建议将两种活扣押的期限均修改为三个月，期限届满未行续扣的，宽松活扣押效力自动终止，严格活扣押则当然回复到死扣押状态。目前，活扣押的对象仅限航行于国内航线的中国籍船舶，但基于商船登记制度已臻完善，其对象可扩展到航行港、澳航线及国际航线的中国籍船舶，以提高保全效率、节省保全费用。

关键词：船舶活扣押；船舶死扣押；严格活扣押；宽松活扣押。

一、船舶活扣押概述

船舶活扣押有严格活扣押和宽松活扣押两种形式：前者指海事法院将船舶死扣押后，根据海事请求人的申请，采取限制船舶处分、抵押等方式允许该船舶继续营运；后者是指海事法院扣押船舶的所有权证书，并通知海事部门或渔监不予办理该船舶的买卖、赠与等所有权转移手续，以及不予办理在该船舶上设立抵押权或其他限制船舶所有权的权利的手续，而允许所有权人继续对该船舶占有、使用、经营、管理、收益的一种海事请求保全措施。

船舶活扣押的规定最早见于《最高人民法院关于适用〈中华人民共和国民事诉讼法〉若干问题的意见》（以下简称《民事诉讼法意见》），其第101条"人民法院对不动产和特定的动产（如车辆、船舶等）进行财产保全，可

---

* 本文原载于《广东法学》2010年第3期。

以采用扣押有关财产权证照并通知有关产权部门不予办理该项财产的转移手续的财产保全措施;必要时,也可以查封或扣押该项财产"之规定,即是船舶的宽松活扣押。此乃我国船舶活扣押的法律渊源①,但其并非专门针对船舶,海事法院在活扣押船舶的裁定书中很少引用。《中华人民共和国海事诉讼特别程序法》(以下简称《海事诉讼特别程序法》)第二十七条及相应的司法解释对船舶严格活扣押作了详细规定,是海事法院进行严格活扣押的直接法律依据与具体操作规程,其重要性不言而喻。

船舶活扣押是我国法院,特别是海事法院在审判实践中摸索出来的一种新型扣船模式,是司法实务行之有效的做法被条文化、规范化即上升为法律的结果。国外并未见到类似的扣船方式,② 1999 年《国际扣船公约》亦没有类似的规定,可以说,有关现行法律关于活扣押的规定都是中国独创③。但无论如何,在我国法律上并没有"活扣押"这一名词,船舶活扣押是现实生活中对这种船舶扣押方式约定俗成的形象说法。其相对的船舶扣押方式是"死扣押",即"经法院命令,为保全海事请求而对船舶做出的任何滞留或对其离开做出的任何限制"④。

(一) 船舶活扣押与死扣押的区别

船舶活扣押和死扣押都是对船舶进行的保全措施,均属于船舶扣押的范畴,具有船舶扣押的一般特征。但两者又有明显的区别,明确这种区别即可以探明船舶活扣押的法律属性。两者的区别主要有以下四个。

1. 是否允许船舶离开扣押地点的要求不同。活扣押是对船舶进行的形式上的扣押,不限制船舶离开扣押地点,甚至有时根本就没有船舶扣押地点,船舶在活扣押期间仍然可以自由航行。死扣押是对船舶的实质性扣押,不允许船舶离开扣押地点(为了船舶安全,经法院允许的移泊除外),否则可能

---

① 法律渊源有广义和狭义之分,本文在狭义上使用"法律渊源"一词,即指法律法规第一次出现的地方。

② 在英国法上,船东为了避免船舶被扣押,可以在海事登记官处预先登记一个通知或警告,请求不将诉物令状送达船舶,而自己保证接受令状的送达,并在收到开始诉讼通知之日起 3 日内提供某数额的保释金或将其存入法院。这种做法与船舶活扣押有相似之处,但究其本质,仍有诸多区别。

③ 我国台湾地区所谓的"强制执行法"第一百一十四条第一款规定:"船舶于查封后,应取去证明船舶国籍之文书,使其停泊于指定之处所,并通知航政主管机关。但经债权人同意,执行法院得因当事人或利害关系人之声请,准许其航行。"该但书的规定,在台湾地区称为"带封航行",与大陆地区所称"船舶活扣押"相同。海峡两岸同属一个中国,因而断言船舶活扣押是中国的独创,并无不妥。

④ 见 1999 年《国际扣船公约》第 1 条第 2 款。

因为妨害民事诉讼而受到法院的罚款、拘留，构成犯罪的，甚至要承担刑事责任。

2. 是否允许继续对船舶使用、经营、管理、收益的规定不同。活扣押不限制船舶所有权人对船舶的正当使用、经营、管理和收益，而且在一定意义上讲，活扣押设立的初衷之一就是要让船舶在继续使用、经营的过程中创造价值以清偿债务，因而船舶被活扣押后，可以说，船舶所有权人有义务将船舶投入营运以创造价值。死扣押后，船舶的安全责任仍由船舶所有权人负责，因而船东在扣押地点对船舶的占有和管理是允许甚至是应该的；但船舶不得离开扣押地点的规定使得船舶所有权人对船舶的使用、经营和收益受到重大限制，即除装、卸货物外不得对船舶使用、经营和收益。

3. 保全的效果不同。活扣押因允许船舶所有人继续使用船舶，海事法院、海事或渔事行政管理部门以及海事请求人都不能直接控制船舶，因而其保全的效果相对较差，但由于有营运收入可资偿债，因此对债权人的债权还是有所保障的。死扣押是对船舶本身进行法律上和事实上的控制，保全的效果好，海事请求人的债权有较大保障，有时还会使案件较快得到解决，但对债务人而言，死扣押可能使其从此一蹶不振，甚至破产而彻底退出航运市场。

4. 是否可以直接拍卖的要求不同。海事法院并不控制活扣押下的船舶，当需要司法拍卖时，必须将活扣押的船舶转为死扣押，由海事法院实际控制船舶后，才有条件进行有关拍卖的司法程序。死扣押下的船舶因已被法院实际掌控，故需要拍卖时，直接予以拍卖即可。

（二）船舶严格活扣押与宽松活扣押之比较

《海事诉讼特别程序法》第二十七条及其司法解释所规定的是船舶的严格活扣押，①《民事诉讼法意见》第101条规定的是船舶的宽松活扣押。我们将两者统称为活扣押，在司法实务中往往未作进一步的区分，这是因为海事法院采取该海事保全强制措施时，都不限制船舶的航行与营运，都不排除船舶所有权人对船舶的实际控制，而采取强制措施的海事法院都没有实际控制船舶，都允许船东继续对船舶使用、经营、管理与收益。

然而，细究起来，法律关于两者的规定，实际上有着诸多区别，这些区别主要体现在以下四点。

---

① 《海事诉讼特别程序法》第二十七条规定："海事法院裁定对船舶实施保全后，经海事请求人同意，可以采取限制船舶处分或者抵押等方式允许该船舶继续营运。"其司法解释第二十九条规定："海事法院根据海事诉讼特别程序法第二十七条的规定准许已经实施保全的船舶继续营运的，一般仅限于航行于国内航线上的船舶完成本航次。"

1. 是否以死扣押船舶为前提条件的规定不同。船舶的严格活扣押是以死扣押为前提条件，即海事法院将船舶死扣押后，经海事请求人同意，采取限制船舶处分、限制抵押等方式允许该船舶继续营运。宽松活扣押则不必事先死扣押船舶，而仅扣押船舶的产权证照、通知海事或渔事行政管理部门不予办理船舶所有权的转移或限制手续即可。

2. 船舶扣押期限的规定不同。严格活扣押，扣押的期限"一般仅限于航行于国内航线上的船舶完成本航次"，即以一个航次为限。而船舶的宽松活扣押，在2005年1月1日起施行的《最高人民法院关于人民法院民事执行中查封、扣押、冻结财产的规定》出台之前，是没有期限规定的，从理论上讲可以无限期扣押，直至案件终结；该规定出台后，宽松活扣押船舶的期限为一年。

3. 是否扣押船舶产权证照的规定不同。严格的活扣押，法律未要求扣押船舶的产权证照，而只需在海事或渔事行政管理部门办理有关限制船舶处分的措施即可。宽松的活扣押，扣押船舶产权证照即船舶所有权证书乃必经程序，未经该程序的，难以认定对船舶成功活扣押。

4. 两者的性质不同。严格的活扣押，实质上是死扣押船舶的另一种形式的继续，死扣押的效力并未因允许船舶继续营运而丧失，在完成"本航次"后，即应当然地回复到死扣押的状态。宽松活扣押，则是对船舶所有权变更等的限制，除了扣押船舶证书外，对船舶并不进行扣押，《民事诉讼法意见》第101条后半部分关于"必要时，也可以查封或扣押该项财产"的规定，也说明对船舶并未扣押。但无论如何，宽松的活扣押仍然是海事法院进行财产保全的强制措施，是国家司法权行使的结果，因而其法律效力与财产保全的其他强制措施相同。

二、船舶活扣押的优越性与局限性分析

（一）船舶活扣押的优越性

船舶活扣押的立法，是在不违背公正与公平原则的基础上，更多地考虑了市场经济条件下的效率与效益原则的结果。"效率优先，兼顾公平"是市场经济的一条重要法则，在海事请求保全的程序立法中，也须尽可能地体现效率优先原则。船舶活扣押作为一种法律上的和形式上的扣押，并不影响船舶的正常航运及经营，船舶可以充分发挥其使用价值以便继续创造利润，以其所得用于偿还欠债，利于纠纷的友好解决。可见，船舶活扣押既达到了海事请求保全的目的，又保证了船舶在扣押过程中使用价值的实现，较好地体现了"效率优先，兼顾公平"的原则。事实上，有一些船舶是不适合死扣押的,如客运班轮、渡轮等具有公益性质的运输船舶,当死扣押后不能及时找到替代船舶时,会影响社会公众的交通便利,甚至构成社会的不稳定因素。活扣押则可以很好地解决这一问题。

对于被扣押船舶的所有权人而言,活扣押这一司法措施既是一种压力,也是一种挑战和动力。法院对宽松的活扣押船舶仅作出扣押裁定,不制作扣押船舶命令,扣押裁定向船舶所有人和船舶行政管理部门送达,在船上不张贴扣押裁定及扣押船舶命令,因而活扣押不会对船舶营运合同的相对人造成心理上的不良影响,可以继续进行正常的营运活动。如果船舶所有权人对活扣押有正确的认识,在船舶经营管理上处理得当,主动地把扣押作为一个契机,以背水一战和壮士断腕的勇气在航运市场上奋力打拼,则可能因"祸"得福,变被动为主动,既偿还了海事请求人的债务,解决了纠纷,又从此步入良性经营的轨道。另外,活扣押对船舶所有权人的一个最直接的、看得见的好处是,活扣押不限制船舶的航行自由,可以避免死扣押产生的船舶看管费、停泊费、维持费和船期损失。"船舶停航,费用不停"的特点,决定了船舶停航后仍然会不断地产生费用,死扣押船舶必然发生这些费用,而活扣押避免了这些费用的支出,意味着避免了船舶所有权人的资产因扣押而出现负增长,保护了船舶所有权人的责任财产,从而为其日后清偿债务又提供了一个较为有力的财力支持。可以说,船舶活扣押制度的创设,直接体现了"放水养鱼"的思想路径,是中国传统思维方式在法律上的又一次展示。

对海事请求人来讲,以国家强制力为后盾的活扣押行为,为其债权的兑现提供了相当的保障。以活扣押后船舶继续营运所得清偿其债权,不影响双方当事人间的和气,为双方以后的工商活动创造了良好气氛,而船舶不被死扣押和强制拍卖本身又为双方继续民商事交往提供了物质基础。另外,海事请求人申请扣押船舶,负有依法正确扣船的义务,如果错误扣船并给对方造成损害的,应承担损害赔偿责任;而申请扣船之时,当事人间的债权债务关系可能处于不明朗或不确定的状态,因而错误扣船的概率在客观上是存在的。在船舶活扣押中,因为并不现实地扣押船舶,即使扣船错误,一般来说也不会给对方造成损害,所以活扣押船舶对申请人来讲可以有效避免错误扣船的赔偿责任。

(二)船舶活扣押的局限性

活扣押的船舶在营运过程中可能发生海难事故致使船舶灭失,如果该船舶未保险,则可能使活扣押完全失去意义。即使船舶已保险,如果不是专门针对活扣押而提供的海事诉讼担保意义上的保险,那么,在船舶灭失后的保险赔款是否当然地转化为活扣押的扣押对象，在目前的法律制度下是不确定的。假设在该船舶上已先存在抵押权，由于抵押权法定的追及性和物上代位性，该保险赔款应由抵押权人享受继受权，船舶活扣押的申请人即不能优先地和直接地享受到保险赔款。当然，如果船舶保险是专门针对活扣押的，即保险是以海事诉讼担保的一种方式设立，① 则活扣押的效力及于船舶灭失后的保险赔款。在死扣押时，船舶停泊在码头或锚地，在做好防火灾、防台风工作的前提下，一般说来，不存在船舶灭失风险，船舶仅产生停泊费、船员工资等维持性费用，申请人的权利有极大的保障。

活扣押的船舶在营运过程中，可能因为经营不善而拖欠船长和船员的工资、其他劳动报酬、社会保险费用，也可能在营运中发生人身伤亡的赔偿债务，还可能因种种原因而拖欠船舶吨税、引航费、港务费和其他港口规费，因发生海难救助而产生救助费债务，因船舶营运侵权而产生财产赔偿债务，等等。按照《中华人民共和国海商法》（以下简称《海商法》）的规定，这些债务的债权人都享有船舶优先权，可以对产生这些债权的活扣押的船舶行使优先受偿的权利。这就意味着被活扣押的船舶在营运过程中可能不断地减损船舶价值，或者说不断地增加了船舶所有权人的负资产，显然，这可能直接影响到海事请求人债权的实现程度，甚至于不能实现其债权。在死扣押的情况下，船舶的安全责任仍在船东一方，因而也会产生船员工资、港口规费等属于优先权性质的费用，但死扣押的时间通常较短，且通常不会有海难救助费、营运侵权赔偿费等不可预见的新债权产生，即在死扣押期间，船舶不会新增加更多的债务负担，对海事请求人的权利保障较大。

我国对商船的登记制度已臻于完善，而对渔船的登记则存在诸多漏洞，这些漏洞可能成为限制船舶活扣押发挥优越性的一时难以逾越的制度性屏障。渔船的价值低且所有权变动较为频繁，因其流动性大而又不易于被主管机关掌握和控制，加之渔民的法律素质普遍较差，对船舶登记重要性的认识较为不足，特别是部分渔船登记部门存在内部管理不规范的现象，从而为渔船登记疏忽错漏、弄虚作假提供了机会。我们知道，船舶活扣押的重要特点在于扣押期间船舶所有权人对船舶的充分有效控制以及船舶仍可以自由航行和营运，该特点在客观上要求必须有良好的船舶登记制度予以保障以及船舶所有权人自觉守法的意识和行为，否则，船舶活扣押将受到严重干扰甚至不能够

---

① 参见倪学伟《论海事担保》，见《海商法研究》总第8辑，法律出版社2003年版，第123－124页。

实现活扣押的目的。渔船登记制度的现实状况以及渔民的法律素养恰恰不能满足活扣押的上述要求,有的渔民有意或无意地隐瞒船舶已被活扣押的事实,违法地将已扣押的船舶抵押或转让,① 并利用渔船登记制度的漏洞办理了这种抵押或转让的登记。虽然该登记在法律上应判定为无效,但无疑这已经形成了人为的障碍,将使海事请求人无法顺利实现活扣押的目的。更有甚者,有少数渔民干脆将渔船开往他处隐藏起来进行违法捕捞,使活扣押的目的从根本上落空。

三、船舶活扣押在司法实务中的常见问题与对策

(一) 活扣押船舶裁定书引用法律存在极度混乱的现象

《海事诉讼特别程序法》第二十七条规定:"海事法院裁定对船舶实施保全后,经海事请求人同意,可以采取限制船舶处分或者抵押等方式允许船舶继续营运。"这是法律关于船舶严格活扣押的条件规定和程序要求,其中关于裁定书的制作程序非常明确,即首先裁定对船舶扣押,之后再另外决定是否对船舶活扣押。《民事诉讼法意见》第101条关于船舶宽松活扣押的规定与此不同,并不要求首先扣押船舶,而是直接扣押船舶所有权证书,并通知有关海事或渔事行政管理部门不予办理该船舶的所有权转移、设立抵押权等手续。

在活扣押船舶的司法实务中,海事法院更多是对船舶宽松活扣押,但裁定书引用的法律却是严格活扣押的规定,即《海事诉讼特别程序法》第二十七条,罕有引用《民事诉讼法意见》第101条关于宽松活扣押的规定。扣船裁定书这种对法律条文的错误引用,可以说是所有裁判文书中错误率最高的,究其原因,在于绝大多数海事法官并未对船舶的严格活扣押与宽松活扣押予以区分,往往将两者混为一谈,从主观上并未认识到引用法律条文的错误。因此,亟须对区分活扣押两种不同的扣押形态达成普遍的共识,以解决活扣船舶裁定书中法条引用错误的问题。

海事法院对船舶的宽松活扣押,绝大多数并未严格按规定扣押船舶的所有权证书,而是采取了一种介于严格活扣押与宽松活扣押之间的第三种活扣

---

① 广州海事法院在执行(2004)广海法执字第210号案过程中,发现被执行人叶介鹏将诉讼中活扣押的"粤湛60028"渔船私自转卖他人。几经周折,执行法官在广东省廉江市营仔镇码头找到该渔船,船名已改为"粤廉21139",买主是营仔镇人黄廷莺,但未办理船舶过户登记,执行法官即对该船予以扣押,并责令黄廷莺看管船舶。其后,黄廷莺再将渔船转卖给海南省临高县的林吉德,亦未办理过户手续。执行法官两次赴广西北海港执行,尽管动用了当地的大量警力协助,但因渔民暴力阻拦而未果。2007年7月,终于在海南省临高县新盈港成功执行了该渔船。

押方式，即准许海事请求人的扣押船舶申请，对涉案船舶进行扣押，海事被请求人不得转让、买卖、赠与船舶或者在船舶上设立抵押权或其他限制船舶所有权的其他权利，但允许船舶继续营运。这一做法没有法律规定，但在实践中却方便法院司法，且行之有效。笔者认为值得将其上升为法律或司法解释，以增强其合法性并增加法律的先进性。

（二）船舶活扣押的期限

根据《海事诉讼特别程序法》第二十八条的规定，船舶死扣押的期限为三十天，提起诉讼后，则扣押船舶不受该期限的限制。那么，活扣押船舶是否有期限呢？《最高人民法院关于适用〈中华人民共和国海事诉讼特别程序法〉若干问题的解释》第二十九条规定，海事法院对船舶的严格活扣押，"一般仅限于航行于国内航线上的船舶完成本航次"。通常认为，这就是法律关于船舶严格活扣押的期限规定，且没有提起诉讼后、严格活扣押不受一个航次期限限制的规定。换言之，不论是诉前还是诉讼中的严格活扣押，均为一个航次的期限。

法律有了关于严格活扣押期限的规定，海事法院毋庸置疑地应予严格执行。问题在于，该规定关于"一般"情况下的时间限定，弹性极大。司法实践中对船舶的严格活扣押本来就不多，而在这不多的案例中，几乎没有一宗严格活扣押船舶的案例是仅扣押一个航次的。我们也无法认定超过一个航次的严格活扣押违法，因为总是可以轻而易举地找到诸多理由说明本案不属于"一般"情况下的严格活扣押。

对于船舶的宽松活扣押，期限为一年。① 但因并未规定期限届满扣押自动失效，所以这种活扣押往往蜕变成了无限期的扣押，直至结案为止。事实上，结案时才终止其效力的宽松活扣押，至少在一种特定的情况下是合理的：案外人以自有的船舶为原告的财产保全申请提供反担保，或为被告提供担保，从而活扣押该船舶。笔者处理过的一宗类似案例是：原告因房屋租赁纠纷向地方法院起诉，并申请查封了被告的财产，案外人自愿以自有船舶为原告的财产保全申请提供反担保，地方法院就此委托海事法院活扣押该案外人的船舶。如果海事法院仅对该船舶活扣押一个航次或一年的时间，则显然不符合各方当事人的本意，尤其是有违被扣船舶所有权人的初衷。

---

① 2005年1月1日起施行的《最高人民法院关于人民法院民事执行中查封、扣押、冻结财产的规定》第二十九条规定："人民法院冻结被执行人的银行存款及其他资金的期限不得超过六个月，查封、扣押动产的期限不得超过一年，查封不动产、冻结其他财产权的期限不得超过二年。法律、司法解释另有规定的除外。"

（三）船舶活扣押与死扣押的相互转换

船舶活扣押与死扣押能否相互转换，是指在同一宗船舶保全案中，因时间的推延或其他情况发生变化，对船舶能否由活扣押转为死扣押，或由死扣押转为活扣押。船舶的严格活扣押，是死扣押船舶的另一种形式的继续，"一般"一个航次结束后即应自动回复到死扣押。因此，这里主要讨论船舶的宽松活扣押与死扣押的相互转换问题。

船舶活扣押与死扣押是两种不同的保全形式，具有不同的保全效果。但是，两者并非绝对地水火不容，在一定条件之下，它们是可以相互转换的。宽松活扣押船舶后，如果海事被请求人未在法律规定的活扣押期限内（比如三个月）提供担保，则应根据海事请求人的申请，将宽松活扣押转为死扣押；如果海事请求人未申请的，则该活扣押应自动失效。死扣押船舶后，因海事被请求人提供了部分担保或因其他原因，海事请求人向法院申请将死扣押船舶转为宽松活扣押，法院经审查符合条件的，可予同意，即解除对船舶的死扣押，对其活扣。如前所述，活扣押的时间越长，船舶灭失的风险越大，附上船舶优先权的可能性也会相应增加，即活扣押的局限性就越明显，其结果是既不利于其他海事请求人对船舶采取保全措施，也不利于对申请活扣船舶方权利的保护。因此，从一定意义上讲，船舶宽松活扣押与死扣押的相互转换，不仅是可以的，有时还应该是必须的，否则，长时间的宽松活扣押会使其局限性不断放大，不利于公平保护各方当事人之合法权益。

需要注意的是，活扣押与死扣押均为法院的保全措施，是国家强制力介入的结果，因而两者的相互转换，也必须取得法院的同意，即以国家强制力作为其相互转换的保障，而不得由双方当事人自行协商直接决定两者的转换。

（四）船舶宽松活扣押与轮候扣押

在宽松活扣押的船舶之上能否进行死扣押，以及，在死扣押的船舶上能否进行宽松活扣押？这是困扰海事司法多年的老大难问题，也是导致海事法院之间因采取司法扣押而矛盾滋生的一大顽疾。

譬如，甲海事法院将某船舶宽松活扣押，在未解除活扣押的情况下，乙海事法院将该船舶死扣押，并裁定拍卖船舶。因船舶登记部门屈服于法院的执法权威等原因，分别接受了甲、乙两家海事法院的协助扣船要求。法院之间的矛盾由此而生：甲海事法院认为其宽松活扣押船舶在先，船舶登记部门不能再接受乙海事法院的扣船要求，后者的扣船应裁定无效，更不得对船舶拍卖；而乙海事法院则认为，活扣押船舶的期限只有一个航次，期限届满则活扣裁定自动失效，即使该裁定继续有效，但活扣押的效力低于死扣押，故死扣押船舶裁定应优先执行。此类矛盾最终多以两家法院协商，且往往是甲海事法院的有关案件参与到乙海事法院的船舶拍卖债权登记程序中清偿而初步化解，但前者并非心悦诚服，有关的埋怨、抵触、不满等情绪并未烟消云散。长此以往，必然影响海事司法的统一和海事法院的公信力，司法权威必将受到不应有的贬损。

海事法院之间的上述矛盾是国家司法权冲突的结果，它向我们揭示了以下几个必须解决的司法问题：船舶被宽松活扣押后，是否不能在该扣押的基础上再行扣押？宽松活扣押在超过期限后是否当然失效？同样是法院的保全措施，宽松活扣押的效力是否低于死扣押？

《中华人民共和国民事诉讼法》（以下简称《民事诉讼法》）第一百零六条第二款规定："财产已被查封、冻结的，不得重复查封、冻结。"即在民事诉讼中，若申请查封已被法院查封的财产的，法院不予受理，但可以申请参与分配。这是船舶宽松活扣押后不得死扣押，或死扣押后不得宽松活扣押之法律依据。该条规定并非专门针对船舶扣押，但这是否意味着在船舶已被宽松活扣押的情况下，哪怕因为不同的海事请求也不得申请扣押已被扣的船舶？换言之，轮候扣船是否允许？对此，《海事诉讼特别程序法》和1999年《国际扣船公约》均未有明确的禁止性规定。

所谓轮候扣船，是指基于不同的海事请求，对同一船舶予以同一时间内两次以上的扣押。《最高人民法院关于人民法院民事执行中查封、扣押、冻结财产的规定》是民事执行、财产保全、先予执行方面的最新司法解释。该规定第二十八条"对已被人民法院查封、扣押、冻结的财产，其他人民法院可以进行轮候查封、扣押、冻结。查封、扣押、冻结解除的，登记在先的轮候查封、扣押、冻结即自动生效"，为轮候扣船提供了法律依据，从而终结了自海事法院成立以来对轮候扣船是否可行的争论，[①] 并将有效地化解海事法院之间的上述矛盾。

轮候扣船不同于再次扣船[②]，后者是指基于同一海事请求，因被请求人未提供充分担保等原因，对已解除扣押的船舶予以第二次扣押。两者的主要区别是：（1）是否基于同一海事请求的规定不同。轮候扣船是基于不同的海事请求申请扣押船舶，如基于船员工资的请求，基于货损的请求，基于船舶

---

① 轮候查封最早见于2004年2月10日最高人民法院等《关于依法规范人民法院执行和国土资源房地产管理部门协助执行若干问题的通知》第二十条的规定。由于该通知仅是针对土地、房屋查封的情况，因此不能将其认定为轮候扣船的法律渊源。

② 再次扣船，即指《海事诉讼特别程序法》第二十四条"但书"所规定的扣押船舶情况。

碰撞的赔偿请求等，常常表现为有不同的海事请求申请人；再次扣船是基于同一个海事请求而申请的扣船，申请人理应为同一个人。①（2）是否在同一时间内对船舶予以两次以上的扣押不同。轮候扣船是在第一次扣押未解除的情况下，对船舶再次进行扣押，即在同一个时间段内船舶同时负担了两次以上扣押，而不论该扣押是活扣押抑或死扣押；再次扣船是在第一次扣船已解除的情况下，进行的第二次扣押，在同一个时间段内，船舶只负担了一次扣押。（3）扣押的效力顺序不同。轮候扣船，顾名思义，是指排队等候扣押船舶，即在第一个扣押裁定解除后，第二个扣押裁定才生效，并非每个裁定送达即生效，也不是死扣押的效力覆盖了宽松活扣押的效力；再次扣船的效力，以法院裁定书送达为生效要件，不存在轮候生效之说。在司法实践中，可能存在轮候扣船与再次扣船竞合的情况，如船舶解除扣押后，因被请求人未提供充分的担保，申请人基于同一个海事请求申请扣押已被扣押过的船舶即再次扣船，但此时该船舶已因另外的海事请求被扣押，在该竞合之情形下，即应按照轮候扣船的规定处理。

在海事诉讼中，轮候扣船具有以下特别意义：（1）利于船舶优先权的适时行使。《海商法》第二十八条规定："船舶优先权应当通过法院扣押产生优先权的船舶行使。"即不通过法院扣押产生优先权的船舶者，不得或不能行使船舶优先权。若优先权人在申请法院扣押产生优先权的船舶时，该船已因其他海事请求被扣押，如果又按《民事诉讼法》的规定已查封的财产不得再次查封，前一个扣船的期限可能长达一年或更长的时间，而船舶优先权自产生之日起满一年（此乃除斥期间）不行使而消灭，则因为不能轮候扣船可能导致法定的船舶优先权无法实施。（2）利于海事被请求人及时提供担保使船舶尽早获释。轮候扣船后，海事被请求人就多个海事请求同时准备担保，如申请银行出具担保函或船东互保协会提供担保，担保人需一定时间审查，轮候扣船后同时准备多个担保，为尽快释放船舶赢得了时间；相反，如果不准轮候扣船，则只能一次扣船提供担保被释放后进行第二次扣船，再准备第二份担保，船舶被扣的时间相应延长，显然不利于保护海事被请求人的利益。（3）利于公平对待各类海事请求人的权利，否则，部分权利人的权利可能无法受到保护，法律的公平特性将受影响。有鉴于此，《海事诉讼特别程序法》及1999年《国际扣船公约》未明确禁止轮候扣船，对此应理解为准许轮候

---

① 在保险人代位求偿时申请再次扣船、权利受让人申请再次扣船的情况下，申请人虽发生了变更，但其权利依据是同一的，且其主体资格是代位的结果，因而符合再次扣船的主体条件。

扣船。

最高人民法院关于轮候扣押的新规定，解决了在宽松活扣押的船舶之上能否进行死扣押、在死扣押的船舶之上能否宽松活扣押这一困扰海事法院多年的问题，从而也明确了宽松活扣押与死扣押的效力关系，即两者并无效力上的强弱之分别，而是均为国家审判机关的司法行为，其法律效力相同。① 当宽松活扣押与死扣押发生冲突时，不是考察哪种扣押的效力更大，而应查询和发现哪种扣押在先：扣押在先的即时生效，扣押在后的轮候生效，即在前一个扣押解除后，轮候的扣押才自动发生法律效力。尽管宽松活扣押船舶的期限为一年，但目前的法律并没有关于一年之后、该活扣押效力自动终止的规定，因而只要采取保全措施的海事法院没有解除扣押，则该活扣押继续有效，轮候的死扣押不能覆盖宽松活扣押的效力，更不能对宽松活扣押取而代之。

在船舶扣押的司法实践中，需要对最高人民法院轮候扣押的新规定进行两方面的扩张解释：（1）新规定的轮候扣押仅限于不同法院之间，而在轮候扣船时，除不同海事法院之间的轮候扣船外，还应该允许同一个海事法院内部的轮候扣押，这对海事法院而言具有特别重要的意义，因为同一条船舶所涉及的若干宗案件极可能在同一个海事法院处理，而这些案件很可能都有扣船的需求。（2）新规定的轮候扣押只有在前一个扣押解除时，登记在先的扣押才自动生效，而在轮候扣船时，应规定扣押船舶的裁定书送达当事人时即对其生效，当事人即可凭该生效裁定书办理有关的担保事宜。但轮候扣船对第三人的效力，则须于前一扣押解除时生效，即才产生法院扣押对第三人的公示效力。

四、对船舶活扣押法律规定的修改建议

由于船舶活扣押是我国的独创，有关的法律规定难免不够周全甚至有错漏之处，因此对其研讨并提出修改建议就显得十分必要。

（一）应规定适当的船舶活扣押期限

司法解释关于严格活扣押期限"一般仅限于航行于国内航线上的船舶完

---

① 海事法院曾经对此有过一种混淆是非的不正确的认识，即1999年4月《全国海事法院执行工作研讨会纪要》第二条规定，在执行程序中出现下列情况之一的，均不被认为对船舶实施了扣押，不得对抗其他法院对该船的扣押：（1）为防止被执行人转移财产，只给船舶登记部门下达协助执行通知，冻结对该船办理转移、买卖、更名、抵押手续的；（2）未登轮送达扣押船舶命令的；（3）送达扣押船舶命令后，该船舶仍进行非扣押航次营运的（被扣押船舶逃跑的除外）。该纪要主要是"活扣押效力低于死扣押效力"错误认识的始作俑者。

成本航次"的规定，本意是尽量降低船舶活扣押的副作用，确保海事请求人的合法权益，同时也使海事法院免于因活扣押效果不理想而可能引发的海事请求人上访、缠讼。但立法本意的善良并不必然取得执法效果的满意。该活扣押期限的规定，不但使船舶活扣押的优越性无法充分体现甚至于无法体现，而且使海事请求人及海事法院失去了严格活扣押船舶的积极性，几乎没有哪一个理性的以追求经济利益最大化为目标的海事请求人为一个航次而大动干戈去申请活扣船的，也没有哪一家海事法院心甘情愿为一个航次而活扣押船舶。因而可以断言，如果这一规定严格执行的话，则无疑将扼杀船舶严格活扣押制度。

当然，这并不意味着活扣押船舶应该没有期限，恰恰相反，规定一个活扣押船舶的期限十分必要。《民事诉讼法》第一百零六条第二款规定："财产已被查封、冻结的，不得重复查封、冻结。"而在《最高人民法院关于人民法院民事执行中查封、扣押、冻结财产的规定》①生效实施前，我国扣押财产没有期限的规定，从理论上讲可以无限期地扣押下去。因此，实践中有当事人钻法律空子，无限期地活扣押船舶，同时被告又以"法律关于不得重复查封"的规定为盾牌，避免其他债权人申请扣押船舶。其结果是使活扣押制度沦落为保护不当利益者的工具，成为地方保护主义的帮凶，损害其他债权人的利益，从而背离了船舶活扣押制度的立法初衷。现行的严格活扣押期限"一般"为一个航次的规定，并未得到认真执行，造成了事实上的活扣押无期限的状况。这可能导致在该活扣押之后轮候的死扣押和拍卖船舶裁定迟迟不能生效的结果，使轮候扣船制度不能发挥积极作用，并可能再次引发海事法院之间的司法矛盾。

如果活扣押的期限过短，就会使活扣押的优越性无法充分显现甚至于无法显现，不利于在实践中较多采用活扣押方式扣船。如果活扣押期限过长，比如上述新司法解释关于扣押动产一年期限的规定，则可能加大扣船期间船舶灭失或附上船舶优先权的风险，不利于对海事请求人权利的保护。因此，船舶活扣押期限的规定，应在充分发挥活扣押优越性和尽力避免活扣押局限性之间找到一个平衡点，以便公平保护双方当事人的利益。基于此考虑，笔

---

① 该司法解释第二十九条规定："人民法院冻结被执行人的银行存款及其他资金的期限不得超过六个月，查封、扣押动产的期限不得超过一年，查封不动产、冻结其他财产权的期限不得超过二年。法律、司法解释另有规定的除外。申请执行人申请延长期限的，人民法院应当在查封、扣押、冻结期限届满前办理续行查封、扣押、冻结手续，续行期限不得超过前款规定期限的二分之一。"这意味着自2005年1月1日开始，扣押船舶也将有扣押期限的限制。

者主张,两种船舶活扣押的期限均修改为三个月比较适宜。

为了避免三个月期限到期后,海事法院急于办理解除宽松活扣押手续,可以借鉴司法冻结银行存款的做法,即到期前未续扣的,期限届满即宽松活扣押的效力自动终止。若无这一强制性规定,则活扣押期限将形同虚设,且难以顺利施行相关配套措施,如轮候扣押中的下一个扣押裁定不能及时生效,从而影响有关当事人之合法权益。当然,严格活扣押在三个月期限届满后,即自动回复到死扣押,不存在效力自然终止的问题。

(二) 应适当扩大两种活扣押船舶的范围

对外国船舶以及我国港、澳、台地区船舶,因海事法院无法限制船舶处分、限制设置船舶抵押权,而不能采用活扣方式扣押,这是没有疑问的。但对航行于港、澳航线及国际航线的中国籍船舶(不含港、澳、台地区船舶,下同)是否也不能活扣,法律对此没有明确;从活扣"一般仅限于航行于国内航线上的船舶完成本航次"的规定可推知,现行法律的活扣对象似不包括航行于港、澳航线及国际航线的中国籍船舶。

在船舶登记制度日益健全的情况下,船舶所有权的转让登记都以办理了所有权注销登记为前提,未经注销登记不得办理转让登记或所办理的转让登记无效,因而对航行于港、澳航线及国际航线的中国籍船舶进行活扣是可行的,活扣后的船舶不可能办理到注销登记,此举即阻断了不良船舶所有人在境外为船舶转让的可能,可见,对此类船舶活扣的安全性与对国内航线船舶活扣的安全性是相当的。因此,法律规定可以活扣的对象应予适度地扩张,对航行于港、澳航线及国际航线的中国籍船舶,经海事保全申请人的书面同意,可以活扣。如此扩张的一个好处是,当船舶在境外航行而需对其扣押时,即可以在国内对其活扣,而不必费尽周折到境外执行死扣或等待其回国以后再执行死扣,如此既可提高保全的效率,又可节省费用。

论错误扣船的形态、性质及其相关问题[*]

倪学伟

摘要：错误扣船是指违反法律规定扣船，有三大基本形态，即因主体错误、客体错误或其他形态错误而产生的错误扣船。基于请求人原因、法院原因而错误扣船的法律性质从根本上讲是不同的，但两者的损害赔偿范围并无原则性的区别。鉴于错误扣船的重大危害，我们应采取四方面的措施予以防范和补救。

关键词：错误扣船；民事侵权；国家侵权；法律责任。

船舶扣押作为海事审判中极富特色的重要保全措施，随着法院受案量的不断上升而使用增多；相应地，错误扣船的概率也与日俱增。错误扣船，是依法扣船的反动和异化，实践中，它给社会带来的不仅是财富的毁损灭失及当事人权益的损害，还会给司法机关带来无穷的缠讼与纠葛，甚至构成对司法权威的减损和挑战。因此，研究错误扣船，特别是研究如何避免错误扣船的问题，对司法机关正确实施扣船、依法保护当事人合法权益、确保海事司法公正无不具有重大意义。鉴于此，本文拟对错误扣船之基本形态、法律性质、法律责任及其防范、补救措施等诸问题作初步探讨，以求教法学及司法前辈和同仁，并期许能对海事司法有所裨益。

一、错误扣船之基本形态

错误扣船，是指海事请求人或法院违反法律规定申请、实施的扣船。其错误可分为主体错误、客体错误和其他形态的错误。

（一）主体错误

普通法院违法扣船造成的主体错误。船舶扣押法律关系即海事请求保全关系，系程序性民事关系而非实体性民事关系，其本质系民事诉讼法律关系中诉前或诉讼中的财产保全关系。民事诉讼法律关系，"是民事审判权与当事人的诉权相结合的产物。民事审判权只能由人民法院行使……所以民事诉讼法律关系主体一方只能是人民法院"[①]。因此，在船舶扣押法律关系中，其

---

[*] 本文原载于《中国海商法年刊》（2005）第16卷，大连海事大学出版社2006年版。
[①] 常怡主编：《民事诉讼法学》，中国政法大学出版社1996年版，第19页。

一方主体总是法院，而另一方主体则是海事请求人和被请求人。1999年《国际扣船公约》以国际法的形式确立了缔约国法院依职权实施扣押船舶的法律地位。① 在我国，由法院实施扣船殊无疑问。② 然而，基于我国成立了专司海事审判的专门法院——海事法院的客观现实，实施扣船属于海事法院专门职权抑或普通法院也可扣船，便成为我们必须首先考虑的重要问题。鉴于船舶具有价值高、流动性强、涉外性强、扣船安全风险大等种种特点，法律特别授权由海事法院专门管辖船舶扣押案件。根据《中华人民共和国海事诉讼特别程序法》（以下简称《海诉法》）和最高人民法院的规定，普通法院不能实施扣船，哪怕为执行其生效法律文书而需扣船，亦应委托海事法院执行。③ 也就是说，根据法律，普通法院不具有实施扣押船舶的职责，扣押船舶属海事法院的专门职权。法律这样规定，是符合我国改革开放这一国情，符合我国司法业务状况，符合公正与效率司法主题的。然而，现实情况却是：一些普通法院为争管辖权或出于地方保护主义的动因，竞相主动依"职权"或应请求人申请而执行扣船，使得错误扣船时有发生，④ 常常造成被扣船舶的巨大损失⑤。

海事请求人不适格造成的主体错误。有资格申请扣船的人，必须是与船舶有关的合法权利受到侵犯、需要法律保护的人，除此之外的其他任何人不得申请扣押船舶。在一个法治国家，合法权利受到侵犯，毫无疑问都应得到

---

① 1999年《国际扣船公约》第2条第1款规定："只有实施扣押的缔约国的法院依职权才能扣押船舶或释放被扣押的船舶。"见金正佳主编《中国海事审判年刊·1999》，人民交通出版社1999年版，第162页。

② 本文讨论的是船舶司法扣押问题。司法扣押只能由法院实施，纵然是准司法性质的海事仲裁需要扣押船舶，也必须向法院申请扣船，而不得由仲裁机构自行采取措施。至于海事行政管理部门如海事局、渔监等出于行政管理的目的而需要扣押船舶的，不属于司法扣押的范围，不是本文讨论的对象。

③ 见《海诉法》第十二条、第二十二条，《最高人民法院关于适用〈中华人民共和国海事诉讼特别程序法〉若干问题的解释》第十五条。

④ 据统计，2003年广州海事法院共受理普通法院委托拍卖船舶案件5宗。从移送的案件材料看，普通法院在委托拍卖船舶之前，均已裁定扣押船舶；有些普通法院甚至认为其已裁定扣押船舶，其仅需委托海事法院拍卖船舶即可。参见陈斌、黄青男《试析地方人民法院委托海事法院拍卖船舶存在的问题及对策》，载《法律适用》2005年第1期，第79页注释2。

⑤ 如广西某中级人民法院几年前扣押了两艘刚建造的价值300多万元的船舶于北海某码头，由于处理不及时、监管措施不得当，造成船舶严重损坏，使该船舶几近报废，至委托北海海事法院处理时，该两艘船舶的评估价仅为6万元。参见伍载阳、刘乔发《广西海事审判管辖秩序混乱的现象、危害、原因及对策调查研究》，载《海事司法论坛》2004年第2期，第99页。

法律的妥善救济，但要求通过扣船方式获得救济者应符合一定条件，即受侵犯的权利必须与船舶有关，否则只能通过其他途径寻求保护，而不能请求扣押船舶。《海诉法》第二十二条明确规定，非因海事请求不得申请扣押船舶，而该法第二十一条则列明了可以申请扣押船舶的22种海事请求。倘若任何一种权利被侵犯都可以请求扣押船舶，则可能严重影响船舶这一特殊运输、生产工具效用的充分发挥，与效率优先的功利法则相悖，因此，将申请扣船的主体严加限制显得十分必要。扣船申请人不适格，即在不具海事请求权而仅有其他请求权的情况下申请扣船，是司法实践中扣船错误的主要形态之一。如非船舶抵押担保的普通借贷关系债权人申请扣押船舶，其不能提供证据证实所借钱款用于船舶经营或修理，即使该申请人的债权合法有效，也极有可能构成错误扣船。

海事被请求人不适格造成的主体错误。这是与海事请求人不适格有联系但更有区别的一个问题。如前所述，在船舶扣押诉讼法律关系中，海事请求人与被请求人共同构成相对于法院而存在的一对矛盾统一体。根据法律，海事被请求人应该是对海事请求负有法律责任的人，通常是海事法律关系的债务人或义务人。船舶所有权发生转移或租赁关系产生变动，新的船舶所有权人、光船承租人、定期租船人、航次租船人等将可能对船舶转让及变动以前的债务不承担责任，故尽管是同一船舶，却基于情势变迁而存在不同的主体，此时不分青红皂白地扣船，便可能因海事被请求人不适格而导致扣船错误。

（二）客体错误

对当事船舶的错误扣押。《海诉法》借鉴了英美法系法律中对物诉讼[①]的优点，这集中表现在该法第二十五条的规定，即"海事请求人申请扣押当事船舶，不能立即查明被请求人名称的，不影响申请的提出"，但对物诉讼的其他优点则未见明确规定；相反，《海诉法》在某些方面更强调的是对人诉讼。所以，对当事船舶的扣押，在对物诉讼中也许是正确的[②]，而在对人诉讼中则可能又是错误的。如船舶引起非优先权的责任事故时其所有权归属甲

---

① 英美海事法把物（船舶）当作民事诉讼法律关系的主体来加以诉讼，从而形成了独特地对物诉讼制度（action in rem）。船舶扣押就是独立的对物之诉。参见司玉琢、吴兆麟《船舶碰撞法》，大连海事大学出版社1995年版，第193页。

② 1952年《统一有关扣押海运船舶若干规定的国际公约》受对物诉讼理论影响较深，该公约第3条规定："请求人得扣押引起海事请求的当事船舶。"该条规定意味着只要是当事船舶，请求人之申请扣押当属合法，而不论该船舶是为责任人所有、责任人经营或以任何方式租赁，也不论发生责任事故时和扣押当时该船是否属同一人所有、经营或租赁。

或由甲光租,而实施扣船时其所有权已转归乙或已由乙光租,且乙对责任事故不负责任,此时扣押该当事船即为错误。

对姐妹船的错误扣押。与船舶所有权或占有关的海事请求,只能扣押当事船;① 如果扣押了该当事船的姐妹船,则属扣船客体错误。我们知道,船舶所有权为自物权,具有追及性,无论船舶落入何人之手,所有权人都可以通过扣押当事船而主张权利;占有权在海商法上被视为一项独立的权利,亦为物权,具有追及性,扣押当事船为应然之举。不能扣押当事船的姐妹船,是为了充分发挥船舶的效用,使争议双方仅就有争议的船舶进行处理和采取司法措施,不波及无辜的船舶,体现了法律对效率和效益的最大化追求。另外,具有船舶优先权的海事请求,只能通过扣押产生优先权的船舶来行使权利,若该船舶所有权已发生转移,则对新船主的其他船舶(姐妹船)不享有扣押权,否则即为错误扣船;若产生优先权的船舶仍为原船主所有,则扣押该船的姐妹船为合法,但债权人对该姐妹船不享有优先权而仅享有普通债权。

对从事军事、政府公务的船舶的错误扣押。在法律上,此类船舶享有司法豁免权,不能作为扣押对象,否则即为错误扣押。值得指出的是,商船被征用来从事军事、政府公务时引起责任事故亦享有豁免权,不得因此而被司法扣押;反之,从事军事、政府公务的船舶从事商业活动时(我国法律不允许),不享有豁免权,发生责任事故时应可以作为司法扣押的对象。

(三)其他形态的错误扣船

《海诉法》第二十一条明确规定了扣船的22种依据,即根据该22种依据而扣船是合法的,除此之外的扣船均属错误扣船。此为依据非法的错误扣船。

依法扣船过程中因不当行为转化而成的错误扣船。这是指船舶被依法扣押后,请求人非因客观原因而要求过高的担保(如50万元的债权却要求对方提供100万元的担保),致使可提供适当担保而无法提供过高担保的被请求人无力提供,扣船期限因而被不适当地延长,甚而致所扣船舶被非正当地拍卖。

海事法院依职权扣船中产生的错误扣船。《海诉法》未规定海事法院可依职权扣船,而《中华人民共和国民事诉讼法》(以下简称《民诉法》)则规定了人民法院可依职权主动采取保全措施。② 就诉讼理论而言,在没有申请人请求的情况下,海事法院依职权扣船并不违反法律强制性规定,故应得

---

① 见《海诉法》第二十三条第二款之但书。
② 见《民诉法》第九十二条。

到法律的肯认。但如果该扣船行为超越了法律规定的扣船依据和扣船客体，则走向了依法扣船的反面，亦为错误扣船。

二、错误扣船之法律性质

错误扣船法律性质如何？基于请求人原因错误扣船和基于法院原因错误扣船，二者的法律性质在根本上有所不同。

（一）基于请求人原因错误扣船的法律性质

错误扣船主要基于请求人原因造成，易言之，在错误扣船的诸基本形态中，除普通法院违法扣船和海事法院依职权扣船所致的错误扣船外，错误扣船均基于请求人原因所致，故研究请求人原因错误扣船的法律性质就显得十分必要。

不可否认，请求人向法院提出扣船申请后，不论该请求有无事实根据，抑或是否合法，法院都应进行审查，并应相应地作出准予扣船或不准予扣船的裁定。在裁定准予扣船的情况下，如果最终证明该扣船是错误的，则不言而喻法院的上述审查存在过错，但这并不意味着具有该过错的法院需对被请求人承担赔偿责任。这是因为，根据《海诉法》第二十条和《民诉法》第九十六条之规定，扣船由请求人申请，因而该错误扣船的有关损失自应由请求人向被请求人赔偿，而对涉案法院，如有必要，则仅需根据错案追究制度追究承办人的错案责任而已。可见，尽管作出裁定实施扣船的主体是法院，但因请求人原因错误扣船时，实施扣船的法院是被依法排除在有关法律责任之外的，即不存在法院赔偿或国家赔偿的问题。鉴于此，笔者主张，基于请求人原因错误扣船，其法律性质应界定为特殊民事侵权，理由是，一方面它符合一般民事侵权的诸特征，另一方面它又具有有别于一般民事侵权的特殊性。具体表现如下。

第一，符合一般民事侵权诸特征方面。（1）请求人主观上有过错。过错，是指请求人故意或过失的内在心理状态，其客观表现是请求人主观意志支配的外在行为，即"过错虽然是一种心理状态，但它是通过行为人违反义务的行为表现出来的"①，也就是说，主观意志状态和违法行为的统一，构成了请求人主观上的过错。请求人已经预见到申请扣船是错误的，却仍然希望或放任错误扣船的发生，此乃故意的过错，这在实践中并不多见。请求人应当预见或能够预见申请扣船是错误的，因为疏忽而未预见；或虽然已预见却

---

① 王利明、方流芳、郭明瑞编著：《民法新论》上册，中国政法大学出版社1988年版，第471页。

因懈怠而轻信能够避免,以致错误扣船,是为过失的过错,实践中的错误扣船多属过失所致。根据诚实信用原则,请求人申请扣船时,负有对相对人合法权益的注意义务及善意申请扣船的义务,未对他人的权利给予应有注意,却又滥用自己的权利,即负有过失责任;船舶被扣后,请求人应善意地使船舶处于被扣押状态,情势变更,应及时变更扣押措施或降低担保,否则便是对相对人权利的漠视,亦负有过失责任,可能会使原来的依法扣船转变成错误扣船。(2)请求人的行为具有违法性。这是依法扣船与错误扣船的显性区别之一。基于请求人原因而致的各种形态之错误扣船,其共同特征是非适法性,即要么主体错误,要么客体错误,要么扣船依据错误。归根结底,其错误之根源在于请求人的扣船申请行为违法。判断该行为是否违法,在实践中是一个颇费思量的问题。目前法院的做法似乎是:有效判决支持了请求人的实体要求,则请求人的扣船申请行为合法,否则即违法。该做法在通常情况下应该说是正确的,但问题在于,实体判决是在扣船保全措施之后,以其后作出的实体判决作为判断先前的扣船申请正确与否的标准,无疑将使请求人在申请扣船时无法预知自己行为的合法性,甚至办案法官亦无法确知其司法行为的对与错,这与法律应具有的确定性和可预见性特征相悖逆,给人无所适从之感。在笔者看来,申请扣船是一项程序性权利,其依据是程序性法律,故判断申请扣船违法与否的标准亦应是程序法,而非将来的实体判决。如果请求人善意地全面收集、提供了初步证据,经过合理分析判断后证明其享有海事请求权,被请求人对该海事请求负有责任,被扣押船舶属于可扣押范围,等等,则应认定申请扣船的行为合法,即使将来的判决与此相反,也不应推翻扣船的合法性。如甲、乙两船相撞,甲船沉没,在赔偿问题协商不成时,乙船试图离去,在紧急情况下甲船东善意地申请扣押了乙船。根据初步证据,甲船东不可能预见到碰撞责任完全在自己一方,两船相撞,通常都互有过失,哪怕乙船仅承担5%的责任,申请扣船也不违法。但经实体审判,乙船对该船舶碰撞不承担责任,甲船东败诉。若根据实体判决认定紧急情况下甲船东的扣船申请错误,实有欠公平。当然,这里比较难以把握的是对"初步证据"的要求,即何种证据才被视为初步证据以及初步证据与法庭质证后所采信的证据的关系等问题,这里恐怕有一个法官自由心证的问题。在英国法上没有错误扣船诉讼①,该做法对我们无疑有一定启发意义。(3)被请求人具

---

① 在英国法上,错误扣船造成损害不能成为诉讼的根据,只有认为扣船方怀有恶意而采取扣船行动时,才能对因扣船造成的损害提起诉讼。参见司玉琢、吴兆麟《船舶碰撞法》,大连海事大学出版社1995年版,第197页。

有遭受损害的事实。船舶作为大型运输工具，不同于一般财产，无论是依法扣船还是错误扣船，通常都将不可避免地给被请求人造成财产损害，如支付扣船期间的船员工资、港口费用、燃料费用以及船期损失等。在依法扣船时，因扣船行为不具有违法性而不构成民事侵权，请求人豁免损失赔偿，有关损失由被请求人自行承担，这是被请求人不履行应尽义务的法律后果。倘若扣船错误，该损失则根据侵权法之规定而由侵权行为人即请求人承担，从而体现侵权法的遏制违法行为、补偿受害者、教育和警示违法者的社会功能。(4) 请求人的行为与被请求人受损害的事实之间存在直接因果关系。在民商法学中，因果关系理论是一个较为复杂的问题，但在错误扣船关系中，违法行为与损害事实之间因时间上的先后性、连续性以及通常情况下错误扣船的必然致害性，使得两者之间的因果关系即两者之间存在必然的、内在的、本质的联系通常是显而易见的。所需注意的是，间接损害不是违法申请扣船的必然结果，应排除在损害赔偿范围之外。根据1999年《国际扣船公约》之规定，船舶扣押是指"经法院命令，为保全海事请求而对船舶作出的任何滞留或对其离开作出的任何限制"①，故即使是错误扣船，被扣船舶的安全责任也未因扣押而转移，因而管船方面的疏忽和过失导致的船舶沉没、火灾等损害，不能认定是违法申请扣船的必然结果，亦即两者之间不存在直接的因果关系。

第二，有别于一般民事侵权的特殊性方面。基于请求人原因的错误扣船，因有行使国家审判权的法院的介入，使该民事侵权行为具有了有别于普通民事侵权的特殊性，故名之曰"特殊的民事侵权"。这种特殊性至少表现在以下三个方面：(1) 为了预防错误扣船的发生，法院要对申请扣船的行为进行司法审查，而在普通民事侵权中法院是不可能事前审查侵权行为的；(2) 在诉前或诉讼中扣押船舶，法院通常会要求请求人提供担保，以备赔偿可能的错误扣船的损失，而普通民事侵权不可能在侵权之前即准备赔偿担保金；(3) 普通民事侵权可通过协商、仲裁、诉讼方式解决纠纷，而基于请求人原因的错误扣船，除可通过协商、诉讼方式解决纠纷外，还可通过申请法院复议或由法院径行裁定来解决赔偿问题。在有扣船担保时，法院对担保人的资格、担保的内容进行审查，对错误扣船关系中各方的权利义务均较清楚，对

---

① 见1999年《国际扣船公约》第1条第2款，见金正佳主编《中国海事审判年刊·1999》，人民交通出版社1999年版，第161页。

担保人应否担责及担何责较为明确,故因错误扣船需要赔偿时,不必如普通民事侵权那样经过诉讼程序,而可由法院径直裁定担保人承担或不承担责任。

(二) 基于法院原因错误扣船的法律性质

基于法院原因的错误扣船,包括海事法院依职权扣船造成的错误扣船以及普通法院的错误扣船。海事法院依职权扣船在理论上是成立的,但若违反了法律规定的被扣船舶范围和扣船事项,则为错误扣船。我国法律规定,普通法院无扣船管辖权,故普通法院无论是依职权还是应请求人之申请(无论合法与否)而扣船,都属法院原因所致之错误扣船。这类错误扣船无疑是法院及其工作人员违法行使职权的结果,侵犯了被扣船舶所有人的合法权益,倘若因此造成损害结果(船舶停航、费用不停的特性,决定了绝大多数情况下错误扣船都会造成损害),则要由法院承担赔偿责任,其性质当属国家赔偿。可见,基于法院原因的错误扣船,其性质为国家侵权,要由国家对有关法院的违法行为承担法律责任,以恢复被侵害对象的原利益状态。国家赔偿的责任主体是国家,但赔偿义务机关为具体实施错误扣船的有关普通法院和海事法院,赔偿费用由国库支出,赔偿义务机关先从本单位预算和留本单位使用的资金中支付,再向同级或主管财政机关申请核拨。

根据《中华人民共和国国家赔偿法》之规定,赔偿义务机关为法院的赔偿案件,应由其上一级法院的赔偿委员会管辖,以示公正。问题在于,如果请求人申请扣船不当(如被请求人不适格、扣船事由违法、扣船对象错误等),普通法院依该不当申请而错误扣船。也就是说,错误扣船既有法院的原因,也有请求人的原因,两者竞合而共同导致错误扣船,此时当如何处理赔偿责任?笔者主张,法院作为司法机关,应模范地遵守法律、正确地适用法律,目前普通法院违法扣船并非因为对最高人民法院扣船管辖规定不知晓(即便不知晓,亦非减免责任的理由),恰恰相反,这些法院是为其自身利益或地方保护而明知故犯,有意违法的。在请求人过错责任和普通法院违法责任的混合原因导致错误扣船时,由决定扣船的普通法院和海事请求人各承担一半的赔偿责任较为恰当。如此处理,可惩前毖后,建立和匡护得之不易的海事司法秩序。

三、错误扣船之法律责任

无论是基于请求人原因的错误扣船还是基于法院原因的错误扣船,其法律责任都主要表现为损害赔偿责任。但该两类损害赔偿责任之间又存在一定的区别,这些区别主要包括:其一,赔偿发生的原因不同。前者是由民事侵权引起,与国家审判权的行使无直接关系;后者是由于审判权的不当行使即国家侵权行为引起。其二，赔偿主体不同。前者是由公民、法人或其他组织作为赔偿主体和赔偿义务人；后者的赔偿主体是抽象的国家，赔偿义务人为错误扣船的法院。其三，赔偿归责原则不同。前者以过错责任原则归责，后者则以违法原则归责。另外，两者还有赔偿程序、举证责任等区别。

错误扣船的损害赔偿责任是指有损害即有赔偿，赔偿的程度是恢复到合法权益受损前的原状或原利益状态。因此，在处理赔偿问题时应注意：首先，损害的客观存在是赔偿的前提，如果损害是臆想的，不具有现实性、确定性，则即使错误扣船，也不承担赔偿责任。其次，受损害的是合法权益才能获得赔偿，法律古谚云"违法行为不产生权利"，我们也可以说受损害的违法权益不受法律保护，更不能得到赔偿。再次，能获得赔偿的损害必须是扣船违法行为的直接合理后果，包括直接的费用支出、财产损失和预期的收益损失。与错误扣船无直接因果关系的损失不能获得赔偿，精神损害亦不在赔偿之列。最后，赔偿应是全面的和公平的，并适当考虑有关当事人的经济情况。具体说来，其损害赔偿包括以下五项。

第一，船舶被错扣期间的费用支出损失，包括船员工资、伙食费、淡水费、港口费等费用支出损失。如果扣船期间短暂，且是在船舶预定的停泊期间内扣押，则扣船损失不包括预定停泊期间内本应支出的各项费用，这类似于共同海损额外费用的计算方法。

第二，船舶被错扣期间的期得利润损失。期得利润损失是指船舶正常营运情况下可以得到但因错误扣船而损失掉的利润，其数额可以参照《最高人民法院关于审理船舶碰撞和触碰案件财产损害赔偿的规定》予以计算，即以船舶被错扣前后各两个航次的平均净盈利计算，或以其他相应航次的平均净盈利计算；渔船被错扣期间的期得利润损失，以该渔船前三年的同期渔汛平均净收益计算，或以本年内同期同类渔船的平均净收益计算，并适当考虑该错扣渔船在对船捕鱼作业或围网灯光捕鱼作业中的作用等因素。

第三，为使错扣船舶获得释放提供担保所产生的损失。根据《海诉法》规定，海事担保的方式为提供现金或者保证、设置抵押或质押。相应地，在以现金担保时，所产生的损失为该现金的利息损失；以保证方式担保时，有关损失为被扣船舶方委托第三人为担保的费用支出；以抵押担保时，其损失为抵押物被限制变卖、转让等引发的损失；以质押担保时，该损失为质押物在质押期间丧失使用效能的损失。实践中，担保的方式可能不限于法律规定的上述四种，以其他方式担保所产生的损失亦应在赔偿之列。如将被扣船舶从甲地转往乙地，以投保航次保险作为担保，当最终证明扣船错误时，则由请求人赔偿保险费损失等。

第四，依法扣船后，请求人请求担保的数额过高并造成被请求人损失的，根据《海诉法》第七十八条之规定，请求人应承担赔偿责任。严格来讲，要求担保数额过高不是原本意义上的错误扣船，它是在依法扣船基础上的不当行使权利，赔偿有关损失是对不当行使权利者的惩罚。请求的担保数额过高，若被请求人依该请求提供了担保的，则请求人应赔偿担保数额过高部分的损失。若被请求人无力提供担保而致所扣船舶被拍卖，当如何赔偿其损失？这是一个较复杂的问题。如果被请求人不能证明其有能力提供正常数额的担保，则船舶被拍卖与要求过高担保无涉，不存在请求人的赔偿责任；相反，若被请求人证明其有能力提供正常数额的担保，拍卖船舶确为不能满足过高担保请求的结果，则请求人应赔偿不当拍卖所致之损失。何为不当拍卖所致之损失？尽管司法实践尚未有先例，但似乎可以认为：将被拍卖船舶的船期损失作为不当拍卖损失来赔偿，期限以找到替代船所需的合理期间为限，但最多不超过两个月；若拍卖价低于市场价的，还应赔偿两者之间的差额。

第五，其他损失。在上述损害赔偿之外的其他损失，如船舶被错扣期间船载货物的损失，但如果有明显证据表明船舶不可能在短期内解除扣押的，承运人应及时转运货物或作其他处理，否则不得就扩大的货损要求赔偿。船舶被错扣后不能履行下一个预定航次的损失，这主要是指预定航次的违约责任损失，不包括前述的期得利润损失，即不能获得双倍的利润赔偿。

四、错误扣船之防范和补救措施

关注并研究错误扣船，并非对其情有独钟，笔者的愿望是防患于未然，避免和杜绝司法实践中的类似事件，以实现依法扣船之理性追求。广义而言，错误扣船的法律责任即损害赔偿责任亦是其防范、补救措施，其力度和效果因有国家强制力为后盾而显得强大且明显；但它侧重的是事后的补救，对事前防范则需有相应的配套措施，以求取得依法扣船的良好效果。据上所述，笔者认为这些措施应当包括以下四个。

第一，禁止普通法院违法扣船。普通法院无扣船管辖权，扣船须由海事法院执行，这是《海诉法》及有关司法解释的明确规定。在程序正义日益受到重视的今天，特别是加入WTO（世界贸易组织）后要求司法统一的时刻，我们更应不折不扣地执行法律的规定。普通法院错误扣船占整个错误扣船的不小比例，有的甚至给当事人造成了巨大经济损失，给社会带来了较大影响。如上所述，普通法院之所以错误扣船，主要是出于利益驱动或地方保护的动因，因而对此一方面须从严要求其严肃执法，严格依法办事；另一方面则必须加强执法监督，即由上一级法院主动采取措施，给予办案人员及有关法院以错案追究，并在适当范围内予以通报。最高人民法院或有关高级法院可以此为专题组织一次全面的执法大检查，以彻底清理普通法院错误扣船的违法现象，并对此痛下决心花大力气予以整顿，否则，实难扭转错误扣船这一现状。

第二，海事法院谨慎依职权扣船。海事法院依职权扣船并无现行法上的障碍，但并非依职权扣船都是错误扣船，只是那些违反了扣船主体、客体、依据等法律规定的扣船才构成错误扣船。当海事法院准备依职权主动扣船时，必须极其谨慎地全面审查扣船法律关系各要素是否符合法律规定，而一旦有任何怀疑，都应认为存在法律障碍，且不得决定主动扣船。事实上，实践中海事法院往往都不会主动扣船，以免与司法中立原则相悖。这里提出这个问题，只是为了全面研究错误扣船，从而使防范措施及相关理论具有完整性。

第三，海事法院审查扣船请求时适度从严把关。依法扣船的前提是请求人的扣船请求正确、合法，有初步证据的支持。请求扣押船舶是一项程序性权利，请求人仅需提供初步证据，证明其享有海事请求权、被请求人对有关海事请求负有责任、扣船依据合法以及拟扣船舶属可扣押范围即可，且该证据不可能像实体审判那样经双方当事人质证和法庭认证。如果说请求人诚实举证是防止错误扣船的前提，则可以认为法院在裁定准予或不准予扣船之前的依法审查更具有把关作用，因而是防止错误扣船的另一个重要方面。客观而言，法院的审查失之过宽，则可能导致扣押无辜船舶，即错误扣船；法院的审查失之过严，则可能使当扣船舶被无理放纵，从而损害请求人的合法权益。因此，如何正确把握审查这个"度"，无疑就是公正司法的关键即公正司法的一门艺术。为此，笔者主张，出于防止错误扣船的目的，在审查扣船申请时，适度从严是必要的，如要求尽可能多地提供请求人享有实体权利的初步证据、准确提供拟扣船舶的权属证明、对于船舶碰撞之类的侵权案件应提供负责调查海事事故的国家机构的证明及其对事故责任的初步判断、对所提交的证据应要求请求人提供原件或与原件核对后的复印件等，以保证法院的审查尽可能严密和准确。

第四，海事法院应依具体情况责令请求人提供扣船担保。提供扣船担保的目的是，当请求人的扣船申请错误给被请求人造成损害时，迅速而便捷地以该担保予以赔偿。提供扣船担保是与错误扣船的赔偿责任紧密联系的一个问题，即既是对错误扣船的事后救济，又是预防错误扣船的事前防范。《海诉法》第十六条的规定突破了《民诉法》关于诉前保全必须提供担保的规定，即诉前扣船根据具体情况，可以不责令请求人提供担保，如船员工资请求、海上人身伤亡赔偿请求等案件中，只要权利确实被拟扣押的船舶侵犯，则可不责令请求人提供担保。除此之外的扣船请求，则以责令请求人提供担保为当，且担保数额应相当于因其申请可能给被请求人造成的损失，① 具体数额和方式由海事法院依具体情况决定。

---

① 《海诉法》第七十六条第二款规定："海事请求人提供担保的数额，应当相当于因其申请可能给被请求人造成的损失。"该规定与《最高人民法院关于适用〈中华人民共和国民事诉讼法〉若干问题的意见》第98条"人民法院依照民事诉讼法第九十二条、第九十三条规定，在采取诉前财产保全和诉讼财产保全时责令申请人提供担保的，提供担保的数额应相当于请求保全的数额"之规定明显不同，显然，《海诉法》的规定更具有合理性。

扣押船舶损害赔偿纠纷案件的法律适用分析[*]

——以《侵权责任法》为裁判基础

宋瑞秋

摘要：本文根据《侵权责任法》的基本理论，对扣押船舶损害赔偿纠纷案件中争议较大的适格原告、归责原则、赔偿范围等问题进行探讨，认为应采用过错责任原则认定扣押船舶损害赔偿纠纷案件的法律责任，并尝试根据实体纠纷诉讼结果的不同归纳了同类纠纷的裁判标准。

关键词：扣押船舶；损害赔偿；过错责任。

扣押船舶作为海事请求保全的方式之一，是海事法院根据海事请求人的申请，为使其基于海事请求的民事权利得以保障，对被请求人的财产所采取的民事强制措施。扣押船舶保全措施涉及两种基本权益：一为请求人的诉讼法赋予的程序性权益，二为被请求人的合法财产权益。二者处于紧张关系。扣押船舶作为程序性的司法救济一般都发生在情况比较紧急时，如不及时采取强制措施，请求人就会失去保护其行使请求权的有利时机；但情况紧急加上法院对扣船申请进行的审查主要是形式要件的审查，所以有时又难免造成扣押船舶错误，给被请求人带来经济损失。因此，合理界定利用程序救济措施保障海事请求实现的范畴，明确错误扣船损害赔偿案件的裁判标准，使得扣船请求人可以预估其行为所产生的损害赔偿后果，对于正当发挥扣押船舶制度功能具有重要意义。《中华人民共和国海事诉讼特别程序法》（以下简称《海事诉讼特别程序法》）中确立的扣押船舶制度不同于普通民事诉讼中的诉讼保全制度。我国《海事诉讼特别程序法》吸收了 1999 年《国际扣船公约》的规定，对错误扣船问题仅作了原则性规定，没有针对扣押船舶制度的特点明确错误扣船案件的认定标准，导致司法实践中的困扰和争议。本文将结合审判实践，以侵权责任法为裁判基础，对扣押船舶损害赔偿纠纷案件中争议较大的适格原告、归责原则、赔偿范围等法律适用问题进行探讨，并

---

[*] 本文中有关《侵权责任法》的内容已经被 2021 年 1 月 1 日生效的《中华人民共和国民法典》（以下简称《民法典》）所取代。本文修订于 2024 年 12 月。

尝试根据实体纠纷诉讼结果归纳该类纠纷的裁判标准。

一、扣押船舶损害赔偿纠纷的适格原告

扣押船舶损害赔偿纠纷案件中当事人之间发生争议并要求法院审理的对象是扣船行为，错误扣船行为必然地导致被请求人财产权益的损害，因此扣押船舶损害赔偿纠纷案件在性质上属于民事侵权纠纷。

《中华人民共和国侵权责任法》（以下简称《侵权责任法》）第三条[①]规定，被侵权人有权请求侵权人承担侵权责任。我国《海事诉讼特别程序法》第二十条规定，海事请求人申请海事请求保全错误的，应当赔偿被请求人或者利害关系人因此所遭受的损失。扣押船舶是在生效判决作出前采取的强制性保障措施。请求人应当承担损害赔偿责任，显然被请求人作为被扣押财产的权益人，可以作为原告提起财产保全的损害赔偿之诉；但被请求人之外的"利害关系人"的范畴如何界定，哪些案外人是扣押船舶损害赔偿纠纷的适格原告？[②] 笔者认为，根据案外人就被扣押船舶享受的实体权利义务，可以分下三种情况进行讨论。

1. 并非实体纠纷被告的被扣押船舶所有人。被扣押船舶所有人对被扣押船舶享有的所有者权益，因船舶被扣押而受到损害，有权向请求人请求损害赔偿。[③]

2. 被扣押船舶的租船人。根据光船租赁合同的约定，光租人在约定期间享受占有、使用和营运被扣押船舶的权利。光租人享有的上述权利是合同之债，如果承租船舶因船舶所有人之故被扣押，光租人可以请求船舶所有人承担违约责任赔偿其损失。至于是否可以海事请求人侵害其债权为由，请求侵权损害赔偿纠纷，法律没有明确规定。笔者认为，租船人享受的债权也是与船舶有关的民事权益，应当属于侵权责任的调整范围，租船人有权向请求人

---

① 该条内容已被《民法典》第一千一百六十五条第一款"行为人因过错侵害他人民事权益造成损害的，应当承担侵权责任"所取代。——编者注

② 笔者认为，具有诉权的人与适格原告是两个非完全重叠的概念。诉权本质上是一种程序性权利，是一种实施起诉的权利，与案件具有牵连关系的人都可以提起诉讼。而适格原告则是与被告具有实体上权利义务关系的人。

③ 广州海事法院（2009）广海法初字第346号，原告上海万邦邮轮有限公司诉被告浙江金程实业有限公司扣押船舶损害赔偿纠纷案，原告是被扣押的"环球公主"轮的船舶所有人，案外人上海五洲邮轮管理有限公司（以下简称"五洲公司"）为光船承租人，因被告与五洲公司的船舶租用合同纠纷被扣押，原告请求赔偿其船舶被扣押期间的租金损失。法院认为，原告收取租金的权利属于原告对五洲公司享有，并不因船舶被扣押而丧失，驳回了原告诉讼请求。

请求赔偿。①

3. 为被请求人提供诉讼担保的担保人。案外人以解除船舶扣押为目的为被请求人向法院提供了诉讼担保，如果发生错误扣押船舶，案外人不能以错误申请扣押船舶为由，向请求人请求损害赔偿，因为海事请求保全的对象是船舶，并非案外人提供的担保，案外人没有因为主动为被请求人提供担保而成为被请求人，所以提供担保的案外人不能成为扣押船舶损害赔偿纠纷的适格原告。②

二、扣押船舶损害赔偿纠纷的归责原则及过错认定

错误扣船实质上是一种侵权行为，是指请求人不符合扣押船舶的实质要件而申请扣押船舶，造成被请求人经济损失的行为，其实质是由于请求人对保全程序这一诉讼程序利用不当而引起的。实务中，根据我国《海事诉讼特别程序法》第十二条关于"海事请求保全是指海事法院根据海事请求人的申请，为保障其海事请求的实现，对被请求人的财产所采取的强制措施"的规定，当请求人的扣船行为不符合扣押船舶的实质条件时，如请求人不具有海事请求，或被请求人不对该海事请求负有责任，或被扣押的船舶不属于可扣押的范围，则应认定已实施加害行为，构成错误扣船。争议比较大的问题是归责原则，即应适用过错责任原则还是无过错责任原则。错误扣船请求人实施了错误扣船行为后，是否不论其有无过错，都应承担侵权责任？判断其有无过错标准是什么？侵权责任基本理论是回答上述问题的逻辑起点。

笔者认为，扣押船舶损害赔偿纠纷案件应适用过错责任原则。理由有以下三个。

第一，符合《侵权责任法》的立法要求。德国法学家耶林曾说："正如使蜡烛燃烧的是氧气，而不是光一样，使行为人承担侵权责任的不是其行为，而是其过错。"过错就是行为人行为时的一种应受谴责的心理状态。正是由

---

① 广州海事法院（2009）广海法初字第 306 号，原告新奥海洋运输有限公司诉被告浙江金程实业有限公司（以下简称"金程公司"）、上海五洲邮轮管理有限公司扣押船舶损害赔偿纠纷案，被扣押船舶权属关系同上注。原告是"环球公主"轮的船舶租用人，请求两被告连带赔偿其经营损失。法院认为，被告金程公司申请扣押"环球公主"轮不存在错误，驳回了原告的诉讼请求。

② 广州海事法院（2011）广海法初字第 250 号，原告阳江市保丰码头有限公司（以下简称"保丰码头公司"）诉被告中国租船有限公司财产保全损害赔偿纠纷案，原告为解除实体纠纷中对被请求人丰源公司设备的扣押，以土地使用权提供了诉讼担保，请求被告赔偿其土地使用权被查封期间的损失。法院认为，保丰码头公司没有因为主动为被请求人提供担保而成为被请求人，所以提供担保的保丰码头公司不能成为扣押船舶损害赔偿纠纷的适格原告，驳回起诉。本案虽然不是采取的扣押船舶保全措施，但在原告主体资格问题的处理上，可资借鉴。

于这种应受谴责的心理状态,法律要对行为人所实施的行为作否定性评价,让其承担侵权责任。我国《侵权责任法》以一般侵权责任为原则,以特殊侵权责任为其例外,一般侵权责任适用过错责任原则,特殊侵权责任适用无过错责任原则。《侵权责任法》或者其他法律未明确规定适用无过错责任原则的案件,均属于过错责任原则的适用范围。对于错误扣押船舶行为,《侵权责任法》和《海事诉讼特别程序法》及其司法解释均无特殊规定,故当属一般侵权责任纠纷,适用过错责任原则。

第二,有利于发挥扣押船舶制度的保全功能。与船舶有关的海事请求纠纷中,船舶经常是被请求人的最重要的财产,船舶具有流动性,船舶在某个港口停留的时间短暂,船舶一旦离去,则不易找到其下落,甚至有可能在运营中灭失。因此,相较于陆地财产,船舶更易灭失。此外,涉船纠纷中,由于船舶经营和控制关系的复杂性,请求人在本诉实体判决前很难准确判断真正的责任主体,如果要求请求人在申请扣押船舶时绝对具备"被请求人对请求人的海事请求负有责任"这样的要件,在海事海商纠纷中根本是不可能的。如果在扣押船舶行为最终不能获得本诉实体判决的完全支持时,无论请求人"有无过失",均判令请求人赔偿被请求人的一切损失,动辄得咎,将严重限制扣押船舶制度的功能发挥,不利于公平有效地处理实体纠纷。

第三,能够与现行扣押船舶审查标准保持逻辑上的一致。我国是大陆法系的国家,但受扣押船舶国际公约和司法实践的影响,《海事诉讼特别程序法》中规定的扣押船舶保全虽然是对人的保全,但也带有对物诉讼的痕迹。比如,海事请求人申请扣押当事船舶,海事法院在不能立即查明被请求人名称情况下作出的裁定和实施的扣押,可以直接针对船舶进行。海事法院裁定扣押船舶后,要制作扣押船舶命令并直接张贴在船上的明显部位,我国立法对扣押船舶采取了一种类似对物诉讼的宽松审查标准。如果之后通过本诉的不利实体裁判结果来逆向推定请求人在不论有无过错均应承担错误扣船责任,则会导致扣押船舶审查标准与错误扣船责任认定标准之间的逻辑冲突。如果采用无过错责任,则会出现"事先容许甚至鼓励,但'秋后算账'式的错扣责任机制,虽然可为船方提供较为充分的保护,但其不仅使扣船请求人的责任预期极不稳定,而且与程序正义、程序价值独立、法定权利义务稳定明确等基本法理念冲突,其不合理性比较明显"①。德国采用无过错责任认定错误扣船侵权责任,但是在德国扣押船舶,特别是扣押德国籍船舶,难度较大,

---

① 向明华:《错误扣船归责比较研究》,载《现代法学》2009年第1期,第125页。

审查严格。①

关于如何判断过错。当今各国对过错的认定逐渐采用客观化标准，不是从单个行为人的主观状态认定其过错，而是主要依据以下客观标准判断其有无过错：其一行为人是否违反了法律、行政法规明确规定的义务，其二行为人是否违反了一个合理人的注意义务。"合理人的注意义务"是指多数人在特定情况下应当达到的注意程度。根据该标准，判断海事请求人是否有过错主要看一般人在请求人申请扣船时所处的情况下，会有什么行为，若一般人会与请求人做出同样的行为，请求人就没有过错；反之，则有过错。笔者认为，根据《海事诉讼特别程序法》的规定，在司法实践中认定扣押船舶请求人申请扣船时是否已履行了"合理人注意义务"，应根据其提出的扣船申请的内容及其提供的证据判断其是否秉持诚信、善意，证据能否合理、可信地证明以下内容：（1）存在应予保全的海事请求。扣押船舶的意义就是保全海事请求。海事请求不仅是扣押船舶措施所要保护的客体，而且是扣押船舶的主要依据。没有海事请求，扣船便缺乏基础和依据。因此，请求人应提供证据证明其具备我国《海事诉讼特别程序法》第二十条列明的海事请求中的任何一项海事请求。（2）被请求人是否"可能或非常可能"对前项海事请求负有责任。该项证据应因前项海事请求类型而异。如果实体纠纷为海上货物运输合同纠纷，则请求人应提供能够证明其与拟扣押船舶的所有人之间存在运输合同关系的证据，如合同、提单和运单等；如果是船舶碰撞案件，则请求人应提供海事部门的海事调查报告、证明等；如果是船员劳务合同纠纷，则请求人应提供载有其在拟扣押船舶上工作经历的记录的船员服务簿等初步证据。（3）拟扣押船舶属于可扣押的范围。请求人应提供证据证明拟扣押船舶符合《海事诉讼特别程序法》第二十三条规定。因有关船舶所有权、抵押权或优先权的海事请求提出的扣押申请，海事请求人应证明拟扣押船舶涉及上述权利纠纷，如提供海事局出具的船舶登记资料、船舶证书等以证明被请求人为拟扣押船舶的所有权人或光船租赁人。

此外，如果请求人被证明伪造、变造证据，虚构或者故意遗漏事实，或者申请扣船索要过分担保或者拒绝释放船舶明显缺乏合理、可信依据的，则可以推定其存在"恶意"或"重大过失"。

三、扣押船舶损害赔偿纠纷的类型化分析

认定错误扣押船舶是否应承担赔偿责任，关键要看请求人是否具备对被

---

① 参见向明华《错误扣船归责比较研究》，载《现代法学》2009 年第 1 期。

请求人的海事请求，是否尽到了合理注意义务。

基于"任何生效裁判在未经再审程序作出变更前均应推定正确"这一法理逻辑，如果诉讼请求获得了法院生效判决的全部支持，则请求人以该诉讼请求为限申请扣押船舶或要求提供担保，自然不属于有错误。

关于请求人实体纠纷的诉讼请求被全部驳回或者仅获得部分支持情形下如何认定责任。请求人的诉讼请求被全部驳回或者仅获得部分支持相应导致扣押船舶申请或提供担保的申请全部或部分地失去了依据，认定请求人是否尽合理注意义务，关键看申请人是否尽到了合理注意义务。由于扣押船舶是在争议尚未付诸诉讼或法院终局判决尚未作出的情况下采取的紧急措施，要求请求人的诉讼请求以及申请保全的范围与将来法院生效判决的支持程度达到完全一致，是既不合理也不现实的，因为法律不应过分苛求请求人对自己的权利进行准确无误的评判。只要请求人基于现有事实和证据提出诉讼请求，并确实尽到了一个普通人的合理注意义务，即使法院判决最终没有支持或仅支持其部分诉讼请求，也不能认定扣押船舶有错误。否则，势必造成不适当地限制扣押船舶制度的实施。只有请求人恶意或重大过失，致使诉讼请求范围与法院生效判决产生不应有的大偏差的情况下，该诉讼请求差额范围内的财产保全申请才属于有错误，由此给被请求人造成损害的，请求人才应当给予赔偿。如果请求人并非恶意或非因重大过失，基于该诉讼请求而申请财产保全，就不存在错误，从而也不构成侵权。被请求人即使因财产保全而受到损失，请求人也不承担责任。

关于请求人没有就实体纠纷提起诉讼和仲裁，或者提起诉讼和仲裁后又撤回，且在案证据不能证明请求人是否具有对被请求人的海事请求时，如何认定扣押船舶损害赔偿责任，笔者认为应从以下两个层面递进分析。

第一，扣押船舶作为海事请求保全的方式之一，不同于普通民事案件的财产保全。普通民事案件的财产保全是为保障将来生效判决的顺利执行，在生效判决作出之前对当事人的财产采取的强制性保障措施。① 由财产保全的性质可以看出，其合法性来源于法院的生效判决对请求人的诉讼请求的支持。而扣押船舶保全则直接将保全的目的确定为保障请求人海事请求的实现，而

---

① 《民事诉讼法》第一百零三条第一款规定，使判决不能执行或难以执行的案件，根据对方当事人的申请，作出财产保全的裁定。可见，普通民事诉讼案件中财产保全是为了保障判决得以执行而赋予申请人的一项诉讼权利。

海事请求的实现在扣船之后并非只有法院判决这个唯一的办法。① 实践中，许多请求人在法院采取了保全措施后不久，就与被请求人达成了解决争议的协议。因此，为了督促海事请求人及时行使权利，避免使纠纷长期处于未决状态，扣押船舶后，法律规定海事请求人在法定期限内起诉或申请仲裁，不利后果是法院应当及时解除保全或者返还担保；同理，如果起诉后撤诉或者撤回仲裁申请，则其直接法律后果是法院可以依职权解除保全或者返还担保，但不起诉或者撤诉不当然导致承担保全错误的赔偿责任。

第二，应适用举证责任规则确定请求人是否应承担赔偿责任。法谚道："举证之所在，败诉之所在。"在民事诉讼中，当案件主要事实处于真伪不明时，法律上的处理方法是举证责任，由应当对某一事实承担证明责任的当事人承担相应的不利后果。扣押船舶损害赔偿纠纷是一般侵权责任纠纷。根据举证责任的分配应当由被请求人（原告）证明请求人（被告）不具有海事请求、被请求人不对海事请求负有责任或保全对象错误。如果不能证明，则被请求人就要在扣押船舶损害赔偿纠纷案中承担败诉的后果。②

四、扣押船舶损害赔偿纠纷案的赔偿范围

错误扣船作为一种侵权行为，按照实际赔偿的原则，应由请求人赔偿被请求人因此而遭受的实际损失，即与扣押船舶有直接因果关系的经济损失。《最高人民法院关于适用〈中华人民共和国海事诉讼特别程序法〉若干问题的解释》（以下简称《海诉法解释》）第二十四条规定："申请扣押船舶错误造成的损失，包括因船舶被扣押在停泊期间产生的各项维持费用与支出、船

---

① 《最高人民法院关于适用〈中华人民共和国海事诉讼特别程序法〉若干问题的解释》第二十五条第二款规定，海事请求人未在期限内提起诉讼或者申请仲裁，但海事请求人和被请求人协议进行和解或者协议约定了担保期限的，海事法院可以根据海事请求人的申请，裁定认可该协议。

② （2004）广海法初字第107号原告利比里亚海风海运有限公司（以下简称"海风公司"）诉被告深圳赤湾港航股份有限公司（以下简称"赤湾港公司"）扣押船舶损害赔偿纠纷一案中，海风公司是"米勒"轮的所有人，请求判令赤湾港公司赔偿扣船损失。赤湾港公司曾向广州海事法院申请诉前扣押"米勒"轮，并以另案对伯莱姆公司提起诉讼，请求判令伯莱姆公司赔偿其货物损失及其他费用。广州海事法院一审和广东省高级人民法院二审查明伯莱姆公司只是"米勒"轮的船舶代理人，不需要对货损承担责任，故于另案驳回赤湾港公司对伯莱姆公司的诉讼请求，但就"米勒"轮所卸载的货物是否发生短少以及本案原告是否对货物短少承担责任，一、二审法院在另案中均没有作出认定。基于另案查明的事实，广州海事法院在（2004）广海法初字第107号案中认为，赤湾港公司在申请扣押船舶时不是以海风公司为被申请人，在另案诉讼中也不是以海风公司为被告，没有证据表明作为船舶所有人的海风公司对赤湾港公司据以申请扣押船舶的海事请求负有责任，故判令赤湾港公司赔偿海风公司4天的船期损失。笔者认为，在举证责任分配方面，该案的处理意见有待商榷。

舶被扣押造成的船期损失和被请求人为使船舶解除扣押而提供担保支出的费用。"该条规定是法院审理此类案件认定赔偿责任和确立赔偿金额的法律依据。具体理解适用有如下四个。

1. 船舶被扣期间的额外费用支出损失。笔者认为，船舶被扣押期间的费用，如挂靠管理费及航务管理费、折旧费、船员工资、燃油费用、保险费、航道养护费等，均是船舶营运中所必然发生的费用，即使船舶不被扣押，上述费用仍会发生，因此，该项维持费用与支出不应包括本应支出的各项费用。即使请求人错误扣押船舶，被请求人的损失也只有预期可得的净盈利损失。至于其他的费用，属于正常经营情况下产生预期可得净盈利必须发生的，不应列入损失的范围。①

2. 船舶被错扣期间的船期损失。此处的船期损失应为"船舶不能正常使用而引起的损失"。根据《最高人民法院关于审理船舶碰撞和触碰案件财产损害赔偿纠纷的规定》，船期损失一般以船舶碰撞前后各两个航次的平均净盈利计算；无前后各两个航次可参照的，以其他相应航次的平均净盈利计算。实践中，在不能确定船舶净盈利水平的情况下，倾向性的做法是根据市场上同类船舶的光船租赁租金价格确定船期损失。

3. 为使被错误扣押的船舶获得释放提供担保所产生的损失。根据《海事诉讼特别程序法》的规定，海事担保的方式为提供现金或者保证、设置抵押或质押。相应地，以现金担保时，所产生的损失为该现金的利息损失；以保证方式担保时，有关损失为被扣船舶方委托第三人为担保的费用支出；以抵押担保时，其损失为抵押物被限制变卖、转让等引发的损失；以质押担保时，该损失为质押物在质押期间丧失使用效能的损失。

4. 关于船舶所有人因船舶被扣押根据船舶租赁合同向租船人支付的违约金是否属损失赔偿范围。《海诉法解释》第二十四条关于赔偿额的规定明确而具体，属限制性赔偿范围，仅为船舶实际控制人遭受的损失，而不考虑船舶所有人是否将被扣押船舶出租，是否已根据租赁合同的约定支付了违约金等情况。因此，船舶所有人和光船租赁人向案外人赔付的违约金不属于赔偿范围。

---

① （2002）粤高法民四终字第184号，上诉人邱锦彪、广西曜慧船务有限公司与被上诉人湛江华洋石华有限公司扣押船舶损害赔偿纠纷案，上诉人请求赔偿船舶被扣押期间的费用包括挂靠管理费及航务管理费、折旧费、船员工资、燃油费用、保险费、航道养护费等。法院认为，即使申请人错误扣押船舶，被申请人的损失也只有预期可得的净盈利损失。至于其他的费用，属于正常经营情况下产生预期可得净盈利必须发生的，不应列入损失的范围。

综上分析，笔者倾向于采用过错责任原则认定扣船损害赔偿责任，并尝试通过类型化研究提出确立此类案件裁判标准的建议供商榷，希望能够对公平统一地适用法律解决此类纠纷有所裨益。

中、南两国船舶扣押制度比较研究*

——兼论中国航运企业在南非遭遇船舶扣押的对策

倪学伟

摘要：中国与南非的船舶扣押制度在法律渊源、法院管辖、海事请求事项、扣押船舶的范围等方面既有共同之处，又有相互区别的地方，而最大不同在于南非扣押关联船舶的规定在中国法律下是不存在的。中国国有船舶在南非遭遇关联船舶制度下的扣押，有关船东必须积极应对，力争创立有利判例，以免国有船舶再受该制度下的扣押之苦。

关键词：关联船舶；船舶扣押；"乐从"轮。

在非洲最南端，有一个三面环海的美丽国家——南非共和国（Republic of South Africa，以下简称"南非"），近年来，其宽松快捷的扣船制度成为扣船申请人的"梦中天堂"①。这让中国国有船东"谈扣船而色变"，几乎达到束手无策、头痛不已的程度。作为海运中人，面对如此局面，我们不禁要审问：南非的船舶扣押制度到底有何特别之处？为什么中国国有船舶屡屡在南非遭遇飞来横祸般的扣押②，而目前尚无完善的应对之策？能否通过法律的手段避免无辜船舶在南非遭遇扣押？带着如此重重疑问，笔者试图通过对中、南两国船舶扣押制度的比较分析，找出两国船舶扣押在制度层面上的异同和实务操作中的差别，并力争探寻我国国有船东应对南非扣船的良策方略。

---

* 本文于2008年获第八届杨良宜学术教育奖励金优秀论文评选优秀奖，原载于《中国海商法年刊》（2007）第18卷，大连海事大学出版社2008年版。

① 参见杨良宜《外贸及海运诈骗货物索赔新发展》，大连海运学院出版社1994年版，第147页。

② 如1992年中国大河船运公司所属"巨鹰"轮被扣案，1999年8月26日海南洋浦国信船务有限公司所属"恒裕"轮被扣案，2000年3月24日中远航运公司所属"安庆江"轮被扣案，2000年4月20日中远散货运输有限公司所属"泰华海"轮被扣案，2002年3月12日广州远洋运输公司所属"乐从"轮被扣案，2002年12月17日广州远洋运输公司所属"乐宜"轮被扣案，2003年4月10日中远散货运输有限公司所属"孟海"轮被扣案，等等。

一、中、南两国在船舶扣押方面的法律渊源[①]

随着 2000 年 7 月 1 日《中华人民共和国海事诉讼特别程序法》（以下简称《海事诉讼特别程序法》）的生效实施，中国在船舶扣押方面的法律渊源已然统一，即该法第三章"海事请求保全"的规定，其涉及船舶扣押的法律制度主要规定在该章第一节"一般规定"和第二节"船舶的扣押与拍卖"之中。基于众所周知的原因，中国法律普遍存在原则性过强而灵活性不足以及操作性欠完善的缺陷，为弥补其不足，最高人民法院通常都对立法机关制定的法典予以司法解释，并以此作为相关法律渊源的有机组成部分。[②] 船舶扣押法律渊源的情形亦不例外。2003 年 2 月 1 日起施行的《最高人民法院关于适用〈中华人民共和国海事诉讼特别程序法〉若干问题的解释》即属此情形，该解释第二部分"关于海事请求保全"的规定理所当然地构成了中国船舶扣押的法律渊源。另外，对于海事法院船舶扣押个案层报最高人民法院的请示，最高人民法院将以"批复"的形式作出司法解释，该"批复"不仅对该案具有法律效力，而且对类似案件亦具有重要的指导意义。

南非的船舶扣押法律渊源主要见于 1983 年《海事管辖规则法典》（Admiralty Jurisdiction Regulation Act, No. 105 of 1983）及其 1992 年第 87 号修正案（Admiralty Jurisdiction Regulation Amendment Act, No. 87 of 1992）。[③] 南非是一个混合法系的国家，其法律制度深受大陆法系的罗马 – 荷兰法的影响，在 1806 年后逐渐引入英国法，因而其法律体系又深受普通法的影响。鉴于此，南非船舶扣押的法律渊源除了《海事管辖规则法典》的明确规定外，判例法亦是其重要的法律渊源。南非最高法院上诉庭（The Supreme Court of Appeal）审理针对南非各高等法院[④]提起的上诉案件，其判决是重要的法律渊源，约束南非所有的法院；而南非各省分院和地方分院的判例则约束各自的下级法院。

中、南两国在船舶扣押方面的法律渊源，共同之处在于都有成文法典作为依据，具有法律的可预见性特点，而南非更进一步规定了判例的法律渊源

---

① 法律渊源有广义和狭义之分，本文在狭义上使用法律渊源一词，即指法律、法规第一次出现的地方。

② 1997 年 7 月 1 日发布的《最高人民法院关于司法解释工作的若干规定》，2007 年 3 月 9 日发布的《最高人民法院关于司法解释工作的规定》，明确了司法解释的形式分为"解释""规定""批复"和"决定"四种，且均具有与法律同等的法律效力，人民法院将其作为裁判依据的，应当在司法文书中援引。

③ 杨良宜：《海事法》，大连海事大学出版社 1999 年版，第 51 页。

④ 南非最高法院各省分庭或者地方分庭（The Provincial and Local Divisions of the Supreme Court）。

地位，从而使法律随时代的发展而始终保持鲜活，可以避免成文法固有的僵化与落伍的缺陷。① 因之，在南非，当法无明文规定或者法律规定不够具体明确的情况下，选择典型的扣押船舶案件精心诉讼，将可能由此而创立一个非常有益的判例，使之成为船舶扣押的法律渊源，使以后的船舶扣押案件遵循该判例而进行裁判。

二、中、南两国船舶扣押管辖方面的法律规定

在中国，有权对船舶进行司法扣押的法院只能是海事法院及其上诉审法院，其他法院哪怕是为了执行其生效判决而需要扣押船舶的，也不能自行扣船，而须委托船籍港所在地或者船舶所在地的海事法院执行。② 诉前申请扣押船舶的，必须向船舶所在地的海事法院提出，而在诉讼中申请扣押船舶者，则不受案件受理法院司法辖区范围的限制，受案海事法院可以在全国范围内扣押船舶。

南非没有专门设立海事法院，其海事案件由高等法院即最高法院各省分庭和地方分庭（包括地方巡回分庭）管辖，而不论有关海事案件发生的地点以及船舶的登记地、船东住所地和船东国籍。除了沿海省份的最高法院分庭管辖海事案件外，内陆省份的最高法院分庭也可能管辖如下的海事案件：在该内陆省份法院辖区范围内签订的船舶买卖合同、租船合同、海上保险合同、发自或运往内陆法院管辖地的提单项下货物等的相关纠纷以及在该内陆区域支付的运费或者其他相关费用。③ 从理论上讲，一旦上列案件需要扣押船舶，这些法院都具有船舶扣押的管辖权，但对于内陆法院是否可以实际扣押到船舶尚不清楚，因为按照"船舶驶入签发扣船手令的法院管辖区域的时候，即可执行扣船令"④ 的要求，内陆法院似乎不存在扣押船舶的机会，或者说这种机会很少，因为毕竟海船驶入内陆省份的内河的时候不多。

案件管辖涉及法院的体制问题。世界范围内只有中国等极少数国家设立

---

① "法律自制定公布之时起，即逐渐与时代脱节。"转引自梁慧星主编《民法解释学》，中国政法大学出版社1995年版，第247页。

② 见《最高人民法院关于适用〈中华人民共和国海事诉讼特别程序法〉若干问题的解释》第十五条。至于审判实务中地方法院较为常见的"查封船舶"的做法，则是法律适用中的违法问题，另当别论。

③ 参见吴佳贵《南非扣船法律制度和船东的风险规避》，见《海商法研究》总第3辑，法律出版社2000年版，第17页。

④ 吴佳贵：《南非扣船法律制度和船东的风险规避》，见《海商法研究》总第3辑，法律出版社2000年版，第23页。

了专门审理海事案件的海事法院,① 而中国的海事法院竟然有10家之多,这也是极为特殊的一种政治体制安排。设立海事法院的理据,通说认为海事案件具有强烈的涉外性、专业性、技术性特征,② 地方法院无法胜任该类案件的审判工作。③ 的确,经过了二十余年的磨炼,海事法院审判案件可能更具有专业性,但随之而来的与地方法院之间的案件管辖矛盾,包括船舶扣押方面的矛盾却如影紧随,难以根除。④ 英国被视为国际海事审判的中心,其海事审判制度对各国相应制度影响至深,⑤ 但英国并没有专门的海事法院,海事案件由伦敦的海事法庭⑥审理。尽管南非在海事案件审理法律适用方面多承袭了英国的法律规定甚至于英国的判例,但在海事案件管辖方面却不同于英国,而是贯彻了法官乃法律专家、对任何案件均有审判权的原则,法院对海事案件均有普遍性管辖权,这避免了由设立专门法院而导致的司法系统内部的管辖割据,也方便了当事人诉讼。

三、中、南两国船舶扣押海事请求方面的法律规定

所谓海事请求,是指与船舶所有权,船舶的建造、占有、经营、管理或运输,以及船舶抵押、质押或同类性质的费用,或者与船舶救助作业有关的

---

① 除中国外,巴拿马和丹麦也设有海事法院。参见金正佳《海事诉讼法论》,大连海事大学出版社2001年版,第28页。

② 参见李守芹、李洪积《中国的海事审判》,法律出版社2002年版,第3-4页。

③ 实际上,地方法院审理的涉外商事案件,其涉外性不比海事案件少,而知识产权案件,其专业性和技术性并不亚于海事案件。笔者认为,设立海事法院的法理根据在于:在法院一度越来越依附于地方政府、几乎变为"地方的法院"的时代,地方保护主义成为司法工作中的顽疾。海事法院的司法管辖区域跨越行政区划,不受当地政府的钳制,可以在相当程度上避免地方保护主义干扰,具有法治社会法院独立性的特征。这种制度安排可以为正在进行的司法体制改革积累有益经验,提供一种选择模式。退一步讲,即使海事法院的体制最终证明在中国行不通,因海事法院规模小、影响有限,对中国法治进程的负面影响也极小。换言之,海事法院的设立具有试验的性质,应当允许不完善、试错,甚至失败。

④ 海事案件由海事法院专门管辖的规定,导致了中国司法系统内部海事法院管辖割据和旷日持久的地方法院反割据,牵制了海事法院及其上级法院领导相当多的精力,但该问题因经济欠发达地区地方法院受案量有限、到海事法院诉讼路遥不便等诸多原因而很难从根本上解决。

⑤ 参见郭瑜《海商法的精神——中国的实践和理论》,北京大学出版社2005年版,第17页。

⑥ 即英国高等法院(High Court of Justice)的王座分院(Queen's Bench Division)下设的海事法庭(Admiralty Court)。其有6名海事法官,专门审理与英国有关的海事案件,适用英国法律。不论案件所涉船舶的国籍如何,只要是适用英国法律,都由该海事法庭管辖并审理。其审判程序与普通民事案件基本相同,故没有专门的海事诉讼程序法。由于英国的仲裁十分发达,海事案件大部分都通过仲裁解决了,经法庭审判的海事案件并不太多。英国法官审判案件遵从消极和中立的原则,从不主动揽案,因而不存在海事案件管辖权方面的争议,若其他法院受理了海事案件,都会主动移送给该海事法庭审理。

或由此产生的任何请求。①

中国关于船舶扣押海事请求方面的法律规定，主要见于《海事诉讼特别程序法》第二十一条，而该条规定又是对 1999 年《国际扣船公约》第 1 条的几乎全面复制。其突出特点是：采取封闭式定义，具体列举了可以扣押船舶的 22 种海事请求，超出该 22 种海事请求情况的，不得扣押船舶。该法第二十二条的"但书"规定比较特别，即对于生效的非海事请求的判决、仲裁裁决等法律文书，需要强制执行时，可以通过海事法院扣押船舶，此时并不要求必须基于海事请求的判决、仲裁裁决才可扣船。

南非关于海事请求的规定，也采取了封闭列举的形式，但可以扣押船舶的海事请求范围很广，达 32 种之多②，几乎涵盖了所有有关船舶和货物运输的纠纷。

可以这样认为，在中国法之下可以扣押船舶的海事请求，在南非法律下也同样可以扣押。而对于以下海事请求，在南非可以扣船，在中国法律之下则不能：（1）任何集装箱和任何有关集装箱的协议③；（2）关于船舶纠纷的有关律师费或顾问费；（3）船舶及其船舶上有关货物的没收和返还；（4）船东责任限制或者任何有类似责任限制权利的其他人的责任限制；（5）根据法院或者法院官员要求分摊的费用；（6）根据《海事管辖规则法典》所进行的恶意诉讼或者恶意扣押财产；（7）任何船上人员的海盗、破坏和恐怖行为；（8）任何南非法院有海事管辖权的事项；（9）任何性质为海运或者海商的其他事项；（10）任何海事索赔的附随事项。

值得注意的是，中国《海事诉讼特别程序法》第二十二条规定的"但书"④，意味着只要是生效法律文书的执行需要扣押船舶的，均可向海事法院申请扣船，而不论该生效法律文书是否涉及海事请求。事实上，地方法院的

---

① 见 1985 年《国际扣船公约修正草案》第 1 条第 1 款。
② 关于南非可以扣押船舶的 32 种海事请求，可参见吴佳贵《南非扣船法律制度和船东的风险规避》，见《海商法研究》总第 3 辑，法律出版社 2000 年版，第 19 页；另可参见贺万忠《当代国际海事诉讼的理论与实践》，知识产权出版社 2006 年版，第 50－51 页。
③ 从严格的字面意义理解，中国法律下关于集装箱以及集装箱协议的争议，不能扣押船舶。但考虑到《海事诉讼特别程序法》第二十一条第（十二）项"为船舶营运、管理、维护、维修提供物质或者服务"的规定，系来源于 1999 年《国际扣船公约》第 1 条第 1 款 l 项"为船舶营运、管理、维护、维修提供物品、材料、给养、燃料、设备（包括集装箱）或服务"的规定，因而认为在中国法律下，任何集装箱和任何集装箱协议所产生的纠纷可以扣押船舶，似符合立法本意。
④ 《海事诉讼特别程序法》第二十二条规定："非因本法第二十一条规定的海事请求不得申请扣押船舶，但为执行判决、仲裁裁决以及其他法律文书的除外。"

生效判决都不应该涉及海事请求,否则便有错误行使管辖权之虞。该"但书"虽说是对"只有关于海事请求的申请才能扣押船舶"原则的一种例外,却符合1999年《国际扣船公约》第3条第3款"对于并非对请求负有责任的人所拥有的船舶也允许扣押,其条件是,根据扣船请求地国的法律,就对该请求作出的判决可以通过对该船的司法变卖或强制变卖执行"的规定。在这方面,南非的法律规定与中国迥然有别。在南非,只有关于海事索赔的诉讼判决或仲裁裁决,才能申请扣押船舶,而不论该判决或裁决是否在南非境内作出;与海事索赔无关的判决或裁决,不得申请扣船。

对于可扣押船舶的海事请求范围的限定,中、南两国法律各有特色。中国法律虽然规定了22种情况下可以扣押船舶,但对于生效的并不涉及海事请求的法律文书强制执行时仍可扣船的规定,大大地突破了允许扣船的22种情况,理论上可扣船舶的范围几乎不受限制。然而,在笔者近8年的海事司法实践中,仅见过一宗非海事请求的民事案件生效判决书执行时需要扣押船舶的情况①,更多见的是生效仲裁裁决书和公证债权文书执行时需要扣船,而后者或多或少都涉及海事纠纷。可见,非因海事请求而扣船的案件比例还是非常低的。南非法律下可扣押船舶的海事请求范围之广,甚至有兜底的"任何性质为海运或者海商的其他事项"均可扣船的规定,但无论如何,当不涉及海运、海商的生效裁判文书在执行时,不得扣押船舶。因此,从中、南两国法律的实际运作效果来看,总体来说两国还是将扣船的理由限定在海事、海商纠纷范围内,并非可以随心所欲地扣船。

四、中、南两国法律关于可以扣押船舶范围的规定

在中国法律之下,可以扣押船舶的范围分为两大类,即扣押当事船和姐妹船。所谓当事船,是指发生海事请求的船舶,但不以发生海事请求的当航次为限,只要是发生海事请求的船舶,无论何时,都属当事船。② 依《海事诉讼特别程序法》第二十三条第一款规定,有以下五种情况之一的,海事法院可以扣押当事船:(1)船舶所有人对海事请求负有责任,并且在实施扣押时是该船的所有人;(2)船舶的光船承租人对海事请求负有责任,并且在实施扣押时是该船的光船承租人或所有人;(3)具有船舶抵押权或者同样性质

---

① 此外,笔者还遇到过一宗法律未规定的情况:原告因房屋租赁纠纷向地方法院起诉,并申请查封了被告的财产,案外人自愿以自有船舶为原告的财产保全申请提供反担保,地方法院就此委托海事法院活扣押案外人的船舶。

② 参见金正佳、翁子明《海事请求保全专论》,大连海事大学出版社1996年版,第71页。

权利的海事请求，而不论该船舶是否仍属于发生海事请求时的船舶所有人所有；（4）有关船舶所有权或者占有的海事请求；（5）具有船舶优先权的海事请求。而对于姐妹船的扣押，根据《海事诉讼特别程序法》第二十三条第二款规定，"可以扣押对海事请求负有责任的船舶所有人、光船承租人、定期租船人或者航次租船人在实施扣押时所有的其他船舶"，即姐妹船。

在南非法律下，可以扣押的船舶除了当事船之外，最富特色、也最具争议的就是关于扣押"关联船舶"（associated ship）的规定。[①] 根据《海事管辖规则法典》第3条第7款第a项的定义，关联船舶是指除当事船舶以外的下列船舶：第一，在海事诉讼开始时，其所有权人与海事请求产生时当事船的船舶所有人同属于一人；第二，在海事诉讼开始时，其所有权人即是在海事请求产生时控制着当事船舶所属公司的人；第三，在海事诉讼开始时，其所有权人归属于某公司，该公司受控于在海事请求发生时当事船舶的所有人或在海事请求发生时控制着当事船舶所属公司的人。[②]

在以上南非法律关于关联船舶三种情况的定义中，第一种情况属于我们通常所说的姐妹船，即同一船舶所有权人所拥有的船舶。而第二、第三种情况则不是姐妹船的概念所能涵盖的，它以直接或间接地拥有或控制船舶或船公司为联结点，将通常情况下不相干的船舶"关联"起来，从而确定为关联船舶并予以扣押。譬如，A、B两个具有独立法人资格的巴拿马公司，各自拥有单船X轮和Y轮，如果A公司和B公司都是由C公司通过股权而拥有和控制，则X轮和Y轮就是关联船舶，Y轮的货损货差纠纷，就可以在南非以关联船舶的名义扣押X轮。[③]

关联船舶最核心的概念就是"拥有"和"控制"。《海事管辖规则法典》第3条第7款第b项规定的"拥有"极为宽松，即只要大部分船舶投票权或

[①] 杨良宜先生将其译为"联营船舶"。参见杨良宜《海事法》，大连海事大学出版社1999年版，第53页；杨良宜《外贸及海运诈骗货物索赔新发展》，大连海运学院出版社1994年版，第144页。

[②] AJRA 3(7)(a)：(i) Owned, at the time when the action is commenced, by the person who was the owner of the ship concerned at the time when the maritime claim arose; or (ii) Owned, at the time when the action is commenced, by a person who controlled the company which owned the ship concerned when the maritime claim arose; or (iii) Owned, at the time when the action is commenced, by a company which is controlled by a person who owned the ship concerned, or controlled the company which owned the ship concerned, when the maritime claim arose.

[③] 参见杨良宜《海事法》，大连海事大学出版社1999年版，第53－54页。

者船舶的较大部分价值或者股份由同一人拥有,即可被视为船舶由同一人拥有。① 所谓"控制",是指一个人只要具有直接或间接的权力控制公司即视为控制了该公司。② 间接控制是一个十分不确定的概念,可以是通过一个中间环节或者若干个中间环节进行间接控制,而控制的方式、方法亦不确定,可能是通过股权控制,亦可能是通过行政管理或者其他方式控制。另外,当租船人或者分租船人而非船东对海事索赔负有责任时,租船人或者分租船人应视为拥有船舶。③

南非法律正是通过拥有、直接控制、间接控制等概念,另将船舶租用视为船舶拥有④,建立起了一个十分奇异的关联船舶制度。该制度"不仅提供原告一种获取利益的方式,而且提供了额外的可供选择的被告"⑤,从而使船舶在南非遭遇扣押变得不可预测,令单船公司、国有船东防不胜防。

五、中国船舶在南非被扣押的实例分析与对策研究

据统计,自 1992 年大河船运公司所属"巨鹰"轮被扣押起,至 2003 年中远散货运输有限公司所属"孟海"轮被扣押止,共有 7 艘中国国有船舶在南非遭遇以关联船为名义的扣押。仅 2000 年 3 月 24 日至 2003 年 4 月 10 日的三年时间里,中国远洋运输(集团)总公司所属的船舶就有 5 艘因关联船舶被南非法院扣押,该公司共提交了 836 万美元的担保以使船舶获释,其生产经营无端地受到严重干扰。⑥

现择广州远洋运输公司(以下简称"广远")所属"乐从"(Le Cong)轮被扣案进行研讨,以期能得出有益的结论。

---

① AJRA 3(7)(b):(i) Ships shall be deemed to be owned by the same persons if the majority in number of, or of voting rights in respect of, or the greater part, in value, of, the shares in the ships are owned by the same persons.

② AJRA 3(7)(b):(ii) A person shall be deemed to control a company if he has power, directly or indirectly, to control the company.

③ AJRA 3(7)(c): If at any time a ship was the subject of a charter-party the charterer or sub-charterer, as the case may be, shall for the purposes of subsection(6) and this subsection be deemed to be the owner of the ship concerned in respect of any relevant maritime claim for which the charterer or the sub-charterer, and not the owner, is alleged to be liable.

④ 1999 年《国际扣船公约》和中国《海事诉讼特别程序法》也有关于将租船人视为船舶所有人的类似规定,但仅限于光船承租人。显然,南非将租船人视为船舶所有人的范围要比该公约和中国法的规定宽泛得多。

⑤ Andrew Pike:《南非扣船法律的最新动态》,李爽、张丽译,载《中国海商法年刊》(2000)第 11 卷,大连海事大学出版社 2001 年版,第 312 页。

⑥ 周献恩:《关联船舶怎能如此关联》,见网页(http://www.guohang.org/bbs/dispbbs.asp?boardid=50&id=3977),访问日期:2007 年 8 月 16 日。

广远所属的"乐从"轮于2002年3月10日挂靠南非德班（Durban）港。3月12日，"乐从"轮被南非高等法院德班及沿海派出庭扣押，其扣押令指出：扣船申请人国际海运有限公司（International Marine Transports S. A.）称，汕头经济特区化工石油气总公司（以下简称"汕头公司"）期租其所属的"Gas Progress"轮，租期届满后一直未付清租金270万美元、利息130万美元。鉴于广远与汕头公司均为中华人民共和国的国有企业，同时受中华人民共和国政府控制，根据南非1983年《海事管辖规则法典》及其1992年第87号修正案第3条第（6）款、第（7）款的规定，在海事索赔中，对物诉讼除了可以通过扣押当事船舶提起外，还可以通过扣押当事船的关联船舶而提起。根据广远和汕头公司都被"中华人民共和国政府控制"这一联结点，"乐从"轮即被视为"Gas Progress"轮的关联船舶而被扣押，其被要求提供408万美元的担保作为解除扣押的条件。

为尽快使该轮获释，广远请求英国汽船保赔协会出具了担保，并由中国船东互保协会向英国汽船保赔协会提供了反担保，广远为此向该互保协会支付担保总金额1%（40,800美元）的担保费用。南非法院在收到英国汽船保赔协会的担保函后，裁定解除扣押。3月20日，"乐从"轮获释。①

2002年7月4日，广远向南非高等法院德班及沿海派出庭提出撤销扣船令并返还担保的申请，并于2002年7月2日、2003年3月13日和11月20日三次向南非法院提供证人证词。2003年11月24日，南非法院开庭审理该案。2004年11月30日，南非德班法院对"乐从"轮被扣案作出一审裁决，宣布广远获胜，扣船申请人国际海运有限公司退还中国远洋运输（集团）总公司（系广远的股东）提交的408万美元的担保。12月1日，国际海运有限公司提出上诉。② 2005年11月2日，南非最高法院上诉庭（The Supreme Court of Appeal of South Africa）开庭审理该上诉案，11月23日作出终审判决，认定：广远系中华人民共和国中央直属企业，汕头公司系汕头市五洲集团公司投资组建，是汕头市市属国有企业；中华人民共和国不同层级的政府设立的国有企业所拥有的船舶，不构成1983年《海事管辖规则法典》第3条

---

① 参见杨慧、游春亮《南非扣船引发离奇诉讼》，载《法制日报》2002年7月13日。
② 参见轶名《我轮船被扣案一审获胜》，见网页（http://za.mofcom.gov.cn/aarticle/jmxw/200412/20041200317628.html），访问日期：2007年8月18日。

第6款所规定的关联船舶,① 即广远的"乐从"轮不是汕头公司租用的"Gas Progress"轮的关联船舶。

2002年5月23日,广远在广州海事法院对汕头公司提起返还不当得利诉讼,请求判令汕头公司向广远返还因"乐从"轮在南非被扣而造成的担保费用损失40,800美元,并要求被告提供与国际海运有限公司之间存在纠纷的租船合同相关文件和证据,积极前往伦敦参加仲裁。② 该案因广远在南非提起的撤销扣船令案胜诉而于2005年12月12日撤诉。

对"乐从"轮被南非法院扣押一案,有以下四方面的法律问题和应对之策值得重视。

(一)对南非扣船规定特别是关联船舶制度的法理定位

南非作为一个主权国家,如果其国内法与公认的国际法基本原则相抵触,如南非以前实行的种族隔离政策,则国际社会即可对其实施经济制裁、禁运等强力干预,而不构成对其内政的干涉。但是,作为主权国家的南非,对扣押船舶制定什么样的法律,完全是其主权范围内的事情,只要不与公认的国际法基本原则抵触,国际社会就无权干预。③ 换言之,对南非的扣船法律规定,无论是制定法还是判例法,亦无论是关联船舶制度还是刺破公司面纱的规定,就其本质来说,完全是南非的内政问题,根据不干涉他国内政的国际法基本原则,其他国家或者国际社会无权对其采取强制性措施。

因此,我们必须认可南非扣押船舶法律规定包括关联船舶制度的合法性,即它是南非合法的立法机关在合法的程序下制定的合法的法律,在南非领域内具有不可置疑的法律效力。只有在此前提下来探寻如何避免中国国有船舶在南非遭遇不公正扣押的问题,才具有现实意义。

(二)南非关联船舶制度产生的根源

南非的关联船舶制度,是航运法律领域姐妹船扣押、单船公司制度以及公司法上揭开公司面纱运动等综合影响并极端化的产物。

1952年《统一扣押海船若干规定的国际公约》首次以国际公约的形式规定了对姐妹船的扣押,其严格的条件限制是姐妹船必须为同一船公司所拥有的船舶。针对姐妹船扣押的风险以及公司责任限制、银行借贷等因素的考虑,

---

① Ships owned by "state-owned enterprises" established at different levels of government in the People's Republic of China are not "associated" ships within the meaning of s 3(6) of Act 105 of 1983. 南非最高法院上诉庭的裁决书由广东海利律师事务所樊树安律师提供,在此致谢。

② 参见杨慧、游春亮《南非扣船引发离奇诉讼》,载《法制日报》2002年7月13日。

③ 参见王铁崖《国际法》,法律出版社1981年版,第76页。

自20世纪60年代起,单船公司的结构形式开始流行起来,以避免姐妹船被扣,同时,也可以使船公司所承担的民事责任仅限于所拥有的资产——单船。换言之,单船公司充分体现了公司法人制度的三大原则:公司财产与股东财产分离,公司具有独立人格,股东承担有限责任。① 然而,单船公司与其他一般公司一样,都存在着股东滥用权利、损害公共利益,使非法行为合法化、保护欺诈等道德风险,为此,揭开公司面纱运动在航运法律领域开展起来,以之否认单船公司的独立法人人格,听凭债权人直接追索公司背后股东的责任。南非的关联船舶制度,以对物诉讼为起始点,在扣押姐妹船的基础上更进一步,将否认公司法人人格、揭开公司面纱的做法极端化、无条件化,其结果是对国有船舶这一公有制度构成法律歧视,严重违背民事主体及其财产一律平等的民事法律基本原则。

(三) 在南非法律下国有船东的应对措施

"权利斗争是权利人受到损害,对于自己应尽的义务。"② "乐从"轮被扣押后,广远采取了四方面措施:一是积极提供担保,使船舶获释;二是在广州海事法院提起返还不当得利诉讼,状告汕头公司;三是在南非法院提起撤销扣船令返还担保的诉讼;四是敦促汕头公司积极参加在伦敦提起的租船合同仲裁程序。特别是广远在南非法院提起的撤销扣船令返还担保的诉讼,已经取得了终审胜诉,可能为中国国有船舶在南非被扣押问题的解决创立一个非常有益的判例。③ 换言之,南非是一个混合法系的国家,与其徒劳地批判南非法律的不合世界潮流,不如就适当的案件精心诉讼以获取胜诉判决,并促使其判决法律化即推动该判决成为该国的判例法。

我们知道,法律规定具有抽象性,南非关联船舶中的"直接控制"与"间接控制"船舶的规定亦不例外,特别是关于"间接控制"的规定就有许多空间供扣船申请人去发挥。事实上,扣船申请人正是以中国政府"间接控制"了国有企业来建立起国有船舶的"关联"性的。在"乐从"轮案中,扣船申请人就认为广远和汕头公司同属国有企业,同为中国中央政府所控制,从而说服法院同意扣押"乐从"轮的。

---

① 参见朱慈蕴《公司法人格否认法理研究》,法律出版社1998年版,第1页。
② [德]耶林:《为权利而斗争》,转引自王泽鉴《民法总则》,中国政法大学出版社2001年版,第5页。
③ 该案终审判决只认定了中华人民共和国不同层级的政府设立的国有企业所拥有的船舶不构成关联船舶,且是以扣船申请人国际海运有限公司提交的证据不足而判其败诉的。如果以后的类似案件,扣船申请人的证据充分的话,可能会产生另外的判决结果。因而目前还不能肯定"乐从"轮案在南非已成为具有法律拘束力的判例。

作为船东一方，也可以利用法律的抽象性，尽可能地将案件事实和法律原理相结合，将法律没有明确的"间接控制"的空间进行有效限制，以排除国有船舶的"关联"性。中国从1993年开始建立市场经济体制，在2001年加入世界贸易组织后，市场主体的法律独立性进一步增强，中国政府"间接控制"国有企业的论断在法律上和现实中都没有了任何根据，因而中国政府"间接控制"国有船公司和其他国有公司的说法亦不成立。可以断言，国有船公司在法律上和现实中的独立地位，为国有船舶在南非遭遇扣押的法庭抗辩提供了有力证据，在南非法庭上成功压缩"间接控制"的空间是可以期待的。广远在"乐从"轮案的一系列操作，正是往这一方向努力，其已经取得的成果颇令人鼓舞。

（四）以外交、经贸等手段敦促南非修改法律

法律是一个国家政治、经济、文化、贸易、军事等综合实力相互影响的结果。虽说法律是主权国家的内政问题，但在国际社会日益融合的时代，国际社会的行为无疑可以影响一个国家的法律走向。美国屡次以外交、贸易等为手段迫使第三世界国家加强对知识产权的保护，成效非凡。究其原因，一是美国的国家实力极其强大，二是对知识产权进行保护符合文明社会的进步规律，三是第三世界国家的经济发展内在地要求加强对知识产权保护。

南非的关联船舶扣押制度，虽然初衷是揭开公司面纱，使船公司背后的不良股东浮出水面承担法律责任，但在司法运作的过程中，却突破了揭开公司面纱所应有的底线，将本应是民商法律下的"间接控制"扩张为国家行政管理的概念，使现代公司法律制度所应秉持的基本原则受到重大冲击，从而导致公有制下的国有船公司毫无法律和事实根据地受到牵连。可见，关联船舶扣押制度并非现代社会的良法，其反现代公司法理的特性昭然若揭。中国对此展开外交、经贸等方面的交涉，不断地敦促其修改法律，是有望取得成效的。事实上，"乐从"轮案的最终胜诉，与中国的交通、司法、外交等部门不断地与南非政府交涉、施加影响有一定的关系。

· 第八编 ·

海事强制令

在海事强制令制度中引入听证程序及其他救济程序的必要性

——以广州海事法院历年海事强制令案件分析的视角

黄伟青　林依伊　田昌琦

摘要：海事强制令制度是我国《海诉法》特有的一项制度，也是我国诉讼法体系中的新生事物。自2000年《海诉法》颁布实施以来，海事法院在审理涉及海事强制令案件时遇到了一些实务问题，本文认为应准确把握海事强制令制度的适用条件，完善对被请求人的救济程序，最后对立法修改提出建议。

关键词：海事强制令；救济程序；实证分析。

在海事诉讼法领域，学术界比较关注海事强制令的性质、适用条件、反担保审查以及对被请求人的救济等法律问题，而未经过审理程序的诉前海事强制令案件，尤其是关注的焦点。《中华人民共和国海事诉讼特别程序法》（以下简称《海诉法》）从2000年7月1日开始施行。笔者将所在的广州海事法院在《海诉法》实施后十二年（即2000—2012年）的诉前海事强制令案件进行了整理和归纳①，从审判的视角考察分析这些案件的类型和特点，重点探讨如何准确把握海事强制令的适用条件以及如何完善对被请求人的救济程序。以下分三个方面对上述两个问题进行论述。

一、广州海事法院诉前海事强制令案件的分析

从2000年7月至2012年7月，广州海事法院共受理232宗诉前海事强制令案件，其中2000年1宗、2001年3宗、2002年6宗、2003年3宗、2004年7宗、2005年7宗、2006年13宗、2007年11宗、2008年49宗、2009年19宗、2010年15宗、2011年20宗、2012年78宗。

（一）关于案件受理情况的分析②

1. 诉前海事强制令案件总量不大，但近年稳步增长。2000—2012年，

---

① 本文所涉诉前海事强制令案件均已经结案。
② 本统计数据仅指诉前海事强制令，数据截至2012年7月1日。

广州海事法院从最初的每年受理1宗诉前海事强制令案件发展到2012年的78宗。近年来，案件数量都在两位数且呈逐年稳步增长趋势。该类案件总量不大，一般仅占全部诉前案件比例的6%左右，相对全部诉前和一审海事海商案件的比例就更低，仅占2%左右。由于2012年产生了系列案，因此所占比例略高一些。由此从统计数据得到的结论之一——在广东海事审判中诉前海事强制令案件总量不大，但逐年稳步增长。笔者分析其原因认为，《海诉法》对我国大多数当事人甚至律师而言比较专业，其中海事强制令的规定更是一个很新的制度，在不了解和不掌握的情况下，一般人是不会首选该程序来保护自身权益的。从事海事司法工作的法官和律师还有责任多对这个制度进行研究和宣传，扩大它的积极影响。

2. 诉前海事强制令案件的类型逐渐多样化。根据《海诉法》立法草案说明①，一般认为有四种基本类型的海事强制令：（1）交付货物类；（2）签发、交付提单类；（3）交回船舶类；（4）提取货物类。其中以交付货物类案件数量最多，达127宗，占全部强制令案件的55%。在审判实践中，广州海事法院还出现了以下新的海事强制令类型：（1）交回船舶属具类；（2）对船舶或货物检验类；（3）禁止非法留置船舶类；（4）排除海域使用权妨害类；（5）交回错发第三人货物类；（6）其他类②。

海事法院在受理和审理诉前海事强制令的过程中，面临纷杂多样的具体海事请求，如何准确把握法定的海事强制令的受理标准和适用条件，是一个重要的问题。签发提单（建议签发提单与签发提单合并统计），因为《海诉法》第五十一条规定的比较宽泛，海事法院根据海事请求人的申请，为使其合法权益免受侵害，可以责令被请求人作为或者不作为。该条文没有就何谓"作为或者不作为"进行明确规定，因此，海事法院在受理具体的海事强制令申请时，一般较为审慎。再结合《海诉法》第五十六条关于海事强制令的三个适用条件看，其第一个条件何谓"具体的海事请求"也没有明确规定，所以海事法院面对新类型的强制令请求时审查就比较严格和审慎，我们认为这是造成诉前海事强制令案件总量不大的另一个原因。

---

① 1999年8月24日，时任最高人民法院副院长李国光向八届全国人大常委会作了《关于提请审议〈中华人民共和国海事诉讼特别程序法（草案）〉的说明》，其中就海事强制令所作的说明中就列举以下几种情形：货主要求承运人接收货物后签发提单或者及时交付货物，承运人要求托运人及时结关或者要求收货人及时提货，以及船舶所有人要求租船人交回船舶等。

② 其他类别包括：a. 托运人请求未通过船舶安检的承运人卸下货物转船；b. 船舶所有人请求经营人交还船舶证书以年检；c. 承租人请求出租人履约不得收回船舶；d. 救助人请求被救助人未提供担保不得提走被救助货物；e. 请求停止侵害申请人的所有权。因分别仅有1宗，故并成其他类。

3. 启动诉前海事强制令案件一律责令请求人提供足够的反担保。曾有英国法官将"玛尔瓦禁令"（Mareva injunction）和"安通皮勒命令"（"Anton Piller" Order）并称诉讼法中的两大"核子武器"，可见其威力和危险性之大，因此在英国法中，对安通皮勒命令和"中间禁令"的限制是很严格的。比如要求请求人律师以"宣誓书的证据"（affidavit evidence）加上文件"证件"（exhibits）向法官提供一个"全面和坦率的陈述"（full and frank disclosure），而如果内容有错漏，会遭受法官惩罚性地否决/撤销原来的禁令，情况严重的甚至会构成藐视法院的刑事罪。① 而我国对启动海事强制令程序的保障是不甚严格的，《海诉法》第五十四条规定了书面的形式要件，要求载明申请理由并附有关证据。但第五十五条仅规定"可以"责令海事请求人提供担保，第六十条规定请求人申请错误的应赔偿对方的损失，但没有如第五十九条对被请求人那样上升到罚款、拘留等制裁甚至追究刑事责任的高度。因此虽然《海诉法》第五十五条前一句规定是"可以"责令海事请求人提供担保，但是考虑诉前案件的性质和海事强制令的"核武器"特点，为避免在启动强制令程序时容易造成偏向请求人的不良影响，广州海事法院受理上述232宗案件后，一律责令请求人提供反担保，以保护被请求人的权益。

强制令案件中主要有以下3种反担保的方式：现金、房产等财产担保，金融机构、保险公司或船东互保协会的保函担保，以及有资信的大型集团公司的保证担保。反担保的数额因海事请求的性质和争议的具体内容而有所不同，一般相当于引发需要纠正被请求人的行为的争议金额，结合考虑如果错误申请强制令可能给被请求人造成的损失数额。

（二）案件审理情况的分析

1. 是否存在撤销以及具体撤销的情况。232宗准许海事强制令申请的案件中，仅有5宗撤销，案件号分别是（2002）广海法强字第3号（以下简写为"2002强3"）②、（2005）广海法强字第6号（以下简写为"2005强6"）、（2008）广海法强字第32号（以下简写为"2008强32"）、（2008）广海法强字第47号（以下简写为"2008强47"）及（2009）广海江强字第18号（以下简写为"2009强18"）。撤销的强制令数量相当之少，一方面表明海事法院在立案审查阶段比较审慎，故作出准许海事强制令裁定后不容易出现错误的情况；但另一方面也表明一旦作出海事强制令后，法官的看法和观点就容

---

① 杨良宜、杨大明：《禁令》，中国政法大学出版社2000年版，第19页。
② 本文提及的案件号均如此简写。

易先人为主，很难通过救济程序予以改变，这也可能是海事强制令的一种缺陷。

下面具体看这5宗撤销的案例。2002强3案是船舶承租人请求出租人履行租约不得在租期内收回船舶。海事法院作出海事强制令后，因被请求人提出异议认为请求人未履行主要义务即付租金，经查明请求人确实未付租金，与其在申请强制令时提出已履行合同义务的主张不符，故裁定撤销海事强制令。

2005强6案是光船出租人请求光船承租人按租约规定的2005年的某一日前交回船舶。海事法院作出海事强制令后，被请求人提出异议并提供了一份租约，该租约除了还船期限外其他的与请求人的一模一样，而该期限是2006年的某一日，显然还没有到期，因此无法通过强制令程序查明两份合同的真伪，故裁定撤销海事强制令。

2008强32案中，请求人以被请求人侵犯了自己对集装箱的所有权为由，向海事法院申请强制令，要求被请求人交还上述集装箱。后经法院查明：被请求人在与第三人的货物合同运输中，第三人拖欠被请求人的货款的事实得到深圳盐田区人民法院确认。海事法院认定被请求人拒绝交还上述集装箱符合法律规定，遂裁定撤销强制令。

2008强47案是托运人请求承运人交付提单。海事法院签发强制令后，被请求人认为其与请求人没有业务往来，且没有持有案涉提单，因此提出复议申请，请求撤销裁定书。海事法院分别向被请求人、第三人、领取提单的自然人调查取证并组织请求人与被请求人参加听证。听证会后基于被请求人已举证证明其在请求人申请前已经不持有涉案两套正本提单，海事强制令责令其向请求人交付提单无法执行，法院裁定撤销民事裁定书和海事强制令。

2009强18案中，请求人接受涉案货物运输承运人的委托，将货物运至港口后，被请求人持副本提单提货。请求人误以为该副本提单为正本提单而将货物交付给被请求人。后请求人要求被请求人交回正本提单，但被请求人称货物质量有差异，拒绝与发货人办理赎单手续。请求人因此向法院申请海事强制令，要求责令被请求人向请求人交付该货物的正本提单或返还该提单项下货物。法院作出强制令后，被请求人在法定期限内提起复议申请，称其所持有的提单已经交付给请求人，没有请求人所称的正本提单可交付，且该货物已处理完毕，所有权发生了流转，因此海事强制令不具有可执行性。被请求人提起复议后，法院召集了涉案相关人举行了听证程序，经查明，该提单项下货物的所有权确已转移给第三方。请求人也提出撤回海事强制令的申请。法院最终裁定准予请求人的撤回申请，撤销已作出的裁定和强制令。

撤销海事强制令的后果仅为导致强制令程序的终结，并不能代替错误申请海事强制令的庭审程序，且撤销海事强制令并不必然意味着申请是错误的。比如，被撤销的 2005 强 6 案在随后的实体海事纠纷中，被一审程序中委托的鉴定机构鉴定认为被请求人提供的合同系伪造，因此实体案件被请求人的本、反诉均败诉，还面临法院对其以伪造证据行为予以处罚的后果。

2. 是否存在复议、异议以及对复议、异议的解决。232 宗案件中被请求人以复议、异议等形式书面正式向法院提出的有 127 宗，如前所述，其中 5 宗因此而产生了撤销海事强制令的后果，其他的案件也基本存在口头或书面抗辩的情形。但总的来说，对《海诉法》第五十八条规定的当事人的复议程序和利害关系人的异议程序，在我们看来，很多当事人是"三不"局面——即"不知、不会和不愿"。从卷宗材料的记载看，广州海事法院对于书面形式的复议、异议甚至抗议都有回应，虽然回应不等于一定要改变决定，但是从数据上看，在 2011 年以前，驳回复议申请的是绝大多数，在 2011 年以后，这种情况基本消失了，其原因本文随后详述。因此，我们就诉前海事强制令案件数量不大的原因，提出另一个方面的设想：海事强制令制度在救济程序的设计上存在局限性。

我们认为，复议和异议在程序设计上的救济功能并没有在司法实务案件中充分发挥出来，甚至有其天然的缺陷，理由有三个：首先，申请海事强制令的一个要件是"情况紧急"，所以作出裁定后给被请求人的时间也是紧迫的，海事强制令往往限定被请求人在很短的时间内必须履行，否则就可能遭到《海诉法》第五十九条的制裁，在很短的时间内被请求人很难充分地举证或准备复议理由，这对被请求人及其律师而言是一个难度很高的考验。其次，《海诉法》第五十八条规定可以复议一次，由海事法院作出复议决定，但是没有明确规定复议的具体程序，以及复议决定权的行使标准。一般的行政复议都是两级复议，第二个复议机关必须是作出行政行为的上一级机关；而在这里，海事法院作出复议决定后，当事人还不服的能否再向上一级法院复议或申诉没有法律规定，实践中虽有但也无明确的法律依据。最后，《海诉法》第五十八条还规定复议期间不能停止裁定的执行，因此被请求人面对海事强制令明显处于程序上的劣势，如果海事强制令的具体请求是能够改变实体法律关系现状的重大行为，一旦履行则回转艰难甚至不能，则被请求人的复议之举似乎变成徒劳的无力反抗，还不如再申请一个反向的海事强制令来得及时，也不如马上向法院提出错误申请强制令的赔偿诉讼来得彻底。这样实际上制度的设计缺陷在现实中导致纠纷和矛盾激化，如果司法者和执法者的水平又不够高，则将是一件很棘手和充满危机的事情。

3. 是否引入听证以及听证后的处理。在232宗海事强制令案件中，共有110宗案件引入听证程序（其中2011年以后举行听证案件有97宗），占所有海事强制令案件的47.41%（2008强10至15、2008强47、2009强18、2010强5至10、2011强1至18、2011强19至20、2012强3、2012强4至78）。这些听证会主要有两种类型：（1）立案后、执行前的前置听证会；（2）执行后被请求人或利害关系人提出异议或复议而举行的后置听证会。

下面看两个引入听证会的案例。第一个是听证后置的案例：2008强47案是托运人要求承运人交付提单的案件。法院受理案件后签发了海事强制令，被请求人一直未执行。请求人申请依据强制令强制执行。被请求人以其与请求人没有业务往来，且未持有案涉提单为由提出复议申请，请求撤销强制令。法院举行听证会听证。基于被请求人已举证证明其在请求人申请前已经不持有涉案的正本提单，责令其向请求人交付提单无法执行，法院裁定撤销民事裁定书和海事强制令。第二个是听证前置的案例：2011强19至20案是收货人持正本提单要求承运人放货的案件。请求人持正本提单到法院称承运人在请求人提出正本提单后不放货，违反承运人义务，请求法院作出海事强制令强制承运人放货。法院组织听证会，被请求人辩称请求人所持提单为伪造提单，此外，请求人无其他关联证据如支付对价的凭证、买卖合同、赠与合同等证明其合法持有正本提单。听证会后，请求人提出撤回海事强制令，法院裁定准许其申请。

在上述引入听证程序的110宗案件中，听证会后请求人撤回请求的有96宗，被法院撤销的有8宗，余下6宗法院驳回被请求人的异议。即只有5.45%的海事强制令案件经听证后得到执行，其余的94.54%案件没有得到法院的支持。

（三）分析结论

基于以上数据分析，我们提出以下观点：在目前海事强制令的立法框架下，首先，应着重解决好如何准确把握其适用条件的问题，这是"入口"问题。其次，应重点考虑如何完善对被请求人的救济程序的问题，这是"出口"问题。解决好"入口"和"出口"两个问题，就能较好地建立和疏通管道，使得海事强制令制度成为顺利化解矛盾的利器，而不是积聚和制造矛盾的"炸药"。最后，要通过司法实践去推动立法的修改和完善。从实践情况和上述数据看，要解决好"出口"的问题，引入听证程序显得十分迫切和必要。绝大多数的强制令案件通过听证后，或撤回或撤销或调解结案。由于进行了听证，被请求人有机会在听证会上进行申辩、举证、质证，从而极大地避免了其提出复议、异议甚至是抗议的情况出现。

二、关于如何准确把握海事强制令的适用条件以及引入听证程序和其他救济程序

（一）准确把握适用海事强制令的条件

1. 具体的海事请求。《海诉法》第五十六条规定的第一个条件是海事强制令的基础，是指请求人有具体的海事请求，但这一规定本身就不够具体。何谓"具体"，从哲学角度讲，"具体"应相对于"抽象"而言，应该是可以认知、可以预见的；从法理的角度，结合《海诉法》第五十一条的规定，"具体"应该是有作为性质和内容的请求（包括作为和不作为两种）；从管辖的角度讲，具体的海事请求不能脱离《中华人民共和国民事诉讼法》（以下简称《民事诉讼法》）第一百零八条的大范围，即属于人民法院可以主管的民事请求，同时还必须是海事法院可以受理和审理的海事请求，可结合《最高人民法院关于海事法院受理案件范围的若干规定》等司法解释去分析判断。

具体的海事请求还应该理解为具有执行内容的海事请求，以及在某一个海事法院司法管辖的地域范围内的要求。另外，海事法院还必须考虑该海事请求一旦需要强制执行时的可能性、经济性和社会影响，不宜出现作出裁定容易但实际执行很困难甚至不可能执行的情况；也不宜出现虽能执行，但执行的成本远超过其能产生的效益的情况；更不能出现法律虽未明确否定，但执行该请求会产生不良社会影响甚至明显危害他人合法权益的情况。总之，对这一个"具体"，既应该从小处入手，严格把握法律规定的精神，同时又应该从大局出发，充分考虑法律之外的各种情况，绝不能孤立和简单地处理。

比如，我们可以讨论两宗因排除海域使用权妨害的案件（2001 强 3 和 2004 强 3），其中一请求人持海域养蚝许可证明，请求在其海域养蚝的被请求人撤走养蚝用具和设施，以排除妨害。法院作出海事强制令后，被请求人声称其也具有使用权。另一案中，请求人持有海域使用权证书进行码头建设施工，但被请求人因该码头与其相邻而影响其船舶停靠作业，则拒不移走船舶。法院作出海事强制令后，被请求人提供了有关海域使用权正在行政复议中的证明。两宗案件均涉及海域使用权的权属认定，先不考虑该两宗案件是否构成情况紧急，海事法院依据请求人的单方证据，的确有权作出海事强制令责令被请求人排除妨害，但应该说纠纷的根本——即海域使用权的归属问题没

有解决。不论准许还是撤销海事强制令都没有错，有关海域使用权归属问题不属于海事法院的管辖范围，而是属于行政权力的范围，即使该案进入诉讼，也属于行政诉讼范围。因此，在处理同类型海事强制令的时候，就要充分考虑到该案件在司法之外的情况，虽然是很"具体"的一个请求，但是很可能涉及的问题一点都不简单。

2. 需要纠正被请求人的两种行为。《海诉法》第五十六条规定的第二个条件是海事强制令的核心，分成需要纠正被请求人违反法律规定和合同约定两种情形。一般而言，这是决定海事法院是否准许海事强制令的关键。

第一，需要纠正被请求人违反法律规定的行为。此种申请的审查相对较难，请求人的举证内容不仅包括其是合法的权利人、被请求人存在侵害其合法权益的行为，还包括被请求人的行为有违反法律规定的过错，因此，在实践中准许海事强制令的难度较大。同时，因为法律一般仅规定权利人应受到保护，但权利人受到侵害时具体的损失一般不明确，特别是在诉前阶段，这种损害的程度是否足以申请到海事强制令，以及被请求人是否会存在法定的某些共同、交叉、抗辩或混同性质的类权利或类利益，都很难查明。另外，对情况是否紧急到需要申请海事强制令的理解也不同，所以在司法实务中容易出现偏差。关于这点，本文将随后进行分析。

讨论一下承运人请求收货人允许对货物进行检验提供便利条件的案例（2005强1），承运人船舶承运散装小麦货物抵达目的港并卸货到码头，收货人发现货损提出索赔，承运人为查明货损状况委派鉴定人员对已卸下的货物进行取样以便检验，但收货人拒绝。该案裁定认为请求人作为承运人在卸货过程中收到收货人货损声明的情况下，要求对货物状况进行检验，符合《中华人民共和国海商法》（以下简称《海商法》）第八十三条的规定，准许海事强制令申请。案件的被请求人对此没有提出异议。但是，《海商法》第八十三条规定是收货人在目的港提取货物前或者承运人在目的港交付货物前，可以要求检验机构对货物状况进行检验，本案中如果货物从船上卸到了码头，已经发生了搬运位移，即使进行检验恐怕已不是交接货物前的检验了，检验结论难以确定货损是否发生在承运人掌管货物期间，并不利于划分责任。另外，既然收货人拒绝检验，可见货物已经处于其掌管之下，那么应该是已经发生了交付货物的行为，考虑到《海商法》第八十三条是规定在货物交付前进行检验的情形，所以可能适用该条作出海事强制令值得商榷。如果收货人已提取了货物但拒绝检验的，则要求检验的承运人可以按《海诉法》第六十二条的规定申请海事法院采取海事证据保全措施。

第二，需要纠正被请求人违反合同约定的行为。此种申请的审查虽较前种情形较为容易，但也应注意其特点，否则会发生误差。比如，仅根据一方提供的合同，对于合同的真实性无从判断，该合同有无新的补充规定也不明确能否作出强制令。另外，合同上已提供给请求人的救济手段有无穷尽，也必须注意，避免该程序启动的随意性。在审查此种案件中，尤其应该注意合同相对性问题。对于涉及向第三方履行的合同，或请求人的请求范围超过合同约定范围的情形，以及合同一方因合同相对方的违约行为而请求第三方作为或不作为以避免侵害的情形等，均应该谨慎考虑。

再讨论一下两宗有关同意登轮检验的案例。一宗案例中，承租人请求出租人按租约提供航海和轮机日志，并同意登轮检查主机状况（2004强4），承租人与出租人签订一份租期最少为4个月/约6个月的定期租约，双方在合同上约定"船长应向承租人提供航次报告（包括航海日志、轮机日志）"的条款，以及约定"承租人可以派监理货物的人员随船"的条款。履约5个月后，出租人通知承租人船舶主机存在严重问题需进坞作永久修理，承租人请求出租人提供从签订租约开始至声明发生事故的所有轮机日志和航海日志，并同意派人登轮检验主机状况。承租人在上述请求被拒绝后申请海事强制令，海事法院作出裁定准许了上述请求。

另一宗案例中，承租人请求出租人按租约同意登轮检验锚机状况（2004强6），承租人与出租人在航次租约上约定"检验权利"条款，即无论船舶在港或在航，只要承租人提早书面通知并不影响船舶正常作业，均有权派代表登轮检查船舶，船长和其他船员应给予配合和合理的协助。后船舶发生搁浅事故，承租人的检验请求被拒绝，遂向海事法院申请海事强制令，请求责令出租人许可承租人派人登轮检验锚机。海事法院裁定准许承租人的申请，并作出海事强制令，责令出租人许可承租人的代表登轮检验并给予合理的配合和协助，同时裁定要求承租人代表登轮检验不得影响船舶的正常运作。

以上两宗案例均因当事人一方存在违反合同约定的行为需纠正。值得注意的是，前一宗案件出租人仅违反了提供航次报告的条款，但责令其同意登轮检查主机状况超过了约定的范围，因为约定是承租人可以派监理货物的人员随船，监理货物显然不能等同于检验主机；另外，支持请求人从签订租约开始至声明发生主机事故的所有轮机日志和航海日志的理由似乎并不充分，因为在声明发生主机事故前的日志对查明事实并无意义，且容易使近5个月的资料无端披露，这更像是一个诉前证据保全案件而不是强制令。相比较而言，后一宗案件的裁定就更加规范和审慎，在裁定中还专门提醒请求人不得影响船舶的正常运作，充分体现了当事人在合同约定中的权利义务双重性。该海事强制令纠正的范围因没有超出双方当事人约定的内容，故更加容易为被请求人所接受。因此，对于纠正违反约定行为的情况，应该尊重当事人之间的合理合法的约定内容，同时应避免同意登轮检验类的诉前海事强制令与诉前海事证据保全相混淆。

3. "情况紧急"。《海诉法》第五十六条规定的第三个条件是海事强制令的限制，注意除情况紧急外，法律还规定"不立即作出海事强制令将造成损害或者使损害扩大"。由此可见，不是一有情况紧急就可以作出强制令，而是情况紧急必须达到"迫在眉睫"的程度，即损害已难以避免，或已经发生和正在扩大。请求人必须对此予以举证。当然，这是一个相当自由裁量权的问题，有关这一点本文就不展开论述了。

综上所述，笔者认为适用海事强制令的三个条件必须同时具备，缺一不可：具体的海事请求是基础，有需要纠正的行为是核心，情况紧急是限制。必须十分审慎地审查三个条件。同时，在受理海事强制令申请后，作出海事强制令前，对一些类型的案件可以尝试引入特定的程序。

（二）在适用海事强制令条件时对引入听证等特定程序的尝试

相对于传统诉讼手段而言，海事强制令特别是诉前海事强制令中的作用的确堪称"核子武器"，海事法院在司法实践中也在不断创新，对这一法律武器进行"升级"，以充分适应现代经济与和谐社会的发展，有效发挥其积极作用，规避其不良影响。经归纳和整理，笔者特提出以下3种在法定的海事强制令程序虽未有规定，但在特定案件中进行了尝试的程序，供业界讨论。

1. 听证程序。诉前海事强制令的一个特点是凭请求人"一面之词"即可申请，往往在作出强制令前没有给被请求人答辩的机会，同时也让被请求人有一种遭到突然袭击的感觉。因此，从2011年起广州海事法院主动进行司法公开，对广州本部所有诉前海事强制令申请案件引入行政法领域的听证前置程序——即在立案或作出海事强制令前，先通知请求人和被请求人到法院参加听证会议，给予被请求人充分了解请求内容和发表答辩意见的机会，经过听证会后，根据听证结果再决定是否立案或作出海事强制令。

广州海事法院对立案听证进行了尝试，并取得较好效果。例如，2012强4至78案件，请求人是收货人持正本提单向作为被请求人的承运人提示要求交付共计75个40'集装箱的废纸。请求人称，被请求人以货物在中转港发生费用为由要求收货人负担此项费用并拒不履行换单和交货义务，这导致上述货物滞留在码头，产生费用。请求人请求法院责令被请求人立即将上述货物交付给请求人。请求人提交了相关的证据。此外，请求人还就有关损失向被请求人提起诉讼。广州海事法院经听证，查明收货人指定的卸货港滞港，且其不同意将货物就近卸载在可接收废纸的港口。由此，双方产生纠纷。由于法院无法在短时间内判定货物在中转港的费用应由哪方当事人承担，因此贸然准许请求人的请求而制作强制令显然不妥，这极有可能导致损害被请求人的留置权。但若不打破此僵局，又会导致货物堆存、保管的费用越来越高，不利于经济社会的发展和运转。因此，法院在征得双方同意后当即进行调解。经调解，双方达成协议，请求人向被请求人交纳部分费用和担保后，被请求人放货，请求人撤回请求并撤回起诉。法院裁定准许。

在实践中，我们也注意到，并非所有的强制令案件都适合引入听证程序，对此，本文将进一步阐述；而且，如果通知被请求人参加听证程序但其无正当理由未到时，将承担何种法律后果也不明确。另外，大量引入该程序，将造成海事强制令制度蜕变为审理程序，失去其本身的法律特征，容易造成对请求人的不公。因此，对于强制令引入听证程序需要进一步细化。

2. 询问被请求人程序。诉前海事强制令的一大特点是对被请求人"出奇不意"，但是对于近年来新出现的一类案件——交回错发第三人货物类案件，适用上述特点的效果并不好。此类案件均是因现代物流中大量运用集装箱形式，流动快捷化、交接高效化和数量集约化后，在集装箱交付中容易产生的误发、误领和误留现象，而且一般是错发1～2个集装箱，货值和标的金额一般都不大，性质属于不当得利，容易在成行成市的大型交易市场和集散地发生。错领货物的第三人往往怀着侥幸心理，但又不愿意诉讼法院而愿意大事化小，不希望将矛盾激化。

广州海事法院有针对性地尝试用询问被请求人的程序减低此类海事强制令案件的意外性，增加人性化服务观念。这一做法往往能够事半功倍。如承运人请求第三人交付错发的钢管货物案（2006强5）和承运人请求收货人交付错发的矿泉水货物案（2006强7）。该程序借鉴了民事诉讼法简易程序的规定，受理案件后海事法院在作出裁定前先用电话形式口头询问被请求人是否存在错领货物的事实，并可针对情况进一步做工作，向当事人释明海事强制令的法律后果，敦促被请求人交回错发的货物。该做法一般能收到较好的效果，其自动履行率较高。

3. 向第三方调查程序。《民事诉讼法》规定，人民法院有权向有关单位和个人就案件事实进行调查，在诉前海事强制令案件中，如果涉及第三方了解被请求人是否存在需要纠正行为的情形时，法院可以向该第三方进行调查，这就是引入向第三方调查程序的法理。该程序有助于查明事实真相,并对正确作出海事强制令提供事实依据。如承运人请求货主提供担保后提走返运货物案(2006强9),请求人以被请求人运往美国的货物未经熏蒸而被美国海关强制退运回国,但被请求人拒绝提走返运的货物为由,申请海事强制令。接受申请后,广州海事法院向返运目的港海关进行了调查,裁定准许并作出海事强制令。

三、关于如何完善对被请求人的救济程序

(一)完善救济程序的重要性和必要性

从本文第一部分的实证分析中,我们可以发现,对被请求人的救济制度是否完善,是立法和司法界需要重点考虑的第二个问题。前面已经提到,在仅凭请求人"一面之辞"就可能申请到强制令的情况下,如何完善对被请求人的救济程序,对于体现司法公正和程序正义显得十分重要。在笔者翻阅卷宗和整理案件材料时,经常能够看到很多被请求人对于海事法院作出的海事强制令表示出不解、不满或不快,虽然最后都能够按海事强制令的要求履行,但也反映了当事人在一定程度上对这一制度公正性存有质疑。

从《海诉法》的规定看,海事强制令在送达被请求人之前并无给予其答辩的程序设计,送达后法律仅给予被请求人一次复议的救济机会。笔者认为这是不够的,理由包括:(1)因为复议决定权仍由作出强制令的法院而不是第三方来行使,而一般法院在已经作出强制令的前提下,改变态度转而撤销海事强制令的机会是很微小的,所以我们在上述实证分析中就发现经过复议程序而撤销强制令的例子占比很小。(2)除复议外,现行法律对被请求人的救济程序设计,还有就海事强制令的纠纷向法院提出诉讼救济的途径,特别是可以提出错误申请海事强制令损害赔偿纠纷,但是显然,该诉讼已不是海事强制令的案件内救济,而是一个新的诉讼程序。(3)财产和证据保全程序,均没有改变当事人之间的现状,且恰恰是对现状的一种维护和固定;相对而言,海事强制令则直接支持了请求人的实体要求,改变了当事人之间的现状(虽然是违反合同约定和法律规定的不被保护的现状),但这一改变没有通过诉讼程序去解决,很容易在保护一方当事人利益的同时,危害甚至损害对方当事人的利益,且这种改变是很难予以再次恢复的。所以,在英国法里,对这个被法官称为"核子武器"的制度给予诸多限制,但同时在救济的方式和方法上则也显得没有太多的作为,看来这属于法律制度设计的问题。

(二)完善救济程序的建议

1. 对海事请求人课以推进诉讼进程的法定义务。海事强制令的功能是避

免即发的侵权行为，维持现状直至案件作出生效判决；或者为阻止已经存在的侵权行为，临时采取某种措施避免损害的扩大或避免重大损害的发生。对于维持现状直到案件作出生效判决的海事强制令，表现形式通常为责令被请求人消极地不作为，因而可称之为阻止型海事强制令或海事阻止强制令；对于责令临时采取某种措施避免损害扩大或避免重大损害发生的海事强制令，表现形式通常为要求被请求人积极地作为，可相应地称之为履行型海事强制令或海事履行强制令。无论是海事阻止强制令还是海事履行强制令，都是临时性的保全措施，并非对争议事项作出终局性的决断，因此，法院在发出海事强制令的同时，应要求海事请求人承担推进诉讼进程的法定义务。如果在诉前申请海事强制令，则法院作出海事强制令的同时应责令请求人在30日内提起诉讼，否则法院将撤销海事强制令；如果是在诉讼中申请海事强制令，则请求人在获得海事强制令后仍应推进诉讼进程，以期法院对争议事项作出终局性决断，除非双方因和解而撤销诉讼。现行海事强制令的规定，并未要求请求人提起诉讼，在实践中常常是因海事强制令的发布而直接了断了双方的纠纷，因而对海事强制令到底是保全令还是执行令使人颇感疑惑。对于诉前扣押船舶或其他财产，法律中均有规定必须在一定时间内提起诉讼，尽管审判实务中也常见因诉前扣押船舶或财产而了结纠纷的案例，但因为有推进诉讼进程的义务性规定，所以其作为保全措施的法律属性还是十分明确的。海事强制令课以请求人推进诉讼进程的义务，可以避免海事强制令法律属性不明朗的缺陷，给法律运用者以明确的路径指引。

2. 听证程序。（1）听证前置程序。对于前述阻止型海事强制令，因其维持现状的属性且请求人有推进诉讼进程之义务，故可以不经过言辞辩论的程序，直接由海事法院进行书面证据材料的审查，嗣后发布海事强制令。而对于履行型海事强制令，特别是强制放货类型的案件，则应召开听证会，其目的是听取当事各方的陈述和申辩，围绕强制令法定的三个要件进行基本的举证、质证，以保证法院的决定尽可能正确。法院依据听证的结果决定是否准许请求人的申请以及反担保的数额。（2）听证后置程序。听证后置程序是指因情况十分紧急且无法及时通知到被请求人，而由法院书面审查请求人单方面的证据材料后发布海事强制令，但在强制令送达被请求人后48小时内举行听证会，聆询请求人和被请求人双方意见的程序。这是对被请求人进行的一种救济程序，对于被请求人而言，听证后置程序的目的不在于阻却海事强制令的发布，而在于撤销错误的海事强制令。这是与听证前置程序的区别。

另外，听证后置程序还可以对已经发出的海事强制令进行查漏补缺，如因请求人单方不实主张而导致担保不足够的情况，可在该程序中由被请求人请求海事法院追加。在司法实践中，广州海事法院的尝试是托运人请求因换单费发票事由而拒签提单的承运人签发提单案（2005强2）。还有调整因请求人错误认为被请求人主体是需要纠正行为主体的情况，不过也有观点认为，一旦被请求人能够证明主体错误，则该海事强制令就不是面临调整主体的问题，而是面临整个撤销的问题。

3. 二级复议程序。本文前面已经提到，一次复议不仅没有提高复议机关的层级，更没有延长有限的复议期间，导致被请求人或利害关系人在最长也仅有10日的复议期间内准备，显得十分局促（当事人可以在收到裁定书之日起5日内申请复议，而海事法院应该在收到复议申请之日起5日内作出复议决定）。相比行政法而言，《海诉法》的这一复议程序，更多地考虑了程序效率，而不是程序正义。

笔者在司法实践中，也曾了解到一宗诉讼中的海事强制令，因为涉及共有人之间的船舶经营权纠纷，持有75%船舶所有权份额的请求人请求持有25%份额的被请求人交回其非法强行占有的船舶。海事法院作出海事强制令后，被请求人因拒不执行且情节较严重，被海事法院处以罚款和拘留的制裁。被请求人就海事强制令向海事法院提出复议被驳回后，意图向其上级法院提出再次复议，但该上级法院无法对海事强制令进行再次复议，仅能对海事法院作出的罚款和拘留决定进行复议。这就出现了法律设计上的一个缺漏，即上级法院如果不对海事强制令本身进行复议审查，何以能对该罚款和拘留决定进行复议？所以事实上该海事强制令必然被上级法院纳入了审查的范围，但是上级法院却无法从法律上对此作出任何符合程序的复议决定。因此，笔者建议在未来的立法修改中，对海事强制令增加二级复议程序，由作出海事强制令法院的上一级法院进行第二次复议。

4. 暂缓执行程序。严格来说，《海诉法》第五十七条规定，裁定作出海事强制令的应当立即执行，因此暂缓执行程序应该是被排除在海事强制令的范围以外的。不过，对于《民事诉讼法》第三编"执行程序"中的"暂缓执行程序"，海事强制令程序虽不能直接引用，但可以吸收其合理内核，将其移植借鉴过来。笔者认为，这是值得去尝试的。

例如，《民事诉讼法》第二百一十二条规定，在执行中被执行人向人民法院提供担保，并经过申请执行人同意的，人民法院可以决定暂缓执行及暂缓执行的期限。在本文前面的司法实证分析中，有些类型的海事强制令就涉及担保问题，如救助人请求被救助方不得在未提供担保时提走被救助货物案

（2003强2），以及承运人请求货主提供担保后提走返运货物案（2006强9）。上述两案的行为内容本身就指向提供担保后的作为和不作为，同《民事诉讼法》第二百一十二条规定可谓"不谋而合"。如果被救助方或货主提供担保，则部分满足了海事强制令的要求，应视为部分履行了强制令。在这种情况下，再继续执行其余部分的强制令内容则无必要，所以可以顺理成章地"暂缓执行"。这可视为提供担保型暂缓执行程序。

又如，回到本文前面讨论过的两宗排除海域使用权妨害案（2001强3和2004强3），即在相关的海域使用权属争议未最终确定的前提下，将被请求人的蚝具设施搬离或将船舶移走，都将面对被请求人的很大阻力。因为这种海事强制令的基础悬而未决，请求人和被请求人均有可能成为使用权人，故在作出海事强制令后，又不能依法撤销海事强制令的情形下，适用暂缓执行制度，应该是司法公正的体现。这可视为行政未决型暂缓执行程序。

综上所述，笔者建议，如引入暂缓执行程序，应该明确界定其适用范围和标准，同时要求海事法院在适用时严格核定暂缓执行的期限和恢复标准，以防止无限暂缓和事实上的搁置执行，危害司法权威。

海事强制令新论*

倪学伟

摘要：海事强制令是行为保全令和行为执行令的共生体，与国外相关制度相比，除了行为保全的共性外，还在立法理念、具体程序设计等方面存在诸多差异。在制度设计上存在缺陷，是海事强制令在司法中遇到阻力的重要原因。建议将海事强制令改造为中国的海事禁令，正确界定其功能并完善和细化相应的程序。

关键词：海事强制令；海事禁令；行为保全；诉讼程序。

一、对海事强制令法律性质的再认识

在《中华人民共和国海事诉讼特别程序法》（以下简称《海事诉讼特别程序法》）颁行之初，笔者曾纯理论性地分析过海事强制令的三方面法律性质，即海事强制令作为海事诉讼国际化的嬗变物，是行为保全之强制措施，其目标价值在于公平保护申请人与被申请人的正当权益。①经过多年的司法经验积累，笔者对海事强制令法律性质的认识有了进一步的深化，试表达如下。

（一）海事强制令是行为保全令和行为执行令的共生体

根据《海事诉讼特别程序法》第五十一条规定，海事强制令是指海事法院根据海事请求人的申请，为使其合法权益免受侵害，责令被请求人作为或者不作为的强制措施。最高人民法院原副院长李国光于1999年8月24日在《关于提请审议〈中华人民共和国海事诉讼特别程序法（草案）〉的说明》中指出："草案总结了海事审判经验，借鉴了一些国家海事立法的合理内容，为避免或减少损失，保护当事人的合法权益，设立了类似于行为保全性质的海事强制令制度。"我国立法程序中没有制作和提交立法理由说明书的要求，该文件类似于国外的立法理由说明书。从该文件可以看出，海事强制令的立法本意就是建立一种"类似于行为保全性质"的诉讼法律制度。而在《海事诉讼特别程序法》起草主笔人金正佳先生②的著述中，也谨慎地将海事强制

---

* 本文原载于《中国海商法年刊》（2008）第19卷，大连海事大学出版社2009年版。

① 参见倪学伟《论海事强制令》，见金正佳主编《中国海事审判年刊·2000》，人民交通出版社2000年版，第348－352页。

② 金正佳：《海事诉讼法论》，大连海事大学出版社2001年版，第1页。

令定位于"具有行为保全的性质"①；知名学者亦撰文指出，海事强制令的规定"开创了我国诉讼程序法上行为保全的先河"②。由此似可得出结论，即通说认为海事强制令是一种具有行为保全性质的强制措施。

何为保全？民事诉讼法的教科书上并无明确的定义，反倒是讨论行为保全的专著或论文众口一词地给"保全"下了一个统一的定义，即保全是指"保护使之安全"③。然而，从诉讼理论上讲，这一定义是存有明显缺陷的，因为保全程序是案件审理过程中的一个中间程序，保全措施是案件审判过程中的临时性措施，申请人或原告的海事请求或实体权利能否得到"保护"并进而获得"安全"，需等待诉讼程序结束实体判决生效之时才能确定，因而保全是对申请人的请求"保护使之安全"之说就显得过于绝对，超越了中间程序的应有功能，具有了终审判决的意义。换言之，只有生效判决才是对申请人的请求"保护使之安全"。

在民事诉讼法中，财产保全是指为了保证将来判决的执行，法院通过对财产的查封、扣押、冻结等强制措施暂时维持财产之某一状态的诉讼行为，而对相关财产的最终命运需等待生效判决来决定。④ 国际法协会所采纳的赫尔辛基文本则以"保全措施"作为定义目标，认为旨在维持现状直至案件的是非曲直得以判定，或者扣押财产以满足终局裁决执行之需要的各类措施，都称为保全措施。⑤ 从保全程序是案件审理过程中的一个中间程序这一客观事实出发，可以看出，保全的主要特征在于暂时性或临时性，任何对案件处理终局性的措施都不属保全的范畴。因此，对保全的准确定义应该是：应申请人的请求，法院通过一定的强制措施使保全的对象暂时维持某一状态的诉讼行为。这一定义适用于三大保全，即财产保全、行为保全和证据保全。相应地，行为保全的定义是：应申请人的请求，法院通过一定的强制措施使被请求人维持某种行为不变的诉讼行为。

从海事强制令的法律定义可知，海事强制令除了责令被请求人消极不作

---

① 金正佳：《中华人民共和国海事诉讼特别程序法概述》，见金正佳主编《中国海事审判年刊·2000》，人民交通出版社2000年版，第309页。

② 冯立奇：《中国海事诉讼特别程序法的特点》，见《海商法研究》总第3辑，法律出版社2000年版，第12页。

③ 金正佳：《海事诉讼法论》，大连海事大学出版社2001年版，第209页；金正佳、翁子明：《海事请求保全专论》，大连海事大学出版社1996年版，第222页；陈晓明：《论海事强制令》，见汤能忠《海事司法理论与实践》，法律出版社2002年版，第197页。

④ 参见谭兵《民事诉讼法学》，法律出版社1997年版，第318-323页。

⑤ See ILA, *Report of the Sixty-Seventh Conference* (Helsinki, 1996), p. 202.

为以维持某种现状外,同等重要的是责令被请求人积极地作为,以之来改变某种现状。在司法实践中,责令被请求人不作为的海事强制令案件①较少,更多的是责令被请求人积极作为以改变某种现状的案件,如责令还船、强制签发提单、要求放货等。显然,只有责令被请求人不作为的海事强制令,才符合行为保全的基本特征,即通过法院的强制措施使保全的对象暂时维持某一状态,亦即只有不作为的海事强制令,才能界定为行为保全。而对于责令被请求人积极作为的海事强制令,因"作为"这一行为具有瞬时性和不可逆转性,一旦"作为"的行为付诸实施,其结果一方面是改变了现状,另一方面是已被改变的现状不可能复原,如强制签发提单后,不可能恢复到未签发提单时的状态,因而强制"作为"的海事强制令已经不具有"使保全的对象暂时维持某一状态"的行为保全特征,而具有了类似于生效判决执行的后果,由此可以认为强制"作为"的海事强制令是一种行为执行令。

(二)海事强制令是保全程序和准审判程序的共生体

在《海事诉讼特别程序法》起草之初,海事强制令被称为"行为保全"并被规定在"海事请求保全"章中,该名称和体例的安排表明立法者的初衷是将该制度定性为海事请求保全,具体说来是海事请求行为保全。② 然而,立法者最终改变了这一初衷,将该制度定名为"海事强制令"并独立成章。这一立法初衷的改变不是没有理由的,它显示了对海事强制令制度定性上的摇摆与犹豫,更迎合了立法逻辑和技术的要求。

海事强制令的立法目的是使海事请求人的合法权益免受侵害③,而不是保证将来的胜诉判决能够得以执行。可见,该立法目的在于直接满足或保护请求人的实体权利要求,而非暂时维持某一状态以待日后判决来决定是否满足或保护请求人的实体要求。实际上,使合法权益免受侵害是诉讼直接的和终极的目的,而显然不是保全本身所固有的目的,当然,这并不排除保全程序有时能够达到这一目的。与该立法目的相适应,《海事诉讼特别程序法》

---

① 广州海事法院湛江法庭2005年4月审理过一起责令被请求人不作为的海事强制令案件:海口某远洋渔业公司与湛江某打捞公司订立打捞合同,委托后者打捞前者所有的沉没于湛江外罗门水域的"琼海口F0065"轮,但打捞者在打捞成功后没有按合同约定将该轮交给远洋渔业公司,而是拖至调顺岛码头擅自切割处理。广州海事法院应海口某远洋渔业公司的请求,发布海事强制令,责令被请求人不得再对"琼海口F0065"轮进行切割,也不得转移、处分该轮。另见本文第三部分广州海事法院(2006)广海法强字第8号案。在该案中,法院作出海事强制令,责令被请求人不得向法院申请扣押请求人的船舶,亦不得自行滞留该船舶。

② 参见金正佳《海事诉讼法论》,大连海事大学出版社2001年版,第209页。

③ 见《海事诉讼特别程序法》第五十一条。

并没有关于法院作出海事强制令后,海事请求人必须在多少日内提起诉讼,否则法院将撤销强制令的规定。① 这就意味着,法院在作出海事强制令之前,必须审查海事请求人所主张的权利是否合法,该权利是否遭受不法侵犯或必将遭受不法侵犯,海事被请求人是否为侵权人或是否为潜在的和必然的侵权人。对这些事项的审查,并不是保全程序所能够承载的,它必须通过两造面对面的举证与对质,并由居中的法官进行裁判才能判明,而这正是审判程序所具有的功能。可以这样认为,要正确地实施海事强制令,法官都必须对以上事项进行认真细致审查,若认为必要,还应通知海事被请求人到庭对质,以便查明真相,正确决定是否发布海事强制令。所以,基于海事强制令的目的在于直接保护请求人的实体权利的实现,将其定位于审判程序,便是公正司法的必然要求。

然而,《海事诉讼特别程序法》并未规定法院作出海事强制令之前由两造举证与对质、法官居中裁判的程序,相反,法律规定了法院接受海事强制令的申请后必须在 48 小时内作出是否发布海事强制令的裁定。在如此短的时间内,往往不可能通知海事被请求人到庭举证和对质,而有时根据案情的需要,还应对被请求人保密,② 以便取得实施海事强制令的良好效果。有鉴于此,将海事强制令认定为审判程序并不恰当,而将其定位于准审判程序,似才更符合立法之本旨。

海事强制令作为保全程序,主要反映在责令被请求人消极不作为这一强制措施中,这与"海事强制令是保全令"的法律性质相一致,是保全令必然依赖于保全程序的逻辑结果。譬如,在光船租赁合同纠纷中,船东计划行使撤船权,为此船东可以采取两种完全不同的诉讼行为:一种是申请海事强制令要求租船人还船,即海事强制令责令被请求人为一定行为;另一种是提起诉讼要求撤船,为保证将来判决的执行,船东在诉前或诉讼中申请海事强制令,要求租船人不得将船舶开离某一港口,即责令被请求人不作为。采取第一种诉讼行为,法院裁定准许的,即表现为准审判程序,申请人仅通过海事强制令程序即达到了一般情况下要通过诉讼才能获得的结果,海事强制令直

---

① 与此相反的是,《海事诉讼特别程序法》第二十八条规定诉前扣押船舶的期限为 30 日,第四十六条规定诉前扣押船载货物的期限为 15 日,在上述期限内未提起诉讼的,法院将解除扣押。该法虽未规定证据保全的期限,但《最高人民法院关于适用〈中华人民共和国海事诉讼特别程序法〉若干问题的解释》第四十九条规定,只有当有关纠纷进入诉讼或仲裁阶段后,才能申请复印保全的证据材料,可见,证据保全亦有推进诉讼或仲裁的要求。

② 比如要求返还船舶的海事强制令案件,倘若事先通知了被请求人,可能导致其将船舶隐匿起来拒不还船的后果。

接满足了请求人的实体权利要求,无须采取进一步的诉讼措施。在采取第二种诉讼行为的情况下,海事强制令程序即为保全程序,也就是倘若因海事请求标的现状的改变,有使生效判决不能执行或难以执行之虞的,便可申请强制不作为的保全措施,以维持海事请求标的之现状。

由此可以看出,海事强制令中责令被请求人消极不作为的措施对应于保全程序和保全令,而责令被请求人积极作为的措施则对应于准审判程序和执行令。海事强制令没有关于请求人推进诉讼进程的义务性要求,因而它并不是单纯的行为保全措施,而是行为保全、准审判、执行令等程序的混合体,不能将其归入《海事诉讼特别程序法》"海事请求保全"章中,其自成一章的根据亦在于此。最高人民法院原副院长李国光所指出的海事强制令的立法本意就是建立一种"类似于行为保全性质"的法律制度,《海事诉讼特别程序法》起草主笔人金正佳先生谨慎地将海事强制令定位于"具有行为保全的性质",亦隐含着海事强制令除了行为保全性质之外,还具有其他法律性质的意思。

二、海事强制令制度与域外相关制度的比较

在海事强制令制度确立之前的海事审判实践中,屡屡遇到船东申请扣押自己的船舶、货主申请扣押自己的货物的"怪事",海事法院根据《民事诉讼法》要么以财产保全处理,要么以先予执行应对,但均感到并不十分妥当。于是,在"总结海事诉讼实践经验,借鉴了国外的类似制度"的基础上,创设了海事强制令制度。① 可以说,海事强制令制度是一种较为典型的法律舶来品,而不是土生土长的东西。一般认为,海事强制令制度乃是受到英国玛瑞瓦禁令和大陆法系国家"假处分"制度的启迪而创设出来的。② 因此,与国外相关制度进行全面比较,从中找出异同之处,就显得十分必要。

(一)海事强制令与英国法上的禁令制度

1. 海事强制令与英国法上的中间禁令。英国被视为国际海事审判的中心,其海事审判制度对各国相应制度影响至深。③ 在英国,海事保全措施很多,有较大影响力的是中间禁令、玛瑞瓦禁令、债务人公开财产令、债务人财产调回本国令、安东·皮勒令等。中间禁令(interlocutory injunction)是法院颁布的旨在保护当事人的财产或权利在纠纷解决之前免受损害的命令,目

---

① 参见金正佳《海事诉讼法论》,大连海事大学出版社2001年版,第206页。
② 参见金正佳《海事诉讼法论》,大连海事大学出版社2001年版,第207-208页。
③ 参见郭瑜《海商法的精神——中国的实践和理论》,北京大学出版社2005年版,第17页。

的在于维持特定情势直至纠纷最终裁决。① 中间禁令只是为了维持现状，在形式上一般体现为禁止被告做某事或采取某行动，故又称为阻止禁令（prohibitory injunction），但法院也可以命令被告做某事或采取某行动，此时则称为强制禁令（mandatory injunction）。② 中间禁令实施的条件在上议院 American Cyanamid Co. v. Ethicon Ltd. 案③判决之前十分严厉，即要求申请中间禁令的原告必须证明其有最终胜诉的可能或至少拥有强有力的初步案件事实（strong prima facie case），④ 而现在的条件是：法院确信当事人的请求并非无足轻重或无理缠讼，只要存在一个需要审理的重大争议就已足够。具体说来，需符合四个条件：第一，原告需证明存在一个需要审理的重大争议，其拥有实际和真正胜诉的机会，而胜诉机会的百分比是80%还是30%都无关紧要；第二，倘若不准许中间禁令，原告因此遭受的损失能否在胜诉时获得足够的金钱赔偿，能获得者，不能给予中间禁令；第三，考量给予中间禁令对双方的公平与不公平因素；第四，其他的特殊因素。⑤ 在具体程序方面，根据自然正义的原则，禁令的申请和作出必须经双方当事人出庭争辩，除非同时符合以下两个条件：其一，案情紧急，给予陈述和争辩可能延误采取行动的时机或对原告造成不公平；其二，对被告的损害可以通过交叉保证予以赔偿，或者不能赔偿的风险明显低于不颁布命令而给原告所造成的不公平风险。⑥

　　海事强制令与中间禁令都可以仅凭原告单方面的申请即可能获得，但前者以单方面申请为常态，且通常无严格的条件限制；⑦ 后者则是以单方面申请为例外，并有严格的条件限制，从而保证自然正义原则不至于被严重违反。法院都不审查当事人实体争议的曲直与是非，不对复杂的法律问题作出判断，所有这些问题均须留待开庭审理时双方详尽的争辩和法院成熟的考虑。⑧ 然

---

① 参见杨良宜《禁令》，中国政法大学出版社2000年版，第223页。
② 参见杨良宜《禁令》，中国政法大学出版社2000年版，第557页。
③ [1975] AC 396.
④ See L. Collins, op. cit., p. 26.
⑤ 参见杨良宜《禁令》，中国政法大学出版社2000年版，第257-258页。
⑥ 参见杨良宜《禁令》，中国政法大学出版社2000年版，第233-235页。
⑦ 最高人民法院原副院长李国光在《当前民事审判工作中亟待明确的法律政策问题——在全国民事审判工作会议上的讲话》中指出："当事人申请海事强制令，仅限于被请求人的作为或者不作为明显违反法律规定或者合同约定的情况。海事法院要严格审查当事人的申请，以防止当事人滥用权利。"见《中华人民共和国最高人民法院公报》2000年第6期，第189页。由于《海事诉讼特别程序法》并无如此严格的条件限制，因而在司法实践中，随着时间的推移，已经极少按照最高人民法院前任领导的讲话来操作了。
⑧ 参见杨良宜《禁令》，中国政法大学出版社2000年版，第244页。

而，英国法院在作出中间禁令时，尽管已经改变了考量申请人最终胜诉的可能或至少拥有强有力的初步案件事实的要求，但申请人要获得中间禁令并非十分容易，法官会慎重地考虑中间禁令的四个条件，特别是英国法下的金钱赔偿损失的首要救济原则。在我国法律之下，更注重的是合同的实际履行原则，不需要申请人首先证明金钱赔偿不足才能申请海事强制令。更为重要的是，在英国法下，中间禁令和执行命令是严格区分开的，如果申请人请求法院下令船东签发提单，法官通常会认为这并非中间禁令，而是要求法院作出执行命令，因此必须进行案件的实体审理，判明孰是孰非后才能决定是否签发提单。而海事强制令为行为保全令和执行令的混合体，并没有严格地划分何者为行为保全令、何者为执行令。在中国法律之下，申请人请求法院发布签发提单的海事强制令，一般会无阻碍地被接受并达到目的。

2. 海事强制令与英国法上的玛瑞瓦禁令。玛瑞瓦禁令（Mareva injunction）本质上也是中间禁令，在1999年4月26日的《民事程序规则》中已正式改称为"冻结禁令"（freezing injunction）。① 它是指由法院颁布的禁止被告在有关命令或判决作出之前出售、处置或以其他方式处理金钱或财产或者将其转移出英国境外的禁令。玛瑞瓦禁令被誉为丹宁大法官一生中最伟大的司法改革成果之一，此前一般的看法是在案件判决之前不能发布禁止令，但在1975年6月23日的Mareva v. International Bulkcarriers案②中，丹宁大法官指出："如果债务应当偿还而没有偿还，那么就存在着债务人可能转移其财产以便在判决之前将其化为乌有的这样一种风险。因此法院在审理一个适当案件时就有发布一项中间禁令以防止债务人转移财产的裁判权。我认为目前这个案件是行使该种裁判权的适当的案件。"③ 对于玛瑞瓦禁令到底是财产保全令还是行为保全令，学者之间存有分歧，但对其内容是没有异议的，即玛瑞瓦禁令并不使财产脱离其所有人的控制，而仅仅是禁止所有人处分其财产或将其财产转移到英国境外。可见，玛瑞瓦禁令既针对财产，也针对行为，难以绝对地分开。即使认为它是针对行为的，那么也是要求财产所有权人消极

---

① 参见杨良宜《禁令》，中国政法大学出版社2000年版，第274页。基于玛瑞瓦禁令的普遍影响，本文仍沿用以前的称谓。

② 基本案情是：船东向期租人巴拿马公司出租其货船"玛瑞瓦"轮，租船合同约定租金必须提前半个月支付。期租人拖欠了第三期租金，但其在伦敦银行有一笔存款，该款是分租船人印度政府以前所付的运费，巴拿马公司本应以该款偿还所拖欠的租金。

③ ［英］丹宁：《法律的正当程序》，李克强等译，法律出版社1999年版，第147页。

地不作为。①

法院准许玛瑞瓦禁令的条件是：（1）原告必须证明有关其请求的实质问题方面存在一个"表面良好论据案情"（a good arguable case）；（2）被告在法院管辖区域内有财产，并且存在判决执行之前财产被转移或灭失的风险；（3）符合公平与方便原则，即主要考虑资产的性质或本质、是否不适当地干预了无辜第三方、是否毁灭被告的生意或生活。② 在申请玛瑞瓦禁令时，原告有义务全面而坦诚地披露法院认为的重要事实，包括原告所知道的重要事实以及根据案件所有情况而应该知道的任何其他事实，原告未进行这种披露的，会导致法院解除禁令或拒绝禁令申请的后果。

海事强制令与玛瑞瓦禁令的主要区别在于：（1）海事强制令既可责令被请求人消极地不作为，又可责令其积极地作为；而玛瑞瓦禁令只能责令被告消极不作为。（2）海事强制令责令作为或不作为所指向的具体对象可以是财产，也可以是履行合同的行为，如签发提单；而玛瑞瓦禁令责令不作为所指向的具体对象只能是财产。（3）海事强制令几乎不考虑被请求人的合法权益是否因此遭受侵害，而玛瑞瓦禁令较为注意公平保护双方的利益。（4）海事强制令的立法目的在于直接保护请求人的合法权益免受侵犯，而玛瑞瓦禁令的直接目的是防止财产转移以保证生效判决的执行。

（二）海事强制令与大陆法系国家的"假处分"制度

在德国，保全措施分为适用于金钱请求的假扣押（arrest）和适用于非金钱请求的假处分（einstweilige verfugung）两类。③

假扣押相当于我国的财产保全制度，是指扣押债务人的财产以确保将来金钱判决的执行，其保全的债权人的请求权必须是金钱债权或可以转化金钱的债权。

假处分是指为了阻止现状发生改变，或阻止重大损害的发生或者为了防止急迫的强暴行为，对于有争执的法律关系，特别是继续的法律关系规定其暂时状态的一种中间裁定。根据《德国民事诉讼法典》规定，假处分包括关于争执标的物的假处分和规定暂时状态的假处分。前者的目的是阻止现状发

---

① 倘若需要被告积极地作为，英国法上还有一种"债务人财产调回本国令"（repatriation order），一旦财产调回至英国法院管辖区域内，法院即可颁布玛瑞瓦禁令，要求被告消极地不作为。"债务人财产调回本国令"的功能在于辅助玛瑞瓦禁令的实施，故称为辅助禁令。参见杨良宜《禁令》，中国政法大学出版社2000年版，第378－391页。

② 参见杨良宜《禁令》，中国政法大学出版社2000年版，第304－327、341－343页。

③ 参见沈达明《比较民事诉讼法初论》，中国法制出版社2002年版，第188页。

生改变，这种改变会使当事人之一的权利不可能实现或难以实现；后者是临时对付某种事实状态以避免重大损害的发生，或防止急迫的强暴行为，或者因其他理由而有必要对于有争执的法律关系，特别是继续的法律关系规定其暂时状态。这种确保在诉讼中维持平静状态的假处分，旨在防止发生永久性的损害或目前的暴行，而不是防止请求权的不能实现。① 《德国民事诉讼法典》第936至第944条规定了假处分的程序，主要是：假处分申请仅在极其紧迫的情况下可以不经言辞辩论予以裁决；只有在特殊情况下，可以提供担保而撤销假处分；在急迫情形下，管辖争执标的物所在地的初级法院可以命令实施假处分，同时命令申请人在一定期间内向管辖本案诉讼的法院申请传唤对方当事人，就应否实施假处分进行辩论；对初级法院所裁决实施的假处分，其间经过辩论后而未起诉者，初级法院应依申请撤销假处分。

日本主要承袭德国的规定，在《日本民事保全法》第20条中规定，申请假扣押必须符合两个条件，即存在金钱支付为目的的债权，该债权可能不能强制执行或强制执行有显著困难。该法第23条规定了假处分两种情况下的条件，即对于系争物假处分，以因变更该系争物现状而有使债权人不能实现其权利或实现权利显著困难之虞为申请条件；对于确定临时地位的假处分，以为避免所争执的权利关系给债权人造成显著的损失或紧迫的危险所必要为申请条件。

根据德国法中关于假扣押和假处分的分类，显然，假处分适用的范围是十分广泛的，但无论如何，都可将其适用范围界定于行为保全的范畴之内。假处分最突出的特点在于使保全的法律关系处于一种暂时状态，目的不在于防止请求权不能实现，而是阻止现状改变、阻止重大损害发生，即目的在于保全申请人的请求，因而假处分命令应尽可能避免作出有关事实的终局性结论。② 假处分一般都要经过言辞辩论，在初级法院未经言辞辩论的假处分，必须在一定期间内提起诉讼，否则应依申请撤销假处分。而我国的海事强制令制度，目的是使请求人之合法权益免受侵害，该法律目的之重大和紧要，常常是非审判程序不能实现，因而让一个保全的中间程序承载该法律目的就显得过于沉重；海事强制令制度关于责令被请求人积极作为的措施，显然不是使保全的法律关系处于一种暂时状态，而是在大多数时候可能终局性地解

---

① 参见沈达明《比较民事诉讼法初论》，中国法制出版社2002年版，第191-192页。
② See Axel Bosch, op. cit., p.285.

决了当事人的争议，虽说这样可以减少讼累，但毕竟给保全程序课予了过多的功能；海事强制令制度没有言辞辩论的规定，也未要求必须在多长时间内提起诉讼，常见的现象是海事强制令一旦发出，即终局性地解决了纠纷，而这有可能严重违反了自然正义的原则。

三、审判实务中的海事强制令案件问题

海事强制令案件在审判实务中所占比例并不大。以广州海事法院为例，2002—2007年共受理海事强制令案件49宗，占受理案件总数7520宗的0.65%。各年度受理海事强制令案件的情况见表1。

表1　受理海事强制令案件的情况（2002—2007年）

年度	受理案件总数/宗	海事强制令案件数/宗	占比/%
2002	1081	7	0.65
2003	1306	3	0.22
2004	1097	7	0.64
2005	1411	7	0.50
2006	1136	14	1.23
2007	1489	11	0.74

海事强制令案件的审理具有一定的新闻效应，要么是快速了断了当事人间的纠纷，双方干戈化玉帛；要么是被请求人拒不履行强制令，当事人之间的矛盾进一步激化、法官千方百计地扮演消防队员"灭火"的角色，总之很具有执法宣传的"新闻点"。但由于受理的海事强制令案件总数很少，在案件处理过程中出现的问题在"蜻蜓点水"般的宣传之后未及时地归纳、整理，因此有关的理论研究还是显得相对滞后。海事强制令制度作为一种全新的诉讼制度，总体而言并未获得人们所预期的完全满意的效果。

海事强制令案件在实务中存在的问题主要有下述两大方面。

（一）改变现状的海事强制令容易导致当事人之间的矛盾激化

在责令被请求人还船、交货、签发提单等的海事强制令案件中，因强制被请求人积极地作为，交出被自己占有的船舶或货物等，极易引发被请求人的抵触，甚至引发群体性围攻、暴力对抗等。如广州海事法院审理的"建安

8"号挖泥船强制令案即较为典型。案情梗概如下①：

张某、郑某、李某共有"建安8"号挖泥船，分别享有50％、23.5％、26.5％的所有权份额。因各共有人之间存在利润分配纠葛，李某为拿到船舶进行经营，遂指派中山市宏鸿工程有限公司（李某系该公司总经理）副经理黄某等人于2006年11月16日至17日强行将船舶从张某处拖走，导致张某正在进行的施工项目中断。为此，原告张某于12月18日向法院起诉被告李某和中山市宏鸿工程有限公司赔偿损失，并于次日申请海事强制令，请求责令两被告立即交还船舶。

广州海事法院认为原告的申请符合法律规定，遂于12月19日裁定准许该申请，并发布了海事强制令。但在执行法官向"建安8"号挖泥船船长送达民事裁定书及海事强制令时，船长拒不签收文书也不肯下令船员离船。后经执行法官说服，大部分船员陆续离船。但船员离船不到半小时，在被告的指使下又返回船上，并围困执行法官达2个小时之久。为防止激化矛盾，执行法官决定当日暂缓执行。次日，执行法官与被告李某等人会面并仔细做其工作，但直到下午5时，李某仍拒签法律文书、拒不执行强制令。经法院领导批准，决定对李某实施拘留，并对其公司实施罚款。在准备将李某押送看守所之时，黄某纠集20多名船员拦截警车；为免事态恶化，法院未强行将人带走。后经多方说服，李某于晚上9时立下书面保证，承认其对抗法律的错误行为，并保证次日12时前交船。为此，法院决定当晚将其暂时释放。12月22日，执行法官再次登船，被告船上人员仍然刁难并迟迟不肯办理交接离船，经耐心疏导，被告方人员终于在下午2时收拾个人物品离船，最终将船舶交给了原告。

本案被告李某等人对海事强制令执行的暴力对抗，已构成对民事诉讼的妨碍，对其拘留、罚款等都是依法采取的正确措施，不需赘述。问题在于，法院凭借原告张某的"一面之辞"决定实施强制令，使李某感觉受到了不公正的对待，感到没有表达疑义的地方：为什么股东张某可以使用船舶，股东李某就不能使用船舶？为什么法院要帮股东张某，却压制同样是股东的李某？可见，李某对海事强制令的暴力对抗除了有藐视法律之嫌疑外，还有深层次的制度原因，即在作出海事强制令之前，为什么不给李某陈述理由的机会？本案与租船合同承租人拒付租金、船东要求收回船舶的海事强制令还有区别，

---

① 见网页（http://19.18.22.5/hsfyint/news/shownews.php?cId=7381），访问日期：2007年6月11日。

船东因未收到租金而要求收回被承租人占有和使用的船舶，可以说事实清楚、法律关系明确，凭请求人的"一面之辞"作出海事强制令不会有什么错。但对于股东之一占有船舶、另一股东要求"还船"的海事强制令，则应予慎重，最好能经过双方的当庭对质和争辩，使无理者明白其理亏之处，并向其提供一个宣泄怨怒的机会和场所，为强制令的执行奠定基础。显然，法律没有为海事强制令准备这样一个程序，这是立法上的一个漏洞，而司法者已经通过反复做李某的思想工作来弥补，只是"背靠背"的说服难以取得"面对面"的争辩和对质的效果，还容易造成法官偏袒一方的误解。

（二）要求受害人不作为的海事强制令是否符合法律的本意

笔者作为主审法官，审理了一宗要求受害人不得向法院申请扣押加害人船舶的海事强制令案件。一般而言，受害人申请扣押加害人船舶以获取担保，是海事案件审理中常见的"套路"，也可以说是直接而有效地维护受害人权利的不二法门。该案的审理反其道而行之，其审判的理念与思路是否符合法律的本意，曾在本院法官中引起不小的争议。简要案情如下①：

2006年7月29日，请求人印度航运公司（Shipping Corp of India）所属的"马哈拉史塔"（Maharashtra）轮在湛江港卸货期间发生装卸工人伤亡事故，罗武、陈发星在装矿石的船舱内死亡，陈发仲受伤。事故发生后，受害方向船方提出了人身损害赔偿索赔，要求给予160万元的现金赔付，并声称将扣押或留滞船舶，但始终未向海事法院申请扣船，而是自行与船方谈判。船方表示立即拿出巨额现金赔付存有困难，但可以提供中国境内的保险公司或银行的担保。受害方拒绝接受担保，谈判陷入僵局。

船方面对不断增加的船期损失十分着急，于是在8月3日向广州海事法院申请海事强制令，请求广州海事法院接受其提供的中国再保险（集团）公司签署的数额为250万元人民币的担保函，并强制受害方不得申请扣押或留滞"马哈拉史塔"轮。

经审查，主审法官认为：请求人向法院提交的中国再保险（集团）公司250万元人民币的担保函真实有效，可以充分地保护涉案受害方的合法权益。因此，受害方已没有理由申请扣押或留滞"马哈拉史塔"轮。根据《海事诉讼特别程序法》第五十七条之规定，裁定：（1）准许请求人印度航运公司的海事强制令申请；（2）受害方不得申请扣押或自行留滞"马哈拉史塔"轮。

海事强制令送达后，极大地促进了船方与受害方的谈判进程。船方与受

---

① 参见广州海事法院（2006）广海法强字第8号案。

害方于8月4日达成协议,由船方向受害方赔偿160万元人民币,自协议签订之日起10日内付清。

在海事强制令审判实践中,责令作为或不作为的对象通常是加害人,即要求加害人停止侵权或要求加害人采取措施消除因侵权造成的损失。本案却要求受害人不得申请扣押船舶,的确使人一时难以捉摸。但若进行以下的思路转换,问题就不难理解了:在人身伤亡事件中,死者家属为受害人,船东为侵权者;在船东向法院提供了250万元担保后,死者家属的权利已有了充分保障;此时死者家属仍然滞留船舶或向法院申请扣押船舶的话,船东变为了受害人,死者家属成了侵权人。死者家属立即现金赔付的要求过于死板机械,船东关于短时间内难以筹措到大笔现金的主张合情合理,其向法院提供250万元的信用担保,足以使受害人的权利在法律范围内得到充分保障,因而继续自行滞留船舶或准备向法院申请扣押船舶都没有必要,相反,继续对船舶的自行滞留则侵犯了船东的权利。因此,法院发布海事强制令责令其不得自行滞留船舶是正确的。

问题在于,海事强制令能否责令被请求人不得向法院申请扣押船舶?一种意见认为,受害人向法院申请扣押船舶是一项法定的权利,任何情况下都不允许剥夺;死者家属向法院申请扣押船舶,法院受理该申请后,可基于船东已提供足额担保裁定不予扣押船舶。该意见有一定的道理,处理上也给人以滴水不漏的感觉,但是否会造成当事人的讼累,值得探讨。从船东已向法院提供250万元的信用担保、达到了扣押船舶所能够达到的目的来看,直接命令死者家属不得申请扣押船舶,可以避免其做出无谓的扣押申请,而集中精力直接与船东进行损害赔偿的实质性谈判,尽速解决纠纷。倘若为了程序上的完美,让死者家属在程序上徒劳地走一圈,则程序浪漫主义彰显无遗,司法必然陷入唯程序论的泥潭。

四、完善海事强制令法律规定的设想

我国海事强制令的法律规定并非尽善尽美,尚有完善的余地。根据上述理论和司法实践面临问题的分析,试提出从以下两方面完善海事强制令法律规定的初步设想。

(一) 将海事强制令的名称变更为海事禁令

查各国的法律规定,并无"海事强制令"的名称,即该名称为我国法律所独有。英美法系国家以"禁令"为名,直接表达了该项强制措施最本质的特征,其不可置疑的权威性昭然于表,对有通常智识的人来说,从名称上就可以大致知道它的内涵和外延,便于法律的履行。大陆法系国家以"假处分"为名,一个"假"字,恰如其分地传达出了有关强制措施的"临时性"特征,不失为一个好的法律术语。

反观海事强制令的名称,即便是法律人士,只要未直接从事海事审判和海商法研究,均难以准确地说出它的法律属性,更不用说普通百姓对它的了解了。究其原因,行为保全乃《海事诉讼特别程序法》首创,海事强制令的"名"与"实"之间缺乏紧密的联系,很难由其名称直接推断出它所蕴含的实质性内容,换言之,海事强制令的名称有点令人费解。

那么,可否将海事强制令改称"假处分"以自觉地向大陆法系国家阵营接轨?在普通国人的观念中,"假"与"真"相对,"假"是不让人愉快的一种状态,而"真"才是值得追求的目标,因而"假处分"的名称可能并不适合普通人的心态,尽管"假处分"的"假"除了有"借用""利用"之意外,但更多的是包含着与"真"相反的含义。因此,将海事强制令改称"假处分"并不适合国情民意。而借用英美法系国家的"禁令"称谓,将海事强制令改称"海事禁令",则是相对较好的一种选择。理由是:"禁令"一词表达了法院保全措施的强制属性,单是从名称上看就可以对被请求人形成一种威慑力,直接显示了法律的权威性。此为其一。其二,我国加入世界贸易组织后,为履行《与贸易有关的知识产权协定》(TRIPS)规定的对侵犯知识产权的行为采取临时措施的义务,修订了《中华人民共和国专利法》《中华人民共和国商标法》《中华人民共和国著作权法》,增加了有关"诉前临时措施"的规定①,正式确立了行为保全制度在知识产权法领域中的地位,但包括最高人民法院的有关司法解释②在内,并未就知识产权法领域中的行为保全制度给予一个恰当的名称。为此,用"禁令"一词可以统领这两个领域内的行为保全,并为以后修订《中华人民共和国民事诉讼法》时引入行为保全制度奠定基础。

(二)正确界定中国海事禁令的功能并完善和细化相应的程序

将海事强制令改造为海事禁令后,其功能亦应重新定位,即海事禁令的功能是避免即发的侵权行为,维持现状直至案件作出生效判决;或者为阻止已经存在的侵权行为,临时采取某种措施避免损害的扩大或避免重大损害的

---

① 见《中华人民共和国专利法》第六十一条、《中华人民共和国商标法》第五十七条、《中华人民共和国著作权法》第四十九条。

② 见2001年7月1日起施行的《最高人民法院关于对诉前停止侵犯专利权行为适用法律问题的若干规定》、2002年1月22日起施行的《最高人民法院关于诉前停止侵犯注册商标专用权行为和保全证据适用法律问题的解释》。

发生。对于维持现状直到案件作出生效判决的海事禁令，其表现形式通常为责令被请求人消极地不作为，因而可称之为"海事阻止禁令"；对于责令临时采取某种措施避免损害扩大或避免重大损害发生的海事禁令，其表现形式通常为要求被请求人积极地作为，可相应地称之为"海事强制履行禁令"。

无论是海事阻止禁令还是海事强制履行禁令，都是临时性的保全措施，并非对争议事项作出终局性的决断，因此，法院在发出海事禁令的同时，应对海事请求人课以推进诉讼进程的法定义务。如果在诉前申请海事禁令，则法院作出禁令的同时应责令请求人在30日内提起诉讼，否则法院将解除禁令；如果是在诉讼中申请海事禁令，则请求人在获得禁令后仍应推进诉讼进程，以期法院对争议事项作出终局性决断，除非双方因和解而撤销诉讼。现行海事强制令的规定，并未要求请求人提起诉讼，在实践中常常是因海事强制令的发布而直接了断了双方的纠纷，因而对海事强制令到底是保全令还是执行令使人颇感疑惑。对于诉前扣押船舶或其他财产，法律中都有规定必须在一定时间内提起诉讼，尽管审判实务中也常见因诉前扣押船舶或财产而了结纠纷的案例，但因为有推进诉讼进程的义务性规定，因而其作为保全措施的法律属性还是十分明确的。海事禁令课以请求人推进诉讼进程的义务，可以避免海事强制令法律属性不明朗的缺陷，给法律运用者以明确的路径指引。

对于海事阻止禁令，因其维持现状的属性且请求人有推进诉讼进程之义务，故可以不经过言辞辩论的程序，直接由法院进行书面证据材料的审查，嗣后发布禁令。而对于海事强制履行禁令，则以通过双方面对面的言辞辩论，由法官初步断定是非关系后再决定是否发布禁令，以保证法院决定的尽可能正确；若因情况十分紧急且无法及时通知到被请求人，则可以经法院书面审查请求人单方面的证据材料后发布禁令，但应在禁令送达被请求人后48小时内聆询双方的意见，以决定是否撤销禁令，除非被请求人明确放弃当庭陈述的权利。

理性回归：海事强制令制度的功能矫正与路径调适

刘亚洲

摘要：海事强制令制度在过去二十年的运行中积累了丰沃的实践经验，然而其法律定位、相关规定不够清晰等因素，也在一定程度上制约了该项制度的发展。本文在对2018—2021年海事强制令裁定文书进行统计梳理、深入剖析的基础上，以推动纠纷的实质化解、高效便捷的司法审查为制度设计着眼点，提出赋予海事强制令紧急审理程序功能，并在此框架下，试图回应当前海事强制令适用条件、执行制度、救济程序等方面存在的不足，围绕关键问题提出较为完整的制度构想。

关键词：海事强制令；海事诉讼法；紧急审理程序。

海事强制令制度是以我国海事诉讼实践经验为土壤，基于当事人实际诉求，借鉴国外立法先进经验后研究设立的。随着国家海洋强国战略及"一带一路"建设的实施，航运事业蓬勃发展，与之相关的诉讼纠纷也随之增加，切实提升商事海事审判效能，是营造国际化市场化法治化营商环境的题中之义。① 海事强制令通过对实体权利义务的变更，迅速解决实体纠纷的功能价值日益凸显，但该项制度的现行规定略显粗放，出现适用不清、裁定尺度不一等问题，对其功能的有效发挥造成掣肘。因此，有必要从海事强制令制度的定性、适用条件、执行制度、复议异议程序等方面进行再梳理、再分析，并在此基础上对海事强制令制度的健全完善提出合理设想。

一、梳理检视：海事强制令法律定性的再分析

（一）关于海事强制令的四种主流学说

在全球范围内，虽然域外的理论界和实务界也有相类似的制度，但海事强制令制度是我国在总结海事诉讼实践经验的基础上创设的一项全新的诉讼制度。在《全国人民代表大会常务委员会关于〈中华人民共和国海事诉讼特

---

① 参见周强《对涉外商事海事审判工作提出要求强调 切实加强涉外商事海事审判工作 服务推进更高水平对外开放》，载《人民法院报》2021年6月11日。

别程序法（草案）〉的说明》中曾将其表述为"类似于行为保全性质的海事强制令制度"①。可见，法律并未对该制度的法律性质给出准确的定性，多年来理论界尚未达成统一认识，目前形成了"行为保全说""执行令说""独立属性说""紧急审理程序说"四大观点。其中，"行为保全说"认为："确定一项措施是否保全措施，要看该措施是否符合保全的内在特征，不能以该措施是否维持事物的现状为标准。"② 海事强制令虽然不是出于维持事物现状的目的，甚至对事物的现状作出改变而作出，但究其本质是为了保护海事请求的安全，以保障最终裁判得以实现，避免当事人经济损失扩大。从这个角度看，海事强制令完全符合行为保全的特征。"执行令说"批判了行为保全说，认为根据《中华人民共和国海事诉讼特别程序法》（以下简称《海事诉讼法》）中海事强制令的文义，可以得出"海事强制令的目的不在于保全案件审理后的判决的执行可能，而是强制被请求人作为或不作为，直接满足请求人实体上的请求，或者说保护其债权的实现"③ 的结论。与先予执行制度相比，海事强制令更具备执行令的特征。"独立属性说"认为海事强制令具有独立的法律属性，具体来说又分为两种，即完全独立论和共生独立论。前者认为海事强制令既不具备保障法院将来胜诉判决执行的特征，也不是对实体裁判的执行，是独立于保全和先予执行制度的一种制度；④ 后者则认为海事强制令具有行为保全、准审判、执行令等程序结合的法律意义。⑤ "紧急审理程序说"认为海事强制令是一种紧急审理程序，其在独立于行为保全制度又超越先予执行程序的基础上，与紧急审理程序具有本质特征的一致性。海事强制令作为紧急审理程序，根据当事人的申请，对案件事实进行快速审查，从而采取相应的措施。

（二）采"紧急审理程序"更能凸显制度效能

将海事强制令从现有程序中独立出来，赋予其紧急审理程序功能有以下

---

① 《全国人民代表大会常务委员会关于〈中华人民共和国海事诉讼特别程序法（草案）〉的说明》，见中国人大网（http://www.npc.gov.cn/wxzl/gongbao/2000-12/06/content_5007229.htm），访问日期：2021年6月30日。

② 金正佳主编：《海事诉讼法论》，大连海事大学出版社2001年版，第210页。

③ 刘燕：《司法视角内完善中国海事强制令制度的建议》，载《中国海商法研究》2020年第3期，第65页。

④ 参见李天生、赵萍萍《论海事强制令的独立属性及适用条件》，载《大连海事大学学报（社会科学版）》2019年第6期，第3页。

⑤ 参见倪学伟《海事强制令新论》，载《中国海商法年刊》(2008)第19卷，大连海事大学出版社2009年版，第111-112页。

两大优点。

一是推动海事强制令功能续造。依《海事诉讼法》所规定，海事强制令的制度功能主要在于保护海事请求人的合法权益，从而责令被请求人作为或者不作为。保护海事请求人的合法权益是该制度的出发点，责令被请求人作为或不作为是该制度的落脚点。然而，从当前司法实践来看，请求人申请海事强制令的前提是与被请求人存在纠纷，但该纠纷并不必然随着海事强制令程序终结而得到化解，反而有很大概率会进入诉讼程序。从海事强制令双方当事人的情况看，统计结果显示大部分当事人均为长期的生意合作伙伴。鉴于此，若能在紧急审理程序的制度框架下赋予海事强制令调解的功能，在强制令审查过程中，效仿诉前调解，一并将当事人之间的争议焦点及无争议事实固定下来，努力促成双方达成调解，将有利于减轻当事人诉累、缓解对立情绪，取得法律效果与社会效果的统一。

二是构建全面高效的审理程序。从海事强制令的规定来看，是否准许请求人申请海事强制令，主要根据请求人对案件事实的阐述，并对其提交的材料进行书面审查，从而作出决定。然而，由于仅从一方当事人的阐述中往往难以查明全部事实真相，加之海事强制令具有一旦作出即难以挽回的特点，多数法官对海事强制令的适用均采取审慎保守的态度。2016—2020年，中国裁判文书网公布的海事强制令案件共计188件，平均每年仅37件，可见该制度在海商事司法实践中未被充分运用。现行海事强制令制度"几乎苛求法官在特别程序中不经实体审理即对案件所涉事实是否存在违法或者违约情形作出实体性判断"①，有部分海事法院以在海事强制令程序中引入听证程序作为变通，通过请求人与被请求人之间的诉辩对抗来实现案件事实的全面披露，从而保证作出海事强制令的理据充足。因此，在紧急审理程序的框架内，在保证海事强制令时效性要求的前提下构建较为全面的审查程序，不仅可以消除法官对该制度适用的顾虑，还有利于当事人之间利益的衡平。

二、实证分析：海事强制令适用存在模糊地带

（一）适用条件的规定不够清晰

"海事强制令系针对被请求人行为的强制措施，一旦执行则回转艰难，甚至不能回转"②，故对其适用应严格准确把握。《海事诉讼法》第五十六条

---

① 韦杨、白静茹：《新形势下海事强制令制度应用评析及完善》，载《中国海商法研究》2020年第3期，第62页。

② 李天生、赵萍萍：《论海事强制令的独立属性及适用条件》，载《大连海事大学学报（社会科学版）》2019年第6期，第3页。

虽对海事强制令明确了三个适用条件，但这些均属原则性规定，使得法官自由裁量出入较大。从这些条件的文义上看：（1）认为"请求人有具体的海事请求"表述模糊。关于什么是"海事请求"，现有法律规定中既没有明确定义，也未以列举的方式列明，更枉论何谓"具体的"海事请求。（2）对"需要纠正被请求人违反法律规定或者合同约定的行为"中的法律规定具体指强制性规范还是任意性规范未予明确。（3）认为"情况紧急，不立即作出海事强制令将造成损害或者使损害扩大"，标准过于笼统。

（二）司法实践操作标准不一

1. 关于"海事请求"，海事强制令适用的"海事请求"与《最高人民法院关于海事法院受理案件范围的规定》中所规定的海事法院所管辖的合同、侵权纠纷而产生的"海事请求权"容易造成混同。然而，无论从该项制度设立的初衷还是司法实践角度看，为避免海事强制令制度被滥用，应对"海事请求"范围予以限缩。同时，海事请求还应是具体特定、有执行可能性的某一个行为。例如，在租船合同中，出租人要求租期届满的承租人返还船舶，这一海事请求即是特定的。又如，在货运代理合同纠纷中，请求人在货代公司尚未取得正本提单的情况下，要求货代公司向其交付正本提单，这样的海事请求则显然不具有执行性。

2. 关于"需要纠正被请求人违反法律规定或者合同约定的行为"这一条件，有观点认为应明确为仅违反强制性法律规范，不包括任意性法律规范在内，违反合同约定也应明确违反的具体合同类型。对此，本文认为，任意性规范是当事人之间可以约定排除适用的，属于意思自治范畴，已包含在"违反合同约定"的适用条件中，无需重复明确。而明确具体的合同类型是为了确保海事强制令具有可执行性，本文认为对合同类型的判断在具体案件的可执行性评估中一并审查即可，这种立法的开放性也有助于海事强制令制度在实践中灵活、广泛适用。

目前司法实践中，对这款适用条件有突破的趋势。在南京中港船业有限公司（以下简称"中港公司"）与南京油运公司紫金山船厂船舶修理合同纠纷案审理中，紫金山船厂以中港公司未支付修理费为由，依法行使留置权，中港公司向法院申请海事强制令。武汉海事法院经审查后认为，该轮价值超过修理费数额，紫金山船厂虽然依法享有留置权，但如果该权利行使时间过长会产生更大的营运损失，于是在中港公司提供担保的前提下以（2016）鄂72行保1号裁定作出海事强制令。该裁定在学界引起广泛讨论，反对者认为该裁定违反了法定适用条件；而支持者则认为，"基于交易需要以及法伦理性原则,通过续造海事强制令适用条件作出的裁判,强调司法效率的同时,亦保障了司法的公正"①。本文认为,该裁定体现了司法能动性,但此种做法必须谨慎恪守边界,否则极易造成法官对法律的主观任意适用。同时,该案也从侧面反映了该款适用条件与当前海商事纠纷解决的司法需求之间存在一定的错位,故此,法律条文的修改完善日益紧迫。

3. 关于"情况紧急,不立即作出海事强制令将造成损害或者使损害扩大"这一条件。在司法实践中,此款适用高度依赖法官的裁判经验,一般都是酌情确定的。有观点认为此种做法过于主观,容易造成裁判尺度不统一,应明确以"时间上的紧急为主,后果上的紧急为辅"作为判断标准。对此,本文认为,从这一适用条件的具体表述来看,前半句"情况紧急"即反映了时间上的紧迫性;而后半句"不立即作出海事强制令将造成损害或者使损害扩大"则是对后果上紧急性的明确要求。所以,时间上的紧急与后果上的紧急是并列关系,两者应同时满足,当前的立法表述在实践中有较强的可操作性,无修改的必要。但经过对近年来部分海事法院作出准许海事强制令申请的裁定表述进行部分梳理后,笔者发现,裁定书的说理普遍过于简单(详见表1),法官应在准许或驳回海事强制令的裁定书中对案件中是否属于情况紧急作更充分、清晰的说理,强化裁定的说服力。

表1 2018—2019年部分海事法院关于准许海事强制令申请的裁定说理表述

序号	案号	海事法院	法院裁定说理部分
1	(2020)浙72行保3号	宁波海事法院	海事强制令申请符合法律规定
2	(2020)浙72行保14号	宁波海事法院	海事强制令申请符合法律规定
3	(2021)辽72行保4号	大连海事法院	海事强制令申请符合法律规定
4	(2021)辽72行保20号	大连海事法院	海事强制令申请符合法律规定
5	(2018)鄂72行保8号	武汉海事法院	海事强制令申请符合法律规定
6	(2021)桂72行保3号	北海海事法院	申请海事强制令符合法律规定
7	(2021)桂72行保6号	北海海事法院	申请海事强制令符合法律规定

---

① 彭阳:《论海事强制令的法律性质及其适用条件的司法续造》,载《中国海商法研究》2017年第1期,第58页。

续表 1

序号	案号	海事法院	法院裁定说理部分
8	(2019) 粤 72 行保 2 号	广州海事法院	被申请人存在需要纠正的违反法律规定或合同约定的行为,且情况紧急,不立即作出海事强制令将造成损害或使损害扩大
9	(2021) 琼 72 行保 13 号	海口海事法院	请求人提供的证据能够证明装在涉案集装箱内的货物归请求人所有,且请求人已经支付了全程运费,故请求人有权要求被请求人交付涉案货物。因被请求人拒绝交付货物,涉案货物到港至今已超过两个月,不立即提取货物显然会扩大损失
10	(2021) 琼 72 行保 14 号	海口海事法院	请求人提供的证据能够证明装在涉案集装箱内的货物归请求人所有,且在本次运输的费用到底支付给谁发生争议的情况下,将运费提存在本院,应视为已支付完全程运费,故请求人有权要求被请求人交付涉案货物。因涉案货物到港至今已超过两个月,已产生滞箱费、堆存费等损失,不立即提取货物显然会扩大损失。因此,请求人为维护自身合法权益,向本院申请海事强制令,并按涉案货物价值提供了足额担保
11	(2018) 津 72 行保 2 号	天津海事法院	请求人作为涉案货物正本提单的持有人,有权要求承运人交付货物,且涉案货物数量较大,价格波动频繁,继续迟延交付将会造成较大损失

续表1

序号	案号	海事法院	法院裁定说理部分
12	(2019) 鲁72行保2号	青岛海事法院	申请人作为涉案正本提单的持有人，不仅有权要求承运人交付货物，而且有权要求被申请人及时放货，且涉案货物为申请人用于工作生产的重要原料，若被申请人继续迟延放货将会给申请人造成进一步损失
13	(2018) 鄂72行保7号	武汉海事法院	涉及货物系豆粕，长期密封存放将有可能发生价值贬值，造成更大的损失，且本院已责令中祥公司提供现金担保

（三）担保的方式和数额没有固定标准

《海事诉讼法》中并未将请求人提供担保作为海事强制令的适用条件，是否需要提供担保由法院根据具体案情作出决定，但在海事请求人没有按照法院要求提供担保时，可以驳回其申请。在司法实践中，由于海事强制令一旦执行即难以回转或无法回转，法院要求请求人提供担保是普遍现象。笔者从中国裁判文书网上搜索了2018—2020年法院作出海事强制令中请求人提供担保的案件数并进行对比（如图1所示）。

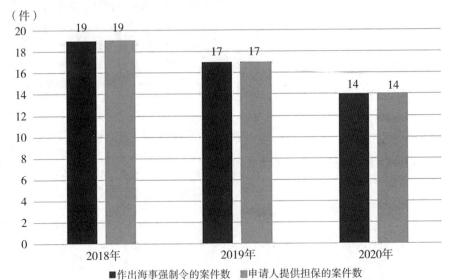

图1 2018—2020年法院作出海事强制令与申请人提供担保的案件数对比

《海事诉讼法》规定担保的方式、数额由海事法院决定。(1) 关于提供担保的方式。从近几年海事强制令裁定书统计情况看,现金担保仍是主要的担保方式,也有法院适用保证担保、保险公司保函等新型的担保方式。以广州海事法院为例,目前担保的方式主要以保险公司的保函为主,此种类保函在减轻请求人资金占有压力的同时,给后续可能发生的因申请海事强制令错误造成的损害赔偿提供了有力保障,应逐渐成为海事强制令担保的主要方式。(2) 关于提供担保的数额,目前各海事法院的具体实践差异较大。例如,在货代公司因请求人欠付另一票货物代理费,而对当前涉案货物的正本提单予以留置的纠纷中,请求人向法院申请强制货代公司交付正本提单,有的海事法院认为担保数额以欠付的代理费为准,有的海事法院则认为担保数额应以请求人要求交付的正本提单项下的货物价值为准,不同执行标准造成实际担保数额的差距过大。对此,本文认为,现行法律规定仅要求对请求人的申请材料进行书面审查,故对担保数额应慎重考虑。担保的数额应以可能给被请求人造成的损失数额为准,包括两个方面:一是被请求人因海事强制令而可能遭受的实际损失及预期损失;二是被请求人因执行海事强制令而产生的额外损失。以本文前述的案件为例,在书面审查的情形下应以提单货物项下的货物价值为准,若在审查过程中引入听证程序,抑或以"紧急审理程序"对案件事实进行全面审查时,则可以以欠付的代理费作为担保数额。

三、全状描摹:海事强制令配套制度面临的瓶颈

(一)强制保障措施存在的不足

海事强制令的执行制度是其强制性的集中体现,执行制度是海事强制令得以顺利实施的强力保障。然而,目前对应执行制度仍不够完善,表现在以下两个方面。

1. "立即执行"的时限要求没有统一标准。《海事诉讼法》规定裁定作出海事强制令后应立即执行,包含有法院在作出海事强制令后应立即进行执行程序和被请求人在收到海事强制令后应立即履行的双重含义,但法律对"立即"的具体时长未予明确。从目前的司法实践看,法官一般会在作出海事强制令裁定的 24 小时内向被请求人送达海事强制令的裁定书,但多数法官在裁定中只按照法条原文责令被请求人立即执行,没有明确"立即"的期限。本文对 2018—2021 年部分海事法院作出海事强制令裁定中责令被请求人履行的有关表述进行了梳理(详见表 2)。

表2 2018—2021年部分海事法院作出海事强制令裁定中责令被请求人履行的具体表述

序号	案号	海事法院	法院裁定说理部分
1	(2018)津72行保2号	天津海事法院	责令被请求人东亚昊利国际海运有限公司、被请求人唐山海港京唐国际船务代理有限公司立即向请求人唐山曹妃甸木业股份有限公司交付提单号分别为×××、×××项下的货物5,371.916立方米俄罗斯白松和冷杉
2	(2019)鄂72行保1号	武汉海事法院	责令被请求人江苏德思威国际物流有限公司立即向请求人南京普田医疗器械有限公司交付编号为×××××及×××××的提单正本
3	(2019)鲁72行保2号	青岛海事法院	责令被申请人"SUNLUCIA"轮船舶所有人/光船承租人/船舶经营人/承租人、日照华海国际船舶代理有限公司向申请人中航国际矿产资源有限公司交付编号为×××的提单项下54,517湿吨铁矿砂中的45,517湿吨
4	(2021)粤72行保3号	广州海事法院	责令被请求人广州市固特威国际货运代理有限公司在本裁定送达起48小时内向请求人深圳梦近实业有限公司交付提单号为××××××××的全套正本提单(正本、副本各三份)
5	(2021)辽72行保24号	大连海事法院	责令长锦商船公司立即向大连海翔食品有限公司交付×××××提单下×××××六个集装箱的货物

续表2

序号	案号	海事法院	法院裁定说理部分
6	（2021）沪72行保4号	上海海事法院	责令被请求人青岛舜安恒泰国际物流有限公司上海分公司立即向请求人上海蓝海国际货物运输代理有限公司交付编号分别为YMLUC××××××××、YMLUC××××××××、YMLUC××××××××、YMLUC××××××××、MAEU××××××××全套正本提单
7	（2021）浙72行保1号	宁波海事法院	责令被请求人台州力洲船舶有限公司立即将"×××号"轮和"×××号"轮的船舶检验证书和船舶交接书交付给请求人济南域潇集团有限公司
8	（2021）桂72行保3号	北海海事法院	责令被请求人广西格律诗国际物流有限公司、营口天地仁合物流有限公司、广西中远海运集装箱运输有限公司、广西大德物流有限公司立即将留滞于钦州保税港集装箱码头的集装箱（箱号：×××）予以放行
9	（2021）琼72行保14号	海口海事法院	责令被请求人海南洋浦航力物流有限公司、洋浦三丰物流有限公司、上海中谷物流股份有限公司、海口港集装箱码头有限公司向请求人曾坚武交付××××单号项下×××××集装箱中的货物

2. 惩罚性措施未发挥应有效能。一是罚款金额过低。司法实践中，对拒不执行强制令的行为以适用罚款为主，但《海事诉讼法》中对罚款金额限定在10万元以下，往往与动辄上百万元的诉讼标的金额不成比例，当事人违法成本较低，惩罚性措施威慑作用受限。二是不利于纠纷的整体化解。当被请求人不履行海事强制令时，法院将采取强制执行或直接处以罚款、拘留，以前述手段作为海事强制令程序的终结，容易让当事人之间的对立情绪更加严重，对后续纠纷的整体处理并无助益。

（二）复议、异议程序存在的不足

作为保障当事人权益的救济程序，《海事诉讼法》中有关复议、异议程序的规定均过于原则、笼统，主要表现在对复议、异议程序的审查方式未予明确。司法实践中，复议程序对复议材料的审查以书面审查为主，本文认为，审查请求人对驳回海事强制令的复议申请，以书面审查形式再次复核请求人提交的材料即可，但审查被请求人对准许海事强制令的复议申请，由于涉及对当事人权利义务的变更且当事人存在异议，进行实质审查更为妥当，通过双方正面交锋进一步查明事实，以维护当事人合法权益。而异议程序则是由利害关系人提出，直接关系到案外人的权益，笔者认为也应采取实质审查，理由如前所述。

四、优化进路：海事强制令制度的完善建议

（一）赋予海事强制令紧急审理程序的功能

建议参照民事诉讼中简易程序的制度设计，形成具有我国特色的海事强制令制度。

一是建立以实质审查为原则的庭审制度。学界有不少学者呼吁将听证程序纳入海事强制令，实践中也确有不少海事法院对海事强制令案件实行听证。由此，建议立法将听证程序进一步升级为正式庭审程序，明确未经庭审程序不得作出海事强制令。通过当事人双方在庭审中的举证、质证、辩论，帮助法官快速查明案件事实，形成内心确信，改变以往法官对该制度过于保守的心态，避免制度被沦为摆设。此外，法官还可以有效利用庭审中双方当事人同时到庭的机会，充分听取当事人的诉求，在详细释法明理的基础上，组织当事人进行调解，积极促成双方达成和解协议，真正实现案结事了。

二是适当延长海事强制令的审理期限。在规定正式庭审程序之后，应相应配套延长海事强制令的审理期限。但基于该项制度是在紧急状态下保障当事人合法权益这一突出特性的考量，延长的审理期限不宜太长，否则将严重背离制度设立的初衷。因此，建议参考现行速裁案件法定最短审限为 10 天，在此基础上再适度缩短。

三是灵活采用线上、线下庭审方式。在较短审限的庭审程序下，可能存在被请求人因距离较远或事务冲突而无法到庭的情况。但在当前在线庭审方式逐步普遍化的今天，庭审效率得到极大提升，2021 年颁布施行的《人民法院在线诉讼规则》为解决在线审理问题提供了法律依据。此外，还可以借鉴适用包括交互式审理模式在内的新型审理模式，"法官通过阅读诉讼材料、

证据资料及交互式质询记录、直接裁判"[1]。

四是明确请求人全面披露的义务。在被请求人缺席庭审的情况下,明确请求人有全面披露的义务尤为重要。建议立法要求请求人在提出海事强制令申请时详尽陈述需要作出海事强制令的理由(包括被请求人违反的法律规定条款或合同约定条款),以及如不作出海事强制令则可能对其权益造成损害的具体说明(包括损害项目清单及各项损害计算依据等),并提供初步证据予以证明。同时,应明确规定违反全面披露义务的法律后果。在法院作出海事强制令后,如发现请求人存在隐瞒相关事实和证据的行为,应裁定撤销海事强制令,海事强制令尚未执行的应终止执行;已经执行的,视执行回转的难易程度予以处理,给被请求人造成的损失的应予赔偿,并可视情节严重程度对请求人处以高额罚款。

五是明确规定被请求人禁止反言。除了请求人应履行全面披露义务外,为保障双方当事人诉讼权利的衡平,应明确规定被请求人在庭审过程中禁止反言及违反的相应法律后果。例如,在请求人要求被请求人交付正本提单的案件审理中,被请求人若已在庭审中明确表示其持有正本提单,却在执行过程中以无法找到正本提单为由拒绝履行海事强制令,则被请求人因违反禁止反言规定的法律责任,法院可直接认定被请求人拒不履行海事强制令,并从重处以罚款或拘留。

(二)进一步明确海事强制令的适用条件

一是明确具体的海事请求范围。首先,应将常见的海事强制令申请类型,如强制签发或交付提单、强制交付运输货物、强制返还船舶等以列举的方式予以明示,并以兜底性条款保持申请类型的开放性。其次,应对是否具备可执行性进行限制性规定,从而明确具体海事请求的范围,将包括申请类型的法律性质、被请求人是否具备履行能力、法院的强制执行措施及司法惩戒措施能够有效及于争议标的或被请求人等纳入考量因素。

二是明确需要纠正被请求人违反法律规定或者合同约定的行为的例外情形。从实践需求来看,过于僵化地适用"需要纠正被请求人违反法律规定或者合同约定的行为"这一规定,可能导致机械司法。比如,在运输易腐败变质的生鲜货物时,承运人以高于市场行情的价格向收货人索要滞箱费,收货人向法院申请海事强制令,要求承运人放货。在该案中,如果以承运人的行

---

[1] 张春和、陈斯杰、李婷:《网络著作权纠纷交互式审理的构建与适用——以广州互联网法院ZHI系统实践为对象》,载《中国应用法学》2021年第3期。

为没有违反法律规定或者合同约定为由驳回收货人的申请,那么势必会给请求人造成远大于滞箱费的损失,且承运人可能还会面临收货人的索赔诉讼。诸如此类情形,立法有必要对这一条件的适用例外情形予以明确。但由于例外情形是对适用制度的明显突破,且实践中符合适用例外情形的并不多见,因此,应以列举的方式对例外适用情形直接明示,避免法官在适用法律条文时难以把握。

三是明确担保方式及数额。虽然《海事诉讼法》规定了担保的方式为提供现金或者保证、设置抵押或者质押。但该法立法已逾二十年,其规定的担保方式与当前国际贸易惯例不相匹配,建议将当前占据主流的保函纳入担保方式。至于担保的数额,应进一步明确为以可能给被请求人造成的损失数额或争议标的物的价值来提供担保;在具体适用上,则由法官根据当事人出庭情况、案件查明情况选择适用。

(三) 健全海事强制令执行制度

一是建立执行评估制度。首先,在请求人的申请符合海事强制令适用条件的前提下,在海事强制令作出之前,明确应进行执行评估及执行评估的标准,具体应包括以下四个标准:(1) 被请求人是否有能力履行,如提单、船舶是否在其控制之下;(2) 请求人在特定情况下是否能够提供协助,如货物存放、保管;(3) 是否在法院及协助单位的执行力量可及于的范围之内;(4) 执行时是否易引发新的纠纷或群体性事件。其次,在海事强制令作出之后,外部条件的变化可能使得海事强制令无法执行。例如,在要求交付货物的海事强制令中,国家政策变化或海关监管等原因致货物无法顺利入关;又如,在要求交付正本提单的海事强制令中,被请求人方突发火灾导致正本提单灭失。当出现诸如此类不可归责于被请求人的客观原因导致海事强制令事实无法履行的情况时,应明确海事强制令执行终止的条件,适时裁定终结海事强制令程序。

二是提高罚款金额上限。《海事诉讼法》施行二十多年来,我国的经济迅猛发展,仍沿用原来的罚款标准明显不合时宜,无法显现惩罚性效能。因此,建议提高罚款金额上限,参照《民事诉讼法》第一百一十五条的标准,明确对个人的罚款金额为人民币十万元以下,对单位的罚款金额为人民币五万元以上一百万元以下。

三是设置预处罚制度。从海事强制令的司法效果来看,最优的结果是当事人双方达成调解,其次是被请求人主动履行海事强制令,最差的结果是被请求人因拒不履行海事强制令被法院处以罚款或拘留。然而,对被请求人直接适用惩罚性措施不仅无法实现海事强制令对请求人的保护作用，被请求人还将承担造成请求人损失的赔偿责任和法院惩罚性措施的双重后果。在营造良好法治化营商环境的政策指引下，为进一步体现司法的温度，建议设置预处罚制度，即在法院作出处罚之前预先向被请求人送达预处罚通知书，明确告知其拒不履行海事强制令的处罚后果，促使其即刻履行海事强制令。若被请求人收到通知后及时主动履行，可免于处罚；若坚决不履行，则出具正式处罚决定书。该项制度经（2021）粤72行保1-4号案裁定的实践探索适用，取得了良好效果。

（四）完善海事强制令复议、异议程序

一是对复议、异议程序进行实质审查。在赋予海事强制令紧急审理程序功能的制度设计中，已明确对海事强制令以庭审方式进行实质审查，则对相应的救济程序也应同样明确实质审查要求。无论是当事人的复议申请抑或利害关系人的异议申请，均应要求双方当事人到庭参加庭审。对于《海事诉讼法》中未明确规定的异议审查期限，可参照复议审查期限规定，明确为5日。

二是限制申请复议的条件。《海事诉讼法》没有对复议申请予以条件限制，只要当事人不服海事强制令裁定即提起申请复议。然而，在海事强制令庭审审查中已对案件事实基本查明的情况下，不能任由当事人"不服"这一主观感受被滥用，使救济程序沦为浪费司法资源的工具。因此，应明确申请复议必须基于当事人有新证据或裁定认定事实的主要证据是伪造的情形才能够提起申请。当然，如被请求人未参加海事强制令的庭审，则不受此限。

结　语

行百里者半九十。本文对以上制度的讨论仍处于初步阶段，相信随着时间推移，会有更多案例出现在我们的视野中，为海事强制令制度的进一步完善提供司法例证，使其制度优势和效能真正得以充分彰显。

附：《中华人民共和国海事诉讼特别程序法》第四章"海事强制令"（立法修改建议稿）

第五十一条　海事强制令是指海事法院依法在紧急情况下，为使海事请求人合法权益免受侵害，根据其申请，对案件进行快速审查后，责令被请求人作为或者不作为的紧急审理程序。

第五十二条　当事人在起诉前或仲裁前申请海事强制令，应当向海事纠纷发生地海事法院提出，不受当事人之间关于该海事请求的诉讼管辖协议或者仲裁协议的约束。

第五十三条　外国法院已受理相关海事案件或者有关纠纷已经提交仲裁的，当事人向中华人民共和国的海事法院提出海事强制令申请，并向法院提供可以执行海事强制令的相关证据的，海事法院应当受理。

第五十四条　海事请求人申请海事强制令，应当向海事法院提交书面申请，并附有关证据。

第五十五条　海事强制令申请书应包括以下内容：
（一）海事请求人与被请求人的具体信息；
（二）申请事项；
（三）事实与理由，其中须明确被请求人违反的法律规定或合同约定。

第五十六条　海事请求人负有全面披露义务，应就其知晓的案件事实全面、真实地向海事法院披露。

海事请求人未履行全面披露义务，隐瞒足以影响海事法院是否作出海事强制令的关键事实的，海事法院应裁定撤销海事强制令，尚未执行的，终止执行；已经执行完毕的，视执行回转的难易程度，由海事法院裁定是否执行回转。对海事请求人依照本法第六十九条予以处罚。

第五十七条　海事法院受理海事强制令申请，可以用简便方式传唤当事人、送达诉讼文书、审理案件，但应当保障当事人陈述意见的权利。

第五十八条　海事强制令案件由审判员一人独任审理，庭审程序依据民事诉讼法关于简易程序相关规定。

第五十九条　海事强制令案件应当在立案之日起五日内审结。

第六十条　在当事人自愿的基础上，应先行调解，调解达成协议，海事法院应制作调解书。达不成调解协议的，海事法院应及时作出裁定。

第六十一条　被请求人经传唤，无正当理由拒不到庭的，不影响法院依据海事请求人提交的证据及陈述作出海事强制令裁定。

第六十二条　被请求人在庭审中承认具备履行海事请求人申请事项能力的，在海事强制令执行过程中又以其他理由进行阻却的，应视为拒不执行海事强制令，依本法第六十九条从重处罚。被请求人因不可归责自身的客观原因无法执行的除外。

第六十三条　作出海事强制令，应当具备下列条件：
（一）请求人有具体的海事请求；
（二）需要纠正被请求人违反法律规定或者合同约定的行为；
（三）情况紧急，不立即作出海事强制令将造成损害或者使损害扩大。

前款所称具体海事请求，包括以下情形：

（一）要求签发或交付正本提单的；
（二）要求返还船舶的；
（三）要求交付货物的；
（四）其他具有可执行性的请求。

请求人的海事请求从被请求人履行能力、请求人协助能力、法院执行力量可及于范围、是否会引起新纠纷等方面审查，海事法院认为不具备可执行性的，应视为没有具体的海事请求。

被请求人行为虽未违反法律规定或合同约定，但该行为给请求人造成或可能造成的损失明显大于被请求人执行海事强制令所遭受的损失，海事法院在海事请求人提供充足担保的情况下可作出海事强制令。

第六十四条 经过庭审程序，海事法院认为应作出海事强制令的，可以责令海事请求人提供担保。海事请求人不提供的，驳回其申请。

第六十五条 依据庭审查明的案件事实情况，海事请求人提供担保的数额按照可能给被请求人造成的损失数额或争议标的物的价值来提供。

前款所称损失数额包括被请求人因海事强制令而可能遭受的实际损失和预期损失，以及因执行海事强制令而产生的额外损失。

第六十六条 海事法院裁定作出海事强制令的，应当立即执行，被请求人的履行期限最长不超过七十二小时。如被请求人有正当理由在指定期限内不能履行完毕的，应向海事法院提交书面申请，申请延长期限，是否准许由海事法院决定。对不符合海事强制令条件的，裁定驳回其申请。

第六十七条 当事人有参与庭审，对裁定不服的，除非有新证据或裁定认定事实的主要证据存在伪造的情形，否则不得申请复议。被请求人未参加庭审，对裁定不服的，可以在收到裁定书之日起五日内申请复议一次。海事法院在收到复议申请后，应当组织当事人进行听证，并于收到复议申请之日起五日内作出复议决定。复议期间不停止裁定的执行。

第六十八条 利害关系人对海事强制令有异议的，应于海事强制令发布后十五日内提出，海事法院应当组织当事人及利害关系人进行听证，并于收到异议申请之日起五日内作出异议决定。

海事法院经审查，认为理由成立的，应当裁定撤销海事强制令。认为理由不成立的，应当书面通知利害关系人。

第六十九条 被请求人、其他相关单位或者个人拒不执行海事强制令的，海事法院应当依据民事诉讼法的有关规定强制执行，并可以根据情节轻重处以罚款、拘留；构成犯罪的，依法追究刑事责任。

对个人的罚款金额，为人民币十万元以下。对单位的罚款金额，为人民币五万元以上一百万元以下。

拘留的期限，为十五日以下。

第七十条 海事强制令执行过程因不可归责于被请求人的客观原因无法执行的，海事法院应裁定终止海事强制令。

第七十一条 海事请求人申请海事强制令错误的，应当赔偿被请求人或者利害关系人因此所遭受的损失。由作出海事强制令的海事法院受理。

第七十二条 海事强制令发布后十五日内，被请求人未提出异议，也未就相关的海事纠纷提起诉讼或者申请仲裁的，海事法院可以应申请人的请求，返还其提供的担保。

第七十三条 海事强制令执行后，有关海事纠纷未进入诉讼或者仲裁程序的，当事人就该海事请求，可以向作出海事强制令的海事法院或者其他有管辖权的海事法院提起诉讼，但当事人之间订有诉讼管辖协议或者仲裁协议的除外。

· 第九编 ·

海事证据

论海事电子证据的认证*
——以技治主义证据观的可行性为视角

徐春龙　孙　阳

摘要：电子证据由数字代码转化为数据，且经由数据输入、传输、输出、转化、接收等一系列复杂的技术过程，电子证据的真实性、关联性和合法性的认定是理论和实务界的难点。本文通过对典型海事判决的整理和研究，指出当前阶段海事法院对电子证据的认证更倾向于保守的传统主义，而对于技治主义的关切不足。基于电子证据的特性以及目前的理论及实践条件，本文提出海事诉讼电子证据认证规则可分为远期进路和即期进路。远期的理想进路是以客观化认证为核心的技治主义，尽量排除人为的主观判断，让技术实现自证，实现法律事实与客观事实的尽量同一；即期的现实进路则是发挥海事法院对电子证据认可度较高的实践优势，综合考量电子证据自证技术的成熟性、当事人的举证成本、司法审判的效率、"高度可能性"的认证标准，努力寻求传统主义与技治主义证据观之间的平衡点。如此则既为可实现电子证据自证的区块链等创新技术预留空间，又能结合电子证据虚拟性、系统性、交互性等特性，通过适度引入专业技术力量以及合理运用自由心证原则，做好印证证明模式下对海事诉讼电子证据的认证，为电子证据司法认证积累经验。

关键词：电子证据；传统主义；技治主义；客观印证；自由心证。

我们即将走入另一个新的司法证明时代，即电子证据时代。①

——何家弘

前　言

随着科学技术的不断发展，电子数据与人类各方面的生活息息相关，人们的行为伴生并依赖大量的电子数据。就航海活动而言，各方参与主体的商

---

* 本文获第27届全国海事审判研讨会论文一等奖；原载于《中国海商法研究》2019年第3期；转载于《航运法律与政策评论（第一辑）》，中山大学出版社2022年版。

① 何家弘：《电子证据法研究》，法律出版社2002年版，第4页。

业行为与电子信息密切关联。班轮公司的电子提单、无纸化运输合同，港口经营人的集装箱和货物电子管理系统，物流公司的网上交易平台，货主和货运代理人通过电子邮件、微信等即时通信工具处理合同订立、履行相关事务，海运行政管理部门的线上申报系统、线上监管系统都离不开电子数据。海事诉讼中，虽然传统的纸质证据仍然发挥着不可忽视的作用，但电子证据对于法律关系的认定、权利义务的判定发挥着越来越重要的作用。如何在电子数据时代合法、合理、准确证据认证规则，确定个案的法律事实，已经成为一个新时代的课题，具有探究之必要。

一、海事诉讼电子证据认证的现状分析——"传统主义"证据观占主导地位

2012年我国在对民事诉讼法进行修改时，将电子数据与传统的书证、物证等并列为民事诉讼证据类型。根据2015年《最高人民法院关于适用〈中华人民共和国民事诉讼法〉的解释》（以下简称《民诉法解释》）第一百一十六条的规定，民事诉讼中的电子数据是指通过电子邮件、电子数据交换、网上聊天记录、博客、微博客、手机短信、电子签名、域名等形成或者存储在电子介质中的信息。有学者认为，电子证据是指以电子形式存在的、用作证据使用的一切材料及其派生物；或者说，借助电子技术或电子设备而形成的一切证据。① 还有学者将电子数据与电子证据进行了区分，认为电子数据是以电子、光学、磁学或其他相似形式创造、转换或存储的数据信息，其只是一种电子形式的材料，由"0"和"1"构成，以各种形式呈现；而电子证据则是能够被用于证明某个案件事实的电子数据。② 虽然电子证据是电子数据在进入诉讼程序中的特定化指称，但鉴于学界与实务界对电子数据与电子证据多作同义理解与使用，且本文探讨的是已经进入诉讼程序的电子数据，故本文对电子数据与电子证据作同义使用，不再另行区分。

（一）海事诉讼中电子证据的认证简况

为了解电子证据在民商事领域尤其是海事诉讼领域的认证情况，笔者分别以"电子证据""电子数据"以及常见的几种电子证据类型（电子邮件，微信，QQ聊天记录，手机短信）作为搜索关键词③，对中国裁判文书网截至2019年3月25日公开的15,223,803份民事判决书进行检索，案件使用的电子证据类型见表1。

---

① 何家弘：《电子证据法研究》，法律出版社2002年版，第5页。
② 汪闽燕：《电子证据的形成与真实性认定》，载《法学》2017年第6期，第184页。
③ 对涉及海事诉讼的以海事法院作为关键词。

表1 电子证据类型（截至2019年3月25日）

单位：份

法院	电子证据	电子数据	电子邮件	微信聊天记录	QQ聊天记录	手机短信
最高人民法院（涉海事法院）	1 (0)	4 (0)	100 (19)	26 (0)	16 (3)	53 (1)
高级人民法院（涉海事法院）	231 (17)	279 (32)	2,165 (517)	1,109 (60)	1,085 (125)	1,654 (110)
中级人民法院（涉海事法院）	3,155 (37)	3,716 (81)	29,919 (1,546)	63,975 (295)	15,038 (519)	78,679 (377)
基层人民法院	131	15,677	75,602	232,264	65,247	272,742
总数（涉海事法院）	3,518 (54)	19,676 (113)	107,786 (2,082)	297,374 (355)	81,386 (647)	353,128 (488)

注：本次数据统计不排除在同一份判决书中出现多份电子数据，如在微信与QQ聊天记录中同时出现。

资料来源：中国裁判文书网。

（二）以地方法院为参照系的差异性与同质性

通过对判决的初步梳理，以地方法院为参照系，可初步发现海事法院与地方法院在电子数据采信方面既存在差异性，也存在同质性。

在差异性方面，一是海事法院涉及电子证据的判决高于地方法院。综合判决所涉电子证据、一审法院和海事法院数量、法院审理案件数量，海事法院判决涉及的电子证据远高于地方法院，尤其是电子邮件和QQ聊天记录两项电子证据。二是海事法院对电子证据采信比例较高，缺席审判时采信比例更高。有学者曾在2017年对裁判文书网8,095份（其中民事裁判文书2,702份）裁判文书对电子证据采信情况进行调研。结果表明，绝大多数情况下法院对电子证据未明确作出是否采信的判断，占92.8%；明确作出采信判断的只是少数，仅占7.2%。① 相比前述较低比例的电子证据采信率，海事法院审

---

① 参见刘品新《印证与概率：电子证据的客观化》，载《环球法律评论》2017年第4期，第110页。

理的案件中对于电子邮件以及微信、QQ聊天记录，手机短信等电子证据采纳与采信比例较高。① 而在缺席判决中，比例更高。随机抽取的判决书中有近70%以上的电子证据获采信。②

在同质性方面，有学者认为我国法官对采信电子证据的信心不足，这突出表现为普遍地不给出明确采信理由，或者不说理，或者说理过程无法令人信服。③ 此点在海事电子证据采信上亦有体现，表现在以下三方面：（1）说理简单化。仅以可相互认证，或者已做公证认证即予采信，未能根据电子证据特性予以展开论证，在缺席判决时尤为明显。④（2）在举证责任一致之时，对于同类举证的电子证据，认证结论存在差异甚至完全相反的情形。有的判

---

① 因涉及裁判文书较多，相关裁判文书不涉及当事人（下同）。根据随机抽查的情况，采纳并采信电子证据的判决主要有（2013）广海法初字第449号、（2017）浙民终817号、（2016）粤03民终22881号、（2017）鄂民终706号、（2017）浙民终813号、（2015）辽民三终字第26号、（2014）粤高法民四终字第160号、（2016）粤民终1092号、（2016）浙民终609号、（2016）粤72民初316号、（2016）浙72民初84号、（2017）鄂72民初1633号、（2017）鄂72民初1111号、（2015）津海法商初字第86号、（2015）厦海法商初字第1149号、（2016）沪72民初11号、（2017）沪72民初3517号、（2017）浙72民初1008号、（2016）津72民初564号、（2015）武海法商字第00077号、（2015）甬海法商初字第1217号等。而笔者于2014年至2018年在广州海事法院深圳法庭担任法官时，主审或参与审理的涉及的海上货物运输合同纠纷或者海上货代理合同纠纷中，对于电子邮件、微信和QQ聊天记录予以采信的案件占比超过90%。这得益于案件大部分当事人均为深圳市律师代理，且深圳法庭就诚信诉讼等相关问题每年与深圳市律师协会进行沟通交流，故当事人整体对电子证据的认可度较高。涉及不认可电子证据的主要判决书有（2016）最高法民再16号、（2016）最高法民申1397号、（2015）粤高法民三终字第305号、（2013）粤高法民三终字第486号、（2013）沪高民四（海）终字第105号、（2017）鄂民终3146号、（2016）闽民终966号、（2014）沪高民四（海）终字第46号、（2015）沪高民四（海）终字第142号、（2016）浙72民初2828号等。从整体比例来看，海事法院对电子证据的采信程度远超地方法院。

② 具体判决书可参见：涉及手机短信的有（2018）粤72民初171号、（2015）津海法商初字第106号、（2016）津72民初1102号、（2016）浙72民初222号；涉及微信的有（2017）沪72民初819号、（2016）鄂72民初1770号、（2018）闽72民初396号、（2017）桂72民初403号、（2017）鄂72民初1240号、（2018）闽72民初186号等；涉及电子邮件的有（2014）沪海法商初字第1219号、（2013）津海法商初字第383号、（2013）广海法初字第973号、（2016）鄂72民初257号、（2016）沪72民初1658号、（2017）桂72民初209号、（2017）闽72民初1294号、（2016）粤72民初789号、（2016）辽72民初539号等。

③ 参见刘品新《印证与概率：电子证据的客观化》，载《环球法律评论》2017年第4期，第110-111页。

④ 具体判决书可参见（2013）津海法商初字第383号、（2013）广海法初字第973号、（2014）沪海法商初字第1219号、（2016）津72民初1102号、（2016）鲁72民初1525号、（2016）浙72民初222号、（2016）鄂72民初1770号、（2016）鄂72民初257号、（2017）桂72民初209号、（2016）粤72民初539号、（2017）沪72民初819号、（2018）粤72民初171号等。由于缺席审判，前述案件中所涉电子证据是否展示过原始存储载体等无法确定。

决对电子邮件的截图予以确认①，有的判决对电脑存储的邮件的真实性则不予确认②；有的认为电子证据真实性的确认应以公证认证为要件③，有的则认为电子证据无须公证，只需展示原件或者与其他证据印证即可④。（3）电子证据采用的认证标准不一。有的采取的是高度盖然性或优势证据原则⑤，而有的则坚持完整证据链（排除合理性怀疑原则）认证原则⑥。

（三）海事法院与地方法院差异性与同质性的原因浅析

在差异化层面，海事法院审理的案件中，海上货物运输合同以及海上货运代理合同纠纷是多发性案件。此类案件中，基于效率考量，合同的订立、变更、履行以及后续的索赔过程中，电子邮件以及 QQ 等即时通信工具因其快捷性成为当事人之间较为常见的沟通方式。因此，相较于地方法院，海事判决中所涉的电子证据更多。而采信度较高的原因有两方面：一方面是当事人对于电子交易的习惯较为尊重；另一方面，基于部分案件的代理律师的专业背景、人际关系等因素⑦，法院对电子邮件的接受度和认可度较高。

在同质化层面，集中表现为固守传统主义证据观。传统主义证据观是指将"证据"视为以诉讼法体系为规范蓝本的证据体系。口供、客观证据、国家公信以及举证责任分配等证据要件成为证据法发挥法律事实认定功能的主要保障。其中，国家公信被赋予无比强大的证明力，用于提升口供、客观证据的实际证明力。⑧而电子证据的专业性同当代证据采信原则存在着天然冲突。电子证据具有隐藏性、非直观性、系统性等特征，"眼所见"者未必为"最初所是"者。在缺乏当事人确认之时，提交电子证据显示载体的一方所

---

① 具体判决书参见（2017）桂民初 209 号。
② 具体判决书参见（2016）浙 72 民初 2828 号。
③ 具体判决书可参见（2013）沪高民四（海）终字第 105 号、（2014）沪高民四（海）终字第 46 号、（2016）沪 72 民初 3329 号、（2016）浙 72 民初 1502 号等。
④ 具体判决书可参见（2016）浙 72 民初 222 号、（2016）津 72 民初 1102 号、（2016）鄂 72 民初 1770 号、（2018）粤 72 民初 171 号等。
⑤ 具体判决书可参见（2016）粤 72 民初 961 号、（2016）浙民终 609 号等。
⑥ 具体判决书参见（2013）广海法初字第 973 号、（2016）鄂 72 民初 1770 号。
⑦ 比如广州海事法院深圳法庭每年处理大量的海上货运代理合同纠纷，而很多当事人的委托诉讼代理律师相互之间较为熟悉，且有部分律师具有航运界从业经历，对于电子邮件或者 QQ 聊天等形式接受程度较高，且一般会在开庭前与当事人进行核实。故在庭审质证阶段，并不拘泥于必须验看电子邮件的现场展示以确认其真实性。对于未经展示的电子证据，如已与当事人核实过基本事实，也不会直接对其证据能力予以否认。
⑧ 参见张玉洁《区块链技术的司法适用、体系难题与证据法革新》，载《东方法学》2019 年第 3 期。

展示的数据电文既可能是自形成始未经修改，亦可能是已经修改的。① 由于专业技术的缺乏，法官在面对电子证据之时，通常因并无足够的专业知识或经验而径行采信电子证据。由此导致法院对电子证据的认证仍遵循传统书证和物证套路和体系，而且尤其依赖国家权力背书（公证或认证行为）②，而没有结合电子证据的特性，从电子证据技术层面自证的可能性与现实性展开论证。

二、电子证据认证的远期理想进路——客观认证的"技治主义"

电子证据时代的到来，客观上要求法院必须要遵循认识论的客观规律，尊重电子证据本身特有的属性，构建真正属于这一新生事物的证据规则。③从裁判主体来讲，要求所有法官都精通电子证据的专业理论与实践操作显然不具现实性。那么，法官如何在面临采信科学证据是做"力所不能及"的裁判的情境下④输出合法、合理的裁判结果，是司法必须面对的一项重要挑战。

从本质来讲，电子证据在证明事实上与传统证据并无差别，特殊之处在于电子证据自身的特性使裁判者在认证时需面对陌生领域的技术难题。随着人工智能和大数据的发展，电子数据广泛存在于优盘等存储介质空间，还存在于计算机空间、手机空间、摄像机空间、网络空间、服务器空间、云空间等虚拟空间或数字空间，并通过计算机系统、操作系统、应用文件系统、网络系统、存储系统、手机系统、GPS系统、云系统等肉眼无法觉察的系统生成、存储、传输、转化。区别于传统书证或物证处在物理空间，电子证据处在由0和1数字信号量、电子脉冲等形成的无形空间。⑤ 以电子邮件为例，电

---

① 2012年司法部组织全国司法鉴定机构开展能力认证时，曾要求对一封"加快进度指示"的电子邮件鉴定真假，该电子邮件能满足单方显示电子数据的完整性。经鉴定，由于该邮件存在一封备份邮件、该邮件与备份邮件的附件存在不一致的情形、该邮件的流属性信息显示的字节数与实际的字节数不一致、360杀毒软件日志中还发现了该邮件被调用的记录等反常点，该邮件被认定为经过篡改。参见司法部司法鉴定科学技术研究所编著《2012年司法鉴定能力验证鉴定文书评析》，科学出版社2013年版，第508-520页。

② 相当一部分判决中不认可电子证据的理由是，电子证据未做公证或认证。具体判决书可参见（2012）甬海法商初字第592号、（2015）沪海法商初字第3081号、（2016）粤72民初961号、（2016）沪72民初1658号、（2017）鄂72民初684号等。当然，前述判决项下的电子证据本身亦不存在当事人已通过其他方式展示原件或者通过某中立的科技公司的某种鉴定予以确定真实性的情形。在具体认证上，前述判决的认定均无可置疑之处，但是在理念上，仍体现着对公证认证手段的依赖。

③ 参见樊崇义、李思远《论电子证据时代的到来》，载《苏州大学学报》2016年第2期，第106页。

④ ［美］麦考密克：《麦考密克论证据（第五版）》，汤维建等译，中国政法大学出版社2003年版，第400页。

⑤ 参见刘品新《电子证据的基础理论》，载《国家检察官学报》2017年第1期，第152-153页。

子邮件的生成，涉及邮件用户代理（mail user agent，MUA）和邮件传输代理（mail transfer agent，MTA）两个系统①。电子邮件系统组件还包括邮件投递代理（mail delivery agent，MDA）、邮件提交代理（mail submission agent，MSA）和邮件访问代理（mail access agent，MAA）等。在一封由不同的人发出和接收的邮件投递过程中至少应当包含两个邮件用户代理、一个邮件传输代理、一个邮件投递代理。②而电子邮件在前述系统或代理人之间存储、传输、转化、接收、展示的过程中，在留有数据痕迹的同时，也有被篡改、修改的可能。基于此，即使某封邮件可通过计算机或手机展示给审判人员，该展示的内容与真正的原件（最初生成的内容）是否一致，仍然极难判断。

裁判者必须面对电子证据的采信问题，如何通过证据的审查规则与采信标准的完善，努力在司法裁判中达致法律与科学的完美结合③，弥补法官不擅长信息科学的劣势，使电子证据的采信结果达到类似于科学结论的可重复检验程度，将是电子证据认证的努力方向。综合电子证据生成、传输、转化、展现环境的复杂性，最理想的进路是将电子证据的证明力的有无及大小交由相对客观化的标准体系或者技术工具去评断。理想化状态下，应能出现某种客观、中立的科学技术系统，通过稳定、安全的算法和技术功能来判断当事人提交电子证据的证明力问题。裁判者只需经由某种技术工具，判定某份电子数据或者直接输出内容自生成之日起经过技术系统和虚拟空间的传递，是否发生实质改变（真实性）；电子证据生成、传输过程以及展示的内容是否与诉争标的主体（发送或接收主体）、时间（诉争标的相关事实存续时间段）、空间（虚拟空间的地址，如 IP 地址等）、事物（诉争标的所涉权利义务关联内容）建立可靠性的联系（关联性）；该电子数据提取过程是否违反法律规定或者严重侵害相关方利益（合法性）。此种状态下，对电子证据的认定显然是摒弃了目前传统主义证据观的传统范式，而变成由技术的科学性和自证性来认定证据的技治主义证据观。虽然基于科技系统自身的设计问题

---

① 参见 Andrew S. Tanenbaum《计算机网络（第 4 版）》，潘爱民译，清华大学出版社 2004 年版。转引自卢启萌《常见电子邮件篡改及其鉴别研究》，华东政法大学硕士学位论文，2013 年，第 6 页。
② 卢启萌：《常见电子邮件篡改及其鉴别研究》，华东政法大学硕士学位论文，2013 年，第 7 页。
③ 何家弘：《证据的采纳和采信——从两个"证据规定"的语言问题说起》，载《法学研究》2011 年第 3 期，第 156 页。

或者他人的恶意攻击，新科技也会面临各种痛点。① 但不可否认的是，以客观中立的科技手段验证和认证电子证据，构建客观化认证体系仍是未来值得期许的进路。

就当下科技发展而言，区块链技术值得重视。区块链是一种以不可复制、不可篡改性、去中心化、去信任、非对称加密以及时间戳为主要特征的数据信息运载技术。通过数据加密，区块链得以将特定的数据信息存储于众多网络计算机之上，实现数据信息的共享，进而消除单一存储模式下数据丢失难题。② 所有涉及记录和验证的领域，包括司法过程中的证据保存、提交和验证，都可以借助区块链技术来完成。③ 2018年6月，杭州互联网法院在一起信息网络传播权益案中首度有限认可了区块链存证技术。该案中，杭州互联网法院将区块链证据的法律性质界定为"数据电文"。由于缺乏对区块链证据的认定经验，杭州互联网法院对区块链证据的可采信性采取了相对审慎的态度，并没有单纯依据区块链技术足以自证电子证据真实的技术特性认定涉案电子证据的证明力，而是从"区块链的法律性质""存证平台的资质审查""取证手段的可信度审查""区块链证据的完整性审查"四个方面，对涉案区块链证据的有效性进行论证。同时，又通过审查公证文书与审查区块链存证的双重印证方式，确认了数据电文的证明力。④ 杭州互联网法院的做法体现了裁判者在面临传统主义与技治主义之间的困惑，仍然按照"证据链+国家公证"的传统印证模式来认定区块链证据的有效性，似乎间接否认了区块链证据的独立证明力，悖反了《最高人民法院关于互联网法院审理案件若干问题的规定》第十一条⑤的规定。但不可否认的是，杭州互联网法院的开创性

---

① 比如目前的云存储服务，虽然由世界上较为知名的科技公司开发，但仍会因为系统的软、硬件故障导致数据丢失或泄露，也会因为他人的恶意攻击发生技术性故障。比如，Google 公司的 Gmail 邮箱爆发过全球性故障；微软云计算平台 Azure 曾停止运行约22小时；苹果的"iCloud"系统也发生过泄密事件，导致22万用户账号密码泄露；等等。参见查雅行《云存储环境下数据完整性验证技术研究》，北京邮电大学博士学位论文，2018年，第1页。

② Riley T. Svikhart, "Blockchain's Big Hurdle," *Stanford Law Review Online*, 2017, Vol. 70, pp. 100 – 111. 转引自张玉洁《区块链技术的司法适用、体系难题与证据法革新》，载《东方法学》2019年第3期。

③ 郑戈：《区块链与未来法治》，载《东方法学》2018年第3期，第83页。

④ 童丰：《公证介入区块链技术司法运用体系初探——从杭州互联网法院区块链存证第一案谈起》，载《中国公证》2018年第9期，第61页。

⑤ 该条规定：当事人提交的电子数据，通过电子签名、可信时间戳、哈希值校验、区块链等证据收集、固定和防篡改的技术手段或者通过电子取证存证平台认证，能够证明其真实性的，互联网法院应当确认。

行为，还是为电子证据认定的技治主义开辟了未来可期待的空间。也许在区块链证据的推动下，证据法将迈向传统主义与技治主义互动的新型证据法治形态，进而分化出"线上证据审查认定规则"与"线下证据审查认定规则"两种证据规则。①

三、电子证据认证的即期现实选择——引入技治主义证据观合理要素

虽然未来已来，但从客观上讲，相较于迅速发展的科学技术，民事包括海事诉讼领域的司法裁判者并未做好足够的心理准备来应对技治时代的到来。我们认为，以下五个原因仍在综合发生作用，使技治主义短期内只是选项之一而不是必选项。第一，传统主义证据观仍占主导地位，积习多年的证据认证惯性很难在短期内改变。第二，技术自证技术的大前提下，需要保证技术的真正客观性、中立性，而这本身并不是裁判者所熟悉的领域。杭州互联网法院对于区块链存证技术的"补强式信任"恰恰体现了此种心态。第三，民商事领域与刑事领域电子证据的认证规则不同，决定了技治主义的刚需并没有那么强烈。技治主义在刑事证据认证领域可以帮助司法裁判者确认足以排除合理怀疑的罪与非罪证据，而在民商事领域由于高度可能性原则的主导地位，裁判认定的法律事实与客观事实即便不完全一致，也可能不影响裁判程序的正当性与裁判结果的合法性。第四，诉讼成本。有学者曾界定，成本维度是司法正义三个维度之一。投入民事程序的资源越多，则高质量判决的获得概率越大，然而资源的有限性决定了需要在二者之间实现平衡。② 如果要求每一份民事裁决中的电子证据都需满足技术上的求真性，不但会耗时过久，案件的整体诉讼成本也极为昂贵。第五，诉讼效率问题。一味追求电子证据的真实性，在面临大量电子证据的案件中，将可能导致诉讼效率大幅度下降。

笔者认为，虽然技治主义具有理想化的可取性，但综合目前的技术、实践、理念等情况，当下阶段海事法院在电子证据认证上尚不能完全采取技治主义证据观。不过，海事法院可以充分利用接触电子证据多、认可电子证据比例高、电子证据审判经验较为丰富的有利条件，构建一条平衡传统主义与技治主义证据观的中间道路。尝试引入技治主义证据观的合理元素，围绕电子证据的真实性、关联性以及合法性层面，以印证证明主义为中心，准确适

---

① 参见张玉洁《区块链技术的司法适用、体系难题与证据法革新》，载《东方法学》2019年第3期。

② 参见［英］朱克曼《危机中的民事司法》，傅郁林等译，中国政法大学出版社2003年版，第4－10页。

用自由心证，合理分配举证责任，探索电子证据认证新规则。如时机适当，还可借海事诉讼法修改之机，将相关电子证据认定的成果转化为国家立法，供民商事裁判其他领域参考借鉴。①

（一）真实性认证层面

1. 接纳区块链等经过验证的新技术，为技治主义预留空间，减少主观误差。当下，虽然可信时间戳、区块链、哈希值校验等技术的社会认知度并不高②，但前述技术已经相对成熟，海事法院可在杭州互联网法院的实践基础上作深度尝试③，主动接受这些相对完善的电子证据存证、认证、自证技术，将认证重点从电子证据所依托的科技载体的可信度转移至科技载体承载的内容。最高人民法院也可充分考虑海事法院体量小、电子证据使用量多的特性，充分利用互联网等相关信息化建设技术，在最高人民法院主导下，探索在海事法院与微信、电子邮件、微博、短信、QQ 等电子证据服务商（如阿里巴巴、腾讯、百度、网易等）建立融合互联网证据存证、认证、保全等功能的电子证据认证平台。

2. 引入中立第三方力量。电子证据真实性判断，一方面依赖于当事人之间的确认，另一方面则依赖于技术自证（如区块链技术）或者技术旁证（如电子证据的鉴定、电子证据专家的专业意见）。当事人对于电子证据存在较大争议时，可根据案件审理情况引入专家辅助人。可以要求当事人派出技术人员，以专家辅助人的身份出席庭审，就技术问题作出阐述和说明，积极引导专家辅助人和当事人达成技术共识，通过多回合的证据攻防，解决电子证据真实性问题。如果仍是无法确信的，则可以通过技术鉴定程序予以解决。④司法实践中，2018 年 7 月 18 日，广州市南沙区人民法院公布了广东省首个《互联网电子数据证据举证、认证规程（试行）》。该规程对采信各类型电子证据真实性的认证过程作出了指引，指引当事人通过公证、鉴证等方式证明电子证据的真实性；对于没有进行公证、鉴证或者公证、鉴证内容尚不足以证实证据真实性的情况，主要通过电子数据证据中当事人的身份真实性、通

---

① 海事诉讼中的行为保全、外国仲裁前或诉讼前的海事请求保全、海事强制令、海事送达等创新性制度，已为民事诉讼法的修改提供了丰富的法律基础及实践来源。
② 参见徐卓斌《民事诉讼中电子证据的运用》，载《人民法院报》2018 年 10 月 10 日。
③ 杭州互联网法院在华泰一媒案中，只是有限可了区块链技术认证和存证技术，并没有单独赋予依据具有不可篡改、可追溯、时间戳、去中心化和共同验证技术特性的区块链技术取得的证据以证明力，仍然系以国家公证为背书。
④ 参见徐卓斌《民事诉讼中电子证据的运用》，载《人民法院报》2018 年 10 月 10 日。

讯内容的完整性来对证据进行认证。① 海事法院也可采取类似做法，积极指引和鼓励当事人通过专业鉴定机构确认电子证据的真实性。对于专业鉴定机构根据相关技术标准②作出的鉴定结论，组织当事人之间质证确认。如当事人仍无法确认的，则综合全案的整体证据情况对裁判依据的事实作出认定。

3. 坚持全面性审查。任何电子证据都不是孤立存在的，而是由一系列命令或程序遵循一定技术规则的海量电子数据的融合物。电子证据的产生、出现、变化都不是孤立的，而是由若干元素组成的系统整体。③ 电子证据通常是主文件与痕迹文件、内容文件与附属信息、节点文件之间的统一，其中蕴含大量的隐蔽性信息。④ 因此，无论采取鉴证法、对比法、专家辅助法抑或综合分析法，对电子证据真实性的判断均应坚持全面审查的原则。电子证据的真伪判断离不开技术支持。目前，常用的电子证据真实性鉴定技术包括数据恢复技术、数据对比技术、数据挖掘技术、数据扫描技术以及文件指纹特征分析技术。还有辅助于电子证据真实性鉴定的数字签名和数字时间戳技术、加解密技术、电子认证技术、信息隐藏技术以及数字摘要技术等事后判断电子证据真实性的保障性技术。⑤ 海事法官对前述涉及电子证据的基本技术应有所涉猎，并在指引当事人质证时进行适当引导。

（二）关联性认证层面

电子证据离不开由电子设备和信息技术营造的特殊环境，集中表现为虚拟空间性。⑥ 由此决定了在证明案件事实时，电子证据必须满足内容与载体的双重关联性⑦。载体的关联性在虚拟空间中有不同维度的表现，电子证据因人而生，因事而起，与事相关，通过某种系统生成、传输、转化、展现。

---

① 参见章宁旦、夏江丽《广州南沙法院出台首个电子数据证据规程》，见法制网（http://www.legaldaily.com.cn/index/content/2018－07/18/content－7596800.htm?node=20908），访问日期：2019年4月9日。

② 截至2016年4月，我国的电子证据司法鉴定技术标准包括4项国家标准、22项公共安全行业标准、9项司法部标准、8项最高人民检察院标准。具体标准可参见刘品新《电子证据的关联性》，载《法学研究》2016年第6期，第188页。

③ 参见刘品新《论电子证据的定案规则》，载《人民检察》2009年第6期，第37－40页。

④ 参见刘品新《印证与概率：电子证据的客观化采信》，载《环球法律评论》2017年第4期，第117页。

⑤ 参见倪晶《民事诉讼中电子证据的真实性认定》，载《北京航空航天大学学报（社会科学版）》2016年第2期，第60页。

⑥ 参见何家弘主编《刑事诉讼中科学证据的审查规则与采信标准》，中国人民公安大学出版社2014年版，第167页。

⑦ 刘品新：《电子证据的关联性》，载《法学研究》2016年第6期，第178页。

由此，电子证据载体的关联性由虚拟空间的主体、行为、介质（系统）、时间、空间统合而成。基于电子证据的特性，虚拟空间载体的关联性是内容关联性的基础，如果载体无法证明关联，则即使内容相关，也可能举证者也无法证明其诉讼主张。在涉及电子证据关联性的认证时，对于电子证据载体的关联性审查至关重要。

1. 主体关联性。在虚拟空间，人的行事身份主要表现为各种电子账号，[①] 网络行为须与身处物理空间的当事人或其关联主体相互关联印证且保证两者归一，才能满足关联性，这实际上是虚拟空间"如何证明你我他"的问题，即证明当事人或其他诉讼参与人就是虚拟空间中以某个特定身份行事之人。如果当事人的举证无法达到此程度，则其须承担由此而产生的相关风险。[②]

2. 行为关联性。主要判断在相关电子介质中展示的文字内容与争讼标的的关联性，比如是否存在短信发送行为、是否存在接收邮件行为、是否就涉案争议发送相关音视频等。

3. 介质关联性。主要判断用以承载电子证据的电子介质（包括但不限于硬盘、U盘、光盘、闪存卡等）与当事人之间的关系，是所有关系，还是占有关系，抑或临时使用关系。

4. 时间关联性。主要判断机器时间同物理时间是否一致。诸如电子日志的形成时间、数码照片的拍摄时间、办公文档的修改时间、电子邮件的发送时间等。[③]

5. 空间的关联性。虚拟空间有着独特的地址概念，如 IP 地址、MAC 地址、GPS 地址、手机基站定位以及文件存储位置等。许多电子证据产生后都带有内置或外置的地址信息。在审查电子证据载体的关联性需要确认虚拟地址信息同当事人之间是否存在所有或所用，是否存在着共有、共用或者被冒用等情况。[④]

（三）合法性认证层面

《民诉法解释》第一百零六条规定："对以严重侵害他人合法权益、违反

[①] 参见刘品新《电子证据的关联性》，载《法学研究》2016 年第 6 期，第 180 页。

[②] 从查询到的海事判决书来看，很多当事人的举证因无法证明主体关联性而使该份电子证据不具有证明力。具体判决书可参见（2016）浙 72 民初 1502 号、（2016）浙 72 民初 2172 号、（2016）沪 72 民初 11 号、（2016）沪 72 民初 30 号、（2016）沪 72 民初 3193 号、（2016）沪 72 民初 3196 号、（2017）辽 72 民初 75 号、（2017）鄂 72 民初 1579 号、（2018）桂 72 民初 80 号等。

[③] 参见刘品新《电子证据的关联性》，载《法学研究》2016 年第 6 期，第 182 页。

[④] 参见刘品新《电子证据的关联性》，载《法学研究》2016 年第 6 期，第 183 页。

法律禁止性规定或者严重违背公序良俗的方法形成或者获取的证据，不得作为认定案件事实的根据。"该条文是关于非法民事证据判断标准的规定。电子证据本身肇始于科技创新，也依赖于科技创新。涉及民事证据的取得过程可能会利用对方当事人不可知的一些技术，而这些技术的运用可能会侵害他人的合法权益（比如知情权或者技术系统的控制使用权）。无论基于还原客观事实还是基于查明法律事实的需求，对电子证据的取得（无论是当事人自行取得还是委托第三方取得）均应保持一定的宽容。只要不"严重"侵害他人合法权益、不违反法律禁止性规定、不严重违背公序良俗，均应采信。

（四）坚持印证证明，准确适用自由心证

有学者将我国的刑事证据制度称为"印证证明模式"，即单个证据必须得到其他证据的印证，据以认定案件事实的全部证据必须相互印证。① 印证强调非同一来源的证据的彼此支撑，强调多份证据经过"概率叠列"可达致具有同一性的信息可靠性结果。② 虽然海事诉讼证据认证以及事实证明的标准与刑事领域并不一致，但是印证证明的概率叠列仍然可适用海事诉讼领域。因为电子证据处于虚拟空间，其印证证明应在两个维度展开。

第一个维度：虚拟空间电子证据之间的印证证明。应以电子证据的特性为基础进行判断。不仅要判断电子证据中记载法律关系发生、变更与灭失的数据电文，还要判断数据电文生成、存储、传递、修改、增删而引起的记录，如电子系统的日志记录、电子文件的属性信息等。数据电文主要用于证明法律关系或待证事实；属性信息主要用于证明数据电文来源的真实可靠，即证明某一电子数据是由哪一计算机系统在何时生成的、由哪一计算机系统在何时存储在何种介质上、由哪一计算机系统或 IP 地址在何时发送的，以及后来又经过哪一个计算机系统或 IP 地址发出的指令而进行过修改或增删等。③ 从某种意义上讲，电子证据的属性信息更类似于一名尽职的证据保管员，经过其保管，使每一份数据电文自形成到获取，最后到被提交法庭，每一个环节都是有据可查的，也构成一个证据保管链条。④ 在判断电子证据相互之间的印证证明程度时，还可以从电子证据是否为孤证、是否存在相互印证的节点信息、是否可事后补强属性痕迹等方面，以判断电子证据之间能否相互印证。

---

① 参见龙宗智《印证与自由心证——我国刑事诉讼证明模式》，载《法学研究》2004 年第 2 期。
② 参见栗峥《印证的证明原理与理论塑造》，载《中国法学》2019 年第 1 期。
③ 参见刘品新《电子证据的定案规则》，载《人民检察》2009 年第 6 期，第 40 页。
④ 参见张凯《电子证据研究》，中国政法大学博士学位论文，2006 年，第 45 页。

第二个维度：虚拟空间电子证据与物理空间传统证据的印证证明。如法院不确认电子证据具有自证力，则此时对于电子证据是否具有证明力以及证明力的大小，须由传统证据加以印证证明。法官应根据《民诉法解释》第一百零五条①规定的自由心证原则予以判断。② 有德国学者曾以刻度盘为例描述了可能性，并认为75%～99%为非常可能，100%为绝对肯定。③ 民事诉讼的证明标准宜确定在75%～99%之间。电子证据也须与其他证据的印证证明概率达到75%以上，方能形成高度可能性，进而使该份电子证据具有证明力。而此种判断属于法官自由心证范畴，很难量化操作。需要法官从个案出发，并结合日常生活经验（包括但不限于双方之间是否存在交易习惯、某一行业的惯常做法、数据电文载明内容与传统证据载明内容在时间和空间及权利义务层面的关联性、电子证据无法自证真实的原因等）予以综合判断。④

结　　语

当前，虽然电子证据逐渐成为证明案件事实的一种主要证据，但由于对电子证据认证所需相关技术的智识不足以及传统主义证据观的惯性影响，司法实践中大多数法官倾向于选择认证逻辑相对自洽、有国家公权力背书的电子证据认证规则，而对于技治主义证据观的技术自证的可能性与现实性表现出怀疑、警惕以及不自信。在当下推行技治主义认证规则的理论条件和现实土壤均有不足。但面对未来，消极等待更不足取。海事法院具有电子证据认证的良好实践基础，可以考虑先行一步，保持对技治主义证据观的开

---

① 《民诉法解释》第一百零五条规定："人民法院应当按照法定程序，全面、客观地审核证据，依照法律规定，运用逻辑推理和日常生活经验法则，对证据有无证明力和证明力大小进行判断，并公开判断的理由和结果。"本条是判断证据原则的规定，也是法官认定法律事实自由心证的规定。可参见《最高人民法院民事诉讼法司法解释理解与适用》上册，人民法院出版社2015年版，第350-352页。

② 《民诉法解释》第一百零九条规定的几种特殊情形除外。

③ 参见［德］汉斯·普维庭《现代证明责任问题》，吴越译，法律出版社2000年版，第108-109页。

④ 以相互印证为由确认电子证据证明力的判决书主要有（2013）广海法初字第973号、（2015）津海法商初字第86号、（2015）津海法商初字第106号、（2016）津72民初1102号、（2016）浙72民初222号、（2016）鄂民初1770号、（2016）鄂72民初257号、（2016）粤72民初789号、（2017）沪72民初819号、（2018）粤72民初868号、（2014）粤高法民四终字第160号、（2016）粤民终1092号、（2016）浙民终609号等；以无法印证为由否认电子证据证明力的判决书有（2012）甬海法商初字第592号、（2015）沪海法商初字第3081号、（2016）浙72民初2828号、（2018）鄂72民初425号、（2016）最高法民申1397号。

放和包容心态,在司法实践中给技治主义自证体系一定空间,着力探求创建虚拟空间的电子证据之间以及电子证据与物理空间的传统证据在真实性、合法性、关联性,以及印证证明体系层面的新规则,努力为民事电子证据的认证探索出一条新路,以更好地应对电子证据时代的到来,回应时代的需求。

海事行政诉讼认证规则研究[*]

钟健平

摘要：认证规则是证据规则的核心内容。海事行政诉讼的认证规则，主要是关于法官对海事行政诉讼证据之证据能力与证明力进行审查判断的规则。证据能力由法律明文规定，涉及证据的合法性与关联性问题，其中案卷外证据、非法证据以及船长、船员意见证据等排除规则和品格证据规则等具有特殊性，对认证结论有关键性影响。证明力是关于证据事实对于案件事实是否有证明作用以及在多大程度上具有证明作用的问题，证据载体的真实性以及证据事实的真实性，径直制约证据证明力的有无，而最佳证据规则则着重审查和判断证据证明力的大小与强弱。合乎认证规则的认证，直接决定着案件事实的查明和裁判结论的形成。

关键词：认证规则；证据能力；证明力；案卷外证据；品格证据；最佳证据。

认证，是法官行使审判权时独享的职权行为，其直接决定案件裁判的结果和司法公正的实现。行政诉讼的认证不同于民刑诉讼，海事行政诉讼的认证又有别于一般行政诉讼。因此，深入研究海事行政诉讼认证规则，对重新获得海事行政案件管辖权的海事法院而言，具有特别重要的意义。

一、问题缘起：基于一件海事行政处罚案件引发的思考

广州海事法院审理的原告安徽昌汇运贸有限公司（以下简称"昌汇公司"）不服被告广东徐闻海事局海事行政处罚行政纠纷一案，[①]其案情梗概如下：

2013年9月14日凌晨1时10分许，蓝志喜所属的"桂北渔91079"渔船在湛江雷州企水对开水域与一船舶发生碰撞，致渔船上5名渔民全部落水，其中3人获救，2人失踪。肇事船舶逃逸，受害渔民未看清其船名。

徐闻海事局经调查认为，昌汇公司所属"昌汇88"轮途经事发水域，触

---

[*] 本文原载于《中国海事审判·2018》，大连海事大学出版社2020年版。
[①] 参见广州海事法院（2015）广海法行初字第4号行政判决书，见网页（http://www.gzhsfy.gov.cn/showws.php?id=12857），访问日期：2016年9月15日。

碰正在捕捞作业的"桂北渔91079"渔船船艉右侧渔网拖缆，致渔船被掀翻沉没；"昌汇88"轮值班驾驶员未保持正规瞭望，避让措施不当，是导致事故的主要原因。该海事局遂于2014年10月作出海事行政处罚决定，给予昌汇公司行政罚款7,000元。

昌汇公司在行政复议无果后，起诉被告徐闻海事局，称其行政处罚没有证据证明碰撞事故发生的具体位置，且"桂北渔91079"渔船及渔网已沉入海中，渔网经长时间海水浸泡和潮流冲刷，不会在该渔网打捞上岸时仍留有油漆。鉴定报告采样油漆是否打捞上岸时第一时间提取、该样品是否封存等，被告未说明亦未提供相关证据，应质疑样品的真实性、合法性。油漆红外光谱鉴定结论不具有唯一性，肇事船舶很可能与"昌汇88"轮使用相同品牌型号的油漆。昌汇公司请求法院判决撤销徐闻海事局的行政处罚决定，并承担案件受理费等诉讼费用。

面对针锋相对的举证与质证意见，海事法官应遵循什么规则认证本案的证据？即法官如何确定呈堂的证据是否具有法定的证据能力，以及是否具有证明力、证明力的强弱？换言之，如何才能使海事法官的认证达到审判案件所要求的证明标准，使其认之有理、否之有据，即规范认证、依法认证。这是法庭上原、被告双方完成举证、质证后，法官必须直面解决的行政诉讼之证据认证问题。

二、资格审查：海事行政诉讼证据之证据能力认证规则

证据能力，又称为证据资格或证据的适格性，是法律为证据进入法庭审判程序所设定的资格和条件，或者说是事实材料成为诉讼中的证据所必须具备的前提和基础。证据能力的概念是我国理论界从大陆法系国家引入的，① 其已为我国审判实务逐步接受，② 但我国法律尚未严格区分证据能力与证据的证明力，而往往将两者规定在同一个条文中，如《最高人民法院关于行政诉讼证据若干问题的规定》（以下简称《行政诉讼证据若干规定》）第三十九条规定："当事人应当围绕证据的关联性、合法性和真实性，针对证据有无证明效力以及证明效力大小，进行质证。"在这里，证据的关联性和合法性

---

① 王桂芳：《证据法精要》，法律出版社2015年版，第102页。英美法系与此大致对应的概念为证据的"可采性"。证据能力和证据可采性的相同功能，在于防止不符合法定条件的材料进入到诉讼过程中，以免法官受不合格证据的干扰并因此形成不恰当的心证。参见陈卫东、付磊《我国证据能力制度的反思与完善》，载《证据科学》2008年第1期，第5页。

② 参见最高人民法院刑事审判第三庭编著《刑事证据规则理解与适用》，法律出版社2010年版，第48-54页。

即是法律规定的证据能力,而证据真实性以及有无证明效力、证明效力大小,则是证据证明力的问题。通说认为,如果某事实材料不具有证据能力,则不可能作为证据使用,对其进行证明力的判断也就失去了意义,即法官对证据能力的判断在前,对证明力的判断在后,① 这是"证据能力对证明力的限制"②。

海事法官对呈堂的行政诉讼证据材料进行证据能力认证时,应遵循合法性规则和关联性规则。

（一）合法性规则

《中华人民共和国行政诉讼法》（以下简称《行政诉讼法》）和《行政诉讼证据若干规定》对适格证据的合法性规定,往往是以证据材料不具有证据能力、应予排除而作出否定性规定,即合法性规则是指证据排除规则的法定化,未予排除的证据即在合法性方面符合证据能力的要求。就该规则分类而言,可以大致分为违反法定程序的排除规则和违反形式要件的排除规则两大类。在海事行政诉讼证据能力合法性认证规则中,案卷外证据排除规则、非法证据排除规则以及证人意见证据排除规则是其中最为重要的规则。

海事行政诉讼尊重并严格保护行政执法程序,凡是违反行政执法程序所取得的证据,均不具有行政诉讼程序的证据能力合法性。行政行为遵循"先立案、后调查,先取证、后裁决"的规则,以合法调查取得的海事执法证据为基础作出具体行政行为,禁止先调查、后立案,先决定、后取证以及单人执法。因此,对被告海事行政机关提交的证据材料,海事法官应遵循案卷外证据排除规则,依行政执法时形成的案卷材料进行审查。对于海事行政机关在作出具体行政行为以后再自行收集的证据,即使具有证明具体行政行为合法性的证明效力,也应根据案卷外证据排除规则,认定其不具有证据能力。这也是法律给予被告较短举证时间的原因所在,被告仅需要提交作出具体行政行为时已经在案的证据,而不得另行收集证据。作为案卷外证据排除规则的补强,法院可依当事人申请或依职权调取证据,但不得为证明行政行为的合法性,调取被告作出行政行为时未收集的证据。在刑事和民事诉讼中,虽不主张证据随时提出主义,但发现案件真实仍然是主要价值追求,故刑民诉讼均无案卷外证据排除规则的适用空间,该规则成为行政诉讼特有的一项认证规则。

---

① 参见龙宗智、杨建广《刑事诉讼法》,高等教育出版社2007年版,第129页。
② 李莉:《论刑事证据的证据能力对证明力的影响》,载《中外法学》1999年第4期,第39页。

《行政诉讼证据若干规定》第五十七条、第五十八条明确规定了非法证据排除规则，即以违反法律禁止性规定或者侵犯他人合法权益的方法取得的证据，严重违反法定程序收集的证据，以偷拍、偷录、窃听等手段获取侵害他人合法权益的证据，以利诱、欺诈、胁迫、暴力等不正当手段获取的证据，均属于非法证据，不具有证据能力，不能作为认定海事行政案件事实的依据。根据"毒树之果"原理，凡经由以上非法方式取得的证据所衍生出的证据，应与其原始证据同命运，认定其不具有证据能力。如以暴力方式取得的非法证据为基础进行司法鉴定，其鉴定意见不具有"漂白"非法证据的能力，从"毒树"到"毒果"均应予以排除。

另外，在海事行政诉讼中，最常见的是海事行政机关对船员、渔民等的询问笔录，对其应作为证人证言进行审查，贯彻证人意见证据排除规则。证人只能叙述其亲身感知或观察到的事实，如船舶位置、航速、航向、海上能见度等，不得表达自己对案件争议事实的看法、观点等意见或者以推理的形式作证。如本文案例所争议的"昌汇88"轮是否与"桂北渔91079"渔船相撞的事实，证人就不得表达其两船相撞或两船未曾接触的推测或推理意见，而只能陈述其亲身观察到的事实。① 这是因为船员等证人对案件争议事实发表的猜测性、评论性、推断性的看法和观点等意见，超越了证人的职能，侵犯了法官对事实认定的裁判职权，且可能误导法官对案件事实的认定，故证人对争议事实的意见应予排除，不具有证据能力。需要明确的是，证人意见证据不存在取证程序违法、严重侵害相关当事人基本人权的事由，属无证据能力的证据，却不是非法证据。证人的意见证据排除后，证人关于亲身感知的案件事实的陈述，具有证据能力，可予采信并根据证明力的大小予以采纳。

（二）关联性规则

证据只有与案件事实之间存在一定的关联性，才能具备证明案件事实的能力与属性，与案件事实无关的证据材料，没有证据能力。《行政诉讼证据若干规定》第五十四条规定，法官在证据能力的认证过程中，必须"确定证据材料与案件事实之间的证明关系，排除不具有关联性的证据材料"。这表明，没有关联性的证据材料因不具备证据能力，应予剔除，不得进入下一步对证明力的认证程序，以免干扰、延缓诉讼程序的进程，影响认证的质量与效率。

---

① 《行政诉讼证据若干规定》第四十六条规定："证人应当陈述其亲历的具体事实。证人根据其经历所作的判断、推测或者评论，不能作为定案的依据。"

何为"证据的关联性"？法律仅有原则性规定而未作出明确具体的限制，"关联性是有关人员依据人们的经验和知识，运用逻辑规则来判断的"①，即需要法官根据经验法则和逻辑法则，在具体案件审理过程中，判断证据材料与要证事实之间是否具有逻辑关系。在海事行政诉讼中，常见的不具备关联性的证据材料有：没有关联性的其他案件的裁判文书。当事人提交该裁判文书的初衷是提醒法官类似案件类似判决，但因其与本案无事实上的关联而不能作为证据认证，至于是否可作为类案判决的参考，则并非证据能力的认证问题。一个人的品格或一种特定品格的证据，如关于船长酗酒习性的证据以及优良或不良品格的证据，除非该证据是重要的说明性证据或对案件争议事项具有重大的证据价值，②如酗酒后驾驶船舶致碰撞事故发生，否则，"过去某人曾以某种方式行事，不能单是因为环境相似就能证明他在本案所指的场合亦以同样的方式行事"③，即品格证据不能证明船长或船员在特定环境下实施了与此品格相一致的行为。因此，品格证据欠缺与案件的关联性，不具有证据能力。

三、价值认定：海事行政诉讼证据之证明力认证规则

证据的证明力是指证据事实对于案件事实是否有证明作用以及在多大程度上具有证明作用，其主要内容是证据的真实性和证明价值。证明力关注证据的载体和反映的信息是否真实、对要证事实有否证明作用及作用的程度，所要解决的问题是法庭审判如何尽可能还原或接近案件真相。证明力由法官根据案件的具体情况，从证据的真实性以及与待证事实的关联程度、证据之间的印证关系等，运用逻辑推理和日常生活经验法则进行分析判断，以确定证据证明力的有无与大小。如果说证据能力是由法律加以明确规定而具有法定性，则证据的证明力主要由法官根据认证规则进行自由心证，即法官在内心真诚地确信，达到心证真实，并以此判断案件事实。

在海事行政诉讼中，最为常见的对证据证明力的认证规则是真实性规则和最佳证据规则。

（一）真实性规则

证据的真实性是证据具有证明力的首要条件，主要涉及证据载体的真实

---

① 李慧：《两大法系证据能力制度的比较研究》，载《山西高等学校社会科学学报》2009年第10期，第76页。
② 参见孙长永《英国2003年刑事审判法及其释义》，法律出版社2005年版，第584页。
③ 李慧：《两大法系证据能力制度的比较研究》，载《山西高等学校社会科学学报》2009年第10期，第76页。

性和证据事实的真实性两个层面的问题。①

证据载体的真实性是指证据本身必须是真实存在的，不能伪造、变造。如本文前述案例现场勘查显示："昌汇88"轮球鼻艏左侧位置有明显的新的条状擦痕，其真实性得到照片证据、笔录证据的印证，而照片证据、笔录证据也必须是真实的，不得修改嫁接照片或伪造笔录。证据载体的真实性取决于证据来源的真实性，有时还取决于证据保管链条的科学性、完整性。如本文案例中，"桂北渔91079"渔船及渔网已沉入海中，该渔网打捞上岸时是否仍留有油漆、采样油漆是否打捞上岸时第一时间提取、该样品是否妥善封存等，必须有相应的证据如录像、照相、文字记录等予以证明，以保证关键证据即鉴定对象油漆来源客观真实，提取保存科学妥善、未被污染，具备鉴定条件。

证据事实的真实性，是指证据所记录或反映的证据信息必须是可靠、可信的，而不能是虚假、伪造、杜撰的。认证证据事实的真实性，需要在确定证据载体真实性的基础上，通过证据间相互印证或通过鉴定的方法以验证各类证据是否具备真实性。在本文案例中，造成船舶碰撞紧迫局面的航向、航速及其避碰措施等难以为对方所了解，船舶碰撞现场不可能留下如汽车肇事那样的道路痕迹，即不可能保存事故现场，法庭只能通过对证据链条的综合分析判断才可能查明案件事实。该案油漆检验鉴定结果是："桂北渔91079"渔船拖网缆绳上附着的黑色外来油漆，与"昌汇88"轮球鼻艏左侧擦痕旁船舶油漆中的表层黑色油漆的红外光谱图一致、成分一致。结合对船长、船员的询问笔录、AIS②记录、沉船探摸报告、现场勘验笔录等证据的相互印证，法官即可认证以油漆鉴定报告为核心的证据链条所反映、记录的证据信息真实可靠，再现了船舶碰撞事故发生的时间、地点、过程、后果等案件事实。若仅有油漆检验鉴定报告，则不能排除另有肇事船舶与"昌汇88"轮使用相同品牌、型号油漆的可能性，而结合其他证据所记录、反映的证据事实，如事发海域和时间段AIS记录的船舶运行动态等，便可锁定"昌汇88"轮是肇事船。这也说明，在对单个证据证明力的认证时，应重点考察证据的真实性；而对一组证据或全案证据证明力的认证，则应在单个证据真实性的基础上综合判断，并重点关注证据的充分性、整体性、系统性，从而使证据真实性和充分性有机结合，取得合法、高效、公正的认证效果。

---

① 参见王桂芳《证据法精要》，法律出版社2015年版，第422-425页。
② 船载自动识别系统（automatic identification system，AIS）。——编者注

(二) 最佳证据规则

最佳证据规则是英国普通法上一项最古老的证据制度。它是指在诉讼中应当提供最直接的和最有说服力的证据，以保证向法官提供最可靠的信息；法官应采用符合案件事实本质属性的最佳证据，以确保对案件事实认定的准确性。根据该规则，凡是有直接证据能够提供的场合，就应当排除第二位证据、环境证据的使用。① 最佳证据规则主要适用于书证的可采性，但近年英美法系国家的司法实践已使该规则逐渐失去了原来的重要意义，如书证复制品的可采性有了松动。

我国《行政诉讼法》《行政诉讼证据若干规定》没有关于"最佳证据规则"术语的规定，但对于若干性质不同的证据在证明同一事项上的证明效力有无与大小，则作出了明确的认证规定。② 该规定即中国特有的"最佳证据规则"，其中原则性、统领性的规定是原始证据优于传来证据，数个种类不同、内容一致的证据优于一个孤立的证据。所要解决的问题是最佳证据与第二位证据矛盾或存在差异时的采信与采纳规则，以及在欠缺最佳证据时如何认证第二位证据证明力的规则。

关于书证的认证，最佳证据规则要求原件、原物优于复制件、复制品，国家机关及其他职能部门依职权制作的公文文书优于其他书证，鉴定结论、勘验笔录、现场笔录、档案材料以及经过公证或者登记的书证优于其他书证。海事行政审判实务中，最常见的是当事人提交与书证原件核对一致的复印件，对此应视同为该书证的原件予以认证。而对于当事人提交书证原件确有困难即欠缺最佳证据的，包括书证原件遗失、灭失或毁损，原件在对方当事人控制之下、经合法通知提交而拒不提交，原件在他人控制之下、而其有权不提交，原件因篇幅或体积过大而不便提交，通过申请法院调查收集或其他方式无法获得书证原件等情况，则应结合其他证据和案件具体情况，由法官对书证的复制件、复制品是否具有证明力及证明力的大小作出认证。那种关于书证复印件、复制件无法与原件核对，且对方当事人不认可时，不能单独作为认定案件事实依据的规定，③ 实际上是追求法定证据制度下的形式真实、机

---

① 参见唐力《论书证的认证规则——书证认证规则之比较研究》，载《证据学论坛》2002年第1期，第109页。
② 见《行政诉讼证据若干规定》第六十三条。
③ 如《最高人民法院关于民事经济审判方式改革问题的若干规定》第二十八条规定，无法与原件、原物核对的复印件、复制品，不能单独作为认定案件事实的依据。

械真实即法律"预定的真实"①，剥夺了法官依据认证规则，根据案件具体情况自由心证的独立裁判权。

对于证人证言的认证，最佳证据规则要求：其他证人证言优于与当事人有亲属关系或者其他密切关系的证人提供的对该当事人有利的证言②；出庭作证的证人证言优于未出庭作证的证人证言；鉴定结论、勘验笔录、现场笔录、档案材料以及经过公证或者登记的书证优于证人证言。证人的证言是其亲身感知的案件事实的表述，具有亲历性，是典型的原始证据，但受证人个人的表达能力、感情因素以及因时间流逝而遗忘等的影响较为明显，特别是在海事行政诉讼中证人出庭作证率低③、缺少英美法系对抗式诉讼对证人的质问和诘问的情况下，法官认证时显然不能因证人证言是原始证据而对其证明力盲目采信和采纳，而更应根据上述最佳证据规则来判断证人证言的证明力，使查明的案件事实更接近客观真实。

对于鉴定意见和勘验笔录的认证，最佳证据规则要求：法定鉴定部门的鉴定意见优于其他鉴定部门的鉴定意见，法庭主持勘验所制作的勘验笔录优于其他部门主持勘验所制作的勘验笔录。鉴定意见作为一种科学证据，科学性是其生命力之所在，④但鉴定意见同样存在客观性与主观性、科学性与局限性并存的特点，⑤法官囿于专业的局限不可能精通所有的科学门类，因而对不同部门的不同鉴定意见，应根据鉴定主体的资质，按最佳证据规则作出证明力的认证判断。与其他部门主持下的勘验相比，法庭主持下的勘验更为中立，对当事人争议焦点的关注更为精准，因而更符合案件实际情况，其勘

---

① 法定证据制度是指各种证据的证明力由法律预先明确规定，法官像演算数学公式一样被动而机械地根据证据规则计算证据的证明力。如 1875 年的《俄罗斯帝国法规全书》规定，当几个地位或性别不同的证人的语言发生矛盾时，依下列原则处理：（1）男人的证言优于女人的证言；（2）学者的证言优于非学者的证言；（3）显贵者的证言优于普通人的证言；（4）僧侣的证言优于世俗人的证言。参见卞建林主编《证据法学》，中国政法大学出版社 2002 年版，第 21 页。

② 这一规则背后，隐约可见英国普通法上的拒证特权规则，即特定公民基于身份关系或职业关系等正当理由，享有拒绝作证或制止他人作证的权利，如不得强迫自证其罪、夫妻之间有权拒绝作证，其价值追求在于珍视那些比查明案件事实真相更为重要的社会价值。参见王桂芳《证据法精要》，法律出版社 2015 年版，第 67 页。

③ 常见的情形是船员、渔民因出海而无法到庭作证，对书面的证人证言进行认证是海事行政案件庭审的常态。

④ 参见潘金贵、陈永佳《论科学证据的证据能力审查》，载《铁道警官高等专科学校学报》2009 年第 4 期，第 30 页。

⑤ 参见姚蕾《论我国司法鉴定意见认证规则之构建》，复旦大学硕士学位论文，2010 年，第 8 页。

验笔录的证明力显然优于其他部门的勘验笔录。

四、链条核心：证明环节中认证的地位与作用

在海事行政诉讼中，举证、质证和认证是法庭查明案件事实的基本路径，三者依次递进、相辅相成，构成严密的逻辑结构，是一个不可或缺、循序推进、环环相扣的作业流程。

举证是诉讼程序得以展开的基础。尽管行政诉讼被告要承担主要的举证义务，但原告起诉时至少应提交初步证据，证明其权利受到行政行为损害，即便是起诉被告行政不作为，也应提交其在行政程序中曾经提出申请的证据材料。举证是当事人的单方行为，无须对方配合和抗辩。没有举证，诉讼程序不能启动和展开，质证与认证也就无从开启和运行。

质证是双方当事人在法庭上就对方所举证据进行相互诘问和辩驳，"通常表现为对证据的辨认、质疑、解答、证明、辩驳等形式"①。质证是举证之后法庭审理的必然延续，体现为原、被告激烈对抗的动态关系，目的是否定对方的主张，说服法官支持己方的诉求，为获取有利于自己的证据认证结论创造条件、奠定基础。未经质证的证据无法进入法官认证的视野，不得作为认定案件事实的依据。

认证是在质证的基础上，由法官根据认证规则，对证据的证据能力和证明力作出的评价与判断。认证是审判权的有机组成部分，由法官独享，当事人除了通过质证说服、影响法官认证外，不得也不可能参与认证活动。法官的认证结论，可能在庭审时主持、听取当事人质证的过程中形成，也可能在撰写审理报告时予以明确，但无论如何不得晚于审判结果确定的时间。因为认证是对证据的肯定或否定性评价，同时认证的结论又必然指向对案件事实的认定，除司法认知的事实、推定的事实无须证据证明外，案件主要事实无疑是全案证据综合认定的结果。所以，认证对案件的审判具有决定性作用，直接关系到案件事实的查明，直接影响着裁判结论的形成，是法官进行案件审判活动的关键性环节。

---

① 谭兵、黄胜春：《论我国民事诉讼中的质证制度》，载《法学评论》1995年第5期，第30页。

地方行政规章的司法审查研究

倪学伟

摘要：地方行政规章制定主体的多样性、制定程序的相对简单以及其内容可能突破上位法律、法规的规定，决定了有必要对其进行司法审查，以提高地方行政规章的"合法率"。对地方行政规章的"附带审"，是在现行法律的范围内，充分利用法律对审判机关的授权而进行的间接、隐形、有限的司法审查。对地方行政规章的"专门审"，是以法律的应然状态为视角，探讨法院如何对地方行政规章进行直接、显形的审查。无论何种审查方式，都必须以当下的政治生态为据进行设计和运作，循序推进，以期能取得切实的成效。

关键词：司法审查；地方行政规章；行政诉讼；司法监督。

地方行政规章是指省级和副省级行政区的人民政府以及国务院批准的"较大市"的人民政府根据宪法、法律和行政法规等，制定、发布在本辖区范围内具有普遍约束力的规范性文件，如"规定""办法"等。①与地方行政规章相对应的为部门行政规章，即国务院各部委制定发布的规范性文件。2014年修订的《中华人民共和国行政诉讼法》（以下简称《行政诉讼法》）第五十三条规定了对行政机关规章以下规范性文件的附带司法审查，这是我国行政审判里程碑式的进步。然而，在行政诉讼中，法院能否审查以及如何审查地方行政规章，司法审查的否定性结论对地方行政规章有何影响，仍然是困扰行政审判的主要难题。

一、对地方行政规章司法审查的必要性

地方行政规章并非直接针对具体的行政相对人，而是在制定者的辖区范围内具有普遍约束力即针对不特定的多数人，在其时效期间能反复适用的规范性文件。因此，制定地方行政规章并非具体行政行为，而是典型的抽象行政行为。《行政诉讼法》第六条关于"人民法院审理行政案件，对行政行为

---

* 本文获广东省审判理论研究会行政审判理论专业委员会2013年年会论文评选优秀奖；原载于《中国海事审判·2018》，大连海事大学出版社2020年版。

① 《规章制定程序条例》第六条规定："规章的名称一般称'规定'、'办法'，但不得称'条例'。"

是否合法进行审查"的规定，为法院对抽象行政行为的审查开了一个口子；但基于该法第十三条关于法院对不予受理的行政案件范围的规定，地方行政规章从法解释学的意义上讲，似不属于司法审查的范围。然而，《行政诉讼法》第六十三条第三款关于人民法院审理行政案件"参照"规章的规定，则为法院对地方行政规章的司法审查提供了法律依据。就文义解释而言，参照是指"参考并仿照（方法、经验等）"①，是介于"参考"和"依照"之间的一种操作行为模式。从立法技术上讲，"参照"并不是指参考之后依照，而是指参酌之后才可适用，重点在于参酌，即斟酌考虑之后才可参考适用。显然，"参照"规章的规定与《行政诉讼法》第六十三条第一款关于行政案件审判"依据"法律和法规的规定具有本质区别：后者对法律、法规的有效性不容置疑，法官没有审查法律、法规的权力；而"参照"规章审判案件的规定，则赋予了法官对行政规章的合法性、有效性予以司法审查，并根据审查结果来决定是否适用该行政规章审判案件的权力。

地方行政规章制定主体的多样性决定了法院对其进行司法审查的必要性。就广东省而言，广东省人民政府以及广州、深圳、珠海、汕头等市的人民政府均可依法制定地方行政规章。我国的国家结构是单一国②，实行统一的中央集权，全国仅有一个中央政府和一个最高立法机关，要求社会政治制度包括法律制度的统一；同时，由于我国幅员辽阔，各地政治经济文化的发展水平参差不齐，又决定了地方政府应该因地制宜、能动行政。使国家的法制统一与地方政府的能动行政有机协调，是考验地方政府的执政能力与行政水平的试金石。基于行政权力的扩张本性和由来已久的地方保护主义，加之行政长官不恰当的政绩观，有的行政规章的制定者从其自身利益出发，利用其掌握的政治资源、社会资源、经济资源，以因地制宜之名，行违法行政之实，可能制定出违反法律、法规的地方行政规章。人民法院置身于政府的行政体系之外，依法执掌国家的审判权，由精通法律的法官通过缜密的诉讼程序审查地方行政规章，可以有效避免国家法制的不统一，促进地方政府依法行政，提升行政能力。

规章的制定程序相对简单，若没有行政权力以外的第三方权力介入，则难以有效保障地方行政规章的合法性。2002年1月1日施行的国务院《规章

---

① 参见《现代汉语小词典》，商务印书馆2011年版，第67页。
② 单一国是中央的立法、行政和司法机构对该国领土内所有地区和国民行使全权的国家。从严格的法律意义上讲，所有权力均属于中央政府，地方政府可以由中央政府授予某些权力，但不能分享中央的权力。参见《牛津法律大辞典》，光明日报出版社1988年版，第905页。

制定程序条例》，较详细地规定了地方行政规章的制定程序，包括规章的立项、起草、审查、决定、公布和解释等应遵循的操作规程。倘若严格按其规定来制定地方行政规章，则规章的质量是有保障的。但是，有相当数量的地方行政规章采取了变通做法，或者在程序上只是走过场，或者根本就省掉了必要的程序，使有关的必经程序未能切实执行。这些因素不可避免地影响到地方行政规章制定的质量，甚至制定出违法的规章。譬如，《规章制定程序条例》第三十二条规定，除了涉及国家安全、外汇汇率、货币政策的确定以及公布后不立即施行将有碍规章施行的，规章应当自公布之日起30日后施行。然而，就有地方行政规章不按该要求执行，明目张胆地规定从其公布之日起生效实施。① 程序是制度化的基石，"正是程序决定了法治与恣意的人治之间的基本区别"②，对规章制定程序的司法审查，可以强有力地监督地方政府在规章制定过程中严格依程序操作，保证规章制定过程符合《规章制定程序条例》的规定，从而促进地方行政规章的"合法"。

行政规章是实施具体行政行为的直接依据，是对上位法律、法规（含行政法规和地方性法规）所规定的权利义务规范进行的细化，具有针对性、补充性和具体性的优点，但由于所涉及的事项庞杂，地方政府在行使制定规章的自由裁量权时，可能会有意无意地扩大其职权，超越上位法规定或与上位法的规定不一致。众所周知，地方行政规章的制定必须要有明确的依据，"规章制定机关不具有创制权，即不具有独立创设涉及权利义务关系的权力"③，而越权无效原则是行政法的基本原则，对于超越上位法规定的地方行政规章不具有法律效力。然而，虽说对地方行政规章有事后监督与评估的机制，但由于种种原因，这种机制并不能对每一件地方行政规章都起到预设的效果，而事实上仅有极少数的规章能得到事后的评估，其比例不超过全部规章的5%，且是行政机关自行选择那些争议较少或与自身利益关系不大的规章来评估。④ 因此，由人民法院对地方行政规章予以司法审查，一可以避免行政机关自行审查时的天然护短以及力所不及的缺陷，二可以最大范围地审查地方行政规章，从理论上讲，司法审查可以达到全覆盖地方行政规章的

---

① 见《国务院法制办公室关于严格执行〈规章制定程序条例〉第三十二条有关规定的通知》（国发函〔2002〕134号，2002年5月14日）。
② ［美］威廉·道格拉斯法官：《联邦最高法院报告（1950年）》。转引自季卫东《法律程序的意义——对中国法制建设的另一种思考》，中国法制出版社2004年版，第1页。
③ 江必新、梁凤云：《行政诉讼法理论与实务》下卷，北京大学出版社2011年版，第1046页。
④ 参见崔卓兰、杜一平《我国行政规章的事后评估机制研究——规章制定权扩张与监督权萎缩的非对称性分析及其解决》，载《法学评论》2011年第5期，第19页。

效果。

综上所述,地方行政规章是法律、法规的细化和具体化,是抽象行政行为,具有准法律的地位,是地方政府依法行政的重要手段。但地方政府毕竟不是立法机关,其对法律、法规细化和具体化的过程中,可能会偏离法律、法规的规定,使地方行政规章背离立法机关授权与委托时的初衷,进而丧失准法律的资格。对地方行政规章进行司法审查,就是要依据法律、法规,确定地方行政规章是"良法"还是"恶法",① 从而确定在具体案件审理中予以适用或拒绝适用,而理想的状态则是通过司法审查张扬"良法",终止"恶法",实现依法行政的要求。②

二、"附带审":对地方行政规章司法审查的初级方案

审理行政诉讼案件,需要根据《行政诉讼法》第六十三条规定"参照"地方行政规章进行判决的,无论当事人是否对该地方行政规章的合法性、有效性提出不同意见,法院都应该依职权同案对其一并进行司法审查,即对地方行政规章的"附带审"。

这种"附带审"的主要内容包括:(1)地方行政规章的制定主体是否适格。只有省、自治区、直辖市的人民政府,省会(自治区首府)所在地的人民政府以及经国务院批准的"较大的市"的人民政府才有权制定和发布规章,其他人民政府无规章制定权。若县级甚至乡级人民政府制定和发布规章的,则可以直接以主体不适格而确定其规章无法律效力。(2)适格的主体是否在其职权范围内制定和发布地方行政规章。适格的主体享有广泛的行政管理职权,因而这方面的司法审查主要应集中于地方行政规章的制定是否超越行政职权而侵犯了立法权、司法权,是否超越行政层级的规定而侵犯了部门行政规章或省级行政规章的权限。譬如,关于货币政策和外汇管理的规章,就只能由部门行政规章予以规定,地方行政规章不得涉及这方面的内容。(3)规章的制定是否符合《规章制定程序条例》所规定的程序。当地方行政规章直接涉及公民、法人或者其他组织切身利益,有关机关、组织或者公民对其有重大意见分歧的,规章草案应当向社会公布、征求意见,起草单位也

---

① 我们不认可我国立法机关制定的法律有"良法"与"恶法"的区分。但对于地方行政规章,如果准法律的定性成立,则将其区分为"良法"与"恶法"是有价值的,而自然法学派关于"恶法非法"的主张则对于地方行政规章的司法审查具有重要意义。

② 行政法被誉为"宪法的具体化",是"动态的宪法"。地方行政规章作为广义行政法的有机组成部分,将其纳入司法审查的范围,无疑是依法治国进程中的一个闪耀宪法精神的光辉里程碑也

可以举行听证会。如果规章在制定过程中未经此程序，则可以考虑在程序上存在重大错误。（4）规章的内容是否合法。这是地方行政规章司法审查的难点所在。其审查的重点在于，地方行政规章是否有具体的行政法规、地方性法规为直接依据，是否与国家的法律、行政法规等上位法的规定相抵触，是否创设了处罚权，是否形成了地方保护主义，是否存在行政机关越权、争权、滥权的情形等。

对地方行政规章进行司法审查后，若认为不存在影响其效力的事项，则应在案件审理中直接引用规章的规定进行判决。审判实践中对此并无疑义，本文不作赘述。问题在于，经审查认为地方行政规章违法而不予适用的，法官应如何处理才符合立法的本意？目前司法实务普遍的操作是，案件的审判转而直接适用法律、行政法规或地方性法规，而对不予适用的地方行政规章只字不提，既不说不予适用该规章的原因和理由，也不阐明其与上位法抵触而无效的事实与根据。这可以称为"默示"的"附带审"，就是所谓法官行使了对判决依据的"选择适用权""准确认权"①，或者说"对不符合或不完全符合法律、行政法规原则精神的规章，法院可以有灵活处理的余地"②。这种处理方式，引起的震动最小，除涉案的当事人外，对行政机关几乎没有影响；而对于判案法官来说，既维护了国家法律的统一与尊严，又不至于得罪行政机关并进而惹火烧身，影响自己的职业生涯。③

但是，我们都知道，地方行政规章是抽象行政行为，不同于具体行政行为仅对特定的人有效，其不特定的适用对象以及在有效期内的反复适用性，决定了它有广泛的影响面和众多的潜在受害者。法院作为审判机关，倘若明知地方行政规章违法而不予纠正，反而任其继续施行、危害不特定的众多行政相对人合法权益，则显然有违法院作为审判机关的职责。而如果法院在判决书中阐明相关地方行政规章违法、应予纠正或废止，则在当下的政治体制和法律环境下，殊难行得通，特别是当基层法院面对省一级的地方行政规章合法与否的判断时，更是如此。

在不可能一步到位地解决这一矛盾的客观情势之下，分步化解矛盾的策

---

① 参见江必新《行政诉讼法——疑难问题探讨》，北京师范学院出版社1991年版，第217页。

② 王汉斌：《关于〈中华人民共和国行政诉讼法（草案）〉的说明》。此乃我国行政诉讼法的立法说明，其权威性是较高的。

③ 2003年的河南洛阳玉米种子纠纷案，洛阳市中级人民法院的主审法官李慧娟因在民事判决书中作出了地方性法规《河南省农作物种子管理条例》的有关规定因与《中华人民共和国种子法》的规定冲突而"自然无效"的认定，最终被撤销审判长职务，免去助理审判员资格。

略便是明智的选择方案。第一步,保持行政判决书的现行做法,而由作出生效判决的法院制作规范严密的司法建议书,详细论证地方行政规章违法的事由以及予以终止效力或撤销的根据,层报高级人民法院审核。经审核认为判案法院对地方行政规章的审查意见成立的,高级人民法院附署意见后,报相应的省级政府,并要求省级政府在一定的时间内反馈处理结果。省级政府对于该司法建议书,无论涉及省级、副省级行政区或"较大的市"的行政规章,都应指定省级政府的法制部门予以审查,并将审查结论反馈高级人民法院。此项操作的目的是,在人民政府对地方行政规章自查自纠的基础上迈出一小步,把对地方行政规章的司法审查控制在行政机关和司法机关的内部,减少对行政机关的冲击,为其留足尊严并预留时间,以便其逐步适应法院对地方行政规章的司法审查。上述第一步骤经过三至五年的实践后,即可实施以下第二步骤:在原告的行政诉讼请求中,在提出对具体行政行为合法性审查的同时,明确要求法院对该具体行政行为相关的地方行政规章作出司法判断的案件,法院应根据该请求对地方行政规章进行司法审查,并在判决书中作出清楚明白的回应。即法院在对具体行政行为审判的同时,对抽象行政行为应在原告的请求范围内进行"明示"的"附带审"。这一思路在《中华人民共和国行政复议法》(以下简称《行政复议法》)中已有所体现,该法第七条规定,行政相对人可以要求行政复议机关对具体行政行为所依据的国务院部门的规定、地方政府及其工作部门的规定、乡(镇)政府的规定进行审查;而该法第二十六条则规定了对具体行政行为所依据的规定之合法性的审查处理程序。借鉴《行政复议法》上述对抽象行政行为审查的处理程序,由法院对地方行政规章司法审查,在程序设置方面已没有任何障碍,现在所面临的只是法院是否有对抽象行政行为行使司法审查权的理念问题。如前所述,《行政诉讼法》第六十三条关于法院"参照"规章审理行政案件的规定,实际上已经为法院对抽象行政行为司法审查开了一个口子,因此,在第一步司法建议取得效果的基础上,法院在判决书中公开地对地方行政规章司法审查,阻力会比较小,相应的效果亦会比较好。当然,为了提高审判的质量,对于原告明确诉请对地方行政规章司法审查的案件,应考虑由中级人民法院一审、高级人民法院二审,以免因一审法院的级别过低,影响案件处理的效果,并使规章制定者不至于产生像是"孙子审爷爷"般不对等的感觉。第三个步骤是,在第二步骤经过三至五年的实践后,法院对每一宗行政案件需要以地方行政规章为审判依据时,不论原告是否提出对该规章的审查请求,法院均对该规章予以司法审查,并在判决书中公开审查的过程、依据和判断结论。

如此设计，是基于在世界范围内行政权力的强大和迅猛扩张，以及特有的国情导致的中国行政权较之于立法权和审判权来说更为强势，注定了我国法治社会建设是一个渐进的过程。试图"毕其功于一役"的激变，使创建司法审查制度的步子过大，则可能引起行政权力的猛烈反抗，欲速不达，甚至适得其反。如若《行政诉讼法》第六十三条的司法审查口子轰然关闭，就会与理想的法治追求渐行渐远，使法治社会所必备的司法审查权"胎死腹中"。同时，我们也必须看到，对地方行政规章的司法审查也仅仅是对抽象行政行为司法审查的初始阶段，离法治化社会对行政法规、法律的司法审查还有遥远的距离。因此，不断地推进地方行政规章司法审查的进程，不放弃任何细微进步的机会，才能积跬步至千里、积小流成江海，最终达到建立完善的司法审查制度，促进我国法治建设的逐步发展与完善的目的。

三、"专门审"：对地方行政规章司法审查的理想蓝图

所谓"专门审"，是指原告仅对地方行政规章的合法性提起诉讼，未针对具体行政行为起诉，即法院在诉讼中不审判具体行政行为而仅对抽象行政行为进行的司法审查。虽说《行政诉讼法》第十三条有关于法院不受理针对行政法规、规章或者行政机关制定、发布的具有普遍约束力的决定、命令的案件，即对抽象行政行为不得提起行政诉讼的规定，但从立法论①的角度思考，对地方行政规章进行"专门审"，显然是我国行政诉讼发展的必然方向。

地方行政规章作为地方政府行政的主要依据，其数量在近年来呈井喷式增长，但质量的提升速度并不令人满意。在众多的地方行政规章中，若总有一定百分比的规章在制定程序或内容等方面违法，由于其针对不特定对象的反复适用特性，在实施过程中必然导致众多的行政相对人遭受损害，即使尚未具体实施，其潜在的破坏力也更甚于任何一项违法的具体行政行为。倘若地方政府不能通过自我纠错机制及时纠正或废止违法行政规章，则外部力量的介入就显得十分必要。而这种外部力量，除了地方立法机关外，审判机关就是最为适当的制度安排，因为审判机关在纠错的效率、投入的成本等方面具有无可替代的优势：审判权是一种判断权②，法院以裁判的方式行使职权，

---

① 立法论探讨法律的应然状态，即法律应该是怎么样的。相对应的是解释论，即以现行法为前提，讨论现行法的理解、解释和适用。

② 参见孙万胜《司法权的法理之维》，法律出版社2002年版，第62页。汉密尔顿等美国开国元勋认为：司法权本身是一种判断权。参见［美］汉密尔顿、［美］杰伊、［美］麦迪逊《联邦党人文集》，程逢如译，商务印书馆1995年版，第390页。

对地方行政规章的合法与否作出判断是审判权的固有属性使然，而法官的职责就是判断与裁判纠纷案件的对与错、合法与违法，加之审判活动有精密而公正的诉讼程序作为保障，这就决定了法院对地方行政规章的司法审查能够发挥积极作用、收到良好效果。

对于单独对地方行政规章的合法性提起行政诉讼的案件，应统一由省、自治区、直辖市政府所在地的中级人民法院管辖，即借鉴涉外商事案件集中管辖的做法，把该类案件统一到一个中级人民法院，以便使同类型的案件得到统一标准和尺度的审判。在一个省级行政区域内，除省级人民政府外，只有副省级行政区人民政府和经国务院批准的"较大的市"的人民政府才可以制定规章，因而有资格制定规章的地方政府不会多，且作为被告的地方政府拥有各种强大的资源，案件集中管辖并不会导致被告应诉的不方便。对原告来说，不在被告所在地的法院诉讼，原告更具有心理上的安全感，更能避免诉讼恐惧心态。对裁判者而言，集中管辖后，可以使案件的审判不受或少受地方政府的影响，使法院和法官能仅根据法律、行政法规的规定来审查地方行政规章，而不会顾忌到法律之外的诸如财政拨款、晋升提拔等因素，能较好地保障案件的公正审理。之所以由中级人民法院管辖一审案件，是考虑到该类型案件的审理难度大、审判要求高，被告的级别都是地级以上行政区的人民政府，基层法院一方面没有足够数量的高水平专业人才，另一方面也是因为基层法院的级别低，抗干扰能力有限，而中级人民法院管辖该类型案件的一审后，由高级人民法院进行二审，案件的终局裁决更具权威性。

对"专门审"之下原告的主体资格是一个值得认真考量的问题。如果任何一个公民、法人和其他社会组织都可以作原告，对地方行政规章提起抽象行政行为的诉讼，则可能会诱发恶意诉讼，使案件数量陡然增加，让受案法院不堪重负。而对于专门从事诉讼的组织，如律师事务所、基层法律服务所等，在任何情况下都不宜作为原告提起该类诉讼，以免影响其作为诉讼代理人的职业属性。因此，适格的原告应考虑限定在地方行政规章的实施可能会直接影响其权利的群体，仅受间接影响或根本不受影响的群体则不得提起该项诉讼。譬如，关于一项海运行政管理的地方规章，一般说来，受影响的只是港航企业，如果一个图书零售商对之提起行政诉讼，则应认定构成原告主体不适格而不予受理或应驳回其起诉。由于地方行政规章可能直接影响到庞大的社会群体，因而潜在的原告在数量上将是十分可观的，为了节省司法资源和避免造成不必要的讼累，法院受理案件后都应该对案件的简要情况如原告和被告的概况、被审查的地方行政规章名称、将要审查的内容等进行公告,要求在一定期间内潜在的原告可以参加该诉讼,法院一并进行处理。而当原告超过10人时,则采取代表人诉讼制度,由原告推选代表人进行诉讼,代表人的诉讼行为对其所代表的当事人发生效力,但代表人变更、放弃诉讼请求或者与被告和解的,应经被代表的当事人同意方可生效。在该案件一审期间,另有原告提起相同诉讼的,都应并案处理,以免产生矛盾的判决。对地方行政规章的判决生效后,另有当事人提起相同的诉讼请求的,应适用该生效的判决。

对于如何审查地方行政规章的内容,应有明确的制度设计。在"附带审"中,是法院主动地对地方行政规章进行审查,原告没有这方面的诉讼请求,该审查只能是全方位的,即从规章制定的主体及其职权范围到制定的程序和具体内容等全面考量并作出判断。而在地方行政规章的"专门审"中,法院是否也应该进行这种全面的审查,即法院应该告什么审什么、不告不理,还是不受原告诉讼请求的限制而进行从制定程序到实体内容的审查?如果全面审查,则面临的问题是,法官没有足够广泛的行政经验,对于抽象行政行为中属于自由裁量范围内的事项,可能难以作出恰当的判断,而一个行政规章可能涉及众多的这类事项,全面审查造成判决延误甚至误判、错判的风险较大;对原告没有提起诉讼的规章内容,一般来说,被告也不会予以答辩或抗辩,在没有对抗的局面下,法院进行审查超出了判断权的职权范围。鉴于此,在对地方行政规章的"专门审"中,应贯彻不告不理原则,仅在原告诉讼请求的范围内作出裁判,原告未请求的内容则不宜在判决书中予以解决。如果在审查过程中,在原告请求范围之外发现地方行政规章有违法情形的,可以通过司法建议的形式向被告提出,由被告自行处理并反馈法院。法院经审查后,对原告诉请的地方行政规章中的内容作出裁判,对于制定主体不适格的规章,应判决整个规章无效;对于制定程序不合法的,则应分别考虑该程序对行政相对人权利的影响程度而决定规章的效力。如应听证而未听证,且对行政相对人权利有实质影响的,判定该规章无效;对于规章中某一条文无效,但不影响其他内容效力的,仅判定该条文无效。

四、简短的结论

既有的对地方行政规章的司法审查即"附带审",乃是法律规定范围内的隐形审查,尽管有一定的效果,但其不公开、不直接、不明朗的固有缺陷,使这种审查犹如隔靴搔痒,难以充分发挥司法对行政的监督作用。变革这种审查模式,必须统筹兼顾当下的政治生态,循序渐进,切不可一蹴而就，以免断送已经取得的成果。在条件成熟时，通过修法程序直接规定对地方行政规章的"专门审"，把抽象行政行为置于司法审查的视野范围之内，以此实现行政法治的突破，这对行政审判工作高质量发展产生巨大的推进作用，而其更重要的意义还在于必将有助于提高我国整体法治化水平。

第九编 海事证据

对水污染环境侵权案件中证据与鉴定评估问题的分析*

詹思敏　罗　春　杨雅潇

摘要：不管是海洋生态索赔公益诉讼案件还是普通的水污染环境侵权私益诉讼案件，证据的认定与损害鉴定评估的采信问题都是法院审理中的重点和难点。本文采取抽样分析、案例分析的方法，对水污染环境侵权案件中的证据与鉴定评估问题进行专项研究，较为精确和深入地分析出问题所在，并结合水污染环境侵权案件的特性提出建设性建议。

关键词：水污染；环境侵权；证据；鉴定评估。

水污染环境侵权是环境侵权的主要类型，人民法院审理了大量的该类案件。司法实践对于水污染环境侵权案件中举证责任分配、证据的认定、环境损害的评估鉴定等诸多问题存在不同的做法和争议，这成为司法审判中的难点。相比其他纠纷，水污染侵权类案件具有专业性强、影响面广等特点，受害人在证明加害人实施了污染行为、证明污染损害程度方面存在很大困难，取证、举证、质证、认证技术的难度大、时间长、程序繁琐，这就使得很多环境污染受害人的诉讼请求因不能举证而无法获得法院支持，或者因环境诉讼证据的复杂性而使得审判过程漫长，不能使广大受害者得到及时赔偿。

课题组对1991年以来的全国水污染侵权案件进行了统计分析，时间跨度为1991—2012年。在课题组随机收集的147个①案件中，已判决结案的有100个。其中原告败诉的有36个，占36%；而因证据败诉的案件在原告败诉的案件中占47.2%。调研发现，证据问题已经成为制约水污染侵权司法救济的一个瓶颈问题，原告因未履行或未充分履行举证责任而败诉的比例较高。

---

* 本文修订于2024年12月。

① 本课题所用案例的主要来源为：（1）从中华环境案件网收集的全国典型的水污染侵权案件共2,500余个；（2）广州市海事法院向广东省部分中级人民法院和基层人民法院发出协助调研的函所收集的水污染赔偿案件，其中未被中华环境案件网收集的案件约有20个；（3）其他若干未被中华环境案件网收录的典型水污染侵权案件。

一、水污染环境侵权案件举证与质证存在的问题分析

(一) 受害者不重视收集证据

被污染的水体具有流动性,采集证据有时间要求和地点要求,错过采证期间,则无法再收集到证据,或者即使收集到证据,也很难说明证据的客观性和关联性,使收集到的证据材料不具有证明力。① 被污染的水在物理、化学特性等方面不同于清洁水体,特别是其中的污染物容易迁移、扩散,甚至能在环境和人体中积累、沉降、转化、富集,这就使得收集证据变得非常复杂且工作量大。与收集证据的巨大难度形成反差的是受害者的证据意识相当淡薄,不知道发生污染损害后如何获得证据、如何保存固定证据、证据所要证明的事实为何。例如,在课题组调查的147个案件中,原告向法院申请证据保全的案件仅有7个,申请人是环保组织、公司法人的有5个,自然人作为证据保全申请人的案件有2个。

(二) 收集证据不符合法律要求

就污染损害的举证而言,有的案件污染损害证据的收集并不需要技术上的专业知识。如,关于水产养殖损失的案件,受害人需要证明养殖水域面积、投放多少种苗、单位面积的产量、污染后减产的情况、市场的价格。关于财产损失的案件,受害人要证明渔具、渔网的数量,损害情况,市场价格,等等。关于旅游业的经济损失的案件,受害人需要证明污染前同期接待游客的数量和营业收入情况,污染后游客的数量和营业收入减少的情况。关于健康损害的案件,受害人需要证明受害人的医疗支出、伤残等级及人身损伤护理程度、误工损失等。但是部分案件中,受害人提供的证据材料,有的不符合《中华人民共和国民事诉讼法》(以下简称《民事诉讼法》)关于证据种类的要求②,有的不符合真实性、合法性、关联性的要求③;有的案件中原告举证

---

① 如(2004)甘民一终字第113号案、(1997)大海事初字第53号案。
② 如(1999)广海法事字第150号案,法院认为:原告向本院提供的《"闽燃供2"轮溢油污染事故清污和调查费用清单》所声称的各项费用,在证据性质上属于"当事人的陈述",对当事人陈述的主张,当事人应当提供相关证据来予以支持,否则无法作为认定案件事实的根据。本案原告除了上述"当事人的陈述"以外,没有向本院提供其他任何清污费用的证据及代支付监测调查费用的证据,因此,本院不予确认。
③ 如(2009)大海事初字第41号案。

不充分①，没有形成对待证事实的证据链条。提交的证据一旦被否定，当事人就面临败诉的局面。例如受害人起诉索赔养殖损失的情形，有的养殖户举证村委会出具的证明，或者由没有评估鉴定资质的村委会工作人员出具的现场勘验记录来证明所遭受的养殖损失，法院在审核时非常为难：从证据材料上看，养殖户确实遭受了损失，但其提供的证据材料与法律的要求确有差距，如果一概驳回诉讼请求确实对养殖户不公平。因此，有的法院补充调查，与其他证据一起佐证，综合认定养殖户的损失②；有的法院根据公平原则，结合有关间接证据、案件其他事实和日常生活经验，综合认定赔偿数额③；有的法院在没有其他证据的情况下，只好驳回诉讼请求。

（三）污染行为证明难度大

《最高人民法院关于民事诉讼证据的若干规定》（以下简称《民事诉讼证据若干规定》）第四条第（三）项规定："因环境污染引起的损害赔偿诉讼，由加害人就法律规定的免责事由及其行为与损害结果之间不存在因果关系承

---

① 如（2007）龙马民初字第371号案：法院认为，被告四川桂康酒业集团有限公司、四川泸州醇香源酒业有限公司、四川泸州金碧留香酒业有限公司、四川泸州市长寿酒厂、泸州亚鑫畜产品有限公司在生产过程中向流经原告地域内的"到角河"排放废水的事实客观存在，"到角河"遭受污染与五被告工业废水排放具有直接因果关系，对于因环境污染引起的损害赔偿诉讼，被告否认原告提出的侵权事实，适用举证责任倒置。故五被告在没能充分证明的条件下，应确认五被告对"到角河"环境污染具有损害行为。原告主张五被告停止污染的请求，符合法律规定，法院予以支持。对于原告主张的赔偿金额，因没有充分证据相支持，故法院不予支持。属于原告未充分举证而败诉的案件还有（1998）嘉民再终字第2号、（1999）广海法事字第129号、（2002）大海法事初字第5号、（2010）信中法民终字第033号。

② 如（2010）广海法初字第18号案：关于原告的损失数额问题。原告提供《现场勘验记录》《损失调查汇总表》《水产品价格咨询表》以及高笋村民委员会出具的证明，主张其经济损失人民币290,000元，其中死亡鱼类损失人民币278,000元，渔具损失人民币12,000元。被告主张原告与高笋村民委员会、陈景欢、台山市川岛镇农林渔业办公室有利害关系及台山市川岛镇人民政府上川农渔事务所不具备价格认证资格。对此，合议庭认为，《现场勘验记录》的现场勘验单位高笋村民委员会、审核单位川岛镇农林渔业办公室经上级主管部门指定，现场人员陈景欢也是上级主管部门指定单位高笋村民委员会高冠村民小组的代表，上述勘验单位和个人并非原告选定，与原告没有利害关系。故在无相反证据的情况下，对被告的该项主张不予支持，对原告请求的死亡鱼类损失人民币278,000元应予认定。

③ 如（2009）南法民初字第215号案：关于赔偿数额的多少问题，法院认为，虽然原告蒋永伦提交的死鱼清单有瑕疵，但考虑到被告朝旭公司排污毕竟是事实，且该行为一直在延续，同时原告的鱼塘的鱼死亡也是事实，如果仅仅因为原告蒋永伦不能提交其鱼塘的鱼死亡的确切数据而判决其败诉，则有显失公平之嫌。对于本案，在已经能认定损害确实存在，只是具体数据尚难以确认或者无法确认的情况下，法院将结合有关间接证据和案件其他事实，遵循法官职业道德，运用逻辑推理和日常生活经验，适当确定侵权人应当承担的赔偿数额。

担举证责任。"① 按照该规定对举证责任的分配,污染受害人需要举证证明加害人实施了污染行为,以及受害人因污染所受到的损害。水污染案件证据的科学技术性要求太高,这对原告的举证责任而言是一个巨大的挑战,造成原告证据的收集固定难,证明谁是污染者以及污染行为的难度较大。首先,水污染是以水体为媒介,在水污染侵权行为中,它是要通过水体而作用于受害人,即水污染侵权的受害人因没有受到污染者的直接侵害,往往难以确定谁是侵害者。② 其次,水污染危害后果常常由多种因素造成,多因一果现象普遍,合法排污与非法排污行为交织,累积性污染与突发性污染混合③,这也增加了确定侵权人和他们责任大小的难度。特别是水污染案件中反映出来危害人体健康和水体环境的污染物多达上百种,确定污染物及其污染机理,以及查明加害行为与危害结果之间的因果关系需要排除多种可能性,涉及多方面的专业知识,检测、鉴定、证明过程复杂,成本巨大。④ 而且在污染诉讼中,污染者与受害者往往地位相差悬殊,且排放污染物的种类、数量、浓度,排放时间和地点,生产过程中产生的有毒、有害物质等信息均掌握在污染者

---

① 2019年修正的《民事诉讼证据若干规定》删除了第四条。相应的内容见《中华人民共和国民法典》第一千二百三十条"因污染环境、破坏生态发生纠纷,行为人应当就法律规定的不承担责任或者减轻责任的情形及其行为与损害之间不存在因果关系承担举证责任"的规定。——编者注

② 如(2007)津海法初字第264号案,滦南渔民在海上捕鱼时,发现被告公司的钻井平台附近有漂浮的溢油,当地渔政部门接到报告后,到现场进行了摄像,并请大连海事大学的专家通过卫星遥感对溢油源进行鉴定,得出肯定结论后向法院提起诉讼。被告也聘请专家对卫星遥感图片进行分析,得出与原告相反的结论。最终法院认定原告的证据未形成完整的证据链条,判决确认被告钻井平台在诉争期间内未发生溢油事故。可见,作为弱势群体的渔民,当他们的权益受到溢油污染损害时,却需要为查找溢油的肇事者费尽周折,仍不能提供充分的证据,不知道应该告谁才能胜诉。

③ 以渤海为例,据统计,造成渤海污染的源头主要是来自陆地的生活废水、工业废水、农业废水等。环渤海地区常年注入渤海的河流共有40多条,很多河流是跨省市的,城市污水和工农业污水排入河流最终汇入渤海。当水污染产生严重后果时,限于时空因素、技术水平、财力物力等诸多因素的制约,往往难以找到真正的污染制造者。参见天津海事法院《海洋污染案件审理中存在的问题、原因及对策》,见最高人民法院民事审判第四庭编《涉外商事海事审判指导》总第17辑,人民法院出版社2009年版,第144页。

④ 例如,在船舶溢油事故污染纠纷案件中,当污染源距离损害场所较远,而无相应证据予以证明时,为了索赔损失的需要,采用油指纹鉴定方法,这个过程是非常专业、非常复杂的。石油是由上千种在不同地质条件下经过长期的物化作用演变而成的不同浓度的有机化合物组成,油品各具有明显不同的化学特征,其光谱、色谱图不同。同时,因制造、储存、运输、使用的环节不同,增加了油品光谱、色谱图的复杂性。油品光谱、色谱图的复杂性如同人类指纹一样具有唯一性,因此,人们把油品的光谱、色谱图称为"油指纹"。掌握"油指纹"鉴定技术的专业机构需要利用先进仪器,采用科学的方法,将检验出的"油指纹"特征与污染水域环境的溢油的"油指纹"特征进行比对,得出鉴定结论,从而为判定污染源提供证据。参见许光玉、龙玉兰《从油污角度剖析人与海洋环境的和谐》,见罗国华主编《中国海事审判年刊·2007》,人民交通出版社2007年版。

手中，受害人要想从他们手中得到证据材料作为将来通过司法途径索赔的依据无异于与虎谋皮。

（四）法院对证据的审核认定难

水污染案件中，双方当事人对污染行为、特别是污染行为与损害结果之间是否存在的因果关系进行举证。由于水污染案件及其证据的技术性、复杂性等要求，法官要正确地认证证据材料须掌握相关专业知识，特别是对证明存不存在因果关系的证据材料的质证与认证，必须对相关污染物质的物理机理、化学特性、生物变化过程，以及对环境和人体的危害情况等有所了解，才有可能对是否存在因果关系作出正确判断。但是，在水污染诉讼中，绝大多数法官往往缺乏相关专业知识，很难根据自己掌握的专业知识进行有效的认证，必须依赖专业机构和专家辅助人的作用。①

法官在庭审中一般是先听取当事人双方对证据的说明，质证后，再认证证据。即法官认证的根据除了运用自身的知识进行判断以外，还要参考当事人对证据的质证意见。但很多水污染侵权诉讼当事人及其诉讼代理人也无法对这些专业问题进行有针对性的辩论，无法使法官形成内心确信，使法官失去了认定证据的依据来源，最终只得要求法官去审查判断。

二、水污染损害评估鉴定存在的问题分析

水污染损害鉴定评估具有重要的作用，但由于法院缺乏相应的技术手段，因此必须依赖评估鉴定机构的作用。鉴定是确定污染损害是否存在、污染范围和污染程度，以及赔偿责任和赔偿金额的前提。鉴定是否及时启动，鉴定程序是否规范，鉴定结论是否全面、客观、准确、公正，最终决定了损害事实的认定和索赔请求能否得到实现。在审判实践中，法院、当事人对评估鉴定报告作为证据的重视程度是比较高的。据统计，本文前述的147个案件中，有83个案件的当事人委托鉴定机构作出鉴定报告，占56.5%。然而，调研发现，水污染案件中评估鉴定环节的问题仍然比较突出，在这83个案件中，有24个案件出现当事人提出对鉴定报告的质疑，占28.9%；有27个案件法院没有采信相关鉴定报告，占32.5%。

---

① 例如，在海洋油污损害案件中，法院审查证据，如对于如何认定养殖业、渔业资源的直接损失、生态损失，实践中争议很大。这些损失是在事故发生后不久，由渔政部门委托渔业环境监测部门来评估而作出的报告，而委托鉴定的部门往往与原告（如海洋与渔业局等）有着千丝万缕的关系，不同案件的鉴定报告千篇一律，报告的真实性实在值得怀疑。此外，损害的认定具有很强的时间性，在诉讼中由法院委托鉴定的报告，由于已经事过境迁，也难以反映案件事实，从而推翻原先的监测报告。否定了该报告后，将无据可依，无法认定损失，对法院来说是一个两难的问题。

(一) 评估鉴定机构多头管理

经调研了解到,我国现有的环境损害鉴定评估机构主要可以分为3类:第一类是渔业污染事故调查鉴定机构,设在各渔业环境监测站,共有60多个。第二类是环境污染司法鉴定机构,例如在司法部的《司法鉴定机构名录》中有两个名称为环境损害鉴定的机构,均是以农业部环境保护研究所为基础建立的。第三类属于其他机构鉴定,包括:环境监测站对有无污染提供报告;医疗单位、医学研究机构对有无健康损害提供报告;资产和价格评估机构出具资产评估报告;一些科研机构提供专业研究报告,例如疾控中心、土壤研究机构、果树研究机构等。当水污染事故发生后,上述部门均可能有权进行处理而分别对环境损害进行鉴定评估。①

(二) 评估鉴定机构的资质和中立性受质疑

在24个当事人质疑鉴定报告的案件中,有3个案件是针对鉴定机构中立性的质疑。有的鉴定机构是隶属于行政机关的职能部门,尽管近年来已与原行政机关脱钩,成为独立机构,但由于脱钩前曾有上下级关系,脱钩后亦有密切联系,依然受到相对方颇多质疑。②

水污染事件发生后,针对污染行为、污染损害的范围、不同种类损害的程度、损害的金额大小,需要委托各种资质的评估鉴定机构③进行鉴定,否则,评估鉴定报告会因为主体资质问题而不被采信。24个当事人质疑鉴定报告的案件中,有3个案件是针对鉴定机构的资格问题提出的。法院不采信评估鉴定报告的27个案件中,有2个案件是由于出具鉴定报告的相关鉴定机构不具备资质,报告不被采信的。

---

① 如(1999)广海法事字第138号案,在珠江口伶仃洋水域发生的"闽燃供2"轮与"东海209"轮碰撞造成重油泄漏事故,主管广东省渔政总队的广东省海洋与水产厅和珠海环境保护局各自委托了不同鉴定机构作出环境影响评估报告。

② 如(2005)广海法初字第85号案。被告认为,广东省海洋与渔业环境监测中心作为鉴定单位与原告有利害关系,其作出的《调查报告》不具公正性。法院没有正面回答这个质疑,认为监测中心具备鉴定的资质,作出的鉴定结论具有一定的科学依据,在没有足够相反的证据予以否定的情况下,可作为认定本案油污损害事实的依据。此外,笔者经调研了解到,广东省海洋与渔业环境监测中心是广东省政府批准设立的专门负责对海洋污染进行调查、监测并依法作出报告的部门,具有独立法人资格,但该监测中心挂靠在广东省海洋与渔业局。

③ 例如,2010年3月1日施行的《防治船舶污染海洋环境管理条例》第四十七条规定:"事故调查处理要委托有关机构进行技术鉴定或者检验、检测的,应当委托国务院交通运输主管部门认定的机构进行。"又如《渔业污染事故调查鉴定资格管理办法》规定承担渔业水域污染事故调查鉴定的单位,必须取得《渔业污染事故调查鉴定资格证书》;持证单位参加事故调查鉴定的技术人员,必须取得中华人民共和国渔政渔港监督管理局核发的《渔业污染事故调查鉴定上岗证》。

(三) 鉴定方法不科学、损失计算标准不完善

24个案件当事人质疑鉴定报告的案件中，有6个案件是针对鉴定机构的鉴定方法提出的。法院不采信评估鉴定报告的27个案件中，有10个案件中的鉴定报告由于相关鉴定方法不科学，或者依据的数据不准确而不被采信。例如，有的案件中，鉴定机构没有对损失进行核实、鉴定，而是直接根据当事人提供的材料进行认定①。

目前，水污染事件发生后，在自然资源损失方面评估鉴定方法上还存在两个障碍：一是没有足够的技术手段对污染物的扩散范围、数量，对水中生物资源、环境资源的破坏程度等做出准确可靠的评估；二是对于大部分损失数额如何计算还没有计算依据。水污染事故对于国家利益和社会公共利益的损害包括两大类：第一类是国家环境资源损失，如天然渔业资源、水下植物和海岸红树林、鸟类、景观资源等；第二类是环境质量损失，如海水水质下降、各种用途及功能暂时或者永久消失、失去动植物栖息场所等。水污染公益诉讼中，原告索赔时只能局限于渔业资源损失，原因是只有农业部于1996年颁布的《水域污染事故渔业损失计算方法规定》明确规定，天然渔业资源损失可以按不少于水产品直接损失的3倍进行估算。由于其他损失没有计算依据，原告无法索赔。

(四) 鉴定程序不规范

2007年修改的《民事诉讼法》第七十二条第三款规定："鉴定部门和鉴定人应当提出书面鉴定结论，在鉴定书上签名或盖章；鉴定人鉴定的，应当由鉴定人所在单位加盖印章，证明鉴定人身份。"②《民事诉讼证据若干规定》第二十九条规定，审判人员对鉴定人出具的鉴定书，应当审查是否具有下列内容："……（七）鉴定人员及鉴定机构签名盖章。"③ 这些法律法规是对鉴定活动程序的要求，但是在所调研的案件中，笔者发现有部分案件没有按照

---

① 如（1999）广海法事字第128号案。

② 2023年修正的《中华人民共和国民事诉讼法》第八十条规定：鉴定人有权了解进行鉴定所需要的案件材料，必要时可以询问当事人、证人。鉴定人应当提出书面鉴定意见，在鉴定书上签名或者盖章。——编者注

③ 2019年修正的《民事诉讼证据若干规定》第三十六条第二款规定："鉴定书应当由鉴定人签名或者盖章，并附鉴定人的相应资格证明。委托机构鉴定的，鉴定书应当由鉴定机构盖章，并由从事鉴定的人员签名。"——编者注

法定的鉴定程序进行,导致鉴定结论不被采信。①

(五)启动鉴定不及时

24个当事人质疑鉴定报告的案件中,有1个案件是针对鉴定时间不及时提出的。法院不采信评估鉴定报告的27个案件中,有2个案件中的鉴定报告由于鉴定的时间与污染发生时间相距太长而不被采信。水污染具有易逝性、扩散性的特征,这就要求污染事件发生后,必须尽快进行相关证据的固定,尽早启动鉴定程序。否则,一旦错过时间,由于存在多次污染的情况,不仅污染物的化学成分和浓度不断变化,导致作出的鉴定结论无法准确反映污染时的真实情况,而且污染行为与损害后果之间的因果关系无法查明,也就无法确认污染行为人。另外,再次委托鉴定也无法反映案件事实,不足以推翻原先的评估报告,如果否定了最初的报告,则对于损失的认定又无据可依。因此,认不认可不及时的评估鉴定报告的效力对法院来说是一个两难的问题。

(六)当事人用鉴定结论替代客观证据

水污染事件发生后,有关管理部门依职权作出的监测报告是污染事实和损害范围的客观和直接的证据。但有的污染事件发生后,相关管理部门没有组织监测,这导致索赔时缺少污染范围的客观证据。类似情况下,有的海洋管理部门以污染行为人泄漏排放的污染物质的数量为依据,委托鉴定机构参照类似污染事故的监测结果进行理论推算,以鉴定结论替代客观证据提供给法院作为污染范围和损害结果的证据。②关于养殖物的死亡损失,也存在用鉴定结论替代可观察记录的客观证据的情况。③

三、完善水污染侵权案件证据与损害评估鉴定的建议

(一)提供对私主体的司法救助和指引,建立预防、预警机制

首先,必须建立和完善环境信息公开制度。获知相关的信息是维权的前提和基础,受害者只有了解自己所处环境的状况,才能采取适当保护自己利

---

① 如(2002)大海法事初字第5号判决书:法院认为,"雅河"轮碰撞溢油是否污染了原告的养殖海域问题,既是双方当事人争议的焦点,也是判断被告是否应该承担民事责任的一项重要的事实基础和前提。原告就此问题举证,提供了鉴定报告,并且该报告的结论是溢油已扩散到养殖海区,造成了严重的污染,牙鲆死亡可能与海面溢油等因素有关。但是,该鉴定报告在其形式内容和鉴定程序等方面存在以下主要缺陷:鉴定报告未对鉴定人的资格情况予以说明,亦未在鉴定报告上署名和签字;鉴定报告未详细而明确地记载鉴定的依据和鉴定的程序。同时,对各项检验结果在运用文字和绘制图表方式表达时,未附上由操作人员签名的原始检验数据等材料,从形式上缺少必要的条件。

② 如(2013)甬海法事初字第32号案。

③ 如(2013)甬海法事初字第32号案。

益的措施和行动。目前，农民和渔民向政府了解环境质量状况的请求仍然处处碰壁，而地方政府或者是对本地的环境状况不了解，或者是对情况有所了解但不对他们公开。这些做法有的是与我国信息公开立法相违背的，有的则属于立法的灰色地带。因此，应该尽快清除法律和制度上的障碍，建立有效的信息公开制度。

其次，对受害者进行环境维权提供帮助和指引。通过各种途径让农民和渔民了解环境状况、环境污染的危害机理、环境法律知识、环境纠纷处理机制等，让受害者知道发生污染损害后如何保存固定证据、如何获得证据、可以向哪里的法院起诉、举证的要点是什么。例如，广州海事法院针对海洋环境污染损害养殖户提起赔偿诉讼印发了诉讼指引，并向沿海渔民、养殖户免费派发宣传。该指引的内容主要有五项。（1）列举了海洋环境污染损害的种类，包括海岸工程、海洋工程建设项目、陆源污染物、船舶及有关作业，倾倒废物等造成的海洋环境污染。（2）指出了此类纠纷应向有管辖权的海事法院起诉，地方法院没有管辖权。（3）养殖户的举证要点包括养殖户存在合法权益的证据、被告加害行为的证据、养殖户具体损失的证据。（4）养殖户应当提交的证据。例如，养殖户存在合法权益的证据方面，要提交主体资格和合法养殖两个方面的证据。其中，主体资格证据又包括：养殖户原告主体证据方面，需要提供身份证、户口簿（养殖户为自然人的），以及合伙协议或有关组织的成立文件（养殖户为合伙或集体经济组织的）；被告主体证据方面，需要提供被告的身份证、公安部门的证明文件、通信地址、联系电话等资料（被告为自然人的），以及被告公司的名称、工商登记资料、地址、联系电话等（被告为法人的）。此外，还对被告实施了排放致害物加害行为的证据、养殖户经济损失的证据作出了详细的列举和指引。（5）提交证据的期限。法院对养殖户送达《举证通知书》等文件后，养殖户应认真阅读，按要求提交证据，了解申请法院调查取证、证据保全的时间要求，以及不按时提供证据的后果，等等。

最后，完善对农民的法律服务和法律援助。农民作为社会的弱势群体，非常需要社会力量的支持，政府应该为非政府组织向农民提供正常的法律服务创造宽松的环境。中国虽然建立了法律援助制度，但是其援助对象目前主要分布在城市。① 该制度几乎没有惠及农村居民，农民不仅在分享经济成果

---

① 各级政府法律援助的对象以居住在城市的人员为主，过去主要是城市居民，现在扩大到居住在城市的农民工，但是很少能够考虑到居住在农村的居民。

方面处于弱势地位，在分享包括法律服务资源在内的其他社会资源方面同样处于弱势地位。其原因有以下四个：一是农民没有固定收入，难以证明自己的收入状况。二是农村贫困面太大。往往农业人口比例大的地方，当地财政也十分困难，可用于法律援助的财政资源很少，法律援助机构的力量和资源无法满足农村的需要。三是可以申请法律援助的事项较窄。根据《中华人民共和国法律援助条例》第十条的规定，法律援助的事项主要包括依法请求国家赔偿；请求给予社会保险待遇或者最低生活保障待遇；请求发给抚恤金、救济金；请求给付赡养费、抚养费、扶养费；请求支付劳动报酬；等等。农民因环境污染所受到的损害往往是综合的，既包括基本生活来源的减少和丧失，也包括其他经济收入的减少和丧失，合计数额较大，但法律援助机构一般不提供援助。四是农民不知道有法律援助制度的存在，也不知道如何申请法律援助。

由于中国农村人口多，低收入者占比较大，而对农民提供法律援助关系到整个社会的稳定和公平正义，国家应该针对农民的实际情况建立相应的法律援助机制。这个机制应促使政府法律援助机构提供的法律援助与社会各界提供的法律援助相结合。从政府层面上讲，短期目标是充分利用现有的法律援助机制，但在资源分配上应更多地向农村转移；长期目标则是建立专门的农村法律援助机构，专门为农民提供法律援助。从社会层面上讲，鼓励社会团体、学校、律师事务所等向农民提供法律服务，尤其对遭受污染损害的农民要建立相应的法律援助制度。

（二）合理分配举证责任

2010年起施行的《中华人民共和国侵权责任法》和2002年起施行的《民事诉讼证据若干规定》对环境侵权案件中的因果关系推定作出了规定，这对于建构环境侵权损害救济有着重要意义。由加害人对不存在因果关系负担说服性的举证责任，从而降低了受害人的举证负担，保护了弱势群体的利益，并且能鼓励环境受害者起诉，这也是因果关系推定制度的主要目的和价值取向。从37个涉及因果关系争议的案件来看，相关法条在实践中能够发挥其应有的效用，使得原告的举证责任大大减轻。因此，在目前的审判实践和法律解释中，首先应当重视挖掘和充分利用现有的制度资源，对于新增或修改法律法规则应经过慎重的思考和论证，以免造成制度资源浪费和法律体系上的冲突与混乱。

随着社会生活的多样化和生产力水平的进步，环境污染事件和相应的诉讼也在不断增加，由此造成了环境侵权案件越发复杂的现状。因果关系问题也不仅是一个全有或全无的是非题，其中往往包含了多种因素或多个加害者共同致害的情形。根据案件具体情况的差异，因果关系推定在适用时也需要有区别地采用不同的推定方法。在公害诉讼和环境保护诉讼非常发达的日本，在理论研究和审判实务中都发展出了不同的学说，其中包括高度盖然性说①、疫学因果关系说②和间接反证法③。由于我国法律在这方面只作了简单、笼统的规定，并且最高人民法院在《民事诉讼证据若干规定》中，实质上只规定了与日本"间接反证法"相似的因果关系推定法，因此难免会出现机械化套用和误用因果关系推定的情况。在今后的立法中，可以逐步对因果关系推定的方式进行细化，根据环境侵权案件的不同类型，确定和适用与之相适应的因果关系推定方法。

上述立法上的漏洞和不足，还可以通过审判机关在履行职能时发挥能动性来弥补。这要求环境侵权案件的法官于现有的制度框架下对条文进行更深入的解读，根据案件的不同情形更为灵活地适用因果关系推定，使判决符合公平正义的立法理念。比如在油污损害中，应当注意到水体在污染发生前的各项指标是否已超出正常值，才能避免对被告的不公正裁决。此外，对于因果关系推定的效用或者结果，在审判实务中还需要更细致的考量。因果关系的内涵不仅体现在责任成立要件上，还直接决定着责任后果的大小，也就是赔偿范围。在因果关系确定存在的前提下，被告对原告的损害产生了较大的推动力，则应当承担较重的赔偿责任，反之亦然。在一起工业废水致使稻农作物减产的案件中，就对因果关系进行了精细的判定。法院认为，被告上游四家企业排放的污水中也各有部分指标超过企业排放标准，主要三项指标与被告的同项指标之比是1∶9，加上其他指标超标的因素，这个比例可以接近2∶8，因此，被告对鹤立河水造成污染应承担20%的责任。因原告未向被告

---

① 高度盖然性说对证据的要求是，根据经验规则能够确定特定事实会导致特定结果发生的关系之间具有高度的盖然性，且该判断只要达到使通常人不产生怀疑的程度，就可以认定因果关系的存在，而不必找到确凿无疑的自然科学的证明。

② 疫学因果关系说的基本内容是，运用临床医学判断一定区域内的受害人发生了某种疾病，而且预断其可能是由于某种污染物引起；然后，用实验医学方法确定该种污染能否导致受害人所感染的疾病。若能导致此种疾病的发生，而且受害人居住地附近的一些污染源恰好排放了这些污染物，则可推定受害人的疾病与污染源排放污染物这一行为之间存在因果关系。

③ 间接反证法，主要指当案件事实是否存在尚未明确时，由不负证明责任的当事人从反方向证明其事实不存在的证明责任理论。该说认为，由于环境侵权因果关系的认定极为复杂，涉及的因素很多，因此当被害人能够证明其中的部分关联事实存在时，其余的部分即可推定存在，并由加害人负反证其不存在的责任。关于这三种学说的区分与使用，详见杨素娟《论环境侵权诉讼中的因果关系推定》，载《法学评论》2003年第4期，第132-139页。

上游四家企业主张权利,故法院不能依职权追加被告。依照公平原则,应减少被告承担赔偿责任的比例,被告应承担原告损失的80%赔偿责任。① 可见,因果关系的作用除了确定被告是否需要承担不利后果,还包括进一步地对赔偿范围进行划分,值得为后来的环境侵权案件的审判参考借鉴。

另外,值得注意的是,目前的举证责任倒置规则如果完全将因果关系的证明责任赋予被告,可能会导致原告滥诉:一旦出现损害,就可以将本地所有排污单位告上法院,所有排污单位都有责任举证证明自己与该损害没有因果关系。在举证责任倒置的同时,建议赋予原告方初步证明的责任,这不仅有利于原告充分行使举证权利,而且可以防止被告范围的无限扩大化,并能帮助法院查明事实,提高审判效率。其中特别值得注意的是,《最高人民法院关于审理船舶油污损害赔偿纠纷案件若干问题的规定》第十四条规定:"海洋渔业、滨海旅游业及其他用海、临海经营单位或者个人请求因环境污染所遭受的收入损失,具备下列全部条件,由此证明收入损失与环境污染之间具有直接因果关系的,人民法院应予支持……"明确了关于纯经济损失的受害人负有证明收入损失与环境污染之间因果关系的举证责任。

(三) 完善证据保全、行为保全制度

1. 不断探索水污染证据保全制度。目前,虽然《民事诉讼法》第八十四条规定了证据保全,但仅在适用的条件上作了规定,证据保全的其他程序参照适用第九章"保全和先予执行"的有关规定。而《中华人民共和国海事诉讼特别程序法》(以下简称《海诉法》)第五章关于海事证据保全作了比较详细的规定,特别是对如何保全证据有具体的操作要求②。针对海域环境污染是否特定主体造成而采取证据保全措施,具体操作较为复杂和专业,鉴定需要提取哪些样品及如何提取样品,应由鉴定人根据其专业知识来确定,不宜由法官直接进行提取、封存,在采取保全措施前应提前与鉴定部门进行沟通。建议立法机关在将来制定涉及环境污染诉讼的法律法规的时候,或者最高人民法院在出台新的司法解释的时候,明确环境污染诉讼的证据保全参照《海诉法》的有关要求,结合水污染案件证据保全的特殊要求来进行规范。

2. 司法机关要重视调查令制度的使用。目前,《民事诉讼法》《民事诉讼证据若干规定》在当事人证据收集的具体手段、方式上,只有原则性的规

---

① 详见(2001)垦民初字第3号民事裁决书。
② 《海诉法》第七十条:海事法院进行海事证据保全,根据具体情况,可以对证据予以封存,也可以提取复制件、副本,或者进行拍照、录像,制作节录本、调查笔录等。确有必要的,也可以提取证据原件。

定，而没有赋予当事人任何具体的收集手段、方式，使当事人收集证据的权利空洞化、抽象化。对于一些由国家机关依职权所形成的证据，以及污染企业的证据，受害方收集的难度非常大。有的法院实施了调查令制度，即当事人及其代理律师自行收集证据有困难的，向法院阐明证据所在地并提出申请后，法院向律师签发《调查令》，载明案由、所要调取的证据名称，及对该证据以外的事项可以不予提供等内容，由律师持《调查令》向证据所在的单位或个人调取证据的做法。通过调查令制度，可以弥补当事人自行收集证据能力的不足，有效节约司法资源，促进水污染案件的顺利审结。

3. 要重视行政机关与公证机关在作为证据保存方面的作用。狭义上证据保全的主体只有人民法院，广义上证据保全的主体包括人民法院、行政机关与公证机关。如果从狭义上理解证据保全，行政机关与公证机关并非证据保全的主体。但在水污染纠纷中，环境保护行政机关应当事方的申请，对污染工厂、设备、污染物和环境介质进行的查封、扣押、记录、检测、处罚的行为，与公证机关接受污染受害人的请求，对污染证据材料进行的公证行为，可以起到固定、保存证据的作用。实践中，环境保护行政机关和公证机关对环境污染诉讼证据的固定、保全发挥了重要的作用。所以在司法实践中，人民法院可以指导当事人向具有环境污染调查职责的行政机关报告，请求启动污染事件调查程序并保存证据，或者指导有条件的当事人请求公证机关进行证据保存，作为日后索赔的依据。

4. 完善法院委托鉴定评估的程序。水污染损害鉴定，应依据《民事诉讼法》《全国人民代表大会常务委员会关于司法鉴定管理问题的决定》以及《民事诉讼证据若干规定》关于鉴定的规定进行。当事人申请水污染损害鉴定经法院同意后，法院应向申请人送达受理申请通知书，同时告知其向法院申报与水污染损害鉴定有关的利害关系人。然后法院召集鉴定申请人和利害关系人到场，共同协商推选鉴定机构和鉴定人。这些鉴定机构和鉴定人须是司法行政部门的登记名册中具有水污染鉴定资格的机构和人员。申请人和利害关系人协商不成的，由法院通过摇珠方式随机确定其中一个具有资质的鉴定机构鉴定，并向其发出委托鉴定通知。进行鉴定的其中一项要求是公开鉴定过程。在进行采样和现场调查渔业资源等时，通知所有利害关系人到场参与，接受当事人的监督，尽量避免诉讼过程中产生怀疑和争议。

（四）理顺鉴定机制、加强制度管理

2011年印发的《环境保护部关于开展环境污染损害鉴定评估工作的若干意见》指出，要依托环境保护系统内现有科研技术单位的业务优势，组建环境污染损害鉴定评估管理与技术支撑队伍，明确职能定位。环境污染损害鉴定评估要与环境执法分离，保证其独立性及中立性。根据国家有关规定，推动环境污染损害鉴定评估队伍逐步纳入国家司法鉴定体系。应该说，这是一个值得肯定的发展方向，但毕竟这只是环境保护部门一家之言。要改变鉴定评估多头管理、政出多门、相互矛盾的现状，需要国家指定一个部门牵头，统一组建环境污染鉴定评估队伍。此外，还要加强对鉴定评估机构的资质管理，积极引导和培育第三方鉴定机构，鼓励其完善鉴定技术、强化人员素质；对符合条件的第三方鉴定机构要及时颁发资格证书；对其依法作出的鉴定报告，司法机关应采用。对无资质的机构出具鉴定评估报告的现象，管理部门要进行规范和惩戒。要赋予鉴定评估机构的作为义务，对当事人委托的职责范围内的鉴定评估事项，要求鉴定评估机构实行强制缔约义务，不得拒绝当事人的合理委托，并且在一定时间内完成委托事项，不得无故拖延，如果违反这些义务，则管理部门应对其处以降低资质或者吊销营业执照的处罚。

（五）完善水污染损害界定与量化的技术标准体系

如何给没有市场价格的环境资源赋予货币价值，是水污染损害赔偿纠纷的一个难点，其有效的解决途径是提出兼具科学性同时切实可操作的生态损害评估方法体系。要结合水污染事件发生后在事件应急阶段、污染修复阶段和生态恢复阶段发生损害的不同特征，建立适宜于开展实际评估工作的损害分类和量化方法体系。

首先，充分利用现有的法律法规，积极对生态损害加以认定和计算。2011年原环境保护部发布的《环境污染损害数额计算推荐方法》（以下简称《推荐方法》）在定量化环境污染造成的损害方面提供技术支持，对污染修复、生态恢复的概念作了界定。全面完整的环境污染损害评估范围包括生态环境资源损害、污染修复费用等。对于污染修复费用的评估计算，推荐以实际修复工程费用作为污染修复费用，如无法得到这一费用，推荐采用虚拟治理成本法或恢复费用法，并根据受污染影响区域的环境功能敏感程度分别乘以 $1.5 \sim 10$ 以及 $1.0 \sim 2.5$ 的倍数作为这部分费用的上、下限值，并给出具体的确定原则和计算方法。《推荐方法》对于目前生态损害计算的困境有非常大的指引作用，法院及律师等司法工作者应参照这一推荐方法，对生态损害进行合理统一的计算。而对于生态损害是否受损及受损程度，可以结合各类环境质量标准进行评估鉴定，如海洋生态方面可以结合《海水水质标准》《海洋沉积物质量》《海洋生物质量》等国家标准，而其他介质则可以结合《土壤环境质量标准》《环境空气质量标准》《地表水环境质量标准》等。

其次，继续完善损害计算标准。目前损害计算推荐方法只是指引，没有强制力，在实施难度较大的时候，法院可以选择不适用相应的计算方法，这将导致生态损害的计算不准确。在验证计算标准和方法的准确性和合理性后，应把其上升到有强制力的地位，保证损害数额计算的公平公正。另外，《推荐方法》使用的方法有限，通过实践，需要把更多的计算方法纳入生态损害数额的计算中，针对不同环境介质适用的不同计算方法也需要在实践中逐步完善。

再次，加强专业技术人员的培养。生态损害数额计算是科学性、专业性较强的工作，需要计算人员对生态、环境功能等有较深了解，同时还需具备熟练运用各种计算方法的能力，因此，相关部门应该通过教育、经费资助等形式培养更多专业人才。

最后，加强环保意识的教育和宣传。根据对案件的分析，当事人往往重视对自身经济损失的救济而忽视环境保护。要使生态损害得到有效救济甚至从源头减少生态损害，最根本的措施仍在于提高公民的环境保护意识，因此应加强宣传教育，让公民为生态保护贡献应有的力量。

海域污染损害赔偿案件中的司法鉴定
——以"夏长"轮船舶油污损害责任纠纷系列案件为视角

黄伟青　罗春

摘要：司法鉴定是审理海域污染损害赔偿案件中的一个重要的程序问题。海域污染案件事实及其证据材料在技术性、复杂性等方面的高要求与法官专业特长相对比显露出鲜明的差异，相关污染物质的物理机理、化学特性、生物变化过程、对环境的危害程度、损失范围、损失大小等专门性问题的认定，必须借助专业人员的知识、依靠司法鉴定的方式才能解决。从长期的海事审判实践可以看出，海域污染损害赔偿案件中的司法鉴定工作存在一些问题，缺乏可依循的规范性文件，各界观点各异，不一而足。本文以广州海事法院2015年审理的"夏长"轮船舶油污损害责任纠纷系列案件为视角，区分私益诉讼和公益诉讼，分析司法鉴定及鉴定意见在案件审理中出现的新情况、新问题，并提出合理化的建议。

关键词：海域污染；鉴定评估；私益诉讼；公益诉讼；环境损害；生态损害。

2013年8月14日12时13分，夏天海运有限公司（以下简称"夏天公司"）所属的57,000吨级中国香港籍散货船"夏长"轮（TRANS SUMMER）满载5万多吨镍矿石，自印度尼西亚驶往中国广东阳江港，途中在珠江口小万山岛以南水域锚泊防台过程中倾侧沉没，船上21名船员弃船后被香港飞行服务队和南海救助局救助船全部救起，船上燃油泄漏入海，造成附近大万山岛港池、周围岛屿岸线、南沙湾沙滩、周围渔业养殖设施以及外围海域不同程度的污染。事故发生后，广州海事法院于2014年底受理广东省海洋与渔业局、珠海海事局、港澳籍渔民及当地渔民、养殖户等281个申请人的债权登记申请并于2015年依法审理相关的船舶油污损害赔偿纠纷确权诉讼案件。审理过程中，各方当事人在污染事实认定、损失范围和大小等方面均存有较大的争议，经过多次调查取证、开庭审理，该281个案件最终通过调解得以解决。虽然该系列案件最终通过调解解决，但在案件审理过程中，司法鉴定的程序和鉴定报告出现的一些新情况、新问题值得我们重视和反思。本文针对这些问题进行系统梳理，并尝试提出对策建议，希望为今后类似案件的审理提供有价值的参考。

一、私益诉讼中鉴定意见作为证据形式的缺失问题及应对

"夏长"轮系列案件中，仅广东省海洋与渔业局向法庭提供了广东省海洋与渔业环境监测中心出具的《珠海万山群岛"8.14"沉船事故泄油造成渔业生物资源损失评估报告》作为鉴定意见，渔民、养殖户、合作社等作为原告在私益诉讼案件中均无鉴定意见。《中华人民共和国民事诉讼法》（以下简称《民事诉讼法》）第七十九条第一款规定："当事人可以就查明事实的专门性问题向人民法院申请鉴定。当事人申请鉴定的，由双方当事人协商确定具备资格的鉴定人；协商不成的，由人民法院指定。"在船舶油污损害赔偿责任纠纷案件审理过程中，污染损害是否存在、污染范围和污染程度，以及赔偿责任和赔偿金额都是案件审理中遇到的专门性问题。这些事实的认定对专业性的要求比较高，由于法院缺乏相应的技术手段，必须依赖专业鉴定评估机构进行，证明方法与证据形式以鉴定意见（或评估报告）为优先选项。鉴定是否及时启动，鉴定程序是否规范，鉴定结论是否全面、客观、准确、公正，最终决定损害事实的认定和索赔请求能否得到全面实现。但囿于渔民、养殖户等原告在举证的主动性、有效性等方面的能力不足，大多数海洋污染责任赔偿纠纷案件中均没有鉴定意见这样的证据，如果仅仅以举证证明责任的分配来决定案件结果，则必然导致举证能力不足的当事人败诉，从而造成由受害人承担污染的后果，放任污染者逃脱应当承担的责任，这与国家保护海洋环境、惩罚污染行为的立法旨义是相违背的。在"夏长"轮系列案件私益诉讼中，对于缺失鉴定意见的问题及应对主要集中在以下两个方面。

（一）一案中的鉴定意见能否在另案中作为证据采信的问题

在部分渔民、养殖户、养殖合作社作为原告起诉被告夏天公司请求赔偿捕捞收入损失和养殖物损失的案件中，原告和被告双方对捕捞区域、养殖区域是否属于受污染影响的地区，进而污染行为与损害结果之间有无因果关系有较大的争议。就该专业性问题，在另一个案件，即广东省海洋与渔业局作为原告起诉被告夏天公司赔偿渔业资源损失的案件中有部分涉及，原告广东省海洋与渔业局作为负有履行海洋环境保护职责的机关，在污染事故发生后，委托广东省海洋与渔业环境监测中心对事发海域开展溢油污染事故应急调查监测，并根据现场调查结果形成评估报告。该评估报告根据调查海域监测站位置监测到的海水中石油类浓度测定结果，对沉船点附件海域的污染范围提

出了专业性意见。依据《民事诉讼法》第六十七条第二款规定，法院可以依本案当事人的申请，将另案中当事人提交的评估报告作为人民法院依职权调查收集的证据，经过本案当事人质证后予以采信，以解决该专业性问题证据不足的问题。值得注意的是，2015年6月3日起施行的《最高人民法院关于审理环境侵权责任纠纷案件适用法律若干问题的解释》（以下简称《环境侵权案件解释》）第六条第三款规定，应由被侵权人提供污染者排放的污染物或者其次生污染物与损害之间具有关联性的证据材料。笔者认为，该规定仅仅要求被侵权人提供关于关联性事实的证据材料，而没有将污染行为与损害结果的因果关系的举证责任分配给被侵权人，也没有改变《最高人民法院关于民事诉讼证据的若干规定》第四条第一款第（三）项关于"因环境污染引起的损害赔偿诉讼，由加害人就法律规定的免责事由及其行为与损害结果之间不存在因果关系承担举证责任"的规定。因此，对于捕捞区域、养殖区域位于评估报告监测的污染区域范围内的案件，应认定污染行为与损害结果之间的因果关系成立；对于捕捞区域、养殖区域位于评估污染区域范围以外的案件，虽然按照证据规定仍然要由污染行为人证明因果关系不成立，但污染行为人仍然可以申请法院调取另案的评估报告，以捕捞区域、养殖区域位于评估污染区域范围以外为由，完成因果关系不成立的举证。

（二）未经评估的养殖损失难以认定的问题

"夏长"轮沉没漏油污染海域事故发生后，受污染地区的养殖户向船公司提起养殖物的损失索赔。但原告诉讼能力有限，在污染发生时，并未聘请专业的鉴定评估机构对损害程度、养殖物市场价值进行评估并出具评估报告，其向法院提交的证明其养殖物损失的证据为当地村民委员会出具的现场勘验笔录，由于该勘验笔录的形成过程存在瑕疵，所依据的部分数据为养殖户自报，缺乏客观性，因此勘验笔录难以得到采信。就未经评估的养殖损失如何认定的问题，"夏长"轮系列案件法官联席会议进行了多次深入的讨论研究后，采取了现场调查，走访附近养殖户，向当地渔政部门、统计部门、水产市场调查了解，养殖户提供购买鱼苗等证据的方法多管齐下，对该问题作出合理的认定。为了避免在今后的诉讼中存在类似的困扰，目前迫切需要做好以下四项工作：（1）以审理好海洋污染案件为契机，联合海洋渔业部门、渔政部门、基层组织等，开展好法治宣传，通过对沿海沿河的养殖户进行事前诉讼指引、发放诉讼指南、宣传资料等方式，提高渔民、养殖户的法律意识，特别是证据意识，平时在养殖的过程中保留好购买鱼苗和饲料、聘请人工等成本投入的证据，在渔业污染事故发生时，及时进行证据保全，进行鉴定评估,确保在将来的诉讼中有据可依;(2)建议当地政府、渔政部门、税务部门对沿海养殖业加强管理,建立台账,对养殖的鱼类种类、数量情况采取渔民自报与政府定期抽查相结合的方式,对养殖户进行跟踪检查指导;(3)建议统计部门采取精细化的统计方式,对渔业区别养殖业和捕捞业的生产方式、区别劳动人口和户籍人口的统计口径进行统计;(4)建议村委会、渔业协会等组织在受原告委托进行污染损失情况勘验调查时,应做到客观公正,聘请专业的勘验人员,邀请对方当事人到场,采取视频记录、双方当事人签字等方式,加强勘验记录的证据效力。

二、公益诉讼中鉴定评估报告存在的问题及应对

原告广东省海洋与渔业局代表国家对被告夏天公司提起诉讼,要求赔偿国家渔业资源经济损失和监测费用,提供了广东省海洋与渔业环境监测中心出具的《珠海万山群岛"8·14"沉船事故泄油造成渔业生物资源损失评估报告》。被告针对该评估报告提供了专家审核意见,并提出了监测中心是原告的下级单位,与原告具有利害关系、调查程序与调查方法不符合规范、没有进行油指纹比对测试、选择对照区不可靠、没有进行跟踪调查、天然渔业生物资源恢复费用以抽象的和纯理论的计算公式得出结论、鱼卵仔鱼经济损失不属于直接经济损失,据此计算恢复费用有误等多项抗辩意见。作出评估报告的广东省海洋与渔业环境监测中心派员接受了法庭的质询,就调查程序与调查方法、对照区的选择等问题作出了说明,并补充提供了油指纹鉴定报告、现场监测照片等相关证据。笔者对于五项争议比较大的问题,分析如下。

(一)关于鉴定评估机构的中立性问题

鉴定评估机构的中立性问题在海洋油污损害责任纠纷中由来已久,由于国家海洋渔业资源管理体制的设置,组织海洋资源环境调查、监测、监视等海洋环境保护是海洋渔业部门的主要职责之一。海洋渔业部门有的下设渔业环境监测中心作为内设机构;有的作为直属事业单位,取得了农业农村部渔业渔政管理局颁发的渔业污染事故调查鉴定资格证书和国家认证认可监督管理委员会颁发的计量认证证书,在海域污染事故发生后,受海洋渔业主管部门委托进行了调查监测,并对渔业损失进行评估后出具评估报告。在以往的海洋污染损害责任纠纷案件中,不乏当事人对鉴定评估机构的中立性提出质疑,随即出现否认评估报告的鉴定效力的现象。从司法实践来看,因为原告提供的证明污染行为、污染程度、损害大小等案件基本事实的主要证据就是评估报告,如果在缺乏有效反证的情况下轻易否定评估报告的证据效力,则

面临案件事实难以查明的局面。因此，仅以违反中立性的理由否认评估报告的证据效力难以得到法院的支持。今后的案件中，为了不再因该问题而导致当事人在鉴定评估报告的证据效力上产生争议，笔者建议：（1）将顺海洋渔业资源管理制度，隶属于行政机关的职能部门的鉴定评估机构与海洋渔业管理部门脱钩，不管在人事还是业务上均取消上下级管理关系，使鉴定评估机构成为独立机构；（2）海洋渔业管理部门在委托鉴定评估的同时，及时与造成油污行为的一方当事人、保险人联系，邀请相关利益方参与到鉴定评估的过程中；（3）存在多个符合资质条件的鉴定机构的情况下，海洋渔业管理部门应申请法院摇珠选定鉴定评估机构，在海洋油污损害责任纠纷实体案件未起诉到法院的时候，可以根据《环境侵权案件解释》第十一条规定，先向法院申请诉前证据保全，在诉前证据保全案件中由法院摇珠选定鉴定评估机构，可较好地避免鉴定评估报告因中立性问题而出现的不必要的争议。

（二）鉴定评估报告中生态损失的缺失问题

在原告广东省海洋与渔业局诉被告夏天公司案件中，评估机构的受托事项包括两项：一是对事发海域环境污染情况进行调查，二是评估污染造成的渔业生物资源损失。评估机构依照《渔业水域污染事故调查处理程序规定》对事发海域进行了大面积的海洋环境应急监测，开展渔业生物资源调查和跟踪监视监测，依照《渔业污染事故经济损失计算方法》中规定的"比较法"和"鱼卵、仔鱼评估法"对渔业资源损失量进行评估，并以当地价格论证部门或市场管理部门提供的主要市场水产品平均零售价格、鱼类苗种平均价格，计算出天然渔业资源直接经济损失额和天然渔业资源损失恢复费用。通览评估报告，评估机构仅对渔业资源的损失作出了评估。众所周知的是，船舶油污事故发生后，对海洋环境的影响是对整个海洋生态系统的损害，包括鸟类、天然渔业资源、游泳生物、微生物等海洋生物物种，以及海岸红树林等水生植物群种，还有海岛、沙滩、海岸线等景观资源，而不仅仅局限于天然渔业资源的损失。不仅在本案，而且在多年来海事法院审理的船舶油污损害责任纠纷案件中，少见代表国家的行政机关提出海洋生态损害赔偿的诉讼请求，以及进而得到支持的典型案例。之所以大多数船舶油污损害责任纠纷案件的原告未提出海洋生态损失的请求，原因主要有两个：一是海洋资源管理体制使得管理部门的行政职责交叉不明。海洋污染事故发生后，代表国家提起公益诉讼的原告有多个部门，如农业部门、海洋与渔业部门、环保部门等，其中又以海洋与渔业部门提起渔业资源损失为主，有时又附带提起生态损失的请求。多头管理的局面导致海洋污染事故发生后，哪个部门可以代表国家提起哪方面的索赔缺乏较为明确的规定和预期。① 二是生态损失的评估缺乏具体的、技术性和操作性强的指导规范。经过多年的实践和摸索,在渔业资源损失评估方面,有农业部于1996年出台的《水域污染事故渔业损失计算方法规定》,也有国家标准,例如《渔业污染事故经济损失计算方法》。虽然2015年1月7日施行的《最高人民法院关于审理环境民事公益诉讼案件适用法律若干问题的解释》第二十条规定人民法院可以直接判决被告承担生态环境修复费用,并明确生态环境修复费用包括制定、实施修复方案的费用和监测、监管等费用,但在生态损失评估方面缺乏指导性的规范,对生态损失的调查程序没有明确规定,特别是对损害的量化存在较大的困难,生态损失与司法实践中长期存在的渔业资源损失之间的逻辑关系亦乏定论。在缺乏损害范围、损害大小等基本事实支撑的前提下,生态环境修复费用亦难以确定。有鉴于此,笔者建议:(1)要从国家层面明确海洋资源的管理职责清单,明确由哪个部门代表国家提起海洋生态损失的公益诉讼。在行政机关没有提起生态损失恢复费用索赔时,应允许环保公益组织提起公益诉讼,以弥补海洋污染事故发生后,生态损失恢复费用无人索赔的漏洞,造成国家利益严重损失的应追究责任。在船舶燃油污染海域事故发生后,船公司往往就污染造成的损害设立海事赔偿责任限制基金,根据《中华人民共和国海事诉讼特别程序法》第一百一十二条的规定,代表国家提起公益诉讼的行政机关应该在设立基金公告期间申请债权登记,如果公告期间届满不登记,视为放弃债权,法律后果非常严重。因此,负有职责的行政机关应提高加强环境保护的主体意识和依法保护国家海洋利益的责任意识,及时并正确地按照有关法律规定代表国家行使诉讼权利。(2)要尽快完善海洋生态损失的调查评估程序,出台详细的损失计算方法。2011年环境保护部发布《环境污染损害数额计算推荐方法》,在定量化环境污染造成的损害方面提供技术支持,对污染修复、生态恢复的概念作了界定,但该方法能否直接适用于海洋污染事故的损害计算,尚需进一步的论证。2014年10月,国家海洋局发布了《海洋生态损害国家损失索赔办法》,对污染行为、生态损害国家损失的范围、责任部门等作出了框架性的规定。这对于海洋生态损害赔偿规范专门化进程来说是一个长足的进步,但污染事故发生后评估机构可依据的调查程序规范、损失计算方法等关键问题还有待进一步的完善。

---

① 参见孙芳龙、高良臣《海洋生态索赔法律问题研究》,见刘年夫主编《中国海事审判·2011》,广东人民出版社2012年版,第108页。

(三) 鉴定评估报告对渔业资源直接经济损失的估算问题

在本文上述案件中，评估报告根据《渔业污染事故经济损失计算方法》规定，计算出鱼卵、仔鱼直接经济损失和游泳生物直接经济损失两项之和，作为渔业资源直接经济损失。根据《渔业污染事故经济损失计算方法》第5条的渔业污染事故经济损失评估的规定，第5.1条为直接经济损失计算方法，第5.2条为鱼卵、仔稚鱼经济损失计算方法，第5.3条为天然渔业资源损失恢复费用的估算。从条文编排体例上看，直接经济损失与鱼卵、仔鱼经济损失是并列关系，直接经济损失仅指按照第5.1条公式14计算的结果而不包括第5.2条的鱼卵、仔鱼经济损失。如果按照这样的逻辑关系，那么评估报告的计算结果是不适当的。笔者曾就《渔业污染事故经济损失计算方法》规定的直接经济损失与鱼卵、仔鱼经济损失的逻辑关系咨询了国家标准化委员会的专家，答复是鱼卵、仔鱼是成鱼的早期生命体，经济损失的计算存在一个折算为成鱼的比例，所以虽然计算方法不一样，但鱼卵、仔鱼的损失仍然属于直接经济损失。从专家的答复意见来看，评估报告的计算是正确的。但是，《渔业污染事故经济损失计算方法》毕竟在条文设置上将直接经济损失与鱼卵、仔鱼经济损失分别规定，并未明确两者的包含与被包含的逻辑关系。考量《渔业污染事故经济损失计算方法》第5.1条和第5.2条，对比《水域污染事故渔业损失计算方法规定》第二条关于直接经济损失额计算的规定，笔者认为，《渔业污染事故经济损失计算方法》第5.1条和第5.2条的本意是鱼卵、仔鱼的损失仍然属于直接经济损失。因此，笔者建议：国家标准化委员会应尽快修订《渔业污染事故经济损失计算方法》的有关条文，明确鱼卵、仔鱼经济损失属于渔业资源直接经济损失。

此外，值得探讨的是原告请求被告赔偿渔业资源直接经济损失的可行性问题。作为自然资源类损失的渔业资源直接经济损失能否得到支持，在以往国内的司法实践中观点并不统一，有的以有形财产损失得到支持，有的以造成环境损害所引起的收入损失得到支持，有的以合理恢复措施费用的损害类型得到支持，有的未得到支持。在《最高人民法院关于审理船舶油污损害赔偿纠纷案件若干问题的规定》（以下简称《油污规定》）于2011年7月1日施行后，因船舶油污事故造成环境、自然资源损失的赔偿规则有了较大的调整，较好地解决了1992年《国际油污损害民事责任公约》、2001年《国际燃油污染损害民事责任公约》（以下简称《燃油公约》）与海洋环境保护法、海商法、防止船舶污染海洋环境管理条例等国内法诸法并存、法律适用不规范、标准不统一的问题。《油污规定》第十七条规定："船舶油污事故造成环境损害的，对环境损害的赔偿应限于已实际采取或者将要采取的合理恢复措施的费用。恢复措施的费用包括合理的监测、评估、研究费用。"该条规定明确了渔业资源损失作为环境损害的范围，应限于已实际采取或者将要采取的合理恢复措施的费用。故除非原告能证明渔业资源直接经济损失与恢复措施费用之间的等价关系，否则人民法院应不予支持渔业资源直接经济损失。

渔业资源直接经济损失不属于环境损害的赔偿范围，正确评估渔业资源直接经济损失还有何现实意义？笔者认为其意义在于，鉴定评估机构根据《渔业污染事故经济损失计算方法》第5.3条的规定，在天然渔业资源损失恢复费用的估算中，需要以渔业资源直接经济损失作为依据。

（四）鉴定评估报告对天然渔业资源损失恢复费用的估算问题

渔业资源损失应按《燃油公约》规定的已实际采取或者将要采取的合理恢复措施的费用予以赔偿，而不能以其他损失类型予以赔偿①，天然渔业资源损失恢复费用作为一项诉讼请求，在形式上、名称上、损失类型上符合《燃油公约》《油污规定》的要求。在原告广东省海洋与渔业局诉被告夏天公司案中，原告提供的评估报告根据《渔业污染事故经济损失计算方法》第5.3条规定，提出天然渔业资源损失恢复费用4,367.25万元的主张。对于该计算方法得出的天然渔业资源损失恢复费用金额，能否为法庭所采信，能否允许被告提供反证所推翻？审判实践历来观点不一。根据《燃油公约》第9条、《油污规定》第九条和第十七条规定，原告按照评估报告根据渔业资源直接经济损失乘以3倍主张天然渔业资源损失恢复费用的请求，在性质上说仍然是对环境损害的赔偿请求，在要件上应满足《燃油公约》和《油污规定》的条件，即限于已采取或者将要采取的合理恢复措施的费用。原告应证明天然渔业资源损失恢复费用与已采取或者将要采取的合理恢复措施的费用之间的等价关系，而不仅仅提供一个数学公式计算得出的结果。但是，作为国家标准的《渔业污染事故经济损失计算方法》毕竟又规定天然渔业资源的恢复费用，原则上不低于直接经济损失额的3倍。评估机构依据该国家标准规定的计算公式对天然渔业资源的恢复费用进行估算并不算违反评估程序。如何平衡作为国家标准的《渔业污染事故经济损失计算方法》与《燃油公约》《油污规定》之间的差距？从短期来看，笔者建议原告在提供依据《渔业污染事故经济损失计算方法》估算的评估报告的同时，已经采取恢复措施

---

① 刘寿杰、余晓汉：《〈最高人民法院关于审理船舶油污损害赔偿纠纷案件若干问题的规定〉的理解与适用》，见刘年夫主编《中国海事审判·2011》，广东人民出版社2012年版，第94页。

的，应提交证明采取恢复措施的证据；未采取恢复措施的，应提供将要采取恢复措施的证据，如海洋环境修复方案、修复预算、专家论证稿等形式，证明采取包括游泳生物增殖放流方案、为修复环境采取的人工岛礁建设方案等恢复措施将要发生的费用。结合以上证据，人民法院可合理认定天然渔业资源损失恢复费用。从长期来说，笔者建议参考《国际油污赔偿基金索赔手册》提出的几条污染损害赔偿范围的原则[①]，进一步完善《渔业污染事故经济损失计算方法》中对天然渔业资源损失恢复费用的计算公式，探索更加科学合理的可量化的评估方法。

（五）鉴定评估报告对鉴定评估、调查监测费用的认定问题

在原告广东省海洋与渔业局诉被告夏天公司案中，原告提供的评估报告载明："本次泄漏油污染事故海域环境质量与渔业资源调查、鉴定、评估等费用160万元。"评估依据为原告与评估机构签订的委托评估协议约定调查与评估费用人民币160万元。对于评估报告该意见是否能得到法院认定，在以往的司法实践中，大多是肯定的态度。但就评估报告对鉴定评估、调查监测费用的认定来看，至少存在两方面的疑问：一是对鉴定评估、调查监测费用认定的依据不足。仅凭原告与评估机构签订的委托评估协议明显不够，因为该协议是评估单位在接受调查、监测、评估事项委托之前估计的费用，并非实际支出的费用。二是评估费用的性质不明确。从《油污规定》第十七条规定来看，恢复措施的费用包括合理的监测、评估、研究费用，因此，评估费用属于《油污规定》第十七条规定的环境恢复措施的费用应全部由海洋污染行为人赔偿。但是，就评估行为来说，它同时符合对污染范围、污染程度、污染损失大小等案件查明事实的专门性问题作出的有证明力的意见或结论。从这个意义上讲，评估行为符合《民事诉讼法》第七十五条规定的鉴定的特征，因此，评估费同时符合鉴定费的性质，根据《诉讼费用交纳办法》第十二条的规定，按照诉讼费负担的有关原则来进行负担分配。那么，评估报告中的评估费就应该从调查、监测费用中单列出来按照诉讼费的分配原则来负担。因此，如何认定评估报告中评估的性质，决定了评估费应作为损失的一部分，还是诉讼费用的一部分，这将导致完全不一样的承担结果。

结　语

在海洋油污损害责任纠纷案件审理中，鉴定是一项重要的程序事项，同时具有程序与实体的双重功能，牵一发而动全身。人民法院在审理海洋油污

---

① 参见司玉琢《海商法专论》，中国人民大学出版社2007年版，第571－572页。

损害责任纠纷案件过程中，事前和事后均应重视鉴定在案件审理中的作用，通过诉讼指引、发布案件审理情况通报、发出司法建议等方式，指引当事人及时、正确地启动鉴定评估的程序，促使鉴定评估机构作出评估报告的依据更加充分、报告更加完善，为公正审理该类纠纷打下坚实的基础。由于海域污染损害赔偿案件中的司法鉴定问题林林总总，难免挂一漏万，因此本文仅以"夏长"轮船舶油污损害责任纠纷系列案件进行典型性分析，旨在发现问题和提出问题，有的尝试提出合理化的建议，有的仅提出了问题但暂未有较为明朗的答案。总之，本文目的是提高各界对司法鉴定的重视，为有关部门的工作决策和人民法院对将来类似案件的审理提供有益的参考。

论海事证据保全制度的完善[*]

——以330份海事证据保全裁定为样本

徐春龙　高　倩　张　乐

摘要：我国海事证据保全制度属于"紧急型证据保全"。通过对2016至2019年330宗海事证据保全案例的实证分析，笔者发现司法实践中存在"非紧急型证据保全"的"失范"行为，但也发展出了事、物现状确定功能。海事证据保全制度对我国民商事证据保全制度的发展具有重要引领功能，《海诉法》修改时应强化而不应弱化甚至取消该制度。海事证据保全宜保持"紧急型证据保全"的根本定位，以程序保障权为核心，以厘定海事证据保全适用场域为基础，充实既有规则，创新相关机制，明确诉中紧迫情形证据保全的管辖、诉前证据保全行为的法律后果、被保全证据的效力及使用规则、规范妨碍证据保全的法律责任，创设当事人的程序保障机制、证据保全和解机制、中立第三方介入证据保全机制、证据保全诉讼费用负担机制，构建海事证据保全运行新模式，打造民商事证据保全制度新坐标。

关键词：海事诉讼；证据保全；机制完善。

引　言

海事证据保全制度在我国民商事证据保全制度中较为重要，其由《中华人民共和国海事诉讼特别程序法》（以下简称《海诉法》）专章规定并由《最高人民法院关于适用〈中华人民共和国海事诉讼特别程序法〉若干问题的解释》（以下简称《海诉法解释》）予以补充。民商事领域其他证据保全法律规范简略粗疏，虽由《最高人民法院关于民事诉讼证据的若干规定》（2019年修正）（以下简称《2019年民事诉讼证据若干规定》）[①]予以补充，但对与证据保全密切关联的当事人（利害关系人）的权利保障、保全证据的

---

[*] 本文获第28届全国海事审判研讨会一等奖。

[①] 《2019年民事诉讼证据若干规定》中涉及民事证据保全制度的主要条文有第二十三条至第二十九条。前述条文细化了《中华人民共和国民事诉讼法》（以下简称《民诉法》）第八十一条的相关规定，对民事证据保全的申请期限、申请方式、担保方式与数额、保全方法、保全错误等进行了规范。该规定于2020年5月1日施行。

效力、保全费用等问题仍缺乏关注。海事法院率先实施诉前证据保全、《海诉法》首创诉前证据保全制度、海事法院具有丰富的海事证据保全经验,分析和检视海事证据保全实践样本,有利于集中检视和反思我国民商事领域证据保全存在的制度漏洞和不足,待《海诉法》修改时,及时纠偏、适度创新,充分发挥海事证据保全对于民商事证据保全制度的引领功能。

一、案例检视:海事证据保全的"失范"与"越位"

(一)现行海事证据保全制度的性质界定

根据对《海诉法》第六十二条以及第六十七条的规定解读,我国海事证据保全可被界定为:海事法院依海事请求人的申请对可证明特定海事请求且存在情况紧急极有可能灭失或者难以取得的证据予以保全的强制措施,其性质属于"紧急型证据保全",功能聚焦于"保护紧迫风险中的证据的安全",与《德国民事诉讼法》以及我国台湾地区民事诉讼有关规定的"非紧急型证据保全"① 存在较大差别。

(二)海事证据保全案例概况

为全面掌握海事证据保全实施情况,笔者收集了 2016—2019 年各海事法院作出的 330 份海事证据保全裁定②,并进行了相关数据统计(见表 1 至表 3)。

表 1 2016—2019 年各海事法院证据保全统计

单位:份

年度	2016 年	2017 年	2018 年	2019 年	合计
数量(证据保全/海事证据保全)	229/226	99/93	25/22	23/21	376/362

注:由于各海事法院在各省的法院代字均为 72,海事证据保全需适用《海诉法》,因此海事证据保全搜索关键词为"中华人民共和国海事诉讼特别程序法 +72 证保"。

从海事法院证据保全整体情况看,海事证据保全在海事法院裁定准许的证据保全中占有绝对主导地位,但亦有少部分民事证据保全。

---

① 非紧急型证据保全主要是指《德国民事诉讼法》第 486 条以及我国台湾地区所谓"民事诉讼法"第三百六十八条规定的"经对方当事人同意的"证据保全以及"确定人身、事、物状况"的证据保全。

② 相关案例均通过搜索中国裁判文书网所得,搜索日期为 2020 年 1 月 10 日至 2 月 15 日。

表2 2016—2019年海事法院诉前证据保全统计情况

单位：份

类型	诉前证据保全案件	诉前民事证据保全案件	诉前海事证据保全案件	告知当事人需提起诉讼（仲裁）的诉前民事证据保全案件	告知当事人需提起诉讼（仲裁）的诉前海事证据保全案件
数量	38	5	33	5	3

注：1. 由于各海事法院或者同一海事法院的不同法官在准许海事证据保全申请的裁定书上载明内容格式并不一致，330份裁定书中有25份既未载明申请人请求海事证据保全时的纠纷类型，也无法从裁定项中作出判断。

2. 因诉前民事（含海事）证据保全数量较少，故案例统计不再另行区分年度。证据保全的搜索关键词为"年度+72证保+诉前"，海事诉前证据保全的搜索关键词为"年度+72证保+中华人民共和国海事诉讼特别程序法"。(2016)桂72证保1号、(2016)桂72证保2号以及(2019)桂72证保1号的裁判依据既包括《海诉法》也包括《民诉法》，按海事证据保全统计。

从诉前证据保全情况看，海事法院裁定准许的诉前证据保全中①，诉前民事证据保全裁定均载明申请人在法院采取保全措施后未提起诉讼（或仲裁）的法律后果，②而33份诉前海事证据保全裁定中载明前述内容的仅有3份。

---

① 根据统计数据，有8家海事法院仅实施了诉前海事证据保全，有2家海事法院还实施了诉前民事证据保全。

② 但在处理方式上仍存在差别。上海海事法院和武汉海事法院裁定的措辞是"申请人在本院采取保全措施后三十日内不依法提起诉讼的，本院将依法解除保全"。在裁定书内前述表述位于裁定书裁定项之后的结尾部分，案例可见(2018)沪72证保1号、(2019)鄂72证保5号、(2018)鄂72证保1号、(2018)鄂72证保44号、(2017)鄂72证保49号。而北海海事法院则将增加了申请人需提起仲裁的内容，且将"申请人应当在本裁定书送达之日起三十日内依法提起诉讼（或者申请仲裁），逾期不起诉（或申请仲裁）的，本院将解除证据保全"作为裁定项，案例可见(2016)桂72证保1号、(2016)桂72证保2号。

表3　各类型海事纠纷项下海事证据保全统计

单位：份

海事纠纷类型	船员劳务	货物运输	船舶权属①	船舶碰撞（触碰）	海上养殖损害赔偿	船舶租用	船舶建造	船舶抵押	人身损害责任	其他②	未载明纠纷类型③
数量	166	49	16	12	11	10	9	8	7	17	25

注：①包括光船租赁合同纠纷、定期租船合同纠纷以及航次租船合同纠纷。

②包括船舶营运借款纠纷、船舶物料和备品供应合同纠纷各4份，船舶修理合同、船舶泄油污染、海上保险合同纠纷各2份，共同海损纠纷、船舶融资租赁、海域使用权纠纷各1份。

③由于各海事法院或者同一海事法院的不同法官在准许海事证据保全申请的裁定书上载明内容格式并不一致，330份裁定书有25份既未载明申请人请求海事证据保全时的纠纷类型，也无法从裁定项中作出判断。

从证据保全所涉纠纷看，涉及船员劳务纠纷最多，货物运输纠纷次之，涉及船舶权属、船舶碰撞（触碰）、海上养殖损害赔偿、船舶租用纠纷均分别超过10份。

从证据种类看，海事证据保全涵盖了书证（船舶权属证书等）、物证（燃油样本）、视听资料（电子监控录像）、电子数据（GPS记录）、鉴定意见（人身损害或者货物受损程度）以及勘验笔录（养殖水域的养殖环境、水域、温度）等。从被保全的证据载体看，涉及船舶静态权属关系的证据（国籍证书、所有权证书、船舶抵押证书、船舶光船租赁证书等）占比最多，达到230份①；涉及船舶动态营运过程中与船舶适航、船方管货等直接关联的证据材料（航海日志、轮机日志等）占比也较大，达到59份。但保全的证据中有些与船舶运营并无关联。比如：自然人职务侵占资料②；工程场地的建设用房、存放的设备物料工程成品的价款或价格；当事人婚姻关系情况③；当事人房产情况④；电子银行汇票承兑信息⑤；增值税专用发票办理抵扣税的资

---

① 所涉海事纠纷集中于船员劳务、货物运输、船舶权属、船舶碰撞（触碰）以及船舶租用。

② （2019）鄂72证保1号、（2019）鄂72证保2号。因本文会涉及大量证据保全裁定书，为行文简洁，相关案例均只表述为案号，并不载明裁判法院、裁判文书类型以及相关当事人。

③ 如（2017）沪72证保3号案、（2016）沪72证保41号案、（2016）沪72证保45号案。

④ 如（2017）沪72证保2号案。

⑤ 如（2016）鄂72证保153号案。

料；某财政所向当事人付款的凭证[1]。

从是否赋予当事人以及利害关系人复议（异议）权利看，330 份裁定中仅有 2 份[2]未载明当事人的复议权利，却有 235 份裁定未载明利害关系人申请异议的权利。在 95 份载明利害关系人异议权利的裁定中，对于利害关系行使异议权利的期间规定差别较大：有 3 份裁定[3]仅载明利害关系人可以申请异议，但并未载明行使异议权的具体期限（包括具体期日或者裁定作出之日[4]）；92 份载明利害关系人异议期间的裁定中，对于异议截止期日差异化较大，最长期间为裁定作出日后 67 日[5]，最短期限为裁定作出日后 5 日[6]，还有裁定作出日后 6 日[7]、7 日[8]、8 日[9]、9 日[10]、10 日[11]、14 日[12]、15 日、44 日[13]等。

从证据保全费用来看，330 份裁定书中仅有 13 份载明了海事证据保全申请费，其中金额为 30 元的 10 份[14]，金额为 100 元的 3 份[15]。其余 317 份裁定

---

[1] 如（2016）沪 72 证保 2 号案。
[2] （2017）鲁 72 证保 26 号、（2017）鲁 72 证保 27 号。
[3] （2019）鲁 72 证保 1 号、（2016）辽 72 证保 3 号、（2016）鄂 72 证保 14 号。
[4] 2003 年最高人民法院印发的《海事诉讼文书式样（试行）》中关于利害关系人复议期间的参考式样为截至固定期日。
[5] （2016）鄂 72 证保 154 号。
[6] 广州海事法院作出的裁定中均裁明利害关系人的复议截至期间为裁定作出日后 5 日，如（2016）粤 72 证保 1 号、（2017）粤 72 证保 1 号、（2019）粤证保 1 号等。另外武汉海事法院的部分裁定亦是如此，如（2016）鄂 72 证保 131 号、（2016）鄂 72 证保 132 号、（2016）鄂 72 证保 133 号、（2016）鄂 72 证保 134 号、（2016）鄂 72 证保 135 号。青岛海事法院的（2017）鲁 72 证保 8 号裁定书亦是如此。
[7] （2017）鄂 72 证保 3 号、（2017）鄂 72 证保 13 号。
[8] （2018）沪 72 证保 4 号、（2016）鄂 72 证保 146 号至 149 号，（2016）鲁 72 证保 6 号等。
[9] （2017）津 72 证保 6 号、（2017）津 72 证保 7 号。
[10] （2017）鄂 72 证保 4 号。
[11] （2016）鄂 72 证保 143 号。
[12] （2019）浙 72 证保 1 号、（2019）浙 72 证保 3 号、（2019）鄂 72 证保 1 号等。
[13] （2016）鄂 72 证保 140 号。
[14] 广州海事法院作出的 5 个海事证据保全裁定均载明证据保全申请费负担，均为 30 元。另有（2019）桂 72 证保 1 号、（2018）沪 72 证保 4 号、（2017）沪 72 证保 2 号、（2017）鲁 72 证保 26 号、（2017）鲁 72 证保 27 号裁定书也载明证据保全申请费为 30 元，均由申请人负担。
[15] （2019）鄂 72 证保 8 号、（2016）沪 72 证保 51 号、（2016）沪 72 证保 52 号。

均未载明证据保全申请费①。而对于证据保全实施费用,则均未载明。

(三)海事证据保全实践的简要评析

虽然海事证据保全制度由专章予以规定且由《海诉法解释》予以补充,但相关规定仍略显粗疏。从海事法院的实践来看,"失范"与"合范"并存,"正位"与"越位"并在。

1. 突破"紧急型证据保全"定位,将证据保全混同于法庭调查证据。现行海事证据保全核心要件在于被保全证据处于紧迫风险之中,如不立即采取保护措施,证据将灭失或难以取得。而从收集的案例看,相当一部分案件保全的证据均系留存于行政机构的书证。从日常经验来看,前述未遭遇紧迫风险的证据应通过法庭调查证据程序完成,而非执行证据保全程序。这使得证据保全与法庭调查区分不清,证据保全制度泛化。

2. 利害关系人的异议权利保障不足,异议截止期间随意。大部分裁定案件均未载明利害关系人的异议权②,与《海诉法》第六十九条第二款规定不符。载明利害关系人异议权的裁定中,关于异议权期间的确定也存在较大差异。

3. 诉前海事证据保全的法律后果不一,类案不类判。在海事法院准许的5份诉前民事证据保全中,均明确规定当事人需在法院采取保全措施后30日内提起诉讼或仲裁。因《海诉法》并无前述规定,故在33份诉前海事证据保全案件中仅有3份载明诉前海事证据保全后当事人需及时提起诉讼。

4. 证据保全诉讼费用收取标准不一。目前法院收取诉讼费用的依据是国务院《诉讼费用交纳办法》(以下简称《收费办法》)。该《收费办法》并没有明文规定证据保全需要交纳申请费或者受理费。③ 笔者认为,从申请费层面看,无论是海事证据保全还是民事证据保全均可以收取30元申请费用。其

---

① 2003年海事诉讼文书样式31(因申请人提供担保不合要求被驳回海事证据保全申请的裁定书)载明了案件申请费由请求人负担,而样式32(准许或因其他原因驳回海事证据保全的裁定书)却没有载明案件申请费负担。《民事诉讼文书样式》第96页诉前证据保全文书样式中也未载明案件申请费负担,而该书第182页关于诉前财产保全的裁定书样式则明确载明了案件申请费由申请人负担。参见《民事诉讼文书样式》上册,人民法院出版社2016年版。

② 从案例情况看,即使同一海事法院操作尺度也不统一。有的赋予利害关系人复议权,有的没有赋予利害关系人复议权。

③ 由此,有学者认为,在我国申请证保全既不需要交纳案件受理费,也无需交纳申请费。参见许少波《民事证据保全制度研究——以法院为中心的分析》,南京师范大学博士学位论文,2008年,第160页。

依据是《收费办法》第十四条第（二）项"申请保全措施的，根据实际保全的财产数额按照下列标准交纳：财产数额不超过1,000元或者不涉及财产数额的，每件交纳30元……"的规定。从体系解释来看，《收费办法》第十条第（二）项明确规定"申请保全措施"应当交纳申请费、《收费办法》第三十九条第（二）项明确规定"诉前申请海事证据保全的，申请费由申请人负担"，故海事证据保全也应当交纳申请费。虽然证据保全属于非财产案件，但从《收费办法》的文字规定以及体系解释来看，依照《收费办法》第十四条第（二）项收取30元较依据《收费办法》第十三条第（二）项第3目"其他非财产案件每件交纳50元至100元"的标准收取100元更为合理。

5."非紧急型证据保全"功能得以发展。部分海事法院在司法实践中突破了现行法律规定，裁定准许了旨在确定与纠纷密切相关的事、物现状的"非紧急型证据保全"。比如为确定船舶权属而保全的船舶证书、为确定共同被告的权利义务而保全的婚姻登记信息、为确定海上货物运输货物损失而调取的增值税专用发票抵扣资料、为确定当事人损失调取的案外人付款凭证等。前述行为属于实践背离法律规定的"越位"行为。但这些"越位"行为也使海事证据保全在实践中发展出了德国法和我国台湾地区证据保全有关规定中的确定事、物现状的功能。

二、镜鉴与反思：海事证据保全制度的完善路径

（一）他山之石：比较法视域下的现代证据保全

证据保全是一个历史概念，发源于欧洲寺院法，德国普通法取法于寺院法并继受证据保全制度而沿传至今。也有学者认为其肇始于罗马法。① 证据保全初始功能被界定为一种"预先调查证据"程序，其性质属于一种特殊的调查取证方法②，其功能在于"固定和保存证据"，其目的是保护证据的安全。传统意义上的证据保全是在证据面临紧迫风险时由法院依当事人申请或者依职权采用的一种强制措施。③

近代以来，随着诉讼数量剧增以及对证据保全制度研究的深入，以法国1973年民事诉讼法改革第一次规定"审前预备措施"为代表，经由德国

---

① 参见［日］松冈义正《民事证据论》下册，张知本译，中国政法大学出版社2004年版，第330页。

② 参见江伟主编《证据法学》，法律出版社2004年版，第232页。

③ 参见许少波《民事证据保全制度研究——以法院为中心的分析》，南京师范大学博士学位论文，2008年，第10页。

1976年和1990年的民事证据保全制度改革，① 证据保全制度在大陆法系国家得到了充分发展，功能逐步扩大。

德国的"独立证据调查程序"以及我国台湾地区有关证据保全的规定均允许当事人对特定事项具备"法律上的利害关系"② 或者"法律上利益并有必要"③ 时有权申请保全证据，此种保全突破了"紧急型证据保全"的传统，属于"非紧急型证据保全"。而前述类型的证据保全中，对方当事人享有在场权、参与权和陈述意见权，故相关书面鉴定或者勘验记录、书证等皆可被各方当事人所知悉，④ 确定事、物现状的相关证据在证据保全过程中得以开示。同时，德国和我国台湾地区还规定了双方当事人可在诉前证据保全程序中达成和解。⑤ 日本民事诉讼法规定，法院认为如果不事先进行证据调查将难以使用该证据时可依申请或依职权证据调查。从文义来看，日本的证据保全似乎仍可归属于传统的"紧急型证据保全"。但是，日本借鉴英美法证据开示制度在民事诉讼法中创设了诉前当事人照会制度、诉前预告通知和诉前

---

① 《法国民事诉讼法》第七编"提出证据"的第二副编为"审前预备措施"，涉及证据保全的规定为第145条，该条文如下：如在任何诉讼之前，有合法原因应保全或确定对解决争议可能有决定作用的事实证据，应任何利害关系人的请求，法律允许的各种审前准备措施得依申请或依紧急程序命令之。内容引自《法国新民事诉讼法典》，罗结珍译，中国法制出版社1999年版。《德国民事诉讼法》经过改革，将原有的"证据保全程序"更名为"独立的证据调查程序"，不但扩大了原有证据保全的内容，还丰富了证据保全的功能。

② 《德国民事诉讼法》第485条第2款规定："诉讼尚未系属于法院时，一方当事人可以申请由鉴定人进行书面鉴定，但以申请人就鉴定事项有法律上的利害关系并需确定下列事项之一时为限：1. 确定人身状态或物的价值的状况；2. 确定人身伤害、物的损害或物的缺失是否发生；3. 确定为排除人身伤害、物的损害或物的缺失所支出的费用。"该条第3款规定："此种确定有助于避免诉讼的进行时即为有法律上的利害关系。"

③ 台湾地区所谓"民事诉讼法"第三百六十八条第一款第（二）句规定："就确定事、物之现状有法律上利益并有必要时，亦得声请鉴定、勘验或保全书证。"

④ 《德国民事诉讼法》第491条第1款规定，证据保全裁定与申请副本应送达于对方当事人，并且传呼对方当事人于规定的适当的调查证据期日到场，以便对方当事人于期日保护其权利。第494条规定，如果对方当事人不明时，法院可以为不明的对方当事人选任代理人，以便在调查证据时保护对方当事人的权利。我国台湾地区所谓"民事诉讼法"第三百七十三条规定，调查证据期日，除有急迫或者有碍证据保全情形外，应于期日前送达声请人书状或笔录及裁定书于他造当事人。对方当事人如在调查期日在现场者，可陈述意见。第三百七十四条规定，他造当事人不明或者调查证据期日不及通知他造者，法院因保护该造当事人关于调查证据的权利，可为其选任特别代理人。

⑤ 《德国民事诉讼法》第492条第3款规定，在预期可以达成一致时，法院可传呼双方当事人进行口头讨论；和解应记入法庭记录。台湾地区所谓"民事诉讼法"第三百七十六条之一规定，本案尚未系属时，于保全证据程序期日到场之两造，就诉讼标的、事实、证据或其他事项成立协议时，法院应将其协议记明笔录。前项协议系就诉讼标的成立者，法院并应将协议之法律关系及争议情形记明笔录，依其协议之内容，当事人应为一定给付者，得为执行名义。

证据收集处分制度，前述制度与证据保全制度结合运用，使日本的诉前证据调查制度呈现了德国法独立证据调查程序以及台湾地区有关证据保全程序所具备的证据开示、事实确定之功能。①

近年来的证据调查收集制度以及证据保全立法的变革与实践，使证据保全已由传统的"紧急型证据保全"扩展至"非紧急型证据保全"，证据保全的功能也从单纯的确保紧迫风险证据的安全扩展至证据开示、确定事实、促进纠纷裁判外解决等多种功能。② 正如有学者指出的那样，"证据保全制度之机能除了消极地保存证据而使之不致灭失外，更重要的意义毋宁在于经由先行之证据调查以确定事实，此一方面有助于在本案诉讼上可集中就法律问题、或其他得迅速解明之事实问题进行审理，乃集中化审理方式之重要配套制度；另一方面亦可因某程度事实之厘清，而有助于促成当事人以裁判外方式解决纠纷"③。

（二）本土检视：我国证据保全制度的定位辨析

我国现行证据保全属于传统的"紧急型证据保全"。由于立法的粗疏以及司法实践经验不足，证据保全制度在实际执行过程中存在效果不佳、保全过程欠缺必要程序保障、诉前证据保全功能单一等弊端④。那么，我国是否有必要以引入德国为代表的"非紧急型证据保全"制度？笔者持否定观点。

从民商事证据调查模式安排来看，为解决民商事审判分散的、不集中的、断断续续的、一点一滴的⑤审理模式带来的负效益，我国已经关注并着力构建服务于集中庭审的审前程序。2015年公布施行的《最高人民法院关于适用〈中华人民共和国民事诉讼法〉的解释》（以下简称《民诉法解释》）第二百二十五条设定了以庭前会议为核心的审前程序。该条明确规定，法院可根据案件具体情况，在庭前会议阶段审查处理当事人调查收集证据的申请，处理委托鉴定，要求当事人提供证据，进行勘验，进行证据保全，组织交换证据，归纳争议焦点，进行调解。而对于证据突袭者，《民诉法》第六十五条也规定了相应处理措施。对于非紧急型证据，完全可以

---

① 参见许少波《证据保全制度的功能及其扩大化》，载《法学研究》2009年第1期，第21页。
② 参见许少波《证据保全制度的功能及其扩大化》，载《法学研究》2009年第1期，第25页。
③ 沈冠伶：《证据保全制度——从扩大制度机能之观点谈起》，载《月旦法学》2001年第9期，第54页。
④ 参见段文波、李凌《证据保全的性质重识与功能再造》，载《南京社会科学》2017年第5期，第83页。
⑤ 参见李浩《民事审前准备程序：目标、功能与模式》，载《政法论丛》2004年第4期。

通过《民诉法》第六十四条第二款规定的法庭调查程序解决，无须以证据保全方式为之。司法实践中广泛使用且取得实效的律师调查令制度也使诉前以及诉中的证据调查手段更为多元①，当事人可通过法院"加持"的方式取得证明事实的相关证据，足以满足当事人确定相关事实、准确评估诉讼风险的需求。而非紧急型证据保全的引入，既打破了证据调查当事人与法院"协同主义"模式下的平衡，导致法院承担过重的证据收集义务，也会造成司法资源的浪费，分散法院从事审判主业的精力。

《德国民事诉讼法》第485条和我国台湾地区所谓"民事诉讼法"第三百六十八条规定的"经对方当事人同意"的证据保全，并无引入之必要。双方当事人既然已经就相关证据的收集达成一致意见，那么法院无须另行介入。如果双方当事人对于证据保全的方法或措施等存在不同意见，且无法协商解决，则可申请启动法庭调查证据程序，也无须进行证据保全。

（三）进路选择：以海事证据保全引领证据保全

无须引入"非紧急型证据保全"，并不等同于我国目前的"紧急型证据保全"已经完善。从现行法律规定来看，即使《2019年民事诉讼证据若干规定》对《民诉法》第八十一条规定的民事证据保全予以了补充，但仍十分粗疏，相关内容甚至还不如目前的海事证据保全制度详尽。诉诸海事证据保全，虽由《海诉法》及《海诉法解释》16个条文予以规范，但程序保障、证据的效力及运用、诉讼费用负担等相关机制仍存在不足之处。而前述机制既能保障当事人的利益平衡，体现法律的公正性，也有助于当事人理性对待纠纷，增大当事人之间的和解的可能性，促进纠纷更快速解决。

---

① 自1998年上海市长宁区法院试行律师调查令制度以来，2001年至2015年期间，上海、新疆、安徽等地均试行了律师调查令制度，有条件地赋予律师持法院签发的《调查令》调查取证的权利。在总结律师调查令经验的基础上，2016年发布的《最高人民法院关于民事诉讼证据若干规定（征求意见稿）》第二十七条至第三十三条规定了律师持"协助调查函"调查取证制度。[征求意见稿的内容可参见茂刚法官的博客（http://blog.sina.com.cn/s/blog_e04184ff0102y0lv.html），访问日期：2020年2月28日] 遗憾的是，《2019年民事诉讼证据若干规定》并未将司法实践中广泛使用的律师调查令制度予以固定（可能的原因在于涉及调查取证的实施主体问题需要法律规定，而《2019年民事诉讼证据若干规定》仅是司法解释）。但在该规定征求意见稿公布后，广东、浙江、湖南、吉林等省的高级人民法院也发布了实行律师调查令的试行办法或工作规程，律师调查令在实践中也得到了持有证据方的相关主体的理解与支持。司法实践中，因不配合法院签发的律师调查令，部分法院还据《民诉法》第一百一十四条对证据持有人进行了罚款。[可参见《拒不配合律师持调查令取证，山东一公安局被法院罚款10万元》，见华商网－华商报（http://news.hsw.cn/system/2019/1207/1135651.shtml），访问日期：2020年2月29日；法务之家微信公众号：《干得漂亮！一单位无视"律师调查令"，法院开10万罚单！》，访问日期：2020年2月29日]

因此，鉴于目前我国证据保全整体现状不佳，非但不能将海事证据保全引向民事证据保全，反而要综合利用海事案件体量小、海事法院易于创制新诉讼规则或新型诉讼程序①、海事法院具有丰富海事证据保全经验的优势②，结合本土资源，借鉴域外证据保全制度的有益经验，逐步完善海事证据保全制度，为民商事证据保全制度的完善提供充足养分，③进而构建具有我国特色的民商事证据保全制度。

三、纠偏与创新：构建海事证据保全运行新机制

（一）范畴厘定：海事证据保全的适用场域

海事证据保全的适用场域是海事证据保全制度的首要和基础性问题。海事证据保全由"海事""证据""保全"三个不同语词组成，因已经明确了"保全"在三者之间属于结果语词，故核心在于考察"海事"与"证据"两者之间的范畴。单纯从语词角度考察，似乎应考察二者之间是并列关系还是偏正关系，才能得出是"海事证据的保全"抑或是"海事的证据保全"的结论。④ 海事证据保全规定于《海诉法》之内，对其语词的界定不宜脱离海诉法本身。

笔者认为，《海诉法》专章规定的"海事证据保全"属于"海事诉讼中

---

① 在《民诉法》没有规定诉前证据保全时，1992 年厦门海事法院即在福建省厦门经济特区的锦江贸易公司申请诉前财产保全案中，通过扩大对《民诉法》的解释，裁定准许了锦江贸易公司的诉前财产保全申请；而 1993 年广州海事法院也先后准许了重庆对外贸易进出口有限公司［案号：（1993）广海法商字第 78 号］和五矿东方贸易进出口有限公司［案号：（1993）广海法商字第 99 号］关于诉前证据保全的申请。《海诉法》更是在我国首创了诉前证据保全制度并被民诉法吸收。

② 笔者对 2016 年至 2019 年全国法院民事证据保全情况进行了搜集统计，考虑到民事证据保全（含知识产权证据保全）均会援引《民诉法》第八十一条作为裁判依据〔随机搜索的 4 份涉及著作权纠纷的证据保全案件裁判依据除《中华人民共和国著作权法》第五十一条外，均援引了《民诉法》第八十一条作为裁判依据。案例可参见（2016）鲁 03 证保 5 号、（2016）闽 05 证保 5 号、（2015）长民三初字第 225 -1 号、（2014）浙甬保字第 60 号。随机搜索的 3 份涉及商标权纠纷的证据保全案件裁判依据除商标法第六十六条外，均援引了《民诉法》第八十一条作为裁判依据。案例可参见（2016）鲁 05 证保 2 号、（2016）鲁 03 证保 1 号、（2018）浙 0203 证保 1 号〕。故搜索关键词为"民事案件 + 裁定书 +《中华人民共和国民事诉讼法》第八十一条"，搜索出来的结果为全国各法院民事证据保全案件数量如下：2016 年为 342 宗、2017 年为 470 宗、2018 年为 532 宗、2019 年为 430 宗，2016 年至 2019 年总计仅为 1774 宗。从数据统计来看，数量几百倍于海事法院的地方法院仅处理了不到 6 倍于海事法院的证据保全事宜，足见海事法院处理民商事证据保全经验的丰富性。前述数据来源于中国裁判文书网，搜索日期为 2020 年 2 月 29 日。

③ 除了诉前证据保全制度外，海诉法关于海事强制令的规定也促成了民事诉讼领域行为保全制度的入法。

④ 由于涉及对海事证据保全的重新界定，此处暂不考虑《海诉法》第六十二条以"海事请求 + 证据"的界定模式。

的证据保全"即其只是一种特殊的"证据保全制度"而不是一种"特殊证据"的保全制度。(1) 海事证据保全制度在理论与实践（厦门海事法院和广州海事法院的创新实践）上的源头是 1991 年开始施行的《民诉法》第七十四条规定的证据保全制度。(2) 在立法体例上，《海诉法》中，"海事证据保全"章与"海事请求保全"章、"海事强制令"章并列，而海事请求系规范海事诉讼中的财产保全，海事强制令是规范海事诉讼中的行为保全，《海诉法》第二条的用语为"海事诉讼"。将语词逻辑分析与立法实践相结合，海事证据保全的合理语词结构应是"海事诉讼的证据保全"。此时，需要解读何为"海事诉讼"，而无须另行考虑"证据"是否为"海事证据"，只要满足相关证据系属于"海事诉讼"即可。(3) 我国民商事证据保全的弱化需要海事证据保全去引领规则创制，将海事证据保全限定在狭窄领域，此种引领功能无从体现。(4) 我国"非紧急型证据保全"已由法庭调查证据程序替代，将海事证据保全解释为"海事诉讼的证据保全"并不会增加海事法院太大负担。

关于海事诉讼的范畴。当事人基于海事法院受理案件规定中的前四类纠纷——海事侵权纠纷、海商合同纠纷、海洋及通海可航水域开发利用与环境保护相关纠纷、其他海事海商纠纷——提出的证据保全申请均可视为海事证据保全申请。海事特别程序类案件项下对申请人的证据要求一般不具有对抗性，也不涉及辩论主义问题，没有必要允许相关当事人提出紧急证据保全的申请。海事行政类案件中的证据保全，已由《中华人民共和国行政诉讼法》（以下简称《行诉法》）第四十二条予以规范，其未尽部分可根据《行诉法》第一百零一条的规定由《民诉法》予以补充，海事证据保全不宜再行介入。

关于保全证据的种类。鉴于海事证据保全已定位于"紧急型证据保全"，故《民诉法》第六十三条规定的 8 类证据种类均可成为保全对象。

（二）现状改进：明晰现有规则操作

1. 准确认定证据面临的"紧迫风险"。法官应当结合海事审判的经验以及生活常识综合判断当事人提供材料能否大致证明相关证据处于"紧迫风险"之中。对于无法证明存在"紧迫风险"者，应释明其不具备证据保全要件；如当事人坚持申请的，则应裁定驳回其申请。为与《民诉法》保持一致，可将"紧迫风险"的措辞调整为"证据可能灭失或者以后难以取得"。①

---

① 《海诉法》和《民诉法》对于诉前证据保全规定的"情况紧急"并无必要。证据可能灭失或者以后难以取得即已说明"情况紧急"。

司法实践中，对于有关登记注册主体掌握的足以证明事、物现状的相关证据，如未面临灭失或难以取得之紧迫风险，可通过发布律师调查令或者法庭依职权实施的证据调查程序完成，不宜采取证据保全。

2. 明晰海事证据保全的管辖，有效衔接证据保全程序。对于上诉案件，可借鉴《民诉法解释》第一百六十一条的规定，明确规定第二审法院尚未接到报送的案件，应由第一审海事法院依法审查。如裁定准许证据保全的，由第一审海事法院依法实施证据保全并将保全的证据及保全裁定及时报送第二审人民法院。如需要保全的证据由非受诉法院采取保全措施更为便利、迅捷的且情况急近的，可借鉴《德国民事诉讼法》第486条第3款规定，赋予申请人向证据所在地的其他海事法院请求证据保全的权利。对于当事人之间存在诉讼协议或者虽不存在诉讼协议但申请人在海事法院采取证据保全措施向其他海事法院提起诉讼的，采取诉前证据保全措施的海事法院应当将证据保全手续移送受理案件的海事法院。诉前证据保全的裁定视为受移送海事法院作出。

3. 明晰诉前证据保全行为法律后果，督促当事人行使诉权。参照《民诉法》第一百零一条第三款、《中华人民共和国著作权法》第五十一条第三款、《中华人民共和国专利法》第六十七条第四款的规定，"申请人在海事法院采取证据保全措施后三十日内不依法提起诉讼或者申请仲裁的，海事法院应当解除保全"①。

4. 合理采取证据保全措施，"保真" + "利益损害最小"。在确保被保全证据安全且可发挥证明作用的前提下，针对不同的证据应采取相应的合理保全措施，避免因证据保全侵害证据持有人的合法权益（如隐私权、数据安全、商业秘密等）。申请人在申请证据保全时，应明确需要采取的保全措施。对于电子数据等要求专业技能的证据保全行为，如法院不具备相应专业能力，可委托具有专业资质的第三方中立机构实施具体保全证据行为，避免对证据造成破坏。

5. 明确被保全证据的效力，适度扩大保全证据使用范围。从结果来看，证据保全在泛化意义上仍属于法庭调查收集证据的范围，被保全的证据效力

---

① 《民诉法》第八十一条第三款关于证据保全没有规定的参照适用财产保全的规定被很多学者诟病。可参见许少波《民事证据保全制度研究——以法院为中心的分析》，南京师范大学博士学位论文，2008年；占善刚《证据保全程序参照适用保全程序质疑——〈中华人民共和国民事诉讼法〉第81条第3款检讨》，载《法商研究》2015年第6期，第121-127页。

应与法庭调查收集的证据效力相同。① 因此，原则上当事人无权就同一证明事项启动重新调查。保全的证据经由当事人质证、辩论后即可作为裁判基础。双方当事人在庭审之前对于协议确定的事实，适用"禁止反言"原则，当事人不得事后推翻。但实践中存在证人证言由诉前法院实施保全而实体案件由其他海事法院审理，抑或采取鉴定或勘验方法保全的证据确实存在法定的重新鉴定或勘验等特殊情形，如果严格禁止重新调查，则有失公允，故对前述特定情形，可允许当事人重新启动调查程序的申请。

现行法律规定下，被保全的证据只能由实施保全措施的海事法院保管。而当事人申请使用保全证据，则限制较多。根据《海诉法解释》第四十九条规定，当事人在采取海事证据的海事法院提起诉讼后，可以申请复制初始的证据材料；相关海事纠纷由我国领域内的其他海事法院或者仲裁机构受理的，受诉法院或者仲裁机构应当事人的申请也可以申请复制被保全的证据材料。笔者认为，鉴于目前多元解纷的现状，在诉前阶段，我国领域内接受当事人申请或者海事法院委托调解双方当事人海事纠纷的调解组织或个人，应当事人的申请也可以申请复制被保全的证据，② 以便于有权调解主体及时掌握案件事实情况，促进纠纷在诉讼外解决。对于当事人在域外法院提起诉讼或在域外仲裁而申请复制被保全的证据的，除对方当事人同意外，不予准许。当事人可向受理海事纠纷的域外法院或仲裁机构提出申请，依据《关于从国外调取民事或商事证据的公约》（简称《海牙取证公约》）或我国与该域外法院（仲裁机构）所在国的双边条约或"互惠事实"等国际（区际）司法协助方式申请获取被保全的证据。

为了防止被保全的证据长期放置于法院，还可考虑规定如下条款：证据被海事法院保全后，保留期间为三年。超过三年的，海事法院有权解除证据保全，并将证据返还证据持有人。但申请人有正当理由向海事法院书面申请延长保管期间并被海事法院准许的除外。

6. 明确规定妨碍证据保全的法律责任。保护证据的安全有利于法院查明事实、准确适用法律。如果相关主体尤其是被请求人或证据持有人恶意妨碍法院采取证据保全，则证据保全无法完成，相关事实可能无法查明。前述行为危害司法秩序，应依法处理。鉴于海事证据保全有自成体系的必要性，可将《民诉法》相关法条引入《海诉法》，明确规定妨碍证据保全的法律责任。

---

① 见《德国民事诉讼法》第 493 条第 1 款。
② 前款证据，不包括涉及船舶碰撞的事实证据材料，但申请人向海事法院提交完成举证说明书的除外。

(三) 机制创新：打造民商事证据保全新坐标

1. 注重程序公正，构建程序保障机制。关于证据保全中的程序保障权，《海诉法》并无相关规定，2002 年施行的《最高人民法院关于民事诉讼证据的若干规定》第二十四条第二款也仅规定了"人民法院进行证据保全，可以要求当事人或者诉讼代理人到场"①。但该款用词是"可以"，而不是"应当"，也未具体明确当事人到场后享有的权利。

《英国民事诉讼法》第 25.1(h) 条规定了申请人为保全证据可申请搜查令 (search order)，但对于以搜查方式实施的证据保全行为，英国法院发布的第 25A 临时禁令的实践操作指南中有极为详尽的规定。该指南第 7 条详细规定证据搜查令的申请、双方当事人及代理律师的权利、监督律师 (supervising solicitor) 的选任与证据保全操作、对具体证据的保全措施等一系列特别详细的操作规程。该指南对于被申请人的在场权、检查搜查令所列证据清单权利、依法享有的禁止自证其罪等权利均有明确的规定。② 《德国民事诉讼法》第 491 条规定，如情况许可，应将证据保全裁定与申请书副本送达对方当事人，并且传唤对方当事人在规定的适当调查证据期日到场，以便其于该期日保护其权利。当然，当条件不具备时，不遵守前述规定亦可调查证据。我国台湾地区所谓"民事诉讼法"第三百七十三条规定，调查证据期日，应通知声请人，除有急迫或有碍证据保全上，并应于期日前送达声请书状或笔录及裁定于他造当事人而通知之。当事人于前项期日在场者，得命其陈述意见。为平衡证据保全所涉当事人的合法权益，《德国民事诉讼法》第 494 条、《日本民事诉讼法》第 236 条，以及我国台湾地区所谓"民事诉讼法"第三百七十四条均规定了对方当事人情况不明时，法院可为申请人未能指明的当事人选任特别代理人，以便在证据调查时保护其合法权利。前述域外经验，将证据保全中的程序保障权集中于三个层面，一是被请求人享有预先被告知的权利；二是当事人均享有均等的到场权、参与权和陈述意见权；三是申请人有合理原因未指明被请求人时，基于保护被请求人之利益，法院得依职权委托特别代理人，相关费用得纳入诉讼费用。

笔者认为，"紧急型证据保全"功能不仅仅在于保证证据安全，其可衍

---

① 《2019 年民事诉讼证据若干规定》第二十七条第一款沿用了该规定。
② PRACTICE DIRECTION 25A – INTERIM INJUNCTIONS, https://www.justice.gov.uk/courts/procedure-rules/civil/rules/part25/pd_part25a, (2020 – 03 – 01)。

生出诉前争点整理、促进和解等功能。而前述功能，只有在当事人享有到场参与权和陈述意见权的情形下才可能实现。从实践操作的可行性来看，提前通知的模式不利于"紧急型证据保全"保护证据安全目的的实现，但当事人的到场参与权和程序保障权仍可在一定限度内予以实现。被请求人不明的特别代理人选任问题，则可借鉴德国法的做法，要求申请人在提出证据保全申请时，应指明对方当事人。如申请人有条件指明且不予指明对方当事人之时，法院可为对方当事人选任特别代理人。本文有以下五点具体建议：（1）申请人在申请海事证据保全时，应提供对方当事人以及证据持有人的基本情况，不能提供的，应说明理由。（2）如申请人未能指明对方当事人的，法院可以为对方当事人选任特别代理人，以便在保全证据时保护对方当事人的权利。如需选任特别代理人的，应从由我国执业律师组成的特别代理库中随机选任。如被选任的特别代理人无法及时参与证据保全或者与申请人存在利害关系的，需再次随机选任。特别代理人的选任费用由特别代理人提出并经法院审核后，由申请人向特别代理人预先支付。（3）申请人或其委托诉讼代理人可申请参与证据保全，此种申请应以书面方式作出。（4）实施证据保全时，如被请求人在场，其可就证据保全陈述意见、提出复议；如法院为对方当事人选任特别代理人的，该特别代理人享有前述权利；如证据持有人并非被请求人，其可陈述意见、提出异议。被请求人或证据持有人发表的相关意见、复议或异议内容应由采取证据保全的法院或法院委任的人员记入笔录。（5）法院裁定准许证据保全时，应同时制作证据保全通知书或协助执行通知书，通知书中应载明采取证据保全的裁定书文号、参与证据保全的法院或法院委托人员身份信息、申请人或申请人委托诉讼代理人信息、协助执行人员信息、法院选任的对方当事人特别代理人信息等，并应向在场的当事人、证据持有人或其委托诉讼代理人出示。

关于当事人的复议和抗告权利。《德国民事诉讼法》第490条和我国台湾地区所谓"民诉法"第三百七十一条均规定，当事人不得对法院准许保全证据的裁定声明不服。而根据我国《海诉法》第六十七条规定，当事人对于证据保全的裁定（无论是准许还是驳回）均可享有复议权。但基于证据保全的迅捷要求，当事人复议期间不停止保全裁定的执行。笔者认为，《海诉法》的规定更有利于保障当事人在证据保全程序中的相关利益，也有利于法院在复议程序中深入了解争议，可不予变更。

关于利害关系人的异议权。《海诉法》并没有规定利害关系人的范围。

笔者认为，利害关系人应指向两类人：一是证据持有人，[①] 二是与证据保全所涉纠纷有密切关联的主体（比如共同权利人、法定连带责任主体等）。对于利害关系人的异议，《海诉法》及其司法解释并未规定具体的期限。笔者认为，此时可区分为两种情形分别处理。对不予受理和驳回申请的裁定，申请复议和异议的期间为收到裁定书之日起五日内；对于准许证据保全的裁定，申请复议和异议的期间为证据保全措施实施完毕之日起五日内。如果涉及多项证据的，则可从最后一项证据保全措施实施完毕之日起统一计算。对于以鉴定或者勘验方式保全证据的，由于鉴定以及勘验所涉证据材料无法在裁定作出之日一并明确，当事人或利害关系人可能亦无法确定对前述证据保全方法是否提出异议，故当事人以及利害关系人的复议或异议期限亦应从证据保全实施完毕之日起计算，期间上可沿用《海诉法》第六十九条规定的五日。

2. 创设证据保全中的和解程序。证据保全程序中，如果双方当事人均已到场，或者均取得有效联系，则应允许双方当事人进行协商。此种协商范围既可包括对证据或者事实的确认，也可及于双方之间的实体权利义务争议。协议不违反法律法规的，应予准许。协议确定的内容涉及可即时履行的权利义务，法院可依当事人申请制作调解书或调解笔录。

3. 创设中立第三方介入证据保全程序机制。现代社会已经进入电子信息社会，与电子数据相关的各类证据材料越来越多，确保其"真实性、完整性、关联性"所需的专业知识要求也越来越严格。传统的证据保全及证据调查均由法院的审判团队或执行员实施，此种模式虽可保障证据保全的权威性，但并不一定能确保被保全电子数据的真实和完整。根据证据保全的不同需求，应当允许鉴定人、勘验人以及具备专业知识技能的中立第三方介入证据保全，接受法院委托从事具体证据的保全工作。

4. 创设实施证据保全的诉讼费用规则。我国现行《收费办法》规定的30元证据保全申请费金额过低且不合理。可借鉴德国、日本以及我国台湾地区的规定，将证据保全实施费用纳入诉讼费用范畴。证据保全实施费用，不

[①] 需要注意的是，证据持有人不应与海事证据保全中的被请求人混为一谈。证据保全是基于特定主体之间的实体纠纷而产生。因此，如果证据持有人仅仅是保管证据的主体并不是实体纠纷的主体的，其在证据保全程序中的地位只是协助执行主体，类似于查封银行存款中的银行。如果证据持有人认为其对被保全的证据享有其他权利的，可以提出异议（如被查封或扣押的动产的保管人可能是物权人）。而如果申请人向证据持有人收集证据受阻时，请求证据持有人交付证据的，此种情形是适用海事强制令（涉及海事请求的界定）还是适用民诉法的行为保全抑或是适用海事证据保全存在争议。笔者倾向认为，此时证据持有人对申请人不配合的行为，仍属于实体海事纠纷下无法保证处于"紧迫风险"安全的情况，应属于海事证据保全。

包括法院人员因实施证据保全支出的交通费、食宿费以及相关补贴，但在证据保全过程中实际发生的其他必要费用应纳入其中。实施证据保全费用包括：(1) 以鉴定或勘验方式实施证据保全产生的鉴定或勘验费用；(2) 证据保全过程中，由法院或法院委托保全主体实际支付的影印费、摄影费、抄录费、翻译费，或证人交通费、食宿费、伙食补贴等费用；(3) 申请人未能指明对方当事人时，法院为对方当事人选任特别代理人的费用（包括但不限于特别代理人的服务费用，参与证据保全的交通、食宿等合理费用）；(4) 因保全证据需要，接受法院委托实施证据保全的中立第三方收取的合理费用（包括但不限于专业技术服务费用，参与证据保全的交通、食宿等合理费用及补贴等）。同时应明确规定，证据保全申请费和实施费用，除法律另有规定的以外，作为诉讼费用的一部分，由申请人预先支付。如费用不足的，申请人应予补足；如预交费用超过实际支出保全实施费用的，法院应向当事人清退；各方当事人均申请证据保全的，证据保全申请费和实施费用应由各方当事人分担，在法院裁决时最终确定其费用的负担。对于诉前证据保全，申请人未在法院采取证据保全措施 30 日内提起诉讼或仲裁的，法院可依当事人的申请或依法解除证据保全，将可返还的证据交还于原证据持有人或其指定的其他人员，同时，由申请人负担证据保全申请费用和实施证据保全的费用。建立证据保全诉讼费用机制，不但可以有效保障证据保全程序的顺利进行，还可以在一定程度上减少当事人滥用证据保全措施，减少司法资源的浪费。

结　语

海事证据保全制度的相关规则及精神被我国民商事（含知识产权）领域的证据保全制度吸收和借鉴，海事证据保全具有制度引领功能。虽然当下的海事证据保全制度存在疏漏以及程序保障不足等问题，但《海诉法》专章规定证据保全的立法优势、海事法院的实践优势和海事纠纷体量小易于机制创新的制度优势，为海事证据保全制度的完善提供了有力支撑。未来海事证据保全的完善进路在于充实旧机制、引入新机制，在实现"紧急型证据保全"基本功能的前提下，激发证据保全制度证据开示、促进纠纷诉讼外解决的功能，构建海事证据保全制度运行的新路径，为民商事领域证据保全的程序保障、管辖、证据运用、中立第三方介入证据保全以及证据保全诉讼费用等机制的创设提供新养分，打造具有我国特色的民商事证据保全制度。

· 第十编 ·

海 事 担 保

论海事担保

倪学伟

摘要：海事担保是《中华人民共和国海事诉讼特别程序法》规定的一种新的诉讼制度。本文在全面论述海事担保法律性质和有关规则的基础上，将其与相关或相类似的法律制度进行了法理的比较，目的是恰当揭示这一新制度的本质，以期确保该制度在司法实践中的正确和规范操作。

关键词：海事担保；责任；损害赔偿；给付。

《中华人民共和国海事诉讼特别程序法》（以下简称《海诉法》）第六章所规定的海事担保，是指请求人因程序性海事请求权的行使可能给被请求人造成损失而提供的责任担保，或被请求人为解除对其船舶等财产的扣押而提供的责任保证。本文拟对海事担保作一初步探讨，以厘定其法律性质、梳理其有关规则、廓清其与相关法律制度之关系，并以此就教于同仁大家。

一、海事担保的法律性质

担保，或称债的担保或合同的担保，是民事实体法上的重要概念。它是指债务人或第三人为实现债权人的债权，依照法律规定或与债权人的约定，向债权人提供的超越债的一般效力的履行债务的物的保证或/和人的保证。依《中华人民共和国担保法》（以下简称《担保法》），债的担保有保证、抵押、质押、留置和定金五种形式①，而《中华人民共和国海商法》所规定的船舶优先权实质亦是法定的债的担保形式。

海事担保借用民事实体法的担保概念，并在承受该概念合理内核的基础上，赋予一些新的法律内涵，因而海事担保在立法本意的表达上有了与债的担保有所不同的语境。倘将海事担保与债的担保混同而不划分两者的区别，则势必出现司法时的混乱，进而损害当事人合法权益；相反，若把海事担保与债的担保割裂，对两者联系视而不见，则不能对海事担保准确把握，"公正与效率"的世纪司法主题可能因此而受羁绊。故首先明确海事担保法律性

---

* 本文原载于《海商法研究》总第8辑，法律出版社2003年版；修订于2024年12月。

① 《中华人民共和国民法典》在"物权"编中规定了抵押权、质权和留置权三种担保物权，在"合同"编中规定了定金规则以及保证合同。——编者注

质,即首先明确其法律上之显性表征,便是进一步研究所必须,否则,一切相关讨论将无法有效展开。

与民事实体法债的担保相比较,海事担保具有以下四大法律性质。

(一) 海事担保是诉讼程序过程中的担保

诉讼程序过程,是以原告起诉后、法院判决前的审判程序为主干,向前扩展到起诉前的保全程序,向后延伸至执行阶段的执行程序,亦即广义的凡可纳入程序范围的阶段都囊括在这里所指的诉讼程序范围之中。海事担保是这一最广泛的诉讼程序过程中所涉及的担保,而在此之前或之后的任何担保都不属海事担保的范畴。此乃海事担保在时间上之规定性,因而又可称为海事诉讼担保。具体讲,海事担保大致有三种情况:一是海事请求人因海事请求保全、海事强制令、海事证据保全、设立海事赔偿责任限制基金、先予执行等程序性请求可能给被请求人造成损害而向法院提供担保;二是被请求人为解除对其船舶等财产的扣押而向法院或向请求人提供担保;三是申请执行人因其申请执行中的过错可能给被执行人造成损害而向执行法院提供担保。①

海事担保在时间上的规定性决定了在海事担保是否成就、如何成就等决策性阶段必然有行使国家审判权的法院的介入,且法院在其中以中立者的角色发挥着衡平相对方利益的作用。这表现在,海事请求人是否提供担保、提供什么种类及多少数量的担保,要由法院决定,当事人不能自由商定,实践中也不可自由商定;被请求人提供担保的方式和数量,则允许当事人双方协商,但协商不成时,亦由法院决定。由此可见,海事担保的非自愿性是其主要表征,自愿性则是一种例外,而探究其背后所隐藏的法理根据,则是主权者对诉讼的合理干预。鉴于当事人利益的必然对立和冲突,法院在决定诉讼担保的有关事项时,应站在公正立场,综合案件各种情况,公平保护各方利益,以达到相对方利益的衡平。此衡平功能的主动发挥,是法院在诉讼过程中行使审判权的本质要求之一,与法院实体裁判的消极中立有所区别。法院介入海事担保后,对担保人资格、担保内容进行审查,各方面权利义务关系均较清楚,担保人应否担责及担何责均较明确,故因海事担保产生纠纷时,

---

① 法律对此并无规定。但笔者认为,海事执行案件中,执行标的往往是价值巨大的船舶,申请执行人的债权可能不及船价的十分之一,一旦申请执行人的过错造成被执行人不应有的损失,则应由申请执行人赔偿,故法院可要求申请执行人提供担保,这种担保与前两种担保本质相同,即都是对未来的不确定的责任的担保,因而应归入海事担保之列。至于被执行人提供担保,因其是对生效判决所确定的债权的担保,与前述三类对不确定的责任的担保有质的区别,尽管是在诉讼程序过程中发生,但其本质更接近于民事实体法中债的担保,故本文所论海事担保不包括被执行人提供担保这一情形。

不必经诉讼程序,而由法院径直裁定担保人承担或不承担责任即可。

与海事担保不同,债的担保一般是在主债权确定后纠纷发生前成立,目的是预防纠纷,促使债务人积极履行义务,并在债务人不履行义务或丧失履约能力时迅速实行担保以兑现债权。债的担保是否成就、如何成就,完全由双方当事人依契约自由原则自由协商,法院不介入,亦即债的担保乃诉讼外设立,法院不参与其间。倘因担保纷争提起诉讼,法院仅是事后以司法者的角色审判已生纠纷的担保关系,并不新创设债的担保关系。在执行程序中,被执行人提供担保,因其是对生效判决所判明的确定的债权的担保,这与海事担保对不确定的责任的担保有质的区别,相对而言也更符合债的担保诸特征,所以应将被执行人担保归入债的担保之列;又因其是在广义诉讼程序中的担保,故可看作债的担保诉讼外成立这一常态的一种例外。

(二) 海事担保是法律责任担保

海事担保的对象具有或然性,即所担保的对象不是已经实际存在的明确的债权,而是未来可能产生的法律责任,换言之,海事担保不是债的担保,而是一种责任担保。这种责任担保又可进一步细分为两类:第一类是海事请求人、申请执行人向法院提供担保,保证因其请求错误或申请执行错误而致对方损害的,由其承担海事损害赔偿法律责任;第二类是海事被请求人为解除对其船舶等财产的扣押而提供担保,以其财产或第三人财产或信用来保证承担未来生效裁决中可能由其负担的给付或赔偿之法律责任。①

第一类责任担保具有典型性,试作如下分析:在海事请求保全、海事强制令等海事请求中,若法院责令请求人提供担保,则建立了海事担保关系。在这一关系中,担保人是海事请求人或第三人;担保权人,即海事担保关系的债权人在担保关系成就时是不确定的,其仅处于一种可能的债权人地位,只有当请求人的请求错误且给被请求人造成损害时,被请求人才能成为现实的担保权人,否则即不具有实然的担保权人地位;同理,被担保人(即海事请求人)是否确负债务及债务的多少亦不确定,若被担保人的海事请求正确或即使错误但未给被请求人造成损害,则被担保人不负债务。质言之,只有当被担保人海事请求错误且给被请求人造成损害时,被担保人的债务才得以确定。这种担保权人地位的不确定性、被担保的债务是否成立及数额的不确

---

① 1999年《国际扣船公约》第4条第3款规定:"请求以提供担保释放船舶,不应被解释为对责任的承认或对任何辩护权或责任限制权利的放弃。"这表明第二类担保与第一类担保一样,并非对已经确定的债权的担保,而仅是对未来可能的给付或赔偿责任的担保而已。这种对尚不确定的未来的法律责任的担保,是海事担保与民事实体法债的担保的本质区别之所在。

定性，决定了海事担保并非债的担保，因债的属性与此不确定性相悖。① 但理性地分析，此不确定性并不排除因海事请求错误而给被请求人造成损害的可能性，相反，法律充分肯定此可能性之客观存在。海事担保的制度设计正是植根于此可能性基础之上，否则，因该制度而建立的法律大厦会瞬间坍塌。那么，这种未来可能的债务的本质属性是什么呢？考察一下海上保险制度中的船舶碰撞责任险，结论不言自明：未来可能的债务的本质属性是一种法律上的责任②，即损害赔偿责任，亦即海事担保不是对现实债权的担保，而是对法律责任（海事损害赔偿责任）的担保。这种对未来可能的赔偿责任设立的担保，显然具有前瞻性③，着眼点是预防海事请求不当而致的侵权损害的产生，并在一旦产生这种损害时，给予被侵权人及时、充分的赔偿。

海事担保的对象具有或然性，这一特点与最高额抵押担保相似，即两者所担保的债权皆为将来债权，且债权金额都不确定。但是，海事担保与最高额抵押担保也有质的不同，表现在以下四点：第一，设定担保的时间要求不同。前者是诉讼程序过程中的担保，有严格时间界限；后者则无此限制。第二，在担保是否成就、如何成就的决策阶段是否有法院介入之不同。前者有法院介入，并扮演衡平者角色；后者则无法院的直接介入。第三，是否有最高额限制之不同。前者担保的是未来可能的损害赔偿责任或给付责任，应按实际赔偿原则或裁决的数额进行担保，一般无最高额限制（经法院或海事请求人同意或基于法律规定，亦可设一担保的最高限额④）；后者所担保的债权以双方约定的最高额为限，超过部分不承担担保责任。第四，导致担保成就

---

① 《中华人民共和国民法典》在第一百一十八条中定义了债权，即："民事主体依法享有债权。债权是因合同、侵权行为、无因管理、不当得利以及法律的其他规定，权利人请求特定义务人为或者不为一定行为的权利。"

② "债务之本质在于责任，债系为责任所包含，债务为肉、责任为皮，皮之去，肉不存。"郑玉波：《民法债编论文选辑（上）》，第52页。转引自孙鹏、肖厚国《担保法律制度研究》，法律出版社1998年版，第6页。

③ 有学者认为海事担保设定时间具有滞后性，即在争议发生后并在请求公力救济时才被强制地设定。参见沈满堂《海事担保的理论初探》，载《人民法院报》2001年2月7日。笔者认为这一主张值得商榷，海事担保并非对诉诸法院的实体纠纷的担保，而是对因申请海事请求保全、海事强制令等不当而可能导致的侵权损害的担保，或是对未来裁决可能负担的给付或赔偿责任的保证，亦即是对未来可能的法律责任进行担保，因而这种担保似应理解为具有前瞻性才合乎法理。

④ 《海诉法》第七十六条规定，海事请求人要求被请求人提供担保的数额应与其债权数额相当，但不得超过被保全财产的价值。对此似可解释为海事担保有最高额限制；但亦有学者认为此类规定不合理，参见徐新铬《关于对〈联合国扣押船舶公约条款草案〉的几点修改意见》，载《中国海商法年刊》（1997）第8卷，大连海事大学出版社1998年版，第342－343页。

的基础关系不同。前者是因海事请求保全可能给被请求人造成损害，或被请求人为解除对其船舶等财产扣押而导致担保关系成就；而后者根据《担保法》第六十条之规定①，成就的基础关系是借款合同和因某项商品在一定期间内连续发生交易而签订的合同，其特点是一定期间内具有连续性，在现行法中，其他原因不得成就最高额抵押关系。

（三）海事担保是海事损害赔偿责任或给付责任的特殊保障，突破了民事实体法担保制度附随性规则

请求人的海事请求错误给被请求人造成损害，符合民事实体法损害赔偿责任四要件，即请求人的海事请求具违法性，且导致损害结果发生，违法行为与损害结果间有因果关系，请求人主观上有过错。故请求人应依法赔偿被请求人因此而致的损害，亦即海事损害赔偿责任本身就有债的一般保证效力存在，即使没有海事担保，受害人也可根据侵权行为法的规定请求赔偿损失。出于诉讼安全考虑课以海事担保，等于是在侵权赔偿一般保证效力之上再加一层保护网，以使合法权益遭受侵害后所可能获得的赔偿有更进一步的保障。海事担保的保障较之海事损害赔偿责任本身的保障而言，是一种特殊性质的保证，其特殊性表现在以下三个方面：首先，发生的根据不同。前者是根据法院责令或法律规定而设立担保，后者是因侵权之债理所当然而生的一般保证。其次，所保障的债务性质不同。前者所保障的债务因有担保而享有优先受偿权；后者则是普通债务，由债务人未设担保的财产清偿，不具优先权。最后，用于保障的财产不同。前者是用担保人提供的特定担保物或保证人的一般财产来保障担保权人债权的实现，后者是用债务人的剔除已设定担保权的特定财产之外的其他财产来保障相对人债权的实现。

海事被请求人为使其被扣船舶或其他财产获释而提供海事担保，以保证履行将来裁决可能使其负担的给付或赔偿责任。显然，法院判决也好、仲裁裁决也罢，其所确定的给付或赔偿责任本身，就有国家强制力保障，但若无可供执行财产，则枉有此保障。课以海事担保，对设定担保的财产享有优先执行权，在国家强制力保障外又增现实财产的保障，其权利更易实现。故海事担保亦是法院判决或仲裁裁决的给付或赔偿责任的特殊保障。

民事实体法担保制度附随性规则，是指担保关系的成立和存续须以一定

---

① 该条规定已经被《中华人民共和国民法典》第四百二十条"为担保债务的履行，债务人或者第三人对一定期间内将要连续发生的债权提供担保财产的，债务人不履行到期债务或者发生当事人约定的实现抵押权的情形，抵押权人有权在最高债权额限度内就该担保财产优先受偿。最高额抵押权设立前已经存在的债权，经当事人同意，可以转入最高额抵押担保的债权范围"取代。——编者注

的债权关系为前提，担保关系从属于所担保的债权关系而不能游离于该债权关系之外单独存在。这一规则意味着：主债权无效或不存在或不能确定，债权担保不成立；以不存在的债权设定担保，该担保无效；担保随主债权转移而转移；担保随主债权的消灭而消灭。然而，在海事担保中，这种附随性规则被突破了。海事请求人（包括申请执行人）提供担保，是保证对将来可能因错误请求而给被请求人造成损害的赔偿，这一损害赔偿责任是否发生具有或然性，其担保是对不确定的责任的担保，主债权尚且不存在，当然无所谓遵循附随性规则。同样，被请求人提供担保以解除对其船舶的扣押，是为了保证履行将来的裁决可能确认的对请求人的某种给付或赔偿责任，被请求人是否负此责任需待未来实体裁决，亦即被请求人提供担保之时这一给付或赔偿责任是不确定的，因而这一海事担保不可能对未来裁决的主债权有附随性。① 对担保附随性规则的突破，在最高额抵押中亦有所表现，即"在最高额抵押中，债权金额为零时，抵押权仍然存在；债权转让时，则自动脱离抵押权的担保范围，而成为一般债权；新发生的债权符合条件的，自动进入抵押权范围，抵押权人的抵押权不因此而受影响"②。虽然海事担保不受附随性规则限制，但当担保权人实行担保时，必须有被担保债权的客观真实存在，并具有确定性，否则该担保无效。这可看作附随性规则对海事担保的最低要求。

（四）海事担保是海事赔偿责任和给付责任的补充，但又具有相对独立性

海事请求人的请求错误给被请求人造成损害，应承担的第一位责任是损害赔偿责任，若其拒绝履行或不能履行该责任时，才由债权人（担保权人）行使担保权以取得担保利益。事实上，若不首先确认损害赔偿责任，则不能确定债权人所受损害之大小，债权人实行担保即无基本依据，故海事担保权在实行时总是处于损害赔偿责任之后的第二位的补充性地位。若无海事担保，则被请求人因请求人违法请求遭受损害时，只能以该请求人的一般财产受清偿，且不排除该请求人的其他债权人的受偿权。由此可见，海事担保的补充性表现在以下两点：第一，当以特定的财产为海事担保时，由于该担保物控制在法院或担保权人手中，排除了被担保人的其他债权人而享有对该担保物的优先受偿权，不仅使损害赔偿的侵权之债在债权效力的保障之外，还补充

---

① 有学者认为海事担保具有附随性。参见沈满堂《海事担保的理论初探》，载《人民法院报》2001年2月7日。这一观点似可进一步讨论。
② 许明月：《抵押权制度研究》，法律出版社1998年版，第426页。

了物权效力的保障；第二，当以第三人为保证时，则担保权人可以对保证人的一般财产受偿，即为担保权人补充了"一个新的债务人和一个新的钱袋"①，其债权实现的可能性得以大大增强。

海事担保的相对独立性源于担保对象具有不确定性的特点，是对担保附随性规则突破的必然的逻辑结果。海事担保成立的基础关系是海事请求可能错误而给被请求人造成损害以及法院或仲裁机关未来裁决可能判定的给付或赔偿责任，担保对象是可能的海事损害赔偿责任抑或是未来裁决的给付或赔偿责任，此两项责任在海事担保成立时皆非现实存在，但并不影响海事担保有效成立。若被担保人的海事请求正确或法院判决担保权人败诉，则担保权人不能要求实行担保，但不能由此断定海事担保无效；反之，若海事担保未成立、消灭或无效，对已客观发生的被担保的海事损害赔偿法律责任不产生影响，即不能由此断定该海事损害赔偿法律责任未成立、消灭或无效。同样，海事担保未成立、消灭或无效亦不能对法院判决和仲裁裁决产生影响。显而易见，海事担保不依赖于基础关系是否实现（即侵权是否属实、法院及仲裁机关将来的裁决结果如何）而具有相对独立性。另外，成就海事担保往往有法院的介入，是国家合理干预诉讼的结果，因而海事担保与当事人之间的实体权利义务争议、海事担保基础关系等分属于不同的法律关系，这亦是海事担保相对独立性的体现。

二、海事担保的基本规则

根据《海诉法》规定，海事担保的基本规则主要有以下三方面内容。

（一）海事担保法律关系主体

这是指在海事担保法律关系中享受权利承担义务的人，即海事担保人和担保权人。

海事担保人是指根据法律规定或法院决定，向法院或向担保权人提供担保的人，他既可能是海事请求人或海事被请求人，也可能是申请执行人，还可能是案外的第三人。若海事请求人、被请求人、申请执行人为自己可能的损害赔偿责任或给付责任提供担保时，则被担保人亦是自己，即担保人和被担保人混同，两者合二为一；若由案外的第三人为海事请求人、被请求人、执行申请人提供担保时，则该第三人为担保人，海事请求人、被请求人、执行申请人为被担保人。

海事担保权人是指其合法权益可能遭受不法海事请求损害，或法院或仲

---

① 李开国：《民法基本问题研究》，法律出版社1997年版，第312页。

裁机关将来裁决可能确认其债权但有不能获得给付之危险，从而接受担保人提供的担保的人。在海事请求保全、海事强制令等海事请求中，若法律规定或法院指定请求人提供担保时，则被请求人是海事担保权人；被请求人为解除对其船舶等财产的扣押，而向请求人提供担保时，则请求人为海事担保权人；在执行程序中，法院决定执行申请人提供担保时，则被执行人为海事担保权人。

（二）海事担保法律关系客体

海事担保法律关系的客体是指海事担保人和担保权人的权利义务所指向的对象，即未来可能的损害赔偿责任或给付责任。具有不确定性是该类客体的主要特点，是海事担保与民事实体法债的担保的本质区别。

（三）海事担保法律关系内容

海事担保法律关系的内容是指海事担保人和担保权人的权利义务。因权利义务背反关系，海事担保人的权利即是海事担保权人的义务，反之，海事担保人的义务则是海事担保权人的权利。故以下仅针对海事担保人的权利义务进行讨论。

海事担保人的权利有以下四项：第一，对担保的方式和数额等在可能的情况下与担保权人协商。《海诉法》规定，担保人为被请求人时，可就担保的方式、数额与海事请求人协商，但协商不成时由法院决定。担保人为海事请求人时，其担保方式、数额要由法院决定，不能协商确定。第二，对担保数额请求限制的权利。《海诉法》第七十六条第二款规定，海事请求人为担保人时，其提供担保的数额应相当于因其申请可能给被请求人造成的损失。这一规定留给法院较大的自由裁量权，是对《中华人民共和国民事诉讼法》相关规定的重大突破。譬如，按照《最高人民法院关于适用〈中华人民共和国民事诉讼法〉若干问题的意见》第98条"在采取诉前财产保全和诉讼财产保全时责令申请人提供担保的，提供担保的数额应相当于请求保全的数额"的规定，如果申请人因2万元的债权而请求扣押一艘价值200万元的船舶，那么仅要求申请人提供2万元担保显然不妥，因为一旦申请错误造成的损失即可能远远不止2万元；若要求提供200万元担保亦不合理，因为即便申请错误造成损失，一般也不可能有如此严重的后果。比较而言，《海诉法》的规定更具合理性。同样，若法院要求申请执行人提供海事担保时，其数额亦应相当于其申请可能给被执行人造成的不当损失为限。当然，这一数额应是多少，在实践中殊难量化，法院应根据各方面的具体情况综合考虑以决定一个科学的数额。相对而言，当担保人为被请求人时，其担保的数额较易量化，即应与海事请求人的债权数额相当，但不得超过被保全的财产价值。第三，请求减少、变更或取消担保的权利。担保人提供担保后，因情况变化，如风险降低、债务被豁免、债权债务混同或有其他正当理由的，可以向法院请求减少、变更或取消担保。第四，请求赔偿的权利。当海事请求人请求担保的数额过高，造成被请求人损失的，担保人可以请求赔偿损失。如请求人的债权只有10万元，却要求提供50万元担保，即可能造成被请求人不应有的损失，担保人有权求偿。

海事担保人的义务主要是确保担保的有效性，并在海事担保权人实行担保时，及时予以满足。具体说来，其义务有以下四项：第一，保证担保物的安全合法性。《海诉法》规定，担保的方式有提供现金或者保证、设置抵押或质押。当以现金方式担保时，特别是当以外币方式担保时，应为硬通货，并应经银行点数和辨伪，及时存入法院指定的账户。以物作抵押或质押时，应保证该物安全合法，违法物品或法律禁止流通物品不得作担保，如枪支弹药、国家文物、珍禽异兽、走私车辆等不得接受为担保物。《担保法》第三十七条规定的六类不得作抵押的财产[①]，都不可接受为海事担保物。第二，保证担保物的可交换性。设立海事担保之目的，是当海事担保权人的合法权益受侵害时，在物的担保的情况下，能通过实现担保物的交换价值而使受害权益得到补偿，因而担保物的可交换性就是必需的。担保物可交换并不要求该物必须能够自由流通，只要该物能通过拍卖等方式实现其交换价值即可，亦即国家限制流通的物也可作为担保物提交给法院或担保权人。第三，确保抵押权的物上代位性。由于《担保法》未规定抵押权的追及性，即未规定无论抵押物落入何人之手，抵押权人都可以在债务人不履行债务时对抵押物行使抵押权[②]，因此抵押权人的权利会受到一定的影响，抵押权的物上代位性

---

① 该规定已经被《中华人民共和国民法典》第三百九十九条"下列财产不得抵押：（一）土地所有权；（二）宅基地、自留地、自留山等集体所有土地的使用权，但是法律规定可以抵押的除外；（三）学校、幼儿园、医疗机构等为公益目的成立的非营利法人的教育设施、医疗卫生设施和其他公益设施；（四）所有权、使用权不明或者有争议的财产；（五）依法被查封、扣押、监管的财产；（六）法律、行政法规规定不得抵押的其他财产"取代。——编者注

② 《担保法》第四十九条的规定，似不应理解为对抵押权追及效力的肯认。《中华人民共和国民法典》对此作了改变，即第四百零六条规定："抵押期间，抵押人可以转让抵押财产。当事人另有约定的，按照其约定。抵押财产转让的，抵押权不受影响。抵押人转让抵押财产的，应当及时通知抵押权人。抵押权人能够证明抵押财产转让可能损害抵押权的，可以请求抵押人将转让所得的价款向抵押权人提前清偿债务或者提存。转让的价款超过债权数额的部分归抵押人所有，不足部分由债务人清偿。"

就显得特别重要。物上代位性是指抵押物因意外原因或第三人的行为而灭失或价值减损时，抵押权的效力及于抵押物的变形物和赔偿金。当抵押物变形或灭失时，海事担保人有义务使抵押权人基于抵押权的价值性而对抵押物行使物上代位权。第四，当以保证的形式为海事担保时，担保人不得为国家机关及学校、幼儿园、医院等以公益为目的的事业单位、社会团体。

三、海事担保与相关法律制度的比较

（一）海事担保与海上保险的区别及其竞合

两者都是针对未来的不确定的损害进行赔偿的法律制度，因而有一定的共通性。但两者仍然存在如下三项显性区别。

1. 是否在诉讼程序中设立的要求不同。海事担保是诉讼担保，必须在诉讼程序过程中才能设立，诉讼程序之外的担保皆非海事担保；而海上保险的设立与诉讼程序没有关系，且以诉讼程序外设立保险为常态，在诉讼程序内设立保险为例外。

2. 主体不同。海事担保的主体是海事担保权人和担保人，担保权人都是海事诉讼当事人，担保人也多为诉讼当事人，但亦可为案外人，如保险公司亦可作为担保人参与海事担保关系；担保人须具备法律规定的特定条件，并非任何人皆可充任。海上保险的主体是保险人和被保险人，保险人只能是具备法定条件的经营保险业务的保险公司，被保险人则是具有保险利益的任何自然人和法人。

3. 赔偿金的来源和方式不同。海事担保有物的担保，也有人的保证，但担保人清偿债务的资金都来源于担保人的财产，不具有社会性；除人的保证和现金担保外，物的担保都须以拍卖或变卖方式清偿债务，担保权人不能直接占有担保物或取得担保物的所有权，亦即不允许占有性担保①；当第三人为担保人时，第三人可以无偿提供担保，亦可收取一定报酬，凭双方协商而定。担保人代被担保人清偿债务后，可以向被担保人追偿。保险合同是射幸合同，若未发生保险事故，则所交的保险费不予退还，该保险费集合成保险基金；保险赔款中的保险金来源于众多投保人交付的保险费集合而成的保险基金，其来源具有社会性。

---

① 占有性担保，或称流质担保，是指在债权已届清偿期而未受清偿时，担保物的所有权移转于担保权人。占有性担保在简单商品经济条件下是允许的（参见王家福主编《民法债权》，法律出版社1991年版，第108页），但因其往往显失公平，有损债务人利益，故为多数国家特别是大陆法系国家所禁止。参见金兆华、王雪林《船舶抵押权析疑》，见金正佳主编《中国海事审判年刊·1999》，人民交通出版社1999年版，第247页之注释。

海事担保与海上保险都是对未来的不特定的损害进行赔偿，因而两者存在竞合可能，即可以在诉讼过程中以保险方式为未来不特定的损害进行担保。如请求人申请扣押船舶，并请求扣船后将船从甲港航至乙港看管，因该航程中的风险甚巨，请求人无力为此提供担保，法院因而指令其投保航次险，请求人的这一航次保险即是一种海事担保，两者发生竞合。在此例中，航次保险仍保留其海上保险的一切属性，若发生保险事故，则按保险法律规定处理。但是，从海事担保的角度分析，该保险亦符合海事担保的法律性质，即保险人以第三人身份成为海事担保人，投保人（海事请求人）是被担保人，被保险人（海事被请求人）是担保权人，保险人承诺由其赔偿船舶航行中的意外损害和其他风险所致的损害；保险赔偿对担保权人而言，仍然是损害赔偿责任的特殊保障和补充，但又具有相对的独立性。海事担保与海上保险竞合，使法定的或法院指定的海事担保责任可以有效地转移给实力雄厚的保险人，解除了海事请求人或被请求人作为担保人时担保能力不足的窘迫。与其他担保方式相比，这种方式只是多支出了一笔保险费而已，但担保能力的强大却是大多数担保方式所不可企及的；对保险人而言，此举又多辟了一个业务领域，因而海事担保与海上保险的竞合实为一种双赢的选择，故在审判实践中可视情况多多考虑通过保险竞合方式提供海事担保。

（二）海事担保与债的保全的区别

债的保全，即债的一般担保，是指债务人以其全部财产担保合同之债的履行。债的保全方法有债权人的代位权和撤销权两种。海事担保与债的保全的区别主要有以下四个。

1. 权利主体不同。海事担保的权利主体为特定的债权人，即因程序性海事请求错误而可能遭受损失的人。债的保全之权利主体为债务人的全部债权人。

2. 发生的条件不同。海事担保是对未来可能的赔偿或给付责任进行担保，只要存在这种或然性的责任，即可由法院指定或法律规定而成就海事担保。债的保全以债务人的恶意行为或懈怠行为已经实际害及债权人的债权为条件，若仅为可能害及债权人债权的，则不能行使代位权和撤销权。

3. 作用不同。海事担保所担保的权利具有优先受偿权，即优于其他不具有担保权的债权而先予受偿。债的保全的作用在于避免债务人财产因其恶意或懈怠行为而不当减少，债权人对通过行使代位权或撤销权而保留下来的债务人的财产并无优先受偿权，其他的债权人对此财产亦享有同样的受偿权。①

4. 是否专门通过诉讼实现权利不同。海事担保是诉讼过程中的担保，有法院介入，担保权人的优先受偿权因法院的力量而进一步得到强化，不必另行诉讼即可得以实现。而按照《中华人民共和国合同法》第七十三条②、第七十四条③之规定，债的保全中债权人行使代位权、撤销权时，必须通过专门的诉讼才能得以实现。

（三）海事担保与违约金和承兑的区别

海事担保与违约金的区别主要有两个：一是两者的功能不同。前者具有担保功能；后者是合同当事人按法律规定或合同约定，一方违约时向对方支付一定数额的金钱，具有促使债务人履行债务之作用，却无避免债权风险、保证债权实现之担保功能。二是是否具有惩罚性不同。前者所担保的是被担保人本应承担的法律责任，不具有惩罚性；后者实质是一种违约责任，是超越原债务的一种给付，因而具有明显的惩罚性。

海事担保与承兑的区别也有两个：第一，虽然海事担保突破了民事实体法债的担保的附随性规则，但当海事担保权人实行担保时，仍须有被担保的赔偿责任或给付责任合法存在，否则不得行使担保权。而承兑是一种票据行为，是承兑人以自己的信用向票据权利人作保，并在票据到期不获清偿时负付款责任的信用担保。承兑人具有担保人地位，根据票据行为无因性原则，票据设定的原因不影响承兑的效力。第二，海事担保人仅负第二位责任，即承担被担保的赔偿或给付的补充责任，被担保人承担第一位责任；而票据的承兑人是第一债务人，承兑人的付款具有无条件性。

---

① 传统民法理论如此，即所谓的"先入库，再清偿"的"入库规则"。参见彭万林主编《民法学》（第二次修订版），中国政法大学出版社1999年版，第579－581页。但《最高人民法院关于适用〈中华人民共和国合同法〉若干问题的解释（一）》第二十条规定，债权人有权直接受领通过代位权诉讼取得的财产，这似乎意味着对代位权诉讼取得的财产享有优先受偿权。

② 该条规定被《中华人民共和国民法典》第五百三十五条"因债务人怠于行使其债权或者与该债权有关的从权利，影响债权人的到期债权实现的，债权人可以向人民法院请求以自己的名义代位行使债务人对相对人的权利，但是该权利专属于债务人自身的除外。代位权的行使范围以债权人的到期债权为限。债权人行使代位权的必要费用，由债务人负担。相对人对债务人的抗辩，可以向债权人主张"取代。——编者注

③ 该条规定被《中华人民共和国民法典》第五百三十八条"债务人以放弃其债权、放弃债权担保、无偿转让财产等方式无偿处分财产权益，或者恶意延长其到期债权的履行期限，影响债权人的债权实现的，债权人可以请求人民法院撤销债务人的行为"取代。——编者注

诉前扣船案件中海事担保若干法律实务问题探析*

——兼谈海事担保的立法完善

谢辉程　邓非非　骆振荣

摘要：在《中华人民共和国海事诉讼特别程序法》（以下简称《海诉法》）所规定的使用海事担保①的程序中，海事请求保全程序中的海事担保使用最多，扣押船舶案件是海事请求保全案件中使用海事担保最多且最典型的一种。本文立足于《海诉法》及《最高人民法院关于适用〈中华人民共和国海事诉讼特别程序法〉若干问题的解释》《最高人民法院关于扣押与拍卖船舶适用法律若干问题的规定》关于海事担保的具体规定，通过梳理笔者所在海事法院诉前申请扣押船舶的案件，抽取出一些诉前扣押船舶案件中涉及的海事担保存在的较为突出和常见的争议问题，在现有的理论成果的基础上，有针对性地提出具体的实务处理意见，并就如何完善海事担保的立法提出建议。

关键词：诉前扣押船舶；海事担保；担保方式；完善立法。

引　言

航运市场面临的种种困难，使得各种矛盾的主体企求通过海事司法的手段保护自己的利益，海事请求保全案件尤其是诉前申请扣押船舶的案件骤然增多。海事担保规定本身存在一定的缺陷，如相关的法律规定比较简单，缺乏系统性②和实际操作性，使得海事法院在审理诉前扣押船舶案件的过程中对其适用时引发一些相应的问题，比如，海事法院在行使是否要海事请求人提供反担保的决定权时应依据什么原则或标准？《中华人民共和国海事诉讼特别程序法》（以下简称《海诉法》）规定的四种担保方式以外其他方式是否

---

* 本文修订于 2024 年 12 月。

① 指《海诉法》第六章规定的"海事担保"，其是对海事请求权的担保，即为满足特定程序需要的担保，不同于《海诉法》第六条第二款第（六）项规定的"海事担保纠纷"管辖中的"海事担保"。如无特别说明，本文所称"海事担保"均指《海诉法》第六章规定的"海事担保"。

② 海事诉讼担保的规定分散在《海诉法》第三章"海事请求保全"及第六章"海事担保"。

禁止？被请求人提供的担保是否应要求海事请求人确认？等等。

一、关于海事法院责令海事请求人提供反担保[①]

（一）提供反担保的主体

《最高人民法院关于扣押与拍卖船舶适用法律若干问题的规定》（以下简称《扣押与拍卖船舶司法解释》）第四条明确了"海事请求人申请扣押船舶的，海事法院应当责令其提供担保。但因船员劳务合同、海上及通海水域人身损害赔偿纠纷申请扣押船舶，且事实清楚、权利义务关系明确的，可以不要求提供担保"。应该说，在该司法解释施行之前，审判实践也是以要求提供反担保为原则，个别类型案件，主要是船员为索赔工资的请求权而申请扣押船舶的案件，才免除提供反担保。该司法解释明确了海事法院判断是否要求海事请求人提供反担保的标准，即以案件性质和海事请求人是否存在经济困难和精神损害为标准来判断，同时还必须事实清楚、权利义务关系明确。

问题是，对于有充分证据或有足够信誉的海事请求人，规定其提供担保责任是否太过严格。保险人、船东互保协会、银行、资信良好的大型企业申请扣船是否需要提供担保。而保险人、船东互保协会、银行、资信良好的大型企业作为第三人为海事请求人或被请求人提供的信用保证在实践中运用最广泛而且乐于被海事法院或海事请求人接受，这充分证明他们的信誉及承担赔偿责任的能力被大家认可。这类主体作为扣押船舶申请人时，海事法院是否有必要责令他们提供担保？值得注意的是，最高人民法院在其发布的《扣押与拍卖船舶司法解释》征求意见稿中，明确将"海事请求人资信良好，具有承担相应民事责任的能力且不存在执行障碍"作为不需要提供担保的例外情形之一，但在发布的定稿中删除了这一情形。笔者认为，海事法院要求海事请求人提供担保的目的就是确保在错误申请的情况下实现被请求人对损失的索赔权，既然海事请求人的赔偿责任能力被认可，那么这类主体作为扣押船舶海事请求人时，只要提供了初步证据证明其请求权，海事法院就似乎没有太大必要责令其提供担保。[②] 另外，实践中还出现过政府申请扣船，这种情况下政府是否需要提供担保。根据《最高人民法院关于适用〈中华人民共

[①] 有学者指出，反担保是担保法中的一个概念，它同海事诉讼中所说的反担保，在保证的对象、担保的目的等方面都是不同的。用这样的概念来概括申请人的担保是不准确的，应该将涉及的海事担保按照申请人的海事担保和被申请人的海事担保来概括比较好。详见关正义《海事诉讼中几个法律概念的辨析》，载《当代法学》2006 年第 1 期。笔者在此并不对"反担保"的概念作界定和分析，为了行文的方便，采用司法实践中常说的"反担保"来指海事请求人提供的担保。

[②] 张丽英教授持同样的观点。参见张丽英《船舶扣押及相关法律问题研究》，法律出版社 2009 年版，第 90 页。

和国民法典〉有关担保制度的解释》，政府不能作为担保法律关系的主体向其他民事主体提供担保。同时，要求政府以平等民事主体身份与他人订立担保合同，也会影响政府在行使公共事务管理权方面的公信力和形象。另外，要求政府在维护国家利益的情况下也要由企业或专业担保公司等为其提供担保，是一件不现实的事情。① 因此，政府以民事主体申请扣船不需要提供担保。

反担保是海事请求人对自己要求海事法院对被请求人的船舶扣押的合法性的保证，是扣押船舶错误的赔偿基础。据此，笔者建议，司法实践中要判断是否需要责令海事请求人提供担保应着重看两点：第一，证明海事请求权的证据；第二，海事请求人的资信以及赔偿能力。前者主要是判断扣押船舶的错误可能性有无及大小，要充分重视对海事请求人与被请求人之间债务的审查，根据能确定的事实和对责任的初步判断决定是否责令提供反担保；后者则是判断扣押船舶错误后海事请求人是否有能力赔偿被请求人。笔者认为，两者只要满足其一，即让法官心证确信错扣可能性小或即使错扣也能充分赔偿被请求人，那么，海事法院就没必要责令提供担保。前者的典型例子因海难事故、人身伤亡、船员工资要求等海事请求而提起的扣船申请，其损害和劳动的事实通常会经海上交通安全主管部门的介入、调查或处理，那么享有海事请求权就成为既定的事实，一般来讲，扣押船舶的错误可能性极小，故可以不责令提供担保。后者的典型例子是保险人、船东互保协会、银行、资信良好的大型企业作为申请人申请扣船时，因信誉良好，充分具有扣押船舶错误的赔偿的资本，因此可以不责令提供担保。海事法院在裁量扣船海事请求人是否需要提供反担保时，应避免强加给海事请求人沉重的费用负担使之无法通过扣押船舶保全海事请求权的法律目的。②

（二）海事法院何时决定是否要海事请求人提供反担保

法院何时决定是否要海事请求人提供担保涉及海事请求保全的效率，即法院如果在法定的时间内能及时作出决定，海事请求人也就能及时获准裁定保全。已往案例中也会看到由于法院未能及时决定是否需要提供反担保及提供的数额，申请扣押的船舶离开海事法院管辖区域的案件。这不仅会使很多海事请求人不愿到中国扣船，而且海事法院的国际声誉也会因此下降。

要解决这个问题，笔者建议，在紧急的情况下，可不要求海事请求人一

---

① 参见关正义《扣押船舶法律制度研究》，法律出版社2007年版，第111页。
② 参见周益、王圣礼《简评美国扣船制度》，载《重庆工商大学学报（社会科学版）》2006年第1期。

次性提供反担保，而是根据案件的具体情况，先确定一个较短的期限，让海事请求人提供此期间内因可能给被请求人造成的损失而所需的担保，然后在接受了海事请求人的反担保并控制了保全财产的情况下，由法院再就错误申请的可能性以及全部反担保的数额作出决定。这样既可以控制保全财产，又可以使债务人的权益得到相应的保障，还可以赢得时间，从而能够从容地作出比较公正的裁决。笔者所在海事法院的诉前扣押船舶案件实践中，曾经允许海事请求人暂时提供金额为 3 天以上的船期损失及其他费用的反担保。在期限（如 3 天）届满后，责令海事请求人追加反担保，否则释放船舶。

二、关于海事请求人和被请求人提供担保的方式

（一）海事请求人和被请求人提供担保方式的基本情况

审判实践中，无论是海事请求人提供的担保还是被请求人提供的担保，保证占绝对多数。保证人一般限于具有良好的商业信誉并具有相当经济实力的金融机构（包括保险公司、银行、船东保赔协会①）以及资信比较好的大型企业。

在实践中，设置抵押或质押的担保方式未得到广泛运用，《海诉法》没有规定的担保方式却被大量使用。比如近年来，保险公司出具的诉讼财产保全责任保险保函更加普遍成为担保新方式。在以往的海事审判实践中，海事请求人提供房产、船舶和车辆的，并不是以设置抵押或质押的方式在其上设定担保，而是通过海事法院裁定查封房产或车辆、限制船舶处分或抵押这种方式设定担保。这种担保方式在《海诉法》目前的规定下找不到依据。

（二）审判实践中关于担保方式的常见问题及建议

1. 海事请求人或者被请求人为自己提供的保证是否可以接受。调研过程中，海事请求人自己提供的信用保证也较常见，担保函或扣船申请书中通常会写明"海事请求人愿因扣船错误给被请求人造成的经济损失在××（具体数额）内承担赔偿责任"。笔者认为，海事请求人或者被请求人为自己提供的保证不应被接受。理由是：根据《中华人民共和国民法典》的规定，保证人必须是除债权人和债务人以外的其他人。之所以需要出具担保，就是因为不相信债务人的信誉或者对方没有可靠的信誉。债务人以自己的财产保证承

---

① 蒂莫西·沃克（Timothy Walker）法官给协会保函的优点作了精辟的归纳：（1）在谈判数额上迅速快捷；（2）不需要实际支付现金或提供银行担保；（3）谈判选择管辖权；（4）避免扣船造成的延误、花费和不便；（5）为索赔人无风险地持续担保。The Oakwell ［1999］1 Lloyd's Rep. 249 at p. 253. 转引自王晓晖《全球视野下的扣船制度与中国扣船制度解读》，上海海事大学硕士学位论文，2006 年。

担造成他人损害的赔偿责任,当属民事主体应当具备的责任能力,而非法律所规定的担保制度中的保证。① 因此,法院不能将"海事请求人愿因扣船错误给被请求人造成的经济损失在具体数额内承担赔偿责任"识别为保证。否则,一旦发生错误扣船,只会徒劳增加是在海事请求人提供的限额保证内先执行,还是执行伊始就对海事请求人所有的财产予以执行直到执行完毕的困惑,虽然最终执行效果是一样的,即对其所有财产予以执行直至完毕。笔者建议,当事人自己提供的这类"保函",一律不识别为保证,不在扣船裁定书中记载"海事请求人已向本院提供适当担保"。

由于接受当事人为自己提供"保函"的主体一般是船东互保协会、银行、资信良好的大型企业等,笔者认为,不能过于注重担保的形式化,只要资信可靠,这类主体申请扣押船舶时就可以不责令其提供担保。

2. 向海事法院提交担保是否均应附担保函。在目前的实务操作中,当事人只在提供保证(信用担保)时,才提供担保函。提供的现金或者实物担保的,一般不提供担保函。笔者建议,向海事法院提交担保,不论何种担保方式,均应附担保函。理由有二:其一,要求担保人提供担保函,在其中明确担保事由、被担保人,以及其所担保的债权数额、担保责任范围、担保期间等事项,就能避免在以后执行海事担保时,对上述事项发生争议;其二,可以避免在没有书面的担保函的情况下,法院对第三人提供的财产采取保全措施如冻结银行账户、查封房地产等时缺乏依据。

3. 限制特殊动产和不动产处分或抵押的担保方式是否合法。调研案例中,海事请求人提供房产、车辆、船舶等财产担保的,法院作出"查封裁定书",以扣押有关财产权证照并通知有关产权登记部门不予办理该项财产的权属变动、抵押手续等的方式设定担保。目前《海诉法》并没有给予上述做法以依据。笔者建议,《海诉法》应该增设以扣押有关财产权证照并通知有关产权登记部门限制财产处分或抵押为担保方式。理由有三个:其一,以设置抵押、质押的方式设定担保需要办理抵押登记,而抵押登记往往需要较长的时间,但诉前扣押船舶时间比较紧迫,完全依照抵押登记的程序办理担保往往难以做到。因此,以限制财产所有人处分或抵押的方式设定担保较为简便快捷,鉴于海事法院已实际接受以限制财产处分或抵押的担保方式,这就表明题述担保方式在审判实践中具有很强的实用性。其二,《海诉法》规定了海事担保的方式,但法律对以其他方式设定海事担保并无禁止性规定。在

---

① 关正义:《扣押船舶法律制度研究》,法律出版社2007年版,第103页。

判断担保能否接受所应采取的标准是担保的可靠性和充分性,而不能拘泥于担保的方式。以限制所有人处分财产的方式设定海事担保充分、可靠、便捷,在审判实践中具有很强的实用性,应作为一种法定的担保方式加以规范①。其三,因海事法院须将有关财产权证书收存,使抵押人无再次设定抵押及将财产出质的可能。在海事法院经审查查明有关财产未设置抵押并决定接受担保后,海事法院会及时向产权登记机关发出协助执行通知书,通知产权登记机关,不得办理担保财产的过户、抵押登记等手续。这种协助执行通知书实质上起到海事请求保全的作用,等于查封了担保房产和车辆,活扣押了担保船舶。

当事人提供车辆、房产和船舶等财产担保的,法院一般采用查封的方式,但是查封财产的裁定应该与扣船的裁定分别作出,最好不要合并在一个扣船裁定中。查封前,应调查该不动产有无抵押的情况,除非抵押所担保的债权额明显小于不动产的价值,且其差额可以满足担保的金额,通常不接受已经设置抵押的不动产担保。另外,以限制所有人处分或抵押的方式设定海事担保,财产所有人必须出具担保书,担保书应载明担保事由、担保的债务、数额、担保财产、履行的条件等项,最重要的是担保人必须明确表示自愿限制其对财产的处分,并将财产权证书(并非必须随船、随车的证书)交由海事法院收存。

如果将限制特殊动产和不动产处分或抵押的担保方式在立法中明确规定还不成熟,那么为了避免实践中的困惑,建议将《海诉法》第七十三条第二款规定的"提供担保的方式"后增加"可以"两字。

4. 以提供现金、设置抵押或质押的方式提供的担保是否具有担保物权性质。设置抵押与质押如本文前述在海事诉讼中几乎未得到运用,这不仅是因为设定程序比较复杂,海事请求人、被请求人提供担保都有时间限制,更因为并没有在抵押物或质押物上成立担保物权。现金属于质押的一种标的物②,本文接着将其纳入质押方式讨论。笔者建议,法律应明确规定:以提供现金、设置抵押或质押的方式提供的担保具有担保物权性质,担保权人具有优先受

---

① 许俊强:《以限制所有人处分船舶的方式设定海事担保》,载《世界海运》2005年第4期,第38页。

② 有学者指出,将一笔现金交给债权人作为债的担保,则该笔现金已经特定化,可以作为质押的标的。参见王利明《物权法论》,中国政法大学出版社2003年版,第747页。鉴于现金担保在海事诉讼担保中使用的广泛性,为便于当事人继续选择使用,建议立法中继续保留,但理论上应该明确现金属于质押的一种标的物。

偿权。

《海诉法》将抵押和质押规定为海事诉讼担保方式，实质上是在程序法上创立了物上权利。抵押和质押作为担保物权，具有优先性，当被请求人向法院提交实物取代被扣船舶时，必然会在该物上设定抵押权或质权。这与我国现行的强制执行制度中的平等原则及财产保全理论不一致。① 笔者认为，在当前的条件下，海事司法的强制执行制度在坚持平等原则的同时，应在程序法中明确规定因诉前扣押船舶以提供现金、设置抵押或质押的方式提供的担保具有担保物权性质，担保权人具有优先受偿权。理由在于：（1）明确规定实行强制执行优先原则更能体现公平。从权利义务角度讲，应该实行优先原则。例如，在诉前扣船中，在要求海事请求人提供担保的情况下，在担保期间，海事请求人与其他债权人相比，会有一部分利益损失，而且海事请求人申请错误，造成错误扣船的，还应当赔偿被请求人因此而遭受的损失，而这些损失及风险是其他债权人所不会遭受的。从该理论出发，海事请求人应当享有优先受偿权，这实质上也是公平的体现。从程序公平观出发，强制执行优先原则更能实现债权人平等，这主要是因为债的执行与自愿清偿在清偿债的效果相同。② 强制执行是通过公权力形成依法执行程序强制债务人清偿，但它与自愿清偿有异曲同工之效，都是为了保护债权人的利益。既然在自愿清偿情况下，受偿有先后，那么强制清偿也应该允许有先后。（2）明确规定实行强制执行优先原则更能简化执行程序，提高执行效率。债权人以强制执行时间的先后而取得优先受偿权，程序简明，债权人只要有执行根据，强制执行的功能就能得到迅速发挥。（3）有立法先例。我国台湾地区在强制执行程序中也是坚持平等原则，但其在所谓的"程序法"中明确规定在财产保全提供的担保上设定法定抵押权或质权。③

总之，对以提供现金、设置抵押或质押的方式提供的担保采取优先受偿的原则，既符合当今强制执行制度的发展趋势，又体现公平原则，还能简化执行程序。但是，鉴于因诉前扣押船舶而取得的担保并非当然具有担保物权性质，笔者建议法律应明确规定，因诉前扣押船舶以提供现金、设置抵押或

---

① 强制执行原则与财产保全理论是相对应的，在案件实体问题审理后涉及强制执行时采取原则有三种立法例：优先原则、平等原则及折中原则。我国采取的强制执行平等原则，与此相应的财产保全并非为了保证个别债权人将来判决的执行，而是为了保证所有债权人将来判决的执行。

② 参见曲波《论诉前扣押船舶》，载《中国海商法年刊》（2007）第18卷，大连海事大学出版社2008年版。

③ 参见曲波《论诉前扣押船舶》，载《中国海商法年刊》（2007）第18卷，大连海事大学出版社2008年版。

质押的方式提供的担保具有担保物权性质,担保权人具有优先受偿权。

（三）完善立法建议

综上所述,笔者建议将《海诉法》第七十三条第二款修改为:"担保的方式可以为提供保证或现金、限制特殊动产和不动产处分或抵押、设置抵押或质押等;向海事法院提供任何形式的担保应同时提交担保函。以提供现金、设置抵押或质押的方式提供的担保具有担保物权性质,担保权人具有优先受偿权。"

三、关于担保的提交对象

（一）海事请求人和被请求人担保的提交对象的基本情况

《海诉法》第七十四条规定:海事请求人的担保应当提交给海事法院。实践中,反担保应向且都向海事法院提交,这主要是由于反担保更多意义上是法院对海事请求人滥用诉权的防止,其方式、数额都是由海事法院决定的,且责令提交当时担保的债权人是不确定的。

被请求人几乎只向海事法院提供担保。按照《海诉法》第七十四条规定,被请求人提供的担保可以提交给海事法院,也可以提供给海事请求人。实践中被请求人向海事请求人提供担保的案例寥寥,原因之一可能在于海事法院在扣船裁定书中只记载"责令被申请人向本院提供具体数额的担保"而未明确可以向海事请求人提供。

（二）审判实践中关于担保提交对象的问题及实务处理建议

虽然法律规定被请求人的担保可以提交给海事法院,也可以提交给海事请求权人,海事法院和海事请求人都具有审查权,但实践中却通常只提交给海事法院。这极易引发问题,原因有二:其一,对于一些海事请求人不同意接受的担保,海事法院强行依《海诉法》第七十五条赋予法院在对被请求人提供的担保在当事人协商不成时的最终决定权而裁定接受该担保,会造成海事请求人同法院之间的矛盾。① 若最终发生不能执行的情况,按照现行法律制度,则由请求人来承担执行不能的风险,请求人与海事法院的矛盾会进一步加深。其二,当合同中明确订有仲裁条款或当事人双方事后约定仲裁解决争议,又或者有有效的管辖协议时,被请求人的担保如果交由扣船法院掌握,就产生了对掌握在扣船海事法院手中的担保如何处置问题。②

笔者认为,在诉前扣船的情况下,被请求人提供的担保应由海事请求人

---

① 参见关正义《重构海事请求保全制度若干问题的思考》,载《法律适用》2005年第7期,第84页。

② 参见吴南伟《诉讼前扣押船舶的担保问题浅议》,载《法律科学》1989年第6期。

确认并接受。被请求人提供的担保,其方式和数额主要由海事请求人和被请求人协商决定,协商不成的才由海事法院决定。海事法院应弱化在被请求人提供担保制度中的职权干预,如果当事人能够自力解决达成一致意见的,则应给予当事人合理行使权力的自由,因为法院同当事人在船舶扣押法律关系中是一种协同的关系,① 诉讼的最终法律后果仍是由当事人承担的。

但有些案件,海事请求人接受了被请求人提供的不可靠担保而最终达不到保全其海事请求的目的。在这种情况下,海事法院审查担保的可靠性就对海事请求人意义重大。比如被请求人的名称未查明的情况下,船东提供的担保函只是表明为船东的法律责任担保,但承担法律责任的可能是光船承租人。鉴于此种情况,应赋予海事请求人要求或双方当事人协议提交给法院保管的权利。此时,被请求人提供的担保仍应要求海事请求人予以确认。如果海事请求人不确认,应要求海事请求人出具书面意见,说明不确认的理由,由法院审查,作出决定。一般应要求被请求人按海事请求人的要求出具担保。如果海事请求人要求过于苛刻,则法院可作决定。

(三) 完善立法建议

笔者建议,为了澄清审判实践中的困惑,法律有必要明确规定:在诉前扣船的情况下,被请求人提供的担保应由海事请求人确认并接受。海事请求人要求或双方当事人协议提交给法院保管的或者海事请求人请求海事法院保管的,可以提交给海事法院,但海事请求人应予以确认;不予确认的,请求人应书面说明理由,最终由海事法院决定。

四、关于反担保和被请求人担保的数额

(一) 海事请求人和被请求人提供担保数额的基本情况

法官责令海事请求人提供担保数额的标准非常模糊。反担保提供就是为了实现因错误申请遭受损失的被请求人的合法索赔权。实践中,海事法院应该如何确定损失,即界定损失的范围有三种不同做法:其一,以请求人请求数额为依据。《最高人民法院关于适用〈中华人民共和国民事诉讼法〉若干问题的意见》第 98 条规定:"人民法院依照民事诉讼法第九十二条、第九十三条规定,在采取诉前财产保全和诉讼财产保全时责令海事请求人提供担保的,提供担保的数额应相当于请求保全的数额。"如何看待《海诉法》第七十六条第二款的规定与上述条文之间的关系?笔者认为,基于特别法优先于一般法适用的层级效力原则,对于担保具体数额的确定应当依据《海诉法》

---

① 参见张丽英《船舶扣押及相关法律问题研究》,法律出版社 2009 年版,第 308 页。

的规定，即依据被请求人或者利害关系人因错误扣船遭受的损失计算，而不能要求海事请求人提供的担保数额相当于其请求保全的数额。其二，以被扣船舶30天的期租租金为依据。根据《海诉法》及其相关司法解释，海事请求人提供的担保金额应包括因船舶被扣押期间产生的各项维持费用与支出、船期损失以及被请求人为使船舶解除扣押而提供担保所支出的费用。海事请求人为申请扣押船舶提供限额担保的情况下，在扣押船舶期限届满时，未按照海事法院的通知追加担保的，海事法院可以解除扣押。司法实践中，法院一般要求海事请求人提供扣船30天船舶的船期损失，一些案例显示，船期损失通常以船舶被扣押之日的市场日租金为计算依据[1]；变通的做法是在紧急的情况下，海事法院责令海事请求人提供金额为3天以上的船期损失及其他费用的反担保。在期限（如3天）届满后，责令海事请求人追加反担保，否则释放船舶。其三，以提供担保所发生的费用加上提供担保所需的合理时间内的船期损失为依据。在英美法系国家，船东只有权索赔提供担保的费用，理由是船舶应当可以通过提供充分的担保以使被扣押的船舶获释。[2] 也就是说，海事请求人的责任范围以被请求人提供担保而可能发生的费用为限。因为扣押船舶作为一种保全措施，其最终的目的是获得担保而不是滞留船舶本身，作为因船舶扣押而遭受损失的船方理应负有减少损失的义务而提供担保。因此，有学者建议，将船方因船舶扣押而遭受的损失界定在提供担保所发生的费用加上提供担保所需的合理时间内的船期损失的范围之内[3]。前者是现有财产的减少，后者是预期利润的损失。

比较分析上述三种做法后，笔者认为，应采取以被扣船舶30天的期租租金为依据的标准界定被请求人损失的范围。海事法院若责令提供反担保，应给海事请求人发责令提交反担保通知书，并在其中明确反担保数额的计算依据。这样做不仅是自由裁量权的自我监督，更有利于尽快地统一责令海事请求人提供反担保的做法。

《扣押与拍卖船舶司法解释》第五条第二款只是原则性地规定了"船舶扣押后，海事请求人提供的担保不足以赔偿可能给被请求人造成损失的，海事法院应责令其追加担保"，对何种情形下应当追加反担保未作出细节化的规定；关于海事请求人能否分批提供担保，《扣押与拍卖船舶司法解释》发

---

[1] 参见金正佳主编《海事诉讼法论》，大连海事大学出版社2001年版，第269页。
[2] 参见刘小娜《船舶扣押制度若干问题的研究》，大连海事大学硕士学位论文，2003年。
[3] 参见李海《船舶物权研究》，法律出版社2002年版，第261页。

布稿删除了征求意见稿中关于"情况紧急时,可以允许海事请求人分批提供担保"的规定,似乎对此问题仍持否定态度。

笔者建议,法律应该明确规定海事请求人提供的担保的费用为扣押船舶30天的费用。在海事请求人为申请扣押船舶提供的是限额担保(如30天),而扣押船舶的时长因为海事请求人提起诉讼和被请求人未提供担保而超过30天的情况下,此时的被扣押船舶将处于无海事请求人担保的状态。应该认为,发生上述不利情形乃被请求人未提供担保义务而导致,即使需要海事请求人预先支付该扣船期间的费用,也应认定,无论是否错误扣船,其都可以向被请求人追偿从扣船期限30天满之日起至最终放船之日所提供担保的费用。否则一旦诉讼时间过长,而被请求人又始终不提供担保,对于海事请求人来说,岂非意味着可能就要不断地追加担保的数额,这对海事请求人来说显然是不公平的。

(二)被请求人是否有权利对海事请求人担保的内容提出复议

根据《海诉法》规定,海事请求人申请扣押船舶时是否要提供担保,以及提供担保的类型、数额等都由海事法院决定。之所以由法院决定上述事项主要是因为海事请求人在提供担保给海事法院前不能与被请求人沟通和协商,如果被请求人知晓,那么一方面在未发出扣船裁定时打草惊蛇,另一方面被请求人基于海事请求人提供担保后法院会裁定扣船的后果一般不会同意海事请求人提供的担保。现状是,被请求人对海事请求人担保的具体情况,如提供担保的方式、数额、承担责任的条件等通常是不知晓的。被请求人在扣船裁定公告前不知晓关于海事请求人提供担保的事项,那么其是否有权在扣船裁定公告后,对基于法院的职权而责令海事请求人提供的反担保的数额、方式和承担责任的条件等申请复议?

笔者认为,基于被请求人是海事请求人提供担保的法律关系的一方,且法律赋予被请求人就海事请求保全裁定申请复议的权利,因此,其应当享有对海事法院作出的有关反担保的裁决内容提请复议的权利。具体来说:

1. 依据海事请求人提供反担保形成的担保关系的双方主体身份,被请求人有权利知晓并复议。有学者指出,海事请求人提供的担保是在海事法院和海事请求人之间形成的一种担保关系,即海事法院根据海事请求人的申请,通过行使司法权力扣押被请求人的船舶,而海事请求人承担海事法院行使该项司法权力错误时的对外赔偿责任。如果海事法院没有责令海事请求人提供担保,在发生错误扣押船舶的情况下,首先要通过对海事请求人财产的执行来保证对被请求人的赔偿责任;如果不能用执行海事请求人的财产赔偿被请求人的损失,法院就要自行承担赔偿责任。① 因此,在仅凭程序性审查就同意海事请求人扣押船舶的请求,发生错误扣船后所要承担的责任是民事赔偿责任,而不是经过完整的诉讼程序后出现错判的国家赔偿责任。

如果按此推理,那么,被请求人也就没有必要知道并对海事请求人是否提供了反担保、反担保的类型以及数额等提出异议。因为在海事请求人提供的担保关系中,海事法院是海事请求人的担保人,发生扣船错误而责令的反担保不可靠或未责令提供反担保,在海事请求人无力承担时,被请求人可以请求法院来承担责任。试想,若法律制度真如此创设,虽最大限度地保证了海事请求人和被请求人的权益,却过分加重了海事法院的责任。② 海事法院毕竟属于国家机关,并非民事主体,其在民事诉讼中的作用是代表国家凭借国家强制力解决民事主体间的争议。因此,若将海事法院的责任等同于一般民事主体的责任必然使其不堪重负,而且也有违诉讼制度的初衷。另外,如果海事法院因为海事请求人提供的担保不可靠或未责令提供反担保而最终承担民事责任的话,法律赋予海事法院对是否责令提供反担保的自由裁量权的规定就形同虚设,因为海事法院为了避免承担责任,会要求海事请求人提供极其充分的担保。这样做的直接后果就是大大增加了海事请求人通过诉前扣船程序保全海事请求的难度,诉前扣船程序的作用也会被极大地限制。

法院与当事人在船舶扣押法律关系中是一种协同的关系。③ 笔者认为,海事请求人提供的担保是在海事请求人和被请求人之间形成的一种担保的关系,只要海事法院尽到了自己的程序审查的义务,被请求人就要承担错误扣船下执行不到的后果,因此被请求人应当享有对海事请求人提供的担保内容的复议权。

2. 依据《海诉法》第十七条的规定,被请求人对扣押船舶裁定书的内容不服的,可以申请复议。

《海诉法》第十七条第一款规定:"海事法院接受申请后,应当在四十八小时内作出裁定。裁定采取海事请求保全措施的,应当立即执行;对不符合海事请求保全条件的,裁定驳回其申请。"第二款规定:"当事人对裁定不服的,可以在收到裁定书之日起五日内申请复议一次。海事法院应当在收到复议申请之日起五日内作出复议决定。复议期间不停止裁定的执行。"由此可知,当事人对裁定不服的,应该是指对整个裁定书的内容申请复议,而不仅

---

① 参见关正义《扣押船舶法律制度研究》,法律出版社2007年版,第106页。
② 参见徐敏、阚琳琳《论海事担保制度中海事法院的职权》,载《世界海运》2003年第1期。
③ 参见张丽英《船舶扣押及相关法律问题研究》,法律出版社2009年版,第308页。

仅是对采取保全措施或不采取保全措施的裁定。实践中，已有不少案例出现被请求人就海事请求人提供的担保提出复议申请；在调研案例中，共有43宗案件被请求人提出复议申请，占所有案件数的15.5%。笔者发现，在这些复议案件中，被请求人都会对海事请求人提供的担保提出异议，或认为没有责令海事请求人提供担保①，或认为海事请求人的担保不足以承担扣船错误时的责任。基于自由裁量权可能被滥用，有必要允许被请求人对海事法院作出的有关反担保的裁决内容提请复议，这也同样有利于海事法院统一责令海事请求人提供担保的操作。

被请求人对海事法院作出有关反担保的裁决内容提请复议的前提是，海事法院关于请求人提供反担保的数额、类型、承担责任的条件等，是通过扣船裁定书或者单独的财产查封裁定书等告知了被请求人。笔者认为，为保证被请求人就扣船裁定书中的反担保内容提出异议的权利，法律有必要明确规定，扣船裁定书中应清楚地写明海事请求人是否提供了反担保、提供的反担保的类型、数额等。有一种情况是可以放宽要求的：如果海事请求人提供的是房产、车辆、船舶等不动产和特殊动产作担保，海事法院在作出财产查封裁定并将其送达给被请求人的情况下，扣押船舶的民事裁定书中只写明海事请求人已向本院提供了担保也是可以的，因为被请求人已经知晓了海事请求人反担保的具体内容。即使在这种情况下，裁定书中也应写明"海事请求人已提供了担保"，这要在实践中具体把握，不宜上升到法律规定层面。

（三）被请求人提供的担保是否必须以船价为限

《海诉法》第七十六条规定，海事请求人要求被请求人就海事请求保全提供的担保的数额，应当与其债权数额相当，但不得超过被保全的财产价值。司法实践中，在有很多海事请求人对同一船舶提起扣船申请时，虽然每个扣船海事请求人的债权数额和要求的担保数额不超过船舶价值，但在债权的总额和要求的担保总额远远超过船舶价值的情况下，被请求人是按照海事法院的裁定分别为每个海事请求人提供担保从而使得担保总额超出船价，还是为全部海事请求人提供以被扣押船舶的船价为基础的担保引起了争议。

国内一些学者对以船价为限持支持态度，其理由总结起来有以下四个：（1）担保物为被扣押船舶的替代物，即以另一物代替被扣押船舶，那么实际上为等价交换，所提供的物与船舶价值应一致。（2）如果被请求人未提供担

---

① 有些案例，虽然海事请求人提供了反担保，但在扣船裁定书中未记载。这也会引起被请求人的误解认为没有提供反担保。

保，被扣押的船舶就会被强制拍卖，所得价款最多也只能是船舶价值，其中还要扣除与司法拍卖相关的高额费用，这必将损害海事请求人与被请求人双方的利益。（3）实践中，大多数请求人要求的担保金额都高于其实际的债权额，如果放任请求人随意要求担保金额，势必损害被请求人的合法利益。在因请求人要求的担保金额过大而被请求人又无力提供的情况下，还可能导致船舶被拍卖的严重后果。（4）船东提供船价担保并不意味海事请求人的索赔限额为船价，执行中还是可以再扣押船舶的。①

然而，有更多的学者对海事请求人提供的担保金额的船价限制规定提出质疑。② 反对的理由归纳起来也有四个：（1）过于保护被请求人，限制了请求人的议价能力；（2）海事请求人可能会因为被请求人提供担保不充分而再次申请扣押船舶；（3）可能为不履行生效法律文书的债务人提供逃避债务的借口与机会，损害债权人的合法权益；③（4）证明船舶价值的举证责任在于被请求人，而非海事请求人。被请求人为了证明船舶价值，可能会消耗许多时间，造成不必要的船期损失。

笔者认为，若同意仅仅以船舶价值作为担保数额提供给所有海事请求人，虽然这里涉及的只是担保的数额，并非被请求人的责任也限制在船舶价值以内，但无疑使被请求人变相地享受以船舶价值而不是以法律规定计算方法计算出海事责任限制金额的权利。因此，笔者认为不应将被请求人提供的担保限制在船价以内，建议将《海诉法》第七十六条第一款的但书部分删除。

五、完善立法建议

如上所述，应该明确规定海事请求人提供的担保的费用为扣押船舶 30 天的费用。另外，因为《海诉法》第七十五条已规定"海事请求人提供的担保，其方式、数额由海事法院决定"，所以，第七十六条第二款"具体数额由海事法院决定"可以删掉。笔者建议将《海诉法》七十六条第二款修改为："海事请求人提供担保的数额，应当相当于在本法规定的海事请求保全期间内因其申请可能给被请求人造成的损失。"

另外，如前所述，笔者建议将《海诉法》第七十六条第一款的但书部分删除，如果暂时不能删除，则建议新增条款表明若海事请求人和被请求人关

---

① 参见邬先江《论 99 国际扣船公约对我国的影响》，载《中国海商法年刊》（1999）第 10 卷，大连海事大学出版社 2000 年版。

② 参见石虹《完善我国扣船制度相关问题研究》，大连海事大学硕士学位论文，2002 年。

③ 参见张贤伟《论再次扣船》，载《中国海商法年刊》（2002）第 13 卷，大连海事大学出版社 2003 年版。

于被请求人提供担保的方式和数额达成一致协议的，不受《海诉法》第七十六条第一款的限制。因此，笔者建议新增条款："海事法院作出的关于海事请求保全的裁定中应当载明是否责令海事请求人提供担保以及海事请求人提供担保的方式、数额，也应载明责令被请求人提供担保的数额。海事请求人和被请求人关于该担保的方式和数额达成一致协议的，不受《海诉法》第七十六条第一款的限制。"

· 第十一编 ·

海 事 执 行

海事债权登记与受偿程序的若干问题与完善进路

徐春龙　陈文志

摘要：本文针对海事债权登记与受偿程序制度，采取价值分析和实证分析的方法，以现行法律规定和海事审判实践为切入点，梳理了该制度在价值功能、程序衔接以及规则调整对象层面的问题，提出了坚持问题主义导向、以破产法为参照系充实旧有制度、扩大既有规则调整范围、将"物"的破产与"人"的破产密切关联、创设上诉许可等新机制、扩容制度功能等完善建议。

关键词：海事诉讼；债权登记；受偿程序；制度完善；机制创新。

一、多维梳理：债权登记与受偿程序存在的主要问题
（一）文本价值与实际功用不符：效率价值颇受争议

债权登记与受偿程序借鉴《中华人民共和国企业破产法（试行）》关于企业破产宣告与清算制度的相关精神，旨在实现特定海事债权的迅捷受偿。尽早平息争诉、提高审判效率、节省审判资源是债权登记与受偿程序的价值定位。①但前述制度能否实现设定的"效率"价值，争议颇多。有观点认为，应废除确权诉讼一审终审，实行二审终审。主要理由是：给付之诉应适用两审终审；重大疑难复杂案件层出不穷，一审终审不够慎重，当事人丧失审级利益；诸多例外情形以及债权实际分配过程中的"预留份"使款项分配的效率无法实现。②从现状看，排除适用"一审终审"制的案件越来越多。根据《最高人民法院关于扣押与拍卖船舶适用法律若干问题的规定》（以下简称《扣押与拍卖船舶司法解释》）第二十条、第二十一条以及《最高人民法院关

---

* 本文获第 28 届全国海事审判研讨会二等奖、广州海法论坛一等奖，原载于《世界海运》2022 年第 10 期。

① 参见关正义、郭凌川《海事确权诉讼的审级设置问题》，载《人民司法》2005 年第 8 期，第 88 页。

② 参见于耀东《海事诉讼法登记债权的确权程序中的几个问题》，载《中国海商法年刊》（2006）第 17 卷，大连海事大学出版社 2007 年版，第 319 页。亦可见李艳秋《海事纠纷之确权诉讼研究》，西南政法大学硕士学位论文，2015 年，第 24－26 页；吴胜顺《〈海诉法〉债权登记与受偿程序缺陷及制度重构》，载《中国海商法研究》2018 年第 2 期，第 20 页。

于审理海事赔偿责任限制相关纠纷案件的若干规定》(以下简称《责任限制规定》)第十条、第十一条的相关规定,需要判定碰撞船舶过失程度比例的案件、债权人主张责任人无权限制赔偿责任并以书面形式提出的案件等一系列案件均不适用确权诉讼。前述大量的"例外"案件,在债权登记后很长时间内无法确定终局生效裁判,[①]导致确权诉讼设定的效率价值严重"打折"。

（二）机制闭合僵化：与破产法存在冲突且衔接不畅

近年来,拥有船舶的企业破产数量有所增加。企业破产由《中华人民共和国企业破产法》(以下简称《破产法》)及其相关司法解释予以调整。根据《破产法》规定,企业破产申请被受理后,实行集中管辖原则。在涉及被拍卖船舶或者基金的案件时,破产法规定的集中管辖与海诉法规定的专门管辖存在冲突,此种冲突表现在财产保全、案件管辖、案件审理、债权受偿（执行）等多个层面。《中华人民共和国海事诉讼特别程序法》(以下简称《海诉法》)对因船舶拍卖和基金设立引发相关法律问题的规定相对独立、闭合,目前《海诉法》及其相关司法解释也未明确规定《海诉法》债权登记与受偿程序、破产程序如何衔接,更未规定两者冲突时如何处理。相关法律规范的"失位",导致司法实践中冲突不断。

（三）应对实践不力：规则"缺位"

《海诉法》施行之后,实践中出现了很多新问题。为了及时回应海诉法未予明确的相关问题,最高人民法院先后出台了《最高人民法院关于适用〈中华人民共和国海事诉讼特别程序法〉若干问题的解释》(以下简称《海诉法解释》)、《责任限制规定》以及《扣押拍卖船舶等司法解释》等。但航运实践走得永远比制定法更为迅速。近年来,实践中出现了很多新情况,需要新规则予以回应。

1. 债权登记层面。(1) 可准予登记的债权范围不明。(2) 生效裁判未载明海事债权的性质、具体数额或计算方法,如何处理不明。(3) 地方人民法院违反专门管辖或其他海事法院违反集中管辖作出的生效裁判的效力。(4) 未到期债权以及附条件、附期限的债权能否作为海事债权申请债权登记不明。(5) 申请登记的债权范围是否及于利息请求不明。(6) 在债权登记届满日之后船舶拍卖成交后新发生的涉船债权能否申请债权登记不明。(7) 逾期申请债权登记的处理方式不明。

---

① 本文的"生效裁判"指向《海诉法》第一百一十五条规定的"判决书、裁定书、调解书、仲裁裁决书或者公证债权文书"。为行文简洁,本文下述的"生效裁判"中,涉及法院作出裁判的,指向判决书、裁定书和调解书;仲裁机构作出仲裁的,指向仲裁裁决书。

2. 确权诉讼层面。（1）"一审终审"适用范围的合理性存疑。共同海损，污染海洋环境，破坏和污染海洋、通海可航水域环境、水域生态，海洋或者通海可航水域开发利用，海洋和通海可航水域工程建设，海难救助等具有重大疑难复杂的案件，是否也需要排除适用确权诉讼程序？（2）管辖权存在冲突，实践操作不一。① 《海诉法》第十九条和第一百一十六条第一款、《海诉法解释》第八十九条、《责任限制规定》第四条第二款等管辖规定相互冲突，在司法实践中较难掌握。（3）审理程序规定不够明晰。一是当事人在公告确定的债权登记期限内先提起诉讼后，申请债权登记适用何种程序审理？基金设立前已经进行的诉讼，在基金设立后适用何种程序审理？基金设立后，协议管辖法院受理当事人之间的纠纷适用何种程序审理？当事人的债权既包括限制性债权也包括非限制性债权时，如何适用审理程序？二是当事人债权登记后，进入确权诉讼程序，将船舶所有人（设立基金可覆盖主体）以及与被拍卖船舶（或者设立的基金）无关的第三人共同作为被告（该第三人属于必要共同诉讼人或者必须到庭才能查清事实的被告）的，应否受理？三是《责任限制规定》第四条第二款基于当事人诉讼管辖协议选择的国内法院，是否受制于确权诉讼一审终审的限制？确权诉讼程序可否允许调解？（4）债权登记费用最终负担主体规定不明。

3. 受偿层面。（1）未办理登记的船舶抵押权担保的债权受偿顺序问题。（2）船舶价款的分配轮次问题。（3）地方法院事项委托拍卖船舶问题。（4）船舶份额拍卖问题。

二、完善原则

（一）完善理念："理想主义"与"现实主义"相结合

《海诉法》仅适用于海事诉讼层面，涉及的相关主体范围有限。尽管海事受偿程序的运行存在一些阻滞，但在海事法院及其上级法院根据实践的智慧创造下，无论是案件管辖，还是债权的分配与受偿，均没有产生大规模的利益保护失衡问题。《中华人民共和国民事诉讼法》（以下简称《民诉法》）填补了《海诉法》未明确规定的空白区域。更为实际的进路是：在现行《海诉法》框架内，通过最高人民法院司法解释或裁判指导，或者出台类似于英国法的诉讼指南等模式，合理解释原有法律规则，明确相关机制运行的操作性规则，争取以较小的成本回应新需求。

---

① 参见徐春龙、刘亚洲《确权诉讼改良若干问题探析》，载《中国海商法研究》2018 年第 4 期，第 37 页。

(二)合理补漏：通过适度解释扩充现行法律规则规制范围

海事债权登记与受偿程序存在的问题以技术层面为主。在法律技术层面，既有现行规则"缺位"，也有现行规则"不够明晰"。鉴于"缺位"与"不够明晰"之间存在一定的交叉性，针对实践中发生的问题，应着力以现行规则为基础，通过适度解释扩充其调整范围。比如，通过解释的方式为海事债权划定边界。

(三)机制互鉴：以《破产法》为参照系予以改良

无论是被拍卖船舶的"小破产"还是基金分配的"绝对破产"，从本质而言，均是"物"——表现为船舶拍卖款或基金——的破产，在"准对物诉讼"的情形下，"物"的破产与"人"的破产性质具有高度近似性。因此，可以借鉴破产法关于"人"的破产的相关机制。比如，未到期债权的处理、债权人会议权能的扩大、债权确认程序的衔接等。

(四)强化衔接："物"的破产与"人"的破产密切关联

确定"物"的破产与"人"的破产的优先顺位问题。在立法上对于以集中管辖和专门管辖为核心的诸项机制的冲突作出明确规定。在确定优先顺位之后，对于"物"的破产与"人"的破产的衔接机制，根据确定的原则予以具体明确。

(五)规则创新：尝试适度创新相关规则

规制创新可以从以下三个角度考虑：(1)考虑借鉴英国法的"上诉许可"制度。对于简单的海事案件，探索施行"上诉许可"制度。(2)对标"人"的破产创设相关制度，参照《破产法》的相关制度，赋予债权人会议更大的权能。在特定情形下赋予债权人会议确认债权、决定是否拍卖船舶以及设立基金等相关职能。(3)尝试在跨境破产层面进行一些突破，为我国处理域外破产案件作出示范。

三、路径探索：改进和完善债权登记与受偿程序的具体建议

(一)存量补强：明晰规则，确定边界

1. 对于债权登记层面，应考虑以下六点。

第一，关于涉船海事债权范围。将"与船舶有关的海事债权"的范围界定为《海诉法》第二十一条规定的22项可扣押船舶的海事请求较为适当。

第二，关于地方法院生效裁判确认海事债权。从目前的进路看，有如下三种选择：一是节约司法资源，只要地方法院生效裁判确定了某项债权属于与被拍卖船舶相关的海事债权且载明了其具体数额或计算方法的，海事法院应予认可；二是赋予海事法院移送该法院上级法院审查的权利；三是将案件

移送原地方法院或其上级法院，书面说明原审法院违反专门管辖的情况，由原审法院决定是否依据《民诉法》第一百九十八条的规定启动再审程序，在再审案件中将案件移送至有管辖权的法院或仲裁机构。综合比较三种模式之后，第一种模式——认可地方法院作出的生效裁判——较为妥当。至于裁判的准确性问题，可由第三人撤销之诉解决。

第三，关于生效裁判未载明海事债权性质以及具体数额。海事债权登记针对的是"特定化"的海事债权，此种特定化一方面表现为债权的及"物"性——与被拍卖船舶或者与引发特定海事事故的船舶有关，另一方面则表现为债权数额的具体明确性——有具体数额或者明确的债权计算方法。如果生效裁判载明了债权人对船舶或特定事故享有债权（构成生效裁判的一部分给付内容），则该生效裁判属于《海诉法》第一百一十五条规定的生效裁判，可根据《海诉法》第一百一十四条将该裁判文书里载明的债权予以登记后，依据《海诉法》第一百一十五条作出债权确认裁定。

如果生效裁判载明债权人享有对船舶的债权，但未将其债权数额与其他债权进行区分的，此时的生效裁判在性质上不属于《海诉法》第一百一十五条规定的生效裁判，而仅能作为证据材料使用。海事法院可对其主张的海事债权予以登记，但债权登记后仍需进入确权诉讼程序。生效裁判未载明债权人的债权与船舶或海事事故相关，此种生效裁判在性质上与《海诉法》第一百一十五条规定的生效裁判没有关联。前述生效裁判既不是《海诉法》第一百一十四条的证据材料，也不是《海诉法》第一百一十五条的生效裁判。如持有生效裁判的当事人不能提供与被拍卖船舶或特定海事事故有关的证据材料的，对其债权登记申请应不予受理。

第四，关于申请登记的债权范围是否需明确债权类型及具体数额。对于当事人持有生效裁判申请债权登记并确认债权的，当事人应明确申请债权登记的债权类型及具体数额。对于当事人提供证据材料申请债权登记，后续债权具体数额需通过确权诉讼程序或者依据当事人之间的管辖协议或仲裁协议到其他机构裁判的，只需登记债权的类型即可。对于债权自然产生的利息，可在债权登记时，予以明确载明债权中包含利息。如果当事人在债权登记程序中未申请登记利息的，则应视该"利息"的性质确定：如利息是属于主债权的孳息，无论是否申请登记，确权诉讼均应进行审查确认；如利息是属于约定违约金的，若在债权登记环节没有提出申请，确权诉讼程序仍可确认该违约金，但在确权诉讼后的债权确认裁定部分，则应将前述违约金部分排除于可分配船舶拍卖款项以及基金范围之外。

第五，关于债权登记期间届满后产生的新海事债权。对于债权登记期间届满后、船舶未拍卖成交前产生的涉船债权，仍属于涉船债权。前述新债权的申报期限应自海事债权产生之日起 60 日内向海事法院申报。前述海事债权登记后，进入后续诉讼程序予以解决。

第六，关于未到期债权以及附利息债权。借鉴《破产法》第四十六条规定的精神，准许债权人登记未到期的海事债权。对于未到期的债权视为到期。关于利息问题，自海事法院发布公告之日起停止利息的计算。但是，涉及担保物权担保的债权如果包含利息的，应当除外。

2. 对于确权诉讼层面，应考虑以下四点。

第一，关于一审终审制。如改变一审终审制，海事确权诉讼程序的特色制度将消失于《海诉法》之中，且修法难度较大。因此，可维持一审终审制，适度扩大适用普通程序审理案件的范围。可将并不涉及船舶碰撞过失程度比例判定和责任人能否享有责任限制的共同海损，污染海洋环境，破坏和污染海洋、通海可航水域环境、水域生态，海洋或者通海可航水域开发利用，海洋和通海可航水域工程建设、海难救助等重大疑难复杂案件排除于确权诉讼程序之外。随着"一带一路"建设进入高质量发展阶段，未来可能涉及船舶或海事事故的重大疑难案件会有所增加。因此，适用普通程序的案件可采用开放式的处理方式，以"列明"加兜底条款的方式作出规定。

第二，关于确权诉讼的管辖。当事人在向受理船舶拍卖和基金设立的法院提起债权登记后，如当事人向受理法院披露存在协议管辖，受理法院审查认为协议管辖有效后，应告知当事人向约定管辖法院提起诉讼，同时告知相关法院船舶进入拍卖程序的事实。相关生效裁判作出后，由当事人持债权登记裁定及该裁判文书参与分配。当事人在提交债权登记申请前，已持有一审尚未生效裁判文书（非协议管辖法院作出）的，此时无须移送。案件移送时间节点为船舶拍卖、变卖成交后。具体操作上，建议设立全国海事法院信息共享平台，以便各海事法院准确及时掌握移送时间。《海诉法解释》第八十九条亦应作相应修改。

就基金类案件而言，关于基金设立后的移送问题，《责任限制规定》已经作出了规定。主要是基金设立之前相关案件是否需要移送。因为基金设立之前当事人之间的诉讼既可能发生在债权登记前，也可能发生当事人申请债权登记至法院作出准予债权登记裁定或确认债权数额的裁定之间；既有可能依据协议管辖提起诉讼，亦可能依据普通管辖提起诉讼。参照对船舶拍卖类案件管辖的解读，没有协议管辖和仲裁的，只要没作出待生效裁判的，在基金设立后，基于集中管辖和分配基金所需，亦应移送。

第三，关于确权诉讼的审理程序。对于船舶拍卖类案件，《扣押与拍卖船舶司法解释》第二十条"在债权登记前"存在理解上的歧义，既可指拍卖船舶公告指定的债权登记期限前，也可指当事人向海事法院申请债权登记前，还可指海事法院受理当事人债权登记申请但未作出准许债权登记前。本文认为，"债权登记前"应作限缩性理解，即仅指船舶第一次拍卖确定的当事人享有债权登记权利的第一日前。如果当事人在该日之后以先提起诉讼再申请债权登记的方式来实现二审终审的审级利益，不应准许。对于基金类案件，亦应作相同理解。对于在债权登记程序启动前已提起诉讼的案件，仍应适用二审终审。

在债权登记后存在协议管辖的诉讼适用的审理程序。为便于集中管辖和审理，原则上进入债权登记程序后并在船舶拍卖、变卖成交以及基金设立后启动的诉讼除特定案件外，均应适用一审终审。出于尊重当事人的意思自治，订立管辖协议的当事人，在未合意放弃管辖协议之时，应到双方约定的协议管辖法院提起诉讼。但需明确的是，除该协议管辖法院为外国法院外，在我国境内提起的诉讼，协议管辖法院亦应适用一审终审的确权诉讼程序。

当事人申请债权登记后，涉及船舶碰撞过失程度比例判定的案件、当事人以书面方式明确提出责任人无权限制责任的案件以及不适用确权诉讼的其他案件无须等待船舶拍卖、变卖以及基金是否设立的结果，有权管辖法院可直接受理并按普通程序予以审理。

当事人申请债权登记后在其他法院提起诉讼的，除协议管辖外，国内法院应将案件移送受理船舶拍卖和基金设立法院进行审理。如因当事人未及时披露，该海事法院已经受理并审理的，在知悉有权法院已经将船舶拍卖、变卖或基金已设立时，应主动移送（但案件已作出一审裁判的除外）。接受法院重新立案后，应按照确权诉讼程序予以审理，实行一审终审。

当事人在基金设立前，即以书面形式提出责任人无权享有责任限制的，无须等待基金是否成立，可直接按普通程序受理。当事人在法院作出准许登记裁定后，以书面形式提出责任人无权享有责任限制的，直接以普通程序立案审理。

当事人在提起确权诉讼后，部分当事人以书面方式提出责任人无权限制赔偿责任的，裁定终结确权诉讼程序，转入普通程序审理，且以合并审理为原则，个案审理为例外。即使是个案分别审理，原则上也宜由同一合议庭审理。

在涉及拍卖船舶类案件中，当事人的海事债权既有与船舶关联的海事债权，也有与船舶无关的海事债权。对于与被拍卖、变卖船舶无关的债权，应向原告先行释明，释明后，原告仍坚持起诉的，可先裁定驳回该部分请求的起诉。该裁定应允许当事人上诉。如二审法院认为该债权性质为与被拍卖、变卖船舶相关，则一审法院应适用确权诉讼程序继续审理。如果一审法院认定该债权与被拍卖、变卖船舶相关的，则应适用确权诉讼程序予以审结。

当事人提起的确权诉讼项下既有限制性债权也有非限制性债权的，① 法院应先作出释明，如当事人仍坚持同时请求处理限制性债权和非限制性债权，基于基金类确权诉讼仅处理可在基金中分配的限制性债权，不处理非限制性债权，在处理方式上同前述涉及船舶债权一致。

第四，确权诉讼以不调解为原则，以调解为例外。有观点认为，尽管确权诉讼是以破产还债程序为原型，但其与破产程序原理并不相同。而且，否认确权诉讼以调解方式结案，混淆了案件能否适用调解与法院能否确认调解协议效力之间的区分。② 本文认为，船舶拍卖、变卖成交以及基金设立后的仲裁或诉讼案件，无论是基于确权诉讼还是基于普通程序生成分配债权依据，其根本目的均在于确认固定数额的海事债权，进入"小破产财产"中进行分配。待分配财产虽然名义上属于船舶所有人或者基金设立人，但本质上属于对船舶或基金享有请求权的集体待分配财产。从确权诉讼的本质来看，为确保将来分配的公正性，法院应在程序许可范围内对相关事实予以全面审理认定并对权利义务作出裁判。虽然双方当事人在案件审理过程中达成的调解协议并不一定侵害其他债权人的利益，但司法实践中，对于调解协议的审查受制于各种因素，有可能发生责任人与某一部分当事人串通损害第三人的情形。因此，一般情况下，不应准许当事人以调解方式结案。但是，在特定情形下，如果以调解方式结案并不影响第三人利益或者相关第三人予以认可的，则应允许以调解方式结案。

3. 受偿层面。受偿层面涉及债权人会议权能、受偿程序的性质、债权的实际实现等问题，其关键在于受偿程序性质的认定以及是否需要创设独立于

---

① 南京顺锦航运有限责任公司与浙江龙宇船务有限公司船舶碰撞损害责任纠纷案［一审：（2013）沪海法海初字第57号；二审：（2014）沪高民四（海）终字第124号］中，一审法院同时处理了原告的限制性债权和非限制性债权，并判决限制性债权在基金内受偿、非限制性债权在基金外受偿。当事人上诉后，二审法院予以维持。该案涉及船舶碰撞过失比例判定，属于应适用普通程序审理的案件。

② 参见许俊强《海事债权确权诉讼调解案评析》，载《中国海商法年刊》（2006）第17卷，大连海事大学出版社2007年版，第428－429页。

民事执行程序的海事执行程序等问题。本文建议根据海事债权受偿的特殊性，确定具有自洽特性的海事执行特别程序。① 因涉及海事执行问题，不在本文讨论范围，故不予深入探讨。

（二）变量定性：依附于"大破产"相对独立的"小破产"

被拍卖船舶的企业或者设立基金企业的破产申请被裁定受理后，需衔接"小破产"与"大破产"两个程序。但目前《海诉法》与《破产法》的规定"各自为政"，衔接机制尚不明晰。

1. "小破产"依附于"大破产"并保持特定情形下的相对独立性。《破产法》未明确规定其破产管辖优先于《海诉法》的专门管辖。但在审判实践中，海事法院一般均遵循着集中管辖属特定规定，优先于法定管辖（包括专门管辖或专属管辖）的原则。有观点认为，船企破产由海事法院管辖更为适当，② 但实务中的做法并非如此。在司法实践中，当涉船企业破产时，海事法院在收到破产法院关于受理破产的裁定后，一般均会按照《破产法》第十九条至第二十一条的规定，在保全、管辖以及案件审理上，均会向破产法院集中，由破产法院集中处理。此种做法与目前《破产法》的规定以及海事法院受案范围保持一致性③。但鉴于引发船舶拍卖以及基金设立的原因各有不同以及海事债权登记与受偿程序的复杂性，可在坚持前述原则的前提下，适当保留海事诉讼的相对独立性。比如，海事债权登记可保持相对独立性；船舶拍卖成交或基金成立后，优先保障船舶优先权、留置权以及抵押权人以及限制性海事债权人的合法权益，允许他们享有别除权；通过《海诉法》的修改明确破产所涉海事纠纷仍由海事法院审理；海事债权人在海事债权登记申请债权登记后无须另行破产申报债权等制度；船舶款项或已实际设立基金属于"特定"待分配财产，独立于破产财产。

---

① 参见吴胜顺《〈中华人民共和国海事诉讼特别程序法〉债权登记与受偿程序缺陷及制度重构》，载《中国海商法研究》2018年第2期，第12-33页。

② 参见向明华《船舶司法拍卖客体探析》，载《法学》2009年第12期；邓江源《关于参加联合国国际贸易法委员会第五次工作组第52届会议的总结报告》，见最高人民法院民事审判第四庭编《涉外商事海事审判指导》总第34辑，人民法院出版社2019年版，第241页。

③ 2016年《最高人民法院关于海事法院受理案件范围的规定》中并未将船企破产案件纳入海事法院受案范围。结合《最高人民法院关于适用〈中华人民共和国破产法〉若干问题解释（二）》[以下简称《破产法司法解释（二）》]第四十七条有关破产程序中的海事海商纠纷可由上级人民法院指定管辖的规定，应该理解为最高人民法院认为破产案件的集中管辖是优先于《海诉法》的专门管辖的。进而可合理推知，在涉及船舶拍卖或基金案件中，如船舶所有人（光船租赁人）或基金设立人破产时，企业破产程序优位于《海诉法》的船舶拍卖、基金设立以及受偿程序。

2. 关于破产程序中海事债权的申报。（1）船舶拍卖公告发布后至船舶拍卖成交前，船企破产申请被受理的，债权人向海事法院申报债权。如海事法院知悉船企破产，对于未予登记的债权，可告知债权人依《破产法》的规定到破产法院申报债权；对于已债权登记的海事债权，可自行发函告知破产法院海事债权登记的情形，并告知已登记的海事债权人后续情形。（2）船舶拍卖成交后，船企破产申请被受理的，对于已登记的海事债权，海事法院发函告知破产法院；对于未登记的海事债权，如海事债权为船舶优先权、船舶留置权或者船舶抵押权担保的，因标的物已拍卖，剩余仅为担保物权优先分配（《破产法》上的先取权），此时的债权登记无须到破产法院申报债权，仍由海事法院登记即可。之后诉讼可仍依管辖协议或仲裁协议或集中管辖规定由有权裁判机构裁判即可，但海事法院应将债权登记情况发函告知破产法院以及指定的破产管理人。对于船舶拍卖成交后的普通海事债权人的债权登记，也可坚持前述原则。建议采取前述原则的主因系船舶拍卖实际成交或基金实际设立后，《海诉法》"对物诉讼"的特征基本成就，此时的特定的物——船舶拍卖款或基金——因其定向性已具备独立于破产财产的特性。需要说明的是，涉船海事债权登记期间届满后申请海事债权登记的申请在海事法院仍应被裁定驳回。但该海事债权人可向破产法院申报债权，在债权实际受偿时，该债权只可在非船舶拍卖款（如该船舶最终仍在破产程序中被拍卖）中受偿。（3）涉及基金案件的衔接与涉及船舶拍卖案件的基本保持一致。债权登记向海事法院申报即可，由海事法院发函告知破产法院或管理人；涉及基金的相关诉讼亦持同等操作方式。需要特别注意的是，鉴于基金受偿属于"绝对破产"，超过基金海事债权登记期间后申请登记的海事债权，无论在海事法院还是在破产法院均不应予以准许。

3. 关于破产程序中海事案件的管辖。涉及被拍卖船舶或基金的海事纠纷案件可在《破产法司法解释（二）》第四十七条的前提下由修改后的《海诉法》进一步明确衔接机制，建议规定前述案件由原受理船舶拍卖以及基金案件的海事法院集中管辖（有管辖协议或仲裁协议的除外）。如果当事人向破产法院提起诉讼，破产法院依据修改后的《海诉法》规定移送有关海事法院即可；如当事人向海事法院提起诉讼的，海事法院应及时发函告知破产法院以及破产管理人。但需要注意的是，涉及的相关诉讼，应根据《破产法》规定先行中止，待破产管理人指定后，相关诉讼再恢复审理。

4. 关于破产程序中船舶以及基金的分配。首先应明确船舶拍卖款项以及实际设立的基金独立于破产财产（前已述之），这属于"对物诉讼"的条件成就。因此，无论是船舶看管费等公益费用，还是船舶优先权、留置权或抵押权，抑或特定化的普通债权或者基金项下的限制性海事债权，均可独立于破产财产优先进行分配。海事债权人会议也与《破产法》的债权人会议无涉。如果船舶拍卖款或者基金实际分配后仍有剩余的，应作为破产财产分配。而涉船的海事债权人在船舶拍卖款项中未足额受偿的，仍可在破产财产中按相应顺位进行受偿。在具体分配过程中，可先行根据《破产法》中止，并告知相关破产管理人参与相关程序。破产管理人不参与程序的，不影响船舶拍卖款以及基金的分配。

5. 借鉴《破产法》规则，适度扩大海事债权人会议的权能。《海诉法》中的"债权人会议"体现了明显的法院"职权主义"特征。《破产法》的债权人会议具有极为广泛的权能，债权人会议的职能贯穿整个破产程序，包括对申报债权的审查和确认，以及对破产财产的处理、分配、和解、重整。债权人会议既可决定破产企业的"生"，也可决定破产企业的"死"，体现了鲜明的"自治主义"特色。海事受偿程序有必要借鉴《破产法》，适度扩大海事债权人会议特定的权能。债权人会议可以核查获准登记的海事债权，可以在船舶拍卖之前或基金实际设立之前决定是否终止船舶拍卖以及基金设立程序，可以通过船舶拍卖款项以及基金的分配方案，还可以履行由海事法院赋予的其他权限。需要指出的是，有观点认为，船舶拍卖以及基金设立可考虑借鉴《破产法》规定，设立破产管理人。本文不赞同此种观点。《破产法》之所以规定破产管理人，是因为企业破产涉及众多主体、财产以及众多案件，专业的管理人有利于及时处理破产企业的相关事项，提高破产程序的效率。但在船舶拍卖以及基金设立过程中，处理的事项相对简单，而且由法院职权主义启动相关程序后，所涉工作事项并不多。如果成立一个需要在船舶拍卖款或基金中优先分配财产的特殊主体，就会变相减少船舶拍卖款项以及基金的份额，影响海事债权人债权的实现。

（三）增设新量：尝试引入上诉许可制度，创设跨境破产规则

海事确权诉讼体量不大，且在涉及外轮拍卖时具有较强涉外因素。因此，可尝试引入一些特别制度。

1. 尝试引入上诉许可制度。上诉许可制度源于英国，其核心要义是赋予一审法院对申请上诉的当事人的上诉予以审查的权利，将一些没有上诉必要、浪费司法资源、影响司法效率的案件排除于二审。诉讼效率原则与司法公正原则并无本质的冲突，无论是英国法项下的上诉许可，还是我国《民事诉讼法》项下的小额诉讼以及近年来在尝试使用的速裁程序，均是在充分考量类案事实相对清楚、权利义务相对简单的特质后,平衡诉讼经济与司法公正原则之后的理性选择。本文认为,在确权诉讼程序中,可以概括性规定附条件的二审终审制(民诉法规定可适用小额诉讼,一审终审的除外)。所附条件即"上诉许可制度"。对于一审事实认定基本准确的案件,除非存在新证据或者法律适用存在较大争点的情形,一审法院或二审立案审查部门可不准许当事人上诉。具体程序设计上,可采取如下模式:(1)当事人对债权登记后的诉讼案件提起上诉的,先交由原审判团队审查,如认为上诉并无必要,应裁定驳回上诉人的上诉请求。上诉人收到前述裁定10日内,可申请原审法院另行组成合议庭复议一次。对其复议结果不服的,可在收到前述裁定10日内向该法院的上级法院再次申请复议一次。如果当事人存在滥用诉权的情形,相关法院可依据民事诉讼法予以处理。(2)对于当事人是否享有上诉权的审查,法院可根据实际情况召开听证,听证会应同时通知原审中的其他当事人,并听取其意见。其他当事人不参加听证的,不影响听证程序的正常进行,且此种听证程序并非必要。(3)如果原审判团队、原审法院另行组成的审判团队或者上级法院准许一方或多方当事人的上诉,其他当事人不可对此裁定不服。是否准许上诉的裁定仅及于提起上诉的当事人。(4)将上诉权审查期限控制在10个工作日之内,不予准许上诉的裁定应以书面方式做出,且应告知相关当事人。如果当事人中多人同时提起上诉的,可在一份书面裁定中一并处理。

2. 尝试增加跨境破产相关规定。我国仅在《破产法》第五条第二款对跨境破产作了原则性规定。随着"一带一路"倡议的持续深入,日后涉及跨境破产问题将越来越多,不仅涉及国外企业在我国拥有财产时的破产程序如何平衡问题,更涉及我国企业在境外破产时的相关程序问题。

从国际上看,虽然联合国国际贸易法委员会1997年通过的《跨境破产示范法》(UNCITRAL Model Law on Cross-border Insolvency)并未成为国际公约,但是以该示范法为蓝本的国家越来越多,包括美国、英国、加拿大、澳大利亚、日本等国家。在欧盟区域内,《欧盟破产程序规则》(The European Council Regulation on Insolvency)也适用于欧盟成员国之间(丹麦除外)。① 目前跨境破产存在普遍主义(强调主要利益地进行破产程序后对域外具有当然的管领力)、地域主义(破产程序适用破产所在地的本地法进行,不涉及域外管

---

① 参见韩进海运破产法律问题研究课题组《航运企业跨境破产引发的司法冲突与协调——以韩进海运破产为视角》,见叶柳东主编《中国海事审判·2016》,大连海事大学出版社2019年版,第41-42页。

领力问题）以及综合两种主义的主从程序模式（破产案件由主要利益中心所在地法院管辖，并为已经开始从属破产程序的法院合作提供可能性）。

以韩进海运公司（Hanjin Shipping Co., Ltd.）破产为例，各国态度不一。美国相对注重破产程序，承认配合韩国程序。2005年美国通过了《破产法典》修正案，新法第15章将外国破产程序区分为主要程序和非主要程序。如果外国破产程序被美国法院识别为主要程序，则会自动导致美国相关程序的中止，并禁止债权人对债务人在美国境内财产采取的一切行动（包括扣船）。美国司法实践中，在跨境破产和海事程序发生冲突之时，法院还是倾向于保护破产债务人以及破产程序的统一性。澳大利亚2008年《跨境破产法》接受了《跨境破产示范法》，但在处理海事程序与破产程序过程中，会根据债权的性质不同而差别对待。如果债权具有海事优先权担保，①则其扣押船舶的请求可以作为跨境破产程序的例外得到优先支持；如果债权为普通债权（货损赔偿或者物料供应），则破产程序优位于海事程序。虽然新加坡和我国一样，没有接受《跨境破产示范法》，但会根据相关先例和普通法原则对跨境破产给予必要协助。韩进海运破产案中，在韩进海运向新加坡法院保证其将向所有境外债权人送达书面通知以保证各方充分参与破产重组会议及决议后，新加坡法院准许了韩进海运关于签发禁止新加坡境内一切针对韩进海运及其子公司的未决或潜在诉讼及财产保全或执行行为的临时禁令。②

本文认为，对跨境破产给予必要的协助有助于提升我国在推进"一带一路"倡议背景下的大国地位，也有助于打造市场化、国际化、法治化、便利化的营商环境。由于全面放开跨境破产的协助需要进行深度研究，可以考虑先在涉及外轮扣押以及拍卖的领域先行"试水"。具体操作模式，可以综合澳大利亚以及新加坡的模式，如能确定在外国已经进行的破产程序是主破产程序，在确保海事优先权有受偿担保且能获得破产管理人相关书面承诺的情形下，可以终止在我国境内针对被扣押或者拍卖船舶的相关司法程序。

---

① 澳大利亚海事优先权范围分为四种，分别是海难救助、船舶碰撞、船员工资以及船长为船舶运营的必要垫资。

② 参见韩进海运破产法律问题研究课题组《航运企业跨境破产引发的司法冲突与协调——以韩进海运破产为视角》，见叶柳东主编《中国海事审判·2016》，大连海事大学出版社2019年版，第44-45页。

论实际所有人对挂靠船舶提出执行异议的认定*

——兼评船舶所有权未经登记不得对抗善意第三人的范围

王玉飞　罗　春　林晓彬

摘要：在涉船舶执行案件中，实际所有人就挂靠船舶提出执行异议，是否一概成立并阻却执行，在司法实践中存在较大的争议。分析《物权法》第二十四条①的立法旨趣、船舶挂靠关系的实际运行和法律评价、登记对抗主义的逻辑构造，以及船舶挂靠对《物权法》第二十四条立法目的的背离，结合国家政策对挂靠行为的价值判断，得出实际所有人的船舶所有权不能当然地对抗一般债权人的结论，对该疑难法律问题的解决提供不同的思路和视角，以求教于业内同行和专家。

关键词：船舶所有权；登记对抗主义；挂靠；执行异议。

《中华人民共和国物权法》（以下简称《物权法》）第二十四条确立了特殊动产物权变动采取登记对抗主义的立法模式。对该条所称的第三人的范围，无论是理论界还是司法实务界，主流意见均认为系指诉争动产的物上请求权人，或与该动产存在物权竞争关系的人，而非一般债权人。然而，笔者在办理实际所有人对一般债权人申请执行挂靠船舶提出的执行异议审查案件中发现，实际所有人针对挂靠船舶的执行异议是否一概成立并阻却执行都是不无疑问的，因此深感该问题殊有进一步探讨的空间和价值。

一、与船舶挂靠经营相关的执行异议之诉

在海事法院受理的执行案件中，作为一般债权人的申请执行人提供了登记在被执行人名下之船舶的财产线索，海事法院核实后，通过扣押船舶控制财产，并指定被执行人在一定期限内履行生效裁判文书的义务，逾期不履行，则通过司法拍卖船舶来实现申请执行人的合法债权。在此执行过程中，往往

---

* 本文获2018年第一届广州海法论坛一等奖，修订于2024年12月。
① 该法条内容已被《中华人民共和国民法典》第二百二十五条"船舶、航空器和机动车等的物权的设立、变更、转让和消灭，未经登记，不得对抗善意第三人"所取代。——编者注

出现案外人以其为船舶的实际所有人为由，向海事法院提出书面执行异议。海事法院按照《中华人民共和国民事诉讼法》第二百二十七条[①]规定，自收到案外人书面异议申请之日起十五天内进行审查，如果认为该异议的理由成立，则裁定中止对船舶的执行；认为案外人理由不成立的，裁定驳回执行异议。如果案外人对海事法院作出的执行异议裁定不服，还可以自裁定送达之日起十五日内向作出裁定的海事法院提起执行异议之诉。此类执行异议之诉案件中，由船舶挂靠经营中的实际所有人提起诉讼的情况较为常见。

船舶挂靠经营的模式下，船舶的实际所有人为个体，少数情况属于企业法人；登记所有权人则为被挂靠企业，并且通常由实际所有人管理经营。[②] 从法律关系主体上看，挂靠船舶一般登记在作为被执行人的被挂靠企业名下，被挂靠企业是登记所有人，案外人是将自有船舶挂靠船公司经营的实际所有人，申请执行人是船公司的一般债权人。实际所有人对船舶的所有权与申请执行人对被挂靠企业的一般债权孰优孰劣？目前法学理论界主流观点认为，船舶所有权未经登记不得对抗的善意第三人，并非当事人以外的所有第三人，而仅是与船舶有系争关系的善意第三人。[③] 一般债权人对该特定动产不产生支配关系，不处于与所有者支配着争执物的关系上。[④] 海事审判实践的主流观点亦认为，《物权法》第二十四条、《中华人民共和国海商法》（以下简称《海商法》）第九条等法律规定中的"第三人"系指不知道也不应当知道物权发生了变动的物权关系相对人[⑤]。挂靠船舶登记所有的一般债权人，不属于《物权法》第二十四条规定的"善意第三人"，一般债权人的债权请求权在涉船舶执行案件中，不能对抗挂靠船舶实际所有人所主张的船舶所有权。[⑥] 有鉴于此，最高人民法院执行局针对该问题作出（2013）执他字第 14 号批复：如果有证据证明登记在被执行人名下的船舶系基于船舶实际所有人与被执行

---

① 该法条现应为《中华人民共和国民事诉讼法》第二百三十八条。——编者注
② 根据《交通部关于整顿和规范个体运输船舶经营管理的通知》（交水发〔2001〕360号），个体船舶主要通过以下四种方式实现船舶的公司经营：一是个体船舶所有人成立符合经营资质的运输企业；二是运输企业吸收个体所有的船舶；三是个体船舶出租给经营企业；四是个体船舶委托给运输企业管理经营；五是个体船舶所有人将船舶委托船舶管理公司进行管理。挂靠船舶在船舶证书上也有不同的形式：一是记载被挂靠企业为船舶所有人，或同时记载为船舶所有人和船舶经营人；二是记载被挂靠企业和实际所有人为共有人，同时登记被挂靠企业为船舶经营人。
③ 参见司玉琢《海商法专论》，中国人民大学出版社2007年版，第69页。
④ 参见孙鹏《物权公示论——以物权变动为中心》，法律出版社2004年版，第247页。
⑤ 参见最高人民法院（2017）最高法民申1923号民事裁定。
⑥ 参见胡方《挂靠船舶执行问题评析》，见最高人民法院民事审判第四庭编《涉外商事海事审判指导》总第33辑，人民法院出版社2017年版，第126页。

人的挂靠经营关系，实际所有人与船舶登记所有人（即被执行人）不一致的，不宜对该船舶采取强制执行措施。该批复似乎为如何解决该类执行异议之诉纠纷表明了态度，但由于在这个问题上缺乏充分说理和深入论证，来自审判实践的质疑并未停止，例如，船舶所有人进行虚假登记所形成的船舶实际所有人不得对抗第三人，包括船舶登记所有人的一般债权人。① 特别是近年来，众多个体运输船舶的实际船东，通过将船舶所有权登记在具有营运资质的被挂靠企业名下经营的方式，从事水路运输，甚至以企业名义抵押船舶套取银行贷款，冲击航运市场的安全秩序、金融秩序。低迷的航运市场与活跃的民间借贷交织在一起，再加上人数众多的自然人集资建造和经营船舶引发的群体性诉讼，法律关系与纠纷呈现复杂性与多样性。如何认定责任承担，如何认定物之所属？实际所有人针对挂靠船舶的执行异议，是否一概不成立并不宜继续采取执行措施？这些问题确有进一步探讨的空间和价值。

二、船舶挂靠经营的现状与法律评价

船舶作为特殊动产和生产工具，具有较高的市场价值，而且通过一定的经营管理，还可以创造更多的价值。但是，由于船舶经营市场准入标准较高、专业技术要求较高，作为个体运输经营户的船舶所有人往往无法亲自经营船舶，而采取了租船、委托管理、挂靠经营等方式实现船舶的运营和巨大的市场价值。

船舶挂靠经营，指低资质或无资质的主体借用拥有国家交通主管部门许可资质的企业的名义经营沿海内河水路货物或旅客运输的行为。挂靠者往往向被挂靠者支付一定的费用（实践中通常称为挂靠费、管理费），被挂靠者允许挂靠者以自身名义从事揽货、运输、办理运输保险等经营活动。船舶挂靠经营，一般以挂靠合同的形式明确挂靠方与被挂靠方各自的权利、义务、责任和风险。

在运输实践中，船舶挂靠在形式上大致分为经营资质挂靠和安全管理挂靠。② 经营资质挂靠，指个体运输经营户与拥有船舶运输经营资质的运输企业签订协议，由这些企业以自己的名义向交通主管部门申请注册登记并领取船舶营运证，向保险公司购买保险。虽然这些运输企业被登记为船舶所有人或船舶经营人，但除了申请注册登记、购买保险、领取船舶营运证、办理船

---

① 参见吴勇奇《船舶所有人进行虚假登记不产生对抗第三人的效力——论物权法司法解释（一）第6条对船舶的限制适用》，载《人民司法（应用）》2018年第1期，第95页。

② 参见谢桦、张可心、黄思奇、罗素梅《关于船舶挂靠法律问题的调研报告》，载《人民司法（应用）》2009年第23期，第58页。

舶年检、组织挂靠者进行培训之外，实际上并不开展任何经营活动，不雇佣船员，不支付工资，也与挂靠方约定不负担船舶经营过程中产生的任何风险，仅收取一定挂靠费用作为对价。安全管理挂靠是由于船舶安全营运和防止污染管理规则要求营运船舶必须由建立并运行安全管理体系的公司来管理，个体运输经营户与一些符合要求的船舶管理公司签订委托管理协议，由船舶管理公司负责对被管理船舶安全管理、防污管理等方面的检查和落实安全责任。

船舶挂靠经营在表现形态上主要有两大类。第一类是共有型挂靠，即个体运输经营户与被挂靠企业在船舶所有权证书上均被记载为共有人，并明确共有的份额，同时登记被挂靠企业为船舶经营人。双方订立挂靠协议，明确船舶所有权全部为个体运输经营户享有，船舶的日常经营和责任承担概由个体运输经营户负责，如果被挂靠企业因船舶运营承担民事和行政责任，则有权向个体运输经营户追偿。第二类是非共有型挂靠，即在船舶所有权证书上仅记载被挂靠企业为船舶所有人，同时登记被挂靠企业为船舶经营人，个体运输经营户在船舶登记证书上不出名。双方订立挂靠协议，明确船舶所有权实际为个体运输经营户享有，船舶的日常经营和责任承担概由个体运输经营户负责，也明确被挂靠企业的追偿权。

目前主流意见认为，船舶挂靠协议并不违反国家和法律法规的禁止性规定，司法实践中则按照有效合同处理。也有观点认为，在国家对水上运输行业采取较高准入门槛的情况下，挂靠经营行为对促进运输业的繁荣具有一定的积极作用。但在航运实践中，由于被挂靠者为了多收挂靠费、管理费，往往允许多家个体运输经营户将船舶挂靠在其名下，出现其实际对挂靠船舶无力、无法监督管理，或者监督管理流于形式的现状，引发大量的纠纷。

为了规范航运市场，减少船舶挂靠经营带来的风险，交通部于2001年下发了《国内船舶运输经营资质管理规定》，要求经营船舶运输应取得企业法人资格。

同年下发的《交通部关于整顿和规范个体运输船舶经营管理的通知》（以下简称《整顿通知》）对船舶挂靠经营的方式持否定态度，认为挂靠经营方式导致了法律责任不清，造成市场不公平竞争的不利后果，要求个体运输船舶经营户通过采取组建符合经营资质的船舶运输企业等五种方式实现企业化经营。《整顿通知》对个体经营运输船舶进行整顿，取缔挂靠经营，实行委托经营，指引个体运输船舶经营户采取企业化经营管理的方式。但由于个体经营运输船舶的利益驱动，内河船舶的挂靠行为依然存在，作为船舶实际所有人的个体经营者采取变更登记船舶经营单位为船舶所有人或共有人的方法继续进行挂靠经营。

《最高人民法院关于国内水路货物运输纠纷案件法律问题的指导意见》指出挂靠经营方式导致挂靠船舶的所有权登记形同虚设,船舶管理混乱,被挂靠企业对挂靠船舶疏于安全管理,严重冲击了航运市场的安全秩序,导致大量国内水路货物运输纠纷的产生。

在涉船舶挂靠的海事纠纷审理过程中,挂靠者与被挂靠者往往根据其在诉讼中的角色待价而沽。被挂靠企业被拖欠挂靠费,往往提起船舶管理合同之诉,请求挂靠者支付管理费。特别是如果发生了保险事故,要求保险公司支付保险费的时候,被挂靠企业往往主张其是被保险人,对被保险船舶具有保险利益。但如果涉及船舶经营过程中产生的船舶劳务合同纠纷、船舶碰撞纠纷、海上人身损害责任纠纷,把被挂靠企业列为被告的时候,被挂靠企业往往抗辩其不经营船舶,挂靠协议约定被挂靠船舶经营过程中产生的民事与行政责任概不负责、与己无关。按照最高人民法院的指导意见,在审理涉挂靠船舶合同纠纷过程中,人民法院坚持合同相对性原则,结合合同履行过程中船章的使用情况、挂靠者对被挂靠者的披露情况,审查交易相对人对合同当事人的识别是否准确,从而认定挂靠经营中的合同当事人。挂靠船舶因侵权行为造成他人财产、人身损害,考虑到被挂靠者已经收取了管理费,但实际上未履行管理义务、安全注意义务,其对损害的发生在主观上具有共同的过错,挂靠者和被挂靠者应当被判决承担连带赔偿责任。

三、船舶登记对抗主义立法目的

船舶登记对抗力,实质是船舶物权公示的效力。物权公示是指物权享有及变动的可取信于社会公众的外部表现形式。按照物权公示原则的要求,物权的存在与变动都应当具有法定的公示形式,其中物权存在的公示为物权的静态公示,物权变动的公示为物权的动态公示。① 物权公示使得观念的、抽象的物权关系得以物质化、有形化,可为他人所感知,以此作为维系物权静态安全和交易安全的手段。对抗力是物权公示的基础性效力。它指物权若进行了公示,则可对抗第三人;若未进行公示,则对第三人不生对抗效力。公示对抗力对物权人和第三人提供了机会均等的保护,物权人或第三人能否受保护取决于物权是否公示的事实:物权如果进行了公示,则推定第三人知悉物权的存在,第三人不能以任何方式妨碍物权人行使权利;物权如果没有公示,则对第三人而言,该物权视为不存在,即便第三人的行为妨害了物权,

---

① 参见李开国、张玉敏《中国民法学》,法律出版社2002年版,第325页。

物权人也不能据以抗辩。①

《物权法》在物权公示上采取了多元混合模式，即区分不同情况分别采取相应的物权公示模式。对于房屋、土地等不动产物权取得与变动，立法采取登记生效主义，有登记才有物权与物权变动，无登记则无物权与物权变动。对于船舶等特殊动产物权的取得与变动，立法采取了登记对抗主义的模式。《物权法》第二十四条规定："船舶、航空器和机动车等物权的设立、变更、转让和消灭，未经登记，不得对抗善意第三人。"《海商法》第九条规定："船舶所有权的取得、转让和消灭，应当向船舶登记机关登记；未经登记的，不得对抗第三人。"以上法律规定的含义，对船舶物权来说，至少包括以下三层意思：一是船舶物权的取得、变更、消灭，自物权发生的法律事实成就或当事人之间订立的物权变动合同生效时即发生法律效力，不以登记和交付作为物权取得和变动的生效要件；二是船舶物权的取得和变动，未经登记，不得对抗善意第三人，当且仅当该第三人主张物权变动效力不存在时才发生是否对抗的判断；三是船舶物权的取得和变更，已经登记的，可以对抗任何第三人。所以，船舶物权取得与变动登记对抗主义，与不动产登记生效主义，在公信力上有非常大的区别。后者是建立在登记的实质性审查基础上，没有登记就没有物权，赋予登记以完全的、彻底的公信力。法律推定登记人为真正的权利人，在登记权利人和实际权利人发生争议时，以登记为准。船舶物权登记对抗主义，则并非只有登记才有生效的物权，而是既存在有公示有效力的物权，也存在未公示也有效力的物权。例如，船舶抵押贷款，如果抵押权人与抵押人未到海事部门进行抵押登记，那么船舶抵押权仅在抵押权人与抵押人之间产生效力。也就是说，虽然未登记，但该船舶抵押权是存在的，只是就抵押船舶的受偿，对其他海事债权人并不产生优先受偿顺序的效力。同时，因登记并非进行实质性审查，对登记的信赖，应是一种具有对抗力、证明力的信赖。

关于船舶物权登记对抗主义，一个不容回避的核心问题是：未经登记不得对抗第三人的范围。即第三人提出对船舶的权利主张时，哪些第三人可以对抗，哪些第三人不得对抗？从目前的理论和司法实践层面上看，对这个问题主要有三种观点。第一种观点是广义第三人说，即将第三人定义为船舶物权变动当事人之外的任何人。2001年《全国海事法院院长座谈会纪要》明确，船舶物权变动未经登记，不得对抗第三人的物权主张和抗辩，也不能对

---

① 参见孙鹏《物权公示论——以物权变动为中心》，法律出版社2004年版，第232页。

抗其他第三人的海事债权请求。第二种观点是善意第三人说,即在第一种观点的基础上,再加上不知道也不应当知道船舶物权变动的条件。第三种观点是系争关系说,即将第三人定义为不知道也不应当知道船舶物权变动的与船舶存在系争关系的人。① 这也是当前的主流观点。该观点认为,《物权法》第二十四条规定的特殊动产登记对抗制度的基本价值主要是交易安全的保护,具体而言是保障物权转移时第三人信赖利益。从法律的目的、体系来看,所谓的第三人应指对同一标的物享有物权的人,或至少对该特定之物享有给付请求权的人,债务人的一般债权人并不包括在内。该观点的法理基础在于:(1)物权是对世权、绝对权,债权是相对权;物权具有排他性,效力优于债务人之一般债权人,这是一项基本原则。(2)对抗须以权利性质有竞存抗争关系为前提,同一类权利方能产生对抗的问题。(3)将一般债权人包括在不得对抗范围内,不利于交易安全。②

四、船舶挂靠经营对船舶登记对抗主义立法目的的背离

《物权法》第二十四条立法的出发点仍然是理性经济人假设,即假设船舶所有人要积极地、理性地、利己地行使船舶所有权,以利于船舶所有人对外彰显权利、主张权利,避免船舶所有人因船舶未登记而致船舶所有权受侵害之虞。而船舶挂靠经营的实质是借名,即挂靠者将本属于其所有的船舶,隐瞒真实情况,利用船舶登记制度将船舶所有权登记于被挂靠者名下,并公示于外,挂靠者是否当然受到船舶登记对抗主义制度的保护,恐怕是立法者所始料未及的。笔者认为,船舶挂靠经营行为,系船舶实际所有人基于逃避国家运输部门关于市场准入的监管,以追求不正当利益为目的,将船舶所有权登记在他人名下。从物权公示效果上看,这是船舶实际所有人在自己的船舶所有权之外,对外新增一个权利内容相同、公信力更高的登记船舶所有权,无异于故意放弃和处分自身船舶所有权。从权利正当行使的角度审视,船舶实际所有人的行为完全不符合民法理性经济人的价值判断(如果不能洞悉船舶所有人挂靠行为背后的不法动机,船舶挂靠现象则匪夷所思),有悖船舶登记对抗主义立法目的,故在法律价值取舍考量时,船舶挂靠者的物权对被挂靠者债权人的一般债权,不再具有当然的优先效力。

---

① 参见刘本荣《我国船舶物权登记对抗主义的实际运行与匡正》,见刘年夫主编《中国海事审判年刊(2008—2009)》,法律出版社2010年版,第292页。

② 参见王泽鉴《民法学说与判例研究(第1册)》(修订版),中国政法大学出版社2005年版,第228-229页。

（一）一般债权人对船舶登记的信赖值得保护

虽然船舶物权登记对抗主义的立法目的首先是保护船舶物权变动的交易安全，但债权人并非物权交易变动的系争关系人，故根据物权优先于债权的一般原理，将一般债权人排除在不得对抗的第三人范围之外属当然之义。同时，我们应该注意到，《物权法》第二十四条的条文表述："船舶、航空器和机动车等物权的设立、变更、转让和消灭，未经登记，不得对抗善意第三人。"该条文既规定了船舶、航空器和机动车等物权的变更、转让和消灭，同样也规定了物权的设立，即物权的取得。挂靠者与被挂靠者合谋，将属于挂靠者的船舶故意登记在非所有人的被挂靠者名下，基于登记的公示公信效力，该登记自然产生法律效果，即作为一般债权人，有权相信登记的事项为真实，其不清楚船舶真实的权利状况以及挂靠者与被挂靠者的故事，其系善意。虽然笔者并不否认《物权法》第二十四条的立法目的首先是保护物权变动的安全，但从法律适用和解释论的角度看，目的解释仅仅是法律解释的一种方法，而优先于目的解释的方法是文义解释。《物权法》第二十四条的文义，包括物权设立、物权取得的公示效力，从船舶登记反映出来的权利人系被挂靠者，被挂靠者具有完整的、无瑕疵的船舶所有权，一般债权人对该登记的信赖，没有过错，值得保护。一方面，一般债权人作为不知悉并且不应当知悉的善意第三人，对其利益的保护与船舶登记的公示效力紧密相连；另一方面，一般债权人通过查询船舶登记情况，了解登记的船舶所有人的资产资信状况，以此作为对方是否为交易对象的判断，已经尽到了一个正常的、谨慎的民事主体对交易风险的判断义务，对登记产生了信赖利益，而且该信赖利益来自国家机关的登记，是合理合法的。要求一般债权人撇开登记的情况去了解真实的船舶权属状况，对一个民事主体来说是一种法律上的非难和苛求。因此，仅从登记对抗主义立法模式首先保护物权动态交易安全为由，一概否定一般债权人相信登记而产生的法律效力，否定一般债权人作为不得对抗的善意第三人的范围，系对《物权法》第二十四条条文的片面理解。

（二）挂靠者对船舶所有权的登记

挂靠者对船舶所有权的登记，违反了一物一权原则，破坏了船舶物权的静态安全。船舶挂靠，客观上造成了两个船舶所有权并存，一个是基于登记产生的记于被挂靠人名下的登记所有权，另一个是基于船舶占有或其他（例如合伙、投资）产生的实际所有权。客观上，针对同一条船舶，产生了两个所有权人，这与同一物上只能成立一个所有权，不能同时成立两个内容相同所有权的一物一权原则是相矛盾的。此外，基于占有的船舶所有权与基于登记的船舶所有权,两种动产物权的公示方式并存,在物之所有的静态安全上,挂靠者已然将自身的船舶所有权置于不安全的状态,这应解释为挂靠者对自己权利的处分,由此带来的风险应由挂靠者自己负担,而不该将此不利的法律效果一概由一般债权人来承受。

(三) 挂靠者对船舶物权的行使

挂靠者对船舶物权的行使,违反了诚实信用原则。《中华人民共和国民法总则》第七条规定:"民事主体从事民事活动,应当遵循诚信原则,秉持诚实,恪守承诺。"① 《物权法》第七条规定:"物权的取得和行使,应当遵守法律,尊重社会公德,不得损害公共利益和他人合法利益。"② 诚实信用原则是民法的基本原则,要求人们从事民事活动应当秉持诚实,善意行使权利和履行义务。特别是物权的民事权利属性决定了其取得和行使应受到一定的限制,否则必然导致物权人滥用其权利、妨害社会公共利益和他人利益的结果。任何民事权利的取得都必须有法律依据,并遵守法律规定的方式和程序,否则就不被法律承认,更不受法律保护。在船舶挂靠经营情形下,首先,挂靠者与被挂靠者明知国家对挂靠经营的否定态度,为了自身经济利益的最大化,弄虚作假、以次充好,取得运输资质,以挂靠委托经营之名行个人经营之实,给涉及民生、公共安全的水路运输行业带来较大的监管漏洞和安全隐患,损害了公共利益。其次,在当事人提交海事部门进行船舶所有权登记的材料中,有船舶买卖协议书、船舶交付证明书等手续,单从这些手续看,完全符合船舶已由实际所有人出卖并交付给被挂靠人(即船舶登记所有人)的法律要求,因此,船舶实际所有人与船舶登记所有人对船舶所有权的登记都有过错。这已经不是简单的物权优先于债权的问题,而是对不当权利保护力度是否应该大于对正当权利保护力度的原则问题。最后,司法实践中已经形成较为一致的一种认识,即一般债权人基于船舶所有权登记,将登记于被执行人的被挂靠企业的船舶申请扣押,其并没有过错,海事法院也均予以准许,即使最终因案外人执行异议成立而释放船舶,也不能因此认定一般债权人扣押船舶的申请错误,因船舶扣押产生的任何损失,一般债权人不负赔偿责任。

(四) 实际所有人对挂靠船舶享有的权利与应承担的义务不对等

民事主体从事民事活动,应当遵循公平原则,合理确定各方的权利和义务,这是民事活动的一条基本原则。但是,在执行过程中,我们不难发现,

---

① 该法条内容已被《中华人民共和国民法典》第七条"民事主体从事民事活动,应当遵循诚信原则,秉持诚实,恪守承诺"所取代。——编者注
② 该法条并未出现在《中华人民共和国民法典》中。——编者注

如果是挂靠者个体经营户的一般债权人作为申请执行人，申请执行个体经营户的财产的案件中，由于挂靠船舶已经登记在被挂靠企业名下，那么在对执行财产的"四查"、"总对总"网络查询、"点对点"财产查询过程中，难以发现挂靠船舶属于个体经营户实际所有，挂靠船舶将一直处于被执行的财产范围之外，成功地避开人民法院的执行措施。即使通过各种渠道发现了挂靠船舶的实际权属状况对挂靠船舶采取扣押、拍卖等强制执行措施，被挂靠企业也可以提出执行异议，认为船舶登记在被挂靠企业名下，按照"已经登记，足以对抗任何第三人"的原则，被挂靠企业的登记船舶所有权足以对抗个体经营户的一般债权人的执行申请。所以，将一般债权人排除在不得对抗的第三人范围之外，将导致作为挂靠者的个体经营户在航运市场和相关的民事活动中永远处于利益和风险的不败之地，可以以挂靠企业的名义经营船舶，收取经营利润，而逃避被挂靠船舶被执行的风险，其享有的权利与其应承担的义务、责任完全不对等，不符合《中华人民共和国民法总则》第六条①规定的原则。

在由船舶挂靠引发的权利冲突中，仅仅从登记对抗主义立法保护物权动态交易安全，以一般债权人并非物权系争法律关系的相对人为由，否定一般债权人属于不得对抗第三人的范围，理由不够充分。

五、国家政策与立法价值取向

从法理上论述，将作为一般债权人的申请执行人纳入不得对抗第三人的范围具有法理上的合理性，亦符合国家政策与立法价值取向，主要有以下四个理由。

（一）一般债权人对登记在被执行人名下的船舶申请执行没有过错

一般债权人在执行阶段，通过查询船舶权属登记，对登记在被执行人名下的船舶申请执行，进行扣押和拍卖，发生在海事法院作出准予扣押的裁定和实施扣押后。对该扣押的法律后果，司法实践中均认为，挂靠船舶并不为被执行人实际所有，因船舶登记的公示性和公信力，不能认为申请人申请扣船错误。② 由于挂靠船舶所有权的真实情况与公示登记情况并不相符，债权人作为申请执行人，并不知晓其船舶所有权的真实情况，因此其对挂靠船舶申请采取保全以及强制执行并无过错，通常不应承担扣船错误的法律后果。换言之，就是承认这种情况下的一般债权人，完全符合善意第三人的条件，

---

① 该法条现应为《中华人民共和国民法典》第六条。——编者注
② 参见程生祥、辜恩臻、吴贵宁《船舶登记权属与实际控制分离下的法律问题分析》，见刘年夫主编《中国海事审判年刊·2010》，广东人民出版社2010年版，第57页。

不应承受法律上的否定性评价和法律效果上的不利负担。

（二）司法扣押产生优先效力

首先，司法扣押作为体现国家强制力的执行措施，使得观念的、潜在的民事权利变为直接的、现实的民事权利，赋予债权人对被扣押物产生一定受偿顺序的效果①。有观点认为，可以请求特定不动产移转的债权人，对该不动产直接取得一种支配关系。不仅扣押债权人、分配加入申请债权人属于第三人，还将该范围扩大至就同一不动产取得了支配关系的其他债权人，包括破产债权人、继承债权人、就欺诈行为提起撤销之诉的债权人等，均属于第三人。②

（三）有利于船舶扣押期间费用的负担

对船舶采取执行过程中，船舶扣押区别于一般的动产扣押的一个显著特点是船舶扣押期间将产生高昂的看管和维持费用。《最高人民法院关于扣押与拍卖船舶适用法律若干问题的规定》第七条规定："船舶扣押期间由船舶所有人或光船承租人负责管理。船舶所有人或光船承租人不履行船舶管理职责的，海事法院可委托第三人或者海事请求人代为管理，由此产生的费用由船舶所有人或光船承租人承担，或在拍卖船舶价款中优先拨付。"如果从保护实际所有人考虑，停止执行、释放船舶，那么将造成已经产生的船舶扣押、看管以及为拍卖所准备的如公告、评估、拍卖等一系列项目的费用由谁负担的问题，目前没有任何法律或者司法解释规定在认定实际所有人执行异议成立并且释放船舶之后，以上费用应如何负担。在司法实践中，甚至会出现在无人支付扣押船舶看管费的情况下，看管公司留置船舶行使权利的现象，从而引发新的争议和诉讼，也极大地浪费了司法资源。

（四）有利于依法抑制船舶挂靠行为

将被挂靠者的一般债权人纳入未经登记不得对抗的善意第三人的范围，可以将法律风险归于不诚信的挂靠者，促使其在决定将船舶挂靠时，认真分析与衡量船舶挂靠所增加的成本与风险，严重抑制其通过挂靠逃避监管的动机，从根本上缩减船舶挂靠经营的利益空间。这与国家依法取缔船舶挂靠，规范水路运输市场的目的是相吻合的。

---

① 《最高人民法院关于人民法院执行工作若干问题的规定（试行）》第88条规定：多份生效法律文书确定金钱给付内容的多个债权人分别对同一被执行人申请执行，各债权人对执行标的物均无担保物权的，按照执行法院采取执行措施的先后顺序受偿。

② 孙鹏：《物权公示论——以物权变动为中心》，法律出版社2004年版，第246页。

六、结论：实际所有人对挂靠船舶执行异议的认定

船舶挂靠行为，导致水路运输经营安全责任不明、船舶物权管理混乱等问题。执行过程中不以船舶登记为准，而以挂靠协议确定的所有权为准采取执行措施，将导致大量合法债权人的利益无法得到充分保护，同时助长航运市场的挂靠现象，使船舶登记制度形同虚设，船舶监管流于形式，不利于水路运输市场的健康有序发展。通过分析《物权法》第二十四条的立法旨趣、登记对抗主义的功能与价值、船舶挂靠关系的实际运行和法律评价，以及挂靠经营对该法条立法价值的背离，得出了应当将船舶登记所有人的一般债权人纳入船舶所有权未经登记不得对抗善意第三人的范围的结论。因此，实际所有人的船舶所有权不能当然地对抗作为一般债权人的申请执行人，实际所有人因此提出执行异议的，不应当得到支持。

执行中船舶扣押、拍卖与债权分配若干问题研究

王玉飞 邓锦彪 张子豪

摘要：执行程序中的船舶扣押、拍卖与债权分配，是当事人实现海事债权的重要手段，融合着民事执行的普遍性与海事请求的特殊性，这点决定了不能根据《海事诉讼特别程序法》的规定，完全参照适用其类似条款。执行中船舶扣押与拍卖程序在立法上存在缺位，导致相关可以适用以及参照适用的法律规定之间存在冲突，或者不符合海事执行的实际要求。同时，执行中对船舶拍卖款的债权分配程序未能理顺海事债权与其他一般债权之间参与拍卖款分配的矛盾，在拍卖款不足以清偿船舶抵押债权时，没有解决非海船的船员工资的优先权问题，也没有对企业职员工资债权的受偿作出妥善处理，实践中带来一系列尖锐的社会矛盾。本文结合执行工作实际，从船舶的"死扣""活扣"，多次扣船，第一次船舶拍卖保留价、拍卖公告期的确定，促进船舶变现成功的手段，船舶拍卖、变卖失败后的处理，以及债权分配中应遵循的原则和内河船舶船员工资优先权等方面进行研究，以期为立法及实践提供有益的探索。

关键词：执行；船舶；扣押；拍卖；债权分配。

引言

自1999年《中华人民共和国海事诉讼特别程序法》（以下简称《海事诉讼特别程序法》）颁布以来，司法界一直没有停止对执行中船舶扣押、拍卖与债权分配程序的研究与探索。这部当时较为先进的程序性法律的问世，让海事诉讼备受关注。能够适用一套由全国人大常委会专门制订的特别程序，是海事法院乃至每位海事法律人的骄傲。毋庸置疑，船舶扣押、拍卖与债权分配程序在海事诉讼中贯穿始终，而执行程序中的船舶扣押、拍卖与债权分配浓缩了其中的精华，不仅决定当事人实现海事债权的所有关键环节，而且是海商法领域内涵丰富、颇具海事特色且存在问题较多的重大课题。但遗憾的是，执行中船舶扣押、拍卖与债权分配程序在《海事诉讼特别程序法》中仅为片言只语，甚至以参照适用其他类似条款的方式解决立法上的空白，导致海事执行一直在缺乏系统的法律规范情形下运作，令人困惑不已，也因此

产生一系列问题，在海事执行过程中争议不断。

一、执行中船舶扣押的相关问题

（一）法律适用缺乏系统性指引

扣押船舶包括保全扣押船舶与执行中扣押船舶两种。保全扣押船舶属于海事请求保全，是诉前、诉讼中的财产保全，在《海事诉讼特别程序法》中有详尽的规定。执行中扣押船舶具有与保全扣押船舶不同的特点，却无专门的立法规定，一方面在程序上要参照保全扣押船舶的法律条款，另一方面又要符合民事诉讼法的相关法律原则的要求，即执行中扣押船舶应参照海事请求保全的特别程序，同时适用民事诉讼法有关执行的法律规定。

执行中扣押船舶，是执行生效法律文书作出的限制船舶使用与处分的一种强制措施，应遵循民事执行的法律原则，适用民事诉讼法的相关规定。根据《中华人民共和国民事诉讼法》（以下简称《民事诉讼法》）第二百四十二条规定，被执行人未按执行通知履行法律文书确定的义务，人民法院有权向有关单位扣押被执行人的财产。人民法院决定扣押财产，应当作出裁定，并发出协助执行通知书，有关单位必须办理。执行中扣押船舶主要以该条款为法律依据，但该条款为原则性规定，缺乏具体的操作性。鉴于《海事诉讼特别程序法》对保全扣押船舶有专门立法，是唯一可以参照的法律程序，使得执行中扣押船舶相关法律适用融合着民事执行普遍性与海事请求的特殊性。尽管执行中扣押船舶具有不同于保全扣押船舶的特点，但是在坚持民事执行的法律原则的前提下，执行中扣押船舶仍不能照搬保全扣押船舶的法律规定。其特殊性表现在：一是执行中扣押船舶不限于特定的海事请求。《海事诉讼特别程序法》第二十一条规定了可以申请扣押船舶的 22 种海事请求。该法第二十二条规定，非因第二十一条规定的海事请求不得申请扣押船舶，但为执行判决、仲裁裁决以及其他法律文书除外。据此为执行海事海商案件的生效法律文书，可以不限于特定海事请求扣押被执行人的船舶。为执行其他民事案件的生效法律文书，也可以扣押被执行人的船舶，但应遵循《最高人民法院关于适用〈中华人民共和国海事诉讼特别程序法〉若干问题的解释》第十五条规定，地方法院为执行生效法律文书需要扣押船舶的，应当委托船籍港所在地或者船舶所在地的海事法院执行。二是执行中扣押船舶不要求申请执行人与被执行人提供担保。这一点区别于保全扣押船舶。申请执行人具有生效法律文书，作为债权人仅仅提供船舶所在地以及船舶为被执行人所有的初步线索即可，不再需要提供反担保。法院在执行程序中负有主动查实船舶是否属于被执行人所有的责任。保全扣押船舶目的是让被申请人提供担保，取得担保后即须解除扣押船舶，而执行中扣押船舶目的是责令被执行人履行义务，故在扣押裁定中不直接要求被执行人提供担保。三是执行中扣押船舶没有三十日扣押期限的限制。保全扣押船舶期限为三十日，届满不提供担保，可以拍卖船舶。执行中扣押船舶虽然不能按照保全的该项规定，但应当责令被执行人在一定期限内履行生效法律文书确定的义务，并告知其逾期将拍卖船舶的法律后果。有学者认为，执行扣押船舶期限的长短由法院根据被申请人的财产状况和执行案件的需要来确定。① 笔者对此持不同意见。《最高人民法院关于人民法院民事执行中查封、扣押、冻结财产的规定》（以下简称《民事执行中查封、扣押、冻结财产的规定》）第四条规定，诉讼前、诉讼中及仲裁中采取财产保全措施的，进入执行程序后，自动转为执行中的查封、扣押、冻结措施，并适用该司法解释第二十九条关于查封、扣押、冻结期限的规定。该司法解释第二十九条规定，查封、扣押动产的期限为不超过一年，查封不动产的期限为不超过两年。船舶在本质上属动产，但具有准不动产属性，现代各国均对船舶作出特殊规定，在涉及船舶物权如船舶物权构成、公示、变动等，将船舶视为不动产，以登记作为船舶物权的公示形式。② 我国现有法律未明确界定船舶的法律属性，但立法表明我国依不动产规则对待船舶，认为船舶具有不动产属性。如《中华人民共和国物权法》第二十四条规定，船舶、航空器和机动车等物权的设立、变更、转让和消灭，未经登记，不得对抗善意第三人。《中华人民共和国海商法》（以下简称《海商法》）第九条规定，船舶所有权的取得、转让和消灭，应当向船舶登记机关登记；未经登记的，不得对抗第三人。该法第十三条还规定，设定船舶抵押权，由抵押权人和抵押人共同向船舶登记机关办理抵押权登记；未经登记的，不得对抗第三人。因此笔者认为执行中船舶扣押的期限应当适用《民事执行中查封、扣押、冻结财产的规定》第二十九条关于查封不动产期限的规定，即不能超过两年。两年期限届满，申请执行人不申请继续扣押的，法院应当解除扣押。申请执行人申请延长期限扣押的，法院应当在扣押期限届满前办理续行扣押手续，续行期限不超过一年。

（二）扣押船舶应以"死扣"为原则、"活扣"为补充

船舶扣押是限制船舶使用权、收益权和处分权的一种严厉措施，习惯上称为"死扣"。"死扣"包括三层含义：一是限制处分权，在扣押期间禁止对

---

① 参见关正义《保全扣押、拍卖船舶与执行扣押、拍卖船舶在程序上的区别》，载《船舶工业技术经济信息》2005 年第 6 期。

② 参见李志文《船舶所有权法律制度研究》，大连海事大学博士学位论文，2004 年。

船舶进行转让或设立抵押等处分行为；二是限制使用权，禁止船舶营运，责令其停泊于某一港口且（非因台风等原因）禁止移动；三是限制收益权，船舶在一般情况下作为营业性交通工具使用，禁止营运意味着无法产生收益。相对"死扣"而言，另一种扣押船舶方式为"活扣"。"活扣"仅仅限制船舶处分权，保留船舶使用权和收益权，允许船舶继续营运。"活扣"是扣押期间禁止对船舶进行转让或设立抵押等处分行为的执行措施。

执行中扣押船舶应以"死扣"为原则。执行程序以实现申请执行人生效法律文书确认之权利为宗旨，被执行人在相关判决、仲裁裁决或其他法律文书已经生效后拒绝履行法定义务，为更好地保证申请执行人的权利的实现，查实被执行人的船舶所在地后，应采取"死扣"措施。一方面，由于限制船舶使用权及收益权，对被执行人形成强大压力，可以迫使被执行人尽快履行义务，船舶"死扣"后被执行人主动履行义务的例子并不鲜见；另一方面，"死扣"后船舶难以脱逃，在扣押期间船舶损坏、灭失或进一步产生债务的可能性也较小。在被执行人不履行义务的情况下，"死扣"可以成为拍卖船舶的前置步骤，并确保船舶拍卖后可顺利交付于竞买人。相比之下，"活扣"的两个弊端也十分明显。其一，法院仅仅通知海事行政部门不予办理船舶抵押和所有权转让手续，没有限制船舶营运，不能有效控制船舶。有的被执行人甚至隐瞒船舶被扣押的事实私自转让船舶。如某海事法院在执行中对"粤湛60028"渔船进行"活扣"，后该渔船被两度转卖并逃逸到广西，当法院准备拍卖对船舶实施"死扣"时甚至出现群体性暴力抗法行为。最后法院不得不请求公安等机关进行协助，联合执行才得以解决。其二，船舶营运中面临种种风险，或产生优先权债务，或损毁灭失，降低申请执行人可受偿的比例，甚至使申请执行人无法受偿。同时，我国的司法解释对"活扣"的适用也作出严格的限制。根据《最高人民法院关于适用〈中华人民共和国海事诉讼特别程序法〉若干问题的解释》第二十九条规定，海事法院依法准许已经实施保全的船舶继续营运的，一般仅限于航行于国内航线上的船舶完成本航次。但该规定并不符合执行工作的实际，原因在于申请执行人提出的"活扣"请求并不限于本航次运输。因此，执行中扣押船舶应尽可能采取"死扣"方式。

执行中扣押船舶应以"活扣"为补充措施。采取"活扣"，应由当事人提出申请。实务中当事人申请对船舶进行"活扣"的情形并不鲜见，主要原因有两点：一是船舶下落不明，申请执行人在尚未查实船舶动态情况下担心被执行人转移财产而向法院申请对船舶处分权进行限制；二是当事人经协商允许船舶继续运营，所得利润用以清偿债务。可见"活扣"具有不可替代的作用，是不宜对船舶进行"死扣"情况下采取的一种补充措施。而有关"活扣"限于本航次运输的司法解释规定，限制了当事人自由处分其民事权利，且有悖于《海事诉讼特别程序法》关于经海事请求人同意可以采取限制船舶处分或者抵押等方式允许该船舶继续营运的立法精神，因此有必要进行修改。"活扣"虽然在适用特殊法时受到限制，但可以在作为普通法的民事诉讼法的司法解释中找到适用依据。《最高人民法院关于适用〈中华人民共和国民事诉讼法〉若干问题的意见》第101条规定，人民法院对不动产和特定的动产（如车辆、船舶等）进行财产保全，可以采用扣押有关财产权证照并通知有关产权登记部门不予办理该项财产转移手续的财产保全措施；必要时，也可以查封或扣押该项财产。该条款为海事法院选择性地采取"死扣"或者"活扣"措施提供了指导性意见。同时要明确的是，"活扣"的执行措施仅是保全措施的一种方式，不属于严格意义上的扣押，不能对抗"死扣"的效力，不影响其他案件或其他海事法院对同一艘船舶实施"死扣"。

（三）多次扣船应适用轮候扣押

实践中经常遇到不同案件扣押同一船舶的情形：被执行人同时为两个或两个以上不同案件中的被执行人，其所属的船舶在一宗案件中已被"死扣"或"活扣"，其他案件也要扣押该船舶，而且同时扣押船舶的不同案件往往来自不同的法院。这种基于不同的海事请求或者不同的案件扣押同一船舶的措施，称为"多次扣船"。

是否允许多次扣船，长期以来存在争议。《民事诉讼法》第一百零三条第二款规定，财产已被查封、冻结的，不得重复查封、冻结。根据《海事诉讼特别程序法》第二十四条规定，除了法定情形，海事请求人不得因同一海事请求申请扣押已被扣押过的船舶。该条款适用于保全扣押船舶，执行中扣押船舶也应参照适用，只是在执行程序中予以适用应将同一海事请求理解为同一执行案件或者同一债权。按照上述法律条文，重复扣船，即基于同一执行案件或者同一债权重复扣押同一船舶，法律原则上是禁止的。而多次扣船是基于不同执行案件或者不同的债权扣押同一船舶，因而区别于重复扣押。我国法律对多次扣船没有作出明确的规定，从而为争议埋下伏笔。多次扣船在司法实践中的案件类型较多，包括不同诉讼阶段与不同法院之间的扣押，如已被保全扣押的船舶同时被其他法院在执行中扣押，执行中扣押的船舶再次被其他法院进行保全扣押。笔者认为，船舶属于《海商法》调整的特殊财产，应允许多次扣押。首先，允许多次扣船有利于保证船舶优先权及时行使。按照《海商法》第二十八条和第二十九条规定，船舶优先权应当通过法院扣押产生优先权的船舶行使，且自产生之日起满一年不行使将会消灭。若优先权人在申请法院扣押产生优先权的船舶时该船已被采取措施不能扣押，因不能多次扣船可能导致船舶优先权无法在一年内实施，将对优先权人极为不利。故允许多次扣船可以公平保护船舶优先权的权利人，为其充分行使优先权提供权利保障，避免一部分人的权利因为不能多次扣船而无法得到公平保护与受偿。其次，船舶的价值较高，往往远远超过申请扣押船舶的相关数个案件所主张的债权之和，多次扣船有利于实现超出部分的船舶价值，从而区别于对同一财产价值的重复扣押。最后，通过扣押船舶主张受偿的数个债权总额，即使超过船舶价值，仍然可以依法定程序参与分配，因为船舶经扣押而被拍卖后的分配程序，相当于一次小型破产程序，各债权人可以依照法定序位或者依照比例在船舶拍卖款中受偿。也就是说，多次扣船并不影响这些债权依法共同参与船舶拍卖款的分配。

多次扣船可以实行轮候扣押。在实务操作中，扣押船舶均由海事法院通知海事行政部门协助办理。多次扣船容易引起混乱以及扣押顺序的冲突，这是不可回避的问题。笔者认为，轮候扣押可以避免这种混乱，并解决先后扣押效力问题。《民事执行中查封、扣押、冻结财产的规定》第二十八条第一款规定："对已被人民法院查封、扣押、冻结的财产，人民法院可以进行轮候查封、扣押、冻结。查封、扣押、冻结解除的，登记在先的轮候查封、扣押、冻结即自动生效。"据此，对于执行中出现多个法院扣押同一船舶的问题，可用轮候扣押来解决。轮候扣押顺序按协助执行通知书送达海事行政部门的先后顺序确定，先行通知并在海事行政部门登记在先的法院的扣押行为首先发生效力，登记在后的其他法院的扣押行为随后生效。

（四）协助执行急需建立执行联动机制

目前，扣押船舶在协助执行方面亟须解决两个问题：一是建立执行联动机制查询船舶动态，二是严格依照法律规定协助执行扣押船舶。

1. 海事行政部门应与海事法院建立执行联动机制。最高人民法院与18个协助执行部门联合发文明确规定，公安机关、银行业金融机构、国土资源管理部门等与法院建立执行联动机制，均应协助法院查询被执行人或其财产信息，但海事局等海事行政部门尚未纳入上述执行联动机制之中。海事执行程序中，船舶是重要的财产线索，对船舶财产的查询、扣押、处分离不开海事行政部门的协助。

执行中扣押船舶需要借助海事行政部门的船舶网络查询系统。船舶所有人作为被执行人的案件在海事执行中的占比较大，因此对于被执行人财产，特别是船舶的信息查询尤为重要。船舶属于运输工具，是一种长期在内河、海上的移动装置，这种特性导致船舶财产线索难以掌握，也决定了海事执行需要借助海事行政部门查询船舶动态。目前海事行政部门已建有一系列的船舶监控系统，其中 VTS 船舶交通管理系统对雷达站覆盖水域内的船舶动态进行监控，AIS 船舶自动识别系统通过船舶安装的设备对船舶进行跟踪与管理，海事签证系统中的船舶签证记录、船舶进出港口记录更是查控船舶动态的直接载体。海事行政部门整合这些资源，与海事法院建立执行联动机制，可为海事执行提供全方位的船舶动态查询系统。

海事法院与海事行政部门之间的协作与配合是海事执行所不可或缺的，两者之间应当建立执行联动机制，通过建立共享船舶动态信息查询平台，实时查询船舶进出港及停泊情况，及时掌握船舶动态。通过联合执法来加强海事执行的威慑力，无疑将改变执行中扣押船舶"难查、难找、难扣、难管"的被动局面，大大缓解解决海事"执行难"问题。

2. 海事行政部门应依法协助执行扣押船舶。首先，协助执行需有法律依据。海事行政部门协助执行扣押船舶的法律依据是《海事诉讼特别程序法》第二十六条规定：海事法院在发布或者解除扣押船舶命令的同时，可以向有关部门发出协助执行通知书，通知书应当载明协助执行的范围和内容，有关部门有义务协助执行。因此，海事行政部门协助执行扣押船舶的对象是海事法院。协助执行的范围和内容虽然没有强制性规定，但一般情况下，船舶所在地的海事行政部门主要负责对被扣押船舶进行监管，不予办理船舶离港签证手续；船籍港所在地的海事行政部门主要负责不予办理船舶权属变更手续。若对船舶进行"死扣"，除了联系船舶所在地的海事行政部门，还应同时向船籍港所在地的海事行政部门送达限制权属变更手续的法律文书，以避免船舶在扣押期间权属发生变更。若对船舶进行"活扣"，仅仅通知船籍港所在地的海事行政部门协助执行即可。其次，协助执行扣押船舶不得违反法律规定。《最高人民法院关于适用〈中华人民共和国海事诉讼特别程序法〉若干问题的解释》第十五条规定，除海事法院及其上级人民法院外，地方人民法院对当事人提出的船舶保全申请应不予受理；地方人民法院为执行生效法律文书需要扣押和拍卖船舶的，应当委托船籍港所在地或者船舶所在地的海事法院执行。也就是说，地方法院不得扣押船舶或对船舶采取其他保全措施。但目前地方法院扣押船舶的现象仍然普遍存在。各地海事行政部门是否受理地方法院扣船的做法不统一：有的一概受理，不区分是否由海事法院扣押船舶；有的则认为对船舶实施财产保全措施归属海事法院管辖，拒绝协助地方法院对船舶实施财保全措施。① 根据上述司法解释，扣押船舶由海事法院实施，地方法院没有扣押船舶的职权，海事行政部门不应受理地方法院扣押船舶。而地方法院扣押船舶的主要症结在于海事行政部门没有严格依照上述法律规定协助执行。海事法院往往与多个地方法院共同扣押同一船舶，造成海事执行混乱，导致后续的拍卖及债权分配出现各种障碍，降低效率，影响法院形象，损害司法权威。要彻底解决这种混乱现象，一方面，地方法院应当遵守法律规定，不应受理诉前和诉讼中的扣押船舶申请，只有在执行程序中为执行生效法律文书才可委托海事法院扣押船舶；另一方面，地方法院扣押船舶，因其在程序上已经违反法律规定，无论其采用的是"死扣"还是"活扣"，均不发生法律效力。海事行政部门应严格依法受理和协助执行船舶扣押，只接受办理海事法院的相关业务，遇到地方法院扣押船舶，应不予受理，同时应当告知其委托海事法院办理。

（五）船舶扣押的监护主体及责任未明确

船舶被扣押后必然涉及船舶的监护问题。监，即监管船舶防止其逃逸；护，即看护船舶使其免受损害，如防风、防火、防盗。

船舶被扣押后的监管问题目前较为突出：地方公安机关往往以人员不足为由不愿派人协助法院监管，海事行政部门只从离港签证方面进行监管。扣押外轮的情况则相对好些，因为扣押外轮需要同时通知海事行政部门与出入境边检机构予以协助，出入境边检机构对外轮船员进出港情况进行重点监控，有的还派员驻船监管。但是，国内船舶被扣押后却没有相应的协助监管的部门，难以对其实施严密的监管。《海事诉讼特别程序法》第二十条虽规定，海事法院认为必要，可以直接派员登轮监护，但海事法院也存在人员不足或者依靠自身力量难以派员监护。扣押后的船舶停泊于海事行政部门管辖的范围之内，且其作为专门针对涉船实务的行政管理机关，比作为审判机关的海事法院在专业技术、人员配备等方面力量更加充足。因此，笔者认为，对扣押船舶的监管可作为一项协助执行义务由海事行政机关实施。在出现被扣押船舶逃逸的情形时，海事行政部门应及时予以协助追查。根据《海事诉讼特别程序法》第二十六条规定，以及于2006年1月19日发布的《最高人民法院民事审判第四庭、中国海事局关于规范海上交通事故调查与海事案件审理

---

① 参见姜光忠《关于海事行政机关协助法院执行行为的解读》，载《中国海事》2012年11期。

工作的指导意见》，海事局、海事法院应加强对被扣押船舶的监管，以及进一步加强对逃逸船舶查处的合作，及时通报相关信息，海事局应协助海事法院对逃逸船舶进行追查。①

关于船舶扣押后如何看护问题，《海事诉讼特别程序法》对此未作出规定。船舶被扣押只是一种限制船舶使用与处分的执行措施，并未变更船舶的权属。一般情况下，船舶被扣押后仍然是船舶所有人的财产，应由船舶所有人或者占有人（光船承租人）负责看护。执行程序中往往会遇到船舶所有人在资不抵债、难以维持船舶的日常支出等情况下，不履行管理职责，造成安全隐患，甚至放弃对船舶的看护。为督促船舶所有人保证船舶安全，海事法院在送达文书及登轮时，可制作一份《船舶看护义务及责任告知书》，阐明看护船舶的义务以及船舶逃逸的法律后果，并以此明确船舶所有人、占有人在扣押期间对船舶的看护责任。《民事执行中查封、扣押、冻结财产的规定》第十二条规定，查封、扣押的财产不宜由人民法院保管的，人民法院可以指定被执行人负责保管；不宜由被执行人保管的，可以委托第三人或者申请执行人保管。据此，海事执行中船舶扣押后可由被执行人看护，还可以由海事法院、申请执行人看护或者委托第三人看护。而海事法院不具备看护船舶的专业职能。实践中，一旦船舶出现上述安全问题，可能损害到所有债权人的利益的，执行扣押的法院应根据实际情况安排他人履行管理船舶的职责。在海事执行阶段，对扣押船舶的看护不宜作出硬性规定，而应当根据执行案件的具体情况判断由谁看护船舶。笔者认为，从最大限度实现申请执行人的权利、降低风险的角度而言，海事执行中船舶扣押后应由申请执行人或由申请执行人委托第三人看护船舶、代为履行管理船舶的职责为宜。因为一方面申请执行人为实现自身权利，必然会尽力保证船舶的安全；另一方面为了使船舶尽可能拍卖得更高价款，申请执行人也会尽力维持船舶的良好状态。船舶看护费用由申请执行人先行垫付，如船舶被强制拍卖，将从船舶拍卖款中先行拨付。由于船舶所有人放弃管理船舶的职责，船舶在他人看护期间的风险应由船舶所有人承担。但是，受托管理船舶的机构存在重大过错导致船舶损坏的，应当承担相应的赔偿责任。

---

① 参见杨喜平《被扣押船舶的逃逸及其对策分析——兼论内河、沿海船舶扣押监护的相关法律问题》，见上海海事法院网（http://shhsfy.gov.cn/hsinfoplat/platformData/infoplat/pub/hsfyintel_32/docs/200909/d_200031.html），访问日期：2013年6月7日。

二、执行中船舶拍卖的相关问题

（一）法律适用混乱，拍卖制度亟待立法统一

1. 执行中拍卖船舶依法参照适用的法律规定不能完全适用于执行程序。拍卖船舶分保全拍卖船舶与执行中拍卖船舶两种。我国对执行中拍卖船舶没有专门立法，仅在《海事诉讼特别程序法》中对保全拍卖船舶作出具体规定。该法第四十三条规定，执行中拍卖船舶参照适用保全拍卖船舶的条款。而执行中拍卖船舶的特点决定了其不能完全适用保全拍卖船舶的法律条款，如没有对保全拍卖船舶作出的三十天扣押船舶期限及责令船舶所有人提供担保的规定，而且无须考虑船舶是否适宜继续扣押，只要符合法定的条件，被执行人在法院扣押船舶后限定的期限内仍然不履行生效法律文书确定的义务，法院就可以直接启动拍卖船舶程序。也就是说，执行中拍卖船舶不能参照上述有关保全拍卖船舶的法律规定，只能对《海事诉讼特别程序法》的相关规定进行选择性适用。从法律适用的角度看，极不严谨；从强制拍卖的执法行为而言，也很不严肃。

2. 执行中拍卖船舶的法律制度与条款较为庞杂。《海事诉讼特别程序法》及其司法解释有关拍卖船舶的规定，明确了执行中拍卖船舶的主要程序，如规定了船舶拍卖公告的内容与刊登期限、刊登方式，须向船舶的担保物权人和船舶所有人发出拍卖通知，实施拍卖主体的组成与职能，竞买人参与拍卖和拍卖成交要办理的手续，船舶的交付与所有权变更的基本流程。但是，上述规定的内容只是解决了执行中拍卖船舶中出现的部分问题，不能完全满足船舶拍卖程序中的具体操作流程。所以《海事诉讼特别程序法》第四十二条还规定，除其规定的以外，拍卖适用《中华人民共和国拍卖法》（以下简称《拍卖法》）的有关规定。但最高人民法院对拍卖、变卖问题出台了多个司法解释，如2004年通过的《最高人民法院关于人民法院民事执行中拍卖、变卖财产的规定》（法释〔2004〕16号，以下简称《民事执行中拍卖、变卖财产的规定》）、2009年通过的《最高人民法院关于人民法院委托评估、拍卖和变卖工作的若干规定》（法释〔2009〕16号，以下简称《委托评估、拍卖和变卖的规定》）、2011年通过的《最高人民法院关于人民法院委托评估、拍卖工作的若干规定》（法释〔2011〕21号）等，分别对价格评估、保留价的确定和调整，流拍后的处理，变卖的财产与价格作出规定。因此，要理解和把握执行中拍卖船舶制度，不能简单地参照《海事诉讼特别程序法》及其司法解释的规定，有关拍卖事宜要适用《拍卖法》，还必须结合一系列的司法解释规定作出选择，相关法律适用较为庞杂。同时，这些规定的部分条款

存在着先后发布而互为取代的情形,以及特别法与普通法的法律效力层级上的差别,法律适用混乱容易导致理解与执行错误。

由于没有系统的法律规范,执行中扣押船舶的法律适用及程序混乱的局面无法消除,通过立法或者司法解释统一船舶拍卖程序势在必行。应以船舶拍卖的特殊性为基础,结合《海事诉讼特别程序法》《拍卖法》以及司法解释,对执行中拍卖船舶的程序进行详尽的规定,全面完善船舶拍卖制度。

(二)拍卖保留价规定不统一,由海事法院确定保留价的自由裁量权受到限制

执行中拍卖船舶,对船舶经价格评估后如何确定拍卖保留价即底价问题,《海事诉讼特别程序法》及其司法解释并未明确。1994年《最高人民法院关于海事法院拍卖被扣押船舶清偿债务的规定》第一条第(十)款规定,拍卖船舶委员会对拍卖船舶的底价在估价的基础上提出建议,由海事法院确定。2004年公布的《民事执行中拍卖、变卖财产的规定》第八条规定,保留价由法院参照评估价确定,第一次拍卖时不得低于评估价的百分之八十。2009年《委托评估、拍卖和变卖规定》第十三条规定,拍卖财产经过评估的,评估价即为第一次拍卖的保留价。从最高人民法院相继作出的司法解释可以看出,法院对确定保留价的自由裁量权逐渐受到限制。目前根据《委托评估、拍卖和变卖规定》,船舶经价格评估后,海事法院对第一次拍卖的保留价无任何自由裁量权,且必须以评估价作为保留价。而对未经评估的船舶保留价的限制相对较低。根据《民事执行中拍卖、变卖财产的规定》和《委托评估、拍卖和变卖规定》的规定,未作评估的,保留价由法院参照市价确定,并应当征询有关当事人的意见。

《委托评估、拍卖和变卖规定》属于法院委托评估财产的一般性规定,严格依其规定以评估价作为第一次拍卖的保留价,对执行中尽快拍卖船舶变现获取价款极为不利。主要原因在于:一是船舶价值较高,受航运市场影响,有时候价格波动较大。而对船舶的价格评估是依据市场行情确定的,所评估的价格往往接近于市场成交价格。在船舶交易价格降幅较大时,船舶评估价格甚至高于市场价格。二是目前船舶评估的环节存在弊端,导致船舶评估价往往虚高于其实际市场价值。拍卖船舶裁定作出后,须由具有船舶检验资质的机构和人员对船舶状况进行鉴定,并由具有资产(价格)评估资质的机构和人员出具价格评估报告。问题在于,有检验船舶资质的鉴定机构往往没有评估价格资质,不得对船舶价值进行评估,而船舶评估机构对决定船舶价值的船舶性能、结构往往并不具备专业知识,甚至不熟悉船舶交易市场行情,无法及时跟踪船舶交易价格的波动,导致大多数船舶评估价过高或过低。在目前船舶交易市场不景气情况下,绝大多数船舶都需要经过三次拍卖或变卖才能成交,这徒增了工作量、耗费了时间和资源。

笔者认为,第一次拍卖的保留价关乎船舶能否尽快卖出,也直接影响流拍后继续拍卖的保留价的调整范围,对整个船舶拍卖环节有着重要的意义。因此,应从以下两点确保第一次拍卖的保留价得以合理确定:一是在船舶鉴定和评估环节,由船舶检验机构与资产评估机构分工合作,船舶检验机构出具《船舶状况勘验报告》,资产评估机构应在此基础上根据船舶勘验状况对船舶价值进行评估,出具《价格评估报告》。同时,应加强对鉴定机构的监督,避免因其鉴定的价格远高于船舶实际价值而影响船舶的拍卖。根据《最高人民法院关于人民法院委托评估、拍卖工作的若干规定》第八条规定,评估结果明显失实,影响评估、拍卖结果,侵害当事人合法利益的,人民法院将不再委托该评估机构从事委托评估、拍卖工作。二是基于上述船舶的特性与船舶评估现状,不能以船舶评估价作为第一次拍卖的保留价,应授予海事法院一定的自由裁量权,即参照《民事执行中拍卖、变卖财产的规定》,在保留价不低于评估价的百分之八十的基础上由海事法院根据实际情况确定保留价。

(三)应区分外籍船舶、国内船舶及评估价格确定公告期间,并扩大在专业载体上发布拍卖公告

1. 拍卖公告期统一规定为"不少于三十日"不切实际。《海事诉讼特别程序法》第三十二条规定,海事法院裁定拍卖船舶应当通过报纸或其他新闻媒体发布公告,拍卖外籍船舶的还应当通过对外发行的报刊或者其他新闻媒体上发布公告,拍卖船舶的公告期间不少于三十日。此规定不区分外籍船舶和国内船舶,实践中带来一定的弊端。笔者认为,海事法院裁定拍卖的船舶属于海船的,拍卖公告期间应当依照上述规定,不少于三十日;拍卖船舶为外轮,可以延长至六十日。一方面,这不仅为了给当事人或者其他利害关系人提供充裕的考虑时间,让竞买人筹措资金、登轮查看船况,还可以为外国竞买人提供参与竞买所需要办理的授权等公证认证手续的时间。同时,拍卖船舶程序中需要依法"洗船",外籍船舶属于海商法调整的海船范畴,很可能附有船舶优先权,有必要给予与拍卖船舶有关的债权人充足的时间准备及办理债权登记。另一方面,《最高人民法院关于执行领事条约中对派遣国船舶实行强制措施时保护条款的通知》要求扣押、拍卖外轮时通知船籍国使领馆,但在实践中扣船时不知道船舶国籍、无法在扣船时通知其领事馆,在拍卖时通知其使领馆也存在困难。在此情况下，可同时采取对外公布拍卖船舶的公告方式，而三十日以上的公告期可视为我国履行国际公约的方式之一。

海事法院裁定拍卖船舶属于内河船舶的，拍卖公告期间不应统一规定为"不少于三十日"。理由是内河船舶不属于海船，不适用海商法有关船舶优先权的规定，不附有船舶优先权，法律关系相对简单。特别是20总吨以下、价值不超过100万元的内河船舶，有的是渔业船舶，其债权人大多是当地人或生活在附近区域的人，加之现在是信息化时代，船舶拍卖公告只需在新闻媒体上刊载发出，与拟拍卖船舶有关的债权人会很快知悉并决定是否参加债权登记。另外，这类船舶价值不高，有竞买意愿的公民、法人或者其他组织无须花很长时间去筹措购船款或者去察看拟拍卖船舶现状。同时，这类船舶的技术含金量低，抵御风险能力差，公告时间太长只能增大船舶潜伏的风险，万一船舶在公告期限内损毁、灭失，不但不能最大限度地实现申请执行人的合法权益，减少被扣押船舶所有权人或者作为债务人的被执行人的经济损失，而且对船舶实施司法扣押的海事法院还可能因被扣押船舶的损毁、灭失而由一方或者双方当事人依照《最高人民法院关于民事、行政诉讼中司法赔偿若干问题的解释》第三条、第四条之规定面临着国家司法赔偿之诉。船舶拍卖公告时间太长，发生在被扣押船舶上的看管等费用就越多，最后用于清偿债务的款项也相对减少，这与申请拍卖船舶清偿债务的目的不相符合。① 因此，国内船舶的拍卖可适用《民事执行中拍卖、变卖财产的规定》的相关规定，缩短公告期。《民事执行中拍卖、变卖财产的规定》第十一条第二款规定，拍卖动产的，应当在拍卖七日前公告；拍卖不动产或者其他财产权的，应当在拍卖十五日前公告。如前所述，船舶应作不动产对待，故拍卖公告期应当为十五日适宜。但船舶本质上是动产，对不宜继续扣押和监护困难的，应按照《拍卖法》规定的七日公告期处理。

2. 应确立拍卖船舶采取网络公告方式的法定地位。《最高人民法院关于适用〈中华人民共和国海事诉讼特别程序法〉若干问题的解释》第三十一条规定，海事法院裁定拍卖船舶，应当通过报纸或者其他新闻媒体连续公告三日。该规定未明确网络公告是否符合法定的公告方式，未明确网络公告的信息是否属于新闻媒体的范畴，未能凸现网络时代的作用和影响，与现行海事法院拍卖船舶通过网络公告的方式发布的实际做法不符。笔者认为：一方面，

---

① 参见莫伟刚《海事执行案件中对内河、沿海船舶的扣押看管、评估、拍卖等相关法律研究》，载《广西政法管理干部学院学报》2008年第4期。

现在是信息化时代,消息一旦在新闻媒体、网络上发布,短时间内就可为公众所周知,通过报纸公告的次数越多只会增加成本,并不能有效增加竞买人。而网络公告成本低、覆盖范围广,应当发挥专业网络公告的作用和影响,将网络公告明确视为新闻媒体的公告,或者将网络公告纳入法定公告方式的范围,以减少通过报纸公告的次数。另一方面,与其增加报纸公告的次数,不如有针对性地扩大公告的专业载体范围,让更多有意竞买的人了解到拍卖船舶信息,以及评估决定竞买的可行性。

3. 应扩大拍卖公告的专业载体覆盖范围。发布拍卖公告的一个重要目的是让公众了解拍卖事宜,以招引竞买人。而对海事执行的船舶拍卖而言,为了实现申请执行人的权利,就要尽可能让更多的人了解船舶即将拍卖。竞买人越多、竞价越激烈,申请执行人的受偿比例就越高。因此,拍卖公告所能覆盖的范围对拍卖是否能够顺利进行有重大的影响,公告的范围过窄或选择不当可能会导致竞买人不多,甚至无人参加竞买导致流拍。如某海事法院在拍卖外轮"柯兹亚"轮时,第一次拍卖公告虽然刊登在《人民日报》《中国日报》《南方日报》等具有较大影响力的报纸上,但只有4家公司登记买船,最后参加拍卖的仅2家。拍卖经5轮竞价,最高报价达145万美元,因其未超过保留底价而流拍。该拍卖船舶委员会总结经验认为,这次流拍不是因为保留底价太高,而是因为竞买人太少,竞争性不强。其后遂将第二次拍卖的公告刊登在世界航运界影响较大的专业期刊《劳氏船舶周刊》上,并有针对性地向一些航运企业发出拍卖通告。参加第二次拍卖的竞买人尽管只有4家,但竞价激烈,经过38轮的竞价,最后以241.8万美元的最高报价成交。前后两次拍卖的最高报价相差近100万美元①。

《海事诉讼特别程序法》第三十二条虽然规定船舶拍卖公告应当通过报纸或其他新闻媒体发布,拍卖外籍船舶的还应当通过对外发行的报刊或者其他新闻媒体发布,但未对刊登公告的报纸和其他新闻媒体的专业性作出要求。而《民事执行中拍卖、变卖财产的规定》第十二条规定,拍卖公告的范围及媒体由当事人双方协商确定;协商不成的,由人民法院确定。拍卖财产具有专业属性,因此应当同时在专业性报纸上进行公告。德国更要求拍卖公告还应当发布在特定的航运期刊上,如"THB"(*Täglicher Hafenbericht*)或者"Hansa"②。笔者认为,海事执行中的船舶拍卖公告应当依照《民事执行中拍

---

① 金正佳:《海事诉讼法论》,大连海事大学出版社2001年版,第147—148页。
② See J.-E. Pötschke, "Judicial Sale of Ships in Germany," CMI 2012 Beijing Conference Judicial Sale of Ships.

卖、变卖财产的规定》的专业性要求，可在涉及航运市场、船舶制造和拆解等行业的专业性报纸，以及其他新闻媒体、网络等上发布公告以扩大公告的覆盖范围，同时可建议当事人申请将公告刊登在专业性期刊上。当事人申请在专业性期刊、其他新闻媒体上公告或者要求扩大公告范围的，应当准许，但该部分的公告费用由其自行承担。

（四）应减少船舶拍卖次数，放宽船舶变卖的条件，加大变卖保留价下调的空间，促进船舶以合理价格尽快变现

执行中拍卖船舶目的是以拍卖所得款项清偿债务。船舶拍卖所得款项越高，越有利于促使债务人清偿更多债务，也越有利于保护各债权人的债权。影响船舶变现价款的主观因素有二：一是保留价的确定，包括第一次拍卖保留价与变卖保留价的确定；二是变现周期，变现周期越长，折旧越高，故能否尽快变现对船舶变现价款影响很大，其中的重要环节是船舶拍卖次数的确定，以及拍卖流拍后能否尽快进行变卖。

《民事执行中拍卖、变卖财产的规定》对变卖的条件与方式作出了明确规定，在三种情形下可进行变卖。一是不动产第三次流拍后的法定变卖。该司法解释第二十八条第二款规定，第三次拍卖流拍且申请执行人或其他执行债权人拒绝接受或者依法不能接受该不动产或者其他财产权抵债的，人民法院应当于第三次拍卖终结之日起七日内发出变卖公告。自公告之日起六十日内没有买受人愿意以第三次拍卖的保留价买受该财产，且申请执行人、其他执行债权人仍不表示接受该财产抵债的，应当解除查封、冻结，将该财产退还被执行人，但对该财产可以采取其他执行措施的除外。二是当事人约定变卖。该司法解释第三十四条第一款规定，对查封、扣押、冻结的财产，当事人双方及有关权利人同意变卖的，可以变卖。三是特殊物品的法定变卖。该司法解释第三十四条第二款规定，金银及其制品、当地市场由公开交易价格的动产、易腐烂变质的物品、季节性商品、保管困难或者保管费用过高的物品，人民法院可以决定变卖。

当前船舶拍卖、变卖存在两个问题：一是第三次拍卖流拍后才能变卖，耗费时间过长；二是保留价下调空间过窄。首先，由于船舶具有某些不动产的特性，实践中第一次拍卖流拍后，随后的保留价调整、变卖条件都按照不动产的规定处理，到第三次流拍后才能进行变卖。经过三次拍卖虽对防止船舶被"贱卖"有一定积极意义，但是整个流程周期太长。而船舶长时间不能变现成功，一方面增加费用、债权人受偿额降低，另一方面一直伴随风险，需要防盗、防火及防台风，故海事法院、当事人、海事行政部门都希望船舶

能尽快予以处置。其次，保留价下调的空间太窄。根据《民事执行中拍卖、变卖财产的规定》，前一次拍卖流拍后，保留价调整不得低于前次拍卖价的百分之八十，变卖保留价不得低于评估价的二分之一。有时受评估机构确定的船舶评估价格太高的影响，实际价值不高的船舶迟迟不能拍卖成功，甚至最后变卖也难以脱手。故在第二次拍卖时，应当允许法院根据实际情况适当下调保留价的幅度。

适当放宽船舶拍卖、变卖的条件，减少拍卖次数、加大保留价下调的空间，有利于船舶拍卖流拍后尽快变现成功。笔者认为，鉴于船舶实际为动产，可参照动产进行两次拍卖，将拍卖次数调整为两次，即经过两次拍卖流拍后可直接进入变卖程序。同时，可根据船舶评估价格的高低，调整船舶变卖的条件与变卖的形式。对于评估价在30万元以下的小型船舶，经两次拍卖流拍后，因其"保存困难或保管费用过高"，可按照特殊物品变卖的规定，由海事法院依职权变卖，不设保留价；对于评估价在30万元以上的船舶，第二次拍卖仍然流拍的，海事法院可以直接进入变卖程序，变卖保留价不低于评估价的50%。另外，应对变卖方式予以明确：一是将指定日期变卖变更为指定期间内变卖。有的法院参照拍卖的方式，让有意向购买的人员在指定日期到场，通过暗投，即不公开叫价的方式竞买，价高者得。对于这种变卖方式，法院在变卖不成的情况下，应当允许继续变卖，将指定日期变卖变更为指定期间内变卖，在一定期间内出价高于既定保留价即可成交。二是变卖指定期间少于六十日的，应当允许延长至六十日，在法定期间内可继续竞买。

（五）船舶拍卖、变卖不成的，应根据不同情形开辟执行新途径，妥善处置船舶，为实现债权寻找出路

对船舶依法拍卖、变卖不成，即无人应价或者应价没有达到既定保留价而应当作出处理，法律没有作出专门的规定。但《民事执行中拍卖、变卖财产的规定》第十九条第一款规定，拍卖时无人竞买或者竞买人的最高应价低于保留价，到场的申请执行人或者其他执行债权人申请或者同意以该次拍卖所定的保留价接受拍卖财产的，应当将该财产交其抵债。依照该司法解释第二十七条、第二十八条和第三十五条的规定，法院可以将第二次拍卖仍流拍的财产作价交申请执行人或者其他执行债权人抵债。申请执行人或者其他执行债权人拒绝接受或者依法不能交付其抵债的，人民法院应当解除查封、扣押，并将该动产退还被执行人。但对于不动产，应当进行第三次拍卖。第三次拍卖不成的，才能进行变卖。在六十日内变卖不成的，且申请执行人、其他执行债权人仍不表示接受该财产抵债的，应当解除查封、冻结，将该财产退还被执行人。也就是说，执行程序中对船舶拍卖、变卖不成的，依该规定有两种处理结果：一是执行债权人申请或同意以既定保留价接受该船舶的，实行以物抵债；二是执行债权人拒绝接受该船舶抵债的，应当解除船舶扣押，并退还被执行人。

笔者认为，执行程序中，经过拍卖的船舶往往是被执行人的唯一财产。对于拍卖、变卖不成的船舶，执行债权人拒绝以物抵债，也是出于无法处理船舶而作出的无可奈何的选择。法院应当开辟执行途径，穷尽各种执行措施，不到万不得已不解除船舶扣押。

1. 在船舶拍卖、变卖不成，解除扣押造成影响较大的情况下，应允许债权人提出突破保留价的再次变卖申请。这主要出于四方面的考虑：一是变卖方式有调整空间。目前依法将执行中的财产进行变价，主要有拍卖、变卖两种方式，拍卖程序相对而言比较规范，而对于变卖的方式，法律没有统一的规定，也无严格的限制，为拍卖不成的船舶处理留下了执行空间。二是船舶因变卖不成而解除扣押，对船舶优先权人与拍卖申请人影响较大。在执行债权人当中，船舶优先权人，特别是船员，往往没有能力接受以物抵债，而船舶解除扣押会严重影响其已经登记的债权受偿利益。同时，拍卖申请人为扣押、拍卖船舶垫付了款项，付出了大量的精力，一旦船舶变卖不成，其损失较大。三是有的船舶长期没有维护，已经不适宜继续使用，无法变价造成的损失会进一步扩大。四是在相关法律规范中，设置有条件的允许当事人提出突破保留价的再次变卖申请，有利于海事法院为船舶处置工作掌握主动权。因此，建议增加变卖不成又不宜解除船舶扣押的处理办法。对变卖不成，解除船舶扣押又严重影响已经登记的船舶优先权人受偿利益的，或者不立即采取变卖措施将严重影响船舶安全并造成损失扩大的，经已做债权登记并占超过2/3债权总额的债权人的申请，海事法院可以决定继续采取变卖措施，变卖价格不受变卖保留价不低于评估价50%的限制。

2. 船舶拍卖、变卖失败后，应允许当事人协商或者由法院组织当事人协商处置船舶。要注意的是，一旦船舶拍卖、变卖不成，船舶拍卖委员会作为一个负责拍卖的临时机构，便已完成其法定使命，不应再由其主持有关债权的处理工作，而应由海事法院通知各执行债权人，组织拍卖申请人、被申请人和其他已经登记的债权人进行协商处理。债权人与债务人协商达成一致的，应当签订协议，并提交海事法院审查，由海事法院依法裁定执行。

3. 经过再次变卖失败，当事人协商不成的，可以物抵债。诉讼期间，债权债务尚未明了，船舶经拍卖、变卖不成的，一般不能以物抵债。但是，执行程序中拍卖、变卖船舶与诉讼程序性质不同，若不能以物抵债，会严重影响执行工作，也与现行的执行拍卖规定的司法解释相冲突。故建议增加对船舶以物抵债的条件与程序，为海事执行工作寻找出路。以物抵债有两种情形：一是拍卖申请人是唯一债权人，或者没有其他债权人申请债权登记参与债权分配。这种情形比较容易处理，直接将船舶交给拍卖申请人抵债即可，如果这一债权低于协商确定保留价或者最终确定的保留价，则其应在指定的期间内补交差额。二是有众多债权人申请债权登记并参与债权分配。这种情形下，海事法院应当组织拍卖申请人与其他参与分配的债权人进行协商处理。协商未能达成一致的，按照《民事执行中拍卖、变卖财产的规定》第十九条第二款规定，由法定受偿顺位在先的债权人优先承受；受偿顺位相同的，可以摇号方式决定承受人。

经过穷尽以上执行手段后，拍卖申请人及其他执行债权人拒绝以物抵债，海事法院应当解除船舶扣押，有关组织拍卖、变卖产生的费用由拍卖申请人承担。

三、债权分配的相关问题

（一）对船舶拍卖款进行债权分配，应遵循依法受偿与利益兼顾原则

经过船舶扣押与拍卖进程，依法对船舶拍卖款进行分配，是实现海事债权的重要程序。当被拍卖的船舶为债务人的主要财产并且不足以清偿债务时，一般债权人往往提出与船舶相关的海事债权人一同参与船舶拍卖款分配的请求，从而导致债权分配进程交织着各种不同受偿序位债权人的利益冲突。海事法院在主持债权分配的过程中，首先要确定参与分配的各个债权的受偿序位，注意理顺与船舶有关的海事债权跟其他一般债权的受偿顺序、具有船舶担保物权的债权与其他海事债权受偿顺序，还需要调整一些特定债权的受偿序位。

1. 与船舶有关的海事债权依法先于其他一般债权受偿。海事执行程序中，对债务人的船舶强制拍卖，只是用以清偿与拍卖船舶相关的债务。因此，对船舶拍卖款进行分配不同于破产程序，并不意味着与债务人相关的所有债权均可参与分配。只有符合法定条件，依照法定程序，才能参与船舶拍卖款的分配。根据《海事诉讼特别程序法》第一百一十一条以及《最高人民法院关于适用〈中华人民共和国海事诉讼特别程序法〉若干问题的解释》第八十七条的规定，属于与拍卖船舶有关的海事债权，才能按照《海事诉讼特别程序法》第十章规定的债权登记与受偿程序参与船舶拍卖款的分配。因此，与拍卖船舶相关的修理费、船员工资、用以船舶运营的贷款、供油款等债权，

可以参与船舶拍卖款的分配。而与拍卖船舶无关的债权，如其他船舶的船员工资、企业职工工资等，均不属于与拍卖船舶有关的海事债权，依照法定受偿程序，在正常情况下，不可以参与受偿的相关海事债权的同一序位分配。相关海事债权分配完毕后，船舶拍卖款有剩余的，再由其他一般债权人参与分配。也就是说，与船舶有关的海事债权应先于其他一般债权受偿。

2. 具有船舶担保物权的债权依法优先于其他海事债权受偿。船舶担保物权包括船舶优先权、船舶抵押权与船舶留置权。《海商法》第二十一条、第十一条与第二十五条分别对以上三种船舶担保物权的概念作出了规定，并明确其具有优先受偿的权利。

船舶优先权，是指海事请求人依法提出海事请求，对产生该海事请求的船舶具有优先受偿的权利。享有船舶优先权的海事请求有船员工资报酬债权、船舶营运中的人身伤亡赔偿请求、船舶港口规费缴付请求、海难救助款项给付请求、船舶营运损害赔偿请求。据《海商法》第三条规定，该法所称船舶，仅指海船与其他海上移动式装置，即海商法有关船舶优先权的规定仅适用于海船，不适用于内河船舶。船舶抵押权，是指抵押权人对于抵押人提供的作为债务担保的船舶，在抵押人不履行债务时，可以拍卖，从卖得的价款中优先受偿的权利。船舶留置权，是指造船人、修船人在合同另一方不履行合同时，可以留置所有人占有的船舶，以保证造船费用或者修船费用得以偿还的权利。三种船舶担保物权有先后不同的受偿顺序。《海商法》第二十五条第一款规定："船舶优先权先于船舶留置权受偿，船舶抵押权后于船舶留置权受偿。"因此，参与分配的债权受偿顺序中，具有船舶担保物权的债权列在第一序位，与船舶有关的其他海事债权列在第二序位，其他一般债权列在第三序位。具有船舶担保物权的债权首先按照上述规定的先后顺序分配后，船舶拍卖款仍有剩余的，才由其他相关海事债权受偿。

3. 工资债权以及申请扣押、拍卖船舶的债权人的债权。海事法院在确认参与分配的债权后，组织召开债权人会议，协商制订受偿协议。协商不成的，应依照《海商法》及相关法律规定的受偿顺序，对船舶拍卖款的分配方案作出裁定。法院在主持债权人协商过程中，一方面要依法定受偿顺序进行分配，另一方面要遵循利益兼顾、公平受偿的原则。也就是说，对依照法定顺序不能受偿的一些债权，如工资债权以及申请扣押、拍卖船舶的债权人不具有优先权的债权，应适当予以照顾。因为工资是劳动者及其家庭生存和生活的重要基础，作为弱势群体的企业职工在没有优先受偿权利的情况下，往往未能受偿，会导致其家庭生活难以保障，而且这些债权人数众多，影响较大。而申请扣船、卖船的债权人承受了处置船舶的风险，垫付了处置船舶的费用，耗费了相当多的时间、精力，虽然维护了所有债权人的共同利益，但由于不具有优先受偿权，也往往无法从船舶拍卖款中获得受偿保障。如此分配船舶拍卖款，有违公平受偿的原则，影响了执法效果与社会效果。因此，法院在主持债权人会议制订受偿协议时，应当发挥组织协调和利益平衡作用，引导参与分配的债权人协商分配方案不仅要遵循法定原则，还要坚持利益兼顾的公平原则，适当照顾弱势群体及需要照顾的债权人利益。由于需要扣减其他债权分配人的分配款额，这样的协调工作相当艰巨，但只有维护了没有优先受偿序位的扣船和卖船申请人的权益，才能真正做到化解社会矛盾，实现了法律效果与社会效果的统一。

（二）应平等赋予内河船舶的船员工资债权与海船船员一样享有船舶优先权

2011年1月21日，国务院正式颁布《关于加快长江等内河水运发展的意见》，提出利用十年时间，建成畅通、高效、平安、绿色的现代化内河水运体系，把加快长江等内河水运发展首次上升为国家战略。内河航运业的发展必然带来内河船员人数的增加，涉及内河船员工资的案件也将随之增多。然而与此形成鲜明对比的是，涉及保护内河船舶的船员工资权益的相关立法却停滞不前，在船舶优先权方面，内河船舶的船员未能平等地享受与海船船员一样的待遇。

《海商法》第三条第一款规定，该法所称船舶，是指海船和其他海上移动式装置，但是用于军事的、政府公务的船舶和20总吨以下的小型船艇除外。故《海商法》的相关规定仅适用于海船。海船包括沿海运输和远洋运输的船舶，但不涵盖内河船舶。据此，涉及船员工资债权所享有的船舶优先权的相关规定，仅限于海船适用。沿海船舶的船员可以享有船舶优先权，而到了内河船舶，却因不能适用《海商法》相关规定，无法平等地享有船舶优先权。1992年11月起施行的《最高人民法院关于学习宣传和贯彻执行〈中华人民共和国海商法〉的通知》第五条规定，在沿海运输过程中发生的货物运输合同纠纷案件和在内河运输过程中发生的海事海商案件，仍适用《中华人民共和国民法通则》（以下简称《民法通则》）、《中华人民共和国经济合同法》（以下简称《经济合同法》）等有关法律法规。据此，在执行程序中，内河船舶被拍卖的所得价款的分配不能适用《海商法》，只能依照《民法通则》《经济合同法》及其司法解释和有关内河运输法律法规的规定来处理。但这些法律法规对内河船员工资均无规定，导致执行中内河船被拍卖后，其船员工资不适用《海商法》，没有船舶优先权，只能作为一般债权参与分配，其结果往往是经过船舶担保物权受偿后，船员往往无法获得受偿。法院为此在主持债权分配过程中非常被动，面临两方面的压力：一方面，船员无法受偿时因没有任何救济的手段，往往选择集体申诉上访，造成严重的社会影响；另一方面，因法院不能直接裁定作出分配船员工资的方案，只能对抵押权人（通常是银行）进行劝说工作，说明船员工资不能受偿的社会影响。但毕竟法律未明确内河船员工资的优先受偿权，利益衡平须建立在当事人自愿的基础之上。如果抵押权人不同意作出让步，那么法院受制于案件期限也不能久调不结，只能按照法定顺序进行分配。一旦船员工资没有着落，势必对船员及其家庭的生活造成严重影响。

解决此问题的根本途径是确定内河船员工资的优先受偿权。法国、日本、葡萄牙和荷兰的内河船员工资优先权都适用各国民法典中的优先权制度，虽然各国对优先权的称谓不同，但是本质上都是将内河船员与普通劳动者一样看待，适用同一立法。法国除了在《法国民法典》中规定了工资优先权，在《法国劳动法典》中还规定了超级工资优先权，如果内河船员工资债权有符合超级工资优先权的规定，则适用该规定。而意大利内河船员工资适用该国《航海法典》中船舶优先权的立法规定，将内河船员与海员一并规定，区别于其他的劳动者。① 鉴于我国民法典并未对劳动者工资优先权作出规定，因此，建议以司法解释的形式，参照立法确定内河船员工资的优先受偿权，将涉及大规模的立法修法工程。因此建议先以司法解释的形式，参照《海商法》船舶优先权的规定，确定内河船员工资可按沿海船的标准享有船舶优先权。这样，一方面可为保护内河船员合法权益提供明确的法律依据，保障劳动者工资受偿权；另一方面，法院可掌握主动权，减轻办案压力。在出台司法解释确定内河船员工资的优先受偿权后，法院可充分掌握主动权，在协商债权分配不成时也可直接依职权裁定作出分配船员工资的方案，既可按时结案，也可免去船员申诉上访的后顾之忧。

结　　语

如果将海事诉讼程序比喻成一部规模宏大的交响曲，那么执行中船舶扣押、拍卖与债权分配程序必然是其中一段华美的乐章，是反映时代主题的纯音乐典范；而相应的法律规范就像乐章中的音符，蕴含着一种叙写时代脉搏、

---

① 参见袁媛《内河船员工资优先权法律制度研究》，大连海事大学硕士学位论文，2011年。

展现社会需求的独特功能，决定了海事诉讼中的每一个法律人与经济人能否共同演奏出简单流畅、悦耳动听的旋律。以上只是粗浅地列举了一些存在的问题，期望执行中船舶扣押、拍卖与债权分配程序及其相应的法律规范在实践中经过不断研究与探索，补齐短板，日臻完善。

在冲突与调适之间：执行权运行之实证研究

——以民事执行政策变迁为视角

程 亮 杨 军

摘要：执行权运行的研究，有助于判定民事执行工作的改革方向。本文首先围绕以执行分权为中心的审执分离和执行权内部划分这两条主线，阐述其发展历程，指出了审执分离以破解执行难为目标，以提高执行效率为价值取向，而执行权内部划分则以应对执行乱为目标，以促进执行公平为价值取向；然后，从执行实践维度对执行权改革的价值取向存在的问题进行了分析和反思，指出了当期我国法院在推行民事执行政策时遭遇的司法资源的割裂、价值取向的不适、社会诚实信用的缺失等诸多困境；最后，本文着眼于执行效率与执行公正的互动，希望在今后的民事执行改革中，推动良善法律程序在司法资源优化中得以形成，促使法律权威在诚信社会建设中得以体现。

关键词：执行权；分权；效率；公正。

国家公权力确认并保护公民私权。在经过性质为"观念上形成权利"的判决程序后，民事执行权就成为一种旨在"事实上实现权利"的国家公权力。① 司法机关对两造的纠纷通过公认的程序加以裁判，使得权利者拥有了一种悬在半空中的权利。若承担义务者不将这种法定权利转化为现实权利，则司法机关有权排除权利实现过程中的障碍。因此，民事执行权的运行目的在于国家执行权力保障已被法院裁判的债权得以迅速而不加折扣地实现。

当前对于民事执行权的研究，绝大多数或是偏重从执行权理论的角度展开论述，或是仅停留于对执行困境的司法应对之策的探索，而缺乏对执行权运行这个扮演权利"摆渡者"重要角色以宏观、整体的实证探究。从民事执行政策变迁的视角看，这条道路是由主题相同而阶段性目标不同的石料铺就的：整个民事执行权的运行围绕分权而展开，由注重民事执行效率逐渐转向

---

① 王亚新：《社会变革中的民事诉讼》，中国法制出版社2001年版，第145页。

公正执行。缘于民事执行权的特殊性质,① 执行效率和执行公正的两种价值取向均难如人意,无法达到既定目标。有鉴于此,本文拟考察执行权外、内分权的预期目标及执行权的运行实践,并通过实证的方法检验政策的实效性,揭示政策效果存在的偏差,在此基础上探索一种适合我国国情的多元化、融贯的、稳定的、良性互动的执行权运行模式。

一、执行权运行的变迁——以分权改革为主线

(一) 执行权外部分权:从审执合一到审执分离

执行权经常被视为审判权的简单延续与附庸,没有独立的地位。"审判乃是在查明事实、正确适用法律的前提下,确定民事权益争议双方当事人的权利义务,公平地解决民事争议,它是一种纯粹意义上的司法行为。而执行则是凭借国家强制力,实现已确立的民事权利义务关系,带有很浓烈的行政性。"② 显然,民事执行权与审判权应该适用不同的程序。

20世纪90年代末,以中共中央〔1999〕11号文件为标志,执行权分权改革拉开序幕,直至2009年1月1日《最高人民法院关于适用〈中华人民共和国民事诉讼法〉执行程序若干问题的解释》开始实施,这一改革达到鼎盛时期,民事执行程序已基本完成了与审判程序的分离。其核心是执行机构和执行程序的变革(见表1):执行权与审判权的界限不断分明,执行人员、机构与程序的独立色彩逐渐转浓。长期以来"审执合一能保证审判人员在掌握案件事实和了解当事人思想状况的基础上,做出比较切合实际的判决或调解,能够较为顺利的执行,节省人力和物力"③ 的做法得到改变。

这场民事执行权独立改革,虽然缘于缓解当时愈演愈烈的执行难状况,④

---

① 民事执行权的性质有司法权说、行政权说、双重属性说、司法行政权说等多种主张。"司法权说"主要依据为民事执行行为是由法院实施的司法行为,且民事执行程序规定在民事诉讼法之中;"行政权说"认为"人民法院运用国家法律做出的判决、裁定也应当由行政机关行使",参见谭世贵主编《中国司法改革研究》,法律出版社2000年版,第294页。"双重属性说"认为,"民事执行权在国家分权属性上具有司法权与行政权的双重属性,在执行程序工作中,司法权与行政的有机结合构成了复合的、独立的、完整的强制执行权",参见刘翰、张根大《强制执行权研究》,见信春鹰、李林主编《依法治国与司法改革》,中国法制出版社1999年版,第432页。"司法行政权说"认为,"民事强制执行是一种具有行政性和司法性双重特征,以保证法院完成审判职能为基本任务的司法行政行为",参见蒋惠岭《法院司法行政体制改革》,载《人民司法》1998年第8期,第30页。

② 刘龙宝:《执行工作不是审判工作》,载《政治与法律》1999年第5期,第4页。

③ 常怡:《民事诉讼法学新论》,中国政法大学出版社1989年版,第514页。

④ 参见代刚《解决"执行难"需出重拳》,载《当代法学》1999年第5期,第66页。截至1999年6月底,全国未结执行案件达85万多件,未执行标的金额达2,590亿元。

但在实践中却以"建立起职权明晰、规范高效的运行机制"① 为方向。随着执行体制改革对法官司法理念产生潜移默化的影响,"重审判,轻执行"的现象得到了"拨乱反正",执行权区别于审判权而具有独立的基本理念、指导原则和具体程序设计已形成通识,法院内部审执分离的格局已经形成。

表1 执行权独立路径若干重要文件

序号	文件	主要内容	施行年月	审执关系
1	民事诉讼法（试行）	执行工作由执行员、书记员进行	1982年10月	审执合一
2	民事诉讼法	基层法院、中级人民法院根据需要可设立执行机构	1991年4月	审执分离
3	最高人民法院关于人民法院执行工作若干问题的规定（试行）	法庭负责执行本庭审结的案件。其中复杂、疑难或者被执行人不在本法院辖区的案件由执行机构执行。分类规定了执行程序	1998年7月	审执分离
4	中共中央关于转发《中共最高人民法院党组关于解决人民法院"执行难"问题的报告》的通知	建立统一管理、统一协调的执行工作体制	1999年7月	审执分离
5	最高人民法院关于改革人民法院执行机构有关问题的通知	各级法院的执行机构名称应当统一	2000年9月	审执分离
6	民事诉讼法（修正）	法院根据需要可以设立执行机构	2007年10月	审执分离

（二）执行权内部分权：执行裁决权与执行实施权从融合到分立

审执分离使得执行难的被动局面得到缓解,然而执行权内部改革的脚步仍继续前行。"如果司法权和行政权集中在同一个人或者同一个机构之手,

---

① 王洪军、顾晓燕：《执行体制改革研究》,载《山东审判》2003年第2期,第58页。

就不会有自由存在……如果司法权同行政权合而为一，公民的生命和自由将任人宰割，因为法官将有压迫者的力量。"① 行政权和司法权的合二为一确实为攻坚执行难堡垒打下了良好基础，却也造成了执行员兼具"运动员"与"裁判员"的"一竿子插到底"的执行模式的种种弊端。这主要表现为执行权运行过于集中，缺乏制约与监督，当事人或案外人权利救济不够和执行腐败现象高发等。

这样，执行权力内部划分开始了改革路程（见表2）。较多的研究者引用孟德斯鸠的"三权分立"学说来作为执行权划分的基础理论,② 由此引申发展为执行权分权的两权论、三权论、四权论等不同观点。③ 目前民事执行理论与司法实践的通说采用"两权论"，即执行权划分为执行裁决权和执行实施权。④ 执行裁决权本质是一种裁判权，具有司法权的特性，以公平有限性作为价值取向，具有被动性；执行实施权具有行政权的特性，以效率优先性作为价值取向，具有主动性。

执行权内部分权，其主要目的是应对执行权侵害利害关系人权利的执行乱现象。"程序是正义的蒙眼布"⑤，执行程序的分段制约使得执行人员"戴着脚镣跳舞"，有利于制止司法实践中的恣意妄为——滥用强制执行权，随意冲撞当事人的利益。显然，"程序公正性的实质就是排除恣意"⑥。各个法院的执行分权改革彰显了程序防止权力滥用的积极意义，有效提高了执行权运行的透明度。

---

① ［法］孟德斯鸠：《论法的精神》，张雁深译，商务印书馆1982年版，第156页。
② 参见严仁群《民事执行权论》，法律出版社2007年版，第11页；童兆洪《民事执行权论》，法律出版社2004年版，第60－61页；谭秋桂《民事执行权定位问题探讨》，载《政法论坛》2003年第8期，第160页。
③ "三权论"相对于"两权论"多出执行命令权部分，执行命令权指发布采取执行措施和调查措施的命令；"四权论"相对于"三权论"多出执行调查权，执行调查权是指根据命令和案件情况对执行中应当查清的事项进行调查。参见赵海滨《论民事执行权的分立及配置》，见霍力民主编《强制执行的现代理念》，人民法院出版社2005年版，第129－133页。
④ 执行中有关程序与实体问题争议的裁判属于执行裁决权，主要是审查和处理执行异议、复议、诉讼以及管辖权等裁决事项。执行中具体实施有关强制执行措施的权力属于执行实施权，主要范围是财产查控、处分、交付、分配等实施事项。
⑤ 冯象：《政法笔记》，北京大学出版社2012年版，第120页。
⑥ 季卫东：《法治秩序的构建》，中国政法大学出版社1999年版，第14页。

表2　关于执行权内部划分的若干重要文件

序号	文件	主要内容	施行年月
1	最高人民法院关于改革人民法院执行机构有关问题的通知	探索执行裁判权和执行实施权相分离，裁执人员分工负责、互相配合、互相制约的新机制	2000年9月
2	人民法院第二个五年改革纲要（2004—2008）	实体争议事项，应由执行机构以外的审判组织审理，必要时可以设立专门的审判机构	2005年10月
3	人民法院第三个五年改革纲要（2009—2013）	建立执行裁决权和执行实施权分权制约的执行体制	2009年3月
4	最高人民法院执行局《强制执行法草案》（第六稿）	执行裁决机构负责执行中实体争议和程序争议事项的处理。执行实施机构负责执行实施事项	2011年3月
5	最高人民法院关于执行权合理配置和科学运行的若干意见	执行权划分为执行实施权和执行审查权，并设置相应的执行方式	2011年10月

二、执行权的运行实效——以执行的效率与公正为着眼点

（一）方法

民事执行政策变迁过程中，执行权外分权与内分权的价值目标虽然各有不同，却都怀有改革能够保障权利人权利实现的共同愿景：前者认为审执分离可快速清理执行积案，提高执行效率；后者认为分段集约的程序可保障当事人权利不受侵害，提高外界对法院执行的接受程度。如何确定这两种政策是否达到了预期效果？本文主要采取全国法院民事案件执行法定审限内结案率、生效文书执行率、强制执行率和实际执行率四个指标来考察审执分离是否达到了破解执行难的效果。另外，以涉执案访比来考察利害关系人对法院执行案件的公平满意度。各个指标的计算方法和选择理由如下：（1）法定审限内结案率为法定审限内结案数与案件执结数之比。法定审限内结案率越高，说明执行效率越高。（2）生效文书执行率为收案数与民事一审结案数之比。其反映负有义务的当事人拒绝履行生效裁判的程度。需要注意的是，部分民

事已结案件因为被告胜诉、诉讼终结等不需要执行，若在指标计算中精确扣除这些案件，则生效民事裁判执行率将更高。(3) 强制执行率为强制执行案件数与案件执结数之比。强制执行率越高，说明法院动用强制执行力的频率越高。(4) 实际执行率为执行完毕、和解并履行完毕的案件数量之和与案件执结总数之比。实际执行率越高，反映法院执行工作的质量和效果越好。(5) 涉执案访比为群众因涉执行问题来信及到京来访案件数与同期法院实收执行案件数之比。其中已剔除重复信访、非执行信访、无理信访等情形。虽然此指标中的执行案件不限于民事案件，但由于民事执行案件在整个执行案件中占绝大多数，其差别不足以影响整体结果。

（二）数据

本研究使用的数据大部分来源于《中华人民共和国最高人民法院公报》中历年全国法院司法统计公报，小部分来源于《中国法律年鉴》与最高人民法院对全国法院涉执行申诉信访专项排位情况的通报。

（三）实证结果及分析

2002—2011年全国法院民事案件各项指标数据、涉执行申诉信访情况分别见表3、表4。

表3　2002—2011年全国法院民事案件各项指标数据

年份	民事执行收案件数/件	民事执行结案件数/件	法定审限内结案率/%	生效文书执行率/%	强制执行率/%	实际执行率/%
2002	1,848,296	1,856,949	—	42.07	19.79	—
2003	1,784,785	1,836,694	94.12	40.41	20.46	61.67
2004	1,679,764	1,706,075	95.59	39.03	21.62	63.66
2005	1,605,058	1,590,814	97.05	36.81	27.37	70.66
2006	1,684,374	1,706,849	97.17	38.43	26.71	68.22
2007	1,620,855	1,658,189	97.84	34.61	28.16	68.71
2008	1,767,893	1,752,411	98.71	32.85	28.57	69.99
2009	1,941,585	1,969,323	98.85	33.49	24.32	66.01
2010	1,979,606	2,055,410	99.14	32.39	21.48	72.50
2011	1,908,972	1,934,936	99.06	29.11	26.89	77.83

注："—"表示不适用。

表4 全国法院涉执行申诉信访情况

年份	季度	案访件数/件	执行收案件数/件	案访比/‰	全年案访比/‰
2010	一季度	—	—	17.4	9.15
	二季度	1,094	593,830	18	
	三季度	1,068	573,287	19	
	四季度	—	—		
2011	一季度	621	627,379	9.9	2.29
	二季度	504	589,587	8.55	
	三季度	289	576,104	5.02	
	四季度	169	559,813	3.02	
2012	一季度	331	650,005	5.09	—

注:"—"表示数据缺失。

1. 关于法定审限内结案率。根据表3数据可知,该指标连年持续提升,仅2011年有轻幅下降。这表明全国法院在法定期限内执行结案情况日趋向好。法定审限内结案率不断攀升的原因主要有两个:一个是法院对审限内结案愈加重视。在正常期限内若未能给予申请执行人答复,则案件的承办人将承受法院内部考核以及当事人投诉的压力。另一个是执行队伍的专门化壮大了执行力量,提高了执行结案速度。另外,法院司法统计中将"终结本次执行"作为结案方式,并以此替代了"中止执行"。值得注意的是,该指标最高值表明审限内未结案率接近1%,但就全国的绝对数量来讲,也是不容小觑的。由于审限内是否结案直接关乎着司法权威与公信力,相当部分的超审限未结案件也考验着执行机构和人员的执行效率。

2. 关于生效文书执行率。该项指标总体呈下降趋势,2011年达到最低值(29.11%),其中在2006年和2009年同比有上升的迹象。这表明,即使单从最低值来看,每年仍有30%左右的民事一审结案进入执行程序。这似乎说明伴随着民事一审结案数的大量增多,相当部分生效文书却未得到义务人的履行而进入了执行程序。

3. 关于强制执行率。该项指标在2002—2004年持续升高,2005年同比上升了近六个点,2006年轻微下降,随后又一直增长到2008年,但2009—

2010年持续下滑。到了2011年又大幅上扬，但低于统计峰值2008年的28.57%近两个点。即使在情况最好的时候，也有近20%的执行案件以强制方式执结。若采取强制执行措施后，被执行人迫于压力而与申请执行人达成和解协议的，这种案件仍以执行和解方式报结。这就说明执行实践中的强制执行手段运用得更加频繁。

4. 关于实际执行率。该项指标在2003—2005年不断上升，其中2005年幅度较大。2006—2008年指标虽然上升，但总体上低于2005年的数值。2009年顿挫后又接着上升，直到2011年达到历史最高点（77.83%）。近年来实际执行率的提高，说明法院通过统一协调和管理执行力量，执行效率与效果大大提升。

5. 关于涉执案访比。整体而言，2011年全年案访比数值优于2010年的数值。其中2010年案访比呈现随季度递增趋势。与之相反，2011年案访比随季度呈递减景象。有关执行申诉信访详尽而权威的数据较为缺乏，而该数据恰恰是反映执行利害关系人对法院执行案件兑现债权的满意度的重要指标。计算涉执案访比公式的分子仅仅是利害关系人来信及到京来访的数值，可以预测还有相当比例的利害关系人是直接向执行法院及其上级法院、人大、党委、政府等部门反映不满的。涉执案访比就全国层面而言，整体处于可控状态。

那么，执行权的两项改革是否提高了执行效率和促进了执行公平呢？从法定审限内结案率、强制执行率和实际执行率来看，执行难的困境似乎解除了，执行效率提高了，执行工作取得了较好的法律效果和社会效果。从生效文书执行率和涉执案访比来看，执行公正也呈现向好的景象。但是，当前法院一审民事结案数、民事执行收结案数的增多，再加上执行工作中采用的种种"背离"司法特性的措施，越来越多的案件进入执行程序，审限外执行积案数量居高不下，涉执申诉信访压力巨大，执行效率与执行公正的价值取向愿景还未达到预期目标。公正与效率虽然存在矛盾冲突，但我们仍然需要在二者之间求得最佳的结合点和平衡点。

三、执行权运行的实践困境——一个多维度的考察

（一）司法资源的割裂

执行在司法过程中的后位顺序，导致其被动承接了立案、审判过程中的矛盾与压力。在审判阶段，法官们出于快速结案的需要，没有充分发挥解决纠纷的功能。无论是通过判决还是调解，案件矛盾均未能得以有效解决，造成一些不具有可执行性的案件流入执行程序，比如有些案件是追案件受理费

的，或者是执行探望权的。

目前法院愈发注重调解结案，称"调解是审判（执行）的最高艺术"，执行人员为化解矛盾和快速结案的需要，也较多地采用了调解的方法。相反，法院"对于在道德上一无是处的被告更是极端地不愿采取强制手段"①，于是"久调不决""压迫调解""哄骗调解""和稀泥"等字眼充斥于利害关系人的申诉信访之中。而执行法官将精力集中于调解之后，分配于执行文书制作的司法资源就减少了，导致一些执行实施的程序步骤往往缺乏事实基础和法律依据，造成利害关系人对执行的更多非议，执行的效率和公正未能得到更多的关注。

（二）价值取向的不适

在执行权外部分权改革中，执行效率被视为执行工作的优先价值取向。在执行权内部分权改革中，执行公正被作为首先考虑的价值取向目标。司法实践表明，民事执行价值取向在现实中的推行遭遇到种种"水土不服"。在审执分离改革的大背景下，由于特别强调了审判与执行的界限，审判权与执行权在程序启动、当事人请求权性质、保护民事实体权利和当事人的实体权力等方面的共通性被有意无意地忽视，再加上法官的审判任务繁重，审理过程中对当事人的诉讼风险明示不够，法官的说服解释工作及判决书说理不足，使得大量具有不可执行性的案件涌入执行机构，造成法院自身加重执行难的怪象。

在执行权内部分权改革中，一些法院反映出改革"加剧了执行人力资源的紧张，……执行裁决机构逐步演变成执行实施机构的服务机构；执行工作出现停顿现象，影响了执行效率的提高；主体形分实合，影响了监督制约功能的发挥"②。显然，执行分权增加了执行资源的消耗，直接抵消了权利方所期望的执行利益，造成执行不经济的现象，增加了执行成本。事实上，执行权中的行政行为与司法行为并不是非此即彼、泾渭分明的，更多的时候表现为二者相伴而生、相互交融。因此，无论是从执行效率还是公正而言，分权改革之路还有待于重新修正。

（三）社会诚实信用的缺失

法院的执行实践反映着整个社会的司法现状，并折射出法治状态的尴尬

---

① 王亚新：《社会变革中的民事诉讼》，中国法制出版社2001年版，第151页。
② 祝文龙：《理论与实践的契合：执行权分权运行的价值定位与制度设计》，见网页（http://www.hshfy.sh.cn/），访问日期：2012年6月1日。

局面。法律是社会道德看得见的"符号",① 那么,法律执行的不如意不是也反映出社会道德处于不良好的状态吗?法治权威的体现就在于法院裁判得到良好的执行,而道德权威也要求义务人自愿且迅速地履行义务。多元价值观下的社会征信系统不统一、不完善,信用制度不健全,社会信用体系建设缺少法律支持,失信惩戒机制未建立,人格诚信与制度诚信相互脱节,这些都造成了"老赖"频现,执行收案居高不下的不和谐局面。因此,我们在完善执行法治时,也需要注重社会道德的建设,因为"道德规则和法律规则具有某些显著的相似之处:……我们发现某些禁止对人身或财产使用暴力的律令以及关于诚实信用的要求,在法律和道德中是相似的"②。

四、执行权运行价值取向的冲突与调适:执行效率与执行公正的互动

(一)让良善法律程序在司法资源优化中得以形成

随着我国司法改革的推进,新的司法程序正在形成之中。司法秩序的形成离不开司法资源的变动。就执行程序而言,其不仅涉及执行权的配置,还牵涉到整个法院体系的资源配置。

首先,要正视执行程序的独立性。执行权的改革方向是实现程序公正和优化司法资源配置。威廉姆·道格拉斯法官指出,权利法案的大多数规定都是程序性条款,这一事实绝不是无意义的,正是程序决定了法治与恣意的人治之间的基本区别。民事执行权的双重属性决定了执行程序不能完全司法化或者行政化,而应独立于审判程序,并应以效率和公正为价值取向目标。

其次,要优化执行与审判业务部门之间职权配置。作为法院综合系统中的执行板块,其与审判部门的契合度如何,直接关系到整个法院司法流程是否有效流畅。审判与执行在保证各自程序专业性、权力不越界的前提下,在法律框架内做好协调与互助。

最后,要通畅执行权运行程序的外部通道。良善执行程序的有效形成离不开法院与立法、行政部门的良好协作。司法权力的保守被动属性,已经致使法院力量在矛盾集中的时代为守住最后的正义而步履维艰。承担重要社会管理职能的执行程序,需要更多的法院外部资源与力量。目前执行部门正在推行的执行威慑机制,正是积极利用各种外部力量来互通信息、互相协作,遏制"老赖"规避执行的写照。

---

① [法]埃米尔·涂尔干:《社会分工论》,渠东译,生活·读书·新知三联书店2000年版,第27页。

② [英]哈特:《法律的概念》,许家馨、李冠宜译,法律出版社2006年版,第163页。

(二) 让权利在良善程序和法律权威中得以实现

良善的法律程序来源于制订良好的又为大家所遵守的良法。为大家所普遍遵守的法律程序，来源于权威的法律。要保障经过法院裁判而来的权利的公平正义的实现，需要民众内心确信的良善程序和法律权威。

首先，要培育公民的权利意识。当前法院面临着巨大的结案压力，这侧面反映出社会对司法的信任度。法院要适当地以良好的案例来启发和引导公民自身权益，使公民明白"为权利而斗争是一种权利人对自己的义务"①。

其次，要在实现权利的同时达到程序保障和解决纠纷的目的。当前我国适用西方模式的司法程序愈加频繁，但由"熟人社会"而生的"厌讼"传统仍具有一定影响力。在广大的农村社会与城市基层，执行法院严格按照制订良好的强制程序当然保护了申请人的权利，但是这样是否真正达到案结事了还有待商榷。"中国的法治之路必须注重本土资源，注重中国的法律文化的传统和实际。"② 也许充分利用执行"本土资源"，比如多方协调、第三方的说和、家族亲友的劝说等，会避免权利的实现带来司法与义务人的剑拔弩张。

最后，要抑制实现权利过程中的权利侵害。司法权与行政权的结合使得执行权成为"利维坦"，不论是从平衡当事者权利的公共性，还是从强制剥夺当事人权益的压迫性而言，避免执行权的僭越侵害的最好方法就是给它套上程序的"笼头"。公正的执行程序是保障权利不受侵害或即使被侵害也有救济的途径。而对执行权的分权探索正在朝此方向进发，但是其推行实践中的经验教训还有待总结改进。

(三) 让法律权威在诚信社会建设中得以体现

诚实信用是民法中的"帝王条款"，它奠定了一切法律正当化的基础。当前执行领域的改革不仅要关注完备程序和职业化，更要关注司法伦理与社会道德的内在联系。"法律强制与道德规范相辅相成与单纯的法律强制而不顾道德规范的，的确是文明进步的社会与野蛮专制的社会这二者之间最重要的区别之一。"③ 以德治国不是"震荡空气的口号"，而是要实实在在地驱除民众内心中漠视法律的意识。

首先，要明确执行工作不仅仅是司法工作。法院主导下的执行工作，兼具行政性和司法性，影响社会的权益平衡更加直接。执行威慑联动机制的出现与成长，不仅是司法能动主义指导下的法院实践，更是自身公共性与压迫

---

① [德] 鲁道夫·冯·耶林：《为权利而斗争》，郑永流译，法律出版社2007年版，第12页。
② 苏力：《法治及其本土资源》，中国政法大学出版社1996年版，第6页。
③ [英] 丹宁勋爵：《法律的界碑》，刘庸安、张弘译，法律出版社1999年版，第16页。

性使然。此机制远远超越了司法范围,涵盖了社会主要基础性服务部门。

其次,要积极参与建设信用社会。法院自身要强化执行联动,加大制约力度,建立完善的被执行人联动制约惩戒机制,将矛头集中在曝光被执行人身份、限制生产经营、限制任职晋升和限制出境自由及生活消费等强制执行措施方面,积极参与社会信用体系建设和信用惩戒机制建设。

最后,要提高执行人员的自身素养。相对于审判人员,执行人员更不是处于纯粹的"法律场域"中,而会更多地受到由人情、面子、关系组成的"社会生活场域"的影响。① 因此,执行人员更要秉承法律至上,谨慎司法的意识,在为权利人争取权利的同时,不可侵犯利害关系人的权益,并对弱者给予救济。

---

① 李瑜青等:《法律社会学经典论著评述》,上海大学出版社2006年版,第190-192页。

执行中船舶优先权与海关关税优先权的冲突与协调

尹忠烈　舒　坚

摘要：近年来，随着人民法院执行工作力度加强，法院时常需要对海关监管货物进行处置，因这些货物未办结海关手续，在处置变现时往往遇到阻碍，同时海关主张其对海关监管货物享有关税优先权。尤其对拟进口但尚未结清关税的船舶的拍卖，因其属于海关监管货物，处置变现时就会存在船舶优先权与关税优先权冲突的可能。在面临冲突时，如何更好地实现正义分配的需求，成为摆在法院执行工作面前的一道难题。船舶优先权作为一种特殊性质的担保物权，具有特殊法律属性，因此，应根据船舶优先权产生的具体种类和基础，来探讨其与关税优先权冲突时的进路。

关键词：海关监管货物；关税优先权；船舶优先权；协调。

一、提起海关监管船舶①拍卖的困境

在一起执行案件中，申请执行人以被执行人拖欠其码头停泊费用，申请扣押拍卖处于海关监管状态下的船舶。法院扣押该船舶后将协助执行通知书送达海关，海关告知该船舶为"暂时进口货物"的贸易方式申报进口，但未缴纳税款，属于海关监管货物②，若要进行拍卖，法院应当先行责令当事人纳税并办结海关手续。在该船上工作的船员以拖欠工资为由申请进行债权登记并主张优先受偿。然而，鉴于该船舶关税的纳税义务人③并非本案的被执

---

①　根据《中华人民共和国海商法》第三条第一款，船舶的定义是海船和其他海上移动式装置，但是用于军事的、政府公务的船舶和20总吨以下的小型船艇除外。通说认为，内河船不适用船舶优先权制度。本文讨论的船舶均为《海商法》第三条第一款定义的船舶。

②　《中华人民共和国海关法》第一百条第四款："海关监管货物，是指本法第二十三条所列的进出口货物、过境、转运、通运货物，特定减免税货物，以及暂时进出口货物、保税货物和其他尚未办结海关手续的进出境货物。"《中华人民共和国海关法》第二十三条："进口货物自进境起到办结海关手续止，出口货物自向海关申报起到出境止，过境、转运和通运货物自进境起到出境止，应当接受海关监管。"

③　《中华人民共和国海关法》第五十四条："进口货物的收货人、出口货物的发货人、进出境物品的所有人，是关税的纳税义务人。"

行人，法院无法责令非本案当事人缴纳关税，申请执行人表示不能先行垫付该船舶拖欠的进口关税，法院以该轮不具备拍卖条件为由，裁定对该轮解除扣押，撤销拍卖。

而后，申请执行人、海关、船员三方就该轮拍卖及案款分配达成执行预分配协议：海关允许拍卖该轮，拍卖款在扣除相关法院费用、扣押和拍卖成本后，优先拨付给申请执行人，由申请执行人向海关先行代缴海关关税，然后再由船员和申请执行人按照裁判文书内容进行分配。该轮经二拍后成交，但最终拍卖余款尚不能足额缴纳海关关税，如此一来，不仅申请执行人的权益无法得以实现，享有具有优先权的船员工资也无法保障。倘若该案并非以和解形式结案，对于作为被拍卖物的船舶，其上附着的未清缴关税以及拖欠的船员工资，二者孰更优先，便成为摆在海事法院执行工作中的一大难题。

在执行过程中，当海关关税与其他债权并存时，债务人的财产不足以清偿全部债务时，此时何种债权可以获得优先清偿的权利？《中华人民共和国税收征收管理法》（以下简称《税收征管法》）第四十五条第一款①确定了"税收优先"的概念，税收优先权是指征税主体的税收请求与其他主体的债权共存于同一债务人，且债务人有不能足额清偿之虞时，征税主体可依法优先受偿的权利。② 海关关税是一种特殊税种，其作为国家税收的重要组成部分，是否当然享有税收优先权？根据《税收征管法》第九十条第二款"关税及海关代征税收的征收管理，需要按照法律、行政法规的有关规定执行"的规定，于是在实践中海关征收关税并不直接适用《税收征管法》的规定。《中华人民共和国海关法》（以下简称《海关法》）第三十七条第三款"人民法院判决、裁定或者有关行政执法部门决定处理海关监管货物的，应当责令当事人办结海关手续"的规定，类似于在执行阶段事实上确定了海关关税的优先权。

2015年最高人民法院发布了《全国海事法院船舶扣押与拍卖十大典型案例》，就其中"五矿国际货运有限责任公司申请扣押'海芝'轮案"的典型意义之一阐述为"境外船舶光租入境因拍卖转为国内船舶，进口环节国家税

---

① 《税收征管法》第四十五条第一款："税务机关征收税款，税收优先于无担保债权，法律另有规定的除外；纳税人欠缴的税款发生在纳税人以其财产设定抵押、质押或者纳税人的财产被留置之前的，税收应当先于抵押权、质权、留置权执行。"

② 张守文：《财税法疏议》，北京大学出版社2005年版，第192页。

收应予优先拨付"①。该案例引发的问题,即法院根据《中华人民共和国海商法》(以下简称《海商法》)的特殊规定,在该案中将海关税款认定为共益费用是否妥当。海关税款内容上包括关税、海关代征的增值税、船舶吨税②等,上述税款从性质上看应为国家税收的范畴,不同于为船舶拍卖、保存管理等,不宜认定为费用。③ 在不宜将海关关税视为拍卖船舶的共益费用时,如何平衡关税优先权与船舶优先权的冲突,不妨先从法律属性来识别二者的关系。

二、关税优先权定性分析

关税是特殊税收中的典型代表,有别于普通税收以增加财政收入为主要目的,同时关税主要被用于削弱进口产品竞争力、保护本国经济,兼具宣示主权和实现国家对外贸易政策的多重目标。

(一) 体现为特定情形下公法债权优先受偿的属性

就税收的性质而言,历史上主要有权力关系说和债务关系说两种。前者以奥特·马亚为代表,认为租税法律关系是以国家或地方公共团体作为优越权力主体与人民之间的关系,人民必须服从此种优越权力;后者以阿尔拜特·海扎尔为代表,认为租税债务不以行政权的介入为必要,其本质是一种公法上的债权债务关系。④ 由于权力关系说过于强调税收关系中双方地位的不平等,忽视纳税人及其债权人的正当权利,也不利于税收权利的真正实现及立法资源的节约,故未得到普遍认同。而将税收视为一种公法债权的观点逐渐为大陆法系国家的学者所广泛接受。基于维护公共利益的立法目的,法律赋予税收以优先受偿的性质而予以保障。基于税收为公法债权的认识,也就产生了其与私法债权之间在保护手段上得否准用以及在权利冲突时何者优先的问题。⑤ 当税收优先权涉及执行纳税人有关财产等问题时,则需要与私法中的某些制度相协调。尽管基于公共利益和公共需要,在法律上将优先权

---

① 2015 年最高人民法院发布的《全国海事法院船舶扣押与拍卖十大典型案例》中认为"海芝"轮光租入境,属于海关监管船舶,因法院司法拍卖转为国内船舶时,依法缴纳相关国家税收(包括海关关税、代征增值税和光租税共计 4,762,785.75 元),且该笔费用应视为《中华人民共和国海商法》第二十四条规定的"为海事请求人的共同利益而支付的其他费用"优先拨付。本案在妥善分配处理多项债权的情况下,依法保护了国家税收收入,维护海关监管制度。
② 《中华人民共和国船舶吨税法》第六条第一款:"吨税由海关负责征收。海关征收吨税应当制发缴款凭证。"
③ 参见李篯《刍议企业破产中加工贸易船舶处置的法律争议与解决》,载《海关法评论》2020年第1期。
④ 参见季伟胜、刘帆《关于税收优先权》,载《税务研究》2002年第3期。
⑤ 参见郭明瑞、仲相、司艳丽《优先权制度研究》,北京大学出版社2004年版,第88页。

配置给了税收债权，但作为一般性的债权优先权制度，它既不能被过分强调，也不能缺乏保障，而是需要一系列与之相关联的健全立法，才能充分地发挥作用。①

（二）海关税赋具有公示性与可知性

税捐之多寡，何时开征，何时查征，贷与信用者，难以查知，势必遭受不测之损害，影响交易之安全。② 但与其增值税、资源税、所得税不同的是，由于未清缴关税的货物处于海关监管之下，相关交易主体可以现场观察或公开查询等方式去查证，具有一定的公示性。这与质权的公示方法（占有）相似，既然质权所采用的以占有为核心的公示方法足以保证利益相关者的交易安全，那么关税债权的存在也不会对债权人的交易决策产生负面效果。

相较海关监管的易于查证，其他债权明显缺乏有效的公示手段。通过观察《中华人民共和国企业破产法》（以下简称《破产法》）对清偿顺序的分配，我们可以发现，具有较高公示性的担保权利，被赋予"别除权"③，而劳动债权、普通税收债权等不具备可知性的债权则被安排在其后的清偿顺位。因此，基于公示性与可知性的视角，赋予关税债权以较高清偿顺位符合其内在逻辑。

（三）事实优先：关税债权的保护思路

根据《海关法》第三十七条第三款规定，人民法院在处理海关监管货物之前，应当责令当事人办结海关手续。《中华人民共和国海关法释义》对该条释义为："对于海关监管货物，只有在办结海关手续，比如交纳关税，办理有关进出口许可证件后，才能依照人民法院判决、裁定或有关行政部门的决定进行处理。所以，本条要求人民法院或有关行政执法部门应当责令当事人办结海关手续。"④ 同时，又根据《海关法》第六十条第三款⑤规定，进出口物品在纳税义务人缴纳税款后才予放行。即海关放行是以缴清税款为前提，也即在当事人无法交清关税的情况下，不能排除海关的监管，等于事实上赋予关税债权优先于抵押担保债权的权利。这种事实优先并不依托于对海关监管货物上附着其他权利的否定，而是通过将清缴关税设定为被监管货物得以

---

① 参见陈醒《对税收优先权制度的思考》，载《辽宁经济》2011年第5期。
② 参见王泽鉴《民法学说与判例研究》，北京大学出版社2015年版，第1541页。
③ 《破产法》第一百零九条："对破产人的特定财产享有担保的权利人，对该特定财产享有优先受偿的权利。"
④ 《中华人民共和国海关法释义》，见中国人大网（http://www.npc.gov.cn/npc/c12434/c1793/c1852/c2177/201905/t20190522_5517.html），访问日期：2019年7月11日。
⑤ 《海关法》第六十条第三款："进出境物品的纳税义务人，应当在物品放行前缴纳税款。"

自由流通的前提条件来达成的。①

三、船舶优先权的价值属性

(一) 船舶优先权的历史背景

船舶优先权是海商法领域一项特有的法律制度,在海运业发展中起着重要的作用,其历史起源非常悠久。船舶优先权的历史渊源大体有两种说法:其一是船舶优先权起源于罗马法和大陆法;其二是船舶优先权起源于现代英国海事管辖权的发展,即英国法下的船舶优先权与海事法院管辖权的确立和对物诉讼制度的建立有密切关系。英国对于船舶优先权制度的构建起源较早,在1851年的"The Bold Buccleugh"案中,"Maritime Lien"的具体含义被公开全面地阐述出来,即"以罗马法(the Civil Law)有关规则为其起源,船舶优先权是指通过法律程序行使的一种物上权利主张或特权"②。

尽管船舶优先权制度已被许多海运国家的法律采用或确认,但时至今日,大多数海运国家的立法以及有关国际公约均没有给它一个明确的定义。③ 有法官就曾说过:"给船舶优先权下一个定义远比认识它来得困难。"④

我国《海商法》上的船舶优先权制度,对应的是英美法系中"Maritime Lien"和大陆法系中"Privilège Maritime"的概念。英美法系国家的 Maritime Lien 主要指的是海商法中特有的在海上财产上设定的法定非移转占有型担保。《德国商法典》称其为船舶债权人的"法定质权",《法国商法》则称其为"特权",英国法称其为"海事留置权"。关于船舶优先权的名称,我国在引进之初便存在分歧,有学者认为可以直接将其翻译为"海上留置权",还有学者认为该权利的翻译首先要突出其优先性,故应称为"优先权""优先受偿权"等。在无法达成共识的情况下,人们只好参照其在国际公约中的法文对应概念,并将其译为"船舶优先权"。⑤

(二) 国际公约关于船舶优先权制度考察

基于此,综观各国立法,船舶优先权也几乎为所有海运国家所接受。在英美法系国家,《英国商船法》等国内法规中就有关于船舶优先权的规定;1910年《联邦船舶优先权法》就是美国通过的第一个对船舶优先权有专门规定的法规。在大陆法系国家,《德国商法典》也明确规定了"海上优先权人

---

① 参见韩世昕《论破产程序中关税优先权的清偿顺位》,载《国际经济法学刊》2020年第4期。
② William Tetley, *Maritime Liens and Claims* (Business Law Communication Ltd., 1985), para. 39.
③ 参见司玉琢《海商法》,法律出版社2018年版,第42页。
④ D. R. Thomas, *Maritime Liens* (London Stevens & Sons, 1980), p. 11.
⑤ 孙新强:《我国法律移植中的败笔——优先权》,载《中国法学》2011年第1期,第155页。

不仅可以对船舶享有法定质权，而且可以就该海上优先权对船舶所有人所有的船舶强制执行"。如前所述，船舶优先权制度在世界范围内的规定并不一致，甚至还充满争议，为了达成国际立法的统一，国际社会也陆续出台了有关公约力图统一船舶优先权制度。20世纪初，国际海事委员会就着手对船舶优先权进行制定国际公约行动，成果分别是1926年《统一海事抵押权和留置权某些规定的公约》（以下简称《1926年公约》）、1967年《统一关于海上留置权和抵押权某些规定的国际公约》（以下简称《1967年公约》）、1993年《船舶优先权和抵押权国际公约》（以下简称《1993年公约》）。从《1926年公约》到《1967年公约》，再到《1993年公约》，对于船舶优先权所具备的倾向逐渐显露出来。例如《1926年公约》第2条"The following give rise to maritime liens on a vessel, on the freight for the voyage during which the claim giving rise to the liens arises, and on the accessories of the vessel and freight accrued since the commencement of the voyage：..."（下列各项请求，可以对船舶、对引起船舶优先权的请求的航次所收运费，以及自航次开始以来船舶和运费的附属权利，产生船舶优先权：……）；《1967年公约》第4条"The following claims shall be secured by maritime liens on the vessel：..."（下列请求得以通过对船舶行使优先权而得到保证：……）；《1993年公约》第4条"Each of the following claims against the owner, demise charterer, manager or operator of the vessel shall be secured by a maritime lien on the vessel：..."（对船舶所有人、光船承租人、船舶管理人的下述各项索赔可通过对船舶的优先权得到担保：……）。由此可见，国际公约逐渐明晰船舶优先权是一种具有担保性质的权利，但是船舶优先权起源于习惯法，各国在法典化的过程中都会根据本国的具体情形对习惯法予以取舍，因此，为了争取更多的国家加入拟定的国际条约，条约的措辞并没有过于直接地指出船舶优先权的性质。换句话说，关于船舶优先权的公约制定，完全不是在理论指导下或者说依照任何理论或者体系的框架建立的，而仅仅是各个国家不断妥协的结果。① 在英美法系中，船舶优先权是一种施加于特定海上财产上的"物上负担"，而在中国法项下则视为一种法定"担保物权"。②

我国《海商法》第二十一条规定：船舶优先权是"指海事请求权人依照

---

① 参见李东、李天生《船舶优先权源流考》，载《中国海商法研究》2013年第1期，第11–21页。

② 张丽英：《船舶优先权法律性质若干学说析》，载《比较法研究》2004年第4期，第127–133页。

本法第二十二条①的规定，向船舶所有人、光船承租人、船舶经营人提出海事请求，对产生该海事请求的船舶具有优先受偿的权利"。该条文虽被学界认为是对船舶优先权的概念进行了界定，然而，它并没有揭示出船舶优先权与海事请求之间担保与被担保的关系，模糊了对船舶优先权性质的认定。我国《海商法》并没有对船舶优先权的性质作出明确规定，但在体系编排上，别出心裁地将船舶优先权与船舶抵押权、船舶留置权等船舶物权置于《海商法》的同一章节，从这一点足以看出：立法者在某种程度上将船舶优先权视为担保物权的主观意图。当然，也有一些学者指出，从《海商法》第二十一条、第二十二条规定中也可以看出："船舶优先权既区别于海事请求权又从属于海事请求权，这一点恰好符合担保物权的特征。"②

（三）我国船舶优先权的价值属性

1. 基于保护弱势群体的目的。《1967 年公约》《1993 年公约》以及世界绝大多数国家立法都将船员工资优先权设置为船舶优先权之首，我国亦是如此，这是为了更好地保障船员的利益。一方面，船员是航运业不可或缺的群体，其享有的权利与船舶所有人相比处于弱势地位；另一方面，船员的劳动起着维系船舶价值的作用，工资是船员家庭生活赖以维持的基础，赋予船员工资优先权是对船员生活的一种保障，维护船员工资利益具有重大的社会稳定意义，所以法律应将其置于船舶优先权的保障之下。"正如 Gray 法官在 John G. Stevens 一案中所指出的那样，海员对工资的请求权是'神圣的留置权，只要船舶还有一块钢板，船员就有权对抗任何其他人，有权取得作为其工资担保的变卖价款'。"③

2. 保障国家利益原则。航运业的发展依托于国家建设的港口、码头等，而《海商法》将船舶在航运过程中缴纳的船舶吨税、港务费、引航费和港口

---

① 《海商法》第二十二条："下列各项海事请求具有船舶优先权：（一）船长、船员和在船上工作的其他在编人员根据劳动法律、行政法规或者劳动合同所产生的工资、其他劳动报酬、船员遣返费用和社会保险费用的给付请求；（二）在船舶营运中发生的人身伤亡的赔偿请求；（三）船舶吨税、引航费、港务费和其他港口规费的缴付请求；（四）海难救助的救助款项的给付请求；（五）船舶在营运中因侵权行为产生的财产赔偿请求。载运 2000 吨以上的散装货油的船舶，持有有效的证书，证明已经进行油污损害民事责任保险或者具有相应的财务保证的，对其造成的油污损害的赔偿请求，不属于前款第（五）项规定的范围。"

② 傅廷中、王文军：《论船舶优先权的物上代位性》，载《中国海商法年刊》（2006）第 17 卷，大连海事大学出版社 2007 年版，第 86 页。

③ 姜春杰：《论船舶优先权项目及位序的立法比较》，载《中州大学学报》2003 年第 1 期，第 108 页。

规费列入船舶优先权所担保的海事请求中,是船舶利用国家港航设备之代价,赋予其优先权,有利于国家加强此类设施的建设与维护,有力地保障船舶航行安全和促进航运事业的有序发展。

3. 基于维护公平的目的。船舶优先权犹如幽灵一样附着在船上,如不对其期限进行必要限制,则对在船舶所有人等主体而言可能是不能中断的噩梦。为此,船舶优先权设置了行使期限①,该期限不论海事请求权人是否知晓该海事请求权已经产生,属于除斥期间,不能中止或中断。《海商法》还规定了海事赔偿责任限制,该制度主要是将船舶所有人在营运过程中所造成的人身、财产等损失的赔偿责任限制在一定限额内,该制度有利于维护航运事业稳定发展,保障船舶所有人的利益。受于责任限制制度约束,具有优先权的海事请求权主体,将会因为类型的不同而产生不易获得清偿之顾虑。有一些不属于海事赔偿责任限制制度所规定的限制性债权,如港口规费的缴付请求、海难救助款项的给付请求,就这些请求,请求人依然可以对当事船舶主张船舶优先权,申请法院扣押船舶,并对拍卖船舶所得价款享有优先受偿权。基于此,通过将特定海事请求列入船舶优先权担保范围内优先受偿和行使期限的限制,能更好地平衡各方的利益冲突,以符合公平原则的要求。

四、反思——船舶优先权与关税优先权冲突的缘起

(一) 税收征管机构与司法处分机关在执行中的协调配合不足的冲突

从执行实践来看,涉税冲突问题是税收征管权与司法处分权之间存在冲突和割裂的表现,也反映了税收征管机构与司法处分机关在执行中的协调配合不足。税收征管机关严格以先税后证设置关卡②或者缴清关税才放行的限

---

① 《海商法》第二十九条:"船舶优先权,除本法第二十六条规定的外,因下列原因之一而消灭:(一) 具有船舶优先权的海事请求,自优先权产生之日起满一年不行使;(二) 船舶经法院强制出售;(三) 船舶灭失。前款第 (一) 项的一年期限,不得中止或者中断。"

② 根据 1993 年发布的《中华人民共和国土地增值税暂行条例》第十二条规定,土地增值税完税后才能办理权属变更登记。根据 1997 年发布的《中华人民共和国契税暂行条例》第十一条规定,契税完税后才能办理权属变更登记。《国家税务总局关于进一步加强房地产税收管理的通知》(国税发〔2005〕82号) 强调以契税的"先税后证"为把手,全面掌控税源信息,契税征收机关要会同房地产管理部门,严格执行"先税后证"的有关规定,把住房地产税收税源控管的关键环节,全面掌握、及时传递有关信息。《国家税务总局 财政部 建设部关于加强房地产税收管理的通知》(国税发〔2005〕89号) 和《国家税务总局 财政部 国土资源部关于进一步加强土地税收管理工作的通知》(国税发〔2008〕14号) 中再次重申了契税和土地增值税的"先税后证"政策。程国琴《从扩张走向限缩:税收优先权在民事执行程序中的实现路径》和上海市黄埔人民法院课题组《民事强制执行程序中涉税冲突问题研究》等对先税后证进行了评析,均认为税款归税款,证件归证件。

制,实际上是将税收征管义务强加到民事强制执行机关身上,而民事执行一方面需更多地关注债权实现的公平程度,另一方面又对衡定税收债权与民事债权的优先或劣后地位缺乏独立、自主的裁量权。无论是司法处分中权属登记机构先税后证设置关卡,还是税务机关要求从拍卖款项中优先拨付税款等,实际上都体现了税收征管部门与司法处分机关即民事强制执行部门缺乏协调配合机制的运作机制。

(二) 立法考量上的冲突

在涉船舶优先权的民事执行程序和关税征收程序中,对于船舶优先权与关税优先权哪种权利更加优先,没有明确的法律依据。在海关或法院对债务人财产利益分配时,任何一种权利优先于其他权利的解释或认定,都可能会使其他优先权人产生不同意见。债权优先顺序的确定,实际上是关税债权作为公法之债与船舶优先权作为私法之债的效力冲突,本质就是"公与私"利益的碰撞。无论是公法债权优先,还是私法债权优先,在法理上都有一定的道理,公法债权优先是基于保障国库原则,而私法债权优先则是基于私法主体利益保护原则。正如《海商法》对具体的五项海事请求权给予特殊的保护,可受有船舶优先权的担保,遵循"物权优于债权"等规则,进行特别保护。《海关法》关于关税优先权保护是基于维护国家的主权和利益、加强海关监管等立法考量,导致在不同法律程序中关税债权与船舶优先权担保的海事请求权的受偿顺序存在矛盾。

(三) 国家利益与私人利益的冲突

关税征管程序是海关为实现其行政职能而启动的,民事执行程序是案件当事人为实现民事权利而申请启动的。两种程序的启动主体差异,直接造成关税债权与私法债权在利益分配上的不同。因为民事执行程序注重公平价值的实现,其主要使命是实现私法债权的相对公平清偿,实现对私法主体民事权利的保护。一般情况下,在由法院主导的民事执行程序中,税务机关不应凭借行政职权再参与对债务人财产利益的分配,否则会导致税收债权与私法债权的激烈冲突,影响这两种程序的正常运行。在税收征管程序中,国家利益与个人利益的冲突只是体现在税款的多少及其程序权利的保障方面,而在民事执行程序中,需要面对的是在分配债务人有限的财产利益时,谁的债权能够首先得到满足的问题,税收债权与其他私法债权的冲突更为直接。税收债权如何清偿,在先后顺序以及清偿比例上都有可能与其他私法债权发生更为直接的冲突。公权与私权并非尖锐对立的关系,公权来自私权的让渡,并为私权保护提供坚强后盾①。因此，对于税收优先权适用规则的判断应基于公、私法融合理论，在公法债权与私法债权竞合时应适用私法规则，以保障私法权利为本位，以此来达到妥善处理国家利益与私人利益的冲突。在具体案件的处理过程中，不能因关税代表公共利益而要求优先受偿，更不能把关税优先权以公共利益的名义凌驾于私法债权之上，因为公共利益的合法性理由不是建立在公法之上的，而是要对由公法与私法共同构成的法律体系的价值趋向进行全面考量。

五、进路——竞合时的顺位确定与协调机制

海关在征收关税的时候，不仅享有税收的一般优先权，还拥有核定关税债权的权利，更有实现关税债权的强制执行权。从这个角度上说，关税征收实际上享有前置执行权，海关对纳税主体本应在征管程序中应该征收完毕。根据物权优先于债权的一般规定，具有担保物权特征的船舶优先权，在与作为特殊债权的关税优先权发生竞合时，应从船舶优先权的历史、价值属性、种类等考量来确定优先于关税进行受偿。

（一）确立船员工资和人身伤亡请求权优先于关税机制

1. 保障人权，实现法的价值的需要。关于关税优先权与船员工资、人身损害赔偿请求权何者优先的问题，我国现行法律法规没有明确规定。② 最高人民法院《全国法院破产审判工作会议纪要》第 28 条③明确了人身损害赔偿债权优先于财产性债权的原则，该原则是对生命权、健康权的保障，排除税收优先权具有极强的正当性。关税作为一种特殊税种，属于财产性债权，出于保障生命、健康、身体受到侵犯的被侵权人的权利，当税收优先权与人身损害赔偿发生冲突时，应当优先保障人身损害赔偿权的实现。④ 该理念与《中华人民共和国民事强制执行法（草案）》（2021 年 4 月讨论稿）第二百四

---

① 汪习根主编：《发展、人权与法治研究——法治国家、法治政府与法治社会一体化建设研究》，武汉大学出版社 2014 年版，第 268 页。

② 《民法典》第一百八十七条关于民事责任优先原则的规定，适用的前提是民事主体的同一性行为而产生的责任，而关税、船员工资等产生的基础不一样，故不能适用该规定。

③ 《全国法院破产审判工作会议纪要》（法〔2018〕53 号）第 28 条："破产债权的清偿原则和顺序。对于法律没有明确规定清偿顺序的债权，人民法院可以按照人身损害赔偿债权优先于财产性债权、私法债权优先于公法债权、补偿性债权优先于惩罚性债权的原则合理确定清偿顺序。因债务人侵权行为造成的人身损害赔偿，可以参照企业破产法第一百一十三条第一款第一项规定的顺序清偿，但其中涉及的惩罚性赔偿除外。破产财产依照企业破产法第一百一十三条规定的顺序清偿后仍有剩余的，可依次用于清偿破产受理前产生的民事惩罚性赔偿金、行政罚款、刑事罚金等惩罚性债权。"

④ 参见杨立新《论侵权请求权的优先权保障》，载《法学家》2010 年第 2 期，第 95–102 页。

十二条第（一）项精神契合，将维持债权人基本生活、医疗所必需的工资、劳动报酬、医疗费用等债权作为清偿执行费用和共益债务后第一顺序支付的债权。确立船员工资和人身伤亡请求权优先于关税清偿，这是人文关怀和以人为本理念的考虑——正是船员的劳动使得船舶能得以进口方式入境、保全了船舶本身的价值，为关税等其他债权的受偿创造了条件。该条船舶的进口关税债权得不到实现，不会对保护本国经济、主权、外贸贸易政策等产生重大影响，但不对船员工资等进行优先保护，可能会使船员及家庭陷入极大的困境。船员工资、人身损害赔偿请求权优先于关税债权，可以更好地体现人道和正义，这也是法所追求的价值所在。

2. 弥补关税在船舶优先权中保护不足的需要。船舶吨税是船舶优先权的内容之一，由海关进行代征收，在《海商法》中，关于船员工资、人身伤亡赔偿金请求权的顺位要高于船舶吨税。船舶吨税和关税在本质上均为税收的种类，本着同一情形同一处理原则，可以确定船舶关税应该后于工资等船舶优先权受偿，① 这样能弥补关税在船舶优先权制度中的保护缺失，可以和船舶吨税处于一致的保护位阶，从而减少法律冲突。

（二）建立协调配合机制

从海关职能看，除了关税税款的征收，还包含了诸多贸易监管的职能。以船舶进口为例，需要向海关提交的文件可能包括买卖合同、商业发票、进口清单、船舶规范性参数材料、原产地税费情况等。海关在征收税款时，除了审核前述材料外，还需要对其他的监管要素一并进行审核，因此海关税款仅是办结海关手续的一个环节。如果拟进口的船舶属性为限制和禁止范围，即使交纳了税款，也无法实际进口。为了保障法院依法审判及支持海关依法行政，应对海关监管货物和进境的境外运输工作的审理与执行，法院应与海关建立协调配合机制②，将征询海关能否办结海关手续作为法院处置海关监管船舶的前提。实践中也有法院在处置海关监管货物时，海关允许采取"先拍卖，后纳税"的处置方式。③

同时，在现行法律框架内，也有必要从税收征管机构参与民事执行程序的提起、运作和分配程序上的协调、沟通及配合予以深入探讨并确立相应的

---

① 参见陈晖、邵铁民主编《海关法理论与实践》，立信会计出版社2008年版，第65页。
② 部分高级人民法院就与海关机构签订了合作协议，如广东省高级人民法院与海关总署广东分署签了《关于人民法院处理海关监管货物和进境的境外运输工作有关事项的通知》，初步建立起了沟通协调机制。
③ 参见广东省深圳市中级人民法院（2017）粤03执复169号执行裁定书。

机制，从而将包含关税在内的税收优先权纳入民事执行程序对债权实现的合法保障之中。

结　语

短期内，可由最高人民法院与海关总署联合制定规范性文件，对执行中涉及未缴纳海关关税的海关监管货物或进口交通工具的处置问题进行统一安排，在高级人民法院和海关分署之间建立协作机制，加强海关与法院的执行信息交换机制，在维护民事主体私法债权的同时防止关税流失。

享有船舶优先权担保的海事请求权与海关关税的冲突本质上是私法之债与公法之债的冲突，需要在二者之间寻找平衡才能圆满解决。笔者建议在修改《海商法》时，将第二十二条第四款规定为"船舶关税、吨税、引航费、港务费和其他港口规费的缴付请求"，以期能实现船舶优先权与关税优先权的协调。

船舶拍卖中限制无益拍卖原则的适用

舒 坚 郑佳瞳

摘要：无益拍卖原则主要来源于《最高人民法院关于人民法院民事执行中拍卖、变卖财产的规定》第六条第一款关于拍卖船舶保留价确定的特别条款。在查封财产再处置变现的司法实践案件中，多数法院选择不予拍卖可能存在无益拍卖风险的财产。实际上，该做法存在认识误区，应当更深刻地理解该规定第六条的含义。海事法院进行船舶拍卖程序时，应履行审查义务，审慎合理地适用限制无益拍卖原则，在向申请执行人履行告知和提醒义务后，申请执行人仍坚持对拍卖船舶进行拍卖的，法院可以准许。

关键词：限制无益拍卖原则；拍卖保留价；意思表示。

一、卖船程序中无益拍卖原则的适用条件

2021年1月1日新修正实施《最高人民法院关于人民法院民事执行中拍卖、变卖财产的规定》（以下简称《拍卖变卖规定》）第六条规定："保留价确定后，依据本次拍卖保留价计算，拍卖所得价款在清偿优先债权和强制执行费用后无剩余可能的，应当在实施拍卖前将有关情况通知申请执行人。申请执行人于收到通知后五日内申请继续拍卖的，人民法院应当准许，但应当重新确定保留价；重新确定的保留价应当大于该优先债权及强制执行费用的总额。依照前款规定流拍的，拍卖费用由申请执行人负担。"这是对存在优先债权执行案件进行拍卖的特别规定，亦是限制或禁止无益拍卖的规定来源。船舶拍卖程序中虽优先适用《中华人民共和国海事诉讼特别程序法》（以下简称《海诉法》）等特殊规定，但仍然以《中华人民共和国民事诉讼法》等一般规定为主要基准线。因此，在船舶拍卖中同样存在无益拍卖的情形。有鉴于此，船舶拍卖程序中限制无益拍卖有以下三个适用条件。

（一）拍卖船舶上存在优先受偿的债权

船舶上存在优先受偿权的债权，主要是指对拍卖船舶附着抵押权、质权、留置权等担保物权的债权，以及对船舶享有船舶优先权的海事请求权等债权。拍卖船舶上须附着有上述优先债权，才可能涉嫌无益拍卖。只有当普通债权与优先债权竞合时，普通债权需要让位于优先债权的情况下，申请执行人才存在最终无法从拍卖的财产中获益的可能。值得注意的是，在无益拍卖的情

形下，即使是在先查封的债权人，也同样不能就拍卖执行标的物的所得获得债权的清偿。①

倘若申请执行人均为普通债权人，各债权人根据被执行人的整体财产状况，可以选择按照查封扣押船舶的先后顺序受偿，或通过参与分配程序或破产程序按比例清偿。无论哪种选择，首先向法院申请对船舶进行查封拍卖的申请执行人，均会因拍卖被执行人的船舶而受益，不会出现无益拍卖的可能。

（二）依据已确定的拍卖保留价计算，拍卖所得价款在清偿优先债权和相关强制执行费用后无剩余可能

拍卖保留价是指拍卖标的成交价应当达到的最低价格基数。② 船舶的拍卖保留价有评估价和市场价两个参考因素，评估价相对真实地反映船舶价值，可以科学且较为准确地为拍卖保留价提供一个可靠的参照。③ 而市场价则是避免评估价与市场交易价值不够契合的一杆平衡秤。

对于拍卖保留价的确定，法律有所规定。《最高人民法院关于人民法院网络司法拍卖若干问题的规定》（以下简称《网拍规定》）第十条规定，④ 网拍的拍卖保留价即为起拍价。《拍卖变卖规定》第六条规定，依据第一次拍卖保留价计算，拍卖所得价款在清偿优先债权和强制执行费用后无剩余可能，存在重新确定保留价的情况，且重新确定的保留价应当大于该优先债权及强制执行费用的总额。此处对拍卖保留价的理解，应视为不仅限于第一次拍卖保留价的确定，而是指每次拍卖确定的保留价。倘若第一次拍卖保留价大于优先债权和强制执行费用之和，但降价后第二次拍卖保留价低于优先债权和强制执行费用之和的，也应当适用限制无益拍卖的条款。换言之，当可能出现无益拍卖时候，每一次拍卖的保留价均应大于优先债权和强制执行费用之和。⑤ 在进行第二、第三次拍卖时，仍应按照上述规定确定保留价，甚至在

---

① 参见汤洪《民事执行中房地产拍卖相关立法和实务分析》，湘潭大学硕士学位论文，2016年，第22页。

② 参见卢正敏《强制拍卖中不动产评估失实的法律应对》，载《安徽大学学报（哲学社会科学版）》2018年第2期，第124页。

③ 参见罗素梅《船舶司法拍卖的性质与法律规制》，西南政法大学硕士学位论文，2014年，第11页。

④ 《网拍规定》第十条："网络司法拍卖应当确定保留价，拍卖保留价即为起拍价。起拍价由人民法院参照评估价确定；未作评估的，参照市价确定，并征询当事人意见。起拍价不得低于评估价或者市价的百分之七十。"

⑤ 参见陈明《执行程序中限制无益拍卖原则的适用》，载《人民司法》2016年第11期，第105页。

三次拍卖流拍后，拍卖保留价也不能低于优先债权及法院强制执行费用的总额。如此才更符合立法本意，也有利于保护被执行人及其他权利人的合法权益。①

（三）申请执行人不能因法院对船舶拍卖行为受益

当享有优先受偿权的债权人向法院申请查封扣押被执行人的财产后，在后续申请拍卖时，因其债权具有优先属性，法院的拍卖行为最终均会使其受益，并不属于无益拍卖。值得注意的是，倘若拍卖船舶上存在多个优先债权，则排名靠后的优先债权人申请对船舶进行拍卖可否适用限制无益拍卖条款。有观点认为，不论是普通债权人还是排名靠后的优先权人，只要拍卖申请人不会因法院的拍卖行为受益，就应当适用限制无益拍卖条款。② 因为从本质上而言，限制无益拍卖原则规制的是存在无益风险的拍卖，并非规制债权人本身。

二、无益拍卖原则在实践中常见的误区

（一）法院在未核实拍卖标的权属负担状况的前提下进行拍卖

相较于申请执行人而言，法院能更加全面地查询到被执行人的财产状况。法院在执行阶段对被执行人的财产状况进行查询核实，是职责所在。倘若在卖船程序中没有对船舶的权属负担进行审慎核查，将有可能损害当事人的合法权益。四川省绵阳市中级人民法院在一起恢复执行案件中，未对拍卖标的物的权属负担状况调查核实准确，拍卖保留价小于优先债权及强制执行费用的总额，最终导致对拍卖标的进行拍卖后并无剩余款项支付给普通债权人。该院认为，法院的职责疏漏导致法律程序存在瑕疵，未充分保护申请执行人和担保物权人的合法权益，因此裁定拍卖应予撤销。③

然而，法院的强制执行程序具有国家强制力，在未核实拍卖标的权属负担状况的前提下进行拍卖后予以撤销，不仅浪费司法资源，而且有损司法机关的权威性。有鉴于此，法院在拍卖程序中，核实拍卖标的权属状况尤为重要。

（二）法院确定的拍卖保留价低于优先债权和强制执行费用之和

拍卖保留价大于优先债权和强制执行费用之和，目的在于保护拥有普通债权的申请执行人的利益，尽量避免最后无剩余拍卖款可供执行。实践中却

---

① 参见刘文彪《从一则案例谈无益拍卖情形中保留价的确定》，见法律资讯网（http://www.dyzxw.org/html/article/201407/15/177620.shtml）。
② 陈明：《执行程序中限制无益拍卖原则的适用》，载《人民司法》2016年第11期，第105页。
③ 参见四川省绵阳市中级人民法院（2015）绵执恢字第1-2号执行裁定书。

有法院在以远低于优先债权和强制执行费之和的价格进行拍卖,不仅拥有普通债权的申请执行人利益无法得到保障,甚至连拥有优先债权的债权数额也无法覆盖。

河北省黄骅市中级人民法院认为,产权交易中心在确定拍卖保留价时,未充分考虑优先债权及相关费用总额,导致最后拍卖标的物以明显低于其上存在的优先债权的数额成交。法院认为此举损害了相关当事人的利益,对该拍卖予以撤销。① 更有法院在裁判中因拍卖保留价低于优先债权数额,最终无法保证银行优先债权的清偿,认为属于典型的无益拍卖而撤销拍卖。② 连云港市连云区人民法院在审理此类案件时也认为,在对涉案房产进行拍卖时确定的保留价,应当大于该案的优先债权及强制执行费用的总额。该案件涉及的拍卖保留价不仅远低于优先债权,而且未考虑强制执行费用。法院认为,此举不仅违反法律规定,还严重违反拍卖程序,同时也损害了执行异议人的利益。③ 除此之外,海南省第二中级人民法院也审理过同样的案件,法院认为,原审乐东县人民法院在拍卖时确定的保留价并未充分考虑优先债权及相关费用总额,以至于该拍卖标的物以明显低于其上存在的优先债权数额成交,申请执行人更无法从拍卖价款中得到清偿,属于无益拍卖的情形,违反了《拍卖变卖规定》第六条第一款规定,损害了当事人的权益,应撤销拍卖,并撤销原审法院执行裁定。④ 然而,法院确定的拍卖保留价低于优先债权和强制执行费用之和,最终造成拍卖被撤销的行为,实则有损司法公信力。

(三)未询问申请执行人意见便直接裁定中止或撤销无益拍卖

实践中有法院在未询问拥有普通债权的申请执行人意见的情况下,直接裁定中止或撤销无益拍卖。如,北京市第一中级人民法院在审理恢复执行案件中,鉴于涉案评估标的物拍卖后,在清偿有限债权和强制执行费用后无剩余拍卖款项的可能,为防止无益拍卖,在未询问申请执行人态度的情况下,该院中止拍卖。⑤ 也有被执行人认为案件法院对涉案房屋进行拍卖属无益拍卖,房屋拍卖后无法保证银行优先债权的清偿,违反法律规定,提出撤销无益拍卖,以此保护自己的涉案财产不被拍卖。而广东省深圳市中级人民法院则认为,涉案标的评估价值远低于担保债权,如径为强制拍卖,拍卖所得价

---

① 参见河北省黄骅市中级人民法院(2016)冀0983执异34号执行裁定书。
② 参见黑龙江省牡丹江市中级人民法院(2020)黑10执复24号执行裁定书。
③ 参见江苏省连云港市连云区人民法院(2018)苏0703执异27号执行裁定书。
④ 参见海南省第二中级人民法院(2019)琼97执复55号执行裁定书。
⑤ 参见北京市第一中级人民法院(2020)京01民终3922号民事判决书。

款不足以清偿担保债权和强制执行费用的总额,属于无益拍卖,遂决定不予强制拍卖涉案房产。倘若申请执行人申请继续拍卖,则重新确定的拍卖保留价应当大于担保债权和强制执行费用的总额,但同时也增大了拍卖或者变卖不成交,导致高价抵债或者拒绝抵债而被解除查封的执行风险。有鉴于此,法院考量过后,终结了本次执行程序,解除了对涉案财产的执行措施。①

法院仅根据拍卖保留价判定拍卖标的存在无益拍卖的可能,便直接裁定中止或撤销无益拍卖的做法实则欠妥。依据《拍卖变卖规定》第六条规定,法院应当告知申请执行人可能涉嫌无益拍卖的情况。然而实践中,多数法院并未对申请执行人履行告知与提醒义务,这不仅损害了当事人的知情权,将法条原本赋予申请执行人对无益拍卖的决定权转移至法院,还极大损害了申请执行人的权利。而不予拍卖涉案财产的同时,也给予了被执行人转移财产的可能。

三、卖船程序中应限制无益拍卖原则的适用

(一)"于法":《拍卖变卖规定》将无益拍卖的决定权交由申请执行人

《拍卖变卖规定》第六条规定,在法院将拍卖所得价款在清偿优先债权和强制执行费用后无剩余可能的情形下,应当在实施拍卖前将有关情况通知申请执行人。申请执行人于收到通知后五日内申请继续拍卖的,人民法院应当准许,但应当重新确定保留价。由此可知,法院只是应当告知申请执行人可能出现得不到清偿的情形,此举是维护当事人权益的表现,是"因"。该条款其实是将是否继续无益拍卖的决定权给予申请执行人,由申请执行人自行决定是否继续无益拍卖,并非由法院决定,这是出于当事人意思自治的考量,是"果"。

再者,《拍卖变卖规定》第六条规定,当出现无益拍卖的情形时,若申请执行人选择继续拍卖,流拍后要承担支付拍卖费用的后果。因此,是否继续拍卖并重新确定拍卖保留价的选择权在申请执行人一方,被执行人及其他利害关系人均无权依据本条规定申请重新确定拍卖保留价。②倘若该条款是把是否继续无益拍卖的决定权交给法院,则应当表述为"保留价确定后,依据本次拍卖保留价计算,拍卖所得价款在清偿优先债权和强制执行费用后无剩余可能的,应当在实施拍卖前将有关情况通知申请执行人,并裁定中止或撤销拍卖"。有鉴于此,"于法"而言,在当事人仍坚持无益拍卖的情况下,

---

① 参见广东省深圳市中级人民法院(2018)粤03执1059号之二执行裁定书。
② 参见陈明《执行程序中限制无益拍卖原则的适用》,载《人民司法》2016年第11期,第104页。

法院仍应完成将拍卖程序。

（二）"于理"：溢价拍卖结果时有发生

卖船程序中，由法院委托具有船舶评估资质的评估机构对涉案船舶进行现价估值。价值评估规则是以船舶全新状况下的市场价格减去因运营损害而累积的折旧，从而得出船舶的剩余价值，也即现值。① 船舶价值高，船体部件的评估主要依据船舶检测后进行的价值评估，然而，船舶的实际价值必须进入市场后才能最终确定，通过资产评估方式所得出的价格尚且有差异，根据拍卖保留价确定的价值也不一定准确。拍卖是否有益，不仅要考虑到单个案件申请人的权益，还要考虑其他案件申请人的权益，这种考虑既是效率利益，也是实际利益。② 船舶拍卖成交价格受航运市场影响较大，虽有船舶拍卖流拍情形发生，但有数据表明船舶成交价高于船舶拍卖保留价即溢价状况正在成为一种趋势。③

有鉴于此，仅凭评估后的拍卖保留价来认定船舶最终的拍卖款无法满足不具有优先债权的申请执行人，由此，直接将出现溢价拍卖的可能性抹除的做法有待商榷。船舶价值大、专业性强，不能仅依靠评估价去认定船舶价值，评估机构和法院都无法提前预知拍卖的最终结果。"于理"而言，不应当过早否决未来可能出现的溢价拍卖结果。

（三）"于情"：尊重申请执行人的真实意思表示，维护其权利的行使

司法手段作为多元化解纠纷中最重要的环节之一，起着屏障作用，当生效法律文书后进入执行程序，实际上是胜诉者的权益未得到有效兑现的表现。向法院申请执行涉案财产不仅是当事人救济的途径之一，而且是当事人权益兑现最强有力的司法保障。从维护当事人救济途径的角度而言，执行的顺利进行是当事人合法权益的有力保护，与当事人的实际权益联系密切。申请执行人在执行程序中是为了自己的利益在努力，对他们而言，执行程序是他们最后一道权益得以实现的司法途径。

面对申请执行人提出的执行申请，法院作为裁判和执行的主体，在执行程序中的重要作用不言而喻。卖船程序中仅有普通债权的申请执行人在向法

---

① 参见罗素梅《司法拍卖船舶法律规制探究》，载《世界海运》2015年第2期，第56页。
② 参见朱子聪、何明波《走出无益拍卖误区 树立拍卖效率理念》，载《人民法院报》2019年8月8日。
③ 2017年度至2020年度，广州海事法院共成功拍卖141条船舶，有流拍和以船抵债的情形发生，但平均溢价率均为正数，其中2017年度为93%、2018年度为99%、2019年度为64%、2020年度为109%。

院申请执行涉案船舶之时,清偿完船舶附着的优先债权后并不足以清偿申请执行人的普通债权,法院基于保护申请执行人权益的角度出发,提醒和告知申请执行人此为无益拍卖,避免申请执行人承担评估鉴定等费用后而未能实际获得债权清偿的可能。申请执行人在明知或将无益拍卖的情况下仍然坚持继续拍卖,法院应该听取当事人意见,尊重申请执行人真实的意思表示,最大限度地维护其权利的行使。倘若"一刀切"地阻止申请执行人申请保护其合法权益,对于申请执行人而言,此为终局救济途径,别无他法能使裁判得到切实的落实与执行。"于情"而言,申请执行人权利无法得到有效行使,司法的公信力也将会有所打折。

四、卖船程序中限制无益拍卖原则适用的必经程序

(一) 法院需对拍卖船舶的权属负担状况进行调查核实

在申请执行人向法院申请执行船舶时,法院在申请执行人提供船舶的状况或线索的基础上,同时得依职权调查被执行人的相关财产线索。船舶的权属负担状况包括船舶的权属登记、抵押登记、光船租赁等信息。这些信息可以从船舶登记的海事(渔政)部门调取,通知已知的抵押权人说明债权情况。同时,在船舶被扣押、制作扣船笔录时,通过船员可以了解该船所涉如船员工资等船舶优先权的债务状况。

法院通过上述一系列的调查核实行为,可以为船舶后续拍卖提供扎实的基础,避免出现法院前期未对拍卖标的物的权属负担状况调查核实准确,导致拍卖程序存在瑕疵,以便快速把握执行情况,提高执行工作效率。

(二) 法院需审慎核查拍卖保留价,确保其应当大于该优先债权金额

船舶因普通债权人申请而被扣押后,执行法官通过船舶登记信息易与抵押权人(多为金融机构)取得联系,并查实船舶附着的抵押权金额。然而,船舶的留置权及船舶优先权等是否存在以及具体的金额,则需要通过特定的诉讼程序来完成。正是这些附着在船舶上的特殊权利具有隐蔽性,较不动产拍卖而言,船舶拍卖有特殊的船舶拍卖公告、船舶债权登记、确权诉讼等程序。船舶被法院扣押至拍卖成交期间由船舶所有人或光船承租人进行管理,①其间会产生船员工资以及船舶的必要维持费用和支出,该费用属于动态增长状态,会随着时间推移金额越来越大,虽然该费用可以在卖船款中先行拨付,但势必会将影响卖船款的可分配金额。

---

① 《最高人民法院关于扣押与拍卖船舶适用法律若干问题的规定》第七条第一款规定:"船舶扣押期间由船舶所有人或光船承租人负责管理。"

实践中有些地方法院并未严格审查拍卖保留价，导致起拍价小于拍卖标的物上优先债权及强制执行费用的总额，从而损害了申请执行人的利益。结合拍卖船舶的特点，海事法院可以对"拍卖保留价应当大于该优先债权及强制执行费用的总额"进行限缩解释：（1）在拍卖时，该船的优先债权应仅仅解释为抵押权金额，不包括船舶优先权，因为根据《海诉法》等相关规定，行使船舶优先权需申请对船舶进行扣押。① 此时，如果法院已经因船舶优先权扣押了该船舶，则普通债权的申请人只需参与债权分配即可，无须再行申请扣押该船；如因普债权人申请扣押了该船舶，根据拍卖公告，船舶优先权的海事请求需要进行债权登记、确权诉讼、参与分配等程序。如果需要等船舶优先权金额确定才能确定起拍价，将会是一个漫长过程，并且会增加船舶扣押期间看管和维持费用，这不符合经济性原则。（2）目前全国的海事法院均大力开展网络司法拍卖船舶工作，通过网络方式拍卖船舶，所产生的强制执行费用多为船舶的评估、鉴定、公告等费用，在申请执行人在拍卖时已经交纳了评估鉴定保证金的情况下，该强制执行费用可以从起拍价予以扣除。

拍卖作为一种成本较高的执行措施，其实施与否，既要考虑执行当事人的利益，也要考虑社会成本和社会效益，还应兼顾其他执行当事人和利害关系人的利益，但最重要的目的是让申请人的胜诉权益得到及时兑现，不能因为无益拍卖原则成为被执行人规避执行、优先受偿的申请执行人怠于行使权利的"保护伞"。在船舶拍卖程序中，海事法院应当以拍卖时已知确定的优先债权金额作为拍卖保留价，确保其应当大于该优先债权的金额。

（三）法院向申请执行人履行告知和提醒义务后，将无益拍卖的决定权交由普通债权的申请执行人

涉案标的存在优先债权状况，是否属于无益拍卖，应由执行法院审查决定。换言之，法院拥有审查无益拍卖的义务和权利。这也是实践中法院的裁判观点。② 为保证债权人的合法权益，法院查封并拍卖被执行人财产，实践中有法院向申请执行人引（劝）导申请执行人依法维权，执行中，亦向申请执行人释明无益拍卖的后果，同时听取申请执行人继续进行无益拍卖的决定，采取了合法执行措施，执行拍卖了被执行人的财产。③ 司法实践中，广东省阳江市江城区人民法院在面对无益拍卖能否继续推进拍卖这一问题时，认为

---

① 《中华人民共和国海商法》第二十八条规定："船舶优先权应当通过法院扣押产生优先权的船舶行使。"
② 参见上海市第一中级人民法院（2020）沪 01 执复 187 号执行裁定书。
③ 参见湖北省孝感市中级人民法院（2020）鄂 09 执复 41 号执行裁定书。

法院已依法在实施拍卖前将有关情况告知申请执行人，申请执行人仍然向法院书面申请继续拍卖涉案房地产，法院依法进行拍卖的行为符合法律规定，二审法院对此也予以支持。①

在船舶拍卖程序中，依据《拍卖变卖规定》第六条，如出现无益拍卖的情况，海事法院应当在实施拍卖前将有关情况通知申请执行人，申请执行人申请继续拍卖的，海事法院可以继续推进拍卖。既然法律将是否继续进行无益拍卖的决定权赋予申请执行人，那么海事法院只需履行法律所规定的告知与提醒义务，告知申请执行人可能涉嫌无益拍卖的情况，提醒其可能最终出现拍卖款无法清偿其债权且还需支付拍卖保证金的不利局面。倘若申请执行人仍然坚持继续进行拍卖，海事法院也应依照《拍卖变卖规定》第六条继续推进拍卖。如此做法，既保障了申请执行人的权利，也更加符合公正高效的执行权运行规则。

结　语

拍卖作为一种成本较高的执行措施，其实施与否，既要考虑执行当事人的利益，也要考虑社会成本和社会效益。实践中，大多数法院在处理涉及无益拍卖的执行案件中认为，无益拍卖的结果不仅对申请执行人和顺位在先的债权人无益，还会造成司法资源的浪费，因此直接裁定不予拍卖或是中止、撤销拍卖。然而，根据《拍卖变卖规定》，是否继续进行拍卖的决定权在于申请执行人，并非法院。有鉴于此，结合船舶拍卖中需要涉及的特殊程序，海事法院在履行审查核实、告知及提醒义务后，限缩性解释《拍卖变卖规定》第六条，由申请执行人决定是否继续可能存在的无益拍卖，让市场来决定船舶的成交价，从而提升船舶处置的质效。

---

① 参见广东省阳江市中级人民法院（2020）粤 17 执复 30 号执行裁定书。

建造中船舶扣押与拍卖问题探析

尹忠烈　舒　坚

摘要：随着港航企业受全球经济下行影响，扣押、拍卖建造中船舶的情况呈现增长趋势。① 对相关法律规定的理解不统一，导致实践中产生了一些争议问题。船舶建造是一个从无到有的过程，不应简单认定自始即为特定物。本文在界定建造中船舶的概念及存在期间后，认为应以船舶安放龙骨或者相似建造阶段，即其被特定化的时间节点之后的建造阶段，才定义为建造中船舶。同时，本文选取扣押时的权属判断标准，对建造中船舶应采取查封还是扣押措施、拍卖公告性质及拍卖款项的分配顺序等问题进行讨论，并提出了在《海商法》的修订中，增加建造中船舶的相关内容，以期达到更加清晰的规则来指引建造中船舶的扣押和拍卖。

关键词：在建船舶；权属判断；船舶拍卖程序。

一、建造中船舶的概念及其法律属性

船舶建造是一个从无到有的长期的动态过程，从开始建造到建造完毕并交付到船东手中大体要分为四个阶段：船体开工建造（包括舾装、涂装）—船舶下水—船舶试验（包括系泊试验、倾斜试验、航行试验）—交接。依据中国海事局《船舶建造重要日期记录管理规定》（海船检〔2010〕475号），船舶建造和重大改建行为分为新建船舶、重大改建船舶、自建船舶，一般统指建造中船舶。重大改建船舶行为是指在原船舶基础上的改建（造）行为，此时船舶属性和权属均较为清晰，因此船厂自建船舶行为引起的纠纷较少。为使讨论更有针对性，本文所说的"建造中船舶"均限定为新建船舶。

（一）建造中船舶的概念

《中华人民共和国海商法》（以下简称《海商法》）第十四条规定："建造中的船舶可以设定船舶抵押权"，《中华人民共和国民法典》（以下简称《民法典》）第二百二十五条和第三百九十五条分别对船舶权属登记和建造中

---

① 2017年1月1日至2022年10月1日，在淘宝司法拍卖平台有50艘次在建船舶拍卖信息，在京东司法拍卖平台有11艘次在建船舶拍卖信息，其中地方法院组织的拍卖有11艘次。在挂网时均明显标识为"在建船舶"。

船舶抵押作了规定。但《海商法》第三条第一款规定,"本法所称船舶,是指海船和其他海上移动式装置,但是用于军事的、政府公务的船舶和20总吨以下的小型船艇除外",因此该法所规定的船舶原则上应限于基本建成而具有航海能力的船舶。但《海商法》与《民法典》均未对建造中船舶进行定义。我国采用物权法定主义,因此有学者认为,"建造中船舶所有权"在我国实际上不具有"合法性",但为了解决航运融资,需要将"建造中船舶"在法律上拟制成一个统一的整体。①

1967年《建造中船舶权利登记公约》② 从船舶登记角度对建造中船舶有所界定。公约第4条规定,国内法可将在船舶下水地点已安置龙骨或已完成类似的建造工程作为登记条件。公约第8条规定,国内法可以规定建造中的船舶上登记的各种权利应适用于位于船厂辖区内,并已用标志或其他方法清楚标明将要安装在该船上的材料、机器和设备。即建造中的船舶客体可以包括船舶的机器、材料和设备,但需要具备两个条件:首先,这些机器、材料和设备等必须在造船厂占有;其次,这些机器、材料和设备必须是特定的,即这些机器、材料设备是且仅是为该船舶建造服务的。③ 显然,建造中船舶不属于《海商法》意义上的船舶。

为规范船舶融资和推动船舶建造行业的发展,近些年来,相关部门及各省相继出台了与建造中船舶有关的规范性文件。原港务监督局于1994年12月17日发布的《〈中华人民共和国船舶登记条例〉若干问题的说明》(以下简称《船舶登记条例说明》)中将建造中的船舶定义为"是指已安放龙骨或处于相似阶段的船舶"。如《江苏省建造中船舶抵押融资试点办法》(苏政办发〔2006〕52号)第十条规定:"抵押人向省级海事管理机构申请办理建造中船舶抵押权登记,并符合以下条件:……(三)整体建造的船舶已经处于安放龙骨阶段。分段建造的船舶已经完成全部或部分分段的建造,且评估价值达到船舶合同价的8%以上……"《广东外商独资船厂建造中船舶抵押登记管理办法(试行)》(粤海事船〔2010〕138号)第六条规定:"船舶建造企业申请办理建造中船舶所有权登记的,应向船舶登记机关提交以下材料:……(五)船舶检验机构出具的船舶技术资料,以及完成至少一个分段

---

① 参见彭亮、周燕雁《论建造中船舶所有权归属及转移》,载《中国海商法年刊》(2008)第19卷,大连海事大学出版社2009年版,第383-396页。
② 1967年5月27日在布鲁塞尔召开的第十二届海洋法外交会议上通过,尚未生效。
③ 司玉琢:《海商法》,法律出版社2012年版,第38页。

的证明（按分段方式建造的）或安放龙骨证明（按整体方式建造的）……"2017年2月10日起施行的《中华人民共和国船舶登记办法》第七十四条规定："本办法所称建造中船舶是指船舶处于安放龙骨或者相似建造阶段，或者其后的建造阶段。"

学界对建造中船舶的定义存在不同的认识。有观点认为，建造中的船舶是从该船舶开始动工切割第一块钢板，一直到船舶完成离开船台为止全过程中的船舶状态。① 有观点认为，建造中船舶是指从铺设龙骨或等效于铺设龙骨，到建造成为船舶期间的物。② 有观点认为，建造中船舶应当是始终处于生产装配状态的船舶。③ 还有观点认为，建造中船舶是船舶建造合同签订后，船舶建造完毕并交付定造人之前，所有用于建造该船的材料和部件的总和。④ 从上述观点中可以看到，虽然建造中船舶没有一个较统一的定义，但界定建造中船舶无外乎涉及建造的物理状态和时间状态两个方面。

至于建造中船舶的完成标志，从其物理形态上看应该是将所有的设备、原材料等组合成一艘完整船舶的时候，也就是所谓的建造完成。但从物理形态上的建造完成到完全交付给船东还需要一个船检并且试航的过程。试航阶段的船舶是否属于建造中船舶在理论上尚存争议。多数观点认为，试航阶段属于船舶建造的继续，是合同双方确定船舶是否符合造船合同要求以及达到强行法规的标准，以取得主管机关签发合格证书。但也有观点认为，建造中船舶的完成时刻应该是已经建造完毕等待试航状态。2009年中国海事局印发的《建造中船舶抵押权登记暂行办法》第十一条规定："已设置抵押权的船舶在交船前，抵押人和抵押权人应当持相关证明文件向船舶登记机关申请办理抵押权注销登记。"以此保障定造人得到的船舶是没有负担、没债务的船舶，故笔者认为，建造中船舶的完成标志应是交付给订造人。

（二）建造中船舶的法律属性

从法律上讲，建造中船舶应由各个不同的材料、机器和设备以及已建造的船体组成，并且其财产权范围在不同的建造阶段，具有不同的内容或范围，直至船舶建造工程完成并交付，其变化才得以停止。这就决定了建造中船舶

---

① 参见田田《论航运融资中的船舶抵押权及其法律保护》，载《法学论坛》2000年第2期，第74页。
② 参见张新平《海商法》，中国政法大学出版社2002年版，第36页。
③ 参见李志文《论建造中船舶的所有权》，载《法律适用》2006年第9期，第43页。
④ 参见司玉琢《中华人民共和国海商法问答》，人民交通出版社1993年版，第18页。

所有权客体并不具有严格意义上的特定性和独立性，不能成为一个单一的所有权客体。① 只要没有建造完毕，建造中船舶仍然不是法律上独立的物，而是具有相对独立性的各种材料、设备和机器以及建造部分的总和。因而，这些已建造的船舶构造物和用于建造船舶的各个材料、机器和设备均应当作一般的动产看待。但有观点认为，根据《船舶建造重要日期记录管理规定》②，在建船舶至迟于第Ⅰ阶段重要日期确认时，即具有特定化特征，属于物权法意义下特定的物，具有不可替代性。③ 最高人民法院在新近的一份判决中认为，对于建造中船舶是否适用《海商法》，采取了"阶段论"的方法，只有"基本建成而具有航海能力的船舶"才能成为海上保险合同的标的从而适用《海商法》。④

建造中船舶是一个动态的过程，由于对其概念及其法律属性理解的不统一，实践中存在地方法院扣押和拍卖建造中船舶。作为建造中船舶，在不同法律规范中，其概念应有区别和专属，这样才能给申请人对建造中船舶的扣押和拍卖提供明确清晰的指引。笔者认为，建造中船舶以船舶安放龙骨或者相似建造阶段，即其被特定化的时间节点之后的建造阶段，才能被定义为建造中船舶；在此前阶段的船舶建造过程所涉的各个构造物、机器和设备等，则为一般普通货物。

二、查封、扣押建造中船舶权属的判断标准

要实现对建造中船舶的扣押与拍卖，首先需要对建造中船舶涉及的构造物和建造船舶的各个材料、机器和设备所有权归属进行确定，尤其是在诉前、诉中对建造中船舶采取保全措施时。在采取保全措施时，判断财产权属标准的规定主要来源于《最高人民法院关于人民法院民事执行中查封、扣押、冻

---

① 参见邱锦添《建造中船舶所有权之有关法律问题》，载《中国海商法年刊》（2008）第19卷，大连海事大学出版社2009年版，第347－362页。

② 《船舶建造重要日期记录管理规定》要求，500总吨及以上在中国登记和拟在中国登记的海船，应在：（一）建造第Ⅰ阶段日期，新建船舶安放龙骨或处于相似建造阶段的日期；（二）建造第Ⅱ阶段日期，船舶建造的完工日期，向建造地直海事管理机构申请进行重要日期的确认。上述两个阶段的日期统称为船舶建造重要日期。

③ 参见耿小宁、李善川、张洪川《在建定制船舶作为特定物后具有不可替代性》，载《人民司法》2015年第22期，第77－81页。

④ 参见（2017）最高法民再242号民诉判决，最高人民法院认为"当时造船材料尚未移上船台，远未建成为《中华人民共和国海商法》一般意义上的船舶，且涉案保险事故及其原因发生在船舶基本建成前的建造与设计阶段，故本案纠纷不应适用海商法的规定"。

结财产的规定》第二条规定①，该司法解释起草人对这一条文解读是："由于执行程序的目的在于实现生效法律文书确定的权利义务关系，而非对双方当事人之间的权利义务关系进行审查判断，因此对效率有更高的追求，贵在迅速、及时……所以查封时判断财产权属的标准与民事确权时的标准是不同的，这个标准是明确的、外在的，容易把握和具可操作性的，只能根据表面证据进行判断。基于这一思路，我们认为，被执行人占有的动产推定为其所有，登记在被执行人名下的不动产、特定动产和其他财产权推定为其所有，人民法院可以查封。"② 判断建造中船舶的所有权，可以通过以下三种途径来实现。

（一）建造中船舶所有权登记情况

无论是要件主义还是对抗主义，已经登记的建造中船舶的物权均具有推定效力。根据《最高人民法院关于人民法院民事执行中查封、扣押、冻结财产的规定》第二条规定，如登记所有人为被执行人，则可依据登记情况直接查封或扣押该建造中船舶。然而建造中船舶所有权的登记问题，《海商法》对此没有规定。《中华人民共和国船舶登记条例》（以下简称《船舶登记条例》）第十三条第三款③提及建造中船舶的所有权登记，但该条例是关于登记程序的规定，我国实体法上并没有建造中船舶所有权登记的规定。根据《船舶登记条例》，船舶所有权人可以对建造中的船舶进行登记，也没有强制在建船舶进行登记，留给合同当事双方进行意思自治。因此，在未有登记的情况下，如何判断建造中船舶的所有权情况成为首要解决的问题。

（二）根据建造中船舶及物料的占有情况

普通动产种类繁多且无相应的登记部门，在一般情况下会推动占有人为所有人。但建造中船舶并非真正意义上的船舶，在建造完成之前尚不可直接归类到"船舶、机动车和航空器这类特殊动产"中。我国台湾地区学者以船舶下水为界限，提出建造中船舶所有权属造船厂所有，造船厂于船舶建造完

---

① 《最高人民法院关于人民法院民事执行中查封、扣押、冻结财产的规定》第二条规定："人民法院可以查封、扣押、冻结被执行人占有的动产、登记在被执行人名下的不动产、特定动产及其他财产权。"

② 王飞鸿：《〈最高人民法院关于人民法院民事执行中查封、扣押、冻结财产的规定〉的理解与适用》，见最高人民法院研究室编著：《民事诉讼司法解释理解与适用》，法律出版社2009年版，第507页。

③ 《中华人民共和国船舶登记条例》第十三条第三款规定："就新造船舶申请船舶所有权登记的，应当提供船舶建造合同和交接文件。但是，就建造中的船舶申请船舶所有权登记的，仅需提供船舶建造合同；就自造自用船舶申请船舶所有权登记的，应当提供足以证明其所有权取得的文件。"

成后，应依约定将船舶之所有权移转与定造人。其转移之方式，因船舶下水前后而不同。船舶下水前尚放置于船台上，为一般动产，故其所有权之让与，依物权关于动产所有权让与之规定办理；船舶下水后即属海商法上之船舶，其所有权之让与依海商法之规定办理。①

然而在船舶建造行业的实践中，建造中船舶所有权和占有分离的情况并不少见。主流观点则以船舶建造合同的约定与合同性质来确定船舶及物料所有权的归属，即如果造船合同没有对建造中船舶所有权进行约定，则依据相应的法律确定建造中船舶所有权的归属。

（三）根据船舶建造合同法律性质来判断

1. 船舶建造合同的性质。我国对船舶建造合同的法律性质看法不一，主要有买卖合同说、承揽合同说和混合合同说。（1）买卖合同说认为，船厂采购原材料和机器设备，并依据合同约定进行加工建造后将船舶出卖并交付船舶订造方，船舶订造方按照合同约定进行付款。宁波海事法院、浙江省高级人民法院认为，我国船舶工业贸易公司（CSTC）制定的涉外造船合同标准格式（CSTC 范本）亦将造船合同认定为船舶买卖合同，在实践中得到了广泛应用。②（2）承揽合同说认为，船厂依据订造人的要求进行加工建造，按照合同约定的条件和日期把船舶交付船舶订造方。部分学者根据《海商法》第二十五条第二款"造船人、修船人在合同另一方未履行合同时，可以留置所占有的船舶"推断，留置权的成立，需要船舶建造合同是承揽合同或者保管合同，显然船舶建造合同不符合保管合同构成要件，而且造船合同基本满足承揽合同的要求，因此认为船舶建造合同在我国属于承揽合同。③ 在广州海事法院的"广东新中国船厂有限公司诉广州市穗航实业有限公司船舶建造合同费用纠纷案"④ 的判决中，造船合同明确适用了《中华人民共和国合同法》（以下简称《合同法》）"承揽合同"章的规定作为裁判的法律依据。（3）混合合同说认为，船舶建造合同的准确法律性质应为承揽和买卖合同的混合合同，但承揽性质居于主导；某些具体问题的解决可适用买卖合同的规则，如

---

① 参见邱锦添《建造中船舶所有权之有关法律问题》，载《中国海商法年刊》（2008）第 19 卷，大连海事大学出版社 2009 年版，第 347－362 页。

② 参见宁波海事法院、浙江省高级人民法院民四庭课题组《我省船舶建造及其纠纷的调查报告——兼析金融危机对我省船舶建造业的影响》，载《海事司法论坛》2009 年第 4 期。

③ 参见王志超《在建船舶所有权研究》，上海交通大学硕士学位论文，2018 年。

④ 参见（2005）广海法初字第 108 号民事判决。

所有权归属和转移风险的承担等，而其他领域仍应适用承揽合同的规定。①有学者认为，船舶建造合同买卖合同说、承揽合同说均有其合理性，分别强调了船舶所有权的转移和船舶的建造过程，但是，二者均不能排他性地界定船舶建造交易的性质。较为合理的做法应该是以船舶建造合同的特征性履行行为作为其本质内容说的具体化，即以特征性履行行为作为确定合同本质内容的标准，并据此来界定合同的法律性质。②

2. 建造中船舶及物料所有权的归属。买卖合同实质是货物财产权从卖方至买方的转移，因此卖方应具有标的物所有权。所以，如果确定造船合同的性质是货物买卖合同，那么也就确定了造船厂对于船舶享有所有权或处分权，即货物的所有权自该货物交付或者登记或者约定时起转移。

如果将造船合同定性为承揽合同，那么承揽人只享有留置权，并可由此推断工作成果所有权属于定造人。但也有观点认为，承揽合同因提供材料的当事人不同，制造物所有权归属不同。当定造人提供或者提供主要建造船舶材料、机器和设备时，建造中船舶的所有权应当属于定造人。但如果建造船舶的材料、机器和设备为承揽人提供时，建造中船舶的所有权应归建造人所有。③

但更多观点则认为，在实践中，大多数造船合同格式对所有权归属及何时转移均有约定。订立合同的过程是秉承着自愿原则的，根据《合同法》的相关规定，造船厂与船东可以在自由平等的前提下选择合同的性质以及条款，即在不违反相关强行法的条件下，可以根据双方自身的特点与优势去订立条款。④最常见的是约定在交船时转移所有权；但也有约定，在合同签订后所有权即归定造人的；还有些合同约定，建造中船舶的所有权根据定造人支付造船款的进度逐步转移给定造人，事实上是一种按份共同共有的情况。⑤

基于此，笔者认为应以建造中船舶的登记情况、占有情况及船舶建造合同的性质为标准，来界定查封、扣押建造中船舶权属判断标准，并得出以下结论：不能以占有情况作为查封或扣押时权属判断标准；查封或扣押建造中

---

① 参见单红军、于诗卉《非单一性：船舶建造合同法律属性之特征》，载《中国海商法年刊》2010年第4期，第81－85页。

② 参见刘伟军《船舶建造合同法律性质之实证研究》，载《政法论丛》2015年第3期，第100－109页。

③ 参见李志文《论建造中船舶的所有权》，载《法律适用》2006年第9期，第42－45页。

④ 参见杨良宜《造船合约》，大连海事大学出版社2008年版，第333页。

⑤ 参见蒋跃川、李琳、郭萍《建造中船舶抵押面临的法律问题及对策》，载《中国海商法年刊》2009年第3期，第55－59页。

船舶的，应以所有权登记信息为准；未办理所有权登记的，则应以船舶建造合同判断权属。

三、查封、扣押建造中船舶的程序适用

（一）诉讼保全中对建造中船舶的查封、扣押问题

1. 查封或扣押问题。在诉中或诉前的司法保全实践中，对于建造中船舶，存在"不区分建造状况而一律采用扣押措施"的做法，笔者认为此做法不可取。"查封，是一种临时性措施，是指把被执行人的财产清查封闭贴上封条，就地封存，不准任何人转移和处理。……扣押也是一种临时性的措施，是指把被执行人的财产就地或者运到另外的场所，加以扣留，避免被执行人占有、使用和处分。"① 对标的物采取查封抑或扣押措施区分，应以标的物是否被准许位置转移为依据。

具体到建造中船舶而言，在下水前，船舶因位于船厂的船台、船坞内而不具备航行能力，故而不能移动，无法运到另外场所，就地扣留又缺乏相应公示方式（只能将裁定书贴在船体上），如果采取查封措施，则可通过张贴封条这一法定方式有效解决上述问题；建造中船舶下水后，表明其已经完成船壳以上的工程且已具备主动或被动航行能力，此时采取扣押措施便顺理成章。即建造中船舶下水前采取查封措施、下水后采取扣押措施。

2. 查封、扣押建造中船舶的法律适用。广义上的扣船泛指司法机关根据海事诉讼一方当事人或海事请求人的请求，以及司法机关在必要时，依照法定程序，对有关船舶实施扣押的强制措施，它包括诉前、诉中和执行阶段的扣船。② 狭义的扣船，是指司法机关在诉讼或仲裁之前依法强制滞留船舶。③ 因此，船舶扣押本质上是法院根据海事请求人的申请，为保障海事请求人之海事请求的实现而对海事责任人的相关船舶所采取的一项财产保全措施。

在《中华人民共和国海事诉讼特别程序法》（以下简称《海诉法》）中，并没有对船舶扣押进行概念界定，该法采用的是"海事请求保全"的概念。该法第十二条规定："海事请求保全是指海事法院根据海事请求人的申请，为保障其海事请求的实现，对被请求人的财产所采取的强制措施。"具体到建造中的船舶，其可能是涉及纠纷指向的标的物，亦可能是被申请人众多责任财产中的一项。如申请人提出的是《海诉法》第二十一条所涉的海事请求，那么查封、扣押建造中的船舶则适用《海诉法》相关规定；如只是将建

---

① 姚红主编：《中华人民共和国民事诉讼法释义》，法律出版社2007年版，第348-349页。
② 参见邢海宝《海事诉讼特别程序研究》，法律出版社2002年版，第139页。
③ 参见司玉琢主编《国际海事立法趋势及对策研究》，法律出版社2002年版，第89页。

造中船舶作为一项被申请人的责任财产，申请对建造中的船舶采取限制转让、抵押等处分行为的保全措施时，则适用《中华人民共和国民事诉讼法》（以下简称《民诉法》）及相关规定。

（二）执行程序中对建造中船舶的扣押问题

依前所述，扣押建造中船舶分为诉讼保全阶段和执行阶段。执行程序中扣押建造中船舶，适用《民诉法》还是《海诉法》，实践中的做法不一。

《海诉法》第二十二条规定："非因本法第二十一条规定的海事请求不得申请扣押船舶，但为执行判决、仲裁裁决以及其他法律文书的除外。"也就是说，执行程序中非因海事请求可以扣押船舶，但这是否意味着执行程序中扣押船舶应适用《海诉法》呢？执行中的扣押船舶与诉讼保全中的扣押船舶至少有以下三个区别：第一，海事法院诉讼保全中的扣船必须基于海事请求，但执行中扣船时申请执行人的债权不一定是海事债权，如由地方法院委托海事法院扣船的执行案件。第二，诉讼保全中可以扣押的船舶包括对海事请求责任人所有的船舶、光船承租人光租的船舶以及产生船舶优先权的当事船舶；而执行程序中，可以扣押的船舶只能是被执行人所有的船舶，不得扣押非被执行人所有的财产。第三，诉讼保全中扣押一般是基于当事人的申请，且申请人必须提供担保，目的是获取被申请人提供的担保；而执行中扣船更多是法院依职权作出的，为了保证生效法律文书权益的兑现，申请执行人无须提供担保，且只有在被执行人履行完毕生效法律文书确定的义务等法定事由后船舶才能得到释放。因此，有观点认为，执行中扣押船舶所适用的程序法仍应是《民诉法》关于执行的规定及相关司法解释，不适用《海诉法》。① 从此角度讲，笔者认为，《民诉法》适用的余地更大，为保证生效法律文书的顺利执行为目的，执行中扣押建造中的船舶也应适用《民诉法》。

四、建造中船舶的拍卖程序

只有当在建船舶的所有权归属于被执行人或被申请人之时，在建船舶才可以被强制拍卖。在司法实践中，存在着关于在建船舶拍卖程序的法律适用问题的争议，即在建船舶的拍卖程序究竟应该依照《民诉法》关于一般动产的拍卖程序进行，还是应该按照《海诉法》规定的船舶拍卖程序进行。有观点认为，拍卖建造中船舶发布的公告不适用《海诉法》第三十二条规定，即建造中船舶的拍卖公告系《民诉法》意义上公告，仅具有吸引更多竞买人参

---

① 参见郑秉物《执行程序中扣押船舶法律问题》，载《中国海商法研究》2012 年第 1 期，第 84－93 页。

加竞买的作用，而无催告债权人办理债权登记的作用。① 有观点认为，在建造船舶与普通货物的差异较大，由于其存在价值大、专业性强、所有权归属不特定等属性，若在建船舶按照普通货物进行拍卖，不但拍卖公告期会有较大缩短，而且由于缺少债权登记程序，船舶评估之前的船舶检验程序也会相应缺失。②

（一）建造中船舶的拍卖公告问题

《海诉法》第三十二条③规定，海事法院裁定拍卖船舶的，应当通过报纸或者其他新闻媒体发布公告。拍卖船舶发布公告除了吸引潜在竞买人竞买，同时还肩负一项重要作用是催告与船舶有关的债权人尤其是享有船舶优先权的债权人来办理债权登记，这个功能是《民诉法》发布普通货物拍卖公告④所不具备的。根据《海商法》第二十九条规定，船舶经法院强制出售的，附着于该船的船舶优先权消灭。即享有船舶优先权的债权人未进行债权登记的，其将丧失就船舶拍卖款优先受偿的权利。在建造船舶过程中，能否产生类似于船舶优先权的海事请求权？《海商法》第二十二条规定的五项海事请求借鉴了1993年《船舶优先权和抵押权国际公约》，其中"在船舶营运中"的对应英文表述为"the operation of the vessel"，"operation"可译成作业、运行、操作、经营等。"营运中"就应该不仅包括具有商业性质的海上货物运输、船舶的管理维护，还包括船舶的驾驶、船舶停泊等技术性操作。因此，建造中船舶的试航属于"在船舶营运中"，那么在此期间发生的船员工资给付请求、海难救助款项的给付请求、造成的人身伤亡或者因侵权造成财产灭失或损害的请求依然是船舶优先权担保的债权，对当事船舶享有船舶优先权。⑤ 交通运输部2019年12月30日第三十次部务会审议通过并于2020年1月7日

---

① 参见杨世民（宁波海事法院法官）《扣押、拍卖建造中船舶需注意的四个问题》，引自"海商法资讯"微信公众号。

② 参见张伟《船舶拍卖中的问题及其解决》，载《人民司法》2015年第3期，第99页。

③ 《中华人民共和国海事诉讼程序特别法》第三十二条规定："海事法院裁定拍卖船舶，应当通过报纸或者其他新闻媒体发布公告。拍卖外籍船舶的，应当通过对外发行的报纸或者其他新闻媒体发布公告。公告包括以下内容：（一）被拍卖船舶的名称和国籍；（二）拍卖船舶的理由和依据；（三）拍卖船舶委员会的组成；（四）拍卖船舶的时间和地点；（五）被拍卖船舶的展示时间和地点；（六）参加竞买应当办理的手续；（七）办理债权登记事项；（八）需要公告的其他事项。拍卖船舶的公告期间不少于三十日。"

④ 《最高人民法院关于人民法院民事执行中拍卖、变卖财产的规定》第八条规定："拍卖应当先期公告。拍卖动产的，应当在拍卖七日前公告；拍卖不动产或者其他财产权的，应当在拍卖十五日前公告。"

⑤ 参见李海《船舶物权之研究》，法律出版社2002年版，第75页。

提请国务院审议的《中华人民共和国海商法（修改送审稿）》（以下简称《海商法送审稿》）第二十五条中，已将"在船舶营运中"改为"在船舶作业中"，表明从立法设计层面已经注意到建造中船舶可能产生优先权担保的海事请求。

假如适用《民诉法》的拍卖公告，则前述的催告作用均无法体现。笔者认为，应适用《海诉法》要求发布拍卖公告，理由有三项：其一，帮助在建船舶相关案外人对船舶拍卖进展的及时了解，便于其及时向法院主张合法权益；其二，扩大在建船舶的实际情况的披露，通过专业的船舶检验的披露，这会增加竞买人的知情权，消除其竞买疑虑，有利于在建船舶拍卖的顺利进行；其三，消除地方法院与海事法院在建船舶司法拍卖上的管辖冲突问题，如在建船舶如若按照普通货物进行拍卖，会导致在建船舶的拍卖不再属于海事法院的专属管辖范畴。综上所述，建造中船舶的拍卖仍应适用船舶拍卖程序进行。

（二）建造中船舶拍卖款分配问题

虽然在建船舶从严格意义上讲还不属于《海商法》中规定的船舶范畴，但在拍卖程序中已经参照适用《海诉法》的要求，分配卖船款是否可以直接适用《最高人民法院关于扣押与拍卖船舶适用法律若干问题的规定》第二十二条？① 根据《海诉法》第一百一十一条、第一百一十二条和《最高人民法院关于适用〈中华人民共和国海诉法诉讼特别程序法〉若干问题的解释》第八十七条，可申请债权登记的是与被拍卖船舶有关或与特定场合发生的海事事故有关的海事债权。对于"与被拍卖船舶有关的债权"，主流观点认为应限于《海诉法》第二十一条规定的海事请求权。其中《海诉法》第二十一条第（十三）项"船舶的建造、改建、修理、改装或者装备"产生的债权即为建造中船舶经常可能涉及的债权。

如前所述，建造中船舶可能产生受船舶优先权保障的海事请求，故而分配建造中船舶拍卖款时应考虑此类债权。例如诉讼费用，为保存、拍卖船舶和分配船舶价款产生的费用，为债权人的共同利益支付的其他费用。这些费

---

① 《最高人民法院关于扣押与拍卖船舶适用法律若干问题的规定》第二十二条规定："海事法院拍卖、变卖船舶所得价款及其利息，先行拨付海事诉讼特别程序法第一百一十九条第二款规定的费用后，依法按照下列顺序进行分配：（一）具有船舶优先权的海事请求；（二）由船舶留置权担保的海事请求；（三）由船舶抵押权担保的海事请求；（四）与被拍卖、变卖船舶有关的其他海事请求。依据海事诉讼特别程序法第二十三条第二款的规定申请扣押船舶的海事请求人申请拍卖船舶的，在前款规定海事请求清偿后，参与船舶价款的分配。依照前款规定分配后的余款，按照民事诉讼法及相关司法解释的规定执行。"

用一旦产生，依法自应优先拨付，而无须考虑拍卖的是船舶还是建造中船舶。另外，根据《海商法》第十四条、第二十四条的规定，建造中船舶可以产生船舶留置权、船舶抵押权，因此，分配拍卖款时理应考虑留置权、抵押权，且留置权的受偿顺序先于抵押权。

综上所述，建造中船舶拍卖款的清偿顺序可参照适用《最高人民法院关于扣押与拍卖船舶适用法律若干问题的规定》第二十二条的价款分配规定。

结　语

船舶是人类从陆地走向深蓝的工具，在我国实施"海洋强国"战略的当下，为我国船舶工业的高质量发展提供更加健全的法律保障，是《海商法》《海诉法》的应有之义。《海商法送审稿》针对建造中船舶在实践中遇到的争议，在"船舶物权"章（原"船舶"章）新增了"建造中船舶物权"节，对包括建造中船舶所有权、建造中船舶抵押权的登记与注销、建造中船舶抵押财产范围的确定时间，以及抵押权人选择继续完成船舶建造的权利作出了补充规定。这些规定无疑有助于为造船行业的实践操作提供更为清晰、具体的法律规范指引。

但新增的"建造中船舶物权"节将导致《海商法送审稿》的"船舶物权"章各节出现两种划分标准，如船舶留置权、优先权、抵押权是依据物权类型作出的划分，而建造中船舶物权责任则依据物权标的形态作出的划分，因此，笔者建议将本节相关规定分散到前述相应的各节中。同时，应对受《海商法》调整影响的建造中船舶定义重新表述，船舶建造是从无到有的一个长期的动态过程，笔者建议对《海商法》第三条进行修改，在原条文基础上增加"建造中船舶是指船舶处于安放龙骨或者相似建造阶段，或者其后的建造阶段"为第三款。

外国海事仲裁裁决在中国的承认及执行

——海事法院《纽约公约》案例实证分析

邓非非

摘要：外国海事仲裁裁决的承认及执行是国际海事仲裁中最重要的问题之一。本文细致考察了广州海事法院1987年至2014年7月审查的全部和其他海事法院审查的部分适用《纽约公约》承认及执行外国海事仲裁裁决的案例。通过评述样本涉及的《纽约公约》抗辩理由，包括仲裁协议效力抗辩、未获适当通知及丧失陈述权利抗辩、仲裁庭组成或仲裁程序不当抗辩等，以及中国执行程序相关规定抗辩，揭示海事法院对《纽约公约》相关规定的理解，并总结实践中积累的经验。另外，本文还对样本中广州海事法院在审查承认及执行外国海事仲裁裁决案件时的具体做法进行实证研究，发现存在审查形式不统一、超期裁定常发、审查结论混乱、异议程序缺失等有待完善的地方。

关键词：《纽约公约》；外国海事仲裁裁决；承认及执行。

仲裁裁决得到司法承认及执行是仲裁制度存在和发展的重要价值所在。为了促进和保障各国相互承认及执行外国仲裁裁决，1958年在联合国经济和社会理事会的主持下制定并通过了《承认及执行外国仲裁裁决公约》（*The Convention on the Recognition and Enforcement of Foreign Arbitral Awards*，以下简称《纽约公约》）。我国于1986年12月2日加入《纽约公约》，1987年4月22日该公约对我国生效。《纽约公约》堪称私法领域国际条约的成功范例，截至2014年7月，共计150个国家和地区加入了《纽约公约》。① 另外，我国还在与一些国家的双边经贸条约或司法协助条约中规定了相互承认及执行仲裁裁决的条款。《纽约公约》是我国法院承认及执行外国仲裁裁决的主要法律依据。

本文选取商事仲裁领域独具特色的海事仲裁为考察对象，通过细致调研

---

① 布隆迪（Burundi）于2014年6月25日加入《纽约公约》，成为第150个公约成员国，2014年9月21日该公约对其生效。见网页（www.uncitral.org），访问日期：2014年7月11日。

和分析广州海事法院1987年至2014年7月审查的14宗和大连、武汉、天津海事法院审查的8宗适用《纽约公约》承认及执行外国海事仲裁裁决的案例，揭示和反映《纽约公约》在适用过程中产生的法律问题和积累的经验，并指出海事法院审查承认及执行外国海事仲裁裁决程序做法的不足。这些案例的研究无疑将对我国的相关实践具有借鉴价值。

一、基础探究：外国海事仲裁裁决的界定与申请承认及执行程序

对外国海事仲裁裁决的范围进行界定是讨论和分析外国海事仲裁裁决承认及执行法律制度和司法实践的前提与基础。

（一）外国海事仲裁裁决的界定

海事仲裁是国际商事仲裁在海事海商领域的实践和应用，是双方当事人约定以仲裁方式，处理海事、海商、物流争议以及其他契约性或非契约性争议的形式。① 与国际商事仲裁其他领域相比，海事仲裁有较强的技术性与专业性，需要具有专业知识以及实践经验的仲裁员来对这类案件进行处理。

何为"外国"海事仲裁裁决？根据我国现有的法律规定，针对如何界定"外国"仲裁裁决存在3个标准。一是《纽约公约》确立的地域标准和非内国裁决标准。《纽约公约》第1条第1款规定，外国仲裁裁决是指"在申请承认及执行地国之外国家领土内所作出之裁决"以及"被申请承认及执行仲裁裁决地所在国认为属非内国裁决者"。二是《中华人民共和国民事诉讼法》（以下简称《民事诉讼法》）采取的仲裁机构标准。该法（2012修正）第二百八十三条规定了外国仲裁裁决的承认和执行，该条"国外仲裁机构"的规定即是以仲裁机构的国籍来界定"外国"。三是最高人民法院通知明确的裁决作出地标准。《最高人民法院关于执行我国加入的〈承认及执行外国仲裁裁决公约〉的通知》（以下简称《执行通知》）第一条对何谓外国仲裁裁决作出了规定："根据我国加入该公约时所作的互惠保留声明，我国对在另一缔约国领土内作出的仲裁裁决的承认和执行适用该公约。"从该条可以看出，《执行通知》对"外国"的界定采用裁决作出地标准。

司法实践中认定"外国海事仲裁裁决"应以哪个标准为准呢？首先，依照国际公约优先适用的原则，《民事诉讼法》与《纽约公约》在界定仲裁的国籍冲突时，应采用《纽约公约》标准。其次，《执行通知》采用的裁决作出地标准实际上是《纽约公约》的地域标准，因此界定外国海事仲裁裁决国籍适用地域标准肯定没错，问题是，《纽约公约》的非内国裁决标准是否适

---

① 参见韩立新、袁绍春、尹伟民《海事诉讼与仲裁》，大连海事大学出版社2007年版，第207页。

用以及如何认定?《纽约公约》没有规定何谓"非内国裁决",而由各缔约国通过执行公约的国内立法予以确定。我国目前采取"机构标准"划分我国仲裁裁决和外国仲裁裁决,因此,国外仲裁机构在我国境内作出的仲裁裁决既不属于我国仲裁裁决,也不能以地域标准来适用《纽约公约》。虽然司法实践中宁波市中级人民法院将国际商会仲裁院在北京作出的仲裁裁决认定为"非内国裁决"并裁定予以承认和执行①,但最高人民法院对此问题未做官方表态,只从理论上探讨并"倾向于认为,在目前我国立法对'非内国裁决'没有明确规定的情况下,不应以'非内国裁决'适用《纽约公约》"②。此问题可单独成文予以探究,在此不深入展开。本文对外国仲裁裁决的界定与最高人民法院采用的《纽约公约》的地域标准保持一致。

(二)在中国申请承认及执行外国海事仲裁裁决的程序

《纽约公约》第3条规定:"各缔约国应承认仲裁裁决具有拘束力,并依援引裁决地之程序规则及下列各条所载条件执行之。承认或执行适用本公约之仲裁裁决时,不得较承认或执行内国仲裁裁决附加过苛之条件或征收过多之费用。"该条中的"程序规则"适用申请承认及执行地国的国内法,包括管辖法院、申请承认及执行的期限等程序性事项,但公约要求"程序规则"的要求不得比执行本国裁决更为苛刻。

1. 申请承认及执行外国海事仲裁裁决的管辖法院。根据《最高人民法院关于海事法院受理案件范围的若干规定》第61条规定,海事法院有权管辖"依据1958年《承认及执行外国仲裁裁决公约》的规定,申请承认、执行外国仲裁机构海事仲裁裁决的案件"。依照《中华人民共和国海事诉讼特别程序法》第十一条规定,申请承认及执行"国外海事仲裁裁决的,向被执行的财产所在地或者被执行人住所地海事法院提出。被执行的财产所在地或者执行人住所地没有海事法院的,向被执行的财产所在地或者被执行人住所地的中级人民法院提出"。

海事执行案件专属海事法院管辖,但作出海事仲裁裁决之后,在仲裁双方当事人之间形成新的债权债务关系,裁决结果在执行上与一般商事仲裁裁决结果几无二异,除非裁决结果为给付特定的海事行为或想借力申请执行中的海事请求保全,或给付财产为船舶并已拍卖进入债权登记程序等。从这个角度讲,外国海事仲裁裁决的承认及执行法院并不限定在海事法院,本文的

---

① 参见宁波市中级人民法院于2009年4月22日作出的(2008)甬仲监字第4号民事裁定书。
② 刘贵祥、沈红雨:《我国承认和执行外国仲裁裁决的司法实践述评》,载《北京仲裁》2012年第1期,第6页。

实证分析只基于海事法院受理的《纽约公约》案例。

2. 申请承认及执行外国海事仲裁裁决的期限。我国并未对海事仲裁裁决申请承认及执行的期限进行特别规定，故其期限与其他仲裁裁决的执行无异。

自我国 1987 年加入《纽约公约》时起至 2007 年修订《民事诉讼法》，申请承认及执行外国海事仲裁裁决的期限区分个人与法人：具体来讲，双方当事人或一方当事人为个人的，为 1 年；双方为法人或其他组织的，为 6 个月。

2007 年修订的《民事诉讼法》第二百一十五条改变了原来的规定，将申请执行的期间统一规定为 2 年，且申请执行时效的中止、中断适用法律有关诉讼时效中止、中断的规定。2012 年再次修订的《民事诉讼法》第二百三十九条保留了申请执行的期间为 2 年的规定。

关于申请期间的起算问题。1982 年《民事诉讼法（试行）》未规定期间起算。1991 年《民事诉讼法》规定"期限，从法律文书规定履行期间的最后一日起计算；法律文书规定分期履行的，从规定的每次履行期间的最后一日起计算"。2007 年修订的《民事诉讼法》补充规定"法律文书未规定履行期间的，从法律文书生效之日起计算"。2012 年修订的《民事诉讼法》未作变动。

二、实证取样：海事法院审查承认及执行外国海事仲裁裁决的情况

外国海事仲裁裁决在我国承认及执行的案例没有官方统计资料。本文的实证分析以广州海事法院 1987 年至 2014 年 7 月审查的 14 宗和笔者可搜集到的大连、武汉、天津海事法院审查的 8 宗案例为样本。对本文案例样本作简单例示见表 1。

表 1　本文案例样本

样本编号	案件	承认及执行与否	拒绝原因
1	广州远洋运输公司申请承认及执行英国仲裁裁决案①	承认及执行	—
2	塞浦路斯康特斯达航运有限公司申请承认及执行英国仲裁裁决案②	承认及执行	—

续表1

样本编号	案件	承认及执行与否	拒绝原因
3	荷兰国际运输合同管理公司申请承认及执行英国仲裁裁决案③	不予承认及执行	超过申请执行期限；仲裁裁决未明确义务主体；被申请人未获得仲裁程序通知及丧失陈述权利
4	深圳远腾船务实业有限公司申请承认及执行新加坡仲裁裁决案④	按自动撤回申请处理（未缴纳申请费）	—
5	泛洋航运贸易公司申请承认及执行英国仲裁裁决案⑤	不予承认及执行	超过申请执行期限
6	泛洋航运贸易公司申请承认及执行英国仲裁裁决案⑥	不予承认及执行	超过申请执行期限
7	银枫航运股份有限公司、银杏航运股份有限公司申请承认及执行香港仲裁裁决案⑦	承认及执行	—
8	中远散货运输有限公司申请承认及执行英国仲裁裁决案⑧	申请人撤回申请（被申请人履行）	—
9	维兴船舶财务公司申请承认及执行英国仲裁裁决案⑨	承认及执行	—
10	戴利亚航运有限公司申请承认及执行美国仲裁裁决案⑩	承认及执行	—
11	Future E. N. E（美景公司）申请承认及执行英国仲裁裁决案⑪	不予承认及执行	没有有效仲裁协议
12	韩进船务有限公司申请承认及执行英国仲裁裁决案⑫	不予承认及执行	没有书面仲裁协议

续表1

样本编号	案件	承认及执行与否	拒绝原因
13	邦基有限公司申请承认及执行英国仲裁裁决案⑬	予以承认，不予执行	超过申请执行期限
14	力进船务有限公司申请承认及执行英国仲裁裁决案⑭	承认及执行	—
15	香港诺特鲁斯航运和贸易有限公司申请承认及执行英国仲裁裁决案⑮	承认及执行	—
16	塞浦路斯圣·玛赛尔航运有限公司、塞浦路斯圣·罗哲斯航运有限公司申请承认及执行英国仲裁裁决案⑯	承认及执行	—
17	大连海洋运输公司申请承认及执行英国仲裁裁决案⑰	承认及执行	—
18	Nautilus航运和贸易有限公司（香港）申请承认及执行英国仲裁裁决案⑱	承认及执行	—
19	德国鲁道夫·A.奥特克公司承认及执行英国仲裁裁决案⑲	承认及执行	—
20	塞浦路斯瓦赛斯航运有限公司申请承认及执行英国仲裁裁决案⑳	不予承认及执行	超过申请执行期限
21	世界海运管理公司申请承认及执行英国仲裁裁决案㉑	不予承认及执行	未能证明被申请人得到指定仲裁员和仲裁程序的适当通知
22	韦斯顿瓦克公司申请承认及执行英国仲裁裁决案㉒	不予承认及执行	仲裁庭组成违反进行仲裁国家的法律

注："—"指不适用。

①广州海事法院（1990）广海法商字第31号案。
②广州海事法院（1997）广海法湛字第5号案。
③广州海事法院（1997）广海法商字第53号案。
④广州海事法院（1997）广海法事字第68号案。

⑤广州海事法院（1997）广海法深字第92号案。
⑥广州海事法院（1997）广海法深字第93号案。
⑦广州海事法院（1998）广海法商字第20号案。在中国对香港恢复行使主权之前，香港和内地之间相互承认及执行彼此仲裁裁决的法律依据是《纽约公约》；内地和香港特别行政区代表于1999年6月21日签署了《关于内地与香港特别行政区相互执行仲裁裁决的安排》，在香港回归后、该安排签署前的一段时间，内地与香港特别行政区之间出现了相互承认和执行仲裁裁决的"真空期"。本案作出生效裁决时间为1998年6月24日，此时该安排尚未签署，正处这一"真空期"，广州海事法院秉着支持仲裁的理念，依据《纽约公约》裁定予以承认及执行。
⑧广州海事法院（1998）广海法深字第86号案。
⑨广州海事法院（2002）广海法他字第2号案。
⑩广州海事法院（2002）广海法他字第3号案。
⑪广州海事法院（2004）广海法他字第1号案。
⑫广州海事法院（2005）广海法他字第1号案，参见最高人民法院〔2005〕民四他字第53号复函。
⑬广州海事法院（2006）广海法他字第1号案，参见最高人民法院〔2006〕民四他字第47号复函。
⑭广州海事法院（2013）广海法他字第1号案。
⑮被请求承认及执行法院为大连海事法院。
⑯被请求承认及执行法院为武汉海事法院。
⑰被请求承认及执行法院为大连海事法院，案件情况参见王生长《外国仲裁裁决在中国的承认和执行》，1998年5月在巴黎国际商事仲裁大会专题发言（中译本）。
⑱被请求承认及执行法院为大连海事法院，案件情况参见王生长《外国仲裁裁决在中国的承认和执行》，1998年5月在巴黎国际商事仲裁大会专题发言（中译本）。
⑲参见最高人民法院〔2000〕交他字第11号复函，被请求承认及执行法院为武汉海事法院。
⑳参见最高人民法院〔2004〕民四他字第32号复函，被请求承认及执行法院为天津海事法院。
㉑参见最高人民法院〔2006〕民四他字第34号复函，被请求承认及执行法院为天津海事法院。
㉒参见最高人民法院〔2012〕民四他字第12号复函，被请求承认及执行法院为天津海事法院。

《纽约公约》第5条规定了被请求承认及执行国可以拒绝执行仲裁裁决的理由，第1款是经当事人请求并提出证明方可拒绝的事由，包含5项；第2款是被请求承认及执行国主管机关可以依职权审查并拒绝的事由，包含2

项。综观表 1 中海事法院不予承认及执行外国海事仲裁裁决的原因，除了裁决具有《纽约公约》第 5 条规定的得以拒绝承认及执行的情形外，与我国执行程序的相关规定不符也是重要原因。以公约规定的情形为分类依据，归纳上述 9 宗不予承认及（或）执行案件的拒绝原因见表 2。

表 2　案例样本拒绝承认及执行的原因

拒绝原因	法律依据	案件数量/宗	占案件数比例/%	案件样本编号
仲裁协议不成立或无效	《纽约公约》第 2 条、第 5 条第 1 款（甲）项	2	22.2	11、12
未获适当通知及丧失陈述权利	《纽约公约》第 5 条第 1 款（乙）项	2	22.2	3、21
仲裁庭组成或仲裁程序不当	《纽约公约》第 5 条第 1 款（丁）项	1	11.1	22
超裁；裁决尚无拘束力、被撤销或停止执行；争议事项不具有可仲裁性；违反中国公共政策	《纽约公约》第 5 条第 1 款（丙）（戊）项、第 2 款	0	0	
申请不符合我国执行程序相关规定	《纽约公约》第 3 条、国内执行程序相关规定	5	55.5	3、5、6、13、20

三、样本分析：海事法院拒绝承认及执行外国海事仲裁裁决的原因

据统计，截至 2011 年 9 月，经最高人民法院审查确定不予承认及执行的案件共 21 宗，其中因部分超裁而被部分拒绝承认及执行的有 2 宗，仲裁事项依据我国法律不具有可仲裁性和因违反公共政策被不予承认及执行的各 1 宗，没有因裁决不具约束力、已被撤销或停止执行的情况。[①] 以上述 4 种事由拒

---

① 参见刘贵祥、沈红雨《我国承认和执行外国仲裁裁决的司法实践述评》，载《北京仲裁》2012 年第 1 期。

绝承认及执行的案件仅占全部拒绝案件的19%,加之本文选定的样本中没有以上述4种事由拒绝承认及执行的案件,因此,本文拟仅就样本涉及的拒绝承认及执行的抗辩事由展开分析,总结海事法院对于《纽约公约》和国内执行程序相关规定的理解,试图发挥案例样本的借鉴价值。

(一)《纽约公约》第5条第1款(甲)项:仲裁协议不成立或无效

仲裁协议是仲裁得以进行的基础。一项有效的仲裁协议或仲裁条款,是仲裁裁决得以承认及执行的基本前提。①《纽约公约》第5条第1款(甲)项规定了"第2条所述的协议"双方当事人无缔约行为能力而无效和依据双方约定的法律或裁决地法律为无效两种情形。同这款规定密切相关的是《纽约公约》第2条关于"仲裁协议"的定义和书面协议的要求。因此,仲裁协议的效力瑕疵包括仲裁协议不成立和仲裁协议无效两种,而仲裁协议无效又有以下两种情形。

1. 仲裁协议不成立。目前司法实践坚持以当事人通过签署或者互换方式形成的书面仲裁合意作为判断仲裁协议成立的标准,不认可默示或以行为方式达成的仲裁协议。② 对于租船合同的仲裁条款能否有效并入提单,海事司法实践认为,提单背面类似"租约中所有条款和条件并入本提单"的格式条款不能使租船合同仲裁条款并入提单。原因在于,仲裁条款或者仲裁协议独立生效的前提是有关当事人就通过仲裁解决争议达成合意;援引含有仲裁条款的文件在使当事人明确知晓并认可援引的仲裁条款时,方构成仲裁合意。司法实践总结出的构成有效并入提单的条件是,"必须在提单正面明示哪一份租船合同并入提单,并明示租船合同的仲裁条款并入提单,使提单持有人明确知晓仲裁条款的内容"③。

韩进船务有限公司申请承认及执行英国仲裁裁决案④是海事法院因不存在仲裁协议而拒绝承认及执行外国海事仲裁裁决的典型案例。该案中,提单正面载明了"与租船合同一并使用",背面条款载明了"提单正面所注明的租船合同中的所有条件、条款、权利和除外事项,包括法律适用和仲裁条款,都并入本提单",但提单对具体并入哪一份租船合同没有明确约定。韩进船

---

① 参见陈静《外国仲裁裁决在中国的承认及执行》,中国政法大学硕士学位论文,2008年。

② 参见刘贵祥、沈红雨《我国承认和执行外国仲裁裁决的司法实践述评》,载《北京仲裁》2012年第1期。

③ 刘寿杰:《租约仲裁条款并入提单——海事仲裁裁决司法审查的理论与实践》,见最高人民法院民事审判第四庭编《涉外商事海事审判指导》总第21辑,人民法院出版社2011年版,第261页。

④ 广州海事法院(2005)广海法他字第1号案,参见最高人民法院〔2005〕民四他字第53号复函。

务有限公司不能证明其提交的包运合同就是提单所载明的租船合同，而且该包运合同的当事人并非韩进船务有限公司，因此认定该包运合同及其包含的仲裁条款没有并入提单，韩进船务有限公司与被申请人之间不存在书面仲裁协议。

2. 仲裁协议无效。根据《纽约公约》第 5 条第 1 款（甲）项规定，如果订立仲裁协议的当事人依对其适用的法律为无行为能力，或者依仲裁协议选定的准据法，或者在未指明以何种法律为准据法时，根据仲裁裁决作出地国法律，该仲裁协议是无效的，则可以拒绝承认及执行有关裁决。

当事人的缔约行为能力可以决定仲裁协议的有效性。《纽约公约》规定如果订立仲裁协议的当事人依对其适用的法律为无行为能力，仲裁协议即为无效。何为"对其适用的法律"？司法实践表明，我国对合同当事人缔约行为能力的认定，根据我国（执行地国）的冲突法规范予以确定。① 关于无缔约行为能力的认定，通常会涉及代理人代本人订立合同时如何认定仲裁条款的效力问题。在德国鲁道夫·A. 奥特克公司承认及执行英国仲裁裁决案中，最高人民法院认为：鉴于本案被申请人中国外运南京公司的所有活动都是通过其经纪人丸红公司进行的，因此应当认定丸红公司是被申请人的代理人，被申请人应当受丸红公司代其签订的租船合同的约束；被申请人签发航次指令的行为是一种履行合同的行为，该行为表明被申请人与申请人之间有租船合同；因为租船合同和租船概要中均含有仲裁条款，所以应当认定被申请人与申请人之间存在仲裁协议。②

关于仲裁协议效力判定的准据法。《纽约公约》确定了仲裁协议准据法的冲突规范，即当事人选择适用的法律优先，其次是仲裁裁决作出地法律。当事人大多仅对合同适用的法律作出选择，很少专门就仲裁条款的法律适用作出明确约定，因此，大多时候适用仲裁裁决作出地法律认定仲裁协议效力。

（二）《纽约公约》第 5 条第 1 款（乙）项：未获适当通知及丧失陈述权利

《纽约公约》第 5 条第 1 款（乙）项规定了未获适当通知和丧失陈述权利两类拒绝承认及执行仲裁裁决的法定事由。样本调查表明，几乎每个案件的被申请人都会提出此项抗辩，但成功的仅有 2 宗。原因在于，一方面，法

---

① 英国嘉能可有限公司申请承认和执行英国伦敦金属交易所仲裁裁决案，参见最高人民法院〔2001〕民四他字第 2 号复函。

② 参见最高人民法院〔2000〕交他字第 11 号复函，被请求承认及执行法院为武汉海事法院。

院不愿在严重违反正当程序的情况下执行有关裁决;另一方面,仲裁员和仲裁庭一般都对公平审理给予了相当的注意。①

关于未获适当通知。通知是送达,属于程序事项,通知方式和效力应依当事人约定、仲裁规则以及仲裁地法律的先后顺序来判断,不能用司法程序中判断送达与否的标准衡量。②当事人很少对通知方式作出明示约定,根据双方同意适用的仲裁规则或仲裁地法律的规定来判断的较常见。因此,司法实践中,当被申请人抗辩未获适当通知时,法院会注意审查以邮寄、传真、电子邮件等方式送达与双方约定、仲裁规则及仲裁地法律是否一致,进而根据案件事实综合判断是否符合适当的要求和标准。至于由被送达人自己的过错或疏忽导致未能妥收仲裁文书,比如被申请人地址变更后未给予通知,由此产生的后果就由被送达人自己承担。

在邦基有限公司申请承认及执行英国仲裁裁决案③中,被申请人抗辩时称在仲裁程序中没有收到指定仲裁员的通知。广州海事法院查明,申请人曾经在不同的时间向被申请人的两个传真号码发送传真,通知被申请人指定仲裁员。该案中,被申请人事后声称没有收到指定仲裁员的通知,却在仲裁过程中仲裁员要求其答辩时明知仲裁庭已经组成,有机会却不做任何抗辩,反而准备进行答辩,有违常理。更为重要的是,被申请人提出的延期申请在送交独任仲裁员的同时,附送给申请人在英国的代理人,证明被申请人知道申请人在英国的代理人及其传真号码。在没有相反证据的情况下,被申请人没有得到指定仲裁员通知的主张没有说服力,不予采纳。此外,最高人民法院对送达方式也表明了其观点:在双方未约定送达方式的情况下,采取任何有效方式送达都是适当的。

在此,值得注意的是电子邮件送达的判断标准。在仲裁规则和仲裁地法律未明确规定的情况下,我国采取实际知悉的标准,即申请人须证明被申请人已知悉送达。在世界海运管理公司申请承认及执行英国仲裁裁决案④中,双方约定仲裁,并视乎索赔金额多少提交不同仲裁庭,合同由英国法调整并根据英国法解释。结合本案案情,应组成临时仲裁庭进行仲裁,由每方指定

---

① 参见刘剑《〈纽约公约〉与对外国仲裁裁决的承认和执行》,载《政府法制研究报告》1997年第2期。

② 司法程序的送达考虑到司法主权因素一般更为严格。

③ 广州海事法院(2006)广海法他字第1号案,参见最高人民法院〔2006〕民四他字第47号复函。

④ 参见最高人民法院〔2006〕民四他字第34号复函,被请求承认及执行法院为天津海事法院。

一个仲裁员，再由仲裁员指定首席仲裁员。被申请人抗辩其未收到关于指派仲裁员和关于仲裁程序的任何通知。最高人民法院认为，根据英国《1996年仲裁法》第14条第4款规定，如果仲裁员需由当事人指定，仲裁程序以及指定仲裁员的通知可以由一方当事人向对方当事人送达。该法第76条规定：当事人可以通过仲裁协议对送达的方式进行约定；没有约定的，通知或者其他文件可以任何有效的方式送达个人。因此，申请人通过案外人采用电子邮件方式向被申请人送达，该送达方式并非我国所禁止，在申请人能够证明被申请人已收悉送达通知的情况下，该送达为有效送达。但申请人未能提供被申请人确认收到电子邮件或者能够证明被申请人收到电子邮件的其他证据，因此，对该仲裁裁决不予承认和执行。

丧失陈述权利的抗辩通常与未获适当通知相关联，即未得到有关进行仲裁程序的适当通知，所以未能陈述其权利。在荷兰国际运输合同管理公司申请承认及执行英国仲裁裁决案[①]中，申请人提请仲裁要求"'南珠'轮所载货物的所有人"承担支付救助费的义务，仲裁程序中将"货物所有人"列为被诉人，直至仲裁程序结束，仲裁员在仲裁过程中无任何证据证明确定了货物所有人的具体名称和地址。广州海事法院认为，在作为被诉方的货物所有人的身份一直未明确的情况下，仲裁员在仲裁开始时就不可能对实际的货物所有人发出仲裁通知，也不可能通知实际的货物所有人参加仲裁程序。申请人申请对被申请人执行仲裁裁决，仅仅是因为申请人依据部分文件认为被申请人"应该"是仲裁的被诉方。律师自称货物所有人参与仲裁程序，但其实际受货物保险人的委托，而保险人未获货物被保险人即"'南珠'轮所载货物的所有人"的授权。因此，参与仲裁的律师是在未得到被申请人合法授权的情况下进行仲裁程序的。被申请人在整个仲裁过程中，未实际收到任何仲裁通知，丧失了陈述权利，因此对该仲裁裁决不予承认和执行。

应注意，在适当通知后照常进行的缺席仲裁并不构成丧失陈述权利。如果在仲裁庭适当通知之后被申请人拒绝参加仲裁程序或者消极对待，则应该认定被申请人故意丧失权利，仲裁庭据此进行的缺席审理和作出的缺席裁决是合法有效的，不构成不予承认及执行的理由。

（三）《纽约公约》第5条第1款（丁）项：仲裁庭组成或仲裁程序不当

仲裁意思自治的表现形式之一即当事人自行选定仲裁员或者约定仲裁庭的组成方式。仲裁庭的组成或仲裁程序与当事人的协议或仲裁地法律不符，

---

① 广州海事法院（1997）广海法商字第53号案。

并不必然使得仲裁庭不能独立公正审理案件，却可能因为程序上的瑕疵而导致仲裁的这种特点丧失。① 根据《纽约公约》第 5 条第 1 款（丁）项规定，仲裁庭的组成或仲裁程序是否不当，首先应考察同当事人间的协议（包括当事人合意选定的仲裁规则）是否不符，只有在当事人之间没有协议的情况下，才考虑仲裁地法律。当事人之间的协议优先于仲裁地法，仲裁地法只起辅助和补充的作用。

在韦斯顿瓦克公司申请承认及执行英国仲裁裁决案②中，被申请人提出仲裁庭组成不符合仲裁协议的抗辩。涉案仲裁条款约定，争议由双方合意指定的独任仲裁员解决；如双方不能同意指定的独任仲裁员，争议将由两名仲裁员解决，各方指定一名仲裁员，若两名仲裁员在任何问题上不能达成一致，其将指定第三名仲裁员。该案中，申请人韦斯顿瓦克公司指定 Michael Baker Harber 为仲裁员后，被申请人并未同意由其作为独任仲裁员，而是另行指定陈波为另一名仲裁员。仲裁过程中，陈波辞去仲裁员职务，案件由 Michael Baker Harber 独任仲裁。涉案仲裁条款中约定的独任仲裁的条件未成就，仲裁庭由两名仲裁员组成。本案涉及的问题是仲裁员辞职造成的仲裁庭空缺应当如何填补。当事人对此并无约定，应当依照当事人选择的仲裁规则和仲裁地法律来确定。本案当事人没有约定仲裁规则，因此，应当根据仲裁地法律即英国《1996 年仲裁法》确定仲裁庭的组成。根据英国《1996 年仲裁法》规定，在无仲裁员空缺填补约定的情况下，申请人应当在通知被申请人之后申请法院作出仲裁庭组成的决定。但该案中申请人并未向法院提出申请，而是由其指定的仲裁员独任仲裁。因此，该仲裁庭的组成不符合仲裁条款的约定和英国《1996 年仲裁法》，属于仲裁庭组成违反进行仲裁的国家的法律而得以拒绝承认及执行的情形。

（四）我国执行程序相关规定：超过申请期限和没有明确义务主体

在本文收集到的 22 宗《纽约公约》案件中，不予承认及（或）执行的有 9 宗，因超过申请期限导致裁决被拒绝承认及（或）执行的有 5 宗，占案件数比例逾 50%，其中有 1 宗案件同时还涉及没有明确义务主体。

本文第一部分对仲裁裁决申请承认及执行的时效进行了介绍，简要来说，以 2007 年修订的《民事诉讼法》为分界点，修订之前申请期限有两种：双方当事人或一方当事人为个人的，为 1 年；双方为法人或其他组织的，为 6

---

① 参见林一飞《外国仲裁裁决的承认与执行：中国二十年的司法实践》，载《国际经济法学刊》2009 年第 1 期。
② 参见最高人民法院〔2012〕民四他字第 12 号复函，被请求承认及执行法院为天津海事法院。

个月。修订后,该时效统一为2年,且适用法律有关诉讼时效中止、中断的规定。我国法律对于申请期限从较短期限修改为较长期限,且增加中止、中断的情形,更有利于保护申请执行人的利益。上述5宗因申请超过期限而导致仲裁裁决得不到承认与(或)执行的案件都是适用2007年修订前《民事诉讼法》第二百一十九条规定。

关乎是否超过申请期限很关键的是期间何时起算。易产生争议的问题通常是仲裁裁决并未规定履行期间时,以何时起算。2007年修订的《民事诉讼法》补充规定"法律文书未规定履行期间的,从法律文书生效之日起计算",实践中仲裁裁决一般以裁决作出日为生效日。但最高人民法院通过多宗案件复函表明:仲裁裁决没有关于履行期限的内容时应给当事人一个合理的履行期限,而不应从仲裁裁决作出之日起计算申请承认及执行的期限。在前述邦基有限公司申请承认及执行英国仲裁裁决案①中,裁决书没有关于履行期限的内容,最高人民法院认为应当给予当事人一个合理的期限。根据《纽约公约》第4条的规定,申请人取得仲裁裁决正本或者正式副本是向法院申请承认执行仲裁裁决的必要条件。故可以从申请人收到裁决书正本或者正式副本之日起计算申请人申请执行的期限。该案最终裁定因超过申请执行期限不予执行。在塞浦路斯瓦赛斯航运有限公司申请承认及执行英国仲裁裁决案②中,申请人申请承认及执行的3份仲裁裁决分别于2001年3月14日、2001年6月20日、2002年2月13日作出,天津海事法院收到申请人申请材料的日期是2004年1月17日。虽然3份仲裁裁决均未明确履行期限,且送达时间不明,但此案两被申请人向英国高等法院提出起诉的时间,表明3份仲裁裁决书已于2002年3月28日前送达给两被申请人,因此已超过六个月申请执行期限,不予承认及执行。此案中,英国高等法院对仲裁裁决异议案件的审理与裁决不构成申请人申请承认及执行仲裁裁决期限中断或延长的理由。

也有一些其他因素可能导致仲裁裁决不能得到执行,比如申请承认和执行的仲裁裁决没有明确的义务主体,无法满足仲裁裁决的可执行性的要求。在上述荷兰国际运输合同管理公司申请承认及执行英国仲裁裁决案③中,仲裁裁决的支付救助费用的义务人为"南珠"轮所载货物的所有人,而不是具体的某一公司,也就是说,被裁决承担付款义务的主体是不确定的。广州海

---

① 广州海事法院(2006)广海法他字第1号案,参见最高人民法院〔2006〕民四他字第47号复函。
② 参见最高人民法院〔2004〕民四他字第32号复函,被请求承认及执行法院为天津海事法院。
③ 广州海事法院(1997)广海法商字第53号案。

事法院认为,由于确认救助合同中承担救助费支付义务的货物所有人是实体问题,必须依据一系列的证据才能得以认定,而根据《纽约公约》规定,承认仲裁裁决的程序只对仲裁程序是否符合公约的要求进行审查,因此在该案的审查中不宜通过实体审理程序确认货物所有人的身份。在裁决书未明确承担支付救助费用的义务主体的情况下,裁决不可执行。

四、程序检视:对审查承认及执行外国海事仲裁裁决具体做法的思考

笔者在对广州海事法院审查的 14 宗涉《纽约公约》案件的卷宗调查中发现,法院审查此类案件的具体程序和做法呈现缺漏、混乱状态。本文已对《纽约公约》案例拒绝承认及执行的原因进行了实证分析,现在笔者从审查此类案件具体的程序和做法的角度对样本展开分析。

(一)审查形式不统一

审查承认及执行外国海事仲裁裁决案件应组成合议庭,但审查形式不明确。因外国海事仲裁裁决承认及执行案件只是对外国仲裁裁决程序上的审查,最高人民法院指出开庭没有法律依据。① 案卷调查发现,司法实践中仍有开庭审查,大多案件采用类似开庭的听证形式,没有发现其他审查形式。

理论界早有提出对外国仲裁裁决司法审查应采取听证程序,但法院如何组织听证、是否给予双方举证期限、听证包括几部分内容、如何进行听证调查等重要问题均未见有统一的意见。实践中,广州海事法院的做法是向申请人发送受理案件通知书,向被申请人发出听证通知书或应诉通知书。听证调查阶段分为 3 个部分:首先,由申请人陈述具体的承认及执行请求、事实与理由,被申请人对申请人的请求是否提出抗辩及抗辩理由;其次,针对被申请人的抗辩进行举证、质证和辩论;最后,综合辩论。

(二)超期裁定常发

根据《最高人民法院关于承认和执行外国仲裁裁决收费及审查期限问题的规定》,当事人依照《纽约公约》第 4 条规定的条件申请承认和执行外国仲裁裁决,受理申请的人民法院决定予以承认和执行的,应在受理申请之日起 2 个月内作出裁定,如无特殊情况,应在裁定后 6 个月内执行完毕;决定不予承认和执行的,须按《最高人民法院关于人民法院处理与涉外仲裁及外国仲裁事项有关问题的通知》的有关规定,在受理申请之日起 2 个月内上报最高人民法院。该通知确立了"内部报告制度",即法院在裁定不予执行或

---

① 最高人民法院民事审判第四庭(以下简称"民四庭")于 2004 年发布的《涉外商事海事审判实务问题解答(一)》第 71 问提到,"开庭"是法院审理案件的形式,因此,在对涉外仲裁案件审查的过程中,开庭没有法律依据。

者拒绝承认和执行之前,必须报请本辖区所属高级人民法院进行审查;如果高级人民法院同意不予执行或者拒绝承认和执行,应将其审查意见报最高人民法院。待最高人民法院答复后,方可裁定不予执行或者拒绝承认和执行。

据笔者的案卷调查,广州海事审查的14宗承认及执行的外国海事仲裁裁决案件,除2宗撤回申请的案件,仅有1宗是在受理申请之日起2个月内作出裁定,且这宗案件是中国根据《纽约公约》执行外国仲裁裁决的首例。[①] 另外5宗裁定承认及执行裁决的案件平均裁定周期约为261天,远远超过2个月的规定。6宗裁定拒绝承认与(或)执行裁决的案件平均裁定周期约为858天,其中用时最短的逾450天,最长的达1195天(如图1所示)。

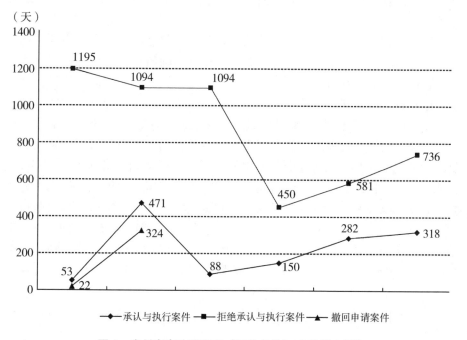

图1 广州海事法院审查《纽约公约》案件裁定周期

因笔者在案卷中很少看到不予承认及执行的审查意见上报广东省高级人民法院的时间,因此无从推知是否超期呈报;鉴于不需要经过"内部报告制度"的裁定承认及执行的案件平均裁定周期也远超2个月,拒绝承认及执行

[①] 广州海事法院(1990)广海法商字第31号案:广州远洋运输公司申请承认及执行英国仲裁裁决案。

的案件在 2 个月之内如期呈报应属臆想。裁定拒绝承认与（或）执行裁决的案件平均裁定周期是裁定承认及执行裁决的案件平均裁定周期的 3 倍多，很重要的原因之一即多走了"内部报告制度"的呈报程序。由此可见，在三级法院之间的流转所花的时间实在是太长，使司法效率受到极大损害。

（三）审查结论混乱

关于审查承认及执行外国仲裁裁决案件的结论，《执行通知》规定有两种：一种是裁定承认其效力，并且依照《民事诉讼法》规定的程序执行；另一种是裁定驳回申请，拒绝承认及执行。司法实践中，除了上述两种以及裁定准许撤回申请或按自动撤回申请处理①外，还存在裁定予以部分承认及执行②、裁定予以承认③、裁定驳回申请、裁定予以承认但不予执行等多种结论。

案卷调查中，笔者对超过申请执行期限，法院该如何裁定的问题尤感困惑，在此试着探讨一下。《执行通知》并没有明确超过申请执行期限该如何裁定，因上述通知针对审查的对象为《纽约公约》第 5 条，而申请执行期限为我国执行程序规定。最高人民法院曾复函下级法院，申请超过法定期限，对当事人申请应予驳回。④另外，最高人民法院民四庭法官的论文中进一步明确，超过申请执行期限应驳回当事人的申请，而且不归类为不予承认和执行仲裁裁决的案件。⑤从这个角度出发，因违反国内执行相关程序的案件，比如超过申请执行期限，被申请人不存在（未在我国工商行政管理机关注册登记）等，又或者申请人仅申请执行仲裁裁决，告知其先申请承认后坚持不申请承认的，审查结果应为"裁定驳回申请"。这类裁定驳回申请的案件，申请人再次申请符合条件的，法院应予受理。这也就是最高人民法院通知中的"裁定驳回申请，拒绝承认及执行"区别之处。对于后者，申请人不得再提

---

① 人民法院受理申请后、作出裁定前，申请人请求撤回申请的，应当允许。不缴纳申请费的，按自动撤回申请处理。

② 根据《纽约公约》规定，对于仲裁协议范围以内的事项的决定，如果可以和对于仲裁协议范围以外的事项的决定分开，那么这一部分的决定仍可予以承认及执行。

③ 承认及执行是独立的程序，当事人可仅申请承认外国仲裁裁决，适用于在当事人之间的争议已经过仲裁作出裁决的情况下，一方当事人还欲就已决定的问题提起诉讼，另一方当事人可利用承认程序阻止对方。

④ 如彼得·舒德申请承认及执行美国仲裁委员会裁决案，参见最高人民法院〔2006〕民四他字第 35 号的复函。

⑤ 文中表述不予承认和执行仲裁裁决的案件共 21 宗，分别对 21 宗案件的拒绝原因归类后，又提到此外还有 3 宗案件因超过申请执行期限等原因驳回当事人的申请。参见刘贵祥、沈红雨《我国承认和执行外国仲裁裁决的司法实践述评》，载《北京仲裁》2012 年第 1 期。

出申请,也不能就同一案件事实向法院起诉,但仲裁协议无效的除外。

从案卷调查的 5 宗存在申请超过法定期限的案件审查结论来看,没有 1 宗为"裁定驳回申请",除了 1 宗为"予以承认但不予执行"外,其他 4 宗均为"不予承认及执行"。在"予以承认但不予执行"的案件[①]中,被申请人同时提出了《纽约公约》第 5 条第 1 款和超过申请期限的抗辩,法院在审查后认为,没有出现《纽约公约》第 5 条第 1 款和第 2 款的情形,仲裁协议有效,仲裁程序合法,裁决应当予以承认;但超过申请期限,不予执行。笔者认为这个做法是合适的。但也有案例表明,在被申请人仅提出超过申请期限的抗辩时,法院不审查《纽约公约》第 5 条第 2 款事项,仅就超期申请作出不予承认及执行裁定,笔者认为这种做法是有待商榷的。

如果当事人仅提出超过申请执行期限抗辩,应裁定驳回申请。如果被申请执行人提出超过申请执行期限抗辩的同时,提出《纽约公约》可拒绝承认和执行的抗辩,是否仅审查超过申请执行期限抗辩?笔者认为,应审查全部抗辩理由。在超过申请执行期限抗辩成立的情况下,如果审查公约抗辩不成立,应裁定予以承认但不予执行;如果审查公约抗辩成立,应裁定拒绝承认及执行。在超过申请执行期限抗辩不成立的情况下,如果审查公约抗辩不成立,应裁定予以承认及执行;如果审查公约抗辩成立,应裁定拒绝承认及执行。总之,笔者认为,在且应在当事人仅提出超过申请执行期限抗辩时,审查结论为"裁定驳回申请",一旦审查涉及《纽约公约》抗辩事项,则应采取最高人民法院通知中的两种结论或其合法变形(即予以部分承认及执行、予以承认、予以承认但不予执行等)。

(四)异议程序缺失

我国法律排除了对不予执行仲裁裁决书的裁定上诉[②]和申请再审[③]的可能性。法院一旦作出裁定即为终审裁定。这无疑会给法官对仲裁裁决的审查造成随意性,对法院作出错误的司法审查裁定也就丧失了相应的挽救措施。[④]本文前述的"内部报告制度"设计的初衷是统一不予承认及执行的司法尺度和避免司法地方保护主义。但该制度近年来也受到不少批评,认为其既不合

---

① 广州海事法院(2006)广海法他字第 1 号,参见最高人民法院〔2006〕民四他字第 47 号复函。
② 见《民事诉讼法》第一百五十四条第一款第(九)项。
③ 在《中华人民共和国最高人民法院公报》1996 年第 3 期第 97 页刊载的最高人民法院给四川省高级人民法院的答复中,最高人民法院认为当事人对于拒绝执行仲裁裁决的裁定申请再审的,没有法律依据。
④ 参见万鄂湘、于喜富《我国仲裁司法监督制度的最新发展》,载《法学评论》2007 年第 1 期。

理地歧视了国内仲裁裁决的当事人，又效率低下，且程序异常不透明，同时也违反了独立审判原则。①笔者认为，"内部报告制度"只是法院组织系统内部实施的一项非公开运作的特殊做法，其在一定程度上存在效率低下，而且实践中有些法院未严格遵守通知规定，在拒绝承认及执行前未逐级上报，作出裁定后再请示或干脆不请示的案例也存在。此时，最高人民法院或高级法院即使发现下级法院作出错误的司法审查裁定，也无法更改裁定结果，只能提醒在今后的工作中避免出现"先处理后请示"问题。因此，"内部报告制度"不能杜绝承认和执行中可能发生的错误。

对审查承认及执行外国海事仲裁裁决程序规范的完善是一项复杂而长期的系统工程。最高人民法院曾于2003年发布《关于人民法院处理涉外仲裁及外国仲裁案件的若干规定（征求意见稿）》（以下简称《征求意见稿》），尝试对外国仲裁裁决的承认及执行程序规范进行完善。该规定并未应用于实践。《征求意见稿》提出应在立案之日起6个月内作出裁定，但从本文的司法实践分析来看，这个期限仍然有些短，在"内部报告制度"仍存在的情况下，拒绝承认及执行裁决案件的裁定周期不完全为审查法院所控。上述提到的审查形式、审查结论、异议程序等三个实践突出问题在《征求意见稿》中并未提及。笔者认为，程序规范要想真正应用于司法实践并解决实践中突出难题，前提基础一定是对司法实践进行全面、细致和充足的调研。只有不断地调查和研究司法实践，从中发现问题、总结经验，继而创新方法并将其升华为理论，最终才能上升到立法。本文的案例样本并不全面，笔者只是管窥实践一角尚未探到议题全景，不敢冒昧提出完善建议。笔者期待司法实务界能更多地研究《纽约公约》案例，唯有此才可更接近司法实践真实状况。本文的分析和相关结论，还有待司法实践的进一步检验。尽管如此，笔者希望能抛出引玉之砖，引发实务界和理论界对于承认及执行外国海事仲裁裁决问题的更多关注和讨论，以促进此项制度更加健康地发展。

---

① 参见张潇剑《中美两国执行国际商事仲裁裁决比较研究》，载《河北法学》2011年第4期。

· 第十二编 ·

海事司法改革

论新时代海事法院的改革*

郑 鄂 陈铭强

摘要：在本轮司法体制改革中，最高人民法院通过增加海事法院管辖案件类型、开展"三审合一"试点、支持增设海事法院、对海事法院系统进行信息化创新等改革措施，使海事法院在新时代得以创新发展。但是，受制于海事法院原有体制局限，在改革中未充分借鉴新设立专门法院的经验做法，海事法院改革大多局限于机制方面，难以发挥专门法院制度在中国式现代化中的地位与作用。下一步应在习近平法治思想的指导下，在体制改革上着力，守正创新、系统集成，从整体上加强海事法院建设，促进高质量发展。要根据立法先行的原则，参照设立新型专门法院的方式，重新规定海事法院的案件管辖方式；要按中级人民法院的定位和要求，将海事法院纳入四级法院审级职能定位改革试点范围，并据此重新调整海事海商案件的级别管辖标准；要设立一家专门高级人民法院审理包括海事法院在内的各个专门法院的上诉案件；统筹利用好专门法院现有资源，将海事法院改革纳入专门法院的整体改革之中，适应新时代高质量发展需要。

关键词：新时代；海事法院；改革；路径。

引 言

新中国成立后，为"处理与工矿、铁路、水运有关的反革命破坏案件、贪污和盗窃案件"，我国设立了专门法庭。① 在此基础上，参照苏联模式设立了铁路运输法院、水上运输法院等专门法院，并于1954年9月颁布《中华人民共和国人民法院组织法》（以下简称《人民法院组织法》），以法律的形式明确专门法院的法律地位；后因诸多原因，1957年地方专门法院均被撤销。② 改革开放初期，为适应改革开放新形势的需要，中央又筹备建立专门法

---

* 本文2023年7月荣获广东省法学会"深入贯彻党的二十大精神以习近平法治思想引领中国特色社会主义法治理论创新"主题征文一等奖。

① 参见《第二届全国司法会议决议》，见中华人民共和国司法部编《中华人民共和国司法行政历史文件汇编（1950—1985）》，法律出版社1987年版，第16页。

② 参见万鄂湘主编《专门法院改革的路径与成效》，人民法院出版社2013年版，第104-105页。

院体系。^① 此后,国家先后设立了铁路运输法院、海事法院、森林法院等专门法院;^② 党的十八大之后,又相继设立了知识产权法院、金融法院等专门法院。从法律渊源看,在中国特色社会主义法律体系中,不管宪法和法律如何修改,都明确规定了专门人民法院的法律地位,是我国法院系统不可缺少的组成部分^③。

海事法院是"为了适应我国海上运输和对外贸易事业发展的需要"而设立的专门法院。^④ 1984 年 6 月在广州、上海等六家水上运输法院筹备组的基础上成立广州、上海等海事法院。1990 年设立厦门、海口海事法院;1992 年设立宁波海事法院;1999 年设立北海海事法院。1999 年 6 月,为理顺海事法院管理体制,海事法院整体上被纳入国家司法体系,首批设立的六家海事法院成建制地从原交通部移交属地所在省级行政区党委、高级人民法院共同管理,彻底与交通部门及其所属企业脱钩。^⑤ 2019 年 12 月,设立南京海事法院。上述变迁史,比较清晰地显示了海事法院这一专门法院的初设、增加、转制、再新增等发展历程,横跨了从改革开放初期直至本轮司法体制改革近四十年。作为专门法院设立法律依据的《人民法院组织法》,先后于 1983 年、1986 年、2006 年、2018 年被修改;有的比海事法院还先设立的传统专门法院如森林法院等,未在新的《人民法院组织法》中予以列明;海事法院被保留;新型专门法院如知识产权法院、金融法院等,则被明确予以列入。^⑥

---

① 1979 年 7 月 1 日,第五届全国人民代表大会通过《人民法院组织法》,明确规定"专门人民法院包括军事法院、铁路运输法院、水上运输法院、森林法院、其他专门法院"。1983 年,第六届全国人民代表大会常务委员会通过《关于修改〈中华人民共和国人民法院组织法〉的决定》,对专门人民法院的范围则概括为"军事法院等"。

② 参见李敏《专门法院的回归之路——访最高人民法院政治部相关负责人》,载《中国审判》2012 年第 3 期。

③ 1954 年《中华人民共和国宪法》第七十九条规定:"最高人民法院是最高审判机关。最高人民法院监督地方各级人民法院和专门人民法院的审判工作。"1978 年《中华人民共和国宪法》第四十一条规定:"最高人民法院、地方各级人民法院和专门人民法院行使审判权。"现行《中华人民共和国宪法》第一百二十九条第一款规定:"中华人民共和国设立最高人民法院、地方各级人民法院和军事法院等专门人民法院。"

④ 1984 年 11 月 14 日,第六届全国人民代表大会常务委员会第八次会议通过《关于在沿海港口城市设立海事法院的决定》。

⑤ 参见万鄂湘主编《专门法院改革的路径与成效》,人民法院出版社 2013 年版,第 43 页。

⑥ 有研究认为,互联网法院也属新型专门法院的范畴。参见广东省人民检察院广州铁路检察分院课题组《铁路运输检察对新型专门法院集中监督相关问题探讨》,载《中国检察官》2021 年第 9 期。但是,根据 2018 年修订的《人民法院组织法》第十五条规定:"专门人民法院包括军事法院和海事法院、知识产权法院、金融法院等。"因此,本文讨论的仅限于上述法定的专门人民法院。

传统专门法院在司法改革中不同的命运、专门法院类型的变化,让我们不禁思考,同样是处于不断变革之中的专门法院,海事法院的生命力为何明显强于其他传统专门法院?在不断深化海洋强国战略、共建"一带一路"、构建高水平对外开放格局等国家重大决策的背景下,特别是在四级法院审级职能定位改革试点中,海事法院应如何改革,才能为国家重大战略的顺利实施提供充分的海事司法服务与保障?本文拟在对新时代海事法院改革现状进行梳理的基础上,以习近平法治思想为指导,分析海事法院系统因体制原因导致的局限性问题,提出只有吸收设立新型专门法院的经验做法,融入专门法院的系统改革之中去,海事法院才能更好地适应社会发展的需要。

一、新时代海事法院改革的创新与突破

党的十八届三中全会正式开启了本轮司法改革的大潮。① "在习近平法治思想的指引下,党领导人民在新时代成功走出了一条中国式法治现代化新道路。"② 全国各级人民法院在党中央、最高人民法院的坚强领导下,开展了人财物省级统管、法官员额制、审判责任制、智慧法院建设等各个方面的改革。全国海事审判队伍在最高人民法院的领导下,积极落实党中央建设海洋强国、共建"一带一路"等战略部署,认真贯彻习近平法治思想,充分发挥自身独特的海事司法作用,提出了建设国际海事司法中心的新目标,不断深化海事司法改革,为新时代高水平对外开放的需要助力。

(一)增加海事法院案件管辖的范围与类型

一是平息了海事法院是否管辖海事行政案件的争议。海事法院设立之初,只管辖18种海事海商民事、行政案件。③ 1989年《中华人民共和国行政诉讼法》(以下简称《行政诉讼法》)颁布之后,因对于相关条文的理解上的差异,实务界与学术界对海事法院是否管辖海事行政案件争议很大④,甚至最

---

① 参见高一飞、陈恋《人民法院司法改革40年的回顾与思考》,载《中国应用法学》2019年第1期,第146页。

② 张文显:《论中国式法治现代化新道路》,载《中国法学》2022年第1期,第8页。

③ 《最高人民法院关于设立海事法院几个问题的决定》(1984年11月28日)中涉及海事法院收案范围有明确规定:"16. 因违反有关海事的法律、条例受主管行政机关处罚,当事人不服,在法律规定的期限内起诉的案件;或者在期限内不起诉,期满又不履行,主管行政机关申请强制执行的案件。"但现实中海事法院受理的行政案件不多,如广州海事法院从1984—1991年之间只审理了1起行政相关人不服海事行政管理部门吊销轮机长职务证书的行政诉讼案件。

④ 参见吴南伟、熊绍辉、彭林《海事法院受理海事行政案件必要性问题研究》,载《法律适用》2007年第12期;安晨曦《论我国海事行政案件管辖权的归属》,载《海峡法学》2013年第1期;许俊强《海事行政案件管辖之反思——在实然与应然之间》,载《海峡法学》2014年第4期。

高人民法院也处于摇摆之中①。2018年3月发布的《最高人民法院关于进一步加强海事行政审判工作的通知》正式明确了海事法院对海事行政案件的管辖权。二是增加海事法院的管辖案件类型和领域。2016年3月发布的《最高人民法院关于海事法院受理案件范围的规定》以列举的形式明确规定海事法院管辖案件类型从此前的63种扩大到108种；2016年8月，最高人民法院以法释〔2016〕16号和17号文分别下发关于审理发生在我国管辖海域相关案件若干问题的规定（一）和（二），明确人民法院对包括领海、大陆架等在内的中华人民共和国管辖海域的司法管辖权。三是明确海洋生态保护的司法管辖权。2018年1月，最高人民法院下发《最高人民法院关于审理海洋自然资源与生态环境损害赔偿纠纷案件若干问题的规定》；2022年5月，最高人民法院联合最高人民检察院共同下发《最高人民法院　最高人民检察院关于办理海洋自然资源与生态环境公益诉讼案件若干问题的规定》。上述司法解释明确规定海事法院管辖海洋自然资源与生态环境损害赔偿纠纷案件以及海洋民事、行政环境公益诉讼，确立了海事法院在海洋自然资源与生态环境损害赔偿纠纷和海洋环境公益诉讼案件的主导地位。

（二）开展海事刑事案件管辖试点

一是批准宁波、海口、广州海事法院开展海事刑事案件管辖试点。最高人民法院于2017年、2020年、2022年先后批复同意宁波、海口、广州海事法院开展审理海事刑事案件试点。截至2022年底，各海事法院试点共受理了84起刑事案件，审结79件；从案件类型看，涉及的罪名包括海上交通肇事罪、非法捕捞罪、走私国家禁止进出口的货物罪等。② 二是加强对试点工作的指导。宁波、海口海事法院试点管辖的首件刑事案件，分别为外国人涉嫌海上交通肇事罪、非法捕捞水产品罪，共同的特点是涉外、涉国家司法主权、涉海事海洋管理，具有明显的海洋、海事特色。③ 之后虽然也涉及其他犯罪类型，但应该更多考虑的是丰富案件类型，以达到锻炼海事刑事审判队伍，积累刑事审判经验和提升刑事审判能力的目的。三是加紧海事刑事审判人才的培养。海事法院长期从事海事海商案件审理，案件相对较为复杂，对人员

---

① 最高人民法院对海事法院是否管辖海事行政案件，先后下发的7份司法解释或相应的规范性文件，而且前后存在不太一致的地方。
② 数据来源：中国海事审判工作平台。
③ 参见吴勇奇、刘啸晨《海事刑事诉讼的专门管辖——以宁波海事法院试点审判的海事刑事案件为切入点》，载《人民司法》2019年第25期，第46页；最高人民法院民事审判第四庭编《2021年全国海事审判典型案例》，载《人民法院报》2022年6月8日。

素质的要求相对较高。但是,司法是实践的工作,长期没有审理刑事案件,就会缺乏相关经验,从而导致刑事审判人才比较缺乏。根据试点工作要求,近年来,各海事法院招录公务员时,就有意识地招收刑法、刑事诉讼法学专业的研究生,从外单位选调具有刑事案件审判经验的法官等,以加强海事刑事审判人才的储备。

(三) 增设海事法院

经中央机构编制委员会办公室、最高人民法院批准,南京海事法院于2019年12月4日正式成立,该院坚持高起点谋划、高水平建设,设立以来,成效显著、意义非凡。一是弥补了海事司法的不足。江苏省通江达海,省内长江和京杭大运河纵横交错,内河总里程占了全国的1/5,连续11年位居全国第一造船大省;江苏泰州还是中国人民解放军海军的发源地。全国人大常委会于2020年12月26日通过了《中华人民共和国长江保护法》,为长江流域的生态提供全方位的法律保护。国家批准设立南京海事法院,为《中华人民共和国长江保护法》的实施提供了专门的海事司法服务保障。二是使海事法院的布局更加合理。长期以来,武汉海事法院负责审理川、皖、苏等7省市,涉及2,700公里长江干支流的海事审判工作,面广、点多、线长,压力之大可想而知。① 长江流域海事司法保护力量不足的问题长期存在。长江是中华民族的母亲河。南京海事法院的成立,紧紧扣住海洋强国、长江经济带等国家重大战略,区位优势明显,解决了武汉海事法院管辖范围过大、战线过长等问题。三是为海事法院内设机构改革提供了样本。按司法体制改革的要求,南京海事法院在设立之初,就采取了新型专门法院"扁平化"的设置模式,突出法官在审判工作中的主体地位,法院内设机构既保留了海事法院传统上的各个庭室,也将司法行政保障、调研业务统一管理,又将党建、人事、纪检等单独管理。② 这一建设模式能够妥善处理审判与后勤、司法与行政、党建与业务、管人与管事的关系,使人员分类管理更加科学,内设机构更加合理,法院建设更加有力。

(四) 首开专门法院信息化的系统创新先河

最高人民法院明确要求,智慧法院建设要做到"以高度信息化方式支持司法审判、诉讼服务和司法管理,实现全业务网上办理、全流程依法公开、

---

① 参见邹汉青《打造两江流域海事司法审判支点》,载《湖北日报》2013年10月30日。
② 参见苏法轩《"四个表率"构建国际化海事司法队伍》,载《江苏法制报》2020年1月13日。

全方位智能服务"①。2022年4月25日，最高人民法院正式上线"中国海事审判网"（中英文外网），内网的"海事审判工作平台"也同步上线，开展专门法院信息化的系统创新。② 一是开创了专门法院信息化系统建设的新局面。海事法院在开展系统性司法体制改革的同时，首开专门法院信息化系统建设之先河，在各个专门法院系统中率先建成并投入使用，为落实宪法所规定的"最高人民法院监督专门人民法院"工作，提供了信息化平台与技术保障。二是建设了海事司法统一指挥的新平台。专门法院系统开通了专门的信息化平台，构建了从最高人民法院到各地海事法院、上诉审法院的信息化指挥工作平台。通过该平台可以查阅各海事法院、海事法官的案件审理情况，可以从中分析全国海事审判中存在的共性和个性问题，有针对性地予以指导，真正实现了智慧法院"数据通""信息享"的要求。三是满足了人民群众对海事司法的新期待。中国海事审判网以满足用户需求为导向，在栏目设置、智慧服务、技术保障上，充分考虑用户体验，通过该网站平台发布权威的海事司法信息、体系化的中国海事精品案件，并将典型海事案例翻译为英文，方便中外当事人以及专家学者查阅；能够自动链接最高人民法院各个诉讼服务平台，切实方便中外当事人在境内外网上申请立案和执行等。更为重要的是，服务海事法院系统的信息化平台采取"三网一体共建"的方式，能自动从人民法院大数据平台抓取海事审判数据，智能更新并确保安全，技术先进、实用性强。

另外，最高人民法院对海事审判案件进行了认真总结，完善了海事案例指导制度，提高海事典型案例、指导性案例的数量和发布频率，为全国海事审判队伍提供了难得的学习素材，对统一海事裁判规则、创设引领世界的海事审判规则、提升海事司法共同体意识等，提供了巨大的帮助。为开展海事审判的前瞻性、开拓性研究，最高人民法院职能部门在广州、青岛等地设立了海法研究基地，将研究的触角延伸到办案一线，鼓励海事法官总结审判经验、提升理论水平，为海事审判工作提供智力支持。2016年3月，第十二届全国人大会议审议批准的最高人民法院工作报告中，正式提出"建设国际海事司法中心"的目标，为加强海事司法事业提供了重要指引。总的来看，近年来海事法院发挥专门法院的优势，开展了守正创新的探索，为服务国家海

---

① 罗书臻：《周强在第二届中国-东盟大法官论坛上作专题发言时表示 充分运用信息化手段加快建设智慧法院》，载《人民法院报》2017年6月9日。
② 参见孙航《中国海事审判网上线 周强强调推动海事审判工作高质量发展 为建设海洋强国提供有力司法服务》，载《人民法院报》2022年4月26日。

洋强国战略的落地实施发挥了应有的作用。①

二、海事法院改革的局限性

海事法院所开展的改革，是人民法院开展司法体制综合配套改革之中的特色动作，切合海事法院实际，解决了一些长期困扰海事法院发展的瓶颈问题，具有海事审判特色、专门法院特点。特别是在海洋强国战略、共建"一带一路"的背景下，在系统上加强海事法院建设，将为其更好地服务大局、构建海洋命运共同体提供全面的海事司法保护。但是，受制于海事法院体制上的因素，改革还存在一定的局限性。

（一）改革涉及更多的是机制调整，但体制上的问题仍然存在

有学者指出，"专门法院（庭）的创设是为了在特定情况下实现一个或一组特定的目标服务的"②。海事法院作为专门法院，在近四十年的发展历程中，在解决对外贸易中的海事海商司法纠纷、维护中外当事人合法权益、树立中国法院的良好国际形象、彰显中国司法公信力等方面，都做出了突出的贡献。海事法院的"三级二审终审制"体制，设立于改革开放初期；海事法院的职能与任务，设定于当时特定的历史条件之下；海事法院定位与作用，适应当时的国家经济社会的背景；海事司法的功能与要求，符合当时人民群众对海事司法的需求；海事司法人员的素质与能力，达到当时人民法院工作人员的要求。应该说，海事法院的体制机制是比较适应当时环境的，也符合法律对专门人民法院的规定与要求。对海事法院的体制机制中存在的不足，实务界与理论界提出不少中肯的意见和合理的建议，有的已经被吸纳。③

当前，国家社会经济等环境较改革开放初期，已经发生了根本变化，原有的海事法院体制显然难以适应现在的情况。虽然海事法院系统的改革在本轮司法体制改革中有自身的海事特色，如调整管辖权的范围、开展海事刑事案件审理试点、按新型专门法院的内设机构新建海事法院、构建海事司法特色的信息化保障系统等，这些更多的是在机制上调整。而对海事法院法律地位、现行"三级二审制"能否满足当前海事司法的需要、如何按新型专门法院的标准对海事法院进行系统性改造、如何提升海事司法在保障国内国际双

---

① 参见陈超《海事法院在服务保障国家海洋强国建设中的守正创新》，载《中国应用法学》2022年第3期，第83页。

② ［美］劳伦斯·鲍姆：《从专业化审判到专门法院》，何帆、方斯远译，北京大学出版社2019年版，第56页。

③ 如高俊华《关于海事审判"三合一"的思考》，载《中国海商法研究》2015年第1期，第20页；赵微《赋予海事法院刑事审判权之正当性分析》，载《法治研究》2015年第1期，第34页。

循环战略的服务水平等体制性问题,则基本没有涉及,这不能不说是一种遗憾。事实上,随着新型专门法院如知识产权法院的成立,其设立的模式已经融入了专门法院的改革方向,是"司法体制改革的先行者和排头兵"①,但在海事法院的改革中借鉴不够充分。

(二)专业化人才较多,但复合型人才则面临不足的问题

不少海事海商案件有涉外、涉港澳台地区,涉海洋环境保护,涉国际惯例、涉国际公约、涉外国法等情况,审理的难度较大,对司法人员的素质要求较高,要求海事海商法官"精法律、懂航运、熟经贸、会外语",属于典型的涉外法治人才。② 因此,海事法院在发展过程中,在新进人员的选择上,就制定了比其他法院要相对高的标准,已经建立起一支高学历、高素质、专业化、涉外型的海事海商审判工作队伍。③ 海事法院也不负众望,审理了很多具有国际影响的案件,形成了塑造国际海事规则的判例,有的被国际条约、公约所吸纳,在国际海事司法领域发出了中国声音,在一定程度上改变了国际海事规则。④ 如有的外籍当事人和外国主管单位因信任中国海事司法的专业能力,而选择在上海海事法院诉讼,维护自身权益,这实质上是对海事法院审判人员专业素质的认可。⑤

在人民法院体系中,海事法院属于相对独立的存在。在级别上,海事法院属中级人民法院的建制;在审级上,海事法院审理的案件均为一审案件;在管理上,大多属于省直机关的地位;在人大监督和法官任命上,通常由驻地市人大常委会监督与任命。这一独特的体制,在知识产权法院、金融法院成立之前,绝无仅有,独此一家。因此,在目前党政干部管理方式之下,只要进入海事法院,除了部分院领导,一般法官或公务员基本没有交流任职的机会。不少法官从离开校园,通过公务员招录进入海事法院,可能就是在该

---

① 刘文学:《知识产权法院:司法改革的先行者和排头兵》,载《中国人大》2017年第9期,第42页。
② 参见广州海事法院课题组《构建海洋命运共同体理念下海事审判工作面临的形势与任务》,见叶柳东主编《中国海事审判·2019》,大连海事大学出版社2021年版,第9页。
③ 如南京海事法院在编干警89人,70%具有硕士、博士学位。参见王晓红《开拓国际海事司法中心建设"新蓝海"——对话南京海事法院党组书记、院长花玉军》,载《江苏法治报》2022年6月17日。
④ 参见李敏《中国海事审判:回望历史,在新的起点上谋发展——访最高人民法院副院长贺荣》,载《中国审判》2014年第9期,第21页。
⑤ 参见何晶晶《准确定位促发展 聚力创新谋突破 上海推进国际海事司法中心建设迈出坚实步伐——专访上海海事法院党组书记、院长赵红》,载《人民法治》2017年第5期。

领域终身任职了,而且只有审理海事海商案件的经验和履历。① 这样做的好处在于,能够深耕海事海商领域,符合审判人员专业化的要求;不足之处在于,长期从事同一审判或同一业务,容易使人的思维固定化、行为模式化,难以培养复合型人才。"一个法官长期审理一类案件,始终与同一专业领域的同行律师打交道,很可能会故步自封,形成专业上的偏见。"② 同时,长期在同一单位任职,与其打交道的工作对象长期固定,容易形成海法圈子"小群体化",也不利于廉政建设。另外,美国专门法院发展史证明,"专门化能让法院一定程度上隔绝于主流司法界"③。

(三)扩大管辖案件类型被误解,但海事审判资源确有潜力可挖

近年来,人民法院受理案件数量大幅上涨,各级法院特别是经济发达地区的法院,面临着案多人少的共同问题。有学者以 2019 年为例指出,全国员额法官共 12.6 万名,每位法官人均受理案件数为 250.53 件,人均审结、执结 230.33 件,人案矛盾非常突出。④ 虽然海事法院也面临案件增长的压力,但从近年情况看,增长速度相对还比较平稳,大部分海事法院员额法官每年的人均办案量约 100 件⑤。有学者研究提出,海事法院所受理的案件类型虽然比较丰富,但并不符合复杂性、疑难性、涉外性案件的特征,进而提出了海事法院是否还有独立存在必要的质疑。⑥ 有学者认为,为解决海事法院年均收案量少、人均办案量低的问题,扩大海事法院管辖范围,已经彻底打破海商法的民法特别属性,背离了当初设立海事法院的初衷。⑦ 另外,海事法院开展海事刑事案件审理试点,存在"硬伤"⑧,同时也面临海事刑事案件管

---

① 参见付荣《中国海事法院:问题与出路——兼论其他专门法院》,载《河北法学》2009 年第 5 期。
② 何帆:《如何探清设立专门法院的"门道"》,载《人民法院报》2020 年 6 月 19 日。
③ [美]劳伦斯·鲍姆:《从专业化审判到专门法院》,何帆、方斯远译,北京大学出版社 2019 年版,第 196 页。
④ 参见任重《"案多人少"的成因与出路——对本轮民事诉讼法修正之省思》,载《法学评论》2022 年第 2 期,第 138 页。
⑤ 经查阅中国海事审判网及中国海事审判白皮书,2016—2022 年,全国海事法院系统(包括上诉审法院的海事审判部门)每年审理的案件(含上诉、再审案件)均约为 3 万余件,2021 年达到峰值 3.6 万件;当前全国法院从事海事审判工作的员额法官约为 350 人。
⑥ 参见付荣《中国海事法院:问题与出路——兼论其他专门法院》,载《河北法学》2009 年第 5 期;陈承帼《海事案件管辖视角下的我国海事法院的撤并》,载《学术论坛》2007 年第 7 期。
⑦ 参见程骁《论我国专门法院制度的反思与重构》,载《中国应用法学》2019 年第 3 期,第 188 页。
⑧ 《全国人民代表大会常务委员会关于在沿海港口城市设立海事法院的决定》明确规定:"三、海事法院管辖第一审海事案件和海商案件,不受理刑事案件和其他民事案件。"

辖类型、量刑标准，与侦查机关、检察机关的衔接机制等现实问题。①

相较海事法院成立之时，现在海事法院所管辖的案件类型，确已超出了当时确定的范围，这是最高人民法院"适应中国海事审判发展的新形势、新任务，推进实施海洋强国、'一带一路'等的重要举措"②，本来就无可厚非。但我们也要看到，海事法院属于中级人民法院的建制，按《中华人民共和国民事诉讼法》第十九条第（一）（二）项规定，中级人民法院审理的一审案件应为重大涉外、有重大影响案件，属于复杂、疑难的类型；如果按该条第（三）项规定"最高人民法院确定由中级人民法院管辖的案件"确定管辖范围，也有法律依据。但从当前受案情况分析，海事法院新增管辖案件类型之后所审理的案件，在很大程度上属于较为简单、案情并不复杂、争议并不大的普通案件，如船员劳务纠纷、货运代理纠纷等，直接由中级人民法院审理，确似不妥。③ 学者提出的质疑也有一定的道理。更为重要的是，此类案件上诉后由高级人民法院进行二审，也给上诉审法院增加了负担，在四级法院审级职能定位改革试点中确有改革的必要。此外，各个高级人民法院拥有同类案件的终审权，也可能导致部分海事海商案件的裁判标准难统一。但如不纳入新增的涉海案件，又会显得海事法院受理案件量过少，审判资源应用不足，也可能导致海事审判资源的浪费。

（四）建设国际海事司法中心任重道远，但现行体制可能难以承担

建设国际海事司法中心，是最高人民法院在建成亚太海事司法中心之后提出的新目标，在十二届全国人大会议上被写入最高人民法院工作报告，也是对全国人民的庄严承诺。其目的在于贯彻国家海洋强国战略、落实共建"一带一路"倡议，提供安全可靠的海事法治服务和保障，"创设稳定和可预见的法治环境"④。全国海事审判队伍围绕此目标，组织发动深入调研，制作建设方案，提出工作要求，真抓实干确保实效，在各个方面确也取得了有目共睹的成绩。就海事纠纷的解决机制而言，在做法上往往更多地依靠仲裁、行业调解等非诉方式，没有约定仲裁才会选择诉讼解决纠纷。在选择诉讼方

---

① 参见赵星、魏薪郦《海事刑事案件专门管辖的现实困境与立法探索》，载《中国海洋大学学报》2021年第1期，第66页。

② 曲涛：《发挥海事审判职能作用 服务保障海洋强国战略——新〈受案范围〉出台后海事法院所面临的挑战及应对之策》，见崔亚东主编《国际海事司法中心建设与司法体制改革》，法律出版社2017年版，第33页。

③ 参见朱元达、王蕾《司法改革背景下运输案件集中管辖研究》，载《大连海事大学学报（社会科学版）》2020年第3期。

④ 王淑梅：《全国加强海事审判正当其时》，载《人民法院报》2018年8月2日。

式时，也往往会按国际私法的规定、惯例去选择纠纷解决地、适用的准据法等。在新时代建设国际海事司法中心，既要成为海事相关方选择的纠纷解决地，也要成为国际海事规则的创设地，只有充分具备国际海事司法公信力才可能被选择。因此，规则的创设十分重要，国际海事相关方的配合也尤其关键。

从学界的研究情况看，各界对"国际海事司法中心"的内涵与外延，特别是如何从习近平法治思想中去理解当中"司法"的含义，可能不太明确，还需要从理论上予以澄清①。另外，目标提出6年多来，最高人民法院并未对此目标的达成度进行评估，也未能进入更高层次的视野，也让人不得不对政策延续性产生怀疑。②从目前的情况看，最高人民法院提出此目标后，并无更高的顶层设计予以跟进，更多的是依靠全国各海事法院自行探索，基本处于各自为战的状态，这在很大程度上是由缺乏专门机构来统一协调所致。因此，仅靠全国海事法院的力量，会不可避免地陷入各说各话、各办各事的分离之中，难以形成整体上的合力，也难以从整体上得到国际仲裁组织、国际海事行业协会等国际海事相关方的支持。

三、海事法院改革的完善路径

专门人民法院是宪法规定的审判机关，是人民司法事业不可或缺的组成部分。海事法院是专门法院的法定类型之一，在《人民法院组织法》中明确予以列举。在新时代推进海事法院的改革，必须在习近平法治思想的指导下，做到体制机制改革并进，着重解决制约海事法院科学发展的体制问题。只有将海事法院系统置于专门法院制度的改革中去变革，才能适应新时代的需要。新型专门法院的设立、改革模式，为海事法院的改革提供了有益的借鉴。

（一）坚持立法先行，借鉴新型专门法院的设立经验

设立海事法院的法律依据是全国人大常委会于1984年制定的。根据此决定，"海事法院的设置或者变更、撤销，由最高人民法院决定"，此一立法技术为海事法院系统的发展壮大提供了有利的依据，也是2019年设立南京海事法院的法律依据。但是，当前海事法院所面临的形势、管辖的案件、职能定位等，相较之前都已发生巨大变化。"法律作为对既有经验的总结和表达，如果社会现实已经发生重大变化，曾经的良法也可能因世异时移而变成禁锢。

---

① 笔者认为，在中国特色社会主义语境中理解"国际海事司法中心"的内涵，应根据习近平法治思想去理解与把握，而不应陷入西方国家对"司法"的话语中去思考。

② 参见徐嘉婧《海事法院参与建设国际海事司法中心的现状分析及发展构想》，见刘晓云主编《航运法治营商环境建设与海事司法创新发展》，法律出版社2019年版，第7页。

特别是在全面深化改革的背景下，这一矛盾尤为突出。"① 因此，要根据习近平总书记关于"立法主动适应改革发展需要"②，以及"对不适应改革要求的法律法规，要及时修改和废止"③ 的要求，海事法院的改革应在吸收新型专门法院设立经验的基础上，做到"立法先行"。

设立新型专门法院的立法经验有：一是按"中央批准＋立法决定"④ 的模式设立。知识产权法院、金融法院等新型专门法院，都是先由中央批准后，按需要设立的，明确将是否设立专门法院的决定权、专门法院的职权等，交由全国人大常委会依法行使。同时，在立法上就按"共同而又有区别"的原则，明确设立于不同地区的同类专门法院的职能定位。如设定海南自贸区知识产权法院的职能时，明确其要开展知识产权案件刑事、民事、行政案件"三审合一"，此点与设定北京、上海、广州知识产权法院的立法决定明显不同。二是试点先行。如在设立第一批知识产权法院的决定中，明确提出"本决定施行满三年，最高人民法院应当向全国人民代表大会常务委员会报告本决定的实施情况"⑤，即要求最高人民法院必须做好相应的试点总结工作。事实证明，此举为海南自贸区知识产权法院的设立积累了经验。三是及时修订。如在设立上海金融法院之后，对实践进行了认真总结。针对在审判实践中存在的问题，在设立北京、成渝金融法院之时，全国人大常委会对金融法院的职能进行了调整，及时填补立法漏洞，确保专门法院的各项工作都于法有据。

因此，在修订海事法院的立法依据时，可参考上述做法。第一，先试点，再调整。鉴于11家海事法院遍布全国沿海（长江）各省，改革全面推开震动过大，应在对新时代海事法院的职能定位等进行充分调研的基础上，先由中央司法改革领导小组牵头，选择有代表性的两三家海事法院进行改革试点，工作开展一段时间后需向全国人大常委会报告，再决定是否全面推开或适当

---

① 胡明：《用中国特色社会主义法治理论引领法治体系建设》，载《中国法学》2018年第3期，第9页。

② 习近平：《在中共十八届四中全会第二次全体会议上的讲话》，见《习近平关于全面依法治国论述摘编》，中央文献出版社2015年版，第51页。

③ 习近平：《学习贯彻党的十八届四中全会精神　运用法治思维和法治方式推进改革》，载《人民日报》2014年10月28日。

④ 何帆：《新时代专门人民法院的设立标准和设置模式》，载《中国应用法学》2022年第3期，第53页。

⑤ 见《全国人民代表大会常务委员会关于在北京、上海、广州设立知识产权法院的决定》第七条。

调整。第二，要有所区别，不搞"一刀切"。全国海事法院设立地点不同，有的在沿海地区，有的在长江沿线地带，因国家对各地的战略布局、重心上也有所不同，所以各地的海事法院的工作侧重点、司法保障方向上也应有所区别。可根据国家重大战略的方位，调整海事法院提供的司法保护职能，为不同的战略区位提供"共同而又有区别"的海事司法服务。第三，推进《中华人民共和国海商法》《中华人民共和国海事诉讼特别程序法》的修订工作。上述两法分别于 1992 年、1999 年颁布，但在《中华人民共和国民法典》、《中华人民共和国民事诉讼法》（以下简称《民事诉讼法》）等国内民商事基本法律已全面实施，国际海事立法、海事国际条约等出现新变化，以及由于外贸体制、航运规则的改变而带来的海商事主体日益多元化的情况下，海事海商基本法律已明显滞后于时代，难于的适应新形势下的国内、国际法律环境，必须抓紧修订。

（二）坚持法定地位，按中级人民法院的标准调整海事法院的案件管辖

从海事法院成立之日起，就已明确其中级人民法院的定位，是行使一审审判职能的中级人民法院，二审由所在省级行政区的高级人民法院负责。这种"一审专门二审不专门"的体制，在改革开放初期，司法资源尚不特别紧张的情况下，能够满足国家战略需求。但随着形势的发展，这一体制使海事法院饱受诟病，几乎遭到学界的一致批评。① 学界称这些在形式上独立设置，但无终审权的专门法院为"非正式的专门法院"②。新设立的 7 家专门法院，均为真正的中级人民法院建制，部分简单的"专门"案件仍由地方基层人民法院行使，打破了"专门"案件一审必须在专门法院审理的思维禁锢。海事法院的改革应在学习新型专门法院这种"一审"由地方基层法院负责，二审则由专门法院负责的做法，在对当前管辖的案件进行科学划分的基础上，将一些简单的案件"放下去"，并纳入四级法院审级职能改革试点的范围，明确其为真正的中级人民法院，在根本上解决"一审专门二审不专门"的问题。

这样设计的好处在于：一是真正盘活了专门法院的建制。把部分简单、多发的专门案件，按《民事诉讼法》《行政诉讼法》的规定仍由原基层法院

---

① 如司玉琢《保障海洋发展战略 改革完善中国特色的海事司法管辖制度》，载《中国海商法研究》2015 年第 2 期；侯猛、代伟《海洋强国背景下的海事法院建设——从"三审合一"模式切入》，载《法律适用》2021 年第 2 期。

② 吴汉东：《中国知识产权法院建设的理论与实践》，载《知识产权》2018 年第 3 期，第 4 页。

审理①，上诉案件则由专门法院审理，打破了专门法院也必须走"两级专门法院二审终审制"的传统思维，使最高人民法院能够在自身的职权范围内，通过调整案件管辖的方式，就能够解决了"一审专门二审不专门"的难题。将类案的终审权掌握在专门法院体系之内，确保裁判标准的统一，有利于实现专门法院的设置目的。二是便民利民，贯彻落实民事、行政诉讼法。专门法院所管辖的案件中，确有相当一部分是属于《民事诉讼法》《行政诉讼法》规定的案情简单、事实清楚、权利义务法律关系比较明确的简单案件，本来就不需要由中级人民法院管辖。保留部分基层法院对"专门"案件的管辖权，能够确保相应的专门纠纷就近解决，在基层解决，才符合"两便"原则。同时，科学确定海事法院等专门法院一审民事案件的级别管辖标准，也是四级法院审级职能定位改革试点的重要任务。② 三是有利于培养人才。让部分基层法院仍然具有审理相应专门案件的管辖权，必然要保持相应的审判人员，在审理专门案件时培养相应的专门人才，当专门法院需要补充专业审判人员时，就可从中予以选调，从而为专门法院的长远发展打下了坚实的基础。

就海事法院的改革而言，重点在案件管辖的分配上着手，并兼顾二审案件量较少的问题。一是对海事法院现管辖案件进行全面梳理。在充分调研论证的基础上，根据《民事诉讼法》《行政诉讼法》的规定，以及新时代国家高水平对外开放的需要，科学确定海事法院一审案件的范围和级别管辖标准。二是指定管辖。真正将应属基层人民法院管辖的案件，按四级法院审级职能定位改革试点"放下去"的要求，通过指定管辖的方式，在涉及的沿海（江）地级市内指定一家基层法院，专门管辖应属基层法院管辖的部分海事海商、海事行政案件，二审则由海事法院负责。三是跨区划管辖。对没有设置海事法院又有通航水域的内陆省份，可在沿江指定一家基层法院管辖原属海事法院管辖的案件，二审则由海事法院跨区划审理。现存的派出法庭则作为海事法院的巡回审判点，部分二审海事海商案件就近审理，以方便群众就近诉讼。四是解决个别海事法院案件量较少的问题。将部分海事海商案件

---

① 如 2014 年全国人大常委会关于设立北京、上海、广州知识产权法院的决定中，只规定"知识产权法院所在市的基层人民法院第一审著作、商标等知识产权民事和行政判决、裁定的上诉案件，由知识产权法院审理"。2020 年设立海南自贸区知识产权法院时，就规定其管辖"海南省基层人民法院第一审知识产权民事、行政和刑事判决、裁定的上诉、抗诉案件"。

② 参见刘峥、何帆《〈最高人民法院关于完善四级法院审级职能定位改革试点的实施办法〉的理解与适用》，载《人民司法》2021 年第 31 期，第 8 页。

"放下去"之后,个别海事法院将面临案件量较少、工作量更不饱和的问题,可借鉴上海知识产权法院的经验,将需要新设置的专门法院与海事法院合署办公,形成"审判业务独立,行政合署"①的模式,以统筹用好专门法院的资源。

(三)坚持从实际出发,设立一家专门高级人民法院

从海事法院到新设立的知识产权法院、金融法院,在专门法院系统设置负责其上诉审的专门高级人民法院,以统一专业审判的裁判标准,这几乎是学界的一致意见。②甚至于全国人大常委会法制工作委员会在讨论设立北京、上海、广州知识产权法院时,就有一些常委会委员提出,"各地知识产权法院案件裁判标准不统一,主要是由于没有专门的上诉法院,建议设立一个知识产权高级法院,受理各地知识产权上诉案件"。由于各种原因,此建议没有得到采纳。但该委员会同时也指出,"对上述问题,可以在实践中逐步探索、积累经验,有关情况由最高人民法院向全国人大常委会报告"③。这是首次披露立法机关对于设立专门高级人民法院的讨论情况。对于设置海事上诉法院的问题,最高人民法院也多次提出相关设想④。

从上述争论可以看出,学界、实务界、立法机关等都认为,应当设立专门高级人民法院,出发点都是为了统一裁判尺度,确保法律的权威和尊严。设立专门法院的高级法院是必要的,不然无法解决统一裁判标准的问题,也使专门法院这一特殊制度作用未能得到充分发挥。但是,当时设立专门高级人民法院的时机尚不成熟,面临法律依据、机构编制、人才保障等实际问题;在如何设置专门高级人民法院上,存在不少争议,因此未得到决策层的认可,还需进一步探索和研究。另外,《人民法院组织法》也明确规定了专门法院的设置、组织、职权和法官任免等由全国人大常委会另行规定,"这在理论

---

① 周强:《最高人民法院关于知识产权法院工作情况的报告》,载《人民法院报》2017年9月2日。

② 代表性的研究有:司玉琢、李天生《论海法》,载《法学研究》2017年第6期;吴汉东《中国知识产权法院建设:试点样本与基本走向》,载《法律适用》2015年第10期;邢会强《证券欺诈规制的实证研究》,中国法制出版社2016年版,第169-173页。

③ 《全国人民代表大会法律委员会关于〈关于在北京、上海、广州设立知识产权法院的决定(草案)审议结果〉的报告——2014年8月31日在第十二届全国人民代表大会常务委员会第十次会议上》,载《全国人民代表大会常务委员会公报》2014年第5期,第618-619页。

④ 最高人民法院分别在1990年、1991年、1993年向全国人大所作的工作报告中,都提出设立海事高级法院的建议;1999年发布的《人民法院五年改革纲要》中也明确提出:"对设立海事高级法院进行研究。"转引自何帆《新时代专门人民法院的设立标准和设置模式》,载《中国应用法学》2022年第3期,第63页。

上为专门法院的设立及现代化改造提供了一个极为灵活的法律构架,设立专门法院的道路一直是畅通的"[1]。

当前,在海事法院、知识产权法院、金融法院等专门法院已经普遍成立的情况下,笔者认为,设立专门高级人民法院的时机已经趋向成熟。一是设立依据。《中华人民共和国宪法》第一百二十九条对专门人民法院范围的明确规定为"军事法院等专门人民法院"。宪法上没有规定其他专门人民法院的级别与范围,但对一直存在的军事法院这一"入宪"的专门法院来说,其一直都保留着高级法院的建制。[2] 上述情况说明,在宪法的文本意义上,专门法院本来就可以设置高级法院的,设置专门高级人民法院并不违宪。除军队外,在历史上国家也曾经设立过专门法院系统的高级法院。[3] 所以,可提请全国人大常委会制定专门人民法院组织法,提供法律依据。二是设立家数。从机构编制利用最大化来说,如果按专门法院的种类每一种都设置一家,个别专门高级人民法院则可能面临案源不足、人才单一、机构浪费、成本较高等问题,不利于长远发展,而且会因经费、编制、人员、机构等原因,难于得到其他职能部门的支持。因此,从最为科学的角度出发,全国只设立一家专门高级人民法院,内设各专门法庭,分别负责海事、知识产权、金融等专门法院的上诉、再审案件审理,以统一全国"专门案件"的裁判标准。三是如何设立。专门高级人民法院可参照解放军军事法院的标准进行设置,院址设在北京,院长由最高人民法院院长提请全国人大常委会予以任免[4]。考虑到专门高级人民法院管辖案件大多与国家重大战略相关联,法官人数不可能太多,为加强对其监督力度,建议专门高级人民法院向全国人大常委会负责并报告工作;专门高级人民法院的副院长、审委会委员等审判人员,则由专门高级人民法院院长提请全国人大常委会任免。同时,为解决我国幅员辽阔、

---

[1] 杨帆、吕偲偲:《专门法院向何处去——建立与行政区划适当分离的司法管辖制度的探索》,见贺荣主编《司法体制改革与民商事法律适用问题研究》,人民法院出版社2015年版,第81页。

[2] 参见阿计《专门法院:变革与创新》,载《浙江人大》2018年第10期,第30页。

[3] 1980年7月,司法部、原铁道部联合下发《关于筹建各级铁路法院有关编制的通知》,决定在北京设立铁路运输高级法院;1987年,该法院经中央批准后被撤销,其撤销的原因是办案周期长、效率效低、成本较高等运行方面的原因。参见万鄂湘主编《专门法院改革的路径与成效》,人民法院出版社2013年版,第105—106页。

[4] 根据《中华人民共和国法官法》第十一条第六款规定:"军事法院等专门人民法院院长、副院长、审判委员会委员、庭长、副庭长和审判员的任免办法,由全国人民代表大会常务委员会另行规定。"专门高级人民法院院长的任命,可参照军事法院院长的任命方式,即根据《中华人民共和国宪法》第六十七条第(十二)项的规定,由最高人民法院院长提请全国人大常委会予以任免。或者在制定专门人民法院组织法中予以明确。

群众诉讼不便的问题，可依托最高人民法院已在全国设立的巡回法庭、海事法院现有的派出法庭等，设立专门高级人民法院的巡回法庭，以方便群众，引导争议就近解决。

结　语

海事法院作为传统专门法院的代表，积累了大量的海事海商审判工作经验，也存在不少因体制机制带来的自身难以克服的弊端，一直处于司法改革的前沿。最高人民法院为解决海事法院系统自身存在的问题，在新时代进行了一系列有针对性的改革，如推进"三审合一"试点、加强海事法院系统性信息化建设等，取得了明显的成效。"海事审判工作通过不断改革取得突出成绩，也为我们进一步深化改革奠定了基础，积累了经验。"① 当前，随着国家海洋强国、共建"一带一路"、构建国内国际双循环的新发展格局等国家战略的稳步推进，要贯彻落实好习近平法治思想中关于"坚持统筹推进国内法治与涉外法治"的重要精神，海事法院发挥着十分重要的作用。海事海商案件特别是涉外案件的审判工作只能加强，不能削弱，才能在广阔的海洋中更有作为，才能更好地服务国家对外开放新格局的需要。同时，随着知识产权法院、金融法院等新型专门法院的不断成立，海事法院并不孤单，中国特色社会主义法治下专门法院制度优势不断累积，必将为中国式法治现代化贡献专门法院的力量。

"推进中国式现代化是一个探索性事业，还有许多未知领域，需我们在实践中去大胆探索，通过改革创新来推动事业发展，决不能刻舟求剑、守株待兔。"② 2024 年将迎来海事法院设立四十周年，现阶段开展海事法院系统性改革研究正当其时。要参照新型专门法院的设立方式方法，发挥海事法院自身传统优势，将海事法院的改革纳入司法体制综合配套改革的大局中，纳入四级法院审级职能定位改革试点中，纳入专门人民法院的发展中。只有这样，海事法院才能更好地服务国家中心工作，为海洋经济发展提供更为充分的海事司法保障。专门高级人民法院的设立，可从根本上解决专门法院系统长期存在的"一审专门二审不专门"的问题，真正使中国特色的专门法院制度在组织架构上得以"专门化"，确保专门案件的专业化审判得到更好的体制保障，更好地发挥专门法院服务新时代高质量发展的专门司法保障作用。对于海事法院系统来说，也将为建设国际海事司法中心提供直接的驱动力量。

---

① 万鄂湘主编：《专门法院改革的路径与成效》，人民法院出版社 2013 年版，第 100 页。
② 习近平：《正确理解和大力推进中国式现代化》，载《人民日报》2023 年 2 月 8 日。

关于设立独立建制行政法院的调研报告*

倪学伟　张科雄　杨雅潇

摘要：我国行政审判取得了一定的成绩，但因体制机制的制约，行政诉讼的立法目的尚未完全实现，行政诉讼的功能未能得到充分发挥，行政审判的公信力总体低下，尚未达到依法治国、依法行政的要求。法国、德国设立行政法院，法官以行政专家和法律专家的双重身份审判行政案件，取得了举世瞩目的效果，值得参考和借鉴。在我国，行政主导模式所产生的行政权膨胀与扩张、司法权地方化等，是导致行政审判发展迟缓的重要原因。设立独立建制的行政法院，可以遏制行政诉讼被告的强势地位、避免司法权地方化，同时也是把已有的行政审判体制改革成功经验制度化、法律化的必然选择。随着铁道部的撤销以及铁路法院回归司法系统，铁路法院原有的审判职能完全可以由地方法院替代。铁路法院跨行政区域设立的特点，契合了行政审判所要求的司法审判管辖区域与被告的行政管理区域相分离的特性，将其改制为行政法院，既可节约财力资源，又可为行政审判体制的改革提供一条捷径。

关键词：行政审判体制；行政法院；铁路法院；改革。

行政审判是民主与法制的晴雨表。党的十八大将依法治国提到前所未有的高度，要求进一步完善社会主义民主政治，依法行政，建立法治政府。党的十八届三中全会进一步提出，"探索建立与行政区划适当分离的司法管辖制度，保证国家法律统一正确实施"[①]。如何因应党的大政方针，对行政审判体制进行顺应历史方向的改革，这是我们亟须思考和解决的问题。

一、行政审判体制的现状与困境

（一）行政审判体制的现状

我国的行政审判肇始于 1987 年。随着《中华人民共和国行政诉讼法》（以下简称《行政诉讼法》）于 1990 年 10 月 1 日实施，行政审判步入了规范发展的阶段。多年来，行政审判在化解行政争议、促进依法行政、保护行政

---

* 本文获最高人民法院 2014 年"第二届全国行政审判优秀业务成果评选活动"三等奖。执笔：倪学伟。

① 《中共中央关于全面深化改革若干重大问题的决定》，见共产党员网（https://news.12371.cn/2013/11/15/ARTI1384512952195442.shtml），访问日期：2013 年 12 月 8 日。

相对人合法权益方面取得了一定的成绩。但受我国体制机制的制约以及传统观念的影响,行政审判与刑事、民事审判相比,还存在诸多困难和阻碍,其发展过于迟缓,与依法治国、依法行政的要求远不适应。

首先,行政审判尚未完全取得国家机关的高度重视与充分认可。行政的生命在于效率、效益和公正,在经济发展和腾飞的初级阶段,政府的首要目标定位于效益与效率方面,所谓"效率优先,兼顾公平"。而行政审判要求在具体行政行为中坚持公正与效率兼顾的原则,且把公正置于突出位置。尽管以人为本、全面协调可持续发展的科学发展观已包含了依法行政、建设法治政府的内容,但在当下,政府关注重点仍是经济的发展、民生的改善,对行政审判的关注度不高,甚至可以说在某种程度上忽视了行政审判。其结果往往是:民众因其合理诉求不能满足而在一定程度上对行政诉讼抱有成见,政府则以"妨碍经济发展"为由抵触行政审判,导致行政审判的公信力总体低下,难以"让人民群众在每一个司法案件中都感受到公平正义"。

其次,《行政诉讼法》关于行政案件由最初作出具体行政行为的行政机关所在地人民法院管辖的规定,严重影响了案件的公正审判。我国是行政主导的国家,除党委之外,政府在当地的强大影响力遍布每一个角落,这当然包括了政府对同级法院的影响力和制约力。虽说法院依法独立行使审判权有宪法依据,但法院的人事安排、经费拨付等受控于同级党委、政府,根据"对某人生活有控制权,等于对其意志有控制权"之人类天性①,当基层法院审理行政案件的被告为县级人民政府时,县长出面与法院院长"沟通"案件的处理,而县长必然是身兼县委的第一副书记,这就难免使法院对案件的公正审判面临重大压力。

再次,行政审判发展的不均衡导致部分法院的行政审判机构形同虚设。一般说来,行政案件数量总是与经济发展水平正相关。在经济欠发达地区,受当地社会经济文化发展水平的制约以及传统"厌讼"观念的影响,对于"民告官"的行政诉讼,老百姓天然地选择敬而远之,非到迫不得已不会走上法庭,从而导致基层法院行政审判庭一年受理不了几宗行政诉讼案件,甚至有的常年无行政案件可受理。工作量不饱和,在人员的配置上便大打折扣,基层法院行政审判"一人庭""二人庭"现象普遍存在,无法正常开展行政审判工作。而另一种常见的现象是,行政审判庭兼办大量的刑事、民事案件,

---

① [美]汉密尔顿、[美]杰伊、[美]麦迪逊:《联邦党人文集》,程逢如、在汉、舒逊译,商务印书馆1980年版,第396页。

主业变副业,"不务正业"的结果是对行政审判业务日益生疏或者说从来就不曾精通,一旦有行政案件,就会不堪承受稍有难度的审判工作。

最后,行政庭作为法院内设的一个审判部门,纳入法院的统一管理和考核,往往会抹杀行政审判的特殊性。行政法律关系种类繁多,不可能制定一部统一的行政法典,行政审判必须依赖浩瀚的多如牛毛的行政法规、规章等进行裁判。这就对从事行政审判的法官提出了更高的要求,既要精通法律,又要熟悉行政管理业务,即培养一名优秀的行政审判法官比培养一名刑事或民事法官需要更长的时间。但法院内部的定期轮岗,显然会使行政法官的培养机制难以取得满意效果。而法院内部的考核,如案件数量、结案均衡度、上诉率、服判息诉率等,并不考虑行政案件的特殊性,行政审判要么绕着不合时宜的指标转而影响审判质量,要么考核结果不理想而影响法官的工作情绪甚至法官的发展前途。

(二)行政审判的困境以及突破困境的尝试

从我国的行政审判实践看,由于审判体制的种种制约,行政诉讼的立法目的尚未完全实现,行政诉讼的功能并未充分发挥,行政审判面临重重困境。这主要表现在:行政案件数量长期在低位徘徊,2011年全国一审行政案件136,353件,每万人仅1.02件,远低于民事的49.6件。在审结的案件中普遍存在"三高四低"现象,即上诉率高、申诉率高、进京上访率高①,实体裁判率低、被告败诉率低、发回重审和改判率低、原告服判息诉率低。据统计,全国部分地区除成功协调的案件外,几乎所有一审案件都提起上诉、所有二审案件都提起申诉。②受制于地方政府显形或隐形、直接或间接的压力,个别法院在行政审判中"自我矮化",不敢或不愿依法裁判案件,而对于必须下判的案件,往往事先将判决书文稿交行政机关征求意见后才敢下判③,颠倒了法官与当事人的关系。相当一部分从事行政审判的法官没有职业的尊荣感,总认为从事的是法院"旁门左道"的业务,希望尽早轮岗到刑事、民事审判岗位上,导致行政审判队伍严重不稳定,几乎不能指望培养出精英化的行政审判法官。

为了解决行政审判面临的困境,在最高人民法院的指导下,各级人民法

---

① 2011年全国行政一审收案数量仅占各类一审案件总数的1.8%,但当年到最高人民法院登记申诉上访的案件数量达6,785件,占全部登记案件的18.5%。

② 参见《着力解决行政审判突出问题 积极回应人民群众司法需求》,2012年9月6日在全国法院行政审判工作视频会议上的讲话。

③ 见《广东省高级人民法院关于进一步加强行政审判工作的通知》(粤高法〔2013〕1号)。

院进行了各种改良式探索。其中,对于因政府的干预而难以公正审判的行政案件,采取了司法审判区域与被告行政管理区域有限分离的改革尝试,如对于县级政府为被告的行政案件,由中级人民法院提级管辖或者指定异地法院管辖;将中级人民法院下辖的基层法院分为若干片区,各片区之间交叉管辖行政案件;对行政案件较少、司法环境较差的基层法院,将其辖区范围内的行政案件指定由其他基层法院集中管辖。① 这些措施对于避免行政机关对案件审判的不当干预、避免地方保护、促进案件公正审判起到了积极作用。但不可回避的是,案件管辖的不确定性,如一个案件既可以由基层法院审理,也可以由中级人民法院审理,使司法审判固有的预见性原则受到损害,而行政案件集中管辖的做法可能会使部分基层法院完全丧失行政审判的能力,这也与现行法律规定不吻合。

海事法院是我国独有的审理海事、海商案件的专门法院,于1984年成立。海事法院一度管辖和审理海事行政案件,但自2003年8月11日《最高人民法院办公厅关于海事行政案件管辖问题的通知》下发后,即不再受理海事行政案件。海事法院为跨行政区域设立,以广州海事法院为例,其建制参照所在市中级人民法院,编制属于省直单位,经费安排归口省财政,党组成员属于省管干部,院长及审判员由广州市人大常委会任命,司法辖区则是广东省的全部海域及其内河可航水域。因此,由海事法院管辖、审判行政案件,可以取得司法审判区域与被告行政管理区域相对分离的效果,恰如交叉管辖、提级管辖的效应,只是囿于专门法院受案范围的限制,海事法院显然不能审判除海事行政案件之外的其他行政案件。

作为一种改革的探索,目前,广州、青岛和海口三家海事法院根据其所属高级法院的指定,已经开始试行对海事行政案件的管辖和审判。因法院建制层级较高,所受理海事行政案件的被告多为地方县级人民政府,在审理这类案件时,海事法院及其法官的地位相对超脱,可以丝毫不受被告系一方地方政府这一强势地位的影响以及法院人事安排、经费拨付等非法律因素的制约,能很好地坚持独立审判原则,心无旁骛地思考案件中的法律问题,坚守法律底线,维护法律正义。从已有的案件审判情况来看,效果是令人鼓舞的。②

---

① 见《最高人民法院关于行政案件管辖若干问题的规定》(法释〔2008〕1号)。
② 参见广州海事法院(2012)广海法行初字第1号案件的审判。其行政判决书见中国涉外商事海事审判网(http://www.ccmt.org.cn/showws.php?id=7471),访问日期:2013年12月8日。

二、域外行政审判的经验与做法

从全球视阈考察,行政审判大凡有两种司法体制:一是以法国、德国为代表的大陆法系国家的做法,即设立独立的行政法院来审理行政案件,实行行政法院与审理刑事、民事案件的普通法院并立的二元司法制度;二是以英国、美国为代表的英美法系国家的做法,实行一元化审判体制,由普通法院以及个别的行政裁判所审理行政案件。中华法系具有成文法的历史传统,基本可归入大陆法系的范围,而目前我国在法院内设行政审判庭审理行政案件的做法,更接近于英美法系的一元化体制。鉴于我国行政审判所面临的诸多困境,考察与我国近似的大陆法系国家行政审判体制,或许可带给我们一些有益的启示。

(一)法国的行政审判体制

法国被誉为"行政法母国",是行政法和行政审判的不争鼻祖。法国大革命之初,资产阶级掌握了行政权和立法权,而司法权仍控制在代表封建势力的普通法院手中。为避免没落的司法权对行政权的制约,根据孟德斯鸠的三权分立理论,法国提出了"裁决行政纠纷的权力属于行政权的组成部分,普通法院不能干涉"①的主张。1790年8月,法国制宪议会通过的《司法组织法典》第13条明确规定:"司法职能和行政职能不同,现在和将来永远分离,法官不得以任何方式干扰行政机关活动,也不能因职务上的原因,将行政官员传唤到庭,违者以渎职罪论。"法国于1799年成立了国家参事院,行使国家元首保留的行政审判权;1872年国家参事院被赋予以"法国人民的名义"行使审判的权力,演变为最高行政法院,行政审判自此获得了独立的地位。法国行政审判所贯彻的理念是:专门的案件应该对应专门的法官,行政机构的行为及其与居民之间的法律交往与普通生活中的法律交往显著不同,理应进行独立审判。②

法国行政法院隶属于行政机关,总理为最高行政法院的院长。行政法院是政府的法律部门,除行使行政审判权外,还有一部分行政职权,如向同级政府部门提供行政咨询意见和建议。③法国行政法院的体系庞大而完备,主要包括最高行政法院、上诉行政法院、地方行政法庭和行政争议庭,以及名目繁多的专门行政法院,如审计法院、财政和预算纪律法院、补助金和津贴

---

① 王名扬:《法国行政法》,中国政法大学出版社1989年版,第533页。
② 参见张德瑞《法国行政法院制度的启示与借鉴》,载《河南大学学报》2005年第6期,第183页。
③ 参见胡建淼主编《世界行政法院制度研究》,武汉大学出版社2007年版,第145页。

法院等。行政审判实行三审终审制。行政法院的经费采取预算制,统一由司法部提出预算,由议会批准实施,以保证行政法院的独立。

由于法国行政法院隶属于行政系统,且认为行政审判就是一种行政活动而非司法活动,因此,行政法官与行政官员之间的交流较为频繁,行政法官熟悉行政权的运作方式与规律,且通常具有行政部门工作的经历,最高行政法院的法官还参与政府咨询委员会或决策委员会的工作。行政法官具有较为丰富的行政经验,当其以独立的法官身份对行政案件进行审判时,就能以行政专家和法律专家的双重身份,对案件争议焦点洞若观火,对案件审判驾轻就熟,能取得很好的法律效果。

法国行政审判的成功经验,就在于较好地处理了法官既与行政接触又与行政分立的平衡关系,行政法官"独立性的保持使其获得社会公众的信赖;专业性的实现,赢得了行政机关的尊重和认同"[1]。

(二) 德国的行政审判体制

德国的行政审判体制渊源于法国,其理论基础依然是孟德斯鸠的三权分立学说,但在具体的制度设计方面又有别于法国。19 世纪后半期,德国的各邦开始设立独立的高等行政法院,而 1919 年《魏玛宪法》以国家根本法的形式首次明确规定联邦及各州应成立行政法院[2],即实行行政法院与普通法院分立的司法二元体制,这对德国行政法院的建立和完善起到了直接的推动作用。德国现行的国家根本大法即《德意志联邦共和国基本法》,规定全面实行行政法院制度[3],并在德国首次明确了行政法院隶属于司法体系。这在法律层面终结了行政法院隶属于行政体系抑或是独立司法机关的长期争论,与法国行政法院模式分道扬镳,开启了行政法对行政予以法律实质性控制的道路,极大地促进了对公民权利的保护和对行政权力的监督与制约。1960 年《德意志联邦共和国行政法院法》建立了德国统一的行政法院体系和行政诉讼制度,进一步推动了德国行政审判的发展与完善。1976 年德国《行政程序

---

[1] 杨伟东:《权力结构中的行政诉讼》,北京大学出版社 2008 年版,第 126 页。

[2] 《魏玛宪法》第 107 条规定:"联邦及各邦应依据法律,成立行政法院,以保护个人权益不受行政官署命令及处分之侵害。"

[3] 德国除宪法法院外,还有普通法院、行政法院、劳动法院、财政法院和社会法院。财政法院和社会法院受理以国家机关为被告的案件,是特殊的行政法院。参见胡建淼主编《世界行政法院制度研究》,武汉大学出版社 2007 年版,第 160 - 162、204 页。本文所述德国行政法院,不包括后两类法院。

法》颁行，标志着德国行政法已进入成熟阶段。①

德国行政法院共分为三级，即初等行政法院、高等行政法院和联邦行政法院。联邦行政法院是行政审判三级三审制的最高审级，全国设立一家；高等行政法院每个州设立一家，共16家；而初等行政法院则根据人口数量、经济发展状况等不同而设立，每个州的初等行政法院的数量各有不同，截至2014年12月，德国共有初等行政法院35家。联邦行政法院管辖高等行政法院的上诉案件以及涉及行政法一般原则性问题的案件，高等行政法院管辖不服初等行政法院一审判决的上诉案件和本州范围内的一审重大行政案件，而初等行政法院则审理绝大多数的一审行政案件。

德国行政法院与行政机关完全脱离，呈现"非行政化"的色彩，这是与法国行政审判体制相比最大的特色。在德国，行政法院是独立的司法机关，法律禁止立法机关或行政机关的成员担任法官，也禁止行政法院法官承担任何行政职务，行政法院司法权的行使与其他普通法院无异。这种体制，使行政法官撇清了与被审判者的联系，把法官实质意义的中立以"看得见的"有形地展现出来，避免公众和当事人对法官中立性的合理质疑，为案件的公正审判提供制度性保障。同时，为了避免因行政法院的独立而导致法官对行政权运作模式的陌生，在法官的选任方面特别作出规定，要求法官具有行政管理方面的教育背景或者有行政机关工作的经验，以保证其案件审判既合乎法律的规定又符合行政权运行的一般规律。

法、德两国的行政审判体制各有优势，难分伯仲。但考虑到我国的现行司法制度，借鉴德国的体制更适合我国的国情，并能与"一府两院"的宪法规定吻合。

三、设立独立建制行政法院的调研设想

（一）设立独立建制行政法院的必要性

我国是单一国②，司法权属于中央权限，为避免司法权地方化，理应建立独立建制的行政法院。司法与司法权是两个不同的概念。司法乃法院适用法律解决诉讼纠纷的行为和过程，即法院的执法活动。保护市民权利、实现

---

① 参见曾繁正、赵向标等编译《西方主要国家行政法、行政诉讼法》，红旗出版社1998年版，第218页。

② 单一国是中央的立法、行政和司法机构对该国领土内所有地区和国民行使全权的国家。从严格的法律意义上讲，所有权力均属于中央政府，地方政府可以由中央政府授予某些权力，但不能分享中央的权力。参见《牛津法律大辞典》，光明日报出版社1988年版，第905页。

社会公正和国家安全是司法的根本使命。司法权则属于国家主权范畴，是指一个国家独立自主地处理其司法事务而不受任何外来干涉与侵犯的最高权力。司法权的独立与统一是主权国家的应有之义，但根据主权原则分割司法权是允许的，因为"在理论上，国家可以在任何程度上将其权力的行使委托给其他公共的团体，或甚至给其他国家；因此，在事实上，它可能只保留极少一些余下活动归其自己指挥，而还不损害其主权。国家在本质上的统一性因而不受破坏"①。我国港、澳、台地区因有宪法根据而享有独立的司法权和终审权，这是国家主权的自愿分割与限制，不违反国家主权原则。除港、澳、台地区之外，中国的司法权是统一的。然而，事实上的司法权地方化，即法院的人、财、物完全由地方党委和政府控制，进而在案件审判时听命于地方党委和政府，还美名曰"为地方经济发展服务"，使得法院成为"地方的"法院而不是国家设在地方的法院，从而直接影响了司法权的一体运行及其司法主权的统一属性。在当下的中国，从整体上改变法院现行体制的条件尚不成熟，而把行政审判这一块划分出来，设立独立建制的行政法院，使其成为真正意义上的"国家的"法院来行使行政审判权，即进行司法体制的有限改革，是司法权国家化这一固有属性的要求，是现行政治生态下可以且应该进行的司法体制改革措施。

遏制和对抗行政诉讼被告的强势地位，要求设立独立建制的行政法院。行政诉讼的被告具有恒定性，即被告始终是政府等行政机关，而刑事、民事案件的被告是不特定的，政府等行政机关通常不会成为后两类案件的当事人。对刑事、民事案件，政府因身处案件的局外，加之公正审理的结果契合政府利益，故政府并不会过多地干预案件审判。但行政审判则因政府就是案件的一方当事人，审判的结果关涉政府的切身利益，而我国的行政主导模式和行政权力的超常规膨胀，极可能使相关法院不敢或不愿受理案件，从而出现难以公正判决案件的不正常现象。如果说法国建立行政法院的初衷，是受封建势力控制的法院对代表新生资产阶级利益的行政权力的钳制，行政权则需要寻求一种反钳制的力量，那么，我国建立行政法院的原因就在于作为被告的政府对法院人、财、物的控制而可能导致的司法不公问题，行政审判需要一个相对自主的制度空间。中国和法国同属成文法国家，两国需要设立行政法

---

① ［美］威罗贝：《国家的性质的研究》，转引自邓正来编《王铁崖文选》，中国政法大学出版社1993年版，第366页。

院的缘由，可以说是一个硬币正反两面的关系：前者追求司法过程即程序的公正以及司法结果的公正，后者的诉求则在于行政权的独立与自主。法国行政法院对行政权的监督与制约、对人民权利的保护等方面所取得的效果举世公认，我国对其予以扬弃、借鉴是值得考虑的。

突破行政审判困境的既有尝试，需要成立独立建制的行政法院。如前所述，各地法院进行的司法审判区域与被告行政管理区域有限分离的改革尝试取得了一定的成效，而海事法院基于跨行政区域设立的优势对海事行政案件进行管辖和审判亦效果明显。此等改革尝试均是直接在行政诉讼的被告与审判案件的法院之间设立一道隔离带，可以说切入了问题的关键，从具体案件的处理上看是成功的。但不可避免的是，这些改革又多是头痛医头、脚痛医脚性的临时性措施，缺乏制度的安排与立法层面的认同。因此，从立法论的角度考虑，设立独立建制的行政法院，固化改革中的成功经验，可以极大地促进行政审判的发展，为法治中国、法治政府的建设提供切实的法律保障。

（二）将铁路法院改制为行政法院的可行性及具体措施

铁路法院是国家在铁路运输部门设立的专门法院，初建于1954年，1957年撤销，1982年恢复办案。由于存在企业办法院、"儿子审老子"式的部门保护缺陷，2009年7月，中央下发关于铁路公检法管理体制改革的文件，要求将铁路法院纳入国家司法体系，整体移交驻在地省、自治区、直辖市党委和高级法院管理。2012年6月底，该项管理体制的改革已全面完成。

2013年3月，第十二届全国人大一次会议通过了国务院机构改革方案。其中，实行铁路政企分开，将制定铁路发展规划和政策的行政职责划入交通运输部；组建国家铁路局，隶属交通运输部，承担铁道部的其他行政职责；组建中国铁路总公司，承担铁道部的企业职责，不再保留铁道部。

铁路法院已先于此轮国务院机构改革而被纳入国家司法体系，但铁道部的撤销还是不可避免地对其产生了诸多影响。铁路法院与海事法院同属国家的专门法院，其共同的特点是跨行政区域管辖案件，司法管辖区域不受行政区划的限制。但铁路法院对案件的管辖并非依案件的性质，而是以案件发生的地域为标准，如以火车站、货场、铁路上发生的案件为管辖依据。铁路法院既管辖刑事案件，也管辖民事案件，这与地方法院管辖的案件并无二致。随着铁道部的撤销，铁路法院的职能作用完全可以由地方法院替代。事实上，因铁路法院受理的案件数量少，根据2012年8月1日施行的《最高人民法院关于铁路运输法院案件管辖范围的若干规定》，经铁路法院所在地的高级法院指定，基层铁路法院可以受理与铁路无直接关联的民事案件，铁路运输中级法院可以受理驻在地的地方基层法院一审上诉案件。① 这表明，铁路法院已不再具有专门法院的属性，由地方法院替代其职能应属必然。

将铁路法院改制为行政法院，可以充分利用已有的固定资产，避免全部新组建行政法院的财力浪费。更为关键的是，随着铁道部的撤销以及铁路法院回归司法系统后管辖案件的变化，其原有审判职能继续存在的合理性似已丧失殆尽；而铁路法院跨行政区域设立的特性，却正好契合了行政审判所要求的司法审判管辖区域与被告的行政管理区域相分离的特性。这正是我国行政审判追求司法公正时，孜孜以求的司法环境。截至2014年12月，全国共有铁路运输中级法院17个，铁路基层法院58个，以此为基础组建行政法院，并在经济发达、行政诉讼案件较多的中心城市另行组建行政法院，是解决目前行政审判困境可资思考的途径。铁路法院不以行政区划布局，而是在铁路枢纽城市设立，一般为经济发达的中心城市，这恰好符合设立独立建制行政法院的要求。另外，在一个省的范围内，设立三至五个行政法院为宜。以广东省为例，将广州铁路运输中级法院（含广州铁路法院）、肇庆铁路法院改制为行政法院，并在深圳、汕头、湛江新设立三个行政法院即可。行政法院的设立，要力避一级政府对应一级法院的原有套路，了结法院与行政诉讼的被告事实上的隶属关系，为独立公正审判案件创造优良的司法环境。

参照海事法院的体制，行政法院均为中级人民法院级别，受理一审行政案件，驻在地的高级人民法院为其二审案件管辖法院。在借鉴德国的行政司法体制时，我国没有必要设立专门的行政高级法院，而以现在的高级人民法院内设行政审判庭的形式处理。目前，制约行政审判发展的因素很多，但集中体现在基层法院和中级人民法院这一层面，高级人民法院的行政审判较少受到行政权力的不当影响与制约，因而高级人民法院内设行政审判庭的现行体制是可行的。同样，最高人民法院内设行政审判庭，统一指导和规范全国的行政审判工作，实践证明有利于法制的统一，有利于坚持党对司法工作的领导。这符合中国国情的制度安排，应予坚持和完善。

行政法院应跨行政区域管辖案件，每个行政法院可管辖三至五个地级行政区辖境内的行政诉讼案件。取消地方中级人民法院和基层法院的行政案件管辖权，其行政审判法官根据择优和自愿的原则，或安排到行政法院继续担任行政法官，或留在原法院另行安排工作。行政法院的院长和法官由驻在地

---

① 广东省高级人民法院于2013年11月20日印发《关于指定广州铁路运输中级法院和广州、肇庆铁路运输法院管辖民商事案件的规定》，将城市轨道交通、地铁、公路运输、航空运输所涉及的民商事案件指定由相关铁路法院管辖。

高级法院的院长提请省级人大常委会任命，行政法院的经费按省会城市的标准由省级财政全额拨付，即不受行政法院所在地基层和地市级党委、政府的控制，确保行政法院是"国家的"法院，具有不受制于地方的人、财、物方面的独立性。

由于一个行政法院要管辖三至五个地级行政区辖境内的行政案件，不可避免会存在部分案件的当事人诉讼不便的问题，这可以通过由行政法院设立派出法庭或巡回审判的方式予以解决。如果设立派出法庭，应以某一地区的行政案件连续三年每年超过100件以上为前提，否则应以巡回审判方式应对。事实上，随着经济的发展和人民生活水平的提高，绝大多数民众已经具有承受到较远地方诉讼的经济实力，其对司法公正的渴求已经超过了对远距离诉讼不方便的抱怨与抵触。因此，诉讼不便的问题，不应成为设立行政法院、跨行政区域管辖案件的障碍，恰恰相反，公正司法应该始终是行政审判的首要考量因素。

设立行政法院后，除留任地方法院行政审判的精英法官外，还可考虑从行政机关中引进符合法官条件的优秀人才，从高等院校和律师中招考行政法学专家、法律实践家充任行政法官。而从长远计议，则应加大高等院校对行政法官的培养力度，包括有计划地将年轻法官送到行政机关见习和锻炼，组织上下级法院的行政法官定期交流任职，由国家法官学院对全国行政法官进行常态的职业培训等。其目标就在于，以专门化的法院、职业化的法官对行政案件进行高质量、高效率的审判，促进政府依法行政，保障公民合法权益。

"不合常理"是何理：民事判决书中对常理认定的特点、问题和对策

申 晗 欧阳迪 石望韬

摘要：民事案件客观真实需抽象为法律真实，再加上奉行当事人举证原则等，使得事实真相有时难以获取，事实真伪不明屡见不鲜。人民法院运用"不合常理"的表述，通过对常理、常情的分析，判断事实是否发生、如何发生是在所难免的。使用不合常理案件主要的特点是普通民事案件较多，事实认定能够较为清楚理解，当事人举证证明力明显较弱。事实方面的特征主要分为较小概率发生的和几乎零概率发生的不合常理事实。通过分析300件案件表述情况，发现主要问题在于混淆了常理的经验法则作用和普遍性的科学规律，回避了运用证据规则认定事实的优势性，以及论证说理有待加强。对于今后如何完善使用"不合常理"表述的说理，归纳了将常理说清、进行类型化的分类和综合判断说理的方法，从而能够增强不合常理在民事判决书中的说理作用。

关键词：民事判决；常理；证据规则；说理。

引 言

我国作为典型的大陆法系国家，民事裁判不同于英美法系国家的归纳和类比推理方式，而是遵循演绎推理，严格按照三段论的模式，从法律的大前提到事实的小前提，再通过符合法律人认知的推理过程，得到相应的裁判结果。因此，准确定位法律—确定事实真相—建立涵摄关系，成为各级人民法院司法的脉络。因案件中客观真实需抽象为法律真实，再加上民事案件奉行当事人举证原则等，使得案件事实真相有时难以获取，事实真伪不明屡见不鲜。此时，需要法官运用举证规则、人情常理综合判断事实结果，稍有不慎，便会引起对法官断案不近人情、不体物情之感。如引起较大争议的彭宇案，就是对常理的分析认定上，给人以一种错愕和无法接受性。社会现实错综复杂，有些案件确实存在真伪莫辨，人民法院运用常理、常情判断事实是否发生、如何发生，在所难免。同时，何为常理、何故常情，理解上可谓见仁见智，加之裁判文书对文字精确性的考究，人民法院必须准确掌握"不合常理"的含义，以提高裁判文书说理的可接受性。笔者在中国裁判文书网通过对B、

S、G 三市各一家基层法院搜索"常理"关键词,抓取了各 100 份民事判决书中在说理部分对"不合常理""有悖常理""有违常理"等的表述,分析我国法院如何认定当事人存在不合常理的行为,来推定存在的事实真相(B 市、S 市、G 市基层法院 100 宗不合理认定案件类型分别如图 1 至图 3 所示)。

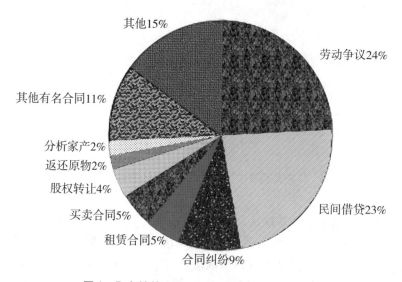

图 1　B 市某基层法院 100 宗不合理认定案件类型

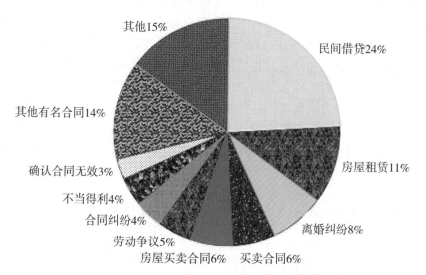

图 2　S 市某基层法院 100 宗不合理认定案件类型

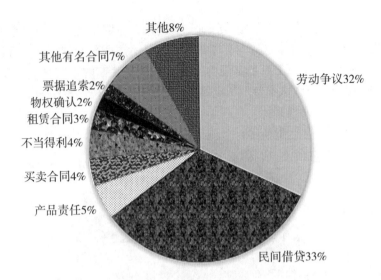

图3 G市某基层法院100宗不合理认定案件类型

一、样本文书中不合常理认定的特点

裁判文书释法说理,要阐明事理、释明法理、讲明情理、讲究文理。① 裁判文书常用的说理方法可大致归为四类:释法类说理、依据法理和政策说理、运用情理说理,以及针对证据及其认定进行的说理。② 其中,情理说理分为根据常识、经验法则进行说理,运用情理进行说理,利用行业惯例(规则)进行说理,运用社会公共利益或公序良俗进行说理,以及从公平或利益衡平角度说理5种方法。③ 法官的说理是为了支持裁判的结论,其既包括对案件事实的说理,也包括对法律适用的说理。④ 本文中裁判文书认定的不合常理行为,本质是对事实部分的说理,也可以归入运用常识、经验法则、情理的说理。事情的发展具有一定的规律,通过对事理、情理的分析,能够对还原案件事实真相起到促进作用。人民法院对不合常理的论证主要集中在原告诉称、被告辩称所主张的事实存在不合理之处,从而去印证相反事实的真

---

① 见《最高人民法院关于加强和规范裁判文书释法说理的指导意见》第二条。
② 参见胡昌明主编《裁判文书释法说理方法:〈最高人民法院裁判文书释法说理指导意见〉的案例解读》,人民法院出版社2018年版,第3页。
③ 参见胡昌明主编《裁判文书释法说理方法:〈最高人民法院裁判文书释法说理指导意见〉的案例解读》,人民法院出版社2018年版,第4页。
④ 参见王利明《裁判说理论——以民事法为视角》,人民法院出版社2021年版,第4页。

实性。常理是一般的规律或者通常的理解①，绝非学理、法理甚至伦理等，这些所谓"理"可能需要专业的训练方能判断，而常理是普通人凭借常识就能知晓，容易被普通民众所掌握。

（一）案件类型普通化：与百姓生活密切的案件居多

如果以案由为依据，则人民法院在劳动争议、民间借贷、买卖合同等纠纷的普通民事案件中使用不合常理的表述最多，在商事纠纷、侵权纠纷领域则很少有该表述。普通民事案件中涉及的事实，大多数人均会不同程度经历，并可以形成一种默认的惯常做法，从而为常理的识别带来可能。商事案件中，如公司、股权、证券纠纷中，常理更多让位于商业惯例、行业惯例。商业惯例是由商业团体或个人在长期的商业交易中形成，本身可能与普通百姓的一般认知存在偏差。同时，法院认可的是符合商业道德，促进市场公平竞争的商业惯例，对于并不符合该特征的惯例，不能成为认定事实的依据。② 侵权行为是一种事实行为，行为人主观上没有产生、变更、消灭民事法律关系的意图，而是基于法律的直接规定产生相应的法律后果。生活中的常理更多是通过当事人之间互相沟通、往来形成，而侵权的发生并非生活常态，运用常理认定案件事实亦较为少见。但并不是说，该类案件一律不能通过常理来推定一些事实。该类型案件的事实虽然离生活较远，但在某些事实认定上，如权利义务主体、款项是否支付等方面却可以适用。根据样本案例，侵权案件中当事人抗辩不是雇佣人、共同饲养人、车位已转租进而否认作为侵权行为人的，人民法院依据常理驳回了相应的主张。③ 商事案件中，对于当事人是否支付股权对价、是否具有股东资格等依据生活常理进行判断。④ 虽然上述案件基础事实为侵权和商业行为，但是在一些事实诸如判断行为实施者、款项支付等方面却与生活密切相关。

（二）说理优势性：凭常理足以认定事实

作为现代法治基础的常理、常识、常情，存在于每一个人基于本性对人类社会最基本的善恶观、是非观、价值观的认识之中，存在于每一个人的良

---

① 参见《现代汉语大辞典》"常理"词条。
② 参见李英锋《区域性惯例不是侵权挡箭牌》，载《人民法院报》2019年8月16日。我们评判一个商业行为的正当性，首先是看其是否合法，如果相关领域还没有明确的法律调整，那么，再看其是否符合商业道德、商业惯例。
③ （2020）沪0115民初64045号、（2020）沪0115民初54274号、（2019）京0108民初51563号。
④ （2018）粤0106民初1457号、（2018）粤0106民初25671号。

心之中。① 通过常理认定的案件事实,无须复杂的证据认定规则,道理简单明了,普通百姓一望而知。如民间借贷纠纷中,借款人主张已经还款,却不收回借据或再次出具确认欠款的说明;② 劳动争议纠纷中,劳动者主张建立劳动关系,却长时间不领取工资且未向用人单位主张过欠资,或用人单位主张试用期和正式期工资并无不同;③ 房屋租赁纠纷中,出租人以承租人未经允许违法转租为由,主张解除租赁合同,事实却表明出租人与承租人之间长期认识,出租人曾现场查看过房屋;④ 当事人承认收到 EMS 快递单,但否认收到辞职书,同时不能举证其收到快递单的具体内容。⑤ 当然,也有部分案件需要结合其他查明事实。如不当得利纠纷中,原告请求被告返还多支付的款项,但未提供合理款项的法律依据,结合被告作为多起案件的被执行人,法院以原告的解释不合常理为由,径行驳回;⑥ 民间借贷纠纷中,被告在借据上确认是借款 15 万元,原告本可一次性银行转账,却主张 141,000 元外还支付现金 9,000 元,结合该现金金额与双方约定的前 2 个月的利息金额一致,认定借款本金 15 万元不合常理,应为 141,000 元。⑦ 此时,单纯的行为或者解释可能不会引起不合常理的认定,在满足特定事实的条件下,其行为的反常能够显而易见。

(三) 证明力较弱:远远低于优势证据标准

认定一方行为不合常理,相应的含义就是该方提供的证据不能充分证明自己的主张。依据《最高人民法院关于民事诉讼证据的若干规定》的规定,法官应遵循职业道德、运用逻辑推理和日常生活经验,对证据有无证明力和证明力大小独立进行判断。判断证据的证明力大小,即对案件事实的证明标准为确信待证事实的存在具有高度可能性,即优势证据规则。⑧ 它要求诉讼一方当事人所提供的证据比另一方所提供的证据更具有说服力或者更令人相信……这一标准在确定哪一方在证据的数量和质量上更有优势的问题不作高

---

① 参见马荣春《"三常思维":法学方法论的统领性思维》,载《河南财经政法大学学报》2019年第3期。
② (2017) 粤 0106 民初 10445 号。
③ (2018) 粤 0106 民初 3711 号、(2018) 粤 0106 民初 23074 号。
④ (2020) 沪 0115 民初 50829 号。
⑤ (2018) 粤 0106 民初 2538 号。
⑥ (2018) 粤 0106 民初 23414 号。
⑦ (2018) 粤 0106 民初 15081 号。
⑧ 参见最高人民法院民事审判第一庭编著《最高人民法院新民事诉讼证据规定理解与适用》下,人民法院出版社 2020 年版,第 744 页。

度要求。一些学者将这种证明标准表达为51%的概率，意即只要一方当事人证据的优势超过51%就可以胜诉。① 对于不合常理一方，其提供的证据或作出的解释，绝非微弱于49%的概率，而是远远低于49%概率证明力的证明标准。人民法院以一句"不合常理"否认相关事实，实际上认定该方提供的证据远距相应的证明标准。如原告请求被告支付购车尾款5,000元，被告提供了购车当日从银行取现5,000元的证据并认为通过现金交付已支付尾款，法院认为原、被告无较强信任基础的情况下，原告未要求被告出具字据而同意被告当天将涉案车辆开走并随后办理了过户登记，有违常理。② 该项认定即认为原告仅提供被告支付宝转账记录，结合相关事实，明显具有不合理性，远未达到证明标准。

二、常理认定事实的特征

（一）较小概率会发生

如上所述，民事案件中奉行的是优势证据的证明标准。不合常理的行为并非完全没有发生的概率，而是在大多数情况下，发生的概率较小，远低于发生的概率。根据样本，主要有：第一，不符合交易习惯或日常生活惯常的较小概率行为。如还款后不收回借条的行为；主张项链在被告处丢失，但作为随身物品却在第二天洗澡时发现；③ 主张存在劳动关系却长时间不领取工资；双方签订房屋买卖合同，除房屋面积、位置外，付款方式、期限等大多数条款为空白，买受人亦没有付款，不合常理，双方关系应名为买卖实为赠与；④ 在两份租赁合同的真实性问题上，其中一份合同约定出租人承担水、电、燃气费，且未约定违约责任、纠纷解决等主要条款；⑤ 买房人并未全程参与买房过程，相应款项仅出小部分，即使借款买房也不具有偿还能力，不合常理，应为被借名买房人。⑥ 第二，与已确定事实可能相互矛盾的低概率行为，此时另一事实并非完全排斥，而是一般情况下不会发生。如明知对方尚欠自己款项而主张之后仍向第三人借款以向对方贷款；⑦ 主张已经归还部分款项，之后却出具相互矛盾金额的欠条；⑧ 被告还款金额超过本金，与其

---

① 参见张卫平《外国民事诉讼证据制度研究》，清华大学出版社2003年版，第217页。
② （2020）沪0115民初76001号。
③ （2018）粤0106民初25646号。
④ （2020）沪0115民初51185号。
⑤ （2020）京0108民初44995号。
⑥ （2019）京0108民初48192号。
⑦ （2016）粤0106民初6652号。
⑧ （2016）粤0106民初9909号。

主张双方未约定借款利息矛盾;① 主张对方存在旷工情形,却没有催告对方正常上班,或者依然支付对方旷工期间的工资;② 原告主张被告违法解除劳动合同,但被告一直通知原告正常上班;③ 被告主张未收到货物,但一直按照要求支付相应的货款;④ 原告主张并不知道汽车销售方为何方,因而存在欺诈行为,但在已签名的销售合同首部清楚写明销售方;⑤ 被告向原告发放了至5月20日的工资,却主张双方劳动合同已经于5月1日解除。⑥ 第三,不符合事物发展的一般规律,出现的概率较小。如被告抗辩未违规报销发票,却提供了连号的发票单据;⑦ 原告请求被告支付人身损害赔偿费用中的药品快递费,相应票据编号为连号。⑧ 第四,非人性合理行为。如劳动争议中,原告清楚各项利益受损的事实,却对不利自己的事实,是否在某时间段跳槽至其他公司予以否认;⑨ 当事人对两笔还款未记录在诉争借款下,解释为忘记,却能够清晰描述相近时间还款的其他金额。⑩

此时的常理,更多的是一种经验法则。经验法则是人民在长期的生产、生活中对客观普遍现象和通常规律的一般性认识,其属于不证自明的范畴。⑪ 它不同于自然科学的定理和公理,而是具有一种高度盖然性的法则,毕竟是社会经验的总结,体现了日常生活的常理。⑫ 王利明教授对经验法则在认定案件事实上作用的举例:按照经验法则,可以推出受让方已经支付了价款,否则转让方不可能配合办理变更登记,任何合理、理想的商人都不可能在未收到价款的情形下将其股权转让给他人。所以,从经验法则判断,转让方收到价款的可能性远高于未收到价款的可能性。⑬

(二)近乎零概率发生

与之相对应的是,案件中出现的近乎不可能发生的抗辩理由或者事实,

---

① (2019)粤0106民初22054号。
② (2017)粤0106民初20040号。
③ (2019)粤0106民初15131号。
④ (2019)粤0106民初39258号。
⑤ (2020)沪0115民初80615号。
⑥ (2019)京0108民初62842号。
⑦ (2020)沪0115民初76632号。
⑧ (2020)沪0115民初76632号。
⑨ (2019)京0108民初63105号。
⑩ (2019)京0108民初54680号。
⑪ 参见程春华《裁判思维与证明方法》,法律出版社2016年版,第109页。
⑫ 参见王利明《裁判说理论——以民事法为视角》,人民法院出版社2021年版,第289页。
⑬ 参见王利明《裁判说理论——以民事法为视角》,人民法院出版社2021年版,第288页。

人民法院亦以此作为依据认定该事实不合常理，不能证明相应主张。此时，常理的含义更多的是被赋予公理、定理、生理规律等自然科学规律。如原告主张每天均出勤，工作24小时；①原告主张被告违法解除劳动合同，被告主张原告用单位油卡为私家车加油，事实显示从加油小票到原告还车时间路途仅11分钟，却消耗超过油箱容量1/4的燃油；②储蓄存款纠纷中，被告银行主张是原告取走的款项，事实却是相隔2小时，账户存款分别在北京、南京被取走。③如果说低概率事件尚存在发生的可能性，在违背自然科学规律情况下，人民法院在简单陈述案件事实后，相应的裁判结果更具有接受性。一方面，需弄清楚明显违反自然规律的事件，当事人为何作出相反主张。人民法院并不能简单以不合常理为由作出判断。前述案例中，每天工作24小时似乎违反自然规律，主要是当事人将在单位吃住认为是工作时间，而非按照法律规定以工时制度确定工资报酬。另一方面，违背自然规律的事件不会发生，但是可能存在支持当事人主张的情况。如原告不可能同时在北京、南京取款，被告却可以提供证据证明经原告指示向其他人付款的事实，但被告并未举证，因此法院不采纳其抗辩意见。虽然事实不合常理，但裁判结果是事实与法律规定的结合，应充分考虑法律的规定，才不至于作出明显错误的认定。

三、不合常理认定中存在的问题

通过简要陈述主张的事实，再以一句"不合常理"的结论，判断相关事件不可能或极大不可能存在。此种论证方式，过于单刀直入，优势在于简单明了，在常理浅显易懂情况下，普通民众易于接受裁判推理过程，裁判结果可以取得良好的社会效果；缺点在于，当常理并非明晰可辨时，会引起司法擅断的误会，再加上存在回避证据规则认定案件事实的要求，给人一种"谁有权谁说了算"、有理没地方说的感觉。此时，人民法院应介绍作出该项判断的必要前提。对于不合常理的事实并非一律不可能出现，人民法院对该反面事实是否存在、具有法律上的意义，应给予必要论证。

（一）能够通过举证规则认定无须以不合常理认定

《最高人民法院关于民事诉讼证据的若干规定》第八十五条规定：人民法院应当以证据能够证明的案件事实为根据依法作出裁判。因此，人民法院应当以证据是否存在、是否真实、证明力大小以及举证规则等因素综合认定

---

① （2020）京0108民初19029号。
② （2019）粤0106民初39667号。
③ 该案例非样本案例，为王永胜诉中国银行股份有限公司南京河西支行储蓄存款合同纠纷案，载《中华人民共和国最高人民法院公报》2009年第2期。

案件事实。一些案件中，当事人仅仅是提出抗辩理由，没有提供任何证据证明相关事实。如劳务合同纠纷中，用人单位抗辩书面合同在离职后一个月内已经销毁；或者用人单位抗辩试用期和正式工的工资待遇一样；民间借贷纠纷中，出借人主张部分出借款项实为现金交付。既然法律明确规定了签订书面劳动合同、工资标准，以及借款金额由用人单位、出借人负有举证责任，那么人民法院可以通过举证责任的划分对相关事实予以认定。若按照"离职仅一个月就销毁劳动合同、前后期限的工资标准一样不符合常理，现金交付不符合双方交易习惯和常理"等表述，则事实认定的说理上可能不会让人信服。生活是丰富多彩的，实际上总会存在各种各样的非常理事情。如前所述，不合常理行为发生的概率较小，但是有些当事人却认为自己"反常"行为存在较高可能性。这种具有一定主观性的判断，没有通过法律规定的举证责任分配制度认定事实更加清晰、明确。

（二）避免认定接近零概率事件为不合常理

常理从另外一个角度可以被理解成经验法则。经验法则是抽象的常理，是在一定范围内得到普遍认可、被广泛接受的知识。① 经验法则不同于自然科学的定理和公理，而是一种具有高度盖然性的法则。② 不合常理是一种高度盖然性的认定，非必然性的结果。既然存在常理行为，那么肯定也存在不合常理的行为。常理非真理，常理也有"非常"的时候。根据样本，不少案件将违背科学规律的主张认定为不合常理，实际上将自然科学的真理纳入社会科学的范畴中，没有区分社会科学中对于事理或经验法则需在特定的条件或范围下才能发挥作用的道理。因此，将明显不能存在的事实界定为不合常理，会混淆经验法则或者常理在事实判断上的作用，不利于厘清通过常理认定案件事实的含义和意义。诸如，每天工作24小时、取款人2个小时分别跨越上千公里取款为不合科学规律的事实，仅需以不符合客观情况或者明显不能成立等理由表述即可。

（三）论证略显简单、层次些许单薄

裁判说理的基本原则包括针对性和充分性。③ 部分案件仅仅以其所述过程、辩称或者提出的理由不合常理概括，至于何种行为、做法不合常理，寻遍文书全文，也不知具体所指或者才能隐约发现。不合常理认定的前面文字应该直截了当进行回应，摆出事实有针对性的指出存在不合理之处。不合常

---

① 参见王利明《裁判说理论——以民事法为视角》，人民法院出版社2021年版，第289页。
② 参见王利明《裁判说理论——以民事法为视角》，人民法院出版社2021年版，第287页。
③ 参见王利明《裁判说理论——以民事法为视角》，人民法院出版社2021年版，第186、194页。

理所要否定的主张,有时是真伪不明的情形,法官此时要把自己内心确信的心证过程展示出来。事物总是属于普遍联系之中,否认某个事实的存在,能够起到证明作用的不会仅存孤证。除了分析不合常理的理由外,可以就补强该理由的其他证明方式、结合其他查明事实等进行全面分析。部分案件仅以不合常理直接否定当事人的相关主张,理由论述方面尚显不够全面、透彻。

四、完善不合常理认定事实的建议

(一)认定不合常理的公开:说清道理

讲清常理,就使得整个论证过程逻辑严密,能够提高裁判文书的说理性。部分案件中,仅仅罗列事实,未分析常理的真正含义,会产生思维的跳跃性,使得裁判文书可接受性大打折扣。因此,有必要将常理的"理"予以开示。例如,还款后收回借条或写下收条的行为,出借款后出具借条为社会墨守成规的借贷方式。发生权利受到侵害后,应及时反应或者留下证据,来源于一项朴素的法谚,即在面临诉讼之可能性或现实时销毁、严重改变或疏于保存证据的,应承担推定不利于他的事实的结果①。当事人主张的事实应与其行为保持一致,为理性人从事的行为是来自于判断和计算,是符合自己的利益的,也是能够代表当事人的真实意思的。当事人主张的事实与其表现出来的行为不一致时,应认定该事实不存在。同理亦在于,人的真实"思想和感情"的判断标志只有一个,就是这些人的活动。②

笔者认为,所谓常理可以简单归类为日常生活中、经济交往中、人性中的本然之理。认定相关事实不合常理、情理、事理时,对该"理"所蕴含的内容应进行适当的说明。例如,在马青等诉古南都酒店等人身损害赔偿纠纷案中,原告主张207室外的平台为阳台,人民法院认定:楼房的阳台,是一个连接室内与室外空间,可供居民在上面踩踏、进行乘凉、晒太阳或者远望等活动的平台。正因为阳台必须有这样的功能,因此设阳台的楼房房间内,必然有通往阳台的门。只有通过门,才可以正常到达阳台,并在阳台上活动。该案事实证明,没有通往该平台的门。因此原告将207室外的平台称为阳台,该观点不能采纳。③原告诉物业公司排除妨碍、损害赔偿纠纷案中,原告的浴缸上口面积达9.754平方米,根据日常生活经验,这个浴缸无法安装在原告的浴室内。若安装在室内其他部位,则势必改变房屋的设计布局和用途。

---

① 普通法原则,The doctrine spoliation 同时也为著名法谚。
② 参见马俊驹、余延满《民法原论》,法律出版社2010年版,第1012页。
③ 参见《马青等诉古南都酒店等人身损害赔偿纠纷案》,载《中华人民共和国最高人民法院公报》2006年第11期。

况且该浴缸注满水后的重量，超出了每平方米最大为 280 公斤的楼板设计荷载量。浴缸的特定功能是洗澡，将这个浴缸放在室内，原告虽然承诺不使用，但这种承诺有悖常理。因此，物业公司从保障物业安全的角度，其行为不具有违法性。① 上述两案就将生活中的常理讲清，分析了阳台、浴缸的构造和用处，原告主张的不合常理之处显而易见。

（二）认定不合常理的途径：类型化

裁判文书中存在不合常理的表述，是法官认定相关事实的必要手段。在双方当事人均已提供相应的证据证明各自的主张时，通过不合常理的认定能够避免陷入较为主观的证明力大小判断。笔者认为，不合常理的认定在以下场合可以起到一定的作用，也在样本案例中经常被使用。第一，不合常理认定最常见的逻辑类型为矛盾律，当事人一方前后行为之间的矛盾，主张的心理状态与其行为之间的矛盾。如在一方已经付款或还款情况下，该款项是否为诉争款项。通过分析另一方之后的行为是否存在矛盾之处，从而印证其主张不合理性。在一方主张其心理状态时，如是否明知、是否过失、是否承认某一事实等。本文前例关于未经允许转租的认定上属于该类型。又如，原告自 1998 年居住在该房直至 2008 年搬离，并亲自办理该房购买手续，主张不知该房屋的产权状况，明显有违常理。第二，对日常生活中朴素道理的认定。如上述两案中对阳台和浴缸作用的认定上，当事人主张拆除承重墙未构成安全隐患②，亦属于该类型。第三，对违背经济理性人正常行为的认定。经济理性人为经济学上的假设，是对在经济社会中从事经济活动的所有人基本特征的一个一般性的抽象，即每一个从事经济活动的经济人都是追求自身利益的。当事人的行为明显不符合经济理性人特征时，具有不合常理的基本判断。例如，判断支付款项为借款还是婚前共同支付的购房款，原告主张为借款，但是在支付款项后 8 年内，未曾请求还款，不合常理。此类型对于商事或者有偿民事行为纠纷中事实的认定较为有效，对于无偿民事行为、婚姻家庭等更多涉及道德层面约束的案件中，需谨慎表述。第四，对于当事人抗辩未采取普通人通常会实施行为的认定。此类型较为明显的是当事人辩称收到快递但未阅读信件内容，或者主张未知晓在其居住小区通过张贴公告形式告知权利。

---

① 参见《顾然地诉巨星物业排除妨碍、赔偿损失纠纷案》，载《中华人民共和国最高人民法院公报》2003 年第 6 期。

② （2020）沪 0115 民初 84020 号。

（三）认定不合常理的方法：综合判断

常理是一个社会基本价值取向的体现，为民众所广泛接受并长期践行，具有实质合理性，但不像法律那样有国家强制力作为后盾，是来源于社会实践自身而非任何先验的东西。① 因此，常理作为事实认定的依据存在可靠性的问题。职业法官的书本知识可能比普通民众渊博，但在实际生活的经验上，却未必比人家丰富。② 如果是社会公众普遍知晓的常理，则法官不需要就常理进行过多阐释。③ 部分案件如果仅通过不合常理认定案件事实，而不考虑整个案情的情况下，则会有失偏颇，论证可说服性上就会有所减弱。

《最高人民法院关于民事诉讼证据的若干规定》第十条第四项规定，根据已知的事实和日常生活经验法则推定出的另一事实，当事人无须举证。相较于推断出一个真实存在的事实，不合常理的论证，是从一个已知的事实推定出一个不存在的事实或者否定当事人的主张。爱因斯坦有句名言：科学只能证明某种事物的存在，而不能证明某种事物的不存在。当然，法律论证不是通过自然科学的方法，但同样是论证不存在的事实比存在的事实困难。因此，人民法院可以从多方面去论证待证事实的真伪。例如，一方主张的事实不合理之处可能有多处。用人单位主张劳动者离职后尚欠交付其开展业务的借款，却出具离职证明记载双方并无经济纠纷，同时亦存在用人单位审查相关票据存在长达一年未核查清楚，其间未向劳动者主张任何权利等事实方面的多种不合理性。④ 又如，原告主张出借的款项 15 万元为贷款本金，根据查明的事实，原告、被告通过第三人介绍而认识并不熟悉，双方签订无利息的借款合同不合常理。人民法院亦查明原告每次出借款项后，都会提前收取部分款项作为利息，结合每次转账后被告提取的金额、原告银行账户流水存在的非正常记录等，并综合认定，原告主张的出借款项并非全部为本金，包含被告预借的利息。⑤ 一方面，论述多个不合常理的事实，进而加强说理性；另一方面，能够通过证明其他事实去印证不合常理判断的正确性。

结　语

法律语言的有限性与客观世界的无限性，使得裁判文书充分说理的实然

---

① 参见李红梅《认真对待事实与将常理引入司法——减少争议判决之司法技术研究》，载《法商研究》2018 年第 5 期。
② 参见［日］秋山贤三《法官因何错判》，曾玉婷译，法律出版社 2019 年版，第 134 页。
③ 参见王利明《裁判说理论——以民事法为视角》，人民法院出版社 2021 年版，第 289 页。
④ （2016）粤 0106 民初 4612 号
⑤ （2020）沪 0115 民初 61560 号

与道理本质的应然永远充满了矛盾与张力。不合常理的认定是比较当事人之间证据证明力大小，查明案件事实的必要方法。如何令不合常理、寥寥数字的表述让人信服，进而把纠纷的事实还原，让蕴含的道理明晰，不仅考验法官的智慧，更是判断一份判决书说理是否充分、准确的重要标准。通过反面列举排除不适合、避免不充分的认定，以正面类型化的方法将不合常理最常用的案例归类，再适当地对背后的"理"进行必要的说明，是人民法院对民事判决书中以"不合常理"的表述认定案件事实最好的进路。

海事司法多元解纷机制现状考察及进路探究[*]

——以广州海事法院珠海法庭近三年实践探索为样本

刘宇飞 张 乐 闫 慧

摘要：粤港澳大湾区建设对海事司法提出多元需求和更高要求，广州海事法院珠海法庭坚持以习近平新时代中国特色社会主义思想为根本遵循，结合法庭辖区各市实际情况，因地制宜探索与本地经济发展水平和行业状况趋势相适应的最优审判服务路径，探索构建具有地方特色的海事司法多元解纷机制。本文对近三年广州海事法院珠海法庭探索和构建的多元解纷机制进行了分析，对其中最具代表性的涉港澳流动渔民纠纷多元解纷机制的实践进行了重点介绍，并在海洋强国视域下探究海事司法多元解纷机制的困境及进路，希望为全国其他海事法院提供些许参考，为中国海事司法的发展作出应有贡献。

关键词：海事司法；多元解纷机制；因地制宜；意见建议。

习近平总书记要求，"我们要像对待生命一样关爱海洋"。海洋蕴藏着人类可持续发展的宝贵财富，是高质量发展的战略要地。广东是海洋大省，截至2021年12月，海洋生产总值连续26年居全国首位，经略海洋是实现广东创新发展、持续发展、领先发展的禀赋优势和迫切需要。粤港澳大湾区建设亦是习近平总书记亲自谋划、亲自部署、亲自推动的国家战略。建设粤港澳大湾区，既是新时代推动形成全面开放新格局的新尝试，也是推动"一国两制"事业发展的新实践。广州海事法院珠海法庭辖区内的珠海、中山、江门三市是粤港澳大湾区中的重要节点城市，三市涵盖了粤港澳大湾区的主要海域、海岸线和内河水域。珠海毗邻大湾区四大中心城市之一——澳门，是港珠澳大桥的节点城市，澳门—珠海是粤港澳大湾区极点带动引擎之一，珠海横琴亦是内地与港澳重大合作平台之一。中山正在

---

[*] 本文于2022年12月获评江苏省法学会海商法学研究2022年年会征文二等奖，于2023年1月获评第七届粤港澳法学研讨会征文优秀论文一等奖。

建设的深中通道连接粤港澳大湾区东西两岸，是粤港澳大湾区轴带支撑的重要交通设施。

当前，广东海洋经济和粤港澳大湾区建设发展过程中，粤、港、澳三地交流日益广泛，生产要素、经济要素不断交织，海事海商活动频繁，涉及领域广泛，经济活动中所产生的纠纷类型多样、数量不断上涨，由此产生的纠纷也将不断增多，三市在预防和解决纠纷方面市场需求不断上升。当前纠纷解决模式无法完全满足纠纷解决需求，需要整合优化资源配置，拓宽纠纷解决途径和方式。为应对和解决珠海法庭辖区内涉海纠纷案件在粤港澳大湾区建设过程中对海事司法的新需求，珠海法庭在2019年对辖区内的海事行政部门、港航造船企业等进行走访调研的基础上，近三年陆续构建了多种专类纠纷解决机制。可见，珠海法庭在解纷体系的构建上并非单一化的"一刀切"推进模式，而是从辖区实际出发，坚持以人为本的发展思想，尊重民商事主体差异化的司法需求，构建分类施策、衔接配套的纠纷多元解决体系，极大地适应了沿海沿江经济社会发展需要，丰富了海商海事矛盾纠纷解决渠道，为打造多元纠纷解决机制、创造法治化营商环境提供了有力支持。因此，对于海事法院来说，应以海洋强国、依法治海理念为指导，从辖区实际入手，通过对所涉纠纷的主体、案件类型进行共性及个性分析，以其差异化的司法需求为基础，构建不同的纠纷解决机制。

一、海事司法多元解纷机制的局部探索与实践

（一）广州海事法院珠海法庭多元解纷机制构建现状简示

珠海法庭负责审理珠海、中山、江门三市海事海商案件，目前建立的多元解纷机制主要包括5种类型（见表1）：A. 与海事行政部门合作共建法律服务平台①；B. 与专门社会组织共建多元纠纷化解机制②；C. 利用基层政府部门参与调解；D. 委托专业机构联动调解；E. 法院特邀调解员进行调解。

---

① 2019年9月，由珠海海事局、广州海事法院等共同筹建的"海事事故研究工作室"在珠海落成；2021年10月，广州海事法院与江门海事局共建的水上交通安全法律服务中心在江门落成；2022年9月，广州海事法院珠海法庭与港珠澳大桥海事局签订框架合作协议，共建多元解纷合作机制。

② 广州海事法院珠海法庭分别与珠海市港澳流动渔民协会、珠海市港口协会、珠海市水运协会签订框架合作协议，构建了涉港澳流动渔民纠纷多元解纷机制、涉港航企业纠纷多元解纷机制、涉水运企业纠纷多元解纷机制。

表 1　珠海法庭多元解纷机制构成

类型	合作对象	解决纠纷主要类型
A	珠海海事局、江门海事局、港珠澳大桥海事局、珠海市海洋综合执法支队等	水上交通安全、船员劳务、涉渔船等纠纷
B	珠海市港澳流动渔民协会、珠海市港口协会、珠海市水运协会、珠海市游艇旅游协会	涉港澳流动渔民、涉港航企业、涉水运企业纠纷
C	地方司法所、镇政府、村委会等	海上人身、财产或养殖损害、海域使用权、船舶买卖租用等纠纷
D	海事仲裁机构、保险公司等	海商合同及海事侵权案件
E	行业专家、律师、港澳籍陪审员、人民调解员	根据纠纷类型与调解员适配

为了深入分析上述 5 种类型解纷机制的具体运行情况①，笔者以珠海法庭近三年适用多元解纷案件为样本，首先根据适用阶段进行划分，发现对于诉前调解案件主要解纷方式还是传统的法院特邀调解员进行调解，占近乎半数比重；对案件主体具有特殊司法需求的涉港澳渔民纠纷案件，或案件具有行业背景的涉港航企业、涉水运企业纠纷，需要依托专门社会组织参与纠纷化解的约占25%（如图1所示）。对于进入诉讼程序案件的调解，专门社会组织发挥的作用更加重要，因其往往对纠纷主体进行了长期管理和提供服务，该类纠纷主体往往更倾向于倾听专门社会组织的调解意见。故该类解纷方式无论是在诉前阶段还是诉中阶段均为 5 种解纷类型中成功率最高（如图 1、图 2、图 3 所示），反映出解纷模式需要专门化、特殊化，根据不同群体的矛盾类型特点对症下药，兼顾不同群体的需求。

当前，因法院经费有限，珠海法庭的特邀调解员队伍规模不大，以 2020 年选聘的 21 名特邀调解员为例（如图 4 所示），其中律师事务所有 3 人、港口管理局有 2 人、港航企业有 5 人、海事局有 2 人、高校有 2 人、港口协会

---

① 本文仅以 5 种类型的多元解纷途径单独适用的情形进行分析。实际上在司法实践中，因个案情况不同，有些案件所涉因素兼具多种类型，因此在解决纠纷时会同时并用多种解纷手段，例如涉港澳流动渔民纠纷的解决，有时甚至需要同时适用 A、B、C、E 四类解纷方式。

有1人、水运协会有1人、水运企业有1人、镇政府有1人、港澳流动渔民协会有2人、人民调解委员会有1人。

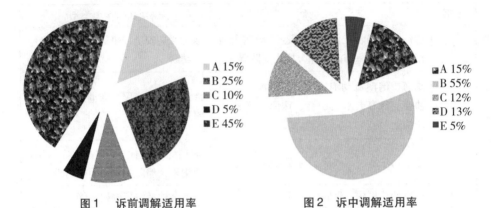

图1 诉前调解适用率　　　　图2 诉中调解适用率

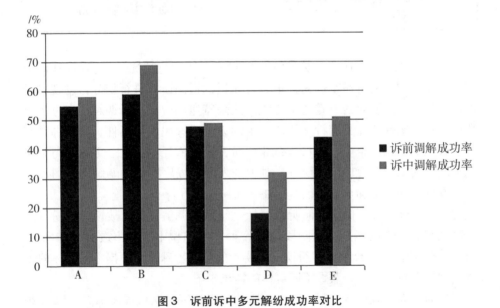

图3 诉前诉中多元解纷成功率对比

其中，如图5所示，律师事务所、高校、港航企业、镇政府等拥有法律知识（即法律工作者）的特邀调解员占33.3%，港口管理局、海事局等具有海事专业知识（即海事专业人员）的特邀调解员占19%，港航企业与港口协会、水运企业与水运协会等具有专门行业背景（即企业行业人员）的特邀调

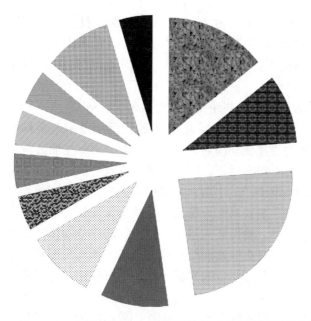

图4 2020年珠海法庭21名特邀调解员的人员分类及其人数

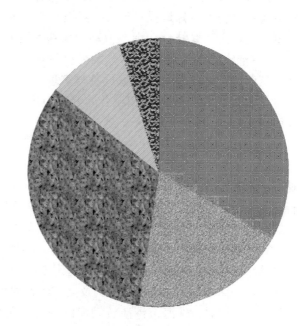

图5 2020年珠海法庭21名特邀调解员比例分布

解员占 33.3%，其余港澳流动渔民协会占 9.5%，人民调解委员会占 4.9%。从以上数据显示，虽然珠海法庭特邀调解员队伍人数不多，但各类型人员占比较为均衡，人民调解员占比较基层法院差距较大，这一点也与海事法院系专门法院的定位相匹配。

（二）范本观察：涉港澳流动渔民纠纷多元解纷机制

1. 背景与起因。广东沿海经济的发展，离不开港澳流动渔民这一特殊群体的助力。1953 年，为了解决港澳流动渔船边境管理问题，更好地服务港澳流动渔民，在周恩来总理的关心和支持下，广东省委、省政府决定允许港澳流动渔民到广东沿海指定的渔港生产、生活，并吸引其入户，使他们成为全国独有的以具有香港、澳门和广东省双重户籍为特征的特殊渔民，这一制度也造就了港澳流动渔民先于香港、澳门回归祖国的奇景。港澳流动渔民所有的渔船被称为港澳流动渔船，同时在港澳和广东登记上册，拥有港澳和内地两副船牌。港澳流动渔民除具有双重户籍的特征外，还具有鲜明的爱国爱港澳的优良传统，是建设中国特色社会主义、推进"一国两制"、实现中华民族伟大复兴中国梦的重要力量。服务好港澳流动渔民，依法保护其合法权益，是广州海事法院珠海法庭的任务，更是使命。为更好地完成这一使命，激励港澳流动渔民更好地投身于各项建设和改革事业，自 2019 年以来，广州海事法院珠海法庭结合涉港澳流动渔民纠纷的特点，积极搭建平台，创建"法院＋港澳流动渔民协会"办案平台衔接机制，邀请相关行业人员担任特邀调解员，选任港澳籍陪审员参与审理案件，全面实施涉港澳流动渔民纠纷"线上"和"线下"相融合的调解模式，"一站式"解决涉港澳流动渔民纠纷。

2. 做法与实践。第一，创建"法院＋港澳流动渔民协会"办案平台衔接机制。一是积极创建"1＋1＞2"的合作平台。广州海事法院珠海法庭与珠海市港澳流动渔民协会签订合作协议，共同搭建合作平台，不仅通过组织行业专家、资深技术骨干以专题讲座、座谈会等形式丰富法官专业知识，还组织法官上门讲法、专题培训，为珠海市港澳流动渔民协会的会员单位提供司法服务和法律指引，打破专业知识壁垒，实现"法律＋专业"融合效果。二是共享信息。广州海事法院珠海法庭定期向珠海市港澳流动渔民协会及时公布最新法律条文、通报典型案例及疑难问题的解答，方便各会员单位获取法律信息。同时，珠海市港澳流动渔民协会定期通报最新行业数据和动态，为广州海事法院珠海法庭精准适用法律，使人民群众在每个司法案件中都感受到公平正义。三是诉调联动。在涉港澳流动渔民案件中，珠海市港澳流动渔民协会邀请广州海事法院珠海法庭诉前介入并开展调解工作,将纠纷化解于诉前;对已立案的诉讼纠纷,珠海法庭邀请珠海市港澳流动渔民协会联动调解,同时通过该协会邀请行业专家作为专家辅助人出庭陈述意见。

第二,充分调动社会资源,助力"案结事了"。一是律师调解线上、线下"双管齐下",初具效果。借助广东省人民法院多元调解平台,对适宜调解的相关涉港澳流动渔民纠纷案件委托律师调解员实行线上调解,对调解成功的案件实行"以案定补"。二是委托海事行政部门参与调解,由专业人士进行专案专调。三是充分发挥港澳籍人民陪审员的能动性。在审理粤港澳流动渔船纠纷中,注重引入港澳籍人民陪审员参审,聘请港澳籍陪审员作为特邀调解员,积极与港澳流动渔民工作办公室沟通,参与现场查勘和联合调解工作。

第三,借助智慧法院,提升涉港澳流动渔民多元解纷效能。一是在线授权见证。由于客观原因,身处香港的一些港澳流动渔民或家属若无法经内地公证或法院面签完成授权委托手续,广州海事法院珠海法庭借助广州市中级人民法院涉港澳案件授权见证平台,线上指导港澳当事人,顺利完成授权委托手续。二是在线庭审程序。借助远程视频技术,当事人可在境外远程参与庭审,节约港澳流动渔民的时间和资金成本。三是强化司法确认工作。对港澳流动渔民协会、海洋综合执法支队、律师调解员、港澳籍调解员等调解成功需申请司法确认的案件,应建立人民调解协议司法确认快速通道,不断优化司法确认程序,办案法官当场或在线审查并出具裁定书,切实提高了司法效率。

3. 成效与创新。广州海事法院珠海法庭坚守"一国"之本,充分尊重"两制"差异,结合涉港澳流动渔民纠纷的特点,通过创新多元化解纠纷模式,联动内地涉及粤港澳事业的海事局、海洋综合执法支队等相关主管部门,实现行政与司法双向互动,提升粤港澳法治深度合作,共同输出高质量的湾区法治环境,打造良好的营商环境;邀请吸纳港澳籍专业人士担任特邀调解员、作为人民陪审员,让他们参与案件的调解和审理,充分发挥其熟悉港澳籍当事人社会背景、法律环境的特长,就港澳相关法律问题提出专业意见,在助力纠纷解决的同时,使其进一步加深对内地司法制度和法治状况的了解,努力深化港澳人士对"一国两制"制度的认同感。基于此,广州海事法院珠海法庭成功解决了一批批涉港澳案件,有效化解了矛盾纠纷,得到了当事人的认可,贡献了广东法院智慧,打造了全国法院样本,为粤港澳大湾区发展建设作出了贡献。①

其在探索构建涉港澳流动渔民纠纷多元化解机制的创新点主要体现在如下三个方面：（1）与珠海市港澳流动渔民协会、澳门远洋渔业发展暨船东协会等行业协会签订框架合作协议，建立"法院＋内地港澳流动渔民协会＋港澳渔业船东协会等"办案平台衔接机制，推行"网上立案＋在线授权见证＋专人调解＋在线司法确认"多重服务模式；（2）首创法院为主导的涉及境内外行业协会、政府部门、港澳籍特邀调解员等的合作平台，信息共享，打破专业知识壁垒，实现"法律＋专业"在诉前、诉中融合效果；（3）创新境外送达方式，通过境内外行业协会协助送达，提供跨境的网上立案，在线授权见证、调解、开庭、司法确认，包括港澳流动渔民在内的所有当事人足不出户即可完成所有诉讼流程，案件审理周期明显缩短。

二、多元解纷布局困境与司法需求差距分析

近三年逐步构建多元解纷机制的过程中，为全面深入了解珠海法庭辖区内涉海部门在粤港澳大湾区建设过程中对海事司法的新需求，广州海事法院珠海法庭调研组每年均多次以"发放调研问卷＋实地走访＋座谈"的形式，对辖区内的海事行政部门、港航造船企业进行走访调研②，以期为深入研究服务保障粤港澳大湾区海事司法多元解纷建设的新举措提供参考。调研组通过对上述单位的走访调研和交流，了解到新时代背景下粤港澳大湾区建设过程中，三市涉海部门目前存在的司法需求③如下。

（一）海事行政部门的司法需求

1. 对统一司法协助操作流程的需求。广州海事法院珠海法庭在珠海、中山、江门三市涉及需要涉海部门司法协助的事项最主要是扣押船舶，协助主体主要是海事行政部门，以海事局为绝大多数，也有少量需要造船企业协助

---

① 涉港澳流动渔民纠纷多元解纷机制转化成果举例：1.（2020）粤72民初850号樊某、郭某与黄某、周某、罗某海上人身损害责任纠纷一案，入选最高人民法院2020年全国海事审判十大典型案例、广东法院第四批粤港澳大湾区跨境纠纷典型案例；2.（2019）粤72民初2057号何某等诉天一公司海上人身损害责任纠纷案，入选广东法院第四批粤港澳大湾区跨境纠纷典型案例；3. 广东广播电视台珠江频道"湾区睇法"系列第六十八期"沉船之伤"。

② 走访珠海、中山、江门三市的海事局并现场察看其辖区内的部分水域，实地走访珠海港控股集团有限公司、广新海事重工股份有限公司、江龙船艇科技股份有限公司、江门市南洋船舶工程有限公司、中国人民财产保险股份有限公司江门市分公司等企业，并通过各种场合与渠道与中国船级社珠海办事处、江门海洋协会、云洲智能科技有限公司、中交四航局江门航通船业有限公司等单位的代表进行交流。

③ 参见《广州海事法院珠海法庭服务保障粤港澳大湾区建设的调研报告》。

的情况，需要协助扣押的船舶包括正在营运的船舶、在建船舶、建造后未交付船舶等。珠海、中山、江门三市海事局均提出当前协助扣押船舶面临两大问题：一是被扣船舶的停放场所①，二是被扣船舶的看管②。鉴于以上存在的问题，海事行政部门特别提出，法院扣押船舶案件多集中于船舶触碰、船舶碰撞等海上交通安全纠纷，以及拖欠船员工资的船员劳务合同纠纷，希望法院尽早介入，努力使纠纷始于萌芽，止于始发，并联动除海事部门外的其他社会力量参与解纷，以推动纠纷的快速化解，缩短矛盾存续时间。

2. 申请海事行政强制执行和代履行后追偿的司法指导需求。根据《中华人民共和国海事行政强制实施程序规定》，尽管对于海事管理机构没有行政强制执行权的生效行政决定，海事管理机构可以向法院申请强制执行，海事局也存在申请强制执行的需求，但由于海事局并未尝试过就这部分行政处罚申请强制执行，对管辖、申请流程等有关问题的了解均是一片空白。代履行是海事局可以采取的另一种行政强制执行方式。为避免海事局陷入经济索赔影响后续事故调查处理，海事局倾向于由当事人自行选择第三人代履行。珠海海事局近些年有相关案件，如近年发生的"圣狄"轮等多起油污损害案件由珠海海事局代履行，发生的清污、紧急清障等代履行费用，需要由珠海海事局作为原告提起民事诉讼来追偿。此种情况下，作为民事诉讼原告的海事局希望多元解纷机制能够对其提供帮助，尽可能通过诉前调解化解纠纷。

3. 提供依法行政能力的司法需求。党的十八大以来，以习近平同志为核心的党中央从关系党和国家前途命运的战略全局出发，从前所未有的高度谋划法治，以前所未有的广度和深度践行法治。海事行政部门对依法行政的要求越来越高，对参与诉前调解的积极性、所涉行政诉讼案件的关注程度也越来越高。据海事局反映，部分案件前期由海事行政部门进行了调解，后期进入诉讼程序，因此海事行政部门也存在了解案件后续结果、改进提高自身司法实务能力的需求。另外，海事行政部门希望获取有关案件处理流程和生效文书，以便自身可以比对检查，了解最容易被起诉的具体行政行为的种类，以及如何防范和避免不规范行为导致被诉。

---

① 珠海、中山、江门三市均无专门用于停泊扣押船舶的锚地，综合考虑通航安全、台风、洪汛、雾霾等因素，海事局建议最好尽量将被扣押船舶安排在远离港口和桥区水域的位置停放。

② 若被扣押的船舶故意逃跑，海事部门难以协助做到及时发现。而有的船舶被扣押后无人看管，或者有的被扣船舶本身已经处于无人看管的状态，面临船上设备被偷盗的风险，对水上安全也构成隐患。特别是珠海、中山、江门三地常年易受台风影响，船舶扣押后经常面临需要移泊避风的问题，若船舶无人看管危险性较大。

(二)港航造船水运企业的司法需求

1. 获取多样化司法资讯的需求。珠海、中山、江门三市港航造船水运企业之间发展不平衡,龙头企业如江龙船艇科技股份有限公司,具备外聘法律顾问或者法务部,整个生产经营环节由法务人员层层把关,制度完善,风险控制到位,企业运作良好,极少发生需要经诉讼解决的法律纠纷。而一些中小港航造船水运企业在流动资金、经营管理和人员素质方面存在短板,导致预防和控制法律风险的能力较弱,如对合同相对方的商业信誉调查、市场风险评估等前期工作准备不足,为了占领商机而忽略相应风险,仅凭邮件往来甚至口头约定进行交易,如出现对方违约时不能采取相应救济措施,员工管理不善而易于导致一系列的劳动纠纷等。

不同类型、不同层次的港航造船企业,对司法资讯的需求是多样化的。龙头企业的需求主要集中在高层次、高质量的法律服务,如海事方面的法律与普通法律的异同、域外法律制度的了解等方面,甚至希望与司法机关建立长期的合作共建关系,以期迅速掌握司法数据、司法案例,从而及时提高自身风险防控水平,进一步促进企业自身的发展;而中小企业的需求则主要集中在提供诉前解纷服务、降低风险、守法经营等方面。

2. 造船企业获得我国司法保护的需求。据造船企业反映,目前与外国客户签订的合同,主要版本以某几个格式合同为主,但这些格式合同中的争议解决条款均约定在伦敦或新加坡仲裁,当发生纠纷时,由于依据合同只能选择费用高昂的国外仲裁,造船企业往往只能"认栽"放弃。

(三)涉海基层群众的司法需求

据向珠海市港澳流动渔民工作办公室了解到的情况,珠海市港澳流动渔民雇用的境内渔工在册人数约3,600人,主要来自广东省沿海地区,其中粤西地区约占80%,存在渔工老龄化严重、工伤事故频发的情况。虽然政策放宽到允许外省渔工入户,但有关部门要求的出海资格认定较高,影响外省渔工到港澳流动渔船务工的积极性,渔工短缺的状态无法得到实质性缓解。广州海事法院珠海法庭的涉港澳流动渔民、渔工案件数量较少,其中重要的原因是港澳流动渔民工作办公室已经解决了绝大部分纠纷。据港澳流动渔民工作办公室反映,在调解过程中发现,由于来务工渔工的法律意识较为淡薄,不清楚自己依法享有的权利,存在雇用人不与渔工签订劳动合同的情况。另外,珠海、江门两市海岸线长,还有万山群岛、上下川岛等岛屿,海域资源丰富,偶发涉及海域使用权、水域渔业经营的纠纷,但此类纠纷往往牵涉当地乡、镇两级政府,依靠判决来解决纠纷不如调解手段更能使人民群众感受到司法的获得感、幸福感和安全感。

(四) 多元解纷布局困境

从广州海事法院珠海法庭近三年的多元解纷制度构建与辖区珠海、中山、江门三市的司法调研情况中可以看出，多元解纷机制对于解决纠纷、打造良好营商环境、维护社会稳定的作用是显而易见的。但是，在工作实践中，对海事法院尤其是派出法庭而言，想要在辖区内建立一个高质量的多元解纷机制存在诸多困难，突出表现为：(1) 机制建立依据不足，激励手段匮乏。关于多元化纠纷解决机制的构建和改革，各级人民法院要主动争取地方党委和政府的支持，但这仅是最高人民法院给出的一种原则性的指导意见，并未指明如何操作。多元解纷制度的构建、运行、维系还涉及财政拨款和党政部门之间的协调问题，仅珠海、中山、江门三市的各地党委、政府工作理念、重视程度就各不相同，若没有当地党委、政府的支持，构建多元解纷机制几无可能。以广州海事法院珠海法庭为例，现行诉前调解激励机制规定，特邀调解员每调解成功一个案件，按照案件难度区分最高限额补助分别为600元、400元，调解不成功但满足一定条件的情况下补助为50元[①]。可以看出，海事法院在诉前调解激励机制方面缺乏足够经费保障，诉前调解激励标准不高，激励效果很难实现。(2) 机制缺乏通盘谋划，各地各部门各自为政。[②] 当前实践中，多元解纷部门衔接缺乏制度保障，各个调解组织、对接单位对此缺乏足够的理解，解纷主体之间无法形成多元解纷一盘棋，各解纷组织之间只有自愿或自发式的"互动"。虽然广州海事法院珠海法庭分别与海事局、港澳流动渔民协会、港航水运协会等之间建立了衔接互动、联动调解的多元化格局，但也仅限于二元解纷部门之间互动。从全局来讲，多部门沟通联动化解矛盾纠纷的机制尚未形成，且各解纷主体内部存在机制上不健全不完善的问题，对于多元化解工作缺乏动力，没有工作积极性。(3) 解纷模式平面单一，机制创新活力不足。如前所述，广州海事法院珠海法庭辖区范围内的珠海、中山、江门三市涉海部门及基层群众的海事海商矛盾纠纷具有有别于其他地区及普通民商事纠纷的特殊性、复杂性和多样性。不同地域、不同群体矛盾纠纷类型、特点、需求各不相同。"1+1"或"n"式的单一解纷模式很

---

① 此种情况为诉请调解失败，但获取了真实准确的被告送达地址。然而，实践中在征询调解员意愿后，因为流程烦琐，金额不高，调解员们大多放弃对此项补助的领取。

② 参见李文志《群众差异化司法需求背景下人民法院多元化解纷机制之实证探索——以内蒙古地区多元化解纷机制实践为参照》，见中国法学会编《全面推进依法治国的地方实践（2021年卷）》，法律出版社2022年版。

难满足不同地域、不同群体的特殊需求。尽管广州海事法院珠海法庭在借助智慧法院等信息化手段推进纠纷化解是多元化解矛盾纠纷的一个创新举措，但在海域使用权纠纷、水产养殖纠纷所涉的基层普通村民中使用率微乎其微，对于该部分解纷领域珠海法庭也只能依靠村里与镇派出所、司法所建立的联动调解机制，多元化解纷构建的链条需进一步延伸。（4）诉调对接供求失衡，特邀调解员队伍良莠不齐。① 人民法院由于"案多人少"的巨大压力，迫切需要多元力量加入矛盾纠纷的化解，现行多元解纷机制实践中便出现了一种畸形的供求关系，即法院调解需求远大于外部调解供给。各地法院在吸纳特邀调解员的时候，标准上并非非常严格，入册门槛设置较低，调解员可能对法律及诉讼程序等方面的知识了解不深。而大部分解纷主体中的调解员仍以兼职为主，由于培训等机制方面的问题，从事调解的人员的工作能力和工作方式均有待提高及改进。

三、构建高质量海事司法多元解纷机制的意见与建议②

（一）建立健全部门协作沟通机制，搭建行业协会合作服务平台

海事法院在推动海事司法多元化解机制构建时，为更好化解纠纷，既要遵循司法被动性，恪守谦抑，不与其他单位、组织争夺所谓的"主导地位"，又要发挥司法的能动性，积极配合相应机构完成纠纷解决，在具体纠纷解决过程中"提供一套既不违背法律又有能力保社会稳定的综合性方案"③。

海事法院及其派出法庭要加强与辖区内各市海关、海事、边防等港航口岸单位的沟通交流，密切与海事水运交通行政主管部门和相关区域政府的工作联络，顺畅业务衔接与实务交流；积极推动与本院审判、执行业务联系频繁的海事局、渔政等海事行政部门共建规范统一的司法协作、多元解纷联动机制和沟通交流平台，健全指导推进、诉调对接、会商研讨机制，畅通信息和资源共享渠道；以司法指引促进依法行政，以行政部门的专业指导提高司法公信，实现海事管理与海事司法工作无缝对接，积极构建粤港澳大湾区良性互动的多元解纷、共建共治共享格局。

海事法院及其派出法庭要主动联络走访辖区各市的港口、造船、航运等

---

① 参见尤昊、谢娟《组织管理学视域下诉前调解激励机制的现状简示与制度构建——以A省16地市125家法院近三年案件数据为样本》，见马世忠主编《司法体制综合配套改革中重大风险防范与化解——全国法院第31届学术讨论会获奖论文集》上，人民法院出版社2020年版。

② 参见《广州海事法院派出法庭服务保障粤港澳大湾区建设的实施意见》和《关于新时代广州海事法院派出法庭建设的调研报告》。

③ 王飞、刘彬华：《涉民航纠纷案件多元解纷机制研究——以上海长宁法院为例》，载《民航管理》2021年第10期，第18页。

相关行业协会，以摸清各市企业的基本情况，了解行业现状，争取与行业协会建立合作服务平台。通过与行业协会的合作服务平台，针对不同企业的不同司法需求，有的放矢地提供授课培训、组织研讨、普法宣传、案例分析等司法服务，帮助企业了解国家政策导向、熟悉海事法律法规，降低生产经营风险，守法经营。在企业条件允许的前提下，考虑安排法官、法官助理到企业或其下属企业进行短期跟班学习，开展单位之间的交流参观活动，以便法官、法官助理熟悉行业运作和掌握行业新动态，构建互为补充、良性互动的涉港航水运等纠纷案件的立体交叉式多元解纷机制。

（二）优化海事司法资源配置机制，拓展海事纠纷多元解决机制

海事法院必须进一步提升基层服务能力，择机在辖区内要素集聚区、核心功能区以及沿海主要港口科学设置巡回法庭或巡回办案点，凸显形成网络、辐射周边、覆盖全域、功能齐全的站点布局，加大服务保障粤港澳大湾区建设的海事司法供给力度。

发挥法律专业人士在化解航运纠纷中的积极作用，保障海事律师履职活动，提升粤港澳大湾区航运法律服务水平。完善海事诉讼与非诉讼解决方式的衔接机制，充分发挥海事司法与派出法庭辖区涉海部门在纠纷解决方面的各自优势，加强诉调对接机制建设。吸收海事行政专业人士作为专家陪审员，建立港澳籍人民陪审员陪审常态化机制，选任港澳地区精通航海、法律的人士担任人民陪审员，常态化地参与审理涉粤港澳大湾区海事案件。探索港澳籍陪审员陪审案件的方式，使港澳籍陪审员多参与案件的现场勘查、实地取证、全程调解等，推动湾区内不同法系之间审判方法的学习与借鉴，努力提升粤港澳大湾区纠纷解决的便利程度和专业水平。

（三）拓宽调解渠道形成调解合力，注重强化民生司法保障

海事法院派出法庭要创新发展新时代"枫桥经验"，把非诉讼纠纷解决机制挺在前面，推动纠纷化解关口前移，把矛盾纠纷化解在基层、消灭在萌芽。以与海事局、行业协会等的联络机制、合作平台为基础，共同建立健全诉前调解工作机制与诉前联调机制。充分发挥设置在基层的巡回法庭、办案点的司法辐射效应，邀请或聘请当地经验丰富、协调能力强的社会人士就地调解。建立港澳籍调解员制度，对于涉及粤港澳大湾区的案件，吸收具有专业背景的港澳人士参与案件调解，充分发挥专家意见的作用，提高纠纷化解效率。不断拓宽调解渠道，扩大调解主体，形成调解合力。定期召开诉前调解工作会议，交流总结经验，认真归纳问题，深入分析原因，提炼完善措施，提升调解质量。

新时代"枫桥式"人民法庭的未来道路,应是建立以人民法庭为中心的基层社会法律治理体系,充分发挥人民法庭参与社会治理的核心作用。在中国特色社会主义法治环境下,要坚持党委领导、政府支持、法院主导、部门联动、专业介入、群众路线的多元化矛盾化解方针。① 其中最为重要的一点是,海事法院派出法庭必须加强与所在地党委政法委的沟通协调,将派出法庭纳入当地综治维稳、多元解决纠纷机制。充分发挥派出法庭在基层治理中的独特优势,主动参与"无讼社区""一体化矛盾纠纷调处中心"建设,让人民群众的获得感、幸福感、安全感更加充实、更有保障、更可持续。此外,还要依法妥善处理化解各种涉民生案件,主动开展与诸如港澳流动渔民协会此类服务于专门群众社会组织的联系沟通,发挥此类协会的作用,在审理过程中注重程序意识、证据意识,公正高效作出处理。

(四)加强派出法庭建设,提升审判服务水平

海事法院派出法庭要从政治建设、廉政建设、队伍建设、文化建设、硬件建设等方面全面加强派出法庭多元解纷机制建设工作,提升审判服务水平。坚持政治建庭,实施"头雁"工程,严格落实派出法庭负责人"一岗双责"制度,继续抓好"一支部一品牌"建设,加强派出法庭基建党组织建设,把党的政治建设放在首位,坚持以党建带队建,促调解、促审判。坚持队建强庭,选好配强审判团队,将派出法庭作为优秀审判人才的培养、成长和发展平台,实行定期交流轮岗制度,兼顾审判团队的稳定性与灵活性。坚持文化聚庭,将派出法庭文化建设与党支部品牌建设结合开展,丰富与地方港航、渔业职能部门、高校建立等的文化交流方式,抓好派出法庭文体活动。坚持科技兴庭,加强派出法庭信息化建设投入。互联网技术发展为涉海事海商纠纷案件多元化解机制建设提供了十分宽广的空间,也为法院进一步推动该项机制发展提供了最新的视角与解决问题的方法。必须加快将派出法庭建设成为"智慧法庭",充分利用现代信息技术,拓展在线服务载体,建设统一的线上线下互通及内外一体化的纠纷解决平台,提升"互联网+法律"服务水平。

结　语

"天下之势不盛则衰,天下之治不进则退。"当前,我国海洋经济的发展及建设海上丝绸之路面临历史机遇,如何加强海事司法多元化纠纷解决机制的建设,对所有海法人来说,既是一个"老课题",又是一张"新答卷"。粤

---

① 参见刘敏《论家事司法的社会化》,载《辽宁师范大学学报(社会科学版)》2019 年第 5 期。

港澳大湾区建设是习近平总书记亲自谋划、亲自部署、亲自推动的国家战略，在矛盾纠纷多样化、复杂化的情况下，海事司法人更需要不断创新矛盾纠纷化解的思路、方法和机制。在海洋命运共同体理念指导下，海事审判要充分发挥海事司法在化解海事纠纷中的主导作用。海事法院必须发挥专门法院优势，针对涉海企业和基层群众呈现的差异化、复杂化司法需求，在实践中不断探索和提升业务能力；强化全局观念，努力保障国家海洋强国战略落地实施；守正创新，做到解纷措施手段与时俱进；通过精细运作，为构建粤港澳大湾区海事司法多元化解纠纷机制谋好篇、布好局。①

---

① 参见陈超《海事法院在服务保障国家海洋强国建设中的守正创新——以广州海事法院为样例》，载《中国应用法学》2022年第3期。

运送正义下乡　和谐海事司法[*]

——关于广州海事法院服务弱势群体的若干思考

倪学伟

摘要：海事法院的司法辖区"点多、线长、面宽",难免不能周全保护辖区内的弱势群体。运送正义到渔民、船员等弱势群体的身边即渔村渔港、乡镇农村,是司法为民的题中之义。以人为本、人性化司法,要求海事法官必须统筹兼顾程序正义与实体正义。精美的程序设计与舞台般效果的法庭审理,未必能充分回应弱势群体对司法正义的期盼,而海事法官给予诉前咨询、诉讼风险提示、必要的诉讼指引,在运送正义下乡的场景下,与法官居中裁判并不抵触。"和为贵",司法调解这一东方经验以法律规则与法官智慧紧密结合,能化解民怨、纾解民困,还当事人以公正,还社会以平安和谐。

关键词：弱势群体；程序正义；实体正义；调解。

今天的司法下乡是为了保证或促使国家权力,包括法律的力量,向农村有效渗透和控制。因此,从一个大历史角度来看,司法下乡是21世纪以来建立中国现代民族国家的基本战略的一种延续和发展。[①]

——苏力

一、导言：为什么要运送正义下乡

广州海事法院自1984年6月1日成立以来,一度管辖了广东、海南、广西三省区的海事海商案件,随着海口、北海海事法院的成立,目前广州海事法院管辖广东海域及其内河可通航水域的海事海商纠纷。

海事法院的优势在于跨行政区域管辖案件,不受当地职能部门的操控或影响,可以在相当程度上避免地方保护主义干扰,具有法治社会司法独立的基本特征。而与之俱来的是,法院管辖岸线长、地域宽,从而显得法院干警力量严重不足,当事人到海事法院诉讼极不方便。譬如,广州海事法院司法辖区的海岸线长5,000公里(含海岛),海域41.3万平方公里,内河设标里

---

[*] 本文2008年获广东省高级人民法院"大学习、大讨论"征文评比活动优秀奖。
[①] 苏力：《送法下乡——中国基层司法制度研究》,中国政法大学出版社2000年版,第35页。

程总计4,000公里,很难设想在如此辽阔地域范围内的当事人,为了三五万元甚至几千元的海事海商纠纷,乐于到地处广州的海事法院提起诉讼。而这类标的数额的案件,当事人一方大多数都是渔民、船员等弱势群体,即是最需要社会关注、关心乃至呵护的群体。事实上,在社会转型的关键期,社会的安定与否很大程度上取决于弱势群体的正当诉求是否得到有效满足、合法权益是否受到充分保护。可见,运送正义到渔民、船员等弱势群体的身边即渔村渔港、乡镇农村,不仅仅是海事法院受案量的多与少的问题,更是关乎社会稳定与否的全局性问题。

为了方便当事人打官司,广州海事法院自1993年起,陆续在深圳、湛江、汕头、江门设立了派出法庭,使周边群众能就近诉讼解决纠纷。该举措使得当事人与海事法院的空间距离大为缩短,较之到广州诉讼而言,极大地方便了当事人。然而,毋庸讳言,相对于人民群众对海事司法不断增长的需求来说,海事法院设立派出法庭的数量总是有限的,而所设立的派出法庭,其管辖区域往往都在半径为100至300公里的面积范围内,该管辖范围对要求司法贴近民众的当事人而言仍然显得太大。当事人为了三五千元的纠纷打官司,通常不愿意到路程超过50公里的"遥远"法庭,在诉讼成本控制方面他们天然地会选择低成本路径。为此,运送正义下乡,把海事司法直接送到当事人的家门口,在民生优先、司法为民的大背景下,就成了广州海事法院的法官们必须直面并不得不认真思考的重要问题。

另外,自海事法院成立以来,在中国司法系统内形成了海事法院对海事海商案件的管辖割据和地方基层人民法院旷日持久的反割据。① 2001年9月18日起实施的《最高人民法院关于海事法院受理案件范围的若干规定》明确了海事法院对海事侵权纠纷案件、海商合同纠纷案件、海事执行案件等64类案件的管辖权。从理论上讲,在最高人民法院明确了海事法院的案件管辖范围之后,不应该再出现案件管辖方面的争议。然而,由于种种原因,或明或暗的案件管辖争议却一直困扰着海事法院与地方基层人民法院,成为两类法院之间最直接、最长久、最尖锐的矛盾,该矛盾还不间断地牵制了海事法院及其上级法院领导相当多的精力。目前,这一问题不但没有得到妥善解决,而且随着诉讼费用制度的改革还有进一步加剧之势。如果海事法院不运送正义下乡,那么,相当一部分海事海商案件,特别是有关渔民、船员等弱势群

---

① 参见倪学伟《中、南两国船舶扣押制度比较研究——兼论中国航运企业应对南非船舶扣押的策略》,载《中国海商法年刊》(2007)第18卷,大连海事大学出版社2008年版,第408页。

体的案件将向地方基层人民法院流失，合乎程序的司法正义将因违反法定的管辖规定而变味甚至于被阉割！①

二、运送正义下乡的基本原则：必须以人为本、人性化司法

渔民、船员等乡村社会中的弱势群体，最需要的司法关怀，并不是精美的程序设计与舞台般效果的法庭审理，也不是完善的举证时限与证据失权规则，而是基于民生为本、民生优先的符合社会主义法治理念的人性化司法。易言之，当渔民、船员等弱势群体对实体公正的要求和期待远远大于严格适用程序规则的要求时，西方司法理念所标榜的"法官坐堂，中立办案"就必须予以摒弃，法官应该以正义的实质实现为司法的最高目标，而不能因程序规则的机械性适用妨碍这一目标的实现。为此，对于涉及渔民、船员等弱势群体的海事海商案件，海事法官就应当采取人性化司法方法，最大限度地使当事人感受到海事诉讼的温暖、方便、公正、高效。

（一）海事法官应给予弱势群体诉前咨询与诉讼风险提示

渔民、船员等弱势群体在其权利被侵犯后，基于"和为贵"的考虑以及民众的"厌讼"乃至"耻讼"传统，习惯于将有关纠纷私了或通过民间力量解决，他们所向往的是"闾里不讼于巷，老幼不愁于庭"的恬静和谐境界，不到迫不得已、走投无路时不会诉诸法律。而他们诉诸法律的第一步途径，通常不是找律师咨询有关法律问题，而是直接向法官寻求法律意见，希望得到法庭对其权利保护的肯定或否定的答复，之后才决定是否通过诉讼来保护其权利。因此，诉前咨询这种通常由律师承担的工作，在渔民、船员等弱势群体案件中就成了海事法院派出法庭法官案件审理工作的一部分。② 如果盲目地以"法官中立"为由将这种咨询拒之门外，那么无疑与"公正司法，一心为民"的法院工作宗旨相悖，难以取得基层人民群众对司法工作的认可和

---

① 笔者亲历了这样一宗管辖争议：湛江某基层人民法院受理了一宗船舶所有权纠纷案件，经原告申请，该法院裁定"查封船舶"，但湛江海事局办理协助"查封"手续时被拒。该法院的法官到广州海事法院湛江法庭请求协助，笔者告知该案属海事案件，根据《中华人民共和国海事诉讼特别程序法》及最高人民法院的有关规定，应由广州海事法院管辖。该法官却坚称，某基层人民法院是适用《中华人民共和国民事诉讼法》而采取了"查封船舶"措施，并非海事法院的"扣押船舶"。并对笔者称"你们海事法院的法官不懂民事诉讼法"！鉴于双方在短时间内无法有效沟通，笔者建议该法官向其上级法院即湛江市中级人民法院立案庭咨询该案的管辖问题，并向该法官提供了最高人民法院关于海事案件管辖的有关规定。因湛江市中级人民法院立案庭明确告知该案属海事案件，应由广州海事法院管辖，最终案件被移交广州海事法院审理。

② "事实上，随着法律技术日趋复杂，优质的市场化的律师服务便很可能成为只有少数富人才消费得起的奢侈品。"见冯象《政法笔记》，江苏人民出版社2004年版，第149页。

信赖。

在诉前咨询中,首先,法官应仔细听取咨询人对案情的陈述及意见;其次,应向咨询人表明法官的意见仅代表个人,并不是法院对案件处理的意见;最后,法官还必须注意把握对有关纠纷发表个人意见的"度",根据咨询人的陈述谨慎表态,既不要大包大揽、轻率承诺,也不要敷衍了事、推诿塞责。是否将案件诉诸法院,要由咨询人自己决定,而不能由提供咨询意见的法官越俎代庖,以免案件诉讼不如意时产生不必要的埋怨、缠诉甚至报复。

对诉前咨询的当事人,可以在提供咨询意见的同时告知其诉讼风险,当然,也可以将诉讼风险的告知放在起诉立案阶段,视情况由法官决定。一般说来,根据咨询人或原告方面提交的初步证据材料,审判人员主要是释明有关法律法规的规定,同时可以就原/被告是否适格、权利义务关系是否明确、诉讼时效是否丧失、大致的判决结果以及判决执行兑现率等方面向咨询人或原告分析可能存在的不利因素即诉讼风险,由咨询人或原告自己评估风险的大小以及自己对风险的承受能力,进而决定是否提起诉讼或对已提起的诉讼是否和解、接受调解或撤回起诉。

(二)海事法官应给予弱势群体必要的诉讼指引

渔民、船员等弱势群体决定向法院提起诉讼时,海事法官应给予他们必要的诉讼指引。在这一阶段,法官同样不能简单地"中立办案",而应对不同诉讼行为能力的当事人给予相应帮助,其前提条件是不影响法院今后对案件的公正裁决。

诉讼指引的范围包括:对符合法律援助条件的当事人,指引其到当地的法律援助中心申请法律援助,由公益律师代理诉讼;对不符合法律援助条件又不具备诉状书写能力的原告,可以将其诉讼请求、事实及理由制作成问话笔录,由该原告签名或捺指印确认;对不符合法律要求的诉状,可以指导原告重新书写,或将原诉状修改后交由原告重新抄写;引导原告全面收集、保存和提交证据,如果是原告因客观原因不能自行收集的证据,可以指导原告向法院申请调查取证,法院应根据该申请及时调查取证;对于原告胜诉把握较大的案件,可以指导原告调查并提供被告的财产状态或财产线索,指导原告申请诉前或诉讼财产保全,以保证将来的判决得以顺利执行;对于生活困难的渔民、船员,可以考虑先予执行被告拖欠的部分工资款或人身伤亡赔偿款。

诉讼指引是审理渔民、船员等弱势群体案件时,法院落实"司法为民"宗旨的重要措施。诉讼指引适当及时,可以有效保护当事人的合法权益,反之,则可能导致有理输官司的不当后果。因此,海事法官必须高度注意,并在司法实务中认真贯彻落实,以确保有理的人打得赢官司。譬如,在广州海事法院湛江法庭审理的"粤廉江11302"和"粤廉江11303"渔船船员工资系列案中,法官以弱势群众渔民为法律保护的最基本要素,在审判程序向前推进的每一个关键点,都不计琐碎地为其提供法律帮助,给予他们必要的诉讼指引,使其被侵害的合法权益能顺利进入司法领域依法解决:在扣船当时,为了准备可能的诉讼,执行人员指导船员写授权委托书,授权船长和轮机长代理可能的债权登记和确权诉讼,避免了船员离船后投诉无门和联系的困难;由于船员未与船东签订书面的合同,工资标准等也仅是双方的口头约定,执行法官要求船员现场登记其工资标准、领欠工资额,并签名按手印确认,从而收集并固定了证据;在诉讼进程中,承办法官充分考虑到船员的生活困境,在不违反法律规定的前提下行使释明权,建议船员申请先予执行,以解决春节期间的生活困难,并在船员申请先予执行后,尽快作出裁定,赶在春节前向每位船员先予执行拖欠了一年之久的部分工资。

三、运送正义下乡的正确途径:必须程序合法、实体公正

公平正义是我国司法工作的生命线。海事法院运送正义下乡,必须统筹兼顾程序正义与实体正义,既不可"重程序、轻实体",淡化实体公正而陷入唯程序论的泥潭,① 也不可"重实体、轻程序"②、视程序为虚无,重蹈人治化的"丛林正义"覆辙。

(一)审判程序合法是运送正义下乡的前提条件

对渔民、船员等弱势群体案件的审判,应适用《中华人民共和国海事诉讼特别程序法》规定的程序,该法未作规定的,可适用《中华人民共和国民事诉讼法》所规定的程序。案件的审判程序乃法定程序,并不因为案件的主体、争议的内容等不同而有所例外。换言之,审判程序是一个国家行使司法主权的象征,在主权国家的法域范围内,所有案件概莫能外。

在具体的审判程序方面,特别需要注意的是对有关举证程序的适度把握。2002年4月1日起施行的《最高人民法院关于民事诉讼证据的若干规定》原则上适用于渔民、船员等弱势群体案件的审理,但在具体案件的操作上应有

---

① 20世纪90年代中期,我国法学界一度流行程序中心主义,"程序法是实体法之母""程序是法律的中心"俨然成为中国法学界的主流观点,以至于走向了法律程序的乌托邦或者说程序浪漫主义。

② 在改革开放前,我国司法在程序之外追求"实体公正"甚嚣尘上。改革开放初期民事审判的"先定后审",亦是较典型的"重实体、轻程序"做法。

所区别，如关于举证时限与证据交换的规定，就应宽松掌握，当事人超过举证时限提交的证据，如果对案件判决结果将产生实质性影响的，通常应予以质证，而不能机械地拒之门外——毕竟渔民、船员等弱势群体欠缺诉讼行为能力，而法官的诉讼指引也可能不会起到立竿见影的效果。也就是说，证据失权具有严重影响实体公正的后果，在渔民、船员等弱势群体诉讼案件中，应特别谨慎地适用该规则，对逾期举证仅是因为诉讼能力的限制而造成的，即并非为了诉讼偷袭而有意为之，那么，就应该把逾期举证视为"无害之错"，证据不失权。在该类案件中，程序公正还体现在海事法官应给予双方基本平等的诉讼机会、保持双方基本平等的诉讼能力，即通过适当行使释明权使诉讼能力明显弱小的一方知道如何行使诉讼权利。简言之，对渔民、船员等弱势群体诉讼案件，必须坚持程序公正为实体公正服务的原则，不能在法庭上让处于诉讼能力优势的一方仅仅因为熟悉程序规则而击败对方，让有理有冤屈的一方仅仅因为不熟悉程序规则而打不赢官司。

与一般案件相比，渔民、船员等弱势群体案件可能书面证据较少，更多地表现为言词证据，因而对于证人出庭作证应予认真对待：首先，不能因为巡回开庭条件简陋而让证人旁听案件的审理，以免影响证人证言的可信度；其次，应明确告知证人出庭作证的权利义务，使其诚实作证；再次，对于原、被告双方或一方诱导证人作证的情况应及时制止，以免证人言不由衷；最后，应将证人的作证限定在查清案件事实的范围内，不允许信马由缰、离题万里。

另外，在渔民、船员等弱势群体案件的审判过程中，应特别注意诉讼法所没有规定的"判后答疑"程序，在送达判决书的当时或一定时间内，向当事人特别是败诉的当事人解读裁判文书，为当事人辨法析理，用浅显易懂的语言将案件事实、举证责任、法律规定、裁判标准等向其说通说透，以使其理解和认同裁判结果，服判息讼。

（二）实体公正是运送正义下乡的根本目的

渔民、船员等弱势群体诉讼的目的就是追求实体公正，这与海事法官运送正义下乡的目的是一致的。对渔民、船员等弱势群体案件的审理，实体公正体现为：以中立、公正为其核心价值，不偏袒任何一方当事人；以法律规定为其裁判依据，不支持无理生非之人。

在诉讼案件中，总有一方是相对的弱者，而在涉渔民、船员的案件中，通常都是出卖劳动力的渔民、船员为诉讼弱势群体，在司法的人文关怀视野中，他们都是需要法律帮护的对象。但是，需要特别注意的是，这种法律帮护或者说司法的人文关怀，仅限于程序范围内的事务，而不涉及案件的实体审理。司法的权威来源于公正的裁判。在法官进行案件的实体审判思考时,原、被告都被转化成了抽象的人,是形式化的符号,审判结果将遵循类似案件类似处理的法治原则,即实体审判时原、被告没有强弱的区别,在法律上将一视同仁,都需要平等地接受法律的审视与裁决。因此,海事法官必须杜绝"青天"情怀,无所偏心地查明案件事实、分配权利义务、裁决胜败输赢。在这里法官比较容易犯的错误是,由于对弱者的同情乃出于人的本性,当带着对一方当事人的同情心来裁判诉讼对抗的双方对错输赢时,往往容易不顾案件事实,无原则地偏袒弱者一方,而对另一方造成明显的不公。因此,强调法官在案件实体审理时的中立、公正,避免将审理程序上的对弱者关怀、指引、帮助等心态带入实体审判中,就显得十分必要——毕竟,公正是司法的核心价值和终极追求,舍弃公正所进行的裁判无疑将毁灭司法的存在价值与意义。

对案件实体审理,以法律规定为裁判依据,法官的实体裁判必须坚决维护法律的尊严和崇高地位,这是无可争议的。当法律规定与地方的行为习惯矛盾时,应以法律规定优先为原则,以法律规定来裁判权利义务,而不能迁就不合时宜的地方习惯。事实上,法律裁判具有导向和示范的作用,经过一段时间的实践,不合时宜的地方习惯将不得不退出当地人的视野,法律规定将主导人们的日常工作和生活。这也是法治社会的必然发展趋势。譬如,在湛江、北海、钦州一带,渔船在当地船厂修理时,船厂除了收取修理费、配件款、材料及加工费外,还收取相当于修理费总额15%的"稳营费"。该"稳营费"并无法律的明文规定。海事法院在审理船舶修理费纠纷案件中,对修船厂的"稳营费"主张均以法律无规定为由不予支持。随着类似案件判决的增多,这一带地区的修船厂在其格式合同中删除了"稳营费"条款,修船格式合同趋于合理化。

另外,在案件实体审判中,也存在法无明文规定的情况,即法律规定的滞后性和现实生活的多样性导致案件裁决时"法条供应短缺"。对此,海事法官应该根据抽象的法律原则来演绎出解决具体案件的规则,或者根据当地几十年、上百年沿袭下来的传统习惯或乡规民约予以处理。即法官应该调动起"个人的智慧",在"规则之外或法律没有明确规定的地方做出努力"[1],从而使案件得到圆满解决。

---

[1] 苏力:《送法下乡——中国基层司法制度研究》,中国政法大学出版社2000年版,第186页。

四、运送正义下乡的关键措施：必须调解优先、案了人和

司法的终极目的在于实现社会和谐，而不仅仅是作出司法裁决、走完司法程序。法院判决当然可以解决纠纷，但通过调解方式化解矛盾更具有彻底性、和谐性，更能体现人性化司法的精神。因此，海事法官在处理渔民、船员等弱势群体案件时，必须贯彻着重调解的原则，力争将相当一部分案件通过调解、和解、撤诉等方式解决，以消弭矛盾，增进团结，减少对抗，有利债务履行，避免出现因判决而可能导致的上诉、申诉甚至缠诉等的不正常现象，从而尽可能达到案了人和之理想状态。

（一）运送正义下乡，以缩短空间距离来增进调解成功率

海事法官对渔民、船员等弱势群体案件的调解，应以方便当事人诉讼、零距离服务为基本的工作方法。案件调解不同于案件判决。后者只需要查清案件事实，根据法律予以裁判即可。而案件调解除了查清案件事实，并理解法律的相关规定之外，还需要与当事人进行反复沟通和交流，做其思想工作，需要动之以情、晓之以理、明之以利害，需要当事人彼此之间的换位思考以及法官与当事人之间的换位思考，即所谓的将心比心。因此，为当事人提供零距离的服务便成为一种必需的工作方法。

虽然海事法院的驻外法庭拉近了与当事人之间的距离，但就案件的调解而言，仍然存在时空间距太大的问题。驻外法庭当然可以通知当事人到庭调解，但由于案件有时并不是一两次调解就能解决，因此从方便当事人这一点考虑，驻外法庭应该更多地送法下乡、巡回办案，经常性地深入渔村、乡镇，耐心地做当事人的调解工作，以获得尽可能满意的调解效果。对于渔民、船员等弱势群体纠纷比较集中的偏远地区，可以考虑设立派出法庭的巡回庭或诉讼服务点，聘请当地有名望的人士如渔业委员会主任、老船长、老水手等担任人民陪审员或调解员，并与当地基层自治组织如村委会、居委会、街道办事处以及司法所等建立日常的联系和协作关系，使海事法庭的巡回调解工作有所依托，并能够充分地结合或利用当地的乡规民俗，有的放矢地进行调解，以取得更好的调解效果。

譬如，广州海事法院湛江法庭与湛江市麻章区硇洲镇司法所建立渔事纠纷解决联动机制，对于调解渔事纠纷案件具有重要意义。硇洲岛渔港是湛江地区的两个国家级中心渔港之一，渔业生产是硇洲镇的支柱性产业。在渔业生产中，由于技术、管理等方面的限制，每年都有发生数量不等的海上人身伤害案件以及拖欠船员工资案件。对于该类案件，由硇州镇司法所和广州海事法院湛江法庭协同解决，不仅可以发挥法律专业上的互补性作用，为案件

公正处理奠定基础,而且可以方便当事人诉讼,降低当事人的诉讼成本。在具体的工作方法上,可以由司法所在当地接收案件,法庭派法官到硇洲岛去处理,也可以对法庭已经受理的案件请司法所的工作人员协助做好司法文书送达、纠纷调解、执行和解等工作。总之,空间距离的缩短,换来了调解率的提高,这是双赢之举。

(二)运送正义下乡,以优化调解技巧来提升调解成功率

海事法官应学习和掌握各种调解技巧与方法,并充分利用各种社会资源,不断提高案件调解能力。海事法官的专业知识、外语水平、判案技能等在法官队伍中公认是较高的,但他们对人情世故的了解,特别是对最基层的民众生活习性的了解则十分有限,有些法官甚至不能与当地居民进行基本的语言交流与沟通。因此,要做好渔民、船员等弱势群体案件的调解工作,就要求海事法官不仅要具有丰富的法律知识和航海知识,还必须学习和掌握各种调解技巧与方法,如言谈技巧、心理知识、当地的风俗习惯等,并在调解工作中根据案情灵活运用法理、情理,以争取较明显的调解效果。

当事人对自己的案件可能存在偏激认识,或许听不进法官的劝说,而对自己的诉讼代理人则一般具有天然的信赖,在这种情况下,法官可以通过其诉讼代理人来做当事人的调解工作。当然,根据案情,也可能存在相反的情况,如诉讼代理人按时间收取代理费时,希望解决案件的时间尽可能延长,而此时法官越过代理人,直接做当事人的调解工作,则效果可能更好。根据类似案件类似处理的原则①,如果生效裁判文书所处理的案件与正在调解的案件相类似,则可以向当事人提供该生效裁判文书,让其了解案件争议的相关法律规定和司法实践的处理,促使其正确评估诉讼风险,达成调解协议。换言之,在自愿的基础上,以判促调是一种值得推广的调解方法。毕竟,类似案件司法实践的惯常处理结果,对双方当事人都具有说服、引导与威慑的作用,在趋利避害心理的支配下,有关当事人应该会理性地权衡接受调解的利益与继续诉讼的风险,选择对自己有利的解决问题的路径,从而有效地提高调解成功率。

譬如,李志坚、陈友善等20名船员诉广东华龙远洋渔业有限公司(以下简称"华龙公司")劳务合同纠纷20宗案件,从立案、依职权调查、庭审的各个环节,海事法官都注意充分运用法律的、人情世故的各种手段做调解工

---

① "同案不同判"是对法治统一原则的极大破坏,类似案件类似处理(similar cases should be treated similarly)原则可以统一裁判尺度,促进乡村社会的法治化进程。

作，既同情船员在涉外渔船上工作却被拖欠工资达6年之久的艰辛，又体谅被告华龙公司濒临破产的困境，从保护船员实际利益和尽可能挽救企业的立场出发，不厌其烦地多次找来船员代表与企业协商，促成双方达成调解协议。最终，华龙公司少支付了50%的拖欠工资及其经济补偿金，而船员们也拿到了被拖欠达6年之久的实实在在的工资。于是，案件终结后出现了胜诉的原告、败诉的被告都给法院送来锦旗的结果，展现了一派案结事了、案了人和的和谐景象。

对于本案处理，我们的基本经验是：法院审判工作必须以促成和谐、维护和谐、增进和谐为出发点和落脚点，始终坚持以民为本、民生优先的司法理念，自觉为民分忧、化解民怨、纾解民困，把法律规则与法官智慧紧密结合，以服务型司法、和谐型司法的工作要求，对双方当事人都给予适当和适度的关怀，全力促进案件友好解决，还当事人以公正，还社会以平安和谐。

第十二编 海事司法改革